U0586798

最新刑法条文释义与公安实务指南

（2022年版）

（根据1997年刑法及十一个刑法修正案编写）

《最新刑法条文释义与公安实务指南》编写组　编写

中国长安出版传媒有限公司
中　国　长　安　出　版　社

图书在版编目（CIP）数据

最新刑法条文释义与公安实务指南：2022 年版 /《最新刑法条文释义与公安实务指南》编写组编写．—北京：中国长安出版传媒有限公司，2022. 11
ISBN 978-7-5107-1104-6

Ⅰ．①最…　Ⅱ．①最…　Ⅲ．①刑法-法律解释-中国　Ⅳ．①D924. 05

中国版本图书馆 CIP 数据核字（2022）第 200256 号

最新刑法条文释义与公安实务指南（2022 年版）

《最新刑法条文释义与公安实务指南》编写组　编写

出版发行　中国长安出版传媒有限公司　中国长安出版社
社　　址　北京市东城区北池子大街 14 号（100006）
网　　址　http://www.ccapress.com
邮　　箱　capress@163.com
责任编辑　刘　爽
电　　话　（010）66529988-1323
印　　刷　北京市泰锐印刷有限责任公司
开　　本　787 毫米×1092 毫米　1/16
印　　张　55
字　　数　1074 千字
版　　次　2022 年 11 月第 1 版
印　　次　2022 年 11 月第 1 次印刷

书　　号　ISBN 978-7-5107-1104-6
定　　价　180.00 元

前　　言

《中华人民共和国刑法》（简称《刑法》）自1997年10月1日施行以来，全国人大常委会先后通过了1个决定和11个刑法修正案。尤其是2021年3月1日施行的《中华人民共和国刑法修正案（十一）》（简称《刑法修正案（十一）》），根据近年来司法实践中出现的新情况、新问题，对《刑法》总则和分则作了大范围的修改和完善，进一步强化了刑法惩罚犯罪、保护人民的功能，进一步落实了尊重和保障人权这一宪法精神，对于促进国家民主法治建设发展具有重要意义，对公安机关刑事执法工作影响深远、意义重大。

为了帮助公安民警理解、掌握、运用刑法的最新内容，我们组织长期从事刑事执法工作指导和刑事法律研究的同志编写了《最新刑法条文释义与公安实务指南（2022年版）》。本书根据我国刑法的立法原意和精神，对刑法条文进行了逐条讲解，并结合公安刑事执法工作的实践，对法律适用过程中经常遇到和面临的问题与困惑进行了解答，具有很强的实用性、准确性、全面性和针对性。

本书既可以作为公安民警的业务指导书，也可以用作广大读者学习、理解和贯彻执行刑事法律的参考读物。

由于作者水平有限，加之时间仓促，书中难免存在不足之处，敬请广大读者朋友批评指正，以臻完善。

编写者

2022 年 11 月

目　　录

第一编　总　　则

第二编　分　　则

附　　则

附录　关于刑法的立法解释

第一编　总　　则

第一章 刑法的任务、基本原则和适用范围

第一条 〔立法目的及根据〕

为了惩罚犯罪，保护人民，根据宪法，结合我国同犯罪作斗争的具体经验及实际情况，制定本法。

本条是关于刑法的立法目的及根据的规定。

【条文释义】

本条规定了两方面内容：一是规定了《刑法》的目的。根据本条规定，制定《刑法》的目的就是惩罚犯罪，保护人民。其中，“惩罚犯罪”，就是通过《刑法》，规定什么是犯罪，哪些行为是犯罪，犯什么罪，应处什么样的刑罚。“保护人民”，不仅保护公民个人的人身权利、民主权利、财产权利等合法权利不受侵犯，还保护包括代表人民根本利益的国家安全、社会主义政治制度、社会主义经济制度不遭受破坏。二是规定了制定《刑法》的根据。其中，《中华人民共和国宪法》（简称《宪法》）是我国制定《刑法》的法律依据。《宪法》关于国家政治、经济制度、公民基本权利和义务的规定，都是制定《刑法》所必须遵循的。《刑法》规定及其解释不能与《宪法》相抵触，否则，就是违宪行为。我国同犯罪作斗争的具体经验及实际情况，是《刑法》制定和修订的实践根据，即我国制定《刑法》必须从我国还处于社会主义初级阶段的实际出发，系统地调查研究现实犯罪情况和发展趋势，在认真总结我国同犯罪作斗争的经验和对策的基础上，将其具体化为刑法规范，并根据实践中出现的新型犯罪，适时对《刑法》进行调整，以适应实际的需要。

第二条 〔刑法的任务〕

中华人民共和国刑法的任务，是用刑罚同一切犯罪行为作斗争，以保卫国家安全，保卫人民民主专政的政权和社会主义制度，保护国有财产和劳动群众集体所有的财产，保护公民私人所有的财产，保护公民的人身权利、民主权利和其他权利，维护社会秩序、经济秩序，保障社会主义建设事业的顺利进行。

本条是关于《刑法》的任务的规定。

【条文释义】

从本条规定来看，我国《刑法》的任务包括惩罚和保护两个方面，即通过惩罚犯罪来保护国家和人民的利益。《刑法》惩罚的对象只能是犯罪人，也就是说，其行为的社会危害性比民事、行政违法行为的社会危害性要严重。这也是《刑法》的任务区别于其他部门法任务的重要方面。其具体任务有以下四个方面：

一是保卫国家安全，保卫人民民主专政的政权和社会主义制度。这是我国《刑法》的首要任务。我国《刑法》将“危害国家安全罪”列为各类犯罪的首位，置于分则第一章，对之规定了严厉的刑罚，体现了对危害国家安全、人民民主专政的犯罪行为从严惩办的精神。

二是保护国有财产和劳动群众集体所有的财产，保护公民私人所有的财产。国有财产和劳动群众集体所有的财产，是社会主义的物质基础，是我国进行现代化建设的物质保证，因而保护公共财产是我国《刑法》的重要任务。为此，我国《刑法》分则规定了“破坏社会主义市场经济秩序罪”和“侵犯财产罪”。国有财产和劳动群众集体所有的财产（包括混合经济中的国有成分和集体成分）是社会主义的公共财产。公民合法的私有财产包括：（1）公民的合法收入、储蓄、房屋和其他生活资料；（2）依法归个人、家庭所有的生产资料；（3）个体户和私营企业的合法财产；（4）依法归个人所有的股份、股票、债券和其他财产。

三是保护公民的人身权利、民主权利和其他权利。我国《宪法》规定了国家尊重和保障人权，并规定了公民的各项基本权利。本条规定也是宪法原则在刑法中的体现。《刑法》对严重侵犯公民人身权利的犯罪（如故意杀人、强奸、绑架等）都规定了严厉的刑罚，直至适用死刑。对于侵犯公民依法参加国家管理和社会政治生活的权利，《刑法》在分则中规定了破坏选举罪，出版歧视、侮辱少数民族作品罪，侵犯通信自由罪等罪名及其相应的刑事责任。对于侵犯公民人身权利、民主权利以外的权利，如婚姻自主权、年老、年幼、患病的家庭成员有受扶养的权利等，《刑法》也要予以追究。

四是维护社会秩序、经济秩序。处理好改革、发展和稳定的关系，是全国工作的大局。当前，我国的中心任务是进行社会主义现代化建设，因此，维护社会秩序和经济秩序是《刑法》的一项重要任务。

第三条 〔罪刑法定原则〕

法律明文规定为犯罪行为的，依照法律定罪处刑；法律没有明文规定为犯罪

行为的，不得定罪处刑。

本条是关于罪刑法定原则的规定。

【条文释义】

罪刑法定原则的含义如下：一是只有法律明确将某一种行为规定为犯罪的，才能对该行为定罪量刑；二是法律对某一种行为没有明确规定为犯罪的，不能对该行为定罪量刑，即法无明文规定不为罪、法无明文规定不处罚。罪刑法定原则产生的思想渊源是三权分立学说与心理强制说，其具体要求是：（1）禁止事后法；（2）合理解释刑法，禁止类推；（3）排斥习惯法；（4）规定各类犯罪及刑罚的刑事法规必须明确。

【实务问题】

刑法取消了类推，明确规定了罪刑法定原则，这是我国社会主义民主与法制建设的重大进步。在司法实践中，必须按照《刑法》规定，严格区分罪与非罪、此罪与彼罪的界限。对于法律没有明文规定的行为，即使该行为有一定的社会危害性，也不能对其定罪量刑。例如，针对通奸行为就不能对之定罪量刑。同时，对于《刑法》规定不够具体的犯罪，最高司法机关可以通过出台司法解释，指导具体的定罪量刑工作，从而弥补立法的不足，但是司法解释不能超越其权限，更不能取代刑事立法，否则，就违背了罪刑法定原则。

第四条　〔适用刑法平等原则〕

对任何人犯罪，在适用法律上一律平等。不允许任何人有超越法律的特权。

本条是关于适用《刑法》平等原则的规定。

【条文释义】

适用刑法平等原则是我国《刑法》的基本原则之一，即《刑法》面前人人平等。适用刑法平等原则是中华人民共和国公民在法律面前人人平等这一宪法原则在刑法中的体现。适用刑法平等原则有两层含义：一是对于实施犯罪的任何人，都必须根据其犯罪事实与法律规定追究其刑事责任；二是不允许任何人有超越法律的特权。

【实务问题】

在实践中，适用刑法平等原则主要体现在以下几个方面：（1）定罪平等，即任何人犯罪，无论其身份、地位、功劳如何，一律平等对待。（2）量刑平等，即犯同样的罪且有相同的犯罪情节的，应做到同罪同罚。虽然犯同样的罪，但由于具有法定从重、从轻情节而同罪不同罚的，并不违背量刑平等。（3）行刑平等，即在执行刑罚时，应对所有被执行人平等对待，不能因其社会地位、经济状况不同而采取不同的执行标准。当然，因罪行轻重不同、社会危害性不同而给予差别处遇的，并不违背行刑平等。

第五条 〔罪刑相适应原则〕

刑罚的轻重，应当与犯罪分子所犯罪行和承担的刑事责任相适应。

本条是关于罪刑相适应原则的规定。

【条文释义】

罪刑相适应原则是我国刑法的基本原则之一，其含义是“犯多大的罪，就应承担多大的刑事责任”，法院也应判处其相应轻重的刑罚，做到重罪重罚，轻罪轻罚，罪刑相当，罚当其罪。其具体要求是分析罪重罪轻和刑事责任大小时要主客观相结合，既要看犯罪的客观社会危害性，还要考虑行为人的主观恶性和人身危险性，并结合犯罪情节、手段、方法等因素来确定其刑事责任，适用相应的刑罚。一般情况下，社会危害性越大，刑罚越重，如抢劫1万元的刑罚要重于抢劫100元的刑罚，对故意犯罪的刑罚一般重于过失犯罪的刑罚，对未成年人、老年人犯罪从宽处理的规定，都可以说是罪刑相适应原则的体现。罪刑相适应原则要求刑事立法制定科学合理的刑罚体系，并在裁量和执行刑罚时采取区别对待原则，合理地运用累犯、自首、立功、缓刑、减刑、假释等制度。

【实务问题】

在实践中，对罪刑相适应原则应把握三个方面：（1）纠正重定罪轻量刑的倾向；（2）纠正重刑主义倾向；（3）处理类似案件，不同司法机关和司法人员应避免量刑过于悬殊。

第六条 〔属地管辖〕

凡在中华人民共和国领域内犯罪的，除法律有特别规定的以外，都适用本法。

凡在中华人民共和国船舶或者航空器内犯罪的，也适用本法。

犯罪的行为或者结果有一项发生在中华人民共和国领域内的，就认为是在中华人民共和国领域内犯罪。

本条是关于属地管辖原则的规定。

【条文释义】

本条共分为3款。第1款是关于在中华人民共和国领域内犯罪的，除法律有特别规定的以外，都适用《刑法》的规定。这里的“中华人民共和国领域内”，是指我国国境以内的全部区域，具体包括：（1）领陆，即国境线以内的陆地，包括地下层；（2）领水，即内水（内河、内湖、内海以及同外国之间界水的一部分）和领海（我国领海宽度为12海里）及地下层；（3）领空，即领陆、领水的上空。这里的“法律有特别规定的”，主要是指《刑法》第11条关于享有外交特权和豁免权的外国人的刑事责任的规定；《刑法》第90条关于民族自治地方不能全部适用该法规定的，可以由自治区或者省的人民代表大会根据当地民族的政治、经济、文化特点和该法规定的基本原则，制定变通或者补充规定，报请全国人大常委会批准施行的规定；特别刑法的特别规定；《中华人民共和国香港特别行政区基本法》和《中华人民共和国澳门特别行政区基本法》所作的特别规定。

第2款是关于在中华人民共和国船舶或者航空器内犯罪，适用我国《刑法》的规定。这里的“船舶或者航空器”，既可以是军用的，也可以是民用的。我国的船舶、航空器，即使航行或停泊在我国领域外，也属于我国管辖，对于发生在这些船舶、航空器内的犯罪，我国有权行使刑事管辖权。

第3款是关于犯罪行为和犯罪结果不是同时发生在我国领域内的情形如何适用《刑法》的规定。按照本款规定，犯罪行为或者犯罪结果，只要有一项发生在我国领域内的，就应当适用我国《刑法》。例如，在国外伪造人民币而在我国境内使用的，适用我国《刑法》。

【实务问题】

在实践中，外国人或者无国籍人在我国境内犯罪的，除该人享有外交特权和豁免权之外，都要受到我国《刑法》的追究。

第七条 〔属人管辖〕

中华人民共和国公民在中华人民共和国领域外犯本法规定之罪的，适用本法，但是按本法规定的最高刑为三年以下有期徒刑的，可以不予追究。

中华人民共和国国家工作人员和军人在中华人民共和国领域外犯本法规定之罪的，适用本法。

本条是关于属人管辖原则的规定。

【条文释义】

本条共分为 2 款。第 1 款是我国《刑法》关于属人管辖原则的一般规定。这里的“中华人民共和国公民”，是指具有中华人民共和国国籍的人，包括定居在外国而没有取得外国国籍的华侨和临时出国人员以及已经取得我国国籍的外国血统的人。根据《中华人民共和国国籍法》的规定，我国不承认双重国籍，凡是取得外国国籍的我国公民，即自动丧失我国国籍。按照上述规定，我国公民在我国领域外犯我国刑法规定之罪的，不论按照当地法律是否认为是犯罪，也不论其犯罪行为侵犯的是何国公民的利益，原则上都适用我国《刑法》。只是按照我国《刑法》规定，该我国公民所犯之罪的法定最高刑为 3 年以下有期徒刑的，才可以不予追究。这里只是“可以”不予追究，但不是绝对不追究，仍保留有追究的可能性。

第 2 款是关于我国国家工作人员和军人在我国领域外犯罪适用我国《刑法》的规定。本款对我国国家工作人员和军人作了特别规定，即这两类人在我国领域外犯罪，不论其所犯之罪的法定最高刑是否为 3 年以下有期徒刑，都要被追究刑事责任，这也是立法对这两类主体域外犯罪而作的从严规定。

第八条　〔保护管辖〕

外国人在中华人民共和国领域外对中华人民共和国国家或者公民犯罪，而按本法规定的最低刑为三年以上有期徒刑的，可以适用本法，但是按照犯罪地的法律不受处罚的除外。

本条是关于保护管辖原则的规定。

【条文释义】

本条是关于外国人在我国领域外犯我国《刑法》规定之罪适用我国《刑法》的规定。本条所称“外国人”，是指具有外国国籍和无国籍的人。外国人在我国领域外适用我国《刑法》，必须具备以下条件：（1）对中华人民共和国国家或者公民犯罪。（2）按照我国《刑法》规定的最低刑为 3 年以上有期徒刑的犯罪。“按本法规定的最低刑为三年以上有期徒刑”，是指《刑法》规定的一种罪的最低起刑点必须是 3 年以上有期徒刑。这也就是说，这类犯罪多为重罪，如《刑法》第 114 条规定的放火罪、决水罪、爆炸罪、投放危险物质罪，第 232 条规定的故意杀人罪。当然最低起刑点如果是 5 年以上、7 年以上、10 年以上有期徒刑，也包括在 3 年以上有期徒刑的范围之内。（3）根据犯罪地的法律也认为是犯罪，应当给予刑事处罚。如果犯罪地的法律不认为是犯罪或者规定不予处罚的，尽管符合前两个条件，也不能适用我国《刑法》。

【实务问题】

本条规定体现了国家主权和保护原则，对于保护国家安全利益，保护我国在境外公民的合法权益具有重要意义。在实践中，要实际行使这方面的管辖权会有些困难，因为犯罪人是外国人，犯罪地点又是在国外，如果该犯罪人没有引渡过来，或者没有在我国领域内被抓获，就无法对其追究刑事责任。但如果我国《刑法》对此不加以规定，就等于放弃了自己的管辖权，不利于保护我国在境外公民的合法权益。为落实本条规定，就需要与外国开展打击跨国犯罪方面的合作，通过引渡犯罪人追究其刑事责任，如糯康武装贩毒集团在境外杀害我国公民一案，我国对涉案人员依法引渡并进行审判，其依据就是本条。

第九条 〔普遍管辖〕

对于中华人民共和国缔结或者参加的国际条约所规定的罪行，中华人民共和国在所承担条约义务的范围内行使刑事管辖权的，适用本法。

本条是关于普遍管辖原则的规定。

【条文释义】

按照本条规定，凡是我国缔结或者参加的国际条约所规定的罪行，无论犯罪人是中国人还是外国人、无国籍人，也不论其罪行发生在我国领域内还是我国领域外，只要犯罪人在我国境内被发现，我国就应当在所承担国际条约义务的范围内，行使刑事管辖权。本条所说的“中华人民共和国缔结或者参加的国际条约所规定的罪行”，是指已经由全国人大常委会批准的我国缔结或者参加的有犯罪规定的国际条约，如规定一些危及全人类安全的国际犯罪（如劫持航空器罪、劫持船只罪、贩毒罪等国际犯罪）的《关于制止非法劫持航空器的公约》《制止危及海上航行安全非法行为公约》《联合国禁止非法贩运麻醉药品和精神药物公约》等国际公约。

【实务问题】

适用普遍管辖权，应当注意把握我国缔结或者参加的国际条约的有关规定，承担相关条约义务。当然，在实际行使过程中，普遍管辖权会受到一定的限制，只有当犯有国际条约规定罪行的犯罪人在我国境内时，我国才能对其实施管辖。

第十条 〔对外国刑事判决的消极承认〕

凡在中华人民共和国领域外犯罪，依照本法应当负刑事责任的，虽然经过外国审判，仍然可以依照本法追究，但是在外国已经受过刑罚处罚的，可以免除或者减轻处罚。

本条是关于对外国刑事判决的消极承认的规定。

【条文释义】

按照本条规定，我国法院行使刑事审判权不受外国刑事判决的约束，这也是我国司法独立的体现。本条所称的犯罪主体既包括我国公民，也包括外国人和无国籍人。同时，考虑到犯罪人在国外已受刑罚处罚，可以免除或者减轻处罚，这样可以避免犯罪人因同一犯罪行为而受到双重处罚。立法在此用的是“可以”，这就说明可以根据案情对犯罪人不予免除或者减轻处罚。

第十一条 〔外交豁免〕

享有外交特权和豁免权的外国人的刑事责任，通过外交途径解决。

本条是关于外国人犯罪的特殊规定。

【条文释义】

本条是关于享有外交特权和豁免权的外国人犯罪如何处理的规定。所谓外交特权和豁免权，是指一个国家为保证驻在本国的外国外交代表机构及其工作人员正常执行职务而给予的一种特殊权利和待遇。这种权利和待遇是建交国家之间按照相互尊重和对等原则而给予的。享有外交特权和豁免权的外国人，主要是指：（1）外国的国家元首、政府首脑、外交部长；（2）外国外交代表、大使、公使、领事、代办和具有外交官头衔的其他使领馆工作人员及他们的家属（配偶、未成年子女）等；（3）执行职务的外交使差；（4）我国同其他国家订立的条约、协定中确定的享受若干特权和豁免权的商务代表；（5）其他经外交部核定享受若干特权和豁免权的人员，如途经或临时留在我国境内的各国驻第三国的外交官，各国来华参加会议的代表，各国政府来华的高级官员，等等。

【实务问题】

在实践中，享有外交特权和豁免权的外国人触犯我国刑法的行为，并非不构成犯罪，而是犯罪不交付我国法院审判，他们的刑事责任通过外交途径解决，主要包括：（1）要求派遣国召回；（2）建议派遣国依法处理；（3）对罪行严重的，由我国政府宣布其为“不受欢迎的人”，限期出境。

第十二条 〔刑法的溯及力〕

中华人民共和国成立以后本法施行以前的行为，如果当时的法律不认为是犯罪的，适用当时的法律；如果当时的法律认为是犯罪的，依照本法总则第四章第八节的规定应当追诉的，按照当时的法律追究刑事责任，但是如果本法不认为是犯罪或者处刑较轻的，适用本法。

本法施行以前，依照当时的法律已经作出的生效判决，继续有效。

本条是关于刑法的溯及力的规定。

【条文释义】

本条共分为 2 款。第 1 款是关于《刑法》对生效以前发生的犯罪行为有无溯及力的规定。按照本款规定，对《刑法》施行之前的行为（即 1949 年 10 月 1 日中华人民共和国成立至 1997 年 9 月 30 日这段时间内发生的行为），应按照以下不同情况分别处理：（1）当时的法律不认为是犯罪，而 1997 年修订后的《刑法》认为是犯罪的，适用当时的法律，即新《刑法》没有溯及力。但行为连续或者继续到 1997 年 10 月 1 日以后的，对 1997 年 10 月 1 日以后构成犯罪的行为适用新《刑法》追究刑事责任。（2）当时的法律认为是犯罪，但新《刑法》不认为是犯罪的，只要这种行为未经审判或者判决尚未确定，就应当适用新《刑法》，即新《刑法》具有溯及力。（3）当时的法律和新《刑法》都认为是犯罪，并且按照新《刑法》总则第四章第八节的规定应当追诉的，原则上按照当时的法律追究刑事责任，即新《刑法》不具有溯及力。但是，如果新《刑法》比当时的法律处刑较轻的，则适用新《刑法》。这里的“处刑较轻”，是指《刑法》对某种犯罪规定的刑罚（即法定刑比 1997 年修订前的《刑法》）轻。法定刑较轻，是指法定最高刑轻；如果法定最高刑相同，则法定最低刑较轻。

第 2 款是关于对已经按照原有法律作出的生效判决如何处理的规定。对于已经按照原有法律作出生效判决的，即使按新《刑法》的规定，其行为不构成犯罪或处罚较当时的法律要轻，也不例外。这样规定也是为了维护法院生效判决的严肃性和稳定性。

【实务问题】

从司法实践来看，刑法的溯及力不仅包括有罪、无罪和处罚轻重的问题，而且包括其他一些相关问题，如是否不受追诉时效的限制，是否适用酌定减轻，是否适用假释等。为此，1997 年最高人民法院出台了《关于适用刑法时间效力规定若干问题的解释》，并与修订后的《刑法》同步施行，对上述问题一一作了明确规定，以便于司法实践中操作。

第二章　犯　　罪

第一节　犯罪和刑事责任

第十三条〔犯罪概念〕

一切危害国家主权、领土完整和安全，分裂国家、颠覆人民民主专政的政权和推翻社会主义制度，破坏社会秩序和经济秩序，侵犯国有财产或者劳动群众集体所有的财产，侵犯公民私人所有的财产，侵犯公民的人身权利、民主权利和其他权利，以及其他危害社会的行为，依照法律应当受刑罚处罚的，都是犯罪，但是情节显著轻微危害不大的，不认为是犯罪。

本条是关于犯罪概念的规定。

【条文释义】

本条关于犯罪概念规定了两层意思：

一是规定了哪些行为是犯罪。根据本条规定，我国刑法上的犯罪必须同时具备以下特征：

1. 具有严重的社会危害性

犯罪的社会危害性，是指行为对刑法保护的社会关系的侵犯性（包括侵害与侵害的危险或威胁），即本条所列举的危害国家主权、领土完整和安全，分裂国家、颠覆人民民主专政的政权和推翻社会主义制度，破坏社会秩序和经济秩序，侵犯国有财产或者劳动群众集体所有的财产以及公民私人所有的财产，侵犯公民的人身权利、民主权利和其他权利，以及其他危害社会的行为。如果行为不会给社会带来危害性，法律就没有必要对其规定为犯罪。这里的"社会危害性"必须达到严重的程度，某些行为虽然具有社会危害性，但情节显著轻微危害不大的，也不认为是犯罪，如民间纠纷引起的邻里之间的轻微伤害、小偷小摸等。

2. 具有刑事违法性

犯罪的刑事违法性，是指犯罪是违反刑法规范的行为。危害社会行为不仅包含犯罪行为，还包含违反行政法规、违反纪律以及违反道德的行为。构成犯罪的危害行为必须违反刑法的规定，即行为对刑法所保护的社会关系的侵犯已经达到使用其他法律制裁方法不足以保护，而必须运用刑罚予以惩处的程度。这里的“违反刑法”，并不只是违反《刑法》分则，凡是违反广义刑法的禁止性规范的行为，均应认为具有刑事违法性。从刑法规范与其他法律规范的关系来看，刑事违法性表现为两种情况：（1）直接违反刑法规范；（2）违反其他法律规范，但因情节严重进而违反了刑法规范。在后一种情况下，行为具有双重违法性，因而在承担刑事责任的同时，还可能承担其他法律责任。

3. 应受刑事处罚性

犯罪的应受刑事处罚性，是指犯罪行为应受刑事处罚的特征。其包含两层含义：（1）刑事处罚是犯罪的必然结果；（2）刑事处罚只能加诸于犯罪。违法行为不一定都构成犯罪，只有依照《刑法》规定应受刑事处罚的才构成犯罪。

二是规定了哪些行为不是犯罪，即情节显著轻微危害不大的，不认为是犯罪。这表明刑法所禁止的行为不包括情节显著轻微危害不大的行为，只是将情节严重、危害严重的行为规定为犯罪。这里的“情节”，是指行为过程中影响行为对刑法保护的社会关系侵犯性与行为人主观罪过性的各种情况，如所侵害社会关系的性质、行为的方法、行为的结果、行为人的故意、过失内容、动机与目的等，但不应包括行为前后的表现。至于情节是否显著轻微，应根据案件的具体情况综合考虑。这里的“危害不大”，是指一种整体评价结论，即没有达到应受刑事处罚的程度。“不认为是犯罪”，即立法者不认为是犯罪，故司法机关也不得以犯罪论处，结论只能是不构成犯罪。如果说本条（即“但书”前的内容）从正面规定了什么是犯罪，那么，“但书”则从反面说明了什么不是犯罪，正反两个方面的结合，使人们能够更加准确地理解犯罪概念。

【实务问题】

在实践中，为了认定犯罪就需要研究犯罪构成。犯罪构成和犯罪概念既有联系又有区别，犯罪概念回答了什么是犯罪，犯罪具有哪些基本属性；犯罪构成则进一步回答犯罪是怎样成立的，它的成立需要具备哪些法定条件。根据我国《刑法》规定，任何一种犯罪的成立都必须具备四个方面的构成要件，即犯罪客体、犯罪客观方面、犯罪主体、犯罪主观方面。犯罪客体，是指刑法所保护而被犯罪所侵犯的社会关系。犯罪客观方面，是指犯罪活动的客观外在表现，包括危害行为、危害结果以及危害行为与危害结果之间的因果关系。有些犯罪构成还要求发生在特定的时间、地点或者使用特定的方法。犯罪主体，是指达到法定刑事责任年龄、具有刑事责任能力、实施危害行为的自然人。有些犯罪单位也可以成为犯罪主体。犯罪主观方面，是指行为人的罪过。有些犯罪的成立还要求有特定的犯罪目的或动机。成立犯罪的这四个要件缺一不可。这就区分了德日刑法理论中关于构成要件符合性、违法性、有责性的三阶层递进式犯罪构成。

第十四条 〔故意犯罪〕

明知自己的行为会发生危害社会的结果，并且希望或者放任这种结果发生，因而构成犯罪的，是故意犯罪。

故意犯罪，应当负刑事责任。

本条是关于故意犯罪的规定。

【条文释义】

本条共分为 2 款。第 1 款是关于什么是故意犯罪的规定。按照本款规定，犯罪故意须同时具备两个特征：一是行为人必须明知自己的行为会发生危害社会的结果。这种“明知”既包括对必然发生危害结果的明知，也包括对可能发生危害结果的明知。二是行为人希望或者放任危害结果的发生。我国刑法理论将故意分为直接故意和间接故意。直接故意，是指明知自己的行为必然或者可能发生危害社会的结果，并且希望这种结果发生的心理态度。刑法中大部分犯罪是直接故意，如盗窃、抢劫、抢夺等。间接故意，是指明知自己的行为可能发生危害社会的结果，却漠不关心、听之任之这种结果发生的放任心理态度。区分二者对于判断行为人主观恶性大小、人身危险程度以及行为对社会的危害程度都具有重要意义。

第 2 款是关于故意犯罪应当负刑事责任的规定。刑事责任是犯罪人实施刑事法律禁止行为所必须承担的法律责任，是刑罚的前提条件。负刑事责任不一定受到刑罚处罚，如具有法定的可以免除处罚的情节，可以不处以刑罚。但受刑罚处罚的人，必须是负刑事责任的人。我国刑法以处罚故意犯罪为原则，因此，本款规定，故意犯罪应当负刑事责任。

【实务问题】

在司法实务中，要正确认定犯罪故意，关键就是要科学界定直接故意与间接故意的界限。直接故意和间接故意同属犯罪故意范畴，从认识因素上看，二者都明确认识到自己的行为会发生危害社会的结果；从意志因素上看，二者都不排斥危害结果的发生。但二者之间又有着重要区别：第一，从认识因素上看，直接故意既可以是行为人明知自己的行为必然发生危害结果，也可以是行为人明知其行为可能发生危害结果；间接故意只能是行为人明知自己的行为可能发生危害结果。第二，从意志因素上看，直接故意是希望并积极追求危害结果的发生，在这种心理支配下，行为人会想方设法地创造条件、克服困难来实现犯罪目的；间接故意对危害结果是持放任态度，即对危害结果的发生既不积极追求，但也不反对，而是听之任之，危害结果发生与否都不违反其本意。在实践中，间接故意多发生在以下四种情况：一是行为人追求某一个犯罪目的而放任了另一个危害结果的发生。例如，甲欲毒杀妻子乙，往乙碗里投下剧毒毒药，甲预见到乙有可能喂饭给儿子吃，因杀妻心切，就抱着放任儿子也被毒死的心理态度，结果母子二人均中毒身亡。二是行为人追求一个非犯罪目的而放任了另一个危害结果的发生。例如，甲打猎时发现猎物旁边有一个孩子在玩，根据自己的枪法和距离，甲明知若开枪就可能打中小孩，但甲为获取猎物仍然开枪射击，结果打死小孩。三是突发性犯罪。例如，甲因琐事与乙发生纠纷，不计后果，捅乙一刀后即扬长而去。四是寻求刺激，实施危险行为，放任对不特定对象造成危害结果的发生。例如，甲往人群中扔点燃的爆竹，结果炸伤多人。

第十五条 〔过失犯罪〕

应当预见自己的行为可能发生危害社会的结果，因为疏忽大意而没有预见，或者已经预见而轻信能够避免，以致发生这种结果的，是过失犯罪。

过失犯罪，法律有规定的才负刑事责任。

本条是关于过失犯罪的规定。

【条文释义】

本条共分为 2 款。第 1 款是关于过失犯罪含义的规定。犯罪过失，是我国《刑法》规定的另一种罪过形式，是指行为人应当预见自己的行为可能发生危害社会的结果，因为疏忽大意而没有预见，或者已经预见而轻信能够避免，以致发生这种结果的心理态度。根据本款规定，过失分为疏忽大意的过失和过于自信的过失。

疏忽大意的过失，即行为人应当预见到自己的行为可能发生危害社会的结果，因疏忽大意而没有预见，以致发生了危害社会的结果的心理状态。其特征有两点：一是行为人对自己的行为可能发生危害社会的结果具有认知能力，即应当预见。判断应当预见不仅要充分考虑到行为人自身的认识能力及影响认识能力的因素，如年龄、文化程度、心理素质、健康状况、职业素养、社会经验等，而且要充分考虑到行为当时的各种客观环境和条件。二是由于行为人主观上的疏忽大意，没有认识到其行为会造成危害结果，在这种心态支配下实施了行为，造成了危害结果。

过于自信的过失，即行为人已经预见到自己的行为可能发生危害社会的结果而轻信能够避免，以致发生了危害社会的结果的心理状态。其特征也有两点：一是行为人已经认识到自己的行为可能发生危害社会的结果；二是由于行为人过高地估计自己的能力或过于轻信以往经验等主客观条件，相信能够避免危害结果的发生。

不论是疏忽大意的过失还是过于自信的过失，其共同特点是行为人都不希望危害社会的结果发生，实际发生危害结果是违反其本意的。

第 2 款是关于过失犯罪，法律有规定的才负刑事责任的规定。行为人主观上由于过失造成了危害结果，其主观恶性比故意犯罪的行为人主观恶性要小，而且行为人对过失造成的危害结果是与其本意不符的，因此，法律没有必要将所有过失造成危害结果的行为都规定为犯罪，只将对社会危害比较大，需要通过刑罚手段来规制的这类行为规定为犯罪。

【实务问题】

在实践中，应注意过于自信的过失与间接故意的联系与区别

过于自信的过失与间接故意有相似之处，如二者均认识到危害结果发生的可能性，都不希望危害结果发生。但二者的区别也是明显的。首先，在认识因素方面，二者虽然都预见行为发生危害结果的可能性，但对这种可能性是否会转化为现实的危害结果，二者的估计是不同的，过于自信的过失对这种可能性转化为危害结果产生了错误认识；间接故意则对这种转化未发生错误认识。其次，在意志因素方面，过于自信的过失希望危害结果不发生，是由于行为人过高估计了自身能力等原因，相信能够避免危害结果的发生，危害结果的发生在行为人意料之外，违背了行为人的本意；间接故意是放任危害结果的发生，对这种危害结果是否发生持漠不关心、听之任之的放任态度，危害结果发生与否均不违背行为人的本意。在实践中，表面上看似是行为人轻信能避免危害结果的发生，但这种轻信没有实际根据，行为人对危害结果的不发生抱有侥幸心理，这种情况下如果发生了危害结果，不是过于自信的过失，而应认定为间接故意。

第十六条 〔不可抗力或者意外事件〕

行为在客观上虽然造成了损害结果，但是不是出于故意或者过失，而是由于不能抗拒或者不能预见的原因所引起的，不是犯罪。

本条是关于行为人无罪过而造成损害结果不是犯罪的规定。

【条文释义】

本条规定了意外事件和不可抗力事件。所谓意外事件，是指行为在客观上虽然造成了危害结果，但不是出于行为人的故意或者过失，而是由于不能预见的原

因所引起的情况。这里的“不能预见”，是指行为人对其行为造成的危害结果未预见，而且根据行为时行为人的实际认识能力和当时的具体条件，也不能预见。不可抗力事件，是指行为虽然在客观上造成了危害结果，但不是出于行为人的故意或者过失，而是由于不可抗拒的原因所引起的情况。这里的“不可抗拒”，是指根据行为人自身的能力及行为时的客观条件，行为人无论采取什么措施，也不具有避免危害结果发生的可能性。上述两种情况，由于行为人主观上没有罪过，根据我国刑法主客观相一致的原则，行为人的行为不构成犯罪。

【实务问题】

1. 意外事件与疏忽大意的过失的联系与区别

意外事件与疏忽大意的过失有相似之处，二者都是行为人对危害结果的发生没有预见，并因此发生了危害结果。但二者具有本质的区别。意外事件是行为人对危害结果的发生不可能预见、不应当预见而没有预见；疏忽大意的过失则是行为人对行为发生危害结果的可能性能够预见、应当预见，只是由于疏忽大意而造成实际上未能预见。在司法实践中，应根据行为人的实际认识能力和当时所处的客观环境，结合业务上的特定要求来分析没有预见的原因，进而判断行为人主观上是否存在过失。

2. 不可抗力事件与过于自信的过失的联系与区别

不可抗力事件通常是行为人在危害结果发生之前可以预见，但其与过于自信的过失有本质的区别。在不可抗力事件中，行为人不可能采取有效措施来避免危害结果，即在当时能力和条件下采取的任何措施对于避免危害结果来说都是无效的；在过于自信的过失中，行为人当时完全有能力采取措施避免危害结果的发生，因过于自信危害结果能够避免而未采取措施，从而导致危害结果的发生。

第十七条　〔刑事责任年龄〕

已满十六周岁的人犯罪，应当负刑事责任。

已满十四周岁不满十六周岁的人，犯故意杀人、故意伤害致人重伤或者死亡、强奸、抢劫、贩卖毒品、放火、爆炸、投放危险物质罪的，应当负刑事责任。

已满十二周岁不满十四周岁的人，犯故意杀人、故意伤害罪，致人死亡或者以特别残忍手段致人重伤造成严重残疾，情节恶劣，经最高人民检察院核准追诉的，应当负刑事责任。

对依照前三款规定追究刑事责任的不满十八周岁的人，应当从轻或者减轻处罚。

因不满十六周岁不予刑事处罚的，责令其父母或者其他监护人加以管教；在

必要的时候，依法进行专门矫治教育。

本条是关于刑事责任年龄的规定。

【主要修改】

本条为 2020 年 12 月 26 日通过的《刑法修正案（十一）》所修改，该条内容原为："已满十六周岁的人犯罪，应当负刑事责任。已满十四周岁不满十六周岁的人，犯故意杀人、故意伤害致人重伤或者死亡、强奸、抢劫、贩卖毒品、放火、爆炸、投毒罪的，应当负刑事责任。已满十四周岁不满十八周岁的人犯罪，应当从轻或者减轻处罚。因不满十六周岁不予刑事处罚的，责令他的家长或者监护人加以管教；在必要的时候，也可以由政府收容教养。"

【条文释义】

刑事责任年龄，是指《刑法》所规定的，行为人应当对自己实施的犯罪行为负刑事责任所必须达到的年龄。只有达到一定的刑事责任年龄，行为人才对其实施的相应犯罪承担刑事责任。对于没有达到刑事责任年龄的行为人，即使其实施了犯罪行为也不负刑事责任。这样规定是考虑到人控制、认识自己行为的能力是受到年龄限制的，只有达到一定年龄，才能在行动中具备自我控制的能力，才能要求其对其实施的犯罪行为承担刑事责任。立法也是在总结中华人民共和国成立以来同犯罪斗争的经验，并充分借鉴国外刑事立法经验的基础上作出了上述规定。

本条共分为 5 款。第 1 款是关于实施犯罪行为的人完全刑事责任的年龄段的规定。根据本款规定，实施犯罪行为的人负刑事责任的年龄是 16 周岁，即凡年满 16 周岁的人，实施《刑法》规定的任何一种犯罪行为，应当负刑事责任。

第 2 款是关于相对负刑事责任年龄的规定。这个年龄段中的行为人不是实施了任何犯罪都要负刑事责任，而是按照法律规定，对部分犯罪负刑事责任，即只有犯故意杀人、故意伤害致人重伤或者死亡、强奸、抢劫、贩卖毒品、放火、爆炸、投放危险物质罪的，才负刑事责任。其中，《中华人民共和国刑法修正案（三）》（简称《刑法修正案（三）》）对《刑法》第 114 条、第 115 条进行了修改，将"投毒"改为"投放毒害性、放射性、传染病病原体等物质"。2020 年 12 月 26 日通过的《刑法修正案（十一）》将本条中的"投毒"改为"投放危险物质"。这里规定的八种犯罪，是指具体犯罪行为，而不是具体罪名。"犯故意杀人、故意伤害致人重伤或者死亡"，是指只要实施了杀人、伤害行为，并且造成了致人重伤、死亡后果的，都应负刑事责任，而不是指只有犯故意杀人罪、故意伤害罪的，才负刑事责任，绑架后杀害人质的不负刑事责任。对已满 14 周岁不满 16 周岁的人绑架人质后将其杀害，拐卖妇女、儿童而故意造成被拐卖妇女、儿童重伤或者死亡的，应当依法追究刑事责任。按照 2006 年最高人民法院《关于审理未成年人刑事案件具体应用法律若干问题的解释》（简称《未成年人案件解释》）第 5 条的规定，已满 14 周岁不满 16 周岁的人实施《刑法》第 17 条第 2 款规定以外的行为，如果同时触犯《刑法》第 17 条第 2 款规定的，应当依照《刑法》第 17 条第 2 款规定的罪名论处。

第 3 款是关于对已满 12 周岁不满 14 周岁的人处罚原则的规定。本款规定："已满十二周岁不满十四周岁的人，犯故意杀人、故意伤害罪，致人死亡或者以特别残忍手段致人重伤造成严重残疾，情节恶劣，经最高人民检察院核准追诉的，应当负刑事责任。"这里的"犯故意杀人、故意伤害罪，致人死亡或者以特别残忍手段致人重伤造成严重残疾"，指的也是故意实施了杀人、伤害行为，并且造成了致人死亡或者以特别残忍手段致人重伤造成严重残疾的后果，都应负刑事责任，而不是指只有犯故意杀人罪、故意伤害罪的才负刑事责任。其中，"以特别残忍手段"，是指故意要造成他人严重残疾而采用毁容、挖人眼睛、砍掉双脚等特别残忍手段伤害他人的行为。这里的"情节恶劣"需要结合犯罪地动机、手段、危害、造成的后果、悔罪表现等犯罪情节综合进行判断，包括行为人主观恶性很大、有预谋有组织地实施、采用残忍手段、多次实施、致多人死亡或者重伤造成严重残疾、造成恶劣影响等情形。"最高人民检察院核准"是必经程序，这是为了严格限制对这部分人追究刑事责任。

第 4 款是关于对未成年人处罚原则的规定。本款规定："对依照前三款规定追究刑事责任的不满十八周岁的人，应当从轻或者减轻处罚。"这样规定，也是考虑到未成年人正处在体力、智力发育的过程中，文化知识少、社会阅历浅，身心尚不够成熟，同时可塑性强，容易接受教育改造。本款规定充分体现了我国对未成年人实行教育为主，惩罚为辅，重在教育和挽救的方针。

第 5 款是关于对因不满 16 周岁不予刑事处罚的人如何处理的规定。本款规定："因不满十六周岁不予刑事处罚的，责令其父母或者其他监护人加以管教；在必要的时候，依法进行专门矫治教育。"行为人实施了危害社会的行为，因不满 16 周岁而不予刑事处罚，并不是对其放任不管，而是要责令其家长或者监护人对其严加管教；在必要的时候，也可以依法进行专门矫治教育。这样规定，也是为了更好地教育行为人，防止其继续实施危害社会的行为。《中华人民共和国预防未成年人犯罪法》第 45 条规定，未成年人实施《刑法》规定的行为、因不满法定刑事责任年龄不予刑事处罚的，经专门教育指导委员会评估同意，教育行政部门会同公安机关可以决定对其进行专门矫治教育。省级人民政府应当结合本地的实际情况，至少确定一所专门学校按照分校区、分班级等方式设置专门场所，对未成年人进行专门矫治教育。专门场所实行闭环管理，公安机关、司法行政部门负责未成年人的矫治工作，教育行政部门承担未成年人的教育工作。

【实务问题】

在实践中，应注意以下问题：

1. 年龄的计算

本条中所说的“周岁”，根据《未成年人案件解释》第 2 条的规定，应按照公历的年、月、日计算，即从周岁生日的第二天起算，如已满 14 周岁，是指过了 14 周岁生日，从 14 周岁生日的第二天起才是已满 14 周岁。

2. 年龄的认定

刑事法定年龄计算的基准，即法定年龄是以实施行为时为基准，而不是以发生危害结果时为基准。对于没有充分证据证明被告人实施被指控的犯罪时已经达到法定刑事责任年龄且确实无法查明的，应当推定其没有达到相应法定刑事责任年龄。相关证据足以证明被告人实施被指控的犯罪时已经达到法定刑事责任年龄，但是无法准确查明被告人具体出生日期的，应当认定其达到相应法定刑事责任年龄。根据《未成年人案件解释》第 12 条的规定，行为人在达到法定刑事责任年龄前后均实施了犯罪行为，只能依法追究其达到法定刑事责任年龄后实施的犯罪行为的刑事责任。行为人在年满 18 周岁前后实施了不同种犯罪行为，对其年满 18 周岁以前实施的犯罪应当依法从轻或者减轻处罚。行为人在年满 18 周岁前后实施了同种犯罪行为，在量刑时应当考虑对年满 18 周岁以前实施的犯罪，适当给予从轻或者减轻处罚。根据最高人民检察院《关于“骨龄鉴定”能否作为确定刑事责任年龄证据使用的批复》的规定，犯罪嫌疑人不讲真实姓名、住址，年龄不明的，可以委托进行骨龄鉴定或其他科学鉴定，经审查，鉴定意见能够准确确定犯罪嫌疑人实施犯罪行为时的年龄的，可以作为判断犯罪嫌疑人年龄的证据使用。如果鉴定意见不能准确确定犯罪嫌疑人实施犯罪行为时的年龄，而且鉴定意见又表明犯罪嫌疑人年龄在《刑法》规定的应负刑事责任年龄上下的，应当依法慎重处理。

3. 关于未成年人实施转化型抢劫行为的法律适用问题

根据《刑法》第 269 条的规定，犯盗窃、诈骗、抢夺罪，为窝藏赃物、抗拒抓捕或者毁灭罪证而当场使用暴力或者以暴力相威胁的，依照《刑法》第 263 条的规定定罪处罚。《未成年人案件解释》第 10 条规定，已满 14 周岁不满 16 周岁的人盗窃、诈骗、抢夺他人财物，为窝藏赃物、抗拒抓捕或者毁灭罪证，当场使用暴力，故意伤害致人重伤或者死亡，或者故意杀人的，应当分别以故意伤害罪或者故意杀人罪定罪处罚。已满 16 周岁不满 18 周岁的人犯盗窃、诈骗、抢夺罪，为窝藏赃物、抗拒抓捕或者毁灭罪证而当场使用暴力或者以暴力相威胁的，应当依照《刑法》第 269 条的规定定罪处罚；情节轻微的，可不以抢劫罪定罪处罚。

4. 关于未成年人犯罪后从宽处理的法律适用问题

根据《未成年人案件解释》第6条的规定，已满14周岁不满16周岁的人偶尔与幼女发生性行为，情节轻微、未造成严重后果的，不认为是犯罪。第7条规定，已满14周岁不满16周岁的人使用轻微暴力或者威胁，强行索要其他未成年人随身携带的生活、学习用品或者钱财数量不大，且未造成被害人轻微伤以上或者不敢正常到校学习、生活等危害后果的，不认为是犯罪。已满16周岁不满18周岁的人具有上述规定情形的，一般也不认为是犯罪。第16条规定，对未成年罪犯符合《刑法》规定的，可以宣告缓刑；对其适用缓刑确实不致再危害社会的，应当宣告缓刑。第18条规定，对未成年罪犯的减刑、假释，在掌握标准上可以比照成年罪犯依法适度放宽。

第十七条之一　〔已满七十五周岁的人的刑事责任〕

已满七十五周岁的人故意犯罪的，可以从轻或者减轻处罚；过失犯罪的，应当从轻或者减轻处罚。

本条是关于老年人犯罪从轻或者减轻处罚的规定。

本条为2011年2月25日通过的《中华人民共和国刑法修正案（八）》（简称《刑法修正案（八）》）所增加。

【条文释义】

2011年之前我国《刑法》对于老年人犯罪，并没有明确从宽处理的规定。我国历史上有对老年人犯罪从宽处理的传统，而且形成了比较完备的制度。另外，当今许多国家和地区都在其刑法或刑事诉讼法中对老年人犯罪作了从宽处理的规定。为此，立法机关在广泛征求社会各界意见的基础上，增加了有关老年人犯罪从宽处理的规定。

本条对老年人犯罪作出了两个层次的规定：一是把老年人的年龄界限规定为75周岁，这也是综合考虑我国社会发展情况以及社会公众的接受程度后所确定的。二是对老年人犯罪从宽处理适度分为两类：故意犯罪的，可以从轻或者减轻处罚；过失犯罪的，应当从轻或者减轻处罚。

【实务问题】

在实践中，已满75周岁应当从75周岁生日的第二天开始计算，生日当天尚不能认为是已满75周岁。

第十八条 〔精神病人、醉酒人的刑事责任能力〕

精神病人在不能辨认或者不能控制自己行为的时候造成危害结果，经法定程序鉴定确认的，不负刑事责任，但是应当责令他的家属或者监护人严加看管和医疗；在必要的时候，由政府强制医疗。

间歇性的精神病人在精神正常的时候犯罪，应当负刑事责任。

尚未完全丧失辨认或者控制自己行为能力的精神病人犯罪的，应当负刑事责任，但是可以从轻或者减轻处罚。

醉酒的人犯罪，应当负刑事责任。

本条是关于精神病人和醉酒的人造成危害结果负刑事责任的规定。

【条文释义】

本条共分为 4 款。第 1 款是关于精神病人不负刑事责任的规定。本款规定包括三层含义：一是精神病人在不能辨认或者不能控制自己行为的时候造成危害结果的，不负刑事责任，而且这里的不能辨认或者不能控制自己行为，必须经过法定程序鉴定确认，才能确定行为人无刑事责任能力。二是对不负刑事责任的精神病人，应当责令其家属或者监护人严加看管和医疗，而不能对其听之任之，放任不管。三是在必要的时候，由政府强制医疗。这就为实践中家属或监护人不愿意看管或者无力看管或医疗的精神病人进行强制医疗，提供了法律依据。

第 2 款是关于间歇性精神病人犯罪的刑事责任的规定。间歇性精神病人在精神正常的情况下具有辨认或者控制自己行为的能力，因此，这时候犯罪应当负刑事责任。间歇性精神病人造成危害结果时是否处于精神正常的状态，必须经过法定程序鉴定确认。

第 3 款是关于限制责任能力的精神病人犯罪的刑事责任的规定。本款所规定的尚未完全丧失辨认或者控制自己行为能力的精神病人，主要是指病情尚未达到完全不能辨认或者控制自己行为的程度，还有部分辨认或者控制自己行为能力的精神病人。但鉴于这些人认知能力有限，立法在规定应当负刑事责任的同时，还规定了可以从轻或者减轻处罚的原则。

第 4 款是关于醉酒的人犯罪应当负刑事责任的规定。行为人在醉酒状态下，某种程度上可能减弱控制自己行为的能力，但尚未丧失辨认和控制自己行为的能力，而且醉酒的人对造成自己行为控制能力减弱是具有自由支配能力的。可见，醉酒的人具有完全刑事责任能力，他们犯罪应当负刑事责任。

【实务问题】

2012 年修改《中华人民共和国刑事诉讼法》（简称《刑事诉讼法》）时专

门在第五编“特别程序”中规定了“依法不负刑事责任的精神病人的强制医疗程序”，并明确对精神病人强制医疗的，由人民法院决定。同时，规定了公安机关、人民检察院、人民法院在实施强制医疗程序中的分工。

第十九条　〔聋哑人、盲人的刑事责任〕

又聋又哑的人或者盲人犯罪，可以从轻、减轻或者免除处罚。

本条是关于聋哑人、盲人犯罪如何负刑事责任的规定。

【条文释义】

本条包括两层意思：一是又聋又哑的人或者盲人犯罪，应当负刑事责任。这两类人虽然生理上有缺陷，但并未丧失辨认或者控制自己行为的能力，不属于无责任能力人。二是由于这两类人存在视觉、听觉和语言障碍，其接受教育、获取信息都会受到一定的限制和影响，其辨认能力低于正常人，他们犯罪，可以从轻、减轻或者免除处罚。

【实务问题】

本条规定的“又聋又哑”，是指聋且哑，即存在听觉和语言障碍，如果只具有聋或哑一项障碍的话，则不属于本条规定的范围。本条所称的“盲人”，是指双目失明的人。另外，需要注意的是，对于这两类人犯罪，《刑法》规定是可以从轻、减轻或者免除处罚，而不是必须从轻、减轻或者免除处罚。至于是否减免处罚，要结合行为人的主观恶性、社会危害，以及手段、情节等因素加以认定。

第二十条　〔正当防卫〕

为了使国家、公共利益、本人或者他人的人身、财产和其他权利免受正在进行的不法侵害，而采取的制止不法侵害的行为，对不法侵害人造成损害的，属于正当防卫，不负刑事责任。

正当防卫明显超过必要限度造成重大损害的，应当负刑事责任，但是应当减轻或者免除处罚。

对正在进行行凶、杀人、抢劫、强奸、绑架以及其他严重危及人身安全的暴力犯罪，采取防卫行为，造成不法侵害人伤亡的，不属于防卫过当，不负刑事责任。

本条是关于正当防卫和防卫过当及其刑事责任的规定。

【条文释义】

本条共分为3款。第1款是关于什么是正当防卫和正当防卫不负刑事责任的规定。所谓正当防卫，是指为了使国家、公共利益、本人或者他人的人身、财产和其他权利免受正在进行的不法侵害，而采取的对不法侵害者予以制止的行为。实施正当防卫行为，对不法侵害人造成损害的，不负刑事责任。成立正当防卫，应当具备以下条件：

1. 防卫起因，即正当防卫的起因条件

正当防卫的前提是存在不法侵害，没有不法侵害就谈不上正当防卫。作为防卫起因的不法侵害必须具备两个基本特征：一是社会危害性；二是侵害紧迫性。对正当防卫的起因条件，最高人民法院、最高人民检察院、公安部《关于依法适用正当防卫制度的指导意见》（简称《正当防卫意见》）明确规定，不法侵害既包括侵犯生命、健康权利的行为，也包括侵犯人身自由、公私财产等权利的行为；既包括犯罪行为，也包括违法行为。不应将不法侵害不当限缩为暴力侵害或者犯罪行为。对非法限制他人人身自由、非法侵入他人住宅等不法侵害，可以实行防卫。不法侵害既包括针对本人的不法侵害，也包括危害国家、公共利益或者针对他人的不法侵害。对正在进行的拉拽方向盘、殴打司机等妨害安全驾驶、危害公共安全的违法犯罪行为，可以实行防卫。成年人对未成年人正在实施的针对其他未成年人的不法侵害，应当劝阻、制止；劝阻、制止无效的，可以实行防卫。

2. 防卫时间，即正当防卫的时间条件

《正当防卫意见》规定，正当防卫必须是针对正在进行的不法侵害。对不法侵害已经形成现实、紧迫危险的，应当认定为不法侵害已经开始；对不法侵害虽然暂时中断或者被暂时制止，但不法侵害人仍有继续实施侵害的现实可能性的，应当认定为不法侵害仍在进行；在财产犯罪中，不法侵害人虽已取得财物，但通过追赶、阻击等措施能够追回财物的，可以视为不法侵害仍在进行；对不法侵害人确已失去侵害能力或者确已放弃侵害的，应当认定为不法侵害已经结束。对不法侵害是否已经开始或者结束，应当立足防卫人在防卫时所处情境，按照社会公众的一般认知，依法作出合乎情理的判断，不能苛求防卫人。对防卫人因为恐慌、紧张等心理，对不法侵害是否已经开始或者结束产生错误认识的，应当根据主客观相统一原则，依法作出妥当处理。在现实生活中，往往会发生假想防卫。假想防卫属于刑法中的认识错误，对其刑事责任问题应当按照对事实认识错误的一般原则解决。

3. 防卫对象，即正当防卫的对象条件

根据《正当防卫意见》的规定，正当防卫必须针对不法侵害人进行。对多人共同实施不法侵害的，既可以针对直接实施不法侵害的人进行防卫，也可以针对在现场共同实施不法侵害的人进行防卫。明知侵害人是无刑事责任能力人或者限制刑事责任能力人的，应当尽量使用其他方式避免或者制止侵害；没有其他方式可以避免、制止不法侵害，或者不法侵害严重危及人身安全的，可以进行反击。

4. 防卫意图，即正当防卫的意图条件

正当防卫必须是为了使国家、公共利益、本人或者他人的人身、财产和其他权利免受不法侵害。防卫意图包括两个方面的内容：一是正当防卫的认识因素；二是正当防卫的意志因素。某些行为从形式上看似乎符合正当防卫的客观条件，但由于主观上不具备防卫意图，不能视为正当防卫。这种情况包括以下两种：一是防卫挑拨。《正当防卫意见》规定，对故意以语言、行为等挑动对方侵害自己再予以反击的防卫挑拨，不应认定为防卫行为。二是互相斗殴。由于行为人主观上没有防卫意图，其行为也不得视为正当防卫。《正当防卫意见》明确规定，防卫行为与相互斗殴具有外观上的相似性，准确区分两者要坚持主客观相统一原则，通过综合考量案发起因、对冲突升级是否有过错、是否使用或者准备使用凶器、是否采用明显不相当的暴力、是否纠集他人参与打斗等客观情节，准确判断行为人的主观意图和行为性质。因琐事发生争执，双方均不能保持克制而引发打斗，对有过错的一方先动手且手段明显过激，或者一方先动手，在对方努力避免冲突的情况下仍继续侵害的，还击一方的行为一般应当认定为防卫行为。双方因琐事发生冲突，冲突结束后，一方又实施不法侵害，对方还击，包括使用工具还击的，一般应当认定为防卫行为。不能仅因行为人事先进行防卫准备，就影响对其防卫意图的认定。

5. 防卫限度

正当防卫的必要限度是和防卫过当相区别的一个法律界限。《正当防卫意见》对防止将滥用防卫的行为认定为防卫行为作了明确规定。正当防卫的必要限度应当从以下三个方面进行考察：一是不法侵害的强度。《正当防卫意见》规定，对显著轻微的不法侵害，行为人在可以辨识的情况下，直接使用足以致人重伤或者死亡的方式进行制止的，不应认定为防卫行为。二是不法侵害的缓急。三是不法侵害的权益与防卫行为造成的损害后果是否相适应。《正当防卫意见》规定，不法侵害系因行为人的重大过错引发，行为人在可以使用其他手段避免侵害的情况下，仍故意使用足以致人重伤或者死亡的方式还击的，不应认定为防卫行为。

第 2 款是关于防卫过当及其刑事责任的规定。本款有两层意思：

一是规定了什么是防卫过当，即正当防卫明显超过必要限度，对不法侵害人造成了重大损害的行为。认定正当防卫应当同时具备“明显超过必要限度”和“造成重大损害”两个条件，缺一不可。根据《正当防卫意见》的规定，防卫是否“明显超过必要限度”，应当综合不法侵害的性质、手段、强度、危害程度和防卫的时机、手段、强度、损害后果等情节，考虑双方力量对比，立足防卫人防卫时所处情境，结合社会公众的一般认知作出判断。在判断不法侵害的危害程度时，不仅要考虑已经造成的损害，还要考虑造成进一步损害的紧迫危险性和现实可能性。不应当苛求防卫人必须采取与不法侵害基本相当的反击方式和强度。通过综合考量，对防卫行为与不法侵害相差悬殊、明显过激的，应当认定防卫明显超过必要限度。“造成重大损害”，是指造成不法侵害人重伤、死亡。造成轻伤及以下损害的，不属于重大损害。防卫行为虽然明显超过必要限度但没有造成重大损害的，不应认定为防卫过当。

二是规定了防卫过当应当负刑事责任，但应当减轻或者免除处罚。防卫过当并不是一个独立的行为，应当根据行为人的主观罪过与客观后果，援引相应的《刑法》分则条文定罪。《正当防卫意见》规定，要综合考虑案件情况，特别是不法侵害人的过错程度、不法侵害的严重程度以及防卫人面对不法侵害的恐慌、紧张等心理，确保刑罚裁量适当、公正。对因侵害人实施严重贬损他人人格尊严、严重违反伦理道德的不法侵害，或者多次、长期实施不法侵害所引发的防卫过当行为，在量刑时应当充分考虑，以确保案件处理既经得起法律检验，又符合社会公平正义观念。

这里需要注意的是，防卫过当本身不是一个独立的罪名，对防卫过当应根据防卫人主观上的罪过形式及客观上造成的具体危害结果来确定罪名。从司法实践来看，防卫过当行为触犯的罪名主要有（间接）故意杀人罪、过失致人死亡罪、（间接）故意伤害罪和过失致人重伤罪等。为了表明防卫过当的情况，在制作有关法律文书时，应当注明因防卫过当而构成某种犯罪。

第3款是关于特别防卫权的规定。按照本款规定，对正在进行行凶、杀人、抢劫、强奸、绑架以及其他严重危及人身安全的暴力犯罪，采取防卫行为，造成不法侵害人伤亡的，不负刑事责任。这样规定是为了鼓励群众同危害人身安全的暴力犯罪作斗争，因为上述暴力犯罪严重威胁人身安全，同时具有一定的急迫性，被侵害人很难在短时间内作出准确判断，并控制实行防卫行为的强度。为避免束缚被侵害人手脚，对于此类严重危及人身安全的暴力犯罪，立法作出了不存在防卫过当的特殊规定。

【实务问题】

1. 在实践中，几种特殊防卫的具体适用

《正当防卫意见》对《刑法》规定的特殊防卫的具体适用作了明确规定：

一是关于“行凶”的认定。这里的“行凶”应理解为故意重伤害以上的伤害行为，而不包括轻伤害。下列行为应当认定为“行凶”：（1）使用致命性凶器，严重危及他人人身安全的；（2）未使用凶器或者未使用致命性凶器，但是根据不法侵害的人数、打击部位和力度等情况，确已严重危及他人人身安全的。

虽然尚未造成实际损害，但已对人身安全造成严重、紧迫危险的，可以认定为“行凶”。

二是“杀人、抢劫、强奸、绑架”的界定。这里的“杀人、抢劫、强奸、绑架”，是指具体犯罪行为而不是具体罪名。在实施不法侵害过程中存在杀人、抢劫、强奸、绑架等严重危及人身安全的暴力犯罪行为的，如以暴力手段抢劫枪支、弹药、爆炸物或者以绑架手段拐卖妇女、儿童的，可以实行特殊防卫。有关行为没有严重危及人身安全的，应当适用一般防卫的法律规定。

三是“其他严重危及人身安全的暴力犯罪”的界定。这里的“其他严重危及人身安全的暴力犯罪”，应当是与杀人、抢劫、强奸、绑架行为相当，并具有致人重伤或者死亡的紧迫危险和现实可能的暴力犯罪。

2. 特殊正当防卫与一般正当防卫的区别

特殊正当防卫与一般正当防卫在成立条件上有两个区别：（1）特殊正当防卫所针对的只能是正在进行行凶、杀人、抢劫、强奸、绑架以及其他严重危及人身安全的暴力犯罪；而一般正当防卫所针对的是需要防卫的任何犯罪与其他违法行为（以需要防卫为前提）。因此，只有保护人身安全时，才可能属于特殊正当防卫；保护其他法益时，则不能进行特殊正当防卫。（2）特殊正当防卫没有必要限度，因而不存在防卫过当；一般正当防卫具有必要限度，因而存在防卫过当。对不符合特殊防卫起因条件的防卫行为，致不法侵害人伤亡的，如果没有明显超过必要限度，也应当认定为正当防卫，不负刑事责任。

第二十一条　〔紧急避险〕

为了使国家、公共利益、本人或者他人的人身、财产和其他权利免受正在发生的危险，不得已采取的紧急避险行为，造成损害的，不负刑事责任。

紧急避险超过必要限度造成不应有的损害的，应当负刑事责任，但是应当减轻或者免除处罚。

第一款中关于避免本人危险的规定，不适用于职务上、业务上负有特定责任的人。

本条是关于紧急避险、避险过当及紧急避险例外情况的规定。

【条文释义】

按照本条规定，紧急避险，是指为了使国家、公共利益、本人或者他人的人身、财产和其他权利免受正在发生的危险，不得已而侵害另一个较小的合法权益的行为。

本条共分为 3 款。第 1 款是关于紧急避险的条件的规定。主要包括：

（1）避险意图，即必须是为了使国家、公共利益、本人或者他人的人身、财产和其他权利免受正在发生的危险。为了保护非法利益，则不成立紧急避险，如为了逃避公安机关抓捕而闯入民宅，则不成立紧急避险。（2）必须存在现实的危险。表现为：①不法侵害，如逃避他人追杀；②自然力的侵害，如台风、地震、海啸；③动物侵袭。（3）危险必须是正在发生的现实的危险，对于尚未发生、已经结束的危险，以及主观假想、臆断的危险，都不能采取紧急避险。（4）避险对象。紧急避险是针对第三者的合法权益，损害的是另一个合法权益，这一点区别于正当防卫，正当防卫是针对不法侵害者本人。（5）避险限制，即只有在不得已的情况下才能实施。如果当时尚有其他方式可以避险，就不成立紧急避险。（6）避险限度。紧急避险所保全的利益必须大于所侵害的利益，不能小于，也不能等于。在实践中，一般采取如下衡量标准：①人身权利大于财产权利；②人身权利中生命权为最高权利；③财产权利的大小可以用财产的价值大小来衡量。

第 2 款是关于避险过当的规定。本款规定包含了两层意思：一是采取紧急避险超过必要限度造成不应有的损害的，应当负刑事责任。这里的“不应有的损害”，是指紧急避险行为造成的损害大于避免的损害，使得紧急避险已经失去了意义，具有一定的社会危害性。二是对于避险过当行为，应当减轻或者免除处罚。这是因为，避险过当虽然具有一定的社会危害性，但其初衷是为了使更多、更大的合法权益免受损害，所以其社会危害性小于故意犯罪。本款关于对紧急避险减轻或者免除处罚的规定，是符合罪行相当原则的。这里的“避险过当”也不是一个罪名，在追究其刑事责任时，应当在确定其罪过形式的基础上，以其所触犯的我国《刑法》分则的有关条文定罪量刑。在避险过当的罪过形式中，大多数是疏忽大意的过失，在少数或个别情况下，可能由间接故意或过于自信的过失构成避险过当。

第 3 款是关于紧急避险不适用职务上、业务上负有特定责任的人的规定。这些人由于职务上、业务上对危险具有一定的排除职责，要求他们在特定的危险环境或状态下恪尽职守。而且这类人员受过专门的训练，掌握一定的技能，所以法律对这部分人规定了其不适用紧急避险。

【实务问题】

正当防卫与紧急避险的界限

司法实践中区别正当防卫和紧急避险，主要把握以下几点：（1）危险来源不同。紧急避险的危险来源包括人的不法侵害以及自然力的侵害、动物的侵袭等；而正当防卫的危险来源只限于人的不法侵害。（2）侵害对象不同。紧急避险是损害第三者的合法权益；而正当防卫则只能损害实施不法侵害的人的利益。

(3) 紧急避险要求必须是在不得已的情况下才可实施；而正当防卫无此限制。(4) 限度不同。紧急避险造成的损害只能小于躲避的损害，不能等于或大于躲避的损害；而正当防卫应根据实际情况综合判断。(5) 紧急避险不适用于职务上、业务上负有特定责任的人；而正当防卫则无此限制。

第二节 犯罪的预备、未遂和中止

第二十二条 〔犯罪预备〕

为了犯罪，准备工具、制造条件的，是犯罪预备。

对于预备犯，可以比照既遂犯从轻、减轻处罚或者免除处罚。

本条是关于犯罪预备的概念及对预备犯处罚原则的规定。

【条文释义】

本条共分为2款。第1款是关于犯罪预备定义的规定。根据本款规定，犯罪预备是为实行犯罪准备工具、制造条件的行为。犯罪预备具备以下特征：(1) 行为人主观上具有犯罪的故意，且目的是使犯罪活动得以顺利实施，实现犯罪意图。(2) 行为人客观上实行了准备工具、制造条件的犯罪预备行为。准备工具，具体表现为：购买某种物品作为犯罪工具；制造犯罪工具；改装物品使之符合犯罪需要；租借他人物品作为犯罪工具；盗窃他人物品作为犯罪工具，等等。制造条件，是指除准备工具以外的一切为实行犯罪制造条件的预备行为。实践中主要表现为：调查犯罪场所与被害人行踪；出发前往犯罪场所或者守候被害人的到来；诱骗被害人前往犯罪场所；排除犯罪障碍；勾结犯罪同伙；寻找共犯人；制订犯罪计划，等等。(3) 事实上未能着手实行犯罪。主要包括预备行为没有实施终了和预备行为已经实施终了但由于某种原因未能着手实行犯罪这两种情况。(4) 未能着手实行犯罪是由于行为人意志以外的原因，即行为人本欲继续实施预备行为、着手实施犯罪，但由于违背行为人意志的原因，使得行为人客观上不可能继续实施预备行为，或者客观上不可能着手实行犯罪，或者使得行为人认识到自己客观上已经不可能继续实施预备行为与着手实行犯罪。这也是犯罪预备与在预备阶段的犯罪中止区别的重要标志。

第2款是关于对预备犯处罚原则的规定。对于预备犯，立法采取的是可以比照既遂犯从轻、减轻处罚或者免除处罚的规定，这是由于预备犯还没有着手实行犯罪，社会危害性小于既遂犯。但在实际中是否从轻、减轻、免除处罚，还需对整个案件进行综合研究后决定，如果行为人准备实行特别严重的犯罪，手段特别恶劣的，也可以不予从轻、减轻处罚或者免除处罚。

【实务问题】

在实践中，需要注意犯罪预备与犯意表示的界限

犯意表示，是指以口头、书面或者其他方法将真实的犯罪意图表现于外部的行为。犯意表示是犯意的单纯流露，其与犯罪预备最本质的区别是犯罪预备对实行犯罪起促进作用，对刑法所保护的客体构成了现实的威胁；而犯意表示并没有对实行犯罪起促进作用，对刑法保护的客体没有构成现实的威胁。

第二十三条 〔犯罪未遂〕

已经着手实行犯罪，由于犯罪分子意志以外的原因而未得逞的，是犯罪未遂。

对于未遂犯，可以比照既遂犯从轻或者减轻处罚。

本条是关于犯罪未遂的概念及对未遂犯处罚原则的规定。

【条文释义】

本条共分为 2 款。第 1 款是关于犯罪未遂的概念的规定。按照本款规定，犯罪未遂应具备以下特征：

1. 犯罪分子已经着手实行犯罪

这是同犯罪预备相区别的主要标志。着手，就是开始实行《刑法》分则所规定的具体犯罪构成客观要件的行为。已经着手实行犯罪，意味着行为人已经从犯罪预备阶段进入实行阶段。《刑法》分则规定的实行行为包含多个环节或多种形式的行为，开始实施其中任何一个，即可认定为着手。例如，抢劫罪的实行行为包括：一是使用暴力、胁迫或者其他强制手段；二是取得财物。行为人开始实施暴力或者胁迫行为时，就已经着手实施抢劫行为。又如，拐卖妇女、儿童罪的实行行为，包括拐骗、绑架、收买、贩卖、接送、中转等形式。只要行为人以出卖为目的，实施上述行为之一的，即可认定为着手。

2. 犯罪未得逞

犯罪未得逞，是指行为人所追求的、行为性质所决定的危害结果没有发生，即行为人没有实现《刑法》分则规定的具体犯罪的犯罪构成。主要包括实际损害结果没有发生，或者没有造成某种危害结果的状态。需要注意的是，一些犯罪只要完成法定的犯罪行为，就构成犯罪既遂。

3. 犯罪未得逞是由于犯罪分子意志以外的原因

这是犯罪未遂与犯罪中止相区别的主要标志。犯罪分子意志以外的原因，是指始终违背犯罪分子意志的，客观上使犯罪不可能既遂，或者使犯罪分子认为不可能既遂从而被迫停止犯罪的原因。具体包括三种情况：一是抑制犯罪意志的原

因，即某种事实使得行为人认为自己客观上已经不可能继续实行犯罪，从而被迫停止犯罪。在这种情况下，对于是否继续实行犯罪，行为人主观上没有选择余地，只能被迫放弃犯罪，如行为人正在入室盗窃，突然听到警笛声音，便逃离了现场。即使该车不是警车或者虽是警车但并不是来抓行为人的，但由于行为人认为自己客观上已经不可能继续实行犯罪，仍然属于意志以外的原因。二是抑制犯罪行为的原因，即某种情况使得行为人在客观上不可能继续实行犯罪，如行为人正在盗窃，却被人当场抓获。三是抑制犯罪结果的原因，即行为人已将其认为应当实行的行为实行终了，但某种情况阻止了结果的发生。如果行为人自动放弃继续犯罪或者有效地防止犯罪结果的发生，属于自动中止，而不是犯罪既遂，如行为人把被害人打昏后扔到河中，以为被害人必死无疑，但实际上被害人被过往行人救上岸。

第 2 款是关于对未遂犯处罚原则的规定。根据本款规定，对于未遂犯，可以比照既遂犯从轻或减轻处罚。这里的“可以”从轻或减轻，是指不是一律从轻或减轻，而是应当根据案件的具体情况决定是否从轻或减轻。犯罪既遂是故意犯罪的完成形态。对此，我国《刑法》没有直接规定，按照刑法理论关于犯罪既遂的解释，大体可以分为三种主张：一是结果说，即造成了法律规定的犯罪结果；二是目的说，即达到了犯罪目的；三是构成要件说，即具备犯罪构成要件全部的要素情况。其中，构成要件说是刑法理论中关于犯罪既遂和未遂区分的通说。犯罪既遂的类型有以下几种：（1）结果犯。这是指不仅要实施具体犯罪构成客观要件的行为，而且必须发生法定的危害结果才构成既遂的犯罪。结果犯在实践中较为常见，如故意杀人罪、故意伤害罪、抢劫罪、盗窃罪等。（2）行为犯。这是指以法定犯罪行为的完成作为既遂标志，如强奸罪、脱逃罪等。（3）危险犯。这是指以行为人实施危害行为造成法律规定的发生某种危害结果的危险状态作为既遂标志，如放火罪、以危险方法危害公共安全罪。（4）举动犯。这是指行为人一着手犯罪实行行为即完成犯罪和完全符合构成要件，从而构成既遂的犯罪。具体分为两种情况：一是原本为预备性质的犯罪构成，如参加恐怖组织罪；二是教唆煽动性质的犯罪构成，如传授犯罪方法罪。

【实务问题】

在实践中，需要注意区分未遂犯与迷信犯的界限

迷信犯，是指意图造成某种危害后果而采取迷信方法，如行为人欲杀死仇人，以为盐水能致人死亡，便将盐水给仇人喝。迷信犯与未遂中的不能犯未遂有相似之处。刑法理论上以犯罪行为本身是否既遂为标准，将未遂分为能犯未遂和不能犯未遂。能犯未遂，是指因行为人的行为本身可能达到既遂，但由于行为人意志以外的原因而未得逞，如行为人持枪射击被害人，由于没瞄准而未打中。不

能犯未遂，是指因行为人所实施的行为本身就不可能达到既遂而未得逞，包括对象不能犯和手段不能犯。前者如行为人盗窃甲的钱包，结果钱包中没钱；后者如行为人欲毒死乙，但误将白糖当砒霜放入饭菜中。手段不能犯与迷信犯的区别如下：（1）迷信犯所实施的行为与认识完全相同，手段不能犯则产生了认识错误；（2）迷信犯的行为在任何情况下都不可能导致危害结果发生，手段不能犯则可能导致危害结果发生；（3）迷信犯不成立犯罪，手段不能犯则成立犯罪未遂。

第二十四条 〔犯罪中止〕

在犯罪过程中，自动放弃犯罪或者自动有效地防止犯罪结果发生的，是犯罪中止。

对于中止犯，没有造成损害的，应当免除处罚；造成损害的，应当减轻处罚。

本条是关于犯罪中止的概念及对中止犯处罚原则的规定。

【条文释义】

本条共分为 2 款。第 1 款是关于犯罪中止概念的规定。成立犯罪中止应同时具备以下条件：（1）必须发生在犯罪过程中。犯罪中止既可能发生在犯罪的预备阶段，也可能发生在犯罪的实行阶段。这里的“犯罪过程”，是犯罪既遂之前的整个犯罪过程。犯罪既遂后的任何主动弥补损失的行为都不是犯罪中止，只能作为悔罪表现在量刑时予以考虑。（2）必须是自动放弃犯罪或自动有效地防止犯罪结果发生。这里的“自动放弃犯罪”，是指行为人在着手实行犯罪之前，主动放弃并停止着手实施犯罪，或者在着手实施犯罪之后，犯罪结果发生之前，主动放弃继续犯罪。“自动有效地防止犯罪结果发生”，是指行为人在已经着手实施犯罪后，犯罪结果发生之前，主动放弃继续犯罪，并主动采取积极措施防止了犯罪结果的发生。如果行为人出于杀人的故意，在完全有条件把被害人杀死的情况下，主动放弃犯罪并将被害人送医院救治，避免了被害人死亡的结果，行为人成立犯罪中止；如果行为人采取了积极措施，仍然没有避免被害人死亡的结果，则不能成立犯罪中止。

第 2 款规定了对中止犯的处罚原则。由于犯罪中止可以在一定程度上避免犯罪结果的发生，说明中止犯的人身危险性已经消除或者减弱，对中止犯应减免处罚，这有利于鼓励行为人中止犯罪。

【实务问题】

在实践中，认定犯罪中止应注意以下三点：（1）行为人必须是真实地放弃犯罪，如果是时机不成熟暂时停止犯罪并伺机继续犯罪的，不能认定为犯罪中止。（2）行为人自动放弃重复侵害行为的，应认定为犯罪中止，而不是犯罪既遂。（3）实行行为终了，中止行为成立要求行为人必须作出实质的努力，该行为对防止犯罪结果发生起到了决定性的作用。如果行为人在杀人后，被害人尚未死亡时，喊了一声"救人啊"，便逃走了，即使被害人被他人送医院救治后脱险，行为人也不成立犯罪中止。

第三节 共同犯罪

第二十五条 〔共同犯罪〕

共同犯罪是指二人以上共同故意犯罪。

二人以上共同过失犯罪，不以共同犯罪论处；应当负刑事责任的，按照他们所犯的罪分别处罚。

本条是关于共同犯罪的规定。

【条文释义】

本条共分为2款。第1款规定了什么是共同犯罪。共同犯罪成立应具备以下条件：

（1）犯罪主体必须是2人以上，而且必须是达到刑事责任年龄、具备刑事责任能力的自然人。达到刑事责任年龄、具备刑事责任能力的人，支配没有达到刑事责任年龄、不具备刑事责任能力的人实施犯罪行为的，不构成共同犯罪。利用者在刑法理论上被称为间接正犯。

（2）各行为人必须具有共同犯罪的故意。这里有两层意思：一是具有共同的认识因素。这是指共同行为人不仅认识到自己在故意地实施犯罪，还认识到有其他行为人和自己一起共同配合实施犯罪。二是具有共同的意志因素。这是指共同行为人明知共同犯罪行为会造成某种危害社会的结果，并且希望或者放任这种危害结果发生。犯罪的共同故意，使共同行为人之间的行为彼此联系，相互配合，形成一致的共同犯罪活动。

（3）各行为人必须具有共同犯罪的行为。各个共同行为人的行为和所发生的犯罪结果之间都具有因果关系。共同犯罪的行为包括实行行为、组织行为、帮助行为。共同犯罪中的"实行行为"，是指直接实行《刑法》分则规定的行为。"组织行为"，是指组织犯所实施的指挥、策划、领导犯罪的行为。"帮助行为"，是指为其他共同行为人实行犯罪创造便利条件，在共同犯罪中起次要或辅助作用的行为。

第 2 款是关于 2 人以上共同过失犯罪的处理规定。本款规定包含了两层意思：一是 2 人以上共同过失犯罪，不以共同犯罪论处，即由于 2 人以上共同过失犯罪造成同一危害结果的，不以共同犯罪定罪量刑。这也从另一方面说明共同犯罪必须是共同故意犯罪。二是由于 2 人以上共同过失犯罪造成危害结果，应当负刑事责任的，按照他们所犯的罪分别处罚，而不以共同犯罪论处。

【实务问题】

在实践中，根据“共同故意”这一条件的要求，下列情况不成立共同犯罪：

（1）共同过失犯罪的，不成立共同犯罪。共同犯罪之所以比单独犯罪具有更大的危害性，其原因在于它是基于共同犯罪的故意结成的犯罪活动的整体。过失犯罪就不具有共同犯罪所要求的那种整体性。共同过失犯罪时，只根据各人过失犯罪情况定罪量刑即可，不以共同犯罪论处。

（2）故意犯罪行为与过失犯罪行为缺少共同的故意，因而不成立共同犯罪。

（3）同时犯不成立共同犯罪。同时犯，是指 2 人以上同时以各自行为侵害同一对象，但彼此之间无意思联络的情况。例如，甲、乙趁丙不在家之际，不谋而合同时入室盗窃，由于二者主观上没有意思联络，故不成立共同犯罪。

（4）实行过限，即实行行为超出了原先的预谋，不成立共同犯罪。例如，甲与乙共同盗窃丙的财物，甲盗窃完毕后即逃离现场，乙除了实施盗窃行为之外，还在被丙发现后，将丙打成重伤，对此甲毫不知情，甲成立盗窃罪的共同犯罪，但不成立抢劫罪的共同犯罪。

（5）事前无通谋的窝藏、包庇、窝藏赃物、销售赃物等行为，不构成共同犯罪。但如果事前有通谋的，则成立共同犯罪。

（6）共同犯罪的犯罪形态。就共同正犯而言，当所有正犯都自动中止犯罪时，均成立中止犯。共同正犯中的一部分正犯自动停止犯罪，并阻止其他正犯实施犯罪或防止结果发生的，这部分正犯就是中止犯，其他被阻止实施犯罪的则是未遂犯。如果共同正犯中一部分正犯中止自己的行为，其他正犯的行为导致结果发生时，均成立既遂。如果参与共同谋划实施共同犯罪的人实施了部分行为，其他人完成了全部犯罪，实施部分犯罪的人也构成既遂。例如，甲、乙、丙一起准备工具预谋某日抢劫，当日甲没有前往，而由乙、丙实施抢劫，甲也构成抢劫既遂，这就是刑法理论上的“部分行为全部责任”。教唆犯、帮助犯自动中止教唆行为、帮助行为，并阻止实行犯的行为或其结果时，成立教唆犯、帮助犯的中止犯。停止对于教唆犯、帮助犯来说是出于意志以外的原因时，教唆犯、帮助犯属未遂犯。

第二十六条 〔主犯〕

组织、领导犯罪集团进行犯罪活动的或者在共同犯罪中起主要作用的，是主犯。

三人以上为共同实施犯罪而组成的较为固定的犯罪组织，是犯罪集团。

对组织、领导犯罪集团的首要分子，按照集团所犯的全部罪行处罚。

对于第三款规定以外的主犯，应当按照其所参与的或者组织、指挥的全部犯罪处罚。

本条是关于主犯和犯罪集团的定义及对犯罪集团首要分子、主犯如何处罚的规定。

【条文释义】

本条共分为4款。第1款规定了主犯的范围。按照相关立法规定，主犯应分为两类：（1）首要分子，包括在犯罪集团中起组织、领导作用的首要分子。“组织”，主要是指为首纠集他人组成犯罪集团，使集团成员固定或基本固定。联系《刑法》第97条的规定，“领导”就是指“策划”“指挥”。“策划”，主要是指为犯罪集团的犯罪活动出谋划策，主持制订犯罪活动计划。“指挥”，主要是指根据犯罪集团的计划，直接指使、安排集团成员的犯罪活动。从司法实践看，犯罪集团的组织者通常又策划、指挥集团的犯罪活动，但有的也存在分工情况。只要从事上述活动之一的，便是首要分子，故犯罪集团中的首要分子既可以是1人，也可以是2人以上。（2）其他在犯罪集团或一般共同犯罪中起主要作用的犯罪分子，即在犯罪集团中除首要分子以外的在共同犯罪中对犯罪的组织、实施、完成起决定或重要作用的犯罪分子。

第2款规定了犯罪集团，即3人以上为共同实施犯罪而组成的较为固定的犯罪组织。犯罪集团通常具有以下特征：（1）人数较多，即3人以上，2人不足以成为集团。（2）较为固定。表现为有明显的首要分子，重要成员固定或基本固定，一般有分工，较长时间内存在。（3）目的明确。犯罪集团的形成是为了反复多次实施一种或数种犯罪行为；集团的犯罪活动通常有预谋、有计划地进行，即便是突发性作案，往往也是在集团的总的犯罪故意支配下进行的。（4）危害严重。犯罪集团成员较多，能够实施单个人或一般共同犯罪人难以实施的重大犯罪，一般有预谋、有计划，社会危害性严重。

第3款和第4款规定了对主犯的处罚。对于犯罪集团的首要分子，按照犯罪集团所犯的全部罪行处罚，即首要分子要对其组织、领导的犯罪集团进行犯罪活动的全部罪行承担刑事责任。需要说明的是，这里的“集团所犯的全部罪行”，并不是指集团全体成员所犯的全部罪行，集团成员超出集团犯罪计划，独自实施的犯罪行为，不属于集团所犯的罪行，首要分子对此不承担刑事责任。对于犯罪集团首要分子之外的主犯，按照其所参与的或者组织、指挥的全部犯罪处罚。立法作此规定，也是考虑到首要分子以外的主犯在共同犯罪中的作用和造成的社会危害性相对于首要分子来说小些。

【实务问题】

（1）在实践中，需要对主犯和首要分子两个概念进行区分。如前所述，犯罪集团中的首要分子一般系主犯，但主犯还包括其他起主要作用的犯罪分子，这部分人就不是首要分子。所以，主犯不能等同于首要分子，二者虽然在一定范围内存在交叉，但属于完全不同的两个概念，需要根据具体案情来分析判断。

（2）根据《刑法》的规定，聚众犯罪可以分为两类：一类是属于共同犯罪的聚众犯罪。例如，《刑法》第 317 条第 2 款规定的暴动越狱罪和聚众持械劫狱罪，首要分子、积极参加者和其他参加者均应承担刑事责任。另一类聚众犯罪是否属于共同犯罪，则要依案件的具体情况而定。例如，《刑法》第 291 条规定的聚众扰乱公共场所秩序、交通秩序罪，《刑法》规定只处罚首要分子，故只有当首要分子为 3 人以上时，才构成共同犯罪。但首要分子只有 1 人时，不成立共同犯罪。

第二十七条 〔从犯〕

在共同犯罪中起次要或者辅助作用的，是从犯。

对于从犯，应当从轻、减轻处罚或者免除处罚。

本条是关于从犯的规定。

【条文释义】

本条共分为 2 款。第 1 款规定了从犯的概念。包括两种情况：一是在共同犯罪中起次要作用的犯罪分子，这主要是指直接参加犯罪构成要件行为的实行，但仅起次要作用；二是在共同犯罪中起辅助作用的犯罪分子，即为共同犯罪提供方便、帮助创造条件的犯罪分子，主要是指帮助犯。

第 2 款规定了对从犯的处罚。对于从犯应当从轻、减轻处罚或者免除处罚。这主要是考虑到从犯在共同犯罪中的作用和产生的危害后果较轻。

【实务问题】

对于从犯并没有规定要比照主犯减免处罚，这一点需要注意。

第二十八条　〔胁从犯〕

对于被胁迫参加犯罪的，应当按照他的犯罪情节减轻处罚或者免除处罚。

本条是关于对胁从犯的处罚的规定。

【条文释义】

这里的“被胁迫”，是指因受到暴力威胁等精神强制而被迫参加犯罪活动。之所以对胁从犯追究刑事责任，是因为其虽然受到胁迫，但其意志仍然是自由的，其精神强制区别于失去意志自由的身体强制，如果行为人在身体完全受强制、完全丧失意志自由时实施了某种行为，由于主观上没有罪过，不构成胁从犯。例如，抢劫犯持枪抢劫银行，用枪逼迫银行职员打开保险柜，银行职员因为完全丧失意志自由，不构成抢劫罪的胁从犯。

对于被胁迫参加犯罪的，应当按照其犯罪情节减轻处罚或者免除处罚。这里的“犯罪情节”，主要包括两个方面：一是被胁迫的程度；二是在共同犯罪中所起的作用。

【实务问题】

在实践中，有些行为人开始受到胁迫犯罪，后发生变化，积极主动犯罪，并在共同犯罪中起到了主要作用，就不宜认定为胁从犯并对其减免处罚。

第二十九条　〔教唆犯〕

教唆他人犯罪的，应当按照他在共同犯罪中所起的作用处罚。教唆不满十八周岁的人犯罪的，应当从重处罚。

如果被教唆的人没有犯被教唆的罪，对于教唆犯，可以从轻或者减轻处罚。

本条是关于对教唆犯的处罚的规定。

【条文释义】

本条共分为2款。教唆犯是以授意、怂恿、劝说、利诱或者其他方法故意唆使他人犯罪的人。其成立条件如下：（1）就教唆对象而言，必须是教唆达到法定年龄、具有辨认和控制自己行为能力的人。否则，不成立教唆犯，而成立间接正犯，如成年人唆使10岁儿童杀人的，成立故意杀人罪的间接正犯。（2）就客观方面而言，必须有教唆他人犯罪的行为，即教唆行为。教唆行为的实质是引起他人的犯罪故意。教唆行为必须是唆使他人实施较为特定犯罪的行为，让他人实施所谓不特定犯罪的，难以认定为教唆行为。但是，只要所教唆的是较为特定的犯罪，即使该犯罪的对象暂时不存在，而是以出现对象为条件的，也不失为教唆行为。例如，教唆盗窃的，虽然还没有出现被盗窃对象，也成立教唆行为。教唆行为的形式既可以是口头的，也可以是书面的，还可以采取劝告、引诱、怂恿、命令、哀求、威胁等，但如果威胁、强迫达到了被教唆人丧失意志自由的程度，则成立间接正犯。教唆行为成立不要求行为人就具体犯罪的时间、地点、方法、手段等作出指示。（3）就主观方面而言，必须有教唆故意。教唆犯只能由故意构成，过失不可能成立教唆犯。

第 1 款规定了教唆犯一般情况下的处罚原则和从重处罚的情形，即教唆他人犯罪的，应当按照他在共同犯罪中所起的作用处罚。教唆犯“在共同犯罪中所起的作用”，是指教唆犯实施教唆行为所采取的方法、手段及教唆的程度，对完成共同犯罪所起的作用。教唆犯在共同犯罪中起主要作用的，按主犯处罚；起次要作用的，按从犯处罚。教唆不满 18 周岁的人犯罪的，应当从重处罚。这是出于对未成年人的保护，也是考虑到未成年人思想尚未成熟，社会阅历浅，教唆未成年人犯罪具有较大的社会危害性而作的专门规定。

第 2 款是关于对教唆犯从轻或者减轻处罚的规定。被教唆的人没有犯被教唆的罪，对于教唆犯，可以从轻或者减轻处罚。包括两种情况：一是教唆犯的教唆对被教唆人没有起到促成犯意、实施犯罪的作用，被教唆人既没有实施教唆犯教唆的犯罪，也没有实施其他犯罪；二是被教唆人没有犯被教唆的罪，但因受教唆而犯了其他罪。考虑到实践中，被教唆人没有犯被教唆的罪的实际情况较为复杂，不能一概从轻或者减轻处罚，所以立法在这里用了“可以”，而没有用“应当”。

【实务问题】

在实践中，认定教唆犯时应注意以下问题：第一，对教唆犯，应当依照他所教唆的罪定罪，而不能定教唆罪，如教唆他人抢劫的，定抢劫罪；教唆他人放火的，定放火罪。如果被教唆的人对被教唆的罪产生误解，实施了其他犯罪，或者在犯罪时超出了被教唆之罪的范围，教唆犯只对自己所教唆的犯罪承担刑事责任。第二，对于间接教唆也应按教唆犯处罚。间接教唆，是指教唆教唆者的情况，如甲教唆乙，让乙教唆丙实施故意杀人，甲的行为就是间接教唆。对于间接教唆，也应按教唆犯处罚，即按照所教唆的罪定罪处罚。

第四节　单位犯罪

第三十条　〔单位犯罪的概念〕

公司、企业、事业单位、机关、团体实施的危害社会的行为，法律规定为单位犯罪的，应当负刑事责任。

本条是关于单位犯罪概念的规定。

【条文释义】

单位犯罪，是区别于自然人犯罪的一种特殊犯罪形态，是指以单位为主体的犯罪。单位犯罪，既不是单位各个成员犯罪的集合，也不是单位的所有成员共同犯罪。这里的“单位”包括公司、企业、事业单位、机关、团体，既包括法人，也包括非法人组织。上述单位实施的危害社会的行为，法律规定为单位犯罪的，应当负刑事责任。这种将社会危险较大，容易由单位实施的危害社会行为规定为单位犯罪，体现了罪刑法定原则。1979 年《刑法》中没有规定单位犯罪，1997 年修订后的《刑法》采用总则与分则相结合的方式确定了单位犯罪及其刑事责任。单位犯罪有四个基本特征：（1）单位犯罪的主体包括公司、企业、事业单位；“公司、企业、事业单位”的范围，根据最高人民法院《关于审理单位犯罪案件具体应用法律有关问题的解释》第 1 条的规定，单位既包括国有、集体所有的公司、企业、事业单位，也包括依法设立的合资经营、合作经营企业和具有法人资格的独资、私营等公司、企业、事业单位。（2）只有法律明文规定单位可以成为犯罪主体的，才能追究单位的刑事责任。（3）单位犯罪与自然人犯罪一样，要求有故意与过失，有时还要求特定的目的。认定单位犯罪的故意，要求单位的决策机构按照单位的决策程序作出了故意犯罪的决定；认定单位犯罪的过失，也要求单位作出的行为是由单位的决策机构按照单位的决策程序作出的，并造成了危害社会的结果。这也就是说，必须得经过单位的决策机构决策形成单位的整体意志，并由直接责任人员具体实施。基于此，盗用单位名义实施犯罪，违法所得由实施犯罪的个人私分的，或者单位内部成员实施的个人犯罪行为，依照《刑法》有关自然人犯罪的规定定罪处罚。（4）单位犯罪通常是为本单位或以单位名义为单位全体成员谋取非法利益，仅仅为单位少数人员谋取非法利益的，不成立单位犯罪。

【实务问题】

认定单位犯罪，应注意以下几个问题：（1）个人为进行违法犯罪活动而设立的公司、企业、事业单位实施犯罪的，或者公司、企业、事业单位设立后，以实施犯罪为主要活动的，不以单位犯罪论处。（2）涉嫌犯罪的单位被撤销、注销、吊销营业执照或者宣告破产的，应当根据《刑法》关于单位犯罪的相关规定，对实施犯罪行为的该单位直接负责的主管人员和其他直接责任人员追究刑事责任，对该单位不再追诉。（3）单位犯罪是一个犯罪主体，不同于共同犯罪，该单位也不一定是非法组织，因此不同于集团犯罪。单位犯罪若符合共同犯罪成立条件时，成立单位共同犯罪。（4）符合我国法人资格条件的外国公司、企业、事业单位，在我国领域内实施危害社会的行为，构成犯罪的，按照《刑法》关于单位犯罪的规定追究刑事责任。个人在我国领域内进行违法犯罪活动而设立的外国公司、企业、事业单位实施犯罪的，或者外国公司、企业、事业单位设立后在我国领域内以实施违法犯罪为主要活动的，不以单位犯罪论处。（5）在实践中，以单位分支机构或者内设机构、部门的名义实施犯罪，违法所得亦归分支机构或者内部机构、部门所有的，应认为成立单位犯罪。

第三十一条 〔单位犯罪的处罚〕

单位犯罪的，对单位判处罚金，并对其直接负责的主管人员和其他直接责任人员判处刑罚。本法分则和其他法律另有规定的，依照规定。

本条是关于单位犯罪的处罚原则的规定。

【条文释义】

根据本条规定，对单位犯罪，一般采取双罚制的原则，即单位犯罪的，对单位判处罚金，同时对单位直接负责的主管人员和其他直接责任人员判处刑罚。在实践中，由于单位犯罪的复杂性，为了体现罪刑相适应的原则，本条规定了例外的情况，即“本法分则和其他法律另有规定的，依照规定”。对于有的单位犯罪，《刑法》分则规定了单罚制，即单位犯罪，不对单位判处罚金，只对直接责任人员作出处罚，如《刑法》第162条规定的妨害清算罪。

【实务问题】

对于单位人员为谋取单位利益实施犯罪行为，而《刑法》没有明确规定为单位犯罪的，如何处理，目前尚无定论，但最高人民检察院《关于单位有关人员组织实施盗窃行为如何适用法律问题的批复》规定，单位有关人员为谋取单位利益组织实施盗窃行为，情节严重的，应当依照《刑法》第264条的规定以盗窃罪追究直接责任人员的刑事责任。

第三章 刑 罚

第一节 刑罚的种类

第三十二条 〔刑罚的分类〕

刑罚分为主刑和附加刑。

本条是关于刑罚分类的规定。

【条文释义】

刑罚是《刑法》规定的适用于限制或剥夺罪犯权益的最严厉的刑事制裁方法。《刑法》第2条规定，我国刑法的任务是用刑罚同一切犯罪行为作斗争。刑罚是完成刑法任务的最主要方式，刑罚与非刑罚处理方法共同构成了针对犯罪的刑事责任的刑事法网。刑罚的目的是预防犯罪，包括特殊预防与一般预防。刑罚目的决定并制约着刑罚种类、内容的改革进程和刑罚体系的发展方向，刑罚目的应当成为刑法规范条文中的重要组成部分。《刑法》所规定的并依照一定次序排列的各种刑罚方法的总和就是刑罚体系。在各国刑罚体系中，根据不同的标准，刑罚分类有两种划分方法：一是以刑罚所剥夺或者限制犯罪分子的权利的性质为标准，将刑罚方法分为生命刑、自由刑、财产刑、资格刑四类；二是以刑罚方法应当单独适用还是可以附加适用为标准，将刑罚方法分为主刑和附加刑两类。根据本条规定，我国采取后一种方式，将刑罚方法分为主刑和附加刑两大类。一般而言，主刑在刑罚体系中居于重要地位，附加刑则居于次要地位。而刑罚分类、刑种地位及结构内容等都是在刑罚目的的指导和制约下确定的。

刑罚逐渐趋于轻缓是各国刑罚发展的总体趋势。我国刑罚方法的发展经过了繁杂的实践过程。中华人民共和国成立前的民主革命时期，各个革命根据地和解放区人民政府所制定的刑罚方法主要有死刑、无期徒刑、有期徒刑、拘役、劳役、剥夺公民权、罚金、没收财产等。中华人民共和国成立后，最高人民法院曾于1956年将各地适用的刑罚整理归纳为十种，分别是死刑、无期徒刑、有期徒刑、劳役、管制、逐出国境、剥夺政治权利、没收财产、罚金和公开训诫，使各地人民法院对刑罚方法的适用得到了统一。1979年《刑法》在对过去适用的刑罚进行比较的基础上，参考了各国立法例，并根据我国同犯罪作斗争的实际需要，选择确定了刑罚的种类，形成了一个宽严相济、内容合理，有主有附、主附分明，目标统一、方法人道，有轻有重、轻重衔接，结构严谨、体系完整的极为科学的刑罚体系。1997年《刑法》没有对刑罚体系进行调整，沿用了上述刑罚体系。

【实务问题】

主刑，也称基本刑罚，是指对罪犯适用的主要刑罚方法。它的特点是只能独立适用，而不能作为其他刑罚的附加来适用，也不能两个以上主刑同时并用。在我国，主刑包括管制、拘役、有期徒刑、无期徒刑和死刑五种。《刑法修正案（八）》对《刑法》的主刑进行了四处修改：一是管制刑增加了判处禁止令的内容和依法实行社区矫正的非监禁的行刑方式；二是有期徒刑数罪并罚上限由最高不能超过20年上调为25年，即总和刑期35年以上的，数罪并罚最高不能超过25年；三是死刑适用对象进一步控制，即排除审判时已满75周岁的人（但以特别残忍手段致人死亡的除外）；四是死缓期间确有重大立功表现，2年期满以后，减为25年有期徒刑。

附加刑，是指补充主刑适用的刑罚方法，它既可以随主刑附加适用，也可以独立适用。在我国，附加刑包括罚金、剥夺政治权利和没收财产三种，驱逐出境也是附加刑体系中的一种特殊的刑罚，只不过单独对外国人适用。此外，《刑法》第36、37条还规定了对犯罪分子适用的非刑罚处理方法。

第三十三条 〔主刑的种类〕

主刑的种类如下：

（一）管制；

（二）拘役；

（三）有期徒刑；

（四）无期徒刑；

（五）死刑。

本条是关于主刑种类的规定。

【条文释义】

根据本条规定，我国的主刑包括五项：

一是管制。管制是主刑中最轻的一种刑罚，它是我国独创的一种限制自由的刑罚方法。原来意义上的“管制”，是指对罪犯不予关押，但限制其一定人身自由，由公安机关予以执行的刑罚方法。《刑法修正案（八）》修改后的现行意义上的“管制”，是指对罪犯不予关押，但限制其一定人身自由，由矫正机关依法实行社区矫正的刑罚方法。管制主要适用于那些罪行较轻，不需要关押，但又要限制一定人身自由的罪犯。

二是拘役。拘役是短期剥夺罪犯人身自由，就近执行并实行劳动改造的刑罚方法。它是一种短期剥夺自由刑，是介于管制和有期徒刑之间的一种较轻的刑罚。

三是有期徒刑。有期徒刑是剥夺罪犯一定期限的人身自由，对有劳动能力的实行强制劳动，使其接受教育和改造的刑罚方法。有期徒刑是最主要的自由刑，实践中适用面最广，可以适用于各种犯罪的罪犯。

四是无期徒刑。无期徒刑是终身剥夺罪犯人身自由，对有劳动能力的实行强制劳动，使其接受教育和改造的刑罚方法。无期徒刑是自由刑中最严厉的刑罚方法，主要体现在剥夺罪犯终身自由，它也是仅次于死刑的一种刑罚方法。

五是死刑。死刑是剥夺罪犯生命的刑罚，只能对具有刑事责任能力，实施极其严重犯罪的自然人适用，因此又称生命刑。死刑是使罪犯生命结束而脱离社会的一种最严厉的刑事制裁方法，因而也称之为极刑。死刑包括立即执行和缓期2年执行两种情况。

【实务问题】

《刑法修正案（八）》对管制作了部分修改，不再由公安机关予以执行，而是由矫正机关予以执行，并且依法实行社区矫正。

拘役是刑罚方法之一，它与刑事拘留、民事拘留、行政拘留都是短期剥夺人身自由的强制方法，但它们之间在性质、适用对象、适用机关、法律后果等方面有明显的区别。

有期徒刑是适用面最广的刑罚方法，其基本内容就是对服刑人实行劳动改造。因此，在有期徒刑的执行过程中，对有劳动能力的犯罪分子，都应当组织其参加劳动，接受教育和改造。对没有劳动能力的，则不能要求其参加劳动，以体现我国刑罚的人道主义精神。

无期徒刑应当是剥夺罪犯终身自由的刑罚，但实际上罪犯并非被关押至死，这不同于某些国家刑法中规定的终身监禁，而是实行惩罚与改造相结合的方针，给予罪犯悔过自新、重新做人的机会。根据《刑法》的有关规定，被判处无期徒刑的罪犯通过减刑、假释的合法途径可以及早回归社会。

我国一直实行少杀、慎杀的死刑政策，《刑法修正案（八）》取消了13种经济性、非暴力性犯罪的死刑，并且原则上排除了已满75周岁老年罪犯的死刑。

《中华人民共和国刑法修正案（九）》（简称《刑法修正案（九）》）又取消了 9 个在司法实践中“备而不用”的死刑罪名。逐步减少、控制死刑应该是我国未来刑事立法和刑事司法基本走向的主流发展态势。

第三十四条 〔附加刑的种类〕

附加刑的种类如下：

（一）罚金；

（二）剥夺政治权利；

（三）没收财产。

附加刑也可以独立适用。

本条是关于附加刑的种类和适用方式的规定。

【条文释义】

本条共分为 2 款。第 1 款是关于附加刑种类的规定。根据本款规定，我国附加刑包括如下三项：一是罚金。它是强制罪犯向国家缴纳一定数额金钱的刑罚方法。罚金主要适用于贪财图利或者与财产有关的犯罪，如破坏社会主义市场经济秩序罪、侵犯财产罪以及贪污贿赂罪，也适用于少数妨害社会管理秩序的轻罪。二是剥夺政治权利。它是依法剥夺罪犯政治活动权利和参加国家管理的刑罚方法。剥夺政治权利适用的范围较为广泛，既适用于严重犯罪，也适用于较轻犯罪；既适用于危害国家安全的犯罪，也适用于普通刑事犯罪。三是没收财产。它是将罪犯个人所有财产的一部分或者全部强制无偿地收归国有的刑罚方法。没收财产属于财产刑中较重的一种刑罚。没收财产适用的范围主要是贪利型犯罪和财产型犯罪，同时也适用于危害国家安全的严重犯罪。

第 2 款是关于附加刑适用方式的规定。根据本款规定，附加刑除了附加适用外，也可以独立适用。

【实务问题】

附加刑是补充主刑适用的刑罚方法。它的特点是既能独立适用，又可以随主刑附加适用。其中的罚金，不仅可以适用于自然人犯罪，也可以适用于单位犯罪。关于罚金的适用，实践中应注意其与罚款的区别，二者在性质、适用机关、法律依据、适用对象上均有明显的不同。

关于剥夺政治权利的适用，尽管剥夺政治权利适用的范围较为广泛，但无论是独立适用还是附加适用，都必须有《刑法》明文规定。如果《刑法》没有明文规定独立适用或附加适用剥夺政治权利，就不得予以适用。

关于没收财产的适用，应注意其与没收犯罪物品的区别。根据《刑法》第64条的规定，追缴犯罪所得的财物、没收违禁品和供犯罪所用的本人财物，均不属于没收财产。没收财产只限于没有用于犯罪的且属于犯罪分子本人合法所有的财产，不能以追缴犯罪所得财物、没收违禁品和供犯罪所用的本人财物来顶替没收财产。

第三十五条　〔驱逐出境〕

对于犯罪的外国人，可以独立适用或者附加适用驱逐出境。

本条是关于驱逐出境的规定。

【条文释义】

驱逐出境，是指强迫犯罪的外国人离开中国国（边）境的刑罚方法。它是一种专门适用于在我国犯罪的外国人的一种特殊的附加刑，既可以独立适用，又可以附加适用。驱逐出境作为一种刑罚方法，是我国国家主权及司法自主权的体现。任何在我国境内的外国人都应遵守我国的法律、法规。由于对犯罪的外国人适用驱逐出境，往往会影响到国与国之间的关系。因此，条文中采用“可以”驱逐出境，具有很大的灵活性，应根据案件的情况及国际斗争形势的需要来决定。

【实务问题】

在适用驱逐出境时，应注意以下三个问题：

（1）独立适用驱逐出境的，从判决确定之日起执行；附加适用驱逐出境的，从主刑执行完毕之日起执行。

（2）并非对于所有在我国领域内犯罪的外国人都可以适用驱逐出境。如果外国人在我国领域内犯罪，其享有外交特权和豁免权的，则应通过外交途径解决；除此之外的所有外国人在我国领域内犯罪的，应一律适用我国《刑法》。

（3）作为刑罚方法的驱逐出境与作为行政处罚的驱逐出境是不同的。二者在适用的法律、机关、程序以及执行的时间上均有所区别，如前者适用的对象是在我国境内犯罪的外国人；而后者适用的对象是违反我国行政法规并且情节严重的外国人。

第三十六条　〔赔偿经济损失与民事赔偿责任〕

由于犯罪行为而使被害人遭受经济损失的，对犯罪分子除依法给予刑事处罚外，并应根据情况判处赔偿经济损失。

承担民事赔偿责任的犯罪分子，同时被判处罚金，其财产不足以全部支付的，或者被判处没收财产的，应当先承担对被害人的民事赔偿责任。

本条是关于判处赔偿经济损失和民事赔偿优先的规定。

【条文释义】

本条共分为 2 款。第 1 款是关于判处赔偿经济损失的规定。根据本款规定，由于犯罪行为而使被害人遭受经济损失的，对犯罪分子除依法给予刑事处罚外，并应根据情况判处赔偿经济损失。判处赔偿经济损失是刑事附带民事诉讼的结果，性质属于一种民事强制处分。这也就是说，判处赔偿经济损失是以判处刑事处罚为前提，并且只能适用于犯罪行为导致被害人遭受经济损失的情况，实质上只是实现民事赔偿责任的方式。所谓赔偿经济损失，是指人民法院根据犯罪行为给被害人造成的经济损失的大小，判处罪犯向被害人赔偿一定数额的金钱，作为被害人经济损失的适当补偿。

第 2 款是关于民事赔偿优先的规定。根据本款规定，人民法院对于既要承担民事赔偿责任，又要判处罚金或没收财产的罪犯，但其财产难以支付时，应当先让罪犯承担对被害人的民事赔偿责任，以充分保护被害人的合法权益。显然，如果罪犯不先承担对被害人的民事赔偿，那就必然会影响对被害人合法权益的保护。

【实务问题】

人民法院对罪犯判处赔偿经济损失，应当注意三个条件：第一，存在因果关系。罪犯的犯罪行为导致了被害人的经济损失，即犯罪行为与经济损失存在因果关系。第二，适用对象必须是依法判处刑事处罚的罪犯。这种判处赔偿经济损失与针对免予刑罚处罚的罪犯所判处的责令赔偿损失是不同的，因而它不属于非刑罚处罚措施。第三，判处赔偿经济损失的数额应当与犯罪行为所导致的被害人经济损失大小基本相适应。

第三十七条 〔非刑罚处罚措施〕

对于犯罪情节轻微不需要判处刑罚的，可以免予刑事处罚，但是可以根据案件的不同情况，予以训诫或者责令具结悔过、赔礼道歉、赔偿损失，或者由主管部门予以行政处罚或者行政处分。

本条是关于非刑罚处罚措施的规定。

【条文释义】

非刑罚处罚措施，是指人民法院对罪犯采取刑罚以外的其他处理方法的总称，即对于犯罪情节轻微不需要判处刑罚、免予刑事处罚的罪犯，采取的刑罚以外的处理方法的总称。所谓犯罪情节轻微，是指从犯罪分子的主客观情节来看，社会危害程度较小的犯罪，如法定最高刑为 3 年以下有期徒刑的犯罪，可以视为轻罪范围。所谓不需要判处刑罚，是指根据行为人的身份性质、危害社会的程度、犯罪前后的行为表现等认为不需要适用刑罚。所谓可以免予刑事处罚，是指根据《刑法》规定具有可以或应当免除刑罚的情节时，才可以决定免予刑事处罚。

根据本条规定，非刑罚处罚措施具体包括六种：训诫、责令具结悔过、赔礼道歉、赔偿损失、由主管部门予以行政处罚或者行政处分。所谓训诫，是指人民法院对罪犯当庭予以批评、谴责，责令其改过自新，不再犯罪的方法。所谓责令具结悔过，是指人民法院责令罪犯采用书面方式保证悔改，不再犯罪的方法。所谓赔礼道歉，是指人民法院责令罪犯当面向被害人承认错误，表示歉意，并保证不再犯罪的方法。所谓赔偿损失，是指人民法院根据犯罪行为给被害人造成的经济损害的情况，责令罪犯给予被害人一定经济赔偿的处理方法。所谓由主管部门予以行政处罚，是指由人民法院建议主管部门对罪犯予以罚款、行政拘留等行政处罚。所谓由主管部门予以行政处分，是指由人民法院建议主管部门对罪犯予以警告、记过、记大过、降职、留用察看、开除等行政处分。

【实务问题】

本条所规定的非刑罚处罚措施，包括教育性和行政制裁性措施。其适用必须具备两个条件：一是行为人的行为已经构成轻微犯罪。这是适用非刑罚处理方法的前提，表明国家对犯罪行为的一种否定评价。但是，如果情节显著轻微，危害不大，不认为是犯罪的，则不能适用。二是犯罪情节轻微不需要判处刑罚，可以免予刑事处罚。非刑罚的处理方法只能适用于轻罪，但并非一切轻罪都可以免予刑事处罚，必须是人民法院认为不需要适用刑罚，借助于非刑罚的处理方法也能达到预防犯罪和改造犯罪分子的目的时，才能适用。免予刑事处罚后，根据案件的不同情况需要采取其他方式处理（即行政制裁措施）的，虽然这种处理不是刑罚，但仍是因为犯罪而在刑法上引起的直接法律后果。

另外，还应当特别注意的是，《刑法》第 36 条规定的判处赔偿经济损失，与第 37 条规定的责令赔偿损失存在重要区别。对于本来应当判处刑罚或者实际已经判处刑罚的，还可以根据《刑法》第 36 条有关规定判处赔偿经济损失，但不能再适用非刑罚措施来处理，包括不能适用责令赔偿损失这种非刑罚措施。

第三十七条之一 〔禁止从事特定职业〕

因利用职业便利实施犯罪，或者实施违背职业要求的特定义务的犯罪被判处

刑罚的，人民法院可以根据犯罪情况和预防再犯罪的需要，禁止其自刑罚执行完毕之日或者假释之日起从事相关职业，期限为三年至五年。

被禁止从事相关职业的人违反人民法院依照前款规定作出的决定的，由公安机关依法给予处罚；情节严重的，依照本法第三百一十三条的规定定罪处罚。

其他法律、行政法规对其从事相关职业另有禁止或者限制性规定的，从其规定。

本条是关于禁止从事特定职业令的新种类的非刑罚处罚措施的规定。

本条为 2015 年 8 月 29 日通过的《刑法修正案（九）》所增加。

【条文释义】

本条共分为 3 款。第 1 款是有关禁止从事特定职业令的条件规定内容。禁止从事特定职业令的适用必须具备两个条件：一是犯罪行为人利用职业便利实施了有关犯罪已被判处刑罚，或者犯罪行为人实施了违背职业要求的特定义务的犯罪已被判处刑罚，即此种非刑罚的处理方法只能适用于职业犯罪者。其中涉及的职务犯罪既包括职务故意犯罪，也包括职务过失犯罪。这里的“便利”，是指犯罪行为人利用了从事其职业相关的工作上的方便条件，如熟知场所、流程等。这里的“特定义务”，是指有关职业活动明文规定的职责或业务要求，或者特殊职业活动必然要求的应当为之的行为。二是期限条件，禁止从事相关职业令的期限最低为 3 年、最高为 5 年，具体的期间是自刑罚执行完毕之日或者假释之日起开始计算至法院宣告禁止令所确定的具体年限（3—5 年）。

第 2 款是有关禁止从事特定职业令的法律后果的规定内容。根据本款规定，如果被禁止从事相关职业的人违反了人民法院依照第 1 款规定作出的禁止从事特定职业决定的，由公安机关依法给予处罚。如果属于情节严重的，则人民法院应当依照《刑法》第 313 条规定的拒不执行判决、裁定罪来定罪处罚。

第 3 款是有关禁止从事特定职业的特殊规定的例外情形的规定内容，或者说是不能适用《刑法》此种禁止从事特定职业的非刑罚处罚措施的规定内容。例外情形主要指《刑法》以外的其他法律、行政法规对其从事相关职业另有禁止或者限制性规定的情形。这是排除性的规定，明确不能适用的特殊情况。具体是指除了《刑法》第 54 条规定的判处剥夺政治权利的犯罪分子，不得担任国家机关职务以及不得担任国有公司、企业、事业单位和人民团体领导职务以外，我国在 28 部法律和有关法律问题的决定中对受过刑事处罚人员的资格禁止作出了规定。主要包括三种情形：一是禁止担任一定的公职的规定。例如，有关法律明确规定因犯罪受过刑事处罚的不得担任如下公职职务，包括警察、检察官、法官、陪审员、公务员、驻外外交人员等。二是禁止从事特定职业的规定。涉及的特定职业包括教师、律师、公证员、会计师、拍卖师、注册会计师、执业医师等。例如，《中华人民共和国教师法》规定，“受到剥夺政治权利或者故意犯罪受到有期徒刑以上刑事处罚的，不能取得教师资格；已经取得教师资格的，丧失教师资格”；《中华人民共和国律师法》规定，“不予颁发律师执业证书”的情形包括“受过刑事处罚的，但过失犯罪的除外”；《中华人民共和国注册会计师法》规定，“不予注册”的情形包括“因受刑事处罚，自刑罚执行完毕之日起至申请注册之日止不满五年的”；《中华人民共和国医师法》规定，“不予注册”的情形包括“受刑事处罚，刑罚执行完毕不满二年或者被依法禁止从事医师职业的期限未满”等。三是禁止从事特定活动的规定。例如，《中华人民共和国兵役法》（简称《兵役法》）规定，依照法律被剥夺政治权利的人不得服兵役。

【实务问题】

禁止从事特定职业令也可简称为禁业令，其作为一个新种类的非刑罚处罚措施，与原有的6种教育性或行政制裁性措施性质有所不同，它应当属于预防性的非刑罚处罚措施，主要是防止犯罪分子刑满以后再次利用职业和职务之便进行犯罪。应当明确的是，我国刑罚种类有主刑5种、附加刑4种，但禁业令不是一个新的刑种，而是一个新种类的非刑罚处罚措施。另外，与行政处罚不同的是，禁业令是《刑法》规定并由人民法院按照犯罪及犯罪人的具体情况，从预防再犯罪的目的出发依法裁决的刑事法律措施之一。从一定意义上讲，禁业令几乎与国外的保安处分措施性质相当。从刑事立法的价值上看，禁业令规定的着眼点是与职业相关的“便利”和“特定义务”，有关职务犯罪的犯罪性质或特点是适用此种非刑罚处理方法的前提条件，表明国家通过禁止从事特定职业令这种非刑罚处罚措施达到预防相关犯罪目的的基本立场。《中华人民共和国职业分类大典（2022年版）》将我国职业分为8个大类，79个中类，449个小类，1636个职业。实践中应当注意的是，禁止从事特定职业令中的职业范围是相对而言的，首先，其范围应当排除国家机关工作人员、警察、检察官、法官、陪审员、公务员、驻外外交人员等特定人员职业内容。其次，其范围也不包括所有的职业，而应当主要限定于具有较高行业标准或广泛涉及公共利益的职业。

第二节 管 制

第三十八条 〔管制的期限与执行〕

管制的期限，为三个月以上二年以下。

判处管制，可以根据犯罪情况，同时禁止犯罪分子在执行期间从事特定活动，进入特定区域、场所，接触特定的人。

对判处管制的犯罪分子，依法实行社区矫正。

违反第二款规定的禁止令的，由公安机关依照《中华人民共和国治安管理处罚法》的规定处罚。

本条是关于管制的期限、管制期间的禁止令和执行管制方式的规定。

【主要修改】

本条第 2、4 款内容为 2011 年 2 月 25 日通过的《刑法修正案（八）》所增加。原第 2 款作为第 3 款，原第 2 款内容为："被判处管制的犯罪分子，由公安机关执行。"

【条文释义】

本条共分为 4 款。第 1 款是关于管制期限的规定。管制并不是无限期的管制。根据本款规定，管制的期限为 3 个月以上 2 年以下。根据有关规定，数罪并罚时，管制最高也不能超过 3 年。

第 2 款是关于管制期间禁止令的规定。所谓禁止令，是指人民法院可以作出判决禁止罪犯从事三类特定事项的命令，即判处管制，可以根据犯罪情况，同时禁止犯罪分子在执行期间从事特定活动，进入特定区域、场所，接触特定的人。

第 3 款是关于执行管制方式的规定。原来法律规定，被判处管制的罪犯，由公安机关执行。《刑法修正案（八）》将其修改为："对判处管制的犯罪分子，依法实行社区矫正。"所谓社区矫正，是指将犯罪分子置于社区之内，由国家专门的社区矫正机关在判决生效期间，对犯罪分子行为及心理进行矫正的非监禁的刑罚执行活动。

第 4 款是关于违反禁止令的处理的规定。被判处管制的犯罪分子在管制期间，实施了违反有关禁止令规定的，公安机关应当依法予以治安处罚。

【实务问题】

禁止令不是管制的执行方法，也不是管制本身的内容，而是一种保安处分措施，并非对所有被判处管制的犯罪分子都要一律作出禁止令。只有根据犯罪及犯罪分子的具体情况，为了更好地矫正犯罪分子和有效维护社会秩序，确实需要禁止犯罪分子相应活动事项的，才可作出禁止令。禁止令的具体内容，应当以特殊预防为根据。禁止令的内容，可以是禁止从事特定活动，进入特定区域、场所，接触特定的人中的三项或其中一、二项。根据有关规定，禁止令的期限可以与管制期限相同或少于管制期限，但不能少于 3 个月。禁止令的执行期限，从管制执行之日起计算。

在管制期间，公安机关给予违反禁止令规定的被管制罪犯治安处罚时，应当在治安处罚执行完毕后交由矫正机关继续执行管制。

第三十九条 〔被管制罪犯的义务和权利〕

被判处管制的犯罪分子，在执行期间，应当遵守下列规定：

（一）遵守法律、行政法规，服从监督；

（二）未经执行机关批准，不得行使言论、出版、集会、结社、游行、示威自由的权利；

（三）按照执行机关规定报告自己的活动情况；

（四）遵守执行机关关于会客的规定；

（五）离开所居住的市、县或者迁居，应当报经执行机关批准。

对于被判处管制的犯罪分子，在劳动中应当同工同酬。

本条是关于被管制罪犯的义务和权利的规定。

【条文释义】

本条共分为2款。第1款是关于执行期间限制被管制罪犯自由的规定，即被判处管制的犯罪分子，在执行期间，应当遵守以下规定：（1）遵守法律、行政法规，服从监督；（2）未经执行机关批准，不得行使言论、出版、集会、结社、游行、示威自由的权利；（3）按照执行机关规定报告自己的活动情况；（4）遵守执行机关关于会客的规定；（5）离开所居住的市、县或者迁居，应当报经执行机关批准。

第2款是关于被管制罪犯的政治权利和劳动报酬权利的规定。如果被判处管制的罪犯没有被附加剥夺政治权利的，则仍然可以享有政治权利。另外，如果被判处管制的罪犯参加劳动的，在劳动中应当同工同酬。

【实务问题】

根据最高人民法院、最高人民检察院、公安部、司法部《关于开展社区矫正试点工作的通知》的规定，在社区矫正中，人民法院、人民检察院、司法行政机关、公安机关分工负责，密切配合。司法行政机关牵头组织有关单位和社区基层组织开展社区矫正试点工作，会同公安机关搞好对社区服刑人员的监督考察，组织协调对社区服刑人员的教育改造和帮助工作。公安机关配合司法行政机关依法加强对社区服刑人员的监督考察，依法履行有关法律程序。对违反监督、考察规定的社区服刑人员，根据具体情况依法采取必要的措施；对重新犯罪的社区服刑人员，及时依法处理。

第四十条　〔管制期满解除〕

被判处管制的犯罪分子，管制期满，执行机关应即向本人和其所在单位或者居住地的群众宣布解除管制。

本条是关于管制期满解除的规定。

【条文释义】

管制作为一种有期限的刑罚，应当在判决生效期间执行。如果被判处管制的犯罪分子管制期满，执行机关应当立即向其本人和其所在单位或者居住地的群众宣布解除管制，以真正恢复当事人的正常社会身份。

【实务问题】

管制期满，执行机关不能以任何借口拒不宣布解除管制，并应当按照法定要求在当事人单位或者居住地的群众面前宣布解除管制。

第四十一条　〔管制刑期的计算和折抵〕

管制的刑期，从判决执行之日起计算；判决执行以前先行羁押的，羁押一日折抵刑期二日。

本条是关于管制刑期的计算和折抵的规定。

【条文释义】

根据本条规定，管制的刑期，应当从判决执行之日起计算；判决执行以前先行羁押的，羁押 1 日折抵刑期 2 日。因为管制是限制人身自由，而判决以前的羁押则是剥夺人身自由，所以法律规定羁押 1 日折抵管制刑期 2 日是合乎情理的。

【实务问题】

判处管制，应当在刑事判决书中写明管制的刑期及起止日期。需要折抵管制刑期的，应当写明羁押的日数及应当折抵管制刑期的日数，在扣除折抵日数的基础上，标明管制刑期的起止日期。

第三节　拘　　役

第四十二条　〔拘役的期限〕

拘役的期限，为一个月以上六个月以下。

本条是关于拘役期限的规定。

【条文释义】

拘役是短期剥夺罪犯人身自由，就近执行并实行劳动改造的刑罚方法。拘役是介于管制和有期徒刑之间的一种较轻的刑罚，也是仅次于有期徒刑适用较广的一种刑罚，起到了承上启下的作用，有利于贯彻罪责刑相适应原则，避免刑罚的不公平。它主要适用于罪行较轻但又需要关押的罪犯。根据本条规定，拘役的期限为1个月以上6个月以下。根据有关规定，数罪并罚时，拘役的最高期限不能超过1年。

【实务问题】

拘役与管制虽然都属于主刑，且同是自由刑，但拘役是短期剥夺人身自由的刑罚方法，而管制则是限制人身自由的刑罚方法，二者有着明显的区别。

第四十三条 〔拘役的执行〕

被判处拘役的犯罪分子，由公安机关就近执行。

在执行期间，被判处拘役的犯罪分子每月可以回家一天至两天；参加劳动的，可以酌量发给报酬。

本条是关于拘役的执行机关和拘役期间犯罪分子权利的规定。

【条文释义】

本条共分为2款。第1款是关于拘役执行机关的规定。被判处拘役的犯罪分子，由公安机关就近执行。从司法实践来看，被判处拘役的犯罪分子，自2005年全国撤销拘役所后，就应当在其所在地的市、县或者市辖区的公安机关设置的看守所执行。

第2款是关于拘役期间犯罪分子权利的规定。在执行期间，被判处拘役的犯罪分子每月可以回家1—2天；如果罪犯参加劳动的，还可以酌量发给报酬。

【实务问题】

关于拘役如何具体执行的问题

实体法（即本条）规定的由公安机关就近执行，与程序法规定的由公安机关执行存在差异，1996年、2012年和2018年修改后的《刑事诉讼法》均没有必须就近执行的限定。因此，在实践中应根据需要确定是否必须就近执行。

第四十四条　〔拘役刑期的计算和折抵〕

拘役的刑期，从判决执行之日起计算；判决执行以前先行羁押的，羁押一日折抵刑期一日。

本条是关于拘役刑期的计算和折抵的规定。

【条文释义】

根据本条规定，拘役的刑期，从判决执行之日起计算；拘役刑期的折抵方法是，判决执行以前如果存在先行羁押情况的，则羁押 1 日折抵刑期 1 日。

【实务问题】

先行羁押的情况，既包括因同一事实被刑事拘留、逮捕，也包括因同一事实被行政拘留等剥夺犯罪分子人身自由的情形。上述情形均应当折抵拘役的刑期。但是，行为人被监视居住或取保候审的，由于没有被剥夺人身自由，不属于先行羁押，因此，被监视居住或取保候审的日期不能折抵拘役的刑期。

第四节　有期徒刑、无期徒刑

第四十五条　〔有期徒刑的期限〕

有期徒刑的期限，除本法第五十条、第六十九条规定外，为六个月以上十五年以下。

本条是关于有期徒刑期限的规定。

【条文释义】

根据本条规定，有期徒刑的期限为 6 个月以上 15 年以下。但在下列两种情况下，有期徒刑可以超过 15 年：第一，根据《刑法》第 50 条的规定，判处死刑缓期执行的犯罪分子在执行期间，如果确有重大立功表现，2 年期满以后，减为 25 年有期徒刑。第二，根据《刑法》第 69 条的规定，数罪并罚时，有期徒刑可以超过 15 年，但不能超过 25 年。

【实务问题】

在实践中，应当注意以下几点：

一是根据 2016 年最高人民法院《关于办理减刑、假释案件具体应用法律的规定》第 8 条的规定，被判处无期徒刑的罪犯在刑罚执行期间，符合减刑条件的，执行 2 年以上，可以减刑。减刑幅度为：（1）确有悔改表现或者有立功表现的，可以减为22年有期徒刑；（2）确有悔改表现并有立功表现的，可以减为21年以上22年以下有期徒刑；（3）有重大立功表现的，可以减为20年以上21年以下有期徒刑；（4）确有悔改表现并有重大立功表现的，可以减为19年以上20年以下有期徒刑。两次减刑间隔时间不得少于2年。罪犯有重大立功表现的，可以不受上述减刑起始时间和间隔时间的限制。

二是有期徒刑与拘役的四点区别：第一，执行机关不同。拘役的执行机关是公安机关；而有期徒刑的执行机关是监狱。第二，执行场所不同。拘役是就近在看守所里执行；而有期徒刑主要是在监狱里执行。第三，执行期间的待遇不同。被判处拘役的犯罪分子在服刑期间每月可以回家1—2天，参加劳动的可以酌量发给报酬；而被判处有期徒刑的犯罪分子则没有这样的待遇。第四，法律后果不同。根据《刑法》第65条的规定，在刑罚执行完毕以后，被判处有期徒刑的犯罪分子存在着构成一般累犯的可能；而被判处拘役的犯罪分子则不存在构成一般累犯的可能。

第四十六条 〔有期徒刑与无期徒刑的执行〕

被判处有期徒刑、无期徒刑的犯罪分子，在监狱或者其他执行场所执行；凡有劳动能力的，都应当参加劳动，接受教育和改造。

本条是关于有期徒刑、无期徒刑的执行的规定。

【条文释义】

根据本条规定，有期徒刑、无期徒刑在监狱或其他执行场所执行。根据《中华人民共和国监狱法》（简称《监狱法》）的规定，监狱是执行有期徒刑的主要机关；被判处死刑缓期2年执行、无期徒刑的罪犯，也在监狱内执行刑罚。其他执行场所，是指除监狱以外专门用来执行有期徒刑和无期徒刑的机关，对未成年犯应当在未成年犯管教所执行刑罚；根据2018年修改后的《刑事诉讼法》第264条第2款的规定，对于在被交付执行刑罚前，剩余刑期在3个月以下的，由看守所代为执行。

【实务问题】

在执行有期徒刑、无期徒刑时，对有劳动能力的犯罪分子，都应当强制其参加劳动，接受教育和改造；对没有劳动能力的犯罪分子，则不能强制其参加劳动，以体现我国刑罚的人道主义原则。

第四十七条　〔有期徒刑刑期的计算和折抵〕

有期徒刑的刑期，从判决执行之日起计算；判决执行以前先行羁押的，羁押一日折抵刑期一日。

本条是关于有期徒刑刑期的计算和折抵的规定。

【条文释义】

根据本条规定，有期徒刑的刑期，从判决执行之日起计算；判决执行以前先行羁押的，羁押1日折抵刑期1日。

【实务问题】

有期徒刑的刑期折抵问题，与拘役的刑期折抵问题基本相同。因同一事实被刑事拘留、逮捕的先行羁押日期，以及因同一事实被行政拘留的，均应当折抵有期徒刑的刑期。但是，没有剥夺犯罪分子人身自由的监视居住或取保候审，不属于先行羁押，不能折抵有期徒刑的刑期。

第五节　死　　刑

第四十八条　〔死刑、死缓的适用对象及核准程序〕

死刑只适用于罪行极其严重的犯罪分子。对于应当判处死刑的犯罪分子，如果不是必须立即执行的，可以判处死刑同时宣告缓期二年执行。

死刑除依法由最高人民法院判决的以外，都应当报请最高人民法院核准。死刑缓期执行的，可以由高级人民法院判决或者核准。

本条是关于死刑、死缓的适用对象及死刑、死缓核准权限的规定。

【条文释义】

本条共分为2款。第1款是关于死刑、死缓的适用对象的规定。死刑是剥夺犯罪分子生命的刑罚，只能对具有刑事责任能力，实施极其严重犯罪的自然人适用，因此又称生命刑，它是使犯罪分子生命结束而脱离社会的一种最严厉的刑事制裁方法，因而也称之为极刑。关于死刑的适用对象，死刑只适用于罪行极其严重的犯罪分子。所谓罪行极其严重，包括两方面内容：一是犯罪分子所实施的犯罪行为在客观上对国家和人民的利益危害特别严重，需要适用死刑对其进行惩罚；二是犯罪分子在主观上已经达到不堪教育改造的程度，不得不适用死刑剥夺其生命。这两个方面的条件必须同时具备才能适用死刑。关于死缓的适用对象，我国现行《刑法》把死刑分为“立即执行”和“缓期二年执行”两种，“缓期二年执行”，即死缓，它是我国刑罚执行制度的组成部分之一，为我国《刑法》独创，死缓不是独立的刑种，只是死刑的一种执行制度。死缓的适用对象是罪该判处死刑，但不是必须立即执行的犯罪分子。

第 2 款是关于死刑、死缓核准权限的规定。为了严格控制死刑的适用，防止错杀，我国法律规定了对死刑案件实行特殊的审查核准制度：一是死刑案件除依法由最高人民法院判决的以外，都应当报请最高人民法院核准；二是死刑缓期 2 年执行的案件，可以由高级人民法院判决或核准。

【实务问题】

1. 死缓的适用

适用死缓必须具备两个条件：一是罪该判处死刑，这是宣告死刑缓期执行的前提条件。倘若罪行达不到应判处死刑的条件，便谈不上适用死缓。二是虽然罪该判处死刑，但不是必须立即执行的，这是宣告死刑缓期执行的实质条件。是否必须立即执行应根据行为的危害程度和行为人的主观恶性程度以及犯罪情节等决定。凡是《刑法》分则条文没有设立死刑的，就不能适用死缓；而《刑法》分则条文虽然规定有死刑，但犯罪分子的实际罪行不该适用死刑的，也不能适用死缓。根据刑事审判经验，应当判处死刑，但具有下列情形之一的，可以视为不是必须立即执行：（1）犯罪后自首、立功或者有其他任一法定从轻处罚情节的；（2）在共同犯罪中，罪行不是最严重的，或者其他在同类案件中罪行不是最严重的；（3）被害人的过错导致被告人激愤犯罪的；（4）有其他表明犯罪分子容易改造的情节的等。

2. 死刑的核准

死刑的核准权由最高人民法院统一行使。死刑案件只能由中级人民法院进行一审，基层人民法院不得判处被告人死刑。中级人民法院判处死刑的第一审案件被告人不上诉的，应当由高级人民法院复核后，报请最高人民法院核准；高级人民法院判处死刑的第一审案件被告人不上诉的，以及判处死刑的第二审案件，也应当报请最高人民法院核准。死刑缓期执行的案件，可以由高级人民法院判决或者核准。凡是违反上述法定程序适用死刑的，均属于非法适用死刑。

第四十九条　〔不适用死刑的情形〕

犯罪的时候不满十八周岁的人和审判的时候怀孕的妇女，不适用死刑。

审判的时候已满七十五周岁的人，不适用死刑，但以特别残忍手段致人死亡的除外。

本条是关于不得适用死刑的法定情形的规定。

【主要修改】

本条第 2 款为 2011 年 2 月 25 日通过的《刑法修正案（八）》所增加。

【条文释义】

本条共分为 2 款。第 1 款是关于犯罪的未成年人和审判的时候怀孕的妇女适用死刑的规定。这一规定充分体现了我国刑法对未成年人、胎儿和孕妇的保护。所谓审判的时候，包括从羁押到执行的整个刑事诉讼过程。因此，对于怀孕的妇女，在羁押或者受审期间，都不应当为了判处其死刑而对其进行人工流产；已经人工流产的，仍应视为审判时怀孕的妇女，绝不能适用死刑。此外，怀孕的妇女因涉嫌犯罪在羁押期间自然流产后，又因同一事实被起诉、交付审判的，应当视为“审判的时候怀孕的妇女”，依法不适用死刑。

第 2 款是关于部分老年罪犯不适用死刑的规定。本款规定体现了刑罚的人道主义精神。这里的“不适用死刑”，是指既不能判处死刑立即执行，也不能判处死刑缓期 2 年执行。原则而言，审判的时候已满 75 周岁的人，不适用死刑，对于犯罪时不满 75 周岁，而审判时已满 75 周岁的人，也不能适用死刑。但也有例外，即以特别残忍手段致人死亡的，仍然可以适用死刑。如果手段特别残忍，但没有致人死亡的，则不能适用死刑。

【实务问题】

关于未成年犯和审判的时候怀孕的妇女不适用死刑的规定

这里的“不适用死刑”，是指既不能判处死刑立即执行，也不能判处死刑缓期 2 年执行。另外，不允许等待犯罪分子年满 18 周岁以后或者待孕妇分娩或人工流产后，再判处死刑立即执行。还有，在审判的时候没有怀孕的妇女被判处死刑，但在等待执行死刑期间怀孕的或执行死刑时发现怀孕的，也都不应当执行死刑。

第五十条 〔死缓的法律后果〕

判处死刑缓期执行的，在死刑缓期执行期间，如果没有故意犯罪，二年期满以后，减为无期徒刑；如果确有重大立功表现，二年期满以后，减为二十五年有期徒刑；如果故意犯罪，情节恶劣的，报请最高人民法院核准后执行死刑；对于故意犯罪未执行死刑的，死刑缓期执行的期间重新计算，并报最高人民法院备案。

对被判处死刑缓期执行的累犯以及因故意杀人、强奸、抢劫、绑架、放火、爆炸、投放危险物质或者有组织的暴力性犯罪被判处死刑缓期执行的犯罪分子，

人民法院根据犯罪情节等情况可以同时决定对其限制减刑。

本条是关于死缓执行后期处理和严重犯罪被判死缓罪犯限制减刑的规定。

【主要修改】

本条曾为2011年2月25日通过的《刑法修正案（八）》所修改，该条内容原为："判处死刑缓期执行的，在死刑缓期执行期间，如果没有故意犯罪，二年期满以后，减为无期徒刑；如果确有重大立功表现，二年期满以后，减为十五年以上二十年以下有期徒刑；如果故意犯罪，查证属实的，由最高人民法院核准，执行死刑。"

2015年8月29日通过的《刑法修正案（九）》对本条第1款再次进行了修改，该条第1款内容原为："判处死刑缓期执行的，在死刑缓期执行期间，如果没有故意犯罪，二年期满以后，减为无期徒刑；如果确有重大立功表现，二年期满以后，减为二十五年有期徒刑；如果故意犯罪，查证属实的，由最高人民法院核准，执行死刑。"

【条文释义】

本条共分为2款。第1款是关于死刑缓期执行后期处理的规定。对于被判处死刑缓期执行的罪犯，根据其在执行期间的不同表现，有三种不同的处理方式：一是在死刑缓期执行期间，如果没有故意犯罪，2年期满以后减为无期徒刑。所谓没有故意犯罪，是指罪犯在死刑缓期执行的2年期间里能够认真遵守监规，服从改造，没有实施故意犯罪。所谓2年期满以后，并非指2年期满的当天，人民法院应当尽量按期作出裁决。二是在死刑缓期执行期间，如果确有重大立功表现，2年期满后，减为25年有期徒刑。所谓重大立功表现，是指在生产劳动改造中有发明创造；检举、揭发他人重大犯罪行为并查证属实；提供重要线索，从而得以侦破其他重大案件；阻止他人重大犯罪活动；协助司法机关抓捕其他重大犯罪嫌疑人（包括同案犯）；具有其他有利于国家和社会的突出表现等。以上两种情况的死刑缓期执行的期间应当重新计算，并报最高人民法院备案。三是在死刑缓期执行期间，如果故意犯罪，情节恶劣的，报请最高人民法院核准后执行死刑。所谓故意犯罪，是指罪犯在死刑缓期执行期间又故意实施了新的犯罪，既包括严重的故意犯罪，也包括性质一般或情节不够恶劣的故意犯罪。所谓情节恶劣，是指罪犯在死刑缓期执行期间所实施的故意犯罪的具体情节达到恶劣程度的情形，如犯罪气焰嚣张、犯罪手段残忍，以及影响很坏、后果严重等情形。另外，如果故意犯罪属于性质严重的，显然超过了情节恶劣的程度，如法定刑3年以上的故意犯罪，或者说应当属于广义的"情节恶劣"的范畴。当然，如果故意犯罪属于情节轻微或一般情节的，没有达到情节恶劣程度的，就不能报请最高人民法院核准执行死刑；即使报请了最高人民法院核准，最高人民法院经过审核认为不属于情节恶劣情形的，也不应当核准执行死刑。

第 2 款是关于严重犯罪被判死刑缓期执行的罪犯限制减刑的规定。对于所有被判处死刑缓期执行的累犯，实施故意杀人、强奸、抢劫、绑架、放火、爆炸、投放危险物质七种犯罪而被判处死刑缓期执行的罪犯，以及实施有组织的暴力性犯罪被判处死刑缓期执行的罪犯，人民法院根据犯罪情节、犯罪性质、再犯可能性等情况在作出死刑缓期执行判决的时候，同时可以决定对其限制减刑，以体现我国严格控制死刑立即执行的死刑政策精神。

【实务问题】

在实践中，应当注意以下三个问题：

一是死刑缓期执行期间，是否罪犯没有故意犯罪的，2 年期满以后一律减为无期徒刑。例如，罪犯在死刑缓期执行的 2 年期间里虽然没有实施故意犯罪，而是不能认真遵守监规，并且抗拒改造，但是没有构成新的犯罪或故意犯罪。根据我国少杀、慎杀的死刑刑事政策，严重抗拒改造的，只能按照违反监规从严处理，不能在 2 年期满以后不裁定减为无期徒刑，即必须在 2 年期满以后减为无期徒刑，但有关情节可作为无期徒刑服刑期间的表现情况加以考量。另外，特别需要明确的是，根据《刑法修正案（九）》第 44 条第 4 款的规定，对于实施贪污犯罪，数额特别巨大并使国家和人民利益遭受特别重大损失而被判处死刑缓期执行的罪犯，人民法院可以根据犯罪情节等情况同时决定在其死刑缓期执行 2 年期满依法减为无期徒刑后，终身监禁，不得减刑、假释。这种针对严重贪污罪犯的终身监禁的特别刑罚制度的设立或专项配置，应当是我国刑罚体系的一个创新之举，突破了《刑法》分则的惯常体例安排。应当注意的是，减为无期徒刑后执行终身监禁，是无期徒刑这种刑罚执行中的一种特殊措施，即不得减刑、假释，而是终身监禁服刑，但终身监禁不是增加新的刑种。另外的情形，就是对于在死刑缓期执行期间没有故意犯罪，又没有重大立功表现的罪犯，2 年期满以后，也应当依法减为无期徒刑，但不能决定终身监禁，即允许后来通过减刑、假释方式改变无期徒刑一成不变的状态。

二是死刑缓期执行期间，如果故意犯罪的，是否一律不论故意犯罪的性质、类型、情节，都要核准执行死刑。《刑法修正案（九）》作出了明确规定，即必须是故意犯罪且情节恶劣两个条件全部满足才有可能核准执行死刑。因此，对于故意杀人、组织越狱等严重的故意犯罪，显然属于情节恶劣的情况，只要查证属实的，都要核准执行死刑。但根据我国少杀、慎杀的死刑刑事政策和死刑适用对象、死刑复核程序等规定精神，这里的“故意犯罪”应当有所限定，即性质恶劣、类型严重，满足情节恶劣的故意犯罪。例如，一时冲动故意毁坏生活用具的，尽管符合故意毁坏财物罪的成立要件，但与脱逃、破坏监管秩序等性质恶劣或情节恶劣的故意犯罪相比，尽管查证属实，也并不具备应当核准执行死刑的实质条件。当然，对于没有核准执行死刑的罪犯，2 年期满以后在减为无期徒刑的同时，还应当对罪犯所犯的新罪作出判决，按照数罪并罚的精神吸收处理。另外，即使满足了故意犯罪、情节恶劣的条件，也有例外的情况出现影响是否核准执行死刑。例如，死刑缓期执行期间，罪犯在故意犯罪之前或之后又有重大立功表现的。根据我国宽严相济的刑事政策和少杀、慎杀的死刑刑事政策精神，上述情形不宜核准执行死刑，以达到真正控制死刑、保证少杀的目的。

三是注意附加刑的适用。根据《刑法》第 57 条第 1 款的规定，被判处死刑的犯罪分子，无论是被判处死刑立即执行，还是死刑缓期执行，均应当剥夺政治权利终身。

第五十一条 〔死缓执行期间及减为有期徒刑的刑期计算〕

死刑缓期执行的期间，从判决确定之日起计算。死刑缓期执行减为有期徒刑的刑期，从死刑缓期执行期满之日起计算。

本条是关于死缓期间及减为有期徒刑的刑期计算的规定。

【条文释义】

根据本条规定，死刑缓期执行的 2 年期间，从高级人民法院判决确定或裁定核准死刑缓期执行 2 年的法律文书宣告或者送达之日起开始计算。死刑缓期执行 2 年期满，减为有期徒刑的刑期，从死刑缓期执行期满之日起计算。

【实务问题】

在司法实践中，应当注意以下两个问题：

一是死缓判决确定以前羁押的时间，是不计算在死刑缓期执行的 2 年考验期限之内的。因为规定 2 年的考验期就是为了观察犯罪分子在这 2 年内有无悔罪表现，如果将先前羁押的时间折抵在内，就失去了考验的意义。

二是死缓减为有期徒刑的刑期，不是从裁定减刑之日起计算，而是从死刑缓期执行期满之日起计算。因此，死刑缓期执行期满之日至裁定减刑之日关押的期间应当折抵为有期徒刑的刑期。

第六节　罚　金

第五十二条　〔罚金数额的裁量〕

判处罚金，应当根据犯罪情节决定罚金数额。

本条是关于裁量罚金数额的规定。

【条文释义】

根据本条规定，人民法院裁量罚金数额应当根据犯罪情节来决定。人民法院判处罚金刑，既要遵循罪责刑相适应原则，也要考虑罪犯的财产状况、实际支付能力及相关情况。根据最高人民法院《关于适用财产刑若干问题的规定》第 2 条第 1 款的规定，人民法院裁量罚金刑时，应当根据犯罪情节，如违法所得数额、造成损失的大小等，并综合考虑犯罪分子缴纳罚金的能力，依法判处罚金。

【实务问题】

《刑法》分则有关罚金数额的规定分为三种情况：（1）没有规定具体数额。但最高人民法院《关于适用财产刑若干问题的规定》对此种情况则规定了下限，即《刑法》没有明确规定罚金数额标准的，罚金的最低数额不能少于 1000 元。对未成年人犯罪应当从轻或者减轻判处罚金，但罚金的最低数额不能少于 500 元。（2）规定了相对确定的数额。例如，根据《刑法》第 193 条的规定，对犯贷款诈骗罪，数额较大的，并处 2 万元以上 20 万元以下罚金。（3）以违法所得数额或者犯罪涉及的数额为基准，处以一定比例或者数倍的罚金。例如，根据《刑法》第 225 条的规定，对犯非法经营罪的，并处或者单处违法所得 1 倍以上 5 倍以下罚金。在司法实践中，对后两种有具体标准规定的，必须在法定的数额幅度内决定罚金，不得任意突破。

第五十三条　〔罚金的缴纳〕

罚金在判决指定的期限内一次或者分期缴纳。期满不缴纳的，强制缴纳。对于不能全部缴纳罚金的，人民法院在任何时候发现被执行人有可以执行的财产，应当随时追缴。

由于遭遇不能抗拒的灾祸等原因缴纳确实有困难的，经人民法院裁定，可以延期缴纳、酌情减少或者免除。

本条是关于罚金缴纳的规定。

【主要修改】

本条为2015年8月29日通过的《刑法修正案（九）》所修改，该条内容原为："罚金在判决指定的期限内一次或者分期缴纳。期满不缴纳的，强制缴纳。对于不能全部缴纳罚金的，人民法院在任何时候发现被执行人有可以执行的财产，应当随时追缴。如果由于遭遇不能抗拒的灾祸缴纳确实有困难的，可以酌情减少或者免除。"

【条文释义】

根据法律规定，罚金刑由人民法院负责执行。根据本条规定，罚金的执行有以下五种情况：(1) 限期一次缴纳。对于判处罚金的总额限定一次缴清的，人民法院应当在判决生效后立即按罚金总额一次追缴。(2) 限期分期缴纳。对于判处罚金的总额限定几次缴纳的，被执行人应按规定缴纳，并在最后一次的期限内全部缴清。(3) 强制缴纳。对于期满有能力缴纳而不缴纳的，人民法院应当强制其缴纳。(4) 随时追缴。对于不能全部缴纳罚金的，人民法院在任何时候发现被执行人有可以执行的财产，应当随时追缴。(5) 延期缴纳、减免缴纳。对于遭遇不能抗拒的灾祸等原因缴纳确实有困难的，必须经过人民法院的裁定，才可以延期缴纳、酌情减少或者免除。例如，因遭受火灾、水灾、地震等灾祸而丧失财产或因重病、伤残等而丧失劳动能力，被执行人暂时确实没有可供执行的财产，就可延期缴纳或者减免缴纳。具有"可以延期缴纳、酌情减少或者免除"事由的，由犯罪人本人、亲属或者犯罪人所在单位向负责执行的人民法院提出书面申请，并提供相应的证明材料。人民法院审查以后，根据实际情况，裁定延期缴纳、减少或者免除缴纳的罚金数额。

【实务问题】

根据最高人民法院《关于适用财产刑若干问题的规定》第11条的规定，自判决指定的期限届满第2日起，人民法院对于没有法定减免事由不缴纳罚金的，应当强制其缴纳。

第七节 剥夺政治权利

第五十四条 〔剥夺政治权利的范围〕

剥夺政治权利是剥夺下列权利：

（一）选举权和被选举权；

（二）言论、出版、集会、结社、游行、示威自由的权利；

（三）担任国家机关职务的权利；

（四）担任国有公司、企业、事业单位和人民团体领导职务的权利。

本条是关于剥夺政治权利范围的规定。

【条文释义】

根据本条规定，剥夺政治权利，是指同时剥夺以下四项权利：（1）选举权和被选举权；（2）言论、出版、集会、结社、游行、示威自由的权利；（3）担任国家机关职务的权利；（4）担任国有公司、企业、事业单位和人民团体领导职务的权利。被剥夺政治权利的罪犯，在执行期间，应当遵守法律、法规和有关监管规定，不得行使或变相行使上述四项政治权利。

【实务问题】

在实践中，剥夺政治权利适用的对象比较广泛，也是适用较多的附加刑，既可适用于严重的犯罪，也可适用于较轻的犯罪；既可适用于危害国家安全的犯罪，也可适用于普通刑事犯罪。

第五十五条　〔剥夺政治权利的期限〕

剥夺政治权利的期限，除本法第五十七条规定外，为一年以上五年以下。

判处管制附加剥夺政治权利的，剥夺政治权利的期限与管制的期限相等，同时执行。

本条是关于剥夺政治权利的一般期限的规定。

【条文释义】

本条共分为2款。根据第1款的规定，独立适用剥夺政治权利，或者被判处有期徒刑、拘役附加剥夺政治权利的，剥夺政治权利的期限均为1年以上5年以下。

根据第2款的规定，被判处管制同时附加剥夺政治权利的，剥夺政治权利的期限应当与管制的期限相等，并同时执行。

【实务问题】

关于被判处管制的罪犯存在判决前被羁押的情况，又被判处附加剥夺政治权利的，剥夺政治权利的期限如何计算的问题

根据《刑法》第41条的规定，判决前被羁押1日可以折抵管制2日，而这

与本条第2款（判处管制附加剥夺政治权利的，剥夺政治权利的期限与管制的期限相等，同时执行）的规定相矛盾。这也就是说，被羁押的期间并没有被判处剥夺政治权利，也就不可能存在同时执行剥夺政治权利的情形。在这种情况下，剥夺政治权利的期限应当与管制期限折抵后剩余的管制期限相等。这样，主刑与附加刑就可以同时执行了。

第五十六条 〔剥夺政治权利的适用对象〕

对于危害国家安全的犯罪分子应当附加剥夺政治权利；对于故意杀人、强奸、放火、爆炸、投毒、抢劫等严重破坏社会秩序的犯罪分子，可以附加剥夺政治权利。

独立适用剥夺政治权利的，依照本法分则的规定。

本条是关于剥夺政治权利适用对象的规定。

【条文释义】

本条共分为2款。根据第1款的规定，剥夺政治权利在适用方式上，包括应当附加适用和可以附加适用两种情形：（1）依法应当附加剥夺政治权利。在这种情况下，人民法院没有裁量的余地，必须依法附加剥夺政治权利。根据本条规定，对于危害国家安全的犯罪分子应当附加剥夺政治权利。这是从犯罪性质上确定的必须剥夺政治权利的特殊对象。对于危害国家安全的犯罪分子，不论其所触犯的是何种具体罪名，也不论对犯罪分子判处何种主刑或附加刑，都应当一律附加剥夺政治权利。但对危害国家安全罪中一些情节较轻的犯罪，《刑法》规定可以单处剥夺政治权利，在这种情况下，如果人民法院独立适用了剥夺政治权利，则不存在附加剥夺政治权利的前提了。（2）依法可以附加剥夺政治权利。在这种情况下，对犯罪分子是否附加剥夺政治权利，由人民法院具体裁量，即在通常情况下，要选择适用附加剥夺政治权利。根据本款规定，对于故意杀人、强奸、放火、爆炸、投放危险物质、抢劫等严重破坏社会秩序的犯罪分子，可以附加剥夺政治权利。

根据第2款的规定，独立适用剥夺政治权利，应当依照《刑法》分则的规定。独立适用剥夺政治权利的，只能针对性质较轻的犯罪或者虽然性质严重但情节较轻的犯罪。

【实务问题】

在实践中，人民法院适用剥夺政治权利必须严格遵循罪刑法定原则。无论是独立适用剥夺政治权利还是附加适用剥夺政治权利，都必须由《刑法》明文规定；如果《刑法》没有明文规定独立适用或附加适用剥夺政治权利，就不得予以适用。

第五十七条 〔对死刑、无期徒刑罪犯剥夺政治权利的适用〕

对于被判处死刑、无期徒刑的犯罪分子，应当剥夺政治权利终身。

在死刑缓期执行减为有期徒刑或者无期徒刑减为有期徒刑的时候，应当把附加剥夺政治权利的期限改为三年以上十年以下。

本条是关于对死刑、无期徒刑罪犯适用剥夺政治权利的规定。

【条文释义】

本条共分为 2 款。根据第 1 款的规定，对于被判处死刑、无期徒刑的犯罪分子，应当剥夺政治权利终身。这是从主刑刑种上确定剥夺政治权利的适用对象，故不论其犯罪性质与类型，只要属于被判处死刑、无期徒刑的犯罪分子，都应当对其附加剥夺政治权利终身。这既是对他们政治权利上的彻底否定评价，又可以防止其被特赦或假释后利用政治权利再次犯罪，还可以防止其以后继续行使或由他人代为行使某些权利，如著作权等。

根据第 2 款的规定，在死刑缓期执行减为有期徒刑或者无期徒刑减为有期徒刑的时候，应当把附加剥夺政治权利的期限改为 3 年以上 10 年以下。这是基于主刑与附加刑相互配合的缘由，主刑减轻时，附加刑也要相应地减轻。

【实务问题】

关于犯罪的外国人被判处死刑、无期徒刑的，是否应当剥夺政治权利终身的问题

因为外国人并没有我国公民享有的选举权和被选举权，也不享有担任国家机关职务的权利。所以，不宜对被判处死刑、无期徒刑的外国人适用剥夺政治权利终身这一附加刑。

第五十八条 〔剥夺政治权利的刑期计算、效力与执行〕

附加剥夺政治权利的刑期，从徒刑、拘役执行完毕之日或者从假释之日起计算；剥夺政治权利的效力当然施用于主刑执行期间。

被剥夺政治权利的犯罪分子，在执行期间，应当遵守法律、行政法规和国务院公安部门有关监督管理的规定，服从监督；不得行使本法第五十四条规定的各项权利。

本条是关于剥夺政治权利的刑期计算、剥夺政治权利的效力与执行的规定。

【条文释义】

本条共分为 2 款。根据第 1 款的规定，判处有期徒刑、拘役附加剥夺政治权利的刑期，以及死刑缓期执行或无期徒刑减为有期徒刑附加剥夺政治权利的刑期，从徒刑、拘役执行完毕之日起或者从假释之日起开始计算；剥夺政治权利的效力当然施用于主刑执行期间，即对于上述犯罪分子，在徒刑、拘役执行期间，当然剥夺政治权利。

根据第 2 款的规定，被剥夺政治权利的犯罪分子，在执行期间，应当遵守法律、行政法规和国务院公安部门有关监督管理的规定，服从监督；不得行使《刑法》第 54 条规定的各项权利。除剥夺政治权利终身的以外，剥夺政治权利的期限届满时，应当恢复政治权利，但有的政治权利因为法律的特别规定而不可能再享有。例如，根据《中华人民共和国法官法》《中华人民共和国检察官法》的规定，曾受过刑罚处罚的人，不能担任法官、检察官；根据《中华人民共和国人民法院组织法》的规定，曾被剥夺过政治权利的人，不能被选举为人民陪审员。

【实务问题】

在司法实践中，应当注意以下问题：一是单独判处剥夺政治权利的，按照执行判决的一般原则，刑期从判决之日起算并执行。二是被判处有期徒刑、拘役、管制而没有附加剥夺政治权利的罪犯，在执行期间仍然享有政治权利。三是根据 2018 年修改后的《刑事诉讼法》第 270 条的规定，对被判处剥夺政治权利的罪犯，由公安机关执行。执行期满，应当由执行机关书面通知本人及其所在单位、居住地基层组织。

第八节 没收财产

第五十九条 〔没收财产的范围〕

没收财产是没收犯罪分子个人所有财产的一部或者全部。没收全部财产的，应当对犯罪分子个人及其扶养的家属保留必需的生活费用。

在判处没收财产的时候，不得没收属于犯罪分子家属所有或者应有的财产。

本条是关于没收财产范围及其限制的规定。

【条文释义】

本条共分为 2 款。第 1 款是关于没收财产范围的规定，充分体现了罪责自负、不株连无辜的刑法基本原则。具体包括两项内容：第一，只能没收属于犯罪分子个人所有的财产，不得没收属于犯罪分子家属所有或者应有的财产。例如，对于夫妻共同财产应当进行财产分割，在确定犯罪分子的家属所有和犯罪分子本人个人所有后，才可对犯罪分子个人所有的财产判处没收。第二，对犯罪分子具体是没收全部财产还是部分财产，应由人民法院依照《刑法》的规定，结合犯罪的性质、情节轻重以及犯罪分子的个人情况、再犯可能性等来决定。如果是判处没收全部财产的，应当对犯罪分子个人及其扶养的家属保留必需的生活费用。

第 2 款是关于没收财产范围限制的规定。根据本款规定，在判处没收财产的时候，不得没收属于犯罪分子家属所有或者应有的财产，而不是毫无保留地全部没收。

【实务问题】

在适用没收财产时，应当注意只能没收犯罪分子现实存在的、已经合法所有的财产，而不能没收犯罪分子将来可能具有的财产。

第六十条 〔正当债务的偿还〕

没收财产以前犯罪分子所负的正当债务，需要以没收的财产偿还的，经债权人请求，应当偿还。

本条是关于犯罪分子所负正当债务应当偿还的规定。

【条文释义】

根据本条规定，没收财产以前犯罪分子所负的正当债务，需要以没收的财产偿还的，经债权人请求，应当偿还。这也就是说，合法形成的债务，经债权人请求，应当从没收犯罪分子的财产中偿还。这实际是民事债务优先原则的体现。需要以没收的财产偿还债务的，应当满足以下条件：第一，该债务是犯罪分子在没收财产以前所负的债务，即犯罪分子在判决生效前所负的合法债务；否则，不能以没收的财产偿还。第二，这里的债务必须是正当债务，即基于病残、灾害形成的借贷或基于正常的买卖、租赁等民事法律关系所形成的债务，而不包括违法犯罪行为所负的债务。第三，该债务需要以没收的财产偿还，犯罪分子已经没有其他财产能够偿还所负的债务。第四，该债务的偿还必须经债权人请求。

【实务问题】

根据 2018 年修改后的《刑事诉讼法》第 272 条的规定，没收财产的判决，无论是附加适用还是独立适用，都由人民法院执行；在必要的时候，可以会同公安机关执行。

第四章　刑罚的具体运用

第一节　量　　刑

第六十一条　〔量刑依据〕

对于犯罪分子决定刑罚的时候，应当根据犯罪的事实、犯罪的性质、情节和对于社会的危害程度，依照本法的有关规定判处。

本条是关于量刑一般原则的规定。

【条文释义】

根据本条规定，我国《刑法》规定的量刑一般原则是“以案件事实为根据，以刑法规定为准绳”，这是“以事实为根据，以法律为准绳”司法原则在刑法中的具体化。1956 年 3 月，在最高人民法院和司法部联合召开的第三届全国司法工作会议上，全国人民代表大会常务委员会副委员长彭真提出了审判工作要遵循“事实是根据，法律是准绳”这一著名原则。后来，对这一原则在文字表述上做了适当调整，成为现在法学理论和法律规定上的“以事实为根据，以法律为准绳”的原则。

1. 以案件事实为根据

与三大诉讼法在条文中直接规定“以事实为根据，以法律为准绳”不同，①《刑法》第 61 条并未直接使用“以事实为根据”，而是使用了“根据犯罪的事实、犯罪的性质、情节和对于社会的危害程度”的表述。笔者认为，可以使用“案件事实”一词概括“犯罪的事实、犯罪的性质、情节和对于社会的危害程

---

① 2018 年 10 月 26 日修改后的《刑事诉讼法》第 6 条规定，“人民法院、人民检察院和公安机关进行刑事诉讼，必须依靠群众，必须以事实为根据，以法律为准绳。”2017 年 6 月 27 日修改后的《行政诉讼法》第 5 条规定：“人民法院审理行政案件，以事实为根据，以法律为准绳。”2021 年 12 月 24 日修改后的《民事诉讼法》第 7 条规定：“人民法院审理民事案件，必须以事实为根据，以法律为准绳。”

度”。具体而言，案件事实包括以下四个方面的具体事实：第一，犯罪事实。这里的“犯罪事实”，是指犯罪构成要件的各项基本事实情况。此处的犯罪事实是案件事实的下位概念。第二，犯罪性质。这里的“犯罪性质”，是指犯罪行为的法律性质，即某一法益侵害行为经由法律规定并通过审判机关确认的犯罪属性。不同性质的犯罪，处罚的轻重往往也有所区别。第三，情节。这里的“情节”，是指量刑情节。第四，社会危害程度。这里的“社会危害程度”，是指犯罪行为对社会造成或者可能造成损害结果的程度。

2. 以刑法规定为准绳

以刑法规定为准绳，是罪刑法定原则之刑罚法定的要求，是指正确适用《刑法》规定的各项量刑制度和量刑情节，正确适用各种刑罚种类，正确确定宣告刑。

3. 量刑一般原则与其他量刑原则

《刑法》第 61 条规定的只是量刑的一般原则，而并非量刑原则的全部。根据 2021 年最高人民法院、最高人民检察院《关于常见犯罪的量刑指导意见（试行）》的规定，量刑应当遵循下列四项指导原则：

（1）量刑应当以事实为根据，以法律为准绳，根据犯罪的事实、性质、情节和对于社会的危害程度，决定判处的刑罚。

（2）量刑既要考虑被告人所犯罪行的轻重，又要考虑被告人应负刑事责任的大小，做到罪责刑相适应，实现惩罚和预防犯罪的目的。

（3）量刑应当贯彻宽严相济的刑事政策，做到该宽则宽，当严则严，宽严相济，罚当其罪，确保裁判政治效果、法律效果和社会效果的统一。

（4）量刑要客观、全面把握不同时期不同地区的经济社会发展和治安形势的变化，确保刑法任务的实现；对于同一地区同一时期案情相似的案件，所判处的刑罚应当基本均衡。

4. 量刑的基本方法

根据 2021 年最高人民法院、最高人民检察院《关于常见犯罪的量刑指导意见（试行）》的规定，量刑时，应当以定性分析为主，定量分析为辅，依次确定量刑起点、基准刑和宣告刑。

（1）量刑步骤。第一，根据基本犯罪构成事实在相应的法定刑幅度内确定量刑起点。第二，根据其他影响犯罪构成的犯罪数额、犯罪次数、犯罪后果等犯罪事实，在量刑起点的基础上增加刑罚量确定基准刑。第三，根据量刑情节调节基准刑，并综合考虑全案情况，依法确定宣告刑。

（2）调节基准刑的方法。第一，具有单个量刑情节的，根据量刑情节的调节比例直接调节基准刑。第二，具有多个量刑情节的，一般根据各个量刑情节的调节比例，采用同向相加、逆向相减的方法调节基准刑；具有未成年人犯罪、老年人犯罪、限制行为能力的精神病人犯罪、又聋又哑的人或者盲人犯罪，防卫过当、避险过当、犯罪预备、犯罪未遂、犯罪中止，从犯、胁从犯和教唆犯等量刑情节的，先适用该量刑情节对基准刑进行调节，在此基础上，再适用其他量刑情节进行调节。第三，被告人犯数罪，同时具有适用于各个罪的立功、累犯等量刑情节的，先适用该量刑情节调节个罪的基准刑，确定个罪所应判处的刑罚，再依法实行数罪并罚，决定执行的刑罚。

（3）确定宣告刑的方法。第一，量刑情节对基准刑的调节结果在法定刑幅度内，且罪责刑相适应的，可以直接确定为宣告刑；具有应当减轻处罚情节的，应当依法在法定最低刑以下确定宣告刑。第二，量刑情节对基准刑的调节结果在法定最低刑以下，具有法定减轻处罚情节，且罪责刑相适应的，可以直接确定为宣告刑；只有从轻处罚情节的，可以依法确定法定最低刑为宣告刑；但是根据案件的特殊情况，经最高人民法院核准，也可以在法定刑以下判处刑罚。第三，量刑情节对基准刑的调节结果在法定最高刑以上的，可以依法确定法定最高刑为宣告刑。第四，综合考虑全案情况，独任审判员或合议庭可以在20%的幅度内对调节结果进行调整，确定宣告刑。当调节后的结果仍不符合罪责刑相适应原则的，应提交审判委员会讨论，依法确定宣告刑。第五，综合全案犯罪事实和量刑情节，依法应当判处无期徒刑以上刑罚、拘役、管制或者单处附加刑、缓刑、免予刑事处罚的，应当依法适用。

（4）判处罚金刑，应当以犯罪情节为根据，并综合考虑被告人缴纳罚金的能力，依法决定罚金数额。

（5）适用缓刑，应当综合考虑被告人的犯罪情节、悔罪表现、再犯罪的危险以及宣告缓刑对所居住社区的影响，依法作出决定。

第六十二条　〔从重处罚与从轻处罚〕

犯罪分子具有本法规定的从重处罚、从轻处罚情节的，应当在法定刑的限度以内判处刑罚。

本条是关于从重处罚与从轻处罚的规定。

【条文释义】

从重处罚，是指在法定刑的限度内判处较重的刑罚。从轻处罚，是指在法定刑的限度内判处较轻的刑罚。法定刑，是指《刑法》分则或者其他单行刑法条文规定的适用于具体犯罪的刑罚种类和幅度。我国《刑法》中的绝大多数犯罪都规定两种或两种以上的刑罚幅度，有的还规定一种或两种附加刑。对于“法定刑的限度”可以有两种理解：一种理解是该罪的法定最低刑以上、法定最高刑以下。以《刑法》第 133 条规定的交通肇事罪为例，法定刑的限度是 1 个月拘役以上、15 年有期徒刑以下。另一种理解是与具体案件情节相适应的量刑幅度。例如，某公司工作人员利用职务上的便利侵占公司财物，数额较大，但有从轻处罚情节，可以在《刑法》第 271 条职务侵占罪的第一个量刑幅度内，即 1 个月拘役以上、3 年有期徒刑以下，判处较轻的刑罚，而不能在第二个或者第三个量刑幅度内判处刑罚。笔者认为，第二种理解是准确的。

【实务问题】

对于从重处罚与从轻处罚的基准问题，《刑法》未作明确规定，在具体办理刑事案件时，先不考虑从重或从轻情节，仅根据犯罪事实及其社会危害程度估定一个应判处的刑罚，以这个估定的刑罚为基点，根据具体情节在犯罪行为中所处的地位和分量，以及具体情节本身的层次和状态确定从严或从宽的幅度，从而决定应当判处的刑罚。

第六十三条 〔减轻处罚〕

犯罪分子具有本法规定的减轻处罚情节的，应当在法定刑以下判处刑罚；本法规定有数个量刑幅度的，应当在法定量刑幅度的下一个量刑幅度内判处刑罚。

犯罪分子虽然不具有本法规定的减轻处罚情节，但是根据案件的特殊情况，经最高人民法院核准，也可以在法定刑以下判处刑罚。

本条是关于减轻处罚的规定。

【主要修改】

本条第 1 款为 2011 年 2 月 25 日通过的《刑法修正案（八）》所修改，该款内容原为："犯罪分子具有本法规定的减轻处罚情节的，应当在法定刑以下判处刑罚。"

【条文释义】

本条共分为 2 款。第 1 款规定了一般犯罪的处罚。

（1）"法定刑"的含义。此处的法定刑和一般意义上的法定刑有所不同。一般意义上的法定刑，是指《刑法》分则或其他单行刑法条文规定的适用于具体犯罪的刑罚种类的幅度。① 而此处的法定刑，是指法定最低刑。对于法定最低刑

① 高铭暄主编：《新编中国刑法学》（上册），中国人民大学出版社 1998 年版，第 479 页。

的认定，在所犯之罪只有一个量刑档次时，一般不成问题。但在所犯之罪有两个或两个以上的量刑档次时，则应适用最高人民法院《关于适用刑法第十二条几个问题的解释》，其第2条规定："如果刑法规定的某一犯罪只有一个法定刑幅度，法定最高刑或者最低刑是指该法定刑幅度的最高刑或者最低刑；如果刑法规定的某一犯罪有两个以上的法定刑幅度，法定最高刑或者最低刑是指具体犯罪行为应当适用的法定刑幅度的最高刑或者最低刑。"

（2）"以下"的含义。根据《刑法》第63条的规定，减轻处罚，是指在法定刑以下判处刑罚。在法定刑"以下"判处刑罚，是指判处"低于法定最低刑的刑罚"①，不包括本数在内。

（3）减轻处罚的程度。减轻处罚，既包括刑种的减轻，也包括刑期的减轻，但不能减到免除处罚。在量刑时法官也只能根据法定或酌定减轻情节逐一地递减，不能呈跳跃式地减轻。本款明确了存在数个量刑幅度的情况下只能在下一个幅度内处刑，而不能跨越到再下一个幅度处刑。

第2款规定了特别减轻处罚的司法适用。特别减轻处罚的适用，必须具备以下条件：

（1）犯罪分子不具有《刑法》规定的减轻处罚情节。这可以说是适用特别减轻处罚的前提条件。如果犯罪分子具有《刑法》规定的减轻处罚情节，审判人员可以直接据其对犯罪分子在法定刑以下判处刑罚。这里的"本法规定的减轻处罚情节"，既包括应当减轻处罚情节，也包括可以减轻处罚情节。要消除一种误解，即不能认为本款规定的"本法规定的减轻处罚情节"（即法定减轻处罚情节）仅包括应当减轻处罚情节。如果犯罪分子既有法定的减轻处罚情节，又有酌定的减轻处罚情节，笔者认为，也不必通过烦琐的特别减轻程序，而由审判人员在适用一般减轻处罚时酌情加大减轻处罚的幅度即可。

（2）案件具有特殊情况。这是适用特别减轻处罚的实质条件。对本款规定的"案件的特殊情况"，最高司法机关尚无司法解释予以明确。笔者认为，具体包括两种情况：第一，即使适用法定最低刑仍然会导致量刑畸重的特殊案件。立法者在设置法定刑时自然必须遵循罪责刑相适应原则，但仍然难以对所有的具体案件实现罪责刑相适应。这又包括两种情况：一是对一部分案件即使适用法定最低刑，仍然显得量刑畸重；二是对另一部分案件而言，即使适用法定最高刑，仍然显得量刑畸轻。因此，有必要对相对机械的法定刑留有修正的空间，这就是特别减轻处罚制度和特别加重处罚制度存在的根基。因为担忧特别加重处罚会导致无期徒刑加重到死刑，从而增加死刑适用数量，1997年《刑法》只保留了特别

---

① 高铭暄主编：《刑法学原理（第三卷）》，中国人民大学出版社1994年版，第261页。

减轻处罚制度，而废止了特别加重处罚制度。第二，国家政治、国防、外交等方面的特殊需要。《刑法》第 81 条第 1 款对假释也有这种类似的规定，即“如果有特殊情况，经最高人民法院核准，可以不受上述执行刑期的限制”。对此处的“特殊情况”，2016 年最高人民法院《关于办理减刑、假释案件具体应用法律的规定》第 24 条规定：“刑法第八十一条第一款规定的‘特殊情况’，是指有国家政治、国防、外交等方面特殊需要的情况。”在对《刑法》第 63 条的司法解释发布前，笔者认为，可以参照上述司法解释的内容来理解此种情形的“特殊情况”。

（3）特别减轻处罚必须经最高人民法院核准。在此有必要回顾一下 1997 年《刑法》对特别减轻处罚制度的修改。现行《刑法》第 63 条第 2 款规定的特别减轻处罚，是 1979 年《刑法》第 59 条第 2 款规定的各级人民法院审判委员会享有的一项权力，指的是“犯罪分子虽然不具有本法规定的减轻处罚情节。如果根据案件的具体情况，判处法定刑的最低刑还是过重的，经人民法院审判委员会决定，也可以在法定刑以下判处刑罚”。1979 年《刑法》授予各级人民法院的该项权力，实际上是一种法外用刑的自由裁量权，意在使审判机关在形形色色的案件面前有灵活的余地，握有主动权。1979 年《刑法》施行以后，绝大多数人民法院对于特别减轻处罚权的行使是严肃的、认真的，对于有关案件的处理效果也是好的。但应当指出的是，某些地方也确实出现了不少滥用该项权力的现象，甚至为个别腐败的审判人员提供了与犯罪分子及其亲友进行权钱交易、以钱抵刑的可乘之机。因此，1979 年《刑法》实施以后，审判机关的这项自由裁量权不时受到批评。

第六十四条 〔犯罪物品的处理〕

犯罪分子违法所得的一切财物，应当予以追缴或者责令退赔；对被害人的合法财产，应当及时返还；违禁品和供犯罪所用的本人财物，应当予以没收。没收的财物和罚金，一律上缴国库，不得挪用和自行处理。

本条是关于犯罪物品处理的规定。

【条文释义】

1. 对违法所得的追缴或退赔

本条中的“违法所得”，是指犯罪分子因实施犯罪活动而取得的赃款、赃物及其收益，包括金钱或者其他物品。追缴，是指将犯罪分子违法所得的财物强制无偿地收归国有；它与“没收”的含义相当。责令退赔，是指如果犯罪分子已将违法所得使用、挥霍或者毁坏的，责令其按违法所得财物的价值等额退赔。

2. 被害人的合法财产

《公安机关办理刑事案件程序规定》第 234 条规定，有关犯罪事实查证属实后，对于有证据证明权属明确且无争议的被害人合法财产及其孳息，且返还不损害其他被害人或者利害关系人的利益，不影响案件正常办理的，应当在登记、拍照或者录音录像和估价后，报经县级以上公安机关负责人批准，开具发还清单返还，并在案卷材料中注明返还的理由，将原物照片、发还清单和被害人的领取手续存卷备查。领取人应当是涉案财物的合法权利人或者其委托的人；委托他人领取的，应当出具委托书。侦查人员或者公安机关其他工作人员不得代为领取。查找不到被害人，或者通知被害人后，无人领取的，应当将有关财产及其孳息随案移送。

3. 违禁品

违禁品，是指法律禁止的、除得到国家许可外，任何人不得制造、贩卖、运输、持有的特定物品，主要有毒品、淫秽物品、枪支、弹药、爆炸物、毒害性物质、放射性物质等。

4. 供犯罪所用之物

供犯罪所用之物，是指供犯罪分子进行犯罪活动使用的属于其本人或者他人所有的物品。供犯罪所用的本人财物，应当予以没收；如果这些财物不是犯罪分子本人的，而是借用或者擅自使用的他人财物，财物所有人事前不知是供犯罪使用的，一般应当予以返还。

【实务问题】

本条中的“犯罪分子”，应当是指已经人民法院生效判决宣告构成犯罪的人。对于犯罪嫌疑人、被告人逃匿、死亡案件中违法所得能否适用本条规定予以追缴，则可能发生疑义。《刑事诉讼法》在第五编“特别程序”中规定了“犯罪嫌疑人、被告人逃匿、死亡案件违法所得的没收程序”。根据《刑事诉讼法》的规定，对于贪污贿赂犯罪、恐怖活动犯罪等重大犯罪案件，犯罪嫌疑人、被告人逃匿，在通缉 1 年后不能到案，或者犯罪嫌疑人、被告人死亡，依照《刑法》规定应当追缴其违法所得及其他涉案财产的，人民检察院可以向人民法院提出没收违法所得的申请。公安机关认为有上述规定情形的，应当写出没收违法所得意见书，移送人民检察院。人民法院经审理，对经查证属于违法所得及其他涉案财产，除依法返还被害人的以外，应当裁定予以没收；对不属于应当追缴的财产的，应当裁定驳回申请，解除查封、扣押、冻结措施。

第二节　累　　犯

第六十五条 〔一般累犯〕

被判处有期徒刑以上刑罚的犯罪分子，刑罚执行完毕或者赦免以后，在五年以内再犯应当判处有期徒刑以上刑罚之罪的，是累犯，应当从重处罚，但是过失犯罪和不满十八周岁的人犯罪的除外。

前款规定的期限，对于被假释的犯罪分子，从假释期满之日起计算。

本条是关于一般累犯的规定。

【主要修改】

本条第 1 款为 2011 年 2 月 25 日通过的《刑法修正案（八）》所修改，该款内容原为："被判处有期徒刑以上刑罚的犯罪分子，刑罚执行完毕或者赦免以后，在五年以内再犯应当判处有期徒刑以上刑罚之罪的，是累犯，应当从重处罚，但是过失犯罪除外。"

【条文释义】

一般累犯，也称普通累犯，是指因故意犯罪被判处有期徒刑以上刑罚，在刑罚执行完毕或者赦免以后，5 年内又犯应当判处有期徒刑以上刑罚之故意犯罪的人。构成一般累犯必须具备下列条件：

1. 罪质条件

一般累犯的前罪和后罪都是普通刑事犯罪，或者其中之一是普通刑事犯罪。这里的"普通刑事犯罪"，是指除危害国家安全犯罪、恐怖活动犯罪、黑社会性质的组织犯罪以外的其他犯罪。

2. 罪过条件

一般累犯的前罪和后罪必须都是故意犯罪。如果前罪和后罪有一个是过失犯罪，或者前后两罪都是过失犯罪，就不能构成累犯。

3. 刑度条件

刑度条件，也可以称为罪量条件。一般累犯的成立对前罪和后罪在严重程度上有一定限制，具体而言，前罪必须已经被判处有期徒刑以上刑罚，后罪则应当被判处有期徒刑以上刑罚。如果前罪所判处的刑罚低于有期徒刑或者后罪不应当判处有期徒刑以上刑罚的，均不构成一般累犯。具体应当注意两点：第一，这里的"有期徒刑"均指宣告刑。前罪被判处有期徒刑以上刑罚，是指人民法院最后确定的宣告刑为有期徒刑以上刑罚；后罪应当判处有期徒刑以上刑罚，是指根据犯罪事实和《刑法》的规定，应当判处有期徒刑以上刑罚，而不是指后罪的法定刑中包含了有期徒刑以上的刑罚。第二，“有期徒刑以上刑罚”包括有期徒刑、无期徒刑和死刑。无期徒刑和死缓本身虽然没有执行完毕的问题，但在被减刑或者假释后仍然存在构成累犯的可能。

4. 时间条件

一般累犯的后罪必须发生在前罪的刑罚执行完毕或者赦免以后5年之内。需要指出的是，我国对一般累犯前后罪相隔时间长短的规定是经历了一个反复过程的。最高人民法院《关于前科问题的批复》规定，“所谓累犯，是指被判处有期徒刑以上刑罚的犯罪分子，刑罚执行完毕或者赦免以后，在五年以内再犯应当判处有期徒刑以上刑罚之罪的，是累犯，应当从重处罚；但是过失犯罪除外。”1979年《刑法》规定为3年，1997年《刑法》又改回5年。

5. 主体条件

行为人实施前罪时如果未满18周岁，或者实施前罪和后罪时均未满18周岁的，不构成累犯。这是《刑法修正案（八）》对累犯制度的修改，体现了对未成年人犯罪从宽处罚的精神。

【实务问题】

1. “刑罚执行完毕”的含义

根据2018年12月28日最高人民检察院《关于认定累犯如何确定刑罚执行完毕以后“五年以内”起始日期的批复》的规定，《刑法》第65条第1款规定的“刑罚执行完毕”，是指刑罚执行到期应予释放之日。具体应当注意以下几点：第一，刑罚执行完毕，是指刑罚实际执行完毕。实际执行完毕，是指所被判处的刑罚必须被全部或者部分地执行。换言之，对前罪必须有刑罚的实际执行（至于是否被部分减刑在所不问）。参照1989年10月25日最高人民法院研究室《关于缓刑考验期满三年内又犯应判处有期徒刑以上刑罚之罪的是否构成累犯问题的电话答复》的规定：“根据刑法规定，缓刑是在一定考验期限内，暂缓执行原判刑罚的制度。如果犯罪分子在缓刑考验期内没有再犯新罪，实际上并没有执行过原判的有期徒刑刑罚；加之被判处有期徒刑缓刑的犯罪分子，一般犯罪情节较轻和有悔罪表现，因其不致再危害社会才适用缓刑。所以，对被判处有期徒刑缓刑的犯罪分子，在缓刑考验期满三年内又犯应判处有期徒刑以上刑罚之罪的，可不作累犯对待。”由此可见，如果犯罪分子在缓刑考验期内没有应撤销的情况，考验期满后就不再执行原判的有期徒刑，即缓刑犯没有“刑罚执行”，那也就更谈不上“刑罚执行完毕”，不符合累犯的时间起点条件。也许有人会以假释期满之后能构成累犯为由提出质疑。假释与缓刑的一个重大区别是假释以已经实际执行部分刑期为条件，根据《刑法》第85条的规定，对假释的犯罪分子，如果在考验期限内没有应被撤销的情形的，假释考验期满，就认为原判刑罚“已经执行完毕”。这就符合了累犯成立的时间起点条件。第二，刑罚执行完毕，是指主刑执行完毕。参照 1995 年 8 月 3 日最高人民法院研究室《关于如何理解刑法第六十一条中刑罚执行完毕问题的答复》的规定：“刑法第六十一条中规定的‘刑罚执行完毕’，是指所判主刑执行完毕。如果前罪除被判处主刑以外，还被判处附加刑的，在前罪主刑执行完毕以后三年内附加刑继续执行期间，被告人又犯应当判处有期徒刑以上刑罚，符合累犯构成条件的，应当以累犯依法从重处罚。”该文件虽然已经失效，但对于认定刑罚执行完毕是主刑执行完毕还是附加刑执行完毕仍具有一定意义。因此，只要前罪的主刑执行完毕，即使附加刑仍然在执行，也不影响累犯的成立。

2. 期间的计算

实践中关于计算期间的问题，具体应当注意以下两点：第一，起算。根据 2018 年 12 月 28 日最高人民检察院《关于认定累犯如何确定刑罚执行完毕以后“五年以内”起始日期的批复》的规定，认定累犯，确定刑罚执行完毕以后“五年以内”的起始日期，应当从刑满释放之日起计算。如果所判处的刑罚未被假释的，“五年以内”之期间的起算应从前罪的刑罚执行完毕或者赦免之日起计算；对于被假释的犯罪分子，从假释期满之日起计算。时间起点是区分累犯与刑罚执行期间又犯新罪之数罪并罚的分界点。因为后罪如果发生在该时间点之前的，就应当根据《刑法》第 71 条或者第 86 条的规定，按照“先减后并”的方法进行数罪并罚。第二，“以内”的含义。“五年以内”之“以内”包括本数。例如，刑罚在 2015 年 1 月 1 日执行完毕，2020 年 1 月 1 日是构成一般累犯的最晚时间。

第六十六条 〔特别累犯〕

危害国家安全犯罪、恐怖活动犯罪、黑社会性质的组织犯罪的犯罪分子，在刑罚执行完毕或者赦免以后，在任何时候再犯上述任一类罪的，都以累犯论处。

本条是关于特别累犯的规定。

【主要修改】

本条为 2011 年 2 月 25 日通过的《刑法修正案（八）》所修改，该条内容原为：“危害国家安全的犯罪分子在刑罚执行完毕或者赦免以后，在任何时候再犯危害国家安全罪的，都以累犯论处。”

【条文释义】

特别累犯，是指实施危害国家安全犯罪、恐怖活动犯罪、黑社会性质的组织犯罪，在所被判处的刑罚执行完毕或者赦免以后的任何时候又犯上述任一类罪的犯罪分子。构成特别累犯必须具备以下条件：

1. 罪质条件

特别累犯的前罪和后罪都必须是危害国家安全犯罪、恐怖活动犯罪、黑社会性质的组织犯罪。危害国家安全犯罪，是指《刑法》分则第一章所规定的犯罪，目前包括 12 个具体罪名，且均为故意犯罪。恐怖活动犯罪，根据《刑法修正案（九）》及最高人民法院、最高人民检察院《关于执行〈中华人民共和国刑法〉确定罪名的补充规定（六）》的规定，包括组织、领导、参加恐怖组织罪，帮助恐怖活动罪，准备实施恐怖活动罪，宣扬恐怖主义、极端主义、煽动实施恐怖活动罪，利用极端主义破坏法律实施罪，强制穿戴宣扬恐怖主义、极端主义服饰、标志罪，非法持有宣扬恐怖主义、极端主义物品罪，为恐怖活动犯罪实施的洗钱罪，以及作为恐怖组织成员参与实施的其他具体犯罪。黑社会性质的组织犯罪，包括组织、领导、参加黑社会性质组织罪，入境发展黑社会组织罪，包庇、纵容黑社会性质组织罪，为黑社会性质组织犯罪实施的洗钱罪，以及作为黑社会性质组织成员参与实施的其他具体犯罪。如果前罪和后罪中有一个不属于危害国家安全犯罪、恐怖活动犯罪或者黑社会性质的组织犯罪的，则不能构成特别累犯。当然，如果符合一般累犯条件的，可以构成一般累犯。

2. 刑度条件

《刑法》对于特别累犯的前罪已经判处的刑罚和后罪应当判处的刑罚，没有轻重限制。无论前罪已经判处的刑罚或者后罪应当判处的刑罚是否为有期徒刑以上的刑罚，均不影响特别累犯的成立。

3. 时间条件

（1）起点。特别累犯成立的起点条件与一般累犯相同。如果被判处的刑罚未被假释的，从前罪的刑罚执行完毕或者赦免之日起计算；对于被假释的犯罪分子，从假释期满之日起计算。

（2）终点。在前罪的刑罚执行完毕或者赦免之后直至其死亡之前的整个期间，行为人再犯危害国家安全犯罪、恐怖活动犯罪、黑社会性质的组织犯罪的，均构成特别累犯。

4. 主体条件

行为人实施前罪时如果未满 18 周岁，或者实施前罪和后罪时均未满 18 周岁的，不构成特别累犯。

【实务问题】

需要注意的是，在前后罪的罪名上，危害国家安全犯罪、恐怖活动犯罪、黑社会性质的组织犯罪三类犯罪可以交叉组合，不必分类对应，即不必前后罪都是危害国家安全犯罪、都是恐怖活动犯罪或者都是黑社会性质的组织犯罪。

第三节　自首和立功

第六十七条　〔自首〕

犯罪以后自动投案，如实供述自己的罪行的，是自首。对于自首的犯罪分子，可以从轻或者减轻处罚。其中，犯罪较轻的，可以免除处罚。

被采取强制措施的犯罪嫌疑人、被告人和正在服刑的罪犯，如实供述司法机关还未掌握的本人其他罪行的，以自首论。

犯罪嫌疑人虽不具有前两款规定的自首情节，但是如实供述自己罪行的，可以从轻处罚；因其如实供述自己罪行，避免特别严重后果发生的，可以减轻处罚。

本条是关于自首和坦白从宽处罚的规定。

【主要修改】

本条第 3 款为 2011 年 2 月 25 日通过的《刑法修正案（八）》所增加。

【条文释义】

本条共分为 3 款。第 1 款是关于一般自首的规定。一般自首，是指犯罪分子在犯罪后自动投案，如实供述自己的罪行的情形。成立一般自首，必须同时具备以下两个条件：

（1）犯罪以后自动投案。自动投案是一般自首成立的前提条件。在该要件的认定中应当注意以下问题：

一是“自动投案”的含义。根据 1998 年最高人民法院《关于处理自首和立功具体应用法律若干问题的解释》（简称《自首和立功解释》）的规定，“自动投案”有狭义和广义之分：①狭义的自动投案。这也是真正意义上的自动投案，是指犯罪事实或者犯罪嫌疑人未被司法机关发觉，或者虽被发觉，但犯罪嫌疑人尚未受到讯问、未被采取强制措施时，主动、直接向公安机关、人民检察院或者人民法院投案。可见，狭义的自动投案从时间、主观、方式、对象四个方面进行了限制：时间限制是犯罪事实或者犯罪嫌疑人未被司法机关发觉，或者虽被发觉，但犯罪嫌疑人尚未受到讯问、未被采取强制措施；[①] 主观限制是主动而不是被动；方式限制是直接亲自到案而不是委托他人；对象限制是直接向公安机关、人民检察院或者人民法院投案，而不是向其他组织或者个人投案。②广义的自动投案。为了充分发挥自首制度在鼓励犯罪嫌疑人投案、减少缉捕成本方面的刑事政策功能，在狭义的自动投案之外，《自首和立功解释》对自动投案的三个限制条件作出了扩大解释，即将下列情形也视为自动投案：第一，犯罪嫌疑人向其所在单位、城乡基层组织或者其他有关负责人员投案的；[②] 第二，犯罪嫌疑人因病、伤或者为了减轻犯罪后果，委托他人先代为投案，或者先以信电投案的；第三，罪行尚未被司法机关发觉，仅因形迹可疑被有关组织或者司法机关盘问、教育后，主动交代自己的罪行的；第四，犯罪嫌疑人实施犯罪后潜逃至异地，其罪行尚未被异地司法机关发觉，仅因形迹可疑被异地司法机关留置盘问、教育后，主动交代自己的罪行的；第五，犯罪后逃跑，在被通缉、追捕过程中，主动投案的；第六，经查实确已准备去投案，或者正在投案途中，被公安机关捕获的；第七，并非出于犯罪嫌疑人主动，而是经亲友规劝、陪同投案的；第八，公安机关通知犯罪嫌疑人的亲友，或者亲友主动报案后，将犯罪嫌疑人送去投案的。第一种情形扩大解释了对象限制，第二种情形扩大解释了方式限制，第三种情形扩大解释了对象限制和时间限制，第四种、第五种和第六种情形扩大解释了时间限制，第七种和第八种情形扩大解释了主观限制。

二是接受审查和裁判是否为自首的成立条件。《自首和立功解释》的这一规定，实际上已经窄于自动投案的字面含义。这源于一个争议问题。1979 年《刑法》第 63 条并未对自首的成立条件作出规定。对此，最高人民法院、最高人民检察院、公安部《关于当前处理自首和有关问题具体应用法律的解答》规定，“犯罪分子作案后，同时具备自动投案、如实交代自己的罪行、并接受审查和裁判这三个条件的，都认为是自首”。但是 1997 年《刑法》第 67 条第 1 款只把“自动投案”和“如实供述自己的罪行”规定为自首的成立条件，未把“接受审查和裁判”列入其中。这引发了“接受审查和裁判”还是不是自首成立条件的争议，有人认为 1997 年《刑法》已将该条件取消而变成了两个条件，也有人认为“接受审查和裁判”可以包括在“自动投案”中，即“接受审查和裁判”是

---

① 最高人民法院、最高人民检察院《关于办理职务犯罪案件认定自首、立功等量刑情节若干问题的意见》规定，“犯罪事实或者犯罪分子未被办案机关掌握，或者虽被掌握，但犯罪分子尚未受到调查谈话、讯问，或者未被宣布采取调查措施或者强制措施时，向办案机关投案的，是自动投案。”

② 最高人民法院、最高人民检察院《关于办理职务犯罪案件认定自首、立功等量刑情节若干问题的意见》规定：“犯罪分子向所在单位等办案机关以外的单位、组织或者有关负责人员投案的，应当视为自动投案。”

“自动投案”的必备要素之一。《自首和立功解释》采取了后一种主张，规定“犯罪嫌疑人自动投案后又逃跑的，不能认定为自首”。

（2）如实供述自己的罪行。如实供述自己的罪行是一般自首成立的实质条件。如实供述自己的罪行，是指如实交代自己的主要犯罪事实。在该条件的认定中，应当注意以下问题：

一是数罪的认定原则。犯有数罪的犯罪嫌疑人仅如实供述所犯数罪中部分犯罪的，只对如实供述部分犯罪的行为认定为自首。

二是共同犯罪的认定原则。共同犯罪案件中的犯罪嫌疑人，除如实供述自己的罪行，还应当供述所知的同案犯，主犯则应当供述所知其他同案犯的共同犯罪事实，才能认定为自首。这就意味着在共同犯罪案件中，《刑法》第 67 条第 1 款中的“如实供述自己的罪行”之“自己的罪行”不能理解过窄，应当扩大到所知道的同案犯的犯罪事实。其应供述的同案犯的罪行范围有两个限制：第一，他所知悉；第二，共同犯罪故意范围内，同案犯实行的过限行为不包括在内。在共同犯罪案件中，对自首的按自首处理；对未自首的按未自首依法处理。需要注意的是，《自首和立功解释》第 6 条规定，共同犯罪案件的犯罪分子到案后，揭发同案犯共同犯罪事实的，可以酌情予以从轻处罚。这实际上是对坦白酌情从宽处罚的规定。

三是翻供的情况如何处理。根据《自首和立功解释》的规定，犯罪嫌疑人自动投案并如实供述自己的罪行后又翻供的，不能认定为自首；但在一审判决前又能如实供述的，应当认定为自首。

四是对行为性质进行辩解是否能认定为“如实供述自己的罪行”。根据最高人民法院《关于被告人对行为性质的辩解是否影响自首成立问题的批复》的规定，被告人对行为性质的辩解不影响自首的成立，即只要对犯罪事实的陈述是客观的，就能认定为如实供述自己的罪行，至于其本人对其所供述事实的法律评价如何，不影响自首的认定。

五是“如实”的含义。“如实供述自己的罪行”之“如实”，是指客观真实，还是指符合行为人的主观认识？就像伪证罪的相关问题的认定一样，应当采取后一种标准。如果确实因为认识错误而导致其所供述的内容与客观事实不符的，不影响认定为如实供述自己的罪行，尤其在认定共同犯罪案件中应当注意，不能因为行为人未能供述其确实不知情的同案犯的罪行或者因认识错误而供述有出入的而一概不认定为自首。

第 2 款是关于特别自首的规定。特别自首，也称准自首或者余罪自首，是指被采取强制措施的犯罪嫌疑人、被告人和正在服刑的罪犯，如实供述司法机关还没有掌握的本人其他罪行。设立特别自首制度的目的在于充分发挥鼓励其主动交代犯罪、减少司法成本的刑事政策功能。成立特别自首应同时具备以下两个条件：

（1）行为人是已经被采取强制措施的犯罪嫌疑人、被告人和正在服刑的罪犯。具体包括三种人：①已经被采取强制措施的犯罪嫌疑人；②已经被采取强制措施的被告人；③正在服刑的罪犯。这里的“强制措施”，是指《刑事诉讼法》规定的拘传、取保候审、监视居住、拘留和逮捕五种刑事强制措施，不包括行政拘留等其他强制措施。被采取行政拘留等非刑事强制措施的人可以成立一般自首。对这些主体之所以适用特别自首，是因为其已经不可能符合一般自首的自动投案条件，因为他们属于已经在案的人。正在服刑的罪犯不以处于监禁状态为必要，在监外执行期间和被管制或被剥夺政治权利期间，都属于“正在服刑的罪犯”。需要指出的是，“已经被采取强制措施的被告人”既包括宣判前的被告人，也包括宣判后判决生效之前的被告人；“正在服刑的罪犯”既包括已移送执行的罪犯，也包括已宣判但尚未交付执行的罪犯。

（2）如实供述司法机关还未掌握的本人其他罪行。这是特别自首成立的实质条件。根据最高人民法院《关于处理自首和立功若干具体问题的意见》的规定，认定“司法机关还未掌握的本人其他罪行”，必须同时具备两个条件：一是司法机关还未掌握，即必须是司法机关尚未掌握的罪行，既包括犯罪事实尚未被司法机关发觉，也包括犯罪事实已被发觉但未确定犯罪嫌疑人的。根据最高人民法院、最高人民检察院《关于办理职务犯罪案件认定自首、立功等量刑情节若干问题的意见》的规定，没有自动投案，在办案机关调查谈话、讯问、采取调查措施或者强制措施期间，犯罪分子如实交代办案机关掌握的线索所针对的事实的，不能认定为自首。但是，如果办案机关所掌握的线索针对的犯罪事实不成立，在此范围外犯罪分子交代同种罪行的，可以成立自首。二是其他罪行。对“其他罪行”在理论上有不同的理解，有的认为，是指未被掌握的罪行（包括罪名相同的罪行和罪名不同的罪行）；还有的认为，仅限于与被掌握的罪行罪名不同的罪行。前者从形式上来理解“其他”，后者则从实质上来理解“其他”。显然前者对被告人有利，但最高人民法院《关于处理自首和立功若干具体问题的意见》采取了后一种主张，认为“司法机关还未掌握的本人其他罪行”，是指与司法机关已掌握的或者判决确定的罪行属不同种的罪行。例如，甲因盗窃普通财物被判处有期徒刑，在服刑期间又主动交代其尚未被司法机关掌握的盗窃珍贵文物的犯罪事实。根据最高人民法院《关于处理自首和立功若干具体问题的意见》的规定，甲不能认定为自首。

第 3 款是关于坦白的规定。坦白从宽本来是一项提出已久的司法政策，但这些年来其公信力大为下降。《刑法修正案（八）》将这一政策法定化，有利于重塑其公信力，发挥其积极的刑事政策功能。需要指出的是，《刑法修正案（八）》并未将所有的坦白法定化，只将侦查阶段、审查起诉阶段的坦白法定化，审判阶段的坦白仍然只是酌定情节。对坦白的从宽处罚幅度也存在不同情况：一是可以从轻处罚；二是可以减轻处罚。区分的关键在于是否因为其坦白得以避免特别严重的后果发生。例如，爆炸犯罪嫌疑人甲安装了一个定时炸弹，在被警方抓捕后，坦白了炸弹的安放位置，公安机关根据其坦白及时拆除了炸弹，避免了特别严重的后果发生。对甲的此种坦白，就可予以减轻处罚。

【实务问题】

1. 单位犯罪自首的形式

根据有关司法解释[①]的规定，单位犯罪案件中，单位集体决定或者单位负责人决定而自动投案，如实交代单位犯罪事实的，或者单位直接负责的主管人员自动投案，如实交代单位犯罪事实的，应当认定为单位自首。

2. 犯罪单位直接责任人员的自首

单位的自首与直接责任人员的自首既相互联系又相互区别。其联系如前所述，单位直接负责的主管人员自首同时也视为单位自首。其区别在于：第一，单位自首并不意味着其直接责任人员必然成立自首。根据有关司法解释的规定，单位自首的，直接负责的主管人员和其他直接责任人员未自动投案，但如实交代自己知道的犯罪事实的，可以视为自首；拒不交代自己知道的犯罪事实或者逃避法律追究的，不应当认定为自首。第二，直接责任人员成立自首并不意味着单位成立自首。单位没有自首，直接责任人员自动投案并如实交代自己知道的犯罪事实的，对该直接责任人员应当认定为自首。

第六十八条 〔立功〕

犯罪分子有揭发他人犯罪行为，查证属实的，或者提供重要线索，从而得以侦破其他案件等立功表现的，可以从轻或者减轻处罚；有重大立功表现的，可以减轻或者免除处罚。

本条是关于立功的规定。

【主要修改】

因为本条原第 2 款的规定过于刚性，导致在实践中出现了严重违背罪责刑相适应原则的不合理现象。例如，一个故意杀人犯罪集团有 5 名主犯，其中 4 人都被判处死刑，另外 1 人因为“自首后又有重大立功表现”，法官不得不依法予以

---

① 最高人民法院、最高人民检察院、海关总署《关于办理走私刑事案件适用法律若干问题的意见》；最高人民法院、最高人民检察院《关于办理职务犯罪案件认定自首、立功等量刑情节若干问题的意见》。

减轻处罚，判处其9年有期徒刑。因此，《刑法修正案（八）》删除了本条原第2款，原第2款内容为："犯罪后自首又有重大立功表现的，应当减轻或者免除处罚。"

【条文释义】

立功，是指犯罪分子揭发他人犯罪行为，经查证属实，或者提供重要线索，从而得以侦破其他案件等有利于国家和社会的突出表现。要成立刑法上的立功，应当具备下列条件：

1. 专属性

专属性，即立功必须是犯罪分子本人实施的行为。例如，为使犯罪分子得到从轻处理，犯罪分子的亲友直接向有关机关揭发他人犯罪行为，提供侦破其他案件的重要线索，或者协助司法机关抓捕其他犯罪嫌疑人的，不应当认定为犯罪分子的立功表现。

2. 具体性

具体性，即据以立功的他人罪行材料应当指明具体犯罪事实。犯罪分子揭发他人犯罪行为时没有指明具体犯罪事实的，不能认定为立功。

3. 有效性

有效性，即据以立功的线索或者协助行为对于侦破案件或者抓捕犯罪嫌疑人要有实际作用。如果犯罪分子揭发的犯罪事实与查实的犯罪事实不具有关联性，或者提供的线索或协助行为对于其他案件的侦破或其他犯罪嫌疑人的抓捕不具有实际作用的，不能认定为立功。但是，如果犯罪分子提供了侦破其他案件的重要线索，但由于司法机关的工作不力未能侦破案件的，或者在协助司法机关抓捕其他犯罪嫌疑人时，由于司法机关的失误未能抓获的，也应当视为构成立功。

4. 客观性

客观性，即犯罪分子揭发他人犯罪行为，提供侦破其他案件重要线索的，必须经查证属实，才能认定为立功。审查是否构成立功，不仅要审查办案机关的说明材料，还要审查有关事实和证据以及与案件定性处罚相关的法律文书，如立案决定书、逮捕通知书、侦查终结报告书、起诉意见书、起诉书或者判决书等。

5. 合法性

合法性，即据以立功的线索、材料来源必须合法。根据最高人民法院、最高人民检察院《关于办理职务犯罪案件认定自首、立功等量刑情节若干问题的意见》的规定，据以立功的线索、材料来源有下列情形之一的，不能认定为立功：（1）本人通过非法手段或者非法途径获取的；（2）本人因原担任的查禁犯罪等职务获取的；（3）他人违反监管规定向犯罪分子提供的；（4）负有查禁犯罪活动职责的国家机关工作人员或者其他国家工作人员利用职务便利提供的。

【实务问题】

1. 协助抓捕其他犯罪嫌疑人的认定

协助抓捕其他犯罪嫌疑人这种立功方式，需要注意四种可以认定和一种不能认定的情形。（1）四种可以认定的情形是：①按照司法机关的安排，以打电话、发信息等方式将其他犯罪嫌疑人（包括同案犯）约至指定地点的；②按照司法机关的安排，当场指认、辨认其他犯罪嫌疑人（包括同案犯）的；③带领侦查人员抓获其他犯罪嫌疑人（包括同案犯）的；④提供司法机关尚未掌握的其他案件犯罪嫌疑人的联络方式、藏匿地址的。（2）一种不能认定的情形是：犯罪分子提供同案犯姓名、住址、体貌特征等基本情况，或者提供犯罪前、犯罪中掌握、使用的同案犯联络方式、藏匿地址，司法机关据此抓获同案犯的，不能认定为协助司法机关抓捕同案犯。因为同案犯的基本情况（包括同案犯姓名、住址、体貌特征等信息）属于犯罪分子应当供述的范畴；犯罪前、犯罪中掌握、使用的同案犯联络方式、藏匿地址，则属于预谋、实施犯罪的范畴，也是犯罪分子应当供述的内容。

2. 一般立功和重大立功的区别

一般立功和重大立功的区别在于检举、揭发的犯罪行为是否重大，因提供重要线索得以侦破的其他案件是否重大，所阻止的他人犯罪活动是否重大，所协助司法机关抓捕的其他犯罪嫌疑人（包括同案犯）是否重大。根据《自首和立功解释》的规定，“重大犯罪”“重大案件”“重大犯罪嫌疑人”的标准有二：一是法定刑标准。犯罪嫌疑人、被告人可能被判处无期徒刑以上刑罚的，视为“重大”。需要指出的是，犯罪分子检举、揭发或者协助抓获的犯罪嫌疑人的行为应判处无期徒刑以上刑罚，但因具有法定、酌定从宽情节，宣告刑为有期徒刑或者更轻刑罚的，不影响对犯罪分子重大立功表现的认定。二是影响力标准，即案件在本省、自治区、直辖市或者全国范围内有较大影响的，视为“重大”。

第四节　数罪并罚

第六十九条　〔判决宣告前的数罪并罚〕

判决宣告以前一人犯数罪的，除判处死刑和无期徒刑的以外，应当在总和刑期以下、数刑中最高刑期以上，酌情决定执行的刑期，但是管制最高不能超过三年，拘役最高不能超过一年，有期徒刑总和刑期不满三十五年的，最高不能超过二十年，总和刑期在三十五年以上的，最高不能超过二十五年。

数罪中有判处有期徒刑和拘役的，执行有期徒刑。数罪中有判处有期徒刑和

管制，或者拘役和管制的，有期徒刑、拘役执行完毕后，管制仍须执行。

数罪中有判处附加刑的，附加刑仍须执行，其中附加刑种类相同的，合并执行，种类不同的，分别执行。

本条是关于判决宣告前的数罪并罚的规定。

【主要修改】

本条为2011年2月25日通过的《刑法修正案（八）》所修改，该条内容原为："判决宣告以前一人犯数罪的，除判处死刑和无期徒刑的以外，应当在总和刑期以下、数刑中最高刑期以上，酌情决定执行的刑期，但是管制最高不能超过三年，拘役最高不能超过一年，有期徒刑最高不能超过二十年。如果数罪中有判处附加刑的，附加刑仍须执行。"

2015年8月29日通过的《刑法修正案（九）》再次对本条进行了修改，增加1款作为第2款，原第2款作为第3款。

【条文释义】

根据本条规定，我国刑法在数罪并罚原则问题上采用了折中原则。具体来说：

第一，所犯数罪宣告的数个主刑中，有死刑或者无期徒刑的，采用吸收原则，即数刑当中，有死刑的，就执行死刑，其他刑罚不再执行；如果没有死刑，数刑中有一个是无期徒刑的，就执行无期徒刑，有期徒刑等其他主刑不再执行；如果没有死刑，即使有两个以上的罪都被判处无期徒刑的，最后也只能决定执行无期徒刑，决不能把几个无期徒刑相加变成死刑。

第二，所犯数罪判处的主刑都是有期自由刑时，如果皆属同种有期自由刑的，采取限制加重原则，即在数刑的总和刑期以下、数刑中最高刑期以上，酌情决定执行的刑期，但不得超过该种自由刑的法定最高期限。在此应注意两个问题，即限制加重的"限制"之体现：

第一个限制是法官应在数刑的总和刑期以下、数刑中最高刑期以上这一幅度内决定犯罪分子应执行的刑罚。这一限制在一般情况下来说，是非常清楚的。需要指出的是，如何理解这一幅度的两端，即"以下""以上"是否包括本数？笔者认为，应当包括本数。理由主要有两点：其一，《刑法》第99条规定："本法所称以上、以下、以内，包括本数。"这一规定自然也适用于《刑法》第69条中的"以下"和"以上"。其二，虽然按数刑中的最高刑期作为决定执行的刑罚时，相当于采用了吸收原则，而按总和刑期作为决定执行的刑罚时，相当于采用了并科原则，但是作为特定案件中的一个例外也并非不可，因为对同种有期自由刑数罪并罚采用限制加重毕竟只是一种理论上的主张，《刑法》并未明确予以规定。不过笔者认为，在司法实践中，在一般情况下，最好不要按这一限制幅度的两端决定应执行的刑罚，这样不利于发挥限制加重原则的优点，有失之过宽或失之过严之嫌。

第二个限制是最后决定应执行的刑罚不得超过该刑种的法定最高刑期。在数刑的总和刑期未超过该刑种的法定最高期限时，第二个限制没有什么实际意义，只有数刑的总和刑期超过该刑种的法定最高刑期时，这一限制才有实际意义。根据本条第 1 款的规定，三种有期自由刑法定的数罪并罚最高刑期是：管制刑数罪并罚最高不超过 3 年；拘役刑数罪并罚最高不超过 1 年；数个有期徒刑的总和刑期不满 35 年的，并罚刑期最高不能超过 20 年，总和刑期在 35 年以上的，最高不能超过 25 年。需要指出的是，行为人实际执行的刑期在“刑罚执行期间再犯新罪以‘先减后并’原则数罪并罚”时可能超过这一最高期限。

第三，有期徒刑、拘役、管制之间的并罚。《刑法修正案（九）》增加的本条第 2 款规定，这三种有期自由刑之间的并罚原则是：（1）有期徒刑和拘役之间采取吸收原则，也就是说不再执行拘役。（2）有期徒刑和管制之间、拘役和管制之间采取并科原则。主要理由是：其一，管制刑是并不剥夺人身自由的刑罚，其实际执行有助于犯罪人的改过。其二，有些设置管制刑的犯罪，虽然犯罪较轻，但潜在的再犯危险性突出，需要一定的约束。

第四，所犯数罪宣告有附加刑的，采取并科原则，即主刑和附加刑之间采取并科原则。本条第 3 款规定，“数罪中有判处附加刑的，附加刑仍须执行”，即不论主刑是死刑、无期徒刑、有期徒刑、拘役或者管制，如果还判有附加刑的，应予以并科，而不能被主刑吸收。

第五，附加刑之间的并罚原则。根据本条第 3 款的规定，“附加刑种类相同的，合并执行，种类不同的，分别执行。”因此，数个罚金之间、数个特定数额的没收财产之间、数个特定期间的剥夺政治权利之间，应当采取并科累加原则；三个附加刑刑种相互之间也采取并科原则。但罚金和没收全部财产、没收特定数额财产和没收全部财产之间似乎无法采取并科原则，而应当采取吸收原则。

【实务问题】

在我国《刑法》中，有期自由刑有三种具体的种类，即有期徒刑、拘役和管制。1997 年《刑法》未对有期徒刑、拘役、管制三个异种有期自由刑之间如何并罚予以明确，直到 2015 年《刑法修正案（九）》才对此作出规定。但是，《刑法修正案（九）》的规定似乎仍然存在需要进一步完善的地方。

1. 观点分歧

关于异种有期自由刑的并罚方法，在刑法理论和司法实践中主要存在以下不同的主张：

（1）折算说，也即折抵说、换算说。该说主张首先将不同种有期自由刑中的较轻刑种之刑折算为同一种较重的刑种之刑，即将管制、拘役折算成有期徒刑，或者将管制折算成拘役，然后再按限制加重原则决定应执行的刑罚。折算的方法是，拘役 1 日折算有期徒刑 1 日，管制 2 日折算有期徒刑、拘役 1 日。[①]

（2）吸收说。该说认为，对于数罪中同时被判有期徒刑、拘役或管制，或者管制期间又犯新罪或发现漏罪被判处拘役或有期徒刑，或者拘役期间又犯新罪或发现漏罪被判处拘役或有期徒刑，或者拘役期间又犯新罪或发现漏罪被判处有期徒刑的，在决定执行刑罚时，可以采取重刑吸收轻刑的做法，只决定执行拘役或者有期徒刑等最重的有期自由刑，即数刑中有有期徒刑的，只执行有期徒刑，只有拘役和管制的，执行拘役，被吸收之刑不再执行。[②]

（3）逐一执行说。该说认为，对不同种有期自由刑，不应相互折抵，应该以从重到轻的顺序，逐一执行，即先执行有期徒刑，再执行拘役，最后执行管制。[③]

2. 理论评析

以上观点中，笔者赞同逐一执行说，《刑法修正案（九）》关于有期徒刑吸收拘役的规定值得商榷。理由如下：

（1）有司法解释为根据。1981 年 7 月 27 日最高人民法院《关于管制犯在管制期间又犯新罪被判处拘役或有期徒刑应如何执行的问题的批复》中指出，“由于管制和拘役、有期徒刑不属于同一刑种，执行的方法也不同，如何按照数罪并罚的原则决定执行的刑罚，在刑法中尚无具体规定，因此，仍可按照本院一九五七年二月十六日法研字第 3540 号复函的意见办理。即：‘在对新罪所判处的有期徒刑或者拘役执行完毕后，再执行前罪所没有执行完的管制。’对于管制犯在管制期间因发现判决时没有发现的罪行而被判处拘役或者有期徒刑应如何执行的问题，也可按照上述意见办理。”另外，1958 年 4 月 7 日最高人民法院《关于管制期间可否折抵徒刑刑期问题的复函》也指出，“徒刑的刑罚较管制的刑罚为重，徒刑和管制的执行方法也不同，徒刑是在劳动改造机关监管执行，而管制并不这样执行。因此，管制的刑期不宜折抵徒刑的刑期”。

（2）如果按吸收原则对异种有期自由刑进行处罚，有轻纵犯罪之嫌，甚至

---

① 赵秉志等编：《全国刑法硕士论文荟萃》，中国人民公安大学出版社 1989 年版，第 539 页。

② 林准主编：《中国刑法教程》（修订本），人民法院出版社 1994 年版，第 197—198 页。

③ 甘雨沛、杨春洗、张文主编：《犯罪与刑罚新论》，北京大学出版社 1991 年版，第 305 页。

有可能导致鼓励犯罪的不良后果。《刑法修正案（九）》增加的本条第2款规定，“数罪中有判处有期徒刑和拘役的，执行有期徒刑。”这也就是说，有期徒刑和拘役并罚时，采取吸收原则，只执行有期徒刑，不再执行拘役。这种规定虽然在大部分案件里不会存在导致罪责刑不相适应的问题，但其合理性值得商榷，如果一个期间很短的有期徒刑和多个拘役并罚时，就会出现非常不合理的结果。

（3）认为逐一执行说有违《刑法》第69条规定的有期自由刑并罚原则（即限制加重原则）的主张值得商榷。笔者认为，《刑法》第69条第1款规定的“在总和刑期以下、数刑中最高刑期以上，酌情决定执行的刑期”之限制加重原则仅是对同种有期自由刑而言。因为对异种自由刑来说，由于在刑罚的性质、剥夺自由之程度、处遇条件、执行方法和执行场所、刑期起算等方面存在差别，异种有期自由刑之刑期直接累加显然是荒谬的，因而无法计算“总和刑期”，也就无法适用限制加重原则。

（4）逐一执行说并不会导致明显的罪刑不相适应。拘役的期限很短，为1个月以上6个月以下，管制的期限为3个月以上2年以下，管制期限虽然比拘役更长一些，但其对人身自由的限制是有限的，因而在执行完有期徒刑后再执行拘役或者管制，或者在拘役执行完毕以后再执行管制，都不会失于过严而导致严重的罪刑不相适应。

第七十条 〔判决宣告后发现漏罪的并罚〕

判决宣告以后，刑罚执行完毕以前，发现被判刑的犯罪分子在判决宣告以前还有其他罪没有判决的，应当对新发现的罪作出判决，把前后两个判决所判处的刑罚，依照本法第六十九条的规定，决定执行的刑罚。已经执行的刑期，应当计算在新判决决定的刑期以内。

本条是关于判决宣告后发现漏罪的并罚的规定。

【条文释义】

这种并罚方法称为“先并后减”。例如，甲因犯抢劫罪被判处8年有期徒刑，在刑罚执行4年以后，司法机关发现甲在判决宣告以前还犯有拐卖妇女罪未经判决，于是又以拐卖妇女罪判处甲有期徒刑6年。根据《刑法》第70条的规定，应先将前后两个判决所判处的刑罚，依照《刑法》第69条的规定，在两罪总和刑期（14年有期徒刑）以下、两刑中最高刑期（8年有期徒刑）以上这一幅度内确定应执行的刑罚。司法机关在判决中决定执行12年有期徒刑，已经执行的4年有期徒刑应从中扣除，即对甲应再执行8年有期徒刑。

【实务问题】

判决宣告以后，刑罚执行完毕以前，发现被判刑的犯罪分子在判决宣告以前还有其他同种犯罪没有判决的，根据《刑法》第70条的规定，应当并罚。这是同种数罪允许并罚的一种情形。

第七十一条 〔判决宣告后又犯新罪的并罚〕

判决宣告以后，刑罚执行完毕以前，被判刑的犯罪分子又犯罪的，应当对新犯的罪作出判决，把前罪没有执行的刑罚和后罪所判处的刑罚，依照本法第六十九条的规定，决定执行的刑罚。

本条是关于判决宣告后又犯新罪的并罚的规定。

【条文释义】

这种并罚方法称为“先减后并”。例如，甲犯A罪被判处10年有期徒刑，在执行4年以后，甲又犯B罪，被判处9年有期徒刑。按照《刑法》第71条的规定，应将B罪所判之刑罚与A罪没有执行完的刑罚（6年有期徒刑）进行并罚，即在9年以上15年以下幅度内确定甲此后还应执行的刑罚。

【实务问题】

第一，判决宣告以后，刑罚执行完毕以前，被判刑的犯罪分子又犯同种罪的，根据《刑法》第71条的规定，应当并罚。这是同种数罪允许并罚的另外一种情形。

第二，在绝大多数情况下，用“先减后并”方法并罚要比用“先并后减”方法并罚的处罚结果重。只有在新罪的刑期比前罪的余刑长的情况下，“先减后并”才可能轻于“先并后减”。“先减后并”重于“先并后减”的一个重要表现还在于，在“先减后并”的情况下，服刑人实际执行的刑罚，有期徒刑、拘役、管制的刑期可能超过数罪并罚的法定最高刑期。例如，甲因犯前罪被判处13年有期徒刑，执行了9年后，又犯新罪，被判处10年有期徒刑。按照《刑法》第71条的规定，应在10年以上14年以下决定执行的刑罚，可决定执行的刑期最高为14年，加上已执行的9年，实际执行的刑期最高可达23年。而按照《刑法》第70条的规定“先并后减”的，实际执行的刑期不可能超过20年。

第五节　缓　　刑

第七十二条　〔缓刑适用条件及附加刑的执行〕

对于被判处拘役、三年以下有期徒刑的犯罪分子，同时符合下列条件的，可以宣告缓刑，对其中不满十八周岁的人、怀孕的妇女和已满七十五周岁的人，应当宣告缓刑：

（一）犯罪情节较轻；

（二）有悔罪表现；

（三）没有再犯罪的危险；

（四）宣告缓刑对所居住社区没有重大不良影响。

宣告缓刑，可以根据犯罪情况，同时禁止犯罪分子在缓刑考验期限内从事特定活动，进入特定区域、场所，接触特定的人。

被宣告缓刑的犯罪分子，如果被判处附加刑，附加刑仍须执行。

本条是关于缓刑适用的基本条件及附加刑执行的规定。

【主要修改】

本条为 2011 年 2 月 25 日通过的《刑法修正案（八）》所修改，该条内容原为："对于被判处拘役、三年以下有期徒刑的犯罪分子，根据犯罪分子的犯罪情节和悔罪表现，适用缓刑确实不致再危害社会的，可以宣告缓刑。被宣告缓刑的犯罪分子，如果被判处附加刑，附加刑仍须执行。"

【条文释义】

本条共分为 3 款。第 1 款规定了缓刑适用的基本条件。缓刑适用的基本条件包括：

（1）对象条件。缓刑只适用于被判处拘役或者 3 年以下有期徒刑的犯罪分子。需要注意的是，根据最高人民检察院法律政策研究室《关于对数罪并罚决定执行刑期为三年以下有期徒刑的犯罪分子能否适用缓刑问题的复函》的规定，对于判决宣告以前犯数罪的犯罪分子，只要判决执行的刑罚为拘役、3 年以下有期徒刑，且符合根据犯罪分子的犯罪情节和悔罪表现，适用缓刑确实不致再危害社会的案件，依法可以适用缓刑。

（2）实质条件。适用缓刑的实质条件包括以下四个方面：①犯罪情节较轻。这是指犯罪分子的罪行性质不严重，犯罪情节不恶劣。②有悔罪表现。这是指犯罪分子对于其犯罪行为能够认识到错误，真诚悔悟并有悔改的意愿和行为。例如，积极向被害人赔礼道歉、赔偿被害人损失等。③没有再犯罪的危险。这是指犯罪分子在适用缓刑期间没有再犯罪的可能。④宣告缓刑对所居住社区没有重大不良影响。这是指对犯罪分子适用缓刑不会对其所居住社区的安全、秩序和稳定带来重大的、现实的不良影响。以上四个方面不可或缺。

第 2 款规定了禁止令的适用。根据最高人民法院、最高人民检察院、公安部、司法部《关于对判处管制、宣告缓刑的犯罪分子适用禁止令有关问题的规定（试行）》第 1、2 条的规定，对宣告缓刑的犯罪分子，人民法院根据犯罪情况，认为从促进犯罪分子教育矫正、有效维护社会秩序的需要出发，确有必要禁止其在缓刑考验期限内从事特定活动，进入特定区域、场所，接触特定人的，可以根据《刑法》第 72 条第 2 款的规定，同时宣告禁止令。人民法院宣告禁止令，应当根据犯罪分子的犯罪原因、犯罪性质、犯罪手段、犯罪后的悔罪表现、个人一贯表现等情况，充分考虑与犯罪分子所犯罪行的关联程度，有针对性地决定禁止其在缓刑考验期限内“从事特定活动，进入特定区域、场所，接触特定的人”的一项或者几项内容。

第 3 款规定了附加刑的适用。我国《刑法》规定的缓刑只能适用于拘役和 3 年以下有期徒刑两种主刑，不能及于附加刑，所判处的附加刑仍须执行。

【实务问题】

1. 缓刑对社区的影响如何认定

人民法院没有精力和能力在每一起缓刑案件中对缓刑对社区的影响亲自进行具体的评估。《中华人民共和国社区矫正法》（简称《社区矫正法》）第 18 条规定，社区矫正决定机关根据需要，可以委托社区矫正机构或者有关社会组织对被告人或者罪犯的社会危险性和对所居住社区的影响，进行调查评估，提出意见，供决定社区矫正时参考。居民委员会、村民委员会等组织应当提供必要的协助。2020 年最高人民法院、最高人民检察院、公安部、司法部印发的《中华人民共和国社区矫正法实施办法》（简称《社区矫正法实施办法》）第 13 条规定，社区矫正决定机关对拟适用社区矫正的被告人、罪犯，需要调查其社会危险性和对所居住社区影响的，可以委托拟确定为执行地的社区矫正机构或者有关社会组织进行调查评估。社区矫正机构或者有关社会组织收到委托文书后应当及时通知执行地县级人民检察院。第 14 条规定，社区矫正机构、有关社会组织接受委托后，应当对被告人或者罪犯的居所情况、家庭和社会关系、犯罪行为的后果和影响、居住地村（居）民委员会和被害人意见、拟禁止的事项、社会危险性、对所居住社区的影响等情况进行调查了解，形成调查评估意见，与相关材料一起提交委托机关。

2. 禁止令的具体内容如何确定

根据最高人民法院、最高人民检察院、公安部、司法部《关于对判处管制、宣告缓刑的犯罪分子适用禁止令有关问题的规定（试行）》的规定，禁止令的具体内容应当按照下列方法确定：

（1）禁止从事特定活动的内容的确定。人民法院可以根据犯罪情况，禁止宣告缓刑的犯罪分子在缓刑考验期限内从事以下一项或者几项活动：第一，个人为进行违法犯罪活动而设立公司、企业、事业单位或者在设立公司、企业、事业单位后以实施犯罪为主要活动的，禁止设立公司、企业、事业单位；第二，实施证券犯罪、贷款犯罪、票据犯罪、信用卡犯罪等金融犯罪的，禁止从事证券交易、申领贷款、使用票据或者申领、使用信用卡等金融活动；第三，利用从事特定生产经营活动实施犯罪的，禁止从事相关生产经营活动；第四，附带民事赔偿义务未履行完毕，违法所得未追缴、退赔到位，或者罚金尚未足额缴纳的，禁止从事高消费活动；第五，其他确有必要禁止从事的活动。

（2）禁止进入特定区域、场所的内容的确定。人民法院可以根据犯罪情况，禁止宣告缓刑的犯罪分子在缓刑考验期限内进入以下一类或者几类区域、场所：第一，禁止进入夜总会、酒吧、迪厅、网吧等娱乐场所；第二，未经执行机关批准，禁止进入举办大型群众性活动的场所；第三，禁止进入中小学校区、幼儿园园区及周边地区，确因本人就学、居住等原因，经执行机关批准的除外；第四，其他确有必要禁止进入的区域、场所。

（3）禁止接触特定的人的内容的确定。人民法院可以根据犯罪情况，禁止宣告缓刑的犯罪分子在缓刑考验期限内接触以下一类或者几类人员：第一，未经对方同意，禁止接触被害人及其法定代理人、近亲属；第二，未经对方同意，禁止接触证人及其法定代理人、近亲属；第三，未经对方同意，禁止接触控告人、批评人、举报人及其法定代理人、近亲属；第四，禁止接触同案犯；第五，禁止接触其他可能遭受其侵害、滋扰的人或者可能诱发其再次危害社会的人。

3. 禁止令的期限如何确定

根据最高人民法院、最高人民检察院、公安部、司法部《关于对判处管制、宣告缓刑的犯罪分子适用禁止令有关问题的规定（试行）》的规定，禁止令的期限应当按照下列方法确定：（1）禁止令的期限，既可以与缓刑考验的期限相同，也可以短于缓刑考验的期限，但宣告缓刑的，禁止令的期限不得少于2个月。（2）禁止令的执行期限，从缓刑执行之日起计算。

第七十三条 〔缓刑考验期限〕

拘役的缓刑考验期限为原判刑期以上一年以下，但是不能少于二个月。

有期徒刑的缓刑考验期限为原判刑期以上五年以下，但是不能少于一年。

缓刑考验期限，从判决确定之日起计算。

本条是关于缓刑考验期限的规定。

【条文释义】

缓刑在有的国家被称为附条件暂缓执行刑罚。换言之，对犯罪分子不执行刑罚是附条件的，要求其在一定期限内有良好的行为表现。缓刑考验期限，就是法律规定的对宣告缓刑的犯罪分子在社会上对其进行考察的期限。对判处缓刑的犯罪分子并非免予刑事处罚，是否实际执行刑罚取决于犯罪分子在缓刑考验期限内的表现，表现良好的，不再执行所判刑罚；出现法定的应当撤销缓刑情形的，撤销缓刑，收监执行刑罚。

本条共分为3款。第1款规定了拘役的缓刑考验期限，即原判刑期以上1年以下，但是不能少于2个月。

第2款规定了有期徒刑的缓刑考验期限，即原判刑期以上5年以下，但是不能少于1年。

第3款规定了缓刑考验期限从判决确定之日起计算。判决确定之日，是指判决发生法律效力之日。如果一审判决后被告人提出上诉或者抗诉，经二审维持原判的，则应从二审判决确定之日起计算。判决前先行羁押的日期，不予折抵缓刑考验期。如果一审宣判后，被宣告缓刑的犯罪分子仍在押的，可先变更强制措施，改为监视居住或者取保候审，待判决生效后，再依法交付考察。

第七十四条　〔不适用缓刑的情形〕

对于累犯和犯罪集团的首要分子，不适用缓刑。

本条是关于不适用缓刑的情形的规定。

【主要修改】

本条为2011年2月25日通过的《刑法修正案（八）》所修改，该条内容原为："对于累犯，不适用缓刑。"

【条文释义】

累犯的主观恶性大，适用缓刑难以防止其再犯新罪，故对累犯不能适用缓刑。犯罪集团的首要分子犯罪情节较重，故对其也不能适用缓刑。犯罪集团，是指3人以上为共同实施犯罪而组成的较为固定的犯罪组织。犯罪集团的首要分子，是指在犯罪集团中起组织、策划、指挥作用的犯罪分子，即犯罪集团建立的组织者、犯罪活动计划的制订者、犯罪计划的实施者，或策划于幕后或指挥于现场。

【实务问题】

并非犯罪集团的所有成员都不能适用缓刑，犯罪集团首要分子以外的其他犯罪分子，包括一般主犯，都没有被立法排除在缓刑适用对象之外。

第七十五条 〔缓刑犯应遵守的规定〕

被宣告缓刑的犯罪分子，应当遵守下列规定：

（一）遵守法律、行政法规，服从监督；

（二）按照考察机关的规定报告自己的活动情况；

（三）遵守考察机关关于会客的规定；

（四）离开所居住的市、县或者迁居，应当报经考察机关批准。

本条是关于缓刑犯应遵守的规定的规定。

【条文释义】

1. 遵守法律、行政法规，服从监督

《社区矫正法》第 21 条第 1 款规定，人民法院判处管制、宣告缓刑、裁定假释的社区矫正对象，应当自判决、裁定生效之日起 10 日内到执行地社区矫正机构报到。第 23 条规定，社区矫正对象在社区矫正期间应当遵守法律、行政法规，履行判决、裁定、暂予监外执行决定等法律文书确定的义务，遵守国务院司法行政部门关于报告、会客、外出、迁居、保外就医等监督管理规定，服从社区矫正机构的管理。

2. 报告自己的活动情况

《社区矫正法实施办法》第 24 条规定，社区矫正对象应当按照有关规定和社区矫正机构的要求，定期报告遵纪守法、接受监督管理、参加教育学习、公益活动和社会活动等情况。发生居所变化、工作变动、家庭重大变故以及接触对其矫正可能产生不利影响人员等情况时，应当及时报告。被宣告禁止令的社区矫正对象应当定期报告遵守禁止令的情况。

3. 离开所居住的市、县或者迁居，应当报经考察机关批准

《社区矫正法》第 27 条规定，社区矫正对象离开所居住的市、县或者迁居，应当报经社区矫正机构批准。社区矫正机构对于有正当理由的，应当批准；对于因正常工作和生活需要经常性跨市、县活动的，可以根据情况，简化批准程序和方式。《社区矫正法实施办法》第 26 条规定，社区矫正对象未经批准不得离开所居住市、县。确有正当理由需要离开的，应当经执行地县级社区矫正机构或者

受委托的司法所批准。社区矫正对象外出的正当理由是指就医、就学、参与诉讼、处理家庭或者工作重要事务等。上述规定的市是指直辖市的城市市区、设区的市的城市市区和县级市的辖区。在设区的同一市内跨区活动的，不属于离开所居住的市、县。第27条规定，社区矫正对象确需离开所居住的市、县的，一般应当提前3日提交书面申请，并如实提供诊断证明、单位证明、入学证明、法律文书等材料。申请外出时间在7日内的，经执行地县级社区矫正机构委托，可以由司法所批准，并报执行地县级社区矫正机构备案；超过7日的，由执行地县级社区矫正机构批准。执行地县级社区矫正机构每次批准外出的时间不超过30日。因特殊情况确需外出超过30日的，或者两个月内外出时间累计超过30日的，应报上一级社区矫正机构审批。上一级社区矫正机构批准社区矫正对象外出的，执行地县级社区矫正机构应当及时通报同级人民检察院。

【实务问题】

缓刑犯确需变更执行地时应当如何处理

《社区矫正法》第27条第2款规定，因社区矫正对象迁居等原因需要变更执行地的，社区矫正机构应当按照有关规定作出变更决定。社区矫正机构作出变更决定后，应当通知社区矫正决定机关和变更后的社区矫正机构，并将有关法律文书抄送变更后的社区矫正机构。变更后的社区矫正机构应当将法律文书转送所在地的人民检察院、公安机关。

《社区矫正法实施办法》第30条规定，社区矫正对象因工作、居所变化等原因需要变更执行地的，一般应当提前1个月提出书面申请，并提供相应证明材料，由受委托的司法所签署意见后报执行地县级社区矫正机构审批。执行地县级社区矫正机构收到申请后，应当在5日内书面征求新执行地县级社区矫正机构的意见。新执行地县级社区矫正机构接到征求意见函后，应当在5日内核实有关情况，作出是否同意接收的意见并书面回复。执行地县级社区矫正机构根据回复意见，作出决定。执行地县级社区矫正机构对新执行地县级社区矫正机构的回复意见有异议的，可以报上一级社区矫正机构协调解决。经审核，执行地县级社区矫正机构不同意变更执行地的，应在决定作出之日起5日内告知社区矫正对象。同意变更执行地的，应对社区矫正对象进行教育，书面告知其到新执行地县级社区矫正机构报到的时间期限以及逾期报到或者未报到的后果，责令其按时报到。第31条规定，同意变更执行地的，原执行地县级社区矫正机构应当在作出决定之日起5日内，将有关法律文书和档案材料移交新执行地县级社区矫正机构，并将有关法律文书抄送社区矫正决定机关和原执行地县级人民检察院、公安机关。新执行地县级社区矫正机构收到法律文书和档案材料后，在5日内送达回执，并将有关法律文书抄送所在地县级人民检察院、公安机关。同意变更执行地的，社区矫正对象应当自收到变更执行地决定之日起 7 日内，到新执行地县级社区矫正机构报到。新执行地县级社区矫正机构应当核实身份、办理登记接收手续。发现社区矫正对象未按规定时间报到的，新执行地县级社区矫正机构应当立即通知原执行地县级社区矫正机构，由原执行地县级社区矫正机构组织查找。未及时办理交付接收，造成社区矫正对象脱管漏管的，原执行地社区矫正机构会同新执行地社区矫正机构妥善处置。

第七十六条 〔缓刑的考验〕

对宣告缓刑的犯罪分子，在缓刑考验期限内，依法实行社区矫正，如果没有本法第七十七条规定的情形，缓刑考验期满，原判的刑罚就不再执行，并公开予以宣告。

本条是关于缓刑的考验的规定。

【主要修改】

本条为 2011 年 2 月 25 日通过的《刑法修正案（八）》所修改，该条内容原为："被宣告缓刑的犯罪分子，在缓刑考验期限内，由公安机关考察，所在单位或者基层组织予以配合，如果没有本法第七十七条规定的情形，缓刑考验期满，原判的刑罚就不再执行，并公开予以宣告。"

【条文释义】

本条主要有两层意思：一是对于宣告缓刑的犯罪分子，在缓刑考验期限内依法实行社区矫正。缓刑是对符合条件的犯罪分子在一定期限内暂不关押，予以考察的刑罚执行制度。作为一种非监禁的刑罚执行方式，缓刑充分体现了宽严相济的刑事政策，对于教育改造情节相对较轻的犯罪分子，鼓励其回归社会，最大限度化消极因素为积极因素，促进社会和谐，具有重要意义。根据《社区矫正法》的规定，对被宣告缓刑的罪犯，依法实行社区矫正。县级以上地方人民政府根据需要设置社区矫正机构，负责社区矫正工作的具体实施。社区矫正对象具有刑法规定的撤销缓刑情形的，应当由人民法院撤销缓刑。对于在考验期限内犯新罪或者发现判决宣告以前还有其他罪没有判决的，应当由审理该案件的人民法院撤销缓刑，并书面通知原审人民法院和执行地社区矫正机构。对于有上述规定以外的其他需要撤销缓刑情形的，社区矫正机构应当向原审人民法院或者执行地人民法院提出撤销缓刑建议，并将建议书抄送人民检察院。社区矫正机构提出撤销缓刑建议时，应当说明理由，并提供有关证据材料。二是缓刑考验期正常结束的情形，即被宣告缓刑的犯罪分子如果没有《刑法》第 77 条规定的情形，缓刑考验期满，原判的刑罚就不再执行，并公开予以宣告。缓刑考验期限内，犯罪分子未再犯新罪，也未发现还有判决宣告前其他未判决的罪，而且其没有违反法律、行政法规以及国务院有关部门关于缓刑的监督管理规定，没有违反人民法院判决中的禁止令且情节严重的行为，原判刑罚就不再执行。对此，有关方面应当向犯罪分子及其所在单位、居住地的居委会、村委会公开予以宣告。

【实务问题】

人民法院宣告缓刑的社区矫正对象，应当自判决、裁定生效之日起 10 日内到执行地社区矫正机构报到。社区矫正决定机关应当对社区矫正对象进行教育，告知其在社区矫正期间应当遵守的规定以及违反规定的法律后果，责令其按时报到。社区矫正机构应当依法接收社区矫正对象，核对法律文书、核实身份、办理接收登记、建立档案，并宣告社区矫正对象的犯罪事实、执行社区矫正的期限以及应当遵守的规定。根据《社区矫正法实施办法》第 16 条的规定，社区矫正决定机关应当自判决、裁定或者决定生效之日起 5 日内通知执行地县级社区矫正机构，并在 10 日内将判决书、裁定书、决定书、执行通知书等法律文书送达执行地县级社区矫正机构，同时抄送人民检察院。收到法律文书后，社区矫正机构应当在 5 日内送达回执。社区矫正对象前来报到时，执行地县级社区矫正机构未收到法律文书或者法律文书不齐全，应当先记录在案，为其办理登记接收手续，并通知社区矫正决定机关在 5 日内送达或者补齐法律文书。

第七十七条　〔缓刑的撤销及其处理〕

被宣告缓刑的犯罪分子，在缓刑考验期限内犯新罪或者发现判决宣告以前还有其他罪没有判决的，应当撤销缓刑，对新犯的罪或者新发现的罪作出判决，把前罪和后罪所判处的刑罚，依照本法第六十九条的规定，决定执行的刑罚。

被宣告缓刑的犯罪分子，在缓刑考验期限内，违反法律、行政法规或者国务院有关部门关于缓刑的监督管理规定，或者违反人民法院判决中的禁止令，情节严重的，应当撤销缓刑，执行原判刑罚。

本条是关于缓刑的撤销及其处理的规定。

【主要修改】

本条第 2 款为 2011 年 2 月 25 日通过的《刑法修正案（八）》所修改，该款内容原为："被宣告缓刑的犯罪分子，在缓刑考验期限内，违反法律、行政法规或者国务院公安部门有关缓刑的监督管理规定，情节严重的，应当撤销缓刑，执行原判刑罚。"

【条文释义】

缓刑罪犯在考验期限内有下列三种情形之一的，应当撤销缓刑：

1. 发现漏罪

不如实交代所犯的全部罪行，就意味着犯罪分子没有真诚地悔罪，不符合缓刑适用的实质条件，应当撤销缓刑。无论所发现之漏罪与前罪是否属于同一罪名，均应数罪并罚，这就意味着也有可能出现同种数罪进行并罚的特殊情况。

2. 犯新罪

在缓刑考验期限内再犯新罪，直接表明缓刑的适用已导致其危害社会的后果，不符合缓刑适用的实质条件，因而应当撤销缓刑。所犯新罪无论是故意还是过失，也无论刑罚的轻重，均导致缓刑的撤销。无论所犯新罪与前罪是否属于同一罪名，均应数罪并罚，这就意味着可能出现同种数罪进行并罚的特殊情况。例如，甲因犯 A 罪被判处 2 年有期徒刑，缓刑 3 年。在缓刑期间，甲又犯 B 罪。司法机关撤销其缓刑，法官以 B 罪判处甲 5 年有期徒刑，将 A 罪和 B 罪予以并罚，在 5 年以上 7 年以下有期徒刑幅度内决定应执行的刑罚，最后决定执行 6 年有期徒刑。

3. 违反监督管理规定或者禁止令，情节严重

因此种情形人民法院裁定撤销缓刑决定收监执行的，居住地县级司法行政机关应当及时将犯罪分子送交监狱或者看守所，公安机关予以协助。

【实务问题】

1. 缓刑考验期满之后才发现所犯新罪、漏罪或违反缓刑监督管理规定的行为的，应否撤销缓刑

根据最高人民法院《关于人民法院审判严重刑事犯罪案件中具体应用法律的若干问题的答复（三）》的规定，对被宣告缓刑的犯罪分子不再执行原判的刑罚，是以罪犯在缓刑考验期限内不再犯新罪为条件的；如果罪犯在缓刑考验期限内再犯新罪，就应当撤销缓刑，把前罪和后罪所判处的刑罚，依照《刑法》的规定数罪并罚，决定执行的刑罚。即使是在缓刑考验期满后，才发现该罪犯在缓刑考验期限内所犯的新罪，如未超过追诉时效期限的，也应当撤销缓刑并进行数罪并罚。对考验期满之后才发现漏罪，或者在考验期限内实施情节严重的违反缓刑监督管理规定的行为但考验期满后才发现的情况，是否应当撤销缓刑，现有的司法解释未作出规定。笔者认为，对这两种情况，都属于不符合适用缓刑的实

质条件的情况，都应当撤销缓刑。①

2. 缓刑犯违反监督管理规定或者禁止令，情节严重的，如何具体处理

撤销缓刑的第一种和第二种情形因为需要对所涉犯罪进行侦查，其处理在实践中比较容易操作，但第三种情形的处理相对较为复杂。根据《社区矫正法实施办法》第46条的规定，社区矫正对象在缓刑考验期内，有下列情形之一的，由执行地同级社区矫正机构提出撤销缓刑建议：（1）违反禁止令，情节严重的；（2）无正当理由不按规定时间报到或者接受社区矫正期间脱离监管，超过一个月的；（3）因违反监督管理规定受到治安管理处罚，仍不改正的；（4）受到社区矫正机构两次警告，仍不改正的；（5）其他违反有关法律、行政法规和监督管理规定，情节严重的情形。社区矫正机构一般向原审人民法院提出撤销缓刑建议。如果原审人民法院与执行地同级社区矫正机构不在同一省、自治区、直辖市的，可以向执行地人民法院提出建议，执行地人民法院作出裁定的，裁定书同时抄送原审人民法院。社区矫正机构撤销缓刑建议书和人民法院的裁定书副本同时抄送社区矫正执行地同级人民检察院。

第六节　减　　刑

第七十八条　〔减刑的适用条件及限度〕

被判处管制、拘役、有期徒刑、无期徒刑的犯罪分子，在执行期间，如果认真遵守监规，接受教育改造，确有悔改表现的，或者有立功表现的，可以减刑；有下列重大立功表现之一的，应当减刑：

（一）阻止他人重大犯罪活动的；

（二）检举监狱内外重大犯罪活动，经查证属实的；

（三）有发明创造或者重大技术革新的；

（四）在日常生产、生活中舍己救人的；

（五）在抗御自然灾害或者排除重大事故中，有突出表现的；

（六）对国家和社会有其他重大贡献的。

减刑以后实际执行的刑期不能少于下列期限：

（一）判处管制、拘役、有期徒刑的，不能少于原判刑期的二分之一；

① 需要指出的是，也有人基于《刑法》第77条第1款中的“在缓刑考验期限内……发现判决宣告以前还有其他罪没有判决的”作为撤销缓刑的条件，因而基于罪刑法定原则作严格解释，认为在缓刑考验期满后才发现漏罪的，不应当撤销缓刑。笔者认为，这种理解在实然层面是合理的，但在应然层面是不可取的，有违适用缓刑的第2项实质条件，即“有悔罪表现”。

（二）判处无期徒刑的，不能少于十三年；

（三）人民法院依照本法第五十条第二款规定限制减刑的死刑缓期执行的犯罪分子，缓期执行期满后依法减为无期徒刑的，不能少于二十五年，缓期执行期满后依法减为二十五年有期徒刑的，不能少于二十年。

本条是关于减刑的适用条件及限度的规定。

【主要修改】

本条第 2 款为 2011 年 2 月 25 日通过的《刑法修正案（八）》所修改，该款内容原为："减刑以后实际执行的刑期，判处管制、拘役、有期徒刑的，不能少于原判刑期的二分之一；判处无期徒刑的，不能少于十年。"

【条文释义】

本条共分为 2 款。第 1 款规定了减刑的适用条件。减刑，是指对被判处管制、拘役、有期徒刑或者无期徒刑的犯罪分子，因其在刑罚执行期间认真遵守监规，接受教育改造，确有悔改或者立功表现，而适当减轻其原判刑罚。减刑的适用应当具备以下条件：

第一，对象条件。减刑只适用于被判处管制、拘役、有期徒刑、无期徒刑的犯罪分子。只要是被判处上述四种刑罚之一的犯罪分子，无论其是故意犯罪还是过失犯罪，是重罪还是轻罪，是危害国家安全犯罪还是其他一般刑事犯罪，只要具备了减刑的条件，都可以减刑。死刑缓期执行罪犯在 2 年期满减为无期徒刑或者有期徒刑后，确有悔改表现，或者有立功表现的，也可以减刑。

第二，实质条件。根据本条规定，减刑具体可以分为可以减刑和应当减刑两种类型。二者的实质条件不同，下面分别予以介绍：

（1）可以减刑。可以减刑的实质条件是犯罪分子在刑罚执行期间认真遵守监规，接受教育改造，确有悔改表现，或者有立功表现。应当注意的是，不要把这个条件理解为犯罪分子必须既有悔改表现，又有立功表现，而是这两种表现只要具备其中之一，即或有悔改表现，或有立功表现，就可以适用减刑。对此，我们有必要对悔改表现和立功表现的具体含义予以进一步分析。

①"确有悔改表现"应如何认定。根据 2016 年最高人民法院《关于办理减刑、假释案件具体应用法律的规定》第 3 条第 1 款的规定，"确有悔改表现"，是指同时具备以下四个方面情形：一是认罪悔罪；二是遵守法律法规及监规，接受教育改造；三是积极参加思想、文化、职业技术教育；四是积极参加劳动，努力完成劳动任务。应当注意的是，该解释第 19 条规定，对在报请减刑前的服刑期间未满 18 周岁的罪犯的减刑，在掌握标准上可以比照成年罪犯依法适当从宽。未成年罪犯能"认罪悔罪，遵守法律法规及监规，积极参加学习、劳动"的，

即可视为“确有悔改表现”予以减刑。这是对未成年犯所作的特殊规定，体现了对未成年犯从宽适用减刑的政策。该解释第 20 条规定，基本丧失劳动能力、生活难以自理的老年、身体残疾、患严重疾病的罪犯，能够认真遵守法律法规及监规，接受教育改造，应视为确有悔改表现。

②“立功表现”应如何认定。根据 2016 年最高人民法院《关于办理减刑、假释案件具体应用法律的规定》第 4 条的规定，“立功表现”，是指具有下列情形之一的：其一，阻止他人实施犯罪活动的；其二，检举、揭发监狱内外犯罪活动，或者提供重要的破案线索，经查证属实的；其三，协助司法机关抓捕其他犯罪嫌疑人的；其四，在生产、科研中进行技术革新，成绩突出的；其五，在抗御自然灾害或者排除重大事故中，表现积极的；其六，对国家和社会有其他较大贡献的。

（2）应当减刑。应当减刑的实质条件是犯罪分子在刑罚执行期间有重大立功表现。根据《刑法》和 2016 年最高人民法院《关于办理减刑、假释案件具体应用法律的规定》第 5 条的规定，“重大立功表现”，是指具有下列情形之一的：其一，阻止他人实施重大犯罪活动的；其二，检举监狱内外重大犯罪活动，经查证属实的；其三，协助司法机关抓捕其他重大犯罪嫌疑人的；其四，有发明创造或者重大技术革新的；其五，在日常生产、生活中舍己救人的；其六，在抗御自然灾害或者排除重大事故中，有突出表现的；其七，对国家和社会有其他重大贡献的。

第三，限制条件。减刑并非没有任何限制，根据《刑法》及有关司法解释的规定，在适用减刑时还应遵守以下限制条件：

（1）减刑起始时间限制。其一，被判处有期徒刑的罪犯减刑起始时间为：不满 5 年有期徒刑的，应当执行 1 年以上方可减刑；5 年以上不满 10 年有期徒刑的，应当执行 1 年 6 个月以上方可减刑；10 年以上有期徒刑的，应当执行 2 年以上方可减刑。有期徒刑减刑的起始时间自判决执行之日起计算。确有重大立功表现的，可以不受上述减刑起始时间的限制。被判处有期徒刑的罪犯在刑罚执行期间又故意犯罪，新罪被判处有期徒刑的，自新罪判决确定之日起 3 年内不予减刑；新罪被判处无期徒刑的，自新罪判决确定之日起 4 年内不予减刑。其二，被判处无期徒刑的罪犯在刑罚执行期间，符合减刑条件的，执行 2 年以上，可以减刑。被判处无期徒刑的罪犯在刑罚执行期间又故意犯罪，新罪被判处有期徒刑的，自新罪判决确定之日起 3 年内不予减刑；新罪被判处无期徒刑的，自新罪判决确定之日起 4 年内不予减刑。罪犯在死刑缓期执行期间又故意犯罪，未被执行死刑的，死刑缓期执行的期间重新计算，减为无期徒刑后，5 年内不予减刑。

（2）减刑间隔时间限制。其一，被判处不满 10 年有期徒刑的罪犯，两次减刑间隔时间不得少于 1 年；被判处 10 年以上有期徒刑的罪犯，两次减刑间隔时间不得少于 1 年 6 个月。减刑间隔时间不得低于上次减刑减去的刑期。其二，无期徒刑罪犯减为有期徒刑后，两次减刑间隔时间不得少于 2 年。确有重大立功表现的，可以不受上述减刑间隔时间的限制。此外，对未成年罪犯及基本丧失劳动能力、生活难以自理的老年、身体残疾、患严重疾病的罪犯，每次减刑的间隔时间可适当缩短。

（3）每次减刑幅度限制。其一，有期徒刑罪犯在刑罚执行期间，符合减刑条件的，减刑幅度为：确有悔改表现或者有立功表现的，一次减刑不超过 9 个月有期徒刑；确有悔改表现并有立功表现的，一次减刑不超过 1 年有期徒刑；有重大立功表现的，一次减刑不超过 1 年 6 个月有期徒刑；确有悔改表现并有重大立功表现的，一次减刑不超过 2 年有期徒刑。其二，无期徒刑罪犯在刑罚执行期间，符合减刑条件的，减刑幅度为：确有悔改表现或者有立功表现的，可以减为 22 年有期徒刑；确有悔改表现并有立功表现的，可以减为 21 年以上 22 年以下有期徒刑；有重大立功表现的，可以减为 20 年以上 21 年以下有期徒刑；确有悔改表现并有重大立功表现的，可以减为 19 年以上 20 年以下有期徒刑。无期徒刑罪犯减为有期徒刑后再减刑时，减刑幅度依照有期徒刑罪犯在刑罚执行期间减刑的规定执行。

第 2 款规定了减刑后实际执行刑期长度的限制。减刑后实际执行的刑期，判处管制、拘役、有期徒刑的，不能少于原判刑期的 1/2；判处无期徒刑的，不能少于 13 年；死缓罪犯，不能少于 15 年（死刑缓期执行期间不包括在内）；对限制减刑的死缓罪犯，缓期执行期满后依法减为无期徒刑的，不能少于 25 年，缓期执行期满后依法减为 25 年有期徒刑的，不能少于 20 年。

【实务问题】

对不断提出申诉的犯罪分子是否适用减刑

服刑中的罪犯，有的由于感到人民法院对自己的判决公平合理，实属罪有应得，因而能积极改造，不提出申诉；有的则认为人民法院对自己的判决有失公正，因而在刑罚执行期间不断提出申诉。2016 年最高人民法院《关于办理减刑、假释案件具体应用法律的规定》在第 3 条第 3 款中规定：“罪犯在刑罚执行期间的申诉权利应当依法保护，对其正当申诉不能不加分析地认为是不认罪悔罪。”申诉是宪法赋予每一个公民的正当权利，即使是服刑中的罪犯，法律也应当保障他们依法申诉的权利。如果剥夺服刑罪犯的申诉权，不仅不利于罪犯的劳动改造，更不利于司法机关及时发现冤假错案，改进审判工作，提高审判质量。对于坚持申诉的罪犯，我们应具体分析，不能一概认为是“不认罪悔罪”，而不适用减刑；对于无理缠诉并且拒不接受改造的罪犯，由于其不符合悔改表现的条件，自然不能适用减刑；对于其他基于各种原因（如认为自己根本无罪，或者认为人民法院对自己量刑过重）坚持申诉但能接受改造有悔改表现的，都可以予以减刑。

第七十九条　〔减刑的程序〕

对于犯罪分子的减刑，由执行机关向中级以上人民法院提出减刑建议书。人民法院应当组成合议庭进行审理，对确有悔改或者立功事实的，裁定予以减刑。非经法定程序不得减刑。

本条是关于减刑程序的规定。

【条文释义】

1997 年《刑法》针对此前减刑权行使的不规范状况，在适用程序上作出了较为严格的规定。主要表现为：第一，将减刑决定权收归中级以上人民法院，基层法院不再有减刑权；第二，减刑案件的审判组织只能采取合议庭形式，排除了独任制形式。关于减刑的具体程序，根据 2014 年最高人民法院《关于减刑、假释案件审理程序的规定》的规定，人民法院审理减刑案件，应当遵守下列程序性规定：

1. 审理方式及应当开庭审理的案件范围

人民法院审理减刑案件，可以采取开庭审理或者书面审理的方式。但下列减刑案件，应当开庭审理：（1）因罪犯有重大立功表现报请减刑的；（2）报请减刑的起始时间、间隔时间或者减刑幅度不符合司法解释一般规定的；（3）公示期间收到不同意见的；（4）人民检察院有异议的；（5）被报请减刑罪犯系职务犯罪罪犯，组织（领导、参加、包庇、纵容）黑社会性质组织犯罪罪犯，破坏金融管理秩序和金融诈骗犯罪罪犯及其他在社会上有重大影响或社会关注度高的；（6）人民法院认为其他应当开庭审理的。

2. 人民法院公示制度

人民法院审理减刑案件，应当在立案后 5 日内将执行机关报请减刑的建议书等材料依法向社会公示。公示内容应当包括罪犯的个人情况、原判认定的罪名和刑期、罪犯历次减刑情况、执行机关的建议及依据。公示应当写明公示期限和提出意见的方式。公示期限为 5 日。

3. 人民法院的立案审查

人民法院受理减刑案件，应当审查执行机关移送的下列材料：（1）减刑建议书；（2）终审法院裁判文书、执行通知书、历次减刑裁定书的复印件；（3）罪犯确有悔改或者立功、重大立功表现的具体事实的书面证明材料；（4）罪犯评审鉴定表、奖惩审批表等；（5）其他根据案件审理需要应予移送的材料。人民检察院对报请减刑案件提出检察意见的，执行机关应当一并移送受理减刑案件的人民法院。经审查，材料齐备的，应当立案；材料不齐的，应当通知执行机关在 3 日内补送，逾期未补送的，不予立案。在人民法院作出减刑裁定前，执行机关书面申请撤回减刑建议的，是否准许，由人民法院决定。

【实务问题】

1. 减刑裁定的送达

人民法院作出减刑裁定后，应当在 7 日内送达报请减刑的执行机关、同级人民检察院以及罪犯本人。

2. 人民法院的主动纠错程序

人民检察院认为人民法院减刑裁定不当，在法定期限内提出书面纠正意见的，人民法院应当在收到纠正意见后另行组成合议庭审理，并在 1 个月内作出裁定。人民法院发现本院已经生效的减刑裁定确有错误的，应当依法重新组成合议庭进行审理并作出裁定；上级人民法院发现下级人民法院已经生效的减刑裁定确有错误的，应当指令下级人民法院另行组成合议庭审理，也可以自行依法组成合议庭进行审理并作出裁定。

第八十条 〔无期徒刑减刑的刑期计算〕

无期徒刑减为有期徒刑的刑期，从裁定减刑之日起计算。

本条是关于无期徒刑减刑的刑期计算的规定。

【条文释义】

无期徒刑减为有期徒刑的，已经执行的刑期是否应当折抵到减刑之后的有期徒刑刑期之中，这在 1979 年《刑法》的起草过程中曾经是个争议问题，[①] 但现行立法采取了不予折抵的立场。

【实务问题】

1. 无期徒刑减为有期徒刑具体包括下列两种情形：一种是原判为无期徒刑，减刑为有期徒刑。另一种是原判为死缓，2 年期满后因没有故意犯罪被减为无期徒刑，然后再减刑为有期徒刑。

2. 根据《刑法》第 51 条的规定，死缓罪犯因有重大立功表现，2 年期满后直接减为有期徒刑的，有期徒刑的刑期，从死刑缓期执行期满之日起计算。

---

① 高铭暄编著：《中华人民共和国刑法的孕育和诞生》，法律出版社 1981 年版，第 112—114 页。

第七节　假　　释

第八十一条　〔假释的适用条件〕

被判处有期徒刑的犯罪分子，执行原判刑期二分之一以上，被判处无期徒刑的犯罪分子，实际执行十三年以上，如果认真遵守监规，接受教育改造，确有悔改表现，没有再犯罪的危险的，可以假释。如果有特殊情况，经最高人民法院核准，可以不受上述执行刑期的限制。

对累犯以及因故意杀人、强奸、抢劫、绑架、放火、爆炸、投放危险物质或者有组织的暴力性犯罪被判处十年以上有期徒刑、无期徒刑的犯罪分子，不得假释。

对犯罪分子决定假释时，应当考虑其假释后对所居住社区的影响。

本条是关于假释适用条件的规定。

【主要修改】

本条为2011年2月25日通过的《刑法修正案（八）》所修改，该条内容原为："被判处有期徒刑的犯罪分子，执行原判刑期二分之一以上，被判处无期徒刑的犯罪分子，实际执行十年以上，如果认真遵守监规，接受教育改造，确有悔改表现，假释后不致再危害社会的，可以假释。如果有特殊情况，经最高人民法院核准，可以不受上述执行刑期的限制。对累犯以及因杀人、爆炸、抢劫、强奸、绑架等暴力性犯罪被判处十年以上有期徒刑、无期徒刑的犯罪分子，不得假释。"

【条文释义】

本条共分为3款。第1、2款规定了假释的适用条件。

假释，是指对被判处有期徒刑、无期徒刑的犯罪分子，在执行了一定刑期之后，因其认真遵守监规，接受教育改造，确有悔改表现，没有再犯罪的危险的，附条件将其提前释放的制度。根据立法及司法解释的有关规定，假释的适用条件包括：

1. 对象条件

我国《刑法》中的假释只适用于被判处有期徒刑或无期徒刑的犯罪分子，但累犯以及因故意杀人、强奸、抢劫、绑架、放火、爆炸、投放危险物质或者有组织的暴力性犯罪被判处10年以上有期徒刑、无期徒刑的犯罪分子除外。在适用时，需要注意以下两个问题：

（1）被判处有期徒刑或无期徒刑的犯罪分子不限于原被判处有期徒刑或无期徒刑的犯罪分子，原被判处死刑缓期执行后被减为无期徒刑或者有期徒刑的犯罪分子，也可以适用假释。

（2）对于因暴力性犯罪被判处 10 年以上有期徒刑、无期徒刑的犯罪分子的理解。1997 年最高人民法院《关于办理减刑、假释案件具体应用法律若干问题的规定》第 12 条曾经规定，因杀人、爆炸、抢劫、强奸、绑架等暴力性犯罪中的一罪被判处 10 年以上有期徒刑、无期徒刑的犯罪分子，不得假释。因此，不得假释的适用对象不包括单个犯罪均未超过 10 年有期徒刑，但根据数罪并罚规则决定执行的刑罚超过 10 年有期徒刑的罪犯在内。但 2012 年最高人民法院《关于办理减刑、假释案件具体应用法律若干问题的规定》第 18 条取消了这一限制解释，意味着“因故意杀人、强奸、抢劫、绑架、放火、爆炸、投放危险物质或者有组织的暴力性犯罪被判处十年以上有期徒刑、无期徒刑的犯罪分子”，即使单个犯罪均未超过 10 年有期徒刑但数罪并罚超过 10 年有期徒刑的，也不得假释。不过需要指出的是，因故意杀人、强奸、抢劫、绑架、放火、爆炸、投放危险物质或者有组织的暴力性犯罪被判处死刑缓期执行的罪犯，被减为无期徒刑、有期徒刑后，也不得假释。2016 年最高人民法院《关于办理减刑、假释案件具体应用法律的规定》第 25 条重申了该规定。暴力性犯罪，是指以对人身使用暴力的手段实施的犯罪，除《刑法》第 81 条第 2 款所列举的故意杀人、强奸、抢劫、绑架、放火、爆炸、投放危险物质以外，还包括劫持航空器、故意伤害等一切暴力犯罪。“有组织的暴力性犯罪”，是指以犯罪集团形式实施的其他暴力性犯罪，不包括以一般共同犯罪形式实施的其他暴力性犯罪，恐怖活动犯罪和黑社会性质的组织犯罪是最为常见的有组织的暴力性犯罪类型，但不限于此。

2. 实质条件

犯罪分子认真遵守监视，接受教育改造，确有悔改表现，没有再犯罪的危险，是适用假释的实质条件。在实质条件的适用中，应当注意以下问题：

（1）“确有悔改表现”的含义。确有悔改表现，是指同时具备以下四个方面情形：①认罪悔罪；②遵守法律法规及监规，接受教育改造；③积极参加思想、文化、职业技术教育；④积极参加劳动，努力完成劳动任务。对职务犯罪、破坏金融管理秩序和金融诈骗犯罪、组织（领导、参加、包庇、纵容）黑社会性质组织犯罪等罪犯，不积极退赃、协助追缴赃款赃物、赔偿损失，或者服刑期间利用个人影响力和社会关系等不正当手段意图获得减刑、假释的，不认定其“确有悔改表现”。罪犯在刑罚执行期间的申诉权利应当依法保护，对其正当申诉不能不加分析地认为是不认罪悔罪。对下列罪犯适用假释时可以依法从宽掌握：①过失犯罪的罪犯、中止犯罪的罪犯、被胁迫参加犯罪的罪犯；②因防卫过当或者紧急避险过当而被判处有期徒刑以上刑罚的罪犯；③犯罪时未满 18 周岁的罪犯；④基本丧失劳动能力、生活难以自理，假释后生活确有着落的老年罪犯、患严重疾病罪犯或者身体残疾罪犯；⑤服刑期间改造表现特别突出的罪犯；⑥具有其他可以从宽假释情形的罪犯。确有执行、履行能力而不执行、不履行的，在假释时应当从严掌握。为了贯彻对未成年罪犯教育、感化、挽救的方针，对犯罪时未成年的罪犯的假释，在掌握标准上可以比照成年罪犯依法适度从宽。未成年罪犯能认罪悔罪，遵守法律法规及监规，积极参加学习、劳动的，应视为确有悔改表现。基本丧失劳动能力、生活难以自理的老年、身体残疾、患严重疾病的罪犯，能够认真遵守法律法规及监规，接受教育改造，应视为确有悔改表现，假释后生活确有着落的，除法律和2016年最高人民法院《关于办理减刑、假释案件具体应用法律的规定》规定不得假释的情形外，可以依法假释。

（2）"没有再犯罪的危险"的含义。办理假释案件，认定"没有再犯罪的危险"，除符合《刑法》第81条规定的情形外，还应根据犯罪的具体情节、原判刑罚情况，在刑罚执行中的一贯表现，罪犯的年龄、身体状况、性格特征，假释后的生活来源以及监管条件等因素综合考虑。根据2016年最高人民法院《关于办理减刑、假释案件具体应用法律的规定》和司法实践，"没有再犯罪的危险"的判断基本可以归纳为以下三个方面：①犯罪情节及原判情况。这是判断罪犯是否符合假释条件的参照基础，不能疏于考量。②罪犯改造表现及人身危险性表征。罪犯在改造期间认真遵守监规，接受教育改造，确有悔改表现，也是假释适用的基本条件。同时，还应调查罪犯犯罪前的一贯表现，罪犯的性格特征、心理状态等人格状况，以进一步判断其人身危险性高低，这对于假释适用应产生直接影响。③罪犯假释后的社会接纳情况。罪犯被假释后的生活来源、监管条件以及共同居住的家庭成员及收入情况等，对于罪犯能否顺利重新回归社会有重要影响，也是决定假释适用的重要因素。

3. 时间条件

罪犯只有在被实际执行一部分刑期后，才被允许适用假释，这是假释的时间条件。被判处有期徒刑的犯罪分子，执行原判刑期1/2以上，被判处无期徒刑的犯罪分子，实际执行13年以上，才可以假释。如果有特殊情况，经最高人民法院核准，可以不受上述执行刑期的限制。在假释时间条件的适用中，应当注意以下问题：

（1）实际执行刑期的起算日期。被判处有期徒刑的罪犯假释时，执行原判刑期1/2的时间，应当从判决执行之日起计算，判决执行以前先行羁押的，羁押1日折抵刑期1日。被判处无期徒刑的罪犯假释时，《刑法》中关于实际执行刑期不得少于13年的时间，应当从判决生效之日起计算。判决生效以前先行羁押的时间不予折抵。被判处死刑缓期执行的罪犯减为无期徒刑或者有期徒刑后，实际执行15年以上，方可假释，该实际执行时间应当从死刑缓期执行期满之日起计算。死刑缓期执行期间不包括在内，判决确定以前先行羁押的时间不予折抵。

（2）罪犯减刑后又假释的，间隔时间不得少于1年；对一次减去1年以上有期徒刑后，决定假释的，间隔时间不得少于1年6个月。罪犯减刑后余刑不足2年，决定假释的，可以适当缩短间隔时间。

第3款规定了对犯罪分子决定假释时，应当考虑其假释后对所居住社区的影响。这也可以理解为假释实质条件的一部分。罪犯在假释考验期内违反法律、行政法规或者国务院有关部门关于假释的监督管理规定的，作出假释裁定的人民法院，应当在收到报请机关或者检察机关撤销假释建议书后及时审查，作出是否撤销假释的裁定，并送达报请机关，同时抄送人民检察院、公安机关和原刑罚执行机关。根据《社区矫正法实施办法》的规定，社区矫正决定机关对拟适用社区矫正的被告人、罪犯，需要调查其社会危险性和对所居住社区影响的，可以委托拟确定为执行地的社区矫正机构或者有关社会组织进行调查评估。社区矫正机构或者有关社会组织收到委托文书后应当及时通知执行地县级人民检察院。社区矫正机构、有关社会组织接受委托后，应当对被告人或者罪犯的居所情况、家庭和社会关系、犯罪行为的后果和影响、居住地村（居）民委员会和被害人意见、拟禁止的事项、社会危险性、对所居住社区的影响等情况进行调查了解，形成调查评估意见，与相关材料一起提交委托机关。调查评估时，相关单位、部门、村（居）民委员会等组织、个人应当依法为调查评估提供必要的协助。

【实务问题】

不受实际执行刑期限制的“特殊情况”

根据2016年最高人民法院《关于办理减刑、假释案件具体应用法律的规定》第24条的规定，《刑法》第81条第1款规定的“特殊情况”，是指有国家政治、国防、外交等方面特殊的情况。在司法实践中，这些“特殊情况”主要包括：（1）罪犯在服刑期间有重大发明创造或突出的立功表现的；（2）罪犯已经基本丧失劳动能力，并有悔改表现，假释后没有再犯罪的危险的；（3）罪犯有专门技能，有关单位急需使用的；（4）罪犯家庭有特殊困难，需本人照顾，请求假释的，在司法实践中，须由县级以上公安机关或者人民政府有关部门提供证明；（5）为了进一步贯彻《中华人民共和国未成年人保护法》，执行对未成年罪犯实行教育、感化、挽救的方针，对犯罪时未成年，在刑罚执行期间确有悔改表现，没有再犯罪的危险的；（6）为了政治斗争的需要，对某些具有外国国籍或不属于大陆籍的罪犯而适用假释的；（7）其他特殊情况。需要指出的是，要依据该“特殊情况”对不足前述实际执行刑期的罪犯假释的，必须报请最高人民法院核准才能进行。

第八十二条　〔假释的程序〕

对于犯罪分子的假释，依照本法第七十九条规定的程序进行。非经法定程序不得假释。

本条是关于假释程序的规定。

【条文释义】

1997年《刑法》针对此前假释权行使不规范的状况，在适用程序上作出了较为严格的规定：第一，取消基层法院的假释决定权，只有中级以上人民法院才有决定权；第二，假释案件的审理只能采取合议庭形式，不能采取独任制。关于假释的具体程序，根据2014年最高人民法院《关于减刑、假释案件审理程序的规定》的规定，人民法院审理假释案件，应当遵守下列程序性规定：

1. 审理方式及应当开庭审理的案件范围

人民法院审理假释案件，可以采取开庭审理或者书面审理的方式。但下列假释案件，应当开庭审理：（1）因罪犯有重大立功表现报请减刑的；（2）公示期间收到不同意见的；（3）人民检察院有异议的；（4）被报请假释罪犯系职务犯罪罪犯，组织（领导、参加、包庇、纵容）黑社会性质组织犯罪罪犯，破坏金融管理秩序和金融诈骗犯罪罪犯及其他在社会上有重大影响或社会关注度高的；（5）人民法院认为其他应当开庭审理的。

2. 人民法院公示制度

人民法院审理假释案件，应当在立案后5日内将执行机关报请假释的建议书等材料依法向社会公示。公示内容应当包括罪犯的个人情况、原判认定的罪名和刑期、罪犯历次减刑情况、执行机关的建议及依据。公示应当写明公示期限和提出意见的方式。公示期限为5日。

3. 人民法院的立案审查

人民法院受理假释案件，应当审查执行机关移送的下列材料：（1）假释建议书；（2）终审法院裁判文书、执行通知书、历次减刑裁定书的复印件；（3）罪犯确有悔改或者立功、重大立功表现的具体事实的书面证明材料；（4）罪犯评审鉴定表、奖惩审批表等；（5）其他根据案件审理需要应予移送的材料。报请假释的，应当附有社区矫正机构或者基层组织关于罪犯假释后对所居住社区影响的调查评估报告。人民检察院对报请假释案件提出检察意见的，执行机关应当一并移送受理假释案件的人民法院。经审查，材料齐备的，应当立案；材料不齐的，应当通知执行机关在3日内补送，逾期未补送的，不予立案。在人民法院作出假释裁定前，执行机关书面申请撤回假释建议的，是否准许，由人民法院决定。

【实务问题】

1. 假释裁定的送达

人民法院作出假释裁定后，应当在 7 日内送达报请假释的执行机关、同级人民检察院以及罪犯本人。作出假释裁定的，还应当送达社区矫正机构或者基层组织。

2. 人民法院的主动纠错程序

人民检察院认为人民法院假释裁定不当，在法定期限内提出书面纠正意见的，人民法院应当在收到纠正意见后另行组成合议庭审理，并在 1 个月内作出裁定。人民法院发现本院已经生效的假释裁定确有错误的，应当依法重新组成合议庭进行审理并作出裁定；上级人民法院发现下级人民法院已经生效的假释裁定确有错误的，应当指令下级人民法院另行组成合议庭审理，也可以自行依法组成合议庭进行审理并作出裁定。

第八十三条 〔假释考验期限〕

有期徒刑的假释考验期限，为没有执行完毕的刑期；无期徒刑的假释考验期限为十年。

假释考验期限，从假释之日起计算。

本条是关于假释考验期限的规定。

【条文释义】

假释与刑满释放不同，是附条件提前释放，即规定一定的考验期限，考察被假释罪犯在考验期内的表现，促使其以正常公民的方式工作生活，顺利回归社会。被假释的罪犯在考验期内的表现，将决定其假释是否会被撤销。

假释在有的国家称为“附条件提前释放”。换言之，对其提前释放是附条件的，要求犯罪分子在一定期间内有良好的行为表现。假释考验期，就是法律规定的对裁定假释的犯罪分子在社会上对其进行考察的期限。对假释的犯罪分子并非刑满释放，是否执行剩余刑期，取决于犯罪分子在考验期的表现，表现良好的，不再执行剩余刑期；出现法定的应当撤销假释的情形的，撤销假释，收监执行剩余的刑期。

【实务问题】

无论是被判处有期徒刑的犯罪分子还是被判处无期徒刑的犯罪分子，其假释的考验期限一律从假释之日起计算。对身体残疾和患严重疾病的犯罪分子进行假释，其残疾、疾病程度应由法定鉴定机构依法作出认定。

第八十四条　〔假释犯应遵守的规定〕

被宣告假释的犯罪分子，应当遵守下列规定：

（一）遵守法律、行政法规，服从监督；

（二）按照监督机关的规定报告自己的活动情况；

（三）遵守监督机关关于会客的规定；

（四）离开所居住的市、县或者迁居，应当报经监督机关批准。

本条是关于假释犯应遵守的规定的规定。

【条文释义】

1. 遵守法律、行政法规，服从监督

《社区矫正法》第 21 条规定，人民法院裁定假释的社区矫正对象，应当自裁定生效之日起 10 日内到执行地社区矫正机构报到。第 23 条规定，社区矫正对象在社区矫正期间应当遵守法律、行政法规，履行裁定决定等法律文书确定的义务，遵守国务院司法行政部门关于报告、会客、外出、迁居、保外就医等监督管理规定，服从社区矫正机构的管理。

2. 报告自己的活动情况

根据《社区矫正法实施办法》第 24 条的规定，社区矫正对象应当按照有关规定和社区矫正机构的要求，定期报告遵纪守法、接受监督管理、参加教育学习、公益活动和社会活动等情况。发生居所变化、工作变动、家庭重大变故以及接触对其矫正可能产生不利影响人员等情况时，应当及时报告。被宣告禁止令的社区矫正对象应当定期报告遵守禁止令的情况。

3. 离开所居住的市、县，应当报经监督机关批准

《社区矫正法》第 27 条第 1 款规定，社区矫正对象离开所居住的市、县或者迁居，应当报经社区矫正机构批准。社区矫正机构对于有正当理由的，应当批准；对于因正常工作和生活需要经常性跨市、县活动的，可以根据情况，简化批准程序和方式。《社区矫正法实施办法》第 26 条规定，社区矫正对象未经批准不得离开所居住市、县。确有正当理由需要离开的，应当经执行地县级社区矫正机构或者受委托的司法所批准。社区矫正对象外出的正当理由是指就医、就学、参与诉讼、处理家庭或者工作重要事务等。上述规定的市是指直辖市的城市市区、设区的市的城市市区和县级市的辖区。在设区的同一市内跨区活动的，不属于离开所居住的市、县。第 27 条规定，社区矫正对象确需离开所居住的市、县的，一般应当提前 3 日提交书面申请，并如实提供诊断证明、单位证明、入学证明、法律文书等材料。申请外出时间在 7 日内的，经执行地县级社区矫正机构委托，可以由司法所批准，并报执行地县级社区矫正机构备案；超过 7 日的，由执

行地县级社区矫正机构批准。执行地县级社区矫正机构每次批准外出的时间不超过 30 日。因特殊情况确需外出超过 30 日的，或者两个月内外出时间累计超过 30 日的，应报上一级社区矫正机构审批。上一级社区矫正机构批准社区矫正对象外出的，执行地县级社区矫正机构应当及时通报同级人民检察院。

【实务问题】

假释犯确需变更执行地时应当如何处理

《社区矫正法》第 27 条规定，因社区矫正对象迁居等原因需要变更执行地的，社区矫正机构应当按照有关规定作出变更决定。社区矫正机构作出变更决定后，应当通知社区矫正决定机关和变更后的社区矫正机构，并将有关法律文书抄送变更后的社区矫正机构。变更后的社区矫正机构应当将法律文书转送所在地的人民检察院、公安机关。

《社区矫正法实施办法》第 30 条规定，社区矫正对象因工作、居所变化等原因需要变更执行地的，一般应当提前 1 个月提出书面申请，并提供相应证明材料，由受委托的司法所签署意见后报执行地县级社区矫正机构审批。执行地县级社区矫正机构收到申请后，应当在 5 日内书面征求新执行地县级社区矫正机构的意见。新执行地县级社区矫正机构接到征求意见函后，应当在 5 日内核实有关情况，作出是否同意接收的意见并书面回复。执行地县级社区矫正机构根据回复意见，作出决定。执行地县级社区矫正机构对新执行地县级社区矫正机构的回复意见有异议的，可以报上一级社区矫正机构协调解决。经审核，执行地县级社区矫正机构不同意变更执行地的，应在决定作出之日起 5 日内告知社区矫正对象。同意变更执行地的，应对社区矫正对象进行教育，书面告知其到新执行地县级社区矫正机构报到的时间期限以及逾期报到或者未报到的后果，责令其按时报到。第 31 条规定，同意变更执行地的，原执行地县级社区矫正机构应当在作出决定之日起 5 日内，将有关法律文书和档案材料移交新执行地县级社区矫正机构，并将有关法律文书抄送社区矫正决定机关和原执行地县级人民检察院、公安机关。新执行地县级社区矫正机构收到法律文书和档案材料后，在 5 日内送达回执，并将有关法律文书抄送所在地县级人民检察院、公安机关。同意变更执行地的，社区矫正对象应当自收到变更执行地决定之日起 7 日内，到新执行地县级社区矫正机构报到。新执行地县级社区矫正机构应当核实身份、办理登记接收手续。发现社区矫正对象未按规定时间报到的，新执行地县级社区矫正机构应当立即通知原执行地县级社区矫正机构，由原执行地县级社区矫正机构组织查找。未及时办理交付接收，造成社区矫正对象脱管漏管的，原执行地社区矫正机构会同新执行地社区矫正机构妥善处置。

第八十五条　〔假释考验〕

对假释的犯罪分子，在假释考验期限内，依法实行社区矫正，如果没有本法第八十六条规定的情形，假释考验期满，就认为原判刑罚已经执行完毕，并公开予以宣告。

本条是关于假释考验的规定。

【主要修改】

本条为2011年2月25日通过的《刑法修正案（八）》所修改，该条内容原为："被假释的犯罪分子，在假释考验期限内，由公安机关予以监督，如果没有本法第八十六条规定的情形，假释考验期满，就认为原判刑罚已经执行完毕，并公开予以宣告。"

【条文释义】

本条主要规定了两层意思：一是对于假释的犯罪分子，在假释考验期限内，依法实行社区矫正。根据《社区矫正法》的规定，对被判处假释的罪犯，依法实行社区矫正。县级以上地方人民政府根据需要设置社区矫正机构，负责社区矫正工作的具体实施。社区矫正机构的设置和撤销，由县级以上地方人民政府司法行政部门提出意见，按照规定的权限和程序审批。社区矫正对象具有《刑法》规定的撤销假释情形的，应当由人民法院撤销假释。对于在考验期限内犯新罪或者发现判决宣告以前还有其他罪没有判决的，应当由审理该案件的人民法院撤销假释，并书面通知原审人民法院和执行地社区矫正机构。对于有上述规定以外的其他需要撤销假释情形的，社区矫正机构应当向原审人民法院或者执行地人民法院提出撤销假释建议，并将建议书抄送人民检察院。社区矫正机构提出撤销假释建议时，应当说明理由，并提供有关证据材料。二是被假释的犯罪分子，如果没有《刑法》第86条规定的情形，假释考验期满，就认为原判刑罚已经执行完毕，并公开予以宣告。假释考验期内，犯罪分子未再犯新罪，也未发现还有判决宣告前其他未判决的罪，而且其没有违反法律、行政法规以及国务院有关部门关于假释的监督管理规定的行为，就认为原判刑罚已经执行完毕。同时，有关方面应当向犯罪分子和当地群众、组织或其所在单位公开予以宣告假释期满、执行完毕。

【实务问题】

人民法院裁定假释的社区矫正对象，应当自裁定生效之日起10日内到执行地社区矫正机构报到。社区矫正决定机关应当对社区矫正对象进行教育，告知其在社区矫正期间应当遵守的规定以及违反规定的法律后果，责令其按时报到。社区矫正机构应当依法接收社区矫正对象，核对法律文书、核实身份、办理接收登记、建立档案，并宣告社区矫正对象的犯罪事实、执行社区矫正的期限以及应当遵守的规定。根据《社区矫正法实施办法》第 16 条的规定，社区矫正决定机关应当自判决、裁定或者决定生效之日起 5 日内通知执行地县级社区矫正机构，并在 10 日内将判决书、裁定书、决定书、执行通知书等法律文书送达执行地县级社区矫正机构，同时抄送人民检察院。收到法律文书后，社区矫正机构应当在 5 日内送达回执。社区矫正对象前来报到时，执行地县级社区矫正机构未收到法律文书或者法律文书不齐全，应当先记录在案，为其办理登记接收手续，并通知社区矫正决定机关在 5 日内送达或者补齐法律文书。

第八十六条 〔假释的撤销及其处理〕

被假释的犯罪分子，在假释考验期限内犯新罪，应当撤销假释，依照本法第七十一条的规定实行数罪并罚。

在假释考验期限内，发现被假释的犯罪分子在判决宣告以前还有其他罪没有判决的，应当撤销假释，依照本法第七十条的规定实行数罪并罚。

被假释的犯罪分子，在假释考验期限内，有违反法律、行政法规或者国务院有关部门关于假释的监督管理规定的行为，尚未构成新的犯罪的，应当依照法定程序撤销假释，收监执行未执行完毕的刑罚。

本条是关于假释的撤销及其处理的规定。

【主要修改】

本条第 3 款为 2011 年 2 月 25 日通过的《刑法修正案（八）》所修改，该款内容原为："被假释的犯罪分子，在假释考验期限内，有违反法律、行政法规或者国务院公安部门有关假释的监督管理规定的行为，尚未构成新的犯罪的，应当依照法定程序撤销假释，收监执行未执行完毕的刑罚。"

【条文释义】

被假释的犯罪分子在考验期限内有下列三种情形之一的，应当撤销假释：

1. 发现漏罪

不如实交代所犯的全部罪行，就意味着犯罪分子没有真诚地悔罪，不符合假释的实质条件，应当撤销假释。无论所发现之漏罪与前罪是否属于同一罪名，均应数罪并罚，这意味着也有可能出现同种数罪进行并罚的特殊情况。在假释考验期限内发现漏罪的，应按"先并后减"的方法进行并罚。例如，乙犯 A 罪被判处 12 年有期徒刑，在服刑 6 年以后被假释。在假释考验期间，司法机关发现其在判决宣告前还有 B 罪没有判决，于是撤销假释，以 B 罪判处乙有期徒刑 6 年。先将 A 罪之刑和 B 罪之刑并罚应在 12 年以上 18 年以下决定执行的刑罚，司法机关根据案情决定执行 16 年有期徒刑，再减去已执行的 6 年，对乙应再执行 10 年有期徒刑。需要指出的是，如果是在假释考验期满之后，发现犯罪分子在判决宣告前还有漏罪的，不能根据《刑法》第 86 条第 2 款的规定撤销假释进而按《刑法》第 70 条实行数罪并罚，只能对漏罪单独处罚。因为适用《刑法》第 86 条第 2 款的一个法定的时间条件是“在假释考验期限内”发现漏罪。

2. 再犯新罪

在考验期限内再犯新罪，直接表明不符合假释适用的实质条件“没有再犯罪的危险”，因而应当撤销假释。所犯新罪无论是故意犯罪还是过失犯罪，也无论刑罚的轻重，均导致假释的撤销。无论所犯新罪与前罪是否属于同一罪名，均应数罪并罚，这意味着可能出现同种数罪进行并罚的特殊情况。在假释考验期限内再犯新罪，应按照“先减后并”的方法并罚。例如，甲犯前罪被判处 10 年有期徒刑，服刑 6 年后被假释，在假释考验期间，甲又犯新罪被判处 8 年有期徒刑，司法机关决定撤销假释，将原判未执行的刑罚与新罪之刑并罚，应在 8 年以上 12 年以下有期徒刑幅度内处刑，司法机关最后决定执行 10 年有期徒刑。参照前述最高人民法院关于缓刑考验期内犯新罪考验期满后被发现仍应数罪并罚的规定，笔者认为，犯罪分子在假释考验期限内犯新罪，考验期满后才被发现的，只要未过追诉时效期限的，仍应撤销原假释，将新罪之刑与原判未执行的刑罚予以并罚。

3. 违反监督管理规定，尚未构成新的犯罪

因此种情形人民法院裁定撤销假释决定收监执行的，居住地县级司法行政机关应当及时将犯罪分子送交监狱或者看守所，公安机关予以协助。

【实务问题】

《社区矫正法实施办法》第 47 条规定，社区矫正对象在假释考验期内，有下列情形之一的，由执行地同级社区矫正机构提出撤销假释建议：（1）无正当理由不按规定时间报到或者接受社区矫正期间脱离监管，超过 1 个月的；（2）受到社区矫正机构两次警告，仍不改正的；（3）其他违反有关法律、行政法规和监督管理规定，尚未构成新的犯罪的。社区矫正机构一般向原审人民法院提出撤销假释建议。如果原审人民法院与执行地同级社区矫正机构不在同一省、自治区、直辖市的，可以向执行地人民法院提出建议，执行地人民法院作出裁定的，裁定书同时抄送原审人民法院。社区矫正机构撤销假释的建议书和人民法院的裁定书副本同时抄送社区矫正执行地同级人民检察院、公安机关、罪犯原服刑或者

接收其档案的监狱。第 48 条规定，被提请撤销假释的社区矫正对象具备下列情形之一的，社区矫正机构在提出撤销假释建议书的同时，提请人民法院决定对其予以逮捕：（1）可能逃跑的；（2）具有危害国家安全、公共安全、社会秩序或者他人人身安全现实危险的；（3）可能对被害人、举报人、控告人或者社区矫正机构工作人员等实施报复行为的；（4）可能实施新的犯罪的。

第八节　时　　效

第八十七条　〔追诉时效期限〕

犯罪经过下列期限不再追诉：

（一）法定最高刑为不满五年有期徒刑的，经过五年；

（二）法定最高刑为五年以上不满十年有期徒刑的，经过十年；

（三）法定最高刑为十年以上有期徒刑的，经过十五年；

（四）法定最高刑为无期徒刑、死刑的，经过二十年。如果二十年以后认为必须追诉的，须报请最高人民检察院核准。

本条是关于追诉时效期限的规定。

【条文释义】

追诉时效，是指《刑法》规定的司法机关追究犯罪分子刑事责任的有效期限。犯罪已过法定追诉时效期限的，不再追究犯罪分子的刑事责任；已经追究的，应当撤销案件，或者不予起诉，或者宣告无罪。

1.《刑法》追诉时效期间的设置

我国《刑法》将追诉时效期间划分为 5 年、10 年、15 年和 20 年四个等级。根据《刑法》第 99 条的规定："本法所称以上、以下、以内，包括本数。"需要注意的是，对法定最高刑为 5 年有期徒刑或 10 年有期徒刑的罪行，其追诉时效期间不是 5 年或 10 年，而分别为 10 年或 15 年。

2."法定最高刑"的含义

根据我国《刑法》的规定，追诉时效期间的确定依据是法定刑，而不是宣告刑或执行刑。因此，对于犯有数罪的情况，只能按照各罪法定刑分别计算追诉时效，而不能对数罪应当判处的刑罚依据数罪并罚规则所确定的执行刑来确定追诉时效。"法定最高刑"的确定标准为：

（1）如果《刑法》规定的某一犯罪只有一个法定刑幅度，法定最高刑是指该法定刑幅度的最高刑。

（2）如果《刑法》规定的某一犯罪有两个以上的法定刑幅度，法定最高刑是指具体犯罪行为应当适用的法定刑幅度的最高刑。

【实务问题】

对追诉时效期间经历了20年的罪行，仍予以追诉的，必须同时具备三个条件：（1）只适用于法定最高刑为无期徒刑或死刑的罪行。对法定最高刑较轻的其他罪行，期间届满无论如何也不许再追诉。（2）只适用于必须追诉的罪行。这一般是指社会危害性特别严重的罪行，如故意杀害多人。（3）必须报请最高人民检察院核准后才能予以追诉。侦查机关和地方检察机关无权直接决定予以追诉。

第八十八条 〔不受追诉期限限制的情形〕

在人民检察院、公安机关、国家安全机关立案侦查或者在人民法院受理案件以后，逃避侦查或者审判的，不受追诉期限的限制。

被害人在追诉期限内提出控告，人民法院、人民检察院、公安机关应当立案而不予立案的，不受追诉期限的限制。

本条是关于不受追诉期限限制（也称追诉时效延长）的情形的规定。

【条文释义】

追诉时效延长，是指在追诉时效期间内，由于发生了法定的事由，致使追诉期限无限期延伸的制度。我国《刑法》中的追诉时效延长包括两种情形：

1. 防止逃避已启动的司法追诉之时效延长

在人民检察院、公安机关、国家安全机关立案侦查或者在人民法院受理案件以后，逃避侦查或者审判的，不受追诉期限的限制。这是为了避免追诉时效制度造成鼓励犯罪嫌疑人、被告人逃避（包括脱逃）已经启动的刑事追诉之负面效应。在法定的追诉期限内，只要对犯罪案件开始立案、侦查或者受理起诉，犯罪分子逃避侦查或起诉不到案的，追诉时效期间无限延长，即无论其逃避侦查或审判的时间有多长，都可以对其进行追诉。立案侦查以后，是指人民检察院、公安机关、国家安全机关依照《刑事诉讼法》规定的管辖范围，对发现犯罪事实或者犯罪嫌疑人的案件予以立案，进行侦查，收集、调取犯罪嫌疑人有罪或无罪、罪轻或罪重的证据材料之日起。不包括出于行政处罚等目的而进行的立案，只限于出于侦查犯罪目的而进行的刑事诉讼法上的立案。受理案件以后，是指人民法院依照《刑事诉讼法》关于审判管辖的规定，接受人民检察院提起公诉或被害人自诉案件之日起（不包括被害人单纯以获得民事赔偿为目的的民事起诉被人民法院受理的情况）。逃避侦查或者审判，是指以潜逃、脱逃、谎称已死亡、伪装精神失常等方法逃避刑事追究。

2. 防止司法不作为之时效延长

被害人在追诉期限内提出控告，人民法院、人民检察院、公安机关应当立案而不予立案的，不受追诉期限的限制。作出这一规定的目的在于防止司法机关对依法应当立案追诉的行为而不予立案，因为对犯罪的追诉是由司法机关来进行的，司法机关如果消极不作为，即使犯罪嫌疑人、被告人不逃避侦查或者审判，也可能导致前述的追诉时效期限期满而无法再予以追诉的情况。但是我国《刑法》对司法机关的消极不作为导致的追诉时效延长是有限制的，即只限于被害人提出控告的情形，其他情形下之不予以立案不在此限。立案的来源多种多样，有司法机关主动立案，有基于群众举报而立案，也有根据被害人的控告而立案。“被害人在追诉期限内提出控告”中的“被害人”，是指受到犯罪侵害的自然人和单位。控告，是指被害人对侵犯本人、本单位合法权益的犯罪行为向司法机关告诉，要求追究侵害人的法律责任的行为。控告的形式不受限制，既可以是书面的，也可以是口头的。但控告必须是被害人在自己的人身、财产等权益遭受不法侵害并且已经发现犯罪嫌疑人而向司法机关所作的告发。如果被害人在不知道犯罪嫌疑人是谁的情况下报案，则不能适用时效延长的规定。《刑事诉讼法》第 112 条规定：“人民法院、人民检察院或者公安机关对于报案、控告、举报和自首的材料，应当按照管辖范围，迅速进行审查，认为有犯罪事实需要追究刑事责任的时候，应当立案；认为没有犯罪事实，或者犯罪事实显著轻微，不需要追究刑事责任的时候，不予立案，并且将不立案的原因通知控告人。控告人如果不服，可以申请复议。”应当立案，是指符合《刑事诉讼法》第 112 条规定的“有犯罪事实需要追究刑事责任”的立案条件，应当立案的。不予立案，是指符合立案条件，不属于《刑事诉讼法》第 112 条规定的“没有犯罪事实，或者犯罪事实显著轻微，不需要追究刑事责任”的情况，但人民法院、人民检察院、公安机关却未予立案。

【实务问题】

由于《刑法》第 88 条第 1 款将“立案侦查”与“人民法院受理案件”并列加以规定，所以“立案侦查”适用于公诉案件，“人民法院受理案件”适用于自诉案件。

第八十九条 〔追诉期限的计算〕

追诉期限从犯罪之日起计算；犯罪行为有连续或者继续状态的，从犯罪行为终了之日起计算。

在追诉期限以内又犯罪的，前罪追诉的期限从犯后罪之日起计算。

本条是关于追诉期限的计算的规定。

【条文释义】

1. 追诉时效的起算之日

（1）即成犯追诉时效的计算。即成犯，是指一定的法益侵害后果一经产生，犯罪即告完成和终结，既无行为的继续也无违法状态的继续。但即成犯不同于举动犯，前者是指犯罪成立或既遂之后犯罪行为不再继续，并不意味着犯罪行为的实施不会经历一个时间段；后者是指一着手即告既遂的犯罪，犯罪的实行阶段为一个时间点，而非一个时间段。二者虽然都与时间有密切关系，但即成犯是着眼于犯罪既遂后，而举动犯着眼于犯罪既遂前。既然即成犯之犯罪行为的实施往往也会经历一个时间段，犯罪行为开始实施之日、犯罪行为终了之日、犯罪结果发生之日、犯罪成立之日就可能不相同，这就出现了其追诉时效期间从何时起算的问题。根据本条第1款的规定，即成犯的追诉期限“从犯罪之日起计算”。但在我国刑法学界对“犯罪之日”应当如何理解，相应地存在“犯罪行为开始实施之日”说、“犯罪行为终了之日”说、“犯罪结果发生之日”说、“犯罪成立之日”说等主张的分歧，其中，“犯罪成立之日”说是通说。笔者认为，“犯罪行为开始实施之日”说起算过早，“犯罪成立之日”说的缺陷在于起算点过于模糊，到底是指行为达到足以构成犯罪的程度之日，还是指犯罪完成之日，不甚明了。以故意杀人罪等严重犯罪为例，行为人开始实施预备行为时往往就足以成立犯罪，而从此时就开始起算追诉时效显然过早。因此，应当采取“犯罪行为终了之日”与“犯罪结果发生之日”二元标准说。具体而言：

①对犯罪未完成形态和行为犯、危险犯采取“犯罪行为终了之日”说。例如，抢劫未遂的，就以抢劫行为终了之日起算；抢劫后脱逃的，就以脱逃行为终了之日起算；破坏交通工具的，就以破坏行为终了之日起算。

②对结果犯、结果加重犯、过失犯、不作为犯等采取“犯罪结果发生之日”说。对这些犯罪而言，可能出现隔时犯[①]的情况，如行为人某日投毒杀人，10日后被害人死亡，此时应当从被害人死亡结果发生之日起计算；破坏交通工具行为终了，3日后该交通工具发生了致人死伤的重大后果，也应当从事故发生之日起计算；玩忽职守行为造成的重大损失当时没有发生，而是玩忽职守行为之后一定时间发生的，应从危害结果发生之日起计算玩忽职守罪的追诉期限；司机在肇事后为逃避法律追究，将被害人带离事故现场后遗弃，致使被害人无法得到救助而死亡的，应当从死亡结果发生之日起计算时效。

（2）犯罪行为有连续或者继续状态的犯罪之追诉时效的计算。犯罪行为有

---

① 隔时犯，是指犯罪的行为与特定的犯罪结果发生于不同时间的犯罪。隔时犯只存在于结果犯中，而且行为之日与结果发生之日至少应相隔1日。

连续或者继续状态的，主要是指连续犯与继续犯，但不限于此，徐行犯等也属此类。连续犯，是指行为人出于同一或概括的犯罪故意，连续多次实施犯罪行为，触犯同种罪名以一罪处断的罪数形态。继续犯，也称持续犯，是指犯罪既遂以后，犯罪行为与行为所造成的不法状态同时处于继续或持续之中的犯罪。最典型的继续犯是非法拘禁罪。由于连续犯和继续犯的具体特征不同，各自的“犯罪行为终了之日”也不同。连续犯以连续实施数个相同行为为目的，每一个行为都可单独构成犯罪。所以，连续犯的犯罪行为终了之日，就是指最后一个犯罪行为成立之日。继续犯，是指一个犯罪行为在一定时间内处于持续状态。因此，继续犯的犯罪行为终了之日就是犯罪行为的持续状态结束之日。需要注意的是，不能把状态犯当成继续犯。状态犯，是指犯罪行为结束后，犯罪已经成立，但行为所造成的不法状态仍然在持续的情形。盗窃、抢劫、诈骗、抢夺等犯罪都属于状态犯，犯罪行为结束后，财产权益受到侵害的不法状态仍在持续。需要指出的是，犯罪行为存在连续或继续状态的，并不限于连续犯与继续犯，包括一切犯罪行为可能存在连续或继续状态的犯罪形态，徐行犯就是其中一种。徐行犯，是指行为人基于一个犯罪故意，断断续续地实施了数个仅构成一个犯罪行为的危害举动，这些举动的总和仅侵害了一个确定的法益、触犯了一个罪名的犯罪成立状态。比如，行为人在一定期间内采取“蚂蚁搬家”的方式，盗窃某公司仓库中的 5000 余斤粮食。对徐行犯从最后一次行为（或动作）的实施完成之日起算追诉时效，符合有关立法与司法解释关于对数量犯的数额进行累计计算的精神。

2. 追诉时效中断

追诉时效中断，是指在追诉时效进行期间，因发生法定的事由，使已经经过的时效期间归于无效，追诉期限从法定事由发生之日起重新开始计算的制度。我国《刑法》中的追诉时效中断是以犯罪分子在追诉期限内又犯新罪为唯一的法定事由，所犯新罪的性质和刑罚轻重不影响前罪时效的中断。根据《刑法》的这一规定，前罪之追诉时效中断后时效起算的时间为“犯后罪之日”。

【实务问题】

1. 结果犯的追诉时效从结果发生之日起计算。最高人民法院印发的《全国法院审理经济犯罪案件工作座谈会纪要》在涉及玩忽职守罪的追诉时效时规定，“玩忽职守行为造成的重大损失当时没有发生，而是玩忽职守行为之后一定时间发生的，应从危害结果发生之日起计算玩忽职守罪的追诉期限。”

2. 犯罪行为有连续或者继续状态的，从犯罪行为终了之日起计算。最高人民法院《关于挪用公款犯罪如何计算追诉期限问题的批复》规定，“挪用公款行为有连续状态的，犯罪的追诉期限应当从最后一次挪用行为实施完毕之日或者犯罪成立之日起计算。”

第五章　其他规定

第九十条　〔民族自治地方刑法适用的变通〕

民族自治地方不能全部适用本法规定的，可以由自治区或者省的人民代表大会根据当地民族的政治、经济、文化的特点和本法规定的基本原则，制定变通或者补充的规定，报请全国人民代表大会常务委员会批准施行。

本条是关于民族自治地方制定特别刑法的规定。

【条文释义】

民族自治地方制定特别刑法，应当符合下列条件：

1. 前提条件

民族自治地方不可以随意对刑法作出变通或者补充规定，而是只有在不能全部适用《刑法》规定的情况下，才能对刑法作出变通或者补充规定。民族自治地方不能全部适用《刑法》规定的情况，主要是指根据少数民族群众在长期的历史发展过程中所形成的一些特殊的风俗习惯、传统，而不能完全适用《刑法》的有关规定。

2. 限制条件

民族自治地方对刑法作出变通或者补充规定，应当基于当地民族的政治、经济、文化的特点制定，并且不能违背刑法的基本原则。不允许违背刑法基本原则对刑法作出变通或者补充规定。

3. 主体条件

民族自治地方对刑法制定变通或者补充的规定，应由自治区或者省一级的人民代表大会制定。这类变通或者补充规定可以是适用于全自治区的，也可以是只适用于某些或者某个自治州、自治县的，但都只能由自治区或者省一级的人民代表大会制定，其他任何机关都无权制定此类变通、补充规定。

4. 程序条件

自治区或者省一级的人民代表大会对刑法制定适用于民族自治地方的变通或者补充的规定，必须报全国人大常委会批准后才能施行。

【实务问题】

民族自治地方是建立在实行民族区域自治地方的具有自治权力和地位的地方行政单位。在具体的设置规定上，相当于省的民族自治地方称为自治区，介于省与县之间的称为自治州，相当于县的称为自治县。只有自治区、自治州、自治县才是民族自治地方。在设区的市设立的区、在县以下设立的民族乡都不是民族自治地方。

第九十一条 〔公共财产的范围〕

本法所称公共财产，是指下列财产：

（一）国有财产；

（二）劳动群众集体所有的财产；

（三）用于扶贫和其他公益事业的社会捐助或者专项基金的财产。

在国家机关、国有公司、企业、集体企业和人民团体管理、使用或者运输中的私人财产，以公共财产论。

本条是关于公共财产含义的规定。

【条文释义】

本条规定的公共财产包括真正意义上的公共财产（狭义）和准公共财产（视为公共财产的财产）。

本条共分为 2 款。第 1 款明确列举了公共财产的三种具体类型：

（1）国有财产。所谓国有财产，是指属于社会主义国家所有的一切财产，即指国家以各种形式投资及收益、接受馈赠形成的，或者凭借国家权力取得的，或者依据法律认定的各种类型的财产和财产权利。具体来说，大体包括以下六种类型：①依据我国法律规定应属于国家所有的财产；②基于国家权力的行使而取得的应属于国家的财产；③由于财政预算内的支出，或虽未列入预算但实质上是属于国家资金的支出形成的各项财产；④由于接受国内外各方面的馈赠所取得的应属于国家所有的财产；⑤由于国家已有资产的收益所形成的应属于国家所有的财产；⑥除上述各项之外，凡在我国境内的所有权不明确的各项财产，除法律另有规定外，也推定为国有财产。

（2）劳动群众集体所有的财产。劳动群众集体所有制是集体单位内的劳动群众共同占有生产资料的一种公有制经济。我国的集体所有制经济是在土地改革的基础上，通过对农业和手工业的个体经济实行社会主义改造而建立起来的。现行《宪法》规定，农村集体经济组织实行家庭承包经营为基础、统分结合的双层经营体制。农村中的生产、供销、信用、消费等各种形式的合作经济，是社会主义劳动群众集体所有制经济。城镇中的手工业、工业、建筑业、运输业、商业、服务业等行业的各种形式的合作经济，都是社会主义劳动群众集体所有制经济。根据《中华人民共和国民法典》（简称《民法典》）第260条的规定，集体所有的不动产和动产包括：①法律规定属于集体所有的土地和森林、山岭、草原、荒地、滩涂；②集体所有的建筑物、生产设施、农田水利设施；③集体所有的教育、科学、文化、卫生、体育等设施；④集体所有的其他不动产和动产。

（3）用于扶贫和其他公益事业的社会捐助或者专项基金的财产。基于上述财产的公益性，我国《刑法》将其规定为公共财产。在适用这一规定时应当注意以下两点：一方面，仅限于用于公益事业的上述财产，具体是指用于扶贫、救灾、抢险、优抚、希望工程等公益目的的财产，用于非公益目的的其他专项基金财产不能归入此处的公共财产；另一方面，这种形式的公共财产具体有两种存在形式，一种是社会捐助，另一种是专项基金。

第2款规定了准公共财产。准公共财产本来不属于公共财产，但在刑法上是以公共财产论的财产，即本条第2款规定的公共财产类型。该款规定，在国家机关、国有公司、企业、集体企业和人民团体管理、使用或者运输中的私人财产，以公共财产论。从所有制理论上讲，在国家机关、国有公司、企业、集体企业和人民团体管理、使用或者运输中的私人财产仍然属于私人财产，但是由于处于国家机关、国有公司、企业、集体企业和人民团体的管理、使用或者运输中，上述国有单位或者集体单位负有保值乃至增值等义务，如果其遭到侵害，这些国有单位或者集体单位就要向所有权人等权利人承担赔偿损失等民事责任，因而对这些私人财产进行侵害，就会间接地损害国有单位或者集体单位所有的公共财产。可以说，从表面上看来，该款是对特定私人财产的保护，实际上从另一角度来看，这也是对公共财产的一种间接保护，即避免公共财产因为承担民事赔偿责任而减少。

【实务问题】

关于准公共财产规定的适用中，应当注意以下两个问题：

1. 仅仅限于特定公共单位管理、使用或者运输中的私人财产

这里的“仅仅限于特定公共单位管理、使用或者运输中的私人财产”，是指仅仅限于国家机关、国有公司、企业、集体企业和人民团体管理、使用或者运输中的私人财产。对其他主体管理、使用或者运输中的私人财产不能适用本条而以公共财产论。具体来讲，根据《宪法》的规定，国家机关，是指国家权力机关（即各级人民代表大会及其常务委员会）、国家行政机关（即各级人民政府及其工作部门）、审判机关（即各级人民法院）、检察机关（即各级人民检察院）、监

察机关和各级军事机关。国有公司、企业，是指其出资财产均为国家所有的公司、企业。集体企业，是指由劳动群众集体所有的企业，具体包括农村集体所有制企业和城镇集体所有制企业。人民团体，是指具有较强政治性的社会团体，在我国一般是指各级共青团、工会、妇联、工商联。《刑法》只将在上述主体管理、使用或者运输中的私人财产规定为准公共财产，因而对其他单位管理、使用或者运输中的私人财产不能以公共财产论，如国有事业单位、人民团体以外的其他社会团体、其他集体所有制单位就未在规定之列。尽管这种规定的合理性在理论上还值得探讨，但是根据罪刑法定原则的有关具体要求，对国有事业单位、一般社会团体、非企业集体所有制单位管理、使用或者运输中的私人财产不能以公共财产论。

2. 仅仅限于上述单位以三种特定方式控制之下的私人财产

根据本条第 2 款的规定，只有国家机关、国有公司、企业、集体企业和人民团体以“管理”“使用”“运输”三种方式控制之下的私人财产以公共财产论，对于此外的其他方式控制的私人财产不能以公共财产论。

第九十二条 〔公民私人所有财产的范围〕

本法所称公民私人所有的财产，是指下列财产：

（一）公民的合法收入、储蓄、房屋和其他生活资料；

（二）依法归个人、家庭所有的生产资料；

（三）个体户和私营企业的合法财产；

（四）依法归个人所有的股份、股票、债券和其他财产。

本条是关于公民私人所有财产的范围的规定。

【条文释义】

《宪法》第 13 条第 1、2 款规定：“公民的合法的私有财产不受侵犯。国家依照法律规定保护公民的私有财产权和继承权。”公民私人所有的财产，也称为个人财产，根据我国《刑法》第 92 条的规定，是指下列财产：

1. 公民的合法收入、储蓄、房屋和其他生活资料

合法收入，是指公民依照法律规定，通过自己的劳动或者其他方式所得到的收入。储蓄，是指公民存入银行、储蓄所、信用社等金融机构的货币。房屋，是指依法属于公民个人所有的住宅、店铺、仓房等建筑物。其他生活资料，是指公民个人所有的消费品、文化生活用品等。

2. 依法归个人、家庭所有的生产资料

《民法典》第 266 条规定：“私人对其合法的收入、房屋、生活用品、生产

工具、原材料等不动产和动产享有所有权。”可见，我国法律允许公民个人和家庭占有一定的生产资料。国家对公民这部分生产资料的所有权予以法律保护。

3. 个体户和私营企业的合法财产

我国现行《宪法》第11条第1款规定：“在法律规定范围内的个体经济、私营经济等非公有制经济，是社会主义市场经济的重要组成部分。”在我国，劳动者个体经济和私营经济都是非公有制经济的具体形式。（1）个体户的合法财产。劳动者个体经济，是指城乡劳动者个人占有少量生产资料和产品，从事不剥削他人的个体劳动，收益归己的经济形式。我国现行《宪法》规定，国家保护个体经济的合法权利和利益。个体经济在法律上具体表现为个体工商户，也可进一步简称为个体户。根据我国有关法律和政策的规定，个体工商户对其所有的合法财产享有所有权，在法律规定和核准登记的经营范围内，享有自主经营的权利，并经批准可以起字号、刻图章，在银行开立账户和贷款。（2）私营企业的合法财产。私营经济，是指以雇工经营为特征、存在雇用劳动关系的经济形式。私营企业，是指企业资产属于私人所有、雇工8人以上的营利性经济组织。私营企业可以采用独资企业、合伙企业和有限责任公司三种形式。

4. 依法归个人所有的股份、股票、债券和其他财产

股份，是指公民个人在有限责任公司和其他非公司制企业中的出资份额。股票，是指公司签发的，证明股东所持股份的凭证，是股份有限公司股份的表现形式。债券包括企业债券和政府债券。企业债券是依照法定程序发行的、约定在一定期限内还本付息的有价证券。政府债券是国家发行的债券，我国的此类债券主要有国库券、国家重点建设债券、重点企业债券、财政债券、国家建设债券、保值公债、特种国债、可转换债和金融债券。随着我国经济的进一步发展，出现了一些新的个人财产形式，如无形财产权，因而法律在规定个人财产的财产形式时只能采用例举加概括的规定方式，无法穷尽例举。

【实务问题】

在实践中，应当注意公民私人所有的财产（个人财产）与单位财产的区分，具体应当注意以下两个方面：

1. 出资人个人财产与单位财产的区分

根据是否具有法人资格，《刑法》第30条所规定的单位分为法人单位和非法人单位。对于法人单位而言，根据法人财产权理论，一般就能较好地解决单位财产与个人财产的界限问题。问题主要在于非法人单位财产与个人财产的界限应如何区分？笔者认为，对这部分单位，应当严格财务会计制度，对用于单位生产、经营的资金、物资和其他财产都应当认定为单位财产，尽管出资人由于单位不具有法人资格而要对该单位的债务承担无限连带责任，但应当要将其与出资人

未用于该单位生产、经营的财产排除在外。

2. 准单位财产的认定

准单位财产，是指虽然所有权不归单位，但正处于单位管理、使用或者运输中的他人财产。《刑法》第 91 条第 2 款规定，在国家机关、国有公司、企业、集体企业和人民团体管理、使用或者运输中的私人财产，以公共财产论。在确定国有单位财产范围时自然可以适用这一规定。笔者认为，在确定非国有单位财产的范围时也可以比照这一规定。从所有制理论上讲，在某一单位管理、使用或者运输中的他人财产仍然属于该他人，但是由于处于该单位的管理、使用或者运输中，该单位负有保值乃至增值等义务，如果其遭到侵害，这些单位就要向所有权人等权利人承担赔偿损失等民事责任而遭受财产减损，就会间接地损害这些单位的财产。

第九十三条 〔国家工作人员的定义〕

本法所称国家工作人员，是指国家机关中从事公务的人员。

国有公司、企业、事业单位、人民团体中从事公务的人员和国家机关、国有公司、企业、事业单位委派到非国有公司、企业、事业单位、社会团体从事公务的人员，以及其他依照法律从事公务的人员，以国家工作人员论。

本条是关于国家工作人员含义的规定。

【条文释义】

国家工作人员（国家机关工作人员）这个概念在我国《刑法》分则中主要有以下列三种方式存在：一是作为犯罪主体要件而存在，如受贿罪的主体；二是作为犯罪的行为对象而存在，如行贿罪；三是作为刑罚加重情节而存在，如国家机关工作人员利用职权犯非法拘禁罪的，应当从重处罚。国家工作人员的认定一直都是我国刑法实务与理论上的一个热点和难点问题。根据本条的规定，我国刑法上的国家工作人员具体包括以下四种类型：

1. 在国家机关中从事公务的人员

这类人员是最典型的国家工作人员，简称国家机关工作人员，是指在国家机关中从事公务的人员，包括在各级国家权力机关、行政机关、司法机关和军事机关中从事公务的人员。从一些立法解释和司法解释的规定来看，对国家机关工作人员的解释存在扩大解释的明显趋势。下列人员已被立法解释或司法解释认为属于国家机关工作人员：第一，在依照法律、法规规定行使国家行政管理职权的组织中从事公务的人员。[①] 第二，在受国家机关委托代表国家行使职权的组织中从事公务的人员。[②] 第三，虽未列入国家机关人员编制但在国家机关中从事公务的人员。[③] 第四，在乡（镇）以上中国共产党机关、人民政协机关中从事公务的人员。[④] 第五，中国证券监督管理委员会及其分支机构的干部。[⑤] 第六，中国保险监督管理委员会干部。[⑥] 第七，海事局工作人员。[⑦] 第八，属工人编制的乡（镇）工商所所长。[⑧] 第九，镇财政所中按国家机关在编干部管理的工作人员。[⑨] 第十，合同制民警。[⑩] 从上述刑法解释的规定来看，其将“从事国家机关公务”作为国家机关工作人员的核心特征，无论行为人在国家机关中是否有编制，也不论这种编制是属于行政编制、事业编制，还是工人编制。国家机关公务与其他公务（国有公司、企业公务、国有事业单位公务、人民团体公务）的区别就在于公务内容的不同，国家机关公务的内容是国家管理职能（以国家行政管理职能为主），国有公司、企业公务是经营、管理国有资产的职能，国有事业单位公务是实施教育、医疗等公益事业的职能，人民团体公务是进行履行管理其章程规定的活动职能。

2. 国有公司、企业、事业单位、人民团体中从事公务的人员

这类国家工作人员又具体包括以下四类人员：

（1）国有公司、企业中从事公务的人员。公司是现代市场经济运行中最主要的企业组织形式。根据《中华人民共和国公司法》（简称《公司法》）第2条

---

① 2003年11月13日最高人民法院印发的《全国法院审理经济犯罪案件工作座谈会纪要》。

② 同上。

③ 同上。

④ 2003年11月13日最高人民法院印发的《全国法院审理经济犯罪案件工作座谈会纪要》；2006年7月26日最高人民检察院《关于渎职侵权犯罪案件立案标准的规定》。

⑤ 2000年4月30日最高人民检察院《对〈关于中国证监会主体认定的请示〉的答复函》。

⑥ 2000年10月8日最高人民检察院《对〈关于中国保险监督管理委员会主体认定的请示〉的答复》。

⑦ 2003年1月13日最高人民检察院《关于对海事局工作人员如何使用法律问题的答复》。

⑧ 2000年10月31日最高人民检察院《关于属工人编制的乡（镇）工商所所长能否依照刑法第397条的规定追究刑事责任问题的批复》。

⑨ 2000年5月4日最高人民检察院《关于镇财政所所长是否适用国家机关工作人员的批复》。

⑩ 2000年10月9日最高人民检察院《关于合同制民警能否成为玩忽职守罪主体问题的批复》。

的规定："本法所称公司是指依照本法在中国境内设立的有限责任公司和股份有限公司。"

（2）国有企业中从事公务的人员。在我国现实的立法及实际经济生活中，现在都将公司作为"企业"的下位概念使用，即公司是企业的一种，而企业不限于公司。根据是否采用公司制，我国的企业可以分为公司制企业与非公司制企业。在只使用"企业"一词的情况下，应该理解为包括公司在内；在并列使用"公司、企业"的情况下，应当将企业理解为除公司外的非公司制企业。

（3）国有事业单位中从事公务的人员。事业单位，是指从事社会各项事业、拥有独立经费或财产的各种社会组织，如中央和地方的新闻、出版、电影、博物馆、剧团、学校、科研机构及医药卫生等单位。国有事业单位，是指国家财政拨款或者主要由国家财政拨款作为经费或财产的社会组织。

（4）人民团体中从事公务的人员。人民团体，是指经国务院授权的政府部门批准设立或登记备案并由国家拨付行政事业费的各种社会团体，如各民主党派、共青团、工会、妇联、工商联等。

3. 国家机关、国有公司、企业、事业单位委派到非国有公司、企业、事业单位、社会团体从事公务的人员的认定

（1）"委派"的含义。"委派"，即委任、派遣，其形式多种多样，如任命、指派、提名、批准等。不论被委派的人身份如何，只要是接受国家机关、国有公司、企业、事业单位委派，代表国家机关、国有公司、企业、事业单位在非国有公司、企业、事业单位、社会团体中从事组织、领导、监督、管理等工作，都可以认定为国家机关、国有公司、企业、事业单位委派到非国有公司、企业、事业单位、社会团体从事公务的人员，如国家机关、国有公司、企业、事业单位委派到国有控股或者参股的股份有限公司从事组织、领导、监督、管理等工作的人员，应当以国家工作人员论。国有公司、企业改制为股份有限公司后，原国有公司、企业的工作人员和股份有限公司新任命的人员中，除代表国有投资主体行使监督、管理职权的人外，不以国家工作人员论。

（2）社会团体的含义。根据国务院发布的《社会团体登记管理条例》第 2 条第 1 款的规定，所谓团体（社会团体），是指由中国公民自愿组成，为实现会员共同意愿，按照其章程开展活动的非营利性社会组织，如各种协会、学会、联合会、研究会、商会等。根据是否具有较强政治性，可以将社会团体分为人民团体和其他社会团体，我国的人民团体主要有各民主党派、共青团、工会、妇联、工商联等。《刑法》第 93 条所规定的"社会团体"，显然是指除人民团体以外的其他社会团体。

4. 其他依照法律从事公务的人员

（1）关键特征。本条第 2 款规定的"其他依照法律从事公务的人员"，应当

具有两个不可或缺的关键特征：①在特定条件下行使国家管理职能；②依照法律规定从事公务。

（2）具体类型。本条第 2 款规定的“其他依照法律从事公务的人员”具体包括：第一，依法履行职责的各级人民代表大会代表。第二，依法履行审判职责的人民陪审员。第三，协助乡镇人民政府、街道办事处从事行政管理工作的村民委员会、居民委员会等农村和城市基层组织人员。全国人民代表大会常务委员会《关于〈中华人民共和国刑法〉第九十三条第二款的解释》规定，村民委员会等村基层组织人员协助人民政府从事下列行政管理工作，属于《刑法》第 93 条第 2 款规定的“其他依照法律从事公务的人员”：①救灾、抢险、防汛、优抚、扶贫、移民、救济款物的管理；②社会捐助公益事业款物的管理；③国有土地的经营和管理；④土地征收、征用补偿费用的管理；⑤代征、代缴税款；⑥有关计划生育、户籍、征兵工作；⑦协助人民政府从事的其他行政管理工作。第四，其他由法律授权从事公务的人员。

【实务问题】

“从事公务”是国家工作人员的核心特征。从事公务，是指代表国家机关、国有公司、企业、事业单位、人民团体等履行组织、领导、监督、管理等职责。公务主要表现为与职权相联系的公共事务以及监督、管理国有财产的职务活动，如国家机关工作人员依法履行职责，国有公司的董事、经理、监事、会计、出纳等人员管理、监督国有财产等活动，属于从事公务。那些不具备职权内容的劳务活动、技术服务工作，如售货员、售票员等所从事的工作，一般不认为是公务。实践中，需要将一般的劳务活动与公务活动区分开来。

第九十四条　〔司法工作人员的定义〕

本法所称司法工作人员，是指有侦查、检察、审判、监管职责的工作人员。

本条是关于司法工作人员含义的规定。

【条文释义】

司法工作人员，主要包括以下四种人员：

1. 担任侦查职责的人员

担任侦查职责的人员，主要是指公安机关、国家安全机关、检察机关依照《刑事诉讼法》规定的管辖分工，对犯罪嫌疑人的犯罪行为进行侦查的人员。

2. 担任检察职责的人员

担任检察职责的人员，主要是指检察机关中担任批准逮捕、审查起诉、出庭支持公诉、法律监督工作职责的人员。

3. 担任审判职责的人员

担任审判职责的人员，主要是指在人民法院担任与审判工作有关的职务的人员，包括正副院长、审判委员会委员、正副庭长、审判员、助理审判员、人民陪审员、书记员等。

4. 担任监管职责的人员

担任监管职责的人员，主要是指公安机关、国家安全机关以及司法行政部门所属的有关机关（如看守所、监狱等）中担任监管犯罪嫌疑人、被告人、罪犯职责的人员。

【实务问题】

司法工作人员与《刑法》第 93 条规定的国家工作人员的关系

《刑法》第 93 条规定，国家工作人员，是指国家机关中从事公务的人员。国有公司、企业、事业单位、人民团体中从事公务的人员和国家机关、国有公司、企业、事业单位委派到非国有公司、企业、事业单位、社会团体中从事公务的人员，以及其他依照法律从事公务的人员，以国家工作人员论。可见，国家工作人员包括国家机关工作人员和其他以国家工作人员论的人员。根据《刑法》第 94 条的规定，司法工作人员，是指具有侦查、检察、审判、监管职责的工作人员。对于二者的关系，主要涉及以下两个问题：

1. 司法工作人员与国家工作人员的关系

我们先看两个司法解释：最高人民法院《关于未被公安机关正式录用的人员、狱医能否构成失职致使在押人员脱逃罪主体问题的批复》规定，对于未被公安机关正式录用，受委托履行监管职责的人员，由于严重不负责任，致使在押人员脱逃，造成严重后果的，应当依照《刑法》第 400 条第 2 款的规定定罪处罚。不负监管职责的狱医，不构成失职致使在押人员脱逃罪的主体。但是受委派承担了监管职责的狱医，由于严重不负责任，致使在押人员脱逃，造成严重后果的，应当依照《刑法》第 400 条第 2 款的规定定罪处罚。最高人民检察院《关于工人等非监管机关在编监管人员私放在押人员行为和失职致使在押人员脱逃行为适用法律问题的解释》规定，工人等非监管机关在编监管人员在被监管机关聘用受委托履行监管职责的过程中，由于严重不负责任，致使在押人员脱逃，造成严重后果的，应当依照《刑法》第 400 条第 2 款的规定，以失职致使在押人员脱逃罪追究刑事责任。在前述最高人民法院的司法解释中，将受委托履行监管职责的狱医也视为司法工作人员；在后述最高人民检察院的司法解释中，将被监管机关聘用受委托履行监管职责的工人等非监管机关在编监管人员也视为司法工作人员。如果这些规定合理的话，司法工作人员就是一个比《刑法》第 93 条规定的国家工作人员范围还要广泛的概念。因为根据《刑法》第 93 条的规定，上述司法解释中所说的两类人员显然不属于国家机关工作人员，也不属于国家机关委派到非国有公司、企业、事业单位、社会团体从事公务的人员，这就要看其是否属于“其他依照法律从事公务的人员”。依法从事公务与依委托从事公务在权力（职权、职责）来源上存在重大区别，依法从事公务的权力来源于法律的授权，而受委托从事公务的权力来源于有关机关及其工作人员的委托，法律并无授权。因此，上述司法解释中的两类人员不属于《刑法》第 93 条规定的国家工作人员范围。

2. 司法工作人员与司法机关工作人员的关系

笔者认为，司法工作人员与司法机关工作人员是两个不同的概念。在我国刑法上并未使用司法机关工作人员这一概念。根据我国《宪法》第三章关于“国家机构”的规定，我国的国家机关应当包括权力机关、行政机关、审判机关（人民法院）、检察机关（人民检察院）、监察机关以及军事机关。我们通常在不同的意义上使用“司法机关”一词，最狭义的仅仅指检察机关和审判机关。狭义的还包括公安机关中负责侦查、预审等刑事诉讼职责的部分。最广义的还包括其他在刑事诉讼中行使侦查、刑罚执行的机关，国家安全机关中负责国家安全犯罪侦查的部门、军队保卫部门中负责军内刑事案件侦查的部门，以及监狱、看守所等刑罚执行机关。根据《刑法》第 93、94 条的规定，国家工作人员，是指依法从事公务的人员。司法工作人员，是指具有侦查、检察、审判、监管职责的工作人员。可见，《刑法》至少是在最广义的意义上理解司法机关的。需要指出的是，《刑法》第 94 条规定的司法工作人员的范围已经超出了上述最广义的司法机关工作人员的范围，如根据《看守所条例》和《监狱法》的规定，人民武装警察也负有监管在押人员的职责，而人民武装警察显然不是司法机关工作人员。因此，笔者认为，《刑法》第 94 条规定的司法工作人员不仅包括司法机关工作人员（最广义），而且包括司法机关工作人员以外的其他任何负有监管在押人员职责的人员。我们知道，侦查、检察、审判职责具有专属性，不能委托非司法机关工作人员行使，而监管职责则可以依法或依委托由其他非司法机关工作人员行使。可见，非司法机关工作人员（如武警）依法或者依委托履行监管职责的人员，不属于司法机关工作人员，但是属于《刑法》第 94 条规定的“有监管职责的工作人员”而被认为是司法工作人员。

总之，司法工作人员不等同于司法机关工作人员，也并非都属于《刑法》第 93 条规定的国家工作人员。那种认为司法工作人员都属于国家工作人员或者都属于国家机关（司法机关）工作人员的认识是错误的。

第九十五条 〔重伤的定义〕

本法所称重伤，是指有下列情形之一的伤害：

（一）使人肢体残废或者毁人容貌的；

（二）使人丧失听觉、视觉或者其他器官机能的；

（三）其他对于人身健康有重大伤害的。

本条是关于重伤含义的规定。

【条文释义】

1. 使人肢体残废或者毁人容貌

（1）使人肢体残废。根据最高人民法院、最高人民检察院、公安部、国家安全部、司法部发布的《人体损伤程度鉴定标准》的规定，肢体残废主要是指：脊柱四肢损伤和手损伤。脊柱四肢损伤分为：①重伤一级，主要包括：二肢以上离断或者缺失（上肢腕关节以上、下肢踝关节以上）；二肢六大关节功能完全丧失。②重伤二级，主要包括：四肢任一大关节强直畸形或者功能丧失50%以上；臂丛神经干性或者束性损伤，遗留肌瘫（肌力3级以下）；正中神经肘部以上损伤，遗留肌瘫（肌力3级以下）；桡神经肘部以上损伤，遗留肌瘫（肌力3级以下）；尺神经肘部以上损伤，遗留肌瘫（肌力3级以下）；骶丛神经或者坐骨神经损伤，遗留肌瘫（肌力3级以下）；股骨干骨折缩短5.0cm以上、成角畸形30°以上或者严重旋转畸形；胫腓骨骨折缩短5.0cm以上、成角畸形30°以上或者严重旋转畸形；膝关节挛缩畸形屈曲30°以上；一侧膝关节交叉韧带完全断裂遗留旋转不稳；股骨颈骨折或者髋关节脱位，致股骨头坏死；四肢长骨骨折不愈合或者假关节形成；四肢长骨骨折并发慢性骨髓炎；一足离断或者缺失50%以上；足跟离断或者缺失50%以上；一足的第一趾和其余任何二趾离断或者缺失；一足除第一趾外，离断或者缺失4趾；两足5个以上足趾离断或者缺失；一足第一趾及其相连的跖骨离断或者缺失；一足除第一趾外，任何三趾及其相连的跖骨离断或者缺失。手损伤分为：①重伤一级，主要包括：双手离断、缺失或者功能完全丧失。②重伤二级，主要包括：手功能丧失累计达一手功能36%；一手拇指挛缩畸形不能对指和握物；一手除拇指外，其余任何三指挛缩畸形，不能对指和握物；一手拇指离断或者缺失超过指间关节；一手示指和中指全部离断或者缺失；一手除拇指外的任何三指离断或者缺失均超过近侧指间关节。

（2）毁人容貌。毁人容貌，是指毁损他人面容，致使面容显著变形、丑陋或者功能障碍，如面部条状瘢痕（50%以上位于中心区），单条长度10.0cm以上，或者两条以上长度累计15.0cm以上；面部块状瘢痕（50%以上位于中心区），单块面积6.0cm^2以上，或者两块以上面积累计10.0cm^2以上；面部片状细小瘢痕或者显著色素异常，面积累计达面部30%；一侧眼球萎缩或者缺失；一侧上睑下垂完全覆盖瞳孔；耳廓离断、缺损或者挛缩畸形累计相当于一侧耳廓面积50%以上；鼻部离断或者缺损30%以上；口唇离断或者缺损致牙齿外露3枚以上；面神经损伤致一侧面肌大部分瘫痪，遗留眼睑闭合不全和口角歪斜，等等。

2. 使人丧失听觉、视觉或者其他器官机能

（1）使人丧失听觉。根据最高人民法院、最高人民检察院、公安部、国家安全部、司法部发布的《人体损伤程度鉴定标准》的规定，丧失听觉，主要是指听器听力损伤，分为：①重伤一级，主要包括：双耳听力障碍（≥91dB HL）。②重伤二级，主要包括：一耳听力障碍（≥91dB HL）；一耳听力障碍（≥81dB HL），另一耳听力障碍（≥41dB HL）；一耳听力障碍（≥81dB HL），伴同侧前庭平衡功能障碍；双耳听力障碍（≥61dB HL）；双侧前庭平衡功能丧失，睁眼行走困难，不能并足站立。

（2）使人丧失视觉。根据最高人民法院、最高人民检察院、公安部、国家安全部、司法部发布的《人体损伤程度鉴定标准》的规定，丧失视觉，主要是指视器视力损伤，分为：①重伤一级，主要包括：一眼眼球萎缩或者缺失，另一眼盲目3级；一眼视野完全缺损，另一眼视野半径20°以下（视野有效值32%以下）；双眼盲目4级。②重伤二级，主要包括：一眼盲目3级；一眼重度视力损害，另一眼中度视力损害；一眼视野半径10°以下（视野有效值16%以下）；双眼偏盲；双眼残留视野半径30°以下（视野有效值48%以下）。

（3）使人丧失其他器官机能。丧失其他器官机能，是指丧失听觉、视觉之外的其他器官的功能或者功能严重障碍，如重度智能减退或者器质性精神障碍，生活完全不能自理；喉损伤遗留发声障碍（重度）；女性双侧乳房损伤，完全丧失哺乳功能；肾损伤致肾性高血压；双侧睾丸损伤，丧失生育能力，等等。

3. 其他对于人身健康有重大伤害

其他对于人身健康的重大伤害，是指上述几种重伤之外的在受伤当时危及生命或者在损伤过程中能够引起威胁生命的并发症，以及其他严重影响人体健康的损伤，如各种损伤引起脑水肿（脑肿胀），脑疝形成；各种损伤引起休克（中度）；腹腔大血管破裂；脑内异物存留；心脏异物存留，等等。

【实务问题】

1. 三处（种）以上损伤均接近重伤标准的规定，可视具体情况，综合评定为重伤或者不评定为重伤。

2. 判断是否属于重伤，是按照伤害当时的伤情认定，还是按治疗后的结果认定？根据最高人民法院、最高人民检察院、公安部、国家安全部、司法部发布

的《人体损伤程度鉴定标准》的规定，以原发性损伤为主要鉴定依据的，伤后即可进行鉴定；以损伤所致的并发症为主要鉴定依据的，在伤情稳定后进行鉴定。以容貌损害或者组织器官功能障碍为主要鉴定依据的，在损伤 90 日后进行鉴定；在特殊情况下可以根据原发性损伤及其并发症出具鉴定意见，但须对有可能出现的后遗症加以说明，必要时应进行复检并予以补充鉴定。疑难、复杂的损伤，在临床治疗终结或者伤情稳定后进行鉴定。

第九十六条 〔违反国家规定的定义〕

本法所称违反国家规定，是指违反全国人民代表大会及其常务委员会制定的法律和决定，国务院制定的行政法规、规定的行政措施、发布的决定和命令。

本条是关于违反国家规定含义的规定。

【条文释义】

《刑法》中的国家规定，只包括下列两种情形：

1. 全国人民代表大会及其常务委员会的规定

全国人民代表大会及其常务委员会是最高国家权力机关，行使国家立法权和重大国事的决定权，其作出规定的主要形式为制定和通过有关法律和决定。

2. 国务院的规定

国务院是最高国家行政机关，根据我国《宪法》的规定，国务院可以制定行政法规、规定行政措施、发布决定和命令，这些行政法规、行政措施、决定和命令，主要是由国务院直接制定、规定和发布的，也包括国务院各部委或直属机构制定的、经国务院批准并以国务院名义发布的行政措施、决定和命令。

根据 2011 年最高人民法院《关于准确理解和适用刑法中"国家规定"的有关问题的通知》的规定，《刑法》中的"国家规定"，是指全国人民代表大会及其常务委员会制定的法律和决定，国务院制定的行政法规、规定的行政措施、发布的决定和命令。其中，"国务院规定的行政措施"应当由国务院决定，通常以行政法规或者国务院制发文件的形式加以规定。以国务院办公厅名义制发的文件，符合以下条件的，亦应视为《刑法》中的"国家规定"：（1）有明确的法律依据或者同相关行政法规不相抵触；（2）经国务院常务会议讨论通过或者经国务院批准；（3）在国务院公报上公开发布。

【实务问题】

"违反国家规定"的认定

《刑法》所称的"违反国家规定"，仅指违反了上述两个国家机关的规定，其他各级国家机关的规定不是《刑法》所称的国家规定，因此，违反了这些机关的规定并不构成《刑法》所称的违反国家规定。

根据2011年最高人民法院《关于准确理解和适用刑法中“国家规定”的有关问题的通知》的规定，各级人民法院在刑事审判工作中，对有关案件所涉及的“违反国家规定”的认定，要依照相关法律、行政法规及司法解释的规定准确把握。对于规定不明确的，要按照本通知的要求审慎认定。对于违反地方性法规、部门规章的行为，不得认定为“违反国家规定”。对被告人的行为是否“违反国家规定”存在争议的，应当作为法律适用问题，逐级向最高人民法院请示。

第九十七条 〔首要分子的定义〕

本法所称首要分子，是指在犯罪集团或者聚众犯罪中起组织、策划、指挥作用的犯罪分子。

本条是关于首要分子含义的规定。

【条文释义】

根据本条规定，我国刑法中所称的首要分子包括两大类：

1. 犯罪集团的首要分子

犯罪集团的首要分子，是指在犯罪集团中起组织、策划、指挥作用的犯罪分子。犯罪集团，是指3人以上为共同实施犯罪而组成的较为固定的犯罪组织。“组织”，主要表现为发起并纠集、勾结他人组成犯罪集团；“策划”，主要表现为为犯罪确定目标，制订实施的方案和具体实施方法等；“指挥”，主要表现为在犯罪的各个阶段，指使、命令其他犯罪分子去实施犯罪活动。

2. 聚众犯罪的首要分子

聚众犯罪的首要分子，是指在聚众犯罪中起组织、策划、指挥作用的犯罪分子。这类首要分子存在于聚众犯罪中，与积极参加者、其他一般参加者相对应。在我国刑法中，根据处罚范围的不同可以将聚众犯罪分为以下三种类型：第一类是参与者均构成犯罪的聚众犯罪；第二类是只有首要分子和积极参加者才构成犯罪的聚众犯罪，在这类聚众犯罪中一般参加者不构成犯罪；第三类是只有首要分子才构成犯罪的聚众犯罪。

【实务问题】

刑法上的主犯与首要分子不是从属关系，而是交叉关系。主犯是与从犯等相对应的，而首要分子是与积极参加者、一般参加者相对应的，这两个概念的质的规定性不同。换言之，首要分子不一定都是主犯，主犯也不一定都是首要分子。

1. 首要分子不一定都是主犯

我国刑法上的首要分子包括两类：（1）在犯罪集团中起组织、策划、指挥作用的犯罪分子。这类首要分子正是《刑法》第26条第1款规定的“组织、领导犯罪集团进行犯罪活动”的人，属于主犯。（2）在聚众犯罪中起组织、策划、指挥作用的犯罪分子。这类首要分子存在于聚众犯罪中，与积极参加者、其他一般参加者相对应。如前所述，在我国刑法中，根据处罚范围的不同可以将聚众犯罪分为以下三种类型：第一类是参与者均构成犯罪的聚众犯罪。第二类是只有首要分子和积极参加者才构成犯罪的聚众犯罪，在这类聚众犯罪中一般参加者不构成犯罪。第三类是只有首要分子构成犯罪的聚众犯罪。在前两类聚众犯罪中，属于必要的共同犯罪，存在主犯与从犯的区分，在第一类聚众犯罪中，首要分子、积极参加者一般都是主犯；在第二类聚众犯罪中，主犯一般只是首要分子。但是，第三类聚众犯罪在首要分子只有一人的情况下，就属于单个人犯罪，既然不是共同犯罪，也就不存在主犯问题，在这种情况下，聚众犯罪的首要分子就不再是主犯。

2. 主犯不一定都是首要分子

根据《刑法》第26条第1款的规定，主犯，是指组织、领导犯罪集团进行犯罪活动的或者在共同犯罪中起主要作用的人。不属于首要分子的下列人员也可以成为主犯：（1）犯罪集团除首要分子以外的其他骨干分子；（2）聚众犯罪中的积极参加者；（3）其他非集团性共同犯罪中起主要作用的犯罪分子。这就表示，主犯也不一定都是首要分子。

第九十八条 〔告诉才处理的定义〕

本法所称告诉才处理，是指被害人告诉才处理。如果被害人因受强制、威吓无法告诉的，人民检察院和被害人的近亲属也可以告诉。

本条是关于告诉才处理含义的规定。

【条文释义】

告诉才处理，是指只有被害人向人民法院提出控告，要求对犯罪分子追究刑事责任时，司法机关才能管辖和受理，对犯罪分子追究刑事责任。如果有权进行告诉的人不告诉，司法机关则不能管辖和受理。从上述规定可以看出，只有以下三类主体才具备告诉才处理犯罪的告诉资格：

1. 被害人

这里的“被害人”，即告诉才处理的刑事案件的被害人，是指人身权利、财产权利或其他合法权益受到犯罪行为直接侵害的人。

2. 人民检察院

人民检察院在被害人因受强制、威吓而无法告诉的情况下可以告诉。在被害人受到暴力的控制，如被捆绑、拘禁等，或者受到威胁、恐吓，不敢向人民法院提出控告的情况下，人民检察院可以告诉。

3. 被害人的近亲属

告诉才处理的刑事案件中被害人的近亲属在被害人因受强制、威吓而无法告诉的情况下也可以告诉。根据《刑事诉讼法》第 108 条的规定，被害人的近亲属，是指被害人的夫、妻、父、母、子、女、同胞兄弟姊妹。

【实务问题】

1. 告诉才处理案件的范围

告诉才处理的犯罪包括：《刑法》第 246 条规定的侮辱罪（严重危害社会秩序和国家利益的除外）、诽谤罪（严重危害社会秩序和国家利益的除外）；第 257 条规定的暴力干涉婚姻自由罪（致使被害人死亡的除外）；第 260 条规定的虐待罪（致使被害人重伤、死亡的除外）；第 270 条规定的侵占罪。

2. 自诉案件和告诉才处理案件的区别

自诉案件，是公诉案件的对称，是指被害人或其法定代理人、近亲属为追究被告人的刑事责任，直接向司法机关提起诉讼，并由司法机关直接受理的刑事案件。根据《刑事诉讼法》第 210 条的规定，自诉案件包括下列案件：（1）告诉才处理的案件；（2）被害人有证据证明的轻微刑事案件；（3）被害人有证据证明对被告人侵犯自己人身、财产权利的行为应当依法追究刑事责任，而公安机关或者人民检察院不予追究被告人刑事责任的案件。由此可见，告诉才处理的案件属于自诉案件的第一种类型。对自诉案件，被害人或其法定代理人可以直接向法院起诉。法院在宣判前，对于前两类案件可以进行调解，自诉人也可以自行和解。第三类案件不能调解，但是可以和解。三类案件都可以撤回起诉，由法院审查；被告人还可以向自诉人提起反诉。

第九十九条　〔以上、以下、以内的界定〕

本法所称以上、以下、以内，包括本数。

本条是关于以上、以下、以内含义的规定。

【条文释义】

《刑法》中在涉及数字的表述上，大量使用以上、以下、以内三个概念。在传统的中文语法中，“以”就是包含的意思，但因为现在很多地方大量混用（如

3 人及以上），出现了是否包括本数的理解分歧。为此，《刑法》明确了这一问题。

【实务问题】

1.《刑法》第 63 条的问题

《刑法》第 63 条第 1 款规定，“犯罪分子具有本法规定的减轻处罚情节的，应当在法定刑以下判处刑罚”。这里的“法定刑”，显然是指法定最低刑，在具体案件中大多是具体的刑期。对于该条中的“法定刑以下”是否包括法定最低刑本数的问题，也存在疑义。根据对减轻处罚含义的通常理解，显然不能包括本数。但《刑法》第 99 条却规定应当包括本数，这应当是一个例外。

2.《刑法》第 69 条的问题

《刑法》第 69 条第 1 款规定，“判决宣告以前一人犯数罪的，除判处死刑和无期徒刑的以外，应当在总和刑期以下、数刑中最高刑期以上，酌情决定执行的刑期”。这里的“总和刑期以下、数刑中最高刑期以上”之“以下”与“以上”的理解，能否适用《刑法》第 99 条的规定？如果根据《刑法》第 99 条的规定来理解第 69 条规定的“以下”与“以上”的话，就会导致对有期徒刑、拘役或管制并罚时，出现实际上适用了并科原则（处以总和刑期时）或吸收原则（处以数刑中最高刑期时）的结果。这显然违反限制加重原则的立法初衷。因此，对《刑法》第 69 条中的“以下”与“以上”应当理解为不包括本数。这有必要在立法上进行修改，可以修改为“低于总和刑期、高于数刑中最高刑期”。

第一百条 〔前科报告义务〕

依法受过刑事处罚的人，在入伍、就业的时候，应当如实向有关单位报告自己曾受过刑事处罚，不得隐瞒。

犯罪的时候不满十八周岁被判处五年有期徒刑以下刑罚的人，免除前款规定的报告义务。

本条是关于前科报告制度的规定。

【主要修改】

本条第 2 款为 2011 年 2 月 25 日通过的《刑法修正案（八）》所增加。

【条文释义】

前科报告制度，是指依法受过刑事处罚的人，在入伍、就业的时候，应当如实向有关单位报告自己曾受刑事处罚，不得隐瞒。

1. 报告的主体

前科报告的主体是具有下列情形之一的曾经受过刑事处罚的人：一是犯罪时已满 18 周岁；二是犯罪时未满 18 周岁但所判刑罚超过 5 年有期徒刑。《刑法修正案（八）》对部分未成年人规定了免除报告义务，即犯罪的时候不满 18 周岁被判处 5 年有期徒刑以下刑罚的人，免除报告义务。只要犯罪时不满 18 周岁，即使入伍、就业时已满 18 周岁，也免除报告义务。“被判处五年有期徒刑以下刑罚”包括被判处 5 年以下有期徒刑、拘役、管制、单处附加刑，以及适用缓刑的情形。

2. 报告的内容

应报告的内容是受过刑事处罚。依法受过刑事处罚，是指依照我国的刑事法律规定，行为人的行为构成犯罪，并经人民法院判处刑罚。只要判处过刑罚，不管是判处主刑还是附加刑，是实刑还是缓刑，都是依法受过刑事处罚。如果行为人虽曾受到司法机关的侦查或者起诉，但其行为依照《刑法》规定不需要判处刑罚或者免除刑罚，人民法院决定免予刑罚处罚的，则不能认为是受过刑事处罚的人；如果检察机关依照《刑事诉讼法》的规定决定不予起诉的，也不在受过刑事处罚之列。

3. 报告的时间

如实报告受过刑事处罚仅限于在入伍、就业的时候。入伍，是指加入中国人民解放军或者中国人民武装警察部队。就业，包括参加任何种类的工作，如进入国家机关，各种公司、企业、事业单位，各种团体等。

【实务问题】

2012 年修改后的《刑事诉讼法》规定了未成年人犯罪记录封存制度，与《刑法修正案（八）》增加的本条第 2 款的规定相衔接。《刑事诉讼法》第 286 条规定：“犯罪的时候不满十八周岁，被判处五年有期徒刑以下刑罚的，应当对相关犯罪记录予以封存。犯罪记录被封存的，不得向任何单位和个人提供，但司法机关为办案需要或者有关单位根据国家规定进行查询的除外。依法进行查询的单位，应当对被封存的犯罪记录的情况予以保密。”2022 年最高人民法院、最高人民检察院、公安部、司法部《关于未成年人犯罪记录封存的实施办法》规定，犯罪的时候不满 18 周岁，被判处 5 年有期徒刑以下刑罚以及免予刑事处罚的未成年人犯罪记录，应当依法予以封存。未成年人犯罪记录，是指国家专门机关对未成年犯罪人员情况的客观记载。应当封存的未成年人犯罪记录，包括侦查、起诉、审判及刑事执行过程中形成的有关未成年人犯罪或者涉嫌犯罪的全部案卷材料与电子档案信息。对在年满 18 周岁前后实施数个行为，构成一罪或者一并处理的数罪，主要犯罪行为是在年满 18 岁周岁前实施的，被判处或者决定执行 5

年有期徒刑以下刑罚以及免予刑事处罚的未成年人犯罪记录，应当对全案依法予以封存。对于分案办理的未成年人与成年人共同犯罪案件，在封存未成年人案卷材料和信息的同时，应当在未封存的成年人卷宗封面标注“含犯罪记录封存信息”等明显标识，并对相关信息采取必要保密措施。对于未分案办理的未成年人与成年人共同犯罪案件，应当在全案卷宗封面标注“含犯罪记录封存信息”等明显标识，并对相关信息采取必要保密措施。其他刑事、民事、行政及公益诉讼案件，因办案需要使用了被封存的未成年人犯罪记录信息的，应当在相关卷宗封面标明“含犯罪记录封存信息”，并对相关信息采取必要保密措施。

第一百零一条 〔总则的效力〕

本法总则适用于其他有刑罚规定的法律，但是其他法律有特别规定的除外。

本条是关于总则效力的规定。

【条文释义】

我国《刑法》包括总则和分则两编。《刑法》总则规定刑法的任务、基本原则、适用范围、犯罪概念、刑事责任、刑罚种类、刑罚适用等问题，即关于犯罪、刑事责任与刑罚的一般规则和制度。《刑法》分则规定各种具体犯罪的罪名、罪状与法定刑，即规定犯罪、刑事责任与刑罚的特殊性问题。《刑法》总则与《刑法》分则的关系是抽象与具体、一般与特殊、共性与个性的关系。总则统率分则，指导分则；分则是总则原理、原则的具体体现，分则不得与总则相抵触。《刑法》总则的规定，除了适用于《刑法》分则以外，也适用于刑法修正案、单行刑法、附属刑法等其他刑法法规。

【实务问题】

需要注意的是，本条也为特别刑法制定《刑法》总则的例外规定留有余地，“其他法律有特别规定的除外”，即特别刑法也可以作出和《刑法》总则不一致的特别规定。

第二编　分　　则

第一章　危害国家安全罪

第一百零二条　〔背叛国家罪〕

勾结外国，危害中华人民共和国的主权、领土完整和安全的，处无期徒刑或者十年以上有期徒刑。

与境外机构、组织、个人相勾结，犯前款罪的，依照前款的规定处罚。

本条是关于背叛国家罪的罪刑条款内容。

【条文释义】

本条共分为2款。第1款是关于背叛国家罪的规定。

背叛国家罪，是指勾结外国，危害中华人民共和国的国家主权、领土完整和安全的行为。这里的"勾结"，是指相互联络、通谋、商议、策划。勾结的对象是外国或者境外机构、组织、个人。"外国"，是指中华人民共和国以外的国家政府、军队等其他国家机构，以及这些机构在国外设立的代表机构，还包括代表外国政府、其他国家机构的组织、社会团体和个人等。"危害中华人民共和国的主权、领土完整和安全"的行为可以表现为多种形式，如勾结外国干涉我国内政；组织傀儡政权；引诱对中国的侵略或者战争；出卖国家主权，与外国政府签订丧权辱国的条约；丧权辱国，企图割让中国领土，等等。

第2款是关于特殊勾结情形以背叛国家罪处罚的规定，即行为人与境外机构、组织、个人相勾结，实施背叛国家犯罪的，依照本条第1款的规定，以背叛国家罪定罪处罚。这里的"境外机构、组织、个人"，仅指我国港、澳、台地区的官方机构、非官方组织和个人。

本罪的主体只能是中华人民共和国公民，一般应是具有一定社会地位和影响力，能够对国家主权、安全和领土完整造成较大威胁的人。外国人或者无国籍人不能独立成为本罪的主体，但可以成为构成本罪的中国公民的共犯。

本罪在主观方面表现为直接故意，即明知故犯，并希望危害我国的国家主权、领土完整和安全的结果发生。间接故意不能成为背叛国家罪的主观要件，因为间接故意是行为人明知自己的行为可能发生危害社会的结果而放任这种危害结果发生的心理态度，这显然与勾结危害的行为不一致，形成主、客观要件相背离。

【实务问题】

本罪罪与非罪的界限

本罪属于行为犯，只要行为人基于危害中华人民共和国的主权、领土完整和安全而实施勾结外国政府或者境外机构、组织、个人的行为，就可成立本罪；如果只有意思表示而没有实施勾结行为，或者仅实施了勾结外国政府或者境外机构、组织、个人的行为而远未达到危害国家安全、足以使国家的主权丧失或领土分割的程度，则都不能构成本罪。

第一百零三条

〔分裂国家罪〕**组织、策划、实施分裂国家、破坏国家统一的，对首要分子或者罪行重大的，处无期徒刑或者十年以上有期徒刑；对积极参加的，处三年以上十年以下有期徒刑；对其他参加的，处三年以下有期徒刑、拘役、管制或者剥夺政治权利。**

〔煽动分裂国家罪〕**煽动分裂国家、破坏国家统一的，处五年以下有期徒刑、拘役、管制或者剥夺政治权利；首要分子或者罪行重大的，处五年以上有期徒刑。**

本条是关于分裂国家罪和煽动分裂国家罪的罪刑条款内容。

【条文释义】

本条共分为 2 款。第 1 款是关于分裂国家罪的规定。

分裂国家罪，是指组织、策划、实施分裂国家、破坏国家统一，危害中华人民共和国国家安全的行为。

这里的“组织”，是指召集、勾结、纠集多人为分裂国家、破坏国家统一而进行的活动。“策划”，是指秘密谋划分裂国家、破坏国家统一活动的行动纲领和实施计划。“实施”，是指实际着手进行“组织”“策划”以外的各种旨在分裂国家、破坏国家统一的活动，也就是将所策划的犯罪计划付诸实施的行为。“分裂国家、破坏国家统一”，是指以各种手段和方式，企图将我国领土的一部分分离出去，另立政府，制造割据局面，以及分裂我国统一的多民族国家，破坏民族团结，制造民族分裂等行为。

第 2 款是关于煽动分裂国家罪的规定。

煽动分裂国家罪，是指利用语言、音像、信息、物品等鼓动、促使他人实施分裂国家、破坏国家统一，危害中华人民共和国国家安全的行为。

煽动的对象可以是特定的人，也可以是不特定的人。煽动的方式既可以是口头、当面进行，也可以是通过书面、互联网或其他方式进行。具体的方式、方法有多种，主要包括书写标语、传单，印刷、散发文章、刊物，制作、播放音像制品，利用手机短信、互联网络投寄匿名信，制作象征物品等。

【实务问题】

1. 分裂国家罪罪与非罪的界限

分裂国家的三种行为都是实行犯，只要具备三种行为之一、达到真正意义上的组织、策划、实施的程度，就可构成犯罪。如果行为人只有分裂国家的思想，没有实施分裂行为的，则不构成犯罪；如果行为处于尚未严重危害国家安全的劝说、建议、吹嘘、设想阶段，则属于一般违法行为。

2. 煽动分裂国家罪与分裂国家罪的联系与区别

两罪的联系在于：（1）犯罪主体都是一般主体，但不包括单位。无论中国公民、外国公民或者无国籍人，都可以成为犯罪的主体。（2）犯罪主观方面都是出于直接故意，都具有分裂国家的目的，间接故意和过失不构成犯罪。

两罪的区别主要在于客观方面表现不同：前罪是行为人以各种方式鼓动他人实施分裂国家的行为，而行为人本人不去实施分裂国家的行为；后罪是行为人亲自组织、策划、实施分裂国家、破坏国家统一的行为，并且只要具备三种行为之一的，即可构成犯罪。

第一百零四条　〔武装叛乱、暴乱罪〕

组织、策划、实施武装叛乱或者武装暴乱的，对首要分子或者罪行重大的，处无期徒刑或者十年以上有期徒刑；对积极参加的，处三年以上十年以下有期徒刑；对其他参加的，处三年以下有期徒刑、拘役、管制或者剥夺政治权利。

策动、胁迫、勾引、收买国家机关工作人员、武装部队人员、人民警察、民兵进行武装叛乱或者武装暴乱的，依照前款的规定从重处罚。

本条是关于武装叛乱、暴乱罪的罪刑条款内容。

【条文释义】

本条共分为2款。第1款是关于武装叛乱、暴乱罪的规定。

武装叛乱、暴乱罪，是指组织、策划、实施武装叛乱、暴乱，危害中华人民共和国国家安全的行为。

组织、策划、实施是本罪的行为方式。这里的“组织、策划”，是指首要分子为实施武装叛乱、暴乱而进行的联络、召集、指使、策动、胁迫、勾引、收买、引导他人参与叛乱、暴乱的一系列准备活动。“实施”，是指开始进行各种暴力活动。武装叛乱和武装暴乱是本罪的行为内容。这里的“叛乱”，是指意图背叛国家和政府而投靠外国或境外势力所采用武装手段进行的暴力活动。“暴乱”，是指没有反叛只有抗拒意图而采用武装手段直接针对国家和政府进行的暴力活动。“武装叛乱、暴乱”，是指利用枪、炮、飞机等武器或者刀、棒等凶器，公开地进行局部的暴力活动或者大规模的严重暴力活动，包括袭击、砸毁党政军机关，残杀政府官员、无辜群众，抢掠或烧毁文件、档案，损毁公私财物等活动。

第 2 款是关于武装叛乱、暴乱罪从重处罚的规定。根据本款规定，策动、胁迫、勾引、收买国家机关工作人员、武装部队人员、人民警察、民兵进行武装叛乱或者武装暴乱的，依照本条第 1 款的规定从重处罚。

【实务问题】

1. 武装叛乱、暴乱罪罪与非罪的界限

本罪属于行为犯，只要行为人实施了组织、策划、实施武装叛乱、暴乱的行为，无论是否得逞，也不管是否造成严重后果，均可构成本罪。但是，对于未成年人被骗参与的或者属于情节显著轻微危害不大的，则不能构成本罪。

2. 武装叛乱、暴乱罪与分裂国家罪的区别

本罪与分裂国家罪的区别主要在于：一是犯罪客观方面不同。尽管两罪都有组织、策划、实施等行为方式，但本罪是公开地进行叛乱、暴乱活动，只能是暴力性质；而分裂国家罪则是分裂国家、破坏国家的统一，既可以是暴力性质，也可以是非暴力性质。二是犯罪主观方面不同。本罪既有直接故意，又有间接故意；而分裂国家罪则为直接故意，并具有分裂国家的目的。

第一百零五条

〔颠覆国家政权罪〕**组织、策划、实施颠覆国家政权、推翻社会主义制度的，对首要分子或者罪行重大的，处无期徒刑或者十年以上有期徒刑；对积极参加的，处三年以上十年以下有期徒刑；对其他参加的，处三年以下有期徒刑、拘役、管制或者剥夺政治权利。**

〔煽动颠覆国家政权罪〕**以造谣、诽谤或者其他方式煽动颠覆国家政权、推翻社会主义制度的，处五年以下有期徒刑、拘役、管制或者剥夺政治权利；首要分子或者罪行重大的，处五年以上有期徒刑。**

本条是关于颠覆国家政权罪和煽动颠覆国家政权罪的罪刑条款内容。

【条文释义】

本条共分为 2 款。第 1 款是关于颠覆国家政权罪的规定。

颠覆国家政权罪，是指组织、策划、实施颠覆国家政权、推翻社会主义制度的行为。

这里的“组织”，是指召集众人组建颠覆国家政权的反动团体、武装力量或组织进行颠覆国家政权的活动。“策划”，是指为颠覆国家政权而密谋、筹划、计划。颠覆国家政权的手段、方式多种多样，既包括暴力发动政变或者以武装政变夺取国家政权，也包括以非暴力的方式窃取国家政权。这里的“国家政权”，包括中央和地方各级权力机关、行政机关、司法机关、军事机关的政权。

第 2 款是关于煽动颠覆国家政权罪的规定。

煽动颠覆国家政权罪，是指以造谣、诽谤或者其他方式煽动颠覆国家政权、推翻社会主义制度的行为。

这里的“造谣”，是指编造虚假的事实或制造各种政治谣言向社会散布，迷惑群众，攻击国家和社会。“诽谤”，是指捏造虚假事实并散布于社会，肆意诋毁国家政权。“其他方式”，是指与造谣、诽谤相当的其他编造虚假事实或歪曲事实真相的方式。根据有关司法解释的规定，明知出版物中载有煽动颠覆国家政权、推翻社会主义制度的内容，而予以出版、印刷、复制、发行、传播的；利用互联网煽动颠覆国家政权、推翻社会主义制度的；组织和利用邪教组织，煽动颠覆国家政权、推翻社会主义制度的；利用突发传染病疫情等灾害，制造、传播谣言，煽动颠覆国家政权、推翻社会主义制度的，都可成立本罪。

【实务问题】

1. 颠覆国家政权罪与一般违法行为的界限

颠覆国家政权罪与一般违法行为的界限，关键看是否具有组织、策划、实施的行为，而且是否具有针对国家政权的颠覆行为。如果只有颠覆行为，但不是针对国家政权，或者没有针对国家政要的颠覆行为，都不构成颠覆国家政权罪。

2. 煽动颠覆国家政权罪与一般违法行为的界限

煽动颠覆国家政权罪与一般违法行为的界限，关键看行为人主观上是否具有煽动颠覆国家政权的直接故意，客观上是否实施了造谣、诽谤或者其他煽动行为。只要行为人具有煽动颠覆国家政权的故意，并实施了造谣、诽谤或者其他煽动行为，不管其所煽动的对象是否相信或接受其所煽动的内容，也不管其是否实施了有关颠覆活动，均可构成本罪。如果没有煽动颠覆国家政权的故意，即使发表了过激言论，甚至实施了造谣、诽谤或者其他煽动行为，也不宜认定为煽动颠覆国家政权罪。

第一百零六条 〔与境外勾结的处罚规定〕

与境外机构、组织、个人相勾结，实施本章第一百零三条、第一百零四条、第一百零五条规定之罪的，依照各该条的规定从重处罚。

本条是关于实施特定几种危害国家安全犯罪从重处罚的规定。

【条文释义】

根据本条规定，凡是与境外机构、组织、个人相勾结，实施分裂国家罪，煽动分裂国家罪，武装叛乱、暴乱罪，颠覆国家政权罪，煽动颠覆国家政权罪的，均应按照其所犯罪行的法定刑从重处罚。

【实务问题】

本条中的“境外机构、组织、个人”的含义比《刑法》第 102 条规定的背叛国家罪中的“境外机构、组织、个人”的含义更为广泛。本条中的“境外机构”，是指我国边境以外的国家和地区的官方机构，如政府、军队以及其他国家机关设置的机构，还包括外国驻我国境内的大使馆、领事馆及办事处。“境外组织”，是指我国边境以外的国家和地区的政党、社会团体以及其他企业事业单位，如学校、电厂、商社等。“境外个人”，是指外国公民、无国籍人和外籍华人，包括港、澳、台同胞及华侨。而《刑法》第 102 条规定的背叛国家罪中涉及的“境外机构、组织、个人”，仅指我国港、澳、台地区的官方机构、非官方组织和个人。

第一百零七条 〔资助危害国家安全犯罪活动罪〕

境内外机构、组织或者个人资助实施本章第一百零二条、第一百零三条、第一百零四条、第一百零五条规定之罪的，对直接责任人员，处五年以下有期徒刑、拘役、管制或者剥夺政治权利；情节严重的，处五年以上有期徒刑。

本条是关于资助危害国家安全犯罪活动罪的罪刑条款内容。

【主要修改】

本条为 2011 年 2 月 25 日通过的《刑法修正案（八）》所修改，该条内容原为：“境内外机构、组织或者个人资助境内组织或者个人实施本章第一百零二条、第一百零三条、第一百零四条、第一百零五条规定之罪的，对直接责任人员，处五年以下有期徒刑、拘役、管制或者剥夺政治权利；情节严重的，处五年以上有期徒刑。”

【条文释义】

资助危害国家安全犯罪活动罪，是指境内外机构、组织或个人资助实施特定的危害国家安全的犯罪活动，危害中华人民共和国国家安全的行为。

本条中的“本章第一百零二条、第一百零三条、第一百零四条、第一百零五条规定之罪”涉及的是特定的危害国家安全犯罪，分别包括背叛国家罪，分裂国家罪，煽动分裂国家罪，武装叛乱、暴乱罪，颠覆国家政权罪和煽动颠覆国家政权罪。“资助”，是指从物质方面予以帮助，如提供资金、场所、物资、工具等。单纯的精神、道义或者舆论支援，不属于本罪中的“资助”。无论是境内还是境外的机构、组织或者个人，只要属于资助实施背叛国家罪，分裂国家罪，煽动分裂国家罪，武装叛乱、暴乱罪，颠覆国家政权罪和煽动颠覆国家政权罪的直接责任人员，都按本条的规定处罚，即处5年以下有期徒刑、拘役、管制或者剥夺政治权利；情节严重的，处5年以上有期徒刑。这里的“情节严重”，一般是指资助物资多、金钱数额大，或者危害大、手段恶劣等。

【实务问题】

1. 本罪罪与非罪的界限

区分本罪罪与非罪关键看是否具有危害国家安全的故意、资助情节是否达到犯罪的程度。如果不知其所资助的组织或个人从事危害国家安全活动而给予资助，或者资助情节显著轻微危害不大的，就不构成本罪。

2. 本罪的共犯与罪数的认定

对于境内外机构、组织或个人既实施了资助特定的危害国家安全犯罪的行为，又共同组织、策划、实施了这些危害国家安全的行为，应当按照相应的危害国家安全犯罪的共犯论处；如果不符合共犯条件的，则行为人单独构成资助危害国家安全犯罪活动罪。如果行为人既实施了资助行为，又实施了其他危害国家安全的犯罪，则应当按照数罪并罚的规定来处理。

第一百零八条 〔投敌叛变罪〕

投敌叛变的，处三年以上十年以下有期徒刑；情节严重或者带领武装部队人员、人民警察、民兵投敌叛变的，处十年以上有期徒刑或者无期徒刑。

本条是关于投敌叛变罪的罪刑条款内容。

【条文释义】

投敌叛变罪，是指中国公民背叛国家，投奔敌对势力或者投降敌方，危害国家安全的行为。

这里的“背叛国家”，是指出卖国家局部利益，为敌国或敌方效忠。“投奔敌对势力”，是指逃离我国或脱离我方，投入敌对的军事力量、政治机构、集团组织等营垒中，为其效劳。“投降敌方”，是指在作战中或者被捕、被俘后，投降敌方，出卖组织或同志，出卖国家利益，为其效劳。根据本条规定，情节严重或者带领武装部队人员、人民警察、民兵投敌叛变的，处10年以上有期徒刑或者无期徒刑。其中，“情节严重”，一般是指投敌叛变后将我方的防地、防线的军事设施、武器装备、军事机密告知敌方，以及投敌叛变后，参加敌特组织，危害我国安全等情形。

本罪的主体必须是中国公民。中国公民包括国家工作人员、武装部队人员、人民警察、民兵及其他公民。外国人、无国籍人不能单独构成本罪的主体，但其帮助中国公民投敌叛变的，可构成本罪的共犯。

【实务问题】

1. 本罪与一般违法行为的界限

首先，看行为人是否具有投敌叛变的直接故意。只有行为人具有投敌叛变的直接故意，才可构成本罪；否则，即使受敌控制也不能构成本罪。其次，看行为是否达到犯罪的程度。投敌叛变的行为必须达到对国家局部利益产生严重威胁或造成损害的程度，才能视为犯罪；否则，尚未达到危害国家安全的，应按一般违法行为处理。

2. 本罪与武装叛乱、暴乱罪的区别

本罪与武装叛乱、暴乱罪的区别在于：（1）客观方面不同。本罪是逃离国内或投奔敌方后从事危害国家安全活动；而武装叛乱、暴乱罪则只限于在国内的党政军等要害部门所在地实施暴力活动。（2）犯罪主体不同。本罪的主体一般只能是中国公民；而武装叛乱、暴乱罪的主体既包括中国公民，也包括外国人、无国籍人。

第一百零九条 〔叛逃罪〕

国家机关工作人员在履行公务期间，擅离岗位，叛逃境外或者在境外叛逃的，处五年以下有期徒刑、拘役、管制或者剥夺政治权利；情节严重的，处五年以上十年以下有期徒刑。

掌握国家秘密的国家工作人员叛逃境外或者在境外叛逃的，依照前款的规定从重处罚。

本条是关于叛逃罪的罪刑条款内容。

【主要修改】

本条为2011年2月25日通过的《刑法修正案（八）》所修改，该条内容原为："国家机关工作人员在履行公务期间，擅离岗位，叛逃境外或者在境外叛逃，危害中华人民共和国国家安全的，处五年以下有期徒刑、拘役、管制或者剥夺政治权利；情节严重的，处五年以上十年以下有期徒刑。掌握国家秘密的国家工作人员犯前款罪的，依照前款的规定从重处罚。"

【条文释义】

本条共分为2款。第1款是关于叛逃罪的规定。

叛逃罪，是指国家机关工作人员在履行公务期间，擅离岗位，叛逃境外或者在境外叛逃的行为。

这里的"履行公务期间"，是指代表国家、政府履行公共事务的期间，即通常意义上的国家机关工作人员处理具体公务的期间，如果已经辞职的，就不能视为履行公务期间。本罪在行为方式上表现为擅离岗位，叛逃境外或者在境外叛逃。这里的"擅离岗位"，是指未经批准，擅自离开岗位，或者虽然经过批准但没能按期回到岗位。这里的"叛逃"，是指背叛而逃离。叛逃必然擅离工作岗位，叛逃既包括从境内逃往境外，也包括从境外某地逃往境外其他地方。这里的"境外"，并非仅指表面意义上的国境、边境之外，还包括我国国家主权不能及的政治意义上的空间，如外国驻中国的使领馆等。另外，本款中的"情节严重"，一般是指给国家安全造成严重威胁或危害，以及叛逃的手段极为恶劣等情形。

第2款是关于叛逃罪从重处罚的规定。根据本款规定，掌握国家秘密的国家工作人员叛逃境外或者在境外叛逃的，依照本条第1款的规定从重处罚。

【实务问题】

1. 本罪罪与非罪的界限

首先，本罪的主体为特殊主体，即必须是国家机关工作人员或者掌握国家秘密的国家工作人员，其他人员不能成为本罪的主体。其次，本罪在主观方面表现为直接故意，间接故意和过失不构成本罪。最后，无论是叛逃投奔境外机构、组织还是个人，也不论叛逃投奔的是否敌对势力或不友好一方，只要达到危害国家安全的程度，无须再实施叛逃以外的其他危害国家安全的活动，就可构成本罪。但是，单纯逃往境外或者在境外滞留不归，因为不具有危害国家安全性质的行为，故不能成立本罪。

2. 本罪与投敌叛变罪的区别

本罪与投敌叛变罪的区别在于：（1）犯罪客观方面不同。本罪在客观方面可以表现为擅离岗位，叛逃境外或者在境外叛逃，即单纯的叛逃行为，既不要求投奔敌人，也不要求实施了其他危害国家安全的活动；而投敌叛变罪在客观方面则表现为投奔敌国或敌方并实施危害国家安全活动的行为。另外，本罪要求行为发生在履行公务期间；而投敌叛变罪则没有这种限制。（2）犯罪主体不同。本罪的主体是特殊主体，即必须是国家机关工作人员或掌握国家秘密的国家工作人员；而投敌叛变罪的主体则是一般主体，即中国公民。

第一百一十条 〔间谍罪〕

有下列间谍行为之一，危害国家安全的，处十年以上有期徒刑或者无期徒刑；情节较轻的，处三年以上十年以下有期徒刑：

（一）参加间谍组织或者接受间谍组织及其代理人的任务的；

（二）为敌人指示轰击目标的。

本条是关于间谍罪的罪刑条款内容。

【条文释义】

间谍罪，是指参加间谍组织或者接受间谍组织及其代理人的间谍任务，或者为敌人指示轰击目标的行为。

所谓间谍，一般是指专门进行窃取、刺探秘密、情报的活动，或者进行其他破坏活动，危害其他国家或地区安全的人员。针对我国的间谍行为具体包括下列三种：

1. 参加间谍组织

间谍组织，是指外国政府或境外敌对势力建立的，专门进行窃取、刺探我国国家秘密或情报，以及进行其他危害我国国家安全活动的境外组织，其中也包括渗透于我国境内的间谍组织。参加间谍组织，是指主动或受邀加入间谍组织而通过履行相关手续被吸纳为成员的行为。

2. 接受间谍组织及其代理人的任务

接受间谍组织及其代理人的任务，不仅包括接受间谍组织及其代理人下达的窃取、刺探我国国家秘密、情报，或其他危害我国国家安全活动的任务，而且包括对于这些任务的具体实施。行为人只要参加了间谍组织，或者虽未参加间谍组织但领受了间谍组织及其代理人的任务的，均属于间谍行为。这里的“代理人”包括自然人和法人。间谍组织和间谍组织代理人统一由国家安全部确认。

3. 为敌人指示轰击目标

凡以各种手段为敌人指明、显示其意图轰击的我方目标的方位、特征以及出现的时间、路线等有关情况，无论指示是否有误，也无论敌人在指示下是否实际轰击或轰击是否造成严重后果，均属于为敌人指示轰击目标的间谍行为。

行为人只要实施了上述三种行为之一的，即可构成本罪。

【实务问题】

本罪与一般违法行为的界限

首先，看主观方面是否出于直接故意。行为人是否具有危害我国国家安全的直接故意，并实施了针对我国的间谍行为，这是划分本罪罪与非罪的基本界限。间接故意和过失均不构成本罪。对于受到欺骗，不知对方系间谍组织而加入，知道上当受骗后立即退出或没有接受间谍任务的，则不应认定为犯罪，更不能以间谍罪论处。

其次，看是否属于间谍组织成员。对于虽在间谍组织中工作，但未履行参加间谍组织的手续，也未进行任何活动，而只从事一般工程、勤杂、医护、传达等单纯行政性事务活动的，一般也不应认定为犯罪。

最后，看行为的危害程度。间谍行为往往给国家和人民的利益造成不可估量的损害，只要实施了上述三种间谍行为之一，无论是否造成了危害结果，都应认定为犯罪，除非情节显著轻微危害不大的，才不认为是犯罪。

第一百一十一条　〔为境外窃取、刺探、收买、非法提供国家秘密、情报罪〕

为境外的机构、组织、人员窃取、刺探、收买、非法提供国家秘密或者情报的，处五年以上十年以下有期徒刑；情节特别严重的，处十年以上有期徒刑或者无期徒刑；情节较轻的，处五年以下有期徒刑、拘役、管制或者剥夺政治权利。

本条是关于为境外窃取、刺探、收买、非法提供国家秘密、情报罪的罪刑条款内容。

【条文释义】

为境外窃取、刺探、收买、非法提供国家秘密、情报罪，是指为境外的机构、组织、人员窃取、刺探、收买、非法提供国家秘密或者情报的行为。

这里的“境外的机构、组织、人员”，是指境外国家或地区非间谍性质的机构、组织及其人员，包括境外国家或地区的政府普通机构、经济组织、文化及新闻单位、科学研究机构、宗教团体及其人员，以及这些机构、组织在我国境内设立的派驻机构、分支组织及其人员，还包括不隶属于任何境外机构、组织的境外人员，以及我国台湾地区的人员等。可见，非法提供的对象既包括敌对势力，也包括非敌对势力，如对我国友好或一般的境外机构、组织和人员。

这里的“国家秘密”，是指关系到国家的安全和利益，依法定程序确定，在一定时间内只限一定范围的人员知悉的事项，包括国家事务的重大决策、国防建设和武装力量活动、外交和外事活动、国民经济和社会发展、科学技术、维护国家安全活动和追究刑事犯罪活动方面以及其他经国家保密工作部门确定应当保守的国家秘密事项。国家秘密具体分为绝密、机密和秘密三级。

这里的“情报”，是指上述国家秘密以外的，事关国家安全与利益的，尚未公开或者依照有关规定不应公开的，可供境外机构、组织、人员对我国进行破坏的重要资料、信息、情况和事项，而没有公开的单位内部情况、正常交流的情报信息，不属于这里的情报范畴。

本罪的行为方式包括窃取、刺探、收买和非法提供四种。窃取，是指以非法占有为目的，采用秘密方法偷盗国家秘密或情报。刺探，是指使用探听或密录等技术手段暗中控制、获取国家秘密或情报。收买，是指用金钱、财物或者其他非物质利益换取国家秘密或情报。非法提供，是指国家秘密或情报的持有人，违反国家法律、法规的规定，将自己知悉、管理、掌握的国家秘密或情报，提交、供给、出售、告知有关境外机构、组织或人员。采用上述四种方式之一的，即可构成本罪，具备四种方式之两种或两种以上的，也不能适用数罪并罚，只能按本罪从重处罚。

【实务问题】

1. 本罪与一般违法行为的界限

首先，看行为对象是否属于国家秘密、情报。如果行为对象不属于国家秘密或者情报，则不能构成本罪。其次，看行为程度是否达到犯罪程度。如果涉及国家绝密、多次非法提供、提供大量国家秘密、引起外事冲突等情况，均可构成本罪。最后，看行为人主观上对国家秘密、情报是否明知。如果不是明知，则不能构成本罪。根据最高人民法院《关于审理为境外窃取、刺探、收买、非法提供国家秘密、情报案件具体应用法律若干问题的解释》第 5 条的规定，行为人知道或者应当知道没有标明密级的事项关系国家安全和利益，而为境外窃取、刺探、收买、非法提供的，构成本罪。根据《中华人民共和国保守国家秘密法》（简称《保守国家秘密法》）第 30 条的规定，在对外交往与合作中，需要向对方提供国家秘密事项的，经过国家有关部门依照严格程序审批，有限度地将某些国家秘密予以开放，同境外机构、组织、人员互换情报、交流资料的，是合法行为，不应认定为犯罪，更不能以本罪论处。

2. 本罪与间谍罪的区别

本罪与间谍罪的区别在于：（1）犯罪主观方面不同。本罪的故意表现为明知是国家秘密、情报，也明知对方是境外机构、组织、人员而为其窃取、刺探、收买、非法提供国家秘密或者情报；间谍罪的故意表现为明知对方是间谍组织而参加或者明知对方是间谍组织及其代理人的任务而予以接受。（2）犯罪客观方面不同。本罪表现为与国家秘密、情报有关的窃取、刺探、收买、非法提供等活动；间谍罪表现为参加间谍组织、接受间谍组织及其代理人的任务，或者为敌人指示轰击目标。（3）行为指向不同。本罪行为指向的是为境外非间谍性质的机构、组织、人员窃取、刺探、收买、非法提供国家秘密或者情报；间谍罪行为指向的是服务于间谍组织的窃取、刺探、收买、非法提供国家秘密或者情报。

第一百一十二条　〔资敌罪〕

战时供给敌人武器装备、军用物资资敌的，处十年以上有期徒刑或者无期徒刑；情节较轻的，处三年以上十年以下有期徒刑。

本条是关于资敌罪的罪刑条款内容。

【条文释义】

资敌罪，是指战时供给敌人武器装备、军用物资资助敌人的行为。

根据《刑法》第451条的规定，所谓战时，是指国家宣布进入战争状态、部队受领作战任务或者遭敌突然袭击时。部队执行戒严任务或者处置突发性暴力事件时，以战时论。具体包括五种情形：（1）国家宣布进入战争状态；（2）部队受领作战任务；（3）遭敌突然袭击；（4）部队执行戒严任务；（5）处置突发性暴力事件。供给，是指非法向敌方出售或无偿提供武器装备、军用物资。敌人，是指敌对营垒、敌对武装力量，既包括外国的侵略军事力量，也包括本国的反动军事力量，而不是一般的敌对势力中的个别成员，也不是有敌意的单独个人。资助，即向敌人提供军用品，包括供给敌人武器装备、军用物资。

【实务问题】

本罪与一般违法行为的界限

只有发生在战时的资敌行为才可能构成本罪。如果是行为人平时实施的提供武器装备、军用物资的行为，就不能构成本罪。另外，尽管本罪属于行为犯，只要实施了战时向敌方提供武器装备、军用物资的行为，就可以构成本罪，但并非所有的资敌行为都构成本罪，如果行为情节显著轻微危害不大的，则不能认为是犯罪。

第一百一十三条 〔危害国家安全罪适用死刑、没收财产的规定〕

本章上述危害国家安全罪行中，除第一百零三条第二款、第一百零五条、第一百零七条、第一百零九条外，对国家和人民危害特别严重、情节特别恶劣的，可以判处死刑。

犯本章之罪的，可以并处没收财产。

本条是关于危害国家安全犯罪适用死刑和没收财产刑的规定。

【条文释义】

本条共分为2款。第1款是关于实施特定危害国家安全犯罪的可以判处死刑的规定。根据本款规定，在危害国家安全犯罪中，除《刑法》第103条第2款规定的煽动分裂国家罪，第105条规定的颠覆国家政权罪、煽动颠覆国家政权罪，第107条规定的资助危害国家安全犯罪活动罪，第109条规定的叛逃罪5种犯罪以外，其余7种犯罪，即背叛国家罪，分裂国家罪，武装叛乱、暴乱罪，投敌叛变罪，间谍罪，为境外窃取、刺探、收买、非法提供国家秘密、情报罪，资敌罪，如果属于对国家和人民危害特别严重或者情节特别恶劣的，可以判处死刑。这里的“危害特别严重”，是指上述特定的危害国家安全犯罪对国家生存或人民根本利益构成严重威胁，造成重大损失，涉及国亡民灭等情况。“情节特别恶劣”，是指上述特定的危害国家安全犯罪的犯罪手段、方式极为残忍，规模和影响极为广大等情况。凡是具有上述两种情况或两种情况之一的严重危害国家安全犯罪，均可判处死刑。

第2款是关于所有实施危害国家安全犯罪的，可以并处没收财产刑的规定。根据本款规定，对所有危害国家安全的12种犯罪，可以并处没收财产。

【实务问题】

关于所有实施危害国家安全犯罪的，可以并处没收财产刑的正确理解是：对所有危害国家安全的12种犯罪，可以并处没收财产，根据情况也可以不并处没收财产，但绝对不可以不判处主刑而只单独判处没收财产。

第二章　危害公共安全罪

第一百一十四条　〔*放火罪；决水罪；爆炸罪；投放危险物质罪；以危险方法危害公共安全罪*〕

放火、决水、爆炸以及投放毒害性、放射性、传染病病原体等物质或者以其他危险方法危害公共安全，尚未造成严重后果的，处三年以上十年以下有期徒刑。

本条是关于放火罪、决水罪、爆炸罪、投放危险物质罪、以危险方法危害公共安全罪的罪刑条款内容。

【主要修改】

本条为2001年12月29日通过的《刑法修正案（三）》所修改，该条内容原为："放火、决水、爆炸、投毒或者以其他危险方法破坏工厂、矿场、油田、港口、河流、水源、仓库、住宅、森林、农场、谷场、牧场、重要管道、公共建筑物或者其他公私财产，危害公共安全，尚未造成严重后果的，处三年以上十年以下有期徒刑。"

【条文释义】

放火罪，是指故意用放火的方法侵害不特定多数人的生命健康，或者焚毁重大公私财产，危害公共安全的行为。

决水罪，是指故意用决水的方法制造水患，侵害不特定多数人的生命健康，或者损毁重大公私财产，危害公共安全的行为。

爆炸罪，是指故意用爆炸的方法侵害不特定多数人的生命健康，或者损毁重大公私财产，危害公共安全的行为。

投放危险物质罪，是指故意投放毒害性、放射性、传染病病原体等物质，危害公共安全的行为。

以危险方法危害公共安全罪，是指除故意以放火、决水、爆炸、投放危险物质以外的危险方法危害公共安全的行为。以危险方法危害公共安全罪中的"危险方法”，实际上是指除放火、决水、爆炸、投放危险物质以外的，在危险性上与放火、决水、爆炸、投放危险物质等方法相当的，足以危害公共安全的方法。在实践中，常见的此类危险方法有驾车撞不特定多数人、私拉电网、破坏井下通风设备等。

放火罪、决水罪、爆炸罪、投放危险物质罪、以危险方法危害公共安全罪属于危险犯，只要行为人实施了放火、决水、爆炸、投放危险物质、以危险方法危害公共安全的行为，出现了足以危害公共安全的危险状态，不论是否造成严重后果，都构成犯罪。这里的“足以危害公共安全”，是指放火、决水、爆炸以及投放毒害性、放射性、传染病病原体等物质或者以其他危险方法危害公共安全的行为，已经对不特定多数人的生命健康和重大公私财产安全造成了即时发生实际损害的危险状态，这种危险状态继续发展的结果是必然造成不特定多数人的生命健康和重大公私财产遭受实际的严重损害，即造成严重后果。2017 年最高人民法院、最高人民检察院《关于办理组织、利用邪教组织破坏法律实施等刑事案件适用法律若干问题的解释》第 12 条规定，邪教组织人员以自焚、自爆或者其他危险方法危害公共安全的，依照《刑法》第 114 条、第 115 条的规定，以放火罪、爆炸罪、以危险方法危害公共安全罪等定罪处罚。根据 2003 年最高人民法院、最高人民检察院《关于办理妨害预防、控制突发传染病疫情等灾害的刑事案件具体应用法律若干问题的解释》第 1 条第 1 款的规定，故意传播突发传染病病原体，危害公共安全的，按照以危险方法危害公共安全罪定罪处罚。2021 年最高人民法院、最高人民检察院、公安部等十部门《关于依法惩治涉枪支、弹药、爆炸物、易燃易爆危险物品犯罪的意见》第 8 条规定，在水路、铁路、航空易燃易爆危险物品运输生产作业活动中违反有关安全管理的规定，有下列情形之一，明知存在重大事故隐患而不排除，足以危害公共安全的，依照《刑法》第 114 条的规定，以以危险方法危害公共安全罪定罪处罚：（1）未经依法批准或者许可，擅自从事易燃易爆危险物品运输的；（2）委托无资质企业或者个人承运易燃易爆危险物品的；（3）在托运的普通货物中夹带易燃易爆危险物品的；（4）将易燃易爆危险物品谎报或者匿报为普通货物托运的；（5）其他在水路、铁路、航空易燃易爆危险物品运输活动中违反有关安全管理规定的情形。

【实务问题】

1. 放火罪、决水罪、爆炸罪、投放危险物质罪、以危险方法危害公共安全罪与以放火、决水、爆炸、投放危险物质或者其他危险方法杀害特定的人或者毁坏特定的财物的犯罪的界限

放火罪、决水罪、爆炸罪、投放危险物质罪、以危险方法危害公共安全罪与以放火、决水、爆炸、投放危险物质或者其他危险方法杀害特定的人或者毁坏特

定的财物的犯罪区别的关键在于行为人所采用的放火、决水、爆炸、投放危险物质或者其他危险方法是否危害了公共安全。行为人虽然以特定的个人或者财物为对象，但其行为在客观方面所造成或可能造成的实际严重后果是行为人难以预料、难以控制的，具有严重危害公共安全的性质，应当以危害公共安全罪中的相关罪名论处。如果行为人仅以放火、决水、爆炸、投放危险物质或者其他危险方法故意杀害特定的个人或者毁坏特定的公私财物，且在实际实施中并未危害公共安全的，不应以放火罪、决水罪、爆炸罪、投放危险物质罪或者以危险方法危害公共安全罪论处，而应根据情况，以故意杀人罪或者故意毁坏财物罪论处。在实践中，我们在确定行为属性时，要根据行为使用的方法、行为侵害的对象、行为实施的地点、环境等诸多要素来进行全面分析，才能准确确定行为属性。

2. 放火罪、决水罪、爆炸罪、投放危险物质罪、以危险方法危害公共安全罪的一罪与数罪

对于行为人实施其他犯罪后，又用放火、决水、爆炸、投放危险物质或者其他危险方法毁灭罪证，足以危害公共安全的，应以其他犯罪与放火罪、决水罪、爆炸罪、投放危险物质罪、以危险方法危害公共安全罪实行数罪并罚。

第一百一十五条

〔放火罪；决水罪；爆炸罪；投放危险物质罪；以危险方法危害公共安全罪〕**放火、决水、爆炸以及投放毒害性、放射性、传染病病原体等物质或者以其他危险方法致人重伤、死亡或者使公私财产遭受重大损失的，处十年以上有期徒刑、无期徒刑或者死刑。**

〔失火罪；过失决水罪；过失爆炸罪；过失投放危险物质罪；过失以危险方法危害公共安全罪〕**过失犯前款罪的，处三年以上七年以下有期徒刑；情节较轻的，处三年以下有期徒刑或者拘役。**

本条是关于放火罪、决水罪、爆炸罪、投放危险物质罪、以危险方法危害公共安全罪，以及失火罪、过失决水罪、过失爆炸罪、过失投放危险物质罪、过失以危险方法危害公共安全罪的罪刑条款内容。

【主要修改】

本条第1款为2001年12月29日通过的《刑法修正案（三）》所修改，该款内容原为："放火、决水、爆炸、投毒或者以其他危险方法致人重伤、死亡或者使公私财产遭受重大损失的，处十年以上有期徒刑、无期徒刑或者死刑。"

【条文释义】

本条共分为2款。第1款是关于放火、决水、爆炸以及投放毒害性、放射

性、传染病病原体等物质或者以其他危险方法危害公共安全，造成严重后果的犯罪行为的处刑规定，与《刑法》第 114 条规定的“尚未造成严重后果”的处刑规定是相对应的。这里的“造成严重后果”，就是本款规定的“致人重伤、死亡或者使公私财产遭受重大损失”的结果。

第 2 款是关于失火罪、过失决水罪、过失爆炸罪、过失投放危险物质罪、过失以危险方法危害公共安全罪的规定。

失火罪，是指过失引起火灾，致人重伤、死亡或者使公私财产遭受重大损失，危害公共安全的行为。

过失决水罪，是指过失引起水患，致人重伤、死亡或者使公私财产遭受重大损失，危害公共安全的行为。

过失爆炸罪，是指过失引起爆炸，致人重伤、死亡或者使公私财产遭受重大损失，危害公共安全的行为。

过失投放危险物质罪，是指过失投放毒害性、放射性、传染病病原体等物质，致人重伤、死亡或者使公私财产遭受重大损失，危害公共安全的行为。

过失以危险方法危害公共安全罪，是指过失采用与放火、决水、爆炸、投放危险物质等危险性相当的其他危险方法，致人重伤、死亡或者使公私财产遭受重大损失，危害公共安全的行为。根据 2003 年最高人民法院、最高人民检察院《关于办理妨害预防、控制突发传染病疫情等灾害的刑事案件具体应用法律若干问题的解释》第 1 条第 2 款的规定，患有突发传染病或者疑似突发传染病而拒绝接受检疫、强制隔离或者治疗，过失造成传染病传播，情节严重，危害公共安全的，按照过失以危险方法危害公共安全罪论处。2021 年最高人民法院、最高人民检察院、公安部等十部门《关于依法惩治涉枪支、弹药、爆炸物、易燃易爆危险物品犯罪的意见》第 8 条规定，在水路、铁路、航空易燃易爆危险物品运输生产作业活动中违反有关安全管理的规定，有下列情形之一，明知存在重大事故隐患而不排除，致人重伤、死亡或者使公私财产遭受重大损失的，依照《刑法》第 115 条第 1 款的规定处罚，以以危险方法危害公共安全罪定罪处罚：（1）未经依法批准或者许可，擅自从事易燃易爆危险物品运输的；（2）委托无资质企业或者个人承运易燃易爆危险物品的；（3）在托运的普通货物中夹带易燃易爆危险物品的；（4）将易燃易爆危险物品谎报或者匿报为普通货物托运的；（5）其他在水路、铁路、航空易燃易爆危险物品运输活动中违反有关安全管理规定的情形。

失火罪、过失决水罪、过失爆炸罪、过失投放危险物质罪以及过失以危险方法危害公共安全罪在主观方面表现为过失，即行为人出于过失而引起火灾、决水、爆炸以及投放毒害性、放射性、传染病病原体等物质，造成人员重伤、死亡或者使公私财产遭受重大损失的严重后果，危害公共安全的行为。

【实务问题】

1. 放火罪的立案标准

根据2001年4月16日国家林业局、公安部《关于森林和陆生野生动物刑事案件管辖及立案标准》的规定，凡故意放火造成森林或者其他林木火灾的都应当立案；过火有林地面积2公顷以上为重大案件；过火有林地面积10公顷以上，或者致人重伤、死亡的，为特别重大案件。

2. 失火罪的立案追诉标准

根据2008年最高人民检察院、公安部《关于公安机关管辖的刑事案件立案追诉标准的规定（一）》（2017年4月27日最高人民检察院、公安部作出了补充规定，简称《立案追诉标准（一）》）第1条的规定，过失引起火灾，涉嫌下列情形之一的，应予立案追诉：（1）造成死亡1人以上，或者重伤3人以上的；（2）造成公共财产或者他人财产直接经济损失50万元以上的；（3）造成10户以上家庭的房屋以及其他基本生活资料烧毁的；（4）造成森林火灾，过火有林地面积2公顷以上，或者过火疏林地、灌木林地、未成林地、苗圃地面积4公顷以上的；（5）其他造成严重后果的情形。本条规定的“有林地”“疏林地”“灌木林地”“未成林地”“苗圃地”，按照国家林业主管部门的有关规定确定。

根据2001年国家林业局、公安部《关于森林和陆生野生动物刑事案件管辖及立案标准》的规定，失火造成森林火灾，过火有林地面积2公顷以上，或者致人重伤、死亡的应当立案；过火有林地面积为10公顷以上，或者致人死亡、重伤5人以上的为重大案件；过火有林地面积为50公顷以上，或者死亡2人以上的，为特别重大案件。

第一百一十六条　〔破坏交通工具罪〕

破坏火车、汽车、电车、船只、航空器，足以使火车、汽车、电车、船只、航空器发生倾覆、毁坏危险，尚未造成严重后果的，处三年以上十年以下有期徒刑。

本条是关于破坏交通工具罪的罪刑条款内容。

【条文释义】

破坏交通工具罪，是指故意破坏火车、汽车、电车、船只、航空器，足以使其发生倾覆、毁坏危险，危害公共安全的行为。

本罪的对象是正在使用中的火车、汽车、电车、船只、航空器，这些特定的交通工具具有速度快、运载能力大、制动能力强的特点。本罪的对象不包括畜力车、自行车、人力车等速度慢、运载能力小的简单交通工具。

本罪在客观方面必须具备以下条件：（1）实施了破坏特定交通工具的行为。行为人通常是对特定交通工具的重要部件进行破坏。（2）破坏的特定交通工具必须是正在使用中的。对“使用中”应作相对广义的理解，即不仅是在运行中，而且应当包括已经交付使用、停机待用或者在使用中临时存放、停靠等。（3）破坏交通工具的行为必须足以使特定的交通工具发生倾覆、毁坏危险，危害公共安全。这里的“倾覆”，是指使特定交通工具倾倒、颠覆、翻沉或者坠落。“毁坏”，是指使特定交通工具失去性能、报废或者受到严重损坏。“危险”，是指使特定交通工具发生倾覆、毁坏的现实可能性。在司法实践中，行为的破坏程度是否足以达到倾覆、毁坏危险，需要由有关专业部门进行鉴定，不能凭感觉下定论。本罪是危险犯，只要行为人实施了破坏交通工具的行为，造成了足以危害公共安全的法定危险状态，不论是否造成严重后果，都构成本罪。对于已经造成本罪特定交通工具倾覆、毁坏的，是法定刑升格的条件，不是本罪的构成要件。

【实务问题】

在实践中，应注意本罪的一罪与数罪的问题

行为人以非法占有为目的，盗窃正在使用中的特定交通工具的重要部件，不仅数额较大，而且足以使特定交通工具发生倾覆、毁坏危险，危害公共安全的，应以本罪论处，不实行数罪并罚。对于用放火、爆炸等危险方法破坏特定交通工具，足以危害公共安全的，也应以本罪论处。

第一百一十七条 〔破坏交通设施罪〕

破坏轨道、桥梁、隧道、公路、机场、航道、灯塔、标志或者进行其他破坏活动，足以使火车、汽车、电车、船只、航空器发生倾覆、毁坏危险，尚未造成严重后果的，处三年以上十年以下有期徒刑。

本条是关于破坏交通设施罪的罪刑条款内容。

【条文释义】

破坏交通设施罪，是指故意破坏轨道、桥梁、隧道、公路、机场、航道、灯塔、标志或者进行其他破坏活动，足以使火车、汽车、电车、船只、航空器发生倾覆、毁坏危险，危害公共安全的行为。

本罪的对象是轨道、桥梁、隧道、公路、机场、航道、灯塔、标志等设施。公共交通设施是从事交通运输活动的必要条件，公共交通设施安全与交通运输安全密切相关，破坏公共交通设施与破坏交通工具具有同等的危害性。

本罪在客观方面表现为行为人故意实施了破坏轨道、桥梁、隧道、公路、机场、航道、灯塔、标志或者进行其他破坏活动，足以使火车、汽车、电车、船只、航空器发生倾覆、毁坏危险，危害公共安全的行为。具体而言，本罪的客观方面必须具备以下条件：（1）实施了破坏轨道、桥梁、隧道、公路、机场、航道、灯塔、标志或者进行其他破坏活动。这里的“其他破坏活动”，是指与破坏轨道、桥梁、隧道、公路、机场、航道、灯塔、标志有相同社会危害性的行为。（2）破坏的交通设施必须是正在使用中的。这里的“正在使用中”，是指交通设施已经交付使用或者处于随时待用状态。（3）破坏交通设施的行为必须足以使火车、汽车、电车、船只、航空器发生倾覆、毁坏危险，危害公共安全。本罪是危险犯，只要行为人实施了破坏交通设施的行为，出现了足以危害公共安全的法定危险状态，不论是否造成严重后果，都构成本罪。在司法实践中，破坏程度是否足以严重危害公共交通运输安全，需要由有关专业部门进行鉴定，不能凭感觉定论。

【实务问题】

1. 本罪罪与非罪的界限

行为人只是破坏交通设施的一般性部件，价值不大且不足以危害公共安全，属于情节显著轻微，危害不大的，不构成犯罪。

2. 本罪的一罪与数罪

行为人以非法占有为目的，盗窃正在使用中的交通设施的重要部件，不仅数额较大，而且足以使特定的交通工具发生倾覆、毁坏危险，危害公共安全的，应以本罪论处，不实行数罪并罚。对于用放火、爆炸等危险方法破坏正在使用中的交通设施，足以危害公共安全的，也应以本罪论处。

第一百一十八条　〔破坏电力设备罪；破坏易燃易爆设备罪〕

破坏电力、燃气或者其他易燃易爆设备，危害公共安全，尚未造成严重后果的，处三年以上十年以下有期徒刑。

本条是关于破坏电力设备罪、破坏易燃易爆设备罪的罪刑条款内容。

【条文释义】

1. 破坏电力设备罪

破坏电力设备罪，是指故意破坏电力设备，足以危害公共安全的行为。

本罪在客观方面表现为行为人故意实施了破坏电力设备，足以危害公共安全的行为。破坏的电力设备必须是正在使用中的，对此，必须注意以下几点：（1）尚未安装完毕的电力设备不属于正在使用中的电力设备。（2）已经交付使用，只是由于自然原因或其他原因而暂停使用，但尚未作废的电力设备，仍属于使用中的电力设备。（3）安装完毕已经交付，虽未使用仍认为是在使用中；已安装完毕，并未交付的，不认为是在使用中。

2. 破坏易燃易爆设备罪

破坏易燃易爆设备罪，是指故意破坏燃气设备、易燃易爆设备，危害公共安全的行为。

燃气设备，是指生产、储存、输送诸如煤气、液化气、石油气、天然气等燃气的各种机器或设施。其他易燃易爆设备，是指除电力、燃气设备以外的其他用于生产、储存和输送易燃易爆物质的设备，如石油管道、汽车加油站、火药及易燃易爆的化学物品的生产、储存、运输设备等。上述易燃易爆设备必须是正在使用中，如果没有使用，如正在制造、运输、安装、架设或尚在库存中，以及虽然已经交付但正在检修暂停使用的，对其进行破坏，不应构成本罪。

根据2018年最高人民法院、最高人民检察院、公安部《关于办理盗窃油气、破坏油气设备等刑事案件适用法律若干问题的意见》第1条的规定，在实施盗窃油气等行为过程中，破坏正在使用的油气设备，具有下列情形之一的，应当认定为《刑法》第118条规定的“危害公共安全”：（1）采用切割、打孔、撬砸、拆卸手段的，但是明显未危害公共安全的除外；（2）采用开、关等手段，足以引发火灾、爆炸等危险的。

【实务问题】

1. 破坏电力设备罪、破坏易燃易爆设备罪与放火罪、爆炸罪的界限

破坏电力设备罪、破坏易燃易爆设备罪中的破坏行为除一般破坏手段外，也可以使用放火、爆炸等方式进行，往往也会导致火灾、爆炸的严重后果。行为人采用放火、爆炸方法破坏电力设备、易燃易爆设备，属于法条竞合问题，按照特别法优于普通法的原则，应以破坏电力设备罪、破坏易燃易爆设备罪论处，而不能认定为放火罪或爆炸罪。

2. 破坏电力设备罪、破坏易燃易爆设备罪的一罪与数罪

行为人以非法占有为目的，盗窃正在使用中的电力设备、易燃易爆设备中的燃气、油品等危害公共安全的，同时触犯了破坏电力设备罪、破坏易燃易爆设备罪和盗窃罪的，属于想象竞合犯，应择一重罪处断。

第一百一十九条

〔破坏交通工具罪；破坏交通设施罪；破坏电力设备罪；破坏易燃易爆设备罪〕**破坏交通工具、交通设施、电力设备、燃气设备、易燃易爆设备，造成严重后果的，处十年以上有期徒刑、无期徒刑或者死刑。**

〔过失损坏交通工具罪；过失损坏交通设施罪；过失损坏电力设备罪；过失损坏易燃易爆设备罪〕**过失犯前款罪的，处三年以上七年以下有期徒刑；情节较轻的，处三年以下有期徒刑或者拘役。**

本条是关于破坏交通工具罪、破坏交通设施罪、破坏电力设备罪、破坏易燃易爆设备罪造成严重后果，过失损坏交通工具罪、过失损坏交通设施罪、过失损坏电力设备罪、过失损坏易燃易爆设备罪的罪刑条款内容。

【条文释义】

本条是对《刑法》第 116—118 条的补充和过失犯罪的规定，共分为 2 款。

第 1 款是关于犯破坏交通工具罪、破坏交通设施罪、破坏电力设备罪、破坏易燃易爆设备罪，造成严重后果的处罚规定。“造成严重后果的”，主要是指犯罪分子实施破坏交通工具、交通设施、电力设备、燃气设备、易燃易爆设备的行为，导致火车、汽车、电车、船只、航空器发生倾覆、毁坏，或者电力设备、燃气设备、易燃易爆设备爆炸，发生重大火灾，造成人员重伤、死亡或者使公私财产遭受重大损失，危害公共安全的情形。

第 2 款是关于过失犯第 1 款罪的处罚规定。“过失犯前款罪的”，是指由于行为人主观上疏忽大意或者轻信能够避免的过失而损坏交通工具、交通设施、电力设备、燃气设备、易燃易爆设备，造成严重后果的行为，并分别构成过失损坏交通工具罪、过失损坏交通设施罪、过失损坏电力设备罪、过失损坏易燃易爆设备罪。

过失损坏交通工具罪，是指过失损坏交通工具，造成人员重伤、死亡或者使公私财产遭受重大损失的严重后果，危害公共安全的行为。

过失损坏交通设施罪，是指过失损坏交通设施，造成人员重伤、死亡或者使公私财产遭受重大损失的严重后果，危害公共安全的行为。

过失损坏电力设备罪，是指过失损坏电力设备，造成人员重伤、死亡或者使公私财产遭受重大损失的严重后果，危害公共安全的行为。

过失损坏易燃易爆设备罪，是指过失损坏燃气设备、易燃易爆设备，造成人员重伤、死亡或者使公私财产遭受重大损失的严重后果，危害公共安全的行为。

【实务问题】

在实践中，应注意相关犯罪罪与非罪的界限问题

造成严重后果是构成上述犯罪的重要法定要件之一。所谓严重后果，是指致人重伤、死亡或者使公私财产遭受重大损失。在处理这类犯罪时，还必须查明损坏交通工具、交通设施、电力设备、易燃易爆设备的行为同严重后果之间是否存在因果关系，如果后果严重但查明不是过失损坏交通工具、交通设施、电力设备、易燃易爆设备的行为所引起的，则不构成上述犯罪。

第一百二十条 〔组织、领导、参加恐怖组织罪〕

组织、领导恐怖活动组织的，处十年以上有期徒刑或者无期徒刑，并处没收财产；积极参加的，处三年以上十年以下有期徒刑，并处罚金；其他参加的，处三年以下有期徒刑、拘役、管制或者剥夺政治权利，可以并处罚金。

犯前款罪并实施杀人、爆炸、绑架等犯罪的，依照数罪并罚的规定处罚。

本条是关于组织、领导、参加恐怖组织罪的罪刑条款内容。

【主要修改】

本条第 1 款曾为 2001 年 12 月 29 日通过的《刑法修正案（三）》所修改，该款内容原为："组织、领导和积极参加恐怖活动组织的，处三年以上十年以下有期徒刑；其他参加的，处三年以下有期徒刑、拘役或者管制。"

2015 年 8 月 29 日通过的《刑法修正案（九）》再次对本条第 1 款进行了修改，该款内容原为："组织、领导恐怖活动组织的，处十年以上有期徒刑或者无期徒刑；积极参加的，处三年以上十年以下有期徒刑；其他参加的，处三年以下有期徒刑、拘役、管制或者剥夺政治权利。"

【条文释义】

组织、领导、参加恐怖组织罪，是指以实施恐怖活动为目的，组织、领导恐怖活动组织或者参加恐怖活动组织的行为。

根据 2018 年修正的《中华人民共和国反恐怖主义法》的规定，"恐怖活动"，是指恐怖主义性质的下列行为：(1) 组织、策划、准备实施、实施造成或者意图造成人员伤亡、重大财产损失、公共设施损坏、社会秩序混乱等严重社会危害的活动的；(2) 宣扬恐怖主义，煽动实施恐怖活动，或者非法持有宣扬恐怖主义的物品，强制他人在公共场所穿戴宣扬恐怖主义的服饰、标志的；(3) 组织、领导、参加恐怖活动组织的；(4) 为恐怖活动组织、恐怖活动人员、

实施恐怖活动或者恐怖活动培训提供信息、资金、物资、劳务、技术、场所等支持、协助、便利的；（5）其他恐怖活动。“恐怖活动组织”，是指3人以上为实施恐怖活动而组成的犯罪组织。“组织恐怖活动组织”，是指发起、创立、组建以实施恐怖活动为目的的组织行为。“领导恐怖活动组织”，是指在恐怖活动组织中处于领导、支配地位，并对该组织的活动起策划、决策、指挥、协调作用的行为。“参加恐怖活动组织”，是指参加恐怖活动组织成为其成员的情形。本罪是选择性罪名，行为人实施了上述行为之一的，符合本罪客观方面的要求。

【实务问题】

1. “组织、领导恐怖活动组织”的认定

根据2018年最高人民法院、最高人民检察院、公安部、司法部《关于办理恐怖活动和极端主义犯罪案件适用法律若干问题的意见》（简称《办理恐怖活动犯罪意见》）的规定，具有下列情形之一的，应当认定为《刑法》第120条规定的“组织、领导恐怖活动组织”，以组织、领导恐怖组织罪定罪处罚：（1）发起、建立恐怖活动组织的；（2）恐怖活动组织成立后，对组织及其日常运行负责决策、指挥、管理的；（3）恐怖活动组织成立后，组织、策划、指挥该组织成员进行恐怖活动的；（4）其他组织、领导恐怖活动组织的情形。

2. “积极参加”的认定

根据《办理恐怖活动犯罪意见》的规定，具有下列情形之一的，应当认定为《刑法》第120条规定的“积极参加”，以参加恐怖组织罪定罪处罚：（1）纠集他人共同参加恐怖活动组织的；（2）多次参加恐怖活动组织的；（3）曾因参加恐怖活动组织、实施恐怖活动被追究刑事责任或者2年内受过行政处罚，又参加恐怖活动组织的；（4）在恐怖活动组织中实施恐怖活动且作用突出的；（5）在恐怖活动组织中积极协助组织、领导者实施组织、领导行为的；（6）其他积极参加恐怖活动组织的情形。参加恐怖活动组织，但不具有“组织、领导恐怖活动组织”和“积极参加”情形的，应当认定为《刑法》第120条规定的“其他参加”，以参加恐怖组织罪定罪处罚。

3. 本罪罪与非罪的界限

对于不明真相、受蒙骗参加恐怖活动组织，一经发觉就表示与其脱离关系并且未实际参与恐怖活动组织活动的，或者被胁迫参加恐怖活动组织，但情节显著轻微危害不大的，不应认定为犯罪。对于最初因受蒙骗而参加恐怖活动组织，在明知恐怖活动组织的性质后仍然不退出，甚至积极进行恐怖活动的，则构成本罪。

4. 本罪罪数的认定

对于行为人犯本罪并实施杀人、爆炸、绑架等其他犯罪的，应以本罪与其他犯罪实行数罪并罚。其中，组织、领导恐怖组织的，不仅要对其组织、领导行为承担刑事责任，还要对其他组织成员为恐怖组织利益所实施的犯罪承担刑事责任，实行数罪并罚。参加恐怖组织的，不仅要对其参加恐怖组织行为承担刑事责任，也要对其所实施的与恐怖组织有关的犯罪承担刑事责任，实行数罪并罚。

第一百二十条之一 〔帮助恐怖活动罪〕

资助恐怖活动组织、实施恐怖活动的个人的，或者资助恐怖活动培训的，处五年以下有期徒刑、拘役、管制或者剥夺政治权利，并处罚金；情节严重的，处五年以上有期徒刑，并处罚金或者没收财产。

为恐怖活动组织、实施恐怖活动或者恐怖活动培训招募、运送人员的，依照前款的规定处罚。

单位犯前两款罪的，对单位判处罚金，并对其直接负责的主管人员和其他直接责任人员，依照第一款的规定处罚。

本条是关于帮助恐怖活动罪的罪刑条款内容。

本条为2001年12月29日通过的《刑法修正案（三）》所增加。

【主要修改】

本条为2015年8月29日通过的《刑法修正案（九）》所修改。该条内容原为："资助恐怖活动组织或者实施恐怖活动的个人的，处五年以下有期徒刑、拘役、管制或者剥夺政治权利，并处罚金；情节严重的，处五年以上有期徒刑，并处罚金或者没收财产。单位犯前款罪的，对单位判处罚金，并对其直接负责的主管人员和其他直接责任人员，依照前款的规定处罚。"

【条文释义】

帮助恐怖活动罪，是指故意资助恐怖活动组织、实施恐怖活动的个人，或者资助恐怖活动培训的，或者为恐怖活动组织、实施恐怖活动或者恐怖活动培训招募、运送人员的行为。

本条共分为3款。第1款是关于资助恐怖活动组织、实施恐怖活动的个人，或者资助恐怖活动培训的罪刑条款规定。对此，应当从以下方面理解：（1）资助的对象必须是恐怖活动组织、实施恐怖活动的个人或者进行恐怖活动培训的机构和个人，既包括中国境内的，也包括境外的。（2）资助的内容是给予恐怖活动组织、实施恐怖活动的个人或者进行恐怖活动培训的机构及个人以各种物质上的帮助，主要表现为筹集、提供经费、物资或者提供场所以及其他物质便利，不包括精神支持、舆论帮助。至于资助是否有偿，资助时间是在被资助对象实施恐怖活动之前、之中或者之后，均不影响本罪成立。这里的“实施恐怖活动的个人”，包括已经实施恐怖活动的个人，也包括准备实施、正在实施恐怖活动的个人；包括在我国领域内实施恐怖活动的个人，也包括在我国领域外实施恐怖活动的个人；包括我国公民，也包括外国公民和无国籍人。本罪的主观故意，应当根据案件具体情况，结合行为人的具体行为、认知能力、一贯表现和职业等综合认定。虽然没有资助恐怖活动组织或者具体实施恐怖活动的个人，但资助了培训恐怖活动的机构及个人，同样构成本罪，而不论受培训的人员是否实施了恐怖活动。本罪属于行为犯，资助行为实行终了且已将所提供的资金等物资交给恐怖组织、个人或者其代理人的，是犯罪既遂。如果已经着手实行资助行为，由于意志以外的原因，资助行为未能实行终了，或者虽然资助行为实行终了，但所提供的物资未能实际交给对方的，则成立犯罪未遂。

第 2 款是关于为恐怖活动组织、实施恐怖活动或者恐怖活动培训招募、运送人员的，以本罪论处的规定。在暴恐活动中，往往都有专人负责培训招募、运送人员，这些人的行为为暴恐活动的顺利实施提供了条件。《刑法修正案（九）》扩大了资助的外延，将招募、运送人员等行为也纳入资助的范围。

第 3 款是关于单位犯本罪的处罚规定，即“单位犯前两款罪的，对单位判处罚金，并对其直接负责的主管人员和其他直接责任人员，依照第一款的规定处罚”。

【实务问题】

1. 本罪罪与非罪的界限

构成本罪的主观方面表现为故意，在实践中，明知是恐怖活动组织或者实施恐怖活动人员而为其提供经费，或者提供器材、设备、交通工具、武器装备等物质条件，或者提供场所以及其他物质便利的，以本罪定罪处罚。对于不知道对方是恐怖活动组织或者实施恐怖活动的个人而予以资助的，不构成本罪。如果是因受到恐怖活动组织或者实施恐怖活动的个人的恐吓、威胁，被迫交纳“保护费”或者提供其他便利条件的，不应当以犯罪论处。

2. 本罪的认定

根据《办理恐怖活动犯罪意见》的规定，具有下列情形之一的，依照《刑法》第 120 条之一的规定，以帮助恐怖活动罪定罪处罚：（1）以募捐、变卖房产、转移资金等方式为恐怖活动组织、实施恐怖活动的个人、恐怖活动培训筹集、提供经费，或者提供器材、设备、交通工具、武器装备等物资，或者提供其他物质便利的；（2）以宣传、招收、介绍、输送等方式为恐怖活动组织、实施恐怖活动、恐怖活动培训招募人员的；（3）以帮助非法出入境，或者为非法出入境提供中介服务、中转运送、停留住宿、伪造身份证明材料等便利，或者充当向导、帮助探查偷越国（边）境路线等方式，为恐怖活动组织、实施恐怖活动、恐怖活动培训运送人员的；（4）其他资助恐怖活动组织、实施恐怖活动的个人、恐怖活动培训，或者为恐怖活动组织、实施恐怖活动、恐怖活动培训招募运送人员的情形。

第一百二十条之二 〔准备实施恐怖活动罪〕

有下列情形之一的，处五年以下有期徒刑、拘役、管制或者剥夺政治权利，并处罚金；情节严重的，处五年以上有期徒刑，并处罚金或者没收财产：

（一）为实施恐怖活动准备凶器、危险物品或者其他工具的；

（二）组织恐怖活动培训或者积极参加恐怖活动培训的；

（三）为实施恐怖活动与境外恐怖活动组织或者人员联络的；

（四）为实施恐怖活动进行策划或者其他准备的。

有前款行为，同时构成其他犯罪的，依照处罚较重的规定定罪处罚。

本条是关于准备实施恐怖活动罪的罪刑条款内容。

本条为2015年8月29日通过的《刑法修正案（九）》所增加。

【条文释义】

本条共分为2款。第1款是关于准备实施恐怖活动罪的罪刑条款内容。

准备实施恐怖活动罪，是指为实施恐怖活动进行准备的行为。

为实施恐怖活动进行准备的行为实际属于恐怖活动犯罪的预备行为，由于恐怖主义犯罪已经成为全球公敌，成为威胁全人类生存利益的犯罪，《刑法修正案（九）》加大了对恐怖主义、极端主义犯罪的惩治力度，其重要表现之一就是法益保护的提前，即将恐怖活动犯罪的预备行为提升为实行行为，本罪即是如此。

本罪在客观方面具体表现为以下几类行为：（1）为实施恐怖活动准备凶器、危险物品或者其他工具的；（2）组织恐怖活动培训或者积极参加恐怖活动培训的；（3）为实施恐怖活动与境外恐怖活动组织或者人员联络的；（4）为实施恐怖活动进行策划或者其他准备的。本罪属于行为犯，实施了上述行为之一即可成立既遂，不要求情节严重或造成严重后果，情节严重的，加重法定刑。

第2款是关于实施准备实施恐怖活动行为，同时构成其他犯罪的，依照处罚较重的规定定罪处罚的规定。犯罪分子实施本条第1款规定的犯罪行为，也可能同时触犯《刑法》的其他规定，构成《刑法》规定的其他犯罪。比如，行为人为了准备实施恐怖活动犯罪而制造、买卖、运输、储存枪支、弹药、爆炸物或者危险物质；在培训过程中煽动被培训对象实施分裂国家、颠覆国家政权的犯罪；传授制枪制爆技术或者传授其他犯罪方法；在进行策划以及其他准备过程中以窃取、刺探、收买等方式非法获取国家秘密、情报等。对于这些犯罪行为，如果与本款规定的犯罪行为出现了竞合的情形，则应当依照处罚较重的规定定罪处罚。

【实务问题】

1. 本罪的一罪与数罪问题

行为人实施了为实施恐怖活动进行准备的行为，如果同时构成其他犯罪的，如非法制造、买卖、运输、邮寄、储存枪支、弹药、爆炸物罪或者非法制造、买卖、运输、储存危险物质罪的，依照处罚较重的规定定罪处罚。

2. 本罪的认定

根据《办理恐怖活动犯罪意见》的规定，具有下列情形之一的，依照《刑法》第120条之二的规定，以准备实施恐怖活动罪定罪处罚：（1）为实施恐怖活动制造、购买、储存、运输凶器，易燃易爆、易制爆品，腐蚀性、放射性、传染性、毒害性物品等危险物品，或者其他工具的；（2）以当面传授、开办培训班、组建训练营、开办论坛、组织收听收看音频视频资料等方式，或者利用网站、网页、论坛、博客、微博客、网盘、即时通信、通讯群组、聊天室等网络平台、网络应用服务组织恐怖活动培训的，或者积极参加恐怖活动心理体能培训，传授、学习犯罪技能方法或者进行恐怖活动训练的；（3）为实施恐怖活动，通过拨打电话，发送短信、电子邮件等方式，或者利用网站、网页、论坛、博客、微博客、网盘、即时通信、通讯群组、聊天室等网络平台、网络应用服务与境外恐怖活动组织、人员联络的；（4）为实施恐怖活动出入境或者组织、策划、煽动、拉拢他人出入境的；（5）为实施恐怖活动进行策划或者其他准备的情形。

第一百二十条之三　〔宣扬恐怖主义、极端主义、煽动实施恐怖活动罪〕

以制作、散发宣扬恐怖主义、极端主义的图书、音频视频资料或者其他物品，或者通过讲授、发布信息等方式宣扬恐怖主义、极端主义的，或者煽动实施恐怖活动的，处五年以下有期徒刑、拘役、管制或者剥夺政治权利，并处罚金；情节严重的，处五年以上有期徒刑，并处罚金或者没收财产。

本条是关于宣扬恐怖主义、极端主义、煽动实施恐怖活动罪的罪刑条款内容。

本条为2015年8月29日通过的《刑法修正案（九）》所增加。

【条文释义】

宣扬恐怖主义、极端主义、煽动实施恐怖活动罪，是指以制作、散发宣扬恐怖主义、极端主义的图书、音频视频资料或者其他物品，或者通过讲授、发布信息等方式宣扬恐怖主义、极端主义，或者煽动实施恐怖活动的行为。

宣扬恐怖主义、极端主义、煽动实施恐怖活动是恐怖活动初始阶段的行为，它不像暴力恐怖活动那样直接造成严重的有形损害后果，但是该行为能对包括暴力恐怖活动在内的各种恐怖活动行为起到重要的引起、促成或支持作用。近年来，暴力恐怖案件的犯罪分子基本上是在阅读、观看了含有暴力恐怖、宗教极端思想资料后实施暴力恐怖犯罪的。

本罪在客观方面表现为：（1）以制作、散发宣扬恐怖主义、极端主义的图书、音频视频资料或者其他物品的方式宣扬恐怖主义、极端主义。具体可以表现为出版、印刷、复制、发行载有宣扬恐怖主义、极端主义内容的图书、音频视频资料或者其他物品（如电子出版物、期刊等）或者制作、印刷、复制载有宣扬恐怖主义、极端主义的传单、图片、标语、报纸的，或者制作、编译、编撰、编辑、汇编或者从境外组织、机构、个人、网站直接获取载有宣扬宗教极端、暴力恐怖思想内容的图书、文稿、图片、音像制品等，供他人阅读、观看、收听、出版、印刷、复制、发行、传播的，等等。（2）通过讲授、发布信息等方式宣扬恐怖主义、极端主义。这里的“发布信息”，表现为通过建立、开办、经营、管理网站、网页、论坛、电子邮件、博客、微博、即时通讯工具、群组、聊天室、网络硬盘、网络电话、手机应用软件及其他网络应用服务，或者利用手机、移动存储介质、电子阅读器等登载、张贴、复制、发送、播放、演示载有宗教极端、暴力恐怖思想内容的图书、文稿、图片、音频、视频、音像制品及相关网址。（3）煽动实施恐怖活动。这里的“煽动实施恐怖活动”，是指以劝诱、造谣、诽谤迷惑等方式，蛊惑人心，怂恿、鼓动他人实施恐怖活动的行为。本罪属于行为犯，实施了上述行为之一即可成立既遂，宣扬是否有效果、煽动是否成功不影响本罪的成立；情节严重的，加重法定刑。

【实务问题】

1. 罪与非罪的区分

（1）区分言论自由和宣扬恐怖主义、极端主义、煽动实施恐怖活动罪。判断二者的实质标准在于是否对国家、社会和其他人的合法权益造成损害或者具有损害的现实危险。

（2）虽然本罪在客观方面并不要求情节严重，但确属情节显著轻微，危害不大的，不认为是犯罪，如考察制作和散发的资料多少、次数、发布的信息量大小等，综合多方面情节评价引起恐怖活动发生的现实危险程度，对于情节较轻的可以依照《中华人民共和国治安管理处罚法》（简称《治安管理处罚法》）来处理。

2. 此罪与彼罪的区分

宣扬、煽动行为，根据宣扬、煽动内容的不同，分别以本罪或者煽动分裂国家罪，传授犯罪方法罪，煽动民族仇恨、民族歧视罪，煽动暴力抗拒法律实施罪等进行规制。另外，本罪与煽动分裂国家罪、颠覆国家政权罪可能交织在一起。比如，一些恐怖组织与“疆独”“藏独”组织会交织在一起，如果一行为同时触犯本罪和煽动分裂国家罪或颠覆国家政权罪，应当从一重处罚。

3. 本罪的认定

根据《办理恐怖活动犯罪意见》的规定，实施下列行为之一，宣扬恐怖主义、极端主义或者煽动实施恐怖活动的，依照《刑法》第120条之三的规定，以宣扬恐怖主义、极端主义、煽动实施恐怖活动罪定罪处罚：（1）编写、出版、印刷、复制、发行、散发、播放载有宣扬恐怖主义、极端主义内容的图书、报刊、文稿、图片或者音频视频资料的；（2）设计、生产、制作、销售、租赁、运输、托运、寄递、散发、展示带有宣扬恐怖主义、极端主义内容的标识、标志、服饰、旗帜、徽章、器物、纪念品等物品的；（3）利用网站、网页、论坛、博客、微博客、网盘、即时通信、通讯群组、聊天室等网络平台、网络应用服务等登载、张贴、复制、发送、播放、演示载有恐怖主义、极端主义内容的图书、报刊、文稿、图片或者音频视频资料的；（4）网站、网页、论坛、博客、微博客、网盘、即时通信、通讯群组、聊天室等网络平台、网络应用服务的建立、开办、经营、管理者，明知他人利用网络平台、网络应用服务散布、宣扬恐怖主义、极端主义内容，经相关行政主管部门处罚后仍允许或者放任他人发布的；（5）利用教经、讲经、解经、学经、婚礼、葬礼、纪念、聚会和文体活动等宣扬恐怖主义、极端主义、煽动实施恐怖活动的；（6）其他宣扬恐怖主义、极端主义、煽动实施恐怖活动的行为。

第一百二十条之四　〔利用极端主义破坏法律实施罪〕

利用极端主义煽动、胁迫群众破坏国家法律确立的婚姻、司法、教育、社会管理等制度实施的，处三年以下有期徒刑、拘役或者管制，并处罚金；情节严重的，处三年以上七年以下有期徒刑，并处罚金；情节特别严重的，处七年以上有期徒刑，并处罚金或者没收财产。

本条是关于利用极端主义破坏法律实施罪的罪刑条款内容。

本条为2015年8月29日通过的《刑法修正案（九）》所增加。

【条文释义】

利用极端主义破坏法律实施罪，是指利用极端主义煽动、胁迫群众破坏国家法律确立的婚姻、司法、教育、社会管理等制度实施的行为。

“极端主义”这个词，有时与“恐怖主义”并列使用，有时单独使用。《刑法修正案（九）》并没有明确规定极端主义的概念。根据《中华人民共和国反恐怖主义法》第 4 条的规定，极端主义，是指以歪曲宗教教义或者其他方法煽动仇恨、煽动歧视、鼓吹暴力等偏激而极端的主张和行为。这里的“煽动”，是指以劝诱、造谣、诽谤、迷惑等方式，蛊惑人心，怂恿、鼓动他人实施破坏法律实施的行为。“胁迫”，是指使用威胁或要挟的方法，强迫群众实行破坏法律实施的行为。本罪属于行为犯，实施了上述行为即可成立既遂，情节严重的，加重法定刑。

【实务问题】

1. 此罪与彼罪的区别

本罪与煽动暴力抗拒法律实施罪的区别在于：本罪要求利用极端主义进行煽动、胁迫；而煽动暴力抗拒法律实施罪无此要求。本罪的破坏方式不要求必须是暴力的方式；而煽动暴力抗拒法律实施罪煽动群众的方式必须是暴力的方式，如以武力或者其他强制性手段抗拒国家法律实施。

本罪与组织、利用会道门、邪教组织、利用迷信破坏法律实施罪的主要区别在于利用对象不同：本罪要求利用极端主义破坏法律实施；而组织、利用会道门、邪教组织、利用迷信破坏法律实施罪要求利用会道门、邪教组织及迷信破坏法律实施。

2. 本罪的认定

根据《办理恐怖活动犯罪意见》的规定，利用极端主义，实施下列行为之一的，依照《刑法》第 120 条之四的规定，以利用极端主义破坏法律实施罪定罪处罚：（1）煽动、胁迫群众以宗教仪式取代结婚、离婚登记，或者干涉婚姻自由的；（2）煽动、胁迫群众破坏国家法律确立的司法制度实施的；（3）煽动、胁迫群众干涉未成年人接受义务教育，或者破坏学校教育制度、国家教育考试制度等国家法律规定的教育制度的；（4）煽动、胁迫群众抵制人民政府依法管理，或者阻碍国家机关工作人员依法执行职务的；（5）煽动、胁迫群众损毁居民身份证、居民户口簿等国家法定证件以及人民币的；（6）煽动、胁迫群众驱赶其他民族、有其他信仰的人员离开居住地，或者干涉他人生活和生产经营的；（7）其他煽动、胁迫群众破坏国家法律制度实施的行为。

第一百二十条之五　〔强制穿戴宣扬恐怖主义、极端主义服饰、标志罪〕

以暴力、胁迫等方式强制他人在公共场所穿着、佩戴宣扬恐怖主义、极端主

义服饰、标志的，处三年以下有期徒刑、拘役或者管制，并处罚金。

本条是关于强制穿戴宣扬恐怖主义、极端主义服饰、标志罪的罪刑条款内容。

本条为 2015 年 8 月 29 日通过的《刑法修正案（九）》所增加。

【条文释义】

强制穿戴宣扬恐怖主义、极端主义服饰、标志罪，是指以暴力、胁迫等方式强制他人在公共场所穿着、佩戴宣扬恐怖主义、极端主义服饰、标志的行为。

本罪中的暴力，是指直接对他人的人身施以不法有形力，予以强制，如捆绑、殴打、伤害、杀害等。胁迫，主要是指对他人以暴力威胁或非暴力要挟进行恐吓，予以精神强制，使其不敢反抗，听凭其指挥，这种胁迫通常是以明确的语言发出威胁，有的也可以用某种动作或者示意进行。其他方法，是指上述暴力、胁迫方法以外的任何其他强制方法。本罪属于行为犯，行为人实施了以暴力、胁迫等方式强制他人在街道、车站、码头、民用航空站、商场、公园、影剧院、展览会、运动场或者其他公共场所穿着、佩戴宣扬恐怖主义、极端主义服饰、标志的行为即可成立既遂。

【实务问题】

1. 本罪罪与非罪的界限

虽然本罪客观方面并不要求情节严重，但确属情节显著轻微、危害不大的，不认为是犯罪，如考察强制他人的强度、强制他人的人数以及是否已经为此受过治安处罚等因素，对于情节较轻的，可以依照《治安管理处罚法》来处理。

2. 本罪的认定

根据《办理恐怖活动犯罪意见》的规定，具有下列情形之一的，依照《刑法》第 120 条之五的规定，以强制穿戴宣扬恐怖主义、极端主义服饰、标志罪定罪处罚：(1) 以暴力、胁迫等方式强制他人在公共场所穿着、佩戴宣扬恐怖主义、极端主义服饰的；(2) 以暴力、胁迫等方式强制他人在公共场所穿着、佩戴含有恐怖主义、极端主义的文字、符号、图形、口号、徽章的服饰、标志的；(3) 其他强制他人穿戴宣扬恐怖主义、极端主义服饰、标志的情形。

第一百二十条之六 〔非法持有宣扬恐怖主义、极端主义物品罪〕

明知是宣扬恐怖主义、极端主义的图书、音频视频资料或者其他物品而非法持有，情节严重的，处三年以下有期徒刑、拘役或者管制，并处或者单处罚金。

本条是关于非法持有宣扬恐怖主义、极端主义物品罪的罪刑条款内容。

本条为 2015 年 8 月 29 日通过的《刑法修正案（九）》所增加。

【条文释义】

非法持有宣扬恐怖主义、极端主义物品罪，是指明知是宣扬恐怖主义、极端主义的图书、音频视频资料或者其他物品而非法持有，情节严重的行为。

《刑法》中的许多持有型犯罪，其实质是行为人欲实施更严重犯罪的预备行为。《刑法修正案（九）》将非法持有宣扬恐怖主义、极端主义物品的行为入罪，使刑法机能由事后刑罚处罚向事前预防转换。这里的“持有”，通常表现为随身携带，或暗中藏匿于某个处所，或公开放置于某个处所，或委托他人携带、保存等。这里的“其他物品”应当包括除了图书、音频视频资料以外的其他载有宣扬恐怖主义、极端主义的期刊、传单、图片、标语、报纸等。

【实务问题】

1. 本罪罪与非罪的界限

本罪要求持有人明知是宣扬恐怖主义、极端主义的图书、音频视频资料或者其他物品。如果缺乏明知，如有些语言持有人并不懂，可能由于别的原因而持有（如丈夫命令妻子帮他保管等），即不构成犯罪。

2. 本罪的认定

根据《办理恐怖活动犯罪意见》的规定，明知是载有宣扬恐怖主义、极端主义内容的图书、报刊、文稿、图片、音频视频资料、服饰、标志或者其他物品而非法持有，达到下列数量标准之一的，依照《刑法》第120条之六的规定，以非法持有宣扬恐怖主义、极端主义物品罪定罪处罚：（1）图书、刊物20册以上，或者电子图书、刊物5册以上的；（2）报纸100份（张）以上，或者电子报纸20份（张）以上的；（3）文稿、图片100篇（张）以上，或者电子文稿、图片20篇（张）以上，或者电子文档50万字符以上的；（4）录音带、录像带等音像制品20个以上，或者电子音频视频资料5个以上，或者电子音频视资料20分钟以上的；（5）服饰、标志20件以上的。非法持有宣扬恐怖主义、极端主义的物品，虽未达到上述规定的数量标准，但具有多次持有，持有多类物品，造成严重后果或者恶劣社会影响，曾因实施恐怖活动、极端主义违法犯罪被追究刑事责任或者2年内受过行政处罚等情形之一的，也可以定罪处罚。多次非法持有宣扬恐怖主义、极端主义的物品，未经处理的，数量应当累计计算。非法持有宣扬恐怖主义、极端主义的物品，涉及不同种类或者形式的，可以根据上述规定的不同数量标准的相应比例折算后累计计算。

3. 本罪主观故意中的“明知”的认定

非法持有宣扬恐怖主义、极端主义物品罪主观故意中的“明知”，应当根据案件具体情况，以行为人实施的客观行为为基础，结合其一贯表现，具体行为、程度、手段、事后态度，以及年龄认知和受教育程度、所从事的职业等综合审查判断。具有下列情形之一，行为人不能做出合理解释的，可以认定其“明知”，但有证据证明确属被蒙骗的除外：（1）曾因实施恐怖活动、极端主义违法犯罪被追究刑事责任，或者2年内受过行政处罚，或者被责令改正后又实施的；（2）在执法人员检查时，有逃跑、丢弃携带物品或者逃避、抗拒检查等行为，在其携带、藏匿或者丢弃的物品中查获宣扬恐怖主义、极端主义的物品的；（3）采用伪装、隐匿、暗语、手势、代号等隐蔽方式制作、散发、持有宣扬恐怖主义、极端主义的物品的；（4）以虚假身份、地址或者其他虚假方式办理托运，寄递手续，在托运、寄递的物品中查获宣扬恐怖主义、极端主义的物品的；（5）有其他证据足以证明行为人应当知道的情形。

第一百二十一条　〔劫持航空器罪〕

以暴力、胁迫或者其他方法劫持航空器的，处十年以上有期徒刑或者无期徒刑；致人重伤、死亡或者使航空器遭受严重破坏的，处死刑。

本条是关于劫持航空器罪的罪刑条款内容。

【条文释义】

劫持航空器罪，是指以暴力、胁迫或者其他方法劫持航空器的行为。

这里的“暴力”，主要是指直接对航空器上的人员（尤其是机组人员）的人身施以不法有形力，予以强制，如捆绑、伤害、杀害等。“胁迫”，主要是指对航空器上的人员以暴力相威胁、要挟进行恐吓，予以精神强制，使其不敢反抗，听凭其指挥。“其他方法”，是指除上述暴力、胁迫方法以外的任何其他劫持方法，如使用麻醉品将驾驶员致昏。“劫持”，是指行为人强行控制航空器的行为。本罪中被劫持的必须是处于飞行或使用状态中的航空器。“在飞行中”，是指从航空器的装载结束，机舱外部各门已关闭时起，直到打开任一机舱门以便卸载时为止的任何时间；如果飞机是强迫降落的，则在主管部门接管该航空器及其所载人员的财产以前。“在使用中”，是指从地面人员或机组对某一特定飞行器开始进行飞行前准备时起，直到降落后24小时止。本罪属于行为犯，只要行为人着手实施劫持航空器的行为，并实际控制了航空器，即为既遂；如果着手后，由于行为人意志以外的原因而未能实际控制航空器的，为本罪未遂。

【实务问题】

1. 本罪与破坏交通工具罪的区别

本罪与破坏交通工具罪的主要区别在于：（1）犯罪对象有所不同。本罪的对象为航空器及其所载人员及相关财产；而破坏交通工具罪的对象为火车、汽车、电车、船只、航空器。（2）客观方面表现不同。本罪在客观方面表现为以暴力、胁迫或者其他方法劫持航空器；而破坏交通工具罪在客观方面表现为以各种方法破坏交通工具。（3）犯罪目的不同。本罪的犯罪目的是劫持航空器；而破坏交通工具罪的犯罪目的则是破坏交通工具，使之发生倾覆或毁坏。

2. 本罪的一罪与数罪

对于在劫持航空器过程中故意致人重伤、死亡或者使航空器遭受严重破坏的，仍以本罪论处，不实行数罪并罚。

第一百二十二条 〔劫持船只、汽车罪〕

以暴力、胁迫或者其他方法劫持船只、汽车的，处五年以上十年以下有期徒刑；造成严重后果的，处十年以上有期徒刑或者无期徒刑。

本条是关于劫持船只、汽车罪的罪刑条款内容。

【条文释义】

劫持船只、汽车罪，是指以暴力、胁迫或者其他方法劫持船只、汽车，危害公共安全的行为。

本罪的对象只能是船只、汽车。这里的“船只”应理解为机动船，非机动的木帆船、牛皮船等小船遭受侵犯虽然也可造成损失，但一般不危害公共安全。暴力，是指对船只、汽车上的人员，特别是驾驶人员、售票人员，实施捆绑、殴打、伤害等行为，迫使船只、汽车改变方向或自己亲自控制船只、汽车。胁迫，是指对乘务人员施以精神恐吓和强制，如以车、船相威胁，使驾驶、操纵人员不敢反抗，听凭其指挥或自己亲自操纵驾驶。其他方法，是指除上述暴力、胁迫方法以外的任何其他劫持方法，如使用麻醉品将驾驶人员致醉、致昏等，使驾驶人员处于不能反抗或不知反抗的状态，从而达到劫持船只、汽车的目的。劫持，是指犯罪分子以上述手段按照自己的意志强行控制船只、汽车的行为。劫持船只、汽车罪属于行为犯，只要行为人实施了以暴力、胁迫或者其他方法劫持船只、汽车的行为，即构成本罪，而不论其犯罪目的是否实现。

【实务问题】

1. 本罪罪与非罪的界限

行为人出于正当的公务活动的需要或者出于紧急避险，而劫持船只、汽车的，不构成犯罪。

2. 本罪与破坏交通工具罪的界限

本罪与破坏交通工具罪的界限在于：（1）客观方面不同。本罪的行为人通常采取暴力、胁迫或者其他方法劫持船只、汽车，且一般是在船只、汽车内公然实施的；而破坏交通工具罪的行为人通常是采取盗窃、爆炸等手段破坏船只、汽车等交通工具，一般容易导致船只、汽车等交通工具的倾覆或者毁坏，且多是秘密实施的。（2）犯罪对象不同。本罪的对象仅限于船只、汽车；而破坏交通工具罪的对象则不限于船只、汽车，还包括火车、航空器等。（3）犯罪主观方面不同。本罪的行为人也可能对船只、汽车进行破坏，但其犯罪目的不是为了使船只、汽车发生倾覆或毁坏，而是为了劫夺和控制船只、汽车；而破坏交通工具罪的行为人是通过破坏船只、汽车等交通工具而使船只、汽车等交通工具倾覆或毁坏。

第一百二十三条　〔暴力危及飞行安全罪〕

对飞行中的航空器上的人员使用暴力，危及飞行安全，尚未造成严重后果的，处五年以下有期徒刑或者拘役；造成严重后果的，处五年以上有期徒刑。

本条是关于暴力危及飞行安全罪的罪刑条款内容。

【条文释义】

暴力危及飞行安全罪，是指对飞行中的航空器上的人员使用暴力，危及飞行安全的行为。

本罪的对象是航空器上的人员，行为人必须是对正在飞行中的航空器上的人员使用暴力，危及飞行安全的，才构成犯罪。

本罪在客观方面不以造成严重后果为要件，只要行为人的行为使飞行中的航空器的安全处于危险状态即构成犯罪，并不要求有实际的严重后果发生，如果造成严重后果的，则应适用结果加重的刑罚处罚。若行为人实施的暴力行为还未达到足以危及飞行安全的程度，如只是一般的推撞打架、口角争斗而不足以危及飞行安全的，不构成本罪。

【实务问题】

1. 本罪与破坏交通工具罪的区别

本罪和破坏交通工具罪都是故意犯罪，并且都有可能危及飞行安全，但二者区别是明显的：（1）犯罪对象不同。本罪的对象多为航空器上的人员，包括机组人员、乘客和其他任何人员；而破坏交通工具罪的对象为交通工具本身，如破坏航空器的发动机等。（2）客观方面不同。本罪在客观方面是对正在飞行中的航空器上的人员使用暴力；而破坏交通工具罪在客观方面针对的是正在使用中的航空器，包括航空器停机待用的，且手段也不限于暴力。

2. 罪数的认定

如果行为人出于劫持航空器的目的，对正在飞行中的航空器上的人员（如驾驶员）使用暴力，危及飞行安全的，则是一行为同时触犯了本罪和劫持航空器罪两个罪名，属于想象竞合犯，应从一重罪（即劫持航空器罪）论处。

第一百二十四条

〔破坏广播电视设施、公用电信设施罪〕**破坏广播电视设施、公用电信设施，危害公共安全的，处三年以上七年以下有期徒刑；造成严重后果的，处七年以上有期徒刑。**

〔过失损坏广播电视设施、公用电信设施罪〕**过失犯前款罪的，处三年以上七年以下有期徒刑；情节较轻的，处三年以下有期徒刑或者拘役。**

本条是关于破坏广播电视设施、公用电信设施罪和过失损坏广播电视设施、公用电信设施罪的罪刑条款内容。

【条文释义】

本条共分为 2 款。第 1 款是关于破坏广播电视设施、公用电信设施罪及其处罚的规定。

破坏广播电视设施、公用电信设施罪，是指故意破坏广播电视设施、公用电信设施，危害公共安全的行为。

所谓广播电视设施，根据《广播电视设施保护条例》第 2 条的规定，是指在中华人民共和国境内依法设立的广播电视台、站（包括有线广播电视台、站）和广播电视传输网的下列设施：（1）广播电视信号发射设施，包括天线、馈线、塔桅（杆）、地网、卫星发射天线及其附属设备等；（2）广播电视信号专用传输设施，包括电缆线路、光缆线路、塔桅（杆）、微波等空中专用传输通路、微波站、卫星地面接收设施、转播设备及其附属设备等；（3）广播电视信号监测设施，包括监测接收天线、馈线、塔桅（杆）、测向场强室及其附属设备等。所谓公用电信设施，是指用于社会公用事业的通信设施、设备以及其他公用的通信设施、设备，如无线电发报设施、设备，电话交换局、台、站，无线电通讯网络、微波、监测、传真电信设备，卫星电信的发射与接收电讯号的设备，以及用于航海、航空的无线电通讯、导航设备、设施等。这里的“破坏”，手段多种多样，根据 2004 年最高人民法院《关于审理破坏公用电信设施刑事案件具体应用法律若干问题的解释》的规定，包括采用截断通信线路、损毁通信设备或者删除、修改、增加电信网计算机信息系统中存储、处理或者传输的数据和应用程序等手段。

第 2 款是关于过失损坏广播电视设施、公用电信设施罪及其处罚的规定。

过失损坏广播电视设施、公用电信设施罪，是指过失损坏广播电视设施、公用电信设施，造成严重后果，危害公共安全的行为。

上述犯罪的对象是正在使用中的广播、电视、公用电信等通信设备。这些设备必须是正在使用中，并且是直接用于广播、电视、公用电信的设备，因为只有这些设备遭受破坏，才可能造成广播、电视和公用电信联络的中断，严重危害公共安全。破坏广播电视设施、公用电信设施罪，在客观方面要求行为人实施了破坏广播电视设施、公用电信设施的行为，并危害公共安全，无论是否造成严重后果，均可成立犯罪。这里的“危害公共安全”，一般是指通信设备因遭受破坏丧失原有功能，以致造成公共广播、电视、通讯不能正常进行，使不特定多数的单位和个人无法正常收听、收看广播、电视，或者进行其他通信联络活动，并且由此可能引起其他严重后果。故意破坏正在使用的公用电信设施尚未危害公共安全，或者故意毁坏尚未投入使用的公用电信设施，造成财物损失，构成犯罪的，依照《刑法》第 275 条的规定，以故意毁坏财物罪定罪处罚。过失损坏广播电视设施、公用电信设施罪在客观方面要求必须造成严重后果，如果仅有过失行为，并未造成严重后果，或者后果不严重的，则不构成过失损坏广播电视设施、公用电信设施罪。

【实务问题】

1. 破坏广播电视设施、公用电信设施罪罪与非罪的界限

根据 2004 年最高人民法院《关于审理破坏公用电信设施刑事案件具体应用法律若干问题的解释》第 1 条的规定，采用截断通信线路、损毁通信设备或者删除、修改、增加电信网计算机信息系统中存储、处理或者传输的数据和应用程序等手段，故意破坏正在使用的公用电信设施，具有下列情形之一的，属于《刑法》第 124 条规定的“危害公共安全”，依照《刑法》第 124 条第 1 款规定，以破坏公用电信设施罪处 3 年以上 7 年以下有期徒刑：（1）造成火警、匪警、医疗急救、交通事故报警、救灾、抢险、防汛等通信中断或者严重障碍，并因此贻误救助、救治、救灾、抢险等，致使人员死亡 1 人、重伤 3 人以上或者造成财产损失 30 万元以上的；（2）造成 2000 以上不满 1 万用户通信中断 1 小时以上，或者 1 万以上用户通信中断不满 1 小时的；（3）在一个本地网范围内，网间通信全阻、关口局至某一局向全部中断或网间某一业务全部中断不满 2 小时或者直接影响范围不满 5 万（用户 × 小时）的；（4）造成网间通信严重障碍，一日内累计 2 小时以上不满 12 小时的；（5）其他危害公共安全的情形。根据 2011 年最

高人民法院《关于审理破坏广播电视设施等刑事案件具体应用法律若干问题的解释》第1条的规定，采取拆卸、毁坏设备，剪割缆线，删除、修改、增加广播电视设备系统中存储、处理、传输的数据和应用程序，非法占用频率等手段，破坏正在使用的广播电视设施，具有下列情形之一的，依照《刑法》第124条第1款的规定，以破坏广播电视设施罪处3年以上7年以下有期徒刑：（1）造成救灾、抢险、防汛和灾害预警等重大公共信息无法发布的；（2）造成县级、地市（设区的市）级广播电视台中直接关系节目播出的设施无法使用，信号无法播出的；（3）造成省级以上广播电视传输网内的设施无法使用，地市（设区的市）级广播电视传输网内的设施无法使用3小时以上，县级广播电视传输网内的设施无法使用12小时以上，信号无法传输的；（4）其他危害公共安全的情形。

2. 破坏广播电视设施、公用电信设施罪的一罪与数罪

盗窃广播电视设施、公用电信设施价值数额不大，但是构成危害公共安全犯罪的，依照《刑法》第124条的规定定罪处罚；盗窃广播电视设施、公用电信设施同时构成盗窃罪和破坏广播电视设施、公用电信设施罪的，依照处罚较重的规定定罪处罚。

第一百二十五条

〔非法制造、买卖、运输、邮寄、储存枪支、弹药、爆炸物罪〕**非法制造、买卖、运输、邮寄、储存枪支、弹药、爆炸物的，处三年以上十年以下有期徒刑；情节严重的，处十年以上有期徒刑、无期徒刑或者死刑。**

〔非法制造、买卖、运输、储存危险物质罪〕**非法制造、买卖、运输、储存毒害性、放射性、传染病病原体等物质，危害公共安全的，依照前款的规定处罚。**

单位犯前两款罪的，对单位判处罚金，并对其直接负责的主管人员和其他直接责任人员，依照第一款的规定处罚。

本条是关于非法制造、买卖、运输、邮寄、储存枪支、弹药、爆炸物罪和非法制造、买卖、运输、储存危险物质罪的罪刑条款内容。

【主要修改】

本条第2款为2001年12月29日通过的《刑法修正案（三）》所修改，该款内容原为："非法买卖、运输核材料的，依照前款的规定处罚。"

【条文释义】

本条共分为3款。第1、2款是关于自然人犯非法制造、买卖、运输、邮寄、

储存枪支、弹药、爆炸物罪和非法制造、买卖、运输、储存危险物质罪及其处罚的规定。

非法制造、买卖、运输、邮寄、储存枪支、弹药、爆炸物罪，是指违反国家有关枪支、弹药、爆炸物的管理法规，擅自制造、买卖、运输、邮寄、储存枪支、弹药、爆炸物，危害公共安全的行为。

非法制造、买卖、运输、储存危险物质罪，是指违反国家有关危险物质的管理法规，非法制造、买卖、运输、储存毒害性、放射性、传染病病原体等物质，危害公共安全的行为。

非法制造、买卖、运输、储存危险物质罪的对象包括毒害性、放射性、传染病病原体等危险物质。所谓毒害性物质，主要是指能对人或者动物产生毒害的有毒物质，包括化学性有毒物质、生物性有毒物质和微生物类有毒物质。放射性物质，主要是指铀、镭、钴等能对人或动物产生严重辐射危害的物质，包括可以产生裂变反应或聚合反应的核材料。传染病病原体，主要是指可能导致《中华人民共和国传染病防治法》（简称《传染病防治法》）规定的各种传染病传播的传染病菌种和毒种。

第 3 款是关于单位犯前两款罪的处罚规定。根据本款的规定，单位犯非法制造、买卖、运输、邮寄、储存枪支、弹药、爆炸物罪或者非法制造、买卖、运输、储存危险物质罪的，对单位判处罚金，并对其直接负责的主管人员和其他直接责任人员，处 3 年以上 10 年以下有期徒刑；情节严重的，处 10 年以上有期徒刑、无期徒刑或者死刑。

【实务问题】

1. 非法制造、买卖、运输、邮寄、储存枪支、弹药、爆炸物罪罪与非罪的区别

根据 2009 年修正的最高人民法院《关于审理非法制造、买卖、运输枪支、弹药、爆炸物等刑事案件具体应用法律若干问题的解释》第 1 条第 1 款的规定，个人或者单位非法制造、买卖、运输、邮寄、储存枪支、弹药、爆炸物，具有下列情形之一的，构成本罪：（1）非法制造、买卖、运输、邮寄、储存军用枪支 1 支以上的；（2）非法制造、买卖、运输、邮寄、储存以火药为动力发射枪弹的非军用枪支 1 支以上或者以压缩气体等为动力的其他非军用枪支 2 支以上的；（3）非法制造、买卖、运输、邮寄、储存军用子弹 10 发以上、气枪铅弹 500 发以上或者其他非军用子弹 100 发以上的；（4）非法制造、买卖、运输、邮寄、储存手榴弹 1 枚以上的；（5）非法制造、买卖、运输、邮寄、储存爆炸装置的；（6）非法制造、买卖、运输、邮寄、储存炸药、发射药、黑火药 1 千克以上或者烟火药 3 千克以上、雷管 30 枚以上或者导火索、导爆索 30 米以上的；（7）具

有生产爆炸物品资格的单位不按照规定的品种制造，或者具有销售、使用爆炸物品资格的单位超过限额买卖炸药、发射药、黑火药 10 千克以上或者烟火药 30 千克以上、雷管 300 枚以上或者导火索、导爆索 300 米以上的；（8）多次非法制造、买卖、运输、邮寄、储存弹药、爆炸物的；（9）虽未达到上述最低数量标准，但具有造成严重后果等其他恶劣情节的。第 9 条第 1 款规定，因筑路、建房、打井、整修宅基地和土地等正常生产、生活需要，以及因从事合法的生产经营活动而非法制造、买卖、运输、邮寄、储存爆炸物，数量达到本解释第 1 条规定标准，没有造成严重社会危害，并确有悔改表现的，可依法从轻处罚；情节轻微的，可以免除处罚。

2. 非法制造、买卖、运输、储存危险物质罪的立案追诉标准

根据《立案追诉标准（一）》第 2 条的规定，非法制造、买卖、运输、储存毒害性、放射性、传染病病原体等物质，危害公共安全，涉嫌下列情形之一的，应予立案追诉：（1）造成人员重伤或者死亡的；（2）造成直接经济损失 10 万元以上的；（3）非法制造、买卖、运输、储存毒鼠强、氟乙酰胺、氟乙酸钠、毒鼠硅、甘氟原粉、原液、制剂 50 克以上，或者饵料 2 千克以上的；（4）造成急性中毒、放射性疾病或者造成传染病流行、暴发的；（5）造成严重环境污染的；（6）造成毒害性、放射性、传染病病原体等危险物质丢失、被盗、被抢或者被他人利用进行违法犯罪活动的；（7）其他危害公共安全的情形。

3. 非法制造、买卖、运输、邮寄、储存枪支、弹药、爆炸物罪的共犯

对于介绍买卖枪支、弹药、爆炸物的，应以买卖枪支、弹药、爆炸物罪的共犯论处。

第一百二十六条 〔违规制造、销售枪支罪〕

依法被指定、确定的枪支制造企业、销售企业，违反枪支管理规定，有下列行为之一的，对单位判处罚金，并对其直接负责的主管人员和其他直接责任人员，处五年以下有期徒刑；情节严重的，处五年以上十年以下有期徒刑；情节特别严重的，处十年以上有期徒刑或者无期徒刑：

（一）以非法销售为目的，超过限额或者不按照规定的品种制造、配售枪支的；

（二）以非法销售为目的，制造无号、重号、假号的枪支的；

（三）非法销售枪支或者在境内销售为出口制造的枪支的。

本条是关于违规制造、销售枪支罪的罪刑条款内容。

【条文释义】

违规制造、销售枪支罪，是指依法被指定、确定的枪支制造企业、销售企

业，故意违反枪支管理规定，擅自制造、销售枪支的行为。

本罪的主体为特殊主体，即依法被指定、确定的枪支制造企业、销售企业。构成本罪的主体不是自然人，而是单位，而且只能是由公安部指定、确定的枪支制造企业、销售企业。

【实务问题】

1. 本罪的立案追诉标准

根据《立案追诉标准（一）》第3条的规定，依法被指定、确定的枪支制造企业、销售企业，违反枪支管理规定，以非法销售为目的，超过限额或者不按照规定的品种制造、配售枪支，或者以非法销售为目的，制造无号、重号、假号的枪支，或者非法销售枪支或者在境内销售为出口制造的枪支，涉嫌下列情形之一的，应予立案追诉：(1) 违规制造枪支5支以上的；(2) 违规销售枪支2支以上的；(3) 虽未达到上述数量标准，但具有造成严重后果等其他恶劣情节的。这里的"枪支"，包括枪支散件。成套枪支散件，以相应数量的枪支计；非成套枪支散件，以每30件为一成套枪支散件计。

2. 本罪与非法制造、买卖枪支、弹药罪的区别

本罪与非法制造、买卖枪支、弹药罪的区别主要是：(1) 主体不同。本罪的主体为特殊主体，即只有依法被指定、确定为制造、销售枪支的单位才能构成；而非法制造、买卖枪支、弹药罪的主体则是一般主体，既可以是个人，也可以是单位。本罪的主体具有制造或销售枪支的资格，只是行为违反枪支管理规定而属非法；而非法制造、买卖枪支、弹药罪的主体则无制造或销售枪支的资格，主体本身构成非法。(2) 目的不同。本罪必须具有非法销售的目的；而非法制造、买卖枪支、弹药罪则不论是为了销售还是自用，均不影响其罪的成立。(3) 客观方面不同。本罪在客观方面表现为超过限额或者不按照规定的品种制造、配售枪支，制造无号、重号、假号的枪支，非法销售枪支或者在境内销售为出口制造的枪支的行为之一，否则不能构成本罪；而非法制造、买卖枪支、弹药罪在客观方面则没有限制。(4) 主观故意的内容不同。本罪在主观方面必须具有非法销售的目的；而非法制造、买卖枪支、弹药罪在主观方面则无法定目的的要求。

第一百二十七条

〔盗窃、抢夺枪支、弹药、爆炸物、危险物质罪〕**盗窃、抢夺枪支、弹药、爆炸物的，或者盗窃、抢夺毒害性、放射性、传染病病原体等物质，危害公共安全的，处三年以上十年以下有期徒刑；情节严重的，处十年以上有期徒刑、无期徒刑或者死刑。**

〔抢劫枪支、弹药、爆炸物、危险物质罪；盗窃、抢夺枪支、弹药、爆炸物、危险物质罪〕**抢劫枪支、弹药、爆炸物的，或者抢劫毒害性、放射性、传染病病原体等物质，危害公共安全的，或者盗窃、抢夺国家机关、军警人员、民兵的枪支、弹药、爆炸物的，处十年以上有期徒刑、无期徒刑或者死刑。**

本条是关于盗窃、抢夺枪支、弹药、爆炸物、危险物质罪和抢劫枪支、弹药、爆炸物、危险物质罪的罪刑条款内容。

【主要修改】

本条为2001年12月29日通过的《刑法修正案（三）》所修改，该条内容原为："盗窃、抢夺枪支、弹药、爆炸物的，处三年以上十年以下有期徒刑；情节严重的，处十年以上有期徒刑、无期徒刑或者死刑。抢劫枪支、弹药、爆炸物或者盗窃、抢夺国家机关、军警人员、民兵的枪支、弹药、爆炸物的，处十年以上有期徒刑、无期徒刑或者死刑。"

【条文释义】

本条共分为2款。第1款是关于盗窃、抢夺枪支、弹药、爆炸物、危险物质罪的规定。

盗窃、抢夺枪支、弹药、爆炸物、危险物质罪，是指出于非法占有的目的，秘密窃取或者公然夺取枪支、弹药、爆炸物以及毒害性、放射性、传染病病原体等物质，危害公共安全的行为。

本罪的对象是枪支、弹药、爆炸物、危险物质。

本罪在客观方面表现为两种情形：（1）行为人实施了秘密窃取枪支、弹药、爆炸物、危险物质的行为。（2）行为人实施了乘人不备，公然夺取枪支、弹药、爆炸物、危险物质的行为。被盗窃、抢夺的枪支、弹药、爆炸物、危险物质可以是他人合法持有的，也可以是他人非法持有的。

第2款是关于抢劫枪支、弹药、爆炸物、危险物质罪和盗窃、抢夺枪支、弹药、爆炸物、危险物质罪的规定。

抢劫枪支、弹药、爆炸物、危险物质罪，是指出于非法占有的目的，当场以暴力、胁迫或者其他方法劫取枪支、弹药、爆炸物以及毒害性、放射性、传染病病原体等物质，危害公共安全的行为。

本罪在客观方面表现为当场以暴力、胁迫或者其他方法劫取枪支、弹药、爆炸物以及毒害性、放射性、传染病病原体等物质，危害公共安全的行为。对于盗窃、抢夺国家机关、军警人员、民兵的枪支、弹药、爆炸物的，按照本款的规定处罚。

本罪的主体是一般主体，即凡达到刑事责任年龄且具备刑事责任能力的人均可构成本罪的主体。由于本罪与《刑法》第 263 条之间是特别法与普通法的关系。根据刑法相关理论，已满 14 周岁不满 16 周岁的公民，若实施以暴力、胁迫或者其他方法强行夺取枪支、弹药、爆炸物、危险物质的行为，应当依照《刑法》第 263 条的规定，以抢劫罪追究其刑事责任。

【实务问题】

1. 盗窃、抢夺枪支、弹药、爆炸物、危险物质罪罪与非罪的界限

根据 2009 年修正的最高人民法院《关于审理非法制造、买卖、运输枪支、弹药、爆炸物等刑事案件具体应用法律若干问题的解释》第 4 条第 1 款的规定，具有下列情形之一的，以盗窃、抢夺枪支、弹药、爆炸物罪定罪处罚：（1）盗窃、抢夺以火药为动力的发射枪弹非军用枪支 1 支以上或者以压缩气体等为动力的其他非军用枪支 2 支以上的；（2）盗窃、抢夺军用子弹 10 发以上、气枪铅弹 500 发以上或者其他非军用子弹 100 发以上的；（3）盗窃、抢夺爆炸装置的；（4）盗窃、抢夺炸药、发射药、黑火药 1 千克以上或者烟火药 3 千克以上、雷管 30 枚以上或者导火索、导爆索 30 米以上的；（5）虽未达到上述最低数量标准，但具有造成严重后果等其他恶劣情节的。这里的"枪支"，包括枪支散件。成套枪支散件，以相应数量的枪支计；非成套枪支散件，以每 30 件为一成套枪支散件计。

2. 罪数的认定

对于行为人为实施其他犯罪而盗窃、抢夺枪支、弹药、爆炸物、危险物质的，应当区别情况处理：（1）对于只是盗窃、抢夺枪支、弹药、爆炸物、危险物质，尚处于实施其他犯罪预备阶段的，以盗窃、抢夺枪支、弹药、爆炸物、危险物质罪论处。（2）对于盗窃、抢夺枪支、弹药、爆炸物、危险物质后，又以所盗窃、抢夺的枪支、弹药、爆炸物、危险物质作为实施其他犯罪的手段或者方法的，属于牵连犯，应从一重罪处断。

第一百二十八条

〔非法持有、私藏枪支、弹药罪〕**违反枪支管理规定，非法持有、私藏枪支、弹药的，处三年以下有期徒刑、拘役或者管制；情节严重的，处三年以上七年以下有期徒刑。**

〔非法出租、出借枪支罪〕**依法配备公务用枪的人员，非法出租、出借枪支的，依照前款的规定处罚。**

依法配置枪支的人员，非法出租、出借枪支，造成严重后果的，依照第一款

的规定处罚。

单位犯第二款、第三款罪的，对单位判处罚金，并对其直接负责的主管人员和其他直接责任人员，依照第一款的规定处罚。

本条是关于非法持有、私藏枪支、弹药罪和非法出租、出借枪支罪的罪刑条款内容。

【条文释义】

本条共分为 4 款。第 1 款是关于非法持有、私藏枪支、弹药罪的规定。

非法持有、私藏枪支、弹药罪，是指违反枪支管理规定，非法持有、私藏枪支、弹药的行为。

本罪在客观方面表现为行为人实施了违反枪支管理规定，非法持有、私藏枪支、弹药的行为，必须具备以下条件：（1）行为人必须违反了国家关于枪支管理的规定；（2）行为人必须实施了非法持有、私藏枪支、弹药的行为。根据 2009 年修正的最高人民法院《关于审理非法制造、买卖、运输枪支、弹药、爆炸物等刑事案件具体应用法律若干问题的解释》的相关规定，这里的“非法持有”，是指不符合配备、配置枪支、弹药条件的人员，违反枪支管理法律、法规的规定，擅自持有枪支、弹药的行为。所持有的枪支、弹药的来源包括借用的、赠与的、拾遗的、租用的，还包括持有人拒不说明枪支、弹药来源又无证据证明其来源的。私藏，是指依法配备、配置枪支、弹药的人员，在配备、配置枪支、弹药的条件消除后，违反枪支管理法律、法规的规定，私自藏匿所配备、配置的枪支、弹药且拒不交出的行为。这里的“拒不交出”，是指行为人在配备、配置枪支、弹药的条件消除后，应当交出枪支、弹药而不交出的行为，如谎称被盗、被抢或者丢失等。

第 2、3 款是关于非法出租、出借枪支罪的规定。

非法出租、出借枪支罪，是指依法配备公务用枪的人员或单位，非法出租、出借枪支的，或者依法配置枪支的人员或单位，非法出租、出借枪支，造成严重后果的行为。

本罪在客观方面表现为两种情形：一是依法配备公务用枪的人员或者单位，非法出租、出借枪支的行为。二是依法配置枪支的人员或者单位，非法出租、出借枪支，造成严重后果的行为。依法配备公务用枪的人员，违反法律规定，将公务用枪用作借债质押物的，以非法出借枪支罪论处。

第 4 款是关于单位犯非法出租、出借枪支罪的处罚规定。

单位犯非法出租、出借枪支罪，是指非法出租、出借枪支的犯罪行为是由依法配备、配置枪支的单位领导集体决定或者由单位主要负责人代表单位决定的。根据《中华人民共和国枪支管理法》（简称《枪支管理法》）的规定，依法配备、配置枪支的单位包括配备公务用枪的公安机关、国家安全机关、监狱、人民法院、人民检察院、海关和国家重要的军工、金融、仓储、科研等单位；经省级人民政府体育行政主管部门批准，可以配置射击运动枪支专门从事射击竞技体育运动的单位；经省级人民政府公安机关批准，可以配置射击运动枪支的营业性射击场；经省级以上人民政府林业行政主管部门批准，可以配置猎枪的狩猎场；因业务需要，可以配置猎枪、麻醉注射枪的野生动物保护、饲养、科研单位。

【实务问题】

1. 非法持有、私藏枪支、弹药罪罪与非罪的界限

根据2009年修正的最高人民法院《关于审理非法制造、买卖、运输枪支、弹药、爆炸物等刑事案件具体应用法律若干问题的解释》第5条第1款的相关规定，具有下列情形之一的，应当认定构成非法持有、私藏枪支、弹药罪：（1）非法持有、私藏军用枪支1支的；（2）非法持有、私藏以火药为动力发射枪弹的非军用枪支1支或者以压缩气体等为动力的其他非军用枪支2支以上的；（3）非法持有、私藏军用子弹20发以上，气枪铅弹1000发以上或者其他非军用子弹200发以上的；（4）非法持有、私藏手榴弹1枚以上的；（5）非法持有、私藏的弹药造成人员伤亡、财产损失的。

2. 非法持有、私藏枪支、弹药罪的立案追诉标准

根据《立案追诉标准（一）》第4条的规定，违反枪支管理规定，非法持有、私藏枪支、弹药，涉嫌下列情形之一的，应予立案追诉：（1）非法持有、私藏军用枪支1支以上的；（2）非法持有、私藏以火药为动力发射枪弹的非军用枪支1支以上，或者以压缩气体等为动力的其他非军用枪支2支以上的；（3）非法持有、私藏军用子弹20发以上、气枪铅弹1000发以上或者其他非军用子弹200发以上的；（4）非法持有、私藏手榴弹、炸弹、地雷、手雷等具有杀伤性弹药1枚以上的；（5）非法持有、私藏的弹药造成人员伤亡、财产损失的。

3. 非法出租、出借枪支罪的立案追诉标准

根据《立案追诉标准（一）》第5条的规定，依法配备公务用枪的人员或者单位，非法将枪支出租、出借给未取得公务用枪配备资格的人员或者单位，或者将公务用枪用作借债质押物的，应予立案追诉。依法配备公务用枪的人员或者单位，非法将枪支出租、出借给具有公务用枪配备资格的人员或者单位，以及依法配置民用枪支的人员或者单位，非法出租、出借民用枪支，涉嫌下列情形之一的，应予立案追诉：（1）造成人员轻伤以上伤亡事故的；（2）造成枪支丢失、被盗、被抢的；（3）枪支被他人利用进行违法犯罪活动的；（4）其他造成严重后果的情形。

4. 非法持有、私藏枪支、弹药罪的一罪与数罪

非法持有、私藏枪支、弹药罪是选择性罪名。虽然非法持有和私藏行为的主体资格要求有所差异，但对于同一行为人，既实施了非法持有枪支、弹药行为，又实施了私藏枪支、弹药行为的，也应以非法持有、私藏枪支、弹药罪作一罪处罚，不实行数罪并罚。

5. 认定非法出租、出借枪支罪应当注意的问题

依法配备公务用枪的人员，违反法律规定，将公务用枪用作借债质押物，使枪支处于非依法持枪人的控制、使用之下，严重危害公共安全的，是《刑法》第 128 条第 2 款所规定的非法出借枪支行为的一种形式，应以非法出借枪支罪追究刑事责任；对接受枪支质押的人员，构成犯罪的，根据《刑法》第 128 条第 1 款的规定，应以非法持有枪支罪追究其刑事责任。

第一百二十九条 〔丢失枪支不报罪〕

依法配备公务用枪的人员，丢失枪支不及时报告，造成严重后果的，处三年以下有期徒刑或者拘役。

本条是关于丢失枪支不报罪的罪刑条款内容。

【条文释义】

丢失枪支不报罪，是指依法配备公务用枪的人员，丢失枪支不及时报告，造成严重后果的行为。

对本罪的客观方面应当从以下几个方面理解：（1）行为人必须有丢失依法配备的公务用枪的行为。这里的“丢失”应作扩大解释，包括枪支遗失、被盗、被骗、被抢夺等情况。（2）行为人丢失依法配备的公务用枪后不及时报告。这里的“不及时报告”，是指有报告的条件而没有立即或者马上报告。其有两种情形：一种是丢失枪支后，无正当理由而有意不报告；另一种是丢失枪支后，无正当理由而有意拖延报告的时间。（3）行为人丢失枪支不及时报告的行为必须造成严重后果。例如，丢失的枪支被犯罪分子用于犯罪活动，丢失的枪支被他人捡拾而发生伤亡后果，由于丢失枪支而未完成有关任务等。

本罪的主体是特殊主体，即依法配备公务用枪的人员。根据《枪支管理法》第 5 条第 1 款和第 2 款的规定，公安机关、国家安全机关、监狱的人民警察，人民法院的司法警察，人民检察院的司法警察和担负案件侦查任务的检察人员，海关的缉私人员，在依法履行职责时确有必要使用枪支的，可以配备公务用枪。国家重要的军工、金融、仓储、科研等单位的专职守护、押运人员在执行守护、押运任务时确有必要使用枪支的，可以配备公务用枪。上述人员即属于依法配备公

务用枪的人员。

【实务问题】

1. 本罪罪与非罪的界限

本罪罪与非罪的界限关键在于：（1）看行为是否造成严重后果。行为人丢失公务用枪，不及时报告，但未造成严重后果的，不构成犯罪。（2）看行为人是否及时报告。行为人丢失公务用枪，如果及时报告，即使造成严重后果的，也不构成犯罪。

2. 本罪的立案追诉标准

根据《立案追诉标准（一）》第6条的规定，依法配备公务用枪的人员，丢失枪支不及时报告，涉嫌下列情形之一的，应予立案追诉：（1）丢失的枪支被他人使用造成人员轻伤以上伤亡事故的；（2）丢失的枪支被他人利用进行违法犯罪活动的；（3）其他造成严重后果的情形。

3. 本罪与非法出租、出借枪支罪的区别

本罪与非法出租、出借枪支罪的主要区别在于：（1）犯罪主体不同。本罪的主体只能是依法配备公务用枪的人员；而非法出租、出借枪支罪的主体除依法配备公务用枪的人员外，还包括依法配置枪支的人员和依法配备、配置枪支的单位。（2）犯罪对象不同。本罪的对象是依法配备的公务用枪；而非法出租、出借枪支罪的对象为依法配备的公务用枪和依法配置的民用枪支。（3）客观方面表现不同。本罪在客观方面表现为丢失枪支后不及时报告；而非法出租、出借枪支罪在客观方面则表现为非法出租、出借依法配备、配置的枪支。（4）构成犯罪的标准不同。本罪的构成以造成严重后果为标准；非法出租、出借枪支罪中，对于非法出租、出借依法配备的公务用枪的，不论是否造成严重后果都构成犯罪，而对于非法出租、出借依法配置的枪支的，必须造成严重后果才构成犯罪。

4. 罪数的认定

对于依法配备公务用枪的人员私自出租、出借枪支，借枪人将该枪支丢失后，将情况告诉配枪人，但配枪人不及时报告，造成严重后果的，应当以本罪与非法出租、出借枪支罪数罪并罚。

第一百三十条〔非法携带枪支、弹药、管制刀具、危险物品危及公共安全罪〕

非法携带枪支、弹药、管制刀具或者爆炸性、易燃性、放射性、毒害性、腐蚀性物品，进入公共场所或者公共交通工具，危及公共安全，情节严重的，处三年以下有期徒刑、拘役或者管制。

本条是关于非法携带枪支、弹药、管制刀具、危险物品危及公共安全罪的罪刑条款内容。

【条文释义】

非法携带枪支、弹药、管制刀具、危险物品危及公共安全罪，是指非法携带枪支、弹药、管制刀具或者爆炸性、易燃性、放射性、毒害性、腐蚀性物品，进入公共场所或者公共交通工具，危及公共安全，情节严重的行为。

本罪的对象是枪支、弹药、管制刀具、危险物品。这里的“枪支、弹药”包括军用枪支、弹药和非军用枪支、弹药。“管制刀具”，是指匕首、三棱刀（包括机械加工用的三棱刮刀）、带有自锁装置的弹簧刀（跳刀）以及其他相类似的单刃、双刃、三棱尖刀。“危险物品”，是指具有爆炸性、易燃性、放射性、毒害性、腐蚀性的物品。

对本罪的客观方面应当从以下几个方面理解：（1）行为人必须实施了非法携带枪支、弹药、管制刀具、危险物品，进入公共场所或者公共交通工具的行为。公共场所，是指公共活动的中心场所、体育场所、文化娱乐场所、风景游乐场所、商业服务场所、交通场所等。公共交通工具，是指供社会公众乘坐的各种民用交通运输工具。（2）上述行为危及公共安全，情节严重。根据 2009 年修正的最高人民法院《关于审理非法制造、买卖、运输枪支、弹药、爆炸物等刑事案件具体应用法律若干问题的解释》第 6 条第 1 款的规定，具有下列情形之一的，属于“情节严重”：①携带枪支或者手榴弹的；②携带爆炸装置的；③携带炸药、发射药、黑火药 500 克以上或者烟火药 1000 克以上、雷管 20 枚以上或者导火索、导爆索 20 米以上的；④携带的弹药、爆炸物在公共场所或者公共交通工具上发生爆炸或者燃烧，尚未造成严重后果的；⑤具有其他严重情节的。

2021 年最高人民法院、最高人民检察院、公安部等十部门《关于依法惩治涉枪支、弹药、爆炸物、易燃易爆危险物品犯罪的意见》第 8 条第 2 款规定，非法携带易燃易爆危险物品进入水路、铁路、航空公共交通工具或者有关公共场所，危及公共安全，情节严重的，依照《刑法》第 130 条的规定，以非法携带危险物品危及公共安全罪定罪处罚。

【实务问题】

1. 本罪罪与非罪的界限

本罪属于行为犯，只要行为人非法携带枪支、弹药、管制刀具、危险物品进入公共场所或公共交通工具，达到情节严重，即可构成本罪，其并不以造成实际危害后果为构成要件。对于情节显著轻微，携带数量很少，没有造成危害后果的，则不宜认为构成本罪；虽未达到司法解释规定的数量标准，但拒不交出的，可以本罪处罚；携带的数量达到最低数量标准，能够主动、全部交出的，可不以犯罪论处。

2. 本罪的立案追诉标准

根据《立案追诉标准（一）》第 7 条的规定，非法携带枪支、弹药、管制刀具或者爆炸性、易燃性、放射性、毒害性、腐蚀性物品，进入公共场所或者公共交通工具，危及公共安全，涉嫌下列情形之一的，应予立案追诉：（1）携带枪支 1 支以上或者手榴弹、炸弹、地雷、手雷等具有杀伤性弹药 1 枚以上的；（2）携带爆炸装置一套以上的；（3）携带炸药、发射药、黑火药 500 克以上或者烟火药 1000 克以上、雷管 20 枚以上或者导火索、导爆索 20 米以上，或者虽未达到上述数量标准，但拒不交出的；（4）携带的弹药、爆炸物在公共场所或者公共交通工具上发生爆炸或者燃烧，尚未造成严重后果的；（5）携带管制刀具 20 把以上，或者虽未达到上述数量标准，但拒不交出，或者用来进行违法活动尚未构成其他犯罪的；（6）携带的爆炸性、易燃性、放射性、毒害性、腐蚀性物品在公共场所或者公共交通工具上发生泄漏、遗洒，尚未造成严重后果的；（7）其他情节严重的情形。

3. 本罪与其他犯罪的区分

行为人非法携带枪支、弹药、管制刀具、危险物品进入公共场所或公共交通工具，倘若发生其他后果（如爆炸、火灾等），则应依其主观内容以他罪（如爆炸罪、过失爆炸罪、放火罪、失火罪、破坏交通工具罪等）论处，非法携带的行为不再单独构成本罪。

第一百三十一条　〔重大飞行事故罪〕

航空人员违反规章制度，致使发生重大飞行事故，造成严重后果的，处三年以下有期徒刑或者拘役；造成飞机坠毁或者人员死亡的，处三年以上七年以下有期徒刑。

本条是关于重大飞行事故罪的罪刑条款内容。

【条文释义】

重大飞行事故罪，是指航空人员违反规章制度，致使发生重大飞行事故，造成严重后果，危害公共安全的行为。

这里的“航空人员”，是指从事民用航空活动的空勤人员和地勤人员。空勤人员包括驾驶员、领航员、飞行通信员、机械员、乘务员；地勤人员包括民用航空维护人员、空中交通管制员、飞行签派员、航空台通信员。“违反规章制度”，是指违反与飞行安全有关的规章制度。例如，航空维修人员不认真检查、维修航空器，未及时发现航空器的故障；领航员领航不正确；飞机起飞前，机长不对航空器进行全面检查；飞机遇险时机长未采取必要的挽救措施；机组人员未经机长批准擅自离开航空器，等等。“重大飞行事故”，根据民航飞行事故划分标准，是指：（1）造成死亡 39 人以下；（2）飞机失踪，该机机上人员在 39 人以下；（3）飞机迫降到无法运出的地方。“严重后果”，一般是指飞机等航空器或者其他航空设施受到严重损坏，航空器上人员遭受重伤，公私财产受到严重损失等。

【实务问题】

1. 本罪罪与非罪的界限

本罪罪与非罪的界限在于：（1）行为人的行为是否违反规章制度。如果行为人的行为是照章行事的，没有违反规章制度，即使发生重大事故，致人重伤、死亡或者使公私财产遭受重大损失，也不构成犯罪。（2）是否造成了严重后果。行为人虽然违反了规章制度，但未造成严重后果的，不构成犯罪。（3）违章行为与严重后果之间是否有因果关系。即使在行为人实施违章行为之后，发生了重大事故，但如果该重大事故不是由行为人的违章行为引起的，二者之间没有因果关系，也不构成犯罪。（4）行为人主观上有无过错。如果行为人主观上既无故意，又无过失，严重后果是由于不能预见或者不可抗拒的原因引起的，则属于意外事件，不构成犯罪。

2. 本罪与过失损坏交通工具罪的区别

本罪与过失损坏交通工具罪的主要区别在于：（1）犯罪主体不同。本罪的主体是特殊主体，仅限于航空人员；而过失损坏交通工具罪的主体则是一般主体。（2）发生严重后果的原因不同。本罪发生严重后果的原因是由于航空人员违反规章制度，实施了违章行为；而过失损坏交通工具罪发生严重后果的原因则是由于行为人实施了对交通工具、交通设施的损坏行为。在司法实践中，航空人员在工作中过失损坏航空器的重要部件或机场重要设施，从而发生重大飞行事故，造成严重后果的，应视行为人的过失损坏行为是否违反规章制度而定。如果行为人违反了规章制度，则应认定为本罪；如果没有违反规章制度，则应认定为过失损坏交通工具罪或过失损坏交通设施罪。

第一百三十二条 〔铁路运营安全事故罪〕

铁路职工违反规章制度，致使发生铁路运营安全事故，造成严重后果的，处三年以下有期徒刑或者拘役；造成特别严重后果的，处三年以上七年以下有期徒刑。

本条是关于铁路运营安全事故罪的罪刑条款内容。

【条文释义】

铁路运营安全事故罪，是指铁路职工违反规章制度，致使发生铁路运营安全事故，造成严重后果，危害公共安全的行为。

违反规章制度是构成本罪的前提。违反规章制度的行为可以是作为，如超速行驶、错扳道岔、错发信号等；也可以是不作为，如过道口未鸣笛示警、扳道员不按时扳道岔、岔道口不减速等。违反规章制度，致人重伤、死亡或者使公私财产遭受重大损失的行为，必须发生在从始发车站准备载人装货至终点车站旅客离去、货物卸完的整个交通运输活动过程中。

本罪的主体为特殊主体，只有铁路职工才能成为本罪的主体。这里的"铁路职工"，是指具体从事铁路运营业务，与保证列车运营安全有直接关系的人员。包括：（1）具体操纵机车的司机；（2）铁路运营设备的其他操纵人员，如扳道员、挂钩员；（3）列车运营活动的直接领导和指挥人员，如调度员；（4）列车安全的管理人员，如信号员，等等。如果是铁路部门的非运营第一线职工，则不能成为本罪的主体。

【实务问题】

本罪罪与非罪的界限

本罪罪与非罪的界限在于：（1）行为人的行为是否违反规章制度。如果行为人的行为是照章行事，不违反规章制度，即便发生重大事故，致人重伤、死亡或者使公私财产遭受重大损失的，也不构成犯罪。（2）是否造成了严重后果。根据 2015 年最高人民法院、最高人民检察院《关于办理危害生产安全刑事案件适用法律若干问题的解释》（简称《生产安全案件解释》）第 6 条第 1 款的规定，实施《刑法》第 132 条规定的行为，因而发生安全事故，具有下列情形之一的，应当认定为"造成严重后果"：①造成死亡 1 人以上，或者重伤 3 人以上的；②造成直接经济损失 100 万元以上的；③其他造成严重后果或者重大安全事故的情形。行为人虽然违反了规章制度，但未造成严重后果的，不构成犯罪。（3）违章行为与严重后果之间是否有因果关系。即使在行为人的违章行为之后发生了重大事故，但该重大事故不是由行为人的违章行为引起的，二者之间没有因果关系，则不构成犯罪。（4）行为人主观上有无过错。如果行为人主观上既无故意，又无过失，严重后果是由于不能预见或者不可抗拒的原因引起的，则属于意外事件，不构成犯罪。

第一百三十三条　〔交通肇事罪〕

违反交通运输管理法规，因而发生重大事故，致人重伤、死亡或者使公私财

产遭受重大损失的，处三年以下有期徒刑或者拘役；交通运输肇事后逃逸或者有其他特别恶劣情节的，处三年以上七年以下有期徒刑；因逃逸致人死亡的，处七年以上有期徒刑。

本条是关于交通肇事罪的罪刑条款内容。

【条文释义】

交通肇事罪，是指违反交通运输管理法规，因而发生重大交通事故，致人重伤、死亡或者使公私财产遭受重大损失的行为。

本罪侵犯的客体是交通运输安全管理秩序。交通运输安全管理秩序包括公路、铁路、航空和水上的交通运输安全管理秩序。由于《刑法》规定了重大飞行事故罪和铁路运营安全事故罪，故本罪一般情形下不涉及有关航空和铁路的交通肇事，而主要是指发生在公路、水上的交通事故。所以本罪侵犯的客体主要是公路、水上的交通运输安全管理秩序。必须注意的是，根据2000年最高人民法院《关于审理交通肇事刑事案件具体应用法律若干问题的解释》（简称《交通肇事案件解释》）第8条的规定，只有在公共交通管理的范围内发生重大交通事故的，才以本罪论处；在公共交通管理的范围外，驾驶机动车辆或者使用其他交通工具致人伤亡或者致使公共财产或者他人财产遭受重大损失，构成犯罪的，不以本罪论处，而应根据具体情况，分别以重大责任事故罪、重大劳动安全事故罪、过失致人死亡罪等论处。

本罪在客观方面表现为违反交通运输管理法规，因而发生重大交通事故，致人重伤、死亡或者使公私财产遭受重大损失的行为。对此应当把握：（1）行为人必须具有违反交通运输管理法规的行为。违反交通运输管理法规，是指违反《中华人民共和国道路交通安全法》《中华人民共和国海上交通安全法》《中华人民共和国内河交通安全管理条例》等交通运输管理法规。其行为方式可以是作为的，如酒后驾车、超速、超载行驶等；也可以是不作为的，如通过道口不鸣笛等。（2）由于违反交通运输管理法规，因而发生重大交通事故，致人重伤、死亡或者使公私财产遭受重大损失。根据2000年《交通肇事案件解释》第2条的规定，交通肇事具有下列情形之一的，构成本罪：（1）死亡1人或者重伤3人以上，负事故全部或者主要责任的；（2）死亡3人以上，负事故同等责任的；（3）造成公共财产或者他人财产直接损失，负事故全部或者主要责任，无能力赔偿数额在30万元以上的。同时，对于交通肇事致1人以上重伤，负事故全部或者主要责任，并具有下列情形之一的，也应当认定为本罪：（1）酒后、吸食毒品后驾驶机动车辆的；（2）无驾驶资格驾驶机动车辆的；（3）明知是安全装置不全或者安全机件失灵的机动车辆而驾驶的；（4）明知是无牌证或者已报废的机动车辆而驾驶的；（5）严重超载驾驶的；（6）为逃避法律追究逃离事故现场的。

这里的“交通运输肇事后逃逸”，是指行为人交通肇事构成犯罪，在发生交通事故后，为逃避法律追究而逃跑的行为。根据2000年《交通肇事案件解释》第3条的规定，是指具有下列情形之一的：（1）死亡1人或者重伤3人以上，负事故全部或者主要责任的；（2）死亡3人以上，负事故同等责任的；（3）造成公共财产或者他人财产直接损失，负事故全部或者主要责任，无能力赔偿数额在30万元以上的。交通肇事致1人以上重伤，负事故全部或者主要责任，并具有下列情形之一的：（1）酒后、吸食毒品后驾驶机动车辆的；（2）无驾驶资格驾驶机动车辆的；（3）明知是安全装置不全或者安全机件失灵的机动车辆而驾驶的；（4）明知是无牌证或者已报废的机动车辆而驾驶的；（5）严重超载驾驶的。

这里的“因逃逸致人死亡”，是指行为人在交通肇事后为逃避法律追究而逃跑，致使被害人因得不到救助而死亡的情形。在实践中，需要注意以下两点：一是交通肇事后，单位主管人员、机动车辆所有人、承包人或者乘车人指使肇事人逃逸，致使被害人因得不到救助而死亡的，以交通肇事罪的共犯论处。二是行为人在交通肇事后为逃避法律追究，将被害人带离事故现场后隐藏或者遗弃，致使被害人无法得到救助而死亡或者严重残疾的，应当分别依照《刑法》第232条、第234条第2款的规定，以故意杀人罪或者故意伤害罪定罪处罚。

本罪的主体是一般主体，仅限于自然人，刑事责任年龄为16周岁以上，包括从事交通运输的人员和非交通运输的人员。本罪的主体具体包括：（1）直接驾驶交通工具的人员，包括直接驾驶机动车和非机动车等道路交通工具的人员，以及直接驾驶机动船只和非机动船只等水上交通工具的人员。（2）负有直接操纵各种交通设施职责的人员，如铁路道口看守员。（3）直接领导、指挥交通运输活动的人员，如领航员、调度员等。（4）交通运输安全秩序的管理人员，如交通警察。（5）普通行人、乘车人。根据2000年《交通肇事案件解释》第7条的规定，单位主管人员、机动车辆所有人或者机动车辆承包人指使、强令他人违章驾驶造成重大交通事故的，也以本罪定罪处罚。此外，交通肇事后，单位主管人员、机动车辆所有人、承包人或者乘车人指使肇事人逃逸，致使被害人因得不到救助而死亡的，以本罪的共犯论处。

【实务问题】

1. 本罪罪与非罪的界限

认定本罪，应从以下几个方面把握：（1）交通事故是由于不能预见或者不能抗拒的原因引起的，不能认为是犯罪。（2）对于大多数违反交通运输管理法规的行为，如未发生重大事故，均不能以犯罪论处。但在道路上驾驶机动车追逐竞驶，情节恶劣，或者在道路上醉酒驾驶机动车的，虽未发生重大事故，仍应依法定罪（危险驾驶罪）处罚。

2. 罪数的认定

对于本罪罪数的认定，应从以下几个方面把握：（1）行为人交通肇事构成犯罪后，又在驾车逃逸过程中违反交通运输法规，过失致人重伤、死亡或者造成公私财产重大损失的，属同种数罪，处理时仍以本罪作一罪从重处罚。（2）行为人交通肇事构成犯罪后，又在驾车逃逸中横冲直撞，致不特定多人重伤、死亡或者造成重大公私财产损失的，应以本罪与以危险方法危害公共安全罪实行数罪并罚。（3）行为人在交通肇事后为逃避法律追究，将被害人带离事故现场后隐藏或者遗弃，致使被害人无法得到救助而死亡或者严重残疾的，一般情况下，应当分别以故意杀人罪或者故意伤害罪作一罪处罚。

第一百三十三条之一 〔危险驾驶罪〕

在道路上驾驶机动车，有下列情形之一的，处拘役，并处罚金：

（一）追逐竞驶，情节恶劣的；

（二）醉酒驾驶机动车的；

（三）从事校车业务或者旅客运输，严重超过额定乘员载客，或者严重超过规定时速行驶的；

（四）违反危险化学品安全管理规定运输危险化学品，危及公共安全的。

机动车所有人、管理人对前款第三项、第四项行为负有直接责任的，依照前款的规定处罚。

有前两款行为，同时构成其他犯罪的，依照处罚较重的规定定罪处罚。

本条是关于危险驾驶罪的罪刑条款内容。

本条为2011年2月25日通过的《刑法修正案（八）》所增加。

【主要修改】

本条为2015年8月29日通过的《刑法修正案（九）》所修改，该条内容原为："在道路上驾驶机动车追逐竞驶，情节恶劣的，或者在道路上醉酒驾驶机动车的，处拘役，并处罚金。有前款行为，同时构成其他犯罪的，依照处罚较重的规定定罪处罚。"

【条文释义】

本条共分为3款。第1款是关于危险驾驶罪的罪刑条款规定。

危险驾驶罪，是指在道路上驾驶机动车追逐竞驶，情节恶劣；在道路上醉酒驾驶机动车；从事校车业务或者旅客运输，严重超过额定乘员载客，或者严重超过规定时速行驶，以及违反危险化学品安全管理规定运输危险化学品，危及公共安全的行为。

本罪在客观方面包括以下几种情形：（1）追逐竞驶，是指行为人在道路上高速、超速行驶，随意追逐、超越其他车辆，频繁、突然并线，近距离驶入其他车辆之前的危险驾驶行为。例如，机动车驾驶人员出于竞技、追求刺激、斗气或者其他动机，在道路上曲折穿行、快速追赶行驶的。追逐竞驶构成犯罪要求情节恶劣。情节恶劣的基本判断标准是追逐竞驶行为的公共危险性。对此，应根据道路上车辆与行人的多少、驾驶的路段与时间、驾驶的速度与方式、追逐竞驶的次数等进行综合判断。追逐竞驶虽未造成人员伤亡或财产损失，但综合考虑超过限速、闯红灯、强行超车、抗拒交通执法等严重违反《中华人民共和国道路交通安全法》的行为，足以威胁他人生命、财产安全的，属于危险驾驶罪中“情节恶劣”的情形。（2）醉酒驾驶，是指醉酒状态下在道路上驾驶机动车的行为。2011 年 7 月 1 日实施的《车辆驾驶人员血液、呼气酒精含量阈值与检验》（GB 19522-2010）规定，醉酒驾车，是指车辆驾驶人员血液中的酒精含量大于或者等于 80mg/100ml 的驾驶行为。故意在醉酒状态下驾驶机动车，即符合本罪的犯罪构成。醉酒驾驶机动车属于抽象的危险犯，不需要司法人员具体判断醉酒行为是否具有公共危险。（3）从事校车业务或者旅客运输，严重超过额定乘员载客，或者严重超过规定时速行驶的。（4）违反危险化学品安全管理规定运输危险化学品，危及公共安全的。2015 年修改后的《刑法》对危险驾驶罪增加上述第 3、4 种行为类型，主要考虑到严重超速、超员、超载容易发生严重的交通事故，对道路交通安全具有重大现实威胁，具有很强的社会危害性；部分车辆所有人、驾驶人明知非法携带、运输危险化学品极易引发爆炸或者燃烧，对他人生命、财产安全造成严重威胁，但仍放任严重危害公共安全的结果发生，导致危险化学品运输车辆交通事故多发，极易引发群死群伤的重大交通事故，因此有必要予以刑法规制。2021 年最高人民法院、最高人民检察院、公安部等十部门《关于依法惩治涉枪支、弹药、爆炸物、易燃易爆危险物品犯罪的意见》第 5 条规定，违反危险化学品安全管理规定，未经依法批准或者许可擅自从事易燃易爆危险物品道路运输活动，或者实施其他违反危险化学品安全管理规定通过道路运输易燃易爆危险物品的行为，危及公共安全的，依照《刑法》第 133 条之一第 1 款第 4 项的规定，以危险驾驶罪定罪处罚。

本条第 2 款是关于机动车所有人、管理人对第 1 款第 3、4 项行为负有直接责任的，依照第 1 款的规定处罚的规定。

本罪的主体不仅包括行为人（即驾驶员），也包括部分机动车所有人、管理人，即对校车安全运行及危险化学品运输负有监管义务的车辆所有人、管理人。上述机动车所有人、管理人对从事校车业务或者旅客运输，严重超过额定乘员载客，或者严重超过规定时速行驶的以及违反危险化学品安全管理规定运输危险化学品，危及公共安全的行为负有直接责任的，以危险驾驶罪论处。

第 3 款是关于犯本罪，同时构成其他犯罪的，依照处罚较重的规定定罪处罚的规定。

【实务问题】

罪数的认定

实施危险驾驶行为同时又构成其他犯罪的，依照处罚较重的规定定罪处罚。危险驾驶行为可能还会触犯以危险方法危害公共安全罪、过失以危险方法危害公共安全罪、破坏交通设施罪、过失损坏交通设施罪以及交通肇事罪等罪名，发生竞合时，应以与行为相对应的刑罚较重的罪名予以确定，而非简单排除本罪的适用。根据 2013 年 12 月 18 日最高人民法院、最高人民检察院、公安部《关于办理醉酒驾驶机动车刑事案件适用法律若干问题的意见》的规定，醉酒驾驶机动车，以暴力、威胁方法阻碍公安机关依法检查，又构成妨害公务罪等其他犯罪的，依照数罪并罚的规定处罚。

第一百三十三条之二　〔妨害安全驾驶罪〕

对行驶中的公共交通工具的驾驶人员使用暴力或者抢控驾驶操纵装置，干扰公共交通工具正常行驶，危及公共安全的，处一年以下有期徒刑、拘役或者管制，并处或者单处罚金。

前款规定的驾驶人员在行驶的公共交通工具上擅离职守，与他人互殴或者殴打他人，危及公共安全的，依照前款的规定处罚。

有前两款行为，同时构成其他犯罪的，依照处罚较重的规定定罪处罚。

本条是关于妨害安全驾驶罪的罪刑条款内容。

本条为 2020 年 12 月 26 日通过的《刑法修正案（十一）》所增加。

【条文释义】

本条共分为 3 款。第 1 款、第 2 款是关于妨害安全驾驶罪及其处罚的规定。

妨害安全驾驶罪，是指对行驶中的公共交通工具的驾驶人员使用暴力或者抢控驾驶操纵装置，干扰公共交通工具正常行驶，或者驾驶人员在行驶的公共交通工具上擅离职守，与他人互殴或者殴打他人，危及公共安全的行为。

本罪的主体主要是公共交通工具上的乘客或者公共交通工具的驾驶人员，个别情况下，车辆上的售票员或者安保员也可能与驾驶人发生冲突。

本罪在客观方面表现为对行驶中的公共交通工具的驾驶人员使用暴力或者抢控驾驶操纵装置，干扰公共交通工具正常行驶，或者驾驶人员在行驶的公共交通工具上擅离职守，与他人互殴或者殴打他人，危及公共安全的行为。

这里的“驾驶人员使用暴力或者抢控驾驶操纵装置”，是指行为人对公共交通工具的驾驶人员实施殴打、推搡拉拽等暴力行为，或者实施抢夺方向盘、变速杆等操纵装置的行为。“驾驶操纵装置”，主要是指供驾驶人员控制车辆行驶的装置，包括方向盘、离合器踏板、加速踏板、制动踏板、变速杆、驻车制动手柄等操纵装置。“干扰公共交通工具正常行驶”，主要是指行为人的行为足以导致公共交通工具不能安全行驶的行为。“擅离职守”，主要是指驾驶人员在公共交通工具行驶过程中，与乘客发生纷争后未采取任何安全措施控制车辆，擅自离开驾驶位置，或者双手离开方向盘等行为。“与他人互殴或者殴打他人”，是指驾驶人员与乘客等进行厮打、互殴等行为。“危及公共安全”，是指行为人的行为导致公共交通工具不能安全行驶，车辆失控，随时可能发生乘客、道路上的行人、车辆伤亡或者财产损失的现实危险。如果行为人只是辱骂或者轻微拉扯乘客等，并没有影响车辆的正常行驶，则不宜作为犯罪处理。构成违反治安管理的，可依法予以治安处罚。

第 3 款是关于实施妨害安全驾驶行为，同时构成其他犯罪的，如何适用法律的规定，即行为人有妨害安全驾驶行为，同时构成其他犯罪的，依照处罚较重的规定定罪处罚。

【实务问题】

1. 本罪与以危险方法危害公共安全罪的界限

鉴于《刑法》第 114 条规定的以危险方法危害公共安全罪是重罪，该罪中的“其他危险方法”应当与放火、决水、爆炸、投放危险物质具有相当的危害公共安全的程度，而通常情形中妨害安全驾驶的行为不具有如此严重的社会危害性。因此，在实践中，对于行为的社会危害性和行为人的主观恶性均不大的妨害安全驾驶行为应当按照本罪进行处理。对于个别情况下，行为人妨害公共交通工具安全驾驶行为的社会危害性和行为人的主观恶性均较大，如造成人员较为严重的伤亡后果，判处 1 年有期徒刑明显偏轻，符合《刑法》第 114 条规定的，可以按照以危险方法危害公共安全罪立案侦查。

2. 公共交通工具的认定

根据 2019 年最高人民法院、最高人民检察院、公安部《关于依法惩治妨害公共交通工具安全驾驶违法犯罪行为的指导意见》的规定，公共交通工具，是指公共汽车、公路客运车，大、中型出租车等车辆。本罪的“公共交通工具”限定为在道路上行驶的大、中型汽车，主要包括公共汽车、公路客运车和大、中型出租车等车辆。对于虽不具有商业营运执照，但实际从事旅客运输的大、中型交通工具，以及接送职工的单位班车、接送师生的校车等大、中型交通工具，也应视为“公共交通工具”。

第一百三十四条

〔重大责任事故罪〕**在生产、作业中违反有关安全管理的规定，因而发生重大伤亡事故或者造成其他严重后果的，处三年以下有期徒刑或者拘役；情节特别恶劣的，处三年以上七年以下有期徒刑。**

〔强令、组织他人违章冒险作业罪〕**强令他人违章冒险作业，或者明知存在重大事故隐患而不排除，仍冒险组织作业，因而发生重大伤亡事故或者造成其他严重后果的，处五年以下有期徒刑或者拘役；情节特别恶劣的，处五年以上有期徒刑。**

本条是关于重大责任事故罪和强令、组织他人违章冒险作业罪的罪刑条款内容。

【主要修改】

本条曾为 2006 年 6 月 29 日通过的《中华人民共和国刑法修正案（六）》（简称《刑法修正案（六）》）所修改，该条内容原为：“工厂、矿山、林场、建筑企业或者其他企业、事业单位的职工，由于不服管理、违反规章制度，或者强令工人违章冒险作业，因而发生重大伤亡事故或者造成其他严重后果的，处三年以下有期徒刑或者拘役；情节特别恶劣的，处三年以上七年以下有期徒刑。”

2020 年 12 月 26 日通过的《刑法修正案（十一）》对本条第 2 款进行了修改，该款内容原为：“强令他人违章冒险作业，因而发生重大伤亡事故或者造成其他严重后果的，处五年以下有期徒刑或者拘役；情节特别恶劣的，处五年以上有期徒刑。”

【条文释义】

本条共分为 2 款。第 1 款是关于重大责任事故罪及其处罚的规定。

重大责任事故罪，是指在生产、作业中违反有关安全管理的规定，因而发生重大伤亡事故或者造成其他严重后果的行为。

本罪的主体包括对生产、作业负有组织、指挥或者管理职责的负责人、管理人员、实际控制人、投资人等人员，以及直接从事生产、作业的人员。

本罪在客观方面必须同时具备以下条件：（1）行为必须发生在生产、作业活动中。（2）行为人必须实施了违反有关安全管理规定的行为。主要表现为违反有关安全管理的规定，即违反有关安全生产方面的法律法规、操作规程、劳动纪律等行为；也可以表现为违反本单位安全生产、作业的要求或者本单位领导对于安全生产、作业方面的工作安排的行为。（3）由于违反有关安全管理规定，因而发生重大伤亡事故或者造成其他严重后果。（4）违反有关安全管理规定的行为与重大伤亡事故或者其他严重后果之间存在刑法上的因果关系。

第 2 款是关于强令、组织他人违章冒险作业罪及其处罚的规定。

强令、组织他人违章冒险作业罪，是指强令他人违章冒险作业，或者明知存在重大事故隐患而不排除，仍冒险组织作业，因而发生重大伤亡事故或者造成其他严重后果的行为。

本罪在客观方面表现为强令他人违章冒险作业，或者明知存在重大事故隐患而不排除，仍冒险组织作业，因而发生重大伤亡事故或者造成其他严重后果的行为。这里的“强令”，并不一定都是态度恶劣、语气强硬，只要是利用组织、指挥、管理职权，能够对工人产生精神强制，使其不敢违抗命令，不得不违章冒险作业的，均构成“强令”。根据 2015 年《生产安全案件解释》第 5 条的规定，明知存在事故隐患、继续作业存在危险，仍然违反有关安全管理的规定，实施下列行为之一的，应当认定为《刑法》第 134 条第 2 款规定的“强令他人违章冒险作业”：（1）利用组织、指挥、管理职权，强制他人违章作业的；（2）采取威逼、胁迫、恐吓等手段，强制他人违章作业的；（3）故意掩盖事故隐患，组织他人违章作业的；（4）其他强令他人违章作业的行为。

本款规定的“重大事故隐患”具有相应的标准，应当按照法律、行政法规或者安全生产监督管理部门发布的有关国家、行业标准确定。根据《安全生产法》和中央关于推进安全生产领域改革发展的意见，原国家安监总局于 2015 年最早发布了《煤矿重大生产安全事故隐患判定标准》，其后分别制定发布了金属、非金属矿山、化工和危险化学品生产经营单位、烟花爆竹生产经营单位、工贸行业重大生产安全事故隐患判定标准。此外，还有公安部制定的《重大火灾隐患判定方法》，水利部制定的《水利工程生产安全重大事故隐患判定标准（试行）》，交通运输部制定的《危险货物港口作业重大事故隐患判定指南》等。《安全生产法》第 118 条第 2 款也规定：“国务院应急管理部门和其他负有安全生产监督管理职责的部门应当根据各自的职责分工，制定相关行业、领域重大危险源的辨识标准和重大事故隐患的判定标准。”需要注意的是，重大事故隐患判断标准中的内容情形也比较复杂，既包括可能直接导致、引发重大事故发生的直接重大隐患，也有属于管理培训制度、项目建设规范等方面的间接隐患，如厂房安全距离设置不符合要求、主要负责人、安全生产管理人员未依法经考核合格、作业人数超过标准人数等，尚不足以直接导致事故的发生。因此，在实践中适用本款规定判处更重刑罚时也应当考虑重大隐患的不同情况。“明知存在重大事故隐患”，是指行为人对事故隐患的存在主观上是明知的，虽然对危害结果的发生不是积极追求的故意，否则就是其他故意危害公共安全的犯罪了，但在对重大事故隐患的认知上是明知的，主观上存在一种鲁莽、轻率态度，即意欲完全凭借侥幸或者为了生产作业而不管不问的心态。

本罪的主体包括对生产、作业负有组织、指挥或者管理职责的负责人、管理人员、实际控制人、投资人等人员。

【实务问题】

1. 罪与非罪的界限

构成重大责任事故罪和强令、组织他人违章冒险作业罪应当以发生重大伤亡事故或者造成其他严重后果为必要条件。没有发生重大伤亡事故，同时也没有造成其他严重后果的，不应以犯罪论处。对于没有违反有关安全管理规定，而是由于技术设备、技术条件方面的原因或者技术革新、科学实验失败，发生重大伤亡事故或者造成其他严重后果的，不应认定为犯罪。

2. 关于本条规定的犯罪主体问题

本条没有明确规定犯罪主体，本条规定的犯罪既可以是单位直接责任人员，也可以是个人、个体经营者等实施。根据 2014 年全国人民代表大会常务委员会《关于〈中华人民共和国刑法〉第三十条的解释》的规定，公司、企业、事业单位、机关、团体等单位实施刑法规定的危害社会的行为，刑法分则和其他法律未规定追究单位的刑事责任的，对组织、策划、实施该危害社会行为的人依法追究刑事责任。因此，由单位实施的有关生产安全事故犯罪，可以依法追究负有直接责任的企业负责人刑事责任。另外，2015 年《生产安全案件解释》对此做了进一步明确规定：《刑法》第 134 条第 1 款规定的犯罪主体，包括对生产、作业负有组织、指挥或者管理职责的负责人、管理人员、实际控制人、投资人等人员，以及直接从事生产、作业的人员；《刑法》第 134 条第 2 款规定的犯罪主体，包括对生产、作业负有组织、指挥或者管理职责的负责人、管理人员、实际控制人、投资人等人员。根据《安全生产法》第 5 条的规定，生产经营单位的主要负责人是本单位安全生产第一责任人，对本单位的安全生产工作全面负责。其他负责人对职责范围内的安全生产工作负责。因此，企业负责人对安全生产事故负有直接责任的，适用本条规定。

3. 重大责任事故罪和强令、组织他人违章冒险作业罪的立案追诉标准

根据 2015 年《生产安全案件解释》第 6 条的规定，实施《刑法》第 134 条第 1 款规定的行为，因而发生安全事故，具有下列情形之一的，应当认定为“发生重大伤亡事故或者造成其他严重后果”：（1）造成死亡 1 人以上，或者重伤 3 人以上的；（2）造成直接经济损失 100 万元以上的；（3）其他造成严重后果或者重大安全事故的情形。《立案追诉标准（一）》第 8 条、第 9 条不再适用。

4. 重大责任事故罪与交通肇事罪的界限

根据 2000 年《交通肇事案件解释》第 8 条的规定，在实行公共交通管理的范围内发生重大交通事故的，应以交通肇事罪论处。在公共交通管理的范围外，驾驶机动车辆或者使用其他交通工具致人伤亡或者致使公共财产或者他人财产遭受重大损失，构成犯罪的，可以根据具体情况，分别以重大责任事故罪、重大劳动安全事故罪或者过失致人死亡罪定罪处罚。

第一百三十四条之一　〔危险作业罪〕

在生产、作业中违反有关安全管理的规定，有下列情形之一，具有发生重大伤亡事故或者其他严重后果的现实危险的，处一年以下有期徒刑、拘役或者管制：

（一）关闭、破坏直接关系生产安全的监控、报警、防护、救生设备、设施，或者篡改、隐瞒、销毁其相关数据、信息的；

（二）因存在重大事故隐患被依法责令停产停业、停止施工、停止使用有关设备、设施、场所或者立即采取排除危险的整改措施，而拒不执行的；

（三）涉及安全生产的事项未经依法批准或者许可，擅自从事矿山开采、金属冶炼、建筑施工，以及危险物品生产、经营、储存等高度危险的生产作业活动的。

本条是关于危险作业罪的罪刑条款内容。

本条为 2020 年 12 月 26 日通过的《刑法修正案（十一）》所增加。

【条文释义】

危险作业罪，是指在生产、作业中违反有关安全管理的规定，发生重大伤亡事故或者其他严重后果的现实危险的行为。

本罪在客观方面表现为在生产、作业中违反有关安全管理规定，具有发生重大伤亡事故或者其他严重后果的现实危险的行为。这里的“违反有关安全管理的规定”，是指违反有关生产安全的法律、法规、规章制度。主要表现在以下三个方面：

（1）关闭、破坏直接关系生产安全的监控、报警、防护、救生设备、设施，或者篡改、隐瞒、销毁其相关数据、信息的。该项针对的是生产、作业中已经发现危险（如瓦斯超标），但故意关闭、破坏报警、监控设备，或者修改设备阈值，破坏检测设备正常工作条件，使有关监控、监测设备不能正常工作，而继续冒险作业，逃避监管。“关闭、破坏设备、设施或者篡改、隐瞒、销毁其相关数据、信息”的行为是“故意”的，但对结果不是希望或者追求结果，否则可能构成其他犯罪，如以危险方法危害公共安全罪等。关闭、破坏的“设备、设施”属于“直接关系生产安全”的设备、设施，这是限定条件。直接关系生产安全，是指设备、设施的功能直接检测安全环境数据，关闭、破坏后可能直接导致事故发生，具有重大危险。关闭、破坏与安全生产事故发生不具有直接性因果关系的设备、设施的，不能认定为本项犯罪。

（2）因存在重大事故隐患被依法责令停产停业、停止施工、停止使用有关设备、设施、场所或者立即采取排除危险的整改措施，而拒不执行的。这是本条危险作业犯罪的核心条款。①存在重大事故隐患。重大事故隐患具有明确的国家标准、行业标准。《安全生产法》第 118 条第 2 款规定：“国务院应急管理部门和其他负有安全生产监督管理职责的部门应当根据各自的职责分工，制定相关行业、领域重大危险源的辨识标准和重大事故隐患的判定标准。”目前主要安全生产领域，如煤矿、金属非金属矿山、化工和危险化学品、烟花爆竹、工贸行业、水利工程、危险货物港口作业等领域，制定了重大隐患判定标准。从具体规定看，重大隐患判定标准中的内容涵盖的范围和要求较多，有的是重大危险行为，可能直接导致危害后果发生，如瓦斯超标作业；也有一些内容属于管理培训制度、项目建设规范等方面的隐患，尚不足以直接导致事故的发生，因此，仅存在重大事故隐患还不足以纳入刑事处罚，本项规定还需经执法部门依法责令停产停业、停止施工、停止使用相关设施、设备或者责令采取整改措施，拒不执行的，同时要求具备发生严重后果的现实危险的才纳入刑法。②被依法责令整改，而拒不执行。责令整改包括两种情况：一是被执法部门依法责令停产停业、停止施工、停止使用有关设备、设施、场所。《安全生产法》第 70 条第 1 款规定，负有安全生产监督管理职责的部门依法对存在重大事故隐患的生产经营单位作出停产停业、停止施工、停止使用相关设施或者设备的决定，生产经营单位应当依法执行，及时消除事故隐患。生产经营单位拒不执行，有发生生产安全事故的现实危险的，在保证安全的前提下，经本部门主要负责人批准，负有安全生产监督管理职责的部门可以采取通知有关单位停止供电、停止供应民用爆炸物品等措施，强制生产经营单位履行决定。这种情况下冒险作业极易发生事故。二是不采取排除危险的整改措施。监管部门虽未责令停产停业，但对采取排除危险的整改措施、期限等作出明确规定，但拒不执行，有发生安全生产事故危险的情况。

（3）涉及安全生产的事项未经依法批准或者许可，擅自从事矿山开采、金属冶炼、建筑施工，以及危险物品生产、经营、储存等高度危险的生产作业活动的。本项规定的是安全生产的事项未经批准擅自生产经营的，即通常所说的“黑矿山”“黑加油站”等。根据《安全生产法》《矿山安全法》《危险化学品安全管理条例》等法律法规的规定，从事矿山开采、金属冶炼、建筑施工、危险物品等行业生产经营，应当依法取得有关安全生产事项的批准。本项规定的行业是具有高度危险性的安全生产领域，在安全监管方面实行严格的批准或者许可制度。没有经过安全生产批准或者许可的，一般来说，安全生产条件不符合法定要求，极易导致重大安全事故发生，如矿山开采，需要建立一系列矿山安全规程和行业技术规范，未经审查的私自开采煤矿等行为，具有重大安全隐患，必须严加监管和追究法律责任。需要注意的是，本项规定的未经安全生产批准的领域要求是高度危险的生产作业活动，一般的安全生产行业、领域有关事项未经安全监管部门批准的，不构成本罪。该项中列举的行业包括矿山开采、金属冶炼、建筑施工和危险物品生产、经营、储存等。需要注意的是，建筑施工领域情况复杂，范围不能把握过宽，对于农村建房等施工领域，未取得有关安全生产事项批准的，不宜作为本罪处理。2021 年最高人民法院、最高人民检察院、公安部等十部门《关于依法惩治涉枪支、弹药、爆炸物、易燃易爆危险物品犯罪的意见》第 5 条规定，在易燃易爆危险物品生产、经营、储存等高度危险的生产作业活动中违反有关安全管理的规定，有下列情形之一，具有发生重大伤亡事故或者其他严重后果的现实危险的，依照《刑法》第 134 条之一第 3 项的规定，以危险作业罪定罪处罚：①委托无资质企业或者个人储存易燃易爆危险物品的；②在储存的普通货物中夹带易燃易爆危险物品的；③将易燃易爆危险物品谎报或者匿报为普通货物申报、储存的；④其他涉及安全生产的事项未经依法批准或者许可，擅自从事易燃易爆危险物品生产、经营、储存等活动的情形。

关于“具有发生重大伤亡事故或者其他严重后果的现实危险的”，本条没有使用“情节严重”，而是使用了“现实危险”的概念，目的是准确表述行为的性质和危险性。这里的“现实危险”，主要是指已经出现了重大险情，或者出现了“冒顶”“渗漏”等“小事故”，虽然最终没有发生重大严重后果，但没有发生事故的原因，有的是因为被及时制止了，有的是因为开展了有效救援，有的完全是偶然性的客观原因而未发生，对这“千钧一发”的危险才能认定为“具有发生现实危险”。具体判断标准将来还需要在进一步总结司法实践经验的基础上，在案件中把握或者出台有关司法解释等作出进一步明确。

本罪的主体是一般主体，具体包括对生产、作业负有组织、指挥或者管理职责的负责人、管理人员、实际控制人、投资人等人员，以及直接从事生产、作业的人员。

【实务问题】

在实践中，需要注意以下几方面问题：

一是妥善把握好犯罪界限和范围。认定本罪时应当严格按照本条规定的条件认定。注意把握好不能因为企业存在重大事故隐患就予以刑事处罚，还要看重大安全隐患的具体情况，是否经责令整改而拒不执行，是否属于具有“现实危险”

的行为等进行综合判断。

二是在适用本条第 1 项、第 3 项的规定时，注意区分与其他犯罪的界限和罪数适用。特别是第 3 项的有关行为，可能同时构成非法采矿罪，非法运输、储存危险物质罪等其他犯罪，应当根据案件具体情况从一重罪处罚或者数罪并罚。

三是符合本条规定的行为，如果发生了安全事故，达到重大责任事故罪等定罪量刑标准时，适用重大责任事故罪等相关犯罪处罚，不适用本条规定。如果发生的后果是小事故，尚不够重大责任事故罪等定罪量刑的标准，如重伤人数、经济损失数额没有达到标准，但同时具有造成更大事故的现实危险，符合本条规定的，仍应适用本条规定处罚。

第一百三十五条 〔重大劳动安全事故罪〕

安全生产设施或者安全生产条件不符合国家规定，因而发生重大伤亡事故或者造成其他严重后果的，对直接负责的主管人员和其他直接责任人员，处三年以下有期徒刑或者拘役；情节特别恶劣的，处三年以上七年以下有期徒刑。

本条是关于重大劳动安全事故罪的罪刑条款内容。

【主要修改】

本条为 2006 年 6 月 29 日通过的《刑法修正案（六）》所修改，该条内容原为："工厂、矿山、林场、建筑企业或者其他企业、事业单位的劳动安全设施不符合国家规定，经有关部门或者单位职工提出后，对事故隐患仍不采取措施，因而发生重大伤亡事故或者造成其他严重后果的，对直接责任人员，处三年以下有期徒刑或者拘役；情节特别恶劣的，处三年以上七年以下有期徒刑。"

【条文释义】

重大劳动安全事故罪，是指安全生产设施或者安全生产条件不符合国家规定，因而发生重大伤亡事故或者造成其他严重后果的行为。

本罪在客观方面必须同时具备以下条件：（1）安全生产设施或者安全生产条件不符合国家规定。安全生产设施，是指在生产、作业劳动中，保证劳动者生命、健康安全、财产安全和生产劳动正常进行的设备、设施、工具或者物品，包括安全生产防护装置、安全生产保险装置、安全生产信号装置和安全生产标识等。安全生产条件，是指安全生产设施之外的其他安全生产条件。不符合国家规定，是指安全生产设施或者安全生产条件不符合国家的法律、法规、规章以及行业部门规章所规定的标准，其中，安全生产设施不符合国家规定，包括已经安装的劳动安全设施不符合国家规定和根本没有安装劳动安全设施两种情形。

（2）必须发生重大伤亡事故或者造成其他严重后果。（3）安全生产设施或者安全生产条件不符合国家规定与重大伤亡事故或者其他严重后果之间存在刑法上的因果关系。

【实务问题】

1. 本罪罪与非罪的界限

安全生产设施或者安全生产条件不符合国家规定，只发生一般事故的，不构成犯罪。

2. 本罪的立案追诉标准

根据2015年《生产安全案件解释》第6条的规定，实施《刑法》第135条规定的行为，因而发生安全事故，具有下列情形之一的，应当认定为"发生重大伤亡事故或者造成其他严重后果"：（1）造成死亡1人以上，或者重伤3人以上的；（2）造成直接经济损失100万元以上的；（3）其他造成严重后果或者重大安全事故的情形。《立案追诉标准（一）》第10条不再适用。

3. 本罪与重大责任事故罪的区别

本罪与重大责任事故罪的主要区别在于：（1）犯罪主体不同。本罪的主体是单位或者自然人，承担刑事责任的只能是直接负责的主管人员和其他直接责任人员，即对安全生产设施或者安全生产条件不符合国家规定负有直接责任的生产经营单位负责人、管理人员、实际控制人、投资人，以及其他对安全生产设施或者安全生产条件负有管理、维护职责的人员等；而重大责任事故罪的主体限于自然人。（2）客观方面不同。本罪在客观方面表现为安全生产设施或者安全生产条件不符合国家规定，因而发生重大伤亡事故或者造成其他严重后果的行为；而重大责任事故罪在客观方面则表现为在生产、作业中违反有关安全管理的规定，因而发生重大伤亡事故或者造成其他严重后果的行为。

第一百三十五条之一　〔大型群众性活动重大安全事故罪〕

举办大型群众性活动违反安全管理规定，因而发生重大伤亡事故或者造成其他严重后果的，对直接负责的主管人员和其他直接责任人员，处三年以下有期徒刑或者拘役；情节特别恶劣的，处三年以上七年以下有期徒刑。

本条是关于大型群众性活动重大安全事故罪的罪刑条款内容。

本条为2006年6月29日通过的《刑法修正案（六）》所增加。

【条文释义】

大型群众性活动重大安全事故罪，是指举办大型群众性活动违反安全管理规定，因而发生重大伤亡事故或者造成其他严重后果的行为。

其中，违反安全管理规定与发生重大伤亡事故或造成其他严重后果之间应当存在因果关系。如果重大伤亡事故或其他严重后果是由不可预测、不可控制的原因造成的，则行为人不承担刑事责任。本罪的主体是特殊主体，即对发生大型群众性活动重大安全事故直接负责的主管人员和其他直接责任人员。直接负责的主管人员，是指大型群众性活动的策划者、组织者、举办者；其他直接责任人员，是指对大型群众性活动的安全举行、紧急预案负有具体落实、执行职责的人员。

【实务问题】

1. 本罪罪与非罪的界限

虽然对举办大型群众性活动违反安全管理负有直接责任的主管人员或其他直接责任人员没有采取消除安全隐患的措施，对该活动的参加者造成了一定的危害后果，但是后果并不严重，属于一般的群众性活动安全事故，不构成本罪，属于行政违法的，可根据相关规定对其处以行政处罚或行政处分。

2. 本罪的立案追诉标准

根据 2015 年《生产安全案件解释》第 6 条的规定，实施《刑法》第 135 条之一规定的行为，因而发生安全事故，具有下列情形之一的，应当认定为“发生重大伤亡事故或者造成其他严重后果”：（1）造成死亡 1 人以上，或者重伤 3 人以上的；（2）造成直接经济损失 100 万元以上的；（3）其他造成严重后果或者重大安全事故的情形。《立案追诉标准（一）》第 11 条不再适用。

3. 本罪与重大责任事故罪的区别

本罪与重大责任事故罪的主要区别在于：（1）发生的领域不同。本罪发生在对公众活动场所的安全管理过程中；而重大责任事故罪发生在生产作业领域。（2）犯罪主体不同。本罪的主体是大型群众性活动的举办者或举办单位直接负责的主管人员，以及对该活动的安全保卫工作负有直接责任的人员，既可以由非国家机关工作人员构成，也可以由国家机关工作人员构成；而重大责任事故罪的主体包括对生产、作业负有组织、指挥或者管理职责的负责人、管理人员、实际控制人、投资人等人员，以及直接从事生产、作业的人员。（3）客观方面不同。本罪在客观方面表现为在举办大型群众性活动中，违反在公共场所的群众性活动中相关的安全管理规定，没有履行相关的注意、管理等义务，发生了重大伤亡事故或者造成其他严重后果；而重大责任事故罪在客观方面表现为违反有关安全管理的规章制度，即违反有关安全生产方面的法律法规、操作规程、劳动纪律等，因而发生重大伤亡事故或者造成其他严重后果。

第一百三十六条　〔危险物品肇事罪〕

违反爆炸性、易燃性、放射性、毒害性、腐蚀性物品的管理规定，在生产、储存、运输、使用中发生重大事故，造成严重后果的，处三年以下有期徒刑或者拘役；后果特别严重的，处三年以上七年以下有期徒刑。

本条是关于危险物品肇事罪的罪刑条款内容。

【条文释义】

危险物品肇事罪，是指违反爆炸性、易燃性、放射性、毒害性、腐蚀性物品的管理规定，在生产、储存、运输、使用中发生重大事故，造成严重后果，危害公共安全的行为。

本罪在客观方面表现为以下几个方面：（1）行为人必须有违反危险物品管理规定的行为，这是构成本罪的前提条件。如果行为人没有违反危险物品管理规定，即使发生重大事故，造成严重后果，也不构成本罪。（2）违反危险物品管理规定的行为必须发生在生产、储存、运输、使用上述危险物品的过程中。如果行为人在其他场合发生与危险物品有关的重大事故，则不构成本罪。（3）必须因违反危险物品管理规定，而发生重大事故，造成严重后果。如果行为人在生产、储存、运输、使用危险物品过程中，违反危险物品管理规定，未造成任何后果，或者造成的后果不严重，则不构成本罪。如果符合其他犯罪构成要件的，如非法携带危险物品危及公共安全，则以其他犯罪论处。（4）发生重大事故，造成严重后果，必须是由违反危险物品管理规定的行为所引起的，即二者之间存在刑法上的因果关系。这是确定行为人应否承担刑事责任的客观根据。如果发生重大事故，造成严重后果不是由于行为人在生产、储存、运输、使用危险物品过程中，违反危险物品管理规定造成的，则不构成本罪。

2021年最高人民法院、最高人民检察院、公安部等十部门《关于依法惩治涉枪支、弹药、爆炸物、易燃易爆危险物品犯罪的意见》第6条规定，在易燃易爆危险物品生产、储存、运输、使用中违反有关安全管理的规定，实施本意见第5条前两款规定（即违反危险化学品安全管理规定，未经依法批准或者许可擅自从事易燃易爆危险物品道路运输活动，或者实施其他违反危险化学品安全管理规定通过道路运输易燃易爆危险物品的行为，以及在易燃易爆危险物品生产、经营、储存等高度危险的生产作业活动中违反有关安全管理的规定，有下列情形之一的行为：（1）委托无资质企业或者个人储存易燃易爆危险物品的；（2）在储存的普通货物中夹带易燃易爆危险物品的；（3）将易燃易爆危险物品谎报或者匿报为普通货物申报、储存的；（4）其他涉及安全生产的事项未经依法批准或者许可，擅自从事易燃易爆危险物品生产、经营、储存等活动的情形）以外的其他行为，导致发生重大事故，造成严重后果，符合《刑法》第 136 条等规定的，以危险物品肇事罪等罪名定罪处罚。

【实务问题】

1. 本罪罪与非罪的界限

在生产、储存、运输、使用危险物品的过程中，没有违反危险物品管理规定的行为，而是由于自然原因意外地引起危险物品爆炸、燃烧、泄漏、污染等重大事故，造成严重后果的，属于自然事故，不构成犯罪。虽有违反危险物品管理规定的行为，却只发生了一般性事故，没有造成严重后果的，也不构成本罪。

2. 本罪的立案追诉标准

根据 2015 年《生产安全案件解释》第 6 条的规定，实施《刑法》第 136 条规定的行为，因而发生安全事故，具有下列情形之一的，应当认定为"造成严重后果"：（1）造成死亡 1 人以上，或者重伤 3 人以上的；（2）造成直接经济损失 100 万元以上的；（3）其他造成严重后果或者重大安全事故的情形。《立案追诉标准（一）》第 12 条不再适用。

3. 本罪与重大责任事故罪的区别

本罪与重大责任事故罪的主要区别是：本罪仅违反危险物品管理规定；而重大责任事故罪则违反安全生产的所有规章制度。因此，两罪的范围有所不同。在生产中违反危险物品管理规定，发生重大事故的，与重大责任事故罪存在竞合关系，但是，因为《刑法》第 136 条专门规定了本罪，所以对生产、储存、运输、使用中违反危险物品管理规定，发生重大事故，造成严重后果的，均构成本罪。

第一百三十七条 〔工程重大安全事故罪〕

建设单位、设计单位、施工单位、工程监理单位违反国家规定，降低工程质量标准，造成重大安全事故的，对直接责任人员，处五年以下有期徒刑或者拘役，并处罚金；后果特别严重的，处五年以上十年以下有期徒刑，并处罚金。

本条是关于工程重大安全事故罪的罪刑条款内容。

【条文释义】

工程重大安全事故罪，是指建设单位、设计单位、施工单位、工程监理单位违反国家规定，降低工程质量标准，造成重大安全事故的行为。

所谓违反国家规定，是指违反国家有关建筑工程质量监督管理方面的法律、法规。建设单位的违规行为主要有两种情况：一是要求建筑设计单位或者施工企业压缩工程造价或增加建房的层数，从而降低工程质量；二是提供不合格的建筑材料、构配件和设备，强迫施工单位使用，从而造成工程质量下降。建筑设计单位的违规行为主要是不按质量标准进行设计。建筑施工单位的违规行为主要有三种情况：一是在施工过程中偷工减料，故意使用不合格的建筑材料、构配件和设备；二是不按设计图纸施工；三是不按施工技术标准施工。上述违规行为，是造成建筑工程重大安全事故的根本原因。如果违反国家规定的行为与严重后果之间没有因果联系，则不构成本罪。但是，并不是任何违反与安全生产有关的国家规定的行为都构成犯罪，只有引起重大安全事故，造成严重后果，危害公共安全的行为，才构成犯罪。所谓重大安全事故，是指因工程质量下降导致建筑工程坍塌，致人重伤、死亡或重大经济损失的情况。这是构成本罪的重要条件。

本罪的主体为特殊主体，只能是建设单位、设计单位、施工单位及工程监理单位。

【实务问题】

1. 本罪的立案追诉标准

根据 2015 年《生产安全案件解释》第 6 条的规定，实施《刑法》第 137 条规定的行为，因而发生安全事故，具有下列情形之一的，应当认定为“造成重大安全事故”：（1）造成死亡 1 人以上，或者重伤 3 人以上的；（2）造成直接经济损失 100 万元以上的；（3）其他造成严重后果或者重大安全事故的情形。《立案追诉标准（一）》第 13 条不再适用。

2. 本罪与重大劳动安全事故罪的界限

本罪与重大劳动安全事故罪同属于过失危害公共安全的责任事故犯罪，都可以发生在生产、作业过程中。二者的主要区别在于：（1）犯罪主体不同。本罪是纯正的单位犯罪，主体是特定的单位，即建设单位、设计单位、施工单位、工程监理单位，处罚的是直接责任人员；而重大劳动安全事故罪的主体包括任何企业、事业单位的负责劳动安全设施的直接责任人员。（2）客观表现不同。其一，本罪违反的是国家制定的有关工程质量方面的规定；而重大劳动安全事故罪违反的则是国家制定的有关劳动安全设施方面的规定。其二，本罪只能发生在建设、设计、施工、监理过程中；而重大劳动安全事故罪则可以发生在所有生产、作业活动过程中。其三，本罪既可以作为的方式实施，也可以不作为的方式实施；而重大劳动安全事故罪只能以不作为的方式实施。其四，重大劳动安全事故罪以经有关部门或者单位职工提出事故隐患而仍不采取措施为犯罪客观方面的构成要素；而本罪未作此要求。

第一百三十八条　〔教育设施重大安全事故罪〕

明知校舍或者教育教学设施有危险，而不采取措施或者不及时报告，致使发

生重大伤亡事故的，对直接责任人员，处三年以下有期徒刑或者拘役；后果特别严重的，处三年以上七年以下有期徒刑。

本条是关于教育设施重大安全事故罪的罪刑条款内容。

【条文释义】

教育设施重大安全事故罪，是指明知校舍或者教育教学设施有危险，而不采取措施或者不及时报告，致使发生重大伤亡事故的严重后果，危害公共安全的行为。

所谓校舍，是指各类学校及其他教育机构的教室、教学楼、行政办公室、宿舍、图书阅览室等。教育教学设施，是指用于教育教学的各类设施、设备，如实验室及实验设备、体育活动场地及器械等。所谓明知校舍或者教育教学设施有危险，是指知道校舍或者教育教学设施有倒塌或者发生人身伤害事故的危险、隐患。校舍或者教育教学设施虽然出现了危险但并不明知的，则不能构成本罪。所谓不采取措施，既包括根本没有采取任何措施，也包括虽采取措施，但是敷衍了事，做做样子，措施不得力。不及时报告，是指根本没有报告或者虽然作了报告但不及时。及时，在这里应当理解为一发现险情，就立即报告。明知存在危险，及时采取了措施；或在无力采取措施的情况下，及时作了报告，即使发生了重大伤亡事故，亦不能构成本罪。能够采取有效措施而不采取有效措施，向有关人员报告的，亦应以本罪论处，而不能以及时报告为由推卸责任。虽有不采取措施或不及时报告的行为，但未发生安全事故，或者虽然发生了事故但不属于重大伤亡事故，以及虽为重大伤亡事故，但不是由于不采取措施或不及时报告的行为（即不是校舍或者教育教学设施本身的危险）所致，则都不能构成本罪。

【实务问题】

1. 本罪的立案追诉标准

根据2015年《生产安全案件解释》第6条的规定，实施《刑法》第138条规定的行为，因而发生安全事故，造成死亡1人以上，或者重伤3人以上的，应当认定为“发生重大伤亡事故”，对直接责任人员追究刑事责任。《立案追诉标准（一）》第14条不再适用。

2. 本罪与工程重大安全事故罪的界限

本罪与工程重大安全事故罪都是过失犯罪，都以发生严重后果作为构成犯罪的必要条件。但二者的区别在于：（1）犯罪主体不同。本罪的主体只能是对校舍或者教育教学设施负有安全责任的主管人员和其他直接责任人员；而工程重大安全事故罪是单位犯罪，其主体是建设单位、设计单位、施工单位及工程监理单位。（2）造成严重事故的原因不同。本罪中重大伤亡事故的发生是由于行为人对自己明知校舍或教育教学设施存在危险，不采取措施或者不及时报告，以致贻误时机，致使发生严重事故；而工程重大安全事故罪中的重大安全事故发生的原因是建设单位、设计单位、施工单位、工程监理单位降低工程质量标准造成的。

第一百三十九条　〔消防责任事故罪〕

违反消防管理法规，经消防监督机构通知采取改正措施而拒绝执行，造成严重后果的，对直接责任人员，处三年以下有期徒刑或者拘役；后果特别严重的，处三年以上七年以下有期徒刑。

本条是关于消防责任事故罪的罪刑条款内容。

【条文释义】

消防责任事故罪，是指违反消防管理法规，经消防监督机构通知采取改正措施而拒绝执行，造成严重后果的行为。

如果行为人只是违反了消防管理法规，没有接到过消防监督机构采取改正措施的通知，即使造成了严重后果，也不构成本罪。这里的“消防监督机构”，是指根据有关法律、法规建立的专门负责消防监督检查工作的机构。违反消防管理法规与严重后果之间存在因果关系，即严重后果是由违反消防管理法规的行为引起的。若违反消防管理法规的行为与严重后果之间没有因果联系，则不构成本罪。

【实务问题】

1. 本罪罪与非罪的界限

构成本罪，必须造成严重后果。而一般的消防事故，虽然发生了事故，造成了一定的危害后果，但未达到严重程度，故不构成犯罪。

2. 本罪的立案追诉标准

根据2015年《生产安全案件解释》第6条的规定，实施《刑法》第139条规定的行为，因而发生安全事故，具有下列情形之一的，应当认定为“造成严重后果”：(1) 造成死亡1人以上，或者重伤3人以上的；(2) 造成直接经济损失100万元以上的；(3) 其他造成严重后果或者重大安全事故的情形。

此外，《立案追诉标准（一）》第15条规定，违反消防管理法规，经消防监督机构通知采取改正措施而拒绝执行，涉嫌下列情形之一的，应予立案追诉：(1) 造成死亡1人以上，或者重伤3人以上的；(2) 造成直接经济损失50万元以上的；(3) 造成森林火灾，过火有林地面积2公顷以上，或者过火疏林地、灌木林地、未成林地、苗圃地面积4公顷以上的；(4) 其他造成严重后果的情形。我们认为，该条第1、2项规定应当不再适用，第3项规定可作为前述解释中的“其他造成严重后果或者重大安全事故的情形”。

3. 本罪与失火罪的界限

本罪是行为人明知存在火险隐患的情况下拒不执行消防监督机构关于采取改正措施的通知，引起火灾，造成严重后果的行为；而失火罪是行为人在日常生活与生产活动中用火不慎，引起火灾，造成严重后果的行为。

第一百三十九条之一 〔不报、谎报安全事故罪〕

在安全事故发生后，负有报告职责的人员不报或者谎报事故情况，贻误事故抢救，情节严重的，处三年以下有期徒刑或者拘役；情节特别严重的，处三年以上七年以下有期徒刑。

本条是关于不报、谎报安全事故罪的罪刑条款内容。

本条为2006年6月29日通过的《刑法修正案（六）》所增加。

【条文释义】

不报、谎报安全事故罪，是指在安全事故发生后，负有报告职责的人员不报或者谎报事故情况，贻误事故抢救，情节严重的行为。

本罪在客观方面表现为安全事故发生后，负有报告职责的人员不报或者谎报事故情况，贻误事故抢救，情节严重的行为。安全事故不仅限于生产经营单位发生的安全生产事故、大型群众性活动中发生的重大伤亡事故，还包括《刑法》分则第二章规定的所有与安全事故有关的犯罪，但第133条、第138条除外，因为这两条已将不报告作为构成犯罪的条件之一。情节严重，根据2015年《生产安全案件解释》第8条的规定，主要是指：（1）导致事故后果扩大，增加死亡1人以上，或者增加重伤3人以上，或者增加直接经济损失100万元以上的。（2）实施下列行为之一，致使不能及时有效开展事故抢救的：①决定不报、迟报、谎报事故情况或者指使、串通有关人员不报、迟报、谎报事故情况的；②在事故抢救期间擅离职守或者逃匿的；③伪造、破坏事故现场，或者转移、藏匿、毁灭遇难人员尸体，或者转移、藏匿受伤人员的；④毁灭、伪造、隐匿与事故有关的图纸、记录、计算机数据等资料以及其他证据的。（3）其他情节严重的情形。情节特别严重，主要是指：（1）导致事故后果扩大，增加死亡3人以上，或者增加重伤10人以上，或者增加直接经济损失500万元以上的；（2）采用暴力、胁迫、命令等方式阻止他人报告事故情况，导致事故后果扩大的；（3）其他情节特别严重的情形。

本罪的主体是特殊主体，即对安全事故负有报告职责的人员。这里的“负有报告职责的人员”，是指负有组织、指挥或者管理职责的负责人、管理人员、实际控制人、投资人，以及其他负有报告职责的人员。在安全事故发生后，与负有报告职责的人员串通，不报、谎报事故情况，贻误事故抢救，情节严重的，以本罪的共犯论处。

【实务问题】

1. 本罪罪与非罪的界限

不报、谎报安全事故，贻误事故抢救的行为，如果没有达到情节严重的程度，则属于一般违法行为，不能追究行为人的刑事责任。

2. 本罪与重大责任事故罪的区别

本罪与重大责任事故罪的区别主要有：（1）犯罪主体不同。本罪的主体既可以是国家机关工作人员，也可以是非国家机关工作人员；而重大责任事故罪的主体只能是非国家机关工作人员。（2）发生的前提不同。本罪是安全事故已经发生；而重大责任事故罪发生在生产、作业的过程中。（3）客观方面表现不同。本罪在客观方面表现为负有报告职责的人员不报或谎报事故情况；而重大责任事故罪在客观方面表现为在生产作业当中违反有关安全管理规定。

3. 本罪的立案追诉标准

根据《立案追诉标准（一）》第15条之一的规定，在安全事故发生后，负有报告职责的人员不报或者谎报事故情况，贻误事故抢救，涉嫌下列情形之一的，应予立案追诉：（1）导致事故后果扩大，增加死亡1人以上，或者增加重伤3人以上，或者增加直接经济损失100万元以上的；（2）实施下列行为之一，致使不能及时有效开展事故抢救的：①决定不报、迟报、谎报事故情况或者指使、串通有关人员不报、迟报、谎报事故情况的；②在事故抢救期间擅离职守或者逃匿的；③伪造、破坏事故现场，或者转移、藏匿、毁灭遇难人员尸体，或者转移、藏匿受伤人员的；④毁灭、伪造、隐匿与事故有关的图纸、记录、计算机数据等资料以及其他证据的；（3）其他不报、谎报安全事故情节严重的情形。

第三章　破坏社会主义市场经济秩序罪

第一节　生产、销售伪劣商品罪

第一百四十条　〔生产、销售伪劣产品罪〕

生产者、销售者在产品中掺杂、掺假，以假充真，以次充好或者以不合格产品冒充合格产品，销售金额五万元以上不满二十万元的，处二年以下有期徒刑或者拘役，并处或者单处销售金额百分之五十以上二倍以下罚金；销售金额二十万元以上不满五十万元的，处二年以上七年以下有期徒刑，并处销售金额百分之五十以上二倍以下罚金；销售金额五十万元以上不满二百万元的，处七年以上有期徒刑，并处销售金额百分之五十以上二倍以下罚金；销售金额二百万元以上的，处十五年有期徒刑或者无期徒刑，并处销售金额百分之五十以上二倍以下罚金或者没收财产。

本条是关于生产、销售伪劣产品罪的罪刑条款内容。

【条文释义】

生产、销售伪劣产品罪，是指生产者、销售者在产品中掺杂、掺假，以假充真，以次充好或者以不合格产品冒充合格产品，销售金额在5万元以上的行为。

生产、销售伪劣产品行为主要有四种表现形式：(1) 在产品中掺杂、掺假，即在产品中掺入杂物或者异物，致使产品质量不符合国家法律、法规或者产品明示质量标准规定的质量要求，降低、失去应有使用性能的行为。(2) 以假充真，即以不具有某种使用性能的产品冒充具有该种使用性能的产品的行为。(3) 以次充好，即以低等级、低档次产品冒充高等级、高档次产品，或者以残次、废旧零配件组合、拼装后冒充正品或者新产品的行为。(4) 以不合格产品冒充合格产品。不合格产品，是指不符合《中华人民共和国产品质量法》第26条第2款规定的质量要求的产品。这里的“伪劣产品”，是指《刑法》第141—148条规定的特定伪劣产品以外的其他伪劣产品。根据本条规定，构成本罪，不仅要求实施了生产、销售伪劣产品的行为，还要求销售金额在5万元以上。根据《立案追诉标准（一）》第 16 条第 3 款的规定，“销售金额”，是指生产者、销售者出售伪劣产品后所得和应得的全部违法收入。多次实施生产、销售伪劣产品行为，未经处理的，伪劣产品的销售金额累计计算。

本罪的主体为一般主体，即已满 16 周岁、具有刑事责任能力的自然人，单位也可以构成本罪。在实践中，本罪的主体多为伪劣产品的生产者、销售者，但并不要求其具有相应的合法资质、资格。

本罪在主观方面表现为故意，即具有生产、销售伪劣产品的故意，行为人明知是伪劣产品而予以生产或者销售。这里的“明知”，是指知道或者应当知道是伪劣产品。在实践中，行为人大多具有非法牟利的目的，但是否具有非法牟利的目的，并不影响本罪的成立。

【实务问题】

1. 本罪罪与非罪的界限

本罪罪与非罪的界限应当从两个方面考察：第一，行为人必须具有生产、销售伪劣产品的故意，才可能构成犯罪。本罪的故意表现为行为人明知是伪劣产品而进行生产、销售，如果行为人确实不知道是伪劣产品而进行生产、销售的，则不构成犯罪。第二，生产、销售伪劣产品的销售金额在 5 万元以上的，才构成犯罪。如果行为人实施了生产、销售伪劣产品行为而销售金额不满 5 万元的，则不构成犯罪，应当按一般违法行为处理。

2. 本罪的立案追诉标准

根据《立案追诉标准（一）》第 16 条第 1 款的规定，生产者、销售者在产品中掺杂、掺假，以假充真，以次充好或者以不合格产品冒充合格产品，涉嫌下列情形之一的，应予立案追诉：（1）伪劣产品销售金额 5 万元以上的；（2）伪劣产品尚未销售，货值金额 15 万元以上的；（3）伪劣产品销售金额不满 5 万元，但将已销售金额乘以 3 倍后，与尚未销售的伪劣产品货值金额合计 15 万元以上的。

3. 本罪未遂的认定

根据 2001 年最高人民法院、最高人民检察院《关于办理生产、销售伪劣商品刑事案件具体应用法律若干问题的解释》（简称《伪劣商品案件解释》）第 2 条第 2 款的规定，伪劣产品尚未销售，货值金额达到《刑法》第 140 条规定的销售金额 3 倍以上的，以生产、销售伪劣产品罪（未遂）定罪处罚。

根据 2001 年《伪劣商品案件解释》第 2 条第 3 款的规定，货值金额以违法生产、销售的伪劣产品的标价计算；没有标价的，按照同类合格产品的市场中间价格计算。货值金额难以确定的，按照国家计划委员会、最高人民法院、最高人民检察院、公安部 1997 年 4 月 22 日联合发布的《扣押、追缴、没收物品估价管理办法》的规定，委托指定的估价机构确定。

4. 罪数的认定

根据2001年《伪劣商品案件解释》第10、11条的规定，如果实施生产、销售伪劣产品犯罪，同时构成侵犯知识产权、非法经营等其他犯罪的，依照处罚较重的规定定罪处罚。但是，如果实施生产、销售伪劣产品犯罪，又以暴力、威胁方法抗拒查处，构成其他犯罪的，依照数罪并罚的规定处罚。

5. 共犯的认定

根据2001年《伪劣商品案件解释》第9条的规定，知道或者应当知道他人实施生产、销售伪劣产品犯罪，而为其提供贷款、资金、账号、发票、证明、许可证件，或者提供生产、经营场所或者运输、仓储、保管、邮寄等便利条件，或者提供制假生产技术的，应当以本罪的共犯论处。

第一百四十一条　〔生产、销售、提供假药罪〕

生产、销售假药的，处三年以下有期徒刑或者拘役，并处罚金；对人体健康造成严重危害或者有其他严重情节的，处三年以上十年以下有期徒刑，并处罚金；致人死亡或者有其他特别严重情节的，处十年以上有期徒刑、无期徒刑或者死刑，并处罚金或者没收财产。

药品使用单位的人员明知是假药而提供给他人使用的，依照前款的规定处罚。

本条是关于生产、销售、提供假药罪的罪刑条款内容。

【主要修改】

本条第1款为2011年2月25日通过的《刑法修正案（八）》所修改，该款内容原为："生产、销售假药，足以严重危害人体健康的，处三年以下有期徒刑或者拘役，并处或者单处销售金额百分之五十以上二倍以下罚金；对人体健康造成严重危害的，处三年以上十年以下有期徒刑，并处销售金额百分之五十以上二倍以下罚金；致人死亡或者对人体健康造成特别严重危害的，处十年以上有期徒刑、无期徒刑或者死刑，并处销售金额百分之五十以上二倍以下罚金或者没收财产。"

2020年12月26日通过的《刑法修正案（十一）》对本条进行了修改，该条内容原为："生产、销售假药的，处三年以下有期徒刑或者拘役，并处罚金；对人体健康造成严重危害或者有其他严重情节的，处三年以上十年以下有期徒刑，并处罚金；致人死亡或者有其他特别严重情节的，处十年以上有期徒刑、无期徒刑或者死刑，并处罚金或者没收财产。本条所称假药，是指依照《中华人民共和国药品管理法》的规定属于假药和按假药处理的药品、非药品。”

【条文释义】

生产、销售、提供假药罪，是指违反国家药品管理法规，生产、销售假药，或者药品使用单位的人员明知是假药而提供给他人使用的行为。

本罪在客观方面表现为违反国家药品管理法规，生产、销售假药，或者药品使用单位的人员明知是假药而提供给他人使用的行为。

根据《中华人民共和国药品管理法》（简称《药品管理法》）的规定，所谓药品，是指用于预防、治疗、诊断人的疾病，有目的地调节人的生理机能并规定有适应症或者功能主治、用法和用量的物质，包括中药、化学药和生物制品等。根据2022年最高人民法院、最高人民检察院《关于办理危害药品安全刑事案件适用法律若干问题的解释》（简称《危害药品案件解释》）第19条第1款的规定，假药，依照《药品管理法》的规定认定。《药品管理法》第98条第2款规定，有下列情形之一的，为假药：（1）药品所含成份与国家药品标准规定的成份不符；（2）以非药品冒充药品或者以他种药品冒充此种药品；（3）变质的药品；（4）药品所标明的适应症或者功能主治超出规定范围。这里的“以他种药品冒充此种药品”，是指以不具有特定功能主治的药品冒充具有特定功能主治的药品，如以维生素冒充抗癌药，如仅系冒用商标，则不属于此种情形。

关于假药的认定程序，2022年《危害药品案件解释》第19条第2款规定，对于《药品管理法》第98条第2款第2项、第4项规定的假药，能够根据现场查获的原料、包装，结合犯罪嫌疑人、被告人供述等证据材料作出判断的，可以由地市级以上药品监督管理部门出具认定意见。对于依据《药品管理法》第98条第2款、第3款的其他规定认定假药，或者是否属于第98条第2款第2项规定的假药存在争议的，应当由省级以上药品监督管理部门设置或者确定的药品检验机构进行检验，出具质量检验结论。司法机关根据认定意见、检验结论，结合其他证据作出认定。

根据2022年《危害药品案件解释》第2条的规定，生产、销售、提供假药，具有下列情形之一的，应当认定为本条规定的“对人体健康造成严重危害”：（1）造成轻伤或者重伤的；（2）造成轻度残疾或者中度残疾的；（3）造成器官组织损伤导致一般功能障碍或者严重功能障碍的；（4）其他对人体健康造成严重危害的情形。第3条规定，生产、销售、提供假药，具有下列情形之一的，应当认定为本条规定的“其他严重情节”：（1）引发较大突发公共卫生事件的；（2）生产、销售、提供假药的金额20万元以上不满50万元的；（3）生产、销售、提供假药的金额10万元以上不满20万元，并具有本解释第1条规定情形之一的；（4）根据生产、销售、提供的时间、数量、假药种类、对人体健康危害程度等，应当认定为情节严重的。第4条规定，生产、销售、提供假药，具有下列情形之一的，应当认定为本条规定的“其他特别严重情节”：（1）致人重度残疾以上的；（2）造成3人以上重伤、中度残疾或者器官组织损伤导致严重功能障碍的；（3）造成5人以上轻度残疾或者器官组织损伤导致一般功能障碍的；（4）造成10人以上轻伤的；（5）引发重大、特别重大突发公共卫生事件的；（6）生产、销售、提供假药的金额50万元以上的；（7）生产、销售、提供假药的金额20万元以上不满50万元，并具有本解释第1条规定情形之一的；（8）根据生产、销售、提供的时间、数量、假药种类、对人体健康危害程度等，应当认定为情节特别严重的。

本罪的主体为一般主体，即已满16周岁、具有刑事责任能力的自然人，单位也可以构成本罪。在实践中，本罪的主体多为药品的生产者、销售者，但行为人是否具有生产、销售药品的合法资质、资格并不影响本罪的成立。

本罪在主观方面表现为故意，即具有生产、销售、提供假药的故意，表现为故意生产并销售假药或者明知是假药而予以销售、提供的心理态度。这里的“明知”，是指知道或者应当知道是假药。根据2022年《危害药品案件解释》第10条的规定，办理生产、销售、提供假药刑事案件，应当结合行为人的从业经历、认知能力、药品质量、进货渠道和价格、销售渠道和价格以及生产、销售方式等事实综合判断认定行为人的主观故意。具有下列情形之一的，可以认定行为人有实施相关犯罪的主观故意，但有证据证明确实不具有故意的除外：（1）药品价格明显异于市场价格的；（2）向不具有资质的生产者、销售者购买药品，且不能提供合法有效的来历证明的；（3）逃避、抗拒监督检查的；（4）转移、隐匿、销毁涉案药品、进销货记录的；（5）曾因实施危害药品安全违法犯罪行为受过处罚，又实施同类行为的；（6）其他足以认定行为人主观故意的情形。在实践中，行为人多具有非法牟利的目的，但是否具有非法牟利的目的，并不影响本罪的成立。

本条共分为2款。第1款是关于生产、销售假药罪及其处罚的规定。生产、销售假药行为既可以表现为生产并销售假药行为，又可以表现为销售假药行为。应当注意的是，这里的“生产”，是指以生产、销售、提供假药为目的，合成、精制、提取、储存、加工炮制药品原料，或者在将药品原料、辅料、包装材料制成成品过程中，进行配料、混合、制剂、储存、包装的行为。2022年《危害药品案件解释》删去了2014年解释第6条中“印制包装材料、标签、说明书的行为”，因此类行为与生产假药相距甚远，如有勾结共谋，则可直接以共犯处理。“销售”，是指药品使用单位及其工作人员明知是假药而有偿提供给他人使用的行为。根据本款规定，行为人只要实施了生产假药、销售假药中的一个行为，即构成本罪并不要求一定要有实际的危害结果发生。如果同时实施了上述两种行为，也只成立一个生产、销售假药罪，不实行数罪并罚。

第 2 款是关于提供假药罪及其处罚的规定，即药品使用单位的人员明知是假药而提供给他人使用的，处 3 年以下有期徒刑或者拘役，并处罚金；对人体健康造成严重危害或者有其他严重情节的，处 3 年以上 10 年以下有期徒刑，并处罚金；致人死亡或者有其他特别严重情节的，处 10 年以上有期徒刑、无期徒刑或者死刑，并处罚金或者没收财产。这里的“提供”，是指药品使用单位的人员明知是假药而无偿提供给他人使用的行为。如果药品使用单位的人员明知是假药而有偿提供给他人使用的，则成立销售假药罪。

【实务问题】

1. 本罪罪与非罪的界限

首先，本罪是故意犯罪，如果行为人不知道或者不应当知道是假药而进行生产、销售、提供的，则不构成本罪。其次，根据有关司法解释的规定，故意生产、销售、提供的“药品”具有下列情形之一的，应当以犯罪论处：（1）依照国家药品标准不应含有有毒有害物质而含有，或者含有的有毒有害物质超过国家药品标准规定的；（2）不含所标明的有效成分，可能贻误诊治的；（3）所标明的适应症或者功能主治超出规定范围，可能造成贻误诊治的；（4）缺乏所标明的急救必需的有效成分的。

2. 关于“土药”和“洋药”的定性问题

2022 年《危害药品案件解释》第 18 条规定：“根据民间传统配方私自加工药品或者销售上述药品，数量不大，且未造成他人伤害后果或者延误诊治的，或者不以营利为目的实施带有自救、互助性质的生产、进口、销售药品的行为，不应当认定为犯罪。对于是否属于民间传统配方难以确定的，根据地市级以上药品监督管理部门或者有关部门出具的认定意见，结合其他证据作出认定。”根据该解释，上述两种情况均不认为是犯罪，即明确排除了刑事责任，不仅不认定为生产、销售假药，也不能认定为其他犯罪。

3. 犯罪未遂的认定

本罪属于行为犯，应当以生产、销售、提供假药行为是否完成为犯罪既遂的标准。需要注意的是，本罪为选择性罪名，对于为了销售而实施生产假药行为，已完成生产但未销售的，应认定为生产假药罪既遂。如果为了销售而购进假药，因行为人意志以外的原因而未能销售的，或者为了实施生产、销售、提供假药行为而购进原材料，因行为人意志以外的原因而未能生产的，均应当认定为本罪的犯罪未遂。

4. 生产、销售假药罪与生产、销售伪劣产品罪的关系

假药属于伪劣产品，因而本罪与生产、销售伪劣产品罪是特殊与一般的关系。但两罪构成犯罪的标准各不相同：本罪属于行为犯，行为人实施了生产、销售假药行为即可构成犯罪；而生产、销售伪劣产品罪属于数额犯，以销售金额在5万元以上为构成要件。根据《刑法》第149条第2款的规定，构成生产、销售假药罪，同时又构成生产、销售伪劣产品罪的，依照处罚较重的规定定罪处罚。原则上，生产、销售假药的，应以本罪论处。但是，如果生产、销售假药行为没有对人体健康造成严重危害或没有其他严重情节，而销售金额在20万元以上的；或者生产、销售假药行为未致人死亡或者没有其他特别严重情节，而销售金额在50万元以上的，则应按生产、销售伪劣产品罪定罪处罚。

5. 罪数的认定

根据2022年《危害药品案件解释》和2001年《伪劣商品案件解释》的规定，如果实施生产、销售假药犯罪，同时构成生产、销售伪劣产品、侵犯知识产权、非法经营、非法行医、非法采供血等犯罪的，依照处罚较重的规定定罪处罚，而不进行数罪并罚。但是，如果实施生产、销售假药犯罪，以暴力、威胁方法抗拒查处，构成其他犯罪的，依照数罪并罚的规定处罚。

6. 共犯的认定

根据2022年《危害药品案件解释》第9条的规定，明知他人生产、销售、提供假药，而有下列情形之一的，以生产、销售、提供假药罪的共犯论处：(1) 提供资金、贷款、账号、发票、证明、许可证件的；(2) 提供生产、经营场所、设备或者运输、储存、保管、邮寄、销售渠道等便利条件的；(3) 提供生产技术或者原料、辅料、包装材料、标签、说明书的；(4) 提供虚假药物非临床研究报告、药物临床试验报告及相关材料的；(5) 提供广告宣传的；(6) 提供其他帮助的。

第一百四十二条 〔生产、销售、提供劣药罪〕

生产、销售劣药，对人体健康造成严重危害的，处三年以上十年以下有期徒刑，并处罚金；后果特别严重的，处十年以上有期徒刑或者无期徒刑，并处罚金或者没收财产。

药品使用单位的人员明知是劣药而提供给他人使用的，依照前款的规定处罚。

本条是关于生产、销售、提供劣药罪的罪刑条款内容。

【主要修改】

本条为2020年12月26日通过的《刑法修正案（十一）》所修改，该条内

容原为："生产、销售劣药，对人体健康造成严重危害的，处三年以上十年以下有期徒刑，并处销售金额百分之五十以上二倍以下罚金；后果特别严重的，处十年以上有期徒刑或者无期徒刑，并处销售金额百分之五十以上二倍以下罚金或者没收财产。本条所称劣药，是指依照《中华人民共和国药品管理法》的规定属于劣药的药品。"

【条文释义】

生产、销售、提供劣药罪，是指违反国家药品管理法规，生产、销售劣药，或者药品使用单位的人员明知是劣药而提供给他人使用，对人体健康造成严重危害的行为。

本罪在客观方面表现为违反国家药品管理法规，生产、销售劣药，或者药品使用单位的人员明知是劣药而提供给他人使用，对人体健康造成严重危害的行为。

所谓劣药，是指依照《药品管理法》的规定属于劣药的药品。《药品管理法》第98条第3款的规定，有下列情形之一的，为劣药：(1) 药品成份的含量不符合国家药品标准；(2) 被污染的药品；(3) 未标明或者更改有效期的药品；(4) 未注明或者更改产品批号的药品；(5) 超过有效期的药品；(6) 擅自添加防腐剂、辅料的药品；(7) 其他不符合药品标准的药品。对于《药品管理法》第98条第3款第3—6项规定的劣药，能够根据现场查获的原料、包装，结合犯罪嫌疑人、被告人供述等证据材料作出判断的，可以由地市级以上药品监督管理部门出具认定意见。对于依据《药品管理法》第98条第3款的其他规定认定劣药，或者是否属于第98条第3款第6项规定的劣药存在争议的，应当由省级以上药品监督管理部门设置或者确定的药品检验机构进行检验，出具质量检验结论。司法机关根据认定意见、检验结论，结合其他证据作出认定。

根据2022年《危害药品案件解释》第5条第2款的规定，生产、销售、提供劣药，具有下列情形之一的，应当认定为"对人体健康造成严重危害"：(1) 造成轻伤或者重伤的；(2) 造成轻度残疾或者中度残疾的；(3) 造成器官组织损伤导致一般功能障碍或者严重功能障碍的；(4) 其他对人体健康造成严重危害的情形。第5条第3款规定，生产、销售、提供劣药，致人死亡，或者具有下列情形之一的，应当认定为"后果特别严重"：(1) 致人重度残疾以上的；(2) 造成3人以上重伤、中度残疾或者器官组织损伤导致严重功能障碍的；(3) 造成5人以上轻度残疾或者器官组织损伤导致一般功能障碍的；(4) 造成10人以上轻伤的；(5) 引发重大、特别重大突发公共卫生事件的。

本罪的主体为一般主体，即已满16周岁、具有刑事责任能力的自然人，单位也可以构成本罪。在实践中，本罪的主体多为药品的生产者、销售者、提供者，但行为人是否具有生产、销售药品的合法资质、资格，并不影响本罪的成立。

本罪在主观方面表现为故意，即具有生产、销售、提供劣药的故意，表现为故意生产并销售劣药或者明知是劣药而予以销售、提供的心理态度。这里的“明知”，是指知道或者应当知道是劣药。根据2022年《危害药品案件解释》第10条的规定，办理生产、销售、提供劣药刑事案件，应当结合行为人的从业经历、认知能力、药品质量、进货渠道和价格、销售渠道和价格以及生产、销售方式等事实综合判断认定行为人的主观故意。具有下列情形之一的，可以认定行为人有实施相关犯罪的主观故意，但有证据证明确实不具有故意的除外：（1）药品价格明显异于市场价格的；（2）向不具有资质的生产者、销售者购买药品，且不能提供合法有效的来历证明的；（3）逃避、抗拒监督检查的；（4）转移、隐匿、销毁涉案药品、进销货记录的；（5）曾因实施危害药品安全违法犯罪行为受过处罚，又实施同类行为的；（6）其他足以认定行为人主观故意的情形。在实践中，行为人多具有非法牟利的目的，但是否具有非法牟利的目的，并不影响本罪的成立。行为人“对人体健康造成严重危害”的结果通常表现为放任的心理态度。

本条共分为2款。第1款是关于生产、销售劣药罪及其处罚的规定。

生产、销售劣药行为既可以表现为生产并销售劣药行为，又可以表现为销售劣药行为。应当注意的是，这里的“生产”，是指以生产、销售、提供劣药为目的，合成、精制、提取、储存、加工炮制药品原料，或者在将药品原料、辅料、包装材料制成成品过程中，进行配料、混合、制剂、储存、包装的行为。“销售”，是指药品使用单位及其工作人员明知是劣药而有偿提供给他人使用的行为。根据本款规定，行为人只要实施了生产、销售劣药中的一个行为，即可构成本罪；如果同时实施了上述两种行为，也可能只成立一个生产、销售劣药罪，不实行数罪并罚。根据本条规定，本罪属于结果犯，即生产、销售劣药对人体健康造成严重危害的才成立本罪既遂。

第2款是关于提供劣药罪及其处罚的规定，即药品使用单位的人员明知是劣药而提供给他人使用，对人体健康造成严重危害的，处3年以上10年以下有期徒刑，并处罚金；后果特别严重的，处10年以上有期徒刑或者无期徒刑，并处罚金或者没收财产。这里的“提供”，是指药品使用单位的人员明知是劣药而无偿提供给他人使用的行为。如果药品使用单位的人员明知是劣药而有偿提供给他人使用的，则成立销售劣药罪。

【实务问题】

1. 本罪罪与非罪的界限

本罪是故意犯罪，即行为人知道或者应当知道是劣药而进行生产、销售、提供的，则可能构成本罪；否则，不构成本罪。

2. 生产、销售劣药罪的立案追诉标准

根据《立案追诉标准（一）》第 18 条的规定，生产（包括配制）、销售劣药，涉嫌下列情形之一的，应予立案追诉：（1）造成人员轻伤、重伤或者死亡的；（2）其他对人体健康造成严重危害的情形。

3. 犯罪未遂的认定

本罪属于结果犯，应当以生产、销售、提供劣药行为是否对人体健康造成严重危害为犯罪既遂的标准。但是，需要注意的是，本罪为选择性罪名，对于为了销售而生产劣药行为，已完成生产但未销售的，应认定为生产劣药罪既遂。如果为了销售而购进劣药，因行为人意志以外的原因而未能销售的，或者为了实施生产、销售劣药行为而购进原材料，因行为人意志以外的原因而未能进行生产的，应当认定为本罪的犯罪未遂。

4. 生产、销售劣药罪与生产、销售伪劣产品罪的关系

劣药属于伪劣产品，因而本罪与生产、销售伪劣产品罪是特殊与一般的关系。但两罪构成犯罪的标准各不相同：本罪以对人体健康造成严重危害为构成犯罪的要件；而生产、销售伪劣产品罪则以销售金额在 5 万元以上为构成要件。根据《刑法》第 149 条第 2 款的规定，生产、销售劣药构成本罪，同时又构成生产、销售伪劣产品罪的，依照处罚较重的规定定罪处罚。原则上，生产、销售劣药行为对人体健康造成严重危害的，应以本罪论处。但是，如果生产、销售劣药行为没有对人体健康造成严重危害，而销售金额在 5 万元以上的，或者生产、销售劣药行为并未造成特别严重的后果，而销售金额在 50 万元以上的，则应按生产、销售伪劣产品罪定罪处罚。

5. 罪数的认定

根据 2022 年《危害药品案件解释》和 2001 年《伪劣商品案件解释》的规定，如果实施生产、销售劣药犯罪，同时构成生产、销售伪劣产品、侵犯知识产权、非法经营、非法行医、非法采供血等犯罪的，依照处罚较重的规定定罪处罚，而不进行数罪并罚。但是，如果实施生产、销售劣药犯罪，又以暴力、威胁方法抗拒查处，构成其他犯罪的，依照数罪并罚的规定处罚。

6. 共犯的认定

根据 2022 年《危害药品案件解释》第 9 条的规定，明知他人生产、销售、提供劣药，而有下列情形之一的，以生产、销售、提供劣药罪的共犯论处：

（1）提供资金、贷款、账号、发票、证明、许可证件的；（2）提供生产、经营场所、设备或者运输、储存、保管、邮寄、销售渠道等便利条件的；（3）提供生产技术或者原料、辅料、包装材料、标签、说明书的；（4）提供虚假药物非临床研究报告、药物临床试验报告及相关材料的；（5）提供广告宣传；（6）提供其他帮助的。

第一百四十二条之一　〔妨害药品管理罪〕

违反药品管理法规，有下列情形之一，足以严重危害人体健康的，处三年以下有期徒刑或者拘役，并处或者单处罚金；对人体健康造成严重危害或者有其他严重情节的，处三年以上七年以下有期徒刑，并处罚金：

（一）生产、销售国务院药品监督管理部门禁止使用的药品的；

（二）未取得药品相关批准证明文件生产、进口药品或者明知是上述药品而销售的；

（三）药品申请注册中提供虚假的证明、数据、资料、样品或者采取其他欺骗手段的；

（四）编造生产、检验记录的。

有前款行为，同时又构成本法第一百四十一条、第一百四十二条规定之罪或者其他犯罪的，依照处罚较重的规定定罪处罚。

本条是关于妨害药品管理罪的罪刑条款内容。

本条为 2020 年 12 月 26 日通过的《刑法修正案（十一）》所增加。

【条文释义】

本条共分为 2 款。第 1 款是关于妨害药品管理罪及其处罚的规定。

妨害药品管理罪，是指违反药品管理法规，生产、销售国务院药品监督管理部门禁止使用的药品，或者未取得药品相关批准证明文件生产、进口药品或者明知是上述药品而销售，或者药品申请注册中提供虚假的证明、数据、资料、样品或者采取其他欺骗手段，或者编造生产、检验记录，足以严重危害人体健康的行为。

本罪在客观方面表现为违反药品管理法规，妨害药品管理，足以严重危害人体健康的行为。具体包括：（1）生产、销售国务院药品监督管理部门禁止使用的药品的；（2）未取得药品相关批准证明文件生产、进口药品或者明知是上述药品而销售的；（3）药品申请注册中提供虚假的证明、数据、资料、样品或者采取其他欺骗手段的；（4）编造生产、检验记录的。这里的“违反药品管理法规”，是指违反国家有关药品监督管理方面的法律、法规，如《药品管理法》

《药品管理法实施条例》《中医药法》，以及其他有关药品监督管理方面的法律、法规。这里的“药品”，根据《药品管理法》第2条的规定，是指用于预防、治疗、诊断人的疾病，有目的地调节人的生理机能并规定有适应症或者功能主治、用法和用量的物质，包括中药、化学药和生物制品等。根据2022年《危害药品案件解释》第7条的规定，实施妨害药品管理的行为，具有下列情形之一的，应当认定为“足以严重危害人体健康”：（1）生产、销售国务院药品监督管理部门禁止使用的药品，综合生产、销售的时间、数量、禁止使用原因等情节，认为具有严重危害人体健康的现实危险的；（2）未取得药品相关批准证明文件生产药品或者明知是上述药品而销售，涉案药品属于以下情形的：①涉案药品以孕产妇、儿童或者危重病人为主要使用对象的；②涉案药品属于麻醉药品、精神药品、医疗用毒性药品、放射性药品、生物制品，或者以药品类易制毒化学品冒充其他药品的；③涉案药品属于注射剂药品、急救药品的；（3）未取得药品相关批准证明文件生产药品或者明知是上述药品而销售，涉案药品的适应症、功能主治或者成分不明的；（4）未取得药品相关批准证明文件生产药品或者明知是上述药品而销售，涉案药品没有国家药品标准，且无核准的药品质量标准，但检出化学药成分的；（5）未取得药品相关批准证明文件进口药品或者明知是上述药品而销售，涉案药品在境外也未合法上市的；（6）在药物非临床研究或者药物临床试验过程中故意使用虚假试验用药品，或者瞒报与药物临床试验用药品相关的严重不良事件的；（7）故意损毁原始药物非临床研究数据或者药物临床试验数据，或者编造受试动物信息、受试者信息、主要试验过程记录、研究数据、检测数据等药物非临床研究数据或者药物临床试验数据，影响药品的安全性、有效性和质量可控性的；（8）编造生产、检验记录，影响药品的安全性、有效性和质量可控性的；（9）其他足以严重危害人体健康的情形。对于涉案药品是否在境外合法上市，应当根据境外药品监督管理部门或者权利人的证明等证据，结合犯罪嫌疑人、被告人及其辩护人提供的证据材料综合审查，依法作出认定。对于“足以严重危害人体健康”难以确定的，根据地市级以上药品监督管理部门出具的认定意见，结合其他证据作出认定。第8条规定，实施妨害药品管理的行为，具有下列情形之一的，应当认定为“对人体健康造成严重危害”：（1）造成轻伤或者重伤的；（2）造成轻度残疾或者中度残疾的；（3）造成器官组织损伤导致一般功能障碍或者严重功能障碍的；（4）其他对人体健康造成严重危害的情形。实施妨害药品管理的行为，足以严重危害人体健康，并具有下列情形之一的，应当认定为“有其他严重情节”：（1）生产、销售国务院药品监督管理部门禁止使用的药品，生产、销售的金额50万元以上的；（2）未取得药品相关批准证明文件生产、进口药品或者明知是上述药品而销售，生产、销售的金额50万元以上的；（3）药品申请注册中提供虚假的证明、数据、资料、样品或者采取其他欺骗手段，造成严重后果的；(4) 编造生产、检验记录，造成严重后果的；(5) 造成恶劣社会影响或者具有其他严重情节的情形。

本罪的主体是一般主体，包括自然人和单位。

本罪在主观方面表现为故意。实践中，办理妨害药品管理等刑事案件，应当结合行为人的从业经历、认知能力、药品质量、进货渠道和价格、销售渠道和价格以及生产、销售方式等事实综合判断认定行为人的主观故意。具有下列情形之一的，可以认定行为人有实施相关犯罪的主观故意，但有证据证明确实不具有故意的除外：(1) 药品价格明显异于市场价格的；(2) 向不具有资质的生产者、销售者购买药品，且不能提供合法有效的来历证明的；(3) 逃避、抗拒监督检查的；(4) 转移、隐匿、销毁涉案药品、进销货记录的；(5) 曾因实施危害药品安全违法犯罪行为受过处罚，又实施同类行为的；(6) 其他足以认定行为人主观故意的情形。

第2款是关于实施妨害药品管理行为，同时又构成其他犯罪的，如何适用法律的规定，即行为人有妨害药品管理行为，同时又构成生产、销售、提供假药罪，生产、销售、提供劣药罪或者其他犯罪的，依照处罚较重的规定定罪处罚。

【实务问题】

共同犯罪问题

根据2022年《危害药品案件解释》第9条的规定，明知他人实施危害药品安全犯罪，而有下列情形之一的，以共同犯罪论处：(1) 提供资金、贷款、账号、发票、证明、许可证件的；(2) 提供生产、经营场所、设备或者运输、储存、保管、邮寄、销售渠道等便利条件的；(3) 提供生产技术或者原料、辅料、包装材料、标签、说明书的；(4) 提供虚假药物非临床研究报告、药物临床试验报告及相关材料的；(5) 提供广告宣传的；(6) 提供其他帮助的。

第一百四十三条 〔生产、销售不符合安全标准的食品罪〕

生产、销售不符合食品安全标准的食品，足以造成严重食物中毒事故或者其他严重食源性疾病的，处三年以下有期徒刑或者拘役，并处罚金；对人体健康造成严重危害或者有其他严重情节的，处三年以上七年以下有期徒刑，并处罚金；后果特别严重的，处七年以上有期徒刑或者无期徒刑，并处罚金或者没收财产。

本条是关于生产、销售不符合安全标准的食品罪的罪刑条款内容。

【主要修改】

本条为2011年2月25日通过的《刑法修正案（八）》所修改，该条内容原为："生产、销售不符合卫生标准的食品，足以造成严重食物中毒事故或者其他严重食源性疾患的，处三年以下有期徒刑或者拘役，并处或者单处销售金额百分之五十以上二倍以下罚金；对人体健康造成严重危害的，处三年以上七年以下有期徒刑，并处销售金额百分之五十以上二倍以下罚金；后果特别严重的，处七年以上有期徒刑或者无期徒刑，并处销售金额百分之五十以上二倍以下罚金或者没收财产。"

【条文释义】

生产、销售不符合安全标准的食品罪，是指生产、销售不符合食品安全标准的食品，足以造成严重食物中毒事故或者其他严重食源性疾病的行为。

生产、销售不符合食品安全标准的食品行为既可以表现为生产并销售不符合食品安全标准的食品行为，又可以表现为销售不符合食品安全标准的食品行为。行为人只要实施了生产不符合食品安全标准的食品、销售不符合食品安全标准的食品中的一个行为，即可能构成本罪；如果同时实施了上述两种行为，也只成立一个生产、销售不符合安全标准的食品罪，不实行数罪并罚。本条规定的"不符合食品安全标准的食品"，由省级以上食品安全行政部门确定的机构进行鉴定。根据本条规定，本罪属于危险犯，即生产、销售不符合食品安全标准的食品，足以造成严重食物中毒事故或者其他严重食源性疾病的，才可能成立本罪。根据 2021 年最高人民法院、最高人民检察院《关于办理危害食品安全刑事案件适用法律若干问题的解释》（简称《食品安全案件解释》）第 1 条的规定，"足以造成严重食物中毒事故或者其他严重食源性疾病"，是指生产、销售不符合食品安全标准的食品，具有下列情形之一的：（1）含有严重超出标准限量的致病性微生物、农药残留、兽药残留、生物毒素、重金属等污染物质以及其他严重危害人体健康的物质的；（2）属于病死、死因不明或者检验检疫不合格的畜、禽、兽、水产动物肉类及其制品的；（3）属于国家为防控疾病等特殊需要明令禁止生产、销售的；（4）特殊医学用途配方食品、专供婴幼儿的主辅食品营养成分严重不符合食品安全标准的；（5）其他足以造成严重食物中毒事故或者严重食源性疾病的情形。

本罪的主体为一般主体，即已满 16 周岁、具有刑事责任能力的自然人，单位也可以构成本罪。在实践中，本罪的主体多为食品的生产者、销售者，但是行为人是否具有食品生产、销售的合法资质、资格并不影响本罪的成立。

本罪在主观方面表现为故意，即具有生产、销售不符合食品安全标准的食品的故意，既可以是故意生产并销售不符合食品安全标准的食品的心理态度，也可以是明知是不符合食品安全标准的食品而予以销售的心理态度。这里的"明知"，是指知道或者应当知道是不符合食品安全标准的食品。在实践中，行为人多具有非法牟利的目的，而对于自己生产、销售不符合食品安全标准的食品足以造成严重食物中毒事故或者其他严重食源性疾病，往往持放任的心理态度。但是否具有非法牟利的目的，并不影响本罪的成立。

【实务问题】

1. 本罪罪与非罪的界限

本罪是故意犯罪，即行为人知道或者应当知道是不符合食品安全标准的食品而予以生产、销售的，则可能构成本罪；否则，不构成犯罪。

2. 本罪的立案追诉标准

根据《立案追诉标准（一）》第 19 条的规定，生产、销售不符合食品安全标准的食品，涉嫌下列情形之一的，应予立案追诉：（1）食品含有严重超出标准限量的致病性微生物、农药残留、兽药残留、重金属、污染物质以及其他危害人体健康的物质的；（2）属于病死、死因不明或者检验检疫不合格的畜、禽、兽、水产动物及其肉类、肉类制品的；（3）属于国家为防控疾病等特殊需要明令禁止生产、销售的食品的；（4）婴幼儿食品中生长发育所需营养成分严重不符合食品安全标准的；（5）其他足以造成严重食物中毒事故或者严重食源性疾病的情形。在食品加工、销售、运输、贮存等过程中，违反食品安全标准，超限量或者超范围滥用食品添加剂，足以造成严重食物中毒事故或者其他严重食源性疾病的，应予立案追诉。在食用农产品种植、养殖、销售、运输、贮存等过程中，违反食品安全标准，超限量或者超范围滥用添加剂、农药、兽药等，足以造成严重食物中毒事故或者其他严重食源性疾病的，应予立案追诉。

3. 犯罪未遂的认定

本罪属于危险犯，应当以生产、销售不符合食品安全标准的食品行为是否足以造成严重食物中毒事故或者其他严重食源性疾病为犯罪既遂的标准。需要注意的是，本罪为选择性罪名，对于为了销售而实施生产不符合食品安全标准的食品行为，已完成生产但未销售的，应认定为生产不符合安全标准的食品罪既遂。如果为了销售而购进不符合食品安全标准的食品，因行为人意志以外的原因而未能销售的，或者为了实施生产、销售不符合食品安全标准的食品行为而购进原材料，因行为人意志以外的原因而未能进行生产的，应当认定为本罪的犯罪未遂。

4. 本罪与生产、销售伪劣产品罪的关系

不符合食品安全标准的食品属于伪劣产品，因而本罪与生产、销售伪劣产品罪是特殊与一般的关系。但两罪构成犯罪的标准各不相同：本罪属于危险犯，以足以造成严重食物中毒事故或者其他严重食源性疾病为构成犯罪的要件；而生产、销售伪劣产品罪属于数额犯，以销售金额在 5 万元以上为构成要件。根据《刑法》第 149 条第 2 款的规定，生产、销售不符合食品安全标准的食品构成本罪，同时又构成生产、销售伪劣产品罪的，依照处罚较重的规定定罪处罚。原则上，生产、销售不符合食品安全标准的食品行为足以造成严重食物中毒事故或者其他严重食源性疾病的，应以本罪论处。但是，如果生产、销售不符合食品安全标准的食品行为不足以造成严重食物中毒事故或者其他严重食源性疾病，而销售金额在5万元以上的，或者生产、销售不符合食品安全标准的食品行为虽然足以造成严重食物中毒事故或者其他严重食源性疾病，但未对人体健康造成严重危害或者没有其他严重情节，而销售金额在20万元以上的，或者生产、销售不符合食品安全标准的食品行为对人体健康造成严重危害或者有其他严重情节，但不属于后果特别严重，而销售金额在50万元以上的，则应按生产、销售伪劣产品罪定罪处罚。根据2021年《食品安全案件解释》第2—4条的规定，“对人体健康造成严重危害”，是指生产、销售不符合食品安全标准的食品，具有下列情形之一的：（1）造成轻伤以上伤害的；（2）造成轻度残疾或者中度残疾的；（3）造成器官组织损伤导致一般功能障碍或者严重功能障碍的；（4）造成10人以上严重食物中毒或者其他严重食源性疾病的；（5）其他对人体健康造成严重危害的情形。“其他严重情节”，是指生产、销售不符合食品安全标准的食品，具有下列情形之一的：（1）生产、销售金额20万元以上的；（2）生产、销售金额10万元以上不满20万元，不符合食品安全标准的食品数量较大或者生产、销售持续时间6个月以上的；（3）生产、销售金额10万元以上不满20万元，属于特殊医学用途配方食品、专供婴幼儿的主辅食品的；（4）生产、销售金额10万元以上不满20万元，且在中小学校园、托幼机构、养老机构及周边面向未成年人、老年人销售的；（5）生产、销售金额10万元以上不满20万元，曾因危害食品安全犯罪受过刑事处罚或者2年内因危害食品安全违法行为受过行政处罚的；（6）其他情节严重的情形。“后果特别严重”，是指生产、销售不符合食品安全标准的食品，具有下列情形之一的：（1）致人死亡的；（2）造成重度残疾以上的；（3）造成3人以上重伤、中度残疾或者器官组织损伤导致严重功能障碍的；（4）造成10人以上轻伤、5人以上轻度残疾或者器官组织损伤导致一般功能障碍的；（5）造成30人以上严重食物中毒或者其他严重食源性疾病的；（6）其他特别严重的后果。

5. 罪数的认定

根据2021年《食品安全案件解释》和2001年《伪劣商品案件解释》的规定，如果实施生产、销售不符合食品安全标准的食品犯罪，同时构成其他犯罪的，依照处罚较重的规定定罪处罚。但是，如果实施生产、销售不符合食品安全标准的食品犯罪，以暴力、威胁方法抗拒查处，构成其他犯罪的，依照数罪并罚的规定处罚。

6. 共犯的认定

根据2021年《食品安全案件解释》第14条的规定，明知他人生产、销售不符合食品安全标准的食品，有毒、有害食品，具有下列情形之一的，以生产、销售不符合安全标准的食品罪或者生产、销售有毒、有害食品罪的共犯论处：（1）提供资金、贷款、账号、发票、证明、许可证件的；（2）提供生产、经营场所或者运输、贮存、保管、邮寄、销售渠道等便利条件的；（3）提供生产技术或者食品原料、食品添加剂、食品相关产品或者有毒、有害的非食品原料的；（4）提供广告宣传的；（5）提供其他帮助行为的。

第一百四十四条〔生产、销售有毒、有害食品罪〕

在生产、销售的食品中掺入有毒、有害的非食品原料的，或者销售明知掺有有毒、有害的非食品原料的食品的，处五年以下有期徒刑，并处罚金；对人体健康造成严重危害或者有其他严重情节的，处五年以上十年以下有期徒刑，并处罚金；致人死亡或者有其他特别严重情节的，依照本法第一百四十一条的规定处罚。

本条是关于生产、销售有毒、有害食品罪的罪刑条款内容。

【主要修改】

本条为2011年2月25日通过的《刑法修正案（八）》所修改，该条内容原为："在生产、销售的食品中掺入有毒、有害的非食品原料的，或者销售明知掺有有毒、有害的非食品原料的食品的，处五年以下有期徒刑或者拘役，并处或者单处销售金额百分之五十以上二倍以下罚金；造成严重食物中毒事故或者其他严重食源性疾患，对人体健康造成严重危害的，处五年以上十年以下有期徒刑，并处销售金额百分之五十以上二倍以下罚金；致人死亡或者对人体健康造成特别严重危害的，依照本法第一百四十一条的规定处罚。"

【条文释义】

生产、销售有毒、有害食品罪，是指违反国家食品安全管理法规，在生产、销售的食品中掺入有毒、有害的非食品原料，或者销售明知掺有有毒、有害的非食品原料的食品的行为。

生产、销售有毒、有害食品行为既可以表现为实施生产并销售有毒、有害食品的行为，也可以表现为实施销售有毒、有害食品的行为。行为人只要实施了二者中的一个行为，即可构成本罪；如果同时实施了上述两种行为，也只能成立一个生产、销售有毒、有害食品罪，不实行数罪并罚。根据本条规定，本罪属于行为犯，只要行为人实施了在生产、销售的食品中掺入有毒、有害的非食品原料，或者销售明知掺有有毒、有害的非食品原料的食品的行为，就构成本罪，并且成立犯罪既遂。根据2021年《食品安全案件解释》第9条的规定，下列物质应当认定为“有毒、有害的非食品原料”：（1）因危害人体健康，被法律、法规禁止在食品生产经营活动中添加、使用的物质；（2）因危害人体健康，被国务院有关部门列入《食品中可能违法添加的非食用物质名单》《保健食品中可能非法添加的物质名单》和国务院有关部门公告的禁用农药、《食品动物中禁止使用的药品及其他化合物清单》等名单上的物质；（3）其他有毒、有害的物质。另外，根据2002年最高人民法院、最高人民检察院《关于办理非法生产、销售、使用禁止在饲料和动物饮用水中使用的药品等刑事案件具体应用法律若干问题的解释》第3、4条的规定，使用盐酸克仑特罗（俗称“瘦肉精”）等禁止在饲料和动物饮用水中使用的药品或者含有该类药品的饲料养殖供人食用的动物，或者销售明知是使用该类药品或者含有该类药品的饲料养殖的供人食用的动物的，或者明知是使用盐酸克仑特罗等禁止在饲料和动物饮用水中使用的药品或者含有该类药品的饲料养殖的供人食用的动物，而提供屠宰等加工服务，或者销售其制品的，均以本罪论处。

本罪的主体为一般主体，即已满16周岁、具有刑事责任能力的自然人，单位也可以构成本罪。在实践中，本罪的主体多为食品的生产者、销售者，但是行为人是否具有食品生产、销售的合法资质、资格并不影响本罪的成立。

本罪在主观方面表现为故意，即具有生产、销售有毒、有害食品的故意，表现为明知是有毒、有害的非食品原料而故意掺入其所生产、销售的食品中，或者明知是掺有有毒、有害的非食品原料的食品而故意销售。这里的“明知”，是指知道或者应当知道掺入所生产、销售的食品中的是有毒、有害的非食品原料，或者知道或者应当知道是掺有有毒、有害的非食品原料的食品。在实践中，行为人多是为了使食品的口感、卖相更好从而牟取更大的利润，但是这并不影响本罪的成立。

【实务问题】

1. 本罪罪与非罪的界限

本罪是故意犯罪，即行为人明知是有毒、有害的非食品原料而仍掺入生产、销售的食品中，或者明知是掺有有毒、有害的非食品原料的食品而仍予以销售的，则构成本罪；否则，不构成本罪。如果误将有毒、有害的非食品原料认为是食品添加剂加入食品中，或者根本不知道是掺有有毒、有害的非食品原料的食品而销售的，则不构成本罪；造成严重后果，应当负刑事责任的，根据其行为性质和《刑法》规定，以相应的犯罪论处。

2. 本罪的立案追诉标准

根据《立案追诉标准（一）》第 20 条的规定，在生产、销售的食品中掺入有毒、有害的非食品原料的，或者销售明知掺有有毒、有害的非食品原料的食品的，应予立案追诉。在食品加工、销售、运输、贮存等过程中，掺入有毒、有害的非食品原料，或者使用有毒、有害的非食品原料加工食品的，应予立案追诉。在食用农产品种植、养殖、销售、运输、贮存等过程中，使用禁用农药、兽药等禁用物质或者其他有毒、有害物质的，应予立案追诉。在保健食品或者其他食品中非法添加国家禁用药物等有毒、有害物质的，应予立案追诉。

3. 本罪与生产、销售伪劣产品罪的关系

有毒、有害的食品属于伪劣产品，因而本罪与生产、销售伪劣产品罪是特殊与一般的关系。但两罪构成犯罪的标准各不相同：本罪属于行为犯，行为人实施了在生产、销售的食品中掺入有毒、有害的非食品原料，或者销售明知掺有有毒、有害的非食品原料的食品的行为，即构成本罪；而生产、销售伪劣产品罪属于数额犯，只有生产、销售伪劣产品并且销售金额在 5 万元以上的，才能构成犯罪。根据《刑法》第 149 条第 2 款的规定，生产、销售有毒、有害食品构成本罪，同时又构成生产、销售伪劣产品罪的，依照处罚较重的规定定罪处罚。原则上，生产、销售有毒、有害食品的，应以本罪论处。但是，如果生产、销售有毒、有害食品行为未对人体健康造成严重危害或者有其他严重情节，而销售金额在 50 万元以上的，或者生产、销售有毒、有害食品行为虽然对人体健康造成严重危害或者有其他严重情节，但未致人死亡或者没有其他特别严重情节，而销售金额在 200 万元以上的，则应按生产、销售伪劣产品罪定罪处罚。根据 2021 年《食品安全案件解释》的规定，“对人体健康造成严重危害”，是指生产、销售有毒、有害食品，造成轻伤以上伤害的；造成轻度残疾或者中度残疾的；造成器官组织损伤导致一般功能障碍或者严重功能障碍的；造成 10 人以上严重食物中毒或者其他严重食源性疾病的；其他对人体健康造成严重危害的情形。“其他严重情节”，是指生产、销售有毒、有害食品，生产、销售金额 20 万元以上不满 50 万元的；生产、销售金额 10 万元以上不满 20 万元，有毒、有害食品数量较大或者生产、销售持续时间 6 个月以上的；生产、销售金额 10 万元以上不满 20 万元，属于特殊医学用途配方食品、专供婴幼儿的主辅食品的；生产、销售金额 10 万元以上不满 20 万元，且在中小学校园、托幼机构、养老机构及周边面向未成年人、老年人销售的；生产、销售金额 10 万元以上不满 20 万元，曾因危害食品安全犯罪受过刑事处罚或者 2 年内因危害食品安全违法行为受过行政处罚的；有毒、有害的非食品原料毒害性强或者含量高的；其他情节严重的情形。“其他特别严重情节”，是指生产、销售有毒、有害食品，生产、销售金额 50 万元以上，或者具有 2021 年《食品安全案件解释》第 4 条第 2—6 项规定情形之一的。

4. 本罪与投放危险物质罪的界限

本罪与投放危险物质罪在客观方面都可以表现为故意在食品中掺入有毒物质，因而在实践中有时容易混淆。两罪的主要区别在于：（1）本罪只能是在自己生产、销售的食品中掺入有毒、有害物质，行为与食品的生产经营活动密不可分；而投放危险物质罪则不受此限制，行为人可以在任何时间、场所将危险物质投入任何食品中。（2）本罪在主观方面多具有非法牟利的意图，行为人在食品中掺入有毒、有害的非食品原料，往往是为了增加食品的数量或者改变食品的色、香、味，以获取更大的不正当利润，对于危害人体健康的后果一般是持过于自信的心理或者是持放任态度；而投放危险物质罪则是出于危害公共安全的故意。（3）本罪在食品中掺入的是对人体有毒、有害的非食品原料，但一般不包括剧毒物品（即使是剧毒物品，也只能是微量掺入）；而投放危险物质罪所投放的则一般是剧毒物品。在实践中应当注意的是，凡是基于获取非法利润的目的，在自己生产、销售的食品中掺入有毒、有害的非食品原料，无论是否造成重大毒害事故，也无论行为人是否预见到会造成重大毒害事故，都只能构成本罪。凡是在不属于自己生产、销售的食品中投放危险物质，危害公共安全的，都只能构成投放危险物质罪。

5. 罪数的认定

根据2021年《食品安全案件解释》和2001年《伪劣商品案件解释》的规定，如果实施生产、销售有毒、有害食品犯罪，同时构成其他犯罪的，依照处罚较重的规定定罪处罚。但是，如果实施生产、销售有毒、有害食品犯罪，以暴力、威胁方法抗拒查处，构成其他犯罪的，依照数罪并罚的规定处罚。

6. 共犯的认定

根据2021年《食品安全案件解释》第14条的规定，明知他人生产、销售不符合食品安全标准的食品，有毒、有害食品，具有下列情形之一的，以生产、销售不符合安全标准的食品罪或者生产、销售有毒、有害食品罪的共犯论处：（1）提供资金、贷款、账号、发票、证明、许可证件的；（2）提供生产、经营场所或者运输、贮存、保管、邮寄、销售渠道等便利条件的；（3）提供生产技术或者食品原料、食品添加剂、食品相关产品或者有毒、有害的非食品原料的；（4）提供广告宣传的；（5）提供其他帮助行为的。

第一百四十五条〔生产、销售不符合标准的医用器材罪〕

生产不符合保障人体健康的国家标准、行业标准的医疗器械、医用卫生材料，或者销售明知是不符合保障人体健康的国家标准、行业标准的医疗器械、医用卫生材料，足以严重危害人体健康的，处三年以下有期徒刑或者拘役，并处销售金额百分之五十以上二倍以下罚金；对人体健康造成严重危害的，处三年以上

十年以下有期徒刑，并处销售金额百分之五十以上二倍以下罚金；后果特别严重的，处十年以上有期徒刑或者无期徒刑，并处销售金额百分之五十以上二倍以下罚金或者没收财产。

本条是关于生产、销售不符合标准的医用器材罪的罪刑条款内容。

【主要修改】

本条为 2002 年 12 月 28 日通过的《中华人民共和国刑法修正案（四）》（简称《刑法修正案（四）》）所修改，该条内容原为："生产不符合保障人体健康的国家标准、行业标准的医疗器械、医用卫生材料，或者销售明知是不符合保障人体健康的国家标准、行业标准的医疗器械、医用卫生材料，对人体健康造成严重危害的，处五年以下有期徒刑，并处销售金额百分之五十以上二倍以下罚金；后果特别严重的，处五年以上十年以下有期徒刑，并处销售金额百分之五十以上二倍以下罚金，其中情节特别恶劣的，处十年以上有期徒刑或者无期徒刑，并处销售金额百分之五十以上二倍以下罚金或者没收财产。"

【条文释义】

生产、销售不符合标准的医用器材罪，是指生产不符合保障人体健康的国家标准、行业标准的医疗器械、医用卫生材料，或者销售明知是不符合保障人体健康的国家标准、行业标准的医疗器械、医用卫生材料，足以严重危害人体健康的行为。

生产不符合保障人体健康的国家标准、行业标准的医疗器械、医用卫生材料的行为，或者销售明知是不符合保障人体健康的国家标准、行业标准的医疗器械、医用卫生材料的行为，都可以构成本罪。根据《立案追诉标准（一）》第 21 条第 2 款的规定，医疗机构或者个人知道或者应当知道是不符合保障人体健康的国家标准、行业标准的医疗器械、医用卫生材料而购买并有偿使用的，视为本条规定的"销售"。如果生产并销售不符合保障人体健康的国家标准、行业标准的医疗器械、医用卫生材料，也成立本罪一罪，而不实行数罪并罚。本罪属于危险犯，即生产、销售不符合保障人体健康的国家标准、行业标准的医疗器械、医用卫生材料，足以严重危害人体健康的，便构成本罪的犯罪既遂。这里的"足以严重危害人体健康"，是指经省级以上食品药品监督管理部门、卫生计生主管部门设置或者确定的检验机构鉴定，生产、销售的医疗器械、医用卫生材料不符合保障人体健康的国家标准、行业标准，含有超标准的有毒有害物质、有害细菌或者其他污染物的。根据本条规定，本罪的对象是不符合保障人体健康的国家标准、行业标准的医疗器械、医用卫生材料。没有保障人体健康的国家标准、行业标准的，注册产品标准可视为"保障人体健康的行业标准"。

本罪的主体是一般主体，即已满16周岁、具有刑事责任能力的自然人，单位也可以构成本罪。在实践中，本罪的主体多为医用器材的生产者和医疗机构。但生产者、销售者是否具有相应的生产、销售资质、资格，不影响本罪的成立。根据2001年《伪劣商品案件解释》第6条第4款的规定，医疗机构或者个人，知道或者应当知道是不符合保障人体健康的国家标准、行业标准的医疗器械、医用卫生材料而购买、使用，对人体健康造成严重危害的，以本罪论处。

本罪在主观方面必须具有生产、销售不符合标准的医用器材的故意，即必须明知是不符合保障人体健康的国家标准、行业标准的医疗器械、医用卫生材料而进行生产、销售或者购买、使用的。这里的“明知”，是指知道或者应当知道是不符合保障人体健康的国家标准、行业标准的医疗器械、医用卫生材料。在实践中，行为人多具有非法牟利的目的，但是否具有非法牟利的目的，并不影响本罪的成立。

【实务问题】

1. 本罪罪与非罪的界限

本罪是故意犯罪，即行为人知道或者应当知道是不符合保障人体健康的国家标准、行业标准的医疗器械、医用卫生材料而予以生产、销售或者购买、使用的，构成本罪；否则，就不构成本罪。

2. 本罪的立案追诉标准

根据《立案追诉标准（一）》第21条第1款的规定，生产不符合保障人体健康的国家标准、行业标准的医疗器械、医用卫生材料，或者销售明知是不符合保障人体健康的国家标准、行业标准的医疗器械、医用卫生材料，涉嫌下列情形之一的，应予立案追诉：（1）进入人体的医疗器械的材料中含有超过标准的有毒有害物质的；（2）进入人体的医疗器械的有效性指标不符合标准要求，导致治疗、替代、调节、补偿功能部分或者全部丧失，可能造成贻误诊治或者人体严重损伤的；（3）用于诊断、监护、治疗的有源医疗器械的安全指标不符合强制性标准要求，可能对人体构成伤害或者潜在危害的；（4）用于诊断、监护、治疗的有源医疗器械的主要性能指标不合格，可能造成贻误诊治或者人体严重损伤的；（5）未经批准，擅自增加功能或者适用范围，可能造成贻误诊治或者人体严重损伤的；（6）其他足以严重危害人体健康或者对人体健康造成严重危害的情形。

3. 犯罪未遂的认定

本罪属于危险犯，应当以生产、销售不符合标准的医疗器械、医用卫生材料行为是否足以严重危害人体健康为犯罪既遂的标准。需要注意的是，本罪为选择性罪名，对于为了销售而实施生产不符合标准的医疗器械、医用卫生材料行为，已完成生产但未销售的，应认定为生产不符合标准的医疗器械、医用卫生材料罪既遂。如果为了销售而购进不符合标准的医疗器械、医用卫生材料，因行为人意志以外的原因而未能销售的，或者为了实施生产、销售不符合标准的医疗器械、医用卫生材料行为而购进原材料，因行为人意志以外的原因而未能进行生产的，应当认定为本罪的犯罪未遂。

4. 本罪与生产、销售伪劣产品罪的关系

不符合标准的医疗器械、医用卫生材料属于伪劣产品，因而本罪与生产、销售伪劣产品罪是特殊与一般的关系。但两罪构成犯罪的标准各不相同：本罪属于危险犯，以足以严重危害人体健康为构成要件；生产、销售伪劣产品罪属于数额犯，以销售金额在5万元以上为构成要件。根据《刑法》第149条第2款的规定，生产、销售不符合标准的医疗器械、医用卫生材料构成本罪，同时又构成生产、销售伪劣产品罪的，依照处罚较重的规定定罪处罚。原则上，生产、销售不符合标准的医疗器械、医用卫生材料行为足以严重危害人体健康的，应以本罪论处。但是，如果生产、销售不符合标准的医疗器械、医用卫生材料行为不足以严重危害人体健康，而销售金额在5万元以上的，或者生产、销售不符合标准的医疗器械、医用卫生材料行为足以严重危害人体健康但未对人体健康造成严重危害，而销售金额在20万元以上的，或者生产、销售不符合标准的医疗器械、医用卫生材料行为对人体健康造成严重危害，但不属于后果特别严重的，而销售金额在50万元以上的，则应按生产、销售伪劣产品罪定罪处罚。根据2001年《伪劣商品案件解释》第6条第1、2款的规定，“对人体健康造成严重危害”，是指生产、销售不符合标准的医疗器械、医用卫生材料，致人轻伤或者其他严重后果的情形。“后果特别严重”，是指生产、销售不符合标准的医疗器械、医用卫生材料，造成感染病毒性肝炎等难以治愈的疾病、1人以上重伤、3人以上轻伤或者其他严重后果的情形。

5. 罪数的认定

根据2001年《伪劣商品案件解释》第10、11条的规定，如果实施生产、销售不符合标准的医用器材犯罪，同时构成侵犯知识产权、非法经营等其他犯罪的，依照处罚较重的规定定罪处罚。但是，如果实施生产、销售不符合标准的医用器材犯罪，以暴力、威胁方法抗拒查处，构成其他犯罪的，依照数罪并罚的规定处罚。

6. 共犯的认定

根据2001年《伪劣商品案件解释》第9条的规定，知道或者应当知道他人生产、销售不符合标准的医疗器械、医用卫生材料，有下列情形之一的，应以生产、销售不符合标准的医用器材罪的共犯论处：（1）提供资金、贷款、账号、发票、证明、许可证件的；（2）提供生产、经营场所、设备或者运输、仓储、保管、邮寄等便利条件的；（3）提供生产技术的。

第一百四十六条　〔生产、销售不符合安全标准的产品罪〕

生产不符合保障人身、财产安全的国家标准、行业标准的电器、压力容器、易燃易爆产品或者其他不符合保障人身、财产安全的国家标准、行业标准的产品，或者销售明知是以上不符合保障人身、财产安全的国家标准、行业标准的产品，造成严重后果的，处五年以下有期徒刑，并处销售金额百分之五十以上二倍以下罚金；后果特别严重的，处五年以上有期徒刑，并处销售金额百分之五十以上二倍以下罚金。

本条是关于生产、销售不符合安全标准的产品罪的罪刑条款内容。

【条文释义】

生产、销售不符合安全标准的产品罪，是指违反国家产品质量管理法规，生产不符合保障人身、财产安全的国家标准、行业标准的电器、压力容器、易燃易爆产品或者其他不符合保障人身、财产安全的国家标准、行业标准的产品，或者销售明知是以上不符合保障人身、财产安全的国家标准、行业标准的产品，造成严重后果的行为。

生产、销售不符合安全标准的产品的行为，包括生产不符合安全标准的产品的行为和销售明知是不符合安全标准的产品的行为，如果生产并销售不符合安全标准的产品的，也成立本罪一罪，而不实行数罪并罚。根据本条规定，本罪属于结果犯，即行为人实施上述行为，造成严重后果的，才构成本罪。这里的“严重后果”，尚待有权解释机关作出规定，实践中主要是指致人死亡、致多人重伤的，或者造成公私财产损失达 2 万元以上的等情形。根据本条规定，本罪的犯罪对象是不符合保障人身、财产安全的国家标准、行业标准的电器、压力容器、易燃易爆产品或者其他不符合保障人身、财产安全的国家标准、行业标准的产品。2015 年《生产安全案件解释》第 11 条将不符合保障人身、财产安全的国家标准、行业标准的安全设备明确列为本罪的犯罪对象。

本罪的主体是已满 16 周岁、具有刑事责任能力的自然人，单位也可以构成本罪。

本罪在主观方面必须具有生产、销售不符合安全标准的产品的故意，即行为人必须明知是不符合安全标准的产品而进行生产、销售的。这里的“明知”，是指知道或者应当知道是不符合安全标准的产品。

【实务问题】

1. 本罪罪与非罪的界限

本罪罪与非罪的界限，应当从以下三个方面进行分析：（1）本罪是故意犯罪，应当查明行为人是否具有生产、销售不符合安全标准的产品的故意，如果行为人知道或者应当知道是不符合安全标准的产品而予以生产、销售的，则可能构成本罪；否则，就不构成本罪，即过失不构成本罪。（2）本罪属于结果犯，即生产、销售不符合安全标准的产品，造成严重后果的，才能构成本罪；否则，不构成本罪。（3）本罪的成立以违反国家产品质量管理法规为前提。应当考察行为人是否违反有关产品质量管理法规，产品是否符合国家标准、行业标准。如果行为人没有违反有关产品质量管理法规，产品符合保障人身、财产安全的国家标准、行业标准的，即使造成严重后果，也不构成犯罪。因此，在实践中，因本罪所列产品致人重伤、死亡，或者使财产遭受损失的，并非都构成本罪。如果是由于消费者使用中的过错或者其他非生产、销售环节的过错所造成的严重后果，则不能认定生产者、销售者构成本罪。

2. 本罪的立案追诉标准

根据《立案追诉标准（一）》第 22 条的规定，生产不符合保障人身、财产安全的国家标准、行业标准的电器、压力容器、易燃易爆或者其他不符合保障人身、财产安全的国家标准、行业标准的产品，或者销售明知是以上不符合保障人身、财产安全的国家标准、行业标准的产品，涉嫌下列情形之一的，应予立案追诉：（1）造成人员重伤或者死亡的；（2）造成直接经济损失 10 万元以上的；（3）其他造成严重后果的情形。

3. 犯罪未遂的认定

本罪属于结果犯，应当以生产、销售不符合安全标准的产品行为是否造成严重后果为犯罪既遂的标准。需要注意的是，本罪为选择性罪名，对于为了销售而实施生产不符合安全标准的产品行为，已完成生产但未销售的，应认定为生产不符合安全标准的产品罪既遂。如果为了销售而购进不符合安全标准的产品，由于行为人意志以外的原因而未能销售的，或者为了实施生产、销售不符合安全标准的产品行为而购进原材料，由于行为人意志以外的原因而未能进行生产的，应当认定为本罪的犯罪未遂。

4. 本罪与生产、销售伪劣产品罪的关系

不符合安全标准的产品属于伪劣产品，因而本罪与生产、销售伪劣产品罪是特殊与一般的关系。但两罪构成犯罪的标准各不相同：本罪以造成严重后果为构成要件；而生产、销售伪劣产品罪则以销售金额在 5 万元以上为构成要件。根据《刑法》第 149 条第 2 款的规定，生产、销售不符合安全标准的产品构成本罪，同时又构成生产、销售伪劣产品罪的，依照处罚较重的规定定罪处罚。原则上，生产、销售不符合安全标准的产品行为造成严重后果的，应以本罪论处。但是，如果生产、销售不符合安全标准的产品行为未造成特别严重后果，而销售金额在 5 万元以上的；或者生产、销售不符合安全标准的产品行为造成严重后果，但销售金额在20万元以上（构成生产、销售伪劣产品罪应处2—7年有期徒刑，比构成生产、销售不符合安全标准的产品罪应处5年以下有期徒刑的法定刑要重）的；或者生产、销售不符合安全标准的产品行为造成特别严重后果，而销售金额在50万元以上（构成生产、销售伪劣产品罪应处7年以上有期徒刑，比构成生产、销售不符合安全标准的产品罪应处5年以上有期徒刑的法定刑要重）的，则应按生产、销售伪劣产品罪定罪处罚。

5. 罪数的认定

根据2001年《伪劣商品案件解释》第10、11条的规定，如果实施生产、销售不符合安全标准的产品犯罪，同时构成侵犯知识产权、非法经营等其他犯罪的，依照处罚较重的规定定罪处罚。但是，如果实施生产、销售不符合安全标准的产品犯罪，以暴力、威胁方法抗拒查处，构成其他犯罪的，依照数罪并罚的规定处罚。

6. 共犯的认定

根据2001年《伪劣商品案件解释》第9条的规定，知道或者应当知道他人生产、销售不符合安全标准的产品，有下列情形之一的，应以生产、销售不符合安全标准的产品罪的共犯论处：（1）提供资金、贷款、账号、发票、证明、许可证件的；（2）提供生产、经营场所、设备或者运输、仓储、保管、邮寄等便利条件的；（3）提供生产技术的。

第一百四十七条　〔生产、销售伪劣农药、兽药、化肥、种子罪〕

生产假农药、假兽药、假化肥，销售明知是假的或者失去使用效能的农药、兽药、化肥、种子，或者生产者、销售者以不合格的农药、兽药、化肥、种子冒充合格的农药、兽药、化肥、种子，使生产遭受较大损失的，处三年以下有期徒刑或者拘役，并处或者单处销售金额百分之五十以上二倍以下罚金；使生产遭受重大损失的，处三年以上七年以下有期徒刑，并处销售金额百分之五十以上二倍以下罚金；使生产遭受特别重大损失的，处七年以上有期徒刑或者无期徒刑，并处销售金额百分之五十以上二倍以下罚金或者没收财产。

本条是关于生产、销售伪劣农药、兽药、化肥、种子罪的罪刑条款内容。

【条文释义】

生产、销售伪劣农药、兽药、化肥、种子罪，是指生产假农药、假兽药、假化肥，销售明知是假的或者失去使用效能的农药、兽药、化肥、种子，或者生产者、销售者以不合格的农药、兽药、化肥、种子冒充合格的农药、兽药、化肥、种子，使生产遭受较大损失的行为。

生产、销售伪劣农药、兽药、化肥、种子的行为，包括生产假农药、假兽药、假化肥的行为，销售明知是假的或者失去使用效能的农药、兽药、化肥、种子的行为，以不合格的农药、兽药、化肥、种子冒充合格的农药、兽药、化肥、种子的行为。本罪属于结果犯，只有生产、销售伪劣农药、兽药、化肥、种子，使生产遭受较大损失的，才构成犯罪。生产、销售的对象包括假的、失去使用效能的或者不合格的农药、兽药、化肥、种子。

本罪的主体是已满 16 周岁、具有刑事责任能力的自然人，单位也可以构成本罪。

本罪在主观方面表现为故意，即具有生产、销售伪劣农药、兽药、化肥、种子的故意。在实践中，行为人对其生产、销售伪劣农药、兽药、化肥、种子的行为所造成的使生产遭受较大损失的后果多是出于间接故意。行为人多具有非法牟利的意图，但是否具有非法牟利的意图，并不影响本罪的成立。

【实务问题】

1. 本罪罪与非罪的界限

首先，本罪在主观方面必须是出于故意，具有生产、销售伪劣农药、兽药、化肥、种子的故意，即行为人明知是假的、失去使用效能的农药、兽药、化肥、种子而予以生产、销售的，或者明知是假的、不合格的农药、兽药、化肥、种子而冒充真的、合格的农药、兽药、化肥、种子而予以销售的。这里的“明知”，是指知道或者应当知道是假的、失去使用效能的或者不合格的农药、兽药、化肥、种子。如果行为人不是出于故意，则不构成本罪。其次，本罪属于结果犯，只有生产、销售伪劣农药、兽药、化肥、种子的行为使生产遭受较大损失的，才构成本罪；否则，不构成本罪。

2. 本罪的立案追诉标准

根据《立案追诉标准（一）》第 23 条的规定，生产假农药、假兽药、假化肥，销售明知是假的或者失去使用效能的农药、兽药、化肥、种子，或者生产者、销售者以不合格的农药、兽药、化肥、种子冒充合格的农药、兽药、化肥、种子，涉嫌下列情形之一的，应予立案追诉：（1）使生产遭受损失 2 万元以上的；（2）其他使生产遭受较大损失的情形。

3. 本罪与生产、销售伪劣产品罪的关系

伪劣农药、兽药、化肥、种子属于伪劣产品，因而本罪与生产、销售伪劣产品罪是特殊与一般的关系。但两罪构成犯罪的标准各不相同：本罪以使生产遭受较大损失为构成要件；而生产、销售伪劣产品罪则以销售金额在 5 万元以上为构成要件。根据《刑法》第 149 条第 2 款的规定，生产、销售伪劣农药、兽药、化肥、种子构成本罪，同时又构成生产、销售伪劣产品罪的，依照处罚较重的规定定罪处罚。原则上，生产、销售伪劣农药、兽药、化肥、种子的行为使生产遭受较大损失的，应以本罪论处。但是，如果生产、销售伪劣农药、兽药、化肥、种子的行为未使生产遭受较大损失，而销售金额在 5 万元以上的，或者生产、销售伪劣农药、兽药、化肥、种子的行为使生产遭受较大损失但未造成重大损失，而销售金额在 20 万元以上的，或者生产、销售伪劣农药、兽药、化肥、种子的行为使生产遭受重大损失但未造成特别重大损失，而销售金额在 50 万元以上的，则应按生产、销售伪劣产品罪定罪处罚。根据 2001 年《伪劣商品案件解释》第 7 条的规定，生产、销售伪劣农药、兽药、化肥、种子罪中“使生产遭受较大损失”，一般以 2 万元为起点；“重大损失”，一般以 10 万元为起点；“特别重大损失”，一般以 50 万元为起点。

4. 罪数的认定

根据本条规定，分别实施生产假农药、假兽药、假化肥的行为，销售明知是假的或者失去使用效能的农药、兽药、化肥、种子的行为，或者以不合格的农药、兽药、化肥、种子冒充合格的农药、兽药、化肥、种子的行为，均构成本罪一罪；如果同时实施上述两个以上行为的，也构成本罪一罪。而根据 2001 年《伪劣商品案件解释》第 10、11 条的规定，如果实施生产、销售伪劣农药、兽药、化肥、种子犯罪，同时构成侵犯知识产权、非法经营等其他犯罪的，依照处罚较重的规定定罪处罚。但是，如果实施生产、销售伪劣农药、兽药、化肥、种子犯罪，以暴力、威胁方法抗拒查处，构成其他犯罪的，依照数罪并罚的规定处罚。

5. 共犯的认定

根据 2001 年《伪劣商品案件解释》第 9 条的规定，知道或者应当知道他人生产、销售伪劣农药、兽药、化肥、种子，有下列情形之一的，应以生产、销售伪劣农药、兽药、化肥、种子罪的共犯论处：（1）提供资金、贷款、账号、发票、证明、许可证件的；（2）提供生产、经营场所、设备或者运输、仓储、保管、邮寄等便利条件的；（3）提供生产技术的。

第一百四十八条　〔生产、销售不符合卫生标准的化妆品罪〕

生产不符合卫生标准的化妆品，或者销售明知是不符合卫生标准的化妆品，造成严重后果的，处三年以下有期徒刑或者拘役，并处或者单处销售金额百分之五十以上二倍以下罚金。

本条是关于生产、销售不符合卫生标准的化妆品罪的罪刑条款内容。

【条文释义】

生产、销售不符合卫生标准的化妆品罪，是指生产不符合卫生标准的化妆品，或者销售明知是不符合卫生标准的化妆品，造成严重后果的行为。

本罪在客观方面表现为违反化妆品卫生质量管理法规，生产不符合卫生标准的化妆品，或者销售明知是不符合卫生标准的化妆品，造成严重后果的行为。生产、销售的对象是不符合卫生标准的化妆品。

本罪的主体是已满 16 周岁、具有刑事责任能力的自然人，单位也可以构成本罪。

本罪在主观方面表现为故意，即具有生产、销售不符合卫生标准的化妆品的故意。在实践中，行为人对其生产、销售不符合卫生标准的化妆品的行为所造成的严重后果多是出于间接故意，行为人多具有非法牟利的意图，但是否具有非法牟利的意图，并不影响本罪的成立。

【实务问题】

1. 本罪罪与非罪的界限

首先，本罪在主观方面必须是出于故意，具有生产、销售不符合卫生标准的化妆品的故意，即行为人明知是不符合卫生标准的化妆品而予以生产、销售的。这里的“明知”，是指知道或者应当知道是不符合卫生标准的化妆品。如果行为人不是出于故意，则不构成本罪。其次，本罪属于结果犯，只有生产、销售不符合卫生标准的化妆品的行为造成严重后果的，才构成本罪；否则，不构成本罪。

2. 本罪的立案追诉标准

根据《立案追诉标准（一）》第 24 条的规定，生产不符合卫生标准的化妆品，或者销售明知是不符合卫生标准的化妆品，涉嫌下列情形之一的，应予立案追诉：（1）造成他人容貌毁损或者皮肤严重损伤的；（2）造成他人器官组织损伤导致严重功能障碍的；（3）致使他人精神失常或者自杀、自残造成重伤、死亡的；（4）其他造成严重后果的情形。

3. 本罪与生产、销售伪劣产品罪的关系

不符合卫生标准的化妆品属于伪劣产品，因而本罪与生产、销售伪劣产品罪是特殊与一般的关系。但两罪构成犯罪的标准各不相同：本罪以造成严重后果为构成要件；而生产、销售伪劣产品罪则以销售金额在 5 万元以上为构成要件。根据《刑法》第 149 条第 2 款的规定，生产、销售不符合卫生标准的化妆品构成本罪，同时又构成生产、销售伪劣产品罪的，依照处罚较重的规定定罪处罚。生产、销售不符合卫生标准的化妆品的行为造成严重后果的，原则上构成本罪。但是，如果生产、销售不符合卫生标准的化妆品的行为未造成严重后果，而销售金额在 5 万元以上的；或者生产、销售不符合卫生标准的化妆品的行为虽然造成严重后果，而销售金额在 20 万元以上（构成生产、销售伪劣产品罪应处 2—7 年有期徒刑，比构成生产、销售不符合卫生标准的化妆品罪应处 3 年以下有期徒刑的法定刑要重）的，则应按生产、销售伪劣产品罪定罪处罚。

4. 罪数的认定

根据本条的规定，分别实施生产不符合卫生标准的化妆品的行为，销售明知是不符合卫生标准的化妆品的行为，均构成本罪一罪；如果同时实施上述两个行为的，也构成本罪一罪。而根据2001年《伪劣商品案件解释》第10、11条的规定，如果实施生产、销售不符合卫生标准的化妆品犯罪，同时构成侵犯知识产权、非法经营等其他犯罪的，依照处罚较重的规定定罪处罚。但是，如果实施生产、销售不符合卫生标准的化妆品犯罪，以暴力、威胁方法抗拒查处，构成其他犯罪的，依照数罪并罚的规定处罚。

5. 共犯的认定

根据2001年《伪劣商品案件解释》第9条的规定，知道或者应当知道他人生产、销售不符合卫生标准的化妆品，有下列情形之一的，应以生产、销售不符合卫生标准的化妆品罪的共犯论处：（1）提供资金、贷款、账号、发票、证明、许可证件的；（2）提供生产、经营场所、设备或者运输、仓储、保管、邮寄等便利条件的；（3）提供生产技术的。

第一百四十九条　〔对生产、销售伪劣商品行为的法条适用原则〕

生产、销售本节第一百四十一条至第一百四十八条所列产品，不构成各该条规定的犯罪，但是销售金额在五万元以上的，依照本节第一百四十条的规定定罪处罚。

生产、销售本节第一百四十一条至第一百四十八条所列产品，构成各该条规定的犯罪，同时又构成本节第一百四十条规定之罪的，依照处罚较重的规定定罪处罚。

本条是关于《刑法》第140条与第141—148条之间法条竞合关系的罪刑条款内容。

【条文释义】

《刑法》第140条与第141—148条是法条竞合关系，是一般与特殊的关系。

本条共分为2款。第1款是关于生产、销售《刑法》第141—148条所列产品不构成各该条规定的犯罪与第140条之间竞合关系的规定。

生产、销售伪劣商品的行为，如果不构成生产、销售、提供假药罪，生产、销售、提供劣药罪，妨害药品管理罪，生产、销售不符合安全标准的食品罪，生产、销售有毒、有害食品罪，生产、销售不符合标准的医用器材罪，生产、销售不符合安全标准的产品罪，生产、销售伪劣农药、兽药、化肥、种子罪，生产、销售不符合卫生标准的化妆品罪，但是销售金额在5万元以上的，构成生产、销售伪劣产品罪。

第2款是关于生产、销售《刑法》第141—148条所列产品，构成各该条规定的犯罪，同时又构成第140条规定之罪的规定。构成生产、销售、提供假药罪，生产、销售、提供劣药罪，妨害药品管理罪，生产、销售不符合安全标准的食品罪，生产、销售有毒、有害食品罪，生产、销售不符合标准的医用器材罪，生产、销售不符合安全标准的产品罪，生产、销售伪劣农药、兽药、化肥、种子罪，生产、销售不符合卫生标准的化妆品罪，同时又构成生产、销售伪劣产品罪的，则依照处罚较重的规定定罪处罚。

第一百五十条 〔单位犯生产、销售伪劣商品罪的处罚〕

单位犯本节第一百四十条至第一百四十八条规定之罪的，对单位判处罚金，并对其直接负责的主管人员和其他直接责任人员，依照各该条的规定处罚。

本条是关于单位犯生产、销售伪劣商品罪的罪刑条款内容。

【条文释义】

单位犯生产、销售伪劣产品罪，生产、销售、提供假药罪，生产、销售、提供劣药罪，妨害药品管理罪，生产、销售不符合安全标准的食品罪，生产、销售有毒、有害食品罪，生产、销售不符合标准的医用器材罪，生产、销售不符合安全标准的产品罪，生产、销售伪劣农药、兽药、化肥、种子罪，生产、销售不符合卫生标准的化妆品罪的，对单位判处罚金，并对其直接负责的主管人员和其他直接责任人员按照所犯之罪的法定刑处罚。

第二节 走 私 罪

第一百五十一条

〔走私武器、弹药罪；走私核材料罪；走私假币罪〕**走私武器、弹药、核材料或者伪造的货币的，处七年以上有期徒刑，并处罚金或者没收财产；情节特别严重的，处无期徒刑，并处没收财产；情节较轻的，处三年以上七年以下有期徒刑，并处罚金。**

〔走私文物罪；走私贵重金属罪；走私珍贵动物、珍贵动物制品罪〕**走私国家禁止出口的文物、黄金、白银和其他贵重金属或者国家禁止进出口的珍贵动物及其制品的，处五年以上十年以下有期徒刑，并处罚金；情节特别严重的，处十年以上有期徒刑或者无期徒刑，并处没收财产；情节较轻的，处五**

年以下有期徒刑，并处罚金。

〔走私国家禁止进出口的货物、物品罪〕**走私珍稀植物及其制品等国家禁止进出口的其他货物、物品的，处五年以下有期徒刑或者拘役，并处或者单处罚金；情节严重的，处五年以上有期徒刑，并处罚金。**

单位犯本条规定之罪的，对单位判处罚金，并对其直接负责的主管人员和其他直接责任人员，依照本条各款的规定处罚。

本条是关于走私武器、弹药罪，走私核材料罪，走私假币罪，走私文物罪，走私贵重金属罪，走私珍贵动物、珍贵动物制品罪，走私国家禁止进出口的货物、物品罪的罪刑条款内容。

【主要修改】

本条第3款曾为2009年2月28日通过的《中华人民共和国刑法修正案（七）》（简称《刑法修正案（七）》）所修改，该款内容原为："走私国家禁止进出口的珍稀植物及其制品的，处五年以下有期徒刑，并处或者单处罚金；情节严重的，处五年以上有期徒刑，并处罚金。"

2011年2月25日通过的《刑法修正案（八）》对本条进行修改，主要是取消了走私文物罪，走私贵重金属罪，走私珍贵动物、珍贵动物制品罪的死刑规定，同时对相关法定刑幅度作了调整。该条内容原为："走私武器、弹药、核材料或者伪造的货币的，处七年以上有期徒刑，并处罚金或者没收财产；情节较轻的，处三年以上七年以下有期徒刑，并处罚金。走私国家禁止出口的文物、黄金、白银和其他贵重金属或者国家禁止进出口的珍贵动物及其制品的，处五年以上有期徒刑，并处罚金；情节较轻的，处五年以下有期徒刑，并处罚金。走私珍稀植物及其制品等国家禁止进出口的其他货物、物品的，处五年以下有期徒刑或者拘役，并处或者单处罚金；情节严重的，处五年以上有期徒刑，并处罚金。犯第一款、第二款罪，情节特别严重的，处无期徒刑或者死刑，并处没收财产。单位犯本条规定之罪的，对单位判处罚金，并对其直接负责的主管人员和其他直接责任人员，依照本条各款的规定处罚。"

2015年8月29日通过的《刑法修正案（九）》再次对本条第1款进行修改，取消了走私武器、弹药罪，走私核材料罪，走私假币罪的死刑规定。该款内容原为："走私武器、弹药、核材料或者伪造的货币的，处七年以上有期徒刑，并处罚金或者没收财产；情节特别严重的，处无期徒刑或者死刑，并处没收财产；情节较轻的，处三年以上七年以下有期徒刑，并处罚金。"

【条文释义】

本条共分为4款，第1款是关于走私武器、弹药罪，走私核材料罪，走私假币罪及其处罚的规定。

1. 走私武器、弹药罪

走私武器、弹药罪，是指违反海关法规，逃避海关监管，运输、携带、邮寄武器、弹药进出国（边）境的行为。

所谓武器、弹药，是指具有直接杀伤力或破坏力的器械、装置或者其他物品。作为走私对象的武器、弹药，一般是指军用的武器、弹药，即通常所说的“军火”，但是与军用武器类似的其他具有较大杀伤力或破坏力的民用枪支、弹药，如射击运动用的枪支、狩猎用的散弹枪及配套使用的子弹等，也应包括在内。根据2014年最高人民法院、最高人民检察院《关于办理走私刑事案件适用法律若干问题的解释》（简称《走私案件解释》）的规定，“武器、弹药”的种类参照《中华人民共和国进出口税则（2022）》及《中华人民共和国禁止进出境物品表》的有关规定确定。

2. 走私核材料罪

走私核材料罪，是指违反海关法规，逃避海关监管，运输、携带、邮寄核材料进出国（边）境的行为。

所谓核材料，是指铀、钚等可以发生原子核变或聚合反应的放射性材料。根据《核出口管制清单》的规定，核材料系指源材料和特种可裂变材料。其中，源材料系指天然铀、贫化铀和钍，呈金属、合金、化合物或浓缩物形态的上述各种材料。但不包括：（1）政府确信仅用于非核活动的源材料；（2）在一个自然年（1月1日至12月31日）内向某一接受国出口：①少于500kg的天然铀；②少于1000kg的贫化铀；③少于1000kg的钍。特种可裂变材料系指钚-239、铀-233、含同位素铀-235或铀-233或兼含铀-233和铀-235其同位素总丰度与铀-238的丰度比大于自然界中铀-235与铀-238的丰度比的铀，以及含有上述物质的任何材料，包括核燃料组件。但不包括：（1）钚-238同位素丰度超过80%的钚；（2）克量或克量以下用作仪器传感元件的特种可裂变材料；（3）在一个自然年（1月1日至12月31日）内向某一接受国出口少于50有效克的特种可裂变材料。

3. 走私假币罪

走私假币罪，是指违反海关法规，逃避海关监管，运输、携带、邮寄伪造的货币进出国（边）境的行为。

所谓伪造的货币，是指仿照真货币的图案、形状、色彩制造出来的假货币。伪造的货币不仅包括伪造的人民币，也包括伪造的境外货币。

对于走私武器、弹药罪，走私核材料罪和走私假币罪，根据犯罪情节，规定了三个量刑幅度，具体幅度的适用及轻重的裁量主要根据走私对象的数量并结合走私次数、走私手段、是否属于犯罪集团首要分子等情节来确定。

第 2 款是关于走私文物罪，走私贵重金属罪，走私珍贵动物、珍贵动物制品罪及其处罚的规定。

1. 走私文物罪

走私文物罪，是指违反海关法规，逃避海关监管，运输、携带、邮寄国家禁止出口的文物出国（边）境的行为。

根据 2015 年最高人民法院、最高人民检察院《关于办理妨害文物管理等刑事案件适用法律若干问题的解释》（简称《文物案件解释》）第 1 条的规定，"国家禁止出口的文物"依照《中华人民共和国文物保护法》（简称《文物保护法》）规定的"国家禁止出境的文物"的范围认定；走私国家禁止出口的一级文物或者文物价值在 100 万元以上的，应当认定为《刑法》第 151 条第 2 款规定的"情节特别严重"；走私国家禁止出口的三级文物或者文物价值在 5 万元以上不满 20 万元的，应当认定为《刑法》第 151 条第 2 款规定的"情节较轻"。

2. 走私贵重金属罪

走私贵重金属罪，是指违反海关法规，逃避海关监管，运输、携带、邮寄国家禁止出口的黄金、白银和其他贵重金属出国（边）境的行为。

所谓其他贵重金属，是指铂、铱、铑、锇、钯、钛等与黄金、白银一样具有高价值性和稀有性的金属。贵重金属既包括贵重金属原料，也包括贵重金属制品及工艺品。

3. 走私珍贵动物、珍贵动物制品罪

走私珍贵动物、珍贵动物制品罪，是指违反海关法规，逃避海关监管，运输、携带、邮寄珍贵动物及其制品进出国（边）境的行为。

所谓珍贵动物，是指我国特产的珍贵稀有动物及虽然不属于我国特产，但在世界上已被列为珍贵濒危种类的动物。根据 2014 年《走私案件解释》的规定，珍贵动物包括列入《国家重点保护野生动物名录》中的国家一、二级保护野生动物，《濒危野生动植物种国际贸易公约》附录Ⅰ、附录Ⅱ中的野生动物，以及驯养繁殖的上述动物。珍贵动物制品，是指用上述珍贵动物的毛皮、羽毛、骨、内脏、血、肉、角、卵、精液、胚胎等制成的标本、食品、药品、服装、装饰品、工艺品、纪念品以及其他物品。

第 3 款是关于走私国家禁止进出口的货物、物品罪及其处罚的规定。

走私国家禁止进出口的货物、物品罪，是指违反海关法规，逃避海关监管，运输、携带、邮寄珍稀植物及其制品等国家禁止进出口的其他货物、物品进出国（边）境的行为。

所谓珍稀植物，是指原生地天然生长尚无法进行人工栽培的珍贵植物和原生地天然生长尚无法进行人工栽培并具有重要的经济、科学研究、文化价值的稀有、濒危植物。根据 2014 年《走私案件解释》的规定，珍稀植物包括列入《国家重点保护野生植物名录》《国家重点保护野生药材物种名录》《国家珍贵树种名录》中的国家一、二级保护野生植物、国家重点保护的野生药材、珍贵树木，《濒危野生动植物种国际贸易公约》附录Ⅰ、附录Ⅱ中的野生植物，以及人工培育的上述植物。珍稀植物制品，是指来源于珍稀植物，经加工出来的制成品，如药材、木材、标本、器具等。国家禁止进出口的其他货物、物品，是指武器、弹药、核材料、伪造的货币、毒品、国家禁止出口的文物和贵重金属、国家禁止进出口的珍贵动物及制品、珍稀植物及制品以外的，国家禁止进出口的货物、物品，如来自疫区的动植物及其制品、古植物化石等。

除珍稀植物、珍稀植物制品外，《刑法》第151条第1款、第2款，第152条、第347条、第350条规定以外的其他国家禁止进出口的货物、物品也属于本罪的对象，如禁止进出口的来自境外疫区的动植物及其产品（大多是冷冻的鸡肉、牛肉等冻品），有科学研究价值的无脊椎动物、古植物化石等。

第4款是关于单位犯上述走私犯罪及其处罚的规定。

单位犯上述走私犯罪的，对单位判处罚金，并对其直接负责的主管人员和其他直接责任人员，依照自然人犯罪的量刑标准进行处罚。

根据2002年最高人民法院、最高人民检察院、海关总署《关于办理走私刑事案件适用法律若干问题的意见》第18条的规定，具备下列两个特征的，可以认定为单位走私犯罪：（1）以单位的名义实施走私犯罪，即由单位集体研究决定，或者由单位的负责人或者被授权的其他人员决定、同意；（2）为单位谋取不正当利益或者违法所得大部分归单位所有。根据单位人员在单位走私犯罪活动中所发挥的不同作用，对其直接负责的主管人员和其他直接责任人员，可以确定为一人或者数人。对于受单位领导指派而积极参与实施走私犯罪行为的人员，如果其行为在走私犯罪的主要环节起重要作用的，可以认定为单位犯罪的直接责任人员。

【实务问题】

1. 罪与非罪的界限

走私武器、弹药罪，走私核材料罪，走私假币罪，走私文物罪，走私贵重金属罪，走私珍贵动物、珍贵动物制品罪，走私国家禁止进出口的货物、物品罪均属故意犯罪，行为人客观上必须有逃避海关监管，非法运输、携带、邮寄国家禁止进出口的货物、物品进出境的行为，主观上必须有走私国家禁止进出口的货物、物品的故意。

行为人明知自己的行为违反国家法律法规，逃避国家有关进出境的禁止性管理，并且希望或者放任危害结果发生的，应认定为具有走私国家禁止进出口的货物、物品的故意。走私犯罪嫌疑人主观上具有走私犯罪故意，但对其走私的具体对象不明确的，不影响走私犯罪的构成，应当根据实际的走私对象定罪处罚。

如果行为人不知自己运输、携带、邮寄的货物、物品系国家禁止进出口，且如实申报，没有逃避海关监管的，不能作为犯罪处理。

2. 走私假币罪的立案追诉标准

根据2022年最高人民检察院、公安部《关于公安机关管辖的刑事案件立案追诉标准的规定（二）》（简称《立案追诉标准（二）》）第2条的规定，走私伪造的货币，涉嫌下列情形之一的，应予立案追诉：（1）总面额在2000元以上或者币量在200张（枚）以上的；（2）总面额在1000元以上或者币量在100张（枚）以上，2年内因走私假币受过行政处罚，又走私假币的；（3）其他走私假币应予追究刑事责任的情形。

3. 走私珍贵动物、珍贵动物制品罪的立案标准

根据2001年国家林业局、公安部《关于森林和陆生野生动物刑事案件管辖及立案标准》的规定，走私国家重点保护和《濒危野生动植物种国际贸易公约》附录一、附录二的陆生野生动物及其制品的应当立案。走私国家重点保护和《濒危野生动植物种国际贸易公约》附录一、附录二的陆生野生动物制品价值10万元以上的，应当立为重大案件；走私国家重点保护和《濒危野生动植物种国际贸易公约》附录一、附录二的陆生野生动物制品价值20万元以上的，应当立为特别重大案件。

4. 走私国家禁止进出口的货物、物品罪的立案标准

根据2001年国家林业局、公安部《关于森林和陆生野生动物刑事案件管辖及立案标准》的规定，走私国家禁止进出口的珍稀植物、珍稀植物制品的应当立案；走私珍稀植物2株以上、珍稀植物制品价值在2万元以上的，为重大案件；走私珍稀植物10株以上、珍稀植物制品价值在10万元以上的，为特别重大案件。

5. 罪数的认定

行为人走私的对象中包含有不同性质的国家禁止进出口的货物、物品的，分别定罪，实行数罪并罚。

第一百五十二条

〔走私淫秽物品罪〕**以牟利或者传播为目的，走私淫秽的影片、录像带、录音带、图片、书刊或者其他淫秽物品的，处三年以上十年以下有期徒刑，并处罚金；情节严重的，处十年以上有期徒刑或者无期徒刑，并处罚金或者没收财产；情节较轻的，处三年以下有期徒刑、拘役或者管制，并处罚金。**

〔走私废物罪〕**逃避海关监管将境外固体废物、液态废物和气态废物运输进境，情节严重的，处五年以下有期徒刑，并处或者单处罚金；情节特别严重**

的，处五年以上有期徒刑，并处罚金。

单位犯前两款罪的，对单位判处罚金，并对其直接负责的主管人员和其他直接责任人员，依照前两款的规定处罚。

本条是关于走私淫秽物品罪、走私废物罪的罪刑条款内容。

【主要修改】

本条第2款为2002年12月28日通过的《刑法修正案（四）》所增加，原第2款修改后作为第3款，原第2款内容为："单位犯前款罪的，对单位判处罚金，并对其直接负责的主管人员和其他直接责任人员，依照前款的规定处罚。"

【条文释义】

本条共分为3款。第1款是关于走私淫秽物品罪及其处罚的规定。

走私淫秽物品罪，是指故意违反海关法规，逃避海关监管，以牟利或者传播为目的，非法运输、携带、邮寄淫秽的影片、录像带、录音带、图片、书刊或者其他淫秽物品进出国（边）境的行为。

所谓淫秽物品，是指具体描绘性行为或者露骨宣扬色情的诲淫性的影片、录像带、录音带、图片、书刊或者其他淫秽物品。其他淫秽物品，是指除淫秽的影片、录像带、录音带、图片、书刊以外的，通过文字、声音、形象等形式表现淫秽内容的影碟、音碟、电子出版物等物品。

本罪在主观方面表现为故意，并以牟利或者传播为目的。以牟利为目的，是指行为人走私淫秽物品是企图通过贩卖、出租、放映或者其他方式而获得钱财或其他非法利益。以传播为目的，是指行为人走私淫秽物品不是为了自己观赏和使用，而是意图在社会上展示、赠送、播放、散布或流传等。

第2款是关于走私废物罪及其处罚的规定。

走私废物罪，是指违反海关法规，逃避海关监管，将境外固体废物、液态废物和气态废物运输进境，情节严重的行为。

所谓境外固体废物、液态废物和气态废物，是指在境外其他国家和地区产生的固体废物、液态废物和气态废物，俗称"洋垃圾"。境外废物可以区分为禁止进口的废物与可作为原料限制进口的废物。

根据2014年《走私案件解释》第14条第1款的规定，走私国家禁止进口的废物或者国家限制进口的可用作原料的废物，具有下列情形之一的，应当认定为"情节严重"：（1）走私国家禁止进口的危险性固体废物、液态废物分别或者合计达到1吨以上不满5吨的；（2）走私国家禁止进口的非危险性固体废物、液态废物分别或者合计达到5吨以上不满25吨的；（3）走私国家限制进口的可用作原料的固体废物、液态废物分别或者合计达到20吨以上不满100吨的；（4）

未达到上述数量标准，但属于犯罪集团的首要分子，使用特种车辆从事走私活动，或者造成环境严重污染等情形的。

第 3 款是关于单位犯走私淫秽物品罪和走私废物罪及其处罚的规定。

单位犯走私淫秽物品罪和走私废物罪的，对单位判处罚金，并对其直接负责的主管人员和其他直接责任人员，依照自然人犯罪的量刑标准进行处罚。

【实务问题】

1. 罪与非罪的界限

走私淫秽物品行为是否构成犯罪，一是要注意考察行为人是否具有牟利或者传播的目的。如果行为人不具有牟利或者传播目的的，不能以犯罪论处。二是要看行为人走私淫秽物品的数量。如果走私淫秽物品数量不大的，也不构成犯罪。

走私境外废物行为是否构成犯罪，一是看走私的境外废物数量；二是看后果。如果数量没有达到司法解释规定的标准，同时又没有造成重大环境污染事故的，不构成犯罪。

2. 走私淫秽物品罪的立案追诉标准

根据《立案追诉标准（一）》第 25 条的规定，以牟利或者传播为目的，走私淫秽的影片、录像带、录音带、图片、书刊或者其他通过文字、声音、形象等形式表现淫秽内容的影碟、音碟、电子出版物等物品，涉嫌下列情形之一的，应予立案追诉：（1）走私淫秽录像带、影碟 50 盘（张）以上的；（2）走私淫秽录音带、音碟 100 盘（张）以上的；（3）走私淫秽扑克、书刊、画册 100 副（册）以上的；（4）走私淫秽照片、图片 500 张以上的；（5）走私其他淫秽物品相当于上述数量的；（6）走私淫秽物品数量虽未达到该条第 1 项至第 4 项规定标准，但分别达到其中两项以上标准的 50%以上的。

3. 罪数的认定

行为人实施走私淫秽物品入境并将该淫秽物品进行贩卖、传播或者组织播放等行为的，其贩卖、传播或者组织播放等行为属于走私淫秽物品行为的延续，只以走私淫秽物品罪论处，而不再另定其他犯罪实行数罪并罚。如果行为人既有为传播或牟利而走私淫秽物品行为，又有贩卖、传播或者组织播放其走私的淫秽物品以外的淫秽物品等行为，并达到犯罪标准的，则应当分别认定为走私淫秽物品罪和贩卖、传播淫秽物品牟利罪，传播淫秽物品罪，组织播放淫秽音像制品罪等犯罪，实行数罪并罚。

行为人走私境外废物入境后进行处置或者造成重大环境污染事故的，对其处置行为或者造成重大环境污染事故的行为不另定其他罪，只以走私废物罪论处。

第一百五十三条 〔走私普通货物、物品罪〕

走私本法第一百五十一条、第一百五十二条、第三百四十七条规定以外的货物、物品的，根据情节轻重，分别依照下列规定处罚：

（一）走私货物、物品偷逃应缴税额较大或者一年内曾因走私被给予二次行政处罚后又走私的，处三年以下有期徒刑或者拘役，并处偷逃应缴税额一倍以上五倍以下罚金。

（二）走私货物、物品偷逃应缴税额巨大或者有其他严重情节的，处三年以上十年以下有期徒刑，并处偷逃应缴税额一倍以上五倍以下罚金。

（三）走私货物、物品偷逃应缴税额特别巨大或者有其他特别严重情节的，处十年以上有期徒刑或者无期徒刑，并处偷逃应缴税额一倍以上五倍以下罚金或者没收财产。

单位犯前款罪的，对单位判处罚金，并对其直接负责的主管人员和其他直接责任人员，处三年以下有期徒刑或者拘役；情节严重的，处三年以上十年以下有期徒刑；情节特别严重的，处十年以上有期徒刑。

对多次走私未经处理的，按照累计走私货物、物品的偷逃应缴税额处罚。

本条是关于走私普通货物、物品罪的罪刑条款内容。

【主要修改】

本条第1款为2011年2月25日通过的《刑法修正案（八）》所修改，该款内容原为："走私本法第一百五十一条、第一百五十二条、第三百四十七条规定以外的货物、物品的，根据情节轻重，分别依照下列规定处罚：（一）走私货物、物品偷逃应缴税额在五十万元以上的，处十年以上有期徒刑或者无期徒刑，并处偷逃应缴税额一倍以上五倍以下罚金或者没收财产；情节特别严重的，依照本法第一百五十一条第四款的规定处罚。（二）走私货物、物品偷逃应缴税额在十五万元以上不满五十万元的，处三年以上十年以下有期徒刑，并处偷逃应缴税额一倍以上五倍以下罚金；情节特别严重的，处十年以上有期徒刑或者无期徒刑，并处偷逃应缴税额一倍以上五倍以下罚金或者没收财产。（三）走私货物、物品偷逃应缴税额在五万元以上不满十五万元的，处三年以下有期徒刑或者拘役，并处偷逃应缴税额一倍以上五倍以下罚金。"

【条文释义】

本条共分为3款。第1款是关于走私普通货物、物品罪及其处罚的规定。

走私普通货物、物品罪，是指违反海关法规，逃避海关监管，运输、携带、邮寄普通货物、物品进出国（边）境，偷逃应缴税额较大或者1年内曾因走私被给予两次行政处罚后又走私的行为。

所谓普通货物、物品，是指《刑法》第 151 条、第 152 条、第 347 条、第 350 条规定以外的货物、物品，包括：（1）国家限制进出口的货物、物品，即国家对其进口或者出口实行配额或者许可证管理的货物、物品，如烟酒、贵重中药材、汽车等；（2）一般的应纳税货物、物品，如服装、水产品等。

所谓应缴税额，是指进出口货物、物品应当缴纳的进出口关税和进口环节海关代征税的税额。走私货物、物品所偷逃的应缴税额，应当以走私行为实施时所适用的税则、税率、汇率和海关审定的完税价格计算，并以海关出具的证明为准。根据 2014 年《走私案件解释》第 16 条的规定，走私普通货物、物品，偷逃应缴税额在 10 万元以上不满 50 万元的，应当认定为“偷逃应缴税额较大”。

第 2 款是关于单位犯走私普通货物、物品罪及其处罚的规定。

根据 2014 年《走私案件解释》第 24 条第 2 款的规定，单位犯走私普通货物、物品罪，偷逃应缴税额在 20 万元以上不满 100 万元的，对单位判处罚金，并对其直接负责的主管人员和其他直接责任人员，处 3 年以下有期徒刑或者拘役；偷逃应缴税额在 100 万元以上不满 500 万元的，应当认定为“情节严重”；偷逃应缴税额在 500 万元以上的，应当认定为“情节特别严重”。

第 3 款是关于多次走私未经处理的情况的处罚规定。

所谓多次走私未经处理，是指走私 2 次以上未受到行政执法机关或者司法机关处理的情况。对这种情况，按照累计走私货物、物品的偷逃应缴税额处罚。累计数额达到较大标准的，依法定罪量刑；否则，按一般违法行为给予行政处罚。

【实务问题】

1. 本罪罪与非罪的界限

区分本罪罪与非罪主要应注意两点：一是偷逃应缴税款的数额；二是情节。如果走私普通货物、物品偷逃的应缴税额不大，同时不具备 1 年内曾因走私被给予 2 次行政处罚后又走私的情节的，不构成犯罪。

2. 罪数的认定

对在走私的普通货物、物品或者废物中藏匿《刑法》第 151 条、第 152 条、第 347 条、第 350 条规定的货物、物品，构成犯罪的，以实际走私的货物、物品定罪处罚；构成数罪的，实行数罪并罚。

未经许可进出口国家限制进出口的货物、物品，构成犯罪的，以走私国家禁止进出口的货物、物品罪等罪名定罪处罚；偷逃应缴税额，同时又构成走私普通货物、物品罪的，依照处罚较重的规定定罪处罚。

3. 共同犯罪的认定和处理

单位和个人（不包括单位直接负责的主管人员和其他直接责任人员）共同

走私普通货物、物品的，单位和个人均应对共同走私所偷逃应缴税额负责。

对单位和个人共同走私偷逃应缴税额为 10 万元以上不满 20 万元的，应当根据其在案件中所起的作用，区分不同情况作出处理。单位起主要作用的，对单位和个人均不追究刑事责任，由海关予以行政处理；个人起主要作用的，对个人依照《刑法》有关规定追究刑事责任，对单位由海关予以行政处理。无法认定是单位还是个人起主要作用的，对个人和单位分别按个人犯罪和单位犯罪的标准处理。

单位和个人共同走私偷逃应缴税额超过 20 万元且能区分主、从犯的，应当按照《刑法》关于主、从犯的有关规定，对从犯从轻、减轻处罚或者免除处罚。

审理共同走私犯罪案件时，对各共同犯罪人判处罚金的总额应掌握在共同走私行为偷逃应缴税额的 1 倍以上 5 倍以下。

第一百五十四条 〔走私普通货物、物品罪的特殊形式〕

下列走私行为，根据本节规定构成犯罪的，依照本法第一百五十三条的规定定罪处罚：

（一）未经海关许可并且未补缴应缴税额，擅自将批准进口的来料加工、来件装配、补偿贸易的原材料、零件、制成品、设备等保税货物，在境内销售牟利的；

（二）未经海关许可并且未补缴应缴税额，擅自将特定减税、免税进口的货物、物品，在境内销售牟利的。

本条是关于擅自将保税货物和特定减免税货物、物品在境内销售牟利的行为定罪处罚的规定。

【条文释义】

所谓保税货物，是指经海关批准，未办理纳税手续进境，在境内储存、加工、装配后应予复运出境的货物，包括通过加工贸易、补偿贸易等方式进口的货物，以及在保税仓库、保税工厂、保税区或者免税商店内等储存、加工、寄售的货物。特定减税、免税进口的货物、物品，主要是指外国政府、国际组织无偿赠送的物资，用于公益事业的捐赠物资，经济特区等特定地区进口的货物、物品，中外合资或合作经营企业、外商独资企业等特定企业进口的货物、物品，有特定用途的进口货物、物品，企业为进行技术改造而必须引进的仪器、设备，学校、科研机构专为教学、科研而用的某些设备、器材等。销售牟利，是指行为人主观上为了牟取非法利益而擅自销售海关监管的保税货物和特定减免税货物、物品。

保税货物在入境时未缴纳关税，不能在市场上自由流通。特定减税、免税进口的货物、物品只能用于特定的地区、特定的企业或按特定的用途使用。如要在境内出售保税货物或者特定减免税货物、物品，须经海关许可并补缴应缴税额。未经海关许可并且未补缴应缴税额而擅自在境内销售牟利的，属于走私行为，构成犯罪的，依照走私普通货物、物品罪定罪处罚。

【实务问题】

1. 罪与非罪的界限

擅自销售保税货物，特定减免税货物、物品行为是否构成犯罪，应当根据偷逃的应缴税额是否达到较大的标准，行为人实际获利与否或者获利多少并不影响其定罪。

2. 利用购买的加工贸易登记手册、特定减免税批文等涉税单证进口货物行为的定性处理

加工贸易登记手册、特定减免税批文等涉税单证是海关根据国家法律、法规以及有关政策性规定，给予特定企业用于保税货物经营管理和减免税优惠待遇的凭证。利用购买的加工贸易登记手册、特定减免税批文等涉税单证进口货物，实质是将一般贸易货物伪报为加工贸易保税货物或者特定减免税货物、物品进口，以达到偷逃应缴税款的目的，应当以走私普通货物、物品罪定罪处罚。如果行为人与走私分子通谋出售上述涉税单证，或者在出卖批文后又以提供印章，向海关伪报保税货物，特定减免税货物、物品等方式帮助买方办理进口通关手续的，对卖方以走私罪的共犯定罪处罚。买卖上述涉税单证情节严重尚未进口货物的，依照买卖国家机关公文罪定罪处罚。

第一百五十五条　〔*以走私罪论处的间接走私行为*〕

下列行为，以走私罪论处，依照本节的有关规定处罚：

（一）直接向走私人非法收购国家禁止进口物品的，或者直接向走私人非法收购走私进口的其他货物、物品，数额较大的；

（二）在内海、领海、界河、界湖运输、收购、贩卖国家禁止进出口物品的，或者运输、收购、贩卖国家限制进出口货物、物品，数额较大，没有合法证明的。

本条是关于准走私罪的规定。

【主要修改】

本条为2002年12月28日通过的《刑法修正案（四）》所修改，该条内容原为："下列行为，以走私罪论处，依照本节的有关规定处罚：（一）直接向走

私人非法收购国家禁止进口物品的，或者直接向走私人非法收购走私进口的其他货物、物品，数额较大的；（二）在内海、领海运输、收购、贩卖国家禁止进出口物品的，或者运输、收购、贩卖国家限制进出口货物、物品，数额较大，没有合法证明的；（三）逃避海关监管将境外固体废物运输进境的。”

【条文释义】

本条列举的两种行为都发生在我国境内，不存在逃避海关监管的问题，所以行为本身不具有典型的走私罪特征。但是，这些行为为走私入境的货物、物品提供了销售和进入国内市场的渠道，为走私出口提供了货源，成为走私罪的重要环节，所以《刑法》规定对这些行为“以走私罪论处”，以加大对走私犯罪的打击力度。

本条第 1 项所列行为限于直接收购走私货物、物品的行为。这里的“直接向走私人非法收购”，是指直接向走私犯罪分子本人收购其走私入境的货物、物品，即“第一手交易”。“数额较大”，是指非法收购的走私货物、物品偷逃应缴税额较大，而不是指走私的货物、物品本身的价额较大。

本条第 2 项所列行为限于在内海、领海、界河、界湖运输、收购、贩卖两类货物、物品的行为：一是国家禁止进出口物品；二是国家限制进出口货物、物品。后者还要求数额较大，没有合法证明。这里的“数额较大”，是指涉案货物、物品偷逃应缴税额较大。“合法证明”，是指有关主管部门颁发的进出口货物、物品许可证、准运证等能证明货物、物品来源、用途合法的证明文件。

【实务问题】

1. 罪与非罪的界限

区分罪与非罪，主要应注意以下几点：

（1）是否明知是走私货物、物品而仍直接向走私人非法收购。如果行为人确实不知所收购的是走私货物、物品，或者不是直接向走私分子收购，而是经过“第二手”或更多的环节后收购的，不构成走私罪。

（2）直接向走私人收购的国家禁止进口货物、物品，偷逃应缴税额是否较大。如果收购的走私货物、物品，偷逃应缴税额不大的，不构成走私罪。

（3）是否在内海、领海、界河、界湖这些特定的地区运输、收购、贩卖国家禁止进出口、限制进出口的货物、物品。如果是在其他地方进行运输、收购、贩卖的，不构成走私罪。

（4）在内海、领海、界河、界湖运输、收购、贩卖的货物、物品是否属于国家禁止进出口、限制进出口的货物、物品。如果仅仅是一般的应纳税货物、物品的，不构成走私罪。

（5）在内海、领海、界河、界湖运输、收购、贩卖国家限制进出口货物、物品，是否达到偷逃应缴税额较大的程度，是否具有合法证明。如果偷逃应缴税额不大，或者具有合法证明的，不构成走私罪。

2. 罪数的认定

行为人直接向走私人非法收购走私进口的货物、物品，或者在内海、领海、界河、界湖运输、收购、贩卖国家禁止进出口、限制进出口货物、物品构成犯罪的，按实际涉及的货物、物品的性质定罪处罚。如果涉及多种不同性质的货物、物品构成数罪的，实行数罪并罚。

第一百五十六条　〔走私共犯〕

与走私罪犯通谋，为其提供贷款、资金、账号、发票、证明，或者为其提供运输、保管、邮寄或者其他方便的，以走私罪的共犯论处。

本条是关于走私共犯的规定。

【条文释义】

为走私罪犯提供帮助而构成走私罪的共犯须具备以下两个条件：

（1）客观上实施了为走私罪犯提供贷款、资金、账号、发票、证明，或者为其提供运输、保管、邮寄或者其他方便的行为。这里的“提供贷款、资金”，是指帮助走私罪犯获取金融机构贷款，或者将个人、单位的资金提供给走私罪犯从事犯罪活动；“提供发票”，是指为走私罪犯出具发票或者提供空白发票；“提供证明”，是指为走私罪犯提供运输、收购、贩卖走私货物、物品所需要的进出口许可证、商检证明等文件；“提供运输方便”，是指为走私罪犯提供运输工具、运输证明等；“提供保管方便”，是指为走私罪犯提供存放场所，代为储存、保管等条件；“提供邮寄方便”，是指为走私罪犯邮寄走私货物、物品提供方便，代为邮寄走私货物、物品等；“提供其他方便”，是指提供前述以外的对走私罪犯具有帮助的条件，如传递重要信息。

（2）主观上与走私罪犯通谋，形成共同走私故意。这里的“通谋”，是指犯罪行为人之间事先或者事中形成的共同的走私故意。下列情形可以认定为通谋：①对明知他人从事走私活动而同意为其提供贷款、资金、账号、发票、证明、海关单证，提供运输、保管、邮寄或者其他方便的；②多次为同一走私犯罪分子的走私行为提供前项帮助的。

【实务问题】

1. 罪与非罪的界限

区分罪与非罪，主要看行为人与走私罪犯之间是否存在通谋。如果没有通谋，其帮助行为不能构成走私罪的共犯，构成犯罪的，只能以其他犯罪论处。

2. 罪数的认定

行为人与不同性质的走私罪犯进行通谋并分别提供帮助，或者与走私罪犯通谋而为其不同性质的走私行为分别提供帮助的，应分别认定为不同的走私犯罪，并实行数罪并罚。

第一百五十七条 〔武装掩护走私、抗拒缉私的处罚规定〕

武装掩护走私的，依照本法第一百五十一条第一款的规定从重处罚。

以暴力、威胁方法抗拒缉私的，以走私罪和本法第二百七十七条规定的阻碍国家机关工作人员依法执行职务罪，依照数罪并罚的规定处罚。

本条是关于武装掩护走私和以暴力、威胁方法抗拒缉私行为的处罚的规定。

【主要修改】

本条第 1 款为 2011 年 2 月 25 日通过的《刑法修正案（八）》所修改，该款内容原为："武装掩护走私的，依照本法第一百五十一条第一款、第四款的规定从重处罚。"

【条文释义】

本条共分为 2 款。第 1 款是关于武装掩护走私行为处罚的规定。

所谓武装掩护走私，是指携带武器装备或者配备武装力量，采取警戒、压制等手段，保障走私活动安全的行为。武装掩护走私既包括走私犯罪分子自己持有武器掩护走私，也包括雇用、组织其他武装人员武装掩护走私。

武装掩护走私的，具体罪名根据走私货物、物品的性质认定，但一律适用《刑法》第 151 条第 1 款规定的法定刑，并从重处罚。

第 2 款是关于以暴力、威胁方法抗拒缉私行为处罚的规定。

所谓暴力，是指对缉私人员的身体实施打击或者强制，如捆绑、殴打、伤害等。威胁，是指以杀伤、毁坏财产、损害名誉等进行精神上的恐吓。抗拒缉私，是指阻挠、妨碍缉私人员查缉走私的工作。

以暴力、威胁方法抗拒缉私，如果走私行为已达到犯罪标准的，根据不同性质的货物、物品认定为相关的走私犯罪与妨害公务罪，依照数罪并罚的规定处罚。

【实务问题】

1. 罪与非罪的界限

武装掩护走私的，不论其走私对象性质如何、数量或价额多少，也不论情节轻重，均构成犯罪。未采取武装方式，而是采取其他方法对走私进行掩护的，则要根据走私货物、物品的性质把握定罪标准。未达到相关定罪标准的，不构成犯罪。

抗拒缉私行为必须采取暴力、威胁的方法进行，才能认定为犯罪，以一般的争吵、纠缠等非暴力、威胁的方法妨碍缉私的，不能以犯罪论处。至于走私行为构成犯罪与否，要根据走私货物、物品性质的不同，依照法律和司法解释规定的标准确定。

2. 罪数的认定

武装掩护走私的，仍要根据走私货物、物品的具体性质认定罪名。如果涉及不同性质的货物、物品的，要分别认定为不同的走私犯罪，依法实行数罪并罚。

以暴力、威胁方法抗拒缉私，如果走私行为达到犯罪标准的，以相应的走私犯罪与妨害公务罪实行数罪并罚；如果走私行为未构成犯罪的，则只以妨害公务罪论处。暴力抗拒缉私，如果造成伤害后果的，根据伤害后果的主客观情况，在触犯妨害公务罪的同时还会触犯故意杀人罪、过失致人死亡罪、故意伤害罪或者过失致人重伤罪等，对此，按照想象竞合犯的处理原则，依照处罚较重的犯罪定罪量刑。

第三节　妨害对公司、企业的管理秩序罪

第一百五十八条　〔虚报注册资本罪〕

申请公司登记使用虚假证明文件或者采取其他欺诈手段虚报注册资本，欺骗公司登记主管部门，取得公司登记，虚报注册资本数额巨大、后果严重或者有其他严重情节的，处三年以下有期徒刑或者拘役，并处或者单处虚报注册资本金额百分之一以上百分之五以下罚金。

单位犯前款罪的，对单位判处罚金，并对其直接负责的主管人员和其他直接责任人员，处三年以下有期徒刑或者拘役。

本条是关于虚报注册资本罪的罪刑条款内容。

【条文释义】

本条共分为 2 款。第 1 款是关于虚报注册资本罪的规定。

虚报注册资本罪，是指申请公司登记使用虚假证明文件或者采取其他欺诈手段虚报注册资本，欺骗公司登记主管部门，取得公司登记，虚报注册资本数额巨大、后果严重或者有其他严重情节的行为。

本罪在客观方面必须同时符合以下三个条件：

（1）申请公司登记使用虚假证明文件或者采取其他欺诈手段虚报注册资本，欺骗公司登记主管部门。这里所说的“证明文件”，主要是指依法设立的注册会计师事务所和审计师事务所等法定验资机构依法对申请公司登记的人的出资所出具的验资报告、资产评估报告、验资证明等材料。“其他欺诈手段”，主要是指采取贿赂等非法手段收买有关机关和部门的工作人员，恶意串通，虚报注册资本，或者采用其他隐瞒事实真相的方法欺骗公司登记主管部门的行为。虚报注册资本，既可以表现为没有达到登记注册的资本数额，却采取欺诈手段证明达到了法定数额；也可以表现为虽然达到了法定数额却虚报具有更高数额的资本；还可以表现为变更登记时虚报注册资本。“公司登记主管部门”，是指市场监督管理机关。这里需要指出的是，无论使用虚假证明文件还是采取其他欺诈手段，其目的是虚报注册资本，欺骗公司登记主管部门。如果使用虚假证明文件或者其他欺诈手段是为了夸大公司员工的人数或生产经营条件，虚构生产经营场所等，与虚报注册资本无关，不构成本罪。如果使用虚假的证明文件或者采取其他欺诈手段，没有到市场监督管理机关去申请公司设立登记，而是去欺骗另一方当事人，签订经济合同，诈骗钱财，也不构成本罪，对其行为应当依照《刑法》其他有关条款进行处罚。

（2）已经取得公司登记。“取得公司登记”，是指经市场监督管理部门核准并发给《企业法人营业执照》，还包括取得公司设立登记和变更登记的情况。如果在申请登记过程中，市场监督管理部门发现其使用的是虚假的证明文件或者采取了欺诈手段，没有予以登记，不构成本罪。

（3）虚报注册资本数额巨大、后果严重或者有其他严重情节。如果虚报注册资本，欺骗公司登记主管机关，数额不大，后果不严重，也没有其他严重情节，就不构成犯罪。

本罪的主体是特殊主体，即必须是申请公司登记的个人或者单位。这里所说的“公司”，是指《公司法》规定的有限责任公司和股份有限公司。根据 2014 年全国人大常委会《关于〈中华人民共和国刑法〉第一百五十八条、第一百五十九条的解释》的规定，这里的“公司”，应当限定为法律、行政法规和国务院规定实行注册资本实缴登记制的公司。根据 2014 年国务院《关于印发注册资本登记制度改革方案的通知》的规定，现行法律、行政法规以及国务院决定明确规定实行注册资本实缴登记制的公司，包括银行业金融机构、证券公司、期货公司、基金管理公司、保险公司、保险专业代理机构和保险经纪人、直销企业、对外劳务合作企业、融资性担保公司、募集设立的股份有限公司，以及劳务派遣企业、典当行、保险资产管理公司、小额贷款公司等。

第 2 款是关于单位犯虚报注册资本罪的处罚规定。本款所说的“单位”，是指不是以个人名义而是代表一个单位去申请登记的情况。根据《公司法》的规定，以发起设立方式设立股份有限公司的，发起人认足公司章程规定的出资后，应当选举董事会和监事会，由董事会向公司登记机关报送设立公司的批准文件、公司章程、验资证明等文件，申请设立登记。设立有限责任公司，则是由全体股东指定的代表或者共同委托的代理人去申请公司登记。

【实务问题】

1. 本罪罪与非罪的界限

区分本罪罪与非罪应从以下几个方面进行把握：（1）犯罪主观方面是否出于故意，是否具有骗取公司登记的目的。本罪的成立，要求行为人主观上是出于故意，并且具有骗取公司登记的目的。如果行为人主观上没有骗取公司登记的目的，而是由于对申请公司登记业务或法律规定不熟悉而造成认缴的注册资本没有达到法定要求的，则不构成犯罪。（2）是否取得公司登记。（3）情节是否严重。本罪属于情节犯，如果行为人虽然实施了虚报注册资本，骗取公司登记的行为，但不具有虚报注册资本数额巨大、后果严重或者有其他严重情节的情形之一的，则不构成犯罪。

2. 本罪的立案追诉标准

根据《立案追诉标准（二）》第 3 条的规定，申请公司登记使用虚假证明文件或者采取其他欺诈手段虚报注册资本，欺骗公司登记主管部门，取得公司登记，涉嫌下列情形之一的，应予立案追诉：（1）法定注册资本最低限额在 600 万元以下，虚报数额占其应缴出资数额 60%以上的；（2）法定注册资本最低限额超过 600 万元，虚报数额占其应缴出资数额 30%以上的；（3）造成投资者或者其他债权人直接经济损失累计数额在 50 万元以上的；（4）虽未达到上述数额标准，但具有下列情形之一的：① 2 年内因虚报注册资本受过 2 次以上行政处罚，又虚报注册资本的；②向公司登记主管人员行贿的；③为进行违法活动而注册的。（5）其他后果严重或者有其他严重情节的情形。本条只适用于依法实行注册资本实缴登记制的公司。这里的“虽未达到上述数额标准”，是指接近上述数额标准且已达到该数额的 80%以上的。

第一百五十九条　〔虚假出资、抽逃出资罪〕

公司发起人、股东违反公司法的规定未交付货币、实物或者未转移财产权，虚假出资，或者在公司成立后又抽逃其出资，数额巨大、后果严重或者有其他严

重情节的，处五年以下有期徒刑或者拘役，并处或者单处虚假出资金额或者抽逃出资金额百分之二以上百分之十以下罚金。

单位犯前款罪的，对单位判处罚金，并对其直接负责的主管人员和其他直接责任人员，处五年以下有期徒刑或者拘役。

本条是关于虚假出资、抽逃出资罪的罪刑条款内容。

【条文释义】

本条共分为 2 款。第 1 款是关于虚假出资、抽逃出资罪的规定。

虚假出资、抽逃出资罪，是指公司发起人、股东违反公司法的规定，未交付货币、实物或者未转移财产权，虚假出资，或者在公司成立后又抽逃其出资，数额巨大、后果严重或者有其他严重情节的行为。

本罪在客观方面表现为行为人违反公司法的规定，未交付货币、实物或者未转移财产权，虚假出资，或者在公司成立后又抽逃其出资，数额巨大、后果严重或者有其他严重情节的行为。这里的“违反公司法的规定”，主要是指违反了《公司法》，以及其他法律、行政法规或者国务院决定有关仍实行注册资本实缴登记制管理的规定。“未交付货币”，是指没有按规定交付其所认缴的出资额或者根本就没有交付任何货币。“未交付实物或者未转移财产权”，是指以实物、工业产权、非专利技术或者土地使用权出资的，根本没有实物移交或者没有办理所有权、土地使用权转让手续。“虚假出资”，是指在未交付货币、实物或者未转移财产权的情况下，以欺骗手段向其他发起人、股东、债权人或社会公众掩盖其未出资或出资不足额的真相，使他人相信其已出资。“公司成立后又抽逃其出资”，是指在公司成立以后，非法将已交付的货币、股款抽回取走，或者将已抵作出资、股款的实物、工业产权、非专利技术或者土地使用权收回的行为。一般包括两种情况：一种是为达到设立公司的目的，通过向其他企业借款或者向银行贷款等手段取得资金，作为自己的出资，待公司登记成立后，又抽回这些资金；另一种是在公司设立时，依法缴纳了自己的出资，但当公司成立后，又将其出资撤回。根据最高人民法院《关于适用〈中华人民共和国公司法〉若干问题的规定（三）》第 12 条的规定，下列行为属于抽逃出资：（1）制作虚假财务会计报表虚增利润进行分配；（2）通过虚构债权债务关系将其出资转出；（3）利用关联交易将出资转出；（4）其他未经法定程序将出资抽回的行为。虚假出资、抽逃出资的数额巨大、后果严重或者有其他严重情节的，才构成犯罪。这是划清罪与非罪的主要界限。如果股东、公司发起人虽有未交付货币、实物或未转移财产权，虚假出资，或者在公司设立后又抽逃其出资等行为，但数额不大，或者情节、后果不严重，不构成犯罪，可用其他方式处理。

本罪的主体是特殊主体，即公司的发起人或者股东。根据修改后的《公司法》和2014年全国人大常委会《关于〈中华人民共和国刑法〉第一百五十八条、第一百五十九条的解释》的规定，这里的"公司"，应当限定为公司法所规定的仍然实行注册资本实缴登记制的有限责任公司和股份有限公司。"公司发起人"，是指依法创立筹办股份有限公司的人。"股东"，是指公司的出资人，包括有限责任公司的股东和股份有限公司的股东。

第2款是关于单位犯虚假出资、抽逃出资罪的处罚规定。这里所说的"单位"，是指有限责任公司、股份有限公司和其他企业。

【实务问题】

1. 本罪与虚报注册资本罪的界限

本罪与虚报注册资本罪的主要区别在于：（1）客体不同。本罪侵犯的客体是公司出资制度和公司、其他股东以及债权人的利益；而虚报注册资本罪侵犯的客体则是公司登记制度。（2）客观方面不同。本罪中的"虚假"和虚报注册资本罪的"虚报"在欺诈形式上相似，但虚假的出资，资金是个体的发起人、股东的认缴额；而虚报的注册资本则是申请公司登记的公司整体的资本。（3）主观故意的内容不同。本罪主观上是为了规避出资义务；而虚报注册资本罪主观上是为了取得公司登记。（4）主体不同。二者虽然都是特殊主体，但身份有别。本罪的主体是公司的发起人、股东；而虚报注册资本罪的主体是申请公司登记的人。

2. 本罪的立案追诉标准

根据《立案追诉标准（二）》第4条的规定，公司发起人、股东违反公司法的规定未交付货币、实物或者未转移财产权，虚假出资，或者在公司成立后又抽逃其出资，涉嫌下列情形之一的，应予立案追诉：（1）法定注册资本最低限额在600万元以下，虚假出资、抽逃出资数额占其应缴出资数额60%以上的。（2）法定注册资本最低限额超过600万元，虚假出资、抽逃出资数额占其应缴出资数额30%以上的。（3）造成公司、股东、债权人的直接经济损失累计数额在50万元以上的。（4）虽未达到上述数额标准，但具有下列情形之一的：①致使公司资不抵债或者无法正常经营的；②公司发起人、股东合谋虚假出资、抽逃出资的；③2年内因虚假出资、抽逃出资受过2次以上行政处罚，又虚假出资、抽逃出资的；④利用虚假出资、抽逃出资所得资金进行违法活动的。（5）其他后果严重或者有其他严重情节的情形。本条只适用于依法实行注册资本实缴登记制的公司。这里的"虽未达到上述数额标准"，是指接近上述数额标准且已达到该数额的80%以上的。

3. 罪数的认定

实施本罪又触犯职务侵占罪等的，属于想象竞合犯，从一重罪论处。

第一百六十条 〔欺诈发行证券罪〕

在招股说明书、认股书、公司、企业债券募集办法等发行文件中隐瞒重要事实或者编造重大虚假内容，发行股票或者公司、企业债券、存托凭证或者国务院依法认定的其他证券，数额巨大、后果严重或者有其他严重情节的，处五年以下有期徒刑或者拘役，并处或者单处罚金；数额特别巨大、后果特别严重或者有其他特别严重情节的，处五年以上有期徒刑，并处罚金。

控股股东、实际控制人组织、指使实施前款行为的，处五年以下有期徒刑或者拘役，并处或者单处非法募集资金金额百分之二十以上一倍以下罚金；数额特别巨大、后果特别严重或者有其他特别严重情节的，处五年以上有期徒刑，并处非法募集资金金额百分之二十以上一倍以下罚金。

单位犯前两款罪的，对单位判处非法募集资金金额百分之二十以上一倍以下罚金，并对其直接负责的主管人员和其他直接责任人员，依照第一款的规定处罚。

本条是关于欺诈发行证券罪的罪刑条款内容。

【主要修改】

本条为2020年12月26日通过的《刑法修正案（十一）》所修改，该条内容原为："在招股说明书、认股书、公司、企业债券募集办法中隐瞒重要事实或者编造重大虚假内容，发行股票或者公司、企业债券，数额巨大、后果严重或者有其他严重情节的，处五年以下有期徒刑或者拘役，并处或者单处非法募集资金金额百分之一以上百分之五以下罚金。单位犯前款罪的，对单位判处罚金，并对其直接负责的主管人员和其他直接责任人员，处五年以下有期徒刑或者拘役。"

【条文释义】

本条共分为3款。第1款是关于个人犯欺诈发行证券罪及其处罚的规定。

欺诈发行证券罪，是指在招股说明书、认股书、公司、企业债券募集办法等发行文件中隐瞒重要事实或者编造重大虚假内容，发行股票或者公司、企业债券、存托凭证或者国务院依法认定的其他证券，数额巨大、后果严重或者有其他严重情节的行为。

本罪在客观方面表现为在招股说明书、认股书、公司、企业债券募集办法等发行文件中隐瞒重要事实或者编造重大虚假内容，发行股票或者公司、企业债券、存托凭证或者国务院依法认定的其他证券，数额巨大、后果严重或者有其他严重情节的行为。

（1）发行文件应当为《中华人民共和国证券法》（简称《证券法》）中提及的股票或者债券“发行申请文件”或“申请文件”的统称，系招股说明书、认股书、公司、企业债券募集办法等的宏观表达。这里的“招股说明书”，是指股份有限公司或者发起人向广大投资者发行股票的要约性文件。它应当披露一切对投资者投资判断有重大影响的信息，符合法律、法规所要求具备的各项条件。“认股书”，是指认股人（即投资者）表示认购一定数额的股份的承诺性文件。根据《公司法》的规定，认股书的内容与格式是股份有限公司或者发起人统一制作的，认股人只是负责填写所认购股数、金额、住所，并签名、盖章。因此，如果认股书所载明的有关事项中隐瞒重要事实或者有重大虚假内容，其法律责任理应由股份有限公司或者发起人承担。“公司、企业债券募集办法”，是指公司、企业向广大投资者发行公司、企业债券的要约性文件，是确定公司、企业与债券持有人之间权利义务的基础。“股票”，是指公司签发的证明股东所持股份的凭证。“公司、企业债券”，是指公司、企业依照法定程序发行的、约定在一定期限还本付息的有价证券。在我国，并不是所有的公司、企业都可以发行债券，只有股份有限公司、国有独资公司和由 2 个以上国有企业或者其他 2 个以上国有投资主体设立的有限责任公司才可以发行。存托凭证，又称存券收据或存股证，是指在一国证券市场流通的代表外国公司有价证券的可转让凭证，由存托人签发，以境外证券为基础在境内发行，代表境外基础证券权益的证券。存托凭证属公司融资业务范畴的金融衍生工具，一般代表公司股票，但有时也代表债券。

需要说明的是，这里的“国务院依法认定的其他证券”并不是广义的兜底性规定，其与《证券法》第 2 条第 1 款中规定的“国务院依法认定的其他证券”的含义是一致的，只有经国务院法定程序确认的新型证券品种才符合这一规定。

（2）关于“重要事实”和“重大内容”的认定。按照法条的表述，构成欺诈发行证券罪，要求发行股票或者公司、企业债券时，在招股说明书、认股书以及公司、企业债券募集办法等发行文件中隐瞒重要事实或者编造重大虚假内容。所谓重要事实，是指能够影响一般投资者作出投资或不投资，大量投资或少量投资决策的，真实反映投资对象的信息。所谓重大虚假内容，是指行为人编造的有关上述“重要事实”的信息。在司法实务中的裁判规则，一般的判断方法或逻辑是首先认定所编造的文件是否属于发行文件的组成部分；其次判断如果不对该文件进行编造，该公司的发债申请是否能够通过。由此可以看出，所隐瞒、编造的信息是否属于“重要事实或者重大虚假内容”的裁判规则，主要是看如果不对相应的信息进行隐瞒或编造，公司发债申请是否能够完成审核或备案。因此，如果不对该文件的相关内容进行编造或者隐瞒，证券发行就无法通过，此时就应判定该信息属于“重要事实”。因此，对于“重要事实”和“重大内容”的认定，应当回归到法律法规所明确的公司债券发行条件上来，结合客观标准进行判断。

（3）必须数额巨大、后果严重或者有其他严重情节。对于数额巨大、后果严重或者有其他严重情节的具体标准，《刑法》未作规定。

本罪的主体是特殊主体，欺诈发行股票的行为主体只能是以募集方式设立股份有限公司的人。欺诈发行债券的主体则是具有发行债券资格和条件的公司、企业的自然人和单位，具体包括股份有限公司、国有独资公司和国有有限责任公司及其企业。

第 2 款是关于控股股东、实际控制人组织、指使实施欺诈发行证券行为构成犯罪及其处罚的规定。根据《公司法》第 216 条的规定，控股股东，是指其出资额占有限责任公司资本总额 50%以上或者其持有的股份占股份有限公司股本总额 50%以上的股东；出资额或者持有股份的比例虽然不足 50%，但依其出资额或者持有的股份所享有的表决权已足以对股东会、股东大会的决议产生重大影响的股东。实际控制人，是指虽不是公司的股东，但通过投资关系、协议或者其他安排，能够实际支配公司行为的人。

第 3 款是关于单位犯欺诈发行证券罪的规定。对单位犯罪，包括两种情形：（1）单位直接犯欺诈发行证券罪的。这里对单位犯罪采取双罚制原则，即单位犯欺诈发行证券罪的，对单位判处非法募集资金金额 20%以上 1 倍以下罚金，并对其直接负责的主管人员和其他直接责任人员，依照第 1 款的规定处罚。（2）控股股东、实际控制人是单位，组织、指使实施欺诈发行证券行为，构成犯罪的。这里对单位判处非法募集资金金额 20%以上 1 倍以下罚金，并对其直接责任人员，依照第 1 款的规定处罚。

【实务问题】

1. 本罪罪与非罪的界限

本罪是故意犯罪，如果由于工作失误而造成招股说明书、认股书、公司、企业债券募集办法中有疏漏的，因为行为人主观上并没有非法募集资金的目的，所以不构成犯罪。

2. 本罪与提供虚假证明文件罪的区别

《证券法》中关于“发行文件”的界定比较宽泛，既包括招股说明书、认股书、公司、企业债券募集办法等与发行人自身有关的文件，还包括保荐人、会计师事务所等第三方出具的报告，但构成本罪犯罪对象的只能是发行人自身准备的文件，中介机构在相关证明文件中实施隐瞒、编造行为的，应当由提供虚假证明文件罪进行规制，其发行人与机构合谋，则有可能构成共犯。

3. 本罪的立案追诉标准

根据《立案追诉标准（二）》第5条的规定，在招股说明书、认股书、公司、企业债券募集办法等发行文件中隐瞒重要事实或者编造重大虚假内容，发行股票或者公司、企业债券、存托凭证或者国务院依法认定的其他证券，涉嫌下列情形之一的，应予立案追诉：（1）非法募集资金金额在1000万元以上的；（2）虚增或者虚减资产达到当期资产总额30%以上的；（3）虚增或者虚减营业收入达到当期营业收入总额30%以上的；（4）虚增或者虚减利润达到当期利润总额30%以上的；（5）隐瞒或者编造的重大诉讼、仲裁、担保、关联交易或者其他重大事项所涉及的数额或者连续12个月的累计数额达到最近一期披露的净资产50%以上的；（6）造成投资者直接经济损失数额累计在100万元以上的；（7）为欺诈发行证券而伪造、变造国家机关公文、有效证明文件或者相关凭证、单据的；（8）为欺诈发行证券向负有金融监督管理职责的单位或者人员行贿的；（9）募集的资金全部或者主要用于违法犯罪活动的；（10）其他后果严重或者有其他严重情节的情形。

4. 共犯的认定

中介组织人员与股票、债券的发行人事前通谋，在招股说明书中作虚假的审计、会计、法律服务报告，帮助他人欺诈发行股票的，成立本罪的共犯。证券交易所、证券公司的从业人员、证券业协会或证券管理部门的工作人员与证券发行者相勾结，故意提供虚假信息诱骗投资者买卖证券的，也应当成立本罪的共犯。

第一百六十一条　〔违规披露、不披露重要信息罪〕

依法负有信息披露义务的公司、企业向股东和社会公众提供虚假的或者隐瞒重要事实的财务会计报告，或者对依法应当披露的其他重要信息不按照规定披露，严重损害股东或者其他人利益，或者有其他严重情节的，对其直接负责的主管人员和其他直接责任人员，处五年以下有期徒刑或者拘役，并处或者单处罚金；情节特别严重的，处五年以上十年以下有期徒刑，并处罚金。

前款规定的公司、企业的控股股东、实际控制人实施或者组织、指使实施前款行为的，或者隐瞒相关事项导致前款规定的情形发生的，依照前款的规定处罚。

犯前款罪的控股股东、实际控制人是单位的，对单位判处罚金，并对其直接负责的主管人员和其他直接责任人员，依照第一款的规定处罚。

本条是关于违规披露、不披露重要信息罪的罪刑条款内容。

【主要修改】

本条曾为2006年6月29日通过的《刑法修正案（六）》所修改，该条内容原为："公司向股东和社会公众提供虚假的或者隐瞒重要事实的财务会计报告，严重损害股东或者其他人利益的，对其直接负责的主管人员和其他直接责任人员，处三年以下有期徒刑或者拘役，并处或者单处二万元以上二十万元以下罚金。"

2020 年 12 月 26 日通过的《刑法修正案（十一）》再次对本条进行了修改，该条内容原为："依法负有信息披露义务的公司、企业向股东和社会公众提供虚假的或者隐瞒重要事实的财务会计报告，或者对依法应当披露的其他重要信息不按照规定披露，严重损害股东或者其他人利益，或者有其他严重情节的，对其直接负责的主管人员和其他直接责任人员，处三年以下有期徒刑或者拘役，并处或者单处二万元以上二十万元以下罚金。"

【条文释义】

本条共分为 3 款。第 1 款是关于违规披露、不披露重要信息罪及其处罚的规定。

违规披露、不披露重要信息罪，是指依法负有信息披露义务的公司、企业向股东和社会公众提供虚假的或者隐瞒重要事实的财务会计报告，或者对依法应当披露的其他重要信息不按照规定披露，严重损害股东或者其他人利益，或者有其他严重情节的行为。

本罪在客观方面表现为向股东和社会公众提供虚假的或者隐瞒重要事实的财务会计报告，或者对依法应当披露的其他重要信息不按照规定披露，严重损害股东或者其他人利益，或者有其他严重情节的行为。一方面，行为人必须具有向股东和社会公众提供虚假的或者隐瞒重要事实的财务会计报告，或者对依法应当披露的其他重要信息不按照规定披露的行为。这里的"财务会计报告"，是指由公司、企业的财会部门或者公司、企业委托的其他会计、审计机构，按照国家的规定，在每一会计年度终了时制作的反映公司、企业财务状况和经营效果的文件，主要包括资产负债表、损益表、财务状况变动表、利润分配表、财务情况说明书等财务会计报表和附属明细表。"股东"，是指有限责任公司的投资主体和股份有限公司的股份持有人。"其他人"，是指社会公众中因买卖公司股票而遭受实际损失的人。依法应当披露的其他重要信息，不仅包括《证券法》《公司法》《银行业监督管理法》《证券投资基金法》及行政法规对于应当披露的信息事项的规定，还包括国务院证券管理机构依照《证券法》《公司法》的授权对信息披露事项的具体规定，主要包括招股说明书、上市公告书、公告年度报告、临时报告，以及风险管理状况、董事和高级管理人员变更等。不按照规定披露包括不披露、披露不真实、不全面、不及时以及披露程序不妥当。但是，上述行为必须严重损害股东和其他人的合法权益，或者有其他严重情节。股东或者其他人的合法权益，是指股东或者其他人与公司存在经济交易而应享有的财产利益，如股权、债权等。

本罪的主体是特殊主体，即依法负有信息披露义务的公司、企业，包括依据《公司法》《证券法》《银行业监督管理法》《商业银行法》《保险法》《证券投资基金法》等法律、行政法规、规章规定的具有信息披露义务的股票发行人、上市公司、企业债券上市交易的公司、企业，银行、基金管理人、基金托管人和其他信息披露义务人，保险公司，以及上述公司、企业的控股股东、实际控制人等。

第 2 款是关于公司、企业的控股股东、实际控制人实施或者组织、指使实施违规披露、不披露重要信息行为的，或者隐瞒相关事项导致严重损害股东或者其他人利益，或者有其他严重情节的，依照第 1 款的规定处罚。根据《公司法》第 216 条的规定，控股股东，是指其出资额占有限责任公司资本总额 50%以上或者其持有的股份占股份有限公司股本总额 50%以上的股东；出资额或者持有股份的比例虽然不足 50%，但依其出资额或者持有的股份所享有的表决权已足以对股东会、股东大会的决议产生重大影响的股东。实际控制人，是指虽不是公司的股东，但通过投资关系、协议或者其他安排，能够实际支配公司行为的人。

第 3 款是关于控股股东、实际控制人是单位的处罚规定，即对单位判处罚金，并对其直接负责的主管人员和其他直接责任人员，依照第 1 款的规定处罚。

【实务问题】

1. 本罪的立案追诉标准

根据《立案追诉标准（二）》第 6 条的规定，依法负有信息披露义务的公司、企业向股东和社会公众提供虚假的或者隐瞒重要事实的财务会计报告，或者对依法应当披露的其他重要信息不按照规定披露，涉嫌下列情形之一的，应予立案追诉：（1）造成股东、债权人或者其他人直接经济损失数额累计在 100 万元以上的；（2）虚增或者虚减资产达到当期披露的资产总额 30%以上的；（3）虚增或者虚减营业收入达到当期披露的营业收入总额 30%以上的；（4）虚增或者虚减利润达到当期披露的利润总额 30%以上的；（5）未按照规定披露的重大诉讼、仲裁、担保、关联交易或者其他重大事项所涉及的数额或者连续 12 个月的累计数额达到最近一期披露的净资产 50%以上的；（6）致使不符合发行条件的公司、企业骗取发行核准或者注册并且上市交易的；（7）致使公司、企业发行的股票或者公司、企业债券、存托凭证或者国务院依法认定的其他证券被终止上市交易的；（8）在公司财务会计报告中将亏损披露为盈利，或者将盈利披露为亏损的；（9）多次提供虚假的或者隐瞒重要事实的财务会计报告，或者多次对依法应当披露的其他重要信息不按照规定披露的；（10）其他严重损害股东、债权人或者其他人利益，或者有其他严重情节的情形。

2. 关于信息披露的判断标准

所谓虚假，是指所提供的财务会计报告的内容是伪造的、虚构的，即财务会计报告中记载的内容与事实不符。这可能是资产负债表虚假，可能是利润表虚假，也可能是现金流量表虚假等。所谓隐瞒重要事实，是指提供的财务会计报告所反映的内容不全面、不真实，没有记载重要事实。其中，重要事实，一般是指能够影响股东以及广大社会公众作出投资决定的事实，其并不仅仅指的是该公司的负债情况，如公司亏损情况、公司的重大决策等，都可以影响股东或社会公众的决策，也属于重要事实。从实践来看，虚假与隐瞒重要事实往往交织在一起，如少报或者多报资产总额或者负债总额，实际上是隐瞒了真实的资产总额或者负债总额；将亏损表述为盈利，将盈利表述为亏损，实际上是隐瞒了真实的盈亏状况；虚列营业收入、营业成本，实际上是隐瞒了真实的营业收入、营业成本，等等。

在证券法上，完整性和重大遗漏是对应性范畴。信息披露的完整性，是指信息披露义务人提供给投资人判断证券投资价值有关信息和资料必须全面，不得故意隐瞒或有重大遗漏。信息披露满足了完整性要求，就不会有重大遗漏。证券市场上投资者判断的基础是对证券发行公司披露信息的综合分析。虽然每个具体的投资者对所披露信息的重要性和有用性有不同的认识和不同的选择，但对投资者整体而言，证券发行公司将各种影响证券价格的重大信息予以公布，是投资判断公平性和正确性的前提条件。如果披露的信息不全面或不完整，有“重大遗漏”，即使已公开的信息全部是真实的，也会导致信息公开整体上的虚假性。因此，在强调真实性标准的同时，必须坚持信息披露的全面性。完整性并不是要求证券发行公司将有关其经营状况信息事无巨细地一律披露。事实上，将对证券市场价格并无影响的信息予以披露，一方面，增加了发行人信息公开的成本；另一方面，也无助于投资者作出投资判断，因为各种信息的混杂会形成“信息噪声”，增加投资者信息选择的难度。信息披露的完整性标准有质和量两方面的规定。首先，在披露信息上，必须是“重大信息”，即能够较大影响证券市场价格的重大事件；其次，在信息披露的量上，必须使投资者拥有足以作出投资决策的完整信息。信息披露完整性可进一步细化为宏观上的完整性和微观上的完整性。宏观上的完整性，是指证券发行人应将法定范围内应披露的信息完全披露，不得有所遗漏和保留。例如，公司应定期公开财务报告等文件，随时公开可能对公司证券市场价格产生较大影响的重大事件等。微观上的完整性，是指具体到每一条披露的信息，信息披露义务人应保证其内容的充分完整。贯彻信息披露的全面性标准必须强调宏观上的完整性和微观上的完整性相结合。

第一百六十二条　〔妨害清算罪〕

公司、企业进行清算时，隐匿财产，对资产负债表或者财产清单作虚伪记载或者在未清偿债务前分配公司、企业财产，严重损害债权人或者其他人利益的，对其直接负责的主管人员和其他直接责任人员，处五年以下有期徒刑或者拘役，并处或者单处二万元以上二十万元以下罚金。

本条是关于妨害清算罪的罪刑条款内容。

【条文释义】

妨害清算罪，是指公司、企业进行清算时，隐匿财产，对资产负债表或者财产清单作虚伪记载或者在未清偿债务前分配公司、企业财产，严重损害债权人或者其他人利益的行为。

本罪在客观方面表现为公司、企业进行清算时，隐匿财产，对资产负债表或者财产清单作虚伪记载或者在未清偿债务前分配公司、企业财产，严重损害债权人或者其他人利益的行为。首先，行为发生在公司、企业清算财产时。清算，是指清理公司尚未了结的事务，以保证公司归于消灭的程序。其次，实施了以下四种行为之一：一是隐匿财产；二是对资产负债表作虚伪记载，如夸大负债数额，作实际上并不存在的负债记载，对特定债权人作不符合事实的负债记载等；三是对财产清单作虚伪记载，如减少公司、企业的收入，降低固定资产的价格等；四是在未清偿债务前分配公司、企业财产，但如果行为同时触犯私分国有资产罪的，应从一重罪论处。最后，严重损害债权人或者其他人的合法利益。

本罪的主体是进行清算的公司、企业。公司包括股份有限公司和有限责任公司，企业则包括除股份有限公司和有限责任公司以外的所有企业组织形式。如果清算组成员、破产管理人与公司、企业相勾结共同实施本条规定的行为，应以共同犯罪论处。

【实务问题】

1. 本罪罪与非罪的界限

公司进行清算时，虽然具有隐匿财产，对资产负债表或者财产清单作虚伪记载或者在未清偿债务前分配公司财产的行为，但并未严重损害债权人或者其他人的利益，情节显著轻微危害不大的，不以犯罪论处。

2. 本罪的立案追诉标准

根据《立案追诉标准（二）》第 7 条的规定，公司、企业进行清算时，隐匿财产，对资产负债表或者财产清单作虚伪记载或者在未清偿债务前分配公司、企业财产，涉嫌下列情形之一的，应予立案追诉：（1）隐匿财产价值在 50 万元以上的；（2）对资产负债表或者财产清单作虚伪记载涉及金额在 50 万元以上的；（3）在未清偿债务前分配公司、企业财产价值在 50 万元以上的；（4）造成债权人或者其他人直接经济损失数额累计在 10 万元以上的；（5）虽未达到上述数额标准，但应清偿的职工的工资、社会保险费用和法定补偿金得不到及时清偿，造成恶劣社会影响的；（6）其他严重损害债权人或者其他人利益的情形。这里的“虽未达到上述数额标准”，是指接近上述数额标准且已达到该数额的 80%以上的。

第一百六十二条之一 〔隐匿、故意销毁会计凭证、会计账簿、财务会计报告罪〕

隐匿或者故意销毁依法应当保存的会计凭证、会计账簿、财务会计报告，情节严重的，处五年以下有期徒刑或者拘役，并处或者单处二万元以上二十万元以下罚金。

单位犯前款罪的，对单位判处罚金，并对其直接负责的主管人员和其他直接责任人员，依照前款的规定处罚。

本条是关于隐匿、故意销毁会计凭证、会计账簿、财务会计报告罪的罪刑条款内容。

本条为 1999 年 12 月 25 日通过的《中华人民共和国刑法修正案》（简称《刑法修正案》）所增加。

【条文释义】

本条共分为 2 款。第 1 款是关于隐匿、故意销毁会计凭证、会计账簿、财务会计报告罪的规定。

隐匿、故意销毁会计凭证、会计账簿、财务会计报告罪，是指故意隐匿、销毁依法应当保存的会计凭证、会计账簿、财务会计报告，情节严重的行为。

本罪在客观方面表现为隐匿、销毁依法应当保存的会计凭证、会计账簿、财务会计报告，情节严重的行为。行为对象是依法应当保存的会计凭证、会计账簿、财务会计报告。行为表现为隐匿与销毁。隐匿，是指妨害他人依法发现会计凭证、会计账簿、财务会计报告的一切行为；销毁，是指妨害会计凭证、会计账簿、财务会计报告的本来效用的一切行为。成立本罪要求情节严重。

本罪在主观方面是出于故意。不仅要求销毁行为出于故意，而且隐匿行为也必须出于故意。

本罪的主体是特殊主体，即有义务保存会计凭证、会计账簿、财务会计报告的任何人。

第 2 款是关于单位犯隐匿、故意销毁会计凭证、会计账簿、财务会计报告罪的规定。

【实务问题】

1. 本罪罪与非罪的界限

本罪是故意犯罪，实践中可能存在过失销毁行为，过失销毁依法应当保存的会计凭证、会计账簿、财务会计报告不构成本罪。

2. 本罪的立案追诉标准

根据《立案追诉标准（二）》第 8 条的规定，隐匿或者故意销毁依法应当保存的会计凭证、会计账簿、财务会计报告，涉嫌下列情形之一的，应予立案追诉：（1）隐匿、故意销毁的会计凭证、会计账簿、财务会计报告涉及金额在 50 万元以上的；（2）依法应当向监察机关、司法机关、行政机关、有关主管部门等提供而隐匿、故意销毁或者拒不交出会计凭证、会计账簿、财务会计报告的；（3）其他情节严重的情形。

第一百六十二条之二　〔虚假破产罪〕

公司、企业通过隐匿财产、承担虚构的债务或者以其他方法转移、处分财产，实施虚假破产，严重损害债权人或者其他人利益的，对其直接负责的主管人员和其他直接责任人员，处五年以下有期徒刑或者拘役，并处或者单处二万元以上二十万元以下罚金。

本条是关于虚假破产罪的罪刑条款内容。

本条为 2006 年 6 月 29 日通过的《刑法修正案（六）》所增加。

【条文释义】

虚假破产罪，是指公司、企业通过隐匿财产、承担虚构的债务或者以其他方法转移、处分财产，实施虚假破产，严重损害债权人或者其他人利益的行为。

本罪在客观方面表现为通过隐匿财产、承担虚构的债务或者以其他方法转移、处分财产，实施虚假破产，严重损害债权人或者其他人利益的行为。这里的“隐匿财产”，是指将公司的财产隐藏，或者对公司、企业的财产清单和资产负债表作虚假记载，或者采用少报、低报的手段，故意隐瞒、缩小公司、企业财产的实际数额。“承担虚构的债务”，是指夸大公司、企业的负债状况，目的是造成公司资不抵债的假象。“以其他方法转移、处分财产”，是指在未清偿债务之前，将公司、企业的财产无偿转让、以明显不合理的低价转让或者以明显高于市场的价格受让财产、对原来没有财产担保的债务提供财产担保、放弃债权、对公司财产进行分配等情形。“严重损害债权人的利益”，主要是指通过虚假破产意图逃避偿还债权人的债务，数额巨大等情形。“严重损害其他人的利益”，是指虚假破产造成公司、企业拖欠的职工工资、社会保险费和国家的税款得不到清偿，或者使公司、企业的其他股东的合法权益受到损害等情形。

本罪的主体是特殊主体，即公司、企业，但是只处罚直接负责的主管人员和其他直接责任人员，而没有规定对公司、企业判处罚金。之所以这样规定，是考虑到对公司、企业判处罚金，会使其所欠债务更加难以偿还，不利于保护债权人和其他人的合法权益。

【实务问题】

1. 本罪与妨害清算罪的界限

本罪与妨害清算罪的主要区别在于：（1）行为发生的时间不同。本罪主要是针对公司、企业在进入破产程序之前，通过隐匿财产、承担虚构的债务，或者以其他方法非法转移、分配财产，实施虚假破产的犯罪行为；而妨害清算罪主要是针对公司、企业进入清算程序以后妨害清算的犯罪行为，即公司、企业因解散、分立、合并或者破产，依照法律规定在清理公司、企业债权债务的活动期间发生的隐匿财产、对资产负债表或者财产清单作虚伪记载或者在未清偿债务前分配公司、企业财产等犯罪行为。二者在行为上有相似之处，是否进入清算程序是区分两罪的关键。实施虚假破产的时间界限应当截至公司、企业提出破产申请之日，或者因为公司、企业资不抵债，由债权人提出破产申请之日。根据《中华人民共和国企业破产法》的有关规定，从提出破产申请之日起，在此之前 1 年之内有恶意处分公司、企业财产的行为无效。如果行为人实施虚假破产行为，严重损害债权人和其他人的利益的，就构成本罪。此外，本罪只能存在于实施虚假破产过程之中；而妨害清算罪既可以存在于虚假破产过程中，也可以存在于真实破产之中。（2）客观方面不同。本罪在客观方面表现为隐匿财产、对资产负债表或者财产清单作虚伪记载以及在未清偿债务前分配公司、企业财产、无偿转让财产、非正常压价出售财产、对原来没有财产担保的债务提供财产担保等多种其他转移和处分财产的行为；而妨害清算罪在客观方面仅表现为隐匿财产、对资产负债表或者财产清单作虚伪记载以及在未清偿债务前分配公司、企业财产等三类行为。

2. 本罪的立案追诉标准

根据《立案追诉标准（二）》第 9 条的规定，公司、企业通过隐匿财产、承担虚构的债务或者以其他方法转移、处分财产，实施虚假破产，涉嫌下列情形之一的，应予立案追诉：（1）隐匿财产价值在 50 万元以上的；（2）承担虚构的债务涉及金额在 50 万元以上的；（3）以其他方法转移、处分财产价值在 50 万元以上的；（4）造成债权人或者其他人直接经济损失数额累计在10万元以上的；（5）虽未达到上述数额标准，但应清偿的职工的工资、社会保险费用和法定补偿金得不到及时清偿，造成恶劣社会影响的；（6）其他严重损害债权人或者其他人利益的情形。这里的“虽未达到上述数额标准”，是指接近上述数额标准且已达到该数额的80%以上的。

3. 罪数的认定

行为人在实施虚假破产犯罪之后，在法院宣告破产之后的清算期间，又采取隐匿财产、对资产负债表或者财产清单作虚伪记载等行为，构成妨害清算罪的，应当数罪并罚。

第一百六十三条　〔非国家工作人员受贿罪〕

公司、企业或者其他单位的工作人员，利用职务上的便利，索取他人财物或者非法收受他人财物，为他人谋取利益，数额较大的，处三年以下有期徒刑或者拘役，并处罚金；数额巨大或者有其他严重情节的，处三年以上十年以下有期徒刑，并处罚金；数额特别巨大或者有其他特别严重情节的，处十年以上有期徒刑或者无期徒刑，并处罚金。

公司、企业或者其他单位的工作人员在经济往来中，利用职务上的便利，违反国家规定，收受各种名义的回扣、手续费，归个人所有的，依照前款的规定处罚。

国有公司、企业或者其他国有单位中从事公务的人员和国有公司、企业或者其他国有单位委派到非国有公司、企业以及其他单位从事公务的人员有前两款行为的，依照本法第三百八十五条、第三百八十六条的规定定罪处罚。

本条是关于非国家工作人员受贿罪的罪刑条款内容。

【主要修改】

本条曾为2006年6月29日通过的《刑法修正案（六）》所修改，该条内容原为：“公司、企业的工作人员利用职务上的便利，索取他人财物或者非法收受他人财物，为他人谋取利益，数额较大的，处五年以下有期徒刑或者拘役；数额巨大的，处五年以上有期徒刑，可以并处没收财产。公司、企业的工作人员在经济往来中，违反国家规定，收受各种名义的回扣、手续费，归个人所有的，依照前款的规定处罚。国有公司、企业中从事公务的人员和国有公司、企业委派到非国有公司、企业从事公务的人员有前两款行为的，依照本法第三百八十五条、第三百八十六条的规定定罪处罚。”

2020年12月26日通过的《刑法修正案（十一）》对本条第1款进行了修

改，该款内容原为："公司、企业或者其他单位的工作人员利用职务上的便利，索取他人财物或者非法收受他人财物，为他人谋取利益，数额较大的，处五年以下有期徒刑或者拘役；数额巨大的，处五年以上有期徒刑，可以并处没收财产。"

【条文释义】

本条共分为 3 款。第 1 款是关于非国家工作人员受贿罪及其处罚的规定。

非国家工作人员受贿罪，是指公司、企业或者其他单位的工作人员，利用职务上的便利，索取他人财物或者非法收受他人财物，为他人谋取利益，数额较大的行为。

本罪在客观方面表现为利用职务上的便利，索取或者非法收受他人数额较大的财物，为他人谋取利益的行为。其一，必须利用职务上的便利，即他人有求于行为人的职务行为时，行为人以职务行为或者允诺实施或不实施职务行为作为条件，实施受贿行为。其二，必须索取或者非法收受他人财物，并且数额较大。这里的"财物"不仅包括金钱和实物，而且包括可以用金钱计算数额的财产性利益，如提供房屋装修、含有金额的会员卡、代币卡（券）、旅游费用等。其三，不管是索取他人财物，还是收受他人财物，都必须为他人谋取利益。但"为他人谋取利益"的最低限度是允诺为他人谋取利益，不要求行为人实际上为他人谋取了利益。2016 年最高人民法院、最高人民检察院《关于办理贪污贿赂刑事案件适用法律若干问题的解释》（简称《贪污贿赂案件解释》）第 13 条第 1 款规定，具有下列情形之一的，应当认定为"为他人谋取利益"，构成犯罪的，应当依照《刑法》关于受贿犯罪的规定定罪处罚：（1）实际或者承诺为他人谋取利益的；（2）明知他人有具体请托事项的；（3）履职时未被请托，但事后基于该履职事由收受他人财物的。

第 2 款是关于公司、企业或者其他单位的工作人员在经济往来中，利用职务上的便利，违反国家规定，收受各种名义的回扣、手续费，归个人所有的，成立本罪的规定。这里的"违反国家规定"，是指违反全国人民代表大会及其常务委员会制定的法律和决定，国务院制定的行政法规、规定的行政措施、发布的决定和命令，不包括单纯违反地方性规定的行为。

本罪属于身份犯，本罪的主体必须是公司、企业或者其他单位的工作人员。这里的"其他单位"，既包括事业单位、社会团体、村民委员会、居民委员会、村民小组等常设性的组织，也包括为组织体育赛事、文艺演出或者其他正当活动而成立的组委会、筹委会、工程承包队等非常设性的组织。国家机关、国有公司、企业、事业单位中并不从事公务的非国家工作人员，可以成为非国家工作人员受贿罪的主体。

第 3 款是关于国有公司、企业或者其他国有单位中从事公务的人员以及其他国家工作人员利用职务上的便利索取、收受贿赂的，成立受贿罪的规定。

【实务问题】

1. 本罪罪与非罪的界限

区分本罪罪与非罪，应从以下几个方面进行掌握：（1）公司、企业或者其他单位的工作人员利用职务上的便利，索取他人财物或者非法收受他人财物，为他人谋取利益，或者在经济往来中，违反国家规定，收受各种名义的回扣、手续费，归个人所有，数额较大的，才能构成犯罪；如果数额不大的，则不应以犯罪论处。（2）认定本罪时，应将违反国家规定，收受各种名义的回扣、手续费的行为，与正当业务行为相区别。根据《中华人民共和国反不正当竞争法》（简称《反不正当竞争法》）第 7 条的规定，经营者不得采用财物或者其他手段进行贿赂，以谋取交易机会或者竞争优势。经营者的工作人员进行贿赂的，应当认定为经营者的行为；但是，经营者有证据证明该工作人员的行为与为经营者谋取交易机会或者竞争优势无关的除外。根据 1996 年国家工商行政管理局《关于禁止商业贿赂行为的暂行规定》的规定，回扣，是指经营者销售商品时在账外暗中以现金、实物或者其他方式退给对方单位或者个人的一定比例的商品价款。账外暗中，是指未在依法设立的反映其生产经营活动或者行政事业经费收支的财务账上按照财务会计制度规定明确如实记载，包括不记入财务账、转入其他财务账或者做假账等。

根据《反不正当竞争法》第 7 条第 2 款的规定，经营者在交易活动中，可以以明示方式向交易相对方支付折扣，或者向中间人支付佣金。经营者向交易相对方支付折扣、向中间人支付佣金的，应当如实入账。接受折扣、佣金的经营者也应当如实入账。折扣，即商品购销中的让利，是指经营者在销售商品时，以明示并如实入账的方式给予对方的价格优惠。佣金，是指经营者在市场交易中给予为其提供服务的具有合法经营资格的中间人的劳动报酬。对合法接受折扣、佣金的，不能认定为受贿；但对违反国家规定，利用职务上的便利收受各种名义的回扣、手续费，归个人所有的，应认定为受贿。

根据 2008 年最高人民法院、最高人民检察院《关于办理商业贿赂刑事案件适用法律若干问题的意见》的相关规定，对下列行为应以非国家工作人员受贿罪定罪处罚：（1）医疗机构中的非国家工作人员，在药品、医疗器械、医用卫生材料等医药产品采购活动中，利用职务上的便利，索取销售方财物，或者非法收受销售方财物，为销售方谋取利益，数额较大的；医疗机构中的医务人员，利用开处方的职务便利，以各种名义非法收受药品、医疗器械、医用卫生材料等医药产品销售方财物，为医药产品销售方谋取利益，数额较大的。（2）学校及其他教育机构中的非国家工作人员，在教材、教具、校服或者其他物品的采购等活动中，利用职务上的便利，索取销售方财物，或者非法收受销售方财物，为销售方谋取利益，数额较大的；学校及其他教育机构中的教师，利用教学活动的职务便利，以各种名义非法收受教材、教具、校服或者其他物品销售方财物，为教材、教具、校服或者其他物品销售方谋取利益，数额较大的。（3）依法组建的评标委员会、竞争性谈判采购中谈判小组、询价采购中询价小组的组成人员，在招标、政府采购等事项的评标或者采购活动中，索取他人财物或者非法收受他人财物，为他人谋取利益，数额较大的。

2. 本罪的立案追诉标准

根据《立案追诉标准（二）》第 10 条的规定，公司、企业或者其他单位的工作人员利用职务上的便利，索取他人财物或者非法收受他人财物，为他人谋取利益，或者在经济往来中，利用职务上的便利，违反国家规定，收受各种名义的回扣、手续费，归个人所有，数额在 3 万元以上的，应予立案追诉。

3. 共同犯罪的认定

非国家工作人员与国家工作人员通谋，共同收受他人财物，构成共同犯罪的，根据双方利用职务便利的具体情形分别定罪追究刑事责任：（1）单纯利用国家工作人员的职务便利为他人谋取利益的，以受贿罪追究刑事责任。（2）单纯利用非国家工作人员的职务便利为他人谋取利益的，以非国家工作人员受贿罪追究刑事责任。（3）分别利用各自的职务便利为他人谋取利益的，按照主犯的犯罪性质追究刑事责任，不能分清主从犯的，可以受贿罪追究刑事责任。

4. 刑罚适用的溯及力

需要注意的是，这里非国家工作人员受贿罪法定刑的提高，其实是不考虑法定刑幅度而从法定最高刑比较上得出的结论。但具体到特定数额档次的法定刑量刑，修正后的规定量刑的结果有可能是趋轻的，而且情节的添加也是“从无到有”的过程，因此，应当慎重适用从旧兼从轻原则。

第一，是从旧兼从轻原则中的“从旧”。由于修正前的非国家工作人员受贿罪只规定了“数额较大”“数额巨大”的标准，因而情节标准自始就在该罪的量刑标准考虑之外。举例来说，2016 年《贪污贿赂案件解释》第 2 条第 3 款规定，受贿数额在 10 万元以上不满 20 万元，具有多次索贿等八种情节之一的，应当认定为《刑法》第 383 条第 1 款规定的“其他严重情节”，那么，非国家工作人员受贿在 50 万元以上不满 100 万元，同时具有索贿等八种情节之一的，是否也属于非国家工作人员受贿数额巨大呢？答案当然是否定的，因为《刑法》第 163 条仅将数额较大、数额巨大作为犯罪成立条件与法定刑升格条件，而《刑法》第 385 条关于受贿罪的规定，是将数额与情节作为选择性成立条件与法定刑升格条件。

第二，是从旧兼从轻原则中的“从轻”。这里的“从轻”，指处罚较轻。如果《刑法》规定了数个量刑幅度的，法定最高刑指具体犯罪行为应当适用的法定刑幅度的最高刑。比如，非国家工作人员受贿120万元，未修正前的刑法量刑幅度是5年到15年有期徒刑，而现行刑法的量刑幅度是3年到10年有期徒刑，存在着适用新法处罚较轻的可能。在此，刑罚的适用就不应当溯及既往，而要适用修正后的新法。

5. 追诉时效的适用

《刑法修正案（十一）》对非国家工作人员受贿罪刑罚的修改，也会产生追诉时效的适用问题：其一，非国家工作人员受贿罪第一个档次的量刑降低（由5年有期徒刑降低为3年有期徒刑），可能导致正在诉讼程序中的案件超过追诉时效；其二，将非国工作人员受贿罪原最高档次15年有期徒刑修改为无期徒刑后，可能导致原来已经超过追诉时效的案件未过追诉时效。

第一百六十四条

〔对非国家工作人员行贿罪〕**为谋取不正当利益，给予公司、企业或者其他单位的工作人员以财物，数额较大的，处三年以下有期徒刑或者拘役，并处罚金；数额巨大的，处三年以上十年以下有期徒刑，并处罚金。**

〔对外国公职人员、国际公共组织官员行贿罪〕**为谋取不正当商业利益，给予外国公职人员或者国际公共组织官员以财物的，依照前款的规定处罚。**

单位犯前两款罪的，对单位判处罚金，并对其直接负责的主管人员和其他直接责任人员，依照第一款的规定处罚。

行贿人在被追诉前主动交待行贿行为的，可以减轻处罚或者免除处罚。

本条是关于对非国家工作人员行贿罪，对外国公职人员、国际公共组织官员行贿罪的罪刑条款内容。

【主要修改】

本条第1款曾为2006年6月29日通过的《刑法修正案（六）》所修改，该款内容原为：“为谋取不正当利益，给予公司、企业的工作人员以财物，数额较大的，处三年以下有期徒刑或者拘役；数额巨大的，处三年以上十年以下有期徒刑，并处罚金。”

2011年2月25日通过的《刑法修正案（八）》对本条进行了修改，该条内容原为：“为谋取不正当利益，给予公司、企业或者其他单位的工作人员以财物，数额较大的，处三年以下有期徒刑或者拘役；数额巨大的，处三年以上十年以下有期徒刑，并处罚金。单位犯前款罪的，对单位判处罚金，并对其直接负责的主管人员和其他直接责任人员，依照前款的规定处罚。行贿人在被追诉前主动交待行贿行为的，可以减轻处罚或者免除处罚。”

2015 年 8 月 29 日通过的《刑法修正案（九）》再次对本条第 1 款进行了修改，该款内容原为：“为谋取不正当利益，给予公司、企业或者其他单位的工作人员以财物，数额较大的，处三年以下有期徒刑或者拘役；数额巨大的，处三年以上十年以下有期徒刑，并处罚金。”

【条文释义】

本条共分为 4 款。第 1 款是关于对非国家工作人员行贿罪的规定。

对非国家工作人员行贿罪，是指为谋取不正当利益，给予公司、企业或者其他单位的工作人员以财物，数额较大的行为。

本罪在客观方面表现为为谋取不正当利益，给予公司、企业或者其他单位的工作人员以数额较大的财物的行为。具体包括以下要素：（1）给予公司、企业或者其他单位的工作人员以财物。这里的“给予”，既包括主动提供、交付的行为，也包括因被索取或者勒索而被动给付的情形。当然在被勒索而被动给付的情形下应参照《刑法》第 389 条行贿罪的精神予以认定，即财物给付人未获得不正当利益的，不构成本罪；如获得了不正当利益，则以本罪论处。（2）为了谋取不正当利益或者不正当的商业利益。“谋取不正当利益”，根据 2008 年最高人民法院、最高人民检察院《关于办理商业贿赂刑事案件适用法律若干问题的意见》第 9 条规定，在行贿犯罪中“谋取不正当利益”，是指行贿人谋取违反法律、法规、规章或者政策规定的利益，或者要求对方违反法律、法规、规章、政策、行业规范的规定提供帮助或者方便条件。在招标投标、政府采购等商业活动中，违背公平原则，给予相关人员财物以谋取竞争优势的，属于“谋取不正当利益”。(3) 必须数额较大。所给予公司、企业或者其他单位工作人员的财物必须“数额较大”。

本罪的主体是一般主体，包括自然人和单位。

第 2 款是关于对外国公职人员、国际公共组织官员行贿罪的规定。

对外国公职人员、国际公共组织官员行贿罪，是指为谋取不正当商业利益，给予外国公职人员或者国际公共组织官员以财物，数额较大的行为。

根据《联合国反腐败公约》的规定，外国公职人员，是指外国无论是经任命还是经选举而担任立法、行政、行政管理或者司法职务的任何人员，以及为外国包括为公共机构或者公营企业行使公共职能的任何人员。国际公共组织官员，是指国际公务员或者经此种组织授权代表该组织行事的任何人员，国籍没有限制（包括具有中国国籍的国际公共组织官员）。至于上述人员是长期任职还是临时任职，是计酬还是不计酬，都不影响对其身份的认定。财物包括金钱、实物与财产性利益。

本罪在主观方面表现为故意，还要求为谋取不正当商业利益。谋取包括直接谋取与间接谋取；商业利益是指与国际商务有关的经济利益与商业机会。至于是否实际谋取利益，则不影响本罪的成立。

本罪的主体既可以是自然人，也可能是单位。

第 3 款是关于单位犯对非国家工作人员行贿罪，对外国公职人员、国际公共组织官员行贿罪的规定。

第 4 款是关于行贿人在被追诉前主动交待行贿行为而可以减、免处罚的规定。

【实务问题】

1. 对非国家工作人员行贿罪的立案追诉标准

根据《立案追诉标准（二）》第 11 条的规定，为谋取不正当利益，给予公司、企业或者其他单位的工作人员以财物，个人行贿数额在 3 万元以上的，单位行贿数额在 20 万元以上的，应予立案追诉。

2. 对外国公职人员、国际公共组织官员行贿罪的立案追诉标准

根据《立案追诉标准（二）》第 12 条的规定，为谋取不正当商业利益，给予外国公职人员或者国际公共组织官员以财物，个人行贿数额在 3 万元以上的，单位行贿数额在 20 万元以上的，应予立案追诉。

第一百六十五条 〔非法经营同类营业罪〕

国有公司、企业的董事、经理利用职务便利，自己经营或者为他人经营与其所任职公司、企业同类的营业，获取非法利益，数额巨大的，处三年以下有期徒刑或者拘役，并处或者单处罚金；数额特别巨大的，处三年以上七年以下有期徒刑，并处罚金。

本条是关于非法经营同类营业罪的罪刑条款内容。

【条文释义】

非法经营同类营业罪，是指国有公司、企业的董事、经理利用职务便利，自己经营或者为他人经营与其所任职公司、企业同类的营业，获取非法利益，数额巨大的行为。

本罪在客观方面表现为利用职务上的便利，自己经营与其所任职公司、企业同类的营业，或者为他人经营与其所任职公司、企业同类的营业，获取非法利益，数额巨大的行为。这种行为在公司法理论上称为竞业经营，即违反竞业禁止

义务的行为。具体而言，必须符合以下几个条件：（1）必须利用职务上的便利，即利用自己在国有公司所任职务赋予的职权或者同职务有关的掌管材料、产品市场、销售、售后等便利条件。（2）必须有非法经营同类营业的行为。同类营业，是指与自己所任职公司、企业营业执照中确定的经营范围的具体种类全部或部分相同的营业。这样，行为人利用其在国有公司任职所获得的在产、供、销、市场、物资、信息等方面的优势，利用其所任职公司、企业的人力、资金、物质、信息资源、客户渠道等，有可能在市场竞争中占据有利地位，排除所任职的国有公司、企业，损害国有公司、企业的利益。（3）获取的非法利益必须数额巨大。

本罪的主体是特殊主体，即国有公司、企业的董事、经理。

【实务问题】

罪数与共犯的认定

国有公司、企业的董事、经理非法收受财物后为他人经营与其所任职公司、企业同类的营业的，应以受贿罪和本罪数罪并罚；为他人经营与其所任职公司、企业同类的营业，并参与分配利润的，分配所得数额属于获取非法利益的数额，而不属于国家工作人员在经济往来中接受回扣或者手续费，只构成本罪而不构成受贿罪。国有公司的董事、经理为非法开展同类营业活动而以侵吞、骗取、窃取或者其他手段非法占有公共财物，并利用该财物实施经营行为的，应以贪污罪和本罪数罪并罚。

第一百六十六条　〔为亲友非法牟利罪〕

国有公司、企业、事业单位的工作人员，利用职务便利，有下列情形之一，使国家利益遭受重大损失的，处三年以下有期徒刑或者拘役，并处或者单处罚金；致使国家利益遭受特别重大损失的，处三年以上七年以下有期徒刑，并处罚金：

（一）将本单位的盈利业务交由自己的亲友进行经营的；

（二）以明显高于市场的价格向自己的亲友经营管理的单位采购商品或者以明显低于市场的价格向自己的亲友经营管理的单位销售商品的；

（三）向自己的亲友经营管理的单位采购不合格商品的。

本条是关于为亲友非法牟利罪的罪刑条款内容。

【条文释义】

为亲友非法牟利罪，是指国有公司、企业、事业单位的工作人员，利用职务上的便利，非法为亲友牟利，致使国家利益遭受重大损失的行为。

本罪在客观方面表现为利用职务上的便利，即利用自己主管、管理、经营、经手的公司、企业业务的便利，实施了下列三种行为之一：一是将本单位的盈利业务交由自己的亲友进行经营。这里的“盈利业务”，是指国有公司、企业、事业单位在较长时间以来一直开展的、一般而言能够获取较大利润的业务。国有公司、企业、事业单位工作人员将本单位经营的盈利业务交给其亲友经营，因其亲友经营管理方法有缺陷而立即亏损的，也应当视为这里的“盈利业务”。二是以明显高于市场的价格向自己的亲友经营管理的单位采购商品，或者以明显低于市场的价格向自己的亲友经营管理的单位销售商品。三是向自己的亲友经营管理的单位采购不合格的商品。单位采购不合格商品，不仅仅是指以高价购买质量低劣的商品，也包括折价、低价购进不合格商品。实施其中一种行为的即可成立本罪，同时实施上述三种行为的也只成立一罪。此外，本罪在客观上必须致使国家利益遭受重大损失，即通过上述手段，转移国有公司、企业、事业单位的利润或者转嫁自己亲友经营的损失，数额巨大的。

本罪的主体是国有公司、企业、事业单位的工作人员。

【实务问题】

罪数与共犯的认定

实施本罪的行为同时触犯贪污罪的，应作为想象竞合犯，从一重罪处断，即以贪污罪论处。国有公司、企业、事业单位的工作人员因受贿而将本单位盈利业务交由自己的亲友经营，或者向自己的亲友管理的单位采购或者销售与市场价格严重不相称的商品，或者向亲友经营管理的单位采购不合格商品的，应以受贿罪和本罪实行数罪并罚。国有公司、企业、事业单位的工作人员与生产、销售伪劣商品的亲友事前通谋，采购其销售的伪劣商品的，构成本罪和生产、销售伪劣商品罪的想象竞合犯，从一重罪处断。

第一百六十七条　〔签订、履行合同失职被骗罪〕

国有公司、企业、事业单位直接负责的主管人员，在签订、履行合同过程中，因严重不负责任被诈骗，致使国家利益遭受重大损失的，处三年以下有期徒刑或者拘役；致使国家利益遭受特别重大损失的，处三年以上七年以下有期徒刑。

本条是关于签订、履行合同失职被骗罪的罪刑条款内容。

【条文释义】

签订、履行合同失职被骗罪，是指国有公司、企业、事业单位直接负责的主管人员，在签订、履行合同过程中，因严重不负责任被诈骗，致使国家利益遭受重大损失的行为。

本罪在客观方面表现为在签订、履行合同的过程中，因严重不负责任被诈骗，致使国家利益遭受重大损失的行为。应注意的是，一方面，并非在签订、履行合同过程中严重不负责任的一切行为，都成立本罪。因严重不负责任而不能履行合同，致使国家利益遭受重大损失的，不成立本罪；只有因严重不负责任被诈骗，从而致使国家利益遭受重大损失的，才成立本罪，其中的“被诈骗”不限于对方的行为构成《刑法》上的普通诈骗、金融诈骗与合同诈骗等罪，而应包括对方的行为属于民事欺诈的情形。另一方面，认定本罪时，也不以对方已被人民法院认定为诈骗罪或者民事欺诈为前提。根据全国人民代表大会常务委员会《关于惩治骗购外汇、逃汇和非法买卖外汇犯罪的决定》第 7 条的规定，金融机构、从事对外贸易经营活动的公司、企业的工作人员严重不负责任，造成大量外汇被骗购或者逃汇，致使国家利益遭受重大损失的，依照《刑法》第 167 条的规定定罪处罚。这里的“致使国家利益遭受重大损失”，既可以是本单位原有财产被合同对方当事人使用欺骗方法取得，也可以是本单位可预期的重大利益因被欺诈而丧失，还包括因为被骗，对方根本无法供货，造成停产，工厂濒临破产倒闭等。在遭受利益损失的同时享有所谓“债权”的，不影响损失的认定。

本罪的主体是特殊主体，仅限于国有公司、企业、事业单位直接负责的主管人员。

【实务问题】

1. 本罪罪与非罪的界限

在签订、履行合同时虽然被骗，但发现后及时采取措施，避免了可能造成的损失的，不构成本罪；因不可抗力、意外事件、情势变更等因素给国家利益造成损失，即使在签订、履行合同过程中有一定程度的过失，行为和结果之间没有因果关系的，也不构成本罪。

2. 罪数的认定

国有公司、企业、事业单位直接负责的主管人员与本单位以外的人员相勾结，共同假借签订、履行书面合同的名义骗取国有财产，看似签订、履行合同失职被骗，实为贪污行为的，应以贪污罪论处。

第一百六十八条 〔国有公司、企业、事业单位人员失职罪；国有公司、企业、事业单位人员滥用职权罪〕

国有公司、企业的工作人员，由于严重不负责任或者滥用职权，造成国有公司、企业破产或者严重损失，致使国家利益遭受重大损失的，处三年以下有期徒

刑或者拘役；致使国家利益遭受特别重大损失的，处三年以上七年以下有期徒刑。

国有事业单位的工作人员有前款行为，致使国家利益遭受重大损失的，依照前款的规定处罚。

国有公司、企业、事业单位的工作人员，徇私舞弊，犯前两款罪的，依照第一款的规定从重处罚。

本条是关于国有公司、企业、事业单位人员失职罪和国有公司、企业、事业单位人员滥用职权罪的罪刑条款内容。

【主要修改】

本条为1999年12月25日通过的《刑法修正案》所修改，该条内容原为："国有公司、企业直接负责的主管人员，徇私舞弊，造成国有公司、企业破产或者严重亏损，致使国家利益遭受重大损失的，处三年以下有期徒刑或者拘役。"

【条文释义】

本条共分为3款。第1款是关于国有公司、企业、事业单位人员失职罪和国有公司、企业、事业单位人员滥用职权罪的规定。

1. 国有公司、企业、事业单位人员失职罪

国有公司、企业、事业单位人员失职罪，是指国有公司、企业的工作人员，由于严重不负责任，造成国有公司、企业破产或者严重损失，以及国有事业单位的工作人员严重不负责任，致使国家利益遭受重大损失的行为。

本罪在客观方面表现为由于严重不负责任，造成国有公司、企业破产或者严重损失，致使国家利益遭受重大损失的行为。具体包括以下要素：（1）行为人严重不负责任，包括两种情形：一是不履行职责，即行为人应当履行且能够履行而不履行职责；二是不认真履行职责，即行为人虽然履行了一定的职责，但是没有尽到职责义务，做事马虎，草率行事。（2）造成国有公司、企业破产或者严重损失，致使国家利益遭受重大损失。

本罪的主体是特殊主体，即国有公司、企业、事业单位的工作人员。

2. 国有公司、企业、事业单位人员滥用职权罪

国有公司、企业、事业单位人员滥用职权罪，是指国有公司、企业的工作人员滥用职权，造成国有公司、企业破产或者严重损失，以及国有事业单位的工作人员滥用职权，致使国家利益遭受重大损失的行为。

本罪在客观方面表现为滥用职权，造成国有公司、企业破产或者严重损失，致使国家利益遭受重大损失的行为。具体包括以下内容：（1）行为人滥用职权。滥用职权主要表现为故意不正当地行使自己职责范围内的权力或者超越自己的职

责权限处理事务。(2) 造成国有公司、企业破产或者严重损失，致使国家利益遭受重大损失。

第 2 款是关于国有事业单位工作人员犯前款罪的处罚规定。

第 3 款是关于徇私舞弊犯前两款罪从重处罚的规定。

第一百六十九条 〔徇私舞弊低价折股、出售国有资产罪〕

国有公司、企业或者其上级主管部门直接负责的主管人员，徇私舞弊，将国有资产低价折股或者低价出售，致使国家利益遭受重大损失的，处三年以下有期徒刑或者拘役；致使国家利益遭受特别重大损失的，处三年以上七年以下有期徒刑。

本条是关于徇私舞弊低价折股、出售国有资产罪的罪刑条款内容。

【条文释义】

徇私舞弊低价折股、出售国有资产罪，是指国有公司、企业或者其上级主管部门直接负责的主管人员，徇私舞弊，将国有资产低价折股或者低价出售，致使国家利益遭受重大损失的行为。

本罪在客观方面表现为徇私舞弊，将国有资产低价折股或者低价出售，致使国家利益遭受重大损失的行为。折股，是指在国有公司、企业改造成股份制企业，或者国家授权投资机构、国家授权的部门单独设立国有独资公司，或者国有资产占有部门投资或者创立股份制企业时，将经过评估的国有资产现有价值量换算成公司的股份（国有股或者国家控制的股份）。出售，是指国有资产占有单位出卖国有资产。低价折股或者低价出售，是指折算的股份价值或者出售价值低于国有资产行政管理机关评估、验证所确认的资产现有价值量。低价折股或者低价出售的表现形式多种多样，包括：（1）在合营、股份制改造过程中，对国有财产不进行资产评估，或者虽进行资产评估，但背离所评估资产的价值低价折股；（2）在国有资产拍卖、转让以及公司、企业清算中，低估实物资产；（3）在对国有资产折股时未计算其增值部分，只是按账面原值折股；（4）对公司、企业的商标、信誉等无形资产未计人国家股；（5）未经主管部门批准，不经评估组织作价，擅自将属于公司、企业的土地、厂房低价卖给小团体或者私营业主，从中收取回扣，等等。

本罪的对象是国有资产，即国家以各种形式对国有公司、企业投资和投资收益形成的财产，以及依据法律、行政法规认定的公司、企业国有资产，包括固定资产、流动资产、无形资产和其他资产，如国有公司、企业的实物、工业产权、非专利技术或者土地使用权等。构成本罪要求客观上致使国家利益遭受重大损失。

本罪的主体是特殊主体，即国有公司、企业或者其上级主管部门直接负责的主管人员。

【实务问题】

罪数的认定

对于本罪的行为主体私自将国有资产低价折股或者低价出售给自己、配偶、子女的，或者形式上低价出售给他人而自己获利的，以及其他符合贪污罪的犯罪构成要件的行为，应认定为贪污罪。

第一百六十九条之一〔背信损害上市公司利益罪〕

上市公司的董事、监事、高级管理人员违背对公司的忠实义务，利用职务便利，操纵上市公司从事下列行为之一，致使上市公司利益遭受重大损失的，处三年以下有期徒刑或者拘役，并处或者单处罚金；致使上市公司利益遭受特别重大损失的，处三年以上七年以下有期徒刑，并处罚金：

（一）无偿向其他单位或者个人提供资金、商品、服务或者其他资产的；

（二）以明显不公平的条件，提供或者接受资金、商品、服务或者其他资产的；

（三）向明显不具有清偿能力的单位或者个人提供资金、商品、服务或者其他资产的；

（四）为明显不具有清偿能力的单位或者个人提供担保，或者无正当理由为其他单位或者个人提供担保的；

（五）无正当理由放弃债权、承担债务的；

（六）采用其他方式损害上市公司利益的。

上市公司的控股股东或者实际控制人，指使上市公司董事、监事、高级管理人员实施前款行为的，依照前款的规定处罚。

犯前款罪的上市公司的控股股东或者实际控制人是单位的，对单位判处罚金，并对其直接负责的主管人员和其他直接责任人员，依照第一款的规定处罚。

本条是关于背信损害上市公司利益罪的罪刑条款内容。

本条为 2006 年 6 月 29 日通过的《刑法修正案（六）》所增加。

【条文释义】

本条共分为 3 款。第 1 款是关于背信损害上市公司利益罪的规定。

背信损害上市公司利益罪，是指上市公司的董事、监事、高级管理人员违背对公司的忠实义务，利用职务便利，操纵上市公司从事损害上市公司利益的活动，致使上市公司利益遭受重大损失的行为，以及上市公司的控股股东或者实际控制人，指使上市公司董事、监事、高级管理人员从事损害上市公司利益的活动，致使上市公司利益遭受重大损失的行为。

本罪在客观方面表现为上市公司的董事、监事和高级管理人员违背对公司的忠实义务，利用职务便利，操纵上市公司从事损害上市公司利益的活动，致使上市公司利益遭受重大损失的行为。行为人违背对公司的忠实义务，利用职务便利，操纵上市公司从事损害上市公司利益的行为具体表现为：

（1）无偿向其他单位或者个人提供资金、商品、服务或者其他资产。这种行为对上市公司利益的损害是显而易见的，在实践中这种行为是比较常见的。例如，将上市公司募集来的资金直接划拨给其他单位或者个人使用，或者替其他单位、个人偿还债务；将公司的产品无偿提供给其他公司、个人等；进行没有实际交易的资金划拨；由上市公司代为支付费用；为其他公司、个人提供服务不收费用等。

（2）以明显不公平的条件，提供或者接受资金、商品、服务或者其他资产。这种行为带有一定隐蔽性，行为人安排的利益输送是以交易的形式进行的，如表面上是在进行资金的有偿借贷、商品的买卖等，也约定有价款等交易条件，看似正常交易。但是，分析实际交易条件，则是明显不公平的。实质是上市公司以明显不公平的高价收购他人的资产或者接受他人提供的商品、服务，或者使上市公司以明显不公平的低价转让资产，提供商品、服务给他人，从而“掏空”上市公司。这种利益输送在进、出两个环节都可以实现。在进的环节，有意高估交易对价，接受他人的资金、商品、服务，如在商品、服务采购过程中，以明显高于市场的价格采购商品，接受服务；在接受资产转让时，故意高估对方资产的实际价值，多支付对价。在出的环节，以明显低于市场的价格出售商品，或者将公司优良资产、预期良好的赢利项目，低价转让等。明显不公平的条件，主要是指交易价格明显高于、低于市场价格或者资产的实际价值。此外，在付款时间、付款方式等其他交易条件方面，故意做不利于上市公司的安排，也可以达到利益输送的目的。

（3）向明显不具有清偿能力的单位或者个人提供资金、商品、服务或者其他资产。这种行为的特点是，行为人为上市公司安排的交易活动从表面上看，不存在“无偿”或者“明显不公平的条件”，但是从交易对象的偿付能力看，对方明显不具有支付货款的可能性，向其提供商品、服务属于“肉包子打狗——有去无回”。任何一个公司，在了解交易对象属于无偿付能力的情况下，都不会与其从事这种交易活动。因此，行为人操纵上市公司向明显不具有清偿能力的单位或者个人提供资金、商品、服务或者其他资产，对上市公司利益的损害是显而易见的。

（4）为明显不具有清偿能力的单位或者个人提供担保，或者无正当理由为其他单位或者个人提供担保。故意让上市公司为他人提供担保，也是“掏空”上市公司的一种常见方式。一些上市公司的控股股东、实际控制人利用这种方式，故意让上市公司为其他单位或者个人，甚至是明显不具有清偿能力的单位提供担保，取得贷款后迅速将贷款以各种方式转移，偿还责任则由上市公司承担。这样，上市公司成了骗取银行信用的工具，间接地成为其“取款机”。为他人的债务进行担保，担保人是要承担债务人不履行债务的法律责任的，因此，担保本身实际上是承担风险的活动。上市公司的董事、监事、高级管理人员，让上市公司为明显没有清偿能力的单位或者个人提供担保，或者在没有正当理由的情况下，让上市公司为他人提供担保，是不适当地让上市公司承担本不应承担的风险，承受本不应承受的损失，从而损害了上市公司和公众投资人的利益。从实践中的情况看，利用这种手段“掏空”上市公司的案件相当多，给上市公司造成的损失往往也是巨额的，很多上市公司因此而陷入绝境。

（5）无正当理由放弃债权、承担债务。上市公司的债权是公司资产的重要构成部分，其利益归于上市公司的全体股东；而上市公司的债务则需要以公司的资产偿还。没有正当理由而放弃债权，会导致公司资产的直接减少，从而损害上市公司和公众投资人的利益。同样，没有正当理由而随意承担债务，也会导致上市公司的负担加重，间接减少公司资产，从而损害上市公司和公众投资人的利益。上市公司董事、监事、高级管理人员的职责是通过勤勉的经营管理活动，使公司的资产保值、增值。这些人员随意放弃应收债权，增加公司不应有的债务，违背了对公司的忠实义务，严重损害了上市公司的利益，应当承担法律责任。

（6）采用其他方式损害上市公司利益的。这是一项兜底性规定。为了便于司法实践中准确认定本罪，《刑法》第169条之一第1款采用列举的方式，明确规定了比较常见的5种损害上市公司利益的行为方式。同时，考虑到实践中“掏空”上市公司的情况比较复杂，法律上难以列举穷尽；也不排除一些行为人为了逃避法律追究，采用其他更为隐蔽的手段，损害上市公司利益，本款又在明确列举的同时，规定了这一兜底性规定。这样，除上述5种明确列举的损害上市公司利益的行为外，其他符合本款规定的特征的行为，也可以依法追究。

构成本罪客观上还要求致使上市公司利益遭受重大损失，具体可参照相关司法解释的规定。

本罪的主体是特殊主体，即上市公司的董事、监事和高级管理人员。根据《公司法》的规定，上市公司的董事会由股东大会选举产生，对股东大会负责，代表股东大会行使对公司的管理权。上市公司的监事会则承担对公司财务活动，以及公司董事、高级管理人员执行公司职务的行为等情况进行监督的职权。上市公司的董事长作为董事会的成员，具体承担着对公司各项重要经营管理事项的决策职责；而上市公司的监事，则具体承担监事会的监督职责。上市公司的高级管理人员，是指公司的经理、副经理、财务负责人，上市公司董事会秘书和公司章程规定的其他人员。

第2款是关于上市公司的控股股东或者实际控制人犯本罪的规定。控股股东，是指其出资额占有限责任公司资本总额50%以上或者其持有的股份占股份有限公司股本总额50%以上的股东；出资额或者持有股份的比例虽然不足50%，但依其出资额或者持有的股份所享有的表决权已足以对股东会、股东大会的决议产生重大影响的股东。实际控制人，是指虽不是公司的股东，但通过投资关系、协议或者其他安排，能够实际支配公司行为的人。上市公司的控股股东或者实际控制人，指使上市公司董事、监事、高级管理人员实施损害上市公司利益的活动，致使上市公司利益遭受重大损失的，也可以构成背信损害上市公司利益罪。

第3款是关于上市公司的控股股东或者实际控制人是单位时的处罚规定。

【实务问题】

1. 本罪罪与非罪的界限

本罪是故意犯罪，上市公司的董事、监事、高级管理人员因为对市场判断有误，从而导致决策失误的，欠缺本罪的故意，即使给上市公司利益造成损害的，也不构成本罪。

2. 本罪的立案追诉标准

根据《立案追诉标准（二）》第13条的规定，上市公司的董事、监事、高级管理人员违背对公司的忠实义务，利用职务便利，操纵上市公司从事损害上市公司利益的行为，以及上市公司的控股股东或者实际控制人，指使上市公司董事、监事、高级管理人员实施损害上市公司利益的行为，涉嫌下列情形之一的，应予立案追诉：（1）无偿向其他单位或者个人提供资金、商品、服务或者其他资产，致使上市公司直接经济损失数额在150万元以上的；（2）以明显不公平的条件，提供或者接受资金、商品、服务或者其他资产，致使上市公司直接经济损失数额在150万元以上的；（3）向明显不具有清偿能力的单位或者个人提供资金、商品、服务或者其他资产，致使上市公司直接经济损失数额在150万元以上的；（4）为明显不具有清偿能力的单位或者个人提供担保，或者无正当理由为其他单位或者个人提供担保，致使上市公司直接经济损失数额在150万元以上的；（5）无正当理由放弃债权、承担债务，致使上市公司直接经济损失数额在150万元以上的；（6）致使公司、企业发行的股票或者公司、企业债券、存托凭证或者国务院依法认定的其他证券被终止上市交易的；（7）其他致使上市公司利益遭受重大损失的情形。

3. 罪数的认定

实施本罪行为，同时触犯职务侵占罪或者贪污罪的，应作为想象竞合犯，从一重罪论处。

第四节　破坏金融管理秩序罪

第一百七十条　〔伪造货币罪〕

伪造货币的，处三年以上十年以下有期徒刑，并处罚金；有下列情形之一的，处十年以上有期徒刑或者无期徒刑，并处罚金或者没收财产：

（一）伪造货币集团的首要分子；

（二）伪造货币数额特别巨大的；

（三）有其他特别严重情节的。

本条是关于伪造货币罪的罪刑条款内容。

【主要修改】

本条为2015年8月29日通过的《刑法修正案（九）》所修改，该条内容原为："伪造货币的，处三年以上十年以下有期徒刑，并处五万元以上五十万元以下罚金；有下列情形之一的，处十年以上有期徒刑、无期徒刑或者死刑，并处五万元以上五十万元以下罚金或者没收财产：（一）伪造货币集团的首要分子；（二）伪造货币数额特别巨大的；（三）有其他特别严重情节的。"

【条文释义】

伪造货币罪，是指没有货币制作、发行权的人，非法制造外观上足以使一般人误认为是货币的假货币，妨害货币的公共信用的行为。

本罪在客观方面表现为没有货币制作、发行权的人，制造外观上足以使一般人误认为是货币的假货币的行为。需要从以下几个方面把握：（1）伪造，是指制造外观上足以使一般人误认为是货币的假货币的行为。典型的伪造行为表现为，仿照货币的形状、特征、图案、色彩等制造出与真货币的外观相同的假货币。在这种情况下，存在与伪造的货币相对应的（或相当的）真货币。自行设计制作足以使一般人误认为是货币的假货币，如根据人民币的一般形状、基本特征等自行设计制作出面额为200元的假货币。在这种情况下，虽然不存在与伪造的货币相当的真货币，也应认定为伪造货币。至于伪造的方法，则没有任何限制，如机器印制、石印、影印、复印、手描等。（2）伪造货币，包括伪造正在流通的中国货币（人民币）、正在流通的外国货币及我国香港、澳门、台湾地区的货币，包括硬币与纸币、普通纪念币和贵金属纪念币。行为人所伪造的货币必须是正在流通的货币。根据2010年最高人民法院《关于审理伪造货币等案件具体应用法律若干问题的解释（二）》的规定，以使用为目的，伪造停止流通的货币，或者使用伪造的停止流通的货币的，以诈骗罪定罪处罚。但应注意的是，如果行为人仅伪造停止流通的货币而没有使用，则只是诈骗罪的预备行为。（3）所伪造以及可能伪造出来的货币应在外观上足以使一般人误认为是货币。行为人制造的物品完全不可能被人们误认为是货币的，不成立伪造货币罪。但是，也不要求伪造的货币与真货币完全相同，且不以与真货币所具有的特征完全一致为条件。如不具有真货币的号码或印章的，也是伪造的货币。

【实务问题】

1. 本罪罪与非罪的界限

本罪是故意犯罪，并不要求以使用为目的，但是，如果行为人不仅没有使用的目的，而且没有认识到伪造的货币会落入他人之手，则不存在伪造货币罪的故意，不能以本罪论处。

2. 本罪的立案追诉标准

根据《立案追诉标准（二）》第14条的规定，伪造货币，涉嫌下列情形之一的，应予立案追诉：（1）总面额在2000元以上或者币量在200张（枚）以上的；（2）总面额在1000元以上或者币量在100张（枚）以上，2年内因伪造货币受过行政处罚，又伪造货币的；（3）制造货币版样或者为他人伪造货币提供版样的；（4）其他伪造货币应予追究刑事责任的情形。

第一百七十一条

〔出售、购买、运输假币罪〕**出售、购买伪造的货币或者明知是伪造的货币而运输，数额较大的，处三年以下有期徒刑或者拘役，并处二万元以上二十万元以下罚金；数额巨大的，处三年以上十年以下有期徒刑，并处五万元以上五十万元以下罚金；数额特别巨大的，处十年以上有期徒刑或者无期徒刑，并处五万元以上五十万元以下罚金或者没收财产。**

〔金融工作人员购买假币、以假币换取货币罪〕**银行或者其他金融机构的工作人员购买伪造的货币或者利用职务上的便利，以伪造的货币换取货币的，处三年以上十年以下有期徒刑，并处二万元以上二十万元以下罚金；数额巨大或者有其他严重情节的，处十年以上有期徒刑或者无期徒刑，并处二万元以上二十万元以下罚金或者没收财产；情节较轻的，处三年以下有期徒刑或者拘役，并处或者单处一万元以上十万元以下罚金。**

伪造货币并出售或者运输伪造的货币的，依照本法第一百七十条的规定定罪

从重处罚。

本条是关于出售、购买、运输假币罪和金融工作人员购买假币、以假币换取货币罪的罪刑条款内容。

【条文释义】

本条共分为 3 款。第 1 款是关于出售、购买、运输假币罪的规定。

出售、购买、运输假币罪，是指出售、购买伪造的货币或者明知是伪造的货币而运输，数额较大的行为。

本罪在客观方面表现为出售、购买、运输假币，数额较大的行为。这里的"出售"，是指行为人将持有的伪造货币有偿地转让给他人的行为。出售通常是以低于假币面额的价格有偿转让。"购买"，是指行为人有偿取得假币的行为。购买通常是以低于假币面额的价格买进。"运输"，是指转移假币的存在地点。在出售假币时被抓获的，除现场查获的假币应认定为出售假币的数额外，现场之外在行为人住所或者其他藏匿地查获的假币，也应认定为出售假币的数额。

第 2 款是关于金融工作人员购买假币、以假币换取货币罪的规定。

金融工作人员购买假币、以假币换取货币罪，是指银行或者其他金融机构的工作人员购买伪造的货币，或者利用职务上的便利，以伪造的货币换取货币的行为。

本罪在客观方面表现为两种行为类型：一是购买假币。对金融机构工作人员购买假币的行为作特别规定并提高法定刑，是因为他们的身份决定了其随时可能将假币调换成为货币，从而使国家与公民利益受到损害。二是利用职务上的便利，以假币换取货币，即利用职务上管理金库、出纳现金、吸收付出存款等便利条件，将假币调换成货币。调换假币没有利用职务之便的，应视行为的具体情况认定为盗窃罪等。购买假币与调换假币通常密切相关，但刑法并不要求两种行为同时实施，同时实施这两种行为的，也以一罪论处。

本罪的主体必须是银行或者其他金融机构的工作人员，至于金融机构的所有制性质，则在所不问。

第 3 款是关于伪造货币并出售或者运输伪造的货币的，以伪造货币罪定罪从重处罚的规定。

【实务问题】

1. 出售、购买、运输假币罪的立案追诉标准

根据《立案追诉标准（二）》第 15 条的规定，出售、购买伪造的货币或者明知是伪造的货币而运输，涉嫌下列情形之一的，应予立案追诉：（1）总面额在 4000 元以上或者币量在 400 张（枚）以上的；（2）总面额在 2000 元以上或

者币量在200张（枚）以上，2年内因出售、购买、运输假币受过行政处罚，又出售、购买、运输假币的；（3）其他出售、购买、运输假币应予追究刑事责任的情形。在出售假币时被抓获的，除现场查获的假币应认定为出售假币的数额外，现场之外在行为人住所或者其他藏匿地查获的假币，也应认定为出售假币的数额。

2. 金融工作人员购买假币、以假币换取货币罪的立案追诉标准

根据《立案追诉标准（二）》第16条的规定，银行或者其他金融机构的工作人员购买伪造的货币或者利用职务上的便利，以伪造的货币换取货币，总面额在2000元以上或者币量在200张（枚）以上的，应予立案追诉。

3. 运输假币罪与其他犯罪的界限

为了自己使用，在外地购买假币后，携带假币乘坐交通工具返回居住地的行为，不构成运输假币罪，应当成立持有假币罪。

4. 罪数的认定

行为人出售此种假币，购买彼种假币的，不实行数罪并罚。伪造货币并出售或者运输伪造的货币的，以伪造货币罪从重处罚，不另成立出售、运输假币罪，但这仅限于行为人出售、运输自己伪造的假币的情形。如果行为人不仅伪造货币，而且出售或者运输他人伪造的货币，即伪造的假币与出售、运输的假币不具有同一性时，则应当实行数罪并罚。

第一百七十二条 〔持有、使用假币罪〕

明知是伪造的货币而持有、使用，数额较大的，处三年以下有期徒刑或者拘役，并处或者单处一万元以上十万元以下罚金；数额巨大的，处三年以上十年以下有期徒刑，并处二万元以上二十万元以下罚金；数额特别巨大的，处十年以上有期徒刑，并处五万元以上五十万元以下罚金或者没收财产。

本条是关于持有、使用假币罪的罪刑条款内容。

【条文释义】

持有、使用假币罪，是指明知是伪造的货币而持有、使用，数额较大的行为。

本罪在客观方面表现为持有、使用伪造的货币，数额较大的行为。这里的“持有”，是指将假币置于行为人事实上的支配之下，不要求行为人实际上握有假币。“使用”，是指将假币作为货币置于流通领域，既可以是以外表“合法”的方式使用假币，如购买商品、存入银行、赠予他人，或者将假币用于缴纳罚金或者罚款等，也可以是以非法的方式使用假币，如将假币用于赌博活动。同时，

将假币交付给不知情的他人使用的，以及向自动售货机中投入假币以取得商品的，均应成立使用假币罪。此外，持有、使用假币必须数额较大的才构成犯罪。

【实务问题】

1. 本罪罪与非罪的界限

在正常使用货币的过程中误收到伪造的货币，然后在明知是伪造的货币的情况下故意使用的，实质上仍是一种使用伪造货币的行为，原则上应以使用假币罪论处，但是这种使用伪造货币的行为，数额不大的，不以犯罪论处。对达到一定数额标准，社会危害性严重的，即使以使用假币罪论处，在量刑上也应酌定从轻处罚。使用变造的货币的，一般不以犯罪论处，但是使用变造的货币数额较大，符合诈骗罪成立条件的，应当认定为诈骗罪。

2. 本罪的立案追诉标准

根据《立案追诉标准（二）》第17条的规定，明知是伪造的货币而持有、使用，涉嫌下列情形之一的，应予立案追诉：（1）总面额在4000元以上或者币量在400张（枚）以上的；（2）总面额在2000元以上或者币量在200张（枚）以上，2年内因持有、使用假币受过行政处罚，又持有、使用假币的；（3）其他持有、使用假币应予追究刑事责任的情形。

3. 本罪与其他犯罪的界限

使用假币罪与出售假币罪通常容易区别，但行为人将假币兑换成另一种货币的（如行为人将假美元兑换成真美元），一般认为属于使用假币罪；使用假币与他人进行黑市交易以通常价格兑换另一种货币的，也应认定为使用假币罪。

4. 罪数的认定

根据2000年最高人民法院《关于审理伪造货币等案件具体应用法律若干问题的解释》第2条的规定，行为人购买假币后使用，构成犯罪的，以购买假币罪定罪，从重处罚，不另认定为使用假币罪。此外，行为人持有、使用自己所伪造的货币的，仅成立伪造货币罪。行为人出售、运输假币构成犯罪，同时有使用假币行为的，应当实行数罪并罚。行为人通过自动存款机将假币存入银行，然后从自动取款机中取出真币的，应以使用假币罪和盗窃罪实行数罪并罚。行为人盗窃假币后持有的，一般仅认定为盗窃罪。但盗窃假币后又使用的，应当以盗窃罪与使用假币罪并罚。使用假币行为同时触犯诈骗罪的，属于想象竞合犯，从一重罪论处。

第一百七十三条　〔变造货币罪〕

变造货币，数额较大的，处三年以下有期徒刑或者拘役，并处或者单处一万元以上十万元以下罚金；数额巨大的，处三年以上十年以下有期徒刑，并处二万

元以上二十万元以下罚金。

本条是关于变造货币罪的罪刑条款内容。

【条文释义】

变造货币罪，是指没有货币制作、发行权的人对真正的货币进行各种方式的加工，使其改变为面额、含量不同的货币，数额较大的行为。

本罪在客观方面表现为对真正的货币进行各种方式的加工，使其改变为面额、含量不同的货币，数额较大的行为。变造的方式没有限制。2019 年《中国人民银行货币鉴别及假币收缴、鉴定管理办法》规定，变造币，是指在真币的基础上，利用挖补、揭层、涂改、拼凑、移位、重印等多种方法制作，改变真币原形态的假币。2010 年最高人民法院《关于审理伪造货币等案件具体应用法律若干问题的解释（二）》第 1 条第 2 款规定："对真货币采用剪贴、挖补、揭层、涂改、移位、重印等方法加工处理，改变真币形态、价值的行为，应当认定为刑法第一百七十三条规定的'变造货币'。"变造一般表现为增加货币面额，如将 50 元的真货币变造成为 100 元的货币。但是，减少货币面额的变造行为，也可能成立变造货币罪。此外，通过各种手段将真币变为"错版"人民币，以及减少金属货币的金属含量的行为，也属于变造货币。没有改变面额但改变货币形态的，属于变造货币。例如，将 1964 年、1967 年制造的面值 1 分的硬币，变造为具有收藏价值的 1961 年制造的面值 1 分的硬币。又如，行为人减少硬币的含量，将周边的金属剥离下来，虽然没有使硬币的面值减少，也属于变造货币。变造货币数额较大的，才成立犯罪。

【实务问题】

1. 本罪的立案追诉标准

根据《立案追诉标准（二）》第 18 条的规定，变造货币，涉嫌下列情形之一的，应予立案追诉：（1）总面额在 2000 元以上或者币量在 200 张（枚）以上的；（2）总面额在 1000 元以上或者币量在 100 张（枚）以上，2 年内因变造货币受过行政处罚，又变造货币的；（3）其他变造货币应予追究刑事责任的情形。

2. 本罪与其他犯罪的界限

我国《刑法》将伪造与变造货币的行为规定为不同的犯罪，不仅构成要件不同、法定刑相差较大，而且还影响相关犯罪（如使用假币罪）的认定，因此需要严格区分。变造是对真货币的加工行为，故变造的货币与变造前的货币具有同一性，如变造金属货币上的发行年份。如果加工的程度导致其与真货币丧失同一性，则属于伪造货币。以真货币为材料，制作成丧失了真货币外观的假币的行为，成立伪造货币罪。如将金属货币熔化后，制作成较薄的、更多的金属货币的行为，属于伪造货币。将日元涂改成欧元的，已经使货币发生了本质变化，应当认定为伪造货币罪。变造伪造的货币的，或者同时采用伪造和变造手段制造真伪拼凑货币的，属于伪造货币。以货币碎片为材料，加入其他纸张，制作成假币的，成立伪造货币罪。例如，甲偶然翻动造纸厂内的碎纸堆时，发现纸堆下面有碎币（后查实属报废的货币碎片），拿回家后将货币碎片粘贴成残币 10 元、50 元、100 元若干张，合计 5000 余元，并以该钱被老鼠咬破为由将粘贴的残币带到某银行兑换。甲的行为成立伪造货币罪（同时触犯诈骗罪）。

第一百七十四条

〔擅自设立金融机构罪〕**未经国家有关主管部门批准，擅自设立商业银行、证券交易所、期货交易所、证券公司、期货经纪公司、保险公司或者其他金融机构的，处三年以下有期徒刑或者拘役，并处或者单处二万元以上二十万元以下罚金；情节严重的，处三年以上十年以下有期徒刑，并处五万元以上五十万元以下罚金。**

〔伪造、变造、转让金融机构经营许可证、批准文件罪〕**伪造、变造、转让商业银行、证券交易所、期货交易所、证券公司、期货经纪公司、保险公司或者其他金融机构的经营许可证或者批准文件的，依照前款的规定处罚。**

单位犯前两款罪的，对单位判处罚金，并对其直接负责的主管人员和其他直接责任人员，依照第一款的规定处罚。

本条是关于擅自设立金融机构罪和伪造、变造、转让金融机构经营许可证、批准文件罪的罪刑条款内容。

【主要修改】

本条为 1999 年 12 月 25 日通过的《刑法修正案》所修改，该条内容原为："未经中国人民银行批准，擅自设立商业银行或者其他金融机构的，处三年以下有期徒刑或者拘役，并处或者单处二万元以上二十万元以下罚金；情节严重的，处三年以上十年以下有期徒刑，并处五万元以上五十万元以下罚金。伪造、变造、转让商业银行或者其他金融机构经营许可证的，依照前款的规定处罚。单位犯前两款罪的，对单位判处罚金，并对其直接负责的主管人员和其他直接责任人员，依照第一款的规定处罚。"

【条文释义】

本条共分为 3 款。第 1 款是关于擅自设立金融机构罪的规定。

擅自设立金融机构罪，是指未经国家有关主管部门批准，擅自设立商业银行、证券交易所、期货交易所、证券公司、期货公司、保险公司或者其他金融机构的行为。

本罪在客观方面表现为未经有关主管部门批准，设立商业银行、证券交易所、期货交易所、证券公司、期货公司、保险公司或者其他金融机构的行为。未经批准设立金融机构，既可能是没有依法提出设立金融机构的申请便自行设立金融机构，也可能是虽然依法提出申请但在没有获得正式批准时自行设立金融机构。擅自设立的金融机构包括金融机构的筹备组织。对于合法的金融机构擅自设立分支机构的，需要具体分析：如果该分支机构的设立需要国家有关主管部门批准，那么，擅自设立该分支机构的，成立本罪；如果分支机构的设立只需要该金融机构内部批准，那么，擅自设立该分支机构的，不成立本罪。经国家有关主管部门批准设立，但未经办理工商登记即予开业的，不成立本罪。合法的金融机构在许可证失效后仍经营金融业务的，不成立本罪，但是可能成立非法经营罪。私下经营放贷、融资等货币业务的“地下钱庄”，不成立本罪，但是可能成立非法经营罪、非法吸收公众存款罪。本罪的成立不以开展相应的金融业务活动为前提，亦即只要擅自设立了金融机构，就属于本罪的既遂。

本罪的主体既可以是自然人，也可以是单位。

第 2 款是关于伪造、变造、转让金融机构经营许可证、批准文件罪的规定。

伪造、变造、转让金融机构经营许可证、批准文件罪，是指个人或者单位伪造、变造、转让商业银行、证券交易所、期货交易所、证券公司、期货公司、保险公司或者其他金融机构经营许可证或者批准文件的行为。

本罪在客观方面表现为伪造、变造、转让商业银行、证券交易所、期货交易所、证券公司、期货公司、保险公司或者其他金融机构经营许可证或者批准文件的行为。这里的“金融机构经营许可证”，包括金融机构法人许可证、金融机构营业许可证、经营外汇业务许可证以及各自的正本与副本。“批准文件”，是指中国人民银行允许商业银行或其他金融机构经营金融业务，确定其经营范围的相关文件。“伪造”，是指没有制作、发放权的人，仿照真实的金融机构经营许可证或者批准文件的特征，擅自制造金融机构经营许可证或者批准文件的行为。“变造”，是指行为人采用各种手段对真实的金融机构经营许可证或者批准文件进行加工改制的行为，如更改金融机构名称、注册资本数额、经营范围等行为，均属变造行为。“转让”，是指行为人将真实有效的金融机构经营许可证或批准文件有偿或者无偿地让与他人的行为，包括出租、出借、出卖等。

第 3 款是关于单位犯擅自设立金融机构罪和伪造、变造、转让金融机构经营许可证、批准文件罪的规定。

【实务问题】

1. 擅自设立金融机构罪的立案追诉标准

根据《立案追诉标准（二）》第 19 条的规定，未经国家有关主管部门批准，擅自设立金融机构，涉嫌下列情形之一的，应予立案追诉：（1）擅自设立商业银行、证券交易所、期货交易所、证券公司、期货公司、保险公司或者其他金融机构的；（2）擅自设立金融机构筹备组织的。

2. 伪造、变造、转让金融机构经营许可证、批准文件罪的立案追诉标准

根据《立案追诉标准（二）》第 20 条的规定，伪造、变造、转让商业银行、证券交易所、期货交易所、证券公司、期货公司、保险公司或者其他金融机构的经营许可证或者批准文件的，应予立案追诉。

第一百七十五条　〔高利转贷罪〕

以转贷牟利为目的，套取金融机构信贷资金高利转贷他人，违法所得数额较大的，处三年以下有期徒刑或者拘役，并处违法所得一倍以上五倍以下罚金；数额巨大的，处三年以上七年以下有期徒刑，并处违法所得一倍以上五倍以下罚金。

单位犯前款罪的，对单位判处罚金，并对其直接负责的主管人员和其他直接责任人员，处三年以下有期徒刑或者拘役。

本条是关于高利转贷罪的罪刑条款内容。

【条文释义】

本条共分为 2 款。第 1 款是关于高利转贷罪的规定。

高利转贷罪，是指以转贷牟利为目的，套取金融机构信贷资金高利转贷他人，违法所得数额较大的行为。

本罪在客观方面表现为套取金融机构信贷资金高利转贷他人，违法所得数额较大的行为。根据 1996 年中国人民银行发布的《贷款通则》的规定，不得套取贷款用于借贷牟取非法收入。因此，凡是以借贷牟取非法收入为目的而取得金融机构贷款的，均属于套取金融机构贷款。由于相关法规禁止套取贷款转贷牟利，所以，行为主体一般会以虚假的贷款理由或者贷款条件向金融机构申请贷款。但是，这并不意味着本罪行为必须具有欺骗性质。在行为人与金融机构负责人通谋，金融机构负责人知道真相仍然贷款给转贷牟利的行为人时，行为人的行为依然成立本罪，对金融机构负责人的行为视具体情形认定为违法发放贷款罪或者其他犯罪。本罪中的金融机构包括银行及其他金融机构，其所有制性质没有限制。

信贷资金，是指金融机构作为贷款发放的资金，包括担保贷款资金与信用贷款资金。高利转贷他人，是指从金融机构套取信贷资金后，再以更高的利率借贷给他人（包括其他单位）。实施高利转贷行为违法所得数额较大的，才以犯罪论处。

第2款是关于单位犯高利转贷罪的规定。这里的“单位”，不仅包括非金融系统的公司、企业或者其他单位，也包括金融系统本身设立的所谓三产企业、单位。

【实务问题】

1. 本罪罪与非罪的界限

行为人出于正当目的取得金融机构信贷资金，然后产生将信贷资金高利转贷他人的意图进而实施这种行为的，不应以犯罪论处。对于高利转贷信贷资金，违法所得数额较小的，不能认定为本罪。行为人套取金融机构信贷资金后，只是略高于法定利率转贷他人的，一般也不宜以犯罪论处。

在认定本罪时，应注意变相高利转贷的情形。行为人以转贷牟利为目的套取金融机构信贷资金后，表面上将该部分资金用于生产经营，但实际上将自有资金高利借贷他人，违法所得数额较大的，应认定为本罪；行为人以转贷牟利为目的套取金融机构的信贷资金，高利借贷给名义上有合资合作关系但实际上并不参与经营的企业，违法所得数额较大的，也应认定为本罪。

2. 本罪的立案追诉标准

根据《立案追诉标准（二）》第21条的规定，以转贷牟利为目的，套取金融机构信贷资金高利转贷他人，违法所得数额在50万元以上的，应予立案追诉。

第一百七十五条之一　〔骗取贷款、票据承兑、金融票证罪〕

以欺骗手段取得银行或者其他金融机构贷款、票据承兑、信用证、保函等，给银行或者其他金融机构造成重大损失的，处三年以下有期徒刑或者拘役，并处或者单处罚金；给银行或者其他金融机构造成特别重大损失或者有其他特别严重情节的，处三年以上七年以下有期徒刑，并处罚金。

单位犯前款罪的，对单位判处罚金，并对其直接负责的主管人员和其他直接责任人员，依照前款的规定处罚。

本条是关于骗取贷款、票据承兑、金融票证罪的罪刑条款内容。

本条为2006年6月29日通过的《刑法修正案（六）》所增加。

【主要修改】

本条第1款为2020年12月26日通过的《刑法修正案（十一）》所修改，

该款内容原为："以欺骗手段取得银行或者其他金融机构贷款、票据承兑、信用证、保函等，给银行或者其他金融机构造成重大损失或者有其他严重情节的，处三年以下有期徒刑或者拘役，并处或者单处罚金；给银行或者其他金融机构造成特别重大损失或者有其他特别严重情节的，处三年以上七年以下有期徒刑，并处罚金。"

【条文释义】

本条共分为 2 款。第 1 款是关于骗取贷款、票据承兑、金融票证罪及其处罚的规定。

骗取贷款、票据承兑、金融票证罪，是指以欺骗手段取得银行或者其他金融机构贷款、票据承兑、信用证、保函等，给银行或者其他金融机构造成重大损失的行为。

本罪在客观方面表现为骗取贷款、票据承兑、金融票证的行为。应当从以下几个方面把握：（1）在申请贷款、票据承兑、信用证、保函等金融信用时，使用了欺骗手段。这是指在申请如上金融信用时，故意作虚假陈述或提供与客观事实不符的材料，骗取金融机构的信任。这里的"欺骗手段"，必须是在"关键事实"上欺骗，否则对金融安全不会产生刑事违法性意义上的危害。例如，在申请贷款时，未达到银行规定的贷款申请条件，而在企业利润等问题上提供虚假材料，但向银行提供足额担保的，即便贷款人无力归还贷款，银行也可以从对担保物的处分中确保其权利，行为人不构成骗取贷款罪。（2）取得了金融机构贷款或信用。这是指银行或其他金融机构由于行为人的"欺骗"，把本不符合取得金融机构贷款或信用的行为人误认为符合条件，并对其发放贷款或出具信用。（3）使银行或者其他金融机构遭受重大损失。

第 2 款是关于单位犯骗取贷款、票据承兑、金融票证罪的规定。

【实务问题】

1. 本罪罪与非罪的界限

骗取贷款、票据承兑、金融票证必须使银行或者其他金融机构遭受重大损失，才可以构成本罪。如果行为人归还贷款等款项，或者有相应的财物担保，或者能够以其他方式归还欠款，银行或者其他金融机构没有遭受重大损失的，不认为是犯罪。《刑法修正案（十一）》对本罪的入罪门槛作了修改，删除了原规定的"其他严重情节"。因此，通常对于并非出于诈骗目的，使用欺骗方式向银行等金融机构融资，但最终归还了资金，未给金融机构造成重大损失的，不构成犯罪。

2. 本罪的立案追诉标准

根据《立案追诉标准（二）》第 22 条的规定，以欺骗手段取得银行或者其他金融机构贷款、票据承兑、信用证、保函等，给银行或者其他金融机构造成直接经济损失数额在 50 万元以上的，应予立案追诉。

第一百七十六条 〔非法吸收公众存款罪〕

非法吸收公众存款或者变相吸收公众存款，扰乱金融秩序的，处三年以下有期徒刑或者拘役，并处或者单处罚金；数额巨大或者有其他严重情节的，处三年以上十年以下有期徒刑，并处罚金；数额特别巨大或者有其他特别严重情节的，处十年以上有期徒刑，并处罚金。

单位犯前款罪的，对单位判处罚金，并对其直接负责的主管人员和其他直接责任人员，依照前款的规定处罚。

有前两款行为，在提起公诉前积极退赃退赔，减少损害结果发生的，可以从轻或者减轻处罚。

本条是关于非法吸收公众存款罪的罪刑条款内容。

【主要修改】

本条为 2020 年 12 月 26 日通过的《刑法修正案（十一）》所修改，该条内容原为："非法吸收公众存款或者变相吸收公众存款，扰乱金融秩序的，处三年以下有期徒刑或者拘役，并处或者单处二万元以上二十万元以下罚金；数额巨大或者有其他严重情节的，处三年以上十年以下有期徒刑，并处五万元以上五十万元以下罚金。单位犯前款罪的，对单位判处罚金，并对其直接负责的主管人员和其他直接责任人员，依照前款的规定处罚。"

【条文释义】

本条共分为 3 款。第 1 款是关于非法吸收公众存款罪及其处罚的规定。

非法吸收公众存款罪，是指违反国家金融管理法规，非法吸收公众存款或者变相吸收公众存款，扰乱金融秩序的行为。

本罪在客观方面表现为两种行为类型：一是非法吸收公众存款，即未经主管机关批准，面向社会公众吸收资金，出具凭证，承诺在一定期限内还本付息的活动。二是变相吸收公众存款，即未经主管机关批准，不以吸收公众存款的名义，向社会不特定对象吸收资金，但承诺履行的义务与吸收公众存款相同，即都是还本付息的活动。非法，一般表现为主体不合法，即主体不具有吸收存款的资格，或者行为方式、内容不合法，如擅自提高利率吸收存款等。公众，是指多数人或者不特定人，包括单位。“公众存款”，指的是存款人是不特定的群体的存款。如果存款人只是少数个人或者属于特定范围，如仅限于某单位内部人员，则不能认为是公众存款。根据2022年修正后的最高人民法院《关于审理非法集资刑事案件具体应用法律若干问题的解释》（简称《非法集资案件解释》）的规定，违反国家金融管理法律规定，向社会公众（包括单位和个人）吸收资金的行为，同时具备下列四个条件的，除刑法另有规定的以外，应当认定为“非法吸收公众存款或者变相吸收公众存款”：（1）未经有关部门依法许可或者借用合法经营的形式吸收资金；（2）通过网络、媒体、推介会、传单、手机信息等途径向社会公开宣传；（3）承诺在一定期限内以货币、实物、股权等方式还本付息或者给付回报；（4）向社会公众即社会不特定对象吸收资金。未向社会公开宣传，在亲友或者单位内部针对特定对象吸收资金的，不属于非法吸收或者变相吸收公众存款。

关于非法集资人的行为方式，前述司法解释规定，实施下列行为之一，符合上述规定的条件的，应当以非法吸收公众存款罪定罪处罚：（1）不具有房产销售的真实内容或者不以房产销售为主要目的，以返本销售、售后包租、约定回购、销售房产份额等方式非法吸收资金的；（2）以转让林权并代为管护等方式非法吸收资金的；（3）以代种植（养殖）、租种植（养殖）、联合种植（养殖）等方式非法吸收资金的；（4）不具有销售商品、提供服务的真实内容或者不以销售商品、提供服务为主要目的，以商品回购、寄存代售等方式非法吸收资金的；（5）不具有发行股票、债券的真实内容，以虚假转让股权、发售虚构债券等方式非法吸收资金的；（6）不具有募集基金的真实内容，以假借境外基金、发售虚构基金等方式非法吸收资金的；（7）不具有销售保险的真实内容，以假冒保险公司、伪造保险单据等方式非法吸收资金的；（8）以网络借贷、投资入股、虚拟币交易等方式非法吸收资金的；（9）以委托理财、融资租赁等方式非法吸收资金的；（10）以提供“养老服务”、投资“养老项目”、销售“老年产品”等方式非法吸收资金的；（11）利用民间“会”“社”等组织非法吸收资金的；（12）其他非法吸收资金的行为。

第2款是关于单位犯非法吸收公众存款罪的规定，即对单位判处罚金，并对其直接负责的主管人员和其他直接责任人员，依照第1款的规定处罚。

第3款是关于犯非法吸收公众存款罪，在提起公诉前积极退赃退赔，减少损害结果发生的，可以从轻或者减轻处罚的规定。这是《刑法修正案（十一）》在加大对非法吸收公众存款犯罪打击力度的同时，为贯彻宽严相济刑事政策而增加的规定，目的是促使犯罪人员积极退赃退赔，减少和挽回社会公众损失，更好地维护人民群众利益和社会稳定。

【实务问题】

1. 本罪罪与非罪的界限

非法吸收或者变相吸收公众存款，主要用于正常的生产经营活动，能够及时清退所吸收的资金的，可以免予刑事处罚；情节显著轻微的，不作为犯罪处理。

2. 本罪的立案追诉标准

根据《立案追诉标准（二）》第 23 条的规定，非法吸收公众存款或者变相吸收公众存款，扰乱金融秩序，涉嫌下列情形之一的，应予立案追诉：（1）非法吸收或者变相吸收公众存款数额在 100 万元以上的；（2）非法吸收或者变相吸收公众存款对象 150 人以上的；（3）非法吸收或者变相吸收公众存款，给集资参与人造成直接经济损失数额在 50 万元以上的。非法吸收或者变相吸收公众存款数额在 50 万元以上或者给集资参与人造成直接经济损失数额在 25 万元以上，同时涉嫌下列情形之一的，应予立案追诉：（1）因非法集资受过刑事追究的；（2）2 年内因非法集资受过行政处罚的；（3）造成恶劣社会影响或者其他严重后果的。

3. 罪数的认定

行为人擅自设立金融机构后，又非法吸收公众存款的，或者非法吸收公众存款后，又擅自设立金融机构的，应当实行数罪并罚。

第一百七十七条 〔伪造、变造金融票证罪〕

有下列情形之一，伪造、变造金融票证的，处五年以下有期徒刑或者拘役，并处或者单处二万元以上二十万元以下罚金；情节严重的，处五年以上十年以下有期徒刑，并处五万元以上五十万元以下罚金；情节特别严重的，处十年以上有期徒刑或者无期徒刑，并处五万元以上五十万元以下罚金或者没收财产：

（一）伪造、变造汇票、本票、支票的；

（二）伪造、变造委托收款凭证、汇款凭证、银行存单等其他银行结算凭证的；

（三）伪造、变造信用证或者附随的单据、文件的；

（四）伪造信用卡的。

单位犯前款罪的，对单位判处罚金，并对其直接负责的主管人员和其他直接责任人员，依照前款的规定处罚。

本条是关于伪造、变造金融票证罪的罪刑条款内容。

【条文释义】

本条共分为 2 款。第 1 款是关于伪造、变造金融票证罪的规定。

伪造、变造金融票证罪，是指伪造、变造汇票、本票、支票、委托收款凭证、汇款凭证、银行存单及其他银行结算凭证、信用证或者附随的单据、文件以及伪造信用卡的行为。

本罪在客观方面表现为伪造、变造汇票、本票、支票、委托收款凭证、汇款凭证、银行存单及其他银行结算凭证、信用证或者附随的单据、文件以及伪造信用卡的行为。其中，伪造包括两种情况：一是有形伪造，即没有金融票证制作权的人，假冒他人（包括虚构人）的名义，擅自制造外观上足以使一般人误认为是真实金融票证的假金融票证。至于采取何种方法，假金融票证是否具有法律上的有效形式与要件，其记载的内容与事实是否相符合等，都不影响伪造的成立。二是无形伪造，即有金融票证制作权的人，超越其制作权限，违背事实制造内容虚假的金融票证，如银行职员制作虚假的银行存单交付他人。变造，是指擅自对真正的金融票证进行各种形式的加工，改变数额、日期或者其他内容。伪造、变造金融票证，包括下列情形：

（1）伪造、变造汇票、本票、支票。汇票，是指出票人签发的，委托付款人在见票时或者在指定日期，无条件支付确定的金额给收款人或持票人的票据。本票，是指出票人签发的，承诺由自己在见票时无条件支付确定的金额给收款人或持票人的票据。支票，是指出票人签发的，委托办理支票存款业务的银行或者其他金融机构在见票时无条件支付确定的金额给收款人或持票人的票据。行为人伪造、变造其中一种票证的，便成立犯罪。伪造票据，是指无权限人假冒他人或者虚构人名签章的行为。变造票据，是指无权更改票据内容的人，对票据上签章以外的记载事项加以改变的行为。但签章的变造属于伪造。

（2）伪造、变造委托收款凭证、汇款凭证、银行存单等其他银行结算凭证。委托收款凭证，是指收款人向银行提供的，委托其向付款人收取款项的结算凭证。汇款凭证，是指汇款人委托银行给异地收款人进行汇兑结算的凭证，包括信汇凭证与电汇凭证。银行存单，是银行发行的可以用于支付债务的工具，一般不记名、定额、可自由流通。其他银行结算凭证，是指除上述结算凭证以外的结算凭证。行为人伪造、变造其中一种票证的，便成立犯罪。

（3）伪造、变造信用证或者附随的单据、文件。信用证，是指应客户要求和指示，或主动向受益人签发的，如受益人满足约定条件开证行就向其支付规定金额的书面文件。附随的单据、文件，是指由信用证受益人向金融机构提供的，与信用证条款规定相一致的代表货物的单据、文件。行为人伪造、变造其中一种票证的，便成立犯罪。

（4）伪造信用卡。信用卡，是指由商业银行或者其他金融机构发行的具有消费支付、信用贷款、转账结算、存取现金等全部功能或者部分功能的电子支付卡。伪造信用卡，主要表现为复制他人信用卡、将他人信用卡信息资料写入磁条介质、芯片或者以其他方法非法制造信用卡。《刑法》没有规定变造信用卡，这里的“变造”形式多样，有的是在过期卡、作废卡、盗窃卡、丢失卡等各种信息完整的真实信用卡上修改关键要素，如重新压印卡号、有效期和姓名，甚至对信用卡磁条重新写磁；有的是对非法获取的发卡银行的空白信用卡进行凸印、写磁，制成信用卡。这里的“变造”，除只保留有信用卡的外形以外，其信用卡的内容与银行发行的真实信用卡的差别很大，其实质就是一张伪造的信用卡，应当按伪造信用卡定性。

第 2 款是关于单位犯伪造、变造金融票证罪的规定。

【实务问题】

本罪的立案追诉标准

根据《立案追诉标准（二）》第 24 条的规定，伪造、变造金融票证，涉嫌下列情形之一的，应予立案追诉：（1）伪造、变造汇票、本票、支票，或者伪造、变造委托收款凭证、汇款凭证、银行存单等其他银行结算凭证，或者伪造、变造信用证或者附随的单据、文件，总面额在 1 万元以上或者数量在 10 张以上的；（2）伪造信用卡 1 张以上，或者伪造空白信用卡 10 张以上的。

第一百七十七条之一

〔妨害信用卡管理罪〕**有下列情形之一，妨害信用卡管理的，处三年以下有期徒刑或者拘役，并处或者单处一万元以上十万元以下罚金；数量巨大或者有其他严重情节的，处三年以上十年以下有期徒刑，并处二万元以上二十万元以下罚金：**

（一）明知是伪造的信用卡而持有、运输的，或者明知是伪造的空白信用卡而持有、运输，数量较大的；

（二）非法持有他人信用卡，数量较大的；

（三）使用虚假的身份证明骗领信用卡的；

（四）出售、购买、为他人提供伪造的信用卡或者以虚假的身份证明骗领的信用卡的。

〔窃取、收买、非法提供信用卡信息罪〕**窃取、收买或者非法提供他人信用卡信息资料的，依照前款规定处罚。**

银行或者其他金融机构的工作人员利用职务上的便利，犯第二款罪的，从重处罚。

本条是关于妨害信用卡管理罪和窃取、收买、非法提供信用卡信息罪的罪刑条款内容。

本条为2005年2月28日通过的《中华人民共和国刑法修正案（五）》（简称《刑法修正案（五）》）所增加。

【条文释义】

本条共分为3款。第1款是关于妨害信用卡管理罪的规定。

妨害信用卡管理罪，是指明知是伪造的信用卡而持有、运输，或者明知是伪造的空白信用卡而持有、运输，数量较大的，或者非法持有他人信用卡，数量较大的，或者使用虚假的身份证明骗领信用卡的，或者出售、购买、为他人提供伪造的信用卡或者以虚假的身份证明骗领的信用卡的行为。

本罪在客观方面表现为妨害信用卡管理的行为，具体而言，包括：（1）明知是伪造的信用卡而持有、运输的，或者明知是伪造的空白信用卡而持有、运输，数量较大的。（2）非法持有他人信用卡，数量较大的。非法持有他人信用卡，是指持有他人信用卡的行为本身违法，亦即违反信用卡管理规定持有他人真实的信用卡。虽然获得信用卡的行为是否违法不直接决定持有行为是否违法，但是违法获得他人信用卡后而持有的，其持有行为便具有非法性。例如，拾取他人多张信用卡而持有的，即属于非法持有他人信用卡。经持卡人同意而持有他人信用卡的，需要具体判断。为持卡人保管、取款而持有他人信用卡的，不成立本罪；但是，购买他人信用卡后而持有的，属于非法持有他人信用卡。经持卡人同意，收藏他人没有余额、不能透支的借记卡的，不宜认定为本罪；但收藏他人可以透支的贷记卡的，即使征得持卡人同意，也属于非法持有他人信用卡。（3）使用虚假的身份证明骗领信用卡的。以虚假的身份证明骗领信用卡，并不要求身份证明本身是虚假的，行为人使用他人真实的身份证明（包括居民身份证、军官证、士兵证、港澳居民往来内地通行证、台湾居民来往大陆通行证、护照等身份证明），为自己骗领信用卡的，也属于以虚假的身份证明骗领信用卡。以虚假的身份证明骗领信用卡，还包括使用虚假的保证人身份证明骗领信用卡。骗领信用卡，还包括以他人的身份证明挂失他人的信用卡并骗领补办的信用卡。（4）出售、购买、为他人提供伪造的信用卡或者以虚假的身份证明骗领的信用卡的。

第2款是关于窃取、收买、非法提供信用卡信息罪的规定。

窃取、收买、非法提供信用卡信息罪，是指故意窃取、收买或者非法提供他人信用卡信息资料的行为。

本罪在客观方面表现为窃取、收买或者非法提供他人信用卡信息资料的行为。行为对象是他人的信用卡信息资料。这里的“信用卡信息资料”，是指信用卡磁条信息所载的内容，包括发卡行代码、持卡人账户、账号、密码等电子数据。“窃取”，是指违背他人意志，非法获取他人信用卡信息资料。“收买”，是指以财物、金钱或其他利益为对价取得他人信用卡信息资料。“非法提供”，是指未经信用卡持有人同意，将其信用卡的信息资料提供给其他人。非法提供的他人信用卡的信息资料既可以是合法取得的，也可以是非法取得的。如果行为人将窃取、收买的他人信用卡的信息资料非法提供给其他人的，也只以一罪论处。

第 3 款是关于银行或其他金融机构的工作人员利用职务上的便利犯窃取、收买、非法提供信用卡信息罪从重处罚的规定。

【实务问题】

1. 妨害信用卡管理罪的立案追诉标准

根据《立案追诉标准（二）》第 25 条的规定，妨害信用卡管理，涉嫌下列情形之一的，应予立案追诉：（1）明知是伪造的信用卡而持有、运输的；（2）明知是伪造的空白信用卡而持有、运输，数量累计在 10 张以上的；（3）非法持有他人信用卡，数量累计在 5 张以上的；（4）使用虚假的身份证明骗领信用卡的；（5）出售、购买、为他人提供伪造的信用卡或者以虚假的身份证明骗领的信用卡的。违背他人意愿，使用其居民身份证、军官证、士兵证、港澳居民往来内地通行证、台湾居民来往大陆通行证、护照等身份证明申领信用卡的，或者使用伪造、变造的身份证明申领信用卡的，应当认定为“使用虚假的身份证明骗领信用卡”。

2. 窃取、收买、非法提供信用卡信息罪的立案追诉标准

根据《立案追诉标准（二）》第 26 条的规定，窃取、收买或者非法提供他人信用卡信息资料，足以伪造可进行交易的信用卡，或者足以使他人以信用卡持卡人名义进行交易，涉及信用卡 1 张以上的，应予立案追诉。

第一百七十八条

〔伪造、变造国家有价证券罪〕**伪造、变造国库券或者国家发行的其他有价证券，数额较大的，处三年以下有期徒刑或者拘役，并处或者单处二万元以上二十万元以下罚金；数额巨大的，处三年以上十年以下有期徒刑，并处五万元以上五十万元以下罚金；数额特别巨大的，处十年以上有期徒刑或者无期徒刑，并处五万元以上五十万元以下罚金或者没收财产。**

〔伪造、变造股票、公司、企业债券罪〕**伪造、变造股票或者公司、企业债券，数额较大的，处三年以下有期徒刑或者拘役，并处或者单处一万元以上十万元以下罚金；数额巨大的，处三年以上十年以下有期徒刑，并处二万元以上二十万元以下罚金。**

单位犯前两款罪的，对单位判处罚金，并对其直接负责的主管人员和其他直接责任人员，依照前两款的规定处罚。

本条是关于伪造、变造国家有价证券罪和伪造、变造股票、公司、企业债券罪的罪刑条款内容。

【条文释义】

本条共分为3款。第1款是关于伪造、变造国家有价证券罪的规定。

伪造、变造国家有价证券罪，是指伪造、变造国库券或者国家发行的其他有价证券，数额较大的行为。

本罪在客观方面表现为伪造、变造国库券或者国家发行的其他有价证券，数额较大的行为。作为本罪行为对象的“有价证券”，是指具有一定货币票面价值，代表一定的财产所有权，并借以取得一定的收益，而且被当作金融工具的一种凭证。国库券，即国家债券，是指国家为解决急需预算支出向社会公众和机构发行的，由国家财政负责还本付息的一种国家债务凭证。所谓国家发行的其他有价证券，是指国家发行的除国库券以外的，有一定货币票面价值的财产权利凭证，如国家主管机关批准发行的财政债券、国家建设债券、国家重点建设债券等。这里的“伪造”，是指无制作权限者假冒他人名义或者虚构制作名义人，无中生有，制作虚假的国家有价证券的行为。“变造”，是指在真实的国家有价证券基础上进行加工、改造的行为。伪造、变造的实质区别在于是否使有价证券失去同一性，将国家有价证券的实质部分加以变更，使其与真实的有价证券丧失同一性的，乃是伪造而不是变造。伪造、变造行为只要在形式上、记载的内容上与真实的有价证券相类似，达到足以使一般人误认的程度就构成本罪，即使制作的有价证券在法律上并不完全具备国家有价证券的形式要件，也不影响伪造、变造行为的成立。伪造、变造国家有价证券必须数额较大的才构成本罪。

本罪的主体既可以是自然人，也可以是单位。

第2款是关于伪造、变造股票、公司、企业债券罪的规定。

伪造、变造股票、公司、企业债券罪，是指伪造、变造股票或者公司、企业债券，数额较大的行为。

股票，是指股份有限公司为筹集资金公开发行的证明股东在公司中拥有一定权益的有价证券。公司、企业债券，是指公司、企业发行的，保证按规定时间向债券持有人（债权人）偿还本金和支付利息的凭证。

第3款是关于单位犯伪造、变造国家有价证券罪和伪造、变造股票、公司、企业债券罪的规定。

【实务问题】

1. 伪造、变造国家有价证券罪的立案追诉标准

根据《立案追诉标准（二）》第27条的规定，伪造、变造国库券或者国家

发行的其他有价证券，总面额在 2000 元以上的，应予立案追诉。

2. 伪造、变造股票、公司、企业债券罪的立案追诉标准

根据《立案追诉标准（二）》第 28 条的规定，伪造、变造股票或者公司、企业债券，总面额在 3 万元以上的，应予立案追诉。

第一百七十九条 〔擅自发行股票、公司、企业债券罪〕

未经国家有关主管部门批准，擅自发行股票或者公司、企业债券，数额巨大、后果严重或者有其他严重情节的，处五年以下有期徒刑或者拘役，并处或者单处非法募集资金金额百分之一以上百分之五以下罚金。

单位犯前款罪的，对单位判处罚金，并对其直接负责的主管人员和其他直接责任人员，处五年以下有期徒刑或者拘役。

本条是关于擅自发行股票、公司、企业债券罪的罪刑条款内容。

【条文释义】

本条共分为 2 款。第 1 款是关于擅自发行股票、公司、企业债券罪的规定。

擅自发行股票、公司、企业债券罪，是指未经国家有关主管部门批准，擅自发行股票或者公司、企业债券，数额巨大、后果严重或者有其他严重情节的行为。

本罪在客观方面表现为擅自发行股票或者公司、企业债券的行为。擅自发行，是指违反《公司法》规定，未经批准而发行股票或者公司、企业债券。擅自发行包括发行公司和承销公司的擅自发行，即发行公司未经批准发行、超过批准规模发行或未通过承销机构自行发行股票或者公司、企业债券；承销机构明知发行公司提供的股票、债券未经国家证券主管机关批准而发行。这里的“擅自发行股票或者公司、企业债券”，是指向社会不特定对象发行、以转让股权等方式变相发行股票或者公司、企业债券，或者向特定对象发行、变相发行股票或者公司、企业债券累计超过 200 人的行为。擅自发行股票或者公司、企业债券必须数额巨大、后果严重或者有其他严重情节的，才构成本罪。

第 2 款是关于单位犯擅自发行股票、公司、企业债券罪的规定。

【实务问题】

本罪的立案追诉标准

根据《立案追诉标准（二）》第 29 条的规定，未经国家有关主管部门批准或者注册，擅自发行股票或者公司、企业债券，涉嫌下列情形之一的，应予立案追诉：（1）非法募集资金金额在 100 万元以上的；（2）造成投资者直接经济损

失数额累计在50万元以上的；（3）募集的资金全部或者主要用于违法犯罪活动的；（4）其他后果严重或者有其他严重情节的情形。

第一百八十条

〔内幕交易、泄露内幕信息罪〕**证券、期货交易内幕信息的知情人员或者非法获取证券、期货交易内幕信息的人员，在涉及证券的发行，证券、期货交易或者其他对证券、期货交易价格有重大影响的信息尚未公开前，买入或者卖出该证券，或者从事与该内幕信息有关的期货交易，或者泄露该信息，或者明示、暗示他人从事上述交易活动，情节严重的，处五年以下有期徒刑或者拘役，并处或者单处违法所得一倍以上五倍以下罚金；情节特别严重的，处五年以上十年以下有期徒刑，并处违法所得一倍以上五倍以下罚金。**

单位犯前款罪的，对单位判处罚金，并对其直接负责的主管人员和其他直接责任人员，处五年以下有期徒刑或者拘役。

内幕信息、知情人员的范围，依照法律、行政法规的规定确定。

〔利用未公开信息交易罪〕**证券交易所、期货交易所、证券公司、期货经纪公司、基金管理公司、商业银行、保险公司等金融机构的从业人员以及有关监管部门或者行业协会的工作人员，利用因职务便利获取的内幕信息以外的其他未公开的信息，违反规定，从事与该信息相关的证券、期货交易活动，或者明示、暗示他人从事相关交易活动，情节严重的，依照第一款的规定处罚。**

本条是关于内幕交易、泄露内幕信息罪和利用未公开信息交易罪的罪刑条款内容。

【主要修改】

本条曾为1999年12月25日通过的《刑法修正案》所修改，该条内容原为："证券交易内幕信息的知情人员或者非法获取证券交易内幕信息的人员，在涉及证券的发行、交易或者其他对证券的价格有重大影响的信息尚未公开前，买入或者卖出该证券，或者泄露该信息，情节严重的，处五年以下有期徒刑或者拘役，并处或者单处违法所得一倍以上五倍以下罚金；情节特别严重的，处五年以上十年以下有期徒刑，并处违法所得一倍以上五倍以下罚金。单位犯前款罪的，对单位判处罚金，并对其直接负责的主管人员和其他直接责任人员，处五年以下有期徒刑或者拘役。内幕信息的范围，依照法律、行政法规的规定确定。知情人员的范围，依照法律、行政法规的规定确定。"

2009年2月28日通过的《刑法修正案（七）》再次对本条进行了修改，该条内容原为："证券、期货交易内幕信息的知情人员或者非法获取证券、期货交易内幕信息的人员，在涉及证券的发行，证券、期货交易或者其他对证券、期货交易价格有重大影响的信息尚未公开前，买入或者卖出该证券，或者从事与该内幕信息有关的期货交易，或者泄露该信息，情节严重的，处五年以下有期徒刑或者拘役，并处或者单处违法所得一倍以上五倍以下罚金；情节特别严重的，处五年以上十年以下有期徒刑，并处违法所得一倍以上五倍以下罚金。单位犯前款罪的，对单位判处罚金，并对其直接负责的主管人员和其他直接责任人员，处五年以下有期徒刑或者拘役。内幕信息、知情人员的范围，依照法律、行政法规的规定确定。”

同时，2009 年 2 月 28 日通过的《刑法修正案（七）》在本条中增加一款作为第 4 款。

【条文释义】

本条共分为 4 款。第 1 款是关于内幕交易、泄露内幕信息罪的规定。

内幕交易、泄露内幕信息罪，是指证券、期货交易内幕信息的知情人员或者非法获取证券、期货交易内幕信息的人员，在涉及证券的发行，证券、期货交易或者其他对证券、期货交易价格有重大影响的信息尚未公开前，买入或者卖出该证券，或者从事与该内幕信息有关的期货交易，或者泄露该信息，或者明示、暗示他人从事上述交易活动，情节严重的行为。

本罪在客观方面表现为三种行为类型：一是在涉及证券的发行，证券、期货交易或者其他对证券、期货交易价格有重大影响的信息尚未公开前，买入或者卖出该证券，或者从事与该内幕信息有关的期货交易；二是泄露该信息，使内幕信息处于使不应知悉该信息的人知悉或者可能知悉的状态；三是明示、暗示他人从事上述交易活动。进行内幕交易、泄露内幕信息情节严重的，才构成本罪。

本罪的主体是特殊主体，必须是证券、期货交易内幕信息的知情人员或者非法获取证券、期货交易内幕信息的人员。

第 2 款是关于单位犯内幕交易、泄露内幕信息罪的规定。

第 3 款是关于确定内幕信息、知情人员的范围的规定。

这里的“内幕信息”，是指为内幕人员所知悉的、尚未公开的并对证券的发行，证券、期货交易或者价格有重大影响的信息，其具体范围根据法律、行政法规的规定确定。根据《证券法》第 52 条的规定，证券交易的内幕信息，是指证券交易活动中，涉及发行人的经营、财务或者对该发行人证券的市场价格有重大影响的尚未公开的信息。证券交易的内幕信息包括：（1）公司的经营方针和经营范围的重大变化；（2）公司的重大投资行为，公司在 1 年内购买、出售重大资产超过公司资产总额 30%，或者公司营业用主要资产的抵押、质押、出售或者报废一次超过该资产的 30%；（3）公司订立重要合同、提供重大担保或者从事关联交易，可能对公司的资产、负债、权益和经营成果产生重要影响；（4）公司发生重大债务和未能清偿到期重大债务的违约情况；（5）公司发生重大亏损或者重大损失；（6）公司生产经营的外部条件发生的重大变化；（7）公司的董事、1/3 以上监事或者经理发生变动，董事长或者经理无法履行职责；（8）持有公司 5%以上股份的股东或者实际控制人持有股份或者控制公司的情况发生较大变化，公司的实际控制人及其控制的其他企业从事与公司相同或者相似业务的情况发生较大变化；（9）公司分配股利、增资的计划，公司股权结构的重要变化，公司减资、合并、分立、解散及申请破产的决定，或者依法进入破产程序、被责令关闭；（10）涉及公司的重大诉讼、仲裁，股东大会、董事会决议被依法撤销或者宣告无效；（11）公司涉嫌犯罪被依法立案调查，公司的控股股东、实际控制人、董事、监事、高级管理人员涉嫌犯罪被依法采取强制措施；（12）公司股权结构或者生产经营状况发生重大变化；（13）公司债券信用评级发生变化；（14）公司重大资产抵押、质押、出售、转让、报废；（15）公司发生未能清偿到期债务的情况；（16）公司新增借款或者对外提供担保超过上年末净资产的 20%；（17）公司放弃债权或者财产超过上年末净资产的 10%；（18）公司发生超过上年末净资产 10%的重大损失；（19）公司分配股利，作出减资、合并、分立、解散及申请破产的决定，或者依法进入破产程序、被责令关闭；（20）涉及公司的重大诉讼、仲裁；（21）公司涉嫌犯罪被依法立案调查，公司的控股股东、实际控制人、董事、监事、高级管理人员涉嫌犯罪被依法采取强制措施；（22）国务院证券监督管理机构规定的其他事项。

根据《期货和衍生品法》第 14 条的规定，期货交易的内幕信息，是指可能对期货交易的交易价格产生重大影响的尚未公开的信息。期货交易的内幕信息包括：（1）国务院期货监督管理机构以及其他相关部门正在制定或者尚未发布的对期货交易价格可能产生重大影响的政策、信息或者数据；（2）期货交易场所、期货结算机构作出的可能对期货交易价格产生重大影响的决定；（3）期货交易场所会员、交易者的资金和交易动向；（4）相关市场中的重大异常交易信息；（5）国务院期货监督管理机构规定的对期货交易价格有重大影响的其他信息。

根据《期货和衍生品法》第 15 条的规定，证券、期货交易的内幕信息的知情人，是指由于经营地位、管理地位、监督地位或者职务便利等，能够接触或者获得内幕信息的单位和个人。证券交易内幕信息的知情人包括：（1）发行人及其董事、监事、高级管理人员；（2）持有公司 5%以上股份的股东及其董事、监事、高级管理人员，公司的实际控制人及其董事、监事、高级管理人员；（3）发行人控股或者实际控制的公司及其董事、监事、高级管理人员；（4）由于所任公司职务或者因与公司业务往来可以获取公司有关内幕信息的人员；（5）上市公司收购人或者重大资产交易方及其控股股东、实际控制人、董事、监事和高级管理人员；（6）因职务、工作可以获取内幕信息的证券交易场所、证券公司、证券登记结算机构、证券服务机构的有关人员；（7）因职责、工作可以获取内幕信息的证券监督管理机构工作人员；（8）因法定职责对证券的发行、交易或者对上市公司及其收购、重大资产交易进行管理可以获取内幕信息的有关主管部门、监管机构的工作人员；（9）国务院证券监督管理机构规定的可以获取内幕信息的其他人员。期货交易的内幕信息的知情人包括：（1）期货经营机构、期货交易场所、期货结算机构、期货服务机构的有关人员；（2）国务院期货监督管理机构和其他有关部门的工作人员；（3）国务院期货监督管理机构规定的可以获取内幕信息的其他单位和个人。非法获取证券、期货交易内幕信息的人员，是指内幕信息的知情人员以外的，不是基于职务或者业务，而是通过偷听、监听、私下交易等非法手段获取证券、期货交易内幕信息的人员。

第 4 款是关于利用未公开信息交易罪的规定。

利用未公开信息交易罪，是指证券交易所、期货交易所、证券公司、期货公司、基金管理公司、商业银行、保险公司等金融机构的从业人员以及有关监管部门或者行业协会的工作人员，利用因职务便利获取的内幕信息以外的其他未公开的信息，违反规定，从事与该信息相关的证券、期货交易活动，或者明示、暗示他人从事相关交易活动，情节严重的行为。

本罪在客观方面表现为利用因职务便利获取的内幕信息以外的其他未公开的信息，违反规定，从事与该信息相关的证券、期货交易活动，或者明示、暗示他人从事相关交易活动，情节严重的行为。这里的"其他未公开的信息"，是指内幕信息以外的与证券交易活动有关的，涉及公司的经营、财务或者对该公司证券的市场供求有重大影响的信息。社会公众获得该信息后，会对证券交易活动产生重大影响。利用未公开信息交易情节严重的才构成本罪。"内幕信息以外的其他未公开的信息"，包括下列信息：（1）证券、期货的投资决策、交易执行信息；（2）证券持仓数量及变化、资金数量及变化、交易动向信息；（3）其他可能影响证券、期货交易活动的信息。"违反规定"，是指违反法律、行政法规、部门规章、全国性行业规范有关证券、期货未公开信息保护的规定，以及行为人所在的金融机构有关信息保密、禁止交易、禁止利益输送等规定。"明示、暗示他人从事相关交易活动"，应当综合以下方面进行认定：（1）行为人具有获取未公开信息的职务便利；（2）行为人获取未公开信息的初始时间与他人从事相关交易活动的初始时间具有关联性；（3）行为人与他人之间具有亲友关系、利益关联、交易终端关联等关联关系；（4）他人从事相关交易的证券、期货品种、交易时间与未公开信息所涉证券、期货品种、交易时间等方面基本一致；（5）他人从事的相关交易活动明显不具有符合交易习惯、专业判断等正当理由；（6）行为人对明示、暗示他人从事相关交易活动没有合理解释。"情节严重"，表现为以下情形：（1）违法所得数额在100万元以上的；（2）2年内3次以上利用未公开信息交易的；（3）明示、暗示3人以上从事相关交易活动的。利用未公开信息交易，违法所得数额在50万元以上，或者证券交易成交额在500万元以上，或者期货交易占用保证金数额在100万元以上，同时具有下列情形之一的，属于“情节严重”：（1）以出售或者变相出售未公开信息等方式，明示、暗示他人从事相关交易活动的；（2）因证券、期货犯罪行为受过刑事追究的；（3）2年内因证券、期货违法行为受过行政处罚的；（4）造成恶劣社会影响或者其他严重后果的。

本罪的主体是特殊主体，即证券交易所、期货交易所、证券公司、期货公司、基金管理公司、商业银行、保险公司等金融机构的从业人员以及有关监管部门或者行业协会的工作人员。

【实务问题】

1. 罪与非罪的界限

内幕交易、泄露内幕信息罪，利用未公开信息交易罪在主观方面都表现为故意，即行为人对利用、泄露的信息是内幕信息、内幕信息以外的其他未公开的信息有所认识。将内幕信息、内幕信息以外的其他未公开的信息误认为是已公开信息加以传播、泄露，或利用其从事证券、期货交易的，不具有犯罪故意，不构成上述犯罪。

2. 内幕交易、泄露内幕信息罪的立案追诉标准

根据《立案追诉标准（二）》第30条的规定，证券、期货交易内幕信息的知情人员、单位或者非法获取证券、期货交易内幕信息的人员、单位，在涉及证券的发行，证券、期货交易或者其他对证券、期货交易价格有重大影响的信息尚未公开前，买入或者卖出该证券，或者从事与该内幕信息有关的期货交易，或者泄露该信息，或者明示、暗示他人从事上述交易活动，涉嫌下列情形之一的，应予立案追诉：（1）获利或者避免损失数额在50万元以上的；（2）证券交易成交额在200万元以上的；（3）期货交易占用保证金数额在100万元以上的；（4）2年内3次以上实施内幕交易、泄露内幕信息行为的；（5）明示、暗示3人以上从事与内幕信息相关的证券、期货交易活动的；（6）具有其他严重情节的。内幕交易获利或者避免损失数额在25万元以上，或者证券交易成交额在100万元以上，或者期货交易占用保证金数额在50万元以上，同时涉嫌下列情形之一的，应予立案追诉：（1）证券法规定的证券交易内幕信息的知情人实施或者与他人共同实施内幕交易行为的；（2）以出售或者变相出售内幕信息等方式，明示、暗示他人从事与该内幕信息相关的交易活动的；（3）因证券、期货犯罪行为受过刑事追究的；（4）2年内因证券、期货违法行为受过行政处罚的；（5）造成

其他严重后果的。

3. 利用未公开信息交易罪的立案追诉标准

根据《立案追诉标准（二）》第 31 条的规定，证券交易所、期货交易所、证券公司、期货公司、基金管理公司、商业银行、保险公司等金融机构的从业人员以及有关监管部门或者行业协会的工作人员，利用因职务便利获取的内幕信息以外的其他未公开的信息，违反规定，从事与该信息相关的证券、期货交易活动，或者明示、暗示他人从事相关交易活动，涉嫌下列情形之一的，应予立案追诉：（1）获利或者避免损失数额在 100 万元以上的；（2）2 年内 3 次以上利用未公开信息交易的；（3）明示、暗示 3 人以上从事相关交易活动的；（4）具有其他严重情节的。利用未公开信息交易，获利或者避免损失数额在 50 万元以上，或者证券交易成交额在 500 万元以上，或者期货交易占用保证金数额在 100 万元以上，同时涉嫌下列情形之一的，应予立案追诉：（1）以出售或者变相出售未公开信息等方式，明示、暗示他人从事相关交易活动的；（2）因证券、期货犯罪行为受过刑事追究的；（3）2 年内因证券、期货违法行为受过行政处罚的；（4）造成其他严重后果的。

第一百八十一条

〔编造并传播证券、期货交易虚假信息罪〕**编造并且传播影响证券、期货交易的虚假信息，扰乱证券、期货交易市场，造成严重后果的，处五年以下有期徒刑或者拘役，并处或者单处一万元以上十万元以下罚金。**

〔诱骗投资者买卖证券、期货合约罪〕**证券交易所、期货交易所、证券公司、期货经纪公司的从业人员，证券业协会、期货业协会或者证券期货监督管理部门的工作人员，故意提供虚假信息或者伪造、变造、销毁交易记录，诱骗投资者买卖证券、期货合约，造成严重后果的，处五年以下有期徒刑或者拘役，并处或者单处一万元以上十万元以下罚金；情节特别恶劣的，处五年以上十年以下有期徒刑，并处二万元以上二十万元以下罚金。**

单位犯前两款罪的，对单位判处罚金，并对其直接负责的主管人员和其他直接责任人员，处五年以下有期徒刑或者拘役。

本条是关于编造并传播证券、期货交易虚假信息罪和诱骗投资者买卖证券、期货合约罪的罪刑条款内容。

【主要修改】

本条为 1999 年 12 月 25 日通过的《刑法修正案》所修改，该条内容原为：“编造并且传播影响证券交易的虚假信息，扰乱证券交易市场，造成严重后果的，处五年以下有期徒刑或者拘役，并处或者单处一万元以上十万元以下罚金。证券交易所、证券公司的从业人员，证券业协会或者证券管理部门的工作人员，故意提供虚假信息或者伪造、变造、销毁交易记录，诱骗投资者买卖证券，造成严重后果的，处五年以下有期徒刑或者拘役，并处或者单处一万元以上十万元以下罚金；情节特别恶劣的，处五年以上十年以下有期徒刑，并处二万元以上二十万元以下罚金。单位犯前两款罪的，对单位判处罚金，并对其直接负责的主管人员和其他直接责任人员，处五年以下有期徒刑或者拘役。"

【条文释义】

本条共分为 3 款。第 1 款是关于编造并传播证券、期货交易虚假信息罪的规定。

编造并传播证券、期货交易虚假信息罪，是指编造并且传播影响证券、期货交易的虚假信息，扰乱证券、期货交易市场，造成严重后果的行为。

本罪在客观方面表现为编造并且传播影响证券、期货交易的虚假信息，扰乱证券、期货交易市场，造成严重后果的行为。这里的"编造"，是指捏造虚假信息，既包括虚构本不存在的信息，也包括篡改、加工、隐瞒真实的信息。"传播"，是指使用各种方式使虚假信息处于不特定人或者多数人知悉或可能知悉的状态。期货交易，是指以期货合约或者标准化期权合约为交易标的的交易活动。期货合约，是指期货交易场所统一制定的、约定在将来某一特定的时间和地点交割一定数量标的物的标准化合约。期权合约，是指约定买方有权在将来某一时间以特定价格买入或者卖出约定标的物（包括期货合约）的标准化或非标准化合约。单纯编造影响证券、期货交易的虚假信息的行为，并不是本罪的实行行为，不成立未遂犯。因为单纯编造而没有让他人知晓的行为，不可能侵害法益。明知是他人编造的影响证券、期货交易的虚假信息而传播的，即使与编造者没有通谋，也能成立本罪。之所以规定"编造并且传播"，只是为了将缺乏故意的传播行为排除在犯罪之外。编造并且传播证券、期货交易信息造成严重后果的才可以构成本罪。

本罪的主体，包括自然人和单位，主要是证券交易所、期货交易所、证券公司、期货公司的从业人员，证券业协会、期货业协会或者证券期货监督管理部门的工作人员，证券、期货咨询服务机构及其相关机构的人员，以及证券、期货交易的客户、行情分析人员等。

第 2 款是关于诱骗投资者买卖证券、期货合约罪的规定。

诱骗投资者买卖证券、期货合约罪，是指证券交易所、期货交易所、证券公司、期货公司的从业人员，证券业协会、期货业协会或者证券期货监督管理部门的工作人员，故意提供虚假信息或者伪造、变造、销毁交易记录，诱骗投资者买卖证券、期货合约，造成严重后果的行为。

本罪在客观方面表现为提供虚假信息或者伪造、变造、销毁交易记录，诱骗投资者买卖证券、期货合约，造成严重后果的行为。这里的“提供虚假信息”，是指为诱骗投资者买卖证券、期货合约而故意向其提供与事实不符的重要信息，如证券经营机构为非法获取手续费而提供虚假信息，诱导投资者进行损害其自身利益的证券买卖；发行人或代理人在出售证券时向其提供虚假的招股说明书；证券经营机构向客户作出在法律上无效的保证客户交易利益或赔偿客户投资损失的承诺。由于提供虚假信息行为和编造并传播证券、期货交易虚假信息罪之间有法条竞合关系，所以证券从业人员编造虚假信息并提供给客户，诱导其从事证券交易，扰乱证券交易秩序的，都应以诱骗投资者买卖证券罪定罪处罚。伪造，是指按照证券、期货交易记录的数据、样式，制作假的交易记录单据，或者向电脑系统输入虚假的交易数据，隐瞒真相，使客户违背其真实意愿买卖证券。变造，是指对真实的证券、期货交易记录进行不法变更，或者在电脑系统上删改证券交易数据，改变证券交易记录内容的行为，如改变客户委托的时间、价格、数量，改变成交时间、价格、数量等。销毁，是指将证券、期货交易的数据及相关文书毁灭的行为，如将电脑系统记录的交易数据删除，将打印的交易记录单据毁灭等。诱骗投资者买卖证券、期货合约，其中，诱骗包括使投资者产生错误认识的欺骗，但不限于欺骗。在投资者原本基于某种原因不打算买卖某种证券、期货合约时，行为人通过提供虚假信息等手段使投资者买卖该证券、期货合约的，当然属于“诱骗”。在投资者虽有买卖某种证券、期货合约的念头，但心存犹豫时，行为人通过提供虚假信息等手段使投资者买卖该证券、期货合约的，也属于“诱骗”。诱骗投资者买卖证券、期货合约造成严重后果的才可以构成本罪。

本罪的主体是特殊主体，即证券交易所、期货交易所、证券公司、期货公司的从业人员，证券业协会、期货业协会或者证券期货监督管理部门的工作人员。

第3款是关于单位犯编造并传播证券、期货交易虚假信息罪和诱骗投资者买卖证券、期货合约罪的规定。

【实务问题】

1. 编造并传播证券、期货交易虚假信息罪罪与非罪的界限

证券、期货交易的专业分析人士利用已公开的事实、数据、资料以及证券、期货交易原理对交易市场走势进行分析和预测，没有捏造事实，即使其分析及预测对投资者造成了误导，客观上导致证券、期货交易价格波动的，也不构成编造并传播证券、期货交易虚假信息罪。

2. 编造并传播证券、期货交易虚假信息罪的立案追诉标准

根据《立案追诉标准（二）》第32条的规定，编造并且传播影响证券、期

货交易的虚假信息，扰乱证券、期货交易市场，涉嫌下列情形之一的，应予立案追诉：（1）获利或者避免损失数额在5万元以上的；（2）造成投资者直接经济损失数额在50万元以上的；（3）虽未达到上述数额标准，但多次编造并且传播影响证券、期货交易的虚假信息的；（4）致使交易价格或者交易量异常波动的；（5）造成其他严重后果的。这里的"虽未达到上述数额标准"，是指接近上述数额标准且已达到该数额的80%以上的。

3. 诱骗投资者买卖证券、期货合约罪的立案追诉标准

根据《立案追诉标准（二）》第33条的规定，证券交易所、期货交易所、证券公司、期货公司的从业人员，证券业协会、期货业协会或者证券期货监督管理部门的工作人员，故意提供虚假信息或者伪造、变造、销毁交易记录，诱骗投资者买卖证券、期货合约，涉嫌下列情形之一的，应予立案追诉：（1）获利或者避免损失数额在5万元以上的；（2）造成投资者直接经济损失数额在50万元以上的；（3）虽未达到上述数额标准，但多次诱骗投资者买卖证券、期货合约的；（4）致使交易价格或者交易量异常波动的；（5）造成其他严重后果的。这里的"虽未达到上述数额标准"，是指接近上述数额标准且已达到该数额的80%以上的。

第一百八十二条　〔操纵证券、期货市场罪〕

有下列情形之一，操纵证券、期货市场，影响证券、期货交易价格或者证券、期货交易量，情节严重的，处五年以下有期徒刑或者拘役，并处或者单处罚金；情节特别严重的，处五年以上十年以下有期徒刑，并处罚金：

（一）单独或者合谋，集中资金优势、持股或者持仓优势或者利用信息优势联合或者连续买卖的；

（二）与他人串通，以事先约定的时间、价格和方式相互进行证券、期货交易的；

（三）在自己实际控制的账户之间进行证券交易，或者以自己为交易对象，自买自卖期货合约的；

（四）不以成交为目的，频繁或者大量申报买入、卖出证券、期货合约并撤销申报的；

（五）利用虚假或者不确定的重大信息，诱导投资者进行证券、期货交易的；

（六）对证券、证券发行人、期货交易标的公开作出评价、预测或者投资建议，同时进行反向证券交易或者相关期货交易的；

（七）以其他方法操纵证券、期货市场的。

单位犯前款罪的，对单位判处罚金，并对其直接负责的主管人员和其他直接

责任人员，依照前款的规定处罚。

本条是关于操纵证券、期货市场罪的罪刑条款内容。

【主要修改】

本条曾为 1999 年 12 月 25 日通过的《刑法修正案》所修改，该条内容原为：“有下列情形之一，操纵证券交易价格，获取不正当利益或者转嫁风险，情节严重的，处五年以下有期徒刑或者拘役，并处或者单处违法所得一倍以上五倍以下罚金：（一）单独或者合谋，集中资金优势、持股优势或者利用信息优势联合或者连续买卖，操纵证券交易价格的；（二）与他人串通，以事先约定的时间、价格和方式相互进行证券交易或者相互买卖并不持有的证券，影响证券交易价格或者证券交易量的；（三）以自己为交易对象，进行不转移证券所有权的自买自卖，影响证券交易价格或者证券交易量的；（四）以其他方法操纵证券交易价格的。单位犯前款罪的，对单位判处罚金，并对其直接负责的主管人员和其他直接责任人员，处五年以下有期徒刑或者拘役。”

2006 年 6 月 29 日通过的《刑法修正案（六）》再次对本条进行了修改，该条内容原为：“有下列情形之一，操纵证券、期货交易价格，获取不正当利益或者转嫁风险，情节严重的，处五年以下有期徒刑或者拘役，并处或者单处违法所得一倍以上五倍以下罚金：（一）单独或者合谋，集中资金优势、持股或者持仓优势或者利用信息优势联合或者连续买卖，操纵证券、期货交易价格的；（二）与他人串通，以事先约定的时间、价格和方式相互进行证券、期货交易，或者相互买卖并不持有的证券，影响证券、期货交易价格或者证券、期货交易量的；（三）以自己为交易对象，进行不转移证券所有权的自买自卖，或者以自己为交易对象，自买自卖期货合约，影响证券、期货交易价格或者证券、期货交易量的；（四）以其他方法操纵证券、期货交易价格的。单位犯前款罪的，对单位判处罚金，并对其直接负责的主管人员和其他直接责任人员，处五年以下有期徒刑或者拘役。”

2020 年 12 月 26 日通过的《刑法修正案（十一）》又一次对本条进行了修改，该条内容原为：“有下列情形之一，操纵证券、期货市场，情节严重的，处五年以下有期徒刑或者拘役，并处或者单处罚金；情节特别严重的，处五年以上十年以下有期徒刑，并处罚金：（一）单独或者合谋，集中资金优势、持股或者持仓优势或者利用信息优势联合或者连续买卖，操纵证券、期货交易价格或者证券、期货交易量的；（二）与他人串通，以事先约定的时间、价格和方式相互进行证券、期货交易，影响证券、期货交易价格或者证券、期货交易量的；（三）在自己实际控制的账户之间进行证券交易，或者以自己为交易对象，自买自卖期货合约，影响证券、期货交易价格或者证券、期货交易量的；（四）以其他方法操纵证券、期货市场的。单位犯前款罪的，对单位判处罚金，并对其直接负责的主管人员和其他直接责任人员，依照前款的规定处罚。”

【条文释义】

本条共分为2款。第1款是关于操纵证券、期货市场罪及其处罚的规定。

操纵证券、期货市场罪，是指自然人或者单位，故意操纵证券、期货市场，影响证券、期货交易价格或者证券、期货交易量，情节严重的行为。

本罪在客观方面表现为以下七种行为类型：

（1）联合或连续交易型操纵，即单独或者合谋，集中资金优势、持股或者持仓优势或者利用信息优势联合或者连续买卖。这里的“单独或者合谋”，是指操纵证券、期货交易价格的行为人既可以是买方也可以是卖方，甚至既是买方又是卖方，可以是一个人所为也可以是多人联合所为。“集中资金优势、持股或者持仓优势或者利用信息优势”，是指证券、期货的投资大户、会员单位等利用手中持有的大量资金、股票、期货合约或者利用了解某些内幕信息等优势进行证券、期货交易。“联合买卖”，是指行为人在一段时间内共同对某种股票或者期货合约进行买进或者卖出的行为。“连续买卖”，即连续交易，是指行为人在短时间内对同一股票或者期货合约反复进行买进又卖出的行为。这种操纵方式一般是行为人先筹足一大笔资金，并锁定某种具有炒作潜力且易操作的股票或者期货合约，暗中利用不同账户在市场上吸足筹码，然后配合各式炒作题材连续拉抬股价或期货价格，制造多头行情，以诱使投资人跟进追小涨，使股价或期货价格一路攀升，等股价或期货价格上涨到一定高度时，暗中释放出手中所持股票或期货合约，甚至融券卖空，此时交易量明显放大，价格出现剧烈震荡，行为人出清所持股票或期货合约后，交易量萎缩，股票或期货价格丧失支撑旋即暴跌，等价格回跌再趁低补进，以便为下次操作准备筹码，以此方式循环操作，操纵证券、期货交易价格，从上涨和下跌中两面获利。

（2）约定交易型操纵，即与他人串通，以事先约定的时间、价格和方式相互进行证券、期货交易。这种操纵证券价格的方式又称为“对敲”，主要表现为行为人与他人通谋，在事先以约定的时间、约定的价格在自己卖出或者买入股票或者期货合约时，另一约定人同时实施买入或者卖出股票或者期货合约，或者相互买卖证券或者期货合约，通过几家联手反复实施买卖行为，目的在于虚假造势，从而可能抬高或者打压某种股票或者期货的价格，最后行为人乘机建仓或者平仓，以获取暴利或者转嫁风险。这种行为会使其他投资者对证券、期货市场产生极大误解，导致错误判断而受损，对证券、期货市场的破坏力很大。在现行集中交易市场电脑竞价撮合成交的交易状态下，串通者所买进与卖出的证券、期货要完全相同几乎是不可能的。只要串通双方的委托在时间上和价格上具有相似性，数量上具有一致性，即可成立。不要求必须以整个市场价格为对象，只要影响了某种股票或者期货品种的交易价格即可。

（3）洗售型操纵，即在自己实际控制的账户之间进行证券交易，或者以自己为交易对象，自买自卖期货合约。这里的“在自己实际控制的账户之间进行证券交易”，是指将预先配好的委托分别下达给两个证券公司，由一个证券公司买进，另一个证券公司卖出，实际上是自买自卖证券的行为，其所有权并没有发生转移。这种行为实际上也对证券的交易价格和交易量产生很大的影响。“以自己为交易对象，自买自卖期货合约”，主要是指以不转移期货合约形式进行虚假买卖。这种情况也称为虚假交易，主要包括两种情况：一种是自我买卖，即会员单位或者客户在期货交易中既作卖方又作买方，形式上买进卖出，实际上期货合约的所有人并没有发生变化，实践中这种人往往在开设账户时一客多户，或假借他人账户，或用假名虚设账户，在买卖期货过程中，形式上是多个客户在交易，实质为同一客户；另一种是不同行为人之间进行的交易，他们事先合谋，相互买卖期货合约，但事后买进的一方返还给另一方。这种不转移合约所有权形式的虚假交易行为，显然会影响期货行情，制造出虚假价格。所谓期货合约，是指由期货交易所统一制定的、规定在将来某一特定的时间和地点交割一定数量和质量商品的标准化合约。行为人实施了以自己为交易对象，进行不转移证券所有权的自买自卖。

（4）虚假申报型操纵，即不以成交为目的，频繁或者大量申报买入、卖出证券、期货合约并撤销申报。具体包括分层挂单、反向交易等行为，其核心特征是通过不以成交为目的的挂单，诱骗其他投资者交易或者放弃交易，从而实现对证券、期货交易价格或者交易量的影响。随着计算机程序交易的普及，通过计算机程序快速下单和撤单已经具备了可能性。该种操纵方式多利用程序化交易等技术手段进行，以实现高频交易或者大量申报但最终不成交，进而影响证券交易的数据，从而抬高股价，谋取非法利益。

（5）“蛊惑交易”型操纵，即利用虚假或者不确定的重大信息，诱导投资者进行证券、期货交易。在实践中，该种行为通过公开传播虚假、重大误导性信息来影响投资者的判断和交易，并进而影响特定证券、期货交易的价格、交易量。实施该类操纵行为的犯罪行为人利用许多投资者存在迷信内部消息、追捧热点信息的心理，通过“编故事、画大饼”等方式，传播公司重组意图、投资意向、行业信息等所谓重大信息，引起证券、期货市场关注和反应，吸引大量投资者跟风交易，以达到行为人操纵证券、期货市场的目的。

（6）“抢帽子交易”型操纵，即对证券、证券发行人、期货交易标的公开作出评价、预测或者投资建议，同时进行反向证券交易或者相关期货交易。这里作出公开评价、预测或者投资建议的主体是不特定主体，既有证券公司、证券咨询机构、专业中介机构及其工作人员等，也有各种所谓炒股专家、专业分析师等，其往往预先买入证券、期货合约，然后利用其身份在互联网、电视等平台对其买入的股票、证券发行人、期货标的进行公开评价、预测及推荐，影响股票、期货的价格以及交易量，并通过操作以获利。需要注意的是，这里行为人所进行的交易对于证券要求是“反向证券交易”，即“言行不一致”从中获取不法利益；而对期货交易没有相关要求，这是因为期货为双向交易，既可以买入开仓以看涨，也可以卖出开仓以看跌，同时各种期货品种之间具有一定的关联性，行为人实施操纵行为后获利的方式多样，如可能暗中开仓，公开作出对自己市场有利的评价，诱导他人对其进行相同方向的交易，影响期货价格或者交易量，最后通过实际交割或者行权了结获利，因此，这里规定的是行为人进行“相关”期货交易。

（7）以其他方法操纵证券、期货市场，即除上述六种情形以外其他操纵证券、期货市场的方法。以其他方法操纵证券、期货市场的行为，目前有利用职务便利操纵证券、期货市场，主要是证券交易所、期货交易所、证券公司、期货公司及其从业人员利用手中掌握的证券、期货委托、报价交易等职务便利，人为地压低或者抬高证券、期货价格，从中牟取暴利，其表现形式包括：①擅自篡改证券、期货行情记录，引起证券、期货价格波动；②在委托交易中，利用时间差，进行强买强卖故意引起价格波动；③串通客户共同操纵证券、期货价格；④在证券、期货代理过程中，违反规定取得多个客户的全权委托，并实际操作客户账户，实施操纵交易；⑤会员单位或客户利用多个会员或客户的账户与注册编码，规避交易所持股、持仓量或交易头寸的限制超量持股、持仓以及借股、借仓交易等操纵价格的行为；⑥交易所会员或客户在现货市场上超越自身经营范围或实际需求，囤积居奇，企图或实际严重影响期货市场价格的；⑦交易所会员或客户超越自身经营范围或实际要求，控制大量交易所指定仓库标准仓单，企图或实际严重影响期货市场价格的；⑧交易所会员故意阻止、延误或改变客户某一方向的交易指令，或擅自下达交易指令或诱导、强制客户按照自己的意志进行交易，操纵证券、期货交易价格的，等等。

操纵行为必然表现为影响了证券、期货交易价格或者证券、期货交易量。在实践中，对认定构成操纵证券、期货市场犯罪的，一般都需要从“证券、期货交易价格或者证券、期货交易量”是否被影响的角度固定证据，如持有或者实际控制证券的流通股份数量、数个交易日总成交量等。

行为人有操纵证券、期货市场的行为，情节严重的才构成犯罪。这里的“情节严重”，主要是指行为人获取不正当利益巨大的；多次操纵证券、期货市场的；造成恶劣社会影响的；造成股票、期货价格暴涨暴跌，严重影响证券、期货市场交易秩序的；给其他投资者造成巨大经济损失的等。

最高人民法院、最高人民检察院《关于办理操纵证券、期货市场刑事案件适用法律若干问题的解释》的规定，操纵证券、期货市场，具有下列情形之一的，应当认定为“情节严重”：（1）持有或者实际控制证券的流通股份数量达到该证券的实际流通股份总量 10% 以上，实施《刑法》第 182 条第 1 款第 1 项操纵证券市场行为，连续 10 个交易日的累计成交量达到同期该证券总成交量 20% 以上的；（2）实施《刑法》第 182 条第 1 款第 2 项、第 3 项操纵证券市场行为，连续 10 个交易日的累计成交量达到同期该证券总成交量 20% 以上的；（3）实施该解释第 1 条第 1 项至第 4 项操纵证券市场行为，证券交易成交额在 1000 万元以上的；（4）实施《刑法》第 182 条第 1 款第 1 项及该解释第 1 条第 6 项操纵期货市场行为，实际控制的账户合并持仓连续 10 个交易日的最高值超过期货交易所限仓标准的 2 倍，累计成交量达到同期该期货合约总成交量 20% 以上，且期货交易占用保证金数额在 500 万元以上的；（5）实施《刑法》第 182 条第 1 款第 2 项、第 3 项及该解释第 1 条第 1 项、第 2 项操纵期货市场行为，实际控制的账户连续 10 个交易日的累计成交量达到同期该期货合约总成交量 20% 以上，且期货交易占用保证金数额在 500 万元以上的；（6）实施该解释第 1 条第 5 项操纵证券、期货市场行为，当日累计撤回申报量达到同期该证券、期货合约总申报量 50% 以上，且证券撤回申报额在 1000 万元以上、撤回申报的期货合约占用保证金数额在 500 万元以上的；（7）实施操纵证券、期货市场行为，违法所得数额在 100 万元以上的。操纵证券、期货市场，违法所得数额在 50 万元以上，具有下列情形之一的，应当认定为“情节严重”：（1）发行人、上市公司及其董事、监事、高级管理人员、控股股东或者实际控制人实施操纵证券、期货市场行为的；（2）收购人、重大资产重组的交易对方及其董事、监事、高级管理人员、控股股东或者实际控制人实施操纵证券、期货市场行为的；（3）行为人明知操纵证券、期货市场行为被有关部门调查，仍继续实施的；（4）因操纵证券、期货市场行为受过刑事追究的；（5）2 年内因操纵证券、期货市场行为受过行政处罚的；（6）在市场出现重大异常波动等特定时段操纵证券、期货市场的；（7）造成恶劣社会影响或者其他严重后果的。

第 2 款是关于单位操作证券、期货市场罪及其处罚的规定。根据本款规定，对单位有前述行为的，采取了双罚制原则，即对单位判处罚金，并对其直接负责的主管人员和其他直接责任人员，依照第 1 款的规定处罚。

【实务问题】

本罪的立案追诉标准

根据《立案追诉标准（二）》第 34 条的规定，操纵证券、期货市场，影响证券、期货交易价格或者证券、期货交易量，涉嫌下列情形之一的，应予立案追诉：（1）持有或者实际控制证券的流通股份数量达到该证券的实际流通股份总量10%以上，实施《刑法》第182条第1款第1项操纵证券市场行为，连续10个交易日的累计成交量达到同期该证券总成交量20%以上的；（2）实施《刑法》第182条第1款第2项、第3项操纵证券市场行为，连续10个交易日的累计成交量达到同期该证券总成交量20%以上的；（3）利用虚假或者不确定的重大信息，诱导投资者进行证券交易，行为人进行相关证券交易的成交额在1000万元以上的；（4）对证券、证券发行人公开作出评价、预测或者投资建议，同时进行反向证券交易，证券交易成交额在1000万元以上的；（5）通过策划、实施资产收购或者重组、投资新业务、股权转让、上市公司收购等虚假重大事项，误导投资者作出投资决策，并进行相关交易或者谋取相关利益，证券交易成交额在1000万元以上的；（6）通过控制发行人、上市公司信息的生成或者控制信息披露的内容、时点、节奏，误导投资者作出投资决策，并进行相关交易或者谋取相关利益，证券交易成交额在1000万元以上的；（7）实施《刑法》第182条第1款第1项操纵期货市场行为，实际控制的账户合并持仓连续10个交易日的最高值超过期货交易所限仓标准的2倍，累计成交量达到同期该期货合约总成交量20%以上，且期货交易占用保证金数额在500万元以上的；（8）通过囤积现货，影响特定期货品种市场行情，并进行相关期货交易，实际控制的账户合并持仓连续10个交易日的最高值超过期货交易所限仓标准的2倍，累计成交量达到同期该期货合约总成交量20%以上，且期货交易占用保证金数额在500万元以上的；（9）实施《刑法》第182条第1款第2项、第3项操纵期货市场行为，实际控制的账户连续10个交易日的累计成交量达到同期该期货合约总成交量20%以上，且期货交易占用保证金数额在500万元以上的；（10）利用虚假或者不确定的重大信息，诱导投资者进行期货交易，行为人进行相关期货交易，实际控制的账户连续10个交易日的累计成交量达到同期该期货合约总成交量20%以上，且期货交易占用保证金数额在500万元以上的；（11）对期货交易标的公开作出评价、预测或者投资建议，同时进行相关期货交易，实际控制的账户连续10个交易日的累计成交量达到同期该期货合约总成交量的20%以上，且期货交易占用保证金数额在500万元以上的；（12）不以成交为目的，频繁或者大量申报买入、卖出证券、期货合约并撤销申报，当日累计撤回申报量达到同期该证券、期货合约总申报量50%以上，且证券撤回申报额在1000万元以上、撤回申报的期货合约占用保证金数额在500万元以上的；（13）实施操纵证券、期货市场行为，获利或者避免损失数额在100万元以上的。操纵证券、期货市场，影响证券、期货交易价格或者证券、期货交易量，获利或者避免损失数额在50万元以上，同时涉嫌下列情形之一的，应予立案追诉：（1）发行人、上市公司及其董事、监事、高级管理人员、控股股东或者实际控制人实施操纵证券、期货市场行为的；（2）收购人、重大资产重组的交易对方及其董事、监事、高级管理人员、控股股东或者实际控制人实施操纵证券、期货市场行为的；（3）行为人明知操纵证券、期货市场行为被有关部门调查，仍继续实施的；（4）因操纵证券、期货市场行为受过刑事追究的；（5）2 年内因操纵证券、期货市场行为受过行政处罚的；（6）在市场出现重大异常波动等特定时段操纵证券、期货市场的；（7）造成其他严重后果的。对于在全国中小企业股份转让系统中实施操纵证券市场行为，社会危害性大，严重破坏公平公正的市场秩序的，比照该条的规定执行，但该条第 1 款第 1 项和第 2 项除外。

2. “不以成交为目的”的主观认定

基于虚假申报操纵的特点以及行政执法与刑事司法实践的考量，以下相关要素可以作为考虑的因素：

（1）“不以成交为目的”的核心判断标识：是否具备相应的反向交易行为。与合法的价格套利策略交易不同的是，高频交易下的虚假申报操纵，一般是通过证券市场的正反方向设置大额订单和小额订单，在高频交易获取的时间差内进行虚假申报操作，故意通过大额订单引诱普通投资者，引起证券市场交易价量的变化，识别和判断一般投资者的交易策略，然后迅速撤销大额订单，以有利于自己的价格成交小额订单，通过反方向的交易获取差价利润。行为人在较短期间内的交易方向逆转，能够较有说服力地揭示频繁申报撤单和反向交易之间存在的手段和目的关系，反向交易能够有力证明此前的申报撤单行为具有“不以成交为目的”的主观目的。

（2）“不以成交为目的”的时间判断标识：订单的市场存续时间。行为人之所以能够通过反向交易获利，主要是因为其能够依据高频交易的技术获取较之于一般投资者的订单高速度，判断出市场上的投资策略后，迅速进行交易。因此，如果行为人的大额订单在市场上持续的时间较长，就表明行为人具有成交订单的主观目的；反之，如果大额订单存续的时间较短，频繁进行申报撤单，则很大程度上能够反映其主观上“不以成交为目的”。

（3）“不以成交为目的”的技术判断标识：成交委托比。通常情况下，操纵行为表面上都会表现出不符合经济理性的状态。相应的行为是不符合经济理性的，有可能是行为人制造证券交易大量买卖的假象。因而，在司法实践中，可以通过审查高频交易成交委托比进行判断，如果行为人的大额订单的成交率与小额订单的成交率存在显著差别，或者是下单量和成交量的比率远远高于普通投资者或者一般的正常高频交易者，则基本可以判断行为人通过高频交易下单并不具备真实交易的目的，而是通过大额订单影响证券交易价量，进而促使反向的小额订单以有利的价格卖出。

（4）“不以成交为目的”的排除性因素：推定事实的反驳。刑事推定的基本构造是“基础事实 + 常态联系 - 推定事实”，基础事实作为推定的前提，常态联系是基础事实与推定事实之间的因果关系。刑事推定以法定化的常态联系为依据。但是，由于常态联系是或然性的，这就决定了推定事实具有盖然性。因而，就必须允许推定能够被反驳。为了避免"不以成交为目的"主观认定存在失误，应当允许听取当事人的合理说明。此时，应当依据案件的实际情形判定是否属于正当抗辩事由。

第一百八十三条 〔保险公司工作人员适用职务侵占罪、贪污罪的情形〕

保险公司的工作人员利用职务上的便利，故意编造未曾发生的保险事故进行虚假理赔，骗取保险金归自己所有的，依照本法第二百七十一条的规定定罪处罚。

国有保险公司工作人员和国有保险公司委派到非国有保险公司从事公务的人员有前款行为的，依照本法第三百八十二条、第三百八十三条的规定定罪处罚。

本条是关于职务侵占罪和贪污罪的罪刑条款注意规定的内容。

【条文释义】

本条共分为2款。第1款是关于保险公司的工作人员利用职务上的便利，故意编造未曾发生的保险事故进行虚假理赔，骗取保险金归自己所有，构成职务侵占罪的注意规定。根据《刑法》第271条的规定，职务侵占罪，是指公司、企业或者其他单位的工作人员，利用职务上的便利，将本单位财物非法占为己有，数额较大的行为。保险公司的工作人员利用职务上的便利，故意编造未曾发生的保险事故进行虚假理赔，骗取保险金归自己所有，符合《刑法》第271条规定的职务侵占罪的犯罪构成，应当以职务侵占罪定罪处罚。

第2款是关于国有保险公司工作人员和国有保险公司委派到非国有保险公司从事公务的人员利用职务上的便利，故意编造未曾发生的保险事故进行虚假理赔，骗取保险金归自己所有，构成贪污罪的注意规定。根据《刑法》第382条的规定，贪污罪，是指国家工作人员利用职务上的便利，侵吞、窃取、骗取或者以其他手段非法占有公共财物的行为。《刑法》第383条规定了贪污罪的法定刑。《刑法》第93条第2款规定："国有公司、企业、事业单位、人民团体中从事公务的人员和国家机关、国有公司、企业、事业单位委派到非国有公司、企业、事业单位、社会团体从事公务的人员，以及其他依照法律从事公务的人员，以国家工作人员论。"国有保险公司工作人员和国有保险公司委派到非国有保险公司从事公务的人员属于《刑法》第93条第2款所规定的以国家工作人员论的情况。因此，国有保险公司工作人员和国有保险公司委派到非国有保险公司从事公务的人员利用职务上的便利，故意编造未曾发生的保险事故进行虚假理赔，骗取保险金归自己所有，符合《刑法》第382条贪污罪的犯罪构成的，应当依照《刑法》第382条、第383条关于贪污罪的犯罪构成和法定刑的规定定罪处罚。

第一百八十四条 〔金融机构工作人员索贿受贿及其处罚〕

银行或者其他金融机构的工作人员在金融业务活动中索取他人财物或者非法收受他人财物，为他人谋取利益的，或者违反国家规定，收受各种名义的回扣、手续费，归个人所有的，依照本法第一百六十三条的规定定罪处罚。

国有金融机构工作人员和国有金融机构委派到非国有金融机构从事公务的人员有前款行为的，依照本法第三百八十五条、第三百八十六条的规定定罪处罚。

本条是关于非国家工作人员受贿罪、受贿罪的罪刑条款注意规定的内容。

【条文释义】

本条共分为2款。第1款是关于银行或者其他金融机构的工作人员在金融业务活动中索取他人财物或者非法收受他人财物，为他人谋取利益，或者违反国家规定，收受各种名义的回扣、手续费，归个人所有，构成非国家工作人员受贿罪的注意规定。根据《刑法》第163条的规定，非国家工作人员受贿罪，是指公司、企业或者其他单位的工作人员利用职务上的便利，索取他人财物或者非法收受他人财物，为他人谋取利益，数额较大的行为。银行或者其他金融机构的工作人员在金融业务活动中索取他人财物或者非法收受他人财物，为他人谋取利益，或者违反国家规定，收受各种名义的回扣、手续费，归个人所有，符合《刑法》第163条规定的非国家工作人员受贿罪的犯罪构成的，应当以非国家工作人员受贿罪定罪处罚。

第2款是关于国有金融机构工作人员和国有金融机构委派到非国有金融机构从事公务的人员在金融业务活动中索取他人财物或者非法收受他人财物，为他人谋取利益，或者违反国家规定，收受各种名义的回扣、手续费，归个人所有，构成受贿罪的注意规定。根据《刑法》第385条的规定，受贿罪，是指国家工作人员利用职务上的便利，索取他人财物的，或者非法收受他人财物，为他人谋取利益的行为。《刑法》第386条是关于受贿罪法定刑的规定。《刑法》第93条第2款规定："国有公司、企业、事业单位、人民团体中从事公务的人员和国家机关、国有公司、企业、事业单位委派到非国有公司、企业、事业单位、社会团体从事公务的人员，以及其他依照法律从事公务的人员，以国家工作人员论。"国有金融机构工作人员和国有金融机构委派到非国有金融机构从事公务的人员属于《刑法》第93条第2款所规定的以国家工作人员论的情况。因此，国有金融机构工作人员和国有金融机构委派到非国有金融机构从事公务的人员在金融业务活动中索取他人财物或者非法收受他人财物，为他人谋取利益，或者违反国家规定，收受各种名义的回扣、手续费，归个人所有，符合《刑法》第 385 条规定的受贿罪的犯罪构成的，应当以受贿罪定罪处罚。

第一百八十五条　〔金融机构工作人员挪用资金、挪用公款及其处罚〕

商业银行、证券交易所、期货交易所、证券公司、期货经纪公司、保险公司或者其他金融机构的工作人员利用职务上的便利，挪用本单位或者客户资金的，依照本法第二百七十二条的规定定罪处罚。

国有商业银行、证券交易所、期货交易所、证券公司、期货经纪公司、保险公司或者其他国有金融机构的工作人员和国有商业银行、证券交易所、期货交易所、证券公司、期货经纪公司、保险公司或者其他国有金融机构委派到前款规定中的非国有机构从事公务的人员有前款行为的，依照本法第三百八十四条的规定定罪处罚。

本条是关于挪用资金罪、挪用公款罪的罪刑条款注意规定的内容。

【主要修改】

本条为 1999 年 12 月 25 日通过的《刑法修正案》所修改，该条内容原为："银行或者其他金融机构的工作人员利用职务上的便利，挪用本单位或者客户资金的，依照本法第二百七十二条的规定定罪处罚。国有金融机构工作人员和国有金融机构委派到非国有金融机构从事公务的人员有前款行为的，依照本法第三百八十四条的规定定罪处罚。"

【条文释义】

本条共分为 2 款。第 1 款是关于商业银行、证券交易所、期货交易所、证券公司、期货公司、保险公司或者其他金融机构的工作人员利用职务上的便利，挪用本单位或者客户资金，构成挪用资金罪的注意规定。根据《刑法》第 272 条的规定，挪用资金罪，是指公司、企业或者其他单位的工作人员利用职务上的便利，挪用本单位资金归个人使用或者借贷给他人，数额较大、超过 3 个月未还的，或者虽未超过 3 个月，但数额较大、进行营利活动的，或者进行非法活动的行为。商业银行、证券交易所、期货交易所、证券公司、期货公司、保险公司或者其他金融机构的工作人员利用职务上的便利，挪用本单位或者客户资金，符合《刑法》第 272 条规定的挪用资金罪的犯罪构成的，应当以挪用资金罪定罪处罚。

第 2 款是关于国有商业银行、证券交易所、期货交易所、证券公司、期货公司、保险公司或者其他国有金融机构的工作人员和国有商业银行、证券交易所、期货交易所、证券公司、期货公司、保险公司或者其他国有金融机构委派到第 1 款规定中的非国有机构从事公务的人员利用职务上的便利，挪用本单位或者客户资金，构成挪用公款罪的注意规定。根据《刑法》第 384 条的规定，挪用公款罪，是指国家工作人员利用职务上的便利，挪用公款归个人使用，进行非法活动的，或者挪用公款数额较大、进行营利活动的，或者挪用公款数额较大、超过 3 个月未还的行为。《刑法》第 93 条第 2 款规定："国有公司、企业、事业单位、人民团体中从事公务的人员和国家机关、国有公司、企业、事业单位委派到非国有公司、企业、事业单位、社会团体从事公务的人员，以及其他依照法律从事公务的人员，以国家工作人员论。"国有商业银行、证券交易所、期货交易所、证券公司、期货公司、保险公司或者其他国有金融机构的工作人员和国有商业银行、证券交易所、期货交易所、证券公司、期货公司、保险公司或者其他国有金融机构委派到第 1 款规定中的非国有机构从事公务的人员，属于《刑法》第 93 条第 2 款所规定的以国家工作人员论的情况。因此，国有商业银行、证券交易所、期货交易所、证券公司、期货公司、保险公司或者其他国有金融机构的工作人员和国有商业银行、证券交易所、期货交易所、证券公司、期货公司、保险公司或者其他国有金融机构委派到第 1 款规定中的非国有机构从事公务的人员利用职务上的便利，挪用本单位或者客户资金，符合《刑法》第 384 条规定的挪用公款罪的犯罪构成的，应当以挪用公款罪定罪处罚。

第一百八十五条之一

〔背信运用受托财产罪〕**商业银行、证券交易所、期货交易所、证券公司、期货经纪公司、保险公司或者其他金融机构，违背受托义务，擅自运用客户资金或者其他委托、信托的财产，情节严重的，对单位判处罚金，并对其直接负责的主管人员和其他直接责任人员，处三年以下有期徒刑或者拘役，并处三万元以上三十万元以下罚金；情节特别严重的，处三年以上十年以下有期徒刑，并处五万元以上五十万元以下罚金。**

〔违法运用资金罪〕**社会保障基金管理机构、住房公积金管理机构等公众资金管理机构，以及保险公司、保险资产管理公司、证券投资基金管理公司，违反国家规定运用资金的，对其直接负责的主管人员和其他直接责任人员，依照前款的规定处罚。**

本条是关于背信运用受托财产罪和违法运用资金罪的罪刑条款内容。

本条为2006年6月29日通过的《刑法修正案（六）》所增加。

【条文释义】

本条共分为2款。第1款是关于背信运用受托财产罪的规定。

背信运用受托财产罪，是指商业银行、证券交易所、期货交易所、证券公司、期货经纪公司、保险公司或者其他金融机构，违背受托义务，擅自运用客户资金或者其他委托、信托的财产，情节严重的行为。

本罪在客观方面表现为违背受托义务，擅自运用客户资金或者其他委托、信托的财产，情节严重的行为。违背受托义务，是指受托人违背其与委托人之间具体的、不违反现行金融管理法规的约定。一般而言，其包括以下情形：（1）受托人从事资产管理业务，应当对不同客户资产分别设置账户、独立核算、分账管理；（2）对委托人的受托财产负有忠实管理的义务；（3）受托人在投资决策可能对委托人的利益产生重大影响时，应当及时向委托人报告并征得委托人的同意。擅自运用，是指未得到客户授权而运用该客户的资金或者其他委托、信托的财产。

本罪的主体是特殊主体，即商业银行、证券交易所、期货交易所、证券公司、期货经纪公司、保险公司或者其他金融机构。因此本罪是真正的单位犯罪。

第2款是关于违法运用资金罪的规定。

违法运用资金罪，是指社会保障基金管理机构、住房公积金管理机构等公众资金管理机构，以及保险公司、保险资产管理公司、证券投资基金管理公司，违反国家规定运用资金，情节严重的行为。

本罪在客观方面表现为违反国家规定运用资金，主要包括：（1）以他人的名义使用社会保障基金范围内的资金从事投资活动；（2）挪用社会保障基金的委托资产；（3）从事可能使社会保障基金委托资产承担无限责任的投资；（4）用社会保障基金委托资产从事信用交易等情形。构成本罪还要求情节严重。

本罪的主体是特殊主体，具体包括：（1）公众资金管理机构，如社会保障基金管理机构、住房公积金管理机构等；（2）保险公司、保险资产管理公司、证券投资基金管理公司。本罪只能由前述特定单位构成，因此，本罪是真正的单位犯罪。

【实务问题】

1. 背信运用受托财产罪的立案追诉标准

根据《立案追诉标准（二）》第35条的规定，商业银行、证券交易所、期货交易所、证券公司、期货公司、保险公司或者其他金融机构，违背受托义务，擅自运用客户资金或者其他委托、信托的财产，涉嫌下列情形之一的，应予立案追诉：（1）擅自运用客户资金或者其他委托、信托的财产数额在30万元以上的；（2）虽未达到上述数额标准，但多次擅自运用客户资金或者其他委托、信托的财产，或者擅自运用多个客户资金或者其他委托、信托的财产的；（3）其他情节严重的情形。这里的“虽未达到上述数额标准”，是指接近上述数额标准且已达到该数额的80%以上的。

2. 违法运用资金罪的立案追诉标准

根据《立案追诉标准（二）》第36条的规定，社会保障基金管理机构、住房公积金管理机构等公众资金管理机构，以及保险公司、保险资产管理公司、证券投资基金管理公司，违反国家规定运用资金，涉嫌下列情形之一的，应予立案追诉：（1）违反国家规定运用资金数额在30万元以上的；（2）虽未达到上述数额标准，但多次违反国家规定运用资金的；（3）其他情节严重的情形。这里的“虽未达到上述数额标准”，是指接近上述数额标准且已达到该数额的80%以上的。

第一百八十六条 〔违法发放贷款罪〕

银行或者其他金融机构的工作人员违反国家规定发放贷款，数额巨大或者造成重大损失的，处五年以下有期徒刑或者拘役，并处一万元以上十万元以下罚金；数额特别巨大或者造成特别重大损失的，处五年以上有期徒刑，并处二万元以上二十万元以下罚金。

银行或者其他金融机构的工作人员违反国家规定，向关系人发放贷款的，依照前款的规定从重处罚。

单位犯前两款罪的，对单位判处罚金，并对其直接负责的主管人员和其他直接责任人员，依照前两款的规定处罚。

关系人的范围，依照《中华人民共和国商业银行法》和有关金融法规确定。

本条是关于违法发放贷款罪的罪刑条款内容。

【主要修改】

本条第1款、第2款为2006年6月29日通过的《刑法修正案（六）》所修改，该两款内容原为：“银行或者其他金融机构的工作人员违反法律、行政法规规定，向关系人发放信用贷款或者发放担保贷款的条件优于其他借款人同类贷款的条件，造成较大损失的，处五年以下有期徒刑或者拘役，并处一万元以上十万元以下罚金；造成重大损失的，处五年以上有期徒刑，并处二万元以上二十万元以下罚金。

“银行或者其他金融机构的工作人员违反法律、行政法规规定，向关系人以外的其他人发放贷款，造成重大损失的，处五年以下有期徒刑或者拘役，并处一万元以上十万元以下罚金；造成特别重大损失的，处五年以上有期徒刑，并处二万元以上二十万元以下罚金。”

【条文释义】

本条共分为 4 款。第 1 款是关于违法发放贷款罪的规定。

违法发放贷款罪，是指银行或者其他金融机构的工作人员违反国家规定发放贷款，数额巨大或者造成重大损失，或者向关系人发放贷款的行为。

本罪在客观方面表现为违反国家规定发放贷款，数额巨大或者造成重大损失，或者向关系人发放贷款的行为。《中华人民共和国商业银行法》（简称《商业银行法》）对银行向关系人发放贷款作出了必要的限制。所谓关系人，根据《商业银行法》第 40 条的规定，是指以下人员：（1）商业银行的董事、监事、管理人员、信贷业务人员及其近亲属。（2）上述人员投资或者担任高级管理职务的公司、企业和其他经济组织。上述关系人的近亲属，按照《民法典》的规定，是指其配偶、父母、子女、兄弟姐妹、祖父母、外祖父母、孙子女、外孙子女。《商业银行法》对于关系人以外的其他人向银行贷款却没有作出必要的限制，只要贷款人符合贷款条件即可向银行申请贷款。贷款人申请贷款，除了必须具备产品有市场，生产经营有效益，不挤占挪用信贷资金，恪守信用外，还应当符合以下要求：（1）有按期还本付息的能力。（2）除自然人和不需要经过工商部门登记核准的事业法人外，应当经过工商部门办理年检手续。（3）已开立基本账户或一般存款账户。（4）除国务院规定外，有限责任公司和股份有限公司对外股本权益性投资累计额未超过其净资产总额的 50%。（5）借款人的资产负债率符合贷款人的要求。（6）申请中、长期贷款的，新选项目的企业法人所有者权益和项目所需总投资的比例不低于国家规定的投资项目的资本金比例。如果贷款人不符合以上法律、法规的规定，行为人向其发放贷款就是违法的。此外，违法贷款还包括违法发放信用贷款和违法发放担保贷款。根据《商业银行法》的规定，商业银行贷款，借款人应当提供担保。商业银行应当对保证人的偿还能力，抵押物、质物的权属和价值以及实现抵押权、质权的可行性进行严格审查。经商业银行审查、评估，确认借款人资信良好，确能偿还贷款的，可以不提供担保。如果行为人不认真履行职责，轻率发放贷款，因而造成重大损失的，也属于违法发放贷款，同样构成本罪。

第 2 款是关于银行或者其他金融机构的工作人员违反国家规定，向关系人发放贷款从重处罚的规定。

第 3 款是关于单位犯违法发放贷款罪及其处罚的规定。

第 4 款是关于确定关系人的范围的规定。根据《商业银行法》第 40 条第 2

款的规定，关系人，是指：（1）商业银行的董事、监事、管理人员、信贷业务人员及其近亲属；（2）前项所列人员投资或者担任高级管理职务的公司、企业和其他经济组织。

【实务问题】

1. 本罪的立案追诉标准

根据《立案追诉标准（二）》第37条的规定，银行或者其他金融机构及其工作人员违反国家规定发放贷款，涉嫌下列情形之一的，应予立案追诉：（1）违法发放贷款，数额在200万元以上的；（2）违法发放贷款，造成直接经济损失数额在50万元以上的。

2. 罪数的认定

在司法实践中，大量存在着金融机构的工作人员因收受贿赂而违反有关法律规定，违法发放贷款的犯罪现象。因此，行为人在构成本罪的同时，又往往触犯受贿罪和非国家工作人员受贿罪。在这种情况下，违法发放贷款行为是受贿行为的结果行为，并且行为人在主观上对此也有认识，二者之间存在牵连关系，所以构成本罪与受贿罪的牵连犯，应择一重罪从重处罚，不能实行数罪并罚。

第一百八十七条 〔吸收客户资金不入账罪〕

银行或者其他金融机构的工作人员吸收客户资金不入账，数额巨大或者造成重大损失的，处五年以下有期徒刑或者拘役，并处二万元以上二十万元以下罚金；数额特别巨大或者造成特别重大损失的，处五年以上有期徒刑，并处五万元以上五十万元以下罚金。

单位犯前款罪的，对单位判处罚金，并对其直接负责的主管人员和其他直接责任人员，依照前款的规定处罚。

本条是关于吸收客户资金不入账罪的罪刑条款内容。

【主要修改】

本条第1款为2006年6月29日通过的《刑法修正案（六）》所修改，该款内容原为："银行或者其他金融机构的工作人员以牟利为目的，采取吸收客户资金不入账的方式，将资金用于非法拆借、发放贷款，造成重大损失的，处五年以下有期徒刑或者拘役，并处二万元以上二十万元以下罚金；造成特别重大损失的，处五年以上有期徒刑，并处五万元以上五十万元以下罚金。"

【条文释义】

本条共分为2款。第1款是关于吸收客户资金不入账罪的规定。

吸收客户资金不入账罪，是指银行或者其他金融机构的工作人员吸收客户资金不入账，数额巨大或者造成重大损失的行为。

本罪在客观方面表现为吸收客户资金不入账，数额巨大或者造成重大损失的行为。所谓吸收客户资金不入账，是指不记入金融机构的法定存款账目，以逃避国家金融监管，至于是否记入法定账目以外设立的账目，则不影响本罪的成立。此外，构成本罪，还要求数额巨大或者造成重大损失。

本罪的主体是特殊主体，即金融机构及其工作人员，如银行、信托投资公司、企业集团服务公司、金融租赁公司、城乡信用合作社等经营贷款业务的金融机构及其工作人员。

第 2 款是关于单位犯吸收客户资金不入账罪及其处罚的规定。

【实务问题】

本罪的立案追诉标准

根据《立案追诉标准（二）》第 38 条的规定，银行或者其他金融机构及其工作人员吸收客户资金不入账，涉嫌下列情形之一的，应予立案追诉：（1）吸收客户资金不入账，数额在 200 万元以上的；（2）吸收客户资金不入账，造成直接经济损失数额在 50 万元以上的。

第一百八十八条　〔违规出具金融票证罪〕

银行或者其他金融机构的工作人员违反规定，为他人出具信用证或者其他保函、票据、存单、资信证明，情节严重的，处五年以下有期徒刑或者拘役；情节特别严重的，处五年以上有期徒刑。

单位犯前款罪的，对单位判处罚金，并对其直接负责的主管人员和其他直接责任人员，依照前款的规定处罚。

本条是关于违规出具金融票证罪的罪刑条款内容。

【主要修改】

本条第 1 款为 2006 年 6 月 29 日通过的《刑法修正案（六）》所修改，该款内容原为："银行或者其他金融机构的工作人员违反规定，为他人出具信用证或者其他保函、票据、存单、资信证明，造成较大损失的，处五年以下有期徒刑或者拘役；造成重大损失的，处五年以上有期徒刑。"

【条文释义】

本条共分为 2 款。第 1 款是关于违规出具金融票证罪的规定。

违规出具金融票证罪，是指银行或者其他金融机构的工作人员违反规定，为他人出具信用证或者其他保函、票据、存单、资信证明，情节严重的行为。

本罪在客观方面表现为违反规定，为他人出具信用证或者其他保函、票据、存单、资信证明，情节严重的行为。这里的“违反规定”，是指违反有关金融法律、行政法规、规章及银行或其他金融机构内部制定的规章制度与业务规则。“他人”不仅包括自然人，而且包括单位。保函，是指银行办理代客担保业务时，应申请人的要求，向受益人开出的保证函件。票据，是指金融票据。存单，是指银行存单。资信证明，是指提供客户的财产状况、偿还能力、信用程度等情况的证明文件。但是，对于无形伪造金融票证的，如在他人没有存款的情况下，给他人开具存单的，应认定为伪造金融票证罪。构成本罪，还要求情节严重。

本罪的主体是特殊主体，即银行或者其他金融机构及其工作人员。

第2款是关于单位犯违规出具金融票证罪及其处罚的规定。

【实务问题】

本罪的立案追诉标准

根据《立案追诉标准（二）》第39条的规定，银行或者其他金融机构及其工作人员违反规定，为他人出具信用证或者其他保函、票据、存单、资信证明，涉嫌下列情形之一的，应予立案追诉：（1）违反规定为他人出具信用证或者其他保函、票据、存单、资信证明，数额在200万元以上的；（2）违反规定为他人出具信用证或者其他保函、票据、存单、资信证明，造成直接经济损失数额在50万元以上的；（3）多次违规出具信用证或者其他保函、票据、存单、资信证明的；（4）接受贿赂违规出具信用证或者其他保函、票据、存单、资信证明的；（5）其他情节严重的情形。

第一百八十九条〔对违法票据承兑、付款、保证罪〕

银行或者其他金融机构的工作人员在票据业务中，对违反票据法规定的票据予以承兑、付款或者保证，造成重大损失的，处五年以下有期徒刑或者拘役；造成特别重大损失的，处五年以上有期徒刑。

单位犯前款罪的，对单位判处罚金，并对其直接负责的主管人员和其他直接责任人员，依照前款的规定处罚。

本条是关于对违法票据承兑、付款、保证罪的罪刑条款内容。

【条文释义】

本条共分为2款。第1款是关于对违法票据承兑、付款、保证罪的规定。

对违法票据承兑、付款、保证罪，是指银行或者其他金融机构的工作人员，在票据业务中，对违反《中华人民共和国票据法》（简称《票据法》）规定的票据予以承兑、付款或者保证，造成重大损失的行为。

本罪在客观方面表现为在票据业务中，对违反《票据法》规定的票据予以承兑、付款或者保证，造成重大损失的行为。这里的“票据”包括票据记载事实不符合《票据法》规定的金融票据。承兑，是指汇票付款人承诺在汇票到期日支付汇票金额的票据行为。付款，是指票据债务人向票据债权人支付票据金额的行为。保证，是指对已经存在的票据上的债务进行担保的票据行为。此外，构成本罪，还要求造成重大损失。

本罪的主体是特殊主体，即银行或者其他金融机构及其工作人员。

第 2 款是关于单位犯对违法票据承兑、付款、保证罪的规定。

【实务问题】

本罪的立案追诉标准

根据《立案追诉标准（二）》第 40 条的规定，银行或者其他金融机构及其工作人员在票据业务中，对违反票据法规定的票据予以承兑、付款或者保证，造成直接经济损失数额在 50 万元以上的，应予立案追诉。

第一百九十条　〔逃汇罪〕

公司、企业或者其他单位，违反国家规定，擅自将外汇存放境外，或者将境内的外汇非法转移到境外，数额较大的，对单位判处逃汇数额百分之五以上百分之三十以下罚金，并对其直接负责的主管人员和其他直接责任人员处五年以下有期徒刑或者拘役；数额巨大或者有其他严重情节的，对单位判处逃汇数额百分之五以上百分之三十以下罚金，并对其直接负责的主管人员和其他直接责任人员处五年以上有期徒刑。

本条是关于逃汇罪的罪刑条款内容。

【主要修改】

本条为 1998 年 12 月 29 日全国人民代表大会常务委员会《关于惩治骗购外汇、逃汇和非法买卖外汇犯罪的决定》所修改，该条内容原为：“国有公司、企业或者其他国有单位，违反国家规定，擅自将外汇存放境外，或者将境内的外汇非法转移到境外，情节严重的，对单位判处罚金，并对其直接负责的主管人员和其他直接责任人员，处五年以下有期徒刑或者拘役。”

【条文释义】

逃汇罪，是指公司、企业或者其他单位，违反国家规定，擅自将外汇存放境外，或者将境内的外汇非法转移到境外，数额较大的行为。

本罪在客观方面表现为违反国家规定，擅自将外汇存放境外，或者将境内的外汇非法转移到境外。所谓擅自将外汇存放境外，是指将在境外取得的外汇收入未经外汇管理机关批准而自行存放境外，境外包括外国和我国的港、澳、台地区。将境内的外汇非法转移到境外，是指违反国家规定携带、邮寄、汇出外币、外币存款凭证、外币有价证券等。根据外汇管理法规的规定，外汇，是指以外币表示的可以用作国际清偿的外国货币、外币支付凭证、外币有价证券、特别提款权、欧洲货币单位及其他外汇资产。外汇管理法规规定的逃汇行为多种多样，但《刑法》只处罚上述两种逃汇行为。此外，构成本罪，还要求数额较大。

【实务问题】

本罪的立案追诉标准

根据《立案追诉标准（二）》第41条的规定，公司、企业或者其他单位，违反国家规定，擅自将外汇存放境外，或者将境内的外汇非法转移到境外，单笔在200万美元以上或者累计数额在500万美元以上的，应予立案追诉。

《全国人民代表大会常务委员会关于惩治骗购外汇、逃汇和非法买卖外汇犯罪的决定》

第一条 〔骗购外汇罪〕

有下列情形之一，骗购外汇，数额较大的，处五年以下有期徒刑或者拘役，并处骗购外汇数额百分之五以上百分之三十以下罚金；数额巨大或者有其他严重情节的，处五年以上十年以下有期徒刑，并处骗购外汇数额百分之五以上百分之三十以下罚金；数额特别巨大或者有其他特别严重情节的，处十年以上有期徒刑或者无期徒刑，并处骗购外汇数额百分之五以上百分之三十以下罚金或者没收财产：

（一）使用伪造、变造的海关签发的报关单、进口证明、外汇管理部门核准件等凭证和单据的；

（二）重复使用海关签发的报关单、进口证明、外汇管理部门核准件等凭证和单据的；

（三）以其他方式骗购外汇的。

伪造、变造海关签发的报关单、进口证明、外汇管理部门核准件等凭证和单据，并用于骗购外汇的，依照前款的规定从重处罚。

明知用于骗购外汇而提供人民币资金的，以共犯论处。

单位犯前三款罪的，对单位依照第一款的规定判处罚金，并对其直接负责的主管人员和其他直接责任人员，处五年以下有期徒刑或者拘役；数额巨大或者有其他严重情节的，处五年以上十年以下有期徒刑；数额特别巨大或者有其他特别严重情节的，处十年以上有期徒刑或者无期徒刑。

本条是关于骗购外汇罪的罪刑条款内容。

本条是现行刑法生效后，国家根据打击犯罪的需要而新颁布的单行刑法中增加的新罪刑条款内容。

【条文释义】

本条共分为 4 款。第 1 款是关于骗购外汇罪的规定。

骗购外汇罪，是指使用欺骗方法骗购外汇，数额较大的行为。所谓外汇，是指以外币表示的可以用作国际清偿的支付手段和资产，具体就是外国货币（包括纸币、铸币）、外币支付凭证（包括票据、银行存款凭证、邮政存款凭证等）、外币有价证券（包括政府债券、公司债券、股票等）、特别提款权和其他外汇资产。骗购外汇的欺骗方法包括三种：（1）使用伪造、变造的海关签发的报关单、进口证明、外汇管理部门核准件等凭证和单据的。所谓报关单，是指进口商向海关申报进口的凭证。只有经过海关签发的报关单，进口行为才能被认定为合法。进口证明，是指报关单位在申请进口付汇时，依法所提交的除进口货物报关单以外的相关单据和凭证，如进口许可证、进口合同等。外汇管理部门核准件，是指在进口付汇时，由外汇管理部门制发的、进口单位及受委托单位填写的、海关据以受理报关、外汇管理部门据以核销付汇的凭证，如进口付汇备案表等。（2）重复使用海关签发的报关单、进口证明、外汇管理部门核准件等凭证和单据的。（3）以其他方式骗购外汇的。

第 2 款是关于骗购外汇罪的从重处罚的规定。

根据本款规定，伪造、变造海关签发的报关单、进口证明、外汇管理部门核准件等凭证和单据，并用于骗购外汇的，以骗购外汇罪从重处罚。

第 3 款是关于骗购外汇罪的共犯情形的规定。

根据本款规定，海关、外汇管理部门、金融机构、从事对外贸易活动的公司、企业或其他单位的工作人员与骗购外汇行为人通谋或明知用于骗购外汇而提供人民币资金的，以共犯论处。这里的“通谋”，是指事先沟通谋划骗购外汇事宜。“明知”，是指知道或者应当知道所提供的资金将被用于骗购外汇。

第 4 款是关于单位犯骗购外汇罪的双罚制的规定。

根据本款规定，单位犯前 3 款罪的，对单位依照第 1 款的规定判处罚金，并对其直接负责的主管人员和其他直接责任人员，处 5 年以下有期徒刑或者拘役；

数额巨大或者有其他严重情节的，处 5 年以上 10 年以下有期徒刑；数额特别巨大或者有其他特别严重情节的，处 10 年以上有期徒刑或者无期徒刑。

【实务问题】

1. 本罪罪与非罪的界限

骗购外汇行为必须达到数额较大，才能构成犯罪。这里的“数额较大”，是指骗购外汇，数额在 50 万美元以上。因此，对于骗购外汇数额不满 50 万美元的，一般不能构成骗购外汇罪。

2. 本罪的立案追诉标准

根据《立案追诉标准（二）》第 42 条的规定，骗购外汇，数额在 50 万美元以上的，应予立案追诉。

3. 本罪与非法经营罪的区别

本罪与非法经营罪的区别在于：（1）犯罪主观故意的内容不同。本罪以购买外汇为目的；而非法经营罪则以非法交易外汇为目的。（2）犯罪客观方面不同。本罪在客观方面表现为以欺骗的方式向外汇指定银行骗购外汇，数额较大的行为；而非法经营罪在客观方面则表现为在国家规定的交易场所以外非法买卖外汇，数额较大的行为。

4. 本罪与逃汇罪的区别

本罪与逃汇罪的区别在于：（1）犯罪主观故意的内容不同。本罪行为人的目的是在境内指定的售汇银行骗购外汇；而逃汇罪行为人的目的则是违反国家规定将外汇置于境外。（2）犯罪客观方面不同。本罪在客观方面表现为使用欺骗的方式向外汇指定银行骗购外汇，数额较大的行为；而逃汇罪在客观方面则表现为违反国家规定，擅自将外汇存放于境外或者将境内的外汇非法转移到境外，数额较大的行为。（3）犯罪主体不同。本罪的主体既包括自然人，也包括单位；而逃汇罪的主体则只能是单位，不包括自然人。

第一百九十一条 〔洗钱罪〕

为掩饰、隐瞒毒品犯罪、黑社会性质的组织犯罪、恐怖活动犯罪、走私犯罪、贪污贿赂犯罪、破坏金融管理秩序犯罪、金融诈骗犯罪的所得及其产生的收益的来源和性质，有下列行为之一的，没收实施以上犯罪的所得及其产生的收益，处五年以下有期徒刑或者拘役，并处或者单处罚金；情节严重的，处五年以上十年以下有期徒刑，并处罚金：

（一）提供资金账户的；

（二）将财产转换为现金、金融票据、有价证券的；

（三）通过转账或者其他支付结算方式转移资金的；

（四）跨境转移资产的；

（五）以其他方法掩饰、隐瞒犯罪所得及其收益的来源和性质的。

单位犯前款罪的，对单位判处罚金，并对其直接负责的主管人员和其他直接责任人员，依照前款的规定处罚。

本条是关于洗钱罪的罪刑条款内容。

【主要修改】

本条曾为2001年12月29日通过的《刑法修正案（三）》所修改，该条内容原为："明知是毒品犯罪、黑社会性质的组织犯罪、走私犯罪的违法所得及其产生的收益，为掩饰、隐瞒其来源和性质，有下列行为之一的，没收实施以上犯罪的违法所得及其产生的收益，处五年以下有期徒刑或者拘役，并处或者单处洗钱数额百分之五以上百分之二十以下罚金；情节严重的，处五年以上十年以下有期徒刑，并处洗钱数额百分之五以上百分之二十以下罚金：（一）提供资金账户的；（二）协助将财产转换为现金或者金融票据的；（三）通过转账或者其他结算方式协助资金转移的；（四）协助将资金汇往境外的；（五）以其他方法掩饰、隐瞒犯罪的违法所得及其收益的性质和来源的。单位犯前款罪的，对单位判处罚金，并对其直接负责的主管人员和其他直接责任人员，处五年以下有期徒刑或者拘役。"

2006年6月29日通过的《刑法修正案（六）》再次对本条进行了修改，该条内容原为："明知是毒品犯罪、黑社会性质的组织犯罪、恐怖活动犯罪、走私犯罪的违法所得及其产生的收益，为掩饰、隐瞒其来源和性质，有下列行为之一的，没收实施以上犯罪的违法所得及其产生的收益，处五年以下有期徒刑或者拘役，并处或者单处洗钱数额百分之五以上百分之二十以下罚金；情节严重的，处五年以上十年以下有期徒刑，并处洗钱数额百分之五以上百分之二十以下罚金：（一）提供资金账户的；（二）协助将财产转换为现金或者金融票据的；（三）通过转账或者其他结算方式协助资金转移的；（四）协助将资金汇往境外的；（五）以其他方法掩饰、隐瞒犯罪的违法所得及其收益的来源和性质的。单位犯前款罪的，对单位判处罚金，并对其直接负责的主管人员和其他直接责任人员，处五年以下有期徒刑或者拘役；情节严重的，处五年以上十年以下有期徒刑。"

2020年12月26日通过的《刑法修正案（十一）》又一次对本条进行了修改，该条内容原为："明知是毒品犯罪、黑社会性质的组织犯罪、恐怖活动犯罪、走私犯罪、贪污贿赂犯罪、破坏金融管理秩序犯罪、金融诈骗犯罪的所得及其产生的收益，为掩饰、隐瞒其来源和性质，有下列行为之一的，没收实施以上犯罪的所得及其产生的收益，处五年以下有期徒刑或者拘役，并处或者单处洗钱数额百分之五以上百分之二十以下罚金；情节严重的，处五年以上十年以下有期徒刑，并处洗钱数额百分之五以上百分之二十以下罚金：（一）提供资金账户的；（二）协助将财产转换为现金、金融票据、有价证券的；（三）通过转账或者其他结算方式协助资金转移的；（四）协助将资金汇往境外的；（五）以其他方法掩饰、隐瞒犯罪所得及其收益的来源和性质的。单位犯前款罪的，对单位判处罚金，并对其直接负责的主管人员和其他直接责任人员，处五年以下有期徒刑或者拘役；情节严重的，处五年以上十年以下有期徒刑。”

【条文释义】

本条共分为 2 款。第 1 款是关于洗钱罪及其处罚的规定。

洗钱罪，是指为掩饰、隐瞒毒品犯罪、黑社会性质的组织犯罪、恐怖活动犯罪、走私犯罪、贪污贿赂犯罪、破坏金融管理秩序犯罪、金融诈骗犯罪的所得及其产生的收益的来源和性质的行为。

本罪在客观方面表现为五种行为类型：（1）提供资金账户，包括将自己现有的资金账户提供给上游犯罪人使用，将他人已有的资金账户提供给上游犯罪人使用，为上游犯罪人开设用于洗钱的资金账户。资金账户，不仅包括银行的存款账户、储蓄账户，而且包括股票交易账户、期货交易账户等。（2）将财产转换为现金、金融票据、有价证券，既包括将实物（包括不动产）转换为现金、金融票据、有价证券，也包括将现金、有价证券转换为金融票据，将金融票据、有价证券转换成现金，将现金、有价证券等转换为实物，还包括将此种现金（如人民币）转换为彼种现金（如美元），将此种金融票据（如外国金融机构出具的票据）转换为彼种金融票据（如中国金融机构出具的票据），将此种有价证券转换为彼种有价证券。（3）通过转账或者其他支付结算方式转移资金，是指通过利用支票、本票、汇票等金融票据或者采取汇兑、委托收款等结算方式，使上游犯罪所得及其产生的收益在形式上成为合法收入，从而掩饰、隐瞒上游犯罪所得的非法来源及其不法性质。（4）跨境转移资产，是指将犯罪所得的资金或者作为犯罪所得产生的收益的资金，从境内汇往境外。这里的“境外”，不仅包括国外，还包括我国的香港、澳门与台湾地区。（5）以其他方法掩饰、隐瞒犯罪所得及其收益的来源和性质。例如，通过典当、租赁、买卖、投资等方式，协助转移、转换犯罪所得及其收益的；通过与商场、饭店、娱乐场所等现金密集型场所的经营收入相混合的方式，协助转移、转换犯罪所得及其收益的；通过虚构交易、虚设债权债务、虚假担保、虚报收入等方式，协助将犯罪所得及其收益转换为“合法”财物的；通过买卖彩票、奖券等方式，协助转换犯罪所得及其收益的；通过赌博方式，协助将犯罪所得及其收益转换为赌博收益的；协助将犯罪所得及其收益携带、运输或者邮寄出入境的；通过其他方式协助转移、转换犯罪所得及其收益的。

本罪在主观方面表现为故意，即行为人是为掩饰、隐瞒毒品犯罪、黑社会性质的组织犯罪、恐怖活动犯罪、走私犯罪、贪污贿赂犯罪、破坏金融管理秩序犯罪、金融诈骗犯罪的所得及其产生的收益的来源和性质而实施该犯罪行为。行为人主观上认识到是《刑法》第 191 条规定的上游犯罪的所得及其产生的收益，包括知道或者应当知道。其中，“知道”，是指根据犯罪嫌疑人、被告人的供述、证人证言等证据，可以直接证明犯罪嫌疑人、被告人知悉、了解其所掩饰、隐瞒的是《刑法》第 191 条规定的上游犯罪的所得及其产生的收益；“应当知道”，是指结合查证的主、客观证据，可以证明犯罪嫌疑人、被告人知悉、了解其所掩饰、隐瞒的是《刑法》第 191 条规定的上游犯罪的所得及其产生的收益。认定主观认知，应当结合犯罪嫌疑人、被告人的身份背景、职业经历、认知能力及其所接触、接收的信息，与上游犯罪嫌疑人、被告人的亲属关系、上下级关系、交往情况、了解程度、信任程度，接触、接收他人犯罪所得及其收益的情况，犯罪所得及其收益的种类、数额，犯罪所得及其收益的转换、转移方式，交易行为、资金账户的异常情况，以及犯罪嫌疑人、被告人的供述及证人证言等主、客观因素，进行综合分析判断。需要注意的是，《刑法修正案（十一）》删除了原条文中要求行为人对具体上游犯罪具备“明知”的规定。

本罪的主体是一般主体，包括任何已满 16 周岁、具有刑事责任能力的自然人和单位。需要注意的是，《刑法修正案（十一）》对本条进行修改后，纳入了自洗钱行为，删除了具体洗钱行为中“协助”洗钱的表述。修改后的洗钱分为自洗钱和为他人洗钱两种行为。此次修改，将行为人自己实施毒品犯罪、黑社会性质的组织犯罪、恐怖活动犯罪、走私犯罪、贪污贿赂犯罪、破坏金融管理秩序犯罪、金融诈骗犯罪等特定上游犯罪，并掩饰、隐瞒其犯罪所得及其产生的收益的来源和性质的行为规定为犯罪，即将“自洗钱”行为规定为犯罪。

第 2 款是关于单位犯洗钱罪及其处罚的规定，即对单位判处罚金，并对其直接负责的主管人员和其他直接责任人员，依照第 1 款的规定处罚。

【实务问题】

1. 本罪的立案追诉标准

根据《立案追诉标准（二）》第 43 条的规定，为掩饰、隐瞒毒品犯罪、黑社会性质的组织犯罪、恐怖活动犯罪、走私犯罪、贪污贿赂犯罪、破坏金融管理秩序犯罪、金融诈骗犯罪的所得及其产生的收益的来源和性质，涉嫌下列情形之一的，应予立案追诉：（1）提供资金账户的；（2）将财产转换为现金、金融票据、有价证券的；（3）通过转账或者其他支付结算方式转移资金的；（4）跨境转移资产的；（5）以其他方法掩饰、隐瞒犯罪所得及其收益的来源和性质的。

2. 洗钱罪与掩饰、隐瞒犯罪所得、犯罪所得收益罪的关系

根据 2020 年最高人民法院、最高人民检察院、公安部《关于办理洗钱刑事案件若干问题的意见》第 4 条的规定，《刑法》第 191 条规定的洗钱罪与《刑法》第 312 条规定的掩饰、隐瞒犯罪所得、犯罪所得收益罪是刑法特别规定与一般规定的关系。掩饰、隐瞒犯罪所得、犯罪所得收益罪包含传统的窝藏犯罪和普通的洗钱犯罪，洗钱罪是针对毒品犯罪、黑社会性质的组织犯罪、恐怖活动犯罪、走私犯罪、贪污贿赂犯罪、破坏金融管理秩序犯罪、金融诈骗犯罪等严重犯罪而为其洗钱的行为所作的特别规定。同时，符合《刑法》第 191 条和第 312 条规定的，优先适用第 191 条特别规定。

3. 本罪中黑社会性质的组织犯罪所得及其产生的收益的认定

根据 2020 年最高人民法院、最高人民检察院、公安部《关于办理洗钱刑事案件若干问题的意见》第 5 条的规定，《刑法》第 191 条规定的“黑社会性质的组织犯罪所得及其产生的收益”，是指黑社会性质组织及其成员实施的各种犯罪所得及其产生的收益，包括黑社会性质组织的形成、发展过程中，该组织及组织成员通过违法犯罪活动或其他不正当手段聚敛的全部财物、财产性权益及其孳息、收益。

4. 掩饰、隐瞒犯罪所得及其收益的来源和性质的目的认定

根据 2020 年最高人民法院、最高人民检察院、公安部《关于办理洗钱刑事案件若干问题的意见》第 6 条的规定，行为人主观上认识到是《刑法》第 191 条规定的上游犯罪的所得及其产生的收益，并实施该条规定的洗钱行为的，可以认定其具有掩饰、隐瞒犯罪所得及其收益的来源和性质的目的，但有证据证明不是为掩饰、隐瞒犯罪所得及其收益的来源和性质的除外。

5. 罪数适用问题

根据 2020 年最高人民法院、最高人民检察院、公安部《关于办理洗钱刑事案件若干问题的意见》第 10 条的规定，实施《刑法》第 191 条规定的洗钱行为，构成洗钱罪的同时，又构成《刑法》第 349 条规定的窝藏、转移、隐瞒毒赃罪，《刑法》第 120 条之一规定的帮助恐怖活动罪，或者《刑法》第 225 条规定的非法经营罪的，依照处罚较重的规定定罪处罚。法律和司法解释另有规定的除外。具有《刑法》第 191 条规定的上游犯罪的犯罪事实，又具有为其他不是同一事实的上游犯罪洗钱的犯罪事实的，分别以上游犯罪、洗钱罪定罪处罚，依法实行数罪并罚。

第五节　金融诈骗罪

第一百九十二条　〔集资诈骗罪〕

以非法占有为目的，使用诈骗方法非法集资，数额较大的，处三年以上七年以下有期徒刑，并处罚金；数额巨大或者有其他严重情节的，处七年以上有期徒刑或者无期徒刑，并处罚金或者没收财产。

单位犯前款罪的，对单位判处罚金，并对其直接负责的主管人员和其他直接责任人员，依照前款的规定处罚。

本条是关于集资诈骗罪的罪刑条款内容。

【主要修改】

本条为2020年12月26日通过的《刑法修正案（十一）》所修改，该条内容原为："以非法占有为目的，使用诈骗方法非法集资，数额较大的，处五年以下有期徒刑或者拘役，并处二万元以上二十万元以下罚金；数额巨大或者有其他严重情节的，处五年以上十年以下有期徒刑，并处五万元以上五十万元以下罚金；数额特别巨大或者有其他特别严重情节的，处十年以上有期徒刑或者无期徒刑，并处五万元以上五十万元以下罚金或者没收财产。"

【条文释义】

本条共分为2款。第1款是关于集资诈骗罪及其处罚的规定。

集资诈骗罪，是指以非法占有为目的，使用诈骗方法非法集资，数额较大的行为。

所谓集资诈骗，是指使用诈骗方法非法集资的行为。首先，必须是"非法集资"。集资有合法集资与非法集资之分。合法集资，是指根据国家金融管理法律的规定，依照法定条件和程序，通过向公众发行股票、债券等有价证券的方式或者利用融资租赁、合资、联营等方式筹集生产经营所需资金的行为。非法集资，是指未经国务院金融管理部门依法许可或者违反国家金融管理规定，以许诺还本付息或者给予其他投资回报等方式，向不特定对象吸收资金的行为。根据2022年《非法集资案件解释》第1条的规定，违反国家金融管理法律规定，向社会公众（包括单位和个人）吸收资金的行为，同时具备下列四个条件的，除《刑法》另有规定的以外，应当认定为"非法吸收公众存款或者变相吸收公众存款"：（1）未经有关部门依法许可或者借用合法经营的形式吸收资金；（2）通过网络、媒体、推介会、传单、手机信息等途径向社会公开宣传；（3）承诺在一定期限内以货币、实物、股权等方式还本付息或者给付回报；（4）向社会公众即社会不特定对象吸收资金。但是，未向社会公开宣传，在亲友或者单位内部针对特定对象吸收资金的，不属于非法吸收或者变相吸收公众存款。其次，必须是使用诈骗的方法。所谓诈骗，是指以虚构事实、隐瞒真相的方法，骗取他人的信任，使他人主动交出财物。本罪中主要表现为虚构生产经营项目、高利息、高回报等。再次，诈骗的对象是公私财物。具体表现为非法集资的款项。最后，必须是"数额较大"。2022 年《非法集资案件解释》第 8 条第 1 款规定，集资诈骗数额在 10 万元以上的，应当认定为"数额较大"。

本罪的主体是已满 16 周岁、具有刑事责任能力的自然人，单位也可以构成本罪。

本罪在主观方面表现为直接故意，即具有集资诈骗的故意，并且具有非法占有集资款的目的。如果没有非法占有的目的，非法集资的行为不构成本罪。根据 2022 年《非法集资案件解释》第 7 条第 2、3 款的规定，使用诈骗方法非法集资，具有下列情形之一的，可以认定为"以非法占有为目的"：（1）集资后不用于生产经营活动或者用于生产经营活动与筹集资金规模明显不成比例，致使集资款不能返还的；（2）肆意挥霍集资款，致使集资款不能返还的；（3）携带集资款逃匿的；（4）将集资款用于违法犯罪活动的；（5）抽逃、转移资金、隐匿财产，逃避返还资金的；（6）隐匿、销毁账目，或者搞假破产、假倒闭，逃避返还资金的；（7）拒不交代资金去向，逃避返还资金的；（8）其他可以认定非法占有目的的情形。集资诈骗罪中的非法占有目的，应当区分情形进行具体认定。行为人部分非法集资行为具有非法占有目的的，对该部分非法集资行为所涉集资款以集资诈骗罪定罪处罚。

第 2 款是关于单位犯集资诈骗罪的规定，即对单位判处罚金，并对其直接负责的主管人员和其他直接责任人员，依照第 1 款的规定处罚。

【实务问题】

1. 本罪罪与非罪的界限

本罪罪与非罪的界限应当从以下两个方面认定：第一，主观方面是否具有非法占有的目的。只有行为人具有非法占有集资款的目的，才可能构成本罪。第二，集资诈骗的数额是否较大。个人进行集资诈骗数额在 10 万元以上的，单位进行集资诈骗数额在 50 万元以上的，为数额较大，构成本罪；如果数额没有达到上述标准的，则不应当按照犯罪处理。

2. 本罪的立案追诉标准

根据《立案追诉标准（二）》第 44 条的规定，以非法占有为目的，使用诈骗方法非法集资，数额在 10 万元以上的，应予立案追诉。

3. 本罪与非法吸收公众存款罪的界限

本罪与非法吸收公众存款罪的界限在于：第一，客观方面不同。本罪在客观方面表现为利用虚构事实、隐瞒真相的诈骗方法，向社会公众非法集资并非法占有集资款；而非法吸收公众存款罪在客观方面表现为违反国家金融管理法律规定，吸收或者变相吸收公众存款，虽然属于非法集资，但只是使用集资款进行生产经营活动。非法吸收公众存款虽然也有弄虚作假的行为，但一般不使用诈骗方法。第二，犯罪目的不同。本罪的犯罪目的是非法占有集资款，而且意图永久占有不予返还；而非法吸收公众存款罪的犯罪目的是非法吸收、变相吸收公众存款筹集资金，意图将所筹集资金用于生产经营，以后返还本息。

4. 共犯的认定

两人以上基于非法集资的故意并具有非法占有的目的，使用诈骗的方法非法集资的，构成本罪的共犯。但根据 2022 年《非法集资案件解释》第 7 条第 3 款的规定，非法集资共同犯罪中部分行为人具有非法占有目的，其他行为人没有非法占有集资款的共同故意和行为的，对具有非法占有目的的行为人以本罪定罪处罚，而其他不具有非法占有目的的行为人，不应以本罪的共犯定罪处罚。

5. 数额较大的认定

根据 2022 年《非法集资案件解释》第 8 条第 1 款的规定，集资诈骗数额在 10 万元以上的，应当认定为“数额较大”，构成本罪。集资诈骗的数额以行为人实际骗取的数额计算，在案发前已归还的数额应予扣除。行为人为实施集资诈骗活动而支付的广告费、中介费、手续费、回扣，或者用于行贿、赠与等费用，不予扣除。行为人为实施集资诈骗活动而支付的利息，除本金未归还可予折抵本金以外，应当计入诈骗数额。

第一百九十三条 〔贷款诈骗罪〕

有下列情形之一，以非法占有为目的，诈骗银行或者其他金融机构的贷款，数额较大的，处五年以下有期徒刑或者拘役，并处二万元以上二十万元以下罚金；数额巨大或者有其他严重情节的，处五年以上十年以下有期徒刑，并处五万元以上五十万元以下罚金；数额特别巨大或者有其他特别严重情节的，处十年以上有期徒刑或者无期徒刑，并处五万元以上五十万元以下罚金或者没收财产：

（一）编造引进资金、项目等虚假理由的；

（二）使用虚假的经济合同的；

（三）使用虚假的证明文件的；

（四）使用虚假的产权证明作担保或者超出抵押物价值重复担保的；

（五）以其他方法诈骗贷款的。

本条是关于贷款诈骗罪的罪刑条款内容。

【条文释义】

贷款诈骗罪，是指以非法占有为目的，诈骗银行或者其他金融机构的贷款，数额较大的行为。

所谓贷款诈骗，是指以虚构事实、隐瞒真相的方法，骗取银行或者其他金融机构的贷款的行为。根据本条规定，贷款诈骗行为具体表现为下列行为之一：（1）编造引进资金、项目等虚假理由的；（2）使用虚假的经济合同的；（3）使用虚假的证明文件的；（4）使用虚假的产权证明作担保或者超出抵押物价值重复担保的；（5）以其他方法诈骗贷款的。这里的“其他方法”，是指除前四种方法以外的诈骗贷款方法，如伪造印章、制作虚假的法人营业执照等骗取贷款的行为。本罪的对象必须是银行或者其他金融机构的贷款。

本罪的主体是已满 16 周岁、具有刑事责任能力的自然人，根据《刑法》第 200 条的规定，单位不能构成本罪。

本罪在主观方面表现为故意，即具有贷款诈骗的故意，并且具有非法占有贷款的目的。根据最高人民法院印发的《全国法院审理金融犯罪案件工作座谈会纪要》的规定，具有以下情形之一的，可以认定为“以非法占有为目的”：（1）获得贷款后不用于贷款合同规定的用途，致使贷款不能偿还的；（2）肆意挥霍贷款，致使贷款不能偿还的；（3）携带贷款逃匿的；（4）将贷款用于违法犯罪活动的；（5）抽逃、转移资金、隐匿财产，逃避偿还贷款的；（6）隐匿、销毁账目，或者搞假破产、假倒闭，逃避偿还贷款的等。

【实务问题】

1. 本罪与贷款纠纷的界限

在贷款人到期归还贷款时应当注意本罪与贷款纠纷的界限，贷款纠纷不构成犯罪。有下列情形之一的，属于贷款纠纷，不能以本罪论处：（1）贷款人在合法取得贷款后，即使没有按规定的用途使用贷款，到期没有归还贷款的；（2）到期未归还贷款，确实是由于贷款人对履约义务不十分了解或者疏忽造成的；（3）虽然贷款人到期未归还贷款，但其无法履行归还贷款义务的原因形成于获得贷款以后的；（4）贷款人因不具备贷款的条件而采取了欺骗手段获取贷款，案发时有能力履行还贷义务，或者案发时不能归还贷款是因为意志以外的原因，如因经营不善、被骗、市场风险等，但确有证据证明行为人不具有非法占有的目的的。

2. 本罪罪与非罪的界限

本罪罪与非罪的界限应当从以下两个方面认定：（1）主观方面是否具有非

法占有的犯罪目的。只有行为人具有非法占有贷款的犯罪目的，才可能构成本罪。(2) 骗取银行或者其他金融机构的贷款，数额较大的，才构成本罪。

3. 本罪的立案追诉标准

根据《立案追诉标准（二）》第45条的规定，以非法占有为目的，诈骗银行或者其他金融机构的贷款，数额在5万元以上的，应予立案追诉。

第一百九十四条

〔票据诈骗罪〕**有下列情形之一，进行金融票据诈骗活动，数额较大的，处五年以下有期徒刑或者拘役，并处二万元以上二十万元以下罚金；数额巨大或者有其他严重情节的，处五年以上十年以下有期徒刑，并处五万元以上五十万元以下罚金；数额特别巨大或者有其他特别严重情节的，处十年以上有期徒刑或者无期徒刑，并处五万元以上五十万元以下罚金或者没收财产：**

（一）明知是伪造、变造的汇票、本票、支票而使用的；

（二）明知是作废的汇票、本票、支票而使用的；

（三）冒用他人的汇票、本票、支票的；

（四）签发空头支票或者与其预留印鉴不符的支票，骗取财物的；

（五）汇票、本票的出票人签发无资金保证的汇票、本票或者在出票时作虚假记载，骗取财物的。

〔金融凭证诈骗罪〕**使用伪造、变造的委托收款凭证、汇款凭证、银行存单等其他银行结算凭证的，依照前款的规定处罚。**

本条是关于票据诈骗罪和金融凭证诈骗罪的罪刑条款内容。

【条文释义】

本条共分为2款。第1款是关于票据诈骗罪的规定。

票据诈骗罪，是指以非法占有为目的，进行金融票据诈骗活动，数额较大的行为。

所谓票据诈骗，是指利用金融票据进行诈骗，骗取财物，数额较大的行为。根据本款规定，本罪中的票据，是指汇票、本票和支票。票据诈骗行为具体表现为下列行为之一：(1) 明知是伪造、变造的汇票、本票、支票而使用的；(2) 明知是作废的汇票、本票、支票而使用的；(3) 冒用他人的汇票、本票、支票的；(4) 签发空头支票或者与其预留印鉴不符的支票，骗取财物的；(5) 汇票、本票的出票人签发无资金保证的汇票、本票或者在出票时作虚假记载，骗取财物的。

本罪的主体是已满16周岁且具有刑事责任能力的自然人，单位也可以构成票据诈骗罪。

本罪在主观方面表现为直接故意，即具有票据诈骗的故意，并且具有非法占有公私财物的目的。

第 2 款是关于金融凭证诈骗罪的规定。

金融凭证诈骗罪，是指以非法占有为目的，使用伪造、变造的委托收款凭证、汇款凭证、银行存单等其他银行结算凭证进行诈骗活动，数额较大的行为。

所谓金融凭证诈骗，是指以使用伪造、变造的委托收款凭证、汇款凭证、银行存单等其他银行结算凭证的方法，骗取财物的行为。这里的“伪造”，是指仿照真银行结算凭证的形状、样式、图案、色彩，非法印制假银行结算凭证的行为。变造，是指采用涂改、挖补、剪接等方法，将真银行结算凭证的主要内容非法加以改变的行为。根据本款规定，这里的“金融凭证”，是指委托收款凭证、汇款凭证、银行存单等其他银行结算凭证。

本罪的主体是已满 16 周岁、具有刑事责任能力的自然人，单位也可以构成本罪。

本罪在主观方面表现为直接故意，即具有金融凭证诈骗的故意，并且具有非法占有公私财物的目的。

【实务问题】

1. 票据诈骗罪罪与非罪的界限

票据诈骗罪罪与非罪的界限应当从以下两个方面认定：第一，主观方面是否具有非法占有的目的。只有行为人具有非法占有公私财物的目的，才可能构成本罪。第二，必须数额较大的，才能构成本罪。这里的“数额较大”，是指个人进行金融票据诈骗，数额在 1 万元以上的；单位进行金融票据诈骗，数额在 10 万元以上的。

2. 票据诈骗罪的立案追诉标准

根据《立案追诉标准（二）》第 46 条的规定，进行金融票据诈骗活动，数额在 5 万元以上的，应予立案追诉。

3. 票据诈骗罪与伪造、变造金融票证罪的界限

汇票、本票、支票属于金融票证，如果以汇票、本票、支票为行为对象，则二者的根本区别在于：第一，客观方面不同。票据诈骗罪在客观方面表现为以使用伪造、变造、作废的汇票、本票、支票的方法，或者冒用他人的汇票、本票、支票的方法，或者以签发空头支票或者与其预留印鉴不符的支票的方法，或者以签发无资金保证的汇票、本票或者在出票时作虚假记载的方法，骗取财物的行为；而伪造、变造金融票证罪在客观方面则表现为伪造、变造汇票、本票、支票的行为。第二，主观方面不同。虽然二者都是故意犯罪，但是故意的内容并不相

同。票据诈骗罪必须以非法占有财物为犯罪目的；而伪造、变造金融票证罪则是以伪造、变造汇票、本票、支票为犯罪目的。如果行为人只实施了伪造、变造汇票、本票、支票的行为，而没有使用所伪造、变造的汇票、本票、支票，则只构成伪造、变造金融票证罪；如果行为人伪造、变造了汇票、本票、支票后又使用，骗取财物的，则属牵连犯的情形，应当从一重罪论处，不实行数罪并罚。

4. 金融凭证诈骗罪罪与非罪的界限

金融凭证诈骗罪罪与非罪的界限应当从以下两个方面认定：第一，主观方面是否具有非法占有的目的。只有行为人具有非法占有公私财物的目的，才可能构成本罪。第二，必须数额较大的，才能构成本罪。这里的数额较大，是指个人进行金融凭证诈骗，数额在 1 万元以上的；单位进行金融凭证诈骗，数额在 10 万元以上的。

5. 金融凭证诈骗罪的立案追诉标准

根据《立案追诉标准（二）》第 47 条的规定，使用伪造、变造的委托收款凭证、汇款凭证、银行存单等其他银行结算凭证进行诈骗活动，数额在 5 万元以上的，应予立案追诉。

6. 金融凭证诈骗罪与伪造、变造金融票证罪的界限

委托收款凭证、汇款凭证、银行存单等其他银行结算凭证属于金融票证，如果以委托收款凭证、汇款凭证、银行存单等其他银行结算凭证为行为对象，则二者的根本区别在于：第一，客观方面不同。金融凭证诈骗罪在客观方面表现为以使用伪造、变造的委托收款凭证、汇款凭证、银行存单等其他银行结算凭证的方法，骗取财物的行为；而伪造、变造金融票证罪在客观方面则表现为伪造、变造委托收款凭证、汇款凭证、银行存单等其他银行结算凭证的行为。第二，主观方面不同。虽然二者都是故意犯罪，但是故意的内容并不相同。金融凭证诈骗罪必须以非法占有财物为犯罪目的；而伪造、变造金融票证罪则是以伪造、变造委托收款凭证、汇款凭证、银行存单等其他银行结算凭证为犯罪目的。如果行为人只实施了伪造、变造委托收款凭证、汇款凭证、银行存单等其他银行结算凭证的行为，而没有使用所伪造、变造的委托收款凭证、汇款凭证、银行存单等其他银行结算凭证，则只构成伪造、变造金融票证罪；如果行为人伪造、变造了委托收款凭证、汇款凭证、银行存单等其他银行结算凭证后又使用，骗取财物的，则属牵连犯的情形，应当从一重罪论处，不实行数罪并罚。

7. 金融凭证诈骗罪与票据诈骗罪的界限

金融凭证诈骗罪与票据诈骗罪的主要区别在于：第一，犯罪客体不同。金融凭证诈骗罪侵犯的客体是金融凭证管理秩序；而票据诈骗罪侵犯的客体则是金融票据管理秩序。第二，行为对象不同。金融凭证诈骗罪的行为对象是伪造、变造的委托收款凭证、汇款凭证、银行存单等其他银行结算凭证；而票据诈骗罪的行

为对象则是伪造、变造的汇票、本票、支票和作废的或者他人的汇票、本票、支票。第三，客观方面不同。金融凭证诈骗罪在客观方面表现为使用伪造、变造的银行结算凭证骗取财物的行为；而票据诈骗罪在客观方面除表现为使用伪造、变造、作废的汇票、本票、支票骗取财物外，还表现为以签发空头支票或与其预留印鉴不符的支票，或者签发无资金保证的汇票、本票，或者在出票时作虚假记载，骗取财物的行为。

第一百九十五条 〔信用证诈骗罪〕

有下列情形之一，进行信用证诈骗活动的，处五年以下有期徒刑或者拘役，并处二万元以上二十万元以下罚金；数额巨大或者有其他严重情节的，处五年以上十年以下有期徒刑，并处五万元以上五十万元以下罚金；数额特别巨大或者有其他特别严重情节的，处十年以上有期徒刑或者无期徒刑，并处五万元以上五十万元以下罚金或者没收财产：

（一）使用伪造、变造的信用证或者附随的单据、文件的；

（二）使用作废的信用证的；

（三）骗取信用证的；

（四）以其他方法进行信用证诈骗活动的。

本条是关于信用证诈骗罪的罪刑条款内容。

【条文释义】

信用证诈骗罪，是指以非法占有为目的，进行信用证诈骗活动的行为。

所谓信用证诈骗，是指利用信用证进行诈骗，骗取财物的行为。这里的“信用证”，是指银行有条件保证付款的证书，即开证银行根据开证申请人（进口商）的请求，开具给受益人（一般为出口商）的一种在其具备了约定的条件后，即可得到由开证银行或支付银行支付的约定金额的保证付款的凭证。根据本条规定，信用证诈骗行为具体表现为下列行为之一：（1）使用伪造、变造的信用证或者附随的单据、文件的；（2）使用作废的信用证的；（3）骗取信用证的；（4）以其他方法进行信用证诈骗活动的。

本罪的主体为一般主体，即已满 16 周岁、具有刑事责任能力的自然人，单位也可以构成本罪的主体。

本罪在主观方面只能是出于故意，并且具有非法占有公私财物的目的。

【实务问题】

1. 本罪罪与非罪的界限

本罪罪与非罪的界限应当从以下两个方面认定：第一，主观方面是否具有非法占有的犯罪目的。只有行为人具有非法占有公私财物的犯罪目的，才可能构成本罪。第二，虽然本条并未规定构成犯罪的具体数额标准，但利用信用证进行诈骗，数额不大，情节显著轻微危害不大的，应当根据《刑法》第13条“但书”的规定，不认为是犯罪。

2. 本罪的立案追诉标准

根据《立案追诉标准（二）》第48条的规定，进行信用证诈骗活动，涉嫌下列情形之一的，应予立案追诉：（1）使用伪造、变造的信用证或者附随的单据、文件的；（2）使用作废的信用证的；（3）骗取信用证的；（4）以其他方法进行信用证诈骗活动的。

第一百九十六条　〔信用卡诈骗罪〕

有下列情形之一，进行信用卡诈骗活动，数额较大的，处五年以下有期徒刑或者拘役，并处二万元以上二十万元以下罚金；数额巨大或者有其他严重情节的，处五年以上十年以下有期徒刑，并处五万元以上五十万元以下罚金；数额特别巨大或者有其他特别严重情节的，处十年以上有期徒刑或者无期徒刑，并处五万元以上五十万元以下罚金或者没收财产：

（一）使用伪造的信用卡，或者使用以虚假的身份证明骗领的信用卡的；

（二）使用作废的信用卡的；

（三）冒用他人信用卡的；

（四）恶意透支的。

前款所称恶意透支，是指持卡人以非法占有为目的，超过规定限额或者规定期限透支，并且经发卡银行催收后仍不归还的行为。

盗窃信用卡并使用的，依照本法第二百六十四条的规定定罪处罚。

本条是关于信用卡诈骗罪的罪刑条款内容。

【主要修改】

本条为2005年2月28日通过的《刑法修正案（五）》所修改，该条内容原为：“有下列情形之一，进行信用卡诈骗活动，数额较大的，处五年以下有期徒刑或者拘役，并处二万元以上二十万元以下罚金；数额巨大或者有其他严重情节的，处五年以上十年以下有期徒刑，并处五万元以上五十万元以下罚金；数额特别巨大或者有其他特别严重情节的，处十年以上有期徒刑或者无期徒刑，并处五万元以上五十万元以下罚金或者没收财产：（一）使用伪造的信用卡的；（二）使用作废的信用卡的；（三）冒用他人信用卡的；（四）恶意透支的。前款所称恶意透支，是指持卡人以非法占有为目的，超过规定限额或者规定期限透支，并且经发卡银行催收后仍不归还的行为。盗窃信用卡并使用的，依照本法第二百六十四条的规定定罪处罚。”

【条文释义】

本条共分为3款。第1款是关于信用卡诈骗罪的规定。

信用卡诈骗罪，是指以非法占有为目的，利用信用卡进行诈骗活动，数额较大的行为。

所谓信用卡诈骗，是指利用信用卡进行诈骗，骗取财物的行为。根据全国人民代表大会常务委员会《关于〈中华人民共和国刑法〉有关信用卡规定的解释》的规定，《刑法》规定的“信用卡”，是指由商业银行或者其他金融机构发行的具有消费支付、信用贷款、转账结算、存取现金等全部功能或者部分功能的电子支付卡。根据本条规定，信用卡诈骗行为具体表现为下列行为之一：

（1）使用伪造的信用卡，或者使用以虚假的身份证明骗领的信用卡。根据2018年最高人民法院、最高人民检察院《关于办理妨害信用卡管理刑事案件具体应用法律若干问题的解释》（简称《信用卡案件解释》）第1、2条的规定，这里的“伪造的信用卡”，是指违反国家相关规定，复制他人信用卡、将他人信用卡信息资料写入磁条介质、芯片或者以其他方法伪造的信用卡。以虚假的身份证明骗领的信用卡，是指违背他人意愿，使用其居民身份证、军官证、士兵证、港澳居民往来内地通行证、台湾居民来往大陆通行证、护照等身份证明所申领的信用卡，或者使用伪造、变造的身份证明申领的信用卡。而这里的“使用伪造的信用卡，或者使用以虚假的身份证明骗领的信用卡”，既包括自己伪造或者骗领信用卡并使用的，也包括明知是他人伪造或者骗领的信用卡而自己使用的。

（2）使用作废的信用卡。这里的“作废的信用卡”，是指因法定原因失效的信用卡。作废的信用卡主要有三种形式：第一种是超过有效期限而自动失效的信用卡。第二种是信用卡虽在有效期限内，但持卡人在发卡银行或者其他金融机构办理退卡手续，因而停止使用的信用卡。第三种是因持卡人挂失而失效的信用卡。

（3）冒用他人信用卡。根据2018年《信用卡案件解释》第5条第2款的规定，所谓冒用他人信用卡，包括以下情形：第一，拾得他人信用卡并使用的；第二，骗取他人信用卡并使用的；第三，窃取、收买、骗取或者以其他非法方式获取他人信用卡信息资料，并通过互联网、通讯终端等使用的；第四，其他冒用他人信用卡的情形。

（4）恶意透支。“透支”是信用卡的一项重要甚至是核心的功能。透支，是指信用卡持卡人在发卡银行账户上资金不足或者已无资金时，根据发卡银行的《信用卡章程》或者得到发卡银行的批准，超过自己的信用卡账户内资金余额支取款项，并且在规定的时间内归还本息。不论是透支取现还是透支消费，实质上都是发卡银行向持卡人提供的小额信用贷款，即允许持卡人在发卡银行账户上资金不足或者已无资金的情况下，在发卡银行《信用卡章程》规定的或者发卡银行授权的限额内提现或者消费，然后在规定的时间内归还本金，并按规定支付利息。持卡人这种依规定或者授权的透支，即善意透支，是合法行为。所谓恶意透支，根据本条和2018年《信用卡案件解释》第6条第1款的规定，是指持卡人以非法占有为目的，超过规定限额或者规定期限透支，经发卡银行两次有效催收后超过3个月仍不归还的行为。

根据本条规定，利用信用卡进行诈骗，数额较大的，才构成犯罪；否则不能作为犯罪处理。按照2018年《信用卡案件解释》的相关规定，使用伪造的信用卡、以虚假的身份证明骗领的信用卡、作废的信用卡或者冒用他人信用卡，进行信用卡诈骗活动，数额在5000元以上不满5万元的，为数额较大。恶意透支，数额在5万元以上不满50万元的，应当认定为“数额较大”；数额在50万元以上不满500万元的，应当认定为“数额巨大”；数额在500万元以上的，应当认定为“数额特别巨大”。这里的“恶意透支的数额”，是指公安机关刑事立案时尚未归还的实际透支的本金数额，不包括利息、复利、滞纳金、手续费等发卡银行收取的费用。归还或者支付的数额，应当认定为归还实际透支的本金。如果行为人进行信用卡诈骗，骗取财物的数额未达到上述数额较大的标准的，则不构成本罪。

本罪的主体是已满16周岁、具有刑事责任能力的自然人，根据《刑法》第200条的规定，单位不能构成本罪。

本罪在主观方面表现为直接故意，即具有信用卡诈骗的故意，并且具有非法占有的犯罪目的。

第2款是关于恶意透支含义的规定。

所谓恶意透支，是指持卡人以非法占有为目的，超过规定限额或者规定期限透支，并且经发卡银行两次有效催收后超过3个月仍不归还的行为。根据2018年《信用卡案件解释》的相关规定，恶意透支的“限额”为5万元以上不满50万元；恶意透支的“限期”为经发卡银行两次有效催收后超过3个月仍拒不归还或者尚未归还。

第3款是关于盗窃信用卡并使用的规定。

根据该款规定，盗窃信用卡并使用的，构成盗窃罪。

【实务问题】

1. 本罪罪与非罪的界限

本罪罪与非罪的界限应当从以下两个方面认定：（1）主观方面是否具有非法占有的犯罪目的。只有具有非法占有公私财物的犯罪目的，才可能构成本罪。在使用伪造的信用卡、以虚假的身份证明骗领的信用卡、作废的信用卡或者冒用他人信用卡的情形下，只要行为人明知是伪造的信用卡、以虚假的身份证明骗领的信用卡、作废的信用卡而仍然使用的，或者冒用他人信用卡的，就应当认定为“以非法占有为目的”。但在“恶意透支”情形下，根据 2018 年《信用卡案件解释》第 6 条第 3 款的规定，有以下情形之一的，应当认定为“以非法占有为目的”：第一，明知没有还款能力而大量透支，无法归还的；第二，使用虚假资信证明申领信用卡后透支，无法归还的；第三，透支后通过逃匿、改变联系方式等手段，逃避银行催收的；第四，抽逃、转移资金，隐匿财产，逃避还款的；第五，使用透支的资金进行犯罪活动的；第六，其他非法占有资金，拒不归还的行为。（2）客观方面骗取公私财物是否达到数额较大。只有利用信用卡进行诈骗活动，骗取公私财物数额较大的，才构成本罪。根据 2018 年《信用卡案件解释》的相关规定，使用伪造的信用卡、以虚假的身份证明骗领的信用卡、作废的信用卡或者冒用他人信用卡，进行信用卡诈骗活动，数额在 5000 元以上不满 5 万元的；恶意透支，数额在 5 万元以上不满 50 万元的，为数额较大。

2. 本罪的立案追诉标准

根据《立案追诉标准（二）》第 49 条的规定，进行信用卡诈骗活动，涉嫌下列情形之一的，应予立案追诉：（1）使用伪造的信用卡、以虚假的身份证明骗领的信用卡、作废的信用卡或者冒用他人信用卡，进行诈骗活动，数额在 5000 元以上的；（2）恶意透支，数额在 5 万元以上的。本条规定的“恶意透支”，是指持卡人以非法占有为目的，超过规定限额或者规定期限透支，经发卡银行两次有效催收后超过 3 个月仍不归还的。恶意透支的数额，是指公安机关刑事立案时尚未归还的实际透支的本金数额，不包括利息、复利、滞纳金、手续费等发卡银行收取的费用。归还或者支付的数额，应当认定为归还实际透支的本金。恶意透支，数额在 5 万元以上不满 50 万元的，在提起公诉前全部归还或者具有其他情节轻微情形的，可以不起诉。但是，因信用卡诈骗受过 2 次以上处罚的除外。

3. 罪数的认定

本罪罪数的认定，需要注意以下两个方面：

（1）伪造信用卡后又使用该卡进行诈骗的，其手段行为触犯了《刑法》第 177 条构成伪造金融票证罪，而其目的行为又触犯了本条构成本罪，二者之间存在牵连关系，属于理论上的牵连犯，应当择一重罪处断。比较两罪，两罪的法定刑相同，但犯罪构成的客观要件却有所不同，即伪造信用卡构成伪造金融票证罪没有数量等情节的限制性规定，而使用伪造的信用卡构成本罪则有“数额较大”的规定。因此，如果伪造信用卡后又使用该卡诈骗，但骗取财物数额未达到较大的，应以伪造金融票证罪定罪并从重处罚；如果骗取财物数额较大的，则应以本罪定罪处罚。

（2）以虚假的身份证明骗领信用卡后又使用该卡进行诈骗的，其手段行为触犯了《刑法》第177条之一构成妨害信用卡管理罪，而其目的行为又触犯了本条构成本罪，二者之间存在牵连关系，属于理论上的牵连犯，应当择一重罪处断。比较两罪，本罪的法定刑较重，但要求诈骗财物“数额较大”的才构成犯罪；而妨害信用卡管理罪的法定刑较轻，但构成犯罪并没有骗领信用卡的数量等规定。因此，如果骗领信用卡后又使用该卡进行诈骗，但骗取财物数额未达到较大的，应以妨害信用卡管理罪定罪并从重处罚；如果骗取财物数额较大的，则应当以本罪定罪处罚。

第一百九十七条　〔有价证券诈骗罪〕

使用伪造、变造的国库券或者国家发行的其他有价证券，进行诈骗活动，数额较大的，处五年以下有期徒刑或者拘役，并处二万元以上二十万元以下罚金；数额巨大或者有其他严重情节的，处五年以上十年以下有期徒刑，并处五万元以上五十万元以下罚金；数额特别巨大或者有其他特别严重情节的，处十年以上有期徒刑或者无期徒刑，并处五万元以上五十万元以下罚金或者没收财产。

本条是关于有价证券诈骗罪的罪刑条款内容。

【条文释义】

有价证券诈骗罪，是指以非法占有为目的，使用伪造、变造的国库券或者国家发行的其他有价证券，进行诈骗活动，数额较大的行为。

所谓有价证券诈骗，是指以非法占有为目的，使用伪造、变造的国库券或者国家发行的其他有价证券，进行诈骗的行为。这里的“国家发行的其他有价证券”，是指国库券以外的、由国家发行的国家重点建设债券、国家建设债券、特种国债券、保值公债券、财政债券等有价证券，但不包括公司、企业债券。“使用伪造、变造的国库券或者国家发行的其他有价证券”，是指行为人自己伪造、变造国库券或者国家发行的其他有价证券而使用，或者明知是伪造、变造的国库券或者国家发行的其他有价证券而使用。

本罪的主体是一般主体，即已满16周岁、具有刑事责任能力的自然人。

本罪在主观方面只能是直接故意，并且具有非法占有公私财物的犯罪目的。

【实务问题】

1. 本罪罪与非罪的界限

本罪罪与非罪的界限应当从以下两个方面认定：（1）主观方面是否具有非法占有公私财物的犯罪目的。如果行为人自己伪造、变造国库券或者国家发行的其他有价证券而使用，或者明知是伪造、变造的国库券或者国家发行的其他有价证券而使用的，就应认定为具有非法占有公私财物的犯罪目的。如果有证据证明行为人确实不知道是伪造、变造的国库券或者国家发行的其他有价证券而使用的，则不能认定为本罪。（2）使用伪造、变造的国库券或者国家发行的其他有价证券进行诈骗是否达到数额较大的标准。达到数额较大标准，即诈骗财物数额在 1 万元以上的，应以本罪论处；没有达到数额较大标准的，不构成犯罪。

2. 本罪的立案追诉标准

根据《立案追诉标准（二）》第 50 条的规定，使用伪造、变造的国库券或者国家发行的其他有价证券进行诈骗活动，数额在 5 万元以上的，应予立案追诉。

3. 罪数的认定

伪造、变造国库券或者国家发行的其他有价证券并使用，进行诈骗活动的，其手段行为触犯了《刑法》第 178 条规定的伪造、变造国家有价证券罪，其目的行为触犯了本罪，二者具有牵连关系，属于理论上的牵连犯，应当择一重罪处断。比较两罪，本罪的法定刑较重，但要求诈骗财物数额在 1 万元以上的才构成犯罪；而伪造、变造国家有价证券罪的法定刑较轻，但要求伪造、变造的国库券或者国家发行的其他有价证券的总面额在 2000 元以上。因此，如果伪造、变造的国库券或者国家发行的其他有价证券的总面额在 2000 元以上并使用其进行诈骗，但是骗取财物数额未达到 1 万元的，应以伪造、变造国家有价证券罪定罪并从重处罚；如果骗取财物数额在 1 万元以上的，则应当以本罪定罪处罚。

第一百九十八条 〔保险诈骗罪〕

有下列情形之一，进行保险诈骗活动，数额较大的，处五年以下有期徒刑或者拘役，并处一万元以上十万元以下罚金；数额巨大或者有其他严重情节的，处五年以上十年以下有期徒刑，并处二万元以上二十万元以下罚金；数额特别巨大或者有其他特别严重情节的，处十年以上有期徒刑，并处二万元以上二十万元以下罚金或者没收财产：

（一）投保人故意虚构保险标的，骗取保险金的；

（二）投保人、被保险人或者受益人对发生的保险事故编造虚假的原因或者

夸大损失的程度，骗取保险金的；

（三）投保人、被保险人或者受益人编造未曾发生的保险事故，骗取保险金的；

（四）投保人、被保险人故意造成财产损失的保险事故，骗取保险金的；

（五）投保人、受益人故意造成被保险人死亡、伤残或者疾病，骗取保险金的。

有前款第四项、第五项所列行为，同时构成其他犯罪的，依照数罪并罚的规定处罚。

单位犯第一款罪的，对单位判处罚金，并对其直接负责的主管人员和其他直接责任人员，处五年以下有期徒刑或者拘役；数额巨大或者有其他严重情节的，处五年以上十年以下有期徒刑；数额特别巨大或者有其他特别严重情节的，处十年以上有期徒刑。

保险事故的鉴定人、证明人、财产评估人故意提供虚假的证明文件，为他人诈骗提供条件的，以保险诈骗的共犯论处。

本条是关于保险诈骗罪的罪刑条款内容。

【条文释义】

本条共分为 4 款。第 1 款是关于保险诈骗罪的规定。

保险诈骗罪，是指投保人、被保险人或者受益人以非法占有为目的，采取虚构事实、隐瞒真相的方法，骗取数额较大的保险金的行为。

所谓保险诈骗，是指违反保险管理法规，进行保险诈骗的行为。保险诈骗活动表现为以下五种方式：

（1）投保人故意虚构保险标的，骗取保险金。所谓保险标的，是指作为保险对象的财产及其有关利益或者人的寿命和身体。所谓虚构保险标的，是指投保人在与保险人签订保险合同时，以使用虚假的证明材料或虚构事实的方法，编造根本不存在的保险标的，骗取保险金的行为。

（2）投保人、被保险人或者受益人对发生的保险事故编造虚假的原因或者夸大损失的程度，骗取保险金。所谓保险事故，是指保险合同约定的保险责任范围内的事故。而在保险合同中还会约定属于保险责任范围内的保险事故原因。保险人只对保险责任范围内的保险事故，根据保险事故的损失程度承担相应的赔偿责任并给付保险金。所谓对发生的保险事故编造虚假的原因，是指以虚构保险事故原因或者隐瞒保险事故的真实原因的方法，使保险事故符合保险合同规定的保险责任范围，骗取保险金的行为。所谓对发生的保险事故夸大损失的程度，是指以故意夸大保险事故造成保险标的损失程度的方法，骗取更多的保险金的行为。

（3）投保人、被保险人或者受益人编造未曾发生的保险事故，骗取保险金。

实际发生保险事故是投保人、被保险人或者受益人向保险人索赔和保险人依保险合同约定的责任进行赔偿的前提条件，如果没有发生保险合同约定的保险事故，就不能产生保险赔偿。所谓编造未曾发生的保险事故，是指采取隐瞒真相，虚构、捏造事实的方法，谎报保险事故发生，以骗取保险金的行为。

（4）投保人、被保险人故意造成财产损失的保险事故，骗取保险金。所谓故意造成财产损失的保险事故，是指在财产保险中，投保人、被保险人采取放火、毁损保险标的等方法故意制造保险合同约定的保险事故，使保险标的出险并造成财产损失，以骗取保险金的行为。

（5）投保人、受益人故意造成被保险人死亡、伤残或者疾病，骗取保险金。所谓故意造成被保险人死亡、伤残或者疾病，是指在以被保险人的死亡、伤残或者疾病为赔偿条件的人身保险中，投保人、受益人采取杀害、伤害等方法故意制造保险合同约定的人身保险事故，致使被保险人死亡、伤残或者疾病，骗取保险金的行为。

本罪的主体是特殊主体，只能由投保人、被保险人、受益人构成。这里的“投保人、被保险人、受益人”，既可以是自然人，也可以是单位。根据本条第 4 款的规定，保险事故的鉴定人、证明人、财产评估人故意提供虚假的证明文件，为他人诈骗提供条件的，以本罪的共犯论处。

本罪在主观方面表现为故意，并具有骗取保险金的目的。

第 2 款是关于保险诈骗罪的罪数的规定。

行为人故意造成财产损失的保险事故，骗取保险金的，如果故意造成财产损失的行为构成故意毁坏财物罪等犯罪的，应当以所构成的故意毁坏财物罪等犯罪与保险诈骗罪进行数罪并罚。

行为人故意造成被保险人死亡、伤残或者疾病，骗取保险金的，应当以故意杀人罪或者故意伤害罪与保险诈骗罪进行数罪并罚。

第 3 款是关于单位犯保险诈骗罪的规定。

单位犯保险诈骗罪的，对单位判处罚金，并对其直接负责的主管人员和其他直接责任人员，处 5 年以下有期徒刑或者拘役；数额巨大或者有其他严重情节的，处 5 年以上 10 年以下有期徒刑；数额特别巨大或者有其他特别严重情节的，处 10 年以上有期徒刑。

第 4 款是关于保险诈骗罪的共犯的规定。

如果保险事故的鉴定人、证明人、财产评估人故意提供虚假的证明文件，为他人诈骗提供条件的，以保险诈骗罪的共犯论处。

【实务问题】

1. 罪数的认定

（1）如果以伪造有关公文、证件、印章的方法，骗取保险金的，则构成理论上的牵连犯，应择一重罪处断。比较伪造国家机关公文、证件、印章罪或者伪造公司、企业、事业单位、人民团体印章罪与本罪，如果骗取保险金数额未达到较大的，应当以伪造国家机关公文、证件、印章罪或者伪造公司、企业、事业单位、人民团体印章罪定罪并从重处罚；如果骗取保险金数额达到较大的，应当以本罪定罪处罚。

（2）如果投保人、被保险人故意造成财产损失的保险事故，或者投保人、受益人故意造成被保险人死亡、伤残或疾病，骗取保险金的，其行为又构成其他犯罪（如放火罪、投放危险物质罪、故意毁坏财物罪、故意杀人罪、故意伤害罪等），根据本条第 2 款的规定，应当以本罪和所构成的其他犯罪（如放火罪、投放危险物质罪、故意毁坏财物罪、故意杀人罪、故意伤害罪等），依照数罪并罚的规定处罚。

2. 本罪的立案追诉标准

根据《立案追诉标准（二）》第 51 条的规定，进行保险诈骗活动，数额在 5 万元以上的，应予立案追诉。

3. 共犯的认定

（1）根据本条第 4 款的规定，保险事故的鉴定人、证明人、财产评估人故意提供虚假的证明文件，为他人诈骗提供条件的，以本罪的共犯论处。但是，如果是保险事故的鉴定人、证明人、财产评估人因严重不负责任，致使出具的证明文件有重大失实，被他人用于保险诈骗，造成严重后果的，则不能构成本罪的共犯，而应以出具证明文件重大失实罪追究其刑事责任。

（2）如果与投保人、保险人或者受益人事前通谋，为他人诈骗保险金提供条件，故意制造造成财产损失的保险事故，或者故意造成被保险人死亡、伤残或疾病，应当认定为本罪和所构成的其他犯罪（如放火罪、投放危险物质罪、故意毁坏财物罪、故意杀人罪、故意伤害罪等）的共犯，依照数罪并罚的规定处罚。

第一百九十九条

本条由 2015 年 8 月 29 日通过的《刑法修正案（九）》删去。因此，取消了集资诈骗罪的死刑。

【主要修改】

本条曾为2011年2月25日通过的《刑法修正案（八）》所修改，该条内容原为："犯本节第一百九十二条、第一百九十四条、第一百九十五条规定之罪，数额特别巨大并且给国家和人民利益造成特别重大损失的，处无期徒刑或者死刑，并处没收财产。"

2015年8月29日通过的《刑法修正案（九）》再次对本条进行了修改，删除了本条规定。该条内容原为："犯本节第一百九十二条规定之罪，数额特别巨大并且给国家和人民利益造成特别重大损失的，处无期徒刑或者死刑，并处没收财产。"

【条文释义】

我国《刑法》对金融诈骗犯罪的死刑规定，经历了从有选择地适用死刑到保留但严格限制死刑到取消死刑的过程，是随着社会经济的发展而不断演变的。为惩治破坏金融秩序的犯罪活动，1995年6月30日第八届全国人民代表大会常务委员会第十四次会议通过了《关于惩治破坏金融秩序犯罪的决定》，该决定的第8条、第12条、第13条将使用诈骗方法非法集资的、进行金融票证诈骗的、进行信用证诈骗的犯罪，作为一种特殊的诈骗犯罪加以规定，同时规定对这些犯罪最高可以判处死刑。1997年修改《刑法》时吸收了上述决定的内容，并单独设立一条予以统一规范，犯《刑法》第192条、第194条、第195条规定之罪（即集资诈骗罪、票据诈骗罪、金融凭证诈骗罪和信用证诈骗罪），数额特别巨大并且给国家和人民利益造成特别重大损失的，处无期徒刑或者死刑，并处没收财产。在司法实践中，司法机关对于这些金融诈骗犯罪适用死刑，是十分慎重的。

2011年《刑法修正案（八）》对本条作了第一次修改，删除了对第194条、第195条（即票据诈骗罪、金融凭证诈骗罪和信用证诈骗罪）适用死刑的规定，仅保留集资诈骗罪适用死刑的规定。当时主要考虑《刑法》第194条、第195条规定的票据诈骗罪、金融凭证诈骗罪和信用证诈骗罪，属于非暴力的经济性犯罪，社会危害性不是最严重的，取消其死刑，符合宪法尊重和保障人权的要求，不会给社会稳定大局和治安形势带来负面影响。对于犯这些罪，数额特别巨大或者有其他特别严重情节的，依照《刑法》第194条、第195条规定判处无期徒刑，足以起到惩罚和震慑的作用。为此，《刑法修正案（八）》删去了这3个罪名可以判处死刑的规定。

2015年《刑法修正案（九）》对本条作了第二次修改，删除了本条规定。党的十八届三中全会提出，逐步减少适用死刑罪名；中央关于深化司法体制和社会体制改革的任务中也要求，完善死刑法律规定，逐步减少适用死刑的罪名。为了落实上述要求，同时考虑到近年来国家对民间集资进行了有效的清理，通过政府加强监管，拓宽民间资本投资渠道，加强对中小企业的资金支持，加大对非法集资的打击力度，已有效遏制了非法集资诈骗犯罪，并且集资诈骗也是非暴力的经济性犯罪，最高处以无期徒刑也可以做到罪刑相适应。因此，在总结《刑法修正案（八）》取消部分死刑罪名的效果和经验的基础上，经与各方面研究，《刑法修正案（九）》删除了本条规定，取消了集资诈骗罪的死刑。

第二百条 〔单位犯金融诈骗罪的处罚〕

单位犯本节第一百九十四条、第一百九十五条规定之罪的，对单位判处罚金，并对其直接负责的主管人员和其他直接责任人员，处五年以下有期徒刑或者拘役，可以并处罚金；数额巨大或者有其他严重情节的，处五年以上十年以下有期徒刑，并处罚金；数额特别巨大或者有其他特别严重情节的，处十年以上有期徒刑或者无期徒刑，并处罚金。

本条是关于单位犯票据诈骗罪、金融凭证诈骗罪、信用证诈骗罪的罪刑条款内容。

【主要修改】

本条曾为2011年2月25日通过的《刑法修正案（八）》所修改，该条内容原为："单位犯本节第一百九十二条、第一百九十四条、第一百九十五条规定之罪的，对单位判处罚金，并对其直接负责的主管人员和其他直接责任人员，处五年以下有期徒刑或者拘役；数额巨大或者有其他严重情节的，处五年以上十年以下有期徒刑；数额特别巨大或者有其他特别严重情节的，处十年以上有期徒刑或者无期徒刑。"

2020年12月26日通过的《刑法修正案（十一）》再次对本条进行了修改，该条内容原为："单位犯本节第一百九十二条、第一百九十四条、第一百九十五条规定之罪的，对单位判处罚金，并对其直接负责的主管人员和其他直接责任人员，处五年以下有期徒刑或者拘役，可以并处罚金；数额巨大或者有其他严重情节的，处五年以上十年以下有期徒刑，并处罚金；数额特别巨大或者有其他特别严重情节的，处十年以上有期徒刑或者无期徒刑，并处罚金。"

【条文释义】

单位犯票据诈骗罪、金融凭证诈骗罪、信用证诈骗罪的，对单位判处罚金，对其直接负责的主管人员和其他直接责任人员也应当追究刑事责任。

第六节　危害税收征管罪

第二百零一条　〔逃税罪〕

纳税人采取欺骗、隐瞒手段进行虚假纳税申报或者不申报，逃避缴纳税款数额较大并且占应纳税额百分之十以上的，处三年以下有期徒刑或者拘役，并处罚金；数额巨大并且占应纳税额百分之三十以上的，处三年以上七年以下有期徒刑，并处罚金。

扣缴义务人采取前款所列手段，不缴或者少缴已扣、已收税款，数额较大的，依照前款的规定处罚。

对多次实施前两款行为，未经处理的，按照累计数额计算。

有第一款行为，经税务机关依法下达追缴通知后，补缴应纳税款，缴纳滞纳金，已受行政处罚的，不予追究刑事责任；但是，五年内因逃避缴纳税款受过刑事处罚或者被税务机关给予二次以上行政处罚的除外。

本条是关于逃税罪的罪刑条款内容。

【主要修改】

本条为2009年2月28日通过的《刑法修正案（七）》所修改，该条内容原为："纳税人采取伪造、变造、隐匿、擅自销毁账簿、记账凭证，在账簿上多列支出或者不列、少列收入，经税务机关通知申报而拒不申报或者进行虚假的纳税申报的手段，不缴或者少缴应纳税款，偷税数额占应纳税额的百分之十以上不满百分之三十并且偷税数额在一万元以上不满十万元的，或者因偷税被税务机关给予二次行政处罚又偷税的，处三年以下有期徒刑或者拘役，并处偷税数额一倍以上五倍以下罚金；偷税数额占应纳税额的百分之三十以上并且偷税数额在十万元以上的，处三年以上七年以下有期徒刑，并处偷税数额一倍以上五倍以下罚金。扣缴义务人采取前款所列手段，不缴或者少缴已扣、已收税款，数额占应缴税额的百分之十以上并且数额在一万元以上的，依照前款的规定处罚。对多次犯有前两款行为，未经处理的，按照累计数额计算。"

【条文释义】

本条共分为4款。第1款是关于纳税人犯逃税罪及其处罚的规定。

逃税罪，是指纳税人采取欺骗、隐瞒手段进行虚假纳税申报或者不申报，逃避缴纳税款数额较大并且占应纳税额10%以上的行为。

所谓纳税人，是指法律、行政法规规定负有纳税义务的单位和个人。根据公安部《关于对未依法办理税务登记的纳税人能否成为偷税犯罪主体问题的批复》的规定，未按照规定办理税务登记的从事生产、经营的纳税人以及临时从事经营的纳税人，负有纳税义务，也可以构成本罪。虚假纳税申报，是指向税务机关报送虚假的纳税申报表、财务报表或者其他纳税申报资料，如提供虚假申请，编造减税、免税、抵税、先征收后退还税款等虚假资料等。不申报，是指不向税务机关进行纳税申报，包括已经领取工商营业执照但不到税务机关办理纳税登记，或者已经办理纳税登记并进行了经营活动，却不向税务机关申报或者经税务机关通知申报而拒不申报等行为。数额较大，是指逃避缴纳税款或者不缴或者少缴已扣、已收税款数额在 5 万元以上的。

第 2 款是关于扣缴义务人犯逃税罪及其处罚的规定。

所谓扣缴义务人，是指法律和行政法规规定负有代扣代缴、代收代缴税款义务的单位和个人。扣缴义务人采取欺骗、隐瞒手段，不缴或者少缴已扣、已收税款，只要达到数额较大标准，无论占纳税人应纳税额比例多少，均可构成犯罪。

第 3 款是关于多次逃税未经处理情况的规定。

所谓多次逃税未经处理，是指纳税人逃避缴纳税款两次以上或者扣缴义务人不缴或者少缴已扣、已收税款两次以上而未受到税务机关或者司法机关处理的情况。对此，按照累计数额计算。纳税人累计数额达到较大标准，并且占应纳税额 10%以上的，构成逃税罪；扣缴义务人累计数额达到较大标准，无论占纳税人应纳税额比例多少，均可构成犯罪。累计数额未达上述标准的，由税务机关处理。

第 4 款是关于纳税人逃税后补缴应纳税款，缴纳滞纳金，已受行政处罚的如何处理的规定。

根据规定，即使纳税人逃税数额较大并且占应纳税额 10%以上，只要税务机关依法下达追缴通知后，补缴应纳税款，缴纳滞纳金，已受行政处罚的，即不再追究刑事责任；但是，5 年内因逃避缴纳税款受过刑事处罚或者被税务机关给予两次以上行政处罚的除外。上述规定只适用于纳税人，对扣缴义务人不适用。

【实务问题】

1. 本罪罪与非罪的界限

（1）本罪与漏税的界限。所谓漏税，是指纳税人非故意地发生漏缴税款或少缴税款的行为，如因不了解、不熟悉税法规定和财务规定或因工作粗心大意，错用税率、漏报应税项目、不计应税数量销售总额和经营利润等。逃税与漏税的主要界限在于：逃税主观上是出于故意，并采取欺骗、隐瞒等手段逃避纳税义务，牟取非法的经济利益；而漏税主观上不具有不缴或少缴税款的故意，客观上没有采取欺骗、隐瞒手段逃避纳税义务。漏税的，应由税务机关责令其限期补缴，逾期未缴的，要从滞纳税款之日起，按日加收滞纳税款 2‰的滞纳金。

（2）本罪与一般逃税行为的界限。根据《立案追诉标准（二）》第52条的规定，未达到规定数额或比例标准的逃税行为不构成犯罪；虽达到规定数额和比例标准，但经税务机关依法下达追缴通知后，补缴应纳税款，缴纳滞纳金，已受行政处罚的，一般也不予追究刑事责任。

2. 本罪的立案追诉标准

根据《立案追诉标准（二）》第52条的规定，逃避缴纳税款，涉嫌下列情形之一的，应予立案追诉：（1）纳税人采取欺骗、隐瞒手段进行虚假纳税申报或者不申报，逃避缴纳税款，数额在10万元以上并且占各税种应纳税总额10%以上，经税务机关依法下达追缴通知后，不补缴应纳税款、不缴纳滞纳金或者不接受行政处罚的；（2）纳税人5年内因逃避缴纳税款受过刑事处罚或者被税务机关给予2次以上行政处罚，又逃避缴纳税款，数额在10万元以上并且占各税种应纳税总额10%以上的；（3）扣缴义务人采取欺骗、隐瞒手段，不缴或者少缴已扣、已收税款，数额在10万元以上的。纳税人在公安机关立案后再补缴应纳税款、缴纳滞纳金或者接受行政处罚的，不影响刑事责任的追究。

3. 本罪与走私普通货物、物品罪的界限

本罪中逃避应纳税款的行为与走私普通货物、物品罪中偷逃关税的行为具有相似之处，容易混淆。二者的主要区别在于：（1）犯罪客体不同。本罪侵犯的直接客体是国家税收管理制度；而走私普通货物、物品罪侵犯的直接客体则是国家对外贸易管理制度。（2）违反的法规不同。本罪违反的是税收法规；而走私普通货物、物品罪违反的是海关法规。（3）犯罪主体不同。本罪的主体是特殊主体，即负有纳税义务及代扣代缴、代收代缴税款义务的自然人与单位；而走私普通货物、物品罪的主体是一般主体，即实施走私犯罪行为的自然人与单位。

第二百零二条 〔抗税罪〕

以暴力、威胁方法拒不缴纳税款的，处三年以下有期徒刑或者拘役，并处拒缴税款一倍以上五倍以下罚金；情节严重的，处三年以上七年以下有期徒刑，并处拒缴税款一倍以上五倍以下罚金。

本条是关于抗税罪的罪刑条款内容。

【条文释义】

抗税罪，是指以暴力、威胁方法拒不缴纳税款的行为。

所谓暴力，是指直接对他人的人身或有关设备、设施等施以不法有形力，进行强制或损毁；威胁，是指对他人进行胁迫、恫吓，达到精神上的强制，使他人不敢抗拒。

【实务问题】

1. 本罪罪与非罪的界限

构成本罪没有数额或情节要求，只要有以暴力、威胁方法拒不缴纳税款的行为，原则上就构成犯罪。

2. 本罪的立案追诉标准

根据《立案追诉标准（二）》第53条的规定，以暴力、威胁方法拒不缴纳税款，涉嫌下列情形之一的，应予立案追诉：（1）造成税务工作人员轻微伤以上的；（2）以给税务工作人员及其亲友的生命、健康、财产等造成损害为威胁，抗拒缴纳税款的；（3）聚众抗拒缴纳税款的；（4）以其他暴力、威胁方法拒不缴纳税款的。

3. 罪数与共犯的认定

实施抗税行为致人重伤、死亡，构成故意伤害罪、故意杀人罪的，分别依照故意伤害罪、故意杀人罪的规定定罪处罚。

与纳税人或者扣缴义务人共同实施抗税行为的，以抗税罪的共犯依法处罚。

第二百零三条　〔逃避追缴欠税罪〕

纳税人欠缴应纳税款，采取转移或者隐匿财产的手段，致使税务机关无法追缴欠缴的税款，数额在一万元以上不满十万元的，处三年以下有期徒刑或者拘役，并处或者单处欠缴税款一倍以上五倍以下罚金；数额在十万元以上的，处三年以上七年以下有期徒刑，并处欠缴税款一倍以上五倍以下罚金。

本条是关于逃避追缴欠税罪的罪刑条款内容。

【条文释义】

逃避追缴欠税罪，是指纳税人欠缴应纳税款，采取转移或者隐匿财产的手段，致使税务机关无法追缴欠缴的税款，数额在1万元以上的行为。

所谓欠缴税款，是指纳税单位或者个人超过税务机关核定的纳税期限，没有按时缴纳，拖欠税款的行为。转移财产，主要是指将财产变更场所、改变位置；隐匿财产，主要是指通过做假账、进行虚假支付等手段将财产隐瞒、藏匿起来。转移或者隐匿财产的目的是使税务机关无法对其采取相应的行政强制措施追缴其欠缴的应纳税款。

本罪的主体是纳税人，扣缴义务人不能单独构成本罪。

【实务问题】

1. 本罪罪与非罪的界限

本罪罪与非罪的界限主要在于欠缴应纳税款的数额大小。根据《立案追诉标准（二）》第 54 条的规定，纳税人欠缴应纳税款，采取转移或者隐匿财产的手段，致使税务机关无法追缴欠缴的税款，数额在 1 万元以上的，应予刑事处罚；否则，不构成犯罪。

2. 本罪的立案追诉标准

根据《立案追诉标准（二）》第 54 条的规定，纳税人欠缴应纳税款，采取转移或者隐匿财产的手段，致使税务机关无法追缴欠缴的税款，数额在 1 万元以上的，应予立案追诉。

3. 本罪与逃税罪的界限

本罪与逃税罪的区别主要在于犯罪手段不同。本罪表现为采取转移或者隐匿财产的手段致使税务机关无法追缴其欠缴的税款；而逃税罪则表现为采取欺骗、隐瞒手段进行虚假纳税申报或者不申报而逃避缴纳税款。此外，二者在犯罪主体和定罪量刑标准方面也不完全相同。

第二百零四条

〔骗取出口退税罪〕**以假报出口或者其他欺骗手段，骗取国家出口退税款，数额较大的，处五年以下有期徒刑或者拘役，并处骗取税款一倍以上五倍以下罚金；数额巨大或者有其他严重情节的，处五年以上十年以下有期徒刑，并处骗取税款一倍以上五倍以下罚金；数额特别巨大或者有其他特别严重情节的，处十年以上有期徒刑或者无期徒刑，并处骗取税款一倍以上五倍以下罚金或者没收财产。**

纳税人缴纳税款后，采取前款规定的欺骗方法，骗取所缴纳的税款的，依照本法第二百零一条的规定定罪处罚；骗取税款超过所缴纳的税款部分，依照前款的规定处罚。

本条是关于骗取出口退税罪及其处罚和纳税人缴纳税款后又骗取税款如何处罚的罪刑条款内容。

【条文释义】

本条共分为 2 款。第 1 款是关于骗取出口退税罪及其处罚的规定。

骗取出口退税罪，是指以假报出口或者其他欺骗手段，骗取国家出口退税款，数额较大的行为。

骗取出口退税罪是一种利用我国出口退税制度实施特殊诈骗的犯罪。所谓出口退税，是指国家对出口商品在国内已征收的税款予以退还。骗取出口退税罪的手段包括假报出口和其他欺骗手段。所谓假报出口，是指行为人本来没有出口产品，但为了骗取国家出口退税款，采取伪造、骗取有关单据、凭证等手段，谎报产品出口。所谓其他欺骗手段，是指假报出口以外的其他能够骗取国家出口退税款的手段。这种手段的特点在于存在出口的事实，但出口退税的申请与出口事实并不相符，如以少报多，假报出口商品数量；虚报出口商品价格；以低税率商品冒充高税率商品，等等。骗取国家出口退税款在 5 万元以上的，属于数额较大。

第 2 款是关于纳税人缴纳税款后又骗取税款如何处罚的规定。

纳税人缴纳税款后，采取假报出口或者其他欺骗手段，骗取所缴纳的税款，如果交多少骗多少的，本质上是一种逃税行为，如果数额较大并且占应纳税额 10%以上的，要以逃税罪定罪处罚；如果少交多骗的，骗取税款超过所交税款的部分，则属于无偿骗取的国家税款，如果数额较大的，要以骗取出口退税罪定罪处罚。

【实务问题】

1. 本罪罪与非罪的界限

本罪罪与非罪的界限主要在于骗取出口退税款的数额大小。根据《立案追诉标准（二）》第 55 条的规定，以假报出口或者其他欺骗手段，骗取国家出口退税款，数额在 10 万元以上的，认定为犯罪；否则，不构成犯罪。

2. 本罪的立案追诉标准

根据《立案追诉标准（二）》第 55 条的规定，以假报出口或者其他欺骗手段，骗取国家出口退税款，数额在 10 万元以上的，应予立案追诉。

3. 罪数的认定

纳税人缴纳税款后，采取假报出口或者其他欺骗手段，骗取所缴纳的税款的，以逃税罪论处；骗取税款超过所缴纳的税款部分，以骗取出口退税罪论处。如果分别达到逃税罪和骗取出口退税罪的定罪标准的，实行数罪并罚。

第二百零五条　〔虚开增值税专用发票、用于骗取出口退税、抵扣税款发票罪〕

虚开增值税专用发票或者虚开用于骗取出口退税、抵扣税款的其他发票的，处三年以下有期徒刑或者拘役，并处二万元以上二十万元以下罚金；虚开的税款数额较大或者有其他严重情节的，处三年以上十年以下有期徒刑，并处五万元以上五十万元以下罚金；虚开的税款数额巨大或者有其他特别严重情节的，处十年以上有期徒刑或者无期徒刑，并处五万元以上五十万元以下罚金或者没收财产。

单位犯本条规定之罪的，对单位判处罚金，并对其直接负责的主管人员和其他直接责任人员，处三年以下有期徒刑或者拘役；虚开的税款数额较大或者有其他严重情节的，处三年以上十年以下有期徒刑；虚开的税款数额巨大或者有其他特别严重情节的，处十年以上有期徒刑或者无期徒刑。

虚开增值税专用发票或者虚开用于骗取出口退税、抵扣税款的其他发票，是指有为他人虚开、为自己虚开、让他人为自己虚开、介绍他人虚开行为之一的。

本条是关于虚开增值税专用发票、用于骗取出口退税、抵扣税款发票罪的罪刑条款内容。

【主要修改】

本条原第 2 款为 2011 年 2 月 25 日通过的《刑法修正案（八）》所删除，原第 2 款内容为："有前款行为骗取国家税款，数额特别巨大，情节特别严重，给国家利益造成特别重大损失的，处无期徒刑或者死刑，并处没收财产。"

【条文释义】

本条共分为 3 款。第 1 款是关于虚开增值税专用发票、用于骗取出口退税、抵扣税款发票罪及其处罚的规定。

虚开增值税专用发票、用于骗取出口退税、抵扣税款发票罪，是指违反国家发票管理法规，为他人虚开、为自己虚开、让他人为自己虚开、介绍他人虚开增值税专用发票或者用于骗取出口退税、抵扣税款的其他发票的行为。

本罪的对象是增值税专用发票和用于骗取出口退税、抵扣税款的其他发票。所谓增值税专用发票，是指国家税务部门根据增值税征收管理需要设定的，兼记价款及货物或劳务所负担的增值税税额的一种专用发票。增值税专用发票不仅具有普通发票所具有的记载商品或劳务的销售额以作为财务收支记账凭证的功能，而且是兼记销方纳税义务和购方进项税额的主要依据，是购方据以出口退税、抵扣税款的证明。用于骗取出口退税、抵扣税款的其他发票，是指除增值税专用发票以外的，其他具有出口退税、抵扣税款功能的收付款凭证或者完税凭证，如废旧物品收购发票、运输发票、农林牧水产品收购发票等。

所谓虚开增值税专用发票、用于骗取出口退税、抵扣税款发票，是指不按照实际情况如实开具增值税专用发票或者其他可用于骗取出口退税、抵扣税款的发票。包括：（1）没有货物购销或者没有提供或接受应税劳务而为他人、为自己、让他人为自己、介绍他人开具增值税专用发票；（2）有货物购销或者提供或接受了应税劳务但为他人、为自己、让他人为自己、介绍他人开具数量或者金额不实的增值税专用发票；（3）进行了实际经营活动，但让他人为自己代开增值税专用发票。

第 2 款是关于单位犯虚开增值税专用发票、用于骗取出口退税、抵扣税款发票罪及其处罚的规定。

单位犯本罪的，对单位判处罚金，但对单位的责任人员不能适用罚金刑。

第 3 款是关于“虚开”行为的解释。

为他人虚开，是指有开具增值税专用发票、用于骗取出口退税、抵扣税款发票的合法资格的主体，明知对方没有货物销售或提供应税劳务，为其开具发票，或者虽有货物销售和应税劳务，而为其开具内容不实、数额不一致的发票的行为；为自己虚开，是指自己为自己用上述方式虚开不实的发票；让他人为自己虚开，是指自己让他人给自己虚开上述不实的发票；介绍他人虚开，则是指行为人在增值税专用发票、用于骗取出口退税、抵扣税款发票的合法主体与要求虚开的主体之间，根据双方的需要而进行沟通、撮合的行为，或者应某一方的要求，在其与相对方之间穿针引线、牵线搭桥的行为。

【实务问题】

1. 本罪的立案追诉标准

根据《立案追诉标准（二）》第 56 条的规定，虚开增值税专用发票或者虚开用于骗取出口退税、抵扣税款的其他发票，虚开的税款数额在 10 万元以上或者造成国家税款损失数额在 5 万元以上的，应予立案追诉。

2. 本罪与逃税罪的界限

本罪与逃税罪的区别主要在于：（1）客观方面不同。本罪只要有虚开增值税专用发票、用于骗取出口退税、抵扣税款发票的行为即可；而逃税罪要求逃避缴纳税款或者不缴、少缴税款须达到一定数额。（2）主体不同。本罪的主体是一般主体；而逃税罪的主体只能是具有纳税义务或者扣缴税款义务的单位或者个人。

3. 本罪与骗取出口退税罪的界限

本罪与骗取出口退税罪的区别主要在于：（1）客观方面不同。本罪在客观方面表现为虚开增值税专用发票或者用于骗取出口退税、抵扣税款的其他发票的行为；而骗取出口退税罪在客观方面表现为骗取国家出口退税款数额较大的行为。（2）犯罪目的不同。本罪的目的一般是获取“手续费”“介绍费”“好处费”或者抵扣税款、骗取出口退税；而骗取出口退税罪的目的一般是骗取出口退税款。如果行为人虚开增值税专用发票或者用于骗取出口退税、抵扣税款的其他发票并以此骗取出口退税的，依照处罚较重的规定定罪处罚。

第二百零五条之一　〔虚开发票罪〕

虚开本法第二百零五条规定以外的其他发票，情节严重的，处二年以下有期

徒刑、拘役或者管制，并处罚金；情节特别严重的，处二年以上七年以下有期徒刑，并处罚金。

单位犯前款罪的，对单位判处罚金，并对其直接负责的主管人员和其他直接责任人员，依照前款的规定处罚。

本条是关于虚开发票罪的罪刑条款内容。

本条为 2011 年 2 月 25 日通过的《刑法修正案（八）》所增加。

【条文释义】

本条共分为 2 款。第 1 款是关于虚开发票罪及其处罚的规定。

虚开发票罪，是指违反国家发票管理法规，虚开用于骗取出口退税、抵扣税款的发票以外的其他发票，情节严重的行为。

本罪的对象是具有出口退税、抵扣税款功能的发票以外的其他发票。发票，是指单位和个人在购销商品、提供或接受劳务、服务以及从事其他经营活动中，开具、收取的收付凭证。发票可以分为增值税专用发票和普通发票。普通发票主要由营业税纳税人和增值税小规模纳税人使用，增值税一般纳税人在不能开具专用发票的情况下也可使用普通发票。普通发票由行业发票和专用发票组成。行业发票适用于某个行业和经营业务，如商业零售统一发票、商业批发统一发票、工业企业产品销售统一发票等；专用发票仅适用于某一经营项目，如广告费用结算发票、商品房销售发票等。在普通发票中，废旧物品收购发票、运输发票、农林牧水产品收购发票等具有与增值税专用发票一样的出口退税、抵扣税款的功能。除这些具有出口退税、抵扣税款功能的发票以外的其他普通发票，都可以成为本罪的对象。

所谓虚开用于骗取出口退税、抵扣税款的发票以外的其他发票，是指没有商品购销或者没有提供或接受劳务、服务而开具具有出口退税、抵扣税款功能的发票以外的其他普通发票，或者虽有商品购销或者提供或接受了劳务、服务，但开具数量或金额不实的具有出口退税、抵扣税款功能的发票以外的其他普通发票的行为。情节严重，一般是指具有下列情形之一：虚开发票数额或者数量较大；虚开发票的次数较多；虚开发票造成的国家税收损失严重；是否因虚开发票的行为受到过处罚又进行虚开，等等。

第 2 款是关于单位犯虚开发票罪及其处罚的规定。

单位犯本罪的，实行双罚制，除对单位判处罚金外，对单位直接负责的主管人员和其他直接责任人员，适用第 1 款自然人犯本罪的法定刑。

【实务问题】

1. 本罪的立案追诉标准

根据《立案追诉标准（二）》第57条的规定，虚开《刑法》第205条规定以外的其他发票，涉嫌下列情形之一的，应予立案追诉：（1）虚开发票金额累计在50万元以上的；（二）虚开发票100份以上且票面金额在30万元以上的；（3）5年内因虚开发票受过刑事处罚或者2次以上行政处罚，又虚开发票，数额达到第1、2项标准60%以上的。

2. 本罪与虚开增值税专用发票、用于骗取出口退税、抵扣税款发票罪的界限

本罪与虚开增值税专用发票、用于骗取出口退税、抵扣税款发票罪的主要区别是犯罪对象不同。本罪的对象是具有出口退税、抵扣税款功能的发票以外的其他发票；而虚开增值税专用发票、用于骗取出口退税、抵扣税款发票罪的对象仅限于增值税专用发票和用于骗取出口退税、抵扣税款的其他发票。

第二百零六条 〔伪造、出售伪造的增值税专用发票罪〕

伪造或者出售伪造的增值税专用发票的，处三年以下有期徒刑、拘役或者管制，并处二万元以上二十万元以下罚金；数量较大或者有其他严重情节的，处三年以上十年以下有期徒刑，并处五万元以上五十万元以下罚金；数量巨大或者有其他特别严重情节的，处十年以上有期徒刑或者无期徒刑，并处五万元以上五十万元以下罚金或者没收财产。

单位犯本条规定之罪的，对单位判处罚金，并对其直接负责的主管人员和其他直接责任人员，处三年以下有期徒刑、拘役或者管制；数量较大或者有其他严重情节的，处三年以上十年以下有期徒刑；数量巨大或者有其他特别严重情节的，处十年以上有期徒刑或者无期徒刑。

本条是关于伪造、出售伪造的增值税专用发票罪的罪刑条款内容。

【主要修改】

本条原第2款为2011年2月25日通过的《刑法修正案（八）》所删除，原第2款内容为："伪造并出售伪造的增值税专用发票，数量特别巨大，情节特别严重，严重破坏经济秩序的，处无期徒刑或者死刑，并处没收财产。"

【条文释义】

本条共分为2款。第1款是关于伪造、出售伪造的增值税专用发票罪及其处

罚的规定。

伪造、出售伪造的增值税专用发票罪，是指违反国家发票管理法规，仿照增值税专用发票的式样，非法制造假增值税专用发票或者出售非法制造的假增值税专用发票的行为。

所谓伪造增值税专用发票，是指仿照增值税专用发票的图案、色彩、形状、内容等，使用印刷、复制、复印、描绘、拓印、蜡印、石印等方法制造假增值税专用发票的行为。伪造增值税专用发票行为包括两种情况：一是无权印制增值税专用发票的单位或个人，非法印制增值税专用发票；二是承印增值税专用发票的指定企业，未经税务机关批准私自印制增值税专用发票。变造增值税专用发票的，按伪造增值税专用发票行为处理。所谓出售伪造的增值税专用发票，是指以营利为目的，将伪造的增值税专用发票以一定的价格卖出的行为。行为人出售的既可以是本人伪造的增值税专用发票，也可以是他人伪造的增值税专用发票。

第 2 款是关于单位犯伪造、出售伪造的增值税专用发票罪及其处罚的规定。

单位犯本罪的，实行双罚制，除对单位判处罚金外，还须对单位直接负责的主管人员和其他直接责任人员判处刑罚，但不能适用罚金。

【实务问题】

1. 本罪罪与非罪的界限

本罪罪与非罪的界限主要在于伪造或者出售伪造的增值税专用发票的数量、票面额或非法获利数额。根据《立案追诉标准（二）》第 58 条的规定，票面额累计在 10 万元以上的；伪造或者出售伪造的增值税专用发票 10 份以上且票面额累计在 6 万元以上的；非法获利数额在 1 万元以上的，应予追究刑事责任。未达到上述标准的，不以犯罪论处，由税务机关予以处理。

2. 本罪的立案追诉标准

根据《立案追诉标准（二）》第 58 条的规定，伪造或者出售伪造的增值税专用发票，涉嫌下列情形之一的，应予立案追诉：（1）票面税额累计在 10 万元以上的；（2）伪造或者出售伪造的增值税专用发票 10 份以上且票面税额在 6 万元以上的；（3）非法获利数额在 1 万元以上的。

3. 罪数的认定

本罪是选择性罪名。行为人伪造增值税专用发票后又将其出售的，仍只定伪造、出售伪造的增值税专用发票罪一个犯罪，而不认定为两个犯罪进行数罪并罚。如果行为人仅实施伪造增值税专用发票或者出售伪造的增值税专用发票行为的，则分别认定为伪造增值税专用发票罪或者出售伪造的增值税专用发票罪。

第二百零七条　〔非法出售增值税专用发票罪〕

非法出售增值税专用发票的，处三年以下有期徒刑、拘役或者管制，并处二万元以上二十万元以下罚金；数量较大的，处三年以上十年以下有期徒刑，并处五万元以上五十万元以下罚金；数量巨大的，处十年以上有期徒刑或者无期徒刑，并处五万元以上五十万元以下罚金或者没收财产。

本条是关于非法出售增值税专用发票罪的罪刑条款内容。

【条文释义】

非法出售增值税专用发票罪，是指违反国家发票管理法规，非法出售增值税专用发票的行为。

本罪的对象是国家统一印制的增值税专用发票。增值税专用发票的来源，可以是符合条件的增值税一般纳税人合法领购的，也可以是采取欺骗手段从发票发售部门骗取的，或者以其他方式获取的。增值税专用发票的来源，不影响本罪的构成。

所谓出售增值税专用发票，是指通过各种方式以一定的价格将增值税专用发票出卖给他人的行为。这种行为既可以表现为以增值税专用发票换取他人货币，也可以表现为以增值税专用发票获取他人其他财产或者财产性利益。如果行为人无偿提供增值税专用发票的，不属于出售增值税专用发票行为。本罪中的“非法”，是指违反国家有关发票管理法规关于发票领购、出售的规定，具体是指无权出售增值税专用发票的单位或者个人出售增值税专用发票的行为。

【实务问题】

1. 本罪罪与非罪的界限

本罪罪与非罪的界限在于非法出售增值税专用发票的数量、票面额以及非法获利数额。根据《立案追诉标准（二）》第59条的规定，非法出售增值税专用发票，票面税额累计在10万元以上的；非法出售增值税专用发票10份以上且票面税额在6万元以上的；非法获利数额在1万元以上的，应予追究刑事责任。

2. 本罪的立案追诉标准

根据《立案追诉标准（二）》第59条的规定，非法出售增值税专用发票，涉嫌下列情形之一的，应予立案追诉：（1）票面税额累计在10万元以上的；（2）非法出售增值税专用发票10份以上且票面税额在6万元以上的；（3）非法获利数额在1万元以上的。

3. 本罪与出售伪造的增值税专用发票罪的界限

本罪与出售伪造的增值税专用发票罪的区别主要在于犯罪对象不同。本罪的对象是真的增值税专用发票；而出售伪造的增值税专用发票罪的对象则是假的增值税专用发票。

第二百零八条

〔非法购买增值税专用发票、购买伪造的增值税专用发票罪〕**非法购买增值税专用发票或者购买伪造的增值税专用发票的，处五年以下有期徒刑或者拘役，并处或者单处二万元以上二十万元以下罚金。**

非法购买增值税专用发票或者购买伪造的增值税专用发票又虚开或者出售的，分别依照本法第二百零五条、第二百零六条、第二百零七条的规定定罪处罚。

本条是关于非法购买增值税专用发票、购买伪造的增值税专用发票罪及非法购买增值税专用发票或者购买伪造的增值税专用发票又虚开或者出售的如何处罚的罪刑条款内容。

【条文释义】

本条共分为 2 款。第 1 款是关于非法购买增值税专用发票、购买伪造的增值税专用发票罪及其处罚的规定。

非法购买增值税专用发票、购买伪造的增值税专用发票罪，是指违反国家发票管理法规，非法购买增值税专用发票或者购买伪造的增值税专用发票的行为。

本罪的对象既可以是真的增值税专用发票，也可以是伪造的增值税专用发票。

这里的“购买”，是指以一定的价格用货币或者其他财产、财产性利益换取他人的增值税专用发票或者伪造的增值税专用发票的行为。根据我国发票管理法规的规定，任何购买伪造的增值税专用发票的行为均属非法；而购买真的增值税专用发票的行为则存在合法与非法之分。按照我国发票管理法规的规定，符合条件的增值税一般纳税人通过法定程序可以从税务机关领购增值税专用发票。因此，非法购买增值税专用发票包括两种情况：一种是购买发票的主体不合法；另一种是购买发票的方式不合法。购买发票的主体不合法，是指购买增值税专用发票的单位或者个人不属于经税务机关审核确认的增值税一般纳税人；购买发票的方式不合法，是指从非正常的渠道或者通过不合法的手段购买增值税专用发票。

第 2 款是关于非法购买增值税专用发票或者购买伪造的增值税专用发票又虚开或者出售的如何处罚的规定。

非法购买增值税专用发票又虚开或者出售的，虚开行为构成虚开增值税专用发票罪，出售行为构成非法出售增值税专用发票罪；购买伪造的增值税专用发票又虚开或者出售的，虚开行为也构成虚开增值税专用发票罪，出售行为则构成出售伪造的增值税专用发票罪。对此，购买行为与虚开或者出售行为虽然可以分别构成犯罪，但因存在牵连关系，只择一重罪定罪处罚，即分别以虚开增值税专用发票罪、出售伪造的增值税专用发票罪或者非法出售增值税专用发票罪定罪处罚，而不再定非法购买增值税专用发票罪或者购买伪造的增值税专用发票罪。

【实务问题】

1. 本罪罪与非罪的界限

本罪罪与非罪的界限主要在于非法购买增值税专用发票或者购买伪造的增值税专用发票的数量或票面额。根据《立案追诉标准（二）》第60条的规定，非法购买增值税专用发票或者购买伪造的增值税专用发票20份以上且票面税额在10万元以上的，或者票面税额累计在20万元以上的，应予追究刑事责任。

2. 本罪的立案追诉标准

根据《立案追诉标准（二）》第60条的规定，非法购买增值税专用发票或者购买伪造的增值税专用发票，涉嫌下列情形之一的，应予立案追诉：（1）非法购买增值税专用发票或者购买伪造的增值税专用发票20份以上且票面税额在10万元以上的；（2）票面税额累计在20万元以上的。

3. 罪数的认定

非法购买增值税专用发票或者购买伪造的增值税专用发票又虚开或者出售的，既触犯本罪，同时又触犯了虚开增值税专用发票罪、出售伪造的增值税专用发票罪或者非法出售增值税专用发票罪，属于牵连犯。对此，不实行数罪并罚，而是分别依照虚开增值税专用发票罪、出售伪造的增值税专用发票罪或者非法出售增值税专用发票罪定罪处罚。

第二百零九条

〔非法制造、出售非法制造的用于骗取出口退税、抵扣税款发票罪〕**伪造、擅自制造或者出售伪造、擅自制造的可以用于骗取出口退税、抵扣税款的其他发票的，处三年以下有期徒刑、拘役或者管制，并处二万元以上二十万元以下罚金；数量巨大的，处三年以上七年以下有期徒刑，并处五万元以上五十万元以下罚金；数量特别巨大的，处七年以上有期徒刑，并处五万元以上五十万元以下罚金或者没收财产。**

〔非法制造、出售非法制造的发票罪〕**伪造、擅自制造或者出售伪造、擅自制造的前款规定以外的其他发票的，处二年以下有期徒刑、拘役或者管制，并处或者单处一万元以上五万元以下罚金；情节严重的，处二年以上七年以下有**

期徒刑，并处五万元以上五十万元以下罚金。

〔非法出售用于骗取出口退税、抵扣税款发票罪〕**非法出售可以用于骗取出口退税、抵扣税款的其他发票的，依照第一款的规定处罚。**

〔非法出售发票罪〕**非法出售第三款规定以外的其他发票的，依照第二款的规定处罚。**

本条是关于非法制造、出售非法制造的用于骗取出口退税、抵扣税款发票罪，非法制造、出售非法制造的发票罪，非法出售用于骗取出口退税、抵扣税款发票罪和非法出售发票罪的罪刑条款内容。

【条文释义】

本条共分为 4 款。第 1 款是关于非法制造、出售非法制造的用于骗取出口退税、抵扣税款发票罪及其处罚的规定。

非法制造、出售非法制造的用于骗取出口退税、抵扣税款发票罪，是指违反国家发票管理法规，伪造、擅自制造或者出售伪造、擅自制造的可以用于骗取出口退税、抵扣税款的其他发票的行为。

所谓伪造可以用于骗取出口退税、抵扣税款的其他发票，是指无权印制发票的单位和个人，非法印制可以用于骗取出口退税、抵扣税款的其他发票；擅自制造可以用于骗取出口退税、抵扣税款的其他发票，是指税务机关指定的发票印制企业超出批准的范围，私自加印可以用于骗取出口退税、抵扣税款的其他发票；出售伪造、擅自制造的可以用于骗取出口退税、抵扣税款的其他发票，是指以营利为目的，将伪造、擅自制造的可以用于骗取出口退税、抵扣税款的其他发票以一定的价格卖出的行为。行为人出售的可以用于骗取出口退税、抵扣税款的其他发票，既可以是本人伪造、擅自制造的，也可以是他人伪造、擅自制造的。

第 2 款是关于非法制造、出售非法制造的发票罪及其处罚的规定。

非法制造、出售非法制造的发票罪，是指违反我国发票管理法规，伪造、擅自制造或者出售伪造、擅自制造的可以用于骗取出口退税、抵扣税款的发票以外的其他发票的行为。

所谓伪造可以用于骗取出口退税、抵扣税款的发票以外的其他发票，是指无权印制发票的单位和个人，非法印制可以用于骗取出口退税、抵扣税款的发票以外的其他发票；擅自制造可以用于骗取出口退税、抵扣税款的发票以外的其他发票，是指税务机关指定的发票印制企业超出批准的范围，私自加印可以用于骗取出口退税、抵扣税款的发票以外的其他发票；出售伪造、擅自制造的可以用于骗取出口退税、抵扣税款的发票以外的其他发票，是指以营利为目的，将伪造、擅自制造的可以用于骗取出口退税、抵扣税款的发票以外的其他发票以一定的价格卖出的行为。行为人出售的可以用于骗取出口退税、抵扣税款的发票以外的其他发票，既可以是本人伪造、擅自制造的，也可以是他人伪造、擅自制造的。

第 3 款是关于非法出售用于骗取出口退税、抵扣税款发票罪及其处罚的规定。

非法出售用于骗取出口退税、抵扣税款发票罪，是指违反国家发票管理法规，非法出售可以用于骗取出口退税、抵扣税款的其他发票的行为。

本罪的对象是可以用于骗取出口退税、抵扣税款的其他发票，即增值税专用发票以外的其他具有出口退税、抵扣税款功能的收付款凭证或者完税凭证，如运输发票、废旧物品收购发票等。可以用于骗取出口退税、抵扣税款的其他发票，既可以是合法领购的发票，也可以是采取欺骗手段从发票发售部门骗取的或者以其他方式获取的发票。发票的来源，不影响本罪的构成。

所谓出售可以用于骗取出口退税、抵扣税款的其他发票，是指通过各种方式以一定的价格将可以用于骗取出口退税、抵扣税款的其他发票出卖给他人的行为。这里的“非法”，是指违反国家有关发票管理法规关于发票领购、出售的规定，具体是指无权出售发票的单位或者个人出售可以用于骗取出口退税、抵扣税款的其他发票的行为。

第 4 款是关于非法出售发票罪及其处罚的规定。

非法出售发票罪，是指违反国家发票管理法规，非法出售可以用于骗取出口退税、抵扣税款的发票以外的其他发票的行为。

本罪的对象是除增值税专用发票和其他具有出口退税、抵扣税款功能的发票以外的其他普通发票。

所谓出售可以用于骗取出口退税、抵扣税款的发票以外的其他发票，是指通过各种方式以一定的价格将可以用于骗取出口退税、抵扣税款的发票以外的其他发票出卖给他人的行为。这里的“非法”，是指违反国家有关发票管理法规关于发票领购、出售的规定，具体是指无权出售发票的单位或者个人出售可以用于骗取出口退税、抵扣税款的发票以外的其他发票的行为。

【实务问题】

1. 非法制造、出售非法制造的用于骗取出口退税、抵扣税款发票罪的立案追诉标准

根据《立案追诉标准（二）》第 61 条的规定，伪造、擅自制造或者出售伪造、擅自制造的用于骗取出口退税、抵扣税款的其他发票，涉嫌下列情形之一的，应予立案追诉：（1）票面可以退税、抵扣税额累计在 10 万元以上的；（2）伪造、擅自制造或者出售伪造、擅自制造的发票 10 份以上且票面可以退税、抵扣税额在 6 万元以上的；（3）非法获利数额在 1 万元以上的。

2. 非法制造、出售非法制造的发票罪的立案追诉标准

根据《立案追诉标准（二）》第62条的规定，伪造、擅自制造或者出售伪造、擅自制造的不具有骗取出口退税、抵扣税款功能的其他发票，涉嫌下列情形之一的，应予立案追诉：（1）伪造、擅自制造或者出售伪造、擅自制造的不具有骗取出口退税、抵扣税款功能的其他发票100份以上且票面金额累计在30万元以上的；（2）票面金额累计在50万元以上的；（3）非法获利数额在1万元以上的。

3. 非法出售用于骗取出口退税、抵扣税款发票罪的立案追诉标准

根据《立案追诉标准（二）》第63条的规定，非法出售可以用于骗取出口退税、抵扣税款的其他发票，涉嫌下列情形之一的，应予立案追诉：（1）票面可以退税、抵扣税额累计在10万元以上的；（2）非法出售用于骗取出口退税、抵扣税款的其他发票10份以上且票面可以退税、抵扣税额在6万元以上的；（3）非法获利数额在1万元以上的。

4. 非法出售发票罪的立案追诉标准

根据《立案追诉标准（二）》第64条的规定，非法出售增值税专用发票、用于骗取出口退税、抵扣税款的其他发票以外的发票，涉嫌下列情形之一的，应予立案追诉：（1）非法出售增值税专用发票、用于骗取出口退说、抵扣税款的其他发票以外的发票100份以上且票面金额累计在30万元以上的；（2）票面金额累计在50万元以上的；（3）非法获利数额在1万元以上的。

5. 非法制造、出售非法制造的用于骗取出口退税、抵扣税款发票罪与非法制造、出售非法制造的发票罪的界限

两罪的区别主要在于犯罪对象不同。前罪的对象为假的具有出口退税、抵扣税款功能的非增值税专用发票；而后罪的对象为假的不具有出口退税、抵扣税款功能的普通发票。

6. 非法出售用于骗取出口退税、抵扣税款发票罪与非法出售发票罪的界限

两罪的区别主要在于犯罪对象不同。前罪的对象是增值税专用发票以外的其他具有出口退税、抵扣税款功能的发票；而后罪的对象则是除增值税专用发票和其他具有出口退税、抵扣税款功能的发票以外的其他发票。

第二百一十条　〔盗窃、骗取增值税专用发票或者可以用于骗取出口退税、抵扣税款的其他发票的处罚规定〕

盗窃增值税专用发票或者可以用于骗取出口退税、抵扣税款的其他发票的，依照本法第二百六十四条的规定定罪处罚。

使用欺骗手段骗取增值税专用发票或者可以用于骗取出口退税、抵扣税款的其他发票的，依照本法第二百六十六条的规定定罪处罚。

本条是关于盗窃、骗取增值税专用发票或者可以用于骗取出口退税、抵扣税款的其他发票行为的刑事责任的规定。

【条文释义】

本条共分为2款。第1款是关于盗窃增值税专用发票或者可以用于骗取出口退税、抵扣税款的其他发票如何定罪处罚的规定。

根据本款规定，盗窃增值税专用发票或者可以用于骗取出口退税、抵扣税款的其他发票的，按照《刑法》第264条规定的盗窃罪定罪量刑。所谓盗窃，是指以非法占有为目的秘密窃取。根据最高人民法院《关于适用〈全国人民代表大会常务委员会关于惩治虚开、伪造和非法出售增值税专用发票犯罪的决定〉的若干问题的解释》第7条的规定，盗窃增值税专用发票或者可以用于骗取出口退税、抵扣税款的其他发票数量在25份以上的，为数额较大；数量在250份以上的，为数额巨大。依此精神，数量在2500份以上的，可认定为数额特别巨大。盗窃上述对象以外的其他发票的，不能以盗窃罪论处。

第2款是关于骗取增值税专用发票或者可以用于骗取出口退税、抵扣税款的其他发票如何定罪处罚的规定。

根据本款规定，骗取增值税专用发票或者可以用于骗取出口退税、抵扣税款的其他发票的，按照《刑法》第266条规定的诈骗罪定罪量刑。所谓骗取，是指以非法占有为目的，采取虚构事实或隐瞒真相的方法进行诈骗。根据最高人民法院《关于适用〈全国人民代表大会常务委员会关于惩治虚开、伪造和非法出售增值税专用发票犯罪的决定〉的若干问题的解释》第7条的规定，诈骗增值税专用发票或者可以用于骗取出口退税、抵扣税款的其他发票数量在50份以上的，为数额较大；数量在500份以上的，为数额巨大。依此精神，数量在5000份以上的，可认定为数额特别巨大。骗取上述对象以外的其他发票的，不能以诈骗罪论处。

【实务问题】

1. 罪与非罪的界限

多次盗窃、入户盗窃、携带凶器盗窃、扒窃增值税专用发票或者可以用于骗取出口退税、抵扣税款的其他发票的，不论数额多少，原则上均可以犯罪论处。除此之外的盗窃增值税专用发票或者可以用于骗取出口退税、抵扣税款的其他发票的行为，须数额较大的，才能构成犯罪。根据最高人民法院《关于适用〈全国人民代表大会常务委员会关于惩治虚开、伪造和非法出售增值税专用发票犯罪的决定〉的若干问题的解释》的规定，盗窃上述发票数量在25份以上的，为数额较大。

诈骗增值税专用发票或者可以用于骗取出口退税、抵扣税款的其他发票，也须数额较大的，才能构成犯罪。根据最高人民法院《关于适用〈全国人民代表大会常务委员会关于惩治虚开、伪造和非法出售增值税专用发票犯罪的决定〉的若干问题的解释》的规定，诈骗上述发票数量在 50 份以上的，为数额较大。

2. 罪数的认定

行为人盗窃或者骗取增值税专用发票或者可以用于骗取出口退税、抵扣税款的其他发票后又进行虚开、骗取出口退税或者出售等违法犯罪活动的，既触犯了盗窃罪或者诈骗罪，又触犯了虚开增值税专用发票、用于骗取出口退税、抵扣税款发票罪，骗取出口退税罪，非法出售增值税专用发票罪，非法出售用于骗取出口退税、抵扣税款发票罪等罪名，对此，按牵连犯的处罚原则，以处罚较重的犯罪定罪量刑。

第二百一十条之一 〔持有伪造的发票罪〕

明知是伪造的发票而持有，数量较大的，处二年以下有期徒刑、拘役或者管制，并处罚金；数量巨大的，处二年以上七年以下有期徒刑，并处罚金。

单位犯前款罪的，对单位判处罚金，并对其直接负责的主管人员和其他直接责任人员，依照前款的规定处罚。

本条是关于持有伪造的发票罪的罪刑条款内容。

本条为 2011 年 2 月 25 日通过的《刑法修正案（八）》所增加。

【条文释义】

本条共分为 2 款。第 1 款是关于持有伪造的发票罪及其处罚的规定。

持有伪造的发票罪，是指明知是伪造的发票而持有，数量较大的行为。

这里的“持有”，是指实际占有、控制；伪造的发票，即假发票。根据法律规定，发票的印制、领购，必须经过税务机关审核批准。真发票票样均使用税务机关指定的专用防伪纸和防伪油墨，并由税务机关指定的印刷厂印制，属于税务机关监制的发票。不具备上述真发票票样条件的，属于伪造的发票。这里的“数量较大”，是指达到以下情形之一的：（1）持有伪造的增值税专用发票或者可以用于骗取出口退税、抵扣税款的其他发票 50 份以上且票面税额累计在 25 万元以上的；（2）持有伪造的增值税专用发票或者可以用于骗取出口退税、抵扣税款的其他发票票面税额累计在 50 万元以上的；（3）持有伪造的第 1 项规定以外的其他发票 100 份以上且票面金额在 50 万元以上的；（4）持有伪造的第 1 项规定以外的其他发票票面金额累计在 100 万元以上的。

构成本罪，要求行为人在主观上明知持有的发票系伪造的。这里的“明知”，是指根据行为人的个人能力、认识水平或者其了解的相关情况，知道或应当知道其持有的发票属于伪造的发票。

第 2 款是关于单位犯持有伪造的发票罪及其处罚的规定。

单位犯本罪的，实行双罚制，除对单位判处罚金外，对单位直接负责的主管人员和其他直接责任人员，适用第 1 款自然人犯本罪的法定刑。

【实务问题】

1. 本罪罪与非罪的界限

本罪罪与非罪的界限应当主要考察两点：一是看持有的伪造的发票是否达到数量较大标准。未达到数量较大标准的，仅属一般违法行为，不构成犯罪，由税务机关予以处理。二是看行为人主观上是否明知。确实不知的，也不构成犯罪。

2. 本罪的立案追诉标准

根据《立案追诉标准（二）》第 65 条的规定，明知是伪造的发票而持有，涉嫌下列情形之一的，应予立案追诉：（1）持有伪造的增值税专用发票或者可以用于骗取出口退税、抵扣税款的其他发票 50 份以上且票面税额累计在 25 万元以上的；（2）持有伪造的增值税专用发票或者可以用于骗取出口退税、抵扣税款的其他发票票面税额累计在 50 万元以上的；（3）持有伪造的第 1 项规定以外的其他发票 100 份以上且票面金额在 50 万元以上的；（4）持有伪造的第 1 项规定以外的其他发票票面金额累计在 100 万元以上的。

3. 罪数的认定

通过盗窃、诈骗、购买、伪造等方式取得伪造的发票而持有，或者将持有的伪造的发票进行虚开、出售等其他活动而构成其他犯罪的，按其他犯罪分别处理，不再追究本罪的刑事责任。

第二百一十一条　〔单位犯危害税收征管罪的处罚规定〕

单位犯本节第二百零一条、第二百零三条、第二百零四条、第二百零七条、第二百零八条、第二百零九条规定之罪的，对单位判处罚金，并对其直接负责的主管人员和其他直接责任人员，依照各该条的规定处罚。

本条是关于单位犯有关危害税收征管罪的刑事责任的规定。

【条文释义】

单位犯《刑法》第 201 条、第 203 条、第 204 条、第 207 条、第 208 条、第 209 条规定之罪，是指单位实施的行为触犯上述条文的规定构成犯罪的情况。

本条规定不适用于《刑法》第 202 条、第 205 条、第 205 条之一、第 206

条、第 210 条之一规定的犯罪。这是因为第 202 条规定的抗税罪不能由单位构成，而第 205 条、第 205 条之一、第 206 条、第 210 条之一已对单位犯罪的情况各自作了规定。

【实务问题】

本条涉及的相关犯罪，单位犯罪与自然人犯罪适用相同的定罪量刑标准。除对单位判处罚金外，对单位直接负责的主管人员和其他直接责任人员的处罚也适用与自然人犯罪相同的标准。

第二百一十二条 〔税收追缴优先原则〕

犯本节第二百零一条至第二百零五条规定之罪，被判处罚金、没收财产的，在执行前，应当先由税务机关追缴税款和所骗取的出口退税款。

本条是关于犯有关犯罪的财产刑执行与税款追缴的先后顺序的规定。

【条文释义】

犯《刑法》第 201 条至第 205 条规定之罪，是指犯逃税罪，抗税罪，逃避追缴欠税罪，骗取出口退税罪，虚开增值税专用发票、用于骗取出口退税、抵扣税款发票罪共 5 种犯罪。这 5 种犯罪均涉及逃避缴纳、非法抵扣税款或者骗取出口退税款的问题，对这些逃避缴纳、非法抵扣的税款或者骗取的出口退税款，税务机关依法有权追缴。对此，本条规定了“先追缴后处罚”原则，即在判处罚金、没收财产两种财产刑的场合，必须先由税务机关追缴税款和所骗取的出口退税款，然后司法机关才能执行财产刑。适用这一原则的目的主要是避免国家的税收流失。

【实务问题】

本条规定的“先追缴后处罚”原则只影响刑罚的执行，不影响刑罚的裁量。这也就是说，在税务机关依法追缴税款和所骗取的出口退税款之后，所判处的财产刑可能完全无法执行或部分无法执行，但不能因此就不判或少判财产刑。例如，《刑法》对逃避追缴欠税罪，骗取出口退税罪，虚开增值税专用发票、用于骗取出口退税、抵扣税款发票罪都规定了具体的罚金倍数或数额幅度，判处罚金时，就必须符合法律规定的标准。如果所判处的财产刑当时无法执行的，可以采取其他方式执行。

第七节　侵犯知识产权罪

第二百一十三条　〔假冒注册商标罪〕

未经注册商标所有人许可，在同一种商品、服务上使用与其注册商标相同的商标，情节严重的，处三年以下有期徒刑，并处或者单处罚金；情节特别严重的，处三年以上十年以下有期徒刑，并处罚金。

本条是关于假冒注册商标罪的罪刑条款内容。

【主要修改】

本条为2020年12月26日通过的《刑法修正案（十一）》所修改，该条内容原为："未经注册商标所有人许可，在同一种商品上使用与其注册商标相同的商标，情节严重的，处三年以下有期徒刑或者拘役，并处或者单处罚金；情节特别严重的，处三年以上七年以下有期徒刑，并处罚金。"

【条文释义】

假冒注册商标罪，是指未经注册商标所有人许可，在同一种商品或服务上使用与其注册商标相同的商标，情节严重的行为。

对于本罪中所指的"同一种商品"，应当根据2011年最高人民法院、最高人民检察院、公安部《关于办理侵犯知识产权刑事案件适用法律若干问题的意见》（简称《知识产权案件意见》）第3条的规定进行理解，即名称相同的商品以及名称不同但指同一事物的商品，可以认定为"同一种商品"。对于"同一种服务"的认定，可以参照上述标准执行。

根据2020年最高人民法院、最高人民检察院《关于办理侵犯知识产权刑事案件具体应用法律若干问题的解释（三）》（简称《知识产权案件解释（三）》）第1条的规定，具有下列情形之一的，可以认定为"与其注册商标相同的商标"：（1）改变注册商标的字体、字母大小写或者文字横竖排列，与注册商标之间基本无差别的；（2）改变注册商标的文字、字母、数字等之间的间距，与注册商标之间基本无差别的；（3）改变注册商标颜色，不影响体现注册商标显著特征的；（4）在注册商标上仅增加商品通用名称、型号等缺乏显著特征要素，不影响体现注册商标显著特征的；（5）与立体注册商标的三维标志及平面要素基本无差别的；（6）其他与注册商标基本无差别、足以对公众产生误导的商标。

根据2004年最高人民法院、最高人民检察院《关于办理侵犯知识产权刑事案件具体应用法律若干问题的解释》（简称《知识产权案件解释》）第 1 条第 1 款的规定，未经注册商标所有人许可，在同一种商品或服务上使用与其注册商标相同的商标，具有下列情形之一的，属于“情节严重”：（1）非法经营数额在 5 万元以上或者违法所得数额在 3 万元以上的；（2）假冒 2 种以上注册商标，非法经营数额在 3 万元以上或者违法所得数额在 2 万元以上的；（3）其他情节严重的情形。

【实务问题】

1. 在认定本罪时应当注意的问题

在认定本罪时应注意其与一般商标侵权行为之间的界限。这二者之间的主要区别在于：一是要注意只有未经注册商标所有人许可，在同一种商品或服务上使用与其注册商标相同的商标的，才能构成本罪。如果只是在类似商品或服务上使用与其注册商标相同的商标，或者在同一种商品或服务上使用与其注册商标近似的商标，则属于一般商标侵权行为，不能以犯罪论处。二是本罪的成立以情节严重为重要条件。如果假冒他人注册商标情节轻微、对注册商标所有人的危害不大，或者违法所得不大并且不具有其他严重情节的，则属于一般商标侵权行为，不以本罪论处。

2. 关于尚未附着或者尚未全部附着假冒注册商标标识的侵权产品价值是否计入非法经营数额的问题

根据 2011 年《知识产权案件意见》第 7 条的规定，在计算制造、储存、运输和未销售的假冒注册商标侵权产品价值时，对于已经制作完成但尚未附着（含加贴）或者尚未全部附着（含加贴）假冒注册商标标识的产品，如果有确实、充分证据证明该产品将假冒他人注册商标，其价值计入非法经营数额。

第二百一十四条　〔销售假冒注册商标的商品罪〕

销售明知是假冒注册商标的商品，违法所得数额较大或者有其他严重情节的，处三年以下有期徒刑，并处或者单处罚金；违法所得数额巨大或者有其他特别严重情节的，处三年以上十年以下有期徒刑，并处罚金。

本条是关于销售假冒注册商标的商品罪的罪刑条款内容。

【主要修改】

本条为 2020 年 12 月 26 日通过的《刑法修正案（十一）》所修改，该条内容原为：“销售明知是假冒注册商标的商品，销售金额数额较大的，处三年以下有期徒刑或者拘役，并处或者单处罚金；销售金额数额巨大的，处三年以上七年以下有期徒刑，并处罚金。”

【条文释义】

销售假冒注册商标的商品罪，是指销售明知是假冒注册商标的商品，违法所得数额较大或者有其他严重情节的行为。

这里的“销售”应是广义的，包括批发、零售、代售、贩卖等各个销售环节。“假冒注册商标”，是指假冒他人已经注册了的商标。如果将还未有人注册过的商标冒充已经注册的商标在商品上使用，不构成本条规定的犯罪，而是属于违反注册商标管理的行为。

本罪的主观方面必须是明知，即行为人明知是假冒他人注册商标的商品仍然销售，从中牟取非法利益。

违法所得必须达到数额较大或者有其他严重情节的，才构成犯罪，这也是罪与非罪的重要界限。这里的“其他严重情节”，主要是指违法所得金额较大之外的情形，其他如销售金额数额较大、销售侵权商品持续时间长、数量大，给权利人造成的损失大，给消费者造成了人身、财产等方面较大的损失等。具体认定时，可以根据侵权行为持续的时间长短、销售能力和销售规模的大小、犯罪的组织化程度等因素综合进行判断。

【实务问题】

1. 主观明知的认定

行为人是否明知，是本罪罪与非罪的重要界限。适用本条规定时，必须有证据证明行为人明知其销售的商品是假冒他人注册商标的商品，如果行为人不知是假冒注册商标的商品而销售，不构成本罪。我国《商标法》第 64 条第 2 款规定，销售不知道是侵犯注册商标专有权的商品，能证明该商品是自己合法取得并说明提供者的，不承担赔偿责任。在实践中，主要从以下几个方面判断行为人是否明知：（1）根据行为人所销售商品的来源、渠道、本人的经验和知识，能够知道自己销售的是假冒注册商标的商品；（2）销售商品进货价格和质量明显低于市场上被假冒的注册商标商品的进货价格和质量；（3）行为人是否曾被告知所销售的商品是假冒注册商标的商品。根据 2004 年《知识产权案件解释》第 9 条第 2 款的规定，具有下列情形之一的，应当认定为属于《刑法》第 214 条规定的“明知”：（1）知道自己销售的商品上的注册商标被涂改、调换或者覆盖的；（2）因销售假冒注册商标的商品受到过行政处罚或者承担过民事责任、又销售同一种假冒注册商标的商品的；（3）伪造、涂改商标注册人授权文件或者知道该文件被伪造、涂改的；（4）其他知道或者应当知道是假冒注册商标的商品的情形。

2. 关于违法所得数额较大的标准

在认定本罪时需要注意的是，虽然《刑法修正案（十一）》将入罪标准由“销售金额数额较大”修改为“违法所得数额较大或者有其他严重情节”，但销售金额本身的大小仍然应当属于定罪标准之一。根据 2004 年《知识产权案件解释》第 2 条的规定，销售金额在 5 万元以上的，可以构成本罪。根据 2011 年《知识产权案件意见》第 8 条的规定，假冒注册商标的商品尚未销售，货值金额在 15 万元以上的；或者部分销售，已销售金额不满 5 万元，但已销售金额与尚未销售的货值金额合计在 15 万元以上的，应当以销售假冒注册商标的商品罪（未遂）定罪处罚。

另外，如果行为人不但假冒他人的注册商标，还销售假冒注册商标的商品的，仅以假冒注册商标罪一罪论处。

第二百一十五条 〔非法制造、销售非法制造的注册商标标识罪〕**伪造、擅自制造他人注册商标标识或者销售伪造、擅自制造的注册商标标识，情节严重的，处三年以下有期徒刑，并处或者单处罚金；情节特别严重的，处三年以上十年以下有期徒刑，并处罚金。**

本条是关于非法制造、销售非法制造的注册商标标识罪的罪刑条款内容。

【主要修改】

本条为 2020 年 12 月 26 日通过的《刑法修正案（十一）》所修改，该条内容原为：“伪造、擅自制造他人注册商标标识或者销售伪造、擅自制造的注册商标标识，情节严重的，处三年以下有期徒刑、拘役或者管制，并处或者单处罚金；情节特别严重的，处三年以上七年以下有期徒刑，并处罚金。”

【条文释义】

非法制造、销售非法制造的注册商标标识罪，是指伪造、擅自制造他人的注册商标标识或者销售伪造、擅自制造的注册商标标识，情节严重的行为。

非法制造包括伪造和擅自制造两种情况。本罪中的“伪造”，是指对他人注册商标标识的式样、图形、文字、颜色等进行仿制的行为。“擅自制造”，是指违反与注册商标所有权人的商标印制合同，在合同规定的印数之外，又私自加印商标标识的行为。非法销售注册商标标识，是指违反法律规定，销售伪造、擅自制造的注册商标标识。这里包括两种情况：一是非注册商标所有人销售，倒卖注册商标标识，一般是指非法伪造、擅自制造他人注册商标标识的单位、个人和销售、倒卖伪造、擅自制造的他人注册商标标识。二是注册商标所有人非法出售注册商标标识的。该行为违反商标法的规定，具有非法转让的性质。销售伪造、擅自制造的注册商标标识的行为包括批发、零售、内部销售和市场销售等各种形式，实践中不论行为人以什么方式将伪造、擅自制造的注册商标标识卖出，都应视之为“销售”。

【实务问题】

1. 本罪罪与非罪的界限

认定处理此类案件时，首先，应判定行为人主观上是否具有故意，如果是过失制造、销售他人注册商标标识的，不构成犯罪。其次，非法制造、销售注册商标标识是否具有严重情节，如果情节显著轻微，同样不构成犯罪。最后，行为人具有非法制造、销售商标标识的行为，但并非他人注册商标标识，或者非法制造销售的商标标识上有“注册商标”或“R”记号，但实质上是行为人自己伪造的“注册商标”，并非他人注册的商标，这两种情况也不构成本罪。但是，如果行为人非法销售自己伪造的注册商标标识，情节严重的，可能构成非法经营罪。

2. 本罪与假冒注册商标罪的界限

首先，二者行为对象不同，本罪的犯罪对象是他人注册商标标识，而假冒注册商标罪的犯罪对象是他人的注册商标。其次，本罪客观方面表现为伪造、擅自制造他人注册商标标识或者销售伪造、擅自制造的注册商标标识的行为，而假冒注册商标罪则表现为行为人未经注册商标所有人许可，在同一种商品、服务上使用与其注册商标相同的商标的行为。

3. 本罪的未完成形态

在销售他人非法制造的注册商标标识犯罪案件中，往往还有行为人尚未销售或者部分销售的情形。根据2011年《知识产权案件意见》第9条的规定，若尚未销售他人伪造、擅自制造的注册商标标识数量在6万件以上的；尚未销售他人伪造、擅自制造的两种以上注册商标标识数量在3万件以上的；部分销售他人伪造、擅自制造的注册商标标识，已销售标识数量不满2万件，但与尚未销售标识数量合计在6万件以上的；部分销售他人伪造、擅自制造的两种以上注册商标标识，已销售标识数量不满1万件，但与尚未销售标识数量合计在3万件以上的，应以销售非法制造的注册商标标识罪（未遂）定罪处罚。

4. 本罪的罪数问题

在区分本罪与假冒注册商标罪时，要注意以下问题：一是行为人伪造、擅自制造他人注册商标标识后，将其直接用于他人注册商标相同的商品上，以假乱真，推销假冒注册商标的商品，其伪造、擅自制造他人注册商标标识行为与假冒注册商标行为之间实际上形成手段行为与目的行为的牵连关系，属于牵连犯。对这种情形，现行法律尚未规定实行数罪并罚，我们认为，应择一重罪论处。二是数个行为人出于假冒注册商标的共同故意，分工合作，有人伪造、擅自制造他人注册商标标识，有人实施假冒注册商标行为，行为人的行为联系密切。这种情况下，伪造、擅自制造他人注册商标标识行为是假冒注册商标罪共同犯罪的一个组成部分，只应按照假冒注册商标罪一罪认定，伪造、擅自制造他人注册商标标识行为不能独立成罪。

第二百一十六条 〔假冒专利罪〕

假冒他人专利，情节严重的，处三年以下有期徒刑或者拘役，并处或者单处罚金。

本条是关于假冒专利罪的罪刑条款内容。

【条文释义】

假冒专利罪，是指违反专利管理法规，假冒他人专利，情节严重的行为。

这里的“假冒他人专利”，是指侵权人在自己产品上加上他人的专利标记和专利号，或使其与专利产品相类似，使公众认为该产品是他人的专利产品，以假乱真，侵害他人合法权利的行为。根据 2004 年《知识产权案件解释》第 10 条的规定，实施下列行为之一的，属于“假冒他人专利”的行为：（1）未经许可，在其制造或者销售的产品、产品的包装上标注他人专利号的；（2）未经许可，在广告或者其他宣传材料中使用他人的专利号，使人将所涉及的技术误认为是他人专利技术的；（3）未经许可，在合同中使用他人的专利号，使人将合同涉及的技术误认为是他人专利技术的；（4）伪造或者变造他人的专利证书、专利文件或者专利申请文件的。这里的“情节严重”，具体指以下情形：（1）非法经营数额在 20 万元以上或者违法所得数额在 10 万元以上的；（2）给专利权人造成直接经济损失 50 万元以上的；（3）假冒 2 项以上他人专利，非法经营数额在 10 万元以上或者违法所得数额在 5 万元以上的；（4）其他情节严重的情形。

专利侵权，主要是指未经专利权人许可，使用其专利的行为。专利权人包括单位和个人，也包括在我国申请专利的国外的单位和个人。使用其专利，是指行为人为生产经营目的，将他人专利用于生产、制造产品的行为。根据《中华人民共和国专利法》（简称《专利法》）的规定，任何单位或者个人实施他人专利，必须与专利权人订立书面实施许可合同，向专利权人支付专利使用费。被许可人无权允许合同规定以外的任何单位或个人实施该专利。这里的“许可”，不是一般的口头同意，而是要签订专利许可合同。专利许可意味着专利权人允许被许可人有权在专利权期限内，在其效力所及的范围内对该发明创造加以利用。如果行为人已经得到专利权人同意，只是还未签订书面许可合同，或者还未向专利权人支付使用费，不构成犯罪。

【实务问题】

在认定本罪时应当注意的问题

（1）在认定本罪时应当注意其与一般民事侵犯专利权行为的界限。本罪的成立，以行为人假冒他人专利情节严重为重要条件；而一般民事侵犯专利权行为，可以通过《专利法》的有关规定，按照民事纠纷的程序机制解决。另外，在对侵权物（包括产品与方法）与专利进行对比时，应注意将其与专利的整个要求做全面对比。

（2）假冒不存在的专利，不能认定为本罪，而应当依照《专利法》的有关规定处理。

第二百一十七条　〔侵犯著作权罪〕

以营利为目的，有下列侵犯著作权或者与著作权有关的权利的情形之一，违法所得数额较大或者有其他严重情节的，处三年以下有期徒刑，并处或者单处罚金；违法所得数额巨大或者有其他特别严重情节的，处三年以上十年以下有期徒刑，并处罚金：

（一）未经著作权人许可，复制发行、通过信息网络向公众传播其文字作品、音乐、美术、视听作品、计算机软件及法律、行政法规规定的其他作品的；

（二）出版他人享有专有出版权的图书的；

（三）未经录音录像制作者许可，复制发行、通过信息网络向公众传播其制作的录音录像的；

（四）未经表演者许可，复制发行录有其表演的录音录像制品，或者通过信息网络向公众传播其表演的；

（五）制作、出售假冒他人署名的美术作品的；

（六）未经著作权人或者与著作权有关的权利人许可，故意避开或者破坏权利人为其作品、录音录像制品等采取的保护著作权或者与著作权有关的权利的技术措施的。

本条是关于侵犯著作权罪的罪刑条款内容。

【主要修改】

本条为2020年12月26日通过的《刑法修正案（十一）》所修改，该条内容原为：“以营利为目的，有下列侵犯著作权情形之一，违法所得数额较大或者有其他严重情节的，处三年以下有期徒刑或者拘役，并处或者单处罚金；违法所得数额巨大或者有其他特别严重情节的，处三年以上七年以下有期徒刑，并处罚金：（一）未经著作权人许可，复制发行其文字作品、音乐、电影、电视、录像作品、计算机软件及其他作品的；（二）出版他人享有专有出版权的图书的；（三）未经录音录像制作者许可，复制发行其制作的录音录像的；（四）制作、出售假冒他人署名的美术作品的。”

【条文释义】

侵犯著作权罪，是指以营利为目的，侵犯他人著作权，违法所得数额较大或者有其他严重情节的行为。

著作权，是指作者或其他著作权人对已经创作出来的文学、艺术和科学作品所享有的专有权利。根据《中华人民共和国著作权法》（简称《著作权法》）第 10 条的规定，著作权包括下列人身权和财产权：（1）发表权，即决定作品是否公之于众的权利；（2）署名权，即表明作者身份，在作品上署名的权利；（3）修改权，即修改或者授权他人修改作品的权利；（4）保护作品完整权，即保护作品不受歪曲、篡改的权利；（5）复制权，即以印刷、复印、拓印、录音、录像、翻录、翻拍、数字化等方式将作品制作一份或者多份的权利；（6）发行权，即以出售或者赠与方式向公众提供作品的原件或者复制件的权利；（7）出租权，即有偿许可他人临时使用视听作品、计算机软件的原件或者复制件的权利，计算机软件不是出租的主要标的的除外；（8）展览权，即公开陈列美术作品、摄影作品的原件或者复制件的权利；（9）表演权，即公开表演作品，以及用各种手段公开播送作品的表演的权利；（10）放映权，即通过放映机、幻灯机等技术设备公开再现美术、摄影、视听作品等的权利；（11）广播权，即以有线或者无线方式公开传播或者转播作品，以及通过扩音器或者其他传送符号、声音、图像的类似工具向公众传播广播的作品的权利，但不包括本款第 12 项规定的权利；（12）信息网络传播权，即以有线或者无线方式向公众提供，使公众可以在其选定的时间和地点获得作品的权利；（13）摄制权，即以摄制视听作品的方法将作品固定在载体上的权利；（14）改编权，即改变作品，创作出具有独创性的新作品的权利；（15）翻译权，即将作品从一种语言文字转换成另一种语言文字的权利；（16）汇编权，即将作品或者作品的片段通过选择或者编排，汇集成新作品的权利；（17）应当由著作权人享有的其他权利。与著作权有关的权益，主要是指出版者、表演者、录音录像制作者等拥有的著作邻接权。

本罪的行为方式主要表现为以下六种：

（1）未经著作权人许可，复制发行、通过信息网络向公众传播其文字作品、音乐、美术、视听作品、计算机软件及法律、行政法规规定的其他作品的行为。这里的“未经著作权人许可”，是指没有得到著作权人授权或者伪造、涂改著作权人授权许可文件或者超出授权许可范围的情形。根据最高人民法院、最高人民检察院《关于办理侵犯知识产权刑事案件具体应用法律若干问题的解释（二）》第2条第1款的规定，这里的“复制发行”，包括复制、发行或者既复制又发行的行为。“复制”，是指以印刷、复印、临摹、拓印、录音、录像、翻录、翻拍等方式将作品制作一份或多份的行为。根据最高人民法院、最高人民检察院、公安部《关于办理侵犯知识产权刑事案件适用法律若干问题的意见》的规定，“发行”（包括总发行、批发、零售、通过信息网络传播以及出租、展销等活动），是指为满足公众合理需求，通过出售、出租等方式向公众提供一定数量的作品复印件。并且随着侵权行为网络化，通过信息网络向公众传播作品也成为侵犯著作权的重要途径和方式，通过信息网络向公众传播他人文字作品、音乐、电影、电视、录像作品、计算机软件及其他作品的行为，应当视为《刑法》第217条规定的“复制发行”。

（2）出版他人享有专有出版权的图书的行为。所谓出版，是指把作品编辑加工后，经过复制向公众发行的行为。出版者出版图书，一般需要经著作权人授权而取得对作品的专有出版权。专有出版权，是指出版者对著作权人交付的作品在合同规定的时间、地点以原版、修订版方式制作成图书并予以发行的独占权利。它是一种与著作权有关的重要权益，同样具有排他性，他人不得行使，否则构成侵权。

（3）未经录音录像制作者许可，复制发行、通过信息网络向公众传播其制作的录音录像的。根据2020年《知识产权案件解释（三）》第2条的规定，在《刑法》第217条规定的录音制品上以通常方式署名的自然人、法人或者非法人组织，应当推定为录音制作者，且该录音制品上存在着相应权利，但有相反证明的除外。在涉案录音制品种类众多且权利人分散的案件中，有证据证明涉案复制品系非法复制发行，且复制发行者不能提供获得录音制作者许可的相关证据材料的，可以认定为“未经录音制作者许可”。但是，有证据证明权利人放弃权利、涉案作品的著作权或者录音制品的有关权利不受我国著作权法保护、权利保护期限已经届满的除外。

（4）未经表演者许可，复制发行录有其表演的录音录像制品，或者通过信息网络向公众传播其表演的。根据《著作权法》第39条第5、6项的规定，表演者有许可他人复制、发行录有其表演的录音录像制品，通过信息网络向公众传播其表演，并获得报酬的权利。

（5）制作、出售假冒他人署名的美术作品的。主要包括两种方式：一是把自己制作的美术作品署上他人的姓名，假冒他人的作品出售；二是将第三人的美术作品署上他人的姓名，假冒他人的作品出售，从中牟利。

（6）未经著作权人或者与著作权有关的权利人许可，故意避开或者破坏权利人为其作品、录音录像制品等采取的保护著作权或者与著作权有关的权利的技术措施的。根据 2020 年《知识产权案件解释（三）》第 2 条的规定，在《刑法》第 217 条规定的作品上以通常方式署名的自然人、法人或者非法人组织，应当推定为著作权人，且该作品上存在着相应权利，但有相反证明的除外。在涉案作品种类众多且权利人分散的案件中，有证据证明涉案复制品系非法出版，且出版者不能提供获得著作权人许可的相关证据材料的，可以认定为“未经著作权人许可”。但是，有证据证明权利人放弃权利、涉案作品的著作权或者录音制品的有关权利不受我国著作权法保护、权利保护期限已经届满的除外。

但需要注意的是，如果行为人同时实施了上述几种行为的，仅成立侵犯著作权罪一罪，不实行数罪并罚。

本罪在主观上表现为故意，并且以营利为目的。“以营利为目的”，是指行为人侵犯他人权利的行为是为了获取非法利益。根据 2011 年《知识产权案件意见》第 10 条的规定，除销售外，具有下列情形之一的，可以认定为“以营利为目的”：（1）以在他人作品中刊登收费广告、捆绑第三方作品等方式直接或者间接收取费用的；（2）通过信息网络传播他人作品，或者利用他人上传的侵权作品，在网站或者网页上提供刊登收费广告服务，直接或者间接收取费用的；（3）以会员制方式通过信息网络传播他人作品，收取会员注册费或者其他费用的；（4）其他利用他人作品牟利的情形。根据上述意见第 11 条的规定，以刊登收费广告等方式直接或者间接收取费用的情形，也属于《刑法》第 217 条规定的“以营利为目的”。

本条规定的“以营利为目的”，主要区别于其他目的，如我国《著作权法》第 24 条规定了合理使用作品的 13 种情形，包括有些教学科研单位未经权利人许可少量复制他人作品供教学、科研之用；图书馆、档案馆、纪念馆等为了陈列或保存版本的需要，复制本馆收藏的作品；为个人学习、研究或者欣赏，使用他人已经发表的作品等，这些情形都是作品的合理使用，属于非以营利为目的，不构成犯罪。

判断行为人是否以营利为目的，需要根据行为人的具体行为表现、实际意图等因素进行综合判断。需要注意的是，是否以营利为目的，是就行为人相关行为的目的和性质而言的，并不意味着行为人的行为一定要有即期获利或者直接从中取得经济收入。如有的行为人虽然出于商业目的实施侵权行为，但开始阶段可能因为吸引“流量”“促销”等原因，并没有实现营利，甚至“赔本赚吆喝”，但就其行为的实质来看，属于为了远期营利，而以营利为目的实施侵犯他人著作权的行为，不影响其行为被认定为“以营利为目的”。还有的行为人虽然表面上并没有直接从被侵权作品获得经济利益，但是通过广告等其他方式间接获得收益，这也是以营利为目的侵犯他人著作权的一种情况。

【实务问题】

1. 本罪的立案追诉标准

根据《立案追诉标准（一）》第26条第1款的规定，以营利为目的，未经著作权人许可，复制发行其文字作品、音乐、电影、电视、录像作品、计算机软件及其他作品，或者出版他人享有专有出版权的图书，或者未经录音录像制作者许可，复制发行其制作的录音录像，或者制作、出售假冒他人署名的美术作品，涉嫌下列情形之一的，应予立案追诉：（1）违法所得数额3万元以上的；（2）非法经营数额5万元以上的；（3）未经著作权人许可，复制发行其文字作品、音乐、电影、电视、录像作品、计算机软件及其他作品，复制品数量合计500张（份）以上的；（4）未经录音录像制作者许可，复制发行其制作的录音录像制品，复制品数量合计500张（份）以上的；（5）其他情节严重的情形。

2. 关于著作权的合理使用范围

在认定本罪时应当注意的是，虽未经著作权人许可，但在法律规定的合理范围内使用其作品的行为不构成本罪。根据《著作权法》第24条的规定，在下列情况下使用作品，可以不经著作权人许可，不向其支付报酬，但应当指明作者姓名或者名称、作品名称，并且不得影响该作品的正常使用，也不得不合理地损害著作权人的合法权益：（1）为个人学习、研究或者欣赏，使用他人已经发表的作品；（2）为介绍、评论某一作品或者说明某一问题，在作品中适当引用他人已经发表的作品；（3）为报道新闻，在报纸、期刊、广播电台、电视台等媒体中不可避免地再现或者引用已经发表的作品；（4）报纸、期刊、广播电台、电视台等媒体刊登或者播放其他报纸、期刊、广播电台、电视台等媒体已经发表的关于政治、经济、宗教问题的时事性文章，但著作权人声明不许刊登、播放的除外；（5）报纸、期刊、广播电台、电视台等媒体刊登或者播放在公众集会上发表的讲话，但作者声明不许刊登、播放的除外；（6）为学校课堂教学或者科学研究，翻译、改编、汇编、播放或者少量复制已经发表的作品，供教学或者科研人员使用，但不得出版发行；（7）国家机关为执行公务在合理范围内使用已经发表的作品；（8）图书馆、档案馆、纪念馆、博物馆、美术馆、文化馆等为陈列或者保存版本的需要，复制本馆收藏的作品；（9）免费表演已经发表的作品，该表演未向公众收取费用，也未向表演者支付报酬，且不以营利为目的；（10）对设置或者陈列在公共场所的艺术作品进行临摹、绘画、摄影、录像；（11）将中国公民、法人或者非法人组织已经发表的以国家通用语言文字创作的作品翻译成少数民族语言文字作品在国内出版发行；（12）以阅读障碍者能够感知的无障碍方式向其提供已经发表的作品；（13）法律、行政法规规定的其他情形。

3. 关于本罪的入罪标准

本罪以违法所得数额较大或者有其他严重情节为成立的重要条件，违法所得数额较大或者有其他严重情节，是区别本罪和一般民事侵权行为的重要标准。虽有侵犯著作权的行为，但没有达到违法所得数额较大或者情节并不严重的，属于一般民事侵权行为，不能作为犯罪处理。关于本罪中的“违法所得数额较大”以及“有其他严重情节”，应当根据 1998 年最高人民法院《关于审理非法出版物刑事案件具体应用法律若干问题的解释》第 2 条的规定加以认定，即侵犯他人著作权，个人违法所得数额在 5 万元以上 20 万元以下，单位违法所得数额在 20 万元以上 100 万元以下的，属于“违法所得数额较大”。具有下列情形之一的，属于“有其他严重情节”：（1）因侵犯著作权曾经 2 次以上被追究行政责任或者民事责任，2 年内又实施《刑法》第 217 条所列侵犯著作权行为之一的；（2）个人非法经营数额在 20 万元以上，单位非法经营数额在 100 万元以上的；（3）造成其他严重后果的。根据 2011 年《知识产权案件意见》第 13 条的规定，通过信息网络向公众传播他人文字作品、音乐、电影、电视、美术、摄影、录像作品、录音录像制品、计算机软件及其他作品，具有下列情形之一的，属于《刑法》第 217 条规定的“其他严重情节”：（1）非法经营数额在 5 万元以上的；（2）传播他人作品的数量合计在 500 件（部）以上的；（3）传播他人作品的实际被点击数达到 5 万次以上的；（4）以会员制方式传播他人作品，注册会员达到 1000 人以上的；（5）数额或者数量虽未达到上述第 1 项至第 4 项规定标准，但分别达到其中两项以上标准一半以上的；（6）其他严重情节的情形。

第二百一十八条 〔销售侵权复制品罪〕

以营利为目的，销售明知是本法第二百一十七条规定的侵权复制品，违法所得数额巨大或者有其他严重情节的，处五年以下有期徒刑，并处或者单处罚金。

本条是关于销售侵权复制品罪的罪刑条款内容。

【主要修改】

本条为 2020 年 12 月 26 日通过的《刑法修正案（十一）》所修改，该条内容原为：“以营利为目的，销售明知是本法第二百一十七条规定的侵权复制品，违法所得数额巨大的，处三年以下有期徒刑或者拘役，并处或者单处罚金。”

【条文释义】

销售侵权复制品罪，是指以营利为目的，销售明知是侵犯他人著作权、专有出版权的文字作品、音乐、电影、电视、录像作品、计算机软件、图书及其他作品以及假冒他人署名的美术作品，违法所得数额巨大或者有其他严重情节的行为。

本罪在客观方面表现为行为人明知是具有严重侵犯著作权性质的文字作品、音乐、电影、电视、录像作品、计算机软件、图书等物品，依然进行零售或者批发，违法所得数额巨大或者有其他严重情节的行为。这意味着行为人在主观方面表现为直接故意，并具有营利的目的。实际上，这种犯罪行为助长了侵犯著作权的犯罪行为。因此，对这种行为的刑法规制，是遏制其“上游犯罪”——侵犯著作权罪的有效手段。

【实务问题】

1. 本罪的立案追诉标准

根据《立案追诉标准（一）》第 27 条的规定，以营利为目的，销售明知是《刑法》第 217 条规定的侵权复制品，涉嫌下列情形之一的，应予立案追诉：(1) 违法所得数额 10 万元以上的；(2) 违法所得数额虽未达到上述数额标准，但尚未销售的侵权复制品货值金额达到 30 万元以上的。

2. 在认定本罪时应当注意的问题

在认定本罪时应当注意的是，行为人的销售行为既可以是零售给消费者，也可以是批发给其他经营者。另外，本罪的成立以违法所得数额巨大为重要的条件。这里的“违法所得数额巨大”，根据最高人民法院《关于审理非法出版物刑事案件具体应用法律若干问题的解释》第 4 条的规定，是指个人违法所得数额在 10 万元以上，单位违法所得数额在 50 万元以上的。

第二百一十九条　〔侵犯商业秘密罪〕

有下列侵犯商业秘密行为之一，情节严重的，处三年以下有期徒刑，并处或者单处罚金；情节特别严重的，处三年以上十年以下有期徒刑，并处罚金：

（一）以盗窃、贿赂、欺诈、胁迫、电子侵入或者其他不正当手段获取权利人的商业秘密的；

（二）披露、使用或者允许他人使用以前项手段获取的权利人的商业秘密的；

（三）违反保密义务或者违反权利人有关保守商业秘密的要求，披露、使用或者允许他人使用其所掌握的商业秘密的。

明知前款所列行为，获取、披露、使用或者允许他人使用该商业秘密的，以侵犯商业秘密论。

本条所称权利人，是指商业秘密的所有人和经商业秘密所有人许可的商业秘密使用人。

本条是关于侵犯商业秘密罪的罪刑条款内容。

【主要修改】

本条为 2020 年 12 月 26 日通过的《刑法修正案（十一）》所修改，该条内容原为：“有下列侵犯商业秘密行为之一，给商业秘密的权利人造成重大损失的，处三年以下有期徒刑或者拘役，并处或者单处罚金；造成特别严重后果的，处三年以上七年以下有期徒刑，并处罚金：（一）以盗窃、利诱、胁迫或者其他不正当手段获取权利人的商业秘密的；（二）披露、使用或者允许他人使用以前项手段获取的权利人的商业秘密的；（三）违反约定或者违反权利人有关保守商业秘密的要求，披露、使用或者允许他人使用其所掌握的商业秘密的。明知或者应知前款所列行为，获取、使用或者披露他人的商业秘密的，以侵犯商业秘密论。本条所称商业秘密，是指不为公众所知悉，能为权利人带来经济利益，具有实用性并经权利人采取保密措施的技术信息和经营信息。本条所称权利人，是指商业秘密的所有人和经商业秘密所有人许可的商业秘密使用人。”

【条文释义】

本条共分为 3 款。第 1 款是关于侵犯商业秘密罪及其处罚的规定。

侵犯商业秘密罪，是指以不正当的手段，获取、披露、使用或者允许他人使用商业秘密，情节严重的行为。

《刑法修正案（十一）》删去了原条文关于商业秘密概念的规定，以与其他法律中关于商业秘密的规定保持一致。根据《中华人民共和国反不正当竞争法》第 9 条的规定，商业秘密，是指不为公众所知悉、具有商业价值并经权利人采取相应保密措施的技术信息、经营信息等商业信息。本罪中的“商业秘密”，实际上是一项知识产权。它可以给权利人和使用人带来经济利益，具有经济优势，一旦被他人盗取、披露或使用，就会给权利人造成不可弥补的重大损失。商业秘密具有以下特点：(1) 商业秘密不为公众所知悉，具有秘密性，只限于一部分人知道。如果通过公开的或者其他类似渠道可以获得的信息，不能认为是商业秘密。(2) 商业秘密应当具有商业价值，该秘密信息能够给经营者带来经济利益或者竞争优势，可以是能够带来直接的、现实的经济利益或者竞争优势的信息，如产品配方、技术改良方案，也可以是能够带来间接的、潜在的经济利益或者竞争优势的信息，如客户资料信息等，甚至包括一些有关技术开发或者生产经营过程中经验教训的总结和积累的资料，如企业技术改造过程中一些能够证明某些工艺等不可行的科研资料。因为这些资料可以帮助经营者调整研发思路、缩短研发周期、降低研发成本。(3) 权利人对商业秘密采取了相应的保密措施，以防止他人未经授权获取。具体的保密措施可以是多种多样的，如制定保密规则，向员工提出保密要求，签订保密协议，对涉密信息采取加密、加锁、限定知悉范围、控制接触人群等措施。一般来说，企业对商业秘密采取的保密措施与该商业秘密的商业价值具有相称性，商业秘密的价值越大，经营者可能采取的保密措施越严格。(4) 商业秘密是技术信息、经营信息等商业信息。"技术信息" 包括产品配方、设计方案、技术诀窍、工艺流程等信息；"经营信息" 包括有关经营的重要决策、产销策略、客户信息、贷源情报、招投标中的标底等信息。

本罪在客观方面主要表现为：

(1) 以盗窃、贿赂、欺诈、胁迫、电子侵入或者其他不正当手段获取权利人的商业秘密。实施这一行为的人，一般是享有商业秘密的权利人的竞争对手。根据 2020 年《知识产权案件解释（三）》第 3 条的规定，采取非法复制、未经授权或者超越授权使用计算机信息系统等方式窃取商业秘密的，应当认定为"盗窃"。这里的"贿赂"，是指通过给予实际知悉商业秘密的人以财物，以获取权利人的商业秘密；"胁迫"，是指通过声称对他人、本人或者亲友等实施人身伤害、披露隐私等方式，迫使他人向其提供商业秘密；"电子侵入"，是指通过技术手段侵入计算机网络等信息系统，非法获取他人的商业秘密；"其他不正当手段" 是兜底性规定，是指行为人采取以上明确列举的行为之外的，其他属于不正当竞争行为的方式，非法获取他人的秘密的各种行为。

(2) 披露、使用或者允许他人使用以前项手段获取的权利人的商业秘密。这里的"披露"，是指向他人透露行为人以盗窃、贿赂、欺诈、胁迫、电子侵入或者其他不正当手段获取的他人商业秘密的行为，将权利人的商业秘密披露公开，会破坏权利人的竞争优势；"使用"，是指自己使用；"允许他人使用"，是指将非法手段获取的商业秘密，提供给其他人使用的行为。无论是行为人自己使用或者允许他人使用上述商业秘密，都是侵犯权利人商业秘密的非法行为。

(3) 违反保密义务或者违反权利人有关保守商业秘密的要求，披露、使用或者允许他人使用其所掌握的商业秘密。这主要是指行为人所掌握的商业秘密虽然是先前合法获取的，但是违反了保密义务或者违反了权利人有关保守商业秘密的要求，向第三人披露、使用或者允许第三人使用其所获取的商业秘密。例如，经营者通过与权利人签署合作协议取得商业秘密，之后违反与权利人关于保守商业秘密的约定或者权利人对保守商业秘密的要求，擅自向第三人披露该商业秘密，或者自己以权利人的身份又与他人签订技术转让合同等，允许他人使用其所掌握的商业秘密的行为。

本罪在主观方面表现为故意。就故意的"认识"因素而言，既可以表现为行为人"明明知道"，也可以表现为"应当知道"（应理解为推定行为人是在对他人的商业秘密进行侵犯的所有认知情形）。

第 2 款是关于以侵犯商业秘密论的行为的规定。根据这一规定，第三人自己虽未直接实施上述侵权行为，但如果明知他人具有上述三种侵犯商业秘密的行为，仍然从他那里获取、披露、使用或者允许他人使用该商业秘密的，以侵犯商业秘密论。由于第三人不是非法获取商业秘密的直接责任人，因此，第三人主观上必须是明知，才构成犯罪。如果第三人不知道该信息是他人非法获取、披露、使用的商业秘密的，则不是本条这里规定的侵犯商业秘密的行为。

第 3 款是关于商业秘密权利人范围的规定。这里的“权利人”包括商业秘密所有人和经商业秘密所有人许可的商业秘密使用人。商业秘密使用人，是与商业秘密所有人订立商业秘密使用许可合同的人。

【实务问题】

1. 本罪罪与非罪的界限

区分本罪罪与非罪的界限，应从如下两方面把握：一是看行为人是否具有侵犯他人商业秘密的故意，有此故意的，构成本罪，反之不构成犯罪；二是看侵犯他人商业秘密的行为是否达到情节严重的标准。如果尚未达到入罪标准，只能将其认定为行政违法行为，而不能认定为犯罪。

2. 本罪的立案追诉标准

根据 2020 年最高人民检察院、公安部《关于修改侵犯商业秘密刑事案件立案追诉标准的决定》的规定，侵犯商业秘密，涉嫌下列情形之一的，应予立案追诉：（1）给商业秘密权利人造成损失数额在 30 万元以上的；（2）因侵犯商业秘密违法所得数额在 30 万元以上的；（3）直接导致商业秘密的权利人因重大经营困难而破产、倒闭的；（4）其他给商业秘密权利人造成重大损失的情形。

这里的造成损失数额或者违法所得数额，可以按照下列方式认定：（1）以不正当手段获取权利人的商业秘密，尚未披露、使用或者允许他人使用的，损失数额可以根据该项商业秘密的合理许可使用费确定；（2）以不正当手段获取权利人的商业秘密后，披露、使用或者允许他人使用的，损失数额可以根据权利人因被侵权造成销售利润的损失确定，但该损失数额低于商业秘密合理许可使用费的，根据合理许可使用费确定；（3）违反约定、权利人有关保守商业秘密的要求，披露、使用或者允许他人使用其所掌握的商业秘密的，损失数额可以根据权利人因被侵权造成销售利润的损失确定；（4）明知商业秘密是不正当手段获取或者是违反约定、权利人有关保守商业秘密的要求披露、使用、允许使用，仍获取、使用或者披露的，损失数额可以根据权利人因被侵权造成销售利润的损失确定；（5）因侵犯商业秘密行为导致商业秘密已为公众所知悉或者灭失的，损失数额可以根据该项商业秘密的商业价值确定。商业秘密的商业价值，可以根据该项商业秘密的研究开发成本、实施该项商业秘密的收益综合确定；（6）因披露或者允许他人使用商业秘密而获得的财物或者其他财产性利益，应当认定为违法所得。上述第 2 项、第 3 项、第 4 项规定的权利人因被侵权造成销售利润的损失，可以根据权利人因被侵权造成销售量减少的总数乘以权利人每件产品的合理利润确定；销售量减少的总数无法确定的，可以根据侵权产品销售量乘以权利人每件产品的合理利润确定；权利人因被侵权造成销售量减少的总数和每件产品的合理利润均无法确定的，可以根据侵权产品销售量乘以每件侵权产品的合理利润确定。商业秘密系用于服务等其他经营活动的，损失数额可以根据权利人因被侵权而减少的合理利润确定。商业秘密的权利人为减轻对商业运营、商业计划的损失或者重新恢复计算机信息系统安全、其他系统安全而支出的补救费用，应当计入给商业秘密的权利人造成的损失。

3. 本罪与故意泄露国家秘密罪的界限

这里主要探讨本罪与故意泄露国家秘密罪的区分。二者相同之处在于，本罪中的“披露”行为与故意泄露国家秘密罪中的“泄露”具有相同的含义，行为的对象都是秘密，而且商业秘密与国家秘密具有重合性，有的商业秘密同时也属于国家秘密，行为人主观罪过形式都是故意。但是两者之间也存在诸多差别：第一，两罪的犯罪主体不同。故意泄露国家秘密罪的犯罪主体只能是自然人，单位不能成为该罪的主体；而本罪则无此限制。第二，两罪的行为方式不同。本罪的行为手段包括盗窃、贿赂、欺诈、胁迫、非法披露或使用等；而故意泄露国家秘密罪的行为手段限于泄露。第三，两罪所侵犯的客体不同。本罪侵犯的客体是复杂客体，包括商业秘密所有权人对商业秘密的专用权和国家对商业秘密的管理制度；而故意泄露国家秘密罪侵犯的客体是简单客体，仅限于国家的保密制度。

需要注意的是，在司法实践中，如果行为人泄露的是单纯的商业秘密，应认定为侵犯商业秘密罪；如果泄露的商业秘密同时也属于国家秘密，则应认定为故意泄露国家秘密罪。对于普通的企业商业秘密，如果没有事先确定为国家秘密或者有关部门已对该企业提出保密要求，不宜事后认定为泄露国家秘密。

第二百一十九条之一　〔为境外窃取、刺探、收买、非法提供商业秘密罪〕

为境外的机构、组织、人员窃取、刺探、收买、非法提供商业秘密的，处五年以下有期徒刑，并处或者单处罚金；情节严重的，处五年以上有期徒刑，并处罚金。

本条是关于为境外窃取、刺探、收买、非法提供商业秘密罪的罪刑条款内容。

本条为 2020 年 12 月 26 日通过的《刑法修正案（十一）》所增加。

【条文释义】

为境外窃取、刺探、收买、非法提供商业秘密罪，是指为境外的机构、组织、人员窃取、刺探、收买、非法提供商业秘密的行为。

本罪侵犯的客体是商业秘密权和国家对商业秘密的管理制度。

本罪在客观方面表现为为境外的机构、组织、人员窃取、刺探、收买、非法提供商业秘密的行为。这里的“境外机构”，是指中华人民共和国边境以外的国家和地区的官方机构，如政府、军队以及其他国家机关设置的机构，也包括这些机构在中华人民共和国境内的分支或代表机构。“境外组织”，主要是指中华人民共和国边境以外的国家和地区的政党、社会团体以及其他企业、事业单位，还包括这些单位、组织在中华人民共和国境内的分支或代表组织。“境外人员”，是指外国人、无国籍人以及外籍华人等，也包括居住在我国港、澳、台地区的人。本罪所说的境外机构、组织、人员，并不限于与我国为敌的机构、组织或人员，即使为不与我国为敌的机构、组织或人员窃取、刺探、收买、非法提供国家秘密或者情报，也可以构成本罪。“窃取”，是指行为人采用非法手段秘密取得国家秘密或情报的行为，如文件窃密、计算机窃密、电磁波窃密、照相窃密等。“刺探”，是指行为人通过各种途径和手段非法探知国家秘密或情报的行为，如通过探听或使用侦察技术等。“收买”，是指行为人以给予财物或者其他物质利益的方法非法得到国家秘密或情报的行为。“非法提供”，是指国家秘密或情报的持有人，将自己知悉、管理、持有的国家秘密或情报非法出售、交付、告知其他不应知悉该项秘密或情报的人的行为。

本罪的主体是一般主体，包括自然人和单位。不论是中国公民，还是非中国公民，只要实施了本条规定的行为的，都可能构成本罪。

【实务问题】

1. 本罪罪与非罪的界限

首先，需要判断行为是否具备本罪的全部构成要件，尤其是判断行为对象是否属于商业秘密。如果行为对象不属于商业秘密，则不构成本罪；如果行为对象实际上属于国家秘密或情报，则可能构成为境外窃取、刺探、收买、非法提供国家秘密、情报罪。其次，要判断行为的危害程度。虽然本罪未在危害结果和情节上做任何限制，但是不能一概忽略情节在本罪定罪中的意义。如果综合全案情况，认定行为属于“情节显著轻微、危害不大”的情形，应该依据《刑法》第 13 条“但书”的规定，不作为犯罪处理。

2. 本罪与侵犯商业秘密罪的行为方式之间的关系

本罪中“窃取、刺探、收买、非法提供”这几种行为方式是针对商业间谍行为的特点而专门规定的，这与《刑法》第219条规定的侵犯商业秘密罪规定的具体行为方式并不矛盾。行为人窃取、刺探商业秘密的，可能会采用盗窃、欺诈、胁迫、电子侵入等不正当手段；行为人通过收买获得商业秘密的，可能会采用贿赂的不正当手段；行为人为境外的机构、组织、人员非法提供商业秘密的，也可能会通过不正当手段获得商业秘密，再披露给他人。

3. 本罪与侵犯商业秘密罪的界限

这里主要探讨本罪与侵犯商业秘密罪的区分。两罪有一些相似之处，如两罪的主观方面都是故意，主体都包括自然人和单位，犯罪对象都涉及秘密，但是两者也存在本质区别：第一，两罪的行为方式不完全相同。本罪在客观方面表现为窃取、刺探、收买、非法提供商业秘密；而侵犯商业秘密罪所采取的手段主要是盗窃、贿赂、欺诈、非法披露或使用等不正当手段。第二，两罪指向的对象不同。本罪的对象限于境外的机构、组织和人员；而侵犯商业秘密罪则无此限制。第三，两罪罪质不同。本罪是行为犯，不以“情节严重”作为犯罪成立要件；而侵犯商业秘密罪是情节犯，必须达到情节严重才能成立犯罪。

4. 本罪的未完成形态

本罪属于行为犯，即只要实施了为境外机构、组织或者人员窃取、刺探、收买、非法提供商业秘密的行为就属于既遂，并不要求实害后果的发生。但是，具体认定时不能不考虑犯罪情节，无限扩张本罪的行为范围，将一切与窃取、刺探、收买、非法提供商业秘密行为有关的行为都认定为实行行为。例如，行为人实施为境外窃取商业秘密的行为，专门学习窃取技术或者下载有关软件，此时，很难认为这些行为实质侵犯了权利人对商业秘密的专用权，纵使行为具有一定危险性，也最多属于本罪的预备行为。因此，行为人仅仅实施为窃取、刺探、收买、非法提供商业秘密行为做准备的行为的，应结合具体情节来认定。如果情节轻微，没有对权利人造成实质侵害的，应当不认为是犯罪，或者按照犯罪预备处理，并从轻或免除处罚，而不能滥用“行为犯”的特征，将其认定为既遂。

5. 本罪的共犯问题

本罪既可以单独实施，也可以共犯形式实施。行为人为他人实施为境外窃取、刺探、收买、非法提供商业秘密罪提供帮助，或者与其共同实施，两人同时具有共同犯罪故意的，成立本罪的共犯。由于本罪是选择性罪名，因此，成立本罪的共同实行犯，并不要求实施同一实行行为，数行为人分别实施罪名中不同实行行为的，也成立共同犯罪。

第二百二十条　〔单位犯侵犯知识产权罪的处罚规定〕

单位犯本节第二百一十三条至第二百一十九条之一规定之罪的，对单位判处罚金，并对其直接负责的主管人员和其他直接责任人员，依照本节各该条的规定

处罚。

本条是关于单位犯《刑法》第 213 条至第 219 条之一规定之罪的定罪处罚内容。

【主要修改】

本条为 2020 年 12 月 26 日通过的《刑法修正案（十一）》所修改，该条内容原为："单位犯本节第二百一十三条至第二百一十九条规定之罪的，对单位判处罚金，并对其直接负责的主管人员和其他直接责任人员，依照本节各该条的规定处罚。"

【条文释义】

根据本条规定，单位犯《刑法》第 213 条至第 219 条之一规定之罪的，对单位判处罚金，对其直接负责的主管人员和其他直接责任人员也应当追究刑事责任。

【实务问题】

在实践中，除自然人有实施《刑法》第 213 条至第 219 条之一规定的犯罪外，单位也可能成为这些犯罪的主体。根据我国《刑法》关于单位犯罪双罚制的处罚原则，应当依照本节各条规定的犯罪，对单位判处罚金，同时对其直接负责的主管人员和其他直接责任人员定罪处罚。

第八节　扰乱市场秩序罪

第二百二十一条〔损害商业信誉、商品声誉罪〕**捏造并散布虚伪事实，损害他人的商业信誉、商品声誉，给他人造成重大损失或者有其他严重情节的，处二年以下有期徒刑或者拘役，并处或者单处罚金。**

本条是关于损害商业信誉、商品声誉罪的罪刑条款内容。

【条文释义】

损害商业信誉、商品声誉罪，是指捏造并散布虚伪事实，损害他人的商业信誉、商品声誉，给他人造成重大损失或者有其他严重情节的行为。

本条所规定的犯罪，实际上包括两种具体的犯罪行为，即损害商业信誉行为和损害商品声誉行为。作为一种荣誉，商业信誉和商品声誉不仅能为商家提供巨大的广告效应，扩大其知名度，而且能为其创造经济价值。因此，从犯罪结果看，这两种犯罪行为通常会给他人造成重大的经济损失，并严重损害该商家的商业形象和市场地位。

【实务问题】

1. 本罪的立案追诉标准

根据《立案追诉标准（二）》第66条的规定，捏造并散布虚伪事实，损害他人的商业信誉、商品声誉，涉嫌下列情形之一的，应予立案追诉：（1）给他人造成直接经济损失数额在50万元以上的；（2）虽未达到上述数额标准，但造成公司、企业等单位停业、停产6个月以上，或者破产的；（3）其他给他人造成重大损失或者有其他严重情节的情形。这里的“虽未达到上述数额标准”，是指接近上述数额标准且已达到该数额的80%以上的。

2. 在认定本罪时应当注意的问题

在认定本罪时应当注意的是，本罪以行为人给他人造成重大损失或有其他严重情节为重要的成立条件。如果只是为了商业竞争，采用不正当手段，侵害了他人的商誉，未给他人造成重大损失且没有其他严重情节的，不宜以本罪认定。关于本罪中的“重大损失”和“其他严重情节”，应当根据《立案追诉标准（二）》第66条规定的标准加以认定。

第二百二十二条 〔虚假广告罪〕

广告主、广告经营者、广告发布者违反国家规定，利用广告对商品或者服务作虚假宣传，情节严重的，处二年以下有期徒刑或者拘役，并处或者单处罚金。

本条是关于虚假广告罪的罪刑条款内容。

【条文释义】

虚假广告罪，是指广告主、广告经营者、广告发布者违反国家规定，利用广告对商品或者服务作虚假宣传，情节严重的行为。

本罪侵犯的客体是复杂客体，即国家对广告的管理制度和消费者的合法权益。

本罪在客观方面表现为违反国家规定，利用广告对商品或者服务作虚假宣传，情节严重的行为。首先，行为人的行为必须违反国家规定。这主要是指行为人违反《中华人民共和国广告法》《反不正当竞争法》以及国家有关广告管理的行政法规、规章和制度。其次，必须利用广告对商品或者服务作虚假宣传。需要注意的是，这里的“广告”，一般是指商业广告。最后，发布虚假广告的行为必须达到情节严重的程度。

本罪的主体是特殊主体，即广告主、广告经营者、广告发布者，既可以是自然人，也可以是单位。其中，广告发布者主要是广播电台、电视台、报社、杂志社等新闻出版单位，所以，广告发布者实际上仅指单位而不包括自然人。

【实务问题】

1. 本罪的立案追诉标准

根据《立案追诉标准（二）》第 67 条的规定，广告主、广告经营者、广告发布者违反国家规定，利用广告对商品或者服务作虚假宣传，涉嫌下列情形之一的，应予立案追诉：（1）违法所得数额在 10 万元以上的；（2）假借预防、控制突发事件、传染病防治的名义，利用广告作虚假宣传，致使多人上当受骗，违法所得数额在 3 万元以上的；（3）利用广告对食品、药品作虚假宣传，违法所得数额在 3 万元以上的；（4）虽未达到上述数额标准，但 2 年内因利用广告作虚假宣传受过 2 次以上行政处罚，又利用广告作虚假宣传的；（5）造成严重危害后果或者恶劣社会影响的；（6）其他情节严重的情形。这里的“虽未达到上述数额标准”，是指接近上述数额标准且已达到该数额的 80% 以上的。

2. 在认定本罪时应当注意的问题

在认定本罪时应当注意其与一般违法性的虚假广告行为的界限。如果行为人所发布广告的主要内容基本属实，只是在次要方面存在某些不实成分或一定程度的夸大，对消费者造成了欺骗、误导，或者损害了消费者的利益，但不是十分严重，属于情节较轻，危害不大的，不能以本罪论处，消费者可以通过《中华人民共和国广告法》和《中华人民共和国消费者权益保障法》的有关规定进行民事维权。而本罪是以利用广告对商品或者服务作虚假宣传，情节严重为重要的认定条件。对于“情节严重”，应当根据《立案追诉标准（二）》第 67 条规定的标准加以认定。

另外，本罪的主体应包括广告主、广告经营者和广告发布者。广告主，是指为推销商品或提供服务，自行或委托他人设计、制作、发布广告的单位或者自然人。广告经营者，是指受委托提供广告设计、制作、代理服务的单位或者自然人。广告发布者，是指为广告主或广告主委托的广告经营者发布广告的单位。在实践中，这三者既可以是相互独立的，也有可能会重合。在这三者独立的情况下，应当注意本罪的共犯问题。如果广告经营者或者广告发布者明知广告主的广告具有重大的失实成分，会严重欺骗、误导消费者或损害其利益，而仍然为其制作或作虚假宣传，应当与广告主以本罪的共犯论处。而且，需要注意的是，在司法实践中，本罪的共犯现象是较为常见的。

第二百二十三条　〔串通投标罪〕

投标人相互串通投标报价，损害招标人或者其他投标人利益，情节严重的，处三年以下有期徒刑或者拘役，并处或者单处罚金。

投标人与招标人串通投标，损害国家、集体、公民的合法利益的，依照前款的规定处罚。

本条是关于串通投标罪的罪刑条款内容。

【条文释义】

串通投标罪，是指投标人相互串通投标报价，损害招标人或者其他投标人利益，情节严重的，或者投标人与招标人串通投标，损害国家、集体、公民的合法利益的行为。本罪的具体犯罪行为方式有两种，由两款内容分别加以规定。

第1款是关于投标人相互串通构成串通投标罪的规定。

投标人相互串通投标报价，通常表现为投标人之间约定好一致压低投标的报价，导致招标人和其他投标人的利益受到损害。

第2款是关于投标人与招标人串通构成串通投标罪的规定。

投标人与招标人串通投标，通常表现为招标人严重违反诚实和公平原则，私下向投标人泄露标底，帮助其中标。

【实务问题】

1. 本罪的立案追诉标准

根据《立案追诉标准（二）》第68条的规定，投标人相互串通投标报价，或者投标人与招标人串通投标，涉嫌下列情形之一的，应予立案追诉：（1）损害招标人、投标人或者国家、集体、公民的合法利益，造成直接经济损失数额在50万元以上的；（2）违法所得数额在20万元以上的；（3）中标项目金额在400万元以上的；（4）采取威胁、欺骗或者贿赂等非法手段的；（5）虽未达到上述数额标准，但2年内因串通投标受过2次以上行政处罚，又串通投标的；（6）其他情节严重的情形。这里的“虽未达到上述数额标准”，是指接近上述数额标准且已达到该数额的80%以上的。

2. 在认定本罪时应当注意的问题

在认定本罪时应当注意的是，本罪以情节严重为重要的成立条件。关于本罪中的“情节严重”，应当根据《立案追诉标准（二）》第68条规定的标准加以认定。

另外还需注意的是，本罪的主体是特殊主体，即招标人和投标人。在实践中，招标人有串通投标犯罪行为的，其主体多为自然人；而投标人实施该种犯罪行为的，其主体一般是单位，但也可以是自然人。

第二百二十四条 〔合同诈骗罪〕

有下列情形之一，以非法占有为目的，在签订、履行合同过程中，骗取对方当事人财物，数额较大的，处三年以下有期徒刑或者拘役，并处或者单处罚金；数额巨大或者有其他严重情节的，处三年以上十年以下有期徒刑，并处罚金；数额特别巨大或者有其他特别严重情节的，处十年以上有期徒刑或者无期徒刑，并处罚金或者没收财产：

（一）以虚构的单位或者冒用他人名义签订合同的；

（二）以伪造、变造、作废的票据或者其他虚假的产权证明作担保的；

（三）没有实际履行能力，以先履行小额合同或者部分履行合同的方法，诱骗对方当事人继续签订和履行合同的；

（四）收受对方当事人给付的货物、货款、预付款或者担保财产后逃匿的；

（五）以其他方法骗取对方当事人财物的。

本条是关于合同诈骗罪的罪刑条款内容。

【条文释义】

合同诈骗罪，是指以非法占有为目的，在签订、履行合同过程中，骗取对方当事人财物，数额较大的行为。

本罪在客观方面主要表现为行为人在签订、履行合同过程中，骗取对方当事人财物，数额较大的行为。因此，合同诈骗的犯罪行为必须具备以下三个条件：(1) 行为必须发生在签订、履行合同的过程中。(2) 行为人采取了虚构事实、隐瞒真相的方法，骗取对方当事人财物。具体表现为以下五种情况：①以虚构的单位或者冒用他人名义签订合同的；②以伪造、变造、作废的票据或者其他虚假的产权证明作担保的；③没有实际履行能力，以先履行小额合同或者部分履行合同的方法，诱骗对方当事人继续签订和履行合同的；④收受对方当事人给付的货物、货款、预付款或者担保财产后逃匿的；⑤以其他方法骗取对方当事人财物的。(3) 行为人骗取对方当事人财物，必须达到数额较大。

【实务问题】

1. 本罪的立案追诉标准

根据《立案追诉标准（二）》第 69 条的规定，以非法占有为目的，在签订、履行合同过程中，骗取对方当事人财物，数额在 2 万元以上的，应予立案追诉。

2. 在认定本罪时应当注意的问题

本罪是司法实践中较为常见多发的犯罪，但应注意其与一般合同欺诈行为之间的界限。合同欺诈行为，是指签订合同的一方当事人采用虚构事实或者隐瞒真相的方法，诱使对方当事人在违背其真实意思表示的情况下，签订合同的行为。因欺诈而签订的合同是无效合同。本罪也是一种合同欺诈行为，二者具有相同的民事法律后果，即所签订的合同应当依法被宣布为无效。二者相区别的关键在于是否以非法占有对方财物为目的，以及是否实际骗取了对方当事人数额较大的财物。如果行为人采用《刑法》规定的欺骗方法，骗取对方当事人数额较大的财物的，应当以本罪论处；如果行为人虽然实施了合同欺诈行为，但未骗取财物或者骗取的财物数额不大的，则不能以本罪论处，应以一般合同欺诈行为处理。

另外，还应当注意本罪与民事合同纠纷之间的界限。所谓合同纠纷，一般是指行为人有履行或基本履行合同的诚意，只是由于客观原因未能履行合同，或者在履行合同的过程中，一方有意违反合同的某项条款（如提供质量不合格的标的、迟延履行等），使合同另一方遭受损失，从而引起双方对合同约定的权利义务关系的争议。区分本罪与民事合同纠纷的关键在于查明行为人有无履行合同的诚意，或者行为人是否具有通过签订合同非法占有对方当事人财物的目的。如果行为人并无履行合同的诚意，而是意图通过签订合同骗取对方当事人的财物，并且数额较大的，应当以本罪论处。反之，如果行为人在主观上并没有非法占有对方当事人财物的目的，而只是想通过签订、履行合同获取经济利益，即使未能履行合同，也只能按民事合同纠纷处理。

第二百二十四条之一　〔组织、领导传销活动罪〕

组织、领导以推销商品、提供服务等经营活动为名，要求参加者以缴纳费用或者购买商品、服务等方式获得加入资格，并按照一定顺序组成层级，直接或者间接以发展人员的数量作为计酬或者返利依据，引诱、胁迫参加者继续发展他人参加，骗取财物，扰乱经济社会秩序的传销活动的，处五年以下有期徒刑或者拘役，并处罚金；情节严重的，处五年以上有期徒刑，并处罚金。

本条是关于组织、领导传销活动罪的罪刑条款内容。

本条为2009年2月28日通过的《刑法修正案（七）》所增加。

【条文释义】

组织、领导传销活动罪，是指组织、领导以推销商品、提供服务等经营活动为名，要求参加者以缴纳费用或者购买商品、服务等方式获得加入资格，并按照一定顺序组成层级，直接或者间接以发展人员的数量作为计酬或者返利依据，引诱、胁迫参加者继续发展他人参加，骗取财物，扰乱经济社会秩序的传销活动的行为。

本罪在客观方面表现为组织、领导以推销商品、提供服务等经营活动为名，要求参加者以缴纳费用或者购买商品、服务等方式获得加入资格，并按照一定顺序组成层级，直接或者间接以发展人员的数量作为计酬或者返利依据，引诱、胁迫参加者继续发展他人参加，骗取财物，扰乱经济社会秩序的传销活动的行为。

本罪的主体是特殊主体，即传销活动的组织者、领导者。根据《立案追诉标准（二）》第 70 条第 2 款的规定，下列人员可以认定为传销活动的组织者、领导者：（1）在传销活动中起发起、策划、操纵作用的人员；（2）在传销活动中承担管理、协调等职责的人员；（3）在传销活动中承担宣传、培训等职责的人员；（4）因组织、领导传销活动受过刑事追究，或者 1 年内因组织、领导传销活动受过行政处罚，又直接或者间接发展参与传销活动人员在 15 人以上且层级在三级以上的人员；（5）其他对传销活动的实施、传销组织的建立、扩大等起关键作用的人员。

【实务问题】

1. 本罪的立案追诉标准

根据《立案追诉标准（二）》第 70 条第 1 款的规定，组织、领导以推销商品、提供服务等经营活动为名，要求参加者以缴纳费用或者购买商品、服务等方式获得加入资格，并按照一定顺序组成层级，直接或者间接以发展人员的数量作为计酬或者返利依据，引诱、胁迫参加者继续发展他人参加，骗取财物，扰乱经济社会秩序的传销活动，涉嫌组织、领导的传销活动人员在 30 人以上且层级在三级以上的，对组织者、领导者，应予立案追诉。

2. 关于罪数问题

传销活动是一种严重破坏市场经济秩序的犯罪行为，有时甚至会引发诸如非法拘禁、故意伤害等其他违法犯罪行为。如有构成非法拘禁罪、故意伤害罪等其他犯罪的，应与本罪实行数罪并罚。

3. 关于“团队计酬”行为的处理问题

2013 年最高人民法院、最高人民检察院、公安部《关于办理组织领导传销活动刑事案件适用法律若干问题的意见》第 5 条规定，传销活动的组织者或者领导者通过发展人员，要求传销活动的被发展人员发展其他人员加入，形成上下线关系，并以下线的销售业绩为依据计算和给付上线报酬，牟取非法利益的，是“团队计酬”式传销活动。以销售商品为目的、以销售业绩为计酬依据的单纯的“团队计酬”式传销活动，不作为犯罪处理。形式上采取“团队计酬”方式，但实质上属于“以发展人员的数量作为计酬或者返利依据”的传销活动，应当依照《刑法》第 224 条之一的规定，以组织、领导传销活动罪定罪处罚。

第二百二十五条　〔非法经营罪〕

违反国家规定，有下列非法经营行为之一，扰乱市场秩序，情节严重的，处五年以下有期徒刑或者拘役，并处或者单处违法所得一倍以上五倍以下罚金；情节特别严重的，处五年以上有期徒刑，并处违法所得一倍以上五倍以下罚金或者没收财产：

（一）未经许可经营法律、行政法规规定的专营、专卖物品或者其他限制买卖的物品的；

（二）买卖进出口许可证、进出口原产地证明以及其他法律、行政法规规定的经营许可证或者批准文件的；

（三）未经国家有关主管部门批准非法经营证券、期货、保险业务的，或者非法从事资金支付结算业务的；

（四）其他严重扰乱市场秩序的非法经营行为。

本条是关于非法经营罪的罪刑条款内容。

【主要修改】

本条第 3 项为 1999 年 12 月 25 日通过的《刑法修正案》所增加。

2009 年 2 月 28 日通过的《刑法修正案（七）》对该项进行了修改，该项内容原为："未经国家有关主管部门批准，非法经营证券、期货或者保险业务的"。

【条文释义】

非法经营罪，是指违反国家规定，从事非法经营活动，扰乱市场秩序，情节严重的行为。

这里的"违反国家规定"，是指违反全国人民代表大会及其常务委员会制定的法律和决定，国务院制定的行政法规、规定的行政措施、发布的决定和命令。非法经营的犯罪行为主要表现为以下四种：

（1）未经许可经营法律、行政法规规定的专营、专卖物品或者其他限制买卖的物品。这里的"未经许可"，是指未经国家有关主管部门批准。"法律、行政法规规定的专营、专卖物品"，是指由法律、行政法规明确规定的由专门的机构经营的专营、专卖物品，如烟草等。"其他限制买卖的物品"，是指国家根据经济发展和维护国家、社会和人民群众利益的需要，规定在一定时期实行限制性经营的物品，如农药等。专营、专卖物品和限制买卖的物品的范围，不是固定不变的，随着社会主义市场经济的发展，法律、行政法规的规定，可以出现变化。

（2）买卖进出口许可证、进出口原产地证明以及其他法律、行政法规规定的经营许可证或者批准文件。这里的“进出口许可证”是国家外贸主管部门对企业颁发的可以从事进出口业务的确认资格的文件。“进出口原产地证明”是从事进出口经营活动中，由法律规定的，进出口产品时必须附带的由原产地有关主管机关出具的证明文件，如进出口货物原产地证书。“其他法律、行政法规规定的经营许可证或者批准文件”，是法律、行政法规规定的所有的经营许可证或者批准文件，如林木采伐、矿产开采、野生动物狩猎许可证等。

（3）未经国家有关主管部门批准非法经营证券、期货、保险业务的，或者非法从事资金支付结算业务。这里的“非法经营证券、期货业务”，主要是指以下几种行为：①未经有关主管部门批准，擅自开展证券或者期货经纪业务；②从事证券、期货咨询性业务的证券、期货咨询公司、投资服务公司擅自超越经营范围从事证券、期货业务等。“非法经营保险业务”，主要是指未经授权进行保险代理业务；保险经纪人超越经营范围从事保险业务等。“非法从事资金支付结算业务”，主要是指不具有法定的从事资金支付结算业务的资格，非法为他人办理资金支付结算业务和外币兑换的行为，如为他人非法提供境内资金转移、分散提取现金服务等。2019年最高人民法院、最高人民检察院《关于办理非法从事资金支付结算业务、非法买卖外汇刑事案件适用法律若干问题的解释》第1条规定，违反国家规定，具有下列情形之一的，属于“非法从事资金支付结算业务”：①使用受理终端或者网络支付接口等方法，以虚构交易、虚开价格、交易退款等非法方式向指定付款方支付货币资金的；②非法为他人提供单位银行结算账户套现或者单位银行结算账户转个人账户服务的；③非法为他人提供支票套现服务的；④其他非法从事资金支付结算业务的情形。

（4）其他严重扰乱市场秩序的非法经营行为。这是针对现实生活中非法经营犯罪活动的复杂性和多样性所作的概括性规定。这里的“其他严重扰乱市场秩序的非法经营行为”，应当具备以下条件：其一，这种行为发生在经营活动中，主要是生产、流通领域。其二，这种行为违反法律、法规的规定。其三，这种行为具有社会危害性，严重扰乱市场经济秩序。

【实务问题】

本罪的立案追诉标准

根据《立案追诉标准（二）》第71条的规定，违反国家规定，进行非法经营活动，扰乱市场秩序，涉嫌下列情形之一的，应予立案追诉：

1. 违反国家烟草专卖管理法律法规，未经烟草专卖行政主管部门许可，无烟草专卖生产企业许可证、烟草专卖批发企业许可证、特种烟草专卖经营企业许可证、烟草专卖零售许可证等许可证明，非法经营烟草专卖品，具有下列情形之一的：（1）非法经营数额在 5 万元以上，或者违法所得数额在 2 万元以上的；（2）非法经营卷烟 20 万支以上的；（3）3 年内因非法经营烟草专卖品受过 2 次以上行政处罚，又非法经营烟草专卖品且数额在 3 万元以上的。

2. 未经国家有关主管部门批准，非法经营证券、期货、保险业务，或者非法从事资金支付结算业务，具有下列情形之一的：（1）非法经营证券、期货、保险业务，数额在 100 万元以上，或者违法所得数额在 10 万元以上的；（2）非法从事资金支付结算业务，数额在 500 万元以上，或者违法所得数额在 10 万元以上的；（3）非法从事资金支付结算业务，数额在 250 万元以上不满 500 万元，或者违法所得数额在 5 万元以上不满 10 万元，且具有下列情形之一的：①因非法从事资金支付结算业务犯罪行为受过刑事追究的；② 2 年内因非法从事资金支付结算业务违法行为受过行政处罚的；③拒不交代涉案资金去向或者拒不配合追缴工作，致使赃款无法追缴的；④造成其他严重后果的。（4）使用销售点终端机具（POS 机）等方法，以虚构交易、虚开价格、现金退货等方式向信用卡持卡人直接支付现金，数额在 100 万元以上的，或者造成金融机构资金 20 万元以上逾期未还的，或者造成金融机构经济损失 10 万元以上的。

3. 实施倒买倒卖外汇或者变相买卖外汇等非法买卖外汇行为，扰乱金融市场秩序，具有下列情形之一的：（1）非法经营数额在 500 万元以上的，或者违法所得数额在 10 万元以上的；（2）非法经营数额在 250 万元以上，或者违法所得数额在 5 万元以上，且具有下列情形之一的：①因非法买卖外汇犯罪行为受过刑事追究的；②2 年内因非法买卖外汇违法行为受过行政处罚的；③拒不交代涉案资金去向或者拒不配合追缴工作，致使赃款无法追缴的；④造成其他严重后果的。（3）公司、企业或者其他单位违反有关外贸代理业务的规定，采用非法手段，或者明知是伪造、变造的凭证、商业单据，为他人向外汇指定银行骗购外汇，数额在 500 万美元以上或者违法所得数额在 50 万元以上的；（4）居间介绍骗购外汇，数额在 100 万美元以上或者违法所得数额在 10 万元以上的。

4. 出版、印刷、复制、发行严重危害社会秩序和扰乱市场秩序的非法出版物，具有下列情形之一的：（1）个人非法经营数额在 5 万元以上的，单位非法经营数额在 15 万元以上的；（2）个人违法所得数额在 2 万元以上的，单位违法所得数额在 5 万元以上的；（3）个人非法经营报纸 5000 份或者期刊 5000 本或者图书 2000 册或者音像制品、电子出版物 500 张（盒）以上的，单位非法经营报纸 15000 份或者期刊 15000 本或者图书 5000 册或者音像制品、电子出版物 1500 张（盒）以上的；（4）虽未达到上述数额标准，但具有下列情形之一的：① 2 年内因出版、印刷、复制、发行非法出版物受过 2 次以上行政处罚，又出版、印刷、复制、发行非法出版物的；②因出版、印刷、复制、发行非法出版物造成恶劣社会影响或者其他严重后果的。

5. 非法从事出版物的出版、印刷、复制、发行业务，严重扰乱市场秩序，具有下列情形之一的：（1）个人非法经营数额在15万元以上的，单位非法经营数额在50万元以上的；（2）个人违法所得数额在5万元以上的，单位违法所得数额在15万元以上的；（3）个人非法经营报纸15000份或者期刊15000本或者图书5000册或者音像制品、电子出版物1500张（盒）以上的，单位非法经营报纸5万份或者期刊5万本或者图书15000册或者音像制品、电子出版物5000张（盒）以上的；（4）虽未达到上述数额标准，2年内因非法从事出版物的出版、印刷、复制、发行业务受过2次以上行政处罚，又非法从事出版物的出版、印刷、复制、发行业务的。

6. 采取租用国际专线、私设转接设备或者其他方法，擅自经营国际电信业务或者涉港澳台电信业务进行营利活动，扰乱电信市场管理秩序，具有下列情形之一的：（1）经营去话业务数额在100万元以上的；（2）经营来话业务造成电信资费损失数额在100万元以上的；（3）虽未达到上述数额标准，但具有下列情形之一的：①2年内因非法经营国际电信业务或者涉港澳台电信业务行为受过2次以上行政处罚，又非法经营国际电信业务或者涉港澳台电信业务的；②因非法经营国际电信业务或者涉港澳台电信业务行为造成其他严重后果的。

7. 以营利为目的，通过信息网络有偿提供删除信息服务，或者明知是虚假信息，通过信息网络有偿提供发布信息等服务，扰乱市场秩序，具有下列情形之一的：（1）个人非法经营数额在5万元以上，或者违法所得数额在2万元以上的；（2）单位非法经营数额在15万元以上，或者违法所得数额在5万元以上的。

8. 非法生产、销售"黑广播""伪基站"、无线电干扰器等无线电设备，具有下列情形之一的：（1）非法生产、销售无线电设备3套以上的；（2）非法经营数额在5万元以上的；（3）虽未达到上述数额标准，但2年内因非法生产、销售无线电设备受过2次以上行政处罚，又非法生产、销售无线电设备的。

9. 以提供给他人开设赌场为目的，违反国家规定，非法生产、销售具有退币、退分、退钢珠等赌博功能的电子游戏设施设备或者其专用软件，具有下列情形之一的：（1）个人非法经营数额在5万元以上，或者违法所得数额在1万元以上的；（2）单位非法经营数额在50万元以上，或者违法所得数额在10万元以上的；（3）虽未达到上述数额标准，但2年内因非法生产、销售赌博机行为受过2次以上行政处罚，又进行同种非法经营行为的；（4）其他情节严重的情形。

10. 实施下列危害食品安全行为，非法经营数额在10万元以上，或者违法所得数额在5万元以上的：（1）以提供给他人生产、销售食品为目的，违反国家规定，生产、销售国家禁止用于食品生产、销售的非食品原料的；（2）以提供给他人生产、销售食用农产品为目的，违反国家规定，生产、销售国家禁用农药、食品动物中禁止使用的药品及其他化合物等有毒、有害的非食品原料，或者生产、销售添加上述有毒、有害的非食品原料的农药、兽药、饲料、饲料添加剂、饲料原料的；（3）违反国家规定，私设生猪屠宰厂（场），从事生猪屠宰、销售等经营活动的。

11. 未经监管部门批准，或者超越经营范围，以营利为目的，以超过36%的实际年利率经常性地向社会不特定对象发放贷款，具有下列情形之一的：（1）个人非法放贷数额累计在200万元以上的，单位非法放贷数额累计在1000万元以上的；（2）个人违法所得数额累计在80万元以上的，单位违法所得数额累计在400万元以上的；（3）个人非法放贷对象累计在50人以上的，单位非法放贷对象累计在150人以上的；（4）造成借款人或者其近亲属自杀、死亡或者精神失常等严重后果的；（5）虽未达到上述数额标准，但具有下列情形之一的：①2年内因实施非法放贷行为受过2次以上行政处罚的；②以超过72%的实际年利率实施非法放贷行为10次以上的。黑恶势力非法放贷的，按照第（1）、（2）、（3）项规定的相应数额、数量标准的50%确定。同时具有第（5）项规定情形的，按照相应数额、数量标准的40%确定。

12. 从事其他非法经营活动，具有下列情形之一的：（1）个人非法经营数额在5万元以上，或者违法所得数额在1万元以上的；（2）单位非法经营数额在50万元以上，或者违法所得数额在10万元以上的；（3）虽未达到上述数额标准，但2年内因非法经营行为受过2次以上行政处罚，又从事同种非法经营行为的；（4）其他情节严重的情形。法律、司法解释对非法经营罪的立案追诉标准另有规定的，依照其规定。

这里的“虽未达到上述数额标准”，是指接近上述数额标准且已达到该数额的80%以上的。

第二百二十六条〔强迫交易罪〕

以暴力、威胁手段，实施下列行为之一，情节严重的，处三年以下有期徒刑或者拘役，并处或者单处罚金；情节特别严重的，处三年以上七年以下有期徒刑，并处罚金：

（一）强买强卖商品的；

（二）强迫他人提供或者接受服务的；

（三）强迫他人参与或者退出投标、拍卖的；

（四）强迫他人转让或者收购公司、企业的股份、债券或者其他资产的；

（五）强迫他人参与或者退出特定的经营活动的。

本条是关于强迫交易罪的罪刑条款内容。

【主要修改】

本条为 2011 年 2 月 25 日通过的《刑法修正案（八）》所修改，该条内容原为："以暴力、威胁手段强买强卖商品、强迫他人提供服务或者强迫他人接受服务，情节严重的，处三年以下有期徒刑或者拘役，并处或者单处罚金。"

【条文释义】

强迫交易罪，是指以暴力、威胁手段，实施强迫交易，情节严重的行为。

本罪在客观方面主要表现为以暴力、威胁手段，实施强买强卖商品，强迫他人提供或者接受服务，强迫他人参与或者退出投标、拍卖，强迫他人转让或者收购公司、企业的股份、债券或者其他资产，强迫他人参与或者退出特定的经营活动，且情节达到严重程度。

【实务问题】

1. 本罪的立案追诉标准

根据《立案追诉标准（一）》第 28 条的规定，以暴力、威胁手段强买强卖商品，强迫他人提供服务或者接受服务，涉嫌下列情形之一的，应予立案追诉：（1）造成被害人轻微伤的；（2）造成直接经济损失 2000 元以上的；（3）强迫交易 3 次以上或者强迫 3 人以上交易的；（4）强迫交易数额 1 万元以上，或者违法所得数额 2000 元以上的；（5）强迫他人购买伪劣商品数额 5000 元以上，或者违法所得数额 1000 元以上的；（6）其他情节严重的情形。以暴力、威胁手段强迫他人参与或者退出投标、拍卖，强迫他人转让或者收购公司、企业的股份、债券或者其他资产，强迫他人参与或者退出特定的经营活动，具有多次实施、手段恶劣、造成严重后果或者恶劣社会影响等情形之一的，应予立案追诉。

2. 认定本罪时应当注意的问题

在认定本罪时应当注意的是，本罪的行为人是通过暴力、威胁的手段，严重干扰了市场经济活动的正常秩序，即不仅严重侵犯了市场经济活动的正常秩序，而且还严重侵犯了他人的人身权利和财产权利，只有行为人同时侵害这两个法益时，才能以本罪论处。

另外，根据 2005 年最高人民法院《关于审理抢劫、抢夺刑事案件适用法律若干问题的意见》第 9 条的规定，从事正常商品买卖、交易或者劳动服务的人，以暴力、胁迫手段迫使他人交出与合理价钱、费用相差不大钱物，情节严重的，以强迫交易罪定罪处罚。

第二百二十七条

〔伪造、倒卖伪造的有价票证罪〕**伪造或者倒卖伪造的车票、船票、邮票或者其他有价票证，数额较大的，处二年以下有期徒刑、拘役或者管制，并处或者单处票证价额一倍以上五倍以下罚金；数额巨大的，处二年以上七年以下有期徒刑，并处票证价额一倍以上五倍以下罚金。**

〔倒卖车票、船票罪〕**倒卖车票、船票，情节严重的，处三年以下有期徒刑、拘役或者管制，并处或者单处票证价额一倍以上五倍以下罚金。**

本条是关于伪造、倒卖伪造的有价票证罪和倒卖车票、船票罪的罪刑条款内容。

【条文释义】

本条共分为2款。第1款是关于伪造、倒卖伪造的有价票证罪的有关规定。

伪造、倒卖伪造的有价票证罪，是指伪造或者倒卖伪造的车票、船票、邮票或者其他有价票证，数额较大的行为。

本罪包括两个具体的行为，即伪造车票、船票、邮票等有价票证，或者倒卖伪造的车票、船票、邮票等有价票证。从本质上看，无论伪造还是倒卖伪造的有价票证，都是一种具有欺诈性质的行为。因此，其犯罪对象是伪造的有价票证，而并非真实有效的有价票证，所以本罪既严重侵犯了国家对有价票证的管理秩序，同时还以欺骗的手段损害了购买者的经济利益。

第2款是关于倒卖车票、船票罪的有关规定。

倒卖车票、船票罪，是指倒卖车票、船票，情节严重的行为。

目前，我国的交通运输主要依靠火车、汽车和轮船，车票和船票是交通乘载的凭证，国家为此制定了相关的管理制度。因此，行为人倒卖车票和船票的犯罪行为，严重地破坏了国家对车票、船票的管理秩序。而且，行为人在倒卖车票和船票时，通常是以高出票面数额的价格进行出售，这也有损乘客的利益。

【实务问题】

1. 伪造、倒卖伪造的有价票证罪的立案追诉标准

根据《立案追诉标准（一）》第29条的规定，伪造或者倒卖伪造的车票、船票、邮票或者其他有价票证，涉嫌下列情形之一的，应予立案追诉：（1）车票、船票票面数额累计2000元以上，或者数量累计50张以上的；（2）邮票票面数额累计5000元以上，或者数量累计1000枚以上的；（3）其他有价票证价额累计5000元以上，或者数量累计100张以上的；（4）非法获利累计1000元以上的；（5）其他数额较大的情形。

2. 在认定伪造、倒卖伪造的有价票证罪时应当注意的问题

在认定伪造、倒卖伪造的有价票证罪时应当注意的是，本罪中的“其他有价票证”，是指中央或地方有关部门制作、发行的，并在规定范围内使用的具有一定价值的各种凭证。如果是单位内部制作的、供内部人员使用的票证，则不包括在此规定范围内。另外，根据 2003 年最高人民检察院法律政策研究室《关于非法制作、出售、使用 IC 电话卡行为如何适用法律问题的答复》的规定，非法制作或者出售非法制作的 IC 电话卡，数额较大的，应当依照《刑法》第 227 条第 1 款的规定，以伪造、倒卖伪造的有价票证罪追究刑事责任，犯罪数额可以根据销售数额认定。

3. 倒卖车票、船票罪的立案追诉标准

根据《立案追诉标准（一）》第 30 条的规定，倒卖车票、船票或者倒卖车票坐席、卧铺签字号以及订购车票、船票凭证，涉嫌下列情形之一的，应予立案追诉：（1）票面数额累计 5000 元以上的；（2）非法获利累计 2000 元以上的；（3）其他情节严重的情形。

4. 在认定倒卖车票、船票罪时应当注意的问题

在认定倒卖车票、船票罪时应当注意的是，首先，本罪的对象是特定的，即车票和船票，而且是真实有效的。如果行为人倒卖的车票、船票是伪造的，且数额较大，则应当以《刑法》第 227 条第 1 款规定的倒卖伪造的有价票证罪追究其刑事责任。

其次，本罪以情节严重为重要的成立条件。关于本罪中的“情节严重”，应当根据 1999 年最高人民法院《关于审理倒卖车票刑事案件有关问题的解释》第 1 条规定加以认定，高价、变相加价倒卖车票或者倒卖坐席、卧铺签字号及订购车票凭证，票面数额在 5000 元以上，或者非法获利数额在 2000 元以上的。

最后，根据 1999 年最高人民法院《关于审理倒卖车票刑事案件有关问题的解释》第 2 条的规定，对于铁路职工倒卖车票或者与其他人员勾结倒卖车票；组织倒卖车票的首要分子；曾因倒卖车票受过治安处罚 2 次以上或者被劳动教养 1 次以上，2 年内又倒卖车票，构成倒卖车票罪的，依法从重处罚。

第二百二十八条 〔非法转让、倒卖土地使用权罪〕

以牟利为目的，违反土地管理法规，非法转让、倒卖土地使用权，情节严重的，处三年以下有期徒刑或者拘役，并处或者单处非法转让、倒卖土地使用权价额百分之五以上百分之二十以下罚金；情节特别严重的，处三年以上七年以下有期徒刑，并处非法转让、倒卖土地使用权价额百分之五以上百分之二十以下罚金。

本条是关于非法转让、倒卖土地使用权罪的罪刑条款内容。

【条文释义】

非法转让、倒卖土地使用权罪，是指以牟利为目的，违反土地管理法规，非法转让、倒卖土地使用权，情节严重的行为。

《中华人民共和国土地管理法》（简称《土地管理法》）第2条规定，中华人民共和国实行土地的社会主义公有制，即全民所有制和劳动群众集体所有制。任何单位和个人不得侵占、买卖或者以其他形式非法转让土地。土地使用权可以依法转让。第10条规定，国有土地和农民集体所有的土地，可以依法确定给单位或者个人使用。第12条规定，土地的所有权和使用权的登记，依照有关不动产登记的法律、行政法规执行。依法登记的土地的所有权和使用权受法律保护，任何单位和个人不得侵犯。因此，土地的使用权是由国家专门机关进行审批的。任何人或单位非经国家土地管理部门的许可，不得违反土地管理法规，私自转让、倒卖土地的使用权。

本罪在客观方面表现为行为人在其享有土地使用权期间，私自非法转让、倒卖土地使用权，情节严重的行为。这意味着，行为人在主观上是出于故意，且具有牟取非法利益的目的。

【实务问题】

1. 本罪的立案追诉标准

根据《立案追诉标准（二）》第72条的规定，以牟利为目的，违反土地管理法规，非法转让、倒卖土地使用权，涉嫌下列情形之一的，应予立案追诉：(1) 非法转让、倒卖永久基本农田5亩以上的；(2) 非法转让、倒卖永久基本农田以外的耕地10亩以上的；(3) 非法转让、倒卖其他土地20亩以上的；(4) 违法所得数额在50万元以上的；(5) 虽未达到上述数额标准，但因非法转让、倒卖土地使用权受过行政处罚，又非法转让、倒卖土地的；(6) 其他情节严重的情形。这里的“虽未达到上述数额标准”，是指接近上述数额标准且已达到该数额的80%以上的。

需要说明的是，根据《土地管理法》的要求，我国各级人民政府必须做好土地编制的利用总体规划，并确保本行政区域内耕地总量不减少，特别是该法第17条突出强调，“严格保护永久基本农田，严格控制非农业建设占用农用地”。同时，该法在第七章指出，对于非法转让、倒卖土地使用权，构成犯罪的，依法追究刑事责任。

2. 在认定本罪时应当注意的问题

在认定本罪时应当注意的是，本罪以情节严重为重要的成立条件。关于本罪中的“情节严重”，应当根据《立案追诉标准（二）》第 72 条规定的标准加以认定。

第二百二十九条

〔提供虚假证明文件罪〕**承担资产评估、验资、验证、会计、审计、法律服务、保荐、安全评价、环境影响评价、环境监测等职责的中介组织的人员故意提供虚假证明文件，情节严重的，处五年以下有期徒刑或者拘役，并处罚金；有下列情形之一的，处五年以上十年以下有期徒刑，并处罚金：**

（一）提供与证券发行相关的虚假的资产评估、会计、审计、法律服务、保荐等证明文件，情节特别严重的；

（二）提供与重大资产交易相关的虚假的资产评估、会计、审计等证明文件，情节特别严重的；

（三）在涉及公共安全的重大工程、项目中提供虚假的安全评价、环境影响评价等证明文件，致使公共财产、国家和人民利益遭受特别重大损失的。

有前款行为，同时索取他人财物或者非法收受他人财物构成犯罪的，依照处罚较重的规定定罪处罚。

〔出具证明文件重大失实罪〕**第一款规定的人员，严重不负责任，出具的证明文件有重大失实，造成严重后果的，处三年以下有期徒刑或者拘役，并处或者单处罚金。**

本条是关于提供虚假证明文件罪和出具证明文件重大失实罪的有关规定。

【主要修改】

本条为 2020 年 12 月 26 日通过的《刑法修正案（十一）》所修改，该条内容原为：“承担资产评估、验资、验证、会计、审计、法律服务等职责的中介组织的人员故意提供虚假证明文件，情节严重的，处五年以下有期徒刑或者拘役，并处罚金。前款规定的人员，索取他人财物或者非法收受他人财物，犯前款罪的，处五年以上十年以下有期徒刑，并处罚金。第一款规定的人员，严重不负责任，出具的证明文件有重大失实，造成严重后果的，处三年以下有期徒刑或者拘役，并处或者单处罚金。”

【条文释义】

本条共分为 3 款。第 1 款是关于提供虚假证明文件罪的有关规定。

提供虚假证明文件罪，是指承担资产评估、验资、验证、会计、审计、法律服务、保荐、安全评价、环境影响评价、环境监测等职责的中介组织的人员故意提供虚假证明文件，情节严重的行为。

本罪在客观方面主要表现为行为人提供虚假证明文件，情节严重的行为。这种犯罪行为严重地侵犯了国家对资产评估、验资、验证、会计、审计、法律服务、保荐、安全评价、环境影响评价、环境监测等市场中介活动的管理秩序。这里的“虚假证明文件”既包括伪造的证明文件，也包括内容虚假、有重大遗漏、误导性内容的文件。这些文件的载体有多种形式，如资产评估报告、验资报告、发行保荐书、安全评价报告、环境影响报告书（表）等。这些文件有时是单一文件，有时还含有其他附属材料以佐证其结论，包括数据、材料、资料、样本等。上述证明文件如果属于虚假文件，内容不真实，就违反了法律、法规、行业规则等对于资产评估、验资、验证、会计、审计、法律服务、保荐、安全评价、环境影响评价、环境监测等中介活动的要求，不能发挥证明作用。证明文件虚假，包括有关资料、报表、数据和各种结果、结论方面的报告和材料等不真实。

《刑法修正案（十一）》对一些承担特别重要职责的中介组织的人员故意提供虚假证明文件的，还规定了更重一档刑罚，具体包括三种情形：

（1）提供与证券发行相关的虚假的资产评估、会计、审计、法律服务、保荐等证明文件，情节特别严重的。依照《证券法》的规定，保荐机构、会计师事务所、律师事务所以及从事资产评估、资信评级等证券服务机构，应当提供相应的证明文件以支持证券发行。这些中介组织的人员所提供的证明文件对保障证券发行的真实性，具有非常重要的作用。特别是在以信息披露为核心的证券发行注册制施行后，中介组织出具的证明文件对投资者的价值判断和投资决策具有直接影响。如果制作、出具的文件有虚假记载、误导性陈述或者重大遗漏，对他人造成损失的，应当承担法律责任。本项规定的中介组织的范围是“资产评估、会计、审计、法律服务、保荐等”，只要是负责提供与证券发行相关的虚假证明文件的中介组织的人员，都属于本项规定的主体。

（2）提供与重大资产交易相关的虚假的资产评估、会计、审计等证明文件，情节特别严重的。这里的“重大资产交易”，主要是指相关资产交易事项重要、金额巨大、影响广泛等情况，如重大的资产重组、收购、出售、转让、受让或者以其他方式进行的各种资产交易活动。“资产评估、会计、审计等”中介组织出具的证明文件，对重大资产交易的真实性具有直接证明作用，会影响重大资产交易双方的决策以及交易完成后相关主体的一系列商业行为。

（3）在涉及公共安全的重大工程、项目中提供虚假的安全评价、环境影响评价等证明文件，致使公共财产、国家和人民利益遭受特别重大损失的。这里的“涉及公共安全的重大工程、项目”需要满足两个条件：其一是“涉及公共安全”。重大工程、项目的作用不一，有的与公共安全息息相关，如矿山、水电站、核电站、桥梁、隧道、大型运动场等；有的可能与公共安全不直接相关，只是涉及金额比较大。其二应是“重大工程、项目”。这里的“重大工程、项目”，主要是指与民生紧密相连的重大建筑工程、基础设施建设项目、矿山、金属冶炼建设项目等。例如，国家的国民经济和社会发展五年规划纲要中涉及的重大工程、项目，地方规划建设的重大工程、项目，涉及金额巨大，对一定区域商品和服务提供，生态环境等有重要影响的工程、项目等。根据本项规定，承担这些工程、项目的安全评价、环境影响评价等职责的中介机构提供虚假证明文件的，还需要符合“致使公共财产、国家和人民利益遭受特别重大损失”，包括特别重大的经济损失、造成人员重大伤亡、环境受到特别严重破坏等。这里的“致使”要求提供虚假证明文件的行为与“公共财产、国家和人民利益遭受特别重大损失”之间具有紧密的因果关系。

本罪的主体是特殊主体，即承担资产评估、验资、验证、会计、审计、法律服务、保荐、安全评价、环境影响评价、环境监测等职责的自然人或者单位。

第 2 款是关于有提供虚假证明文件行为，同时索取他人财物或者非法收受他人财物构成犯罪的，依照处罚较重的规定定罪处罚的规定。本款规定的犯罪，从行为特征上看与第 1 款的规定基本一致。不同的是，增加了“索取他人财物或者非法收受他人财物”的客观要件。中介机构的性质决定了它所出具的证明文件应当公正，但实际上却提供了虚假的证明文件，如果其中存在利用履行职务行为的便利条件进行利益交换以后再出具虚假的证明文件的情况，危害性就更大。为了确保中介机构的公正性，对于中介机构的人员索取他人财物或者非法收受他人财物而故意提供虚假证明文件的行为，应当明确给予惩治。

第 3 款是关于出具证明文件重大失实罪的有关规定。

出具证明文件重大失实罪，是指承担资产评估、验资、验证、会计、审计、法律服务、保荐、安全评价、环境影响评价、环境监测等职责的中介组织的人员，严重不负责任，出具的证明文件有重大失实，造成严重后果的行为。

本罪在客观方面表现为行为人严重不负责任，出具的证明文件有重大失实，造成严重后果的行为。这里的“出具的证明文件有重大失实”，是指所出具的证明文件，在内容上存在重大的不符合实际的错误或者内容虚假。这里规定的证明文件与第 1 款规定的证明文件的内容和范围是相同的。

本罪的主体是特殊主体，即承担资产评估、验资、验证、会计、审计、法律服务、保荐、安全评价、环境影响评价、环境监测等职责的中介组织的人员。

本罪在主观方面表现为过失。

【实务问题】

1. 提供虚假证明文件罪的立案追诉标准

根据《立案追诉标准（二）》第 73 条的规定，承担资产评估、验资、验证、会计、审计、法律服务、保荐、安全评价、环境影响评价、环境监测等职责的中介组织的人员故意提供虚假证明文件，涉嫌下列情形之一的，应予立案追诉：（1）给国家、公众或者其他投资者造成直接经济损失数额在50万元以上的；（2）违法所得数额在10万元以上的；（3）虚假证明文件虚构数额在100万元以上且占实际数额30%以上的；（4）虽未达到上述数额标准，但2年内因提供虚假证明文件受过2次以上行政处罚，又提供虚假证明文件的；（5）其他情节严重的情形。这里的“虽未达到上述数额标准”，是指接近上述数额标准且已达到该数额的80%以上的。

2. 出具证明文件重大失实罪的立案追诉标准

根据《立案追诉标准（二）》第74条的规定，承担资产评估、验资、验证、会计、审计、法律服务、保荐、安全评价、环境影响评价、环境监测等职责的中介组织的人员严重不负责任，出具的证明文件有重大失实，涉嫌下列情形之一的，应予立案追诉：（1）给国家、公众或者其他投资者造成直接经济损失数额在100万元以上的；（2）其他造成严重后果的情形。

3. 在认定提供虚假证明文件罪时应当注意的问题

在认定提供虚假证明文件罪时应当注意的是，本罪以情节严重为重要的成立条件。关于本罪中的“情节严重”，应当根据《立案追诉标准（二）》第73条规定的立案追诉标准加以认定。

第二百三十条　〔逃避商检罪〕

违反进出口商品检验法的规定，逃避商品检验，将必须经商检机构检验的进口商品未报经检验而擅自销售、使用，或者将必须经商检机构检验的出口商品未报经检验合格而擅自出口，情节严重的，处三年以下有期徒刑或者拘役，并处或者单处罚金。

本条是关于逃避商检罪的罪刑条款内容。

【条文释义】

逃避商检罪，是指违反《中华人民共和国进出口商品检验法》（简称《进出口商品检验法》）的规定，逃避商品检验，将必须经商检机构检验的进口商品未报经检验而擅自销售、使用，或者将必须经商检机构检验的出口商品未报经检验合格而擅自出口，情节严重的行为。

对进出口商品的检验，是国家按照《进出口商品检验法》进行严格审核的必需程序。根据该法第4、5条的规定，国家商检部门制定的有关进出口商品目录（全称《出入境检验检疫机构实施检验检疫的进出境商品目录》）中列入的进出口商品，由商检机构实施严格检验，进口商品未经检验的，不准销售、使用；出口商品未经检验合格的，不准出口。需要说明的是，进出口商品目录是以《商品分类和编码协调制度》为基础制定的，是对进出口商品实行检验的执法依据。行为人之所以逃避商检，通常是因为商品存在不符合《进出口商品检验法》的有关规定要求。

【实务问题】

1. 本罪的立案追诉标准

根据《立案追诉标准（二）》第 75 条的规定，违反进出口商品检验法的规定，逃避商品检验，将必须经商检机构检验的进口商品未报经检验而擅自销售、使用，或者将必须经商检机构检验的出口商品未报经检验合格而擅自出口，涉嫌下列情形之一的，应予立案追诉：（1）给国家、单位或者个人造成直接经济损失数额在 50 万元以上的；（2）逃避商检的进出口货物货值金额在 300 万元以上的；（3）导致病疫流行、灾害事故的；（4）多次逃避商检的；（5）引起国际经济贸易纠纷，严重影响国家对外贸易关系，或者严重损害国家声誉的；（6）其他情节严重的情形。

2. 在认定本罪时应当注意的问题

在认定本罪时应当注意的是，本罪以情节严重为重要的成立条件。关于本罪中的“情节严重”，应当根据《立案追诉标准（二）》第 75 条的标准加以认定。

第二百三十一条 〔单位犯扰乱市场秩序罪的处罚〕

单位犯本节第二百二十一条至第二百三十条规定之罪的，对单位判处罚金，并对其直接负责的主管人员和其他直接责任人员，依照本节各该条的规定处罚。

本条是关于单位违反《刑法》第 221 条至第 230 条规定之罪的定罪处罚内容。

【条文释义】

本条是关于单位违反《刑法》第 221 条至第 230 条规定之罪的处罚规定。

【实务问题】

在实践中，除自然人有实施《刑法》第 221 条至第 230 条规定的犯罪外，单位也可能成为这些犯罪的主体。根据我国《刑法》关于单位犯罪双罚制的处罚原则，应当依照本节各条规定的犯罪，对单位判处罚金，同时对单位直接负责的主管人员和其他直接责任人员定罪处罚。

第四章　侵犯公民人身权利、民主权利罪

第二百三十二条　〔故意杀人罪〕

故意杀人的，处死刑、无期徒刑或者十年以上有期徒刑；情节较轻的，处三年以上十年以下有期徒刑。

本条是关于故意杀人罪的罪刑条款内容。

【条文释义】

故意杀人罪，是指故意非法剥夺他人生命的行为。

本罪侵犯的客体是他人的生命权利。婴儿可以成为本罪的对象，但尚未出生的胎儿和已死亡的人不能成为本罪的对象。

本罪在客观方面表现为非法剥夺他人生命的行为，即杀人行为。剥夺他人生命的行为，就基本形式而言，既可以是作为（如以刀砍、斧劈、枪击、投毒等方式进行），也可以是不作为（如医生对危重病人能够抢救而故意不予抢救、母亲故意不给婴儿哺乳等，从而导致被害人死亡）；既可以是行为人亲手实施的，也可以是行为人利用工具、动物、无责任能力或者无过错的人实施的。无论采用何种手段，均不影响本罪的成立。在安全事故发生后，直接负责的主管人员和其他直接责任人员故意阻挠开展抢救，导致人员死亡，或者为了逃避法律追究，对被害人进行隐藏、遗弃，致使被害人因无法得到救助而死亡的，也构成本罪。本罪的杀人行为必须是非法的，即剥夺他人生命的行为必须是我国法律所禁止的。因此，依法执行死刑命令将死刑罪犯枪决，或者符合法定条件的正当防卫将不法侵害人杀死等，虽然在客观上都是剥夺他人生命的行为，但是法律赋予了这些行为合法性，因而不属于犯罪，更不能构成故意杀人罪。本罪是结果犯，即故意杀人行为的既遂必须以该行为已经造成被害人死亡结果的发生作为标志。如果行为人已经着手实行杀人行为，但由于其意志以外的原因未造成被害人死亡结果发生的，则应以本罪的未遂犯论处。

本罪的主体是一般主体，限于自然人，刑事责任年龄为 14 周岁以上，即可以由已满 14 周岁的自然人构成本罪；但具有《刑法》第 17 条第 3 款规定情形，

即“致人死亡或者以特别残忍手段致人重伤造成严重残疾，情节恶劣，经最高人民检察院核准追诉的”，行为人的刑事责任年龄则为 12 周岁以上。

本罪在主观方面表现为故意，包括直接故意和间接故意，即行为人明知自己的行为会发生他人死亡的危害结果，并且希望或者放任这种结果的发生。动机不影响本罪的成立。

【实务问题】

1. 相约自杀案件的性质认定

相约自杀，是指 2 人以上相互约定自愿共同自杀的行为。如果 2 人都自杀身亡的，不存在刑事责任问题；如果相约双方各自实施自杀行为，其中一方死亡，另一方自杀未遂，未遂一方也不负刑事责任，但未遂一方主动约对方自杀，使死亡一方产生自杀意图的除外；如果相约自杀，其中一方受嘱托先杀死对方，然后自己自杀未遂的，应以故意杀人罪论处，但量刑时可以从宽。

2. 本罪与其他犯罪的界限

行为人以杀害他人为目的，采用了放火、爆炸、投放危险物质等方法致特定人死亡，并不危及公共安全的，应以故意杀人罪论处。如果为了杀害某一特定的人而使用危险方法，但在事实上具有危害不特定多人的生命健康或者重大公私财产安全的性质时，其行为已超出了故意杀人的界限，应以危害公共安全罪中的相关犯罪论处。

第二百三十三条 〔过失致人死亡罪〕

过失致人死亡的，处三年以上七年以下有期徒刑；情节较轻的，处三年以下有期徒刑。本法另有规定的，依照规定。

本条是关于过失致人死亡罪的罪刑条款内容。

【条文释义】

过失致人死亡罪，是指行为人由于过失造成他人死亡的行为。

本罪在客观方面表现为过失造成他人死亡的行为，主要应把握以下三点：一是行为人在客观上必须具有过失行为；二是必须已经实际发生了被害人死亡的结果；三是行为人的过失行为与被害人死亡结果之间必须存在刑法上的因果关系。如果行为人的过失行为没有造成任何危害结果或者仅仅造成轻伤以下结果的，不能以犯罪论处。如果行为人的过失行为造成的是重伤结果的，则不能以本罪论处，应以过失致人重伤罪论处。需要注意的是，如果行为人的过失行为致人重伤，但由于其他因素的介入致使被害人死亡的，只能根据具体情况，追究行为人过失致人重伤罪的刑事责任。

【实务问题】

1. 本罪罪与非罪的界限

在认定本罪时，主要应注意以下几方面：（1）行为人的过失行为仅仅造成轻伤以下结果的，不能以犯罪论处。（2）本罪中出于疏忽大意的过失致人死亡与致人死亡的意外事件的界限。二者的主要区别在于：疏忽大意的过失的行为人应当预见并且实际能够预见自己的行为可能导致他人死亡，其主观上有罪过；而致人死亡的意外事件的行为人则是基于不可预见的原因并不能够预见，法律也不要求其“应当预见”，其主观上并无罪过。

2. 本罪与其他犯罪的界限

（1）本罪与引起被害人死亡的其他过失犯罪的界限。《刑法》分则规定的某些过失犯罪，如失火罪、过失爆炸罪、交通肇事罪、重大责任事故罪等，也往往发生致人死亡的结果，但规定这些犯罪的《刑法》条文为特别法条，而规定过失致人死亡罪的《刑法》条文为普通法条。凡属失火、过失爆炸、交通肇事、重大责任事故等其他过失犯罪致人死亡的，应当按特别法论处，不定过失致人死亡罪。为此，《刑法》第233条在规定过失致人死亡罪及其法定刑后又明确规定，“本法另有规定的，依照规定”。

（2）过于自信的过失致人死亡与间接故意杀人的界限。二者的主要区别在于：过于自信的过失的行为人对于发生他人死亡结果是持彻底否定而不予接受的态度；而间接故意的行为人则是持可以肯定和接受的态度。因此，在司法实践中，必须查明行为人在当时条件下对死亡结果的发生究竟是持何种态度。如果行为人虽然已经认识到自己的行为可能发生他人死亡的结果，但凭借自认为能够避免他人死亡结果发生的某些条件，如行为人具备一定的技术、经验、知识、体力以及其他有利因素，轻信可以避免他人死亡结果的发生，但未能避免的，就属于过失致人死亡。如果行为人表面上似乎是轻信能够避免危害结果的发生，但这种“轻信”没有任何实际根据，而是在明知死亡结果可能发生的情况下，仍然实施其行为，对他人死亡结果的发生持无意防止、有意放任的态度，他人死活与否都不违背其意志的，则应当属于间接故意杀人。

第二百三十四条　〔故意伤害罪〕

故意伤害他人身体的，处三年以下有期徒刑、拘役或者管制。

犯前款罪，致人重伤的，处三年以上十年以下有期徒刑；致人死亡或者以特别残忍手段致人重伤造成严重残疾的，处十年以上有期徒刑、无期徒刑或者死刑。本法另有规定的，依照规定。

本条是关于故意伤害罪的罪刑条款内容。

【条文释义】

本条共分为 2 款。第 1 款是关于故意伤害罪及其处罚的规定。

故意伤害罪，是指故意非法损害他人身体健康的行为。

本罪侵犯的客体是他人的身体健康权利。这里的“身体健康”有特定的内涵，是指他人在被非法伤害前所具有的人体组织的完整性与人体器官功能的正常性。侵害他人的身体健康权利，是本罪区别于其他侵犯人身权利犯罪的重要特征。如果行为人不是损害他人的身体健康，而是贬低他人人格、名誉或者非法限制他人的人身自由，不构成本罪，根据具体情形，应当以侮辱罪、诽谤罪或非法拘禁罪论处。如果被损害对象不是他人，而是行为人自己的，不构成本罪。

本罪在客观方面表现为非法损害他人身体健康的行为，即非法损害他人人体组织的完整性或者损害他人人体器官的正常机能的行为。伤害行为一般表现为作为形式，少数情况下也可以表现为不作为形式。在安全事故发生后，直接负责的主管人员和其他直接责任人员故意阻挠开展抢救，导致人员重伤，或者为了逃避法律追究，对被害人进行隐藏、遗弃，致使被害人因无法得到救助而重度残疾的，也构成本罪。伤害行为既可以由行为人本人直接使用暴力或其他方法实施，也可以是行为人间接利用无刑事责任能力的人、无过错的人或者动物实施。伤害行为必须是非法的，才能构成故意伤害罪。因正当防卫、紧急避险而伤害他人，或因治疗上的需要为病人截肢，或因体育竞技而在规则所允许的情形下致人损害等都为法律所允许或接受，不能构成犯罪。一般来说，故意伤害行为必须已经实际造成他人轻伤以上的结果，才能以故意伤害罪论处；没有造成轻伤以上结果的故意伤害（未遂）案件，原则上不以犯罪论处。所谓轻伤以上的结果，包括轻伤、重伤和故意伤害致人死亡三种情况。轻伤，根据最高人民法院、最高人民检察院、公安部、国家安全部、司法部《人体损伤程度鉴定标准》的规定，是指使人肢体或者容貌损害，听觉、视觉或者其他器官功能部分障碍或者其他对于人身健康有中度伤害的操作。重伤，根据《刑法》第 95 条以及《人体损伤程度鉴定标准》的规定，是指以下三种情况：（1）使人肢体残废或者毁人容貌的；（2）使人丧失听觉、视觉或者其他器官功能的；（3）其他对于人身健康有重大损害的。故意伤害致人死亡，一般是指出于伤害他人身体健康的故意，因打击用力过重、过猛，或误击了人体要害部位，或由于其他原因而过失导致他人死亡。

本罪的主体是一般主体。必须注意，对于轻伤结果，行为人的刑事责任年龄为 14 周岁以上，但对于致人重伤或者死亡的结果，具有《刑法》第 17 条第 3 款规定情形的，行为人的刑事责任年龄则为 12 周岁以上。

第 2 款是关于故意伤害罪的加重处罚情形的规定。

故意伤害他人身体，致人重伤的，处 3 年以上 10 年以下有期徒刑；故意伤害他人身体，致人死亡或者以特别残忍手段致人重伤造成严重残疾的，处 10 年以上有期徒刑、无期徒刑或者死刑。《刑法》另有规定的，依照规定。这里的“另有规定”，是指对实施其他故意犯罪，而其行为又伤害他人身体行为的处罚规定。具体来说，即在《刑法》条文中有“致人重伤”“致使公共财产、国家和人民利益遭受重大损失的”等表述的犯罪，应当按照《刑法》各该条的规定定罪量刑，不再适用本条的规定。例如，放火、决水、爆炸、投放危险物质致人重伤的，按照《刑法》第 115 条定罪量刑；强奸妇女或者奸淫幼女致使被害人重伤的，按照《刑法》第 236 条的规定定罪量刑；非法拘禁致人重伤的，按照《刑法》第 238 条的规定定罪量刑；抢劫致人重伤的，按照《刑法》第 263 条的规定定罪量刑。

【实务问题】

1. 本罪与故意杀人罪的界限

在理论上，二者最主要的区别在于主观故意的内容不同。本罪的行为人具有非法损害他人身体健康的故意；而故意杀人罪的行为人则具有非法剥夺他人生命权利的故意。在司法实践中，对于行为人的行为究竟属于故意伤害还是故意杀人并不十分明确的，应当着重从以下案件因素来分析行为人的主观故意内容：(1) 案件起因，包括引起案件发生的具体矛盾的深刻程度，以及行为人与被害人的平时关系等；(2) 行为有无预谋以及预谋内容；(3) 作案工具、手段是否使用足以致人死亡的工具、手段，以及具体使用的情形等；(4) 打击部位是否打击足以致命的部位，是否有选择地打击该部位等；(5) 打击强度，包括一次性打击的力度，是否重复打击，以及是否对打击强度有明显的节制等；(6) 造成死亡结果或者未发生死亡结果的具体原因是否存在与行为人主观故意无关的其他因素导致死亡结果的发生，或者是否出现行为人意志以外的原因而阻止了死亡结果的发生等；(7) 行为人在案前、案中及案后对结果的态度，包括各种形式的犯意流露内容，以及对被害人是否抢救，对死亡结果发生或未发生所持的态度等。综合上述因素进行分析，如果确定行为人具有杀人故意的，无论是否造成死亡结果，均应认定为故意杀人罪；只具有伤害故意的，无论是否造成死亡结果，都应认定为故意伤害罪；如果行为人具有明显的间接故意，放任危害结果的发生，则应按实际造成的结果认定为故意伤害罪或故意杀人罪。对于较复杂的案件，确实难以区分故意伤害与故意杀人，而司法机关内部分歧又较大的，原则上对案件定性就低不就高，即按故意伤害罪认定。

2. 故意伤害致死与过失致人死亡的界限

二者在客观上都造成了他人死亡的结果，在主观上对死亡结果均出于过失。区分二者的关键在于，故意伤害致死的行为人在主观上具有非法损害他人健康的故意，而过失致人死亡的行为人不存在任何故意（包括伤害故意和杀人故意）。这也就是说，故意伤害致死显然是以行为人具有伤害的故意为前提，过失所造成的死亡结果不改变故意伤害行为的性质，而属于故意伤害的加重情节。如果行为人根本没有伤害他人或杀害他人的故意，只是由于自己的过失，从而导致他人死亡结果发生的，就应当定为过失致人死亡罪。

3. 本罪与包含伤害内容的其他故意犯罪的界限

除故意伤害罪外，《刑法》分则还规定有包含伤害内容的其他故意犯罪，如抢劫罪、放火罪、爆炸罪、投放危险物质罪等，对于这些犯罪中致人伤害的，应分别依照各相应条款定罪量刑，不以故意伤害罪论处。

第二百三十四条之一

〔组织出卖人体器官罪〕**组织他人出卖人体器官的，处五年以下有期徒刑，并处罚金；情节严重的，处五年以上有期徒刑，并处罚金或者没收财产。**

未经本人同意摘取其器官，或者摘取不满十八周岁的人的器官，或者强迫、欺骗他人捐献器官的，依照本法第二百三十四条、第二百三十二条的规定定罪处罚。

违背本人生前意愿摘取其尸体器官，或者本人生前未表示同意，违反国家规定，违背其近亲属意愿摘取其尸体器官的，依照本法第三百零二条的规定定罪处罚。

本条是关于组织出卖人体器官罪的罪刑条款内容。

本条为 2011 年 2 月 25 日通过的《刑法修正案（八）》所增加。

【条文释义】

本条共分为 3 款。第 1 款是关于组织出卖人体器官罪及其处罚的规定。

组织出卖人体器官罪，是指组织他人出卖人体器官的行为，即以招募、雇佣、介绍、引诱等手段使他人出售人体器官的行为。

《人体器官移植条例》第 3 条规定："任何组织或者个人不得以任何形式买卖人体器官，不得从事与买卖人体器官有关的活动。"而组织他人出卖人体器官的行为严重破坏了国家对人体器官移植规范的正常秩序，严重损害了他人的身体健康，侵犯了他人的基本人权，具有严重的社会危害性，必须给予严厉打击。

本罪中的"组织"，是指违反国家规定，从事使他人出售人体器官的活动的行为。但本罪行为人组织的对象只能是自愿出卖自己器官的个人，也就是说，这些供体能够意识到自己在实施出卖器官的行为，且出卖器官是出于自己的意愿。在实践中，组织者往往以给器官提供者支付报酬为诱饵，拉拢他人进行器官的出卖。这种出卖行为应当是基于受害人本人的同意，即受害人能够意识到其行为是出卖器官，并且能够认识到出卖器官对身体造成的影响。如果供体不是出于自愿，组织者的行为已经超出了“组织”的范畴，则不能构成本罪；如果行为人强迫供体出卖人体器官，则可能构成故意伤害罪或故意杀人罪。本罪属行为犯，行为人只要实施了组织他人出卖人体器官的行为就应视为犯罪既遂，并不要求出现摘取、出卖他人器官的结果，即不以实际损害结果的发生为既遂标准。

第 2 款是关于未经本人同意摘取其器官，或者摘取不满 18 周岁的人的器官，或者强迫、欺骗他人捐献器官的定罪处罚规定。

应当说明的是，这里的“摘取”不包括出于医学治疗需要而进行的摘取、切除，而是指违反国家规定，出于非医学治疗需要而进行的摘取人体器官的行为。上述行为必然会造成他人人体正常机能的衰竭和丧失，对人体健康造成严重损害，甚至有可能造成他人死亡的结果，应视情况以故意伤害罪、故意杀人罪论处。

第 3 款是关于违背本人生前意愿摘取其尸体器官，或者本人生前未表示同意，违反国家规定，违背其近亲属意愿摘取其尸体器官的定罪处罚规定。

《人体器官移植条例》第 8 条第 2 款规定：“公民生前表示不同意捐献其人体器官的，任何组织或者个人不得捐献、摘取该公民的人体器官；公民生前未表示不同意捐献其人体器官的，该公民死亡后，其配偶、成年子女、父母可以以书面形式共同表示同意捐献该公民人体器官的意愿。”违反上述规定摘取尸体器官的行为，违背了死者的遗愿或者其近亲属的意愿，对死者尸体的完整性造成了破坏，不仅是对死者人格尊严的亵渎，也给死者近亲属带来极大的痛苦和伤害，因此，可依照《刑法》第 302 条盗窃、侮辱、故意毁坏尸体罪定罪处罚。

【实务问题】

本罪罪与非罪的界限

单纯出卖、捐赠人体器官或者单纯收买、收受人体器官的行为，不构成本罪，这是设立本罪以限制处罚范围的应有之义。例如，器官供体直接寻找器官受体或其他器官利用人，表示希望通过获得对价性报酬或补偿的方式提供人体器官，器官受体或其他器官利用人直接摘取或委托第三方摘取其器官，器官供体、器官受体或其他器官利用人以及相关第三方均不构成本罪。

第二百三十五条 〔过失致人重伤罪〕

过失伤害他人致人重伤的，处三年以下有期徒刑或者拘役。本法另有规定的，依照规定。

本条是关于过失致人重伤罪的罪刑条款内容。

【条文释义】

过失致人重伤罪，是指过失伤害他人身体致人重伤的行为。

认定非法损害他人身体健康的行为需要注意两点：其一，构成过失致人重伤罪，法律不仅要求行为人的行为必须造成他人实际的伤害结果，而且要求这种伤害达到重伤的程度。如果过失致人轻伤，则不构成犯罪。这也是本罪和故意伤害罪的重要区别之一。其二，构成过失致人重伤罪，还要求行为人的行为与结果之间有直接因果关系。这是指行为人的行为直接地、必然地造成了这种重伤结果，行为人的行为是造成这一重伤结果的决定性的、根本的原因。如果重伤结果的产生，并不是由该行为人的行为所直接决定的，就不能追究行为人过失致人重伤罪的刑事责任。

【实务问题】

1. 本罪与意外事件的界限

区别二者的关键在于行为人对他人重伤的结果是否应当预见、能够预见。这需要根据行为人的实际认识能力和行为当时的情况来考察。

2. 本罪与过失致人死亡罪的界限

“过失伤害致人死亡”，实质上就是过失致人死亡罪，在这种案件中，行为人对他人重伤、死亡的结果都是存在过失。过失致人重伤罪与过失致人死亡罪的区别在于过失行为最终引起的结果是重伤还是死亡，是重伤的定过失致人重伤罪，是死亡的定过失致人死亡罪。

第二百三十六条 〔强奸罪〕

以暴力、胁迫或者其他手段强奸妇女的，处三年以上十年以下有期徒刑。

奸淫不满十四周岁的幼女的，以强奸论，从重处罚。

强奸妇女、奸淫幼女，有下列情形之一的，处十年以上有期徒刑、无期徒刑或者死刑：

（一）强奸妇女、奸淫幼女情节恶劣的；

（二）强奸妇女、奸淫幼女多人的；

（三）在公共场所当众强奸妇女、奸淫幼女的；

（四）二人以上轮奸的；

（五）奸淫不满十周岁的幼女或者造成幼女伤害的；

（六）致使被害人重伤、死亡或者造成其他严重后果的。

本条是关于强奸罪的罪刑条款内容。

【主要修改】

本条为2020年12月26日通过的《刑法修正案（十一）》所修改，该条内容原为："以暴力、胁迫或者其他手段强奸妇女的，处三年以上十年以下有期徒刑。奸淫不满十四周岁的幼女的，以强奸论，从重处罚。强奸妇女、奸淫幼女，有下列情形之一的，处十年以上有期徒刑、无期徒刑或者死刑：（一）强奸妇女、奸淫幼女情节恶劣的；（二）强奸妇女、奸淫幼女多人的；（三）在公共场所当众强奸妇女的；（四）二人以上轮奸的；（五）致使被害人重伤、死亡或者造成其他严重后果的。"

【条文释义】

强奸罪，是指违背妇女意志，使用暴力、胁迫或者其他手段，强行与14周岁以上的妇女性交，或者奸淫不满14周岁的幼女的行为。

本条共分为3款。第1款是关于强奸妇女行为的定罪处罚规定。

本款规定的强奸罪在客观方面表现为违背妇女意志，使用暴力、胁迫或者其他手段，强行与14周岁以上的妇女发生性关系的行为。这里的"暴力"，是指直接对被害妇女的人身施以不法有形力，进行强制，即直接对被害妇女采用殴打、捆绑、卡脖、堵嘴、摁倒等危害人身安全或人身自由，使被害妇女不能抗拒的手段。但是，本罪的"暴力"不包括直接故意杀人。如果将被害人杀死后奸尸的，应当以故意杀人罪和侮辱尸体罪数罪并罚；强奸后杀人灭口的，应当以强奸罪和故意杀人罪数罪并罚。这里的"胁迫"，是指对被害妇女施以暴力威胁或非暴力要挟，达到精神上的强制，使其不敢抗拒的手段。"胁迫"的核心是引起被害妇女的恐惧心理，使之即使在体力上能够抗拒但在意志上却不敢抗拒，从而实现强行奸淫的意图。这里的"其他手段"，是指除暴力、胁迫以外的其他使被害妇女不知抗拒、不能抗拒或者不敢抗拒的强制手段，如利用药物麻醉或者用酒灌醉被害妇女；利用妇女患重病或熟睡之机进行强奸；冒充妇女的丈夫进行强奸；利用会道门、邪教组织以及迷信欺骗并奸淫妇女；利用治疗或假冒医生治疗等手段强奸妇女，等等。

应当指出的是，不能以妇女是否进行反抗，以及能否反抗来认定是否构成强奸，最高人民法院、最高人民检察院、公安部对此也曾作出过相关解释。最高人民法院、最高人民检察院、公安部《关于当前办理强奸案件中具体应用法律的若干问题的解答》中规定，认定强奸罪不能以被害妇女有无反抗表示作为必要条件。对妇女未作反抗表示，或者反抗表示不明显的，要具体分析，精心区别。

本罪的主体是特殊主体，即已满 14 周岁的男性。需要注意的是，强奸罪的完成者只能是男子，但是，如果妇女教唆或者帮助男子实施强奸行为的，则构成强奸罪的共犯，应按照其在共同犯罪中所起的作用进行处罚。女性教唆或帮助不满 14 周岁或 14 周岁以上但无辨认或控制能力的男子实施强奸妇女行为的，为间接正犯，可单独构成本罪。

第 2 款是关于奸淫幼女行为的定罪处罚规定。

就奸淫不满 14 周岁的幼女而言，行为人奸淫行为的成立并不以使用暴力、胁迫或者其他手段为必要条件。不论行为人采用什么手段，也不论幼女是否同意，只要与幼女发生了性交行为，就属于奸淫幼女的行为，并构成强奸罪。本款规定，奸淫不满 14 周岁的幼女的，以强奸论，从重处罚。

第 3 款以列举的形式明确强奸罪从重处罚的规定。

具体来说，包括以下情形：（1）强奸妇女、奸淫幼女情节恶劣的。这里的“情节恶劣”，一般是指手段残忍，在社会上造成恶劣影响。（2）强奸妇女、奸淫幼女多人的。这里的“多人”，一般理解为 3 人以上。（3）在公共场所当众强奸妇女、奸淫幼女的。（4）2 人以上轮奸的。（5）奸淫不满 10 周岁的幼女或者造成幼女伤害的。（6）致使被害人重伤、死亡或者造成其他严重后果的。这里的“致使被害人重伤、死亡或者造成其他严重后果”，是指被害人因被强奸身体受伤而导致重伤、死亡，或者因其他身心创伤而导致自杀、精神失常或者其他严重后果。对于符合上述情形的，应当处 10 年以上有期徒刑、无期徒刑或者死刑。

【实务问题】

1. 本罪罪与非罪的界限

认定本罪时，应注意以下几点：（1）对于已满 14 周岁不满 16 周岁的人，偶尔与幼女发生性关系，情节轻微、尚未造成严重后果的，不认为是犯罪。（2）行为人明知是不满 14 周岁的幼女而与其发生性关系，不论幼女是否自愿，均应以强奸罪定罪处罚。

2. 本罪与故意杀人罪、故意伤害罪的界限

在以暴力手段实施的强奸罪中，往往伴有被害人受到伤害或者导致死亡的结果，如强奸行为导致被害人性器官严重损伤，或者造成其他严重后果，甚至当场死亡或者经抢救无效死亡的等。一般来说，只要行为人所实施的暴力是服从于强行奸淫的目的而作为手段使用的，则对于暴力行为导致被害人伤害或者死亡后果的，只以强奸罪一罪论处，伤害或死亡的后果则作为从重处罚的情节。如果行为人出于报复、灭口等动机，在实施强奸过程中或强奸后，杀死或伤害被害妇女

的，应分别认定为强奸罪、故意杀人罪或者故意伤害罪，实行数罪并罚。

第二百三十六条之一 〔负有照护职责人员性侵罪〕

对已满十四周岁不满十六周岁的未成年女性负有监护、收养、看护、教育、医疗等特殊职责的人员，与该未成年女性发生性关系的，处三年以下有期徒刑；情节恶劣的，处三年以上十年以下有期徒刑。

有前款行为，同时又构成本法第二百三十六条规定之罪的，依照处罚较重的规定定罪处罚。

本条是关于负有照护职责人员性侵罪的罪刑条款内容。

本条为2020年12月26日通过的《刑法修正案（十一）》所增加。

【条文释义】

本条共分为2款。第1款是关于负有照护职责人员性侵罪及其处罚的规定。

负有照护职责人员性侵罪，是指对已满14周岁不满16周岁的未成年女性负有监护、收养、看护、教育、医疗等特殊职责的人员，与该未成年女性发生性关系的行为。

本罪在客观方面表现为对已满14周岁不满16周岁的未成年女性负有监护、收养、看护、教育、医疗等特殊职责的人员，与该未成年女性发生性关系。已满14周岁不满16周岁的女性未成年人尚处于生长发育过程中，其生活经验、社会阅历尚浅，对性的认知能力尚存欠缺，在面对一些特定关系人利用特殊职责等便利条件侵扰时，尚不具备完全的自我保护能力。因此，《刑法》明确禁止负有监护、收养、看护、教育、医疗等特殊职责的人员与已满14周岁不满16周岁的未成年女性发生性关系，即使是在该女性“同意”的情况下与其发生性关系的，也要追究行为人的刑事责任。在刑法上，性关系仅限于性交，不包括不以性交为目的的猥亵行为，并且应当参照强迫与14周岁以上女性发生性关系的标准，而不能适用强奸幼女的行为标准。

本罪的主体是特殊主体，即对已满14周岁不满16周岁的女性未成年人负有监护、收养、看护、教育、医疗等特殊职责的人员，如女性未成年人的父亲、老师，或者负责医疗的医生等。这里的“负有特殊职责的人员”是相对于女性未成年人具体而言的。这里的“监护”，是指行为人负有保障无民事行为能力人和限制民事行为能力人的权益，弥补其民事行为能力不足的职责。我国《民法典》第34条第1款规定，监护人的职责是代理被监护人实施民事法律行为，保护被监护人的人身权利、财产权利以及其他合法权益等。这里的“收养”，是指自然人依法领养他人子女为自己子女的民事法律行为。通过收养行为，原本没有父母子女关系的收养人与被收养人形成了法律上拟制的父母子女关系，被收养人与生父母及其亲属之间的关系则相应终止。这里的“看护”，是指对已满14周岁不满16周岁的女性未成年人进行护理、照料的行为。这种看护职责通常是基于合同、雇佣、服务等关系确定，也可以通过口头约定、志愿性的服务等形式确定，如邻居受托或自愿代人照顾。这里的“教育、医疗”，主要是指对已满14周岁不满16周岁的女性未成年人进行教育、医疗行为。这种教育、医疗职责通常是基于教育关系、医疗关系、服务合同等确定。

第2款是关于负有照护职责的人员与已满14周岁不满16周岁的未成年女性发生性关系，同时又构成强奸罪的，依照处罚较重的规定定罪处罚的规定。

【实务问题】

1. 本罪与强奸罪的区别

在实践中，应当注意本罪与强奸罪的区别。两罪的主要区别是：（1）犯罪主体不同。强奸罪的主体是一般主体；而本罪的主体是特殊主体，即对已满14周岁不满16周岁的未成年女性负有监护、收养、看护、教育、医疗等特殊职责的人员，不负有上述职责的人员与已满14周岁不满16周岁的未成年女性发生性关系的，不构成本罪。（2）客观表现不同。本罪一般表现为行为人未使用暴力、胁迫等手段与已满14周岁不满16周岁的未成年女性发生性关系；而强奸罪表现为违背妇女意志，以暴力、胁迫或者其他手段强行与女性发生性关系。需要指出的是，如果对已满14周岁不满16周岁的女性未成年人负有监护、收养、看护、教育、医疗等特殊职责的人员，利用其优势地位或者被害人孤立无援的境地，违背其意愿，迫使被害人就犯，与其发生性关系的，构成强奸罪。

2. 关于负有监护职责的人的范围

《民法典》第27条规定，父母是未成年子女的监护人，未成年人的父母已经死亡或者没有监护能力的，由下列有监护能力的人按顺序担任监护人：（1）祖父母、外祖父母；（2）兄、姐；（3）其他愿意担任监护人的个人或者组织，但是须经未成年人住所地的居民委员会、村民委员会或者民政部门同意。此外，《民法典》还对遗嘱指定监护人、协议确定监护人、监护人变更等作了规定。因此，可以根据上述法律规定，结合案件的具体情况，确定负有监护职责的人的范围。

第二百三十七条

〔强制猥亵、侮辱罪〕**以暴力、胁迫或者其他方法强制猥亵他人或者侮辱妇女的，处五年以下有期徒刑或者拘役。**

聚众或者在公共场所当众犯前款罪的，或者有其他恶劣情节的，处五年以上

有期徒刑。

〔猥亵儿童罪〕**猥亵儿童的，处五年以下有期徒刑；有下列情形之一的，处五年以上有期徒刑：**

（一）猥亵儿童多人或者多次的；

（二）聚众猥亵儿童的，或者在公共场所当众猥亵儿童，情节恶劣的；

（三）造成儿童伤害或者其他严重后果的；

（四）猥亵手段恶劣或者有其他恶劣情节的。

本条是关于强制猥亵、侮辱罪和猥亵儿童罪的罪刑条款内容。

【主要修改】

本条曾为2015年8月29日通过的《刑法修正案（九）》所修改，该条内容原为："以暴力、胁迫或者其他方法强制猥亵妇女或者侮辱妇女的，处五年以下有期徒刑或者拘役。聚众或者在公共场所当众犯前款罪的，处五年以上有期徒刑。猥亵儿童的，依照前两款的规定从重处罚。"

2020年12月26日通过的《刑法修正案（十一）》对本条第3款进行了修改，该款内容原为："猥亵儿童的，依照前两款的规定从重处罚。"

【条文释义】

本条共分为3款。第1款是关于强制猥亵、侮辱罪及其处罚的规定。

强制猥亵罪，是指以暴力、胁迫或者其他方法强制猥亵他人的行为。

本罪的客体是他人的人身权利，包括人格尊严和人身自由权利。本罪的对象限于已满14周岁的人，包括男性和女性。本罪在客观方面表现为以暴力、胁迫或者其他方法强制猥亵他人的行为。这里的"暴力、胁迫或者其他方法"与强奸罪中的"暴力、胁迫或者其他手段"并无明显区别，只是强制猥亵行为可以趁被害人疏忽采取轻微的暴力实施，即在被害人猝不及防、无反抗可能下进行，这一点和强奸罪略有不同。"猥亵"，是指刺激或满足行为人的性欲或者引起第三者性兴奋，伤害普通人正常的性羞耻心，败坏性道德观念的行为。需要注意的是，猥亵对象如果是妇女的，行为人实施的必须是性交以外的性行为，如对妇女强行进行抠摸、舌舔、吸吮、接吻、搂抱、鸡奸、手淫，或者逼迫妇女对行为人或第三人进行口淫、手淫等。但是对男性的猥亵是可以包括奸淫行为的。猥亵既可以发生在男女之间，也可以发生在同性之间。从司法实践来看，本罪的主体大多数情况下是男性，但是在特殊情况下，妇女也可以成为本罪的主体。妇女不仅可以教唆或帮助男子犯本罪而成为本罪的共犯，还可以单独成为本罪的主体，如妇女猥亵男性或者有同性恋倾向的妇女强行对其他妇女进行猥亵的。

强制侮辱罪，是指以暴力、胁迫或者其他方法侮辱妇女的行为。

本罪的客体是妇女的性羞耻心和性尊严。本罪的对象是已满 14 周岁的女性。如果猥亵不满 14 周岁的幼女的，则构成猥亵儿童罪。本罪在客观方面表现为以暴力、胁迫或者其他方法侮辱妇女的行为，即以暴力、胁迫或者其他方法，使妇女不能抗拒、不敢抗拒或者不知抗拒，以各种下流无耻的手段，对妇女实施性行为以外的其他伤害妇女性羞耻心，侵犯妇女性尊严的行为，如故意划破、扯脱、剥光妇女衣服，使妇女裸露身体，故意向妇女显示淫秽的动作，向妇女显露生殖器，等等。

第 2 款是关于聚众或者在公共场所当众犯强制猥亵、侮辱罪的定罪处罚规定。

聚众或者在公共场所当众实施强制猥亵他人、强制侮辱妇女的行为，对被害人造成的伤害更大，社会影响更恶劣，应当予以严惩。因此，本款规定，聚众或者在公共场所当众犯强制猥亵、侮辱罪的，或者有其他恶劣情节的，处 5 年以上有期徒刑。

第 3 款是关于猥亵儿童罪及其处罚的规定。

猥亵儿童罪，是指以性刺激、性满足为目的，猥亵不满 14 周岁的儿童的行为。

本罪的客体是儿童的身心健康。本罪的对象必须是不满 14 周岁的男童或女童。本罪在客观方面表现为为了追求性刺激、满足性欲而实施猥亵儿童的行为，如抠摸、舌舔、吸吮、亲吻、搂抱、手淫、鸡奸等。考虑到不满 14 周岁的儿童的认识能力，尤其是对性的认识能力很欠缺，为了保护儿童的身心健康，构成猥亵儿童罪并不要求以暴力、胁迫或者其他方法强制进行。本罪的主体是一般主体。本罪在主观方面表现为故意，并且有追求性刺激、满足性欲的动机。

同时，本款还对猥亵儿童的“恶劣情节”做了列举式规定，具体包括：（1）猥亵儿童多人或者多次的。这里的“多人”，是指 3 人以上，即猥亵 3 名以上不满 14 周岁的儿童。“多次”，是指 3 次以上，既包括对同一名儿童猥亵了 3 次以上，也包括对不同儿童猥亵的总次数在 3 次以上。（2）聚众猥亵儿童的，或者在公共场所当众猥亵儿童，情节恶劣的。这里的“聚众”，是指聚集 3 人以上。“公共场所”既包括群众进行公开活动的场所，如商店、影剧院、体育场、街道等；也包括各类单位，如机关、团体、事业单位的办公场所，企业生产经营场所，医院、学校、幼儿园等；还包括公共交通工具，如火车、轮船、长途客运汽车、公共电车、汽车、民用航空器等。（3）造成儿童伤害或者其他严重后果的。这里的“造成儿童伤害”，是指猥亵行为造成儿童身体或严重精神伤害后果的。“其他严重后果”包括导致儿童自杀、严重残疾等后果的。（4）猥亵手段恶劣或者有其他恶劣情节的。这里的“猥亵手段恶劣或者有其他恶劣情节”，主要是指采取侵入身体等猥亵方式，以及猥亵过程中伴随对儿童进行摧残、凌辱等情况。

【实务问题】

1. 强制猥亵罪与强奸罪的界限

主要应区分针对妇女的强制猥亵罪与强奸罪（未遂）的界限。二者都侵犯了妇女的人身权利，主观上都带有发泄性欲的意图，在客观上都使用了暴力、胁迫或者其他方法，在具体表现上往往存在相同或类似之处。二者的主要区别在于：第一，主观故意内容不同。本罪虽然在主观上通常具有以下流无耻的手段寻求性刺激、满足性欲的动机，但并不具有违背妇女意志强行与之性交的目的；而后罪则以违背妇女意志，强行与之性交为目的。行为人在主观上是否有强行与妇女性交的意图，是区分二者的关键。第二，客观方面不完全相同。本罪表现为对妇女强行实施猥亵行为。由于行为人并不具有强行奸淫的目的，所实施的强制猥亵行为不会向强行性交行为发展，而且应当基于行为人自己的意志，停止于强制猥亵的行为；而后罪则表现为强行与妇女发生性交的行为。行为人在强奸过程中虽往往实施一定的强制猥亵妇女的行为，但其必然要向强行性交行为发展。如果由于行为人意志以外的原因，而使行为被迫停止于强制猥亵行为的，则应属于强奸未遂。第三，主体不完全相同。本罪的主体是一般主体，既可以是男子也可以是女子；而后罪的主体则是特殊主体，即只能是男子。

2. 强制猥亵、侮辱罪与侮辱罪的区别

侮辱罪以败坏他人名誉为目的，必须是公然地针对特定的人实施；而强制猥亵、侮辱罪则是出于满足行为人的淫秽下流的欲望，不要求公然地针对特定的人实施。

3. 猥亵儿童与一般的对儿童表示“亲昵”行为的区别

实际执行中应当注意区分猥亵儿童与一般的对儿童表示“亲昵”的行为。猥亵儿童的行为是出于行为人的淫秽下流的欲望，往往对儿童的身体或者思想、认识造成伤害或者不良影响，行为一般为当地的风俗、习惯所不容。

第二百三十八条　〔非法拘禁罪〕

非法拘禁他人或者以其他方法非法剥夺他人人身自由的，处三年以下有期徒刑、拘役、管制或者剥夺政治权利。具有殴打、侮辱情节的，从重处罚。

犯前款罪，致人重伤的，处三年以上十年以下有期徒刑；致人死亡的，处十年以上有期徒刑。使用暴力致人伤残、死亡的，依照本法第二百三十四条、第二百三十二条的规定定罪处罚。

为索取债务非法扣押、拘禁他人的，依照前两款的规定处罚。

国家机关工作人员利用职权犯前三款罪的，依照前三款的规定从重处罚。

本条是关于非法拘禁罪的罪刑条款内容。

【条文释义】

本条共分为4款。第1款是关于非法拘禁罪及其处罚的规定。

非法拘禁罪，是指以拘留、禁闭或者其他方法，非法剥夺他人人身自由的行为。

本罪在客观方面表现为以拘留、禁闭或者其他方法，非法剥夺他人人身自由的行为。所谓剥夺他人人身自由，是指使他人无法离开一定的处所，即他人的活动自由完全被控制在一定的空间范围内，并持续一定的时间。剥夺人身自由的行为必须是非法的，才能构成本罪。实施正当行为而拘禁他人的，如合法扭送以及依法拘留、逮捕的行为等，均不构成本罪。但依法应予释放时，故意不予释放，错误羁押或者严重超期羁押的，应当属于非法拘禁，符合一定条件的，应以本罪论处。此处的拘禁并不只限于有形的、物理的强制方法，采取无形的、心理的方法，如胁迫被害人，利用其恐惧心理或者羞耻心理，使其不敢逃离某个特定处所的，同样也属于拘禁行为。从行为样态来看，拘禁行为大多表现为积极作为的方式，如捆绑、扣押等，但也可以不作为的方式实施。非法拘禁罪是继续犯，非法拘禁行为自着手实行开始即与非法状态同时持续。持续时间一般不能过短，否则难以成立本罪。非法拘禁行为应当达到一定程度，或者具有一定的严重情节，才能成立犯罪，《刑法》对此未作出明确规定。

本罪的主体既可以是一般公民，也可以是国家机关工作人员。后者利用职权犯本罪的，从重处罚。必须注意的是，已满14周岁不满16周岁的人对于自己所实施的非法拘禁行为并不承担刑事责任，但是如果其在非法拘禁过程中使用暴力致人伤残、死亡的，因其行为性质已由非法拘禁转化为故意伤害或故意杀人，根据《刑法》第17条第2款的规定，应当负刑事责任。

第2款是关于非法拘禁致人重伤、死亡和使用暴力致人伤残、死亡的定罪处罚的规定。

这里的“致人重伤”，是指在非法拘禁过程中，由于捆绑过紧、长期囚禁、进行虐待等致使被害人身体健康受到重大伤害，或者被害人在被非法拘禁期间不堪忍受，自伤自残，致使身体健康受到重大伤害。“致人死亡”，是指在非法拘禁过程中，由于捆绑过紧、用东西堵住嘴导致窒息等，致使被害人死亡，或者被害人在被非法拘禁期间自杀身亡。“使用暴力致人伤残、死亡”，是指在非法拘禁过程中，故意使用暴力损害被害人的身体健康，致使被害人伤残或者死亡。依照本款的规定，非法拘禁他人或者以其他方法非法剥夺他人人身自由，致人重伤的，处3年以上10年以下有期徒刑；致人死亡的，处10年以上有期徒刑。使用暴力致人伤残、死亡的，依照《刑法》第234条故意伤害罪、第232条故意杀人罪的规定定罪处罚。

第 3 款是关于为索取债务非法扣押、拘禁他人的应以非法拘禁罪定罪处罚的规定。

这里的“为索取债务非法扣押、拘禁他人”，是指为了胁迫他人履行合法的债务，而将他人非法扣留，剥夺其人身自由的行为。对此，最高人民法院《关于对为索取法律不予保护的债务非法拘禁他人行为如何定罪问题的解释》也进行了规定，即“行为人为索取高利贷、赌债等法律不予保护的债务，非法扣押、拘禁他人的，依照刑法第二百三十八条的规定定罪处罚。”

第 4 款是关于国家机关工作人员利用职权犯前三款罪应当从重处罚的规定。

依照本款的规定，国家机关工作人员利用职权非法拘禁他人或者以其他方法非法剥夺他人人身自由，致人重伤、死亡或者使用暴力致人伤残、死亡的，以及为索取债务非法扣押、拘禁他人的，依照本条前 3 款的规定从重处罚。

【实务问题】

1. 本罪罪与非罪的界限

认定本罪时，主要应注意以下两种情形：（1）行为人非法拘禁他人，情节显著轻微危害不大的，不认为是犯罪。（2）司法机关依照法定程序拘留、逮捕犯罪嫌疑人，但经查证其不构成犯罪而依法予以立即释放的，属于工作中的失误行为，不构成犯罪。

2. 国家机关工作人员利用职权实施的非法拘禁罪的立案标准

根据最高人民检察院《关于渎职侵权犯罪案件立案标准的规定》的规定，国家机关工作人员利用职权非法拘禁，涉嫌下列情形之一的，应予立案：（1）非法剥夺他人人身自由 24 小时以上的；（2）非法剥夺他人人身自由，并使用械具或者捆绑等恶劣手段，或者实施殴打、侮辱、虐待行为的；（3）非法拘禁，造成被拘禁人轻伤、重伤、死亡的；（4）非法拘禁，情节严重，导致被拘禁人自杀、自残造成重伤、死亡，或者精神失常的；（5）非法拘禁 3 人次以上的；（6）司法工作人员对明知是没有违法犯罪事实的人而非法拘禁的；（7）其他非法拘禁应予追究刑事责任的情形。

3. 罪数的认定

非法拘禁行为或结果又触犯其他罪名时，应当根据《刑法》有关规定与刑法理论处理。例如，以非法扣留他人的方法勒索财物的，成立绑架罪；收买被拐卖的妇女、儿童后非法剥夺其人身自由的，应当以收买被拐卖的妇女、儿童罪和非法拘禁罪数罪并罚；非法拘禁“使用暴力致人伤残、死亡的”，依照故意伤害罪、故意杀人罪定罪处罚。这里的“伤残”不包括轻伤，而是指重伤，但不限于肢体残疾的情形，而是包括各种对于人身健康有重大伤害的情形在内。

第二百三十九条　〔绑架罪〕

以勒索财物为目的绑架他人的，或者绑架他人作为人质的，处十年以上有期徒刑或者无期徒刑，并处罚金或者没收财产；情节较轻的，处五年以上十年以下有期徒刑，并处罚金。

犯前款罪，杀害被绑架人的，或者故意伤害被绑架人，致人重伤、死亡的，处无期徒刑或者死刑，并处没收财产。

以勒索财物为目的偷盗婴幼儿的，依照前两款的规定处罚。

本条是关于绑架罪的罪刑条款内容。

【主要修改】

本条曾为 2009 年 2 月 28 日通过的《刑法修正案（七）》所修改，该条内容原为："以勒索财物为目的绑架他人的，或者绑架他人作为人质的，处十年以上有期徒刑或者无期徒刑，并处罚金或者没收财产；致使被绑架人死亡或者杀害被绑架人的，处死刑，并处没收财产。以勒索财物为目的偷盗婴幼儿的，依照前款的规定处罚。"

2015 年 8 月 29 日通过的《刑法修正案（九）》对本条第 2 款进行了修改，该款内容原为："犯前款罪，致使被绑架人死亡或者杀害被绑架人的，处死刑，并处没收财产。"

【条文释义】

本条共分为 3 款。第 1 款是关于绑架罪及其处罚的规定。

绑架罪，是指以勒索财物为目的或者出于其他目的，采用暴力、胁迫或者麻醉等方法，劫持他人作为人质的行为。

根据本款规定，绑架行为有两种具体情形：（1）"以勒索财物为目的绑架他人的"，即以暴力、胁迫或者麻醉等方法强行将被害人置于行为人的控制之下，以继续扣押人质或者将伤害、杀害人质相要挟，要求被害人的亲友、其他相关人员或单位等在一定期限内交付一定数额的财物，方可换回人质的行为。必须注意的是，绑架行为不以将被害人劫离原住所或原住所地为必要条件。行为人直接向被绑架人索取财物的，不构成本罪，而构成抢劫罪。（2）"绑架他人作为人质的"，即出于其他目的，如某种政治性目的、逃避追捕或者要求司法机关释放罪犯，劫持他人作为人质的行为等。应当注意的是，以出卖为目的，使用暴力、胁迫或者麻醉方法绑架妇女、儿童的行为不属于本条所规定的绑架罪的范围，而应当依照《刑法》第 240 条关于拐卖妇女、儿童罪的规定定罪处罚。《刑法修正案（七）》在本款中增加规定了一档刑罚，即"情节较轻的，处五年以上十年以下有期徒刑，并处罚金。”这里的“情节较轻”，主要是指绑架后主动释放被绑架人，并且未造成被绑架人人身伤害、勒索的财物数额不大，以及其他表明行为人主观恶性不深、对于被害人的人身安全的侵害也不严重的情形。本罪是行为犯，只要完成绑架人质的行为，即成立本罪的既遂；行为人是否实现了勒索财物或者其他目的，只作为量刑情节考虑。如果由于被害人反抗或者他人及时进行解救等客观方面的原因，使绑架没有得逞，因而未能实际控制被害人的，则构成本罪的未遂。

第 2 款是关于杀害被绑架人的，或者故意伤害被绑架人，致人重伤、死亡的定罪处罚规定。

这里的“杀害”，是指在掳走被绑架人后，由于勒索财物或者其他目的得不到实现或者其他原因，实施故意杀害，非法剥夺被绑架人生命的行为。根据本款规定，杀害被绑架人的，或者故意伤害被绑架人，致人重伤、死亡的，处无期徒刑或者死刑，并处没收财产。

第 3 款是关于以勒索财物为目的偷盗婴幼儿的定罪处罚规定。

这里的“以勒索财物为目的偷盗婴幼儿”，是指以向婴幼儿的亲属或者其他监护人索取财物为目的，秘密窃取不满 6 周岁的儿童的行为。在实践中，对于偷盗婴幼儿的行为应作广义理解，凡乘婴幼儿亲属或其他监护人疏于照看之机，用各种方法、手段将婴幼儿抱走、哄走、骗走的，均应视为偷盗婴幼儿。根据本款规定，以勒索财物为目的偷盗婴幼儿的，应当依照绑架罪的规定处罚。

【实务问题】

1. 本罪的主体的认定

根据 2006 年《未成年人案件解释》的规定，如果已满 14 周岁未满 16 周岁的人实施绑架行为，并且故意伤害被绑架人致人重伤或者死亡，或者故意杀害被绑架人的，则应当对故意伤害致人重伤或者死亡、故意杀人的犯罪行为承担刑事责任。

2. 本罪与非法拘禁罪的界限

二者在客观方面都表现为控制他人的人身自由。二者的主要区别在于：（1）主观方面不同。本罪是以勒索财物或满足其他不法要求为目的；而非法拘禁罪是以非法剥夺他人人身自由为目的。但行为人为索取合法债务或者为索取高利贷、赌债等法律不予保护的债务，而非法扣押、拘禁他人的，按照非法拘禁罪论处。若索债的部分明显超过债务的部分时，属于以索债为名的绑架，可以构成绑架罪。（2）客观方面不同。本罪的行为人不仅实施了非法剥夺他人人身自由的行为，而且实施了勒索财物或提出不法要求的行为；而非法拘禁罪的行为人一般只是剥夺他人人身自由。

第二百四十条　〔拐卖妇女、儿童罪〕

拐卖妇女、儿童的，处五年以上十年以下有期徒刑，并处罚金；有下列情形之一的，处十年以上有期徒刑或者无期徒刑，并处罚金或者没收财产；情节特别严重的，处死刑，并处没收财产：

（一）拐卖妇女、儿童集团的首要分子；

（二）拐卖妇女、儿童三人以上的；

（三）奸淫被拐卖的妇女的；

（四）诱骗、强迫被拐卖的妇女卖淫或者将被拐卖的妇女卖给他人迫使其卖淫的；

（五）以出卖为目的，使用暴力、胁迫或者麻醉方法绑架妇女、儿童的；

（六）以出卖为目的，偷盗婴幼儿的；

（七）造成被拐卖的妇女、儿童或者其亲属重伤、死亡或者其他严重后果的；

（八）将妇女、儿童卖往境外的。

拐卖妇女、儿童是指以出卖为目的，有拐骗、绑架、收买、贩卖、接送、中转妇女、儿童的行为之一的。

本条是关于拐卖妇女、儿童罪的罪刑条款内容。

【条文释义】

本条共分为 2 款。第 1 款是关于拐卖妇女、儿童罪及其处罚的规定。

第 2 款是关于拐卖妇女、儿童罪定义的规定。依照本款规定，拐卖妇女、儿童罪，是指以出卖为目的，拐骗、绑架、收买、贩卖、接送、中转妇女、儿童的行为。

本罪侵犯的客体是妇女、儿童的人身自由权利。本罪的对象仅限于妇女、儿童。根据 2000 年最高人民法院《关于审理拐卖妇女案件适用法律有关问题的解释》的规定，这里的“妇女”，既包括具有中国国籍的妇女，也包括具有外国国籍或无国籍的妇女。被拐卖的外国妇女没有身份证明的，不影响对犯罪分子的定罪处罚。以介绍婚姻为名，采取非法扣押身份证件、限制人身自由等方式，或者利用妇女人地生疏、语言不通、孤立无援等境况，违背妇女意志，将其出卖给他人的，应当以拐卖妇女罪追究刑事责任。这里的“儿童”，是指不满 14 周岁的未成年人，包括男童和女童。医疗机构、社会福利机构等单位的工作人员以非法获利为目的，将所诊疗、护理、抚养的儿童出卖给他人的，以拐卖儿童罪论处。

本罪在客观方面表现为拐骗、绑架、收买、贩卖、接送或者中转妇女、儿童的行为。这里的“拐骗”，是指用欺骗、利诱等非暴力手段，使妇女、儿童轻信上当，然后使其脱离家庭或监护人，以便贩卖的行为。“绑架”，是指使用暴力、胁迫或麻醉的方法劫持妇女、儿童的行为。“收买”，是指以出卖为目的买来被拐卖的妇女、儿童。“贩卖”，是指以牟利为目的将拐骗、绑架、收买来的妇女、儿童卖给他人的行为。“接送、中转”，是指在拐卖妇女、儿童的过程中，隐匿、移送、接送被拐卖的妇女、儿童的行为。“偷盗婴幼儿”，是指秘密窃取不满6周岁儿童的行为。不满1周岁的为婴儿，1周岁以上不满6周岁的为幼儿。对婴幼儿采取欺骗、利诱等手段使其脱离监护人或者看护人的，视为“偷盗婴幼儿”。行为人只要实施了上述其中一种行为，就构成本罪。同时实施上述几种行为的，也只构成一罪，不实行数罪并罚。根据《刑法》第241条第5款的规定，收买被拐卖的妇女、儿童又出卖的，依照本罪定罪处罚。上述行为不以违背被害人的意志为前提，被害人是否同意被拐卖并不影响本罪的成立。

本罪在主观方面只能是出于故意，并且具有出卖被害人的目的。如果拐骗妇女、儿童并不是为了出卖而是为了其他目的，依法构成其他犯罪的，应以其他罪名论处。

【实务问题】

1. 本罪罪与非罪的界限

认定本罪时，主要应区分本罪与借介绍婚姻、介绍收养索取财物等行为的界限。借介绍婚姻索取财物，是指行为人借为男女双方做婚姻介绍人的机会，向其中一方或双方索取财物的行为。借介绍收养索取财物，是指行为人借为他人介绍收养的机会，向收养一方索取财物的行为。区分本罪与上述两种行为的界限，应当把握以下几点：(1) 是否具有欺骗性、强迫性和违背妇女意志的情形。被拐卖妇女除个别情况是出于妇女自愿以外，大多数是被欺骗、被强迫和违背其意志的；借介绍婚姻索取财物的行为，其婚姻是建立在女方自愿的基础上，并不违背其意志，不具有欺骗性或强迫性；介绍收养儿童，须出于双方自愿，特别是送养方必须出于自愿，收养关系成立，介绍人只是起牵线搭桥的作用。(2) 收取财物的性质。拐卖妇女、儿童收取财物具有交易的性质，行为人获取的财物是妇女、儿童的身价，且数额较高；而借介绍婚姻、介绍收养索取的财物具有酬谢的性质，不是将妇女、儿童作为买卖的对象，行为人是在婚姻、收养关系自愿成立的基础上索取酬金，数目相对较低。(3) 行为人的主观目的。行为人拐卖妇女、儿童主观上是以出卖为目的；而借介绍婚姻、介绍收养索取财物是以获取财物作为适当的酬谢。

2. 罪数的认定

根据《刑法》第240条的规定，犯罪分子在拐卖妇女、儿童的过程中，有下列情形之一的，应当作为本罪的加重情节，不单独定罪：(1) 奸淫被拐卖的妇女的；（2）诱骗、强迫被拐卖的妇女卖淫或者将被拐卖的妇女卖给他人迫使其卖淫的；（3）造成被拐卖的妇女、儿童或者其亲属重伤、死亡或者其他严重后果的。但是，必须注意的是，造成被拐卖的妇女、儿童或者其亲属重伤、死亡或者其他严重后果，是指由于犯罪分子拐卖妇女、儿童的行为，直接或间接造成被拐卖的妇女、儿童或者其亲属重伤、死亡或者其他严重后果的。例如，犯罪分子采用拘禁、捆绑、虐待等手段，过失致使被害人重伤、死亡或者其他严重后果的；犯罪分子的拐卖行为以及拐卖中的侮辱、殴打等行为引起被害人自杀、精神失常或者其他严重后果的；拐卖行为导致被害人的亲属自杀、精神失常的，等等。除此之外，对在拐卖妇女、儿童犯罪过程中犯有其他罪行的，如因被害人反抗等原因而故意将被拐卖的妇女、儿童杀死或者伤害的，对行为人应以故意杀人罪或者故意伤害罪与本罪数罪并罚。

第二百四十一条

〔收买被拐卖的妇女、儿童罪〕**收买被拐卖的妇女、儿童的，处三年以下有期徒刑、拘役或者管制。**

收买被拐卖的妇女，强行与其发生性关系的，依照本法第二百三十六条的规定定罪处罚。

收买被拐卖的妇女、儿童，非法剥夺、限制其人身自由或者有伤害、侮辱等犯罪行为的，依照本法的有关规定定罪处罚。

收买被拐卖的妇女、儿童，并有第二款、第三款规定的犯罪行为的，依照数罪并罚的规定处罚。

收买被拐卖的妇女、儿童又出卖的，依照本法第二百四十条的规定定罪处罚。

收买被拐卖的妇女、儿童，对被买儿童没有虐待行为，不阻碍对其进行解救的，可以从轻处罚；按照被买妇女的意愿，不阻碍其返回原居住地的，可以从轻或者减轻处罚。

本条是关于收买被拐卖的妇女、儿童罪的罪刑条款内容。

【主要修改】

本条第6款为2015年8月29日通过的《刑法修正案（九）》所修改，该款内容原为："收买被拐卖的妇女、儿童，按照被买妇女的意愿，不阻碍其返回原居住地的，对被买儿童没有虐待行为，不阻碍对其进行解救的，可以不追究刑事责任。"

【条文释义】

本条共分为 6 款。第 1 款是关于收买被拐卖的妇女、儿童罪及其处罚的规定。

收买被拐卖的妇女、儿童罪，是指不以出卖为目的，收买被拐卖的妇女、儿童的行为。

这里的“收买”，是指行为人以货币或其他财物换取他人拐卖的妇女、儿童。行为人收买是为了达到“结婚”“收养”等目的，而非以出卖为目的。依照本款规定，收买被拐卖的妇女、儿童的，处 3 年以下有期徒刑、拘役或者管制。

第 2 款是关于收买人强行与被买妇女发生性关系的，依照强奸罪定罪处罚的规定。

“强行发生性关系”，是指违背妇女意志，以暴力、胁迫或者其他手段与其发生性关系的行为。依照本款规定，收买被拐卖的妇女，强行与其发生性关系的，定罪量刑均适用《刑法》第 236 条关于强奸罪的规定。

第 3 款是关于收买人对被拐卖的妇女、儿童非法剥夺、限制人身自由或者有伤害、侮辱等犯罪行为的，依照《刑法》有关规定定罪处罚的规定。

这里的“非法剥夺、限制其人身自由”，是指收买人对被买妇女、儿童有《刑法》第 238 条非法拘禁罪规定的行为。“伤害”，是指收买人对被买妇女、儿童有《刑法》第 234 条故意伤害罪规定的行为。“侮辱”，是指收买人对被买妇女、儿童有《刑法》第 246 条侮辱罪规定的行为。

第 4 款是关于收买被拐卖的妇女、儿童，并有本条第 2 款、第 3 款规定的犯罪行为的，实行数罪并罚的规定。

依照《刑法》总则第四章第四节的有关规定，数罪并罚，是指对犯有 2 种以上罪行的人，就其所犯各罪分别定罪量刑后，按一定的原则合并执行刑罚。根据本款规定，如果收买人收买被拐卖的妇女、儿童后，强行与被买妇女发生性关系，非法剥夺、限制被收买妇女的人身自由或者有伤害、侮辱等犯罪行为的，除按收买被拐卖的妇女、儿童罪定罪量刑外，还应根据其所犯其他各罪分别定罪量刑，实行数罪并罚。

第 5 款是收买被拐卖的妇女、儿童又出卖的，依照《刑法》第 240 条关于拐卖妇女、儿童罪的规定定罪处罚的规定。

这里的“收买被拐卖的妇女、儿童又出卖”，是指行为人同时具有收买和出卖两种行为，收买人收买被拐卖的妇女、儿童后，无论其收买时出于什么目的，只要又出卖被拐卖的妇女、儿童，即属于本款规定的情况，依照本款规定，构成拐卖妇女、儿童罪，并依照《刑法》第 240 条的规定处罚。

第 6 款是关于对收买人可以减轻刑事责任的两种情况的规定。

（1）收买被拐卖的儿童，对被买儿童没有虐待行为，不阻碍对其进行解救的。这里的“阻碍对其进行解救”，是指在国家机关工作人员排查来历不明儿童或者进行解救时，将所收买的儿童藏匿、转移或者实施其他妨碍解救行为，经说服教育仍不配合的。“不阻碍对其进行解救”，是指当被害人的家属或有关组织或部门得知被买儿童下落，前去领回被买儿童时，行为人没有强行阻拦。对这种情况，可以从轻处罚。

（2）收买被拐卖的妇女，按照被买妇女的意愿，不阻碍其返回原居住地的。行为人收买被拐卖的妇女后，没有强迫其与自己共同生活，当被买妇女要返回原居住地时，行为人未强行阻碍，或者被买妇女与收买人业已形成稳定的婚姻家庭关系，解救时被买妇女自愿继续留在当地共同生活的。对这种情况，可以从轻或者减轻处罚。

【实务问题】

1. 本罪与拐卖妇女、儿童罪的界限

本罪与以“收买”形式构成的拐卖妇女、儿童罪在形式上很相似，但二者在主客观方面有明显区别：本罪要求行为人不具有出卖的目的，而是意图与被害人建立婚姻家庭关系或其他相对稳定的社会关系；在客观上要求行为人没有将收买的妇女、儿童出卖的行为。以“收买”形式构成的拐卖妇女、儿童罪要求行为人具有出卖的故意；在客观上“收买”只是拐卖妇女、儿童犯罪的中间环节，犯罪分子收买被拐卖的妇女、儿童后，便将被害妇女、儿童又转手倒卖与他人，从中谋取不义之财。

2. 罪数的认定

行为人收买被拐卖的妇女、儿童，并有下列行为的，应依照《刑法》关于数罪并罚的规定处罚：（1）收买被拐卖的妇女，并有强行与其发生性关系的行为的，对行为人以强奸罪和收买被拐卖的妇女罪实行数罪并罚。（2）收买被拐卖的妇女、儿童，并有非法剥夺、限制其人身自由或者有伤害、侮辱等犯罪行为的，应分别依照《刑法》关于非法拘禁罪、故意伤害罪、侮辱罪的规定认定行为性质，并与本罪实行数罪并罚。

第二百四十二条　以暴力、威胁方法阻碍国家机关工作人员解救被收买的妇女、儿童的，依照本法第二百七十七条的规定定罪处罚。

〔聚众阻碍解救被收买的妇女、儿童罪〕**聚众阻碍国家机关工作人员解救被收买的妇女、儿童的首要分子，处五年以下有期徒刑或者拘役；其他参与者使用暴力、威胁方法的，依照前款的规定处罚。**

本条是关于聚众阻碍解救被收买的妇女、儿童罪的罪刑条款内容。

【条文释义】

本条共分为 2 款。第 1 款是以暴力、威胁方法阻碍国家机关工作人员解救被收买的妇女、儿童的定罪处罚规定。

这里的"暴力"，是指对解救被收买的妇女、儿童的国家机关工作人员的人身进行打击或者实行强制，如殴打、捆绑等。"威胁"，是指以杀害、伤害、毁坏财产、破坏名誉等手段进行要挟，迫使国家机关工作人员放弃执行解救被收买的妇女、儿童的职责。本款规定的犯罪必须具备以下两个条件：（1）采用暴力、威胁方法实施了阻碍国家机关工作人员解救被收买的妇女、儿童的行为；（2）阻碍的对象必须是依法执行解救职责的国家机关工作人员。依照本款的规定，以暴力、威胁方法阻碍国家机关工作人员解救被收买的妇女、儿童的，依照《刑法》第 277 条关于妨害公务罪的规定定罪处罚，即处 3 年以下有期徒刑、拘役、管制或者罚金。

第 2 款是关于聚众阻碍解救被收买的妇女、儿童罪及其处罚的规定。

聚众阻碍解救被收买的妇女、儿童罪，是指聚集多人，阻碍国家机关工作人员解救被收买的妇女、儿童的行为。

本罪所侵犯的客体为复杂客体，既包括国家机关工作人员依法解救被收买的妇女、儿童的公务活动，同时又包括被收买的妇女、儿童的人身权利。

本罪在客观方面表现为聚众阻碍国家机关工作人员解救被收买的妇女、儿童的行为。聚众阻碍，是指有预谋、有组织、有领导地纠集多人阻碍国家机关工作人员解救被收买的妇女、儿童的行为。

本罪的主体是首要分子，即在聚众阻碍解救中起组织、策划、指挥作用的犯罪分子。如果不是首要分子，而是一般参与者，不构成本罪。但是，其他参与者使用暴力、威胁方法阻碍国家机关工作人员解救被收买的妇女、儿童的，构成妨害公务罪。

【实务问题】

本罪罪与非罪的界限

行为人是否构成本罪，主要应以犯罪构成要件加以区分和认定。（1）本罪的对象是特定的，即负有解救职责的国家机关工作人员，既包括司法工作人员、各级行政机关人员以及其他负责解救工作的人员，也包括受解救机关委托协助执行解救公务的人员。对上述人员依法执行解救活动进行聚众阻碍的，构成本罪；对上述人员以外的其他人员或者非执行解救公务的国家机关工作人员实施聚众阻碍解救行为的，则不构成本罪。（2）客观上行为人必须以聚众方式实施阻碍行为，这是决定是否构成本罪的关键性条件。如果行为人纠集多人，但未能实施阻碍解救行为的，或者虽有阻碍解救的行为，却不是以聚众方式实施的，均不以本罪论处。如果解救工作尚未开始或者已经结束，行为人聚众对解救人员实施侵害行为的，应以相应的犯罪论处，而不构成本罪。（3）行为人必须是本案的首要分子。本罪的主体是首要分子，具有排他性，即除首要分子以外，其他参与者不构成本罪。

第二百四十三条 〔诬告陷害罪〕

捏造事实诬告陷害他人，意图使他人受刑事追究，情节严重的，处三年以下有期徒刑、拘役或者管制；造成严重后果的，处三年以上十年以下有期徒刑。

国家机关工作人员犯前款罪的，从重处罚。

不是有意诬陷，而是错告，或者检举失实的，不适用前两款的规定。

本条是关于诬告陷害罪的罪刑条款内容。

【条文释义】

本条共分为 3 款。第 1 款是关于诬告陷害罪及其处罚的规定。

诬告陷害罪，是指捏造犯罪事实，向国家司法机关或其他有关单位作虚假告发，意图使他人受到刑事追究，情节严重的行为。

本罪在客观方面表现为捏造犯罪事实，向国家司法机关或其他有关单位作虚假告发，情节严重的行为。首先，行为人必须有捏造犯罪事实的行为，即无中生有，虚构犯罪事实，使被诬告者受到错误的侦查、起诉、审判乃至执行等，这是引起刑事追究的前提条件。如果捏造的不是犯罪事实，而是损害他人人格、名誉的事实，不能以本罪论处，情节严重构成犯罪的，以诽谤罪论处。其次，行为人还须有虚假告发的行为。所谓虚假告发，是指行为人将捏造的犯罪事实向有关单位进行告发，既可以是向司法机关告发，也可以是向被诬告者所在单位或其他有可能向司法机关转送或让司法机关获悉的单位（包括新闻媒体）告发。行为人捏造犯罪事实作虚假告发必须有特定的对象，但不要求指名道姓，只要根据告发的内容足以使司法机关确认对象是指何人即可。最后，本罪的成立必须以情节严重为重要条件。这里的“情节严重”，一般是指诬告陷害使被害人的名誉受到了严重损害，致使被害人受到了错误的刑事追究，致使司法机关的正常活动受到了干扰，或者造成了其他严重后果等。本罪是行为犯，只要行为人实施了捏造犯罪事实向有关机关告发，且情节严重的行为，就构成本罪的既遂。

本罪的主体是一般主体，限于自然人，刑事责任年龄为 16 周岁以上。

第 2 款是关于国家机关工作人员犯诬告陷害罪从重处罚的规定。

这里的“国家机关工作人员”，根据《刑法》第93条的规定，是指在国家权力机关、行政机关、人民法院、人民检察院、军事机关等国家机关中从事公务的人员。国家机关工作人员由于所处的地位和掌握的权力，如果捏造事实诬告陷害他人，往往会对被害人的合法权益和国家机关的声誉造成更大的损害，同时考虑到对国家机关工作人员的要求应当更加严格，因此，本款规定，国家机关工作人员犯本罪的，从重处罚。

第3款是关于错告或者检举不实不适用前两款规定的规定。

这样规定是为了正确区分诬告陷害与错告、检举失实的界限，以有利于打击犯罪，保护公民与违法犯罪作斗争的积极性。

【实务问题】

本罪罪与非罪的界限

认定本罪时，应注意以下几点：

（1）本罪与错告、检举失实的界限。本罪与错告、检举失实的主要区别在于：本罪在主观上具有陷害他人的故意，意图通过捏造犯罪事实作虚假告发，使他人受到刑事追究；而后者是由于对情况不了解，或者认识片面而在控告、检举中出现错误或失实，并往往是出于同违法犯罪作斗争，伸张正义的动机。如果行为人不是有意诬陷，而是错告或者检举失实的，不构成本罪。要区分二者，在实践中应查明告发的背景和原因、告发事实的来源、告发人与被告发人之间的关系等情况进行客观、全面的分析，以最终确定是否诬告。一般来说，如果所告基本事实没有重大出入，仅仅某些具体情节不符合真实情况，不应认为是诬告；如果所告基本事实不实，但告发者产生怀疑的根据是令人信服的，然而事实证明这些根据又不充分，而告发者又据此做了片面的分析和猜测，从而实施了告发，应当视为认识上的错误，不能以本罪论处。

（2）本罪与一般诬告陷害行为的界限。诬告陷害行为只有情节严重的才构成犯罪。对于情节一般的诬告陷害行为，不应以犯罪论处，但可以根据不同的情况和后果，分别予以行政处罚、纪律处分或批评教育。至于情节是否严重，可以从行为人的动机、所诬告的罪行轻重、诬告的方式方法、行为造成的后果影响等方面考察得出结论。

第二百四十四条　〔强迫劳动罪〕

以暴力、威胁或者限制人身自由的方法强迫他人劳动的，处三年以下有期徒刑或者拘役，并处罚金；情节严重的，处三年以上十年以下有期徒刑，并处罚金。

明知他人实施前款行为，为其招募、运送人员或者有其他协助强迫他人劳动

行为的，依照前款的规定处罚。

单位犯前两款罪的，对单位判处罚金，并对其直接负责的主管人员和其他直接责任人员，依照第一款的规定处罚。

本条是关于强迫劳动罪的罪刑条款内容。

【主要修改】

本条为 2011 年 2 月 25 日通过的《刑法修正案（八）》所修改，该条内容原为："用人单位违反劳动管理法规，以限制人身自由方法强迫职工劳动，情节严重的，对直接责任人员，处三年以下有期徒刑或者拘役，并处或者单处罚金。"

【条文释义】

本条共分为 3 款。第 1 款是关于强迫劳动罪及其处罚的规定。

强迫劳动罪，是指以暴力、威胁或者限制人身自由的方法强迫他人劳动的行为。

所谓强迫他人劳动，是指违背他人的意志，迫使其进行劳动。既可以是使用暴力、胁迫的方法，如以杀害、伤害等进行威胁，强迫他人劳动；也可以是使用限制他人人身自由的方法，如采取监视、禁止出入等方法而将他人限制在一定的场所、区域内，强迫他人劳动。至于劳动是有偿的，还是无偿的，则不影响本罪的成立。

第 2 款是关于明知他人实施前款行为，为其招募、运送人员或者有其他协助强迫他人劳动行为的定罪处罚规定。

这里的"招募"，是指通过所谓"合法"或非法途径面向特定或者不特定的群体招雇、征召、招聘、募集人员的行为。"运送"，是指用各种交通工具运输人员。"其他协助强迫他人劳动行为"，是指除招募、运送人员以外为强迫劳动的单位和个人转移、窝藏或接收人员等行为。

第 3 款是关于单位犯强迫劳动罪及其处罚的规定。

这里的"单位"，是指与劳动者签订劳动合同形成劳动关系的单位。根据本款规定，单位犯第 1、2 款罪的，对单位判处罚金，并对其直接负责的主管人员和其他直接责任人员，依照本条第 1 款的规定处罚。

【实务问题】

1. 本罪的立案追诉标准

根据《立案追诉标准（一）》第 31 条的规定，以暴力、威胁或者限制人身自由的方法强迫他人劳动的，应予立案追诉。明知他人以暴力、威胁或者限制人身自由的方法强迫他人劳动，为其招募、运送人员或者有其他协助强迫他人劳动行为的，应予立案追诉。

2. 以非法拘禁手段强迫他人劳动行为的定性

限制人身自由，作为强迫劳动罪的行为手段之一，是指以一定方式将劳动者留置于相对较狭窄范围之地，阻碍其进入一般人均可自由出入之场所，限制劳动者按照自己的意志支配自己的身体活动自由的行为，如非法关闭、封锁厂房车间，防止劳动者自由进出或逃出厂区，扣押劳动者的身份证或财产，使其难以离开等。非法拘禁行为，则是一种对他人人身自由的干预强度更为激烈、空间范围更为狭窄、对他人人身自由完全予以剥夺的行为。《刑法》规定限制人身自由为强迫劳动罪的手段行为之一，行为人采取对他人人身自由侵害更为严重的非法拘禁等非法剥夺他人人身自由的手段强迫他人劳动，当然应成立强迫劳动罪。但由于非法拘禁等非法剥夺他人人身自由行为的这种手段本身就具有刑罚可罚性，其行为同时触犯非法拘禁罪。按照牵连犯择一重罪处罚原则，对于非法拘禁行为造成重伤以下后果的，由于此时两罪最高法定刑相同，应按强迫劳动罪定罪处罚；对于非法拘禁行为造成被害人死亡后果的，因非法拘禁罪的处刑重于强迫劳动罪，故应认定为非法拘禁罪。对于非法拘禁过程中使用暴力直接致人重伤、死亡的，应按《刑法》第234条第2款、第232条的规定定罪处罚。

第二百四十四条之一　〔雇用童工从事危重劳动罪〕

违反劳动管理法规，雇用未满十六周岁的未成年人从事超强度体力劳动的，或者从事高空、井下作业的，或者在爆炸性、易燃性、放射性、毒害性等危险环境下从事劳动，情节严重的，对直接责任人员，处三年以下有期徒刑或者拘役，并处罚金；情节特别严重的，处三年以上七年以下有期徒刑，并处罚金。

有前款行为，造成事故，又构成其他犯罪的，依照数罪并罚的规定处罚。

本条是关于雇用童工从事危重劳动罪的罪刑条款内容。

本条为2002年12月28日通过的《刑法修正案（四）》所增加。

【条文释义】

本条共分为2款。第1款是关于雇用童工从事危重劳动罪及其处罚的规定。

雇用童工从事危重劳动罪，是指违反劳动管理法规，雇用未满16周岁的未成年人从事超强度体力劳动的，或者从事高空、井下作业的，或者在爆炸性、易燃性、放射性、毒害性等危险环境下从事劳动，情节严重的行为。

这里的“劳动管理法规”，是指《中华人民共和国劳动法》（简称《劳动法》）和《禁止使用童工规定》以及其他关于劳动用工制度的法律法规中关于禁止雇用未满 16 周岁的未成年人的规定。根据劳动管理法规的规定，禁止用人单位招用未满 16 周岁的未成年人。文艺、体育和特种工艺单位招用未满 16 周岁的未成年人，必须依照国家有关规定，履行审批手续，并保障其接受义务教育的权利。本罪不以未成年人的身心健康受到实际损害为必要，行为人雇用未满 16 周岁的未成年人，安排其从事超强度体力劳动，或者从事高空、井下作业，或者在爆炸性、易燃性、放射性、毒害性等危险环境下从事劳动，情节严重的，即可构成本罪。

本罪的主体是一般主体，既可以是单位，也可以是自然人。

本罪在主观方面表现为故意，即明知或应知是不满 16 周岁的人而雇用其从事危重劳动。

第 2 款是关于犯雇用童工从事危重劳动罪，造成事故，又构成其他犯罪的，应当数罪并罚的规定。

本款主要是针对雇用童工从事危重劳动和造成事故这两种情况同时发生时的处理原则规定。例如，雇用童工从事危重劳动的过程中，由于指挥童工违章作业，或者有其他违规行为，导致责任事故的发生，造成童工伤亡或重大财产损失的。这种情况下，行为人可能同时构成重大责任事故罪，需要与本罪实行数罪并罚。

【实务问题】

1. 本罪罪与非罪的界限

认定本罪时，应注意以下几点：（1）划清非法雇用童工与合法招用童工的界限。法律禁止使用童工，但同时允许文艺、体育单位经未成年人的父母或其他监护人的同意招用不满 16 周岁的专业文艺工作者、运动员，并保障其身心健康和接受义务教育的权利。（2）划清本罪与一般违反劳动管理法规行为的标准。这里，情节是否严重应该是区分本罪与一般违反劳动管理法规行为的界限。

2. 本罪的立案追诉标准

根据《立案追诉标准（一）》第 32 条的规定，违反劳动管理法规，雇用未满 16 周岁的未成年人从事国家规定的第四级体力劳动强度的劳动，或者从事高空、井下劳动，或者在爆炸性、易燃性、放射性、毒害性等危险环境下从事劳动，涉嫌下列情形之一的，应予立案追诉：（1）造成未满 16 周岁的未成年人伤亡或者对其身体健康造成严重危害的；（2）雇用未满 16 周岁的未成年人 3 人以上的；（3）以强迫、欺骗等手段雇用未满 16 周岁的未成年人从事危重劳动的；（4）其他情节严重的情形。

第二百四十五条　〔非法搜查罪；非法侵入住宅罪〕

非法搜查他人身体、住宅，或者非法侵入他人住宅的，处三年以下有期徒刑或者拘役。

司法工作人员滥用职权，犯前款罪的，从重处罚。

本条是关于非法搜查罪和非法侵入住宅罪的罪刑条款内容。

【条文释义】

本条共分为2款。第1款是关于非法搜查罪、非法侵入住宅罪及其处罚的规定。

非法搜查罪，是指非法对他人的身体或住宅进行搜查的行为。

所谓搜查，是指搜索检查，既包括对他人身体的搜查，如摸索、掏翻等，又包括对他人住宅的搜查，如搜索、翻看、检查、挖掘等。在司法实践中，非法搜查主要有三种情况：第一种是无搜查权的机关、团体、单位的工作人员或其他个人，为了寻找失物、有关人或达到其他目的而对他人的身体或住宅进行搜查的；第二种是有搜查权的人员，未经合法批准或授权，滥用权力，非法进行搜查的；第三种是有搜查权的机关和人员不按照法定的程序、手续进行搜查的。具备上述情况之一的就属于非法搜查。

非法侵入住宅罪，是指非法闯入他人住宅或者经要求退出仍无故拒不退出的行为。

这里的“非法”，是指违背住宅内成员的意愿，或者没有法律根据。“侵入”，主要是指未经住宅权人同意、许可进入他人住宅，以及不顾权利人的反对、劝阻，强行进入他人住宅。侵入的方式是多种多样的，如破门而入、翻窗而入、强行闯入等。侵入的行为可以是公开的，也可以是秘密的，但是构成本罪并不以实施暴力为必要条件。“他人”是相对自己而言的，即自己不在该住宅内单独或共同生活。考察住宅时，不仅要考察所有权，还要考察实际居住权，所有权人非法侵入已经出租给他人居住的住宅，也应构成非法侵入住宅罪。非法侵入住宅罪的另一种形式是“拒不退出”，即经权利人要求退出仍不退出。这是一种不作为犯，先前的进入存在合法进入或误入两种情形，如权利人不要求退出，行为人不退出就不构成犯罪。但从权利人明确提出要求退出时起，行为人就具有退出的义务，如拒不退出，就构成非法侵入住宅罪。这种要求只能以明示的方式进行，行为人拒不退出即构成犯罪，但要给行为人一定宽裕的时间。若仅仅以暗示的方式要求退出，而行为人没有退出的，不构成“拒”不退出，当然也就不构成犯罪。

第2款是关于司法工作人员滥用职权犯非法搜查罪、非法侵入住宅罪应当从重处罚的规定。

这里的“司法工作人员”，根据《刑法》第 94 条的规定，是指有侦查、检察、审判、监管职责的工作人员。“滥用职权”，是指司法工作人员超越职权或者违背职责的规定行使职权，而非法搜查他人身体、住宅，或者非法侵入他人住宅的行为。依照本款规定，司法工作人员滥用职权犯非法搜查罪、非法侵入住宅罪的，依照第 1 款的规定从重处罚。

【实务问题】

1. 非法搜查罪罪与非罪的界限

认定非法搜查罪时，应注意区分其与搜查工作中的错误行为的界限。侦查人员依法搜查时，没有请见证人到场或者没有向被搜查人出示搜查证，搜查妇女身体不是由女性工作人员进行等，均属于合法搜查中的错误行为。

2. 非法侵入住宅罪罪与非罪的界限

误入他人住宅，一经发现立即退出，或者有正当理由必须紧急进入他人住宅的，不构成非法侵入住宅罪。比如，发生火灾，家中无人，无法征得同意，此时消防队员的破门而入，就属于法律上的紧急避险。

3. 非法搜查罪与非法侵入住宅罪的界限

非法搜查他人住宅与非法侵入住宅一样，都违背权利人的意思，侵犯了他人住宅的安宁权。非法搜查罪与非法侵入住宅罪的区别在于：（1）犯罪对象不同。非法搜查罪的对象包括他人的身体和住宅；而非法侵入住宅罪的对象只能是他人的住宅。（2）行为方式不完全相同。非法搜查罪只能以作为形式构成；而非法侵入住宅罪则既可以积极侵入的作为形式构成，也可以“拒不退出”的不作为形式构成。如果行为人未经同意或无法律授权，强行进入他人住宅进行非法搜查的，对行为人应以其目的行为定罪处罚。

4. 国家机关工作人员利用职权实施的非法搜查罪的立案标准

根据最高人民检察院《关于渎职侵权犯罪案件立案标准的规定》的规定，国家机关工作人员利用职权非法搜查，涉嫌下列情形之一的，应予立案：（1）非法搜查他人身体、住宅，并实施殴打、侮辱等行为的；（2）非法搜查，情节严重，导致被搜查人或者其近亲属自杀、自残造成重伤、死亡，或者精神失常的；（3）非法搜查，造成财物严重损坏的；（4）非法搜查 3 人（户）次以上的；（5）司法工作人员对明知是与涉嫌犯罪无关的人身、住宅非法搜查的；（6）其他非法搜查应予追究刑事责任的情形。

第二百四十六条 〔侮辱罪；诽谤罪〕

以暴力或者其他方法公然侮辱他人或者捏造事实诽谤他人，情节严重的，处

三年以下有期徒刑、拘役、管制或者剥夺政治权利。

前款罪，告诉的才处理，但是严重危害社会秩序和国家利益的除外。

通过信息网络实施第一款规定的行为，被害人向人民法院告诉，但提供证据确有困难的，人民法院可以要求公安机关提供协助。

本条是关于侮辱罪和诽谤罪的罪刑条款内容。

【主要修改】

本条第3款为2015年8月29日通过的《刑法修正案（九）》所增加。

【条文释义】

本条共分为3款。第1款是关于侮辱罪和诽谤罪的罪刑条款内容。

侮辱罪，是指使用暴力或者其他方法公然贬低他人人格、破坏他人名誉，情节严重的行为。

诽谤罪，是指捏造并散布某种虚构的事实，足以损害他人人格，破坏他人名誉，情节严重的行为。

侮辱罪和诽谤罪侵犯的客体是他人的人格和名誉权利，侵犯的对象是特定的自然人。任何机关、团体、法人组织均不能成为侮辱罪和诽谤罪的对象。

侮辱罪在客观方面表现为使用暴力或者其他方法公然贬低他人人格、破坏他人名誉，情节严重的行为。这里的“暴力”，是指为使他人人格尊严及名誉受到损害而直接对被害人的人身施以不法有形力的强制手段。例如，以强行摁住或捆绑的手段扒光被害人衣裤，当众羞辱，或对被害人浇灌粪便；以拳打脚踢的手段，强迫被害人做难堪的动作，等等。但是，本罪的暴力程度是有限的，如果行为人以暴力直接造成被害人身体伤害，符合故意伤害罪犯罪构成的，则应以故意伤害罪论处。这里的“其他方法”，是指以文字、图画或语言的方式损害他人人格、名誉。一般来说，本罪中的侮辱行为必须是行为人公然实施的。所谓公然，是指在第三者能看到或听到的场合，或者用能够使第三者看到或听到的方法进行侮辱。至于被害人是否在场，不影响本罪的成立。如果行为人是在第三者不知晓且不可能让第三者知晓的情况下面对被害人进行侮辱，则不能认定为侮辱罪。侮辱行为必须情节严重，才能构成犯罪。所谓情节严重，一般是指侮辱的手段恶劣的（如以粪便泼洒他人身体，强迫他人吃污物等）；动机卑鄙、内容恶毒或者引起被害人精神失常、自杀等严重后果的；对外宾、党和国家领导人进行侮辱，引起群众公愤，造成恶劣政治影响的；多次实施侮辱行为的，等等。如果行为人的行为具有上述情形之一的，可以认定为情节严重，以侮辱罪论处。情节较轻的侮辱行为不构成犯罪。

诽谤罪在客观方面表现为捏造并散布某种虚构的事实，足以损害他人人格，破坏他人名誉，情节严重的行为。捏造事实，是指无中生有，凭空捏造虚假事实。如果行为人散布的是有损于他人名誉的真实事实，则不构成诽谤罪。捏造的事实在别人看来是否可信及可信的程度如何，不影响诽谤的性质。散布，是指向他人公布，使相当范围内的人了解和知道，并产生一定的社会影响。散布行为，可以通过一切足以使别人感受了解虚假事实的方式进行，如利用网络、报纸、杂志、广告、著作等书面文字形式，利用演讲、讲课、讲述、沿街叫骂等非文字形式。单纯的捏造并非诽谤的实行行为，将捏造的事实予以散布，才是诽谤的实行行为，即明知是损害他人名誉的虚假事实而散布的，也属于诽谤。根据 2013 年最高人民法院、最高人民检察院《关于办理利用信息网络实施诽谤等刑事案件适用法律若干问题的解释》第 1 条的规定，具有下列情形之一的，应当认定为"捏造事实诽谤他人"：（1）捏造损害他人名誉的事实，在信息网络上散布，或者组织、指使人员在信息网络上散布的；（2）将信息网络上涉及他人的原始信息内容篡改为损害他人名誉的事实，在信息网络上散布，或者组织、指使人员在信息网络上散布的。明知是捏造的损害他人名誉的事实，在信息网络上散布，情节恶劣的，以"捏造事实诽谤他人"论。

诽谤必须针对特定的人进行。特定的人既可以是一人，也可以是数人。特定的人不要求指名道姓或真名真姓，只要根据捏造、散布的事实、情节等具体情况可以推知是某个人即可。诽谤行为只要求足以败坏他人名誉即可，而实际上是否败坏了他人名誉，并不影响犯罪的成立。诽谤行为必须情节严重，才能构成犯罪。所谓情节严重，一般是指诽谤的手段恶劣、动机卑鄙、内容恶毒，或者引起被害人精神失常、自杀等严重后果的。根据 2013 年最高人民法院、最高人民检察院《关于办理利用信息网络实施诽谤等刑事案件适用法律若干问题的解释》第 2 条的规定，利用信息网络诽谤他人，具有下列情形之一的，应当认定为《刑法》第 246 条第 1 款规定的"情节严重"：（1）同一诽谤信息实际被点击、浏览次数达到 5000 次以上，或者被转发次数达到 500 次以上的；（2）造成被害人或者其近亲属精神失常、自残、自杀等严重后果的；（3）2 年内曾因诽谤受过行政处罚，又诽谤他人的；（4）其他情节严重的情形。情节较轻的诽谤行为不构成犯罪。

第 2 款是关于侮辱罪、诽谤罪告诉才处理的规定。

对于侮辱罪、诽谤罪，只有被侮辱人、被诽谤人亲自向人民法院控告的，人民法院才能受理；被侮辱人、被诽谤人不控告的，司法机关不能主动受理，追究侮辱、诽谤行为人的刑事责任。但也有例外，一是如果被害人受强制或者威吓而无法告诉的，人民检察院和被害人的近亲属也可以告诉。二是严重危害社会秩序和国家利益的除外。"严重危害社会秩序和国家利益"，主要是指侮辱、诽谤行为造成被害人精神失常或者自杀的；侮辱、诽谤外交使节造成恶劣政治影响的；

侮辱、诽谤国家领导人造成恶劣影响的，等等。对于这种严重危害社会秩序和国家利益的侮辱、诽谤犯罪行为，可由人民检察院提起公诉。

第 3 款是关于通过信息网络实施侮辱罪和诽谤罪，被害人向人民法院告诉，但提供证据确有困难的，人民法院可以要求公安机关提供协助的规定。由于侮辱、诽谤罪属于告诉才处理的犯罪，属于自诉案件，需要自诉人向人民法院提出证据，否则人民法院将说服自诉人撤回自诉或者裁定驳回。在实践中，由于通过网络实施侮辱、诽谤行为具有一定的隐蔽性，被害人很难确认加害人的身份，因此无法提出证据材料。

《刑法修正案（九）》为了解决这一问题，专门规定在信息网络侮辱、诽谤案中，被害人提出自诉时，提供证据确有困难的，人民法院可以要求公安机关提供协助。考虑到司法实践中的复杂情形，受技术等客观条件影响，有些情况下，公安机关也无法提供协助，因此，立法对此并未作强制性规定，而且只有被害人符合“提供证据确有困难”的条件时，人民法院才可以要求公安机关协助查明有关案件情况。

【实务问题】

1. 侮辱罪与强制侮辱罪的界限

二者的主要区别在于：（1）客体和犯罪对象不同。前罪侵犯的客体是他人的人格和名誉权利；而后罪侵犯的客体是妇女的性羞耻心和性尊严。前罪的对象在性别上没有限制，但必须是特定的自然人；而后罪的对象只能是已满 14 周岁的女性。（2）主观目的不同。前罪是为了败坏他人人格和名誉，动机多出于泄私愤、图报复、发泄不满；而后罪则一般是为了寻求性刺激，满足性欲，但出于报复心理对妇女实施侮辱行为，伤害妇女性羞耻心、侵犯妇女性尊严的，应以强制侮辱罪论处。（3）行为方式不同。前罪不要求必须使用强制方法，但要求必须公然实施侮辱行为；而后罪要求采用暴力、胁迫等强制方法，既可公然实施，也可在非公然的场合实施。（4）成立犯罪的要求不同。前罪成立以情节严重作为重要的条件；而后罪的成立并无此限制。

2. 诽谤罪与诬告陷害罪的界限。

二者的主要区别在于：（1）客体不同。前罪侵犯的客体是他人人格和名誉；而后罪侵犯的是公民的人身权利和司法机关的正常活动。（2）所捏造的事实内容不同。前罪捏造的是足以损害他人人格、名誉的内容；而后罪捏造的是犯罪事实。（3）行为方式不同。前罪是向社会扩散，从而让众多人知道；而后罪则是向国家司法机关或者有关部门告发。（4）主观方面不同。前罪在主观方面具有贬低、损害他人人格、名誉的目的；而后罪的目的则是意图使他人受刑事处分。

3. 诽谤罪与侮辱罪的界限

二者在客体、主体和主观方面相同，主要区别在于：（1）前罪的方法只能是非暴力的，即以言辞或文字实施的，不可能是暴力的；而后罪的方法既可以是非暴力的（以言辞或文字进行的），也可以是暴力的。（2）前罪必须有捏造事实并加以散布的行为；而后罪则不以捏造事实的方法进行。侮辱罪的实施，可以直接实施贬低他人人格、名誉的行为，如撕破妇女衣服；也可用真实事实实施贬低他人人格、名誉的行为，如将他人的婚外性行为公然宣扬、亵渎。但故意捏造他人有婚外性行为的虚假事实并加以散布的，则属诽谤。

第二百四十七条 〔刑讯逼供罪；暴力取证罪〕

司法工作人员对犯罪嫌疑人、被告人实行刑讯逼供或者使用暴力逼取证人证言的，处三年以下有期徒刑或者拘役。致人伤残、死亡的，依照本法第二百三十四条、第二百三十二条的规定定罪从重处罚。

本条是关于刑讯逼供罪和暴力取证罪的罪刑条款内容。

【条文释义】

刑讯逼供罪，是指司法工作人员对犯罪嫌疑人、被告人使用肉刑或者变相肉刑逼取口供的行为。

本罪侵犯的客体是公民的人身权利和司法机关的正常活动，侵犯的对象是犯罪嫌疑人或被告人。

本罪在客观方面表现为对犯罪嫌疑人、被告人使用肉刑或者变相肉刑逼取口供的行为。所谓肉刑，是指以暴力手段直接对被害人的人身进行肉体摧残。所谓变相肉刑，是指除肉刑以外的其他对犯罪嫌疑人、被告人施以的身体摧残或精神折磨，如长时间的冻饿、罚站、日晒、不准睡眠等。无论采取何种方法，都必须是行为人在行使职权过程中实施的，其目的是逼取口供。至于是否取得口供并不影响本罪的成立。如果在审讯中采用诱供、指供等错误方法，但没有使用肉刑或变相肉刑的，不构成本罪。

本罪的主体是特殊主体，即只能是司法工作人员。普通机关、事业单位的保卫人员、保安人员，城市、农村的联防队员等对有犯罪嫌疑的人进行刑讯逼供的，不能独立构成本罪，一般可根据具体情形，以故意伤害罪或者非法拘禁罪等论处。如果上述人员是在司法工作人员的指使、授意下进行刑讯逼供的，则可与司法工作人员构成本罪的共犯。

本罪在主观方面表现为故意，并且具有逼取口供的目的。如果司法工作人员出于其他目的，如泄愤、报复等，而对犯罪嫌疑人或被告人施以肉刑或变相肉刑，构成犯罪的，可以其他犯罪论处，不构成本罪。

暴力取证罪，是指司法工作人员以暴力逼取证人证言、被害人陈述的行为。

本罪侵犯的客体是公民的人身权利和司法机关的正常活动，侵犯的对象是证人、被害人。

本罪在客观方面表现为使用暴力逼取证人证言、被害人陈述的行为。

本条还对刑讯逼供罪、暴力取证罪的转化犯进行了规定。根据本条规定，刑讯逼供、暴力取证致人伤残、死亡的，应依照故意伤害罪、故意杀人罪定罪从重处罚。这里的“伤残”应理解为重伤害，包括属于重伤害的各类残疾，但不包括轻伤在内。致人死亡，是指由于暴力摧残或其他折磨行为，导致被害人当场死亡或经抢救无效死亡。

【实务问题】

1. 刑讯逼供罪的立案标准

根据最高人民检察院《关于渎职侵权犯罪案件立案标准的规定》的规定，司法工作人员对犯罪嫌疑人、被告人使用肉刑或者变相肉刑逼取口供，涉嫌下列情形之一的，应予立案：（1）以殴打、捆绑、违法使用械具等恶劣手段逼取口供的；（2）以较长时间冻、饿、晒、烤等手段逼取口供，严重损害犯罪嫌疑人、被告人身体健康的；（3）刑讯逼供造成犯罪嫌疑人、被告人轻伤、重伤、死亡的；（4）刑讯逼供，情节严重，导致犯罪嫌疑人、被告人自杀、自残造成重伤、死亡，或者精神失常的；（5）刑讯逼供，造成错案的；（6）刑讯逼供3人次以上的；（7）纵容、授意、指使、强迫他人刑讯逼供，具有上述情形之一的；（8）其他刑讯逼供应予追究刑事责任的情形。

2. 暴力取证罪的立案标准

根据最高人民检察院《关于渎职侵权犯罪案件立案标准的规定》的规定，司法工作人员以暴力逼取证人证言，涉嫌下列情形之一的，应予立案：（1）以殴打、捆绑、违法使用械具等恶劣手段逼取证人证言的；（2）暴力取证造成证人轻伤、重伤、死亡的；（3）暴力取证，情节严重，导致证人自杀、自残造成重伤、死亡，或者精神失常的；（4）暴力取证，造成错案的；（5）暴力取证3人次以上的；（6）纵容、授意、指使、强迫他人暴力取证，具有上述情形之一的；（7）其他暴力取证应予追究刑事责任的情形。

3. 刑讯逼供罪与非法拘禁罪的界限

二者的主要区别在于：（1）侵犯的对象不同。前者侵犯的对象是犯罪嫌疑人、被告人；后者侵犯的对象可以是任何公民。（2）客观方面不同。前者表现为使用肉刑、变相肉刑逼取口供的行为；后者是使用扣押、禁闭或者其他方法，非法剥夺他人人身自由的行为。（3）犯罪的目的不同。前者的行为人的目的是逼取口供；后者的行为人则可以有多种目的。（4）主体不同。前者的主体是特殊主体，即限于司法工作人员；后者的主体为一般主体。在司法实践中应当注意，司法工作人员为刑讯逼供而非法剥夺犯罪嫌疑人、被告人人身自由的，应以刑讯逼供罪一罪对行为人定罪从重处罚，而不能实行数罪并罚。对于非司法工作人员剥夺他人人身自由并采用肉刑或者变相肉刑逼取口供的，应视具体情况认定行为人的犯罪性质：如果行为人在非法拘禁中未使用暴力致人伤残、死亡，以非法拘禁罪对其定罪处罚；如果使用暴力致人伤残、死亡的，应以故意伤害罪、故意杀人罪对其定罪处罚。

第二百四十八条 〔虐待被监管人罪〕

监狱、拘留所、看守所等监管机构的监管人员对被监管人进行殴打或者体罚虐待，情节严重的，处三年以下有期徒刑或者拘役；情节特别严重的，处三年以上十年以下有期徒刑。致人伤残、死亡的，依照本法第二百三十四条、第二百三十二条的规定定罪从重处罚。

监管人员指使被监管人殴打或者体罚虐待其他被监管人的，依照前款的规定处罚。

本条是关于虐待被监管人罪的罪刑条款内容。

【条文释义】

本条共分为2款。第1款是关于虐待被监管人罪及其处罚的规定。

虐待被监管人罪，是指监狱、拘留所、看守所等监管机构的监管人员对被监管人进行殴打或者体罚虐待，情节严重的行为。

这里的“监管人员”，是指在监狱、拘留所、看守所等监管机构中行使监管职责的工作人员。“体罚虐待”，是指监管人员违反监管法规的规定，对被监管人实施殴打、捆绑、冻饿、强迫从事过度劳动、侮辱人格、滥施械具等行为。“被监管人”，是指在监狱等刑罚执行场所服刑的罪犯，在拘留所中被执行行政拘留处罚的人，在看守所中被监管的犯罪嫌疑人和被告人以及其他依法被监管的人。如果体罚虐待的不是被监管的人，则不能构成本罪，对构成其他犯罪的，应依照《刑法》有关规定追究刑事责任。

第2款是关于监管人员指使被监管人殴打或者体罚虐待其他被监管人的定罪处罚规定。

这里的“指使”，是指监管人员指挥、唆使、命令、纵容或暗示被监管人殴打或者体罚虐待其他被监管人。这种情况在实践中时有发生，不仅影响恶劣，而且会因此使一些经常殴打、体罚虐待他人的被监管人成为“牢头狱霸”，妨害正常的监管秩序。在这种情况下，实施体罚虐待的被监管人并非监管人员，固然不能单独构成虐待被监管人罪，但他们是体罚虐待行为的直接实施者，仍可构成虐待被监管人罪的共犯。但由于被监管人有可能是在被胁迫或诱骗之下参与的，所以应视其所起的作用和地位，按照共同犯罪的有关规定，在量刑上予以酌情考虑。

【实务问题】

1. 本罪罪与非罪的界限

认定本罪时，应注意的是：首先，对于情节一般的殴打、体罚虐待被监管人的行为，不应以犯罪论处。比如，对于监管人员一时感情用事，对被监管人扇几个耳光、打两拳，并未造成严重后果的，可以给予批评教育或者由其主管部门予以行政处分，而不应以犯罪论处。其次，要将正当的管教措施与虐待被监管人的行为区分开来。根据《监狱法》等监管法规，为保证监管活动的正常开展和维护良好的监管秩序，监管人员在紧急情况或必要时，有权对被监管人采取使用械具、予以禁闭、使用警棍乃至武器等强制措施。这些措施在客观上与体罚虐待行为相似，实则有本质区别。

2. 本罪的立案标准

根据最高人民检察院《关于渎职侵权犯罪案件立案标准的规定》的规定，监狱、拘留所、看守所等监管机构的监管人员对被监管人进行殴打或者体罚虐待，涉嫌下列情形之一的，应予立案：（1）以殴打、捆绑、违法使用械具等恶劣手段虐待被监管人的；（2）以较长时间冻、饿、晒、烤等手段虐待被监管人，严重损害其身体健康的；（3）虐待造成被监管人轻伤、重伤、死亡的；（4）虐待被监管人，情节严重，导致被监管人自杀、自残造成重伤、死亡，或者精神失常的；（5）殴打或者体罚虐待3人次以上的；（6）指使被监管人殴打、体罚虐待其他被监管人，具有上述情形之一的；（7）其他情节严重的情形。

3. 本罪与刑讯逼供罪的界限

两罪的区别在于：（1）客体不完全相同。本罪侵犯的客体是司法机关的活动，具体表现为监管活动，对象可以是一切被监管机关监管的人；而刑讯逼供罪侵犯的客体是司法机关的正常活动，具体表现为审讯活动及证据收集制度，对象限于犯罪嫌疑人与被告人（包括被监管的犯罪嫌疑人与被告人）。（2）主体范围不同。本罪的主体为监狱、拘留所、看守所等监管机构的监管人员；而刑讯逼供罪的主体是各种司法工作人员。（3）犯罪目的不同。本罪的行为人无逼取口供的目的；而刑讯逼供罪的行为人的目的则在于逼取口供。在实践中，司法工作人员（包括监管人员）为了逼取口供而对被监管的犯罪嫌疑人、被告人实行殴打、体罚虐待的，应以刑讯逼供罪定罪处罚。

第二百四十九条 〔煽动民族仇恨、民族歧视罪〕

煽动民族仇恨、民族歧视，情节严重的，处三年以下有期徒刑、拘役、管制或者剥夺政治权利；情节特别严重的，处三年以上十年以下有期徒刑。

本条是关于煽动民族仇恨、民族歧视罪的罪刑条款内容。

【条文释义】

煽动民族仇恨、民族歧视罪，是指采用各种方法公开煽动民族仇恨、民族歧视，情节严重的行为。

这里的“煽动”，是指以造谣、诽谤、怂恿、挑唆等方式鼓动、宣传和表达对某一民族的仇恨和歧视，以期他人也同样地产生民族仇恨和民族歧视。煽动的表现形式多种多样，既可以是当面直接进行煽动，也可以是委托他人转达进行间接煽动；既可以是语言的形式（如发表演讲），也可以是文字的形式（如书写、张贴、散发标语、传单，印刷、散发书画、非法刊物，投寄、扩散书信等）。所谓民族仇恨，是指不同民族之间基于政治、历史、文化传统、风俗习惯、经济发展等方面的差异而产生的仇视和对立情绪。所谓民族歧视，是指不同民族之间基于上述差异而产生的偏见和轻蔑，意图损害其他民族平等地位以及其他合法权益。根据2000年全国人民代表大会常务委员会《关于维护互联网安全的决定》第2条第3项的规定，利用互联网煽动民族仇恨、民族歧视、破坏民族团结，情节严重的，依照《刑法》有关规定追究刑事责任。

【实务问题】

本罪罪与非罪的界限

本罪属于举动犯，也称即时犯，是指一着手实行犯罪即告完成而成立犯罪既遂的犯罪形态。立法上将原本为教唆性质的行为规定为犯罪的实行行为，无论被煽动者是否产生了民族仇恨和民族歧视，无论是否造成了实际的危害后果，行为人都构成犯罪。

第二百五十条 〔出版歧视、侮辱少数民族作品罪〕

在出版物中刊载歧视、侮辱少数民族的内容，情节恶劣，造成严重后果的，对直接责任人员，处三年以下有期徒刑、拘役或者管制。

本条是关于出版歧视、侮辱少数民族作品罪的罪刑条款内容。

【条文释义】

出版歧视、侮辱少数民族作品罪，是指在出版物中刊载歧视、侮辱少数民族的内容，情节恶劣，造成严重后果的行为。

本罪在客观方面表现为以下几点：（1）必须有在出版物中刊载歧视、侮辱少数民族内容的行为。这里的“出版物”，是指一切被编印出来供人们视听、阅览的物品，如书籍、书刊抄本、录像带、录音带、图片、挂历，等等。“刊载”应作广义的理解，其含义应等同于出版，即出版物的出版、印刷或者复制、发行。（2）刊载的必须是歧视、侮辱少数民族的内容。“歧视”，是指基于民族的起源、历史、风俗习惯等的不同，而在出版物中对其他民族予以贬低、蔑视。“侮辱”，是指基于民族的起源、历史、风俗习惯等的不同，而对其他民族予以丑化、嘲讽、辱骂。所谓歧视、侮辱少数民族的内容，是指在出版物中具有不平等地对待少数民族或者损害少数民族名誉，使少数民族蒙受耻辱的内容，如丑化少数民族的风俗习惯；攻击少数民族的婚姻习俗；刊登少数民族裸露过多的图片、照片，并加以丑化、歪曲，等等。

【实务问题】

本罪与侮辱罪、诽谤罪的界限

本罪与侮辱罪、诽谤罪的区别在于：（1）犯罪客体不同。本罪侵犯的客体是民族团结和少数民族的尊严；而侮辱罪、诽谤罪侵犯的客体是他人的人格和名誉权利。（2）犯罪对象不同。本罪的对象是作为群体的少数民族；而侮辱罪、诽谤罪的对象则是特定的人，可以是一人，也可以是数人，但必须是具体的、可以确认的。（3）犯罪的客观方面不同。本罪在客观方面只能表现为在出版物中刊载歧视、侮辱少数民族的内容，情节恶劣，造成严重后果的行为；而侮辱罪、诽谤罪在客观方面既可以采取出版作品等文字方式，也可以采取口头、动作等其他方式。

第二百五十一条〔非法剥夺公民宗教信仰自由罪；侵犯少数民族风俗习惯罪〕

国家机关工作人员非法剥夺公民的宗教信仰自由和侵犯少数民族风俗习惯，情节严重的，处二年以下有期徒刑或者拘役。

本条是关于非法剥夺公民宗教信仰自由罪和侵犯少数民族风俗习惯罪的罪刑条款内容。

【条文释义】

非法剥夺公民宗教信仰自由罪，是指国家机关工作人员非法剥夺公民的宗教信仰自由，情节严重的行为。

非法剥夺公民宗教信仰自由罪在客观方面表现为非法剥夺公民的宗教信仰自由，情节严重的行为。本罪的行为方式主要有以下几种：（1）以暴力、胁迫或其他非法手段干涉他人宗教信仰自由；（2）封闭或破坏宗教场所及必要设施；（3）禁止或扰乱正当的宗教活动；（4）对信仰宗教的公民进行威胁、打击、迫害，后果严重的；（5）非法撤销合法的宗教组织，非法剥夺教职人员在各宗教团体的领导下履行宗教职务的权利，非法阻挠、禁止宗教刊物的发行或者勒令停办宗教院校等。

侵犯少数民族风俗习惯罪，是指国家机关工作人员侵犯少数民族风俗习惯，情节严重的行为。

本罪在客观方面表现为以强制手段破坏少数民族风俗习惯，情节严重的行为。这里要注意三个方面的问题：第一，侵犯少数民族风俗习惯的客观行为必须具有强制性。如果以宣传教育的方法促使少数民族自愿放弃、改革自己的落后风俗习惯，则不构成本罪。第二，侵犯少数民族风俗习惯的行为必须具有非法性，即对少数民族的风俗习惯的干涉是没有合法根据的。第三，所侵犯的必须是少数民族的风俗习惯，即汉族以外的民族的风俗习惯。这种风俗习惯必须是少数民族在长期的生产、生活过程中形成的、具有群众基础的风俗习惯，因此，侵犯汉族风俗习惯的行为，以及干涉少数民族的个别人并非基于风俗习惯所进行的活动，不构成本罪。

非法剥夺公民宗教信仰自由罪和侵犯少数民族风俗习惯罪的主体是特殊主体，即国家机关工作人员。

【实务问题】

非法剥夺公民宗教信仰自由罪罪与非罪的界限

认定非法剥夺公民宗教信仰自由罪时，应注意以下几点：（1）区分正常的宗教活动与非正常的宗教活动的界限。非正常的宗教活动，是指利用宗教活动干预国家行政、司法、教育的行为，是国家法律所不允许的。如果行为人干涉、禁止这样的所谓宗教活动，并不是对法律保护的公民宗教信仰自由权利的侵犯，而是维护国家法律的行为，因此，不构成犯罪。（2）非法剥夺公民宗教信仰自由罪与一般违法行为的界限。在司法实践中，一定要注意分清是国家机关工作人员由于工作方法简单粗暴或政策水平低所引起的一般侵犯他人宗教信仰自由权的行为，还是具有非法剥夺、干涉他人宗教信仰自由的故意而实施的手段恶劣的或是危害结果严重的犯罪行为。对于一般工作上的问题，可通过总结经验、批评教育、向被害人赔礼道歉、赔偿损失等方式来解决；构成犯罪的，应依法追究行为人的刑事责任。

第二百五十二条　〔侵犯通信自由罪〕

隐匿、毁弃或者非法开拆他人信件，侵犯公民通信自由权利，情节严重的，处一年以下有期徒刑或者拘役。

本条是关于侵犯通信自由罪的罪刑条款内容。

【条文释义】

侵犯通信自由罪，是指隐匿、毁弃或者非法开拆他人信件，侵犯公民通信自由权利，情节严重的行为。

本罪侵犯的客体是公民的通信自由和通信秘密的权利。所谓通信自由，是指与他人进行正当通信的自由；通信秘密，是指为自己信件保守秘密，不受非法干涉和侵犯的权利。本罪的对象是公民的信件，可以包括电报、信函等文字邮件，但不包括汇款、包裹、书籍纸包等邮件。随着科技的进步和互联网的普及，书信在通信方式上的统治地位逐渐被削弱，而以互联网为媒介的电子邮件和其他文字、语音、视频日益成为重要的通信联络方式。2000 年全国人民代表大会常务委员会《关于维护互联网安全的决定》第 4 条第 2 项规定，非法截获、篡改、删除他人电子邮件或者其他数据资料，侵犯公民通信自由和通信秘密的，依照《刑法》有关规定追究刑事责任。

【实务问题】

本罪罪与非罪的界限

对于行为人无意中遗失、积压、毁弃他人信件，或者误把他人信件当做自己的信件开拆的，不构成犯罪。侵犯通信自由的行为，必须是情节严重的，才构成犯罪。情节是否严重，是区分本罪与一般违法行为的界限。这里的“情节严重”，主要是指：（1）隐匿、毁弃、非法开拆他人信件，次数较多，数量较大的；（2）致使他人工作、生活受到严重妨害或身体、精神受到严重损害的；（3）非法开拆他人信件，涂改信中内容，或者张扬他人隐私、侮辱他人人格、破坏他人名誉的；（4）造成其他严重后果的，等等。

第二百五十三条

〔私自开拆、隐匿、毁弃邮件、电报罪〕**邮政工作人员私自开拆或者隐匿、毁弃邮件、电报的，处二年以下有期徒刑或者拘役。**

犯前款罪而窃取财物的，依照本法第二百六十四条的规定定罪从重处罚。

本条是关于私自开拆、隐匿、毁弃邮件、电报罪的罪刑条款内容。

【条文释义】

本条共分为 2 款。第 1 款是关于私自开拆、隐匿、毁弃邮件、电报罪及其处罚的规定。

私自开拆、隐匿、毁弃邮件、电报罪，是指邮政工作人员利用职务上的便利，私自开拆或者隐匿、毁弃邮件、电报的行为。

这里的“邮件”，是指通过邮政企业寄递的信件（信函、明信片）、印刷品、邮包、报刊、汇款通知等。“电报”，是指明码电报、密码电报、传真等。“私自开拆”，是指对寄递中的邮件、电报，未经寄件人或者收件人同意而擅自予以开拆。“隐匿”，是指将邮件、电报非法截留、收藏而不向收件人递交。“毁弃”，是指将邮件、电报撕毁、湮灭、抛弃，致使收件人无法查收。

本罪的主体是特殊主体，即邮政工作人员，包括邮政部门从事邮递业务的营业员、分拣员、投递员、押运员，以及受邮政部门委托的代办员、分邮员等。

第 2 款是关于邮政工作人员私自开拆或者隐匿、毁弃邮件、电报而窃取财物的，依照盗窃罪的规定定罪从重处罚的规定。

这里的“窃取财物”，是指邮政工作人员在私自开拆或者隐匿、毁弃邮件的同时，从邮件中窃取财物的行为。这种行为既妨害了邮政通信，又侵犯了他人的合法财产。依照本款规定，对于邮政工作人员私自开拆或者隐匿、毁弃邮件、电报同时窃取财物的，应依照《刑法》第 264 条关于盗窃罪的规定从重处罚。

【实务问题】

1. 本罪罪与非罪的界限

认定本罪时，应注意以下几点：（1）本罪与合法行为的界限。根据《刑事诉讼法》第 143 条的规定：“侦查人员认为需要扣押犯罪嫌疑人的邮件、电报的时候，经公安机关或者人民检察院批准，即可通知邮电机关将有关的邮件、电报检交扣押。不需要继续扣押的时候，应即通知邮电机关。”邮政工作人员按照司法机关的通知，将有关邮件、电报检交扣押，是完全合法的行为，与私自开拆、隐匿、毁弃邮件、电报的行为有本质区别。（2）本罪罪与非罪的界限。并非出于故意，而是由于过失所导致的误拆、遗失邮袋、信件、包裹、电报的，不构成本罪。邮政工作人员虽属故意私自开拆或者隐匿、毁弃邮件、电报，但情节显著轻微，危害不大的，也不构成本罪。

2. 本罪与侵犯通信自由罪的界限

二者的主要区别在于：（1）犯罪的主体不同。本罪的主体是特殊主体，必须由邮政工作人员构成；而侵犯通信自由罪的主体是一般主体。（2）犯罪对象也不完全相同。本罪的对象是邮件和电报；而侵犯通信自由罪的对象仅限于信件，范围较前者狭窄。（3）客观要件不同。本罪以利用职务上的便利为要件；而侵犯通信自由罪的成立则与行为人的职务无关。如果邮政工作人员没有利用职务之便实施了私自开拆或者隐匿、毁弃邮件、电报，情节严重的，则构成侵犯通信自由罪。

第二百五十三条之一　〔侵犯公民个人信息罪〕

违反国家有关规定，向他人出售或者提供公民个人信息，情节严重的，处三年以下有期徒刑或者拘役，并处或者单处罚金；情节特别严重的，处三年以上七年以下有期徒刑，并处罚金。

违反国家有关规定，将在履行职责或者提供服务过程中获得的公民个人信息，出售或者提供给他人的，依照前款的规定从重处罚。

窃取或者以其他方法非法获取公民个人信息的，依照第一款的规定处罚。

单位犯前三款罪的，对单位判处罚金，并对其直接负责的主管人员和其他直接责任人员，依照各该款的规定处罚。

本条是关于侵犯公民个人信息罪的罪刑条款内容。

本条为2009年2月28日通过的《刑法修正案（七）》所增加。

【主要修改】

本条为2015年8月29日通过的《刑法修正案（九）》所修改，该条内容原为："国家机关或者金融、电信、交通、教育、医疗等单位的工作人员，违反国家规定，将本单位在履行职责或者提供服务过程中获得的公民个人信息，出售或者非法提供给他人，情节严重的，处三年以下有期徒刑或者拘役，并处或者单处罚金。窃取或者以其他方法非法获取上述信息，情节严重的，依照前款的规定处罚。单位犯前两款罪的，对单位判处罚金，并对其直接负责的主管人员和其他直接责任人员，依照各该款的规定处罚。"

【条文释义】

侵犯公民个人信息罪，是指违反国家有关规定，向他人出售或者提供公民个人信息，情节严重的行为。

本条共分为4款。第1款是关于侵犯公民个人信息罪及其处罚的规定。

本罪侵犯的客体是公民的个人信息秘密权。根据最高人民法院、最高人民检察院《关于办理侵犯公民个人信息刑事案件适用法律若干问题的解释》的规定，这里的"公民个人信息"，是指以电子或者其他方式记录的能够单独或者与其他信息结合识别特定自然人身份或者反映特定自然人活动情况的各种信息，包括姓名、身份证件号码、通信通讯联系方式、住址、账号密码、财产状况、行踪轨迹等。“违反国家规定”，是指违反法律、行政法规、部门规章有关公民个人信息保护的规定。“出售”，是指将自己掌握的公民个人信息卖给他人，从中牟利的行为。“提供”，是指向特定人提供公民个人信息，以及通过信息网络或者其他途径发布公民个人信息的行为。未经被收集者同意，将合法收集的公民个人信息向他人提供的，属于“提供公民个人信息”，但是经过处理无法识别特定个人且不能复原的除外。

第 2 款是关于违反国家有关规定，将在履行职责或者提供服务过程中获得的公民个人信息，出售或者提供给他人的从重处罚的规定。

本罪的主体是一般主体，包括自然人和单位。如果国家机关或者金融、电信、交通、教育、医疗等单位的工作人员将在履行职责或者提供服务过程中获得的公民个人信息，出售或者提供给他人的，从重处罚。

第 3 款是关于窃取或者以其他方法非法获取公民个人信息的，以侵犯公民个人信息罪论处的规定。

“窃取”不限于实体行为的窃取，还包括通过计算机信息网络等方式，非法侵入电信、交通、教育、医疗等单位的计算机系统，窃取这些单位掌握的公民个人信息。“以其他方法非法获取公民个人信息”，是指违反国家有关规定，通过购买、收受、交换等方式获取公民个人信息，或者在履行职责、提供服务过程中收集公民个人信息的行为。

第 4 款是单位犯本罪的规定。根据该款规定，单位实施出售或者非法提供公民个人信息和非法获取公民个人信息行为，构成犯罪的，对单位判处罚金，并对其直接负责的主管人员和其他直接责任人员，依照各该款的规定处罚。

本款体现了对单位犯罪实施双罚制，这样规定也是针对实践中出现的单位实施侵犯公民个人信息的危害社会行为，予以刑事制裁，严密刑事法网的需要。

【实务问题】

本罪罪与非罪的界限

区分本罪罪与非罪主要看是否达到“情节严重”的程度。本罪中的“情节严重”，主要包括以下几种情况：（1）涉及公民个人信息数量较大或者违法所得数额较大的；（2）多次实施出售、提供、窃取或者以其他方法非法获取公民个人信息的；（3）出售、提供、窃取及非法获取的信息被用于进行违法犯罪活动，如被他人用以实施犯罪，造成被害人人身伤害或者死亡，或者造成重大经济损失、恶劣社会影响的等。如果虽有向他人出售或者提供公民个人信息，窃取或者以其他方法非法获取公民个人信息的行为，但情节较轻的，不构成犯罪。

第二百五十四条　〔报复陷害罪〕

国家机关工作人员滥用职权、假公济私，对控告人、申诉人、批评人、举报人实行报复陷害的，处二年以下有期徒刑或者拘役；情节严重的，处二年以上七年以下有期徒刑。

本条是关于报复陷害罪的罪刑条款内容。

【条文释义】

报复陷害罪，是指国家机关工作人员滥用职权、假公济私，对控告人、申诉人、批评人、举报人实行报复陷害的行为。

本罪的主体是国家机关工作人员。非国家机关工作人员实施报复陷害行为的，不构成本罪，而应按其报复陷害的行为及后果等作其他处理。这里的“滥用职权”，是指国家机关工作人员违背职责而行使职权。“假公济私”，是指国家机关工作人员以工作为名，为徇私情或实现个人目的而利用职务上的便利。“报复陷害”，主要是指国家机关工作人员利用手中的权力，以各种借口进行政治上或者经济上的迫害，如降职，降级，调离岗位，经济处罚，开除公职，捏造事实诬陷其经济、生活作风上有问题等。报复陷害的行为，必须采取滥用职权或者假公济私的方法。如果行为人进行报复陷害与滥用职权、假公济私没有联系，则不构成本罪。

根据本条规定，报复陷害的对象只能是控告人、申诉人、批评人和举报人。这里的“控告人”，是指由于受到侵害而向司法机关或者其他机关、团体、单位告发他人违法犯罪或者违纪违章活动的人。“申诉人”，是指对司法机关已经发生法律效力的判决、裁定或者决定不服，对国家行政机关处罚的决定不服或者对其他纪律处分的决定不服而提出申诉意见的人。“批评人”，是指对他人包括国家机关的错误做法提出批评意见的人。“举报人”，是指向司法机关检举、揭发犯罪嫌疑人的犯罪事实或者犯罪嫌疑人线索的人。

本罪在主观方面表现为直接故意，并且具有报复陷害他人的目的。

【实务问题】

1. 本罪罪与非罪的界限

如果行为人没有报复陷害的目的，而是由于政策水平不高，思想方法主观片面，工作作风简单粗暴，对事实未能查清等原因，对控告人、申诉人、批评人、举报人处理不当，致使其遭受损失的，属于工作上的失误，不构成犯罪。国家机关工作人员滥用职权，实行打击报复，但情节显著轻微，危害不大的，一般不以犯罪论处，可予批评教育，或者给予相应的行政纪律处分。

2. 本罪的立案标准

根据最高人民检察院《关于渎职侵权犯罪案件立案标准的规定》的规定，国家机关工作人员滥用职权、假公济私，对控告人、申诉人、批评人、举报人实行打击报复、陷害，涉嫌下列情形之一的，应予立案：（1）报复陷害，情节严重，导致控告人、申诉人、批评人、举报人或者其近亲属自杀、自残造成重伤、死亡，或者精神失常的；（2）致使控告人、申诉人、批评人、举报人或者其近亲属的其他合法权利受到严重损害的；（3）其他报复陷害应予追究刑事责任的情形。

3. 本罪与诬告陷害罪的界限

二者的区别在于：（1）犯罪客体不同。本罪侵犯的客体是公民的控告权、申诉权、批评权、举报权等民主权利和国家机关的正常活动；而诬告陷害罪侵犯的是他人的人身权利和司法机关的正常活动。（2）犯罪对象不同。本罪的对象仅限于控告人、申诉人、批评人和举报人；而对诬告陷害罪的对象，法律未作限制性的规定。（3）犯罪客观方面不同。本罪在客观方面表现为行为人滥用职权、假公济私，对控告人、申诉人、批评人、举报人进行报复陷害的行为；而诬告陷害罪在客观方面表现为行为人捏造犯罪事实，向国家机关和有关单位作虚假告发的行为。（4）犯罪主体不同。本罪的主体是特殊主体，只有国家机关工作人员才能构成；而诬告陷害罪的主体是一般主体。（5）犯罪主观方面不同。本罪在主观方面具有报复陷害他人的目的；而诬告陷害罪在主观方面则以使他人受到刑事追究为目的。

第二百五十五条 〔打击报复会计、统计人员罪〕

公司、企业、事业单位、机关、团体的领导人，对依法履行职责、抵制违反会计法、统计法行为的会计、统计人员实行打击报复，情节恶劣的，处三年以下有期徒刑或者拘役。

本条是关于打击报复会计、统计人员罪的罪刑条款内容。

【条文释义】

打击报复会计、统计人员罪，是指公司、企业、事业单位、机关、团体的领导人，对依法履行职责、抵制违反会计法、统计法行为的会计、统计人员实行打击报复，情节恶劣的行为。

这里的“情节恶劣”，主要是指：（1）打击报复手段恶劣的；（2）对多人进行打击报复的；（3）屡教不改，多次进行打击报复的；（4）打击报复致使会计、统计人员不敢依法履行职责的；（5）打击报复致使会计、统计人员精神失常，造成严重后果的，等等。

本罪的主体是公司、企业、事业单位、机关、团体的领导人。上述人员以外的其他人对会计、统计人员实施报复行为的，不构成本罪，应按其报复的行为及后果等作其他处理。

本罪的对象是依法履行职责、抵制违反会计法、统计法行为的会计、统计人员。这里的“违反会计法”的行为，主要是指伪造、变造、隐匿、故意毁灭会计凭证、会计账簿、会计报表和其他会计资料的，利用虚假的会计凭证、会计账簿、会计报表和其他会计资料逃税或者损害国家利益、社会公众利益的，对不真实、不合法的原始凭证予以受理的，对违法的收支不提出书面意见或者不报告的等。

打击报复的形式多种多样，如扣发工资、奖金，调动工作，撤换职务，强行辞退，为其晋升职称设置障碍，等等。打击报复的行为是否利用职权不影响本罪的成立。

【实务问题】

罪数的认定

国家机关工作人员滥用职权、假公济私，对依法履行职责、抵制违反会计法、统计法行为，同时又是控告人、申诉人、批评人和举报人的会计、统计人员进行打击报复的，属于本罪与报复陷害罪的想象竞合犯，应从一重处断。

第二百五十六条　〔破坏选举罪〕

在选举各级人民代表大会代表和国家机关领导人员时，以暴力、威胁、欺骗、贿赂、伪造选举文件、虚报选举票数等手段破坏选举或者妨害选民和代表自由行使选举权和被选举权，情节严重的，处三年以下有期徒刑、拘役或者剥夺政治权利。

本条是关于破坏选举罪的罪刑条款内容。

【条文释义】

破坏选举罪，是指在选举各级人民代表大会代表和国家机关领导人员时，以暴力、威胁、欺骗、贿赂、伪造选举文件、虚报选举票数等手段破坏选举或者妨害选民和代表自由行使选举权和被选举权，情节严重的行为。

这里的“暴力”，是指直接对选民、各级人民代表大会代表、候选人、选举工作人员的人身或有关交通工具、设备、设施等施以不法的有形力，进行强制或损毁，如殴打、捆绑被害人，或者砸毁前往选举地点的交通工具等，使其无法正常实现选举权、被选举权。“威胁”，是指以杀害、伤害、破坏名誉等手段进行精神强制，迫使有关选民或代表放弃选举权、被选举权，或者按照威胁人的意愿进行选举等。“欺骗”，是指捏造事实，颠倒是非，以虚假的事实扰乱选举的正常进行。“贿赂”，是指用金钱或者其他物质利益收买选民和代表，以实现自己操纵、破坏选举或者进行其他舞弊活动的目的。“伪造选举文件”，是指采用伪造选民证、选票、选民名单、候选人名单、代表资格报告等选举文件的方法破坏选举。“虚报选举票数”，是指选举工作人员对于统计出来的选票数、赞成和反对票数等进行虚假汇报的行为。上述破坏选举的行为，只有情节严重的，才构成犯罪。这里的“情节严重”，主要是指破坏选举手段恶劣、后果严重或者造成恶劣影响等情况。

需要注意的是，构成本罪的破坏选举行为，必须是在选举各级人民代表大会代表和国家机关领导人员时实施的。如果破坏行为不是发生在这一活动过程中，而是发生在选举结束以后，或者发生在选举各级人民代表大会代表和国家机关领导人员以外的选举活动中，如工会、共青团、妇联等社会团体的选举，各级党组织及其他民主党派的选举，企业、事业单位的领导人员的选举等，就不属于本罪的范畴。尽管根据《中华人民共和国村民委员会组织法》的规定，选举村民委员会的组成人员也是村民依法享有的选举权和被选举权的重要内容之一，但由于村民委员会的组成人员既不属于人民代表大会的代表，也不属于国家机关的领导人员，根据罪刑法定原则的要求，破坏村民委员会选举的行为不能构成本罪。如果情节严重，可以视具体情况，依照《刑法》第 291 条聚众扰乱公共场所秩序罪、第 293 条寻衅滋事罪等追究刑事责任。

【实务问题】

1. 本罪罪与非罪的界限

本罪的行为必须以暴力、威胁、欺骗、贿赂、伪造选举文件、虚报选举票数等手段进行。有些地方为图省事不进行差额选举，或者不按时公布选民和候选人名单，尽管这种行为侵害了选民或者代表的选举权，但都不是破坏选举罪的法定行为方式，而是违反《中华人民共和国选举法》的一般错误行为，虽然应予以纠正，但并不构成犯罪。本罪在主观方面是直接故意，并且具有破坏选举工作，妨害选民和代表自由行使选举权和被选举权的目的。过失不构成本罪，如果行为人由于工作上的疏忽或过于自信导致误计选举票数，误将被剥夺被选举权的人列入选举名单等，不构成本罪。

2. 本罪的立案标准

根据最高人民检察院《关于渎职侵权犯罪案件立案标准的规定》的规定，国家机关工作人员利用职权破坏选举，涉嫌下列情形之一的，应予立案：

(1) 以暴力、威胁、欺骗、贿赂等手段，妨害选民、各级人民代表大会代表自由行使选举权和被选举权，致使选举无法正常进行，或者选举无效，或者选举结果不真实的；(2) 以暴力破坏选举场所或者选举设备，致使选举无法正常进行的；(3) 伪造选民证、选票等选举文件，虚报选举票数，产生不真实的选举结果或者强行宣布合法选举无效、非法选举有效的；(4) 聚众冲击选举场所或者故意扰乱选举场所秩序，使选举工作无法进行的；(5) 其他情节严重的情形。

第二百五十七条　〔暴力干涉婚姻自由罪〕

以暴力干涉他人婚姻自由的，处二年以下有期徒刑或者拘役。

犯前款罪，致使被害人死亡的，处二年以上七年以下有期徒刑。

第一款罪，告诉的才处理。

本条是关于暴力干涉婚姻自由罪的罪刑条款内容。

【条文释义】

本条共分为 3 款。第 1 款是关于暴力干涉婚姻自由罪及其处罚的规定。

暴力干涉婚姻自由罪，是指以暴力方法干涉他人婚姻自由的行为。

使用暴力是本罪在客观方面的一个显著特征，没有暴力干涉就不构成本罪。这里的“暴力”，是指对意图结婚或离婚的人实行拳打脚踢、捆绑、禁闭、强抢等人身强制的方法。实施暴力行为是为了干涉他人婚姻自由，干涉婚姻自由主要表现为强制他人与某人结婚或者离婚，以及禁止他人与某人结婚或者离婚。如果实施暴力不是为了干涉婚姻自由，或者干涉婚姻自由没有使用暴力的，均不构成本罪。

第 2 款是关于犯暴力干涉婚姻自由罪致使被害人死亡的处罚规定。

这里的“致使被害人死亡”，主要是指行为人使用暴力干涉他人婚姻自由的犯罪行为致使被害人自杀身亡等。对于以暴力干涉他人婚姻自由，致使被害人死亡的，依照本款规定，处 2 年以上 7 年以下有期徒刑。

第 3 款是关于暴力干涉他人婚姻自由未致使被害人死亡的犯罪属于告诉才处理的犯罪的规定。

依照本款规定，对于犯本罪，在没有致使被害人死亡的情况下，只有被害人向司法机关提出控告的才处理，对于被害人不控告的，司法机关不能主动受理，追究行为人的刑事责任。但如果被害人受强制或者威吓而无法告诉的，人民检察院和被害人的近亲属也可以告诉。

【实务问题】

本罪罪与非罪的界限

认定本罪时，应注意以下几点：（1）区分暴力与口头阻止或以暴力相威胁干涉婚姻自由的界限。在干涉他人婚姻自由的过程中，如果行为人使用暴力干涉的，构成犯罪；如果行为人仅以口头阻挠或者书面威胁等干涉的，则属于一般的违法行为，不构成本罪。（2）区分严重暴力与轻微暴力的界限。根据我国立法精神和实践经验，干涉他人婚姻自由，并非使用暴力即构成犯罪。只有使用严重暴力阻碍他人行使婚姻自由的权利的，才构成犯罪。如果暴力程度轻微，对被干涉者争取婚姻自由的威胁不大，或者暴力行为对被干涉者的人身危害程度轻微，则不构成本罪。（3）区分本罪与少数民族地区抢婚行为的界限。在个别少数民族地区有抢婚的习俗，这是一种结婚的方式。对于这种抢婚行为，不应当做犯罪处理。

第二百五十八条 〔重婚罪〕

有配偶而重婚的，或者明知他人有配偶而与之结婚的，处二年以下有期徒刑或者拘役。

本条是关于重婚罪的罪刑条款内容。

【条文释义】

重婚罪，是指有配偶而又与他人结婚，或者明知他人有配偶而与之结婚的行为。

重婚有两种情况：一是法律婚姻，即有配偶者在婚姻存续期间又与他人登记结婚，或者无配偶者明知他人有配偶而与之登记结婚。二是事实婚姻，即虽然没有进行婚姻登记，但却公开以夫妻关系长期共同生活在一起，形成事实上的婚姻关系。上述两种情况表明，重婚行为的方式可以是非法骗取婚姻登记而形成表面合法但实质非法的婚姻关系，也可以是不经登记而在事实上形成非法婚姻关系，即事实婚姻关系。对于事实婚姻，在我国法律上不予承认和保护，但不能因为事实婚姻没有得到我国法律的承认而否认第二种情况构成重婚罪。因为事实婚姻是公开以夫妻关系长期生活在一起，这种非法关系的存在，事实上破坏了合法的婚姻关系，为了保护合法的婚姻关系，在刑法上的事实重婚应当以本罪论处。

本罪的主体是一般主体，限于自然人，刑事责任年龄为 16 周岁以上。应当注意的是，本罪的主体包括重婚者与相婚者两种人。所谓重婚者，是指在已有配偶而未依法解除婚姻关系的情况下，又与他人结婚的人。所谓有配偶，是指男子有妻、女子有夫，而且这种夫妻关系还处在存续期间。这里的“夫妻关系”，应当既包括经过合法的登记结婚而取得婚姻关系，也包括事实上形成的婚姻关系。所谓相婚者，是指虽无配偶，但明知他人有配偶而与之结婚的人。

本罪在主观方面是出于故意，即明知自己或对方有配偶而与之结婚。如果没有配偶一方确实不知对方有配偶而与之结婚或以夫妻关系共同生活的，无配偶一方不构成重婚罪，有配偶一方则单独构成重婚罪。

【实务问题】

本罪罪与非罪的界限

区分本罪罪与非罪的界限，主要应注意以下两种情形：（1）对于某些特殊原因引起的重婚行为，如果确属情节显著轻微危害不大的，不应以犯罪论处。这主要是指如下情形：①有配偶的妇女被拐卖而重婚的；②因遭受自然灾害，生活苦难，被迫外逃谋生而与他人重婚的；③因反抗包办（或买卖）婚姻而外逃，在包办（或买卖）婚姻解除前重婚的；④因配偶长期外出，生死下落不明，家庭生活发生严重困难而重婚的，等等。（2）未形成事实婚的一般非法同居行为，无论同居一方或双方是否已有配偶，均不构成重婚，不能以犯罪论处。

第二百五十九条

〔破坏军婚罪〕**明知是现役军人的配偶而与之同居或者结婚的，处三年以下有期徒刑或者拘役。**

利用职权、从属关系，以胁迫手段奸淫现役军人的妻子的，依照本法第二百三十六条的规定定罪处罚。

本条是关于破坏军婚罪的罪刑条款内容。

【条文释义】

本条共分为2款。第1款是关于破坏军婚罪及其处罚的规定。

破坏军婚罪，是指明知是现役军人的配偶而与之同居或者结婚的行为。

这里的“同居”，是指与现役军人的配偶在一定时期内公开或者秘密地姘居且共同生活在一起的行为。它以两性关系为基础，同时还具有一定程度上的经济关系或者其他某些方面的特殊关系。其既不同于公开以夫妻名义共同生活的事实婚姻，也不同于暗地里自愿发生性行为没有共同生活的男女双方的通奸行为。与现役军人的妻子形成事实婚姻属于与之结婚的范畴，构成本罪；与现役军人的配偶通奸，从立法本意上讲则不能认定为犯罪。这里的“结婚”，是指与现役军人的配偶采取欺骗手段骗取结婚登记或者虽未登记但长期以夫妻名义共同生活而形成事实婚姻的行为。

本罪在主观方面表现为破坏军人婚姻关系的故意。这也就是说，行为人必须明知对方是现役军人的配偶而与其结婚或者同居。如果是确实不知道，由于现役军人的配偶隐瞒事实真相以致受骗而与之结婚或同居者，因缺乏本罪构成的主观要件，不能按本罪处理。但是对他们的非法同居关系或婚姻关系，应依法予以解除。

第 2 款是关于利用职权、从属关系，以胁迫手段奸淫现役军人的妻子的，依照《刑法》关于强奸罪的规定定罪处罚的规定。

构成本款规定的犯罪必须具备以下几个条件：首先，必须是利用职权、从属关系，如司法工作人员利用其掌握的国家权力，企业领导利用其负责人事调动、工资分配的权力等。其次，必须是使用胁迫手段。这里的“胁迫”，是指犯罪分子对现役军人的妻子施以威胁、恫吓，迫使现役军人的妻子就范，不敢抗拒的手段。最后，奸淫的对象只能是现役军人的妻子。依照本款的规定，利用职权、从属关系，以胁迫手段奸淫现役军人的妻子的，依照《刑法》第 236 条的规定定罪处罚。

【实务问题】

本罪与重婚罪的界限

二者在行为方式上存在相同之处，容易引起混淆。二者的主要区别在于：(1) 犯罪客体不同。二者侵犯的客体虽然都与我国一夫一妻的婚姻制度有关，但本罪侵犯的客体是现役军人的婚姻关系；而重婚罪侵犯的客体是一般公民的婚姻关系。(2) 客观方面有所不同。本罪在客观方面不仅表现为与现役军人的配偶结婚的行为，也表现为虽未结婚但与之同居的行为；而重婚罪在客观方面仅表现为有配偶又与他人结婚，或明知他人有配偶而与之结婚的行为，并不包括与他人同居的行为。(3) 构成犯罪者的范围不同。本罪中现役军人的配偶一般不构成破坏军婚罪；而重婚罪中行为人的对方只要主观上明知他人有配偶而与之结婚的，即应成立犯罪。

第二百六十条 〔虐待罪〕

虐待家庭成员，情节恶劣的，处二年以下有期徒刑、拘役或者管制。

犯前款罪，致使被害人重伤、死亡的，处二年以上七年以下有期徒刑。

第一款罪，告诉的才处理，但被害人没有能力告诉，或者因受到强制、威吓无法告诉的除外。

本条是关于虐待罪的罪刑条款内容。

【主要修改】

本条第 3 款为 2015 年 8 月 29 日通过的《刑法修正案（九）》所修改，该款内容原为："第一款罪，告诉的才处理。"

【条文释义】

本条共分为 3 款。第 1 款是关于虐待罪及其处罚的规定。

虐待罪，是指以暴力或非暴力手段，经常对家庭成员进行肉体摧残或精神折磨，情节恶劣的行为。

所谓家庭成员，是指基于血亲关系、婚姻关系和收养关系而在同一个家庭生活的亲属。虐待的具体形式多种多样，如殴打、冻饿、禁闭、捆绑、有病不给医治、强迫过度劳动，或者侮辱人格、讽刺谩骂、限制行动自由等。虐待行为既可以是积极的作为方式，也可以是不作为方式，但不可能是纯粹的不作为。单纯的有病不给医治、不提供饮食的行为，只能构成遗弃罪。虐待行为必须情节恶劣才构成本罪。一般来说，判断虐待情节是否恶劣，应将虐待行为的动机、手段、持续时间、后果、社会影响等综合起来进行全面的考虑。在实践中，凡属于以下情形之一的，均可以认定为情节恶劣：（1）虐待持续时间长、手段残酷、动机卑鄙的；（2）虐待老人、儿童、患重病者或残废而不能独立生活的人；（3）因虐待家庭成员而受到多次批评教育仍不思悔改的；（4）先后虐待多人，引起公愤的，等等。

本罪的主体是特殊主体，即与被害人具有一定的亲属关系或收养关系，并且在同一个家庭共同生活的成员。一般来说，行为人是家庭成员中在经济上和亲属关系上具有优势地位的人。非家庭成员，不能成为本罪的主体。

第 2 款是关于犯虐待罪致使被害人重伤、死亡的处罚规定。

这里的"致使被害人重伤、死亡"，是指由于被害人经常受到虐待，身体和精神受到严重的损害或者导致死亡，或者不堪忍受而自杀，造成重伤或者死亡。依照本款规定，对于犯虐待罪，致使被害人重伤、死亡的，处 2 年以上 7 年以下有期徒刑。

第 3 款是关于虐待家庭成员未致使被害人重伤、死亡的属于告诉才处理的犯罪的规定。

依照本款的规定，对于犯虐待罪，在没有致使被害人重伤、死亡的情况下，只有被害人向司法机关提出控告的才处理，对于被害人不控告的，司法机关不能主动受理，追究行为人的刑事责任。之所以告诉才处理，主要是考虑到虐待案件发生在家庭成员之间，被虐待者一般不希望亲属关系破裂，更不希望诉诸司法机关对虐待者定罪量刑，因此，要充分考虑被虐待者的意愿。但被害人没有能力告诉，或者因受到强制、威吓无法告诉的除外。

【实务问题】

1. 本罪罪与非罪的界限

本罪的主观方面是故意，要求行为人有意识地对家庭成员进行肉体上和精神上的摧残和折磨，并且以给被害人造成不堪忍受的痛苦为目的。如果是家长管教子女的方法简单粗暴，对有错误的子女进行打骂、体罚的，由于不具有上述目的，因此，不构成本罪。虐待行为具有在一定时间内经常性、连续性的特点，家庭成员之间偶尔发生口角、打架之类的行为，不能认为是虐待行为。对于情节一般的虐待行为，如虐待手段轻微、持续时间短、没有造成严重后果的，不应以犯罪论处。

2. 本罪与故意伤害罪、故意杀人罪的界限

根据《刑法》第 260 条的规定，虐待行为致被害人重伤、死亡的，仍定虐待罪，属于虐待罪的结果加重犯。这里的“致被害人重伤、死亡”，是指由于被害人经常受虐待而逐渐造成身体的严重损伤或导致死亡，或者由于被害人不堪忍受虐待而自杀，造成重伤或死亡。这种结果是日积月累逐渐造成的。如果在实施虐待行为中，超出逐渐折磨、摧残被害人身心的虐待范围，故意重伤或者故意杀害家庭成员的，应以故意伤害罪或故意杀人罪论处。

第二百六十条之一 〔虐待被监护、看护人罪〕

对未成年人、老年人、患病的人、残疾人等负有监护、看护职责的人虐待被监护、看护的人，情节恶劣的，处三年以下有期徒刑或者拘役。

单位犯前款罪的，对单位判处罚金，并对其直接负责的主管人员和其他直接责任人员，依照前款的规定处罚。

有第一款行为，同时构成其他犯罪的，依照处罚较重的规定定罪处罚。

本条是关于虐待被监护、看护人罪的罪刑条款内容。

本条为 2015 年 8 月 29 日通过的《刑法修正案（九）》所增加。

【条文释义】

本条共分为 3 款。第 1 款是关于虐待被监护、看护人罪及其处罚的规定。

虐待被监护、看护人罪，是指对未成年人、老年人、患病的人、残疾人等负有监护、看护职责的人虐待被监护、看护的人，情节恶劣的行为。

本罪侵犯的客体是被监护、看护人的人身权利。负有监护、看护职责的非家庭成员实施的虐待行为对被保护人的人身权利和社会道德准则等都造成一定的损

害。本罪的对象是未成年人、老年人、患病的人、残疾人等需要监护、看护的人。

本罪在客观方面表现为对未成年人、老年人、患病的人、残疾人等负有监护、看护职责的人虐待被监护、看护的人，情节恶劣的行为。虐待的手段多种多样，如殴打、冻饿、禁闭，强迫过度劳动、有病不予治疗、辱骂等，与虐待罪的行为方式并无本质不同。在虐待过程中，如果行为超过虐待限度，同时构成其他犯罪的，依照处罚较重的规定定罪处罚。

本罪的主体是特殊主体，即对未成年人、老年人、患病的人、残疾人等负有监护、看护职责的人，包括自然人和单位。

本罪在主观方面是故意，即明知自己的虐待行为侵害了被害人的人身权利，并且希望或者放任这种结果发生，行为人有意识地对被监护、看护的人进行肉体上和精神上的摧残和折磨。

第 2 款是关于单位犯虐待被监护、看护人罪的处罚规定。

根据本款规定，单位犯本罪的，对单位判处罚金，并对其直接负责的主管人员和其他直接责任人员，依照第 1 款的规定处罚。

第 3 款是关于有虐待被监护、看护人的行为，同时构成其他犯罪的，依照处罚较重的规定定罪处罚的规定。

对未成年人、老年人、患病的人、残疾人等负有监护、看护职责的人虐待被监护、看护的人，情节恶劣，如果同时构成其他犯罪的，如故意伤害、故意杀人、过失致人死亡等，依照处罚较重的规定定罪处罚。

【实务问题】

本罪罪与非罪的界限

本罪的构成要求情节恶劣。一般来说，判断虐待情节是否恶劣，应将虐待行为的动机、手段、持续时间、后果、社会影响等综合起来进行全面的考虑。对下列情形可以认定为情节恶劣：（1）虐待持续时间长、手段残酷、动机卑鄙的；（2）受到多次批评教育仍不思悔改的；（3）先后虐待多人，引起公愤的，等等。

第二百六十一条　〔遗弃罪〕

对于年老、年幼、患病或者其他没有独立生活能力的人，负有扶养义务而拒绝扶养，情节恶劣的，处五年以下有期徒刑、拘役或者管制。

本条是关于遗弃罪的罪刑条款内容。

【条文释义】

遗弃罪，是指对于年老、年幼、患病或者其他没有独立生活能力的人，负有扶养义务而拒绝扶养，情节恶劣的行为。

正确理解本罪的客观方面，需要注意以下几个方面：

（1）遗弃行为针对的对象必须是年老、年幼、患病或者其他没有独立生活能力的人。具体包括：第一，因年老、年幼、伤残、患病等而无经济来源或虽有一定经济来源但不足以维持生活者。第二，虽经济上有保障，但因年老、年幼、伤残、患病无生活自理能力或无完全辨认和控制自己行为能力而需要照料者。第三，因一定原因面临客观的危险状态而无自救能力者。第四，其他无独立生活能力者。除上述人外，对于有谋生能力的人不予扶养的，不产生遗弃的问题。

（2）行为人必须负有扶养义务，这是构成本罪的前提条件。从我国法律规定和实践来看，扶养义务的来源主要有以下几方面：第一，法律上明文规定的义务。第二，法律行为导致的义务。例如，甲将所生婴儿委托给乙暂时扶养，乙接受委托后即对该婴儿有扶养义务。第三，事实行为产生的扶养义务。例如，非负有抚养义务者所抚养长大的人，对抚养者应负有赡养、扶助的义务，这是权利义务对等原则所决定的。对于法律上并不负有扶养义务的远亲属拒绝扶养的，不应认为是遗弃行为。

（3）行为人能够负担却拒绝扶养。能够负担，是指有独立的经济能力，并在能够满足本人及被扶养人最低生活标准（当时当地的标准）外有多余的情况。行为人是否有能力负担，要求司法机关结合其收入、开支情况具体加以认定。拒绝扶养，是指拒不履行扶养义务，主要有以下几种情况：一是积极的弃置行为，即将被扶养人遗置于自己不能扶养的场所。二是消极的离去行为，即行为人本来与被扶养人生活或处于同一场所，但行为人从该场所离去，使被扶养人的生命、身体处于危险状态。三是单纯不提供必要的生活照料的行为。拒绝扶养从客观方面揭示了本罪只能表现为不作为方式，属于纯正不作为犯。

（4）遗弃行为必须情节恶劣。本罪以情节恶劣为构成要件，因而属于情节犯。所谓情节恶劣，根据司法实践经验，通常是指遗弃动机卑劣，遗弃手段十分恶劣，遗弃造成严重后果的等。

本罪的主体是特殊主体，即对被遗弃者负有法律上的扶养义务而且具有扶养能力的人。对被遗弃者无扶养义务的人教唆、帮助有扶养义务的人遗弃的，可以成为遗弃罪的共犯。

【实务问题】

1. 本罪与虐待罪的界限

本罪与虐待罪的主要区别在于：（1）主体不同。前罪的主体是在法律上负有扶养义务而且具有扶养能力的人；而后罪的主体则要求是在一个家庭内部共同生活的成员。（2）主观方面不同。前罪的行为人明知自己应当履行扶养义务，也有实际履行扶养义务能力而拒绝扶养，以逃避或转嫁扶养义务为目的；而后罪的行为人在主观上则是有意识地对被害人进行肉体摧残和精神折磨，以给被害人造成不堪忍受的痛苦为目的。（3）客观方面不同。前罪在客观方面表现为对没有独立生活能力的人，具有扶养义务而拒绝扶养的行为，其行为只能表现为不作为，属于纯正的不作为犯，遗弃行为中有时也伴随着打骂，但其目的是让被害人不请求自己履行义务，其行为不具有持续性；而后罪在客观方面则表现为经常或连续折磨、摧残家庭成员身心健康的行为，其行为主要表现为作为，而且对被虐待人进行肉体上和精神上的摧残和折磨往往持续一段时间。（4）犯罪对象不同。前罪的对象只限于年老、年幼、患病或者其他没有独立生活能力的人，被遗弃者可以是家庭成员，也可以是其他被扶养者；而后罪的对象是家庭中的任何成员，且不受谋生能力和身体状况的限制。（5）司法机关受理程序不同。前罪不属于亲告罪；而后罪一般要告诉才处理。

2. 本罪与故意杀人罪的界限

对于司法实践中出现的行为人将婴儿或没有独立生活能力的老人遗弃于室外的案件，有时难以区分是构成本罪还是故意杀人罪。在这种情况下，应着重分析以下两个方面的问题：（1）行为人的主观心理态度。从主观方面讲，前罪是应当履行扶养义务的行为人企图通过遗弃达到逃避或向他人转嫁应由自己承担的扶养义务的目的，并不希望或者放任被害人死亡；而后罪的行为人则希望或者放任被害人死亡。对于遗弃婴儿或没有独立生活能力的老人造成被害人死亡的场合，不能简单地认定为遗弃罪或故意杀人罪，必须判明行为人的遗弃行为究竟是转嫁义务的手段，还是杀人的手段。（2）行为时的具体情况。前罪在客观方面一般表现为将被害人遗弃于能够获得救助的场所，如别人家门口、车站、码头、街口等有人来往的地点。在这种情况下，即使偶然地发生了被害人死亡的结果，也不能认为行为人具有杀人的故意，只能以本罪论处。如果行为人将婴儿或行动困难的老人放置于不能获得救助的地方，杀害被害人的意图十分明显的，应根据实际情况，以后罪论处。

第二百六十二条　〔拐骗儿童罪〕

拐骗不满十四周岁的未成年人，脱离家庭或者监护人的，处五年以下有期徒刑或者拘役。

本条是关于拐骗儿童罪的罪刑条款内容。

【条文释义】

拐骗儿童罪，是指拐骗不满 14 周岁的未成年人，脱离家庭或者监护人的行为。

本罪在客观方面表现为采用蒙骗、利诱或者其他方法，使儿童脱离自己的家庭或者监护人的行为。脱离家庭，是指使儿童脱离与父母或者其他亲属共同生活的处所。脱离监护人，则是指使儿童脱离依法对其人身、财产及其他合法权益负责监督和保护的人。除法定监护人外，受儿童家长委托负责照管儿童的人，也具有监护人的身份，如果使儿童脱离具有这种身份的人的监护，同样是拐骗儿童脱离监护人的行为。

【实务问题】

1. 本罪与其他犯罪的界限

本罪的行为人主观上是出于收养或使唤、奴役等目的，而拐卖儿童罪的行为人主观上是为了贩卖牟利，因此，是否具有出卖的目的，是区分本罪与拐卖儿童罪的关键。如果行为人拐骗儿童是为了扣作人质，以此向儿童的家长或者监护人勒索财物的，应以绑架罪论处。行为人以出卖或勒索财物为目的而偷盗婴幼儿的，应分别以拐卖儿童罪或绑架罪论处。

2. 罪数的认定

若行为人拐骗儿童后产生出卖或勒索财物的目的，进而出卖儿童或者将儿童扣作人质，以此向其家长或者监护人勒索财物，应分别认定为拐卖儿童罪或绑架罪，与本罪实行并罚。

第二百六十二条之一 〔组织残疾人、儿童乞讨罪〕

以暴力、胁迫手段组织残疾人或者不满十四周岁的未成年人乞讨的，处三年以下有期徒刑或者拘役，并处罚金；情节严重的，处三年以上七年以下有期徒刑，并处罚金。

本条是关于组织残疾人、儿童乞讨罪的罪刑条款内容。

本条为 2006 年 6 月 29 日通过的《刑法修正案（六）》所增加。

【条文释义】

组织残疾人、儿童乞讨罪，是指以暴力、胁迫手段组织残疾人或者不满 14 周岁的未成年人乞讨的行为。

所谓暴力手段，在本罪中，一般是指行为人直接对残疾人、未成年人的身体实施打击和强制，如殴打、捆绑、非法拘禁、非法限制其人身自由等。所谓胁迫手段，在本罪中，一般表现为以侵犯人身权相威胁，即行为人对残疾人、未成年人威胁、恐吓，达到精神上的强制，如扬言对被害人行凶、加害被害人亲属和与其关系亲密的人，以及利用被害人孤立无援的环境条件采取以饿、冻相威胁的方法迫使其服从组织者的指派，不敢反抗。本罪是行为犯，行为人只要完成了以暴力、胁迫手段组织残疾人、儿童乞讨的行为，就可以构成本罪的既遂，至于被组织的残疾人或者儿童是否乞讨成功，行为人是否获取了非法利益，以及乞讨数额的多少，并不影响既遂的成立。

【实务问题】

1. 本罪罪与非罪的界限

本罪的行为方式是以“暴力、胁迫”手段组织残疾人、儿童乞讨。这也就是说，暴力和胁迫是组织行为的限定手段方式，行为人只有在以这两种手段方式去组织残疾人、儿童乞讨时，才能构成本罪，而使用其他的手段（如引诱）组织，不成立本罪。

2. 罪数的认定

由于本罪所要求的特定的暴力或胁迫手段会对残疾人与儿童的生命健康权造成一定的威胁，有可能造成被害人的伤害或死亡结果，从而符合其他侵犯他人人身权利犯罪的特征，这种情况属于想象竞合犯，应当按照从一重处断的原则处理。

第二百六十二条之二　〔组织未成年人进行违反治安管理活动罪〕

组织未成年人进行盗窃、诈骗、抢夺、敲诈勒索等违反治安管理活动的，处三年以下有期徒刑或者拘役，并处罚金；情节严重的，处三年以上七年以下有期徒刑，并处罚金。

本条是关于组织未成年人进行违反治安管理活动罪的罪刑条款内容。

本条为2009年2月28日通过的《刑法修正案（七）》所增加。

【条文释义】

组织未成年人进行违反治安管理活动罪，是指组织未成年人进行盗窃、诈骗、抢夺、敲诈勒索等违反治安管理活动的行为。

违反治安管理活动的行为，是指《治安管理处罚法》等法律规定的各类违法行为。需要注意的是，虽然本罪所列举的四种行为均属于财产类的违法行为，但这只是因为这些行为是现实生活中常见的情形，至于作为被组织的未成年人所实施的违反治安管理活动的违法行为的范围，应依照《治安管理处罚法》的规定加以确定。本罪是行为犯，只要行为人组织未成年人实施盗窃、诈骗、抢夺、敲诈勒索等违反治安管理活动，就构成犯罪，至于作为被组织者的未成年人是否真的实施了盗窃、诈骗、抢夺、敲诈勒索等违反治安管理活动，以及这些违反治安管理活动是否完成，是否获得钱财，均不影响本罪的成立。

【实务问题】

1. 本罪与其他犯罪的界限

如果被组织的未成年人所实施的盗窃、诈骗、抢夺、敲诈勒索等已构成犯罪，对组织者应按照相关犯罪的共犯（教唆犯）论处；如果是向未成年人传授实施犯罪的具体经验、技能、方法的，应按照传授犯罪方法罪追究组织者责任；如果组织未满 14 周岁的未成年人进行盗窃、诈骗、抢夺、敲诈勒索等犯罪行为的，对组织者应按照间接正犯论处；如果组织未成年人所实施的违反治安管理的活动已被《刑法》明文规定为犯罪，如强迫、引诱不满 14 周岁的幼女卖淫的，引诱未成年人参加聚众淫乱活动的，组织未成年人参与赌博的，利用、教唆未成年人走私、贩卖、运输、制造毒品的，引诱、教唆、欺骗或者强迫未成年人吸食、注射毒品的，组织未成年人偷越国（边）境的等，则应按照《刑法》规定的相应罪名对组织者定罪处罚，不能再认定为组织未成年人进行违反治安管理活动罪。

2. 罪数的认定

认定本罪时，应注意以下两个方面的问题：（1）如果行为人采取故意伤害、非法拘禁等暴力方式组织未成年人实施违反治安管理活动的，应区别对待：如果组织者所实施的伤害、非法拘禁等行为本身就构成犯罪，那么，这种情形应属于想象竞合犯，从一重处断；如果组织者所实施的伤害、非法拘禁等行为本身不构成犯罪，由于这种行为本身能够为本罪的“暴力”所包含，因而组织者只构成本罪。（2）如果行为人在拐骗儿童后，又组织儿童进行盗窃、诈骗、抢夺、敲诈勒索等违反治安管理活动的，应实行数罪并罚；如果行为人为了组织未成年人实施违反治安管理活动而拐骗儿童的，则这种情形符合牵连犯的特征，应以牵连犯从一重处断原则予以定罪处罚。

第五章　侵犯财产罪

第二百六十三条　〔抢劫罪〕

以暴力、胁迫或者其他方法抢劫公私财物的，处三年以上十年以下有期徒刑，并处罚金；有下列情形之一的，处十年以上有期徒刑、无期徒刑或者死刑，并处罚金或者没收财产：

（一）入户抢劫的；

（二）在公共交通工具上抢劫的；

（三）抢劫银行或者其他金融机构的；

（四）多次抢劫或者抢劫数额巨大的；

（五）抢劫致人重伤、死亡的；

（六）冒充军警人员抢劫的；

（七）持枪抢劫的；

（八）抢劫军用物资或者抢险、救灾、救济物资的。

本条是关于抢劫罪的罪刑条款内容。

【条文释义】

抢劫罪，是指以非法占有为目的，当场使用暴力、胁迫或者其他方法，使他人不能反抗、不敢反抗或者不知反抗，强行劫取他人财物或者逼迫他人交付财物的行为。

本罪的对象是各种公私财物和他人的人身。作为犯罪对象的公私财物，不包括《刑法》已单独规定了罪名的物品，如枪支、弹药、爆炸物、危险物质。以毒品、假币、淫秽物品等违禁品为对象实施抢劫的，以抢劫罪定罪；抢劫的违禁品数量作为量刑情节予以考虑。

本罪在客观方面表现为以暴力、胁迫或者其他方法当场强行劫取公私财物或者逼迫他人交付财物的行为。抢劫行为实际上是一种双重行为，由方法行为和目的行为构成。方法行为是为了劫取财物而实施的暴力、胁迫或者其他人身强制、精神强制行为。目的行为是劫取公私财物的行为，即当场夺取财物，或者逼迫他人当场交付财物的行为。

（1）“暴力”，是指对被害人进行身体打击或者强制，如殴打、捆绑、禁闭、伤害等。具体来说，对暴力主要可以从四个方面加以理解：第一，暴力必须是在取得财物的当场实施；第二，暴力必须是针对被害人的身体采取的打击或强制；第三，暴力是向财产持有人为之；第四，暴力是犯罪分子有意识实施的，也就是说，犯罪分子自觉、积极地利用暴力手段为排除被害人的反抗并抢走财物创造条件。

（2）“胁迫”，是指以立即对被害人实施暴力相威胁，实施精神强制，使被害人因恐惧而不敢反抗，被迫当场交出财物或者任财物被劫走的手段。对胁迫主要可从三个方面来理解：第一，胁迫必须是当面向被害人发出；第二，胁迫的内容必须是以立即实施暴力相威胁；第三，威胁的暴力是现实的，如果被害人不答应要求，就会立即付诸实施。

（3）“其他方法”，是指暴力、胁迫以外的使被害人不知反抗或丧失反抗能力的方法，如用酒灌醉、用药物麻醉、使用催眠术、电击或用石灰迷眼等。行为人处于不知或不能反抗的状态，必须是行为人实施了“其他方法”造成的。如果不是行为人以某种行为使被害人处于不能反抗或不知反抗的状态，而是行为人利用被害人由于自己的原因（自己喝醉、正在熟睡、因病昏迷等）或其他原因（被他人打昏、撞伤等）所致不知或不能反抗的状态乘机掠夺其财物的，只能构成盗窃罪或其他犯罪，不能构成抢劫罪。

（4）手段行为与取财行为都必须当场实施。这是认定抢劫罪客观方面必须注意的“两个当场”特征，具体而言，是指当场使用暴力、胁迫或者其他方法，当场取得财物。“当场”是一个空间和时间相结合的概念，是指在手段行为实施之时的现场；手段行为存在持续状态的，是指手段行为的整个持续期间所到之处。手段行为不再持续时，原实施地点不能再视为当场；手段行为持续的，即使地点有变化，也属于当场。不具备“两个当场”特征的，不构成本罪，只能构成绑架罪或敲诈勒索罪等其他犯罪。

本罪的主体是一般主体，即已满 14 周岁、具有刑事责任能力的人均可以成为本罪的主体。

本罪在主观方面表现为故意，并且以非法占有为目的。如果主观上没有非法占有公私财物的目的，如抢回自己被骗的财物，或者因与他人发生债务或财产纠纷而采取强行夺取对方财物的方法用作抵债，不以本罪定罪处罚，但构成故意伤害等其他犯罪的，以这些犯罪定罪处罚。在本罪的主观方面存在一个问题，即手段行为（暴力、胁迫或者其他方法）的实施必须受非法占有他人财物目的的支配，换言之，非法占有他人财物的目的必须产生于实施手段行为之前（至少产生于手段行为实施完毕之前）。但 2005 年最高人民法院《关于审理抢劫、抢夺刑事案件适用法律若干问题的意见》第 8 条的规定突破了这一传统的立场，即行为人实施伤害、强奸等犯罪行为，在被害人未失去知觉，利用被害人不能反抗、不敢反抗的处境，临时起意劫取他人财物的，应以此前所实施的具体犯罪与抢劫罪实行数罪并罚；在被害人失去知觉或者没有发觉的情形下，以及实施故意杀人犯罪行为之后，临时起意拿走他人财物的，应以此前所实施的具体犯罪与盗窃罪实行数罪并罚。该规定前段实际上已经承认抢劫罪的非法占有目的可以形成于实施手段之后。

【实务问题】

1. 本罪罪与非罪的界限

本罪是一种性质严重的犯罪，对于公民人身及公私财产安全具有极大的危害性。因此，我国《刑法》对本罪在数额和情节上没有作限制性规定，但这并不意味着认定本罪根本无须考虑财物的数额及犯罪情节。一般情况下，只要行为人实施了以暴力、胁迫或者其他方法劫取公私财物的行为，就要认定为犯罪。但是，如果使用轻微的威胁或者暴力，没有造成任何危害后果，劫取少量财物，情节显著轻微危害不大的，不能按犯罪处理。尤其应当注意实践中两类常见案件之罪与非罪的界限：（1）抢劫本人所输赌资或者所赢赌债的案件。行为人仅以其所输赌资或所赢赌债为抢劫对象的，一般不以本罪定罪处罚，但构成其他犯罪（如故意伤害罪）的，依照《刑法》的相关规定处罚。（2）以暴力、胁迫等手段取得家庭成员或近亲属财产的案件。为个人使用，以暴力、胁迫等手段取得家庭成员或近亲属财产的，一般不以本罪定罪处罚，构成其他犯罪的，依照《刑法》的相关规定处理；但教唆或者伙同他人采取暴力、胁迫等手段劫取家庭成员或近亲属财产的，可以本罪定罪处罚。

2. 本罪既遂与未遂的界限

本罪侵犯的是复杂客体，既侵犯财产权利又侵犯人身权利，具备劫取财物或者造成他人轻伤以上后果之一的，均属抢劫既遂；既未劫取财物，又未造成他人人身伤害后果的，属抢劫未遂。

3. 本罪与故意杀人罪的界限

在实践中，应当根据行为人故意杀人的意图是排除被害人的反抗以顺利劫取财物，还是杀人灭口来区分两罪的界限：（1）行为人为劫取财物而预谋故意杀人，或者在劫取财物过程中，为制服被害人反抗而故意杀人的，以本罪定罪处罚。（2）行为人实施抢劫后，为灭口而故意杀人的，以抢劫罪和故意杀人罪定罪，实行数罪并罚。

4. 本罪与绑架罪的界限

二者在犯罪手段、犯罪客体等方面都比较相似。二者的主要区别在于：（1）主观目的不完全相同。本罪只是以非法占有他人财物为目的；而绑架罪除了以勒索财物为目的外，还可能出于其他非财产性目的。（2）客观方面不尽相同。本罪在客观方面要求具备两个“当场”，即当场使用暴力、胁迫或者其他方法和当场取得财物；而绑架罪则是先实施暴力、胁迫或者其他方法劫持他人，然后再向与被绑架人有某种利害关系的其他人勒索财物。

5. 本罪与招摇撞骗罪、敲诈勒索罪的界限

在实践中，容易混淆这一界限的案件是冒充正在执行公务的人民警察、联防队员，以抓卖淫嫖娼、赌博等违法行为为名非法占有财物的行为。区分的关键有二：一是冒充的对象是属于国家机关工作人员的人民警察，还是不具有这一身份的联防人员；二是是否使用暴力或以暴力威胁。具体而言：（1）行为人冒充正在执行公务的人民警察“抓赌”“抓嫖”，没收赌资或者罚款的行为，构成犯罪的，以招摇撞骗罪从重处罚；在实施上述行为中使用暴力或者以暴力威胁的，以本罪定罪处罚。（2）行为人冒充治安联防队员“抓赌”“抓嫖”，没收赌资或者罚款的行为，构成犯罪的，以敲诈勒索罪定罪处罚；在实施上述行为中使用暴力或者以暴力威胁的，以本罪定罪处罚。此外，根据2014年4月17日最高人民检察院《关于强迫借贷行为适用法律问题的批复》的规定，以暴力、胁迫手段强迫他人借贷，属于《刑法》第226条第2项规定的“强迫他人提供或者接受服务”，情节严重的，以强迫交易罪追究刑事责任；同时构成故意伤害罪等其他犯罪的，依照处罚较重的规定定罪处罚。以非法占有为目的，以借贷为名采用暴力、胁迫手段获取他人财物，符合《刑法》第263条或者第274条规定的，以本罪或者敲诈勒索罪追究刑事责任。

6. 本罪与强迫交易罪的界限

在以暴力、胁迫手段索取超出正常交易价钱、费用的钱财的案件中，容易混淆二者的界限。区分的关键是所索取的财物是否明显超出合理价钱或费用，在具体认定时，既要考虑超出合理价钱、费用的绝对数额，还要考虑超出的相对数额（即超出合理价钱、费用的比例），加以综合判断。具体而言：（1）从事正常商品买卖、交易或者劳动服务的人，以暴力、胁迫手段迫使他人交出与合理价钱、费用相差不大的钱物，情节严重的，以强迫交易罪定罪处罚。（2）以非法占有为目的，以买卖、交易、服务为幌子采用暴力、胁迫手段迫使他人交出与合理价钱、费用相差悬殊的钱物的，以本罪定罪处罚。

7. 八种刑罚加重情节的具体含义

（1）“入户抢劫”的含义。实践中在认定“入户抢劫”时，应当注意以下三个问题：第一，“户”的范围。“户”在这里是指住所，其特征表现为供他人家庭生活和与外界相对隔离两个方面，前者为功能特征，后者为场所特征。住所包括封闭的院落、牧民的帐篷、渔民作为家庭生活场所的渔船、为生活租用的房

屋等。一般情况下，集体宿舍、旅店宾馆、临时搭建工棚等不应认定为“户”，但在特定情况下，如果确实具有上述两个特征的，也可以认定为“户”。对于部分时间从事经营、部分时间用于生活起居的场所，行为人在非营业时间强行入内抢劫或者以购物等为名骗开房门入内抢劫的，应认定为“入户抢劫”。对于部分用于经营、部分用于生活且之间有明确隔离的场所，行为人进入生活场所实施抢劫的，应认定为“入户抢劫”；如场所之间没有明确隔离，行为人在营业时间入内实施抢劫的，不应认定为“入户抢劫”，但在非营业时间入内实施抢劫的，应认定为“入户抢劫”。第二，“入户”目的的非法性。要注意将“入户抢劫”与“在户内抢劫”区别开来。以侵害户内人员的人身、财产为目的，入户后实施抢劫，包括入户实施盗窃、诈骗等犯罪而转化为抢劫的，应当认定为“入户抢劫”。因访友办事等原因经户内人员允许入户后，临时起意实施抢劫，或者临时起意实施盗窃、诈骗等犯罪而转化为抢劫的，不应认定为“入户抢劫”。第三，暴力或者暴力胁迫行为必须发生在户内。入户实施盗窃被发现，行为人为窝藏赃物、抗拒抓捕或者毁灭罪证而当场使用暴力或者以暴力相威胁的，如果暴力或者暴力胁迫行为发生在户内，可以认定为“入户抢劫”；如果发生在户外，不能认定为“入户抢劫”。

（2）“在公共交通工具上抢劫”的含义。本罪之“公共交通工具”以承载旅客为不特定多数人为关键特征，而且必须处于运营中。“公共交通工具”包括从事旅客运输的各种公共汽车，大、中型出租车，火车，地铁，轻轨，轮船，飞机等，不含小型出租车。对于虽不具有商业营运执照，但实际从事旅客运输的大、中型交通工具，可认定为“公共交通工具”。接送职工的单位班车、接送师生的校车等大、中型交通工具，视为“公共交通工具”。“在公共交通工具上抢劫”，既包括在处于运营状态的公共交通工具上对旅客及司售、乘务人员实施抢劫，也包括拦截运营途中的公共交通工具对旅客及司售、乘务人员实施抢劫，但不包括在未运营的公共交通工具上针对司售、乘务人员实施抢劫。以暴力、胁迫或者麻醉等手段对公共交通工具上的特定人员实施抢劫的，一般应认定为“在公共交通工具上抢劫”。在公共交通工具上盗窃、诈骗、抢夺后，为了窝藏赃物、抗拒抓捕或者毁灭罪证，在公共交通工具上当场使用暴力或者以暴力相威胁的，构成“在公共交通工具上抢劫”。

（3）“抢劫银行或者其他金融机构”的含义。“抢劫银行或者其他金融机构”，是指抢劫银行或者其他金融机构的经营资金、有价证券和客户的资金等。抢劫正在使用中的银行或者其他金融机构的运钞车的，视为“抢劫银行或者其他金融机构”。

（4）“多次抢劫或者抢劫数额巨大”的含义。第一，“多次抢劫”的含义。“多次抢劫”，是指抢劫3次以上。对于“多次”的认定，应以行为人实施的每一次抢劫行为均已构成犯罪为前提，综合考虑犯罪故意的产生、犯罪行为实施的时间、地点等因素，客观分析、认定。下列三种情况一般应当认定为“一次抢劫”，而不是“多次抢劫”：①行为人基于一个犯意实施犯罪的，如在同一地点同时对在场的多人实施抢劫的；②基于同一犯意在同一地点实施连续抢劫犯罪的，如在同一地点连续地对途经此地的多人进行抢劫的；③在一次犯罪中对一栋居民楼房中的几户居民连续实施入户抢劫的。第二，“抢劫数额巨大”的认定。“抢劫数额巨大”的认定标准，参照各地确定的盗窃罪数额巨大的认定标准执行。

（5）“抢劫致人重伤、死亡”的含义。关键在于行为人对重伤、死亡的心理态度，包括：第一，对死亡或者重伤结果持直接故意的态度，即行为人在劫取财物过程中，为制服被害人反抗而积极地追求被害人死亡结果或重伤结果的发生。这种情况以抢劫罪一罪论处。第二，对死亡或者重伤结果持间接故意的态度，即行为人明知自己的行为可能会导致他人死亡或重伤的结果，但为了抢劫财物而放任这种结果的发生。第三，故意伤害致死的情况，即对伤害结果持故意态度，但对死亡结果出于过失。根据《刑法》第 234 条第 2 款的规定，故意伤害致人死亡的，处 10 年以上有期徒刑、无期徒刑或者死刑。如果认为《刑法》第 263 条抢劫罪之加重情节中“抢劫致人死亡”不包括故意伤害致死的话，就只能在第一个幅度（3 年以上 10 年以下有期徒刑）内处刑，而抢劫中的故意伤害致死行为的社会危害性显然要大于一般的故意伤害致死，所以就会违背罪责刑相适应原则。抢劫过程中过失致人重伤或过失致人死亡的，不能认定为“抢劫致人重伤、死亡”。

（6）“冒充军警人员抢劫”的含义。“冒充军警人员抢劫”，是指不具有军人或警察身份的人，在抢劫的过程中，通过非法着装、出示证件、口头声称等方式，向被害人表明自己是现役军人、武装警察、人民警察的行为。实践中要注重对行为人是否穿着军警制服、携带枪支、是否出示军警证件等情节进行综合审查，判断是否足以使他人误以为是军警人员。对于行为人仅穿着类似军警的服装或仅以言语宣称系军警人员但未携带枪支、也未出示军警证件而实施抢劫的，要结合抢劫地点、时间、暴力或威胁的具体情形，依照常人判断标准，确定是否认定为“冒充军警人员抢劫”。军警人员利用自身的真实身份实施抢劫的，不认定为“冒充军警人员抢劫”，应依法从重处罚。

（7）“持枪抢劫”的含义。“持枪抢劫”，是指行为人使用枪支或者向被害人显示持有、佩带的枪支进行抢劫的行为。“枪支”的概念和范围，适用《枪支管理法》的规定。使用玩具枪等仿真枪支进行抢劫的，由于客观上不存在危及人身安全的危险，不能认定为“持枪抢劫”。至于行为人是否具有合法持枪资格，在所不论。

（8）“抢劫军用物资或者抢险、救灾、救济物资”的含义。这里的“军用物资”，是指除枪支、弹药、爆炸物以外①的其他用于保障作战的物品。笔者认为，军用物资的范围不宜认定得过于宽泛，应当根据是否属于战时、是否与保障军队的作战能力直接相关来认定，对抢劫那些与保障作战无直接关系的财物，不宜认定为“抢劫军用物资”。在平时状态下，其认定的尺度更是不应当太宽泛。“抢险、救灾、救济物资”，是指已确定用于抢险、救灾、救济用途的物资。需要注意的是，在本项加重情节的认定中，应当坚持主客观相统一原则，要求行为人对其抢劫对象属于“军用物资或者抢险、救灾、救济物资”存在明知，否则，不能认定为加重情节。

第二百六十四条 〔盗窃罪〕

盗窃公私财物，数额较大的，或者多次盗窃、入户盗窃、携带凶器盗窃、扒窃的，处三年以下有期徒刑、拘役或者管制，并处或者单处罚金；数额巨大或者有其他严重情节的，处三年以上十年以下有期徒刑，并处罚金；数额特别巨大或者有其他特别严重情节的，处十年以上有期徒刑或者无期徒刑，并处罚金或者没收财产。

本条是关于盗窃罪的罪刑条款内容。

【主要修改】

本条为2011年2月25日通过的《刑法修正案（八）》所修改，该条内容原为：“盗窃公私财物，数额较大或者多次盗窃的，处三年以下有期徒刑、拘役或者管制，并处或者单处罚金；数额巨大或者有其他严重情节的，处三年以上十年以下有期徒刑，并处罚金；数额特别巨大或者有其他特别严重情节的，处十年以上有期徒刑或者无期徒刑，并处罚金或者没收财产；有下列情形之一的，处无期徒刑或者死刑，并处没收财产：（一）盗窃金融机构，数额特别巨大的；（二）盗窃珍贵文物，情节严重的。”

【条文释义】

盗窃罪，是指以非法占有为目的，秘密窃取数额较大的公私财物，或者多次盗窃、入户盗窃、携带凶器盗窃、扒窃公私财物的行为。

本罪的对象是公私财物。作为盗窃对象的财物，主要是有体物，但也包括一

① 抢劫枪支、弹药、爆炸物的，应当按照《刑法》第127条第2款规定的抢劫枪支、弹药、爆炸物、危险物质罪论处，该罪的法定刑为10年以上有期徒刑、无期徒刑或者死刑。

些无体物，如电力、煤气、天然气、热能等。根据《刑法》第 210 条的规定，盗窃增值税专用发票或者可以用于骗取出口退税、抵扣税款的其他发票的，也依照本罪的规定定罪处罚。《刑法》所特殊保护的物品不能成为盗窃罪的对象，如武器弹药、古文化遗址、古墓葬等，盗窃上述物品的，应作为其他犯罪处理。

本罪在客观方面表现为秘密窃取数额较大的公私财物，或者多次盗窃、入户盗窃、携带凶器盗窃、扒窃的行为。“秘密窃取”，是指行为人采取自认为不会被财物的所有人、保管人、经手人察觉的方法，将财物非法占有的行为。秘密窃取可以是被害人不在场时实施，也可以是物主在场乘其不备时实施。秘密窃取的方式是多种多样的，常见的有撬门破锁、翻墙入院、扒窃掏包、顺手牵羊等。应当依据主观性、相对性和一贯性三个特征来认定“秘密窃取”的含义：（1）“主观性”，是指行为人主观上自认为是在秘密窃取，即使客观上已被他人发觉或注视，也不影响盗窃性质的认定。（2）“相对性”，是指秘密窃取是相对于财物所有人、保管人、经手人而言的。在秘密窃取财物时即使被他人发觉或暗中注视，也不影响盗窃罪的成立。（3）“一贯性”，是指秘密窃取贯穿整个行为的始终。如果在窃取时遇到了被害人的抵抗而改用暴力，犯罪的性质就由盗窃转化为抢劫。

本罪在客观方面存在下列五种可以任择其一的入罪标准：

（1）盗窃数额较大。根据 2013 年最高人民法院、最高人民检察院《关于办理盗窃刑事案件适用法律若干问题的解释》第 1 条的规定，“数额较大”，是指个人盗窃公私财物价值 1000 元至 3000 元以上（具体标准由各省、自治区、直辖市高级人民法院、人民检察院根据本地区经济发展状况与社会治安状况在上述数额幅度内确定）。此外，根据 2015 年《文物案件解释》第 2 条的规定，盗窃一般文物、三级文物、二级以上文物的，应当分别认定为《刑法》第 264 条规定的“数额较大”“数额巨大”“数额特别巨大”。盗窃文物，无法确定文物等级，或者按照文物等级定罪量刑明显过轻或者过重的，按照盗窃的文物价值定罪量刑。

（2）多次盗窃。多次盗窃，是指 2 年内盗窃 3 次以上。在司法实践中，认定某一案件的盗窃行为是否构成犯罪时，不能仅注意查明盗窃财物的数额，还应当注意查明行为人实施盗窃行为的实际次数。

（3）入户盗窃。入户盗窃，是指非法进入供他人家庭生活，与外界相对隔离的住所实施盗窃。应当注意以下两个问题：第一，“户”的范围。“户”在这里是指住所，其特征表现为供他人家庭生活和与外界相对隔离两个方面，前者为功能特征，后者为场所特征。住所包括封闭的院落、牧民的帐篷、渔民作为家庭生活场所的渔船、为生活租用的房屋等。一般情况下，集体宿舍、旅店宾馆、临时搭建工棚等不应认定为“户”，但在特定情况下，如果确实具有上述两个特征的，也可以认定为“户”。第二，“入户”目的的非法性。进入他人住所须以实施盗窃等犯罪为目的。盗窃行为虽然发生在户内，但行为人不以实施盗窃等犯罪为目的进入他人住所，而是在户内临时起意实施盗窃的，不属于“入户盗窃”。

（4）携带凶器盗窃。携带凶器盗窃，是指携带枪支、爆炸物、管制刀具等国家禁止个人携带的器械盗窃，或者为了实施违法犯罪携带其他足以危害他人人身安全的器械盗窃。需要注意的是，“携带凶器盗窃”仅限于携带凶器进行盗窃而未使用的情况，如果行为人在携带凶器盗窃时，为窝藏赃物、抗拒抓捕或者毁灭罪证而当场利用凶器使用暴力或者进行暴力威胁的，应当转化为抢劫罪。

（5）扒窃。扒窃，是指在公共场所或者公共交通工具上盗窃他人随身携带的财物。公共场所性和财物贴身性是认定扒窃的两个关键特征。

本罪的主体是一般主体，即已满16周岁、具有刑事责任能力的自然人。根据2002年最高人民检察院《关于单位有关人员组织实施盗窃行为如何适用法律问题的批复》的规定，单位有关人员为谋取单位利益组织实施盗窃行为，情节严重的，应当以盗窃罪追究直接责任人员的刑事责任。根据2013年最高人民法院、最高人民检察院《关于办理盗窃刑事案件适用法律若干问题的解释》第13条的规定，单位组织、指使盗窃，符合《刑法》第264条及该解释有关规定的，以本罪追究组织者、指使者、直接实施者的刑事责任。

本罪在主观方面表现为故意，并且以非法占有为目的。不具有非法占有的目的，误把公私财物当做自己的财物拿走，或者私自将他人物品拿走，用完即归还的，不构成盗窃罪。至于行为人将公私财物非法占为己有后如何处置，是据为己有，还是赠予他人，甚至是归集体非法占有的，不影响本罪的成立。

【实务问题】

1. 本罪罪与非罪的界限

认定本罪时，主要应当注意下列三个问题：（1）本罪与一般违法行为的界限。盗窃公私财物，数额未达到较大标准，也不具备多次盗窃这一要求的，不应认为是犯罪，属于一般违法行为，必要时可给予治安管理处罚。应当注意的是，盗窃公私财物数额大小、次数多少，是决定盗窃行为社会危害程度的重要因素，但不是唯一因素。区分本罪罪与非罪的界限，要把上述因素同作案的手段、社会影响、行为人的一贯表现、作案动机等相结合，进行综合分析判断。盗窃未遂，情节轻微的，一般不定罪处罚。但如果以数额巨大的财物，或者国家珍贵文物等为目标，即使盗窃未遂，或者实际所得价值较小，也应定罪处罚。（2）正确处理偷拿家庭成员或者近亲属的财物的案件。偷拿家庭成员或者近亲属的财物，获得谅解的，一般可不认为是犯罪；追究刑事责任的，应当酌情从宽处理。（3）窃取被他人合法占有的归本人所有的财物的案件如何处理。窃取本人已被依法扣押的财物，或者偷回本人已交付他人合法持有或者保管的财物，导致他人因负赔偿责任而遭受财产损失的，以本罪论处。如果没有导致他人财产损失的，不宜以犯罪论处。

2. 本罪既遂与未遂的界限

关于区分本罪既遂与未遂的标准，存在接触说、移动说、失控说、控制说、失控 + 控制说等分歧。笔者认为，区分本罪既遂与未遂的科学标准应当是本罪的犯罪构成要件是否完备，而本罪的犯罪构成要件完备的客观标志就是盗窃行为客观上造成了行为人非法占有所盗财物的犯罪结果。而“非法占有财物”这种犯罪结果的发生，只能理解为盗窃行为人获得了对财物的实际控制。因而，控制说是合理的，即应以犯罪分子是否获得对财物的实际控制作为区分既遂与否的标准。当然，“实际控制”并非指该财物一定就在行为人手里，而是说行为人能够在事实上支配该项财物就可以。这种实际控制并无时间长短的要求，也不要求行为人实际上已经利用了该财物。

3. 本罪与其他犯罪的界限

（1）本罪与破坏电力设备罪，破坏广播电视设施、公用电信设施罪的界限。第一，盗窃不在使用中的电力设备，只构成本罪；盗窃使用中的电力设备，同时构成本罪和破坏电力设备罪的，择一重罪定罪处罚。第二，盗窃广播电视设施、公用电信设施价值数额不大，但是构成危害公共安全犯罪的，以破坏广播电视设施、公用电信设施罪论处；同时构成本罪的，应当择一重罪定罪处罚。

（2）本罪与故意毁坏财物罪等损毁财物犯罪的界限。采用破坏性手段盗窃公私财物，造成其他财物损毁的，以本罪从重处罚；同时构成本罪和其他犯罪的，择一重罪从重处罚；实施盗窃犯罪后，为掩盖罪行或者报复等，故意毁坏其他财物构成犯罪的，以本罪和构成的其他犯罪数罪并罚；盗窃行为未构成犯罪，但损毁财物构成其他犯罪的，以其他犯罪定罪处罚。

（3）盗窃机动车辆案件的定性。①盗窃机动车作为犯罪工具使用的案件。为盗窃其他财物，偷开机动车作为犯罪工具使用后非法占有车辆，或者将车辆遗弃导致丢失的，被盗车辆的价值计入盗窃数额。为实施其他犯罪，偷开机动车作为犯罪工具使用后非法占有车辆，或者将车辆遗弃导致丢失的，以本罪和其他犯罪数罪并罚；将车辆送回未造成丢失的，按照其所实施的其他犯罪从重处罚。②为练习开车、游乐等目的偷开机动车的案件。为练习开车、游乐等目的，多次偷开机动车辆，并将机动车辆丢失的，以本罪定罪处罚；在偷开机动车辆过程中发生交通肇事构成犯罪，又构成其他罪的，应当以交通肇事罪和其他罪数罪并罚；偷开机动车辆造成车辆损坏的，以故意毁坏财物罪论处；偶尔偷开机动车辆，情节轻微的，可以不认为是犯罪。

第二百六十五条 〔盗窃罪的特别规定〕

以牟利为目的，盗接他人通信线路、复制他人电信码号或者明知是盗接、复制的电信设备、设施而使用的，依照本法第二百六十四条的规定定罪处罚。

本条是关于盗接、复制电信设备、设施的有关行为以盗窃罪论处的规定。

【条文释义】

盗接，是指以牟利为目的，未经权利人的许可，采取秘密的方法连接他人的通信线路，无偿使用或者转给他人使用，从而给权利人造成较大损失的行为。复制他人电信码号，是指以牟利为目的，非法复制他人的电信码号，无偿使用或者非法出租、出借、转让给他人使用的行为。电信码号应做广义理解，包括电话磁卡、长途电话账号和移动通信码号，如移动电话码号的出厂号码、电话号码、用户密码等。这里的“电信设备、设施”，主要是指交换机、电话机、通信线路等。

适用本条时，应当注意以下两点：（1）客观方面必须有盗接他人通信线路，复制他人电信码号或者使用盗接、复制的电信设备、设施的行为。具体表现为以下三种行为：第一，盗接他人电话线路，即非法与他人电话线路相接，无偿地偷打电话，损害他人利益；第二，盗用他人移动电话的码号，进行非法并机；第三，明知是盗接在他人电话线路上或者是复制了他人的移动电话码号的伪机而使用。（2）主观方面必须具有牟利的目的，而且要求行为人明知。“以牟利为目的”，是指为了出售、出租、自用、转让等谋取经济利益。

【实务问题】

在司法实践中，应当注意有关司法解释规定的下列三类与电信资费有关以盗窃罪论处的行为：

（1）将电信卡非法充值后使用的行为。根据2000年最高人民法院《关于审理扰乱电信市场管理秩序案件具体应用法律若干问题的解释》第7条的规定，将电信卡非法充值后使用，造成电信资费损失数额较大的，以盗窃罪定罪处罚。

（2）明知是非法制作的IC电话卡而使用或者购买并使用的行为。根据2003年最高人民检察院法律政策研究室《关于非法制作、出售、使用IC电话卡行为如何适用法律问题的答复》的规定，非法制作或者出售非法制作的IC电话卡，数额较大的，应当以伪造、倒卖伪造的有价票证罪追究刑事责任，犯罪数额可以根据销售数额认定；明知是非法制作的IC电话卡而使用或者购买并使用，造成电信资费损失数额较大的，应当以盗窃罪追究刑事责任。

（3）盗用他人公共信息网络上网账号、密码上网行为。根据2000年最高人民法院《关于审理扰乱电信市场管理秩序案件具体应用法律若干问题的解释》第 8 条的规定，盗用他人公共信息网络上网账号、密码上网，造成他人电信资费损失数额较大的，以盗窃罪定罪处罚。

第二百六十六条 〔诈骗罪〕

诈骗公私财物，数额较大的，处三年以下有期徒刑、拘役或者管制，并处或者单处罚金；数额巨大或者有其他严重情节的，处三年以上十年以下有期徒刑，并处罚金；数额特别巨大或者有其他特别严重情节的，处十年以上有期徒刑或者无期徒刑，并处罚金或者没收财产。本法另有规定的，依照规定。

本条是关于诈骗罪的罪刑条款内容。

【条文释义】

诈骗罪，是指以非法占有为目的，用虚构事实或者隐瞒真相的方法，骗取数额较大的公私财物的行为。

本罪在客观方面表现为采用虚构事实或者隐瞒真相的方法，骗取公私财物，数额较大的行为。诈骗行为最突出的特点，就是行为人设法使被害人产生认识上的错觉，以致“自愿地”将自己所有或者持有的财物交付给行为人或者放弃自己的所有权，或者免除行为人交还财物的义务。这种“自愿”是受行为人的欺骗所致，并非出自被害人的真正意愿。诈骗的方法多种多样，但概括起来，无非两类：（1）虚构事实，即捏造根本不存在的事实，“无中生有”地诱使他人上当受骗。例如，谎称能代被害人购买某种廉价商品；谎称能为被害人提供某种服务（如打赢官司）；谎称能为被害人治病；以假物冒充真物；假冒和尚、尼姑，诱人奉献，骗取财物。这类诈骗常常是利用有些人缺乏警惕，或愚昧无知，或贪财图利等不健康心理，而使之受害。虚构事实可以是无中生有地全部虚构，也可以是在部分事实的基础上渲染夸张地部分虚构。（2）隐瞒真相，即隐瞒客观存在的事实情况，既可以是隐瞒部分事实真相，也可以是隐瞒全部事实真相。在这种情况下，行为人应当告知对方某种事实而故意不告知，使对方在受蒙蔽的情况下“自愿地”将财物交给行为人，以实现占有对方财物的目的。

本罪在主观方面表现为故意，并且以非法占有为目的。如果不具有非法占有的目的，如以欺骗的方法骗回他人久借不还的欠款的，不构成本罪。无论所骗财物归自己挥霍享用，还是转归他人所有，或者转归集体非法占有的，不影响本罪的成立。

【实务问题】

1. 本罪与盗窃罪的界限

在一般情况下，两罪是不难区分的，主要区别在于犯罪手段不同。前者是虚构事实、隐瞒真相让被害人“自愿”交出财物，后者则是秘密窃取财物。但对于以秘密窃取的手段取得支票、提货单等有价票证、证券后，又冒领货物、款项的行为，究竟应定盗窃罪还是诈骗罪容易发生混淆。一般而言：（1）对于盗窃的支票、提货单等，如果是已经加盖了公章或者签名，并在有效期内凭该单据就可以直接提取财物的，应当认定构成盗窃罪。因为这类票证本身已经包含了实际价值，盗窃得手就等于已经窃取了该财物的价值，至于窃取后的冒领行为，只是实现已经窃取到手的价值的一种手段，应视为盗窃行为的延续。（2）对于行为人窃取的这类票证、证券，如果已经过期、作废或者是欠缺必要的法律手续的，因为无法代表该财物实际价值，即仅仅持有还不能直接取得财物，所以即使窃取到手，也不能认定构成盗窃罪。如果行为人窃取这类票证后，对之加以变造或者伪造、冒用他人印章、签名等，用以骗取货物、款项的，属于牵连犯，手段行为构成伪造、变造有价证券、票证、印章类的犯罪，目的行为构成诈骗罪，根据从一重罪处断的原则，一般应以诈骗罪定罪处罚。

2. 本罪与特殊诈骗犯罪的界限

1997 年《刑法》根据诈骗行为侵犯的客体特征、犯罪对象特征、诈骗行为的手段特征，从普通诈骗罪中分离出一些破坏社会主义市场经济秩序的具有诈骗特征的犯罪，并入了“破坏社会主义市场经济秩序罪”一章。具体是：集资诈骗罪、贷款诈骗罪、票据诈骗罪、金融凭证诈骗罪、信用证诈骗罪、信用卡诈骗罪、有价证券诈骗罪、保险诈骗罪、合同诈骗罪。《刑法》第 266 条（诈骗罪）规定，“本法另有规定的，依照规定”。“侵犯财产罪”一章以外的其他诈骗罪，属于特殊诈骗罪。凡行为符合《刑法》规定的特殊诈骗犯罪构成的，按特殊诈骗犯罪定罪处罚，而不能按本罪处理。

3. 特殊类型的诈骗行为

（1）以虚假、冒用的身份证件办理入网手续并使用移动电话的行为。根据 2000 年最高人民法院《关于审理扰乱电信市场管理秩序案件具体应用法律若干问题的解释》第 9 条的规定，以虚假、冒用的身份证件办理入网手续并使用移动电话，造成电信资费损失数额较大的，以本罪定罪处罚。

（2）组织和利用会道门、邪教组织或者利用迷信诈骗财物的行为。《刑法》第 300 条第 3 款规定：“犯第一款罪又有奸淫妇女、诈骗财物等犯罪行为的，依照数罪并罚的规定处罚。”

（3）出售已经仪器识别为不中奖的彩票的行为。根据 2000 年公安部法制局

《对〈关于对将已经仪器识别为不中奖的彩票出售的行为如何定性处理的请示〉的答复》的有关规定，如果行为人采用虚构事实或者隐瞒真相等欺骗方法，使发行彩票的工作人员在不知情的情况下，回收已被识别为不中奖的彩票，数额较大的，应当以诈骗罪追究刑事责任；尚不构成犯罪的，依照《治安管理处罚法》给予治安管理处罚。如果行为人与发行彩票的工作人员事先进行了策划共谋，发行彩票的工作人员明知是已被识别为不中奖的彩票而回收并向社会公众销售，且数额较大的，对行为人和发行彩票的工作人员，应当按共同犯罪以诈骗罪追究刑事责任；尚不构成犯罪的，根据《治安管理处罚法》的规定，以共同违反治安管理的行为给予治安管理处罚。

（4）使用伪造的学生证购买半价火车票的行为。根据2002年公安部《关于对伪造学生证及贩卖、使用伪造学生证的行为如何处理问题的批复》的规定，对使用伪造的学生证购买半价火车票，数额较大的，应当依照《刑法》第266条的规定，以诈骗罪立案侦查；尚不够刑事处罚的，应当依照《治安管理处罚法》第49条的规定，以诈骗定性处罚。

（5）诉讼欺诈行为。我国现行的立法对诉讼欺诈的定性问题未作出明确规定，但有关的司法解释规定采取了否定说的立场。2002年最高人民检察院法律政策研究室《关于通过伪造证据骗取法院民事裁判占有他人财物的行为如何适用法律问题的答复》规定，以非法占有为目的，通过伪造证据骗取法院民事裁判占有他人财物的行为，所侵害的主要是人民法院正常的审判活动，可以由人民法院依照《中华人民共和国民事诉讼法》（简称《民事诉讼法》）的有关规定作出处理，不宜以诈骗罪追究行为人的刑事责任。如果行为人伪造证据时，实施了伪造公司、企业、事业单位、人民团体印章的行为，构成犯罪的，应当依照《刑法》第280条第2款的规定，以伪造公司、企业、事业单位、人民团体印章罪追究刑事责任；如果行为人有指使他人作伪证行为，构成犯罪的，应当依照《刑法》第307条第1款的规定，以妨害作证罪追究刑事责任。但需要注意的是，2015年8月29《刑法修正案（九）》增加的《刑法》第307条之一规定了虚假诉讼罪，即以捏造的事实提起民事诉讼，妨害司法秩序或者严重侵害他人合法权益的行为。该条第3款还规定，有虚假诉讼行为，“非法占有他人财产或者逃避合法债务，又构成其他犯罪的，依照处罚较重的规定定罪从重处罚。”笔者认为，该规定实际上已经废止了上述最高人民检察院法律政策研究室《关于通过伪造证据骗取法院民事裁判占有他人财物的行为如何适用法律问题的答复》中有关虚假诉讼不能构成诈骗罪的规定，如果虚假诉讼“非法占有他人财产”数额较大的，同时可以构成诈骗罪，按照想象竞合犯的处理原则，从一重罪处断。

（6）骗取社会保障待遇的行为。2014年4月24日全国人大常委会《关于

〈中华人民共和国刑法〉第二百六十六条的解释》规定，以欺诈、伪造证明材料或者其他手段骗取养老、医疗、工伤、失业、生育等社会保险金或者其他社会保障待遇的，属于《刑法》第266条规定的诈骗公私财物的行为。

第二百六十七条

〔抢夺罪〕**抢夺公私财物，数额较大的，或者多次抢夺的，处三年以下有期徒刑、拘役或者管制，并处或者单处罚金；数额巨大或者有其他严重情节的，处三年以上十年以下有期徒刑，并处罚金；数额特别巨大或者有其他特别严重情节的，处十年以上有期徒刑或者无期徒刑，并处罚金或者没收财产。**

携带凶器抢夺的，依照本法第二百六十三条的规定定罪处罚。

本条是关于抢夺罪的罪刑条款内容。

【主要修改】

本条第1款为2015年8月29日通过的《刑法修正案（九）》所修改，该款内容原为："抢夺公私财物、数额较大的，处三年以下有期徒刑、拘役或者管制，并处或者单处罚金；数额巨大或者有其他严重情节的，处三年以上十年以下有期徒刑，并处罚金；数额特别巨大或者有其他特别严重情节的，处十年以上有期徒刑或者无期徒刑，并处罚金或者没收财产。"

【条文释义】

本条共分为2款，第1款是关于抢夺罪及其处罚的规定。

抢夺罪，是指以非法占有为目的，不使用暴力、胁迫等强制方法，公然夺取数额较大的公私财物的行为。

抢夺罪在客观方面表现为不使用暴力、胁迫等强制方法，公然夺取数额较大的公私财物的行为。抢夺罪应当注意以下两点：

（1）"趁人不备"是否抢夺罪客观方面的必备要件？我国刑法理论界把"趁人不备"视为抢夺罪客观方面的要件之一。笔者认为，从司法实践来看，抢夺罪之夺取财物行为大多是"趁人不备"实施的，但是在财物所有人或保管人有备的情况下抢夺财物的行为也并不少见，即也可能发生趁人有备的抢夺。比如，在被害人已有察觉的情况下，从其身旁或者手上夺走财物。因而，不应把"趁人不备"作为抢夺罪客观方面的必备特征。

（2）"公然夺取"的含义。第一，"公然夺取"不应理解为在公共场所或者当众进行抢夺，而应理解为"在财物所有人或保管人在场的情况下，当着财物所有人或保管人的面或者可以使其立即发觉的方法夺取财物”①。第二，“公然”是相对财物所有人或保管人而言的，但在行为人对财物所有人或保管人是谁发生误认的情况下，应以行为人的认识为准。第三，“公然”是指行为人自以为所有人或者保管人在其行为当时会发觉，而不能以所有人或保管人客观上是否当时发觉了来判断。

第2款是关于携带凶器抢夺行为的定性的规定。

根据《刑法》第267条第2款的规定，携带凶器抢夺的，以抢劫罪定罪处罚。携带凶器抢夺，是指行为人随身携带枪支、爆炸物、管制刀具等国家禁止个人携带的器械进行抢夺，或者为了实施犯罪而携带其他器械进行抢夺的行为。具体而言，携带凶器抢夺转化为抢劫罪的情形包括两种：（1）随身携带枪支、爆炸物、管制刀具等国家禁止个人携带的器械进行抢夺。（2）为了实施犯罪而携带其他器械进行抢夺。其他器械，是指禁止个人携带的器械以外的其他普通器械，如果有证据证明该器械确实不是为了实施犯罪准备的，即不是为了犯罪而随身携带这些器械，是临时起意而抢夺的，不能以抢劫罪论处。需要注意的是，把这两种情形认定为抢劫罪，不以行为人使用或者向被害人展示了器械为必要，否则就属于《刑法》第263条规定的一般抢劫行为了。之所以这样规定，实际上是一种立法推定。在不少案件中，夺取他人财物的犯罪嫌疑人、被告人携带有凶器但却没有证据证明其在抢夺行为过程中是否使用，为了减轻控方的证明责任，将携带凶器抢夺的行为推定为抢劫罪。此外，这些行为人虽然没有使用这些器械，但可能是因为不需要使用而没有使用，如果遇到被害人的反抗，就存在使用的可能。需要指出的是，行为人将随身携带的凶器有意加以展示、能为被害人察觉到的，直接适用《刑法》第263条的规定以抢劫罪定罪处罚。

【实务问题】

1. 数额较大和多次抢夺的认定

“数额较大”和“多次抢夺”是抢夺罪两大并列的入罪标准，具备其中之一即可。数额较大的具体标准，依照2013年最高人民法院、最高人民检察院《关于办理抢夺刑事案件适用法律若干问题的解释》确定。多次抢夺，是指一年内抢夺3次以上。

2. 驾驶机动车、非机动车夺取他人财物行为的定性

对于驾驶机动车、非机动车夺取他人财物的，一般以抢夺罪从重处罚。但根据2013年最高人民法院、最高人民检察院《关于办理抢夺刑事案件适用法律若干问题的解释》第6条的规定，驾驶机动车、非机动车夺取他人财物，具有下

---

① 赵秉志：《侵犯财产罪》，中国人民公安大学出版社1999年版，第221页。

列情形之一的，应当以抢劫罪定罪处罚：（1）夺取他人财物时因被害人不放手而强行夺取的；（2）驾驶车辆逼挤、撞击或者强行逼倒他人夺取财物的；（3）明知会致人伤亡仍然强行夺取并放任造成财物持有人轻伤以上后果的。

3. 抢夺罪与过失致人重伤罪、过失致人死亡罪的界限

实施抢夺公私财物行为，构成抢夺罪，同时造成被害人重伤、死亡等后果，构成过失致人重伤罪、过失致人死亡罪等犯罪的，依照处罚较重的规定定罪处罚。

第二百六十八条〔聚众哄抢罪〕

聚众哄抢公私财物，数额较大或者有其他严重情节的，对首要分子和积极参加的，处三年以下有期徒刑、拘役或者管制，并处罚金；数额巨大或者有其他特别严重情节的，处三年以上十年以下有期徒刑，并处罚金。

本条是关于聚众哄抢罪的罪刑条款内容。

【条文释义】

聚众哄抢罪，是指以非法占有为目的，聚集多人，以非人身强制和精神强制的方式，哄抢公私财物，数额较大或者有其他严重情节的行为。

本罪在客观方面表现为聚众哄抢公私财物，数额较大或者有其他严重情节的行为。应当注意以下三个问题：

（1）聚众，是指3人（含聚众者本人）或者3人以上联合起来，即从人数上来看，必须是3人或者3人以上，有时可能达上百人。2人或者2人以下不构成“聚众”。

（2）哄抢，是指一哄而上地夺取公私财物，即以“哄、闹”“哄、吵”为手段，一哄而上进行抢占。这体现了这种犯罪通常具有群体性特征。

（3）“哄抢”与抢夺的共性。哄抢行为与抢夺罪之“抢夺”行为相比虽然有其特性，但更主要的是其共性。哄抢行为的具体特征可以参照前文关于抢夺罪的客观特征予以认定。公然性也应当是聚众哄抢罪的必备特征，即行为人当着财物所有人或者保管人的面实施夺取财物的行为。如果行为人以为财物所有人或者保管人不知情，而聚众秘密窃取其财物的，应当以盗窃罪论处。

【实务问题】

本罪罪与非罪的界限

在实践中，有的人因与他人发生债务或财产纠纷，采用纠集多人强行夺取对方财物的方法用以抵债，一般可不以本罪论处。但对实践中发生的破产清算企业

的债权人或者追讨欠薪的职工聚众哄抢企业财物的行为，则应当具体问题具体分析，不排除构成本罪的可能性。哄抢的财物超出债务数额的，应当以本罪论处。

第二百六十九条 〔转化型抢劫罪〕

犯盗窃、诈骗、抢夺罪，为窝藏赃物、抗拒抓捕或者毁灭罪证而当场使用暴力或者以暴力相威胁的，依照本法第二百六十三条的规定定罪处罚。

本条是关于转化型抢劫罪的罪刑条款内容。

【条文释义】

转化型抢劫罪的认定应当同时具备下列条件：

（1）前提条件。成立转化型抢劫罪的前提条件是行为人必须首先实施了盗窃、诈骗、抢夺行为。如果没有实施上述任何一种行为，就不发生适用《刑法》第269条的问题。“犯盗窃、诈骗、抢夺罪”，主要是指行为人已经着手实施盗窃、诈骗、抢夺行为，一般不考察盗窃、诈骗、抢夺行为是否既遂。但是，行为人实施盗窃、诈骗、抢夺行为，未达到“数额较大”，为窝藏赃物、抗拒抓捕或者毁灭罪证当场使用暴力或者以暴力相威胁，情节较轻、危害不大的，一般不以犯罪论处；但具有下列情节之一的，可依照《刑法》第269条的规定，以抢劫罪定罪处罚：盗窃、诈骗、抢夺接近“数额较大”标准的；入户或在公共交通工具上盗窃、诈骗、抢夺后在户外或交通工具外实施上述行为的；使用暴力致人轻微伤以上后果的；使用凶器或以凶器相威胁的；具有其他严重情节的。

（2）客观条件。成立转化型抢劫罪的客观条件是当场实施暴力或者以暴力相威胁。一方面，必须实施了暴力或者以暴力相威胁。笔者认为，由于抢劫罪与盗窃罪、诈骗罪、抢夺罪的处罚差别悬殊，《刑法》第269条规定的“暴力”应当与《刑法》第263条规定的典型抢劫的“暴力”有所区别，本处的“暴力”，是指最狭义的暴力，即直接对人的身体实施的足以达到压制对方反抗程度的有形力量，而后者是指狭义的“暴力”。暴力或者以暴力相威胁，是指当场对被害人或者其他抓捕人的身体实施打击或者强制，或者以当场实施打击或强制相威胁。对物实施的暴力不在此列。例如，乙抢夺王某的财物，王某让狼狗追赶乙，乙为脱身，打死了狼狗。乙的行为不能转化为抢劫罪。对于以摆脱的方式逃脱抓捕，暴力强度较小，未造成轻伤以上后果的，可不认定为“使用暴力”，不以抢劫罪论处。发出其他非暴力内容的威胁的，不能适用《刑法》第269条。另一方面，“暴力或者以暴力相威胁”必须是当场实施的。“当场”，是指实施盗窃、诈骗、抢夺罪的现场。刚一逃离现场即被人发现和追捕的，应当视为现场的延伸。

（3）主观条件。成立转化型抢劫罪的主观条件是当场实施暴力或者以暴力相威胁，目的是窝藏赃物、抗拒抓捕或者毁灭罪证。窝藏赃物，是指保护已经到手的赃物不被追回。抗拒抓捕，是指抗拒公安机关的逮捕或者公民的扭送。毁灭罪证，是指销毁自己留在犯罪现场的痕迹、物品和其他证据。需要指出的是，这里的“窝藏赃物”并非字面所指的“将赃物藏匿在某一难以被人发觉的地方”，而是指试图维持对赃物的控制以阻止被害人等将其夺走。不是出于上述三种目的实施暴力或者以暴力相威胁的，不能转化为抢劫罪。

（4）主体条件。成立转化型抢劫罪的主体条件是行为人已满16周岁、具有刑事责任能力。根据2006年《未成年人案件解释》第10条的规定，已满14周岁不满16周岁的人盗窃、诈骗、抢夺他人财物，为窝藏赃物、抗拒抓捕或者毁灭罪证，当场使用暴力，故意伤害致人重伤或者死亡，或者故意杀人的，应当分别以故意伤害罪或者故意杀人罪定罪处罚。已满16周岁不满18周岁的人犯盗窃、诈骗、抢夺罪，为窝藏赃物、抗拒抓捕或者毁灭罪证而当场使用暴力或者以暴力相威胁的，应当依照《刑法》第269条的规定以抢劫罪定罪处罚；情节轻微的，可根据《刑法》第13条“但书”的规定，不追究刑事责任。这一规定明确地将已满14周岁不满16周岁的人排除在《刑法》第269条的适用范围之外。在实践中，我们需要准确地适用这一规定，已满14周岁不满16周岁的人盗窃、诈骗、抢夺他人财物，为窝藏赃物、抗拒抓捕或者毁灭罪证，当场使用暴力，故意伤害他人的，只有致人重伤或者死亡时，才以故意伤害罪、故意杀人罪定罪处罚；如果只造成轻伤后果的，由于未达到最低刑事责任年龄，不承担刑事责任。需要注意的是，在此之前最高人民检察院曾经对此发布一个与之不同的解释性文件，即2003年最高人民检察院法律政策研究室《关于相对刑事责任年龄的人承担刑事责任范围有关问题的答复》规定，相对刑事责任年龄的人实施了《刑法》第269条规定的行为的，应当依照《刑法》第263条的规定，以抢劫罪追究刑事责任。但对情节显著轻微，危害不大的，可根据《刑法》第13条的规定，不予追究刑事责任。笔者认为，《未成年人案件解释》的规定是合理的，符合宽严相济的刑事政策的本质要求。

【实务问题】

1.《刑法》第269条所指的诈骗罪是否包括合同诈骗罪、信用卡诈骗罪等特殊类型诈骗罪

笔者认为，从社会危害性着眼，特殊类型诈骗罪的社会危害性确实不逊色于诈骗罪，似乎更应当适用《刑法》第269条的规定。但从维护罪刑法定主义的立场考量，不能包括特殊类型诈骗罪，因为在现行立法条件下诈骗罪与特殊类型诈骗罪是不同的具体犯罪。如果认为所有诈骗型犯罪包括在《刑法》第269条规定的诈骗罪之中的话，势必造成抢劫罪这一重罪的广泛适用，显然是不合

适的。

2.《刑法》第 269 条所指的抢夺罪是否包括聚众哄抢罪

这一问题的出现主要源自 1993 年最高人民法院《关于执行〈中华人民共和国铁路法〉中刑事罚则若干问题的解释》的规定。该解释规定，聚众哄抢铁路运输物资的，对首要分子和骨干分子应当以抢夺罪，依照 1979 年《刑法》第 151 条或者第 152 条的规定（抢夺罪）追究刑事责任，一般应从重处罚。犯罪分子如果在哄抢铁路运输物资过程中使用暴力或者以暴力相威胁，或者为窝藏赃物、抗拒逮捕、毁灭罪证而当场使用暴力或者以暴力相威胁的，应当以抢劫罪论处，从重处罚。之所以这样规定，是因为在 1979 年《刑法》中未规定聚众哄抢罪，对聚众哄抢以抢夺罪论处。在 1997 年《刑法》已经增设聚众哄抢罪的情况下，不能再适用该解释的规定。

3. 转化型抢劫罪的共犯问题

两人以上共同实施盗窃、诈骗、抢夺犯罪，其中部分行为人为窝藏赃物、抗拒抓捕或者毁灭罪证而当场使用暴力或者以暴力相威胁的，对于其余行为人是否以抢劫罪共犯论处，主要看其对实施暴力或者以暴力相威胁的行为人是否形成共同犯意、提供帮助。基于一定意思联络，对实施暴力或者以暴力相威胁的行为人提供帮助或实际成为帮凶的，可以抢劫共犯论处。

第二百七十条 〔侵占罪〕

将代为保管的他人财物非法占为己有，数额较大，拒不退还的，处二年以下有期徒刑、拘役或者罚金；数额巨大或者有其他严重情节的，处二年以上五年以下有期徒刑，并处罚金。

将他人的遗忘物或者埋藏物非法占为己有，数额较大，拒不交出的，依照前款的规定处罚。

本条罪，告诉的才处理。

本条是关于侵占罪的罪刑条款内容。

【条文释义】

侵占罪，是指以非法占有为目的，将代为保管的他人财物或者他人的遗忘物、埋藏物非法占为己有，数额较大，拒不退还或者拒不交出的行为。

本条共分为 3 款。第 1 款是关于侵占代为保管的他人财物的规定。

代为保管的他人财物是本罪的对象之一。在理解“代为保管”时，不能过于狭隘地认为只有财物所有人主动委托行为人保管的，才属于“代为保管”，而把未经财物所有人委托而自行保管他人财物排除在外。事实上，侵占行为的本质在于将自己持有的财物非法占为己有。而持有他人财物的情况并不局限于因保管合同而产生，而是有着多种多样的法律上或者事实上的原因，其中包含通过委托合同、租赁合同、借用合同、担保合同、承揽合同、运输合同、无因管理、不当得利等民事行为导致的对他人财产的持有。需要注意的是，应当把侵占借用他人的、自己无处分权（所有权）之物，与通过借贷关系取得具有处分权的种类物（如货币、水泥、大米），事后不履行偿还义务，严格区分开来。借贷合同的特点之一，是借贷合同标的物的所有权发生转移。侵占的财物仅限于行为人只取得占有权而没有取得处分权的财物，对于通过借贷而取得的财物，借贷人已取得了对借贷物的处分权，只不过因此而负有向债权人偿还债务的义务而已，这与把自己持有的、无处分权的他人财物非法占为己有是有原则区别的。

第 2 款是关于侵占他人的遗忘物或者埋藏物的规定。

他人的遗忘物或者埋藏物是本罪的另一类对象。所谓遗忘物，通常是指财物的所有人或者占有人有意识地将自己持有的财物放置在某处，因一时疏忽忘记拿走，而暂时失去对财物的控制。遗失物，是指失主丢失的财物。遗忘物与遗失物的区别是：（1）对于前者一经回忆一般都能知道财物所在位置，也较容易找回；而对于后者失主一般不知失落何处，也不容易找回。（2）前者一般尚未完全脱离物主的控制范围；而后者则完全脱离了物主的控制范围。（3）前者一般脱离物主时间较短；而后者一般脱离物主时间较长。《刑法》只规定侵占遗忘物的行为构成犯罪，而对于侵占遗失物，则没有规定为犯罪。根据《民法典》第 314 条的规定，拾得遗失物，应当返还权利人。所谓埋藏物，是指不归行为人所有的埋藏于地下的财物，无论其所有者是否明确（所有者不明的，归国家所有）、埋藏时间长短、财物的性质，只要行为人不是出于盗窃的目的，在对地面挖掘时，偶然发现地下埋藏物，明知不归本人所有，应当交出而拒不交出，非法据为己有，数额较大的，就构成侵占罪。无论是在自己的宅院、自留地或者其他地方挖掘，也无论知道还是不知道谁是物主，都不影响本罪的成立。但是，如果行为人明知某处埋藏有某人的财物，或者应归国家所有的地下文物，而以非法占有为目的进行挖掘，并将埋藏物占为己有的，则应分别以盗窃罪或者盗掘古墓葬罪论处。

拒不退还或者拒不交出，是指物主或有关机关单位要求退还或交出财物，而拒不退还或交出，以此表明了行为人具有非法占有该财物的目的。如果行为人并不拒绝退还或者交出，只是要求延期退还或交出，因而引起纠纷的，或者虽然口头表示拒不退还或交出，经过说服教育当即退还或交出的，一般不应以本罪论处。

第 3 款明确了构成本罪，必须告诉才处理的原则。

考虑到在实践中，有些行为人常常是因为一时的贪欲，临时产生犯意；财物的代管人与委托人之间往往是同事、邻居或者朋友关系；遗忘物、埋藏物往往是偶然拾得或获得，与故意占有他人的财物的性质有很大不同。因此，本条第 3 款规定，侵占罪只有当事人告诉时，才予以处理，不告不理。

【实务问题】

1. 本罪罪与非罪的界限

对于下列行为不以本罪论处：（1）非法占有的他人财物没有达到较大数额的；（2）有正当理由不退还或不交出财物的；（3）非法占有的他人财物既不是代为保管的他人财物，也不是他人的遗忘物、埋藏物的。

2. 本罪与盗窃罪的界限

二者的关键区别在于行为方式的不同。本罪以持有他人财物为前提，将持有的他人财物或者遗忘物、埋藏物非法占为己有；而盗窃罪是将他人持有、保管的财物秘密窃为己有。换句话说，本罪的行为人在实施侵占行为时，被侵害之物已处在其实际控制之下；而盗窃罪的行为人在实施盗窃行为时，财物仍然处在所有人或占有人的控制之下。

第二百七十一条

〔职务侵占罪〕**公司、企业或者其他单位的工作人员，利用职务上的便利，将本单位财物非法占为己有，数额较大的，处三年以下有期徒刑或者拘役，并处罚金；数额巨大的，处三年以上十年以下有期徒刑，并处罚金；数额特别巨大的，处十年以上有期徒刑或者无期徒刑，并处罚金。**

国有公司、企业或者其他国有单位中从事公务的人员和国有公司、企业或者其他国有单位委派到非国有公司、企业以及其他单位从事公务的人员有前款行为的，依照本法第三百八十二条、第三百八十三条的规定定罪处罚。

本条是关于职务侵占罪的罪刑条款内容。

【主要修改】

本条第 1 款为 2020 年 12 月 26 日通过的《刑法修正案（十一）》所修改，该款内容原为："公司、企业或者其他单位的人员，利用职务上的便利，将本单位财物非法占为己有，数额较大的，处五年以下有期徒刑或者拘役；数额巨大的，处五年以上有期徒刑，可以并处没收财产。"

【条文释义】

本条共分为 2 款。第 1 款是关于职务侵占罪及其处罚的规定。

职务侵占罪，是指公司、企业或者其他单位的非国家工作人员，利用职务上的便利，侵吞、窃取或者以其他手段非法占有所在公司、企业或者其他单位财物，数额较大的行为。

本罪侵犯的客体是公司、企业或者其他单位的财产所有权。本罪的对象是单位所有的各种财物，包括有体物与无体物；已在单位控制中的财物与应归单位收入的财物。如系本单位管理、使用或者运输中的私人财产，应以本单位财产论，也属于本罪的对象，因为这些财物的损失，最终也是由单位承担责任的。至于公司、企业或者其他单位财物的所有制性质，可以是私人所有的，也可以是集体所有的，还可以是国家所有的，还可能是属于混合所有制经济组织所有的。

本罪在客观方面表现为利用职务上的便利，将数额较大的本单位财物非法占为己有的行为。

（1）利用职务上的便利，是指利用自己在职务上所具有的主管、管理或者经手本单位财物的方便条件。所谓主管，是指批准、调拨、安排使用或以其他方式支配在自己主管的单位的财物的职权，这主要是指单位领导层的职权。所谓管理，是指对单位财物的保管和管理的职权，如单位的会计、出纳等都具有一定的管理单位财物的职权。所谓经手，是指因执行职务而具有领取、使用、支配单位的财物等权利，如采购员在采购中经手单位的货款和物资，单位工作人员被指派出差而经手差旅费等。总之，只要因行为人的职务关系而主管、管理或者经手单位财物，都能为侵占单位财物提供便利条件。如果行为人未利用自己职务上的便利，而是利用工作上的便利条件，如因工作关系而熟悉周围环境等便利条件，不能认为属于“利用职务上的便利”。不是利用职务之便，窃取、骗取本单位财物的，以盗窃罪、诈骗罪论处。

（2）关于侵占本单位财物（即非法占有财物）的手段，法条上未作明确规定。但是，应当注意的是，本罪中的“侵占”一词与《刑法》第270条侵占罪中的“侵占”一词具有不完全相同的含义。可以说，后者是狭义的，仅指非法占有本人业已持有的财物；而前者是广义的，即非法占有的意思，并不以持有为前提，其侵占的手段包括侵吞、盗窃、骗取等。在司法实践中，常见的方式有：①为本单位购货时，将卖方购货款中抽出一部分回扣占为己有；②在与他人签订合同时，双方恶意串通，将抬高的差价私分；③利用职权巧立名目，私分本单位财物；④以发奖金为名，非法占有本单位财物等。

本罪的主体是特殊主体，即公司、企业或者其他单位的工作人员中不具有国家工作人员身份的人员。这里的“公司”，是指依照我国《公司法》，经过国家主管部门批准设立的各种有限责任公司和股份有限公司。企业，是指依照我国企业登记法规，经过国家主管机关批准设立的，以营利为目的的各种经济组织。当然，本条规定的“企业”，是指没有采取有限责任公司或者股份有限公司形式的企业。从事个人或者家庭经营的个体工商户，不属于企业的范围，其从业人员不具备本罪的主体资格。其他单位，是指公司、企业以外的其他组织，如农村的村民委员会、城镇的居民委员会、医院、学校、文艺单位、社团等。另外，关于本罪的主体，《刑法》只要求是公司、企业或者其他单位的人员，而未指明是什么样的人员。一般认为，主要是指在上述单位担任一定的管理性职务，或者在工作中经手、管理单位财物的人员，包括公司、企业的董事、监事、经理、厂长，以及从事人事、财务、计划、供销、信贷、物资采购、保管等的人员。单纯从事劳务的人员，如车间的生产工人、农场的农工、勤杂工等，一般不属于本罪的主体范围。需要指出的是，根据本条第 2 款的规定，如果是国有公司、企业或者其他国有单位中从事公务的人员和国有公司、企业或者其他国有单位委派到非国有公司、企业以及其他单位从事公务的人员利用职务便利实施前述侵占行为的，应当以贪污罪论处。

本罪在主观方面表现为故意，并且具有非法占有本单位财物的目的。

第 2 款是关于国家工作人员在非国有单位中利用职务便利侵占单位财物行为以贪污罪论处的规定。

需要注意的是，根据最高人民法院《关于审理贪污、职务侵占案件如何认定共同犯罪几个问题的解释》第 3 条的规定，公司、企业或者其他单位中，不具有国家工作人员身份的人与国家工作人员勾结，分别利用各自的职务便利，共同将本单位财物非法占为己有的，按照主犯的犯罪性质定罪。

【实务问题】

1. 本罪的立案追诉标准

根据《立案追诉标准（二）》第 76 条的规定，公司、企业或者其他单位的人员，利用职务上的便利，将本单位财物非法占为己有，数额在 3 万元以上的，应予立案追诉。

2. 本罪与侵占罪的界限

本罪与侵占罪同属于以非法占有为目的、侵犯公私财产权利的犯罪。二者的区别表现在：（1）犯罪主体不同。本罪的主体是特殊主体；而侵占罪的主体是一般主体。（2）犯罪对象不同。本罪的对象是公司、企业或者其他单位的财物；而侵占罪的对象是代为保管的他人财物、他人的遗忘物或者埋藏物。（3）行为方式不同。本罪的行为方式包括侵吞、窃取、骗取或者其他方法；而侵占罪的行为方式主要是侵吞。本罪只能是利用职务上的便利实施；而侵占罪的行为人则没有职务上的便利可以利用。（4）成立犯罪的要件不同。侵占罪以拒不退还或者拒不交出为要件；而本罪则不以此为要件。

3. 本罪与盗窃罪、诈骗罪的界限

本罪与盗窃罪、诈骗罪都具有非法占有的目的，都侵犯了公私财产权。主要区别在于：(1) 主体不同。本罪的主体是特殊主体；而盗窃罪、诈骗罪的主体是一般主体。(2) 行为方式不同。本罪只能是利用职务上的便利实施，行为方式包括窃取、骗取、侵吞等；而盗窃罪、诈骗罪的实施与职务便利无关，行为方式分别只能是窃取或骗取。(3) 犯罪对象不同。本罪的对象只能是公司、企业或者其他单位的财物；而盗窃罪、诈骗罪侵犯的对象还包括非本单位的财物。

第二百七十二条

〔挪用资金罪〕**公司、企业或者其他单位的工作人员，利用职务上的便利，挪用本单位资金归个人使用或者借贷给他人，数额较大、超过三个月未还的，或者虽未超过三个月，但数额较大、进行营利活动的，或者进行非法活动的，处三年以下有期徒刑或者拘役；挪用本单位资金数额巨大的，处三年以上七年以下有期徒刑；数额特别巨大的，处七年以上有期徒刑。**

国有公司、企业或者其他国有单位中从事公务的人员和国有公司、企业或者其他国有单位委派到非国有公司、企业以及其他单位从事公务的人员有前款行为的，依照本法第三百八十四条的规定定罪处罚。

有第一款行为，在提起公诉前将挪用的资金退还的，可以从轻或者减轻处罚。其中，犯罪较轻的，可以减轻或者免除处罚。

本条是关于挪用资金罪的罪刑条款内容。

【主要修改】

本条为2020年12月26日通过的《刑法修正案（十一）》所修改，该条内容原为："公司、企业或者其他单位的工作人员，利用职务上的便利，挪用本单位资金归个人使用或者借贷给他人，数额较大、超过三个月未还的，或者虽未超过三个月，但数额较大、进行营利活动的，或者进行非法活动的，处三年以下有期徒刑或者拘役；挪用本单位资金数额巨大的，或者数额较大不退还的，处三年以上十年以下有期徒刑。国有公司、企业或者其他国有单位中从事公务的人员和国有公司、企业或者其他国有单位委派到非国有公司、企业以及其他单位从事公务的人员有前款行为的，依照本法第三百八十四条的规定定罪处罚。"

【条文释义】

本条共分为3款。第1款是关于挪用资金罪及其处罚的规定。

挪用资金罪，是指公司、企业或者其他单位的工作人员，利用职务上的便利，挪用本单位资金归个人使用或者借贷给他人，数额较大、超过 3 个月未还的，或者虽未超过 3 个月，但数额较大、进行营利活动的，或者进行非法活动的行为。

本罪在客观方面表现为利用职务上的便利，挪用本单位资金归个人使用或者借贷给他人，数额较大、超过 3 个月未还的，或者虽未超过 3 个月，但数额较大、进行营利活动的，或者进行非法活动的行为。在认定本罪客观方面时，应当注意以下问题：

（1）利用职务上的便利的含义。利用职务上的便利，是指行为人利用主管、经手、管理本单位资金的便利条件。该便利条件既包括行为人直接经手、管理资金的便利条件，也包括行为人因其职务关系而具有的调拨、支配、使用资金的便利条件。

（2）挪用本单位资金“归个人使用”的含义。2000 年最高人民法院《关于如何理解刑法第二百七十二条规定的“挪用本单位资金归个人使用或者借贷给他人”问题的批复》规定，公司、企业或者其他单位的非国家工作人员，利用职务上的便利，挪用本单位资金归本人或者其他自然人使用，属于挪用本单位资金“归个人使用”。可见该司法解释将挪用本单位资金“归个人使用”分为“归本人使用”和“归其他自然人使用”。但 2004 年全国人民代表大会常务委员会法制工作委员会刑法室《关于挪用资金罪有关问题的答复》指出，本条规定的挪用资金罪中的“归个人使用”与《刑法》第 384 条规定的挪用公款罪中的“归个人使用”的含义基本相同。这显然与该司法解释的规定有较大的出入。全国人民代表大会常务委员会法制工作委员会刑法室作为全国人民代表大会常务委员会的法制工作部门，其意见虽然不是立法解释，但对司法实践还是实际地起到类似立法解释的约束作用的。因此，挪用资金“归个人使用”包括以下三种情形：①将本单位资金供本人、亲友或者其他自然人使用的。②以个人名义将本单位资金供其他单位使用的。在司法实践中，对于将本单位资金供其他单位使用的，认定是否属于“以个人名义”，不能只看形式，要从实质上把握。对于行为人逃避财务监管，或者与使用人约定以个人名义进行，或者借款、还款都以个人名义进行，将本单位资金给其他单位使用的，应认定为“以个人名义”。③个人决定以单位名义将本单位资金供其他单位使用，谋取个人利益的。“个人决定”既包括行为人在职权范围内决定，也包括超越职权范围决定。“谋取个人利益”既包括行为人与使用人事先约定谋取个人利益实际尚未获取的情况，也包括虽未事先约定但实际已获取了个人利益的情况。其中的“个人利益”，既包括不正当利益，也包括正当利益；既包括财产性利益，也包括非财产性利益，但这种非财产性利益应当是具体的实际利益，如升学、就业等。经单位领导集体研究决定将本单位资金给个人使用，或者单位负责人为了单位的利益，决定将本单位资金给个人使用的，不以本罪论处。

第 2 款是关于国家工作人员在非国有单位中利用职务便利挪用单位财物行为以挪用公款罪论处的规定。

需要注意的是，根据最高人民法院《关于在国有资本控股、参股的股份有限公司中从事管理工作的人员利用职务便利非法占有本公司财物如何定罪问题的批复》的规定，在国有资本控股、参股的股份有限公司中从事管理工作的人员，除受国家机关、国有公司、企业、事业单位委派从事公务的以外，不属于国家工作人员。对其利用职务上的便利，将本单位财物非法占为己有，数额较大的，应当以职务侵占罪定罪处罚。

第 3 款是关于在提起公诉前将挪用的资金退还可以从宽处理的处罚规定。适用本款必须同时符合两个条件：一是提起公诉前；二是行为人必须将挪用的资金退还，而且应当退还全部的资金。

【实务问题】

1. 本罪的立案追诉标准

根据《立案追诉标准（二）》第 77 条的规定，公司、企业或者其他单位的工作人员，利用职务上的便利，挪用本单位资金归个人使用或者借贷给他人，涉嫌下列情形之一的，应予立案追诉：（1）挪用本单位资金数额在 5 万元以上，超过 3 个月未还的；（2）挪用本单位资金数额在 5 万元以上，进行营利活动的；（3）挪用本单位资金数额在 3 万元以上，进行非法活动的。具有下列情形之一的，属于本条规定的“归个人使用”：（1）将本单位资金供本人、亲友或者其他自然人使用的；（2）以个人名义将本单位资金供其他单位使用的；（3）个人决定以单位名义将本单位资金供其他单位使用，谋取个人利益的。

2. 本罪与职务侵占罪的界限

本罪与职务侵占罪都是侵犯财产犯罪，其主要区别在于：（1）客体不同。前者侵犯的客体是单位财产的使用收益权，后者侵犯的是单位财产的所有权。（2）犯罪对象不同。前者的对象仅限于单位资金，后者的对象既可以是单位资金，也可以是非资金财物。（3）犯罪目的不同。前者的主观目的是暂时使用，后者的主观目的是永久占有。因而，职务侵占罪的处罚略重于挪用资金罪。在实践中，需要注意由于主观目的从暂时使用转变为永久占有，从而导致挪用资金罪向职务侵占罪转化的情况。挪用资金是否转化为职务侵占，应当按照主客观相一致的原则，具体判断和认定行为人主观上是否具有非法占有资金的目的。在司法实践中，具有以下情形之一的，可以认定行为人具有非法占有单位资金的目的：（1）行为人“携带挪用的单位资金潜逃的”，对其携带挪用的单位资金部分，以职务侵占罪定罪处罚。（2）行为人挪用单位资金后采取虚假发票平账、销毁有关账目等手段，使所挪用的单位资金已难以在单位财务账目上反映出来，且没有归还行为的，应当以职务侵占罪定罪处罚。（3）行为人截取单位收入不入账，非法占有，使所占有的单位资金难以在单位财务账目上反映出来，且没有归还行为的，应当以职务侵占罪定罪处罚。（4）有证据证明行为人有能力归还所挪用的单位资金而拒不归还，并隐瞒挪用的单位资金去向的，应当以职务侵占罪定罪处罚。

第二百七十三条 〔挪用特定款物罪〕

挪用用于救灾、抢险、防汛、优抚、扶贫、移民、救济款物，情节严重，致使国家和人民群众利益遭受重大损害的，对直接责任人员，处三年以下有期徒刑或者拘役；情节特别严重的，处三年以上七年以下有期徒刑。

本条是关于挪用特定款物罪的罪刑条款内容。

【条文释义】

挪用特定款物罪，是指违反特定款物专用的财经管理制度，挪用国家用于救灾、抢险、防汛、优抚、扶贫、移民、救济款物，情节严重，致使国家和人民群众利益遭受重大损害的行为。

本罪的对象是特定款物，具体是指救灾、抢险、防汛、优抚、扶贫、移民、救济款物。这些特定款物对于帮助人民群众战胜自然灾害，解决生活中的具体困难，安定群众生活，以及恢复再生产能力，将困难和灾害限制在最小的范围之内，具有十分重要的现实意义。

本罪的本质就是对特定款物的挪用改变了这些款物必须专款专物专用的性质，将特定款物用于救灾、抢险、防汛、优抚、扶贫、移民、救济以外的用途。特定款物的“特定”性，即在于其用途的特定性，非经同意或者批准，不得擅自改变用途。

（1）本罪之“挪用”与挪用资金罪之“挪用”的区别。本罪之“挪用”只限于改变特定款物的指定用途，而挪用资金罪之“挪用”是指将本单位的资金挪归个人使用。前者是指用途的改变，即使使用人相同也不影响其构成，如把救灾款物当做扶贫款物为灾民新建并不迫切需要的小学校舍；后者是指使用主体的改变，具体用途的差异不影响其构成。

（2）在救灾、抢险、防汛、优抚、扶贫、移民、救济七种特定用途之间改变款物用途的行为是否属于“挪用”？在实践中经常发生将某笔此一“专款专用”变为彼一“专款专用”的案件，即将上述七种特定款物相互混用，如将防汛、抚恤款擅自动用而用于抢险等，这种情况是否构成本罪？有学者认为，将上述七种专款专物混用，违反了专款专用制度，虽然本质上确实是一种挪用行为，但这种行为并没有从根本上改变其救灾救济的性质。因为这种行为尽管混淆了特定款物的具体用途，但仍是将特定款物使用于救灾救济的范围内，仍然解除了一部分困难和危险，一般不可能造成本罪成立所必须具备的法定严重后果，因而，不属于本条规定的挪用行为。[①] 笔者认为，这一问题不能一概而论，需要具体分析：第一，这七种特定款物之间的界限有时是非常模糊的。比如，抢险与救灾、防汛与抢险、扶贫与救济有时都是同时进行的，在这种情况下，相关的特定款物同时具有两种或者三种以上的用途。在这种情况下，混用这些款物，在这些款物之间进行调剂的，一般不能以本罪论处。第二，在界限非常清楚的情况下，在七种情形之间改变其用途的，不能排除构成本罪的可能性，如将情况紧急的救灾、抢险款物用于并不紧急的扶贫。对于来源于社会捐赠的特定款物更是必须如此，因为捐赠人对捐赠款物的用途有明确要求，未经其同意是不能擅自改变其用途的，哪怕是在上述七种用途之间调剂也是不允许的，这种不尊重捐赠人意愿的做法不利于慈善事业的正常发展。

（3）挪用特定款物之“挪用”包括挪归公用和挪归个人使用。换言之，本罪关注的是特定用途是否改变，而不关注使用者是单位或者个人。这就意味着，挪用特定款物既包括将特定款物挪归公用，如将特定款物用于兴建单位的办公楼、住宅楼等楼、堂、馆、所；也包括将特定款物挪归个人使用，如某一慈善机构的工作人员将社会捐赠的特定款物挪用于个人生意。不过需要指出的是，如果主体是国家工作人员时，挪用特定款物只限于挪作公用，挪归个人使用的，根据《刑法》第 384 条第 2 款的规定，应当以挪用公款罪论处。

【实务问题】

本罪与挪用资金罪的界限

在区分本罪与挪用资金罪的界限时，主要应当注意下列几点：（1）行为人先后分别挪用普通的单位资金和用于救灾、抢险、防汛、优抚、扶贫、移民、救济的款物的，应当以挪用资金罪和本罪实行并罚。（2）行为人一次挪用行为的对象中既有普通的单位资金，也有用于救灾、抢险、防汛、优抚、扶贫、移民、救济的款物的，构成想象竞合犯，应当在挪用资金罪和本罪中择一重罪定罪处罚。（3）如果所挪用的资金同时具有本单位资金和用于救灾、抢险、防汛、优抚、扶贫、移民、救济的款物之两重属性的，应当如何处理？笔者认为，这两个犯罪之间存在法条竞合关系，应当依照特别法优于普通法的原则处理，即应当以本罪定罪处罚。（4）对行为对象发生认识错误的案件。如果行为人误将用于救

---

① 赵秉志主编：《侵犯财产罪研究》，中国法制出版社 1998 年版，第 409 页。

灾、抢险、防汛、优抚、扶贫、移民、救济款当做本单位的普通资金挪用的，只能以挪用资金罪论处。

第二百七十四条 〔敲诈勒索罪〕

敲诈勒索公私财物，数额较大或者多次敲诈勒索的，处三年以下有期徒刑、拘役或者管制，并处或者单处罚金；数额巨大或者有其他严重情节的，处三年以上十年以下有期徒刑，并处罚金；数额特别巨大或者有其他特别严重情节的，处十年以上有期徒刑，并处罚金。

本条是关于敲诈勒索罪的罪刑条款内容。

【主要修改】

本条为 2011 年 2 月 25 日通过的《刑法修正案（八）》所修改，该条内容原为："敲诈勒索公私财物，数额较大的，处三年以下有期徒刑、拘役或者管制；数额巨大或者有其他严重情节的，处三年以上十年以下有期徒刑。"

【条文释义】

敲诈勒索罪，是指以非法占有为目的，对财物所有人或者保管人以日后的侵害行为相威胁，当场或者日后占有其数额较大财物，或者以当场实施暴力相威胁，迫使被害人日后交付数额较大财物，或者以当场实施非暴力侵害相威胁，迫使被害人当场交付数额较大财物，或者多次敲诈勒索的行为。根据 2013 年最高人民法院、最高人民检察院《关于办理敲诈勒索刑事案件适用法律若干问题的解释》第 3 条的规定，"多次敲诈勒索"，是指 2 年内敲诈勒索 3 次以上。

本罪的犯罪手段是对被害人实施威胁或者要挟。威胁或者要挟，是指对公私财物的所有人或保管人施加精神强制，造成其心理上一定程度的恐惧，以致不敢拒绝的方法。具体来说：（1）威胁、要挟可以对被害人直接发出，也可以通过第三人或者用书信等方式发出。（2）行为人一般是扬言在以后某个时候实现威胁，但也可以扬言当场实现威胁（非暴力威胁）。（3）威胁的内容不仅可以用实施暴力相威胁，而且可以用揭发隐私、毁坏财产等相威胁。（4）行为人扬言将要损害的对象，不仅可以是财产的所有人或保管人本人，也可以是他们的亲属，还可以是与之有某种利害关系的其他人。（5）行为人所实施的威胁或者要挟行为，必须实际上对财物所有人、保管人产生了精神强制，心理上造成恐惧。当然，如果被害人面对威胁十分冷静、不为所动，采用报警等方式阻止行为人的犯罪而导致犯罪未遂的案件除外。

本罪在客观方面具体包括以下几种行为：（1）对财物所有人或者保管人以

日后的侵害行为相威胁，当场占有其财物。（2）对财物所有人或者保管人以日后的侵害行为相威胁，日后占有其财物。（3）以当场实施暴力相威胁，迫使被害人日后交付财物的行为。（4）以当场实施非暴力侵害相威胁，迫使被害人当场交付财物。例如，以立即喊人抓捕威胁正在实施盗窃的人，勒索其随身携带的财物。

【实务问题】

1. 本罪罪与非罪的界限

根据 2013 年最高人民法院、最高人民检察院《关于办理敲诈勒索刑事案件适用法律若干问题的解释》第 6 条的规定，在敲诈勒索罪之罪与非罪界限的司法认定中应当注意：（1）敲诈勒索近亲属的财物，获得谅解的，一般不认为是犯罪；认定为犯罪的，应当酌情从宽处理。（2）被害人对敲诈勒索的发生存在过错的，根据被害人过错程度和案件其他情况，可以对行为人酌情从宽处理；情节显著轻微危害不大的，不认为是犯罪。

2. 本罪与抢劫罪的界限

除其他手段型的抢劫外，暴力型与胁迫型抢劫都容易与本罪混淆：（1）暴力型抢劫罪与以暴力作为建立心理强制手段的本罪的界限。区分的标准是是否当场取得财物。关键是要分析行为人使用暴力是否主要针对被害人的人身安全并借此直接获取财物。如果暴力行为不是直接获取财物的手段，而是属于本罪中“要挟”的强化手段，就没有超出“要挟”的范畴。例如，甲向乙发出威胁，要乙第二天下午 5 点之前送 5000 元去“孝敬”他，否则就要对其进行殴打。乙当即拒绝，甲为了建立起“威信”，对乙进行了殴打，乙见甲发出威胁是认真的，就被迫答应第二天给甲送钱。第二天，乙把 5000 元钱送给甲。本案应当以敲诈勒索罪论处。（2）胁迫型抢劫罪与本罪的界限。关键在于对抢劫罪之胁迫手段内涵的理解，我国主流的观点都认为应当以将实施暴力侵害为内容，不包括揭发隐私、破坏名誉等非暴力的侵害。这种情况下的区分标准有三：①胁迫的内容是否为暴力威胁；②是否威胁当场实施胁迫内容；③是否当场取得财物。同时符合三个标准，即胁迫的内容为暴力威胁，威胁当场实施胁迫内容，且当场取得财物的，构成抢劫罪；欠缺其中任何一个条件的，都只构成本罪。

3. 本罪与以勒索财物为目的的绑架罪的界限

二者的区别在于：（1）犯罪行为涉及的对象不同。本罪实施威胁的对象和取得财物的对象是同一个；而绑架罪绑架的对象和被勒索财物的对象是不同的人。（2）客观要件表现不同。本罪威胁的内容如系暴力，行为人声称是将来实施；而绑架暴力内容的威胁则是当时、当场已经实施的。（3）本罪的行为人并不掳走被害人予以隐藏、控制；而绑架罪的行为人则要将被害人掳走加以隐藏、控制。

第二百七十五条 〔故意毁坏财物罪〕

故意毁坏公私财物，数额较大或者有其他严重情节的，处三年以下有期徒刑、拘役或者罚金；数额巨大或者有其他特别严重情节的，处三年以上七年以下有期徒刑。

本条是关于故意毁坏财物罪的罪刑条款内容。

【条文释义】

故意毁坏财物罪，是指故意毁灭或者损坏公私财物，数额较大或者有其他严重情节的行为。

毁坏，是指使用各种方法使公私财物的价值和使用价值全部丧失或部分丧失。毁坏包括毁灭和损坏。毁灭，是指用焚烧、摔砸等方法使物品全部丧失其价值或使用价值。损坏，是指使物品部分丧失其价值或使用价值。毁坏公私财物的方法多种多样，不限于通常意义上的有形的物理意义上的改变形状等破坏，还包括其他任何使财物的价值或使用价值减损的行为。

本罪的对象是各种公私财物，但是破坏某些特定的公私财物，已经规定为其他处罚更重的犯罪的，不再以故意毁坏财物罪论处。这些特定的财物主要有交通工具、交通设施、电力设备、易燃易爆设备等。财物的范围不限于有形物，也包括那些无法恢复的财产性利益，如毁坏他人不记名的有价证券或其他权利证书。

本罪在主观上必须是出于故意，包括直接故意和间接故意，同时，犯罪目的只是毁坏公私财物，不具有非法占有的目的，这也是本罪与盗窃罪等其他侵犯财产罪的本质区别。过失毁坏公私财物的，不构成本罪。

【实务问题】

1. 本罪的立案追诉标准

根据《立案追诉标准（一）》第 33 条的规定，故意毁坏公私财物，涉嫌下列情形之一的，应予立案追诉：（1）造成公私财物损失 5000 元以上的；（2）毁坏公私财物 3 次以上的；（3）纠集 3 人以上公然毁坏公私财物的；（4）其他情节严重的情形。

2. 本罪与破坏特定财物犯罪的界限

本罪与破坏交通工具罪，破坏交通设施罪，破坏电力设备罪，破坏易燃易爆设备罪，破坏广播电视设施、公用电信设施罪，破坏生产经营罪，毁灭国家机关公文、证件、印章罪等犯罪存在想象竞合关系，应当按照处罚更重的犯罪定罪处罚。

3. 毁坏财物的方法行为同时触犯其他罪名案件的处理

如果用放火、爆炸等危险方法毁坏公私财物，而且足以危及公共安全的，属于牵连犯，应当以处罚更重的放火罪、爆炸罪等危害公共安全罪论处。

行为人实施抢劫罪、盗窃罪、诈骗罪等其他侵犯财产犯罪后，将犯罪所得财物毁坏的，故意毁坏财物行为属于不可罚的事后行为。

4. 本罪与一般违法行为的界限

本条将“数额较大或者有其他严重情节”规定为区分故意毁坏财物罪与一般违法行为的界限。根据《立案追诉标准（一）》第33条的规定，本条规定的“数额较大”是指5000元以上；“其他严重情节”是指毁坏公私财物3次以上，或者纠集3人以上公然毁坏公私财物，或者有其他情节严重的情形。没有达到上述标准的，按照《治安管理处罚法》进行处理。

第二百七十六条　〔破坏生产经营罪〕

由于泄愤报复或者其他个人目的，毁坏机器设备、残害耕畜或者以其他方法破坏生产经营的，处三年以下有期徒刑、拘役或者管制；情节严重的，处三年以上七年以下有期徒刑。

本条是关于破坏生产经营罪的罪刑条款内容。

【条文释义】

破坏生产经营罪，是指出于泄愤报复或者其他个人目的，毁坏机器设备、残害耕畜或者以其他方法破坏生产经营的行为。

本罪侵犯的客体是正常的合法生产经营活动。所谓生产经营，是指一切生产、流通、交换、分配环节中的正常生产经营行为。[①] 就其范围而言，既包括工业、农业、林业、牧业、渔业、副业等生产经营活动，也包括与这些产业的生产经营密切相关的建筑业、运输业、第二产业、商业等。就性质而言，既包括国有的，也包括集体的，还包括私营的、外资的、个体的等。

本罪在客观方面表现为毁坏机器设备、残害耕畜或者以其他方法破坏生产经营的行为。本罪的客观方面具体包括以下三种行为手段：

（1）毁坏机器设备，如切断电源，破坏锅炉、供料线；破坏农业机械、排灌设备；破坏运输、储存工具，影响商业经营等。毁坏既包括彻底毁坏，也包括使其暂时无法正常使用。

（2）残害耕畜。这是农村地区实施的本罪经常使用的手段，但随着农业机

---

① 赵秉志主编：《新刑法教程》，中国人民大学出版社1997年版，第661页。

械化水平日益提高，使用这种手段的案件日益减少。

（3）其他方法。至于其方式，既可以表现为积极的作为，如砸碎、烧毁，也可以表现为消极的不作为，如明知有故障而不加排除。但不论方式如何，采用的手段怎样，破坏的对象都必须与生产经营活动直接相联系，如破坏农具，毁坏种子、秧苗、树苗、庄稼、果树、鱼苗，使生产指挥、工艺流程产生混乱以影响工业生产。

【实务问题】

1. 本罪的立案追诉标准

根据《立案追诉标准（一）》第 34 条的规定，由于泄愤报复或者其他个人目的，毁坏机器设备、残害耕畜或者以其他方法破坏生产经营，涉嫌下列情形之一的，应予立案追诉：（1）造成公私财物损失 5000 元以上的；（2）破坏生产经营 3 次以上的；（3）纠集 3 人以上公然破坏生产经营的；（4）其他破坏生产经营应予追究刑事责任的情形。

2. 本罪与一般违法行为的界限

从本条的条文字面来看，本罪属于行为犯，但并不意味着破坏生产经营行为不存在犯罪与一般违法行为的区分。对虽然实施了破坏生产经营行为，但综合全案来看，属于《刑法》第 13 条规定的“情节显著轻微危害不大”的案件，不以犯罪论处。总之，区分这一界限的关键在于社会危害性是否达到足以构成犯罪的程度。

第二百七十六条之一 〔拒不支付劳动报酬罪〕

以转移财产、逃匿等方法逃避支付劳动者的劳动报酬或者有能力支付而不支付劳动者的劳动报酬，数额较大，经政府有关部门责令支付仍不支付的，处三年以下有期徒刑或者拘役，并处或者单处罚金；造成严重后果的，处三年以上七年以下有期徒刑，并处罚金。

单位犯前款罪的，对单位判处罚金，并对其直接负责的主管人员和其他直接责任人员，依照前款的规定处罚。

有前两款行为，尚未造成严重后果，在提起公诉前支付劳动者的劳动报酬，并依法承担相应赔偿责任的，可以减轻或者免除处罚。

本条是关于拒不支付劳动报酬罪的罪刑条款内容。

本条为 2011 年 2 月 25 日通过的《刑法修正案（八）》所增加。

【条文释义】

本条共分为 3 款。第 1 款是关于拒不支付劳动报酬罪及其处罚的规定。

拒不支付劳动报酬罪，是指以转移财产、逃匿等方法逃避支付劳动者的劳动报酬或者有能力支付而不支付劳动者的劳动报酬，数额较大，经政府有关部门责令支付仍不支付的行为。

劳动部办公厅印发的《关于〈劳动法〉若干条文的说明》（劳办发〔1994〕289号）作出解释，《劳动法》第3条中的“劳动报酬”，是指劳动者从用人单位得到的全部工资收入。根据1989年9月30日经国务院批准、1990年1月1日国家统计局发布的《关于工资总额组成的规定》第3条第1款规定：“工资总额是指各单位在一定时期内直接支付给本单位全部职工的劳动报酬总额。”根据2013年最高人民法院《关于审理拒不支付劳动报酬刑事案件适用法律若干问题的解释》第1条的规定，劳动者依照《劳动法》和《劳动合同法》等法律的规定应得的劳动报酬，包括工资、奖金、津贴、补贴、延长工作时间的劳动报酬及特殊情况下支付的工资等，应当认定为本款规定的“劳动者的劳动报酬”。

本罪的客观方面包括两种可供选择的行为方式：

（1）逃避支付，是指以转移财产、逃匿等方法逃避支付劳动者的劳动报酬。根据最高人民法院《关于审理拒不支付劳动报酬刑事案件适用法律若干问题的解释》第2条的规定，以逃避支付劳动者的劳动报酬为目的，具有下列情形之一的，应当认定为《刑法》第276条之一第1款规定的“以转移财产、逃匿等方法逃避支付劳动者的劳动报酬”：①隐匿财产、恶意清偿、虚构债务、虚假破产、虚假倒闭或者以其他方法转移、处分财产的；②逃跑、藏匿的；③隐匿、销毁或者篡改账目、职工名册、工资支付记录、考勤记录等与劳动报酬相关的材料的；④以其他方法逃避支付劳动报酬的。

（2）有能力支付而不支付，这里是指除逃避支付之外的具有支付能力，而采取无故拖欠、克扣等手段不支付劳动者报酬的行为。

另外，除了上述两个行为要件之外，构成本罪，还需要具备“数额较大”，“经政府有关部门责令支付仍不支付”的条件。

根据最高人民法院《关于审理拒不支付劳动报酬刑事案件适用法律若干问题的解释》第3条的规定，这里的“数额较大”具体包括：（1）拒不支付1名劳动者3个月以上的劳动报酬且数额在5000元至2万元以上的；（2）拒不支付10名以上劳动者的劳动报酬且数额累计在3万元至10万元以上的。各省、自治区、直辖市高级人民法院可以根据本地区经济社会发展状况，在上述规定的数额幅度内，研究确定本地区执行的具体数额标准，报最高人民法院备案。

经政府有关部门责令支付仍不支付，是指经人力资源社会保障部门或者政府其他有关部门依法以限期整改指令书、行政处理决定书等文书责令支付劳动者的劳动报酬后，在指定的期限内仍不支付的。但有证据证明行为人有正当理由未知悉责令支付或者未及时支付劳动报酬的除外。行为人逃匿，无法将责令支付文书送交其本人、同住成年家属或者所在单位负责收件的人的，如果有关部门已通过在行为人的住所地、生产经营场所等地张贴责令支付文书等方式责令支付，并采用拍照、录像等方式记录的，也应当视为“经政府有关部门责令支付”。

另外，值得注意的是，立法之所以将“经政府有关部门责令支付仍不支付”规定为犯罪构成要件，主要目的是限制打击范围，将行政处理设为刑事制裁的前置程序。但这一要件在适用中可能出现导致本罪无法适用的困境，如政府主管部门应责令支付却不予责令；如果雇主在劳动行政主管部门介入前逃匿的，政府主管部门将无法责令，因为尚未责令，不足以构成犯罪，公安机关也不能对其立案侦查乃至采取刑事强制措施，而寻找逃匿的雇主往往是被害人无法以私力实现的。

第 2 款是关于单位犯拒不支付劳动报酬罪及其处罚的规定。

需要注意的是，不具备用工主体资格的单位，违法用工且拒不支付劳动者的劳动报酬，数额较大，经政府有关部门责令支付仍不支付的，可以按本罪论处。

第 3 款是关于行为人在提起公诉前支付所欠劳动报酬可以从宽处罚的规定。

需要注意的是，根据上述司法解释的规定：拒不支付劳动者的劳动报酬，尚未造成严重后果，在刑事立案前支付劳动报酬，并依法承担相应赔偿责任的，可以认定为情节显著轻微，危害不大，不认为是犯罪。在提起公诉前支付劳动者的劳动报酬，并依法承担相应赔偿责任的，可以减轻或者免除刑事处罚。在一审宣判前支付劳动者的劳动报酬，并依法承担相应赔偿责任的，可以从轻处罚。拒不支付劳动者的劳动报酬，造成严重后果，但在宣判前支付劳动者的劳动报酬，并依法承担相应赔偿责任的，可以酌情从宽处罚。

【实务问题】

1. 本罪的立案追诉标准

根据《立案追诉标准（一）》第 34 条之一的规定，以转移财产、逃匿等方法逃避支付劳动者的劳动报酬或者有能力支付而不支付劳动者的劳动报酬，经政府有关部门责令支付仍不支付，涉嫌下列情形之一的，应予立案追诉：（1）拒不支付 1 名劳动者 3 个月以上的劳动报酬且数额在 5000 元至 2 万元以上的；（2）拒不支付 10 名以上劳动者的劳动报酬且数额累计在 3 万元至 10 万元以上的。不支付劳动者的劳动报酬，尚未造成严重后果，在刑事立案前支付劳动者的劳动报酬，并依法承担相应赔偿责任的，可以不予立案追诉。

2. 是否应当将劳动争议仲裁程序作为追诉本罪必经的前置程序

笔者认为，这个问题应当具体分析，不可一概而论。如果事实非常清楚，行为人和被害人双方对拒不支付劳动报酬的事实不存在根本分歧，行为人拒不支付劳动报酬的事实清楚的，不必将劳动争议仲裁程序作为启动刑事追诉的前置程序，以免不必要地加大被害人的权利救济成本和拉长寻求救济的期间，这样才能及时有效地保护劳动者的合法权益。如果行为人和劳动者之间针对劳动合同的履行状况（如工程质量等）存在严重分歧，行为人以劳动者未能适当履行劳动合同为由拒绝支付工资（包括扣减工资）的，侦查机关经初步调查认为属实的，应当建议劳动者先提起劳动争议仲裁程序。

3. 本罪与刑事和解制度

《刑法修正案（八）》关于本罪的规定贯彻了宽严相济的刑事政策，一个重要的表现是充分地发挥了刑事和解制度的作用。具体体现以下两个方面：(1) 入罪标准。在罪状的设置上，将“经政府有关部门责令支付仍不支付”规定为犯罪构成要件，体现了刑事和解制度的精神，意图促成行为人和被害人的和解，获得双赢的结局。(2) 处刑标准。本条第 3 款规定：“有前两款行为，尚未造成严重后果，在提起公诉前支付劳动者的劳动报酬，并依法承担相应赔偿责任的，可以减轻或者免除处罚。”这也是刑事和解制度精神的体现，这一和解对行为人的处刑产生从宽的效力。

第六章　妨害社会管理秩序罪

第一节　扰乱公共秩序罪

第二百七十七条

〔妨害公务罪〕**以暴力、威胁方法阻碍国家机关工作人员依法执行职务的，处三年以下有期徒刑、拘役、管制或者罚金。**

以暴力、威胁方法阻碍全国人民代表大会和地方各级人民代表大会代表依法执行代表职务的，依照前款的规定处罚。

在自然灾害和突发事件中，以暴力、威胁方法阻碍红十字会工作人员依法履行职责的，依照第一款的规定处罚。

故意阻碍国家安全机关、公安机关依法执行国家安全工作任务，未使用暴力、威胁方法，造成严重后果的，依照第一款的规定处罚。

〔袭警罪〕**暴力袭击正在依法执行职务的人民警察的，处三年以下有期徒刑、拘役或者管制；使用枪支、管制刀具，或者以驾驶机动车撞击等手段，严重危及其人身安全的，处三年以上七年以下有期徒刑。**

本条是关于妨害公务罪和袭警罪的罪刑条款内容。

【主要修改】

本条第 5 款为 2015 年 8 月 29 日通过的《刑法修正案（九）》所增加。2020 年 12 月 26 日通过的《刑法修正案（十一）》对本条第 5 款进行了修改，该款内容原为："暴力袭击正在依法执行职务的人民警察的，依照第一款的规定从重处罚。"

【条文释义】

本条共分为 5 款。第 1—4 款是关于妨害公务罪及其处罚的规定。

妨害公务罪，是指采取暴力、威胁的方法，阻碍国家机关工作人员、人大代表、红十字会工作人员依法执行职务或履行职责的行为，以及故意阻碍国家安全机关、公安机关依法执行国家安全工作任务，虽未使用暴力、威胁方法，但造成严重后果的行为。

这里的“暴力”，是指对正在执行职务或者履行职责的国家机关工作人员、人大代表或者红十字会工作人员的身体实行打击或者强制，如捆绑、殴打、伤害等；“威胁”，是指以杀伤、毁坏财产、损害名誉等进行精神上的恐吓。

第 1 款是关于阻碍国家机关工作人员依法执行职务的规定。

所谓国家机关工作人员，是指在中央及地方各级权力机关、党政机关、审判机关、检察机关和军事机关中从事公务的人员。正在执行职务或履行职责，是指已经着手执行职务或者履行职责且尚未结束之前。

构成本罪，要求行为人主观上出于故意，即行为人必须明知对方系正在依法执行职务或履行职责的国家机关工作人员。

第 2 款是关于阻碍人大代表依法执行代表职务的规定。

本款规定的阻碍对象，仅限于依照法律规定选举产生的全国人民代表大会和地方各级人民代表大会组成人员。“代表职务”，是指宪法和法律赋予人大代表的职权和义务，包括代表在本级人民代表大会会议期间和在本级人民代表大会闭会期间的活动。“阻碍”的行为，仅限于以暴力、威胁方法进行。

第 3 款是关于阻碍红十字会工作人员依法履职的规定。

本款阻碍的对象，仅限于红十字会工作人员。根据《红十字会法》第 2 条的规定，中国红十字会是中华人民共和国统一的红十字会组织，是从事人道主义工作的社会救助团体。所谓自然灾害，是指由于自然力的破坏而发生的致使国家、社会利益或者公民的生命、财产遭受重大损害的情况，如地震、海啸等；突发事件，是指由于人为原因所引起的严重危及社会公众的生命、健康和财产安全的紧急状态，如战争、动乱等。根据《红十字会法》的规定，红十字会有九项职责，这里主要指其在自然灾害和突发事件中，履行对伤病人员和其他受害者进行紧急救援和人道救助等职责。“阻碍”的行为，也仅限于以暴力、威胁方法进行。

第 4 款是关于阻碍国家安全机关、公安机关依法执行国家安全工作任务的规定。

本款规定的“故意阻碍”，是指明知国家安全机关、公安机关正在依法执行国家安全工作任务而进行阻挠、妨害；“依法执行国家安全工作任务”，是指国家安全机关、公安机关依法查处危害国家安全行为的工作任务；“造成严重后果”，一般是指严重妨害了国家安全工作，放纵了犯罪分子，或者给国家安全造成了严重损害。例如，致使危害国家安全的犯罪嫌疑人逃跑；危害国家安全案件的侦查线索中断，犯罪证据灭失；事关国家安全的重要文件、资料等被转移；造成严重的政治影响，等等。与前几款规定不同，本款规定的“阻碍”行为，不限于以暴力、威胁方法进行。只要造成严重后果，均可构成本罪。

第5款是关于袭警罪及其处罚的规定。

袭警罪，是指暴力袭击正在依法执行职务的人民警察的行为。

构成本罪，需要具备以下条件：（1）必须针对正在依法执行职务的人民警察，对于不是正在依法执行职务的人民警察或者袭击的是其他国家机关工作人员，都不得适用本款规定。（2）必须实施了暴力袭击行为。对于实施的威胁、辱骂、推搡等行为，不宜认定为暴力袭击。

2019年最高人民法院、最高人民检察院、公安部《关于依法惩治袭警违法犯罪行为的指导意见》第1条规定，对正在依法执行职务的民警实施下列行为的，属于《刑法》第277条第5款规定的“暴力袭击正在依法执行职务的人民警察”：（1）实施撕咬、踢打、抱摔、投掷等，对民警人身进行攻击的；（2）实施打砸、毁坏、抢夺民警正在使用的警用车辆、警械等警用装备，对民警人身进行攻击的；对正在依法执行职务的民警虽未实施暴力袭击，但以实施暴力相威胁，符合《刑法》第277条第1款规定的，以妨害公务罪定罪处罚。醉酒的人实施袭警犯罪行为，应当负刑事责任。教唆、煽动他人实施袭警犯罪行为或者为他人实施袭警犯罪行为提供工具、帮助的，以共同犯罪论处。对袭警情节轻微或者辱骂民警，尚不构成犯罪，但构成违反治安管理行为的，应当依法从重给予治安管理处罚。根据本款规定，对暴力袭击警察的犯罪规定了两档刑：第一档刑，处3年以下有期徒刑、拘役或者管制。第二档刑，对于使用枪支、管制刀具，或者以驾驶机动车撞击等手段，严重危及其人身安全的，处3年以上7年以下有期徒刑。这里所说的“使用枪支、管制刀具，或者以驾驶机动车撞击等手段”，是指行为人袭击警察时使用了枪支、管制刀具，或者采用驾驶机动车撞击等手段进行。所谓“严重危及其人身安全”，是指行为人使用枪支、管制刀具，或者以驾驶机动车撞击等手段，必须要达到严重危及警察人身安全的程度，不可能危及警察的人身安全，则不能适用第二档刑。

实施暴力袭警行为，具有下列情形之一的，酌情从重处罚：（1）使用凶器或者危险物品袭警、驾驶机动车袭警的；（2）造成民警轻微伤或者警用装备严重毁损的；（3）妨害民警依法执行职务，造成他人伤亡、公私财产损失或者造成犯罪嫌疑人脱逃、毁灭证据等严重后果的；（4）造成多人围观、交通堵塞等恶劣社会影响的；（5）纠集多人袭警或者袭击民警2人以上的；（6）曾因袭警受过处罚，再次袭警的；（7）实施其他严重袭警行为的。

【实务问题】

1. 妨害公务罪罪与非罪的界限

妨害公务罪罪与非罪的界限主要注意三点：（1）阻碍的对象是否属于依法正在执行职务或者履行职责的国家机关工作人员、人大代表和红十字会工作人员。如果阻碍上述三类人员之外的其他人从事某种活动的，或者阻碍的虽然是上述人员，但被阻碍者所从事的活动不是依法正在进行的职务或职责范围内的活动，或者属于超越职权或滥用职权的活动的，不构成本罪。（2）主观上是否明知。如果不知阻碍的对象属于上述三类人员的，不构成犯罪。（3）手段、后果。如果未采取暴力或者威胁手段的，一般不构成犯罪。故意阻碍国家安全机关、公安机关依法执行国家安全工作任务的，虽未采取暴力、威胁手段，但造成严重后果的，构成本罪，未造成严重后果的，则也不能以犯罪论处；尚不构成犯罪的，应当根据《治安管理处罚法》第50条规定予以治安处罚。

2. 罪数的认定

以暴力方法妨害公务，如果因此造成公务人员身体伤害或者死亡后果的，其行为同时触犯妨害公务罪与故意伤害罪或故意杀人罪，成立想象竞合犯，对此应当从一重罪处断。具体而言，故意造成轻伤的，仍应以本罪论处；对于故意造成重伤、死亡的，应以故意伤害罪或者故意杀人罪论处。

3. 袭警罪的适用

在适用袭警罪时需要注意以下几点：（1）被袭击的警察既包括执行刑事追诉相关的侦查职责的警察，也包括根据其他法律执行治安管理等职责的警察；既包括公安机关、国家安全机关、监狱的人民警察，也包括人民法院、人民检察院的司法警察。（2）实践中对正在依法执行职务的人民警察虽未实施暴力袭击，但以实施暴力相威胁，或者采用其他方法阻碍人民警察执行职务的，则不构成袭警罪，符合《刑法》第277条第1款规定的，应当以妨害公务罪定罪处罚。（3）行为人只是辱骂民警，或者实施袭警情节轻微，如抓挠、一般的肢体冲突等，尚不构成犯罪，但构成违反治安管理行为的，应当依法从重给予治安管理处罚。（4）行为人暴力袭击正在执行职务的人民警察，造成人民警察重伤、死亡或者其他严重后果，构成故意伤害罪、故意杀人罪等犯罪的，依照处罚较重的规定定罪处罚。（5）行为人如果以暴力方法抗拒缉私的，根据《刑法》第157条第2款规定，以走私罪和本条规定的阻碍国家机关工作人员依法执行职务犯罪，依照数罪并罚的规定处罚。这也就是说，如果行为人以暴力方法抗拒人民警察缉私的，应当依照走私罪和袭警罪数罪并罚；如果行为人以暴力方法抗拒其他国家机关工作人员缉私的，应当依照走私罪和妨害公务罪数罪并罚。（6）本条第5款规定的核心在于通过维护警察执法权威进而维护法律的权威。这里的法律既包括作为执法依据的法律，也包括规范对象的实体与程序权利的法律。同时，在执行中要统筹考虑合理用警，规范执法与渎职追责，避免暴力执法、情绪执法，在直面群众的日常执法中，要注意公权力违法对法治权威的损害甚至更大。执法要有力度，也要有温度，要充分重视发挥包括警察在内的执法主体对于维护和促进社会和谐、化解社会矛盾方面的重要作用。

第二百七十八条 〔煽动暴力抗拒法律实施罪〕

煽动群众暴力抗拒国家法律、行政法规实施的，处三年以下有期徒刑、拘役、管制或者剥夺政治权利；造成严重后果的，处三年以上七年以下有期徒刑。

本条是关于煽动暴力抗拒法律实施罪的罪刑条款内容。

【条文释义】

煽动暴力抗拒法律实施罪，是指煽动群众暴力抗拒国家法律、行政法规的实施，扰乱社会秩序的行为。

所谓煽动暴力抗拒法律实施，是指用语言、文字等方式蛊惑人心，劝诱、引导、挑动、促使他人暴力抗拒国家法律、行政法规的实施。这里的“国家法律”，是指全国人大及其常委会通过的规范性法律文件；“行政法规”，是指国务院制定的规范性法律文件。

【实务问题】

认定本罪应注意的问题

本罪煽动的内容必须是试图使群众采取暴力手段抗拒国家法律、行政法规的实施。如果行为人煽动群众以静坐、请愿等和平方式抗拒国家法律、行政法规实施的，不构成犯罪。行为人煽动他人实施具体犯罪的，煽动者成立教唆犯，应以唆使他人实施的犯罪追究刑事责任，而不认定为本罪。本罪只处罚煽动者，被煽动者一般不构成犯罪。

第二百七十九条 〔招摇撞骗罪〕

冒充国家机关工作人员招摇撞骗的，处三年以下有期徒刑、拘役、管制或者剥夺政治权利；情节严重的，处三年以上十年以下有期徒刑。

冒充人民警察招摇撞骗的，依照前款的规定从重处罚。

本条是关于招摇撞骗罪的罪刑条款内容。

【条文释义】

本条共分为 2 款。第 1 款是关于招摇撞骗罪及其处罚的规定。

招摇撞骗罪，是指为谋取非法利益，冒充国家机关工作人员的身份或职位，进行招摇撞骗，损害国家机关的形象、威信和正常活动，扰乱社会公共秩序的行为。

所谓冒充，即以假充真。冒充一般表现为以语言的方式向他人表示自己系国家机关工作人员。但是，即使没有明确向他人宣称自己具有国家机关工作人员的身份或职位，只要行为人有意作出的言行举止表明其主观上具有冒充国家机关工作人员的意思，客观上也确实使他人误认为其是国家机关工作人员的，也可以认定行为人实施了冒充国家机关工作人员的行为。冒充国家机关工作人员包括两种情况：（1）非国家机关工作人员冒充国家机关工作人员的身份或职位。（2）此种国家机关工作人员冒充彼种国家机关工作人员的身份或职位。

所谓招摇撞骗，是指利用假冒的国家机关工作人员的身份或职位，以及人民群众对国家机关工作人员的信任，招摇炫耀，在社会上进行诈骗活动，以骗取非法利益。这里的“非法利益”，可以是财物，也可以是地位、资格、职位、待遇、学位等非物质利益。

第 2 款是关于冒充人民警察招摇撞骗如何处罚的规定。

由于人民警察履行的职责具有特殊性，对其进行冒充的行为危害性更大，所以法律规定予以从重处罚。

【实务问题】

1. 本罪罪与非罪的界限

认定本罪时，主要注意两点：（1）冒充的对象。如果行为人冒充非国家机关工作人员的身份或职位，如冒充民主党派干部、劳动模范、高干亲属、烈士子女、影视明星、港商华侨等，一般不构成犯罪。（2）主观目的。如果行为人并非出于谋取非法利益的目的或者是为了谋取某种合法利益的，不能构成本罪。例如，行为人冒充国家机关工作人员只是出于虚荣心，为了自我吹嘘，借以炫耀自己，并非企图骗取钱物或者其他非法利益；或者为了达到与他人结婚的目的，谎称自己是国家干部，但并非以此玩弄妇女的，不应以犯罪论处。

2. 本罪与诈骗罪的界限

本罪与诈骗罪在客观方面都有欺骗行为，而且本罪也可以如诈骗罪那样骗取财物，因而容易混淆。两罪的区别主要表现在：（1）本罪的手段只限于冒充国家机关工作人员的身份或职位进行诈骗；而诈骗罪的手段并无此限制，可以利用任何虚构事实、隐瞒真相的手段和方式进行。（2）本罪的对象既可以是财物，也可以包括其他非法利益；而诈骗罪的对象只能是财物，并且要求财物达到一定数额。冒充国家机关工作人员进行诈骗，同时构成诈骗罪和招摇撞骗罪的，依照处罚较重的规定定罪处罚。

第二百八十条

〔伪造、变造、买卖国家机关公文、证件、印章罪；盗窃、抢夺、毁灭国家机关公文、证件、印章罪〕**伪造、变造、买卖或者盗窃、抢夺、毁灭国家机关的公文、证件、印章的，处三年以下有期徒刑、拘役、管制或者剥夺政治权利，并处罚金；情节严重的，处三年以上十年以下有期徒刑，并处罚金。**

〔伪造公司、企业、事业单位、人民团体印章罪〕**伪造公司、企业、事业单位、人民团体的印章的，处三年以下有期徒刑、拘役、管制或者剥夺政治权利，并处罚金。**

〔伪造、变造、买卖身份证件罪〕**伪造、变造、买卖居民身份证、护照、社会保障卡、驾驶证等依法可以用于证明身份的证件的，处三年以下有期徒刑、拘役、管制或者剥夺政治权利，并处罚金；情节严重的，处三年以上七年以下有期徒刑，并处罚金。**

本条是关于伪造、变造、买卖国家机关公文、证件、印章罪，盗窃、抢夺、毁灭国家机关公文、证件、印章罪，伪造公司、企业、事业单位、人民团体印章罪，伪造、变造、买卖身份证件罪的罪刑条款内容。

【主要修改】

本条为2015年8月29日通过的《刑法修正案（九）》所修改，所有法定刑幅度均增加了“并处罚金”的规定，同时第3款增加“买卖”行为，并且犯罪对象由“居民身份证”扩大到“居民身份证、护照、社会保障卡、驾驶证等依法可以用于证明身份的证件”。该条内容原为：“伪造、变造、买卖或者盗窃、抢夺、毁灭国家机关的公文、证件、印章的，处三年以下有期徒刑、拘役、管制或者剥夺政治权利；情节严重的，处三年以上十年以下有期徒刑。伪造公司、企业、事业单位、人民团体的印章的，处三年以下有期徒刑、拘役、管制或者剥夺政治权利。伪造、变造居民身份证的，处三年以下有期徒刑、拘役、管制或者剥夺政治权利；情节严重的，处三年以上七年以下有期徒刑。”

【条文释义】

本条共分为3款。第1款是关于伪造、变造、买卖国家机关公文、证件、印章罪和盗窃、抢夺、毁灭国家机关公文、证件、印章罪及其处罚的规定。

伪造、变造、买卖国家机关公文、证件、印章罪，是指伪造、变造、买卖国家机关公文、证件、印章的行为；盗窃、抢夺、毁灭国家机关公文、证件、印章罪，是指盗窃、抢夺、毁灭国家机关公文、证件、印章的行为。

两罪的对象均为国家机关的公文、证件、印章。国家机关，是指行使国家权力、管理国家事务的机关，包括各级国家权力机关、党政机关、司法机关、军事机关等。各级人民政府设立的行使行政管理权的临时性机构，也属于这里的“国家机关”。国家机关的公文，是指国家机关在其职权范围内，以其名义制作的用以指示工作、处理问题或者联系事项的各种书面文件，如决定、命令、指示、通知、信函、电文等。国家机关的证件，是指国家机关颁发的，用以证明身份、资格、权利义务关系或者其他有关事实的证件和证书等凭证，如工作证、居民身份证、驾驶证、营业执照、许可证等。国家机关的印章，是指国家机关刻制的、以文字或者图记表明主体同一性的公章或专用章。用于国家机关公务活动的私人印鉴、图章，视为国家机关印章。伪造的国家机关证件，也可以成为买卖国家机关证件罪的对象。

伪造国家机关公文、证件、印章，是指无制作权的人，冒用制作机关的名义，非法制作假的国家机关公文、证件或印章；变造国家机关公文、证件、印章，是指针对真实的国家机关公文、证件或印章，利用涂改、抹擦、拼接等方法进行加工、改制，以改变其真实内容；买卖国家机关公文、证件、印章，是指以金钱或者其他财物为对价买进或者卖出国家机关公文、证件或者印章。盗窃国家机关公文、证件、印章，是指秘密窃取国家机关公文、证件、印章；抢夺国家机关公文、证件、印章，是指公然非法夺取国家机关公文、证件、印章；毁灭国家机关公文、证件、印章，是指以烧毁、撕烂、砸碎、涂污或者其他方法，故意损毁国家机关公文、证件、印章，使其失去效用不能正常使用。

第2款是关于伪造公司、企业、事业单位、人民团体印章罪及其处罚的规定。

伪造公司、企业、事业单位、人民团体印章罪，是指伪造公司、企业、事业单位、人民团体的印章的行为。

本罪的对象是公司、企业、事业单位、人民团体的印章。这里的“公司、企业、事业单位”没有所有制的限制，人民团体应作广义的理解，包括通常所说的社会团体。这里的“印章”，是指公司、企业、事业单位、人民团体刻制的以文字或者图记表明主体同一性的公章或专用章，它是公司、企业、事业单位、人民团体管理本单位事务、对外进行活动和承担法律后果的符号和标记。

伪造公司、企业、事业单位、人民团体的印章，是指无制作权的人，冒用公司、企业、事业单位、人民团体的名义，非法制作假的公司、企业、事业单位、人民团体印章。

第3款是关于伪造、变造、买卖身份证件罪及其处罚的规定。

伪造、变造、买卖身份证件罪，是指伪造、变造、买卖居民身份证、护照、社会保障卡、驾驶证等依法可以用于证明身份的证件的行为。

本罪的对象是居民身份证、护照、社会保障卡、驾驶证等依法可以用于证明身份的证件。

所谓居民身份证，通常简称身份证，是指由公安机关依法制作的，用以证明居住在中华人民共和国境内的中国公民身份的证件。根据《中华人民共和国居民身份证法》的规定，居民身份证式样由国务院公安部门制定，由公安机关统一制作、发放。居民身份证登记项目包括姓名、性别、民族、出生日期、常住户口所在地住址、公民身份证号码、本人相片、证件的有效期和签发机关。

所谓护照，是一个国家的公民出入本国国境和到国外旅行或居留时，由本国发给的一种证明该公民国籍和身份的合法证件。各国颁发的护照种类不尽相同，我国的护照分为普通护照、外交护照和公务护照。其中普通护照由公安部出入境管理机构或者公安部委托的县级以上地方人民政府公安机关出入境管理机构以及我国驻外使馆、领馆和外交部委托的其他驻外机构签发。外交护照由外交部签发。公务护照由外交部、我国驻外使馆、领馆或者外交部委托的其他驻外机构以及外交部委托的省、自治区、直辖市和设区的市人民政府外事部门签发。护照通常都包含签发国的声明，向其他所有国家表明持有人为该国公民身份，并且请求允许其过境，同时享有国际法所规定的待遇。

所谓社会保障卡，是我国人力资源和社会保障部统一规划，由各地人力资源和社会保障部门面向社会发行，用于人力资源和社会保障各项业务领域的集成电路（IC）卡。社会保障卡一般是指社会保障（个人）卡，面向城镇从业人员、失业人员和离退休人员发放。社会保障卡号码按照《中华人民共和国社会保险法》的有关规定，采用公民身份号码。社会保障卡记载持卡人姓名、性别、公民身份号码等基本信息，持卡人不仅可以凭卡就医进行医疗保险个人账户实时结算，还可以办理养老保险事务；办理求职登记和失业登记手续，申领失业保险金，申请参加就业培训；申请劳动能力鉴定和申领享受工伤保险待遇；在网上办理有关劳动和社会保障事务等。

所谓驾驶证，全称为机动车驾驶证，又称“驾照”，是机动车辆驾驶人员依照法律所需申领的证照。我国的驾驶证由公安机关交通管理部门车辆管理所核发，记载有机动车驾驶人姓名、性别、出生日期、国籍、住址、身份证号码（机动车驾驶证号码）、照片等信息。

伪造上述身份证件，是指制作假的上述身份证件的行为。伪造包括有形伪造和无形伪造两种情况：前者是指无权制作身份证件的人，冒用有权制作单位的名义，非法制作身份证件；后者是指有权制作身份证件的人，制作虚假的身份证件。变造身份证件，是指用涂改、擦消、拼接等方法，对真实身份证件上记载的有关事项进行更改的行为，即对真实有效的身份证件的非本质部分进行加工、修改的行为。如果对真实有效的身份证件的本质部分进行加工、修改，如更改真实身份证的姓名、照片，则属于伪造身份证件的行为。

【实务问题】

1. 罪与非罪的界限

主要应注意考察行为对象。构成本条相关犯罪，要求行为对象必须是国家机关的公文、证件、印章，公司、企业、事业单位、人民团体的印章或者身份证件，如果不属于上述对象的，一般不构成犯罪。例如，伪造、变造、买卖、盗窃、抢夺、毁灭公司、企业、事业单位、人民团体等非国家机关的公文、证件，伪造、变造、买卖、盗窃、抢夺、毁灭普通私人的印鉴、图章的，一般均不构成犯罪。

2. 罪数的认定

行为人伪造、变造、买卖、盗窃、抢夺国家机关的公文、证件、印章，伪造公司、企业、事业单位、人民团体的印章，或者伪造、变造、买卖身份证件进行诈骗活动，同时构成相关的诈骗犯罪的，按处罚较重的犯罪定罪处罚。

行为人通过伪造国家机关公文、证件担任国家工作人员职务以后，又利用职务上的便利实施侵占本单位财物、收受贿赂、挪用本单位资金等行为，构成犯罪的，分别以伪造国家机关公文、证件罪和相应的贪污罪、受贿罪、挪用公款罪等追究刑事责任，实行数罪并罚。

第二百八十条之一　〔使用虚假身份证件、盗用身份证件罪〕

在依照国家规定应当提供身份证明的活动中，使用伪造、变造的或者盗用他人的居民身份证、护照、社会保障卡、驾驶证等依法可以用于证明身份的证件，情节严重的，处拘役或者管制，并处或者单处罚金。

有前款行为，同时构成其他犯罪的，依照处罚较重的规定定罪处罚。

本条是关于使用虚假身份证件、盗用身份证件罪的罪刑条款内容。

本条为 2015 年 8 月 29 日通过的《刑法修正案（九）》所增加。

【条文释义】

本条共分为 2 款。第 1 款是关于使用虚假身份证件、盗用身份证件罪及其处罚的规定。

使用虚假身份证件、盗用身份证件罪，是指在依照国家规定应当提供身份证明的活动中，使用伪造、变造的或者盗用他人的居民身份证、护照、社会保障卡、驾驶证等依法可以用于证明身份的证件，情节严重的行为。

这里的“国家规定”，是指全国人民代表大会及其常务委员会制定的法律和决定，国务院制定的行政法规、规定的行政措施、发布的决定和命令。“伪造的身份证件”，是指非法制作的假身份证件。“变造的身份证件”，是指通过涂改、擦消、拼接等方法，对真实身份证件上记载的有关事项进行更改而制作出的身份证件。“盗用身份证件”，是指未经身份证件所有人同意或批准而非法使用其身份证件的行为，包括拾得他人身份证件并使用的；骗取他人身份证件并使用的；非法获取他人身份证件信息并通过互联网、通信终端等使用的，等等。构成本罪，须达到情节严重的程度。判断情节是否严重，主要考虑使用、盗用的次数、数量，造成的影响，导致的后果，主观动机等因素综合判断。

第2款是关于使用虚假身份证件、盗用身份证件行为，同时构成其他犯罪如何适用法律的规定。

根据本款规定，对其应当依照处罚较重的规定定罪处罚。在实践中，通常表现为使用虚假身份证件或盗用他人身份证件进行诈骗活动，对此，一般按相关的诈骗犯罪定罪量刑。

【实务问题】

认定本罪应注意的问题

认定本罪时，主要注意两点：（1）在非国家规定应当提供身份证明的活动中使用虚假身份证件或盗用身份证件的，不能构成本罪。（2）使用虚假身份证明文件或盗用身份证件同时构成其他犯罪的，不进行数罪并罚，而是依照较重的规定定罪处罚。

第二百八十条之二　〔冒名顶替罪〕

盗用、冒用他人身份，顶替他人取得的高等学历教育入学资格、公务员录用资格、就业安置待遇的，处三年以下有期徒刑、拘役或者管制，并处罚金。

组织、指使他人实施前款行为的，依照前款的规定从重处罚。

国家工作人员有前两款行为，又构成其他犯罪的，依照数罪并罚的规定处罚。

本条是关于冒名顶替罪的罪刑条款内容。

本条为2020年12月26日通过的《刑法修正案（十一）》所增加。

【条文释义】

本条共分为3款。第1款是关于冒名顶替罪及其处罚的规定。

冒名顶替罪，是指盗用、冒用他人身份，顶替他人取得的高等学历教育入学资格、公务员录用资格、就业安置待遇的行为。

本罪在客观方面表现为盗用、冒用他人身份，顶替他人取得的高等学历教育入学资格、公务员录用资格、就业安置待遇。这里的“盗用、冒用他人身份”，是指盗用、冒用能够证明他人身份的证件、证明文件、身份档案、材料信息等，以达到自己代替他人的社会地位或法律地位，行使他人相关权利的目的。“冒用、盗用”包括采用伪造、变造、盗窃、骗取、收买或者胁迫他人等非法手段，也包括在通过捡拾、受委托保管等正当方式获取他人身份后进行违法使用或超出他人同意范围进行使用。在实践中，这些证明他人身份的证件、证明文件、身份档案、材料信息等，包括出生证明、身份证、户口簿、护照、军官证、学籍档案、录取通知书、数字证件等。盗用、冒用的一般是他人真实的身份。

本罪的主体是一般主体，凡是已满 16 周岁、具有刑事责任能力的自然人都可以构成本罪。

第 2 款是关于组织、指使他人实施冒名顶替行为，依照第 1 款的规定予以从重处罚的规定。这里的“组织、指使他人实施前款行为”，实践中主要是组织、指使他人帮助实现冒名顶替，即构成冒名顶替行为的共同犯罪，如伪造、变造、买卖国家机关公文、证件、印章、身份证件等行为。

第 3 款是关于国家工作人员实施冒名顶替行为，又构成其他犯罪的，依照数罪并罚的规定处罚的规定。

【实务问题】

关于冒名顶替不同行为方式的性质

在实践中，冒名顶替上学的案件情况较为复杂。对于顶替他人入学资格的，无论被顶替人本人是否放弃该入学资格，都应予以惩处，因为顶替行为让未参加考试或考试成绩较低的人直接入学，损害了考试招录制度的公平和公信力，同时让因他人弃权而按照规则能够递补录取的人员丧失了机会，又侵害了特定对象的利益。

但对于冒名但未顶替的行为，应当根据具体情况，予以认定。比如，因教育政策原因冒用他人学籍取得高考资格后参与考试、入学、升学的行为，并未顶替他人的入学资格，也没有考试作弊、招录舞弊等情况，社会危害性较低，给予行政处罚即可。如果给被冒用者造成了无法正常考试、升学等严重后果的，可根据具体情况，认定是否构成《刑法》第 280 条规定的伪造、变造、买卖国家机关、公文、证件、印章罪或伪造事业单位印章罪。

第二百八十一条　〔非法生产、买卖警用装备罪〕

非法生产、买卖人民警察制式服装、车辆号牌等专用标志、警械，情节严重的，处三年以下有期徒刑、拘役或者管制，并处或者单处罚金。

单位犯前款罪的，对单位判处罚金，并对其直接负责的主管人员和其他直接责任人员，依照前款的规定处罚。

本条是关于非法生产、买卖警用装备罪的罪刑条款内容。

【条文释义】

本条共分为2款。第1款是关于非法生产、买卖警用装备罪及其处罚的规定。

非法生产、买卖警用装备罪，是指非法生产、买卖人民警察制式服装、车辆号牌等专用标志、警械，情节严重的行为。

本罪的对象是人民警察制式服装、车辆号牌等专用标志、警械。所谓人民警察专用标志，是指为便于公众识别，用来表明人民警察身份或者用于公安工作的场所、车辆等的外形标记。人民警察专用标志主要包括：（1）人民警察制式服装，通常简称为制服，是指国家专门为人民警察制作、只能由人民警察穿戴的规定式样的服装。人民警察制式服装作为统一整体，包括帽徽、纽扣、领带、领带卡等制式服装上的一般附带物。（2）人民警察车辆号牌，即公安机关车辆专用的牌照。（3）其他专用标志，主要包括警衔标志和警灯、警用警报器等专用标志。警衔标志虽佩戴在服装上，但各种衔级的警察标志不一，而且警校学员的制式服装上一般没有警衔，因而属于人民警察制式服装以外的其他专用标志。所谓警械，是指人民警察在执行逮捕、拘留、押解等工作，或者从事执勤、巡逻、处理治安案件等警务活动时，按照规定装配、使用的警用器械。

非法生产、买卖人民警察制式服装、车辆号牌等专用标志、警械，是指违反《中华人民共和国人民警察法》等国家关于生产、买卖警用装备的法律、法规，生产、买卖人民警察制式服装、车辆号牌等专用标志、警械。根据有关规定，警用装备由国家指定的工厂生产，并且生产应按计划进行。对获准生产警用装备的企业，公安部按年度发文指定或颁发定点生产许可证。除经公安机关批准的单位以外，严禁任何企事业单位和个人私自生产、销售警械、警车、警灯、警用警报器、警服等及其仿制品。因此，未取得生产、销售警用装备的合法授权，或虽取得合法授权，但违反规定进行生产、销售的，均属于非法行为。非法生产警用装备具体表现为以下三种情形：（1）非指定和委托生产警用装备的单位、个人生产警用装备的；（2）虽是定点生产的企业，但不遵守公安部下达的指标擅自计划外生产的；（3）曾经被指定或委托的生产企业，原指定被取消，或者原委托事项已完成，或未取得年度生产许可证而生产警用装备的。非法买卖警用装备，包括非法购买和销售，是指无权经营、使用人民警察制式服装、车辆号牌等专用标志、警械的单位或者个人，擅自销售、购买人民警察制式服装、车辆号牌等专用标志、警械；或者有权销售人民警察制式服装、车辆号牌等专用标志、警械的单位或者个人，向无权购买者销售的行为。

非法生产、买卖人民警察制式服装、车辆号牌等专用标志、警械情节严重，是指具有下列情形之一的：（1）成套制式服装30套以上，或者非成套制式服装100件以上的；（2）手铐、脚镣、警用抓捕网、警用催泪喷射器、警灯、警报器单种或者合计10件以上的；（3）警棍50根以上的；（4）警衔、警号、胸章、臂章、帽徽等警用标志单种或者合计100件以上的；（5）警车号牌、省级以上公安机关专段民用车辆号牌1副以上，或者其他公安机关专段民用车辆号牌3副以上的；（6）非法经营数额5000元以上，或者非法获利1000元以上的；（7）被他人利用进行违法犯罪活动的；（8）其他情节严重的情形。

第2款是关于单位犯非法生产、买卖警用装备罪及其处罚的规定。

单位犯本罪的，实行双罚制，除对单位判处罚金外，对单位直接负责的主管人员和其他直接责任人员，适用自然人犯本罪的法定刑。

【实务问题】

1. 本罪罪与非罪的界限

构成本罪要求情节严重，如果非法生产、买卖警用装备情节一般的，如数量较小、经营额或获利额不大等，未达到《立案追诉标准（一）》第35条规定的追诉标准的，不能按犯罪处理。

2. 本罪的立案追诉标准

根据《立案追诉标准（一）》第35条的规定，非法生产、买卖人民警察制式服装、车辆号牌等专用标志、警械，涉嫌下列情形之一的，应予立案追诉：（1）成套制式服装30套以上，或者非成套制式服装100件以上的；（2）手铐、脚镣、警用抓捕网、警用催泪喷射器、警灯、警报器单种或者合计10件以上的；（3）警棍50根以上的；（4）警衔、警号、胸章、臂章、帽徽等警用标志单种或者合计100件以上的；（5）警车号牌、省级以上公安机关专段民用车辆号牌1副以上，或者其他公安机关专段民用车辆号牌3副以上的；（6）非法经营数额5000元以上，或者非法获利1000元以上的；（7）被他人利用进行违法犯罪活动的；（8）其他情节严重的情形。

第二百八十二条

〔非法获取国家秘密罪〕**以窃取、刺探、收买方法，非法获取国家秘密的，处三年以下有期徒刑、拘役、管制或者剥夺政治权利；情节严重的，处三年以上七年以下有期徒刑。**

〔非法持有国家绝密、机密文件、资料、物品罪〕**非法持有属于国家绝密、机密的文件、资料或者其他物品，拒不说明来源与用途的，处三年以下有**

期徒刑、拘役或者管制。

本条是关于非法获取国家秘密罪，非法持有国家绝密、机密文件、资料、物品罪的罪刑条款内容。

【条文释义】

本条共分为 2 款。第 1 款是关于非法获取国家秘密罪及其处罚的规定。

非法获取国家秘密罪，是指以窃取、刺探、收买方法，非法获取国家秘密的行为。

本罪的对象是国家秘密。国家秘密，是指关系国家的安全和利益，依照法定程序确定，在一定时间内只限一定范围的人员知悉的事项。国家秘密的密级分为“绝密”“机密”“秘密”三级。

本罪在客观方面表现为以窃取、刺探、收买方法，非法获取国家秘密的行为。所谓非法获取，是指依法不应知悉、取得某项国家秘密的人从知悉、取得某项国家秘密的人那里知悉、取得该项国家秘密，或者虽可以知悉某项国家秘密的人未经办理手续取得该项国家秘密。窃取，是指采取秘密的方式，获取国家秘密。刺探，是指行为人针对掌握国家秘密的人，暗中调查、了解、侦听、收集国家秘密。收买，是指用金钱、物质等方法，与掌握国家秘密的人交换获取国家秘密。

第 2 款是关于非法持有国家绝密、机密文件、资料、物品罪及其处罚的规定。

非法持有国家绝密、机密文件、资料、物品罪，是指非法持有属于国家绝密、机密的文件、资料或者其他物品，拒不说明来源与用途的行为。

本罪的对象是属于国家绝密、机密的文件、资料或者其他物品。“绝密”是最重要的国家秘密，泄露会使国家的安全和利益遭受特别严重的损害；“机密”是重要的国家秘密，泄露会使国家的安全和利益遭受严重的损害。“属于国家绝密、机密的文件、资料”，是指依照法定程序确定并且标明为“绝密”“机密”两个密级的文字材料、图纸、音像资料等。属于国家绝密、机密的“其他物品”，是指依照有关法律被确定为国家绝密、机密的物品，如被确定为国家绝密或者机密的先进设备、高科技产品、军工产品以及设计、加工、生产的样品等。

本罪在客观方面表现为非法持有属于国家绝密、机密的文件、资料或者其他物品，拒不说明来源与用途的行为。非法持有，是指根据国家保密法律、法规和具体的规章制度，不属于接触、保管国家秘密文件、资料或者其他物品的人员而持有属于国家绝密、机密的文件、资料、其他物品，或者虽属于保密工作人员，但其持有该绝密、机密文件、资料、其他物品没有合法根据。拒不说明来源与用途，是指有关机关责令说明其非法持有的属于国家绝密、机密的文件、资料或者其他物品来源与用途时，行为人拒不说明。拒不说明包括拒绝回答任何问题，也包括进行虚假说明。

【实务问题】

1. 非法获取国家秘密罪与为境外窃取、刺探、收买、非法提供国家秘密、情报罪的界限

两罪的区别主要在于：（1）犯罪对象不同。前罪的犯罪对象仅限于国家秘密；而后罪的犯罪对象还包括情报。（2）行为人服务的对象不同。前罪可以是为自己获取国家秘密，也可以是非法获取国家秘密后提供给其他单位或者个人，但不能是提供给境外机构、组织或人员；而后罪则是向境外机构、组织或人员提供国家秘密、情报。（3）犯罪手段不同。前罪的犯罪手段表现为窃取、刺探、收买三种形式；而后罪的犯罪手段还包括非法提供这种形式。

2. 非法持有国家绝密、机密文件、资料、物品罪与非法获取国家秘密罪的界限

两罪的区别主要有两点：（1）犯罪对象不同。前罪的犯罪对象仅限于属于国家绝密、机密的文件、资料或者其他物品；而后罪的犯罪对象包括任何密级的国家秘密。（2）行为方式不同。前罪表现为非法持有且拒不说明来源与用途的行为；而后罪表现为以窃取、刺探、收买的方式非法获取的行为。

第二百八十三条 〔非法生产、销售专用间谍器材、窃听、窃照专用器材罪〕

非法生产、销售专用间谍器材或者窃听、窃照专用器材的，处三年以下有期徒刑、拘役或者管制，并处或者单处罚金；情节严重的，处三年以上七年以下有期徒刑，并处罚金。

单位犯前款罪的，对单位判处罚金，并对其直接负责的主管人员和其他直接责任人员，依照前款的规定处罚。

本条是关于非法生产、销售专用间谍器材、窃听、窃照专用器材罪的罪刑条款内容。

【主要修改】

本条为2015年8月29日通过的《刑法修正案（九）》所修改，该条内容原为："非法生产、销售窃听、窃照等专用间谍器材的，处三年以下有期徒刑、拘役或者管制。"

【条文释义】

本条共分为 2 款。第 1 款是关于非法生产、销售专用间谍器材或者窃听、窃照专用器材罪的规定。

非法生产、销售专用间谍器材、窃听、窃照专用器材罪，是指非法生产、销售专用间谍器材或者窃听、窃照专用器材的行为。

本罪的对象是专用间谍器材和窃听、窃照专用器材的证明。所谓专用间谍器材，是指进行间谍活动特殊需要的下列器材：（1）暗藏式窃听、窃照器材。（2）突发式收发报机、一次性密码本、密写工具。（3）用于获取情报的电子监听、截收器材。（4）其他专用间谍器材。专用间谍器材的确认，由国家安全部门负责。窃听、窃照专用器材，是指具有窃听、窃照功能，并专门用于窃听、窃照活动的器材。

本罪在客观方面表现为非法生产、销售专用间谍器材或者窃听、窃照专用器材的行为。非法生产，是指无权生产专用间谍器材或者窃听、窃照专用器材的行为人，违反国家规定，运用各种手段擅自加工、制作专用间谍器材或者窃听、窃照专用器材，以及虽有生产权但违反主管部门的规定和下达的指标而超范围、超指标擅自进行生产的行为；非法销售，是指无权经营专用间谍器材或者窃听、窃照专用器材的行为人，违反国家规定，擅自经营销售，以及虽有经营专用间谍器材或者窃听、窃照专用器材权，但违反规定，向没有法定使用许可手续的单位或个人出售的行为。

第 2 款是关于单位犯本罪及其处罚的规定。

单位犯本罪的，对单位判处罚金，并对其直接负责的主管人员和其他直接责任人员，依照本罪的规定处罚。

【实务问题】

本罪罪与非罪的界限

行为人只要实施非法生产或者销售专用间谍器材或者窃听、窃照专用器材行为的，原则上即可以立案追诉。认定本罪时，应该注意两个方面的问题：一是看行为人是否有合法生产、销售专用间谍器材或者窃听、窃照专用器材的证明。如果行为人不能提供合法证明的，即可推定其为非法。二是看行为人生产、销售的物品是否属于专用间谍器材或者窃听、窃照专用器材，对此，在程序上以国家安全部门确认为准。

第二百八十四条　〔非法使用窃听、窃照专用器材罪〕

非法使用窃听、窃照专用器材，造成严重后果的，处二年以下有期徒刑、拘

役或者管制。

本条是关于非法使用窃听、窃照专用器材罪的罪刑条款内容。

【条文释义】

非法使用窃听、窃照专用器材罪，是指非法使用窃听、窃照专用器材，造成严重后果的行为。

本罪的对象是窃听、窃照专用器材。所谓窃听，是指秘密监听、偷录他人言谈、动静。窃照，是指使用照相器材、设备，对窃照对象的形象或者活动进行秘密摄录。因此，窃听、窃照专用器材，是指具有窃听、窃照功能，并专门用于窃听、窃照活动的器材。

本罪在客观方面表现为非法使用窃听、窃照专用器材，造成严重后果的行为。所谓非法使用窃听、窃照专用器材，是指违反国家规定使用窃听、窃照专用器材，包括无权使用的人使用窃听、窃照专用器材以及有权使用的人违反规定使用窃听、窃照专用器材。造成严重后果，一般是指由于行为人非法窃听、窃照行为导致他人精神失常、家庭破裂、被害人自杀身亡或造成伤残，或者导致被害单位经济情报、信息泄露，造成重大经济损失等情形。

【实务问题】

认定本罪应注意的问题

认定本罪时，应该注意以下三个方面的问题：（1）行为人使用的对象是否属于窃听、窃照专用器材；（2）行为人非法使用的方式；（3）是否造成严重后果。如果行为人使用普通器材进行录音、拍照、录像，或者使用窃听、窃照专用器材进行公开录音、拍照、录像，或者没有造成严重后果的，不构成犯罪。

第二百八十四条之一

〔组织考试作弊罪〕**在法律规定的国家考试中，组织作弊的，处三年以下有期徒刑或者拘役，并处或者单处罚金；情节严重的，处三年以上七年以下有期徒刑，并处罚金。**

为他人实施前款犯罪提供作弊器材或者其他帮助的，依照前款的规定处罚。

〔非法出售、提供试题、答案罪〕**为实施考试作弊行为，向他人非法出售或者提供第一款规定的考试的试题、答案的，依照第一款的规定处罚。**

〔代替考试罪〕**代替他人或者让他人代替自己参加第一款规定的考试的，处拘役或者管制，并处或者单处罚金。**

本条是关于组织考试作弊罪，非法出售、提供试题、答案罪，代替考试罪的罪刑条款内容。

本条为2015年8月29日通过的《刑法修正案（九）》所增加。

【条文释义】

本条共分为4款。第1款是关于组织考试作弊罪及其处罚的规定。

组织考试作弊罪，是指在法律规定的国家考试中，组织作弊的行为。

这里的“法律规定的国家考试”，根据2019年最高人民法院、最高人民检察院《关于办理组织考试作弊等刑事案件适用法律若干问题的解释》第1条的规定，仅限于全国人民代表大会及其常务委员会制定的法律所规定的考试。根据有关法律规定，下列考试属于“法律规定的国家考试”：（1）普通高等学校招生考试、研究生招生考试、高等教育自学考试、成人高等学校招生考试等国家教育考试；（2）中央和地方公务员录用考试；（3）国家统一法律职业资格考试、国家教师资格考试、注册会计师全国统一考试、会计专业技术资格考试、资产评估师资格考试、医师资格考试、执业药师职业资格考试、注册建筑师考试、建造师执业资格考试等专业技术资格考试；（4）其他依照法律由中央或者地方主管部门以及行业组织的国家考试。上述规定的考试涉及的特殊类型招生、特殊技能测试、面试等考试，属于“法律规定的国家考试”。作弊，是指参试者通过不正当途径在考核不允许的范围内寻求或者试图寻求答案，与公平、公正原则相悖的行为。组织作弊，是指系统安排、实施作弊的行为，如通过成立“枪手”网站或组织，雇用“枪手”替考生考试；在考试期间，通过各种方式在考场内外传递考试信息，等等。具有避开或者突破考场防范作弊的安全管理措施，获取、记录、传递、接收、存储考试试题、答案等功能的程序、工具，以及专门设计用于作弊的程序、工具，应当认定为“作弊器材”。对于是否属于“作弊器材”难以确定的，依据省级以上公安机关或者考试主管部门出具的报告，结合其他证据作出认定；涉及专用间谍器材、窃听、窃照专用器材、“伪基站”等器材的，依照相关规定作出认定。

第2款是关于帮助他人组织作弊如何处理的规定。根据该款规定，对为他人组织考试作弊提供作弊器材或者其他帮助的，依照第1款规定定罪处罚。

第3款是关于非法出售、提供试题、答案罪及其处罚的规定。

非法出售、提供试题、答案罪，是指为实施考试作弊行为，向他人非法出售或者提供法律规定的国家考试的试题、答案的行为。

这里的“为实施考试作弊行为”，是指为了使他人能在法律规定的国家考试中作弊；非法出售或者提供，是指违反规定，有偿或无偿地将法律规定的国家考试的试题、答案交付给他人或者其他让他人知悉的行为。

第4款是关于代替考试罪及其处罚的规定。

代替考试罪，是指代替他人或者让他人代替自己参加法律规定的国家考试的行为。

这里的“代替他人参加考试”，是指用各种欺骗手段以他人名义代替他人参加考试的行为；“让他人代替自己参加考试”，是指本应参加考试者让他人以自己的名义代为参加考试的行为。如果他人并非受被替考者指使、雇用参加替考的，被替考者不能以本罪论处。

【实务问题】

罪与非罪的界限

本条规定的组织考试作弊及其帮助作弊行为，出售试题、答案行为，以及代替考试行为，只有涉及法律规定的国家考试才能构成犯罪。如果与法律规定的国家考试无关，不构成本条规定之罪。

在考试中不通过他人协助而独自实施作弊行为的，不构成组织考试作弊犯罪。

第二百八十五条

〔非法侵入计算机信息系统罪〕**违反国家规定，侵入国家事务、国防建设、尖端科学技术领域的计算机信息系统的，处三年以下有期徒刑或者拘役。**

〔非法获取计算机信息系统数据、非法控制计算机信息系统罪〕**违反国家规定，侵入前款规定以外的计算机信息系统或者采用其他技术手段，获取该计算机信息系统中存储、处理或者传输的数据，或者对该计算机信息系统实施非法控制，情节严重的，处三年以下有期徒刑或者拘役，并处或者单处罚金；情节特别严重的，处三年以上七年以下有期徒刑，并处罚金。**

〔提供侵入、非法控制计算机信息系统程序、工具罪〕**提供专门用于侵入、非法控制计算机信息系统的程序、工具，或者明知他人实施侵入、非法控制计算机信息系统的违法犯罪行为而为其提供程序、工具，情节严重的，依照前款的规定处罚。**

单位犯前三款罪的，对单位判处罚金，并对其直接负责的主管人员和其他直接责任人员，依照各该款的规定处罚。

本条是关于非法侵入计算机信息系统罪，非法获取计算机信息系统数据、非法控制计算机信息系统罪，提供侵入、非法控制计算机信息系统程序、工具罪的罪刑条款内容。

【主要修改】

本条第 2 款和第 3 款为 2009 年 2 月 28 日通过的《刑法修正案（七）》所

增加；第 4 款为 2015 年 8 月 29 日通过的《刑法修正案（九）》所增加。

【条文释义】

本条共分为 4 款。第 1 款是关于非法侵入计算机信息系统罪及其处罚的规定。

非法侵入计算机信息系统罪，是指违反国家规定，侵入国家事务、国防建设、尖端科学技术领域的计算机信息系统的行为。

本罪的对象仅限于国家事务、国防建设、尖端科学技术领域的计算机信息系统。

本罪在客观方面表现为违反国家规定，侵入上述领域的计算机信息系统的行为。违反国家规定，是指违反国家有关保护计算机信息系统安全的有关规定，如《计算机信息系统安全保护条例》等。侵入，是指未经国家有关主管部门合法授权或批准，擅自进入国家事务、国防建设、尖端科学技术领域的计算机信息系统。

第 2 款是关于非法获取计算机信息系统数据、非法控制计算机信息系统罪及其处罚的规定。

非法获取计算机信息系统数据、非法控制计算机信息系统罪，是指违反国家规定，侵入除国家事务、国防建设、尖端科学技术领域以外的计算机信息系统或者采用其他技术手段，获取该计算机信息系统中存储、处理或者传输的数据，或者对该计算机信息系统实施非法控制，情节严重的行为。

本罪的对象是除国家事务、国防建设、尖端科学技术领域以外的计算机信息系统及其数据。所谓计算机信息系统，是指由计算机及其相关的和配套的设备、设施（含网络）构成的，按照一定的应用目标和规则对信息进行采集、加工、存储、传输、检索等处理的人机系统。

违反国家规定，是指违反国家有关保护计算机信息系统安全的规定。侵入，是指未经国家有关主管部门合法授权或批准，擅自进入计算机信息系统。采用其他技术手段，是指采取侵入方式之外的获取他人计算机信息系统数据或者控制他人计算机信息系统的技术手段。例如，通过 ARP 欺骗技术建立假网关，让被它欺骗的个人电脑向假网关发送数据；利用计算机软件自身的漏洞，通过扫描他人计算机端口，远程控制他人计算机信息系统，等等。获取该计算机信息系统中存储、处理或者传输的数据，是指非法取得计算机信息系统存储介质上记录的数据，截取计算机处理或传输中的数据。对该计算机信息系统实施非法控制，是指控制计算机信息系统的正常功能与运转状态。情节严重，一般是指获取的计算机信息系统数据的数量大，或者控制的计算机数量较多；多次作案的；获取重要的计算机信息系统的数据，或者控制重要的计算机信息系统的；给他人造成严重经济损失的；非法牟利数额较大的；给社会造成严重不良影响的，等等。

第 3 款是关于提供侵入、非法控制计算机信息系统程序、工具罪及其处罚的规定。

提供侵入、非法控制计算机信息系统程序、工具罪，是指提供专门用于侵入、非法控制计算机信息系统的程序、工具，或者明知他人实施侵入、非法控制计算机信息系统的违法犯罪行为而为其提供程序、工具，情节严重的行为。

本罪的对象是特定的计算机系统程序、工具。这种程序、工具可以分为两类：一类是专门用于侵入、非法控制计算机信息系统的程序、工具，如具有远程控制、盗取数据等功能的木马程序、“后门”程序等恶意代码。另一类是并非专门用于侵入、非法控制计算机信息系统，但也可用于实现这一目的的程序、工具。

本罪在客观方面表现为行为人实施了提供专门用于侵入、非法控制计算机信息系统的程序、工具，或者明知他人实施侵入、非法控制计算机信息系统的违法犯罪行为而为其提供程序、工具，情节严重的行为。为他人提供程序、工具的方式不受限制，可以是有偿的，也可以是无偿的；行为人提供非法程序、工具的对象既可以是特定的一个人，也可以是人数不特定的群体。情节严重，主要是指具有下列情形之一的：(1) 提供的程序、工具数量较多的；(2) 获利数额较大的；(3) 造成严重后果的，等等。

第 4 款是关于单位犯上述 3 款罪及其处罚的规定。

单位犯上述 3 款罪的，对单位判处罚金，并对其直接负责的主管人员和其他直接责任人员，依照自然人犯罪的量刑标准进行处罚。

【实务问题】

罪与非罪的界限

本条的三项犯罪都有特定的犯罪对象，即分别是国家事务、国防建设、尖端科学技术领域的计算机信息系统，除国家事务、国防建设、尖端科学技术领域以外的计算机信息系统及其数据，用于侵入、非法控制计算机信息系统的程序、工具。如果行为人针对的对象不符合上述各罪的要求，如非法侵入国家事务、国防建设、尖端科学技术领域以外的计算机信息系统，提供的程序、工具并不具有侵入、非法控制计算机信息系统的功能，则不能以相关的犯罪论处。

第二百八十六条〔破坏计算机信息系统罪〕

违反国家规定，对计算机信息系统功能进行删除、修改、增加、干扰，造成计算机信息系统不能正常运行，后果严重的，处五年以下有期徒刑或者拘役；后果特别严重的，处五年以上有期徒刑。

违反国家规定，对计算机信息系统中存储、处理或者传输的数据和应用程序进行删除、修改、增加的操作，后果严重的，依照前款的规定处罚。

故意制作、传播计算机病毒等破坏性程序，影响计算机系统正常运行，后果严重的，依照第一款的规定处罚。

单位犯前三款罪的，对单位判处罚金，并对其直接负责的主管人员和其他直接责任人员，依照第一款的规定处罚。

本条是关于破坏计算机信息系统罪的罪刑条款内容。

【主要修改】

本条第 4 款为 2015 年 8 月 29 日通过的《刑法修正案（九）》所增加。

【条文释义】

本条共分为 4 款。第 1 款是关于破坏计算机信息系统功能的规定。

破坏计算机系统罪，是指违反国家规定，对计算机信息系统功能进行删除、修改、增加、干扰，造成计算机信息系统不能正常运行，以及对计算机信息系统中存储、处理或者传输的数据和应用程序进行删除、修改、增加的操作，或者故意制作、传播计算机病毒等破坏性程序，影响计算机系统正常运行，后果严重的行为。

所谓违反国家规定，是指违反国家有关保护计算机信息系统安全的有关规定。本款规定的“对计算机信息系统功能进行删除、修改、增加、干扰”，是指对计算机信息系统中一种、几种或全部功能加以取消、改动，或者添加原来计算机信息系统功能所没有的功能，运用内部或者外部的手段对计算机信息系统功能进行影响，使原来的计算机信息系统功能不能正常运转。“后果严重”，主要包括以下几种情形：第一，对国家重要计算机信息系统功能进行破坏的；第二，严重破坏计算机信息系统的有效运行，造成重大经济损失的；第三，严重破坏计算机信息系统，造成正常的工作、生产、生活秩序混乱的；第四，造成其他严重后果的。

第 2 款是关于破坏计算机信息系统中存储、处理或者传输的数据和应用程序的规定。

本款规定的“对计算机信息系统中存储、处理或者传输的数据和应用程序进行删除、修改、增加的操作”，是指将计算机信息系统中存储、处理、传输的数据和应用程序的一部分或者全部除去、改动，或者添加新的数据和应用程序。本款行为构成犯罪，要求造成严重后果。

第 3 款是关于故意制作、传播计算机病毒等破坏性程序的规定。

本款规定的“制作、传播计算机病毒等破坏性程序”，是指利用计算机语言编写、设计、开发计算机病毒等破坏性程序，或者通过计算机信息系统（包括网络）输入、输出破坏性程序，或将含有计算机破坏性程序的软件加以派送、散发、销售。“计算机病毒”，是指编制或者在计算机程序中插入的破坏计算机功能或者毁坏数据，影响计算机使用，并能自我复制的一组计算机指令或者程序代码。“破坏性程序”，是指隐藏在可执行程序或数据文件中，在计算机内部运行的一种干扰性程序。计算机病毒是一种典型的破坏性程序，其他的破坏性程序常见的还有“逻辑炸弹”“特洛伊木马”“野兔”、计算机“蠕虫”等。本款行为构成犯罪，同样要求造成严重后果。

第 4 款是关于单位犯破坏计算机信息系统罪及其处罚的规定。

单位犯本罪的，对单位判处罚金，并对其直接负责的主管人员和其他直接责任人员，依照自然人犯罪的量刑标准进行处罚。

【实务问题】

本罪与故意毁坏财物罪的界限

二者的主要区别在于：（1）犯罪对象有所不同。本罪的对象是计算机信息系统，即由计算机及其相关和配套的设备、设施（包括网络）构成的，按照一定的应用目标和规则对信息进行采集、加工、存储、传输、检索等处理的人机系统。在一定意义上，也可属于财物的范畴，但又不同于传统意义上的财物。故意毁坏财物罪的对象则是传统意义上的财物。（2）犯罪方法不同。本罪是利用对计算机信息系统或系统中存储、处理或者传输的数据和应用程序进行删除、修改、增加、干扰，或者制作、传播计算机病毒的方法，破坏计算机信息系统的功能和运行程序；故意毁坏财物罪则主要利用物理破坏的方法，使公私财物丧失其功能和经济价值。如果行为人通过故意毁坏计算机硬件的方式来破坏计算机信息系统和计算机信息系统中存储、处理或者传输的数据和应用程序的，可依处罚较重的犯罪定罪量刑。

第二百八十六条之一 〔拒不履行信息网络安全管理义务罪〕

网络服务提供者不履行法律、行政法规规定的信息网络安全管理义务，经监管部门责令采取改正措施而拒不改正，有下列情形之一的，处三年以下有期徒刑、拘役或者管制，并处或者单处罚金：

（一）致使违法信息大量传播的；

（二）致使用户信息泄露，造成严重后果的；

（三）致使刑事案件证据灭失，情节严重的；

（四）有其他严重情节的。

单位犯前款罪的，对单位判处罚金，并对其直接负责的主管人员和其他直接

责任人员，依照前款的规定处罚。

有前两款行为，同时构成其他犯罪的，依照处罚较重的规定定罪处罚。

本条是关于拒不履行信息网络安全管理义务罪的罪刑条款内容。

本条为 2015 年 8 月 29 日通过的《刑法修正案（九）》所增加。

【条文释义】

本条共分为 3 款。第 1 款是关于拒不履行信息网络安全管理义务罪及其处罚的规定。

拒不履行信息网络安全管理义务罪，是指从事提供网络服务的行为人或者单位不履行法律、行政法规规定的信息网络安全管理义务，经监管部门责令采取改正措施而拒不改正，致使发生违法信息大量传播，或者致使用户信息泄露，造成严重后果，或者致使刑事案件证据灭失，情节严重，以及有其他严重情节的行为。

所谓网络服务提供者，根据 2019 年最高人民法院、最高人民检察院《关于办理非法利用信息网络、帮助信息网络犯罪活动等刑事案件适用法律若干问题的解释》第 1 条的规定，是指提供下列服务的单位和个人：（1）网络接入、域名注册解析等信息网络接入、计算、存储、传输服务；（2）信息发布、搜索引擎、即时通讯、网络支付、网络预约、网络购物、网络游戏、网络直播、网站建设、安全防护、广告推广、应用商店等信息网络应用服务；（3）利用信息网络提供的电子政务、通信、能源、交通、水利、金融、教育、医疗等公共服务。根据其提供的“服务”不同，网络服务提供者具体可以分为网络接入服务提供者、网络平台服务提供者、网络内容及产品服务提供者。信息网络安全管理义务，主要是指对用户信息与网络进行管理，保障其安全的义务，如保障用户信息安全，防止泄露或被滥用；对信息进行审查，防止违法犯罪信息和有害信息传播等。监管部门，主要包括通信管理部门、公安部门、文化部门、广播电影电视管理部门和新闻出版部门等。监管部门责令采取改正措施，是指网信、电信、公安等依照法律、行政法规的规定承担信息网络安全监管职责的部门，以责令整改通知书或者其他文书形式，责令网络服务提供者采取改正措施。构成本罪，需要具备严重情节。

第 2 款是关于单位犯罪的规定。

单位犯本罪的，对单位判处罚金，并对其直接负责的主管人员和其他直接责任人员，依照自然人犯罪的量刑标准进行处罚。

第 3 款是关于拒不履行信息网络安全管理义务，同时构成其他犯罪，如何适用法律的规定。根据本款规定，对其应当依照处罚较重的规定定罪处罚。

【实务问题】

本罪罪与非罪的界限

主要注意把握两点：（1）是否经监管部门责令采取改正措施。虽未履行信息网络安全管理义务，但监管部门尚未责令改正的，不构成犯罪。（2）情节是否严重。如果情节一般的，不以犯罪论处。

第二百八十七条　〔利用计算机犯罪的规定〕

利用计算机实施金融诈骗、盗窃、贪污、挪用公款、窃取国家秘密或者其他犯罪的，依照本法有关规定定罪处罚。

本条是关于利用计算机实施其他犯罪如何定罪量刑的规定。

【条文释义】

利用计算机实施金融诈骗、盗窃、贪污、挪用公款、窃取国家秘密或者其他犯罪，是指以计算机为犯罪工具和手段，直接或者通过他人向计算机输入非法指令，进行金融诈骗、盗窃、贪污、挪用公款、窃取国家秘密等犯罪活动。这里的“其他犯罪”，是指除上述犯罪以外的任何可以通过计算机为媒介实施的犯罪。常见的有侵占、挪用公司资金、间谍、侮辱、诽谤、侵犯著作权、窃取商业秘密、制作、传播淫秽物品、组织淫秽表演等犯罪。“依照本法有关规定定罪处罚”，是指对于利用计算机实施金融诈骗、盗窃、贪污、挪用公款、窃取国家秘密或者其他犯罪的，应当依照《刑法》有关金融诈骗犯罪、盗窃犯罪、贪污犯罪、挪用公款犯罪、非法获取国家秘密犯罪的规定以及其他犯罪的规定处罚，具体实施什么犯罪行为，就以该罪定罪处刑。

【实务问题】

本条属于注意性规定，行为人利用计算机实施的有关行为是否构成犯罪、构成什么犯罪以及如何处罚，还须根据《刑法》其他条文对有关犯罪规定的定罪量刑标准进行把握，利用计算机这一方式对行为的罪与罚并不发生影响。

第二百八十七条之一　〔非法利用信息网络罪〕

利用信息网络实施下列行为之一，情节严重的，处三年以下有期徒刑或者拘役，并处或者单处罚金：

（一）设立用于实施诈骗、传授犯罪方法、制作或者销售违禁物品、管制物品等违法犯罪活动的网站、通讯群组的；

（二）发布有关制作或者销售毒品、枪支、淫秽物品等违禁物品、管制物品或者其他违法犯罪信息的；

（三）为实施诈骗等违法犯罪活动发布信息的。

单位犯前款罪的，对单位判处罚金，并对其直接负责的主管人员和其他直接责任人员，依照第一款的规定处罚。

有前两款行为，同时构成其他犯罪的，依照处罚较重的规定定罪处罚。

本条是关于非法利用信息网络罪的罪刑条款内容。

本条为2015年8月29日通过的《刑法修正案（九）》所增加。

【条文释义】

本条共分为3款。第1款是关于非法利用信息网络罪及其处罚的规定。

非法利用信息网络罪，是指行为人或者单位利用信息网络实施设立用于违法犯罪活动的网站、通讯群组，发布有关制作、销售违禁品、管制物品或者其他违法犯罪信息，为实施违法犯罪活动发布信息等危害社会活动，情节严重的行为。

本罪在客观方面表现为：（1）设立用于实施诈骗、传授犯罪方法、制作或者销售违禁物品、管制物品等违法犯罪活动的网站、通讯群组的；（2）发布有关制作或者销售毒品、枪支、淫秽物品等违禁物品、管制物品或者其他违法犯罪信息的；（3）为实施诈骗等违法犯罪活动发布信息的。这里的“违法犯罪”，包括犯罪行为和属于刑法分则规定的行为类型但尚未构成犯罪的违法行为。“设立用于实施违法犯罪活动的网站、通讯群组”，是指设立目的在于为实施违法犯罪活动服务的网站或通讯群组，如设立虚假购物网站，设立用于传授溜门撬锁方法的网站或通讯群组，设立用于销售管制刀具的网站或通讯群组等行为。以实施违法犯罪活动为目的而设立或者设立后主要用于实施违法犯罪活动的网站、通讯群组，应当认定为“用于实施诈骗、传授犯罪方法、制作或者销售违禁物品、管制物品等违法犯罪活动的网站、通讯群组”。利用信息网络提供信息的链接、截屏、二维码、访问账号密码及其他指引访问服务的，应当认定为第2项、第3项规定的“发布信息”。“发布有关违法犯罪信息”，是指发布内容涉及违法犯罪性质的信息的行为，如发布组织传销活动、制作毒品、销售淫秽物品等违法犯罪内容的信息。“为实施违法犯罪活动发布信息”，是指发布虽然内容本身并未涉及违法犯罪，但为进一步实施违法犯罪活动提供便利条件的信息。

第2款是关于单位犯非法利用信息网络罪及其处罚的规定。

单位犯本罪的，对单位判处罚金，并对其直接负责的主管人员和其他直接责任人员，依照自然人犯罪的量刑标准进行处罚。

第3款是关于非法利用信息网络行为，同时构成其他犯罪如何适用法律的规定。

根据本款规定，对其应当依照处罚较重的规定定罪处罚。

【实务问题】

1. 本罪与其他相关犯罪的界限

我国《刑法》已规定有诈骗罪、传授犯罪方法罪、贩卖毒品罪以及制作、贩卖、传播淫秽物品罪等相关罪名，设立本罪的目的在于刑法介入的适当提前。因此，构成本罪并不需要后续已实施相关的违法犯罪行为，也无需按相关犯罪的犯罪预备论处，而是直接以本罪定罪量刑。只有进一步实施了相关犯罪行为构成相关犯罪的，才依照处罚较重的规定定罪处罚。

2. 本罪“情节严重”的认定

根据2019年最高人民法院、最高人民检察院《关于办理非法利用信息网络、帮助信息网络犯罪活动等刑事案件适用法律若干问题的解释》第10条的规定，非法利用信息网络，具有下列情形之一的，应当认定为《刑法》第287条之一第1款规定的“情节严重”：（1）假冒国家机关、金融机构名义，设立用于实施违法犯罪活动的网站的；（2）设立用于实施违法犯罪活动的网站，数量达到3个以上或者注册账号数累计达到2000以上的；（3）设立用于实施违法犯罪活动的通讯群组，数量达到5个以上或者群组成员账号数累计达到1000以上的；（4）发布有关违法犯罪的信息或者为实施违法犯罪活动发布信息，具有下列情形之一的：①在网站上发布有关信息100条以上的；②向2000个以上用户账号发送有关信息的；③向群组成员数累计达到3000以上的通讯群组发送有关信息的；④利用关注人员账号数累计达到3万以上的社交网络传播有关信息的；（5）违法所得1万元以上的；（6）2年内曾因非法利用信息网络、帮助信息网络犯罪活动、危害计算机信息系统安全受过行政处罚，又非法利用信息网络的；（7）其他情节严重的情形。

第二百八十七条之二　〔帮助信息网络犯罪活动罪〕

明知他人利用信息网络实施犯罪，为其犯罪提供互联网接入、服务器托管、网络存储、通讯传输等技术支持，或者提供广告推广、支付结算等帮助，情节严重的，处三年以下有期徒刑或者拘役，并处或者单处罚金。

单位犯前款罪的，对单位判处罚金，并对其直接负责的主管人员和其他直接责任人员，依照第一款的规定处罚。

有前两款行为，同时构成其他犯罪的，依照处罚较重的规定定罪处罚。

本条是关于帮助信息网络犯罪活动罪的罪刑条款内容。

本条为2015年8月29日通过的《刑法修正案（九）》所增加。

【条文释义】

本条共分为3款。第1款是关于帮助信息网络犯罪活动罪及其处罚的规定。

帮助信息网络犯罪活动罪，是指行为人或者单位明知他人利用信息网络实施犯罪，为其犯罪提供互联网接入、服务器托管、网络存储、通讯传输等技术支持，或者提供广告推广、支付结算等帮助，情节严重的行为。

这里的“明知他人利用信息网络实施犯罪”，是指知道他人确实或可能在利用信息网络实施诽谤、寻衅滋事、敲诈勒索、非法经营等犯罪。“信息网络”，包括以计算机、电视机、固定电话机、移动电话机等电子设备为终端的计算机互联网、广播电视网、固定通信网、移动通信网等信息网络，以及向公众开放的局域网络。“互联网接入”，是指通过特定的信息采集与共享的传输通道，利用电话线拨号、ADSL、光纤、无线网络等传输技术完成用户与互联网的物理连接。“服务器托管”，是指为了提高网站的访问速度，将服务器及相关设备托管到具有完善机房设施、高品质网络环境、丰富带宽资源和运营经验以及可对用户的网络和设备进行实时监控的网络数据中心内，以使系统达到安全、可靠、稳定、高效运行的目的。“网络存储”是基于数据存储的一种，网络存储结构大致分为三种：直连式存储、网络存储设备和存储网络。“通讯传输”，即信息的传递，是指由一地向另一地进行信息的传输与交换，其目的是传输消息。“广告推广”，这里是指以互联网为媒介的一种推广方式，是在网上把自己的产品或者服务利用网络手段与媒介推广出去。“支付结算”，这里主要是指基于互联网进行的，为交易的客户间提供货币支付或资金流转等的现代化支付结算手段。构成本罪，需要具备严重情节。

第2款是关于单位犯帮助信息网络犯罪活动罪及其处罚的规定。

单位犯本罪的，对单位判处罚金，并对其直接负责的主管人员和其他直接责任人员，依照自然人犯罪的量刑标准进行处罚。

第3款是关于帮助信息网络犯罪活动行为，同时构成其他犯罪如何适用法律的规定。

根据本款规定，对其应当依照处罚较重的规定定罪处罚。

【实务问题】

1. 本罪罪与非罪的界限

构成本罪，以明知他人利用信息网络实施诽谤、寻衅滋事、敲诈勒索、非法经营等犯罪为前提。如果行为人对他人利用信息网络实施犯罪缺乏明知，即使存在过失，也不构成本罪。同时，如果明知他人利用信息网络实施的仅仅是一般违法行为而非犯罪行为的，也不构成本罪。

2. 本罪与其他相关犯罪的界限

本罪与相关信息网络犯罪在客观上具有帮助与被帮助的关系，如果行为人与被帮助者之间存在共谋等因素而形成共同犯罪故意的，应以相关信息网络犯罪的共同犯罪论处。只有主观上虽然明知他人在实施信息网络犯罪，但相互之间并未合谋形成共同犯罪故意的，才成立本罪。

3. 本罪“情节严重”的认定

根据2019年最高人民法院、最高人民检察院《关于办理非法利用信息网络、帮助信息网络犯罪活动等刑事案件适用法律若干问题的解释》第12条的规定，明知他人利用信息网络实施犯罪，为其犯罪提供帮助，具有下列情形之一的，应当认定为《刑法》第287条之二第1款规定的“情节严重”：（1）为3个以上对象提供帮助的；（2）支付结算金额20万元以上的；（3）以投放广告等方式提供资金5万元以上的；（4）违法所得1万元以上的；（5）2年内曾因非法利用信息网络、帮助信息网络犯罪活动、危害计算机信息系统安全受过行政处罚，又帮助信息网络犯罪活动的；（6）被帮助对象实施的犯罪造成严重后果的；（7）其他情节严重的情形。

第二百八十八条　〔扰乱无线电通讯管理秩序罪〕

违反国家规定，擅自设置、使用无线电台（站），或者擅自使用无线电频率，干扰无线电通讯秩序，情节严重的，处三年以下有期徒刑、拘役或者管制，并处或者单处罚金；情节特别严重的，处三年以上七年以下有期徒刑，并处罚金。

单位犯前款罪的，对单位判处罚金，并对其直接负责的主管人员和其他直接责任人员，依照前款的规定处罚

本条是关于扰乱无线电通讯管理秩序罪的罪刑条款内容。

【主要修改】

本条第1款为2015年8月29日通过的《刑法修正案（九）》所修改，该条内容原为：“违反国家规定，擅自设置、使用无线电台（站），或者擅自占用频率，经责令停止使用后拒不停止使用，干扰无线电通讯正常进行，造成严重后果的，处三年以下有期徒刑、拘役或者管制，并处或者单处罚金。”

【条文释义】

本条共分为2款。第1款是关于扰乱无线电通讯管理秩序罪及其处罚的规定。

扰乱无线电通讯管理秩序罪，是违反国家规定，擅自设置、使用无线电台（站），或者擅自使用无线电频率，干扰无线电通讯秩序，情节严重的行为。

所谓国家规定，主要是指违反《中华人民共和国无线电管理条例》等法规；“擅自设置、使用无线电台（站），或者擅自使用无线电频率，干扰无线电通讯秩序”，根据 2017 年最高人民法院、最高人民检察院《关于办理扰乱无线电通讯管理秩序等刑事案件适用法律若干问题的解释》第 1 条的规定，是指具有下列情形之一的：（1）未经批准设置无线电广播电台（简称“黑广播”），非法使用广播电视专用频段的频率的；（2）未经批准设置通信基站（简称“伪基站”），强行向不特定用户发送信息，非法使用公众移动通信频率的；（3）未经批准使用卫星无线电频率的；（4）非法设置、使用无线电干扰器的；（5）其他擅自设置、使用无线电台（站），或者擅自使用无线电频率，干扰无线电通讯秩序的情形。

第 2 款是关于单位犯扰乱无线电通讯管理秩序罪及其处罚的规定。

单位犯本罪的，对单位判处罚金，并对其直接负责的主管人员和其他直接责任人员，依照自然人犯罪的量刑标准进行处罚。

【实务问题】

1. 本罪罪与非罪的界限

在实践中主要注意把握两点：（1）是否违反国家规定。如果行为人设置、使用无线电台（站），或者占用频率的行为符合国家规定的，不存在违法犯罪问题。（2）是否情节严重。行为人虽然有违反国家规定设置、使用无线电台（站），或者占用频率的行为，但如果并未干扰无线电通讯正常进行情节严重的，也不能以犯罪论处。

2. 罪数的认定

违反国家规定，擅自设置、使用无线电台（站），或者擅自占用频率，非法经营国际电信业务或者涉港澳台电信业务进行营利活动，同时构成本罪和非法经营罪的，依照处罚较重的规定定罪处罚。

3. 本罪“情节严重”的认定

根据 2017 年最高人民法院、最高人民检察院《关于办理扰乱无线电通讯管理秩序等刑事案件适用法律若干问题的解释》第 2 条的规定，违反国家规定，擅自设置、使用无线电台（站），或者擅自使用无线电频率，干扰无线电通讯秩序，具有下列情形之一的，应当认定为《刑法》第 288 条第 1 款规定的“情节严重”：（1）影响航天器、航空器、铁路机车、船舶专用无线电导航、遇险救助和安全通信等涉及公共安全的无线电频率正常使用的；（2）自然灾害、事故灾难、公共卫生事件、社会安全事件等突发事件期间，在事件发生地使用“黑广播”“伪基站”的；(3) 举办国家或者省级重大活动期间，在活动场所及周边使用“黑广播”“伪基站”的；(4) 同时使用3个以上“黑广播”“伪基站”的；(5) “黑广播”的实测发射功率500瓦以上，或者覆盖范围10公里以上的；(6) 使用“伪基站”发送诈骗、赌博、招嫖、木马病毒、钓鱼网站链接等违法犯罪信息，数量在5000条以上，或者销毁发送数量等记录的；(7) 雇佣、指使未成年人、残疾人等特定人员使用“伪基站”的；(8) 违法所得3万元以上的；(9) 曾因扰乱无线电通讯管理秩序受过刑事处罚，或者2年内曾因扰乱无线电通讯管理秩序受过行政处罚，又实施《刑法》第288条规定的行为的；(10) 其他情节严重的情形。

第二百八十九条 〔聚众“打砸抢”行为的处理规定〕

聚众“打砸抢”，致人伤残、死亡的，依照本法第二百三十四条、第二百三十二条的规定定罪处罚。毁坏或者抢走公私财物的，除判令退赔外，对首要分子，依照本法第二百六十三条的规定定罪处罚。

本条是关于聚众“打砸抢”如何定罪量刑的规定。

【条文释义】

所谓聚众“打砸抢”，是指聚集多人肆意殴打他人、砸毁、抢劫公私财物的行为。

聚众“打砸抢”的，根据后果不同，分别定罪处罚。致人伤残的，包括致人轻伤、重伤，依照《刑法》第234条的规定以故意伤害罪定罪处罚；致人死亡的，依照《刑法》第232条的规定以故意杀人罪定罪处罚；毁坏或者抢走公私财物的，应当判令原物退还或者按价赔偿，并对首要分子依照《刑法》第263条的规定以抢劫罪定罪处罚。

【实务问题】

1. 聚众“打砸抢”犯罪与非罪的界限

聚众“打砸抢”在实践中的情况一般比较复杂，要注意具体分析其引起的原因、危害后果及其他情节，主要处罚首要分子。对其他参加者，罪行严重的，如实施致人伤残、死亡的直接行为人等，也应依法追究刑事责任；对于情节较轻的，一般不以犯罪论处，必要时可以给予治安管理处罚；对于毁坏、抢走公私财物的，只能对首要分子依照抢劫罪的规定追究刑事责任，其他参加者一般不构成犯罪，如果毁坏财物数额较大或者有其他严重情节的，可以考虑按故意毁坏财物罪论处。

2. 聚众“打砸抢”与聚众哄抢罪的界限

聚众哄抢罪，是指以非法占有为目的，聚集多人，以非人身强制和精神强制的方式，哄抢公私财物，数额较大或者有其他情节严重的行为。聚众“打砸抢”与聚众哄抢罪的区别主要是：前者不是一个单独的罪名，其客观上表现为聚集多人又打又砸又抢的行为，暴力色彩极为明显、浓厚，而且要根据后果等具体情况不同分别按不同犯罪定罪量刑；后者是一个独立罪名，客观上表现为聚集多人抢夺公私财物，一般不使用暴力手段，即使使用轻微暴力，也不针对人身。

第二百九十条

〔聚众扰乱社会秩序罪〕**聚众扰乱社会秩序，情节严重，致使工作、生产、营业和教学、科研、医疗无法进行，造成严重损失的，对首要分子，处三年以上七年以下有期徒刑；对其他积极参加的，处三年以下有期徒刑、拘役、管制或者剥夺政治权利。**

〔聚众冲击国家机关罪〕**聚众冲击国家机关，致使国家机关工作无法进行，造成严重损失的，对首要分子，处五年以上十年以下有期徒刑；对其他积极参加的，处五年以下有期徒刑、拘役、管制或者剥夺政治权利。**

〔扰乱国家机关工作秩序罪〕**多次扰乱国家机关工作秩序，经行政处罚后仍不改正，造成严重后果的，处三年以下有期徒刑、拘役或者管制。**

〔组织、资助非法聚集罪〕**多次组织、资助他人非法聚集，扰乱社会秩序，情节严重的，依照前款的规定处罚。**

本条是关于聚众扰乱社会秩序罪，聚众冲击国家机关罪，扰乱国家机关工作秩序罪，组织、资助非法聚集罪的罪刑条款内容。

【主要修改】

本条第 1 款为 2015 年 8 月 29 日通过的《刑法修正案（九）》所修改，该款内容原为：“聚众扰乱社会秩序，情节严重，致使工作、生产、营业和教学、科研无法进行，造成严重损失的，对首要分子，处三年以上七年以下有期徒刑；对其他积极参加的，处三年以下有期徒刑、拘役、管制或者剥夺政治权利。”

本条第 3 款、第 4 款为 2015 年 8 月 29 日通过的《刑法修正案（九）》所增加。

【条文释义】

本条共分为 4 款。第 1 款是关于聚众扰乱社会秩序罪及其处罚的规定。

聚众扰乱社会秩序罪，是指聚众扰乱社会秩序，情节严重，致使工作、生产、营业和教学、科研、医疗无法进行，造成严重损失的行为。

所谓聚众扰乱社会秩序，是指在首要分子的煽动、策划、指挥下，纠集多人共同扰乱党政机关、企业事业单位、社会团体的工作、生产、营业和教学、科研、医疗秩序，如聚众侵入党政机关、企业事业单位、社会团体的工作场所，封锁其出入通道、大门，阻止人员进出，围攻、辱骂、殴打工作人员等；情节严重，一般是指聚众扰乱的时间长，纠集的人数多，造成的影响恶劣等；致使工作、生产、营业和教学、科研、医疗无法进行，是指导致上述单位工作、生产、营业和教学、科研、医疗处于瘫痪状态或无法正常开展；造成严重损失，是指公私财物或者经济建设、生产、营业和教学、科研、医疗等受到严重破坏，国家和人民利益遭受严重损失。

第 2 款是关于聚众冲击国家机关罪及其处罚的规定。

聚众冲击国家机关罪，是指聚众冲击国家机关，致使国家机关工作无法进行，造成严重损失的行为。

本罪的对象是国家机关，包括各级权力机关、党政机关、司法机关和军事机关。

本罪在客观方面表现为聚众冲击国家机关，致使国家机关工作无法进行，造成严重损失的行为。所谓聚众，是指聚集多人，一般是 3 人以上；冲击，是指强行冲闯；致使国家机关工作无法进行，是指导致国家机关的正常工作被迫中断、停止；造成严重损失，是指妨害国家机关重要公务活动，致使国家机关无法从事管理职权，给国家、集体和公民个人造成严重经济损失，造成恶劣影响等。

第 3 款是关于扰乱国家机关工作秩序罪及其处罚的规定。

扰乱国家机关工作秩序罪，是指多次扰乱国家机关工作秩序，经行政处罚后仍不改正，造成严重后果的行为。

本款规定的国家机关，包括各级权力机关、党政机关、司法机关和军事机关。多次，是指 3 次以上。经行政处罚，一般是指受过治安管理处罚。造成严重后果，主要是指造成国家机关的正常工作较长时间中断；导致国家机关重要公务活动受到影响；致使国家机关无法从事管理职权，给国家、集体和公民个人造成严重经济损失；造成恶劣不良社会影响，等等。

第 4 款是关于组织、资助非法聚集罪及其处罚的规定。

组织、资助非法聚集罪，是指多次组织、资助他人非法聚集，扰乱社会秩序，情节严重的行为。

所谓多次，通常是指 3 次以上。组织非法聚集，是指组织多人非法集中在一起。资助非法聚集，是指对他人的非法聚集活动提供物资、金钱等帮助。扰乱社会秩序，情节严重，一般是指拒不服从有关部门的解散命令，继续组织、资助他人非法聚集的；组织、资助非法聚集的人数众多的；在国际上造成负面影响或损害国家形象的，等等。

【实务问题】

1. 聚众冲击国家机关罪与聚众扰乱社会秩序罪的界限

二者的区别主要有：（1）犯罪对象不同。前罪侵犯的对象是国家机关；后罪侵犯的对象既可以是国家机关，也可以是公司、企业、事业单位、社会团体等其他单位。（2）客观行为表现不同。前罪表现为聚众冲击国家机关的行为；后罪表现为聚众扰乱社会秩序的行为。因此，如果行为人采用冲击国家机关的手段扰乱社会秩序的，应当以聚众冲击国家机关罪论处；如果采用冲击之外的手段（如静坐等）扰乱国家机关工作秩序的，则应当以聚众扰乱社会秩序罪论处。

2. 聚众冲击国家机关罪与扰乱国家机关工作秩序罪的界限

二者的区别主要有：（1）前罪要求聚众；后罪不要求聚众，单人也可以构成。（2）前罪没有次数要求；后罪要求多次才能构成犯罪。（3）前罪不要求曾受过行政处罚；后罪要求经行政处罚后仍不改正。

3. 责任追究

聚众扰乱社会秩序罪，聚众冲击国家机关罪，扰乱国家机关工作秩序罪，组织、资助非法聚集罪的主体均为一般主体，由具有刑事责任能力的自然人构成。但是并非所有参与者都构成犯罪，其中聚众扰乱社会秩序罪和聚众冲击国家机关罪只追究首要分子和其他积极参加者的责任。这里的“首要分子”，是指在聚众扰乱社会秩序、聚众冲击国家机关过程中起策划、组织、领导作用的犯罪分子；“其他积极参加者”，是指在积极、主动参加犯罪或在犯罪中起重要作用的犯罪分子。而扰乱国家机关工作秩序罪只对曾受过行政处罚又扰乱国家机关工作秩序者追究刑事责任，组织、资助非法聚集罪追究刑事责任的对象则是对非法聚集活动起组织、资助作用的犯罪分子，而非直接进行非法聚集活动的人。

第二百九十一条 〔聚众扰乱公共场所秩序、交通秩序罪〕

聚众扰乱车站、码头、民用航空站、商场、公园、影剧院、展览会、运动场或者其他公共场所秩序，聚众堵塞交通或者破坏交通秩序，抗拒、阻碍国家治安管理工作人员依法执行职务，情节严重的，对首要分子，处五年以下有期徒刑、拘役或者管制。

本条是关于聚众扰乱公共场所秩序、交通秩序罪的罪刑条款内容。

【条文释义】

聚众扰乱公共场所秩序、交通秩序罪，是指聚众扰乱车站、码头、民用航空站、商场、公园、影剧院、展览会、运动场或者其他公共场所秩序，聚众堵塞交通或者破坏交通秩序，抗拒、阻碍国家治安管理工作人员依法执行职务，情节严重的行为。

所谓公共场所秩序，是指保证公众安全、顺利出入、使用公共场所而规定的公共行为规则。这里的“公共场所”，是指具有公共性特点，对外开放，允许不特定的人自由进出、停留、使用的场所。交通秩序，是指在交通线路上通行的交通工具驾驶人、行人、乘客以及与交通活动有关的单位和个人所应遵守的规则。所谓聚众扰乱公共场所秩序，是指纠集多人对公共场所秩序进行干扰，制造混乱。聚众堵塞交通或者破坏交通秩序，是指聚集多人堵塞交通线路，使交通工具与行人无法通行，或者破坏交通规则，致使交通工具与行人无法安全、顺利通行。抗拒、阻碍国家治安管理工作人员依法执行职务，是指抗拒、阻碍人民警察和其他依法执行治安管理职务的工作人员维持公共场所秩序、交通秩序。情节严重，一般是指聚集人数较多、时间较长，造成人员伤亡、建筑物损害、公司财产严重损失，严重影响公共场所秩序或交通秩序等。

【实务问题】

1. 本罪罪与非罪的界限

认定本罪时，主要注意两点：（1）情节轻重。如果情节未达到严重程度的，只属违反治安管理的行为，不构成犯罪。（2）是否属于首要分子。对于一般参加者，不以犯罪论处。

2. 本罪与聚众扰乱社会秩序罪的界限

二者的区别主要在于犯罪地点不同。本罪发生在公共场所或交通要道；而后罪发生在党政机关、企事业单位或社会团体这些单位场所。

第二百九十一条之一

〔投放虚假危险物质罪；编造、故意传播虚假恐怖信息罪〕**投放虚假的爆炸性、毒害性、放射性、传染病病原体等物质，或者编造爆炸威胁、生化威胁、放射威胁等恐怖信息，或者明知是编造的恐怖信息而故意传播，严重扰乱社会秩序的，处五年以下有期徒刑、拘役或者管制；造成严重后果的，处五年以上有期徒刑。**

〔编造、故意传播虚假信息罪〕**编造虚假的险情、疫情、灾情、警情，在信息网络或者其他媒体上传播，或者明知是上述虚假信息，故意在信息网络或者其他媒体上传播，严重扰乱社会秩序的，处三年以下有期徒刑、拘役或者管制；造成严重后果的，处三年以上七年以下有期徒刑。**

本条是关于投放虚假危险物质罪，编造、故意传播虚假恐怖信息罪，编造、故意传播虚假信息罪的罪刑条款内容。

本条为 2001 年 12 月 29 日通过的《刑法修正案（三）》所增加。

【主要修改】

本条第 2 款为 2015 年 8 月 29 日通过的《刑法修正案（九）》所增加。

【条文释义】

本条共分为 2 款。第 1 款是关于投放虚假危险物质罪，编造、故意传播虚假恐怖信息罪及其处罚的规定。

投放虚假危险物质罪，是指投放虚假的爆炸性、毒害性、放射性、传染病病原体等物质，严重扰乱社会秩序的行为。

构成投放虚假危险物质罪，首先，要求投放的物质必须是虚假的危险物质。如果行为人投放的不是虚假的危险物质，而是真实的爆炸性、毒害性、放射性、传染病病原体等危险物质，即使没有造成实际危害后果，也不构成本罪，而是构成投放危险物质罪；其次，要求行为人以一定方式显示其投放的是具有爆炸性、毒害性、放射性、传染病病原体等物质，否则就不会引起公众的心理恐慌，难以扰乱社会秩序，从而不能构成本罪。

编造、故意传播虚假恐怖信息罪，是指编造爆炸威胁、生化威胁、放射威胁等恐怖信息，或者明知是编造的恐怖信息而故意传播，严重扰乱社会秩序的行为。

编造、故意传播虚假恐怖信息罪包括两类情况：（1）编造虚假恐怖信息行为。所谓编造，是指无中生有，故意捏造虚假事实。恐怖信息，是指能够使社会公众产生恐惧心理，造成社会恐慌状态的信息。恐怖信息主要包括爆炸威胁、生化威胁、放射威胁以及传染病疫情威胁等。虚假恐怖信息，是指信息所描述的爆炸威胁、生化威胁、放射威胁、传染病疫情威胁等是根本不存在的。（2）故意传播虚假恐怖信息行为。所谓传播，是指广泛散布。故意传播虚假恐怖信息，即将明知是虚假的恐怖信息向社会公众进行散布。

这里的“严重扰乱社会秩序”，主要是指该行为造成社会恐慌，严重影响生产、工作和社会生活的正常进行。根据 2013 年最高人民法院《关于审理编造、故意传播虚假恐怖信息刑事案件适用法律若干问题的解释》第 2 条的规定，编造、故意传播虚假恐怖信息，具有下列情形之一的，应当认定为“严重扰乱社会秩序”：（1）致使机场、车站、码头、商场、影剧院、运动场馆等人员密集场所秩序混乱，或者采取紧急疏散措施的；（2）影响航空器、列车、船舶等大型客运交通工具正常运行的；（3）致使国家机关、学校、医院、厂矿企业等单位的工作、生产、经营、教学、科研等活动中断的；（4）造成行政村或者社区居民生活秩序严重混乱的；（5）致使公安、武警、消防、卫生检疫等职能部门采取紧急应对措施的；（6）其他严重扰乱社会秩序的。

第2款是关于编造、故意传播虚假信息罪及其处罚的规定。

编造、故意传播虚假信息罪，是指编造虚假的险情、疫情、灾情、警情，在信息网络或者其他媒体上传播，或者明知是上述虚假信息，故意在信息网络或者其他媒体上传播，严重扰乱社会秩序的行为。

本罪的对象限于虚假的险情、疫情、灾情、警情，而非任何虚假信息。所谓编造，是指无中生有，故意捏造虚假事实。传播，是指广泛散布。

【实务问题】

1. 编造、故意传播虚假恐怖信息罪和编造、故意传播虚假信息罪罪与非罪的界限

主要注意两点：（1）编造或传播的虚假信息类型。前罪编造或故意传播的只限于虚假恐怖信息；后罪则限于虚假的险情、疫情、灾情、警情。编造其他虚假信息的，不构成这两种犯罪。（2）主观上是否明知。传播虚假恐怖信息行为或传播虚假的险情、疫情、灾情、警情行为是否构成犯罪，需要考察行为人主观上是否存在明知。行为人明知是虚假的信息仍进行传播的，自然可以构成犯罪。但如果行为人由于认识错误，或者偏听偏信，把虚假的恐怖信息或虚假的险情、疫情、灾情、警情误以为是真实信息进行传播的，因缺乏犯罪故意，不构成本罪。

2. 投放虚假危险物质罪与投放危险物质罪的界限

两者区别主要在于犯罪对象不同。投放虚假危险物质罪的对象为虚假的危险物质，而投放危险物质罪的对象则是真实的危险物质。如果行为人将真实的危险物质误认为是虚假的危险物质，或者将虚假的危险物质误认为是真实的危险物质而进行投放的，按刑法中的认识错误处理。对于前者，认定为投放虚假危险物质罪；对于后者，认定为投放危险物质罪。

3. 编造、故意传播虚假恐怖信息罪与编造、故意传播虚假信息罪的界限

两罪的区别主要是犯罪对象不同。前罪的对象限于虚假的恐怖信息；后罪的对象则为虚假的险情、疫情、灾情、警情。

第二百九十一条之二 〔高空抛物罪〕

从建筑物或者其他高空抛掷物品，情节严重的，处一年以下有期徒刑、拘役或者管制，并处或者单处罚金。

有前款行为，同时构成其他犯罪的，依照处罚较重的规定定罪处罚。

本条是关于高空抛物罪的罪刑条款内容。

本条为2020年12月26日通过的《刑法修正案（十一）》所增加。

【条文释义】

本条共分为2款。第1款是关于高空抛物罪及其处罚的规定。

高空抛物罪，是指从建筑物或者其他高空抛掷物品，情节严重的行为。

本罪在客观方面表现为行为人从建筑物或者其他高空抛掷物品，情节严重的行为。这里的"建筑物"，是指人工建筑而成的东西，既包括居住建筑、公共建筑，也包括构筑物。其中，居住建筑，是指供人们居住使用的建筑；公共建筑，是指供人们购物、办公、学习、就医、娱乐、体育活动使用的建筑，如商场、办公楼、教学楼、医院、影剧院、体育馆等；构筑物，是指不具备、不包括或不提供人类居住功能的人工建筑，如桥梁、堤坝、隧道、水塔、纪念碑、围墙、水泥杆等。这里的"其他高空"，是指距离地面有一定高度的空间，如飞机、热气球、脚手架、井架、施工电梯、吊装机械等。这里的"情节严重"，是指：（1）多次实施高空抛掷物品行为的；（2）高空抛掷物品数量较大的；（3）在人员密集场所实施高空抛掷物品行为的；（4）造成一定损害的。在高空抛物行为没有造成重伤、死亡结果发生的情况下，受到损害的是社会公众对社会正常秩序的信任感和满意感。

本罪的主体是一般主体，任何达到刑事责任年龄、具有刑事责任能力的自然人均可构成本罪。

第2款是关于有高空抛物行为，同时构成其他犯罪的，依照处罚较重的规定定罪处罚的规定。如果行为人有第1款规定的行为，造成人员伤亡、公私财产重大损失等，就可能涉及与故意伤害罪、故意杀人罪、过失致人重伤罪、过失致人死亡罪、故意毁坏财物罪等罪名的竞合；如果高空抛掷物品的地点是高速公路等公共场所或者抛掷的物品具有易燃性、易爆性、有毒有害性，可能引发危害后果的蔓延性和不可控性，从而危害到不特定多数人的人身安全，就可能涉及以危险方法危害公共安全罪的竞合。根据最高人民法院《关于依法妥善审理高空抛物、坠物案件的意见》的规定，准确认定高空抛物犯罪，对于高空抛物行为，应当根据行为人的动机、抛物场所、抛掷物的情况及造成的后果等因素，全面考量行为的社会危害程度，准确判断行为性质，正确适用罪名，准确裁量刑罚。

【实务问题】

高空抛物罪与以危险方法危害公共安全罪的界限

在实践中，应当重点把握高空抛物罪与以危险方法危害公共安全罪的界限。高空抛物虽然存在危害公共安全的可能性，但一般情况下不具有现实危险性，且实践中大多数情况下并未造成危害后果，或者虽然造成一定危害后果，但不严重，故要求达到情节严重才构成犯罪；而以危险方法危害公共安全罪则要求具有一定的现实危险性，不以情节严重或者造成严重后果作为构成要件，且当以高空抛物作为危险方法时，其应当与放火、决水、爆炸、投放危险物质等具有相当程度的危害性。

第二百九十二条

〔聚众斗殴罪〕**聚众斗殴的，对首要分子和其他积极参加的，处三年以下有期徒刑、拘役或者管制；有下列情形之一的，对首要分子和其他积极参加的，处三年以上十年以下有期徒刑：**

（一）多次聚众斗殴的；

（二）聚众斗殴人数多，规模大，社会影响恶劣的；

（三）在公共场所或者交通要道聚众斗殴，造成社会秩序严重混乱的；

（四）持械聚众斗殴的。

聚众斗殴，致人重伤、死亡的，依照本法第二百三十四条、第二百三十二条的规定定罪处罚。

本条是关于聚众斗殴罪的罪刑条款内容及聚众斗殴致人重伤、死亡的如何处罚的规定。

【条文释义】

本条共分为 2 款。第 1 款是关于聚众斗殴罪及其处罚的规定。

聚众斗殴罪，是指出于私仇、争霸一方或者其他不正当目的，纠集多人，成帮结伙地互相进行斗殴，破坏公共秩序的行为。

所谓聚众，是指纠集多人，拉帮结伙。多人，一般认为至少 3 人以上。斗殴，是指双方以暴力互相攻击的行为。斗殴的具体方式，可以是使用枪械，也可以是徒手搏击。如果仅仅采用言语辱骂或者进行威胁的，不能认定为斗殴行为。在实践中，聚众斗殴一般表现为不法团伙之间出于报复、争霸等动机，成帮结伙地打群架。

本罪的主体为一般主体，已满 16 周岁、具有刑事责任能力的自然人均可构成。但是，并非所有参与聚众斗殴者都要追究刑事责任。根据《刑法》的规定，本罪只处罚首要分子和其他积极参加者。首要分子，是指在聚众斗殴犯罪活动中起组织、策划、指挥作用的犯罪分子，一般是聚众斗殴犯罪活动的核心成员。积极参加者，一般是指在聚众斗殴中起主要作用和直接参与斗殴行为的人，他们直接导致危害结果的发生。对一般参与聚众斗殴的人，不予追究。

第 2 款是关于聚众斗殴致人重伤、死亡的如何处罚的规定。

聚众斗殴致人重伤、死亡的，分别按照《刑法》第 234 条、第 232 条规定的故意伤害罪、故意杀人罪定罪处罚，不再定聚众斗殴罪。这里的“致人重伤、死亡”，包括将参与聚众斗殴的人员打成重伤、死亡，或者将周围群众打成重伤、死亡。

【实务问题】

1. 本罪的立案追诉标准

根据《立案追诉标准（一）》第 36 条的规定，组织、策划、指挥或者积极参加聚众斗殴的，应予立案追诉。

2. 聚众斗殴四种适用加重法定刑情形的理解

根据《刑法》第 292 条第 1 款的规定，有下列情形之一的，对首要分子和其他积极参加的，处 3 年以上 10 年以下有期徒刑：（1）多次聚众斗殴的。多次，一般是指 3 次以上。（2）聚众斗殴人数多，规模大，社会影响恶劣的。（3）在公共场所或者交通要道聚众斗殴，造成社会秩序严重混乱的。这一般是指在人群聚集的公共场所或者车辆、行人频繁通行的交通要道上聚众斗殴，造成公共场所或者交通秩序严重混乱的。（4）持械聚众斗殴的。这主要是指携带、使用刀枪、棍棒等武器进行聚众斗殴的。

3. 聚众斗殴致人重伤、死亡行为的处理

根据《刑法》第 292 条第 2 款的规定，聚众斗殴，致人重伤、死亡的，分别依照《刑法》第 234 条规定的故意伤害罪、第 232 条规定的故意杀人罪定罪处罚，而不再定本罪，也不能进行数罪并罚。如果致人轻伤的，仍以本罪论处，而不认定为故意伤害罪。

第二百九十三条 〔寻衅滋事罪〕

有下列寻衅滋事行为之一，破坏社会秩序的，处五年以下有期徒刑、拘役或者管制：

（一）随意殴打他人，情节恶劣的；

（二）追逐、拦截、辱骂、恐吓他人，情节恶劣的；

（三）强拿硬要或者任意损毁、占用公私财物，情节严重的；

（四）在公共场所起哄闹事，造成公共场所秩序严重混乱的。

纠集他人多次实施前款行为，严重破坏社会秩序的，处五年以上十年以下有期徒刑，可以并处罚金。

本条是关于寻衅滋事罪的罪刑条款内容。

【主要修改】

本条内容为2011年2月25日通过的《刑法修正案（八）》所修改，与原规定相比，在第1款第2项增加了“恐吓”行为的规定，并增设了第2款规定：“纠集他人多次实施前款行为，严重破坏社会秩序的，处五年以上十年以下有期徒刑，可以并处罚金。”该条内容原为：“有下列寻衅滋事行为之一，破坏社会秩序的，处五年以下有期徒刑、拘役或者管制：（一）随意殴打他人，情节恶劣的；（二）追逐、拦截、辱骂他人，情节恶劣的；（三）强拿硬要或者任意损毁、占用公私财物，情节严重的；（四）在公共场所起哄闹事，造成公共场所秩序严重混乱的。”

【条文释义】

本条共分为2款。第1款是关于寻衅滋事罪及其处罚的规定。

寻衅滋事罪，是指在公共场所无事生非，起哄捣乱，无理取闹，殴打伤害无辜，肆意挑衅，横行霸道，破坏社会秩序的行为。

本罪在客观方面表现为以下四种具体破坏社会秩序的行为：

（1）随意殴打他人，情节恶劣的。所谓“随意殴打他人”，是指出于耍威风、取乐等目的，无故、无理殴打相识或者素不相识的人。这里的“情节恶劣”，是指随意殴打他人手段残忍的；多次随意殴打他人的，等等。根据2013年最高人民法院、最高人民检察院《关于办理寻衅滋事刑事案件适用法律若干问题的解释》（简称《寻衅滋事案件解释》）第2条规定，随意殴打他人，破坏社会秩序，具有下列情形之一的，应当认定为“情节恶劣”：①致1人以上轻伤或者2人以上轻微伤的；②引起他人精神失常、自杀等严重后果的；③多次随意殴打他人的；④持凶器随意殴打他人的；⑤随意殴打精神病人、残疾人、流浪乞讨人员、老年人、孕妇、未成年人，造成恶劣社会影响的；⑥在公共场所随意殴打他人，造成公共场所秩序严重混乱的；⑦其他情节恶劣的情形。

（2）追逐、拦截、辱骂、恐吓他人，情节恶劣的。所谓“追逐、拦截、辱骂、恐吓他人”，是指出于取乐、耍威风、寻求精神刺激等目的，无故、无理追赶、拦挡、侮辱、谩骂他人。“恐吓”，是指以威胁的语言、行为吓唬他人，如使用统一标记、身着统一服装、摆阵势等方式威震他人，使他人恐慌或屈从。这里的“情节恶劣”，主要是指经常追逐、拦截、辱骂、恐吓他人的；造成恶劣影响或者激起民愤的；造成其他后果的，等等。根据2013年《寻衅滋事案件解释》第3条规定，追逐、拦截、辱骂、恐吓他人，破坏社会秩序，具有下列情形之一的，应当认定为“情节恶劣”：①多次追逐、拦截、辱骂、恐吓他人，造成恶劣社会影响的；②持凶器追逐、拦截、辱骂、恐吓他人的；③追逐、拦截、辱骂、恐吓精神病人、残疾人、流浪乞讨人员、老年人、孕妇、未成年人，造成恶劣社会影响的；④引起他人精神失常、自杀等严重后果的；⑤严重影响他人的工作、生活、生产、经营的；⑥其他情节恶劣的情形。

（3）强拿硬要或者任意损毁、占用公私财物，情节严重的。所谓“强拿硬要或者任意损毁、占用公私财物”，是指以蛮不讲理的手段，强行拿走、强行索要市场、商店的商品以及他人的财物，或者随心所欲损坏、毁灭、占用公私财物。这里的“情节严重”，是指强拿硬要或者任意损毁、占用的公私财物数量大的；造成恶劣影响的；多次强拿硬要或者任意损毁、占用公私财物的；公私财物受到严重损失的，等等。根据 2013 年《寻衅滋事案件解释》第 4 条规定，强拿硬要或者任意损毁、占用公私财物，破坏社会秩序，具有下列情形之一的，应当认定为“情节严重”：①强拿硬要公私财物价值 1000 元以上，或者任意损毁、占用公私财物价值 2000 元以上的；②多次强拿硬要或者任意损毁、占用公私财物，造成恶劣社会影响的；③强拿硬要或者任意损毁、占用精神病人、残疾人、流浪乞讨人员、老年人、孕妇、未成年人的财物，造成恶劣社会影响的；④引起他人精神失常、自杀等严重后果的；⑤严重影响他人的工作、生活、生产、经营的；⑥其他情节严重的情形。

（4）在公共场所起哄闹事，造成公共场所秩序严重混乱的。所谓在公共场所起哄闹事，是指出于取乐、寻求精神刺激等目的，在公共场所无事生非，制造事端，扰乱公共场所秩序。这里所说的“公共场所”，是指具有公共性特点，对公众开放，供不特定的多数人随时出入、停留、使用的场所，包括车站、码头、民用航空站、商场、公园、影剧院、展览会、运动场所等；所谓场所，应当是指具体的处所，不宜将网络公共空间解释为公共场所。对于一些公共场所中的私密空间也不宜视为公共场所等。“造成公共场所秩序严重混乱”，是指公共场所正常的秩序受到破坏，引起群众惊慌、逃离等混乱局面。根据 2013 年《寻衅滋事案件解释》第 5 条规定，在车站、码头、机场、医院、商场、公园、影剧院、展览会、运动场或者其他公共场所起哄闹事，应当根据公共场所的性质、公共活动的重要程度、公共场所的人数、起哄闹事的时间、公共场所受影响的范围与程度等因素，综合判断是否“造成公共场所秩序严重混乱”。

第 2 款是关于纠集他人多次寻衅滋事如何处罚的规定。这里的“纠集他人”，是指纠合、聚合他人，表明此类寻衅滋事行为不止一人参加，但不要求形成严密的组织。“多次”，是指 3 次以上。由于以多人且多次寻衅滋事的社会危害性远大于普通的寻衅滋事犯罪，法律规定了更重的法定刑。他人多次实施的寻衅滋事行为，并不要求每一次行为都必须构成犯罪才能适用本款规定，只要纠集他人多次实施该行为，严重破坏了社会秩序，即符合本款的适用条件。

【实务问题】

本罪的立案追诉标准

根据《立案追诉标准（一）》第 37 条的规定，随意殴打他人，破坏社会秩序，涉嫌下列情形之一的，应予立案追诉：（1）致 1 人以上轻伤或者 2 人以上轻微伤的；（2）引起他人精神失常、自杀等严重后果的；（3）多次随意殴打他人的；（4）持凶器随意殴打他人的；（5）随意殴打精神病人、残疾人、流浪乞讨人员、老年人、孕妇、未成年人，造成恶劣社会影响的；（6）在公共场所随意殴打他人，造成公共场所秩序严重混乱的；（7）其他情节恶劣的情形。追逐、拦截、辱骂、恐吓他人，破坏社会秩序，涉嫌下列情形之一的，应予立案追诉：（1）多次追逐、拦截、辱骂、恐吓他人，造成恶劣社会影响的；（2）持凶器追逐、拦截、辱骂、恐吓他人的；（3）追逐、拦截、辱骂、恐吓精神病人、残疾人、流浪乞讨人员、老年人、孕妇、未成年人，造成恶劣社会影响的；（4）引起他人精神失常、自杀等严重后果的；（5）严重影响他人的工作、生活、生产、经营的；（6）其他情节恶劣的情形。强拿硬要或者任意损毁、占用公私财物，破坏社会秩序，涉嫌下列情形之一的，应予立案追诉：（1）强拿硬要公私财物价值 1000 元以上，或者任意损毁、占用公私财物价值 2000 元以上的；（2）多次强拿硬要或者任意损毁、占用公私财物，造成恶劣社会影响的；（3）强拿硬要或者任意损毁、占用精神病人、残疾人、流浪乞讨人员、老年人、孕妇、未成年人的财物，造成恶劣社会影响的；（4）引起他人精神失常、自杀等严重后果的；（5）严重影响他人的工作、生活、生产、经营的；（6）其他情节严重的情形。在车站、码头、机场、医院、商场、公园、影剧院、展览会、运动场或者其他公共场所起哄闹事，应当根据公共场所的性质、公共活动的重要程度、公共场所的人数、起哄闹事的时间、公共场所受影响的范围与程度等因素，综合判断是否造成公共场所秩序严重混乱。

第二百九十三条之一　〔催收非法债务罪〕

有下列情形之一，催收高利放贷等产生的非法债务，情节严重的，处三年以下有期徒刑、拘役或者管制，并处或者单处罚金：

（一）使用暴力、胁迫方法的；

（二）限制他人人身自由或者侵入他人住宅的；

（三）恐吓、跟踪、骚扰他人的。

本条是关于催收非法债务罪的罪刑条款内容。

本条为 2020 年 12 月 26 日通过的《刑法修正案（十一）》所增加。

【条文释义】

本条是关于催收非法债务罪及其处罚的规定。

催收非法债务罪，是指催收高利放贷等产生的非法债务，情节严重的行为。

本罪在客观方面表现为催收高利放贷等产生的非法债务，情节严重的行为。主要表现在以下几方面：(1) 使用暴力、胁迫方法的。这里的“暴力”，是指以殴打、伤害他人身体的方法，使被害人不能抗拒。“胁迫”，是指对被害人施以威胁、压迫，进行精神上的强制，迫使被害人就犯，不敢抗拒，如威胁伤害被害人及其亲属，威胁要对被害人及其亲属施以暴力，威胁要对被害人及其亲属施以奸淫、猥亵，以披露被害人及其亲属的隐私相威胁，利用被害人危难或者孤立无援的境地迫使其服从等。行为人使用暴力、胁迫方法，是为了催收高利放贷等产生的非法债务。(2) 限制他人人身自由或者侵入他人住宅的。(3) 恐吓、跟踪、骚扰他人的。这里的“恐吓”有多种形式，如以邮寄子弹等威胁他人人身安全，故意携带、展示管制刀具、枪械，使用凶猛动物，宣扬传播疾病，利用信息网络发送恐怖信息，以统一标记、服装、阵势等方式威吓他人，使他人屈服、恐慌等。这里的“跟踪”是对他人及其亲属实施尾随、守候、贴靠、盯梢等行为，使被害人在内心产生恐惧不安。这里的“骚扰”也有多种形式，如以破坏生活设施、设置生活障碍、贴报喷字、拉挂横幅、燃放鞭炮、播放哀乐、摆放花圈、泼洒污物、断水断电、堵门阻工，以及通过摆场架势示威、聚众哄闹滋扰、拦路闹事、驱赶从业人员、派驻人员据守等方式直接或者间接地控制厂房、办公区、经营场所等扰乱他人正常生活、工作、生产、经营秩序等。总体上，骚扰会对他人造成巨大的心理负担，形成心理强制，影响并限制他人的人身自由、危及人身财产安全，影响正常的生产生活。

本罪的主体是一般主体，凡是具有刑事责任能力的自然人都可以构成本罪。

【实务问题】

1. 关于“非法债务”的认定。

本条规定的“非法债务”既包括因高利放贷等非法行为直接产生，也包括由非法债务产生、延伸的所谓孳息、利息等，也包括因赌博、贩毒等违法犯罪行为产生的债务。在实践中，对于以合法形式掩盖非法目的的其他债务，如通过签订虚假借款协议“自愿”对财产性利益予以让渡、抵押、交付、承兑，借助诉讼、仲裁、公证等手段确认“债务”，通过“保证金”“中介费”“服务费”“违约金”等名目扣除或者收取额外费用的各种“套路贷”，性质上也应认定为由高利放贷等产生的“非法债务”。

2. 与其他罪名的竞合

实施本条规定的行为，可能同时构成其他犯罪，如使用暴力、胁迫方法的可能涉嫌抢劫、敲诈勒索等其他犯罪，限制他人人身自由或者侵入他人住宅的，可能涉嫌非法拘禁罪、非法侵入住宅罪等，恐吓、跟踪、骚扰他人的，可能涉嫌寻衅滋事罪等，应当根据行为人的目的、债务合法性、行为严重程度等予以认定，如果是为催收非法债务，且具有多次、恶劣手段等严重情节，则可依照本罪规定处罚。值得注意的是，如果行为人为催收非法债务，限制他人人身自由，导致他人重伤或死亡的，为体现罪责刑相适应，应该根据《刑法》第 238 条第 2、3 款的规定以非法拘禁罪定罪处罚，如果行为人同时构成寻衅滋事罪，也应按照处罚较重的规定定罪处罚。

第二百九十四条

〔组织、领导、参加黑社会性质组织罪〕**组织、领导黑社会性质的组织的，处七年以上有期徒刑，并处没收财产；积极参加的，处三年以上七年以下有期徒刑，可以并处罚金或者没收财产；其他参加的，处三年以下有期徒刑、拘役、管制或者剥夺政治权利，可以并处罚金。**

〔入境发展黑社会组织罪〕**境外的黑社会组织的人员到中华人民共和国境内发展组织成员的，处三年以上十年以下有期徒刑。**

〔包庇、纵容黑社会性质组织罪〕**国家机关工作人员包庇黑社会性质的组织，或者纵容黑社会性质的组织进行违法犯罪活动的，处五年以下有期徒刑；情节严重的，处五年以上有期徒刑。**

犯前三款罪又有其他犯罪行为的，依照数罪并罚的规定处罚。

黑社会性质的组织应当同时具备以下特征：

（一）形成较稳定的犯罪组织，人数较多，有明确的组织者、领导者，骨干成员基本固定；

（二）有组织地通过违法犯罪活动或者其他手段获取经济利益，具有一定的经济实力，以支持该组织的活动；

（三）以暴力、威胁或者其他手段，有组织地多次进行违法犯罪活动，为非作恶，欺压、残害群众；

（四）通过实施违法犯罪活动，或者利用国家工作人员的包庇或者纵容，称霸一方，在一定区域或者行业内，形成非法控制或者重大影响，严重破坏经济、社会生活秩序。

本条是关于组织、领导、参加黑社会性质组织罪，入境发展黑社会组织罪，包庇、纵容黑社会性质组织罪的罪刑条款内容。

【主要修改】

本条为 2011 年 2 月 25 日通过的《刑法修正案（八）》所修改，与原规定相比，修改了组织、领导、参加黑社会性质组织罪的罪状；调整了组织、领导、参加黑社会性质组织罪，包庇、纵容黑社会性质组织罪的法定刑；将原第 3 款内容修改为“犯前三款罪又有其他犯罪行为的，依照数罪并罚的规定处罚”，并与原第 4 款调换顺序；增加第 5 款规定了黑社会性质的组织的特征。该条内容原为：“组织、领导和积极参加以暴力、威胁或者其他手段，有组织地进行违法犯罪活动，称霸一方，为非作恶，欺压、残害群众，严重破坏经济、社会生活秩序的黑社会性质的组织的，处三年以上十年以下有期徒刑；其他参加的，处三年以下有期徒刑、拘役、管制或者剥夺政治权利。境外的黑社会组织的人员到中华人民共和国境内发展组织成员的，处三年以上十年以下有期徒刑。犯前两款罪又有其他犯罪行为的，依照数罪并罚的规定处罚。国家机关工作人员包庇黑社会性质的组织，或者纵容黑社会性质的组织进行违法犯罪活动的，处三年以下有期徒刑、拘役或者剥夺政治权利；情节严重的，处三年以上十年以下有期徒刑。”

【条文释义】

本条共分为 5 款。第 1 款是关于组织、领导、参加黑社会性质组织罪及其处罚的规定。

组织、领导、参加黑社会性质组织罪，是指组织、领导或者参加黑社会性质的组织的行为。

所谓组织黑社会性质组织，是指出于犯罪的目的，发起、策划、组建黑社会性质的组织的行为，具体表现为创建组织机构、组织纪律、行为规则和发展组织成员等。领导黑社会性质组织，是指在黑社会性质的组织中处于领导地位，对该组织的违法犯罪活动进行策划、决策、指挥、协调的行为。参加黑社会性质组织，是指加入黑社会性质的组织，成为其成员的行为。

第 2 款是关于入境发展黑社会组织罪及其处罚的规定。

入境发展黑社会组织罪，是指我国境外的黑社会组织的人员到我国境内发展组织成员的行为。

所谓境外的黑社会组织，是指存在于境外国家和地区的黑社会组织，既包括外国的黑社会组织，也包括我国台湾地区、香港和澳门特别行政区的黑社会组织。到我国境内发展组织成员，是指境外的黑社会组织的人员通过引诱、威胁、拉拢、腐蚀等手段，将在我国境内的人员吸收为该黑社会组织成员的行为。被发展的对象，可以是我国公民，也可以是在我国境内的其他国家、地区的人员。这里的“我国境内”，通常是指我国大陆地区，不包括港、澳、台地区。

第3款是关于包庇、纵容黑社会性质组织罪及其处罚的规定。

包庇、纵容黑社会性质组织罪，是指国家机关工作人员包庇黑社会性质的组织，或者纵容黑社会性质的组织进行违法犯罪活动的行为。

所谓包庇黑社会性质的组织，是指国家机关工作人员为使黑社会性质的组织及其成员逃避查禁，而通风报信，隐匿、毁灭、伪造证据，阻止他人作证、检举揭发，指使他人作伪证，帮助逃匿，或者阻挠其他国家机关工作人员依法查禁黑社会性质的组织等行为。纵容黑社会性质的组织进行违法犯罪活动，是指国家机关工作人员对黑社会性质的组织进行违法犯罪活动不仅不制止，反而给予放纵、宽容的行为。

第4款是关于犯本条规定之罪又有其他犯罪行为的如何处理的规定。

所谓犯前3款罪，是指行为人实施的行为构成了组织、领导、参加黑社会性质组织罪，入境发展黑社会组织罪或者包庇、纵容黑社会性质组织罪。又有其他犯罪行为，是指行为人又实施了本条前3款犯罪之外的其他行为，构成其他犯罪，如故意杀人罪、抢劫罪、敲诈勒索罪等。对此，无论其他犯罪与前3款罪之间是否存在关联，均分别定罪，然后数罪并罚。

第5款是关于黑社会性质的组织的特征的规定。

黑社会性质的组织是一种严重的犯罪组织，属于尚不明显、不典型的黑社会组织。黑社会性质的组织应当同时具备以下四个特征：

（1）形成较稳定的犯罪组织，人数较多，有明确的组织者、领导者，骨干成员基本固定。黑社会性质的组织不能是松散犯罪团体，而要具有稳定性；人数较多，要求其成员要达到一定规模，通常在数十人以上，多的可达几十甚至上百人以上；有明确的组织者、领导者，骨干成员基本固定，要求其内部核心明确、等级分明，主体成员稳定。

（2）有组织地通过违法犯罪活动或者其他手段获取经济利益，具有一定的经济实力，以支持该组织的活动。这是指黑社会性质的组织以追求经济利益为目标，具有“以黑促商，以商养黑”的特点。

（3）以暴力、威胁或者其他手段，有组织地多次进行违法犯罪活动，为非作恶，欺压、残害群众。这是黑社会性质的组织的行为特点，表现其具有暴力性、多样性的不同于一般犯罪组织的特点。

（4）通过实施违法犯罪活动，或者利用国家工作人员的包庇或者纵容，称霸一方，在一定区域或者行业内，形成非法控制或者重大影响，严重破坏经济、社会生活秩序。所谓非法控制，是指黑社会性质的组织非法操纵一定地域的经济、政治、文化等领域或一定的行业，使该地域、行业处于自己的支配之下。重大影响，是指黑社会性质的组织对一定地域、行业的发展具有相当程度的左右，甚至是决定作用。由于这种非法控制或重大影响，使黑社会性质的组织在一定意义上成了一定地域、行业的主宰。

【实务问题】

1. 黑社会性质的组织与普通犯罪集团的界限

黑社会性质的组织属于特殊的犯罪集团，其与普通犯罪集团的区别主要在于：（1）黑社会性质的组织人数较多；普通犯罪集团的人数相对较少。（2）黑社会性质的组织虽然一般具有获取经济利益的目的，但同时还具有称霸一方的目的，为此常常进行多种违法犯罪活动；普通犯罪集团的犯罪目的较为单一、明确，实施的犯罪行为也因此较为单一。（3）黑社会性质的组织常常具有保护伞，或者已形成非法控制或重大影响，因此，其违法犯罪活动常常具有半公开性；普通犯罪集团则不具有这一特点。因此，黑社会性质的组织的危害性远大于普通犯罪集团的犯罪组织。

2. 罪数的认定

组织、领导、参加黑社会性质组织的成员在组织、领导黑社会性质的组织的过程中或者参加黑社会性质的组织后，多多少少都会参加黑社会性质的组织所策划、组织的违法犯罪活动，如敲诈勒索、杀人放火、走私贩毒等。根据《刑法》的规定，对此要分别定罪，实行数罪并罚。

第二百九十五条 〔传授犯罪方法罪〕

传授犯罪方法的，处五年以下有期徒刑、拘役或者管制；情节严重的，处五年以上十年以下有期徒刑；情节特别严重的，处十年以上有期徒刑或者无期徒刑。

本条是关于传授犯罪方法罪的罪刑条款内容。

【主要修改】

本条为 2011 年 2 月 25 日通过的《刑法修正案（八）》所修改，该条内容原为："传授犯罪方法的，处五年以下有期徒刑、拘役或者管制；情节严重的，处五年以上有期徒刑；情节特别严重的，处无期徒刑或者死刑。"与原规定相比，调整了法定刑，并取消了死刑。

【条文释义】

传授犯罪方法罪，是指利用语言、文字、动作、网络及其他各种手段，向他人传授犯罪方法的行为。

所谓犯罪方法，是指犯罪的经验与技能，包括手段、步骤等，具体范围应该限于与我国《刑法》规定的具体故意犯罪相关的方法。传授犯罪方法，是指以语言、文字、动作、图像等方式，故意将实施某种犯罪的具体经验、技能传授给他人的行为。在实践中，行为人传授犯罪方法的形式是多种多样的，既有口头传授的，也有书面传授的；既有公开传授的，也有秘密传授的；既有当面直接传授的，也有间接转达传授的；既有用语言、动作传授的，也有通过实际实施犯罪传授的，等等。只要行为人故意向他人传授了犯罪方法，无论被传授人是否掌握，也不管其是否使用了传授人所传授的犯罪方法，都不影响本罪的成立。

【实务问题】

本罪与教唆犯的界限

二者的区别主要有以下几点：(1）本罪是《刑法》分则规定的独立罪名，教唆犯属于《刑法》总则中共同犯罪人的一种类型，需要根据教唆他人实施的犯罪来确定罪名。(2）客观行为上，本罪表现为向他人传授犯罪经验和技能的行为；而教唆犯实施的则是制造犯意，引起他人犯罪意图的行为。(3）行为对象的要求不同。本罪对被传授人没有特殊要求，被传授人也不与传授人成立共同犯罪；而教唆犯的成立要求被教唆人必须具有刑事责任能力，同时接受教唆的被教唆人与教唆者成立共同犯罪。

第二百九十六条　〔非法集会、游行、示威罪〕

举行集会、游行、示威，未依照法律规定申请或者申请未获许可，或者未按照主管机关许可的起止时间、地点、路线进行，又拒不服从解散命令，严重破坏社会秩序的，对集会、游行、示威的负责人和直接责任人员，处五年以下有期徒刑、拘役、管制或者剥夺政治权利。

本条是关于非法集会、游行、示威罪的罪刑条款内容。

【条文释义】

非法集会、游行、示威罪，是指举行集会、游行、示威，未依照法律规定申请或者申请未获许可，或者未按照主管机关许可的起止时间、地点、路线进行，又拒不服从解散命令，严重破坏社会秩序的行为。

所谓集会，是指聚集于露天公共场所，发表意见、表达意愿的活动。游行，是指在公共道路、露天公共场所列队行进、表达共同意愿的活动。示威，是指在露天公共场所或者公共道路上以集会、游行、静坐等方式，表达要求、抗议或者支持、声援等共同意愿的活动。集会、游行、示威的场所要求在露天公共场所或公共街道上，根据《中华人民共和国集会游行示威法实施条例》第 3 条的规定，露天公共场所，是指公众可以自由出入的或者凭票可以进入的室外公共场所，不包括机关、团体、企业事业组织管理的内部露天场所。公共道路，是指除机关、团体、企业事业组织内部的专用道路以外的道路和水路。所谓未依照法律规定申请或者申请未获许可，是指未依照《中华人民共和国集会游行示威法》（简称《集会游行示威法》）的规定向主管机关提出集会、游行、示威的申请或者虽然提出申请但未获得主管机关的许可；未按照主管机关许可的起止时间、地点、路线进行，是指进行集会、游行、示威的起止时间、地点、路线不符合主管机关的许可；拒不服从解散命令，是指主管机关对违法规定进行的集会、游行、示威依法发出解散命令后，行为人拒不服从解散集会、游行、示威的；严重破坏社会秩序，主要是指严重扰乱车站、商场、公园、广场、运动场等其他公共场所的秩序，堵塞交通，破坏交通秩序，或者致使集会、游行、示威活动的附近单位的工作、生产、营业、教学、科研无法正常进行，造成严重后果的，等等。

【实务问题】

1. 本罪罪与非罪的界限

非法集会、游行、示威活动往往参与者众多，《刑法》规定只处罚集会、游行、示威的负责人和直接责任人员，对于一般参加人员，不能追究刑事责任。所谓负责人，是指依照《集会游行示威法》向主管机关递交的书面申请上面所载明的负责人；直接责任人员，是指除负责人以外策划、组织、指挥非法集会、游行、示威活动或者在非法集会、游行、示威中实施主要破坏社会管理秩序行为的人。

2. 本罪的立案追诉标准

根据《立案追诉标准（一）》第 38 条的规定，举行集会、游行、示威，未依照法律规定申请或者申请未获许可，或者未按照主管机关许可的起止时间、地点、路线进行，又拒不服从解散命令，严重破坏社会秩序的，应予立案追诉。

3. 本罪与其他聚众性犯罪的界限

本罪与聚众扰乱社会秩序罪，聚众冲击国家机关罪，聚众扰乱公共场所秩序、交通秩序罪都具有聚众性，都可能发生在公共场所、交通要道或严重破坏社会秩序。其区别主要在于：本罪以非法集会、游行、示威为前提，其破坏工作、生产、营业、教学、科研秩序或者公共场所秩序、交通秩序是伴随产生的；而其他聚众性犯罪本身就具有破坏工作、生产、营业、教学、科研秩序或者公共场所秩序、交通秩序的性质。因此，因非法集会、游行、示威而扰乱工作、生产、营业、教学、科研秩序或者公共场所秩序、交通秩序的，一律认定为本罪，而不按其他聚众性犯罪处理。

第二百九十七条　〔非法携带武器、管制刀具、爆炸物参加集会、游行、示威罪〕

违反法律规定，携带武器、管制刀具或者爆炸物参加集会、游行、示威的，处三年以下有期徒刑、拘役、管制或者剥夺政治权利。

本条是关于非法携带武器、管制刀具、爆炸物参加集会、游行、示威罪的罪刑条款内容。

【条文释义】

非法携带武器、管制刀具、爆炸物参加集会、游行、示威罪，是指违反法律规定，携带武器、管制刀具或者爆炸物参加集会、游行、示威的行为。

所谓违反法律规定，主要是指违反《集会游行示威法》第5条关于“集会、游行、示威应当和平地进行，不得携带武器、管制刀具和爆炸物，不得使用暴力或者煽动使用暴力”的规定。所谓携带武器、管制刀具或者爆炸物，是指将武器、管制刀具、爆炸物带在身上、置于身边或利用他人、其他物质媒介夹带的行为。无论行为人的携带方式如何，也不管对这些物品是合法持有还是非法持有，只要行为人对这些武器、管制刀具、爆炸物具有现实的支配能力，均属于这里的“携带”。这里的“武器”，是指各种枪支、弹药以及其他可用于伤害人身的器械。“管制刀具”，是指匕首、三棱刀、弹簧刀以及其他依法管制的刀具，具体范围根据公安部的有关规定确定。“爆炸物”，是指具有爆发力和破坏性能，瞬间可以造成人员伤亡、物品毁损的一切爆炸物品，包括手榴弹、爆炸装置、炸药、发射火药、黑火药、雷管、导火索、导爆索等。所谓参加集会、游行、示威，是指在集会、游行、示威活动举行的期间内参与此活动。

【实务问题】

1. 本罪的立案追诉标准

根据《立案追诉标准（一）》第39条的规定，违反法律规定，携带武器、管制刀具或者爆炸物参加集会、游行、示威的，应予立案追诉。

2. 本罪与非法携带枪支、弹药、管制刀具、危险物品危及公共安全罪的界限

二者的区别主要是：（1）行为对象有所不同。本罪携带的物品不包括爆炸物以外的其他危险物品；而非法携带枪支、弹药、管制刀具、危险物品危及公共安全罪携带的物品还包括爆炸物以外的其他危险物品，如易燃性、放射性、毒害性、腐蚀性物品。（2）行为地点不同。本罪发生在集会、游行、示威过程中的相关公共场所；而非法携带枪支、弹药、管制刀具、危险物品危及公共安全罪发

生在一般公共场所或者公共交通工具上。

3. 本罪与非法持有、私藏枪支、弹药罪的界限

二者的区别主要是：(1) 行为方式不同。“携带”虽然可以归属于“持有、私藏”行为中，但是本罪中的携带是一种特殊的持有、私藏方式，其要求携带的主体必须是集会、游行、示威的参加者，包括依法配备、配置枪支的人员；携带的场所必须是集会、游行、示威举行地，携带的时间必须在集会、游行、示威之时，因此，与一般的持有、私藏行为是特殊与一般的关系。(2) 违反的法律规定不同。本罪违反的是国家对集会、游行、示威活动进行管理的法律、法规；而非法持有、私藏枪支、弹药罪违反的是枪支管理规定。(3) 行为对象不同。本罪的行为对象可以是枪支、弹药，也可以是其他可用于伤害他人的器械、管制刀具或者爆炸物；而非法持有、私藏枪支、弹药罪的行为对象只能是枪支、弹药。

第二百九十八条 〔破坏集会、游行、示威罪〕

扰乱、冲击或者以其他方法破坏依法举行的集会、游行、示威，造成公共秩序混乱的，处五年以下有期徒刑、拘役、管制或者剥夺政治权利。

本条是关于破坏集会、游行、示威罪的罪刑条款内容。

【条文释义】

破坏集会、游行、示威罪，是指扰乱、冲击或者以其他方法破坏依法举行的集会、游行、示威，造成公共秩序混乱的行为。

所谓扰乱，是指集会、游行、示威过程中起哄、闹事，影响集会、游行、示威的正常秩序。冲击，是指强行冲入、围攻冲击集会、游行、示威队伍，致使其无法继续进行或者无法按原计划进行。其他方法，是指除扰乱、冲击以外的致使集会、游行、示威队伍无法继续进行或者无法按原计划进行的其他破坏方法，如在集会、游行、示威举行的地点或队伍前进的路线上安置障碍物，破坏集会、游行、示威活动所必需的设施等。破坏依法举行的集会、游行、示威，是指致使依法举行的集会、游行、示威不能正常进行。造成公共秩序混乱，一般是指造成集会、游行、示威行经地的公共场所秩序或交通秩序混乱，甚至因此发生骚乱或“打砸抢”事件，否则，不成立本罪。所谓公共秩序，是指建立在各种社会规范之上的、正常的公共生活状态。

本罪的破坏对象是依法举行的集会、游行、示威。所谓依法举行的集会、游行、示威，是指依照《集会游行示威法》规定提出申请并获得许可，按照主管机关许可的起止时间、地点、路线进行的集会、游行、示威。

【实务问题】

1. 本罪的立案追诉标准

根据《立案追诉标准（一）》第 40 条的规定，扰乱、冲击或者以其他方法破坏依法举行的集会、游行、示威，造成公共秩序混乱的，应予立案追诉。

2. 本罪与聚众扰乱公共场所秩序、交通秩序罪的界限

二者的区别主要是：（1）犯罪对象不同。本罪的对象是集会、游行、示威活动；而聚众扰乱公共场所秩序、交通秩序罪的对象是车站、码头、民用航空站、商场、公园、影剧院、展览会、运动场或者其他公共场所秩序、交通秩序。（2）客观方面不同。本罪不要求必须以“聚众”的方式进行；而聚众扰乱公共场所秩序、交通秩序罪要求必须以“聚众”的方式进行。（3）犯罪主体不同。本罪的主体是一般主体，凡是已满 16 周岁、具有刑事责任能力的参加者皆可构成犯罪；而聚众扰乱公共场所秩序、交通秩序罪只处罚首要分子。

第二百九十九条　〔侮辱国旗、国徽、国歌罪〕

在公共场合，故意以焚烧、毁损、涂划、玷污、践踏等方式侮辱中华人民共和国国旗、国徽的，处三年以下有期徒刑、拘役、管制或者剥夺政治权利。

在公共场合，故意篡改中华人民共和国国歌歌词、曲谱，以歪曲、贬损方式奏唱国歌，或者以其他方式侮辱国歌，情节严重的，依照前款的规定处罚。

本条是关于侮辱国旗、国徽、国歌罪的罪刑条款内容。

【主要修改】

本条为 2017 年 11 月 4 日通过的《刑法修正案（十）》所修改，该条内容原为：“在公众场合故意以焚烧、毁损、涂划、玷污、践踏等方式侮辱中华人民共和国国旗、国徽的，处三年以下有期徒刑、拘役、管制或者剥夺政治权利。”

【条文释义】

本条共分为 2 款。第 1 款是关于侮辱国旗、国徽罪及其处罚的规定。

侮辱国旗、国徽罪，是指在公众场合故意以焚烧、毁损、涂划、玷污、践踏等方式侮辱中华人民共和国国旗、国徽的行为。

本罪的对象是国旗、国徽。根据《中华人民共和国国旗法》第 2 条第 1 款的规定，中华人民共和国国旗是五星红旗；根据《中华人民共和国国徽法》第 2 条第 1 款的规定，中华人民共和国国徽，中间是五星照耀下的天安门，周围是谷穗和齿轮。除此之外的其他旗帜、标志或图案，或者外国国旗等都不是本罪的

对象。

本罪在客观方面表现为在公众场合，以焚烧、毁损、涂划、玷污、践踏等方式侮辱中华人民共和国国旗、国徽的行为。所谓公众场合，一般是指法定的悬挂国旗、国徽的公共场所和国家机关所在地，以及其他人群聚集的公共场所。焚烧，是指直接点燃或借助于其他燃烧器具使国旗、国徽燃烧。毁损，是指用手或者借助其他外力，以撕、割、剜、捣、剪、砸、劈等方法使国旗、国徽整体变残、变形、缺损而丧失原来面貌或完全成为碎片。涂划，是指用涂料、颜料等有色物品在国旗、国徽上任意涂抹，或者用污物弄脏国旗、国徽。玷污，是指利用涂抹粪便、薰烟等方式使国旗、国徽污垢不堪。践踏，是指对国旗、国徽进行脚踏、碾压。除上述五种行为外，还可以是其他的侮辱方式，如实践中发生的以侮辱为目的倒插、倒放等。

本罪在主观方面表现为故意，要求行为人明知是国旗、国徽而仍然对其实施侮辱的行为才能构成本罪。

第 2 款是关于侮辱国歌罪及其处罚的规定。

侮辱国歌罪，是指在公共场合，故意篡改中华人民共和国国歌歌词、曲谱，以歪曲、贬损方式奏唱国歌，或者以其他方式侮辱国歌，情节严重的行为。

本罪的对象是国歌。根据《中华人民共和国国歌法》第 2 条的规定，中华人民共和国国歌是《义勇军进行曲》。第 3 条规定，中华人民共和国国歌是中华人民共和国的象征和标志。一切公民和组织都应当尊重国歌，维护国歌的尊严。

本罪在客观方面表现为在公共场合，故意篡改中华人民共和国国歌歌词、曲谱，以歪曲、贬损方式奏唱国歌，或者以其他方式侮辱国歌，情节严重的行为。这里的“在公共场合”，不同于侮辱国旗、国徽罪重点公众场合，指当众、公开的情境。不论是在现实的公共场合，还是在互联网公共空间，通过公开传播的方式，当众公然侮辱国歌的，都构成本罪。

侮辱国歌行为主要表现在以下几方面：（1）故意篡改中华人民共和国国歌歌词、曲谱的。《中华人民共和国国歌法》第 6 条规定，奏唱国歌，应当按照该法附件所载国歌的歌词和曲谱，不得采取有损国歌尊严的奏唱形式。（2）以歪曲、贬损方式奏唱国歌的。在奏唱方式上歪曲、贬损国歌的，也是本罪的一种表现形式，如以轻佻、“恶搞”方式奏唱国歌，在奏唱国歌时配以侮辱性的肢体语言、着装等。奏唱包括演奏和歌唱。（3）以其他方式侮辱国歌的。这是兜底性的规定，如在互联网上故意传播配以贬损国家形象、侮辱性的图片、影像、文字的国歌奏唱音视频的，公共场合奏唱国歌时，在场人员嘘国歌、作出不雅手势的行为等，都属于侮辱国歌的其他方式。

本罪在主观方面表现为故意，要求行为人明知是国歌而仍然对其实施侮辱的行为才能构成本罪。

【实务问题】

罪数的认定

侮辱国旗、国徽、国歌罪属于选择性罪名，无论行为人侮辱的是国旗、国徽，还是国歌，或者同时侮辱国旗、国徽、国歌，都只构成一罪，不能进行数罪并罚。

如果行为人以侮辱国旗、国徽、国歌为手段，又实施了煽动分裂国家或者煽动颠覆国家政权等其他目的行为构成其他犯罪的，属于牵连犯；如果行为人对国旗、国徽、国歌的侮辱行为同时又触犯了其他罪名，如焚烧国旗引起火灾危及公共安全等，则属于想象竞合犯。对上述两种情况，一般不进行数罪并罚，而是从一重罪处断。

第二百九十九条之一　〔侵害英雄烈士名誉、荣誉罪〕

侮辱、诽谤或者以其他方式侵害英雄烈士的名誉、荣誉，损害社会公共利益，情节严重的，处三年以下有期徒刑、拘役、管制或者剥夺政治权利。

本条是关于侵害英雄烈士名誉、荣誉罪的罪刑条款内容。

本条为 2020 年 12 月 26 日通过的《刑法修正案（十一）》所增加。

【条文释义】

侵害英雄烈士名誉、荣誉罪，是指侮辱、诽谤或者以其他方式侵害英雄烈士的名誉、荣誉，损害社会公共利益，情节严重的行为。

本罪的对象是英雄烈士的名誉、荣誉。这里的“英雄烈士”，包括近代以来，为了争取民族独立和人民解放，实现国家富强和人民幸福，促进世界和平和人类进步而毕生奋斗、英勇献身的英烈先驱和革命先行者，重点是中国共产党、人民军队和中华人民共和国历史上涌现出的无数英雄烈士。英雄烈士既包括个人也包括群体，既包括有名英烈也包括无名英烈。《中华人民共和国英雄烈士保护法》第 3 条规定，国家保护英雄烈士，对英雄烈士予以褒扬、纪念，加强对英雄烈士事迹和精神的宣传、教育，维护英雄烈士尊严和合法权益。全社会都应当崇尚、学习、捍卫英雄烈士。第 22 条规定，禁止歪曲、丑化、亵渎、否定英雄烈士事迹和精神。英雄烈士的姓名、肖像、名誉、荣誉受法律保护。任何组织和个人不得在公共场所、互联网或者利用广播电视、电影、出版物等，以侮辱、诽谤或者其他方式侵害英雄烈士的姓名、肖像、名誉、荣誉。任何组织和个人不得将英雄烈士的姓名、肖像用于或者变相用于商标、商业广告，损害英雄烈士的名誉、荣誉。

本罪在客观方面表现为侮辱、诽谤或者以其他方式侵害英雄烈士的名誉、荣誉，损害社会公共利益，情节严重的行为。这里的“侮辱”，主要是指通过语言、文字或者其他方式辱骂、贬低、嘲讽英雄烈士的行为。“诽谤”，是指针对英雄烈士，捏造事实并进行散播，公然丑化、贬损英雄烈士，损毁英雄烈士的名誉、荣誉的行为。实践中较常见的是通过网络、文学作品等形式侮辱、诽谤英雄烈士的情况。“以其他方式侵害英雄烈士的名誉、荣誉”，是指采用侮辱、诽谤以外的其他方式侵害英雄烈士的名誉、荣誉的行为，如虽未采取侮辱、诽谤的方式，但是以“还原历史”“探究细节”等名义否定、贬损、丑化英雄烈士，或者非法披露涉及英雄烈士隐私的信息或者图片，侵害英雄烈士隐私等。

本罪的主体一般主体，凡是已满 16 周岁、具有刑事责任能力的自然人都可以构成本罪。

本罪在主观方面表现为故意，要求行为人明知是英雄烈士的名誉、荣誉而仍然对其侵害的行为才能构成本罪。

【实务问题】

1. 关于英雄烈士的认定

在司法适用中，对英雄烈士的认定，应当重点注意把握以下几点：（1）英雄烈士的时代范围主要为“近代以来”，重点是中国共产党、人民军队和中华人民共和国历史上的英雄烈士。英雄烈士既包括个人，也包括群体；既包括有名英雄烈士，也包括无名英雄烈士。（2）对经依法评定为烈士的，应当认定为《刑法》第 299 条之一规定的“英雄烈士”；已牺牲、去世，尚未评定为烈士，但其事迹和精神为我国社会普遍公认的英雄模范人物或者群体，可以认定为“英雄烈士”。（3）英雄烈士是指已经牺牲、去世的英雄烈士。对侮辱、诽谤或者以其他方式侵害健在的英雄模范人物或者群体名誉、荣誉，构成犯罪的，适用《刑法》有关侮辱、诽谤罪等规定追究刑事责任，符合适用公诉程序条件的，由公安机关依法立案侦查，人民检察院依法提起公诉。但是，被侵害英雄烈士群体中既有已经牺牲的烈士，也有健在的英雄模范人物的，可以统一适用侵害英雄烈士名誉、荣誉罪。

2. 关于烈士的具体评定标准

《烈士褒扬条例》第 8 条第 1 款规定，公民牺牲符合下列情形之一的，评定为烈士：（1）在依法查处违法犯罪行为、执行国家安全工作任务、执行反恐怖任务和处置突发事件中牺牲的；（2）抢险救灾或者其他为了抢救、保护国家财产、集体财产、公民生命财产牺牲的；（3）在执行外交任务或者国家派遣的对外援助、维持国际和平任务中牺牲的；（4）在执行武器装备科研试验任务中牺牲的；（5）其他牺牲情节特别突出，堪为楷模的。《军人抚恤优待条例》第 8 条第1、2款规定，现役军人死亡，符合下列情形之一的，批准为烈士：（1）对敌作战死亡，或者对敌作战负伤在医疗终结前因伤死亡的；（2）因执行任务遭敌人或者犯罪分子杀害，或者被俘、被捕后不屈遭敌人杀害或者被折磨致死的；（3）为抢救和保护国家财产、人民生命财产或者执行反恐怖任务和处置突发事件死亡的；（4）因执行军事演习、战备航行飞行、空降和导弹发射训练、试航试飞任务以及参加武器装备科研试验死亡的；（5）在执行外交任务或者国家派遣的对外援助、维持国际和平任务中牺牲的；（6）其他死难情节特别突出，堪为楷模的。现役军人在执行对敌作战、边海防执勤或者抢险救灾任务中失踪，经法定程序宣告死亡的，按照烈士对待。

3. 关于本罪的入罪标准

根据《刑法》第299条之一的规定，侮辱、诽谤或者以其他方式侵害英雄烈士的名誉、荣誉，损害社会公共利益，情节严重的，构成侵害英雄烈士名誉、荣誉罪。在司法实践中，对侵害英雄烈士名誉、荣誉的行为是否达到“情节严重”，应当结合行为方式，涉及英雄烈士的人数，相关信息的数量、传播方式、传播范围、传播持续时间，相关信息实际被点击、浏览、转发次数，引发的社会影响、危害后果以及行为人前科情况等综合判断。根据案件具体情况，必要时，可以参照适用最高人民法院、最高人民检察院《关于办理利用信息网络实施诽谤等刑事案件适用法律若干问题的解释》（法释〔2013〕21号）的规定。侵害英雄烈士名誉、荣誉，达到入罪标准，但行为人认罪悔罪，综合考虑案件具体情节，认为犯罪情节轻微的，可以不起诉或者免予刑事处罚；情节显著轻微危害不大的，不以犯罪论处；构成违反治安管理行为的，由公安机关依法给予治安管理处罚。

4. 本罪与侮辱罪、诽谤罪的区分

本条规定的“英雄烈士”都是已经牺牲、去世的，如果行为人侮辱、诽谤或者以其他方式侵害健在的英雄模范人物的名誉、荣誉，应当适用本法关于侮辱罪、诽谤罪的规定。

第三百条

〔组织、利用会道门、邪教组织、利用迷信破坏法律实施罪〕**组织、利用会道门、邪教组织或者利用迷信破坏国家法律、行政法规实施的，处三年以上七年以下有期徒刑，并处罚金；情节特别严重的，处七年以上有期徒刑或者无期徒刑，并处罚金或者没收财产；情节较轻的，处三年以下有期徒刑、拘役、管制或者剥夺政治权利，并处或者单处罚金。**

〔组织、利用会道门、邪教组织、利用迷信致人重伤、死亡罪〕**组织、利用会道门、邪教组织或者利用迷信蒙骗他人，致人重伤、死亡的，依照**

前款的规定处罚。

犯第一款罪又有奸淫妇女、诈骗财物等犯罪行为的，依照数罪并罚的规定处罚。

本条是关于组织、利用会道门、邪教组织、利用迷信破坏法律实施罪，组织、利用会道门、邪教组织、利用迷信致人重伤、死亡罪的罪刑条款内容。

【主要修改】

本条为2015年8月29日通过的《刑法修正案（九）》所修改，主要修改了法定刑，同时将“组织、利用会道门、邪教组织、利用迷信致人死亡罪”修改为“组织、利用会道门、邪教组织、利用迷信致人重伤、死亡罪”。该条内容原为：“组织和利用会道门、邪教组织或者利用迷信破坏国家法律、行政法规实施的，处三年以上七年以下有期徒刑；情节特别严重的，处七年以上有期徒刑。组织和利用会道门、邪教组织或者利用迷信蒙骗他人，致人死亡的，依照前款的规定处罚。组织和利用会道门、邪教组织或者利用迷信奸淫妇女、诈骗财物的，分别依照本法第二百三十六条、第二百六十六条的规定定罪处罚。”

【条文释义】

本条共分为3款。第1款是关于组织、利用会道门、邪教组织、利用迷信破坏法律实施罪及其处罚的规定。

组织、利用会道门、邪教组织、利用迷信破坏法律实施罪，是指组织和利用会道门、邪教组织或者利用迷信破坏国家法律、行政法规实施的行为。

所谓组织、利用会道门、邪教组织，是指发起成立会道门、邪教组织或恢复已被查禁的会道门、邪教组织进行非法活动。会道门，是指会门和道门等封建迷信活动组织的总称，如“一贯道”“九宫道”“哥老会”“青帮”等；邪教组织，是指冒用宗教、气功或者以其他名义建立，神化、鼓吹首要分子，利用制造、散布迷信邪说等手段蛊惑、蒙骗他人，发展、控制成员，危害社会的非法组织，如“法轮功”“灵灵教”“门徒会”“被立王”等。利用迷信，是指利用算命、占卜、星象、阴阳风水等形式散布迷信谣言，蛊惑群众，制造混乱。破坏国家法律、行政法规实施，主要包括以下情形：（1）聚众围攻、冲击国家机关、企业事业单位，扰乱国家机关、企业事业单位的工作、生产、经营、教学和科研秩序的；（2）非法举行集会、游行、示威，煽动、欺骗、组织其成员或者其他人聚众围攻、冲击、强占、哄闹公共场所及宗教活动场所，扰乱社会秩序的；（3）抗拒有关部门取缔或者已经被有关部门取缔，又恢复或者另行建立邪教组织，或者继续进行邪教活动的；（4）煽动、欺骗、组织其成员或者其他人不履行法定义务，情节严重的；（5）出版、印刷、复制、发行宣扬邪教内容出版物，以及印制邪教组织标识的；（6）其他破坏国家法律、行政法规实施行为的。

第 2 款是关于组织、利用会道门、邪教组织、利用迷信致人重伤、死亡罪及其处罚的规定。

组织、利用会道门、邪教组织、利用迷信致人重伤、死亡罪，是指组织和利用会道门、邪教组织或者利用迷信蒙骗他人，致人重伤、死亡的行为。

所谓组织、利用会道门、邪教组织或者利用迷信蒙骗他人，是指组织和利用会道门、邪教组织或者利用迷信宣传散布异端邪说，欺骗、愚弄他人；致人重伤、死亡，主要是指他人因受到蒙骗而自伤、绝食、自杀、有病不治而死亡，或者利用迷信方式给人治病致使被害人重伤、死亡，等等。

第 3 款是关于组织和利用会道门、邪教组织或者利用迷信奸淫妇女、诈骗财物行为如何处理的规定。

根据本款规定，组织和利用会道门、邪教组织或者利用迷信奸淫妇女、诈骗财物的，无论是否对妇女使用暴力、胁迫手段，是否采取了其他虚构事实、隐瞒真相的方法，均应分别依照本条第 1 款规定之罪与《刑法》第 236 条规定的强奸罪和第 266 条规定的诈骗罪进行数罪并罚。

【实务问题】

1. 组织、利用会道门、邪教组织、利用迷信破坏法律实施罪与合法宗教活动的界限

主要注意从以下三个方面进行把握：（1）看该组织是否系依法成立。会道门、邪教组织往往未经过合法登记，系擅自设立；而宗教组织都是经过民政部门登记而依法成立的。（2）看其是否有合法的宗教教义或典籍。会道门、邪教组织只有歪理邪说；而宗教组织有合法的、教人为善的教义或典籍，如伊斯兰教的《古兰经》、基督教的《圣经》等。（3）看其从事的活动是否为法律所许可。会道门、邪教组织开展的活动往往违反有关法律规定，具有社会危害性；而宗教组织是在法律允许的范围内开展活动。

2. 组织、利用会道门、邪教组织、利用迷信致人重伤、死亡罪与故意伤害罪、故意杀人罪的界限

两者的区别主要是：（1）组织、利用会道门、邪教组织、利用迷信致人重伤、死亡罪表现为组织和利用会道门、邪教组织或者利用迷信蒙骗他人，致人重伤、死亡的行为；而故意伤害罪、故意杀人罪则可以表现为任何损害他人健康或剥夺他人生命的行为。（2）组织、利用会道门、邪教组织、利用迷信致人重伤、死亡罪的行为人对于他人重伤、死亡结果的发生是出于过失；而故意伤害罪、故意杀人罪的行为人对他人伤亡结果的发生是持希望或放任的心理态度。在实践中，组织和利用邪教组织制造、散布迷信邪说，指使、胁迫其成员或者其他人实

施自伤、自杀行为的，以故意伤害罪、故意杀人罪定罪处罚。这里的“指使、胁迫”，表明行为人对受害人的伤亡结果出于故意的心理态度。

第三百零一条

〔聚众淫乱罪〕**聚众进行淫乱活动的，对首要分子或者多次参加的，处五年以下有期徒刑、拘役或者管制。**

〔引诱未成年人聚众淫乱罪〕**引诱未成年人参加聚众淫乱活动的，依照前款的规定从重处罚。**

本条是关于聚众淫乱罪、引诱未成年人聚众淫乱罪的罪刑条款内容。

【条文释义】

本条共分为2款。第1款是关于聚众淫乱罪及其处罚的规定。

聚众淫乱罪，是指为首聚集多人进行淫乱活动或者多次参加聚众进行的淫乱活动的行为。

所谓聚众，是指纠集多人，即在首要分子的组织、策划、指挥下，纠集特定或不特定的多人于一定时间聚集于同一地点。多人，要求参加人数必须是3人以上。可以是多个男性，也可以是多个女性，还可以是男女混杂。淫乱，是指男女多人在一起违反正常性道德风尚的性交、猥亵、乱交、群奸群宿等行为。多次参加，是指参加聚众淫乱活动3次以上的。

聚众淫乱一般具有以下几个特点：（1）行为目的的明确性和淫乱对象的相对不确定性。（2）多人淫乱地点的同一性和淫乱时间的同时性。（3）参与聚众淫乱活动的自愿性。

第2款是关于引诱未成年人聚众淫乱罪及其处罚的规定。

引诱未成年人聚众淫乱罪，是指引诱未成年人参加聚众淫乱活动的行为。

本罪的对象是未成年人。所谓未成年人，是指不满18周岁的人，包括男性和女性。所谓引诱，是指通过语言、表演、示范或收听、观看淫秽音像制品等手段，劝说、怂恿、勾引他们参加聚众淫乱活动。这里的“参加”，只要未成年人到达聚众淫乱活动的现场即可，无论未成年人是否实际参与了淫乱活动，引诱者均可构成本罪。

【实务问题】

1. 聚众淫乱罪的立案追诉标准

根据《立案追诉标准（一）》第41条的规定，组织、策划、指挥3人以上进行淫乱活动或者参加聚众淫乱活动3次以上的，应予立案追诉。

2. 引诱未成年人聚众淫乱罪的立案追诉标准

根据《立案追诉标准（一）》第 42 条的规定，引诱未成年人参加聚众淫乱活动的，应予立案追诉。

3. 罪与非罪的界限

在实践中，需要注意上述两罪罪与非罪的界限。对于聚众淫乱罪，只有聚众淫乱的首要分子和多次参加者可以构成。只是偶尔参加聚众淫乱，或者虽有淫乱活动但不是聚众进行的，不能以犯罪论处。对于引诱未成年人聚众淫乱罪，只有引诱者可以构成，被引诱的未成年人则不能构成本罪。

第三百零二条 〔盗窃、侮辱、故意毁坏尸体、尸骨、骨灰罪〕

盗窃、侮辱、故意毁坏尸体、尸骨、骨灰的，处三年以下有期徒刑、拘役或者管制。

本条是关于盗窃、侮辱、故意毁坏尸体、尸骨、骨灰罪的罪刑条款内容。

【主要修改】

本条为 2015 年 8 月 29 日通过的《刑法修正案（九）》所修改，该条内容原为："盗窃、侮辱尸体的，处三年以下有期徒刑、拘役或者管制。"

【条文释义】

盗窃、侮辱、故意毁坏尸体、尸骨、骨灰罪，是指秘密窃取尸体、尸骨、骨灰，侮辱尸体、尸骨、骨灰，或者故意毁坏尸体、尸骨、骨灰的行为。

所谓盗窃，是指采用秘密的方式，将尸体、尸骨、骨灰移离原位置，并置于自己的控制之下；侮辱，是指采取猥亵、毁损、奸污等方式对尸体、尸骨、骨灰进行羞辱的行为；毁坏，是指对尸体、尸骨、骨灰进行毁灭或损坏的行为。

本罪的对象是尸体、尸骨、骨灰。所谓尸体，是指自然人死亡后所遗留的躯体。尸体包括完整的死者的躯体，也包括死者躯体的一部分；尸骨，是指尸体腐烂后留下的骨架；骨灰，是人焚烧后骨骼化成的灰。

【实务问题】

1. 本罪罪与非罪的界限

构成故意毁坏尸体、尸骨、骨灰罪要求主观上必须具有毁灭或损坏尸体、尸骨、骨灰的故意。行为人虽然在客观上对尸体、尸骨、骨灰造成了损害，如果主观上没有故意的，不能以犯罪论处，如医务人员、司法人员履行职责解剖尸体，殡葬工作人员按规定火化尸体等。

2. 罪数的认定

本罪属于选择性罪名，行为人盗窃尸体、尸骨、骨灰后又侮辱或故意毁坏的，仍只定一罪。行为人杀人以后毁尸灭迹或侮辱、故意毁坏尸体的，只以故意杀人罪论处，后续行为为事后不可罚行为，不另定罪。

第三百零三条

〔赌博罪〕**以营利为目的，聚众赌博或者以赌博为业的，处三年以下有期徒刑、拘役或者管制，并处罚金。**

〔开设赌场罪〕**开设赌场的，处五年以下有期徒刑、拘役或者管制，并处罚金；情节严重的，处五年以上十年以下有期徒刑，并处罚金。**

〔组织参与国（境）外赌博罪〕**组织中华人民共和国公民参与国（境）外赌博，数额巨大或者有其他严重情节的，依照前款的规定处罚。**

本条是关于赌博罪、开设赌场罪和组织参与国（境）外赌博罪的罪刑条款内容。

【主要修改】

本条曾为 2006 年 6 月 29 日通过的《刑法修正案（六）》所修改，与原规定相比，将“开设赌场”行为从赌博罪中分离出来，增设为独立的犯罪，并规定了比赌博罪更重的法定刑。该条内容原为：“以营利为目的，聚众赌博、开设赌场或者以赌博为业的，处三年以下有期徒刑、拘役或者管制，并处罚金。”

2020 年 12 月 26 日通过的《刑法修正案（十一）》再次对本条进行了修改，该条内容原为：“以营利为目的，聚众赌博或者以赌博为业的，处三年以下有期徒刑、拘役或者管制，并处罚金。开设赌场的，处三年以下有期徒刑、拘役或者管制，并处罚金；情节严重的，处三年以上十年以下有期徒刑，并处罚金。”

【条文释义】

本条共分为 3 款。第 1 款是关于赌博罪及其处罚的规定。

赌博罪，是指以营利为目的，聚众赌博或者以赌博为业的行为。

所谓以营利为目的，是指行为人聚众赌博或者以赌博为业，是为了获取数额较大的金钱或其他财物，而不仅仅出于消遣、娱乐。但行为人在客观上是否实际获取了钱财，并不影响本罪的成立。所谓聚众赌博，一般是指组织、招引他人参与赌博，本人从中抽头渔利的行为。聚众赌博者，俗称赌头，其可能参与赌博，也可能不参与赌博。以赌博为业，是指以赌博所得为其生活或者挥霍的主要来源的行为。以赌博为业者，俗称赌棍，其可能没有正当职业而专事赌博，也可能有正当职业而以赌博为兼业。

第 2 款是关于开设赌场罪及其处罚的规定。

开设赌场罪，是指为赌博提供场所、设定赌博方式，提供赌具、筹码、资金等组织赌博的行为。

所谓开设赌场，是指为不特定的参赌者参与赌博活动连续地、稳定地提供赌博的场所和用具等设备的行为。这里的“赌场”，是指赌博活动得以进行的场所以及赌博活动所必需的相关设备。传统的赌博场所一般是房屋、场馆，场内的筹码、赌具也都为实物。随着互联网的高速发展，赌博已经发展到可以通过网络等虚拟场所进行的方式。根据最高人民法院、最高人民检察院《关于办理赌博刑事案件具体应用法律若干问题的解释》第 2 条的规定，以营利为目的，在计算机网络上建立赌博网站，或者为赌博网站担任代理，接受投注的，属于开设赌场。

第 3 款是关于组织参与国（境）外赌博罪及其处罚的规定。

组织参与国（境）外赌博罪，是指组织中华人民共和国公民参与国（境）外赌博，数额巨大或者有其他严重情节的行为。

这里所说的“组织”，是指组织、召集中国公民参与国（境）外赌博。这里所说的“中华人民共和国公民”，仅限于中国大陆具有中华人民共和国国籍的人。如果组织的是境外人员参与赌博的，则不构成本罪，构成其他犯罪的，按照《刑法》有关规定予以处罚。“组织中华人民共和国公民参与国（境）外赌博”包括直接组织中国公民赴国（境）外赌博，或者以旅游、公务的名义组织中国公民赴国（境）外赌博，或者以提供赌博场所、提供赌资、设定赌博方式等组织中国公民赴国（境）外赌博，或者利用信息网络、通讯终端等传输赌博视频、数据，组织中国公民参与国（境）外赌博等。“达到数额巨大或者有其他严重情节”是构成本罪的必要条件。这里的“数额巨大”，主要是指赌资数额巨大，可能造成大量外汇流失的情形，具体数额应当通过相关司法解释予以明确。“赌资”，主要是指赌博犯罪中用作赌注的款物、换取筹码的款物和通过赌博赢取的款物。“有其他严重情节”，是指赌资虽未达到数额巨大，但接近数额巨大的条件，有其他严重情节的情况，如抽头渔利的数额较多，参赌人数较多，组织、胁迫、引诱、教唆、容留未成年人参与赌博，强迫他人赌博或者结算赌资等情形。

【实务问题】

1. 赌博罪罪与非罪的界限

在实践中，应注意正确区分赌博罪罪与非罪的界限。对于群众在日常娱乐活动中不以营利为目的，进行带有少量财物输赢的娱乐活动，或者以开设棋牌室等方式提供固定的场所、器具吸引不特定的对象，并收取场地费和茶水费的，不能认定为赌博罪或者开设赌场罪。即使以营利为目的，聚众赌博的，也需要具备《立案追诉标准（一）》所规定的情形之一，才能认定为犯罪。

2. 赌博罪的立案追诉标准

根据《立案追诉标准（一）》第 43 条的规定，以营利为目的，聚众赌博，涉嫌下列情形之一的，应予立案追诉：（1）组织 3 人以上赌博，抽头渔利数额累计 5000 元以上的；（2）组织 3 人以上赌博，赌资数额累计 5 万元以上；（3）组织 3 人以上赌博，参赌人数累计 20 人以上的；（4）组织中华人民共和国公民 10 人以上赴境外赌博，从中收取回扣、介绍费的；（5）其他聚众赌博应予追究刑事责任的情形。以营利为目的，以赌博为业的，应予立案追诉。赌博犯罪中用作赌注的款物、换取筹码的款物和通过赌博赢取的款物属于赌资。通过计算机网络实施赌博犯罪的，赌资数额可以按照在计算机网络上投注或者赢取的点数乘以每一点实际代表的金额认定。

3. 开设赌场罪的立案追诉标准

根据《立案追诉标准（一）》第 44 条的规定，开设赌场的，应予立案追诉。在计算机网络上建立赌博网站，或者为赌博网站担任代理，接受投注的，属于本条规定的“开设赌场”。

4. 关于跨境赌博共同犯罪的认定

（1）3 人以上为实施开设赌场犯罪而组成的较为固定的犯罪组织，应当依法认定为赌博犯罪集团。对组织、领导犯罪集团的首要分子，按照集团所犯的全部罪行处罚。对犯罪集团中组织、指挥、策划者和骨干分子，应当依法从严惩处。

（2）明知他人实施开设赌场犯罪，为其提供场地、技术支持、资金、资金结算等服务的，以开设赌场罪的共犯论处。

（3）明知是赌博网站、应用程序，有下列情形之一的，以开设赌场罪的共犯论处：①为赌博网站、应用程序提供软件开发、技术支持、互联网接入、服务器托管、网络存储空间、通讯传输通道、广告投放、会员发展、资金支付结算等服务的；②为赌博网站、应用程序担任代理并发展玩家、会员、下线的。为同一赌博网站、应用程序担任代理，既无上下级关系，又无犯意联络的，不构成共同犯罪。

（4）对受雇佣为赌场从事接送参赌人员、望风看场、发牌坐庄、兑换筹码、发送宣传广告等活动的人员及赌博网站、应用程序中与组织赌博活动无直接关联的一般工作人员，除参与赌场、赌博网站、应用程序利润分成或者领取高额固定工资的外，可以不追究刑事责任，由公安机关依法给予治安管理处罚。

5. 关于跨境赌博关联犯罪的认定

（1）使用专门工具、设备或者其他手段诱使他人参赌，人为控制赌局输赢，构成犯罪的，依照《刑法》关于诈骗犯罪的规定定罪处罚。网上开设赌场，人为控制赌局输赢，或者无法实现提现，构成犯罪的，依照《刑法》关于诈骗犯罪的规定定罪处罚。部分参赌者赢利、提现不影响诈骗犯罪的认定。

（2）通过开设赌场或者为国家工作人员参与赌博提供资金的形式实施行贿、受贿行为，构成犯罪的，依照《刑法》关于贿赂犯罪的规定定罪处罚。同时构成赌博犯罪的，应当依法与贿赂犯罪数罪并罚。

（3）实施跨境赌博犯罪，同时构成组织他人偷越国（边）境、运送他人偷越国（边）境、偷越国（边）境罪等罪的，应当依法数罪并罚。

（4）实施赌博犯罪，为强行索要赌债，实施故意杀人、故意伤害、非法拘禁、故意毁坏财物、寻衅滋事等行为，构成犯罪的，应当依法数罪并罚。

（5）为赌博犯罪提供资金、信用卡、资金结算等服务，构成赌博犯罪共犯，同时构成非法经营罪、妨害信用卡管理罪、窃取、收买、非法提供信用卡信息罪、掩饰、隐瞒犯罪所得、犯罪收益罪等罪的，依照处罚较重的规定定罪处罚。

为网络赌博犯罪提供互联网接入、服务器托管、网络存储、通讯传输等技术支持，或者提供广告推广、支付结算等帮助，构成赌博犯罪共犯，同时构成非法利用信息网络罪、帮助信息网络犯罪活动罪等罪的，依照处罚较重的规定定罪处罚。

为实施赌博犯罪，非法获取公民个人信息，或者向实施赌博犯罪者出售、提供公民个人信息，构成赌博犯罪共犯，同时构成侵犯公民个人信息罪的，依照处罚较重的规定定罪处罚。

6. 关于组织参与国（境）外赌博情形的认定

组织参与国（境）外赌博罪所要规制的是组织我国公民参与跨国、跨境赌博的行为，但是在《刑法修正案（十一）》出台之前，依据相关司法解释的规定，此类行为分别按照赌博罪和开设赌场罪进行处理。例如，根据2005年最高人民法院、最高人民检察院《关于办理赌博刑事案件具体应用法律若干问题的解释》第1条第4项的规定，组织中华人民共和国公民10人以上赴境外赌博，从中收取回扣、介绍费的，构成赌博罪。又如，2020年最高人民法院、最高人民检察院、公安部《办理跨境赌博犯罪案件若干问题的意见》明确了跨国（境）赌博行为中借助实体境外赌场“开设赌场”和借助网络“开设赌场”的情形（均要求以营利为目的），其中，有下列情形之一的，属于组织我国公民参与跨国、跨境赌博的行为：（1）境外赌场经营人、实际控制人、投资人，组织、招揽中华人民共和国公民赴境外赌博的；（2）境外赌场管理人员，组织、招揽中华人民共和国公民赴境外赌博的；（3）受境外赌场指派、雇佣，组织、招揽中华人民共和国公民赴境外赌博，或者组织、招揽中华人民共和国公民赴境外赌博，从赌场获取费用、其他利益的；（4）在境外赌场包租赌厅、赌台，组织、招揽中华人民共和国公民赴境外赌博的；（5）在境外以提供赌博场所、提供赌资、设定赌博方式等，组织、招揽中华人民共和国公民赴境外赌博的；（6）利用信息网络、通讯终端等传输赌博视频、数据，组织中华人民共和国公民跨境赌博活动，购买或者租用赌博网站、应用程序，组织他人赌博的。就以上情形而言，在《刑法修正案（十一）》出台之后，组织我国公民参与跨国、跨境赌博的，不论在主观上是否具有营利的目的，也不论在客观上采取何种行为方式，只要符合《刑法》第 303 条第 3 款的规定，就应当按照组织参与国（境）外赌博罪作出处理。

7. 关于跨境赌博犯罪赌资数额的认定及处理

根据 2020 年最高人民法院、最高人民检察院、公安部《办理跨境赌博犯罪案件若干问题的意见》第 5 条的规定，赌博犯罪中用作赌注的款物、换取筹码的款物和通过赌博赢取的款物属于赌资。通过网络实施开设赌场犯罪的，赌资数额可以依照开设赌场行为人在其实际控制账户内的投注金额，结合其他证据认定；如无法统计，可以按照查证属实的参赌人员实际参赌的资金额认定。对于将资金直接或者间接兑换为虚拟货币、游戏道具等虚拟物品，并用其作为筹码投注的，赌资数额按照购买该虚拟物品所需资金数额或者实际支付资金数额认定。对于开设赌场犯罪中主要用于接收、流转赌资的银行账户内的资金，犯罪嫌疑人、被告人不能说明合法来源的，可以认定为赌资。公安机关、人民检察院已查封、扣押、冻结的赌资、赌博用具等涉案财物及孳息，应当制作清单。人民法院对随案移送的涉案财物，依法予以处理。赌资应当依法予以追缴。赌博违法所得、赌博用具以及赌博犯罪分子所有的专门用于赌博的财物等，应当依法予以追缴、没收。

第三百零四条 〔故意延误投递邮件罪〕

邮政工作人员严重不负责任，故意延误投递邮件，致使公共财产、国家和人民利益遭受重大损失的，处二年以下有期徒刑或者拘役。

本条是关于故意延误投递邮件罪的罪刑条款内容。

【条文释义】

故意延误投递邮件罪，是指邮政工作人员严重不负责任，故意延误投递邮件，致使公共财产、国家和人民利益遭受重大损失的行为。

本罪的对象是邮件。所谓邮件，是指邮政企业寄递的信件、包裹、汇款通知、报刊和其他印刷品等。信件，是指信函、明信片。包裹，是指按照封装上的名址递送给特定个人或者单位的独立封装的物品。

本罪在客观方面表现为严重不负责任，故意延误投递邮件，致使公共财产、国家和人民利益遭受重大损失的行为。所谓严重不负责任，是指不依法履行职责或者不正确履行应尽的职责，并且情节严重。延误投递，是指拖延、耽误邮件的分发、递送，不按照规定的时限投递邮件。致使公共财产、国家和人民利益遭受重大损失，是指具有以下情形之一的：（1）造成直接经济损失 2 万元以上的；（2）延误高校录取通知书或者其他重要邮件投递，致使他人失去高校录取资格或者造成其他无法挽回的重大损失的；（3）严重损害国家声誉或者造成恶劣社会影响的；（4）其他致使公共财产、国家和人民利益遭受重大损失的情形。

本罪的主体为特殊主体，只能由邮政工作人员构成。邮政工作人员具体包括在邮政企业及其分支机构工作的营业员、分拣员、接发员、押运员、接站员、搬运员等。

本罪在主观方面表现为故意，即明知应当按期投递邮件，有条件投递却故意不投递或延误投递。

【实务问题】

1. 本罪罪与非罪的界限

在实践中，要注意区分本罪罪与非罪的界限。对此，可以从以下两方面进行把握：（1）是否造成重大损失。（2）主观上是否出于故意。如果尚未达到前述重大损失标准，或者并非故意而是因工作失误、不可抗力等因素导致延误投递的，不构成犯罪。

2. 本罪的立案追诉标准

根据《立案追诉标准（一）》第 45 条的规定，邮政工作人员严重不负责任，故意延误投递邮件，涉嫌下列情形之一的，应予立案追诉：（1）造成直接经济损失 2 万元以上的；（2）延误高校录取通知书或者其他重要邮件投递，致使他人失去高校录取资格或者造成其他无法挽回的重大损失的；（3）严重损害国家声誉或者造成恶劣社会影响的；（4）其他致使公共财产、国家和人民利益遭受重大损失的情形。

第二节　妨害司法罪

第三百零五条　〔伪证罪〕

在刑事诉讼中，证人、鉴定人、记录人、翻译人对与案件有重要关系的情节，故意作虚假证明、鉴定、记录、翻译，意图陷害他人或者隐匿罪证的，处三年以下有期徒刑或者拘役；情节严重的，处三年以上七年以下有期徒刑。

本条是关于伪证罪的罪刑条款内容。

【条文释义】

伪证罪，是指在刑事诉讼中，证人、鉴定人、记录人、翻译人对与案件有重要关系的情节，故意作虚假证明、鉴定、记录、翻译，意图陷害他人或者隐匿罪证的行为。

本罪在客观方面表现为在刑事诉讼中，对与案件有重要关系的情节，故意作虚假证明、鉴定、记录、翻译的行为。本罪在客观方面具体包括以下三个不可或缺的条件：（1）必须发生在刑事诉讼中，包括侦查、审查起诉、提起公诉、审判四个环节。（2）必须实施了作伪证的行为，即行为人实施了作虚假的证明、鉴定、记录或翻译的行为。（3）必须针对与案件有重要关系的情节作伪证。“与案件有重要关系的情节”，是指对行为人是否构成犯罪、此罪与彼罪、刑罚轻重等有重大影响的事实情况，即影响定罪量刑的情节。

本罪的主体是特殊主体，即刑事诉讼中的证人、鉴定人、记录人、翻译人。证人，是指知道案件事实并向司法机关陈述的人。鉴定人，是指受司法机关聘请或指派对某些专门性问题进行鉴别判断，提供鉴定意见的人。记录人，是指在刑事诉讼过程中为司法机关担任案情记录工作的人。翻译人，是指在刑事诉讼中受司法机关指派或委托，担任外语、民族语言或哑语等翻译工作的人员。

【实务问题】

1. 本罪罪与非罪的界限

区分本罪的罪与非罪，主要应当注意以下两点：（1）行为人所作的虚假的证明、鉴定、记录或翻译针对的事实是否属于“与案件有重要关系的情节”。如果属于对定罪量刑没有重大影响的细节性的虚假陈述，不以犯罪论处。（2）行为主观上是否故意。伪证罪的主观方面是故意，要求行为人对其所作的证明、鉴定、记录、翻译是虚假的存在明知，而且必须具有陷害他人或者隐匿罪证的目的。如果行为人因为存在认识错误，误认为其所提供的证明、鉴定、记录或翻译是真实的，不能以犯罪论处。

2. 本罪与诬告陷害罪的界限

二者的主要区别在于：（1）发生的诉讼阶段不同。本罪发生在刑事诉讼过程中，而诬告陷害罪发生在刑事诉讼开始以前。（2）犯罪主体不同。本罪的主体是特殊主体，而诬告陷害罪的主体是一般主体。（3）犯罪目的不同。本罪包括陷害他人和隐匿罪证两种可选择的目的，而诬告陷害罪只包括陷害他人一种目的。

第三百零六条　〔辩护人、诉讼代理人毁灭证据、伪造证据、妨害作证罪〕

在刑事诉讼中，辩护人、诉讼代理人毁灭、伪造证据，帮助当事人毁灭、伪造证据，威胁、引诱证人违背事实改变证言或者作伪证的，处三年以下有期徒刑或者拘役；情节严重的，处三年以上七年以下有期徒刑。

辩护人、诉讼代理人提供、出示、引用的证人证言或者其他证据失实，不是有意伪造的，不属于伪造证据。

本条是关于辩护人、诉讼代理人毁灭证据、伪造证据、妨害作证罪的罪刑条款内容。

【条文释义】

本条共分为 2 款。第 1 款是关于辩护人、诉讼代理人毁灭证据、伪造证据、妨害作证罪及其处罚的规定。

辩护人、诉讼代理人毁灭证据、伪造证据、妨害作证罪，是指在刑事诉讼中，辩护人、诉讼代理人毁灭、伪造证据，帮助当事人毁灭、伪造证据，威胁、引诱证人违背事实改变证言或者作伪证的行为。

本罪在客观方面表现为三种可任择其一的行为。

（1）毁灭、伪造证据。所谓证据，是指《刑事诉讼法》第 50 条所称的证据，即可以用于证明案件事实的材料。毁灭证据，是指湮灭、消灭证据，既包括使现存证据从形态上完全消失，如将证据撕坏、烧毁、浸烂、丢弃等，又包括虽保存证据形态但使得其丧失或部分丧失证明力，如玷污、涂划证据使其无法反映需证明的事实等。伪造证据，是指编造、制造实际上根本不存在的证据或者将现存证据加以歪曲、篡改、加工、整理，而违背事实真相。

（2）帮助当事人毁灭、伪造证据。当事人，是指《刑事诉讼法》第 108 条第 2 项所称之当事人，即被害人、自诉人、犯罪嫌疑人、被告人、附带民事诉讼的原告人和被告人。帮助当事人毁灭、伪造证据，是指为当事人就如何毁灭、伪造证据进行出谋划策、提供物资条件、经济资助等行为。

（3）威胁、引诱证人违背事实改变证言或者作伪证。威胁，是指以杀害、伤害、毁坏财产、破坏名誉、揭露隐私等方法要挟、恐吓证人，使其提供虚假证言或改变自己已经提供的真实证言。引诱，是指利用金钱、女色、财物等物质利益或精神利益诱惑，勾引证人提供虚假证言或者违背事实改变证言。违背事实改变证言，是指证人变更、否认已向司法机关提供符合客观情况的实事求是的证言内容。作伪证，是指向司法机关提供虚假的、不真实的、不符合事实真相的证言。

本罪的主体只能是刑事案件中的辩护人和诉讼代理人。辩护人，是指接受犯罪嫌疑人、被告人的委托，依法为其行使辩护权的人。根据《刑事诉讼法》第33条的规定，下列的人可以被委托为辩护人：（1）律师；（2）人民团体或者犯罪嫌疑人、被告人所在单位推荐的人；（3）犯罪嫌疑人、被告人的监护人、亲友。诉讼代理人，是指公诉案件的被害人及其法定代理人或者近亲属、自诉案件的自诉人及其法定代理人委托代为参加诉讼的人和附带民事诉讼的当事人及其法定代理人委托代为参加诉讼的人。

第2款是关于本罪是故意犯罪，非故意不能构成本罪的规定。

“不是有意伪造”，是指辩护人、诉讼代理人对证据不真实的情况并不知情，没有亲自伪造或者参与伪造。证据虚假的原因是证人或者提供证据的人造成的，或者是由辩护人、诉讼代理人由于工作上的失误造成的。

【实务问题】

1. 本罪与其他犯罪的界限

辩护人、诉讼代理人的上述行为必须发生在刑事诉讼中才能构成本罪。如果不是发生在刑事诉讼中，而是在刑事诉讼前或后，即使有上述行为也不能以本罪论处。所谓在刑事诉讼中，是指在刑事诉讼的整体过程中，包括立案、侦查、起诉、审判（含一审、二审、再审）以及执行等各个阶段。

2. 对本罪侦查的法定回避制度

《刑事诉讼法》第44条规定：“辩护人或者其他任何人，不得帮助犯罪嫌疑人、被告人隐匿、毁灭、伪造证据或者串供，不得威胁、引诱证人作伪证以及进行其他干扰司法机关诉讼活动的行为。违反前款规定的，应当依法追究法律责任，辩护人涉嫌犯罪的，应当由办理辩护人所承办案件的侦查机关以外的侦查机关办理。辩护人是律师的，应当及时通知其所在的律师事务所或者所属的律师协会。”

第三百零七条

〔妨害作证罪〕**以暴力、威胁、贿买等方法阻止证人作证或者指使他人作伪证的，处三年以下有期徒刑或者拘役；情节严重的，处三年以上七年以下有期徒刑。**

〔帮助毁灭、伪造证据罪〕**帮助当事人毁灭、伪造证据，情节严重的，处三年以下有期徒刑或者拘役。**

司法工作人员犯前两款罪的，从重处罚。

本条是关于妨害作证罪和帮助毁灭、伪造证据罪的罪刑条款内容。

【条文释义】

本条共分为 3 款。第 1 款是关于妨害作证罪及其处罚的规定。

妨害作证罪，是指采用暴力、威胁、贿买等方法阻止证人作证或者指使他人作伪证的行为。

具体包括两种行为：（1）阻止证人作证，即对知道案件全部或者一部分真实情况的人，以暴力、威胁、贿买等方法，使其无法作证、不敢作证或者不愿作证。（2）指使他人作伪证，即指使他人（不限于证人）向司法机关提供虚假的、不真实的、不符合事实真相的证人证言或其他证据。

第 2 款是关于帮助毁灭、伪造证据罪及其处罚的规定。

帮助毁灭、伪造证据罪，是指帮助当事人毁灭、伪造证据，情节严重的行为。

帮助毁灭、伪造证据，是指为当事人就如何毁灭、伪造证据进行出谋划策、提供物资条件、精神资助等行为。当事人的范围在三大诉讼中各有所不同：（1）刑事诉讼的当事人，根据《刑事诉讼法》第 108 条第 2 项的规定，包括被害人、自诉人、犯罪嫌疑人、被告人、附带民事诉讼的原告人和被告人。（2）民事诉讼的当事人，在第一审普通程序和简易程序中，称为原告和被告；在第二审程序中，称为上诉人和被上诉人，其中既包括一审的原告和被告，也包括有独立请求权的第三人和被人民法院判决承担民事责任的无独立请求权的第三人。在特别程序中，称为申请人、债务人等。在审判监督程序中，若适用第一审程序审理，分别称为原审原告、原审被告、原审第三人；若适用第二审程序审理，则分别称为原审上诉人、原审被上诉人、原审第三人；在执行程序中，则称为申请人和被申请人（或申请执行人和被执行人）。（3）行政诉讼的当事人，包括原告和被告。

第 3 款是关于司法工作人员犯本条之罪从重处罚的规定。

根据《刑法》第 94 条的规定，司法工作人员，是指有侦查、检察、审判、监督职责的工作人员。

【实务问题】

认定本罪应当注意的问题

认定上述两罪时，应注意以下两个问题：（1）上述两个犯罪可以发生在刑事诉讼、民事诉讼或者行政诉讼过程中。（2）帮助当事人毁灭、伪造证据，只有情节严重的，才构成帮助毁灭、伪造证据罪。这里的“情节严重”，主要是指：①动机卑劣的；②多次进行帮助的；③帮助重大案件的当事人的；④因其帮助行为导致诉讼活动无法进行、中止的；⑤造成错案的；⑥影响恶劣的，等等。

第三百零七条之一〔虚假诉讼罪〕

以捏造的事实提起民事诉讼，妨害司法秩序或者严重侵害他人合法权益的，处三年以下有期徒刑、拘役或者管制，并处或者单处罚金；情节严重的，处三年以上七年以下有期徒刑，并处罚金。

单位犯前款罪的，对单位判处罚金，并对其直接负责的主管人员和其他直接责任人员，依照前款的规定处罚。

有第一款行为，非法占有他人财产或者逃避合法债务，又构成其他犯罪的，依照处罚较重的规定定罪从重处罚。

司法工作人员利用职权，与他人共同实施前三款行为的，从重处罚；同时构成其他犯罪的，依照处罚较重的规定定罪从重处罚。

本条是关于虚假诉讼罪的罪刑条款内容。

本条为2015年8月29日通过的《刑法修正案（九）》所增加。

【条文释义】

虚假诉讼罪，是指以捏造的事实提起民事诉讼，妨害司法秩序或者严重侵害他人合法权益的行为。

本条共分为4款。第1款是关于虚假诉讼罪及其处罚的规定。

本罪在客观方面表现为以捏造的事实提起民事诉讼，妨害司法秩序或者严重侵害他人合法权益的行为。这里的“民事诉讼”，是指人民法院在当事人和全体诉讼参与人的参加下，依法审理和解决民事纠纷的活动，具体包括提起普通程序、简易程序、第三人撤销之诉、执行异议之诉、特别程序、审判监督程序、督促程序、公示催告程序、执行程序等。“捏造的事实”，是指虚构的并不存在的民事法律关系争议。根据2018年最高人民法院、最高人民检察院《关于办理虚假诉讼刑事案件适用法律若干问题的解释》的规定，采取伪造证据、虚假陈述等手段，实施下列行为之一，捏造民事法律关系，虚构民事纠纷，向人民法院提起民事诉讼的，应当认定为“以捏造的事实提起民事诉讼”：（1）与夫妻一方恶意串通，捏造夫妻共同债务的；（2）与他人恶意串通，捏造债权债务关系和以物抵债协议的；（3）与公司、企业的法定代表人、董事、监事、经理或者其他管理人员恶意串通，捏造公司、企业债务或者担保义务的；（4）捏造知识产权侵权关系或者不正当竞争关系的；（5）在破产案件审理过程中申报捏造的债权的；（6）与被执行人恶意串通，捏造债权或者对查封、扣押、冻结财产的优先权、担保物权的；（7）单方或者与他人恶意串通，捏造身份、合同、侵权、继承等民事法律关系的其他行为。隐瞒债务已经全部清偿的事实，向人民法院提起民事诉讼，要求他人履行债务的，以“以捏造的事实提起民事诉讼”论。向人民法院申请执行基于捏造的事实作出的仲裁裁决、公证债权文书，或者在民事执行过程中以捏造的事实对执行标的提出异议、申请参与执行财产分配的，属于“以捏造的事实提起民事诉讼”。

以捏造的事实提起民事诉讼，有下列情形之一的，应当认定为“妨害司法秩序或者严重侵害他人合法权益”：（1）致使人民法院基于捏造的事实采取财产保全或者行为保全措施的；（2）致使人民法院开庭审理，干扰正常司法活动的；（3）致使人民法院基于捏造的事实作出裁判文书、制作财产分配方案，或者立案执行基于捏造的事实作出的仲裁裁决、公证债权文书的；（4）多次以捏造的事实提起民事诉讼的；（5）曾因以捏造的事实提起民事诉讼被采取民事诉讼强制措施或者受过刑事追究的；（6）其他妨害司法秩序或者严重侵害他人合法权益的情形。这里需要注意的是，行为人的动机并不需要“谋取不正当利益”，只要实施上述行为，究竟是基于何种目的，不影响犯罪的成立。

在实践中，虚假诉讼多发于下列案件中：（1）被告为资不抵债的诉讼主体，尤其是其财产已进入法院执行拍卖程序的案件；（2）国有、集体企业，尤其是改制中的国有、集体企业为被告的案件；（3）政府规划拆迁区范围内的公民作为诉讼主体的分家、析产继承、买卖案件；（4）提起离婚诉讼前的某一时期，夫或妻一方经法院裁决债务案件异乎寻常多的离婚案件。

本罪的主体是民事诉讼的原告和其他当事人。自然人和单位均可构成本罪。

本罪在主观方面表现为故意，即具有破坏司法秩序或者侵害他人合法权益的目的。

第 2 款是单位构成虚假诉讼罪的规定。立法对单位犯本罪规定了双罚制，既对单位判处罚金，又对其直接负责的主管人员和其他直接责任人员，判处徒刑、拘役、管制、罚金等刑罚。

第 3 款是关于犯本罪同时又构成其他犯罪的处理。在实践中，行为人实施虚假诉讼，往往具有骗取财物等目的，会同时具备《刑法》分则规定的其他犯罪的构成要件，针对此种情形，有必要通过立法予以明确。根据该款规定，有虚假诉讼行为，非法占有他人财产或者逃避合法债务，又构成其他犯罪的，依照处罚较重的规定定罪从重处罚。这里需要注意的是，如果行为人实施虚假诉讼，不是基于非法占有他人财产或者逃避合法债务的，则不适用该款规定。

第 4 款是关于司法工作人员利用职权实施虚假诉讼行为的处理规则。本款分为两层意思：一是司法工作人员利用职权，与他人共同实施前三款行为的，从重处罚；二是司法工作人员利用职权，与他人共同实施前三款规定的虚假诉讼行为，同时构成其他犯罪的，依照处罚较重的规定定罪从重处罚。在实践中，司法工作人员利用职权实施虚假诉讼行为，还可能构成滥用职权、民事枉法裁判等犯罪。立法作上述规定，也是体现对司法工作人员参与虚假诉讼从重处罚的精神。

【实务问题】

1. 本条第 3 款的适用

本条第 3 款规定，实施虚假诉讼行为，非法占有他人财产或者逃避合法债务，又构成其他犯罪的，依照处罚较重的规定定罪从重处罚。这种情况构成牵连犯，手段行为构成虚假诉讼罪，目的行为构成贪污罪、职务侵占罪、虚假破产罪、妨害清算罪等，按照从一重罪从重处罚原则处断。

2. 本条第 4 款的适用

本条第 4 款规定，司法工作人员利用职权，与他人共同实施虚假诉讼行为的，从重处罚；同时构成其他犯罪的，依照处罚较重的规定定罪从重处罚。这一规定包括两层含义：第一，将司法工作人员利用职权参与实施犯罪规定为虚假诉讼罪的法定从重情节。第二，按照牵连犯的处断原则处理。司法工作人员参与虚假诉讼，往往是在明知是虚假诉讼的情况下装作不知道，继续进行诉讼程序。但需要注意的是，如果司法工作人员因此还有受贿犯罪行为的，则应当和虚假诉讼罪进行并罚。

3. 本罪罪与非罪的界限

区分本罪与一般违法行为的标准有二：一是妨害司法秩序；二是严重侵害他人合法权益。具备其中之一即可构成本罪。根据最高人民法院《关于适用〈中华人民共和国民事诉讼法〉的解释》的规定，本罪客观方面的“严重侵害他人合法权益”之“他人合法权益”，包括案外人的合法权益、国家利益、社会公共利益。

4. 本罪的立案追诉标准

根据《立案追诉标准（二）》第 78 条的规定，单独或者与他人恶意串通，以捏造的事实提起民事诉讼，涉嫌下列情形之一的，应予立案追诉：（1）致使人民法院基于捏造的事实采取财产保全或者行为保全措施的；（2）致使人民法院开庭审理，干扰正常司法活动的；（3）致使人民法院基于捏造的事实作出裁判文书、制作财产分配方案，或者立案执行基于捏造的事实作出的仲裁裁决、公证债权文书的；（4）多次以捏造的事实提起民事诉讼的；（5）因以捏造的事实提起民事诉讼被采取民事诉讼强制措施或者受过刑事追究的；（6）其他妨害司法秩序或者严重侵害他人合法权益的情形。

第三百零八条 〔打击报复证人罪〕

对证人进行打击报复的，处三年以下有期徒刑或者拘役；情节严重的，处三年以上七年以下有期徒刑。

本条是关于打击报复证人罪的罪刑条款内容。

【条文释义】

打击报复证人罪，是指对在诉讼中提供于己方不利证据的证人实施侵害其合法权益的行为。

本罪侵犯的对象只限于证人。证人，是指在诉讼过程中已经依法提供证明的证人，包括在各种诉讼过程中依法向法院提供证明的证人，以及在刑事诉讼中向公安、检察等司法机关提供证明的证人。

此外，还需要注意打击报复行为的形式。对证人进行打击报复的行为方式很多，如非法克扣证人的工资、奖金等；将证人调往脏、苦、累的岗位工作或者借口将证人调离本单位；给证人降级、降职、降薪；对证人的提职、晋升及职称评定予以压制；开除证人的党籍、公职或者予以解雇；非法关押证人；对证人或其近亲属进行骚扰等。不论行为人采取何种方式，对构成本罪均无影响。

【实务问题】

本罪罪与非罪的界限

打击报复证人，但情节显著轻微，危害不大的，一般不以犯罪论处，可予批评教育，或者给予相应的行政纪律处分。《刑事诉讼法》第63条规定："人民法院、人民检察院和公安机关应当保障证人及其近亲属的安全。对证人及其近亲属进行威胁、侮辱、殴打或者打击报复，构成犯罪的，依法追究刑事责任；尚不够刑事处罚的，依法给予治安管理处罚。"

第三百零八条之一

〔泄露不应公开的案件信息罪〕**司法工作人员、辩护人、诉讼代理人或者其他诉讼参与人，泄露依法不公开审理的案件中不应当公开的信息，造成信息公开传播或者其他严重后果的，处三年以下有期徒刑、拘役或者管制，并处或者单处罚金。**

有前款行为，泄露国家秘密的，依照本法第三百九十八条的规定定罪处罚。

〔披露、报道不应公开的案件信息罪〕**公开披露、报道第一款规定的案件信息，情节严重的，依照第一款的规定处罚。**

单位犯前款罪的，对单位判处罚金，并对其直接负责的主管人员和其他直接责任人员，依照第一款的规定处罚。

本条是关于泄露不应公开的案件信息罪和披露、报道不应公开的案件信息罪的罪刑条款内容。

本条为 2015 年 8 月 29 日通过的《刑法修正案（九）》所增加。

【条文释义】

本条共分为 4 款。第 1 款是关于泄露不应公开的案件信息罪及其处罚的规定。

泄露不应公开的案件信息罪，是指司法工作人员、辩护人、诉讼代理人或者其他诉讼参与人，泄露依法不公开审理的案件中不应当公开的信息，造成信息公开传播或者其他严重后果的行为。

本罪侵犯的客体是诉讼秩序和相关当事人的合法权益。

本罪在客观方面表现为泄露依法不公开审理的案件中不应当公开的信息，造成信息公开传播或者其他严重后果的行为。这里的“依法不公开审理的案件”，是指依照《刑事诉讼法》《民事诉讼法》《行政诉讼法》《未成年人保护法》等法律规定，应当不公开审理或者经当事人提出申请，人民法院决定不公开审理的案件。“不应当公开的信息”，是指公开以后可能对国家安全和利益、当事人受法律保护的隐私权、商业秘密造成损害，以及对涉案未成年人的身心健康造成不利影响的信息，包括案件涉及的国家秘密、个人隐私、商业秘密本身，也包括其他与案件有关不宜为诉讼参与人以外人员知悉的信息。对于未成年人犯罪案件，未成年犯罪嫌疑人、被告人的姓名、住所、照片、图像、就读学校以及其他可能推断出该未成年人身份信息的资料，都属于不应当公开的信息。造成不应当知悉有关案件信息的人员知悉有关案件信息的，即属于泄露不应当公开的信息的行为。“信息公开传播”，是指信息在一定数量的公众中广泛传播，信息的公开传播使对不公开审理制度所保护的法益的损害扩大，是严重的危害后果。“其他严重后果”，是指信息公开传播以外的其他严重的危害后果，如造成被害人不堪受辱而自杀，造成审判活动被干扰导致无法顺利进行等。

本罪的主体是特殊主体，具体包括司法工作人员、辩护人、诉讼代理人或者其他诉讼参与人。这里的“司法工作人员”，在刑事诉讼中，包括侦查人员、检察人员、审判人员和有监管职责的人员，在民事诉讼、行政诉讼中主要是审判人员。“辩护人”，是指在刑事诉讼中接受犯罪嫌疑人、被告人的委托或者法律援助机构的指派，为犯罪嫌疑人、被告人提供法律帮助的人，包括律师，人民团体或者犯罪嫌疑人、被告人所在单位推荐的人和犯罪嫌疑人、被告人的监护人、亲友。“诉讼代理人”，是指接受刑事公诉案件被害人及其法定代理人或者近亲属、自诉案件自诉人及其法定代理人、刑事附带民事诉讼案件当事人及其法定代理人、民事诉讼案件当事人及其法定代理人、行政诉讼案件当事人及其法定代理人的委托，代为参加诉讼和提供法律帮助的人，包括律师、基层法律服务工作者、当事人的近亲属或者工作人员、当事人所在社区、单位以及有关社会团体推荐的公民等。“其他诉讼参与人”，是指除司法工作人员、辩护人、诉讼代理人之外其他参加诉讼的人员，包括证人、鉴定人、出庭的有专门知识的人、记录人、翻译人等。

本罪在主观方面表现为故意。过失不构成本罪。

第2款是关于泄露不应公开的案件信息，同时泄露国家秘密的处理原则。根据有关法律规定，涉及国家秘密的案件实行不公开审理，因此，国家秘密属于不应公开的案件信息。有前款行为，泄露国家秘密的，依照《刑法》第398条的规定定罪处罚，更能体现对泄露国家秘密犯罪从严惩处的精神。

第3款是关于披露、报道不应公开的案件信息罪及其处罚的规定。

披露、报道不应公开的案件信息罪，是指公开披露、报道依法不公开审理的案件中不应当公开的信息，情节严重的行为。

本罪侵犯的客体是诉讼秩序和相关当事人的合法权益。

本罪在客观方面表现为公开披露、报道依法不公开审理的案件中不应当公开的信息，情节严重的行为。这里的“公开披露”，是指通过各种途径向他人和公众发布有关案件信息。“报道”，主要是指报刊、广播、电视、网站等媒体向公众公开传播有关案件信息。“情节严重”，主要是造成信息大量公开传播、为公众所知悉，给司法秩序和当事人合法权益造成严重损害，以及其他与此类似的严重后果。

本罪的主体是一般主体。单位和自然人都可以构成本罪。就自然人而言，不但媒体记者可以构成本罪，其他任何自然人都可以构成本罪。

本罪在主观方面表现为故意。

第4款是关于单位犯披露、报道不应公开的案件信息罪的处罚规定，即对单位实施上述行为，采取双罚制，对单位判处罚金，并对其直接负责的主管人员和其他直接责任人员，依照第1款的规定处罚。

【实务问题】

1. 泄露不应公开的案件信息罪，披露、报道不应公开的案件信息罪与泄露国家秘密罪的关系

如果司法工作人员、辩护人、诉讼代理人或者其他诉讼参与人泄露依法不应公开的案件信息，涉及国家秘密的，这一行为触犯数罪名的想象竞合犯，应当按照处刑更重的泄露国家秘密罪定罪处罚。存在疑问的是，本条并未明确规定披露、报道不应公开的案件信息罪是否适用第2款的规定。笔者认为，这应当根据刑法理论来解决，也应当按照想象竞合犯的处理原则处断，应当对该自然人或者单位的直接责任人员按照泄露国家秘密罪论处。

2. 泄露不应公开的案件信息罪，披露、报道不应公开的案件信息罪与侵犯

商业秘密罪的关系

在泄露不应公开的案件信息罪和披露、报道不应公开的案件信息罪的实施过程中，如果所泄露的信息是权利人的商业秘密的，可能同时构成《刑法》第219条所规定的侵犯商业秘密罪。按照想象竞合犯，比较泄露不应公开的案件信息罪，披露、报道不应公开的案件信息罪与侵犯商业秘密罪的法定刑，从一重罪处断。

第三百零九条 〔扰乱法庭秩序罪〕

有下列扰乱法庭秩序情形之一的，处三年以下有期徒刑、拘役、管制或者罚金：

（一）聚众哄闹、冲击法庭的；

（二）殴打司法工作人员或者诉讼参与人的；

（三）侮辱、诽谤、威胁司法工作人员或者诉讼参与人，不听法庭制止，严重扰乱法庭秩序的；

（四）有毁坏法庭设施，抢夺、损毁诉讼文书、证据等扰乱法庭秩序行为，情节严重的。

本条是关于扰乱法庭秩序罪的罪刑条款内容。

【主要修改】

本条为2015年8月29日通过的《刑法修正案（九）》所修改，该条内容原为："聚众哄闹、冲击法庭，或者殴打司法工作人员，严重扰乱法庭秩序的，处三年以下有期徒刑、拘役、管制或者罚金。"

【条文释义】

扰乱法庭秩序罪，是指行为人实施聚众哄闹、冲击法庭，殴打司法工作人员、诉讼参与人，侮辱、诽谤、威胁司法工作人员、诉讼参与人，不听法庭制止，严重扰乱法庭秩序以及毁坏法庭设施，抢夺、损毁诉讼文书、证据等扰乱法庭秩序，情节严重的行为。

本罪在客观方面表现为严重扰乱法庭秩序的行为。具体包括三个要素：

（1）从犯罪时间看，犯罪行为只能发生在法庭开庭审理过程中。法庭审理即从宣布开庭时起到宣布闭庭时止。

（2）从犯罪手段来看，必须表现为下列四种方式之一：①聚众哄闹、冲击法庭。聚众，是指纠合3人以上。哄闹，是指在法庭上或法庭周围进行起哄、喧哗、吵闹、搅乱、辱骂、播放噪音等活动。冲击，主要是指未经允许、不听劝阻，强行闯入法庭。②殴打司法工作人员或者诉讼参与人。③侮辱、诽谤、威胁司法工作人员或者诉讼参与人，不听法庭制止，严重扰乱法庭秩序。④有毁坏法庭设施，抢夺、损毁诉讼文书、证据等扰乱法庭秩序行为，情节严重的。

（3）从犯罪的结果看，必须是严重扰乱法庭秩序的行为，才构成扰乱法庭秩序罪。

【实务问题】

本罪与一般违法行为的界限

《刑事诉讼法》第 199 条规定："在法庭审判过程中，如果诉讼参与人或者旁听人员违反法庭秩序，审判长应当警告制止。对不听制止的，可以强行带出法庭；情节严重的，处以一千元以下的罚款或者十五日以下的拘留。罚款、拘留必须经院长批准。被处罚人对罚款、拘留的决定不服的，可以向上一级人民法院申请复议。复议期间不停止执行。对聚众哄闹、冲击法庭或者侮辱、诽谤、威胁、殴打司法工作人员或者诉讼参与人，严重扰乱法庭秩序，构成犯罪的，依法追究刑事责任。"《民事诉讼法》第 113 条第 3 款规定："人民法院对哄闹、冲击法庭，侮辱、诽谤、威胁、殴打审判人员，严重扰乱法庭秩序的人，依法追究刑事责任；情节较轻的，予以罚款、拘留。"《行政诉讼法》第 59 条规定，诉讼参与人或者其他人以暴力、威胁或者其他方法阻碍人民法院工作人员执行职务，或者以哄闹、冲击法庭等方法扰乱人民法院工作秩序的，人民法院可以根据情节轻重，予以训诫、责令具结悔过或者处 1 万元以下的罚款、15 日以下的拘留；构成犯罪的，依法追究刑事责任。

第三百一十条　〔窝藏、包庇罪〕

明知是犯罪的人而为其提供隐藏处所、财物，帮助其逃匿或者作假证明包庇的，处三年以下有期徒刑、拘役或者管制；情节严重的，处三年以上十年以下有期徒刑。

犯前款罪，事前通谋的，以共同犯罪论处。

本条是关于窝藏、包庇罪的罪刑条款内容。

【条文释义】

本条共分为 2 款。第 1 款是关于窝藏、包庇罪及其处罚的规定。

窝藏、包庇罪，是指明知是犯罪的人而为其提供隐藏处所、财物，帮助其逃匿或者作假证明包庇的行为。

本罪的对象是犯罪的人，既包括判决确定前的犯罪嫌疑人、被告人，也包括判决确定后的罪犯，还包括司法机关尚未刑事立案之前实施了犯罪行为的人(此时还不能称为犯罪嫌疑人)。实施一般违法行为的人不能成为本罪的对象。

本罪在客观方面表现为为犯罪的人提供隐藏处所、财物，帮助其逃匿或者作假证明对其进行包庇的行为。本罪包括以下两种可选择的犯罪行为：（1）窝藏，是指为犯罪分子提供隐藏处所、财物，帮助其逃匿的行为。具体包括：①为犯罪的人提供房屋或者其他可以用于隐藏的处所的；②为犯罪的人提供车辆、船只、航空器等交通工具，或者提供手机等通讯工具的；③为犯罪的人提供金钱的；④其他为犯罪的人提供隐藏处所、财物，帮助其逃匿的情形。（2）包庇，是指为犯罪分子作假证明等以掩盖其犯罪事实的行为。具体包括：①故意顶替犯罪的人欺骗司法机关的；②故意向司法机关作虚假陈述或者提供虚假证明，以证明犯罪的人没有实施犯罪行为，或者犯罪的人所实施行为不构成犯罪的；③故意向司法机关提供虚假证明，以证明犯罪的人具有法定从轻、减轻、免除处罚情节的；④其他作假证明包庇的行为。本罪的包庇行为仅限于作假证明予以包庇的行为，不包括其他形式的包庇行为。

本罪在主观方面表现为故意，即行为人明知是犯罪的人而窝藏、包庇。这里的“明知”，应当根据案件的客观事实，结合行为人的认知能力，接触被窝藏、包庇的犯罪人的情况，以及行为人和犯罪人的供述等主、客观因素进行认定。行为人将犯罪的人所犯之罪误认为其他犯罪的，不影响“明知”的认定。行为人虽然实施了提供隐藏处所、财物等行为，但现有证据不能证明行为人知道犯罪的人实施了犯罪行为的，不能认定为“明知”。

第 2 款是关于窝藏、包庇罪与本罪共同犯罪界限的规定。根据该款规定，明知是犯罪的人而予以窝藏、包庇，事前通谋的，以共同犯罪论处。这里所说的“事前通谋”，是指窝藏、包庇人与被窝藏、包庇的犯罪分子，在犯罪活动之前，就谋划或合谋，答应犯罪分子作案后，给以窝藏或者包庇的。这和《刑法》总则规定的主客观要件是一致的，如犯罪分子在犯罪之前，与行为人进行策划，行为人分工承担窝藏行为，或者答应在追究刑事责任时提供虚假证明来掩盖罪行等。因此，如果只是知道作案人要去实施犯罪，事后予以窝藏、包庇，或者事前知道作案人员要去实施犯罪，未去报案，犯罪发生后又窝藏、包庇犯罪分子，都不应以共同犯罪论处，而单独构成窝藏、包庇罪。

【实务问题】

1. 本罪罪与非罪的界限

单纯的知情不报行为不构成本罪。知情不报，是指行为人知晓犯罪事实或犯罪分子的情况而不主动或自觉向司法机关举报的行为。虽然这种行为在客观上起到了放纵犯罪分子的作用，但由于法律没有赋予其必须报告的作为义务，因而不能以犯罪论处。

2. 本罪“情节严重”的认定

根据2021年最高人民法院、最高人民检察院《关于办理窝藏、包庇刑事案件适用法律若干问题的解释》第4条的规定，窝藏、包庇犯罪的人，具有下列情形之一的，应当认定为“情节严重”：（1）被窝藏、包庇的人可能被判处无期徒刑以上刑罚的；（2）被窝藏、包庇的人犯危害国家安全犯罪、恐怖主义或者极端主义犯罪，或者系黑社会性质组织犯罪的组织者、领导者，且可能被判处10年有期徒刑以上刑罚的；（3）被窝藏、包庇的人系犯罪集团的首要分子，且可能被判处10年有期徒刑以上刑罚的；（4）被窝藏、包庇的人在被窝藏、包庇期间再次实施故意犯罪，且新罪可能被判处5年有期徒刑以上刑罚的；（5）多次窝藏、包庇犯罪的人，或者窝藏、包庇多名犯罪的人的；（6）其他情节严重的情形。这里所称“可能被判处”刑罚，是指根据被窝藏、包庇的人所犯罪行，在不考虑自首、立功、认罪认罚等从宽处罚情节时应当依法判处的刑罚。

3. 对保证人窝藏的认定

根据2021年最高人民法院、最高人民检察院《关于办理窝藏、包庇刑事案件适用法律若干问题的解释》第1条第2款的规定，保证人在犯罪的人取保候审期间，协助其逃匿，或者明知犯罪的人的藏匿地点、联系方式，但拒绝向司法机关提供的，应当依照《刑法》第310条第1款的规定，对保证人以窝藏罪定罪处罚。

第三百一十一条〔拒绝提供间谍犯罪、恐怖主义犯罪、极端主义犯罪证据罪〕

明知他人有间谍犯罪或者恐怖主义、极端主义犯罪行为，在司法机关向其调查有关情况、收集有关证据时，拒绝提供，情节严重的，处三年以下有期徒刑、拘役或者管制。

本条是关于拒绝提供间谍犯罪、恐怖主义犯罪、极端主义犯罪证据罪的罪刑条款内容。

【主要修改】

本条为2015年8月29日通过的《刑法修正案（九）》所修改，该条内容原为：“明知他人有间谍犯罪行为，在国家安全机关向其调查有关情况、收集有关证据时，拒绝提供，情节严重的，处三年以下有期徒刑、拘役或者管制。”

【条文释义】

拒绝提供间谍犯罪、恐怖主义犯罪、极端主义犯罪证据罪，是指明知他人有间谍犯罪或者恐怖主义、极端主义犯罪行为，在司法机关向其调查有关情况、收集有关证据时，拒绝提供，情节严重的行为。

本罪在客观方面表现为明知他人有间谍犯罪或者恐怖主义、极端主义犯罪行为，在司法机关向其调查有关情况、收集有关证据时，拒绝提供，情节严重的行为。这里的“间谍犯罪行为”，根据《中华人民共和国反间谍法》第 38 条的规定，是指下列行为：（1）间谍组织及其代理人实施或者指使、资助他人实施，或者境内外机构、组织、个人与其相勾结实施的危害中华人民共和国国家安全的活动；（2）参加间谍组织或者接受间谍组织及其代理人的任务的；（3）间谍组织及其代理人以外的其他境外机构、组织、个人实施或者指使、资助他人实施，或者境内机构、组织、个人与其相勾结实施的窃取、刺探、收买或者非法提供国家秘密或者情报，或者策动、引诱、收买国家工作人员叛变的活动；（4）为敌人指示攻击目标的；（5）进行其他间谍活动的。“恐怖主义犯罪行为”，根据《中华人民共和国反恐怖主义法》第 3 条的规定，是指通过暴力、破坏、恐吓等手段，制造社会恐慌、危害公共安全、侵犯人身财产，或者胁迫国家机关、国际组织，以实现其政治、意识形态等目的的犯罪行为。“极端主义犯罪行为”，主要是指以歪曲宗教教义或者其他方法煽动仇恨、煽动歧视、崇尚暴力等极端主义，构成犯罪的行为。“调查有关情况”，主要是指司法机关调查间谍犯罪或者恐怖主义、极端主义犯罪及其有关情况，包括立案前的调查核实和立案后的走访询问。调查的内容不仅包括间谍犯罪或者恐怖主义、极端主义犯罪行为本身的情况，还包括参加犯罪活动的人、线索，以及方法、手段、时间、地点等情况。“收集有关证据”，主要是指侦查人员根据《刑事诉讼法》所规定的侦查程序收集有关间谍犯罪或者恐怖主义、极端主义犯罪的证据材料。

关于“拒绝提供”，在《中华人民共和国反间谍法》和《中华人民共和国反恐怖主义法》中均有规定。《中华人民共和国反间谍法》第 22 条规定：“在国家安全机关调查了解有关间谍行为的情况、收集有关证据时，有关组织和个人应当如实提供，不得拒绝。”《中华人民共和国反恐怖主义法》第 82 条规定：“明知他人有恐怖活动犯罪、极端主义犯罪行为，窝藏、包庇，情节轻微，尚不构成犯罪的，或者在司法机关向其调查有关情况、收集有关证据时，拒绝提供的，由公安机关处十日以上十五日以下拘留，可以并处一万元以下罚款。”本罪的拒绝提供，是指公安司法机关在调查间谍犯罪、恐怖主义犯罪、极端主义犯罪有关情况、收集有关证据时，不肯告诉或提供自己所知道的有关情况、证据。既可以是明确表示不予提供或不知道，亦可以是虽未明确表示不予提供，但对所知道的情况、证据采取躲避、推诿、装糊涂、东拉西扯等方法拒绝提供，使得公安司法机关无法了解到有关的情况及证据。构成本罪，必须达到“情节严重”的程度。这里的“情节严重”，包括：（1）行为人在司法机关要求提供证据时进行暴力抗拒的；（2）行为人拒不提供证据手段恶劣的；（3）由于行为人的不配合而延误对间谍犯罪或者恐怖主义、极端主义犯罪案件的侦破，致使犯罪分子逃避法律追究或国家安全、利益遭受损害的；（4）妨害了司法机关执行维护国家安全任务的，等等。如果行为人虽然实施了拒绝提供证据的行为，但没有影响到司法机关的正常活动，没有造成危害国家安全或恐怖活动，没有使犯罪分子逃避法律制裁等严重后果的，则不构成本罪。

本罪在主观方面表现为故意。行为人在主观上必须具备两个条件：一是明知他人有间谍犯罪或者恐怖主义犯罪、极端主义犯罪行为。这里的“明知”，是指行为人知道或者应当知道，既包括知道他人实施间谍犯罪或者恐怖主义、极端主义犯罪行为的全部情况，也包括知道部分情况。二是故意拒绝提供有关情况和证据。过失不能构成本罪。

【实务问题】

本罪罪与非罪的界限

只有拒绝提供间谍犯罪或者恐怖主义、极端主义犯罪的证据才能构成本罪，拒绝提供其他犯罪的证据，不构成本罪。根据《刑法》第110条的规定，间谍犯罪包括两种行为：一是参加间谍组织或者接受间谍组织及其代理人的任务；二是为敌人指示轰击目标。恐怖主义犯罪、极端主义犯罪，既包括罪名冠有恐怖主义、极端主义字眼的犯罪，也包括恐怖分子所实施的故意杀人、爆炸等具体的恐怖活动犯罪。

单纯的知情不报不构成本罪。虽然《中华人民共和国反间谍法》第21条规定，公民和组织发现间谍行为，应当及时向国家安全机关报告；向公安机关等其他国家机关、组织报告的，相关国家机关、组织应当立即移送国家安全机关处理。但是，如果国家安全机关没有向行为人调查取证，就谈不上所谓拒绝，即使其明知他人有间谍犯罪行为或者掌握了他人的间谍犯罪证据，而没有主动报告、提供有关情况或证据（即知情不报），根据罪刑法定原则，也不构成犯罪。

第三百一十二条　〔掩饰、隐瞒犯罪所得、犯罪所得收益罪〕

明知是犯罪所得及其产生的收益而予以窝藏、转移、收购、代为销售或者以其他方法掩饰、隐瞒的，处三年以下有期徒刑、拘役或者管制，并处或者单处罚金；情节严重的，处三年以上七年以下有期徒刑，并处罚金。

单位犯前款罪的，对单位判处罚金，并对其直接负责的主管人员和其他直接责任人员，依照前款的规定处罚。

本条是关于掩饰、隐瞒犯罪所得、犯罪所得收益罪的罪刑条款内容。

【主要修改】

本条曾为 2006 年 6 月 29 日通过的《刑法修正案（六）》所修改，该条内容原为："明知是犯罪所得的赃物而予以窝藏、转移、收购或者代为销售的，处三年以下有期徒刑、拘役或者管制，并处或者单处罚金。"

2009 年 2 月 28 日通过的《刑法修正案（七）》增加一款，作为本条第 2 款。

【条文释义】

本条共分为 2 款。第 1 款是关于自然人主体犯掩饰、隐瞒犯罪所得、犯罪所得收益罪及其处罚的规定。

掩饰、隐瞒犯罪所得、犯罪所得收益罪，是指明知是犯罪所得及其产生的收益而予以窝藏、转移、收购、代为销售或者以其他方法掩饰、隐瞒的行为。

本罪的对象是犯罪所得及其产生的收益。根据 2021 年修正后的最高人民法院《关于审理掩饰、隐瞒犯罪所得、犯罪所得收益刑事案件适用法律若干问题的解释》第 10 条第 1 款的规定，"犯罪所得"，是指通过犯罪直接得到的赃款、赃物。"犯罪所得产生的收益"，是指上游犯罪的行为人对犯罪所得进行处理后得到的孳息、租金等。此外，2015 年《文物案件解释》将盗窃文物、盗掘古文化遗址、古墓葬等犯罪所获取的三级以上文物明确规定为本罪的犯罪对象。但需要注意的是：（1）认定掩饰、隐瞒犯罪所得、犯罪所得收益罪，以上游犯罪事实成立为前提。上游犯罪尚未依法裁判，但查证属实的，不影响掩饰、隐瞒犯罪所得、犯罪所得收益罪的认定。（2）上游犯罪事实经查证属实，但因行为人未达到刑事责任年龄等原因依法不予追究刑事责任的，不影响掩饰、隐瞒犯罪所得、犯罪所得收益罪的认定。

本罪在客观方面表现为窝藏、转移、收购、代为销售或者以其他方法掩饰、隐瞒犯罪所得及其收益的行为。本罪具体包括五种可选择的行为方式：（1）窝藏。这是指提供藏匿犯罪所得及其产生的收益的场所。（2）转移。这是指以运输等方式将犯罪所得及其产生的收益由一个地方移动到另一个地方。（3）收购。这是指为自己或者他人使用而购买犯罪所得及其产生的收益。（4）代为销售。这是指为罪犯销售赃物，或者低价买进、高价卖出犯罪所得及其产生的收益。（5）其他方法。这是指除上述四种方法以外的其他方法。根据 2021 年修正后的最高人民法院《关于审理掩饰、隐瞒犯罪所得、犯罪所得收益刑事案件适用法律若干问题的解释》第 10 条第 2 款的规定，明知是犯罪所得及其产生的收益而采取窝藏、转移、收购、代为销售以外的方法，如居间介绍买卖，收受，持有，使用，加工，提供资金账户，协助将财物转换为现金、金融票据、有价证券，协助将资金转移、汇往境外等，应当认定为《刑法》第 312 条规定的“其他方法”。

本罪的主体是一般主体，包括自然人和单位。犯罪分子本人不能成为本罪的主体，共同犯罪分子之间也不能成为本罪的主体。根据 2021 年修正后的最高人民法院《关于审理掩饰、隐瞒犯罪所得、犯罪所得收益刑事案件适用法律若干问题的解释》第 9 条的规定，盗用单位名义实施掩饰、隐瞒犯罪所得及其产生的收益行为，违法所得由行为人私分的，依照自然人犯罪的规定定罪处罚。

本罪在主观方面表现为故意，即明知是犯罪所得及其产生的收益而予以窝藏、转移、收购、代为销售或者以其他方法掩饰、隐瞒其性质和来源。认定本罪的“明知”，不能仅凭被告人的口供，应当根据案件的客观事实予以分析。只要证明被告人知道或者应当知道是犯罪所得及其产生的收益而窝藏、转移、收购、代为销售等方式掩饰、隐瞒，就可以认定为故意。参照 2009 年最高人民法院《关于审理洗钱等刑事案件具体应用法律若干问题的解释》第 1 条第 1、2 款的规定，“明知”应当结合被告人的认知能力，接触他人犯罪所得及其收益的情况，犯罪所得及其收益的种类、数额，犯罪所得及其收益的转换、转移方式以及被告人的供述等主、客观因素进行认定。具有下列情形之一的，可以认定被告人明知系犯罪所得及其收益，但有证据证明确实不知道的除外：（1）知道他人从事犯罪活动，协助转换或者转移财物的；（2）没有正当理由，通过非法途径协助转换或者转移财物的；（3）没有正当理由，以明显低于市场的价格收购财物的；（4）没有正当理由，协助转换或者转移财物，收取明显高于市场的“手续费”的；（5）没有正当理由，协助他人将巨额现金散存于多个银行账户或者在不同银行账户之间频繁划转的；（6）协助近亲属或者其他关系密切的人转换或者转移与其职业或者财产状况明显不符的财物的；（7）其他可以认定行为人明知的情形。

第 2 款是关于单位犯掩饰、隐瞒犯罪所得、犯罪所得收益罪处罚原则的规定，即单位犯本罪的，对单位判处罚金，并对其直接负责的主管人员和其他直接责任人员依照自然人犯本罪的规定处罚。

【实务问题】

1. 本罪与盗窃罪、诈骗罪、抢劫罪、抢夺罪等犯罪的界限

根据 2021 年修正后的最高人民法院《关于审理掩饰、隐瞒犯罪所得、犯罪所得收益刑事案件适用法律若干问题的解释》第 5 条的规定，事前与盗窃、抢劫、诈骗、抢夺等犯罪分子通谋，掩饰、隐瞒犯罪所得及其产生的收益的，以盗窃、抢劫、诈骗、抢夺等犯罪的共犯论处。事前未通谋，事后明知是犯罪赃物及其收益而予以窝藏、转移、收购、代为销售或以其他方法掩饰、隐瞒的，才以本

罪追究刑事责任。

2. 本罪与窝藏、包庇罪的界限

本罪与窝藏、包庇罪的区别关键在于犯罪对象不同。本罪的犯罪对象是犯罪分子所得赃物及其产生的收益；而窝藏、包庇罪的犯罪对象是犯罪分子。如果行为人不但窝藏、包庇犯罪分子，还为该犯罪分子以窝藏、转移、收购、代为销售或其他方法掩饰、隐瞒犯罪所得及其收益的，应当数罪并罚。

3. 本罪与洗钱罪的界限

本罪与洗钱罪的区别主要在于上游犯罪的范围不同。本罪只适用于洗钱罪中规定的毒品犯罪、黑社会性质的组织犯罪、恐怖活动犯罪、走私犯罪、贪污贿赂犯罪、破坏金融管理秩序犯罪、金融诈骗犯罪七类犯罪以外的其他犯罪的犯罪所得及其产生的收益，对这七类犯罪的犯罪所得及其产生的收益的性质和来源进行掩饰、隐瞒的，应当以洗钱罪论处。

4. 本罪的入罪标准

根据 2021 年修正后的最高人民法院《关于审理掩饰、隐瞒犯罪所得、犯罪所得收益刑事案件适用法律若干问题的解释》第 1 条第 1 款的规定，明知是犯罪所得及其产生的收益而予以窝藏、转移、收购、代为销售或者以其他方法掩饰、隐瞒，具有下列情形之一的，应当以掩饰、隐瞒犯罪所得、犯罪所得收益罪定罪处罚：（1）一年内曾因掩饰、隐瞒犯罪所得及其产生的收益行为受过行政处罚，又实施掩饰、隐瞒犯罪所得及其产生的收益行为的；（2）掩饰、隐瞒的犯罪所得系电力设备、交通设施、广播电视设施、公用电信设施、军事设施或者救灾、抢险、防汛、优抚、扶贫、移民、救济款物的；（3）掩饰、隐瞒行为致使上游犯罪无法及时查处，并造成公私财物损失无法挽回的；（4）实施其他掩饰、隐瞒犯罪所得及其产生的收益行为，妨害司法机关对上游犯罪进行追究的。

根据 2022 年《危害药品案件解释》第 13 条的规定，明知系利用医保骗保购买的药品而非法收购、销售，金额 5 万元以上的，应当依照《刑法》第 312 条的规定，以掩饰、隐瞒犯罪所得罪定罪处罚

第三百一十三条〔拒不执行判决、裁定罪〕

对人民法院的判决、裁定有能力执行而拒不执行，情节严重的，处三年以下有期徒刑、拘役或者罚金；情节特别严重的，处三年以上七年以下有期徒刑，并处罚金。

单位犯前款罪的，对单位判处罚金，并对其直接负责的主管人员和其他直接责任人员，依照前款的规定处罚。

本条是关于拒不执行判决、裁定罪的罪刑条款内容。

【主要修改】

本条为2015年8月29日通过的《刑法修正案（九）》所修改，该条内容原为："对人民法院的判决、裁定有能力执行而拒不执行，情节严重的，处三年以下有期徒刑、拘役或者罚金。"

【条文释义】

本条共分为2款。第1款是关于拒不执行判决、裁定罪及其处罚的规定。

拒不执行判决、裁定罪，是指对人民法院的判决、裁定有能力执行而拒不执行，情节严重的行为。

本罪的对象是人民法院的判决、裁定。判决，是指人民法院对民事案件依法定程序审理后对案件的实体问题依法作出的具有法律效力的结论性判定。裁定，是指人民法院在审理民事案件的过程中对有关诉讼程序的事项作出的判定。根据2002年全国人民代表大会常务委员会《关于〈中华人民共和国刑法〉第三百一十三条的解释》的规定，《刑法》第313条规定的"人民法院的判决、裁定"，是指人民法院依法作出的具有执行内容并已发生法律效力的判决、裁定。人民法院为依法执行支付令、生效的调解书、仲裁裁决、公证债权文书等所作的裁定属于该条规定的裁定。

实践中作为本罪拒不执行对象的判决和裁定，主要是人民法院审理民事案件所作出的判决和裁定，但从法律规定上讲，刑事案件、行政案件的判决和裁定也属于本条规定的"判决、裁定"。《刑法修正案（九）》还在《刑法》第37条之一中专门明确，违反人民法院作出的禁止从事相关职业的决定，情节严重的，依照《刑法》第313条的规定定罪处罚。

本罪在客观方面表现为对人民法院的判决、裁定有能力执行而拒不执行，情节严重的行为。本罪在客观方面包括两个不可或缺的方面：（1）有能力执行。这是构成本罪的前提条件。客观上确实没有能力执行的，不构成本罪。（2）有能力执行而拒不执行。这是构成本罪的关键条件。拒不执行判决、裁定的手段多种多样，如在人民法院发出执行通知以后，隐藏、转移、变卖、毁损已被依法查封、扣押或者已被清点并责令其保管的财产，转移已被冻结的财产；隐藏、转移、变卖、毁损在执行中向人民法院提供担保的财产；以暴力、威胁方法妨害或者抗拒执行，致使执行工作无法进行；聚众哄闹、冲击执行现场，围困、扣押、殴打执行人员，致使执行工作无法进行；毁损、抢夺执行案件材料、执行公务车辆和其他执行器械、执行人员服装以及执行公务证件，等等。

本罪的主体是特殊主体，只有负有执行人民法院生效判决、裁定义务的人才能单独构成本罪。自然人和单位均能构成本罪。根据2020年修正后的最高人民法院《关于审理拒不执行判决、裁定刑事案件适用法律若干问题的解释》第1条的规定，被执行人、协助执行义务人、担保人等负有执行义务的人对人民法院的判决、裁定有能力执行而拒不执行，情节严重的，应当以拒不执行判决、裁定罪论处。

本罪在主观方面表现为故意，即明知是人民法院生效的判决、裁定而拒不执行。过失不构成本罪。

第2款是关于单位犯本罪及其处罚的规定。单位犯本罪的，对单位判处罚金，并对其直接负责的主管人员和其他直接责任人员依照本罪的规定处罚。

【实务问题】

1. 本罪与一般违法行为的界限

区分本罪与一般违法行为的关键在于，拒不执行判决、裁定的行为是否达到情节严重的程度。只有具有全国人大常委会《关于〈中华人民共和国刑法〉第三百一十三条的解释》规定的下述五种严重情形之一的，才以犯罪论处，否则以一般违法行为处理：（1）被执行人隐藏、转移、故意毁损财产或者无偿转让财产、以明显不合理的低价转让财产，致使判决、裁定无法执行的；（2）担保人或者被执行人隐藏、转移、故意毁损或者转让已向人民法院提供担保的财产，致使判决、裁定无法执行的；（3）协助执行义务人接到人民法院协助执行通知书后，拒不协助执行，致使判决、裁定无法执行的；（4）被执行人、担保人、协助执行义务人与国家机关工作人员通谋，利用国家机关工作人员的职权妨害执行，致使判决、裁定无法执行的；（5）其他有能力执行而拒不执行，情节严重的情形。根据2020年修正后的最高人民法院《关于审理拒不执行判决、裁定刑事案件适用法律若干问题的解释》第2条的规定，负有执行义务的人有能力执行而实施下列行为之一的，应当认定为全国人大常委会《关于〈中华人民共和国刑法〉第三百一十三条的解释》中规定的“其他有能力执行而拒不执行，情节严重的情形”：（1）具有拒绝报告或者虚假报告财产情况、违反人民法院限制高消费及有关消费令等拒不执行行为，经采取罚款或者拘留等强制措施后仍拒不执行的；（2）伪造、毁灭有关被执行人履行能力的重要证据，以暴力、威胁、贿买方法阻止他人作证或者指使、贿买、胁迫他人作伪证，妨碍人民法院查明被执行人财产情况，致使判决、裁定无法执行的；（3）拒不交付法律文书指定交付的财物、票证或者拒不迁出房屋、退出土地，致使判决、裁定无法执行的；（4）与他人串通，通过虚假诉讼、虚假仲裁、虚假和解等方式妨害执行，致使判决、裁定无法执行的；（5）以暴力、威胁方法阻碍执行人员进入执行现场或者聚众哄闹、冲击执行现场，致使执行工作无法进行的；（6）对执行人员进行侮辱、围攻、扣押、殴打，致使执行工作无法进行的；（7）毁损、抢夺执行案件材料、执行公务车辆和其他执行器械、执行人员服装以及执行公务证件，致使执行工作无法进行的；（8）拒不执行法院判决、裁定，致使债权人遭受重大损失的。

2. 本罪共同犯罪的认定

（1）国家机关工作人员与被执行人、担保人、协助执行义务人通谋，利用国家机关工作人员的职权妨害执行，致使判决、裁定无法执行的，对国家机关工作人员以拒不执行判决、裁定罪的共犯追究刑事责任。（2）其他人与被执行人共同实施下列抗拒执行判决、裁定行为，情节严重的，以拒不执行判决、裁定罪的共犯依法追究刑事责任：①以暴力、威胁方法妨害或者抗拒执行，致使执行工作无法进行；②聚众哄闹、冲击执行现场，围困、扣押、殴打执行人员，致使执行工作无法进行；③毁损、抢夺执行案件材料、执行公务车辆和其他执行器械、执行人员服装以及执行公务证件，等等。

3. 一罪与数罪的界限

（1）国家机关工作人员收受贿赂或者滥用职权，与被执行人、担保人、协助执行义务人通谋，利用国家机关工作人员的职权妨害执行，致使判决、裁定无法执行，同时又构成受贿罪、执行判决、裁定滥用职权罪的，依照处罚较重的规定定罪处罚。（2）暴力抗拒人民法院执行判决、裁定，杀害、重伤执行人员的，以故意杀人罪、故意伤害罪定罪处罚。

第三百一十四条　〔非法处置查封、扣押、冻结的财产罪〕

隐藏、转移、变卖、故意毁损已被司法机关查封、扣押、冻结的财产，情节严重的，处三年以下有期徒刑、拘役或者罚金。

本条是关于非法处置查封、扣押、冻结的财产罪的罪刑条款内容。

【条文释义】

非法处置查封、扣押、冻结的财产罪，是指隐藏、转移、变卖、故意毁损已被司法机关查封、扣押、冻结的财产，情节严重的行为。

本罪的对象只能是已被司法机关查封、扣押、冻结的财产。所谓已被司法机关查封、扣押、冻结的财产，是指司法机关依照法律规定的条件和程序，履行法律规定的手续而查封、扣押、冻结的财产。查封，是对涉案人员的财物或场所就地封存的强制措施。冻结，是为防止违法行为人转移资金、抽逃资金而对涉案财产采取的限制其流动的一种强制措施。扣押，是指司法机关为防止案件当事人处分、转移财产而对涉案财产采取的扣留、保管的强制措施。

非法处置包括隐藏、转移、变卖、毁损四种行为方式。隐藏，是指将已被司法机关查封、扣押、冻结的财产隐蔽、藏匿起来，意图使司法机关无法发现的行为。转移，是指将已被司法机关查封、扣押、冻结的财产改换位置，从一处移至另一处，意图使司法机关难以查找、查找不到或者使其失去本应具有的证明效力的行为。变卖，是指违反规定，将已被司法机关查封、扣押、冻结的财产出卖，以换取现金或其他等价物的行为。毁损，是指将已被司法机关查封、扣押、冻结的财产进行损伤、损毁，使之失去财物或者证据价值的行为。

本罪在主观方面只能出于故意，即明知是已被司法机关查封、扣押、冻结的财产，仍采取隐藏、转移、变卖、故意毁损的手段予以处分。过失不构成本罪。

【实务问题】

本罪与一般违法行为的界限

只有情节严重的，才构成本罪；否则予以其他处罚。例如，《民事诉讼法》第 114 条规定，诉讼参与人或者其他人隐藏、转移、变卖、毁损已被查封、扣押的财产的，人民法院可以根据情节轻重予以罚款、拘留；构成犯罪的，依法追究刑事责任。

第三百一十五条 〔破坏监管秩序罪〕

依法被关押的罪犯，有下列破坏监管秩序行为之一，情节严重的，处三年以下有期徒刑：

（一）殴打监管人员的；

（二）组织其他被监管人破坏监管秩序的；

（三）聚众闹事，扰乱正常监管秩序的；

（四）殴打、体罚或者指使他人殴打、体罚其他被监管人的。

本条是关于破坏监管秩序罪的罪刑条款内容。

【条文释义】

破坏监管秩序罪，是指依法被关押的罪犯，故意破坏监管秩序，情节严重的行为。

破坏监管秩序罪包括下列四种行为方式：

（1）殴打监管人员。所谓殴打，是指对监管人员实施拳打脚踢等轻微的暴力行为，其意在造成监管人员的肉体痛苦，一般不会造成被殴打者身体组织完整及身体器官功能的破坏。所谓监管人员，是指在监狱、未成年犯管教所、看守所、拘役所等监管场所依法对罪犯实行监督、管教的工作人员。如果殴打行为导致监管人员重伤甚至死亡的，则应以故意伤害罪、故意杀人罪等论处。

（2）组织其他被监管人破坏监管秩序。所谓组织，是指利用诸如劝说、利诱、蛊惑、勾引、威胁、挑拨等手段召集、纠合他人一起去实施破坏监管秩序的行为。至于组织者本身是否实施破坏行为的实行行为，以及被组织者是否实施了破坏行为，则不影响本罪成立。被监管人，在这里不仅指罪犯，也包括与组织者在同一监管场所的所有被监管人员，如看守所中被依法关押、监管的犯罪嫌疑人、被告人等。

（3）聚众闹事，扰乱正常监管秩序。所谓聚众，是指聚集 3 人以上。所谓闹事，是指哄闹、制造事端。本行为只有组织者才能构成。

（4）殴打、体罚或者指使他人殴打、体罚其他被监管人。所谓体罚，是指采取罚跪、罚站、罚冻、罚饿、罚晒、不许睡觉等方法给被体罚人造成肉体痛苦。所谓他人，是指除罪犯以外的其他人员，包括被依法拘留、逮捕的犯罪嫌疑人、被告人等的被监管人员。被殴打、体罚者，既可以是正在服刑的罪犯，也可以是被刑事拘留、逮捕的犯罪嫌疑人、被告人等。

【实务问题】

本罪罪与非罪的界限

破坏监管秩序行为，只有在情节严重时，才构成犯罪。所谓情节严重，一般指：（1）多次殴打监管人员的；（2）为抗拒改造而殴打监管人员的；（3）殴打监管人员致伤的；（4）多次聚众闹事扰乱监管秩序的；（5）聚众绝食影响恶劣的；（6）聚众冲击办公场所毁坏财物的；（7）多次组织其他被监管人破坏监管秩序的；（8）组织的人数众多的；（9）建立了较严密组织形式破坏监管秩序的；（10）多次殴打、体罚或者指使他人殴打体罚其他被监管人或者致人伤害的；（11）兼有本条所述的多种破坏监管秩序的行为的，等等。对于尚未达到情节严重程度的破坏监管秩序的行为，给予非刑事处罚。《监狱法》第 58 条规定，罪犯有下列破坏监管秩序情形之一的，监狱可以给予警告、记过或者禁闭：（1）聚众哄闹监狱，扰乱正常秩序的；（2）辱骂或者殴打人民警察的；（3）欺压其他罪犯的；（4）偷窃、赌博、打架斗殴、寻衅滋事的；（5）有劳动能力拒不参加劳动或者消极怠工，经教育不改的；（6）以自伤、自残手段逃避劳动的；（7）在生产劳动中故意违反操作规程，或者有意损坏生产工具的；（8）有违反监规纪律的其他行为的。依照上述规定对罪犯实行禁闭的期限为 7 天至 15 天。罪犯在服刑期间有上述所列行为，构成犯罪的，依法追究刑事责任。

第三百一十六条

〔脱逃罪〕**依法被关押的罪犯、被告人、犯罪嫌疑人脱逃的，处五年以下有期徒刑或者拘役。**

〔劫夺被押解人员罪〕**劫夺押解途中的罪犯、被告人、犯罪嫌疑人的，处三年以上七年以下有期徒刑；情节严重的，处七年以上有期徒刑。**

本条是关于脱逃罪和劫夺被押解人员罪的罪刑条款内容。

【条文释义】

本条共分为 2 款。第 1 款是脱逃罪及其处罚的规定。

脱逃罪，是指依法被关押的罪犯、被告人、犯罪嫌疑人非法脱离监管机关的实际支配而逃走，以逃避羁押监管，非法谋求人身自由的行为。

本罪在客观方面表现为从羁押场所或者押解途中脱逃的行为。根据所使用的犯罪手段的不同，可以将脱逃行为大致分为两大类：一类是暴力性脱逃，即对监管人员使用暴力或以暴力相威胁而逃跑；另一类是非暴力性脱逃，往往表现为趁监管人员不备而逃走。

本罪的主体是特殊主体，即依法被关押的犯罪嫌疑人、被告人和罪犯。没有被关押的犯罪嫌疑人、被告人和罪犯不能构成本罪。本罪的最低刑事责任年龄是年满 16 周岁，如果被关押的犯罪嫌疑人、被告人和罪犯（犯《刑法》第 17 条第 2 款规定的 8 类严重犯罪）处于已满 14 周岁不满 16 周岁之间的，其脱逃行为不能以犯罪论处。

第 2 款是劫夺被押解人员罪及其处罚的规定。

劫夺被押解人员罪，是指以暴力、威胁或者其他方法，强行劫取押解途中的罪犯、被告人、犯罪嫌疑人，或者公然夺取押解途中的罪犯、被告人、犯罪嫌疑人的行为。

被押解人员，是指被押解的罪犯、被告人及犯罪嫌疑人。劫夺，是指使用暴力、胁迫或者其他方法夺取或者释放被押解人，以使其脱离押解人员控制的行为。押解途中，是指将被依法关押的人自关押场所押解出来后直至押解人关押场所前的全过程。

【实务问题】

1. 脱逃罪罪与非罪的界限

对多次逃离监管区域又自动及时返回的，由于行为人主观上没有逃避监管的意图，客观上也没有追求和实现脱逃结果，对其不应以脱逃罪论处，给予行政处罚即可。

2. 脱逃罪既遂与未遂的界限

脱逃罪是行为犯，应当以脱逃行为是否完成作为区分既遂和未遂的标准。脱逃行为是否完成以是否达到逃避羁押监管的程度为临界点。具体而言，在看守所、监狱内的，以脱离羁押的建筑物、围墙为标志；在外劳动的，以划定的警戒线为标志；在押解途中的，以是否逃离押解人员的控制为标志。在共同犯罪中，只要有一名共同犯罪分子脱逃既遂，全体成员都应认定为既遂。

3. 脱逃罪、劫夺被押解人员罪与故意伤害罪、故意杀人罪的界限

如果行为人以对监管人员、押解人员使用故意伤害、故意杀人等暴力方法实现脱逃或者劫夺被押解人员目的的，属于一行为触犯数罪名的想象竞合犯，应当从一重罪处断，即应当以故意伤害罪、故意杀人罪论处。

第三百一十七条

〔组织越狱罪〕**组织越狱的首要分子和积极参加的，处五年以上有期徒刑；其他参加的，处五年以下有期徒刑或者拘役。**

〔暴动越狱罪；聚众持械劫狱罪〕**暴动越狱或者聚众持械劫狱的首要分子和积极参加的，处十年以上有期徒刑或者无期徒刑；情节特别严重的，处死刑；其他参加的，处三年以上十年以下有期徒刑。**

本条是关于组织越狱罪、暴动越狱罪和聚众持械劫狱罪的罪刑条款内容。

【条文释义】

本条共分为2款。第1款是组织越狱罪及其处罚的规定。

组织越狱罪，是指依法被关押的罪犯、被告人、犯罪嫌疑人，在首要分子的组织、策划、指挥下，有组织、有计划地以非暴动的方式集体越狱逃跑的行为。

本罪在客观方面表现为被关押的罪犯、被告人、犯罪嫌疑人，在首要分子的组织、策划和指挥下，有组织、有计划地逃往狱外的行为。这里所说的“狱”，包括监狱、看守所等场所。在押解罪犯的路途中，罪犯有计划、有组织地逃跑的，也属于组织越狱的行为。越狱的方式包括翻越狱墙、冲闯狱门、挖掘地道等。

第2款是暴动越狱罪和聚众持械劫狱罪及其处罚的规定。

暴动越狱罪，是指依法被关押的罪犯、被告人、犯罪嫌疑人，在首要分子的组织、策划、指挥下，采用暴动的方法集体越狱逃跑的行为。

本罪在客观方面表现为被关押的罪犯、被告人、犯罪嫌疑人以有组织或者聚众的形式集体使用暴力手段强行越狱的行为。

聚众持械劫狱罪，是指狱外的人在首要分子的纠集下，持械冲击罪犯、被告人、犯罪嫌疑人关押地点（如监狱、看守所、少管所、拘役所或者在罪犯、被告人、犯罪嫌疑人被押解途中），劫夺在押犯人逃离关押点的行为。

本罪在客观方面表现为狱外的人持械以暴力劫夺狱中的罪犯的行为。聚众，

是指聚集 3 人以上。持械，是指携带、持有、使用枪支、管制刀具以及其他具有较大杀伤力、破坏力的器械。劫狱，是指采用暴力或者其他方法劫夺狱中在押的罪犯。这里的“狱”应作广义理解，泛指一切关押、羁押、监管罪犯的场所。

【实务问题】

1. 组织越狱罪和聚众持械劫狱罪的界限

两罪主要的区别在于主体要件不同，聚众持械劫狱罪是由狱外人员实施的行为；而组织越狱罪是狱内的在押罪犯、被告人、犯罪嫌疑人，在首要分子的组织、指挥、策划下，集体逃往狱外的行为。

2. 组织越狱罪与脱逃罪的界限

两罪在客观方面都表现为在押的罪犯、被告人、犯罪嫌疑人逃离监管、羁押场所的行为。二者的主要区别是：（1）行为方式不同。组织越狱罪在客观方面表现为有计划、有组织地进行，公开与国家监管机关对抗；而脱逃罪在客观方面往往采取秘密逃跑的方式。（2）组织越狱罪是多数在押的罪犯、被告人、犯罪嫌疑人勾结在一起，在首要分子的组织、指挥、策划下，有组织、有计划地集体逃跑越狱的行为；而脱逃罪一般只是个别被关押的罪犯、被告人、犯罪嫌疑人单独的逃跑行为。

第三节　妨害国（边）境管理罪

第三百一十八条　〔组织他人偷越国（边）境罪〕

组织他人偷越国（边）境的，处二年以上七年以下有期徒刑，并处罚金；有下列情形之一的，处七年以上有期徒刑或者无期徒刑，并处罚金或者没收财产：

（一）组织他人偷越国（边）境集团的首要分子；

（二）多次组织他人偷越国（边）境或者组织他人偷越国（边）境人数众多的；

（三）造成被组织人重伤、死亡的；

（四）剥夺或者限制被组织人人身自由的；

（五）以暴力、威胁方法抗拒检查的；

（六）违法所得数额巨大的；

（七）有其他特别严重情节的。

犯前款罪，对被组织人有杀害、伤害、强奸、拐卖等犯罪行为，或者对检查人员有杀害、伤害等犯罪行为的，依照数罪并罚的规定处罚。

本条是关于组织他人偷越国（边）境罪的罪刑条款内容及犯组织他人偷越国（边）境罪同时又有其他相关犯罪行为的如何处罚的规定。

【条文释义】

本条共分为2款。第1款是关于组织他人偷越国（边）境罪及其处罚的规定。

组织他人偷越国（边）境罪，是指违反国（边）境管理法规，组织他人偷越国（边）境的行为。

本罪在客观方面表现为未经办理有关出国、出境证件和手续，领导、策划、指挥他人偷越国（边）境或者在首要分子指挥下，实施拉拢、引诱、介绍他人偷越国（边）境等行为。组织他人偷越国（边）境，既可以是组织境内人员偷渡到境外，也可以是组织境外人员偷渡到境内。具有下列情形之一的，应当认定为“组织他人偷越国（边）境”行为：（1）组织他人通过虚构事实、隐瞒真相等方式掩盖非法出入境目的，骗取出入境边防检查机关核准出入境的；（2）组织依法限定在我国边境地区停留、活动的人员，违反国（边）境管理法规，非法进入我国非边境地区的。这里的“国境”，是指我国与外国的国界。“边境”，是指我国大陆与港、澳、台地区的交界。

本罪在主观方面表现为故意，一般具有营利目的。

本款规定的“组织他人偷越国（边）境集团的首要分子”，是指在组织他人偷越国（边）境犯罪集团中起策划、领导、指挥作用的犯罪分子。“多次组织他人偷越国（边）境或者组织他人偷越国（边）境人数众多”，是指组织他人偷越国（边）境3次以上，或者组织他人偷越国（边）境人数在10人以上的。“造成被组织人重伤、死亡”，是指在组织他人偷越国（边）境过程中，因被害人自杀、疾病或者交通工具故障等原因导致被组织人重伤、死亡的。“剥夺或者限制被组织人人身自由”，是指对被组织人采取捆绑、扣押等强制方法剥夺、限制其人身自由的。“以暴力、威胁方法抗拒检查”，是指对依法执行检查任务的人员采取杀伤等暴力或威胁方法抗拒检查的。“违法所得数额巨大”，是指通过组织他人偷越国（边）境而获取巨额财物的。“有其他特别严重情节”，是指除上述六种情形之外，具有其他手段特别残忍、后果特别严重、影响特别恶劣的情节。

第2款是关于犯组织他人偷越国（边）境罪同时又有其他相关犯罪行为的如何处罚的规定。在组织他人偷越国（边）境过程中，又另行对被组织人或者检查人员实施了故意杀人、故意伤害、强奸或者拐卖妇女、儿童等犯罪行为，要分别定组织他人偷越国（边）境罪和故意杀人罪、故意伤害罪、强奸罪、拐卖妇女、儿童罪等犯罪，依照数罪并罚的规定处罚。

【实务问题】

1. 本罪的立案标准

根据公安部《关于妨害国（边）境管理犯罪案件立案标准及有关问题的通知》的规定，组织他人偷越国（边）境的，应当立案侦查。组织他人偷越国（边）境，具有下列情形之一的，应当立为重大案件：（1）一次组织 20—49 人偷越国（边）境的；（2）组织他人偷越国（边）境 3—4 次的；（3）造成被组织人重伤 1—2 人的；（4）剥夺或者限制被组织人人身自由的；（5）以暴力、威胁方法抗拒检查的；（6）违法所得人民币 5—20 万元的；（7）有其他严重情节的。组织他人偷越国（边）境，具有下列情形之一的，应当立为特别重大案件：（1）一次组织 50 人以上偷越国（边）境的；（2）组织他人偷越国（边）境 5 次以上的；（3）造成被组织人重伤 3 人以上或者死亡 1 人以上的；（4）违法所得 20 万元以上的；（5）有其他特别严重情节的。

2. 罪数的认定

在实践中，需要注意一罪与数罪的区分。如果行为人在组织他人偷越国（边）境过程中，造成被组织人重伤、死亡，剥夺或限制被组织人的人身自由，以暴力、威胁方法抗拒检查的，尽管同时触犯了过失致人重伤罪、过失致人死亡罪、非法拘禁罪或妨害公务罪等罪名，但有的属于结果加重犯，有的属于牵连犯，本条直接规定以本罪论处，不分别定罪实行数罪并罚；但如果行为人组织他人偷越国（边）境过程中，实施了故意杀人、故意伤害、强奸或者拐卖妇女、儿童犯罪行为的，本罪与其他相关犯罪并不构成牵连犯，所以要分别定罪，实行数罪并罚。

3. 共同犯罪的认定

事前与组织他人偷越国（边）境的犯罪分子通谋，在偷越国（边）境人员出境前或者入境后，提供接驳、容留、藏匿等帮助的，或者为其提供虚假证明、邀请函件以及面签培训等帮助，骗取入境签证等入境证件，为组织他人偷越国（边）境使用的，以组织他人偷越国（边）境罪的共同犯罪论处。

第三百一十九条 〔骗取出境证件罪〕

以劳务输出、经贸往来或者其他名义，弄虚作假，骗取护照、签证等出境证件，为组织他人偷越国（边）境使用的，处三年以下有期徒刑，并处罚金；情节严重的，处三年以上十年以下有期徒刑，并处罚金。

单位犯前款罪的，对单位判处罚金，并对其直接负责的主管人员和其他直接责任人员，依照前款的规定处罚。

本条是关于骗取出境证件罪的罪刑条款内容。

【条文释义】

本条共分为 2 款。第 1 款是关于骗取出境证件罪及其处罚的规定。

骗取出境证件罪，是指以劳务输出、经贸往来或者其他名义，弄虚作假，骗取护照、签证等出境证件，为组织他人偷越国（边）境使用的行为。

本罪的对象仅限于护照、签证、港澳居民来往内地通行证等出境证件。所谓护照，是指一个主权国家发给本国公民出入国境和在国外证明国籍和身份的证件。签证，是指一个主权国家同意外国人出入或经过该国国境的一种许可证明。

本罪在客观方面表现为以劳务输出、经贸往来或者其他名义，弄虚作假，骗取护照、签证等出境证件，为组织他人偷越国（边）境使用的行为。其他名义，是指出国留学、出境旅游、观光等名义。弄虚作假，骗取护照、签证等出境证件，是指采取欺骗手段，使有关部门的工作人员发生错误认识，为其办理出境证件，以此获取形式上合法的出境证件。根据 2012 年最高人民法院、最高人民检察院《关于办理妨害国（边）境管理刑事案件应用法律若干问题的解释》（简称《国（边）境案件解释》）第 2 条的规定，为组织他人偷越国（边）境，编造出境事由、身份信息或者相关的境外关系证明的，应当认定为“弄虚作假”。这里的“出境证件”，包括护照或者代替护照使用的国际旅行证件，中华人民共和国海员证，中华人民共和国出入境通行证，中华人民共和国旅行证，中国公民往来香港、澳门、台湾地区证件，边境地区出入境通行证，签证、签注，出国（境）证明、名单，以及其他出境时需要查验的资料。为组织他人偷越国（边）境使用，是指行为人骗取出境证件的目的是为组织他人偷越国（边）境使用，而不是自己用于出国探亲、旅游等。

犯本罪情节严重的，依照第二档量刑进行处罚。这里的“情节严重”，主要是指：（1）骗取出境证件 5 份以上的；（2）非法收取费用 30 万元以上的；（3）明知是国家规定的不准出境的人员而为其骗取出境证件的；（4）其他情节严重的情形。

第 2 款是关于单位犯骗取出境证件罪及其处罚的规定。单位犯本罪的，实行双罚制，除对单位判处罚金外，对单位直接负责的主管人员和其他直接责任人员，适用自然人犯本罪的法定刑。

【实务问题】

1. 本罪罪与非罪的界限

本罪在主观上必须是为了组织他人偷越国（边）境使用而骗取出境证件。如果行为人不是出于这种目的骗取出境证件，或者因正当的劳务出口、经贸活动组织他人出境后，有关人员在境外逃跑不回国的，对行为人不能以犯罪论处。

2. 本罪的立案标准

根据公安部《关于妨害国（边）境管理犯罪案件立案标准及有关问题的通知》的规定，以劳务输出、经贸往来或者其他名义弄虚作假，骗取护照、通行证、旅行证、海员证、签证（注）等出境证件（简称出境证件），为他人偷越国（边）境使用的，应当立案侦查。骗取出境证件，具有下列情形之一的，应当立为重大案件：（1）骗取出境证件 5—19 本（份、个）的；（2）为违法犯罪分子骗取出境证件的；（3）违法所得 10—20 万元的；（4）有其他严重情节的。骗取出境证件，具有下列情形之一的，应当立为特别重大案件：（1）骗取出境证件 20 本（份、个）以上的；（2）违法所得 20 万元以上的；（3）有其他特别严重情节的。

3. 本罪与组织他人偷越国（边）境罪的界限

本罪具有为组织他人偷越国（边）境罪提供帮助的预备行为的性质，由于《刑法》已经将其规定为独立犯罪，所以只要行为人为组织他人偷越国（边）境而骗取出境证件的，一律认定为本罪。但如果行为人为组织他人偷越国（边）境而骗取出境证件，又使用骗取的出境证件组织他人偷越国（边）境的，属于牵连犯，应以组织他人偷越国（边）境罪定罪处罚。如果行为人与组织他人偷越国（边）境的犯罪分子共谋而负责骗取出境证件的，本身就属于组织他人偷越国（边）境罪共同犯罪，当然应以组织他人偷越国（边）境罪论处。

第三百二十条 〔提供伪造、变造的出入境证件罪；出售出入境证件罪〕

为他人提供伪造、变造的护照、签证等出入境证件，或者出售护照、签证等出入境证件的，处五年以下有期徒刑，并处罚金；情节严重的，处五年以上有期徒刑，并处罚金。

本条是关于提供伪造、变造的出入境证件罪、出售出入境证件罪的罪刑条款内容。

【条文释义】

提供伪造、变造的出入境证件罪，是指为他人提供伪造、变造的护照、签证等出入境证件的行为。

本罪的对象是伪造、变造的出入境证件。所谓伪造的出入境证件，是指无权制作护照、签证等出入境证件的人非法仿照真的出入境证件而制作出来的假出入境证件。变造的出入境证件，是指对真的出入境证件通过进行挖补、剪贴、涂改等方法加工而成的出入境证件。为他人提供伪造、变造的出入境证件，是指将伪造、变造的出入境证件提供给他人，可以是有偿提供，也可以是无偿提供。接受证件者是自己使用，还是转手给第三者使用，不影响本罪成立。

出售出入境证件罪，是指出于营利的目的，出售护照、签证等出入境证件的行为。

本罪的对象是护照、签证、港澳居民来往内地通行证等出入境证件。这里的“出入境证件”，是指国家有关部门根据申请人的申请，审查核实后发放的真实的出入境证件，包括护照或者代替护照使用的国际旅行证件，中华人民共和国海员证，中华人民共和国出入境通行证，中华人民共和国旅行证，中国公民往来香港、澳门、台湾地区证件，边境地区出入境通行证，签证、签注，出国（境）证明、名单，以及其他入境时需要查验的资料；不包括伪造、变造的出入境证件。出售出入境证件，是指以牟利为目的，向他人有偿提供出入境证件，包括将自己的出入境证件卖给他人，也包括收集、购买出入境证件后再卖出。出入境证件是否还在有效期内，不影响本罪成立。

犯本罪情节严重的，依照第二档量刑进行处罚。本条规定的“情节严重”，根据2012年《国（边）境案件解释》第3条第2款的规定，主要是指：（1）为他人提供伪造、变造的出入境证件或者出售出入境证件5份以上的；（2）非法收取费用30万元以上的；（3）明知是国家规定的不准出入境的人员而为其提供伪造、变造的出入境证件或者向其出售出入境证件的；（4）其他情节严重的情形。

【实务问题】

1. 提供伪造、变造的出入境证件罪的立案标准

根据公安部《关于妨害国（边）境管理犯罪案件立案标准及有关问题的通知》的规定，为他人提供伪造、变造的护照、通行证、旅行证、海员证、签证（注）等出入境证件（简称出入境证件）的，应当立案侦查。为他人提供伪造、变造的出入境证件，具有下列情形之一的，应当立为重大案件：（1）为他人提供伪造、变造的出入境证件5—19本（份、个）的；（2）为违法犯罪分子提供伪造、变造的出入境证件的；（3）违法所得10—20万元的；（4）有其他严重情节的。为他人提供伪造、变造的出入境证件，具有下列情形之一的，应当立为特别重大案件：（1）为他人提供伪造、变造的出入境证件20本（份、个）以上的；（2）违法所得20万元以上的；（3）有其他特别严重情节的。

2. 出售出入境证件罪的立案标准

根据公安部《关于妨害国（边）境管理犯罪案件立案标准及有关问题的通知》的规定，出售出入境证件的，应当立案侦查。出售出入境证件，具有下列

情形之一的，应当立为重大案件：（1）出售出入境证件5—19本（份、个）的；（2）给违法犯罪分子出售出入境证件的；（3）违法所得10—20万元的；（4）有其他严重情节的。出售出入境证件，具有下列情形之一的，应当立为特别重大案件：（1）出售出入境证件20本（份、个）以上的；（2）违法所得20万元以上的；（3）有其他特别严重情节的。

3. 提供伪造、变造的出入境证件罪与伪造、变造国家机关证件罪的界限

二者的区别主要在于：（1）犯罪对象不同。前罪的对象为伪造、变造的出入境证件；后罪中伪造、变造的对象不限于出入境证件；（2）客观行为表现不同。前罪的客观行为表现为提供；后罪的客观行为表现为伪造、变造。如果行为人先伪造、变造出入境证件，然后将该伪造、变造的出入境证件提供给他人的，属于牵连犯，不进行数罪并罚，而是按处罚较重的犯罪（即提供伪造、变造的出入境证件罪）定罪量刑。

第三百二十一条 〔运送他人偷越国（边）境罪〕

运送他人偷越国（边）境的，处五年以下有期徒刑、拘役或者管制，并处罚金；有下列情形之一的，处五年以上十年以下有期徒刑，并处罚金：

（一）多次实施运送行为或者运送人数众多的；

（二）所使用的船只、车辆等交通工具不具备必要的安全条件，足以造成严重后果的；

（三）违法所得数额巨大的；

（四）有其他特别严重情节的。

在运送他人偷越国（边）境中造成被运送人重伤、死亡，或者以暴力、威胁方法抗拒检查的，处七年以上有期徒刑，并处罚金。

犯前两款罪，对被运送人有杀害、伤害、强奸、拐卖等犯罪行为，或者对检查人员有杀害、伤害等犯罪行为的，依照数罪并罚的规定处罚。

本条是关于运送他人偷越国（边）境罪的罪刑条款内容及犯运送他人偷越国（边）境罪同时又有其他相关犯罪行为的如何处罚的规定。

【条文释义】

本条共分为3款。第1款是关于运送他人偷越国（边）境罪及其处罚的规定。

运送他人偷越国（边）境罪，是指违反出入国（边）境管理法规，运送他人偷越国（边）境的行为。

所谓运送，是指以车、船、航空器等交通工具或其他方法（如徒步带领），

将他人非法送出国（边）境或接入国（边）境的行为。徒步带领他人通过隐蔽路线逃避边防检查偷越国（边）境的，属于运送他人偷越国（边）境。明知是偷越国（边）境人员，分段运送其前往国（边）境的，应当认定为“运送他人偷越国（边）境”，以运送他人偷越国（边）境罪定罪处罚。但是，在决定是否追究刑事责任以及如何裁量刑罚时，应当充分考虑行为人在运送他人偷越国（边）境过程中所起作用等情节，依法妥当处理。运送偷越国（边）境人员的数量多少，不影响本罪的成立。

本款所说的“多次实施运送行为或者运送人数众多”，是指实施运送行为3次以上或者运送人数在10人以上的。“所使用的船只、车辆等交通工具不具备必要的安全条件，足以造成严重后果”，是指所使用的交通工具不符合基本的安全条件，足以发生车辆颠覆、船只沉没等事故的。“违法所得数额巨大”，是指借运送他人偷越国（边）境而非法获取数额巨大的财物的。根据2012年《国（边）境案件解释》第4条的规定，运送他人偷越国（边）境，违法所得数额在20万元以上的，应当认定为“违法所得数额巨大”。“有其他特别严重情节”，是指除上述情形之外的特别严重情节，如造成特别恶劣国际影响的，等等。

第2款是关于运送他人偷越国（边）境中造成被运送人伤亡或者以暴力、威胁方法抗拒检查的如何处罚的规定。在运送他人偷越国（边）境中造成被运送人重伤、死亡，是指因交通工具安全条件不合格或路途艰险等原因导致被运送人重伤、死亡的；以暴力、威胁方法抗拒检查，是指对依法执行检查任务的人员采取杀伤等暴力或威胁方法抗拒检查的。但如果仅仅是单纯地逃避检查的，不能适用本款规定。依照本款规定，对上述两种情况，处7年以上有期徒刑，并处罚金。

第3款是关于运送他人偷越国（边）境罪同时又有其他相关犯罪行为的如何处罚的规定。在运送他人偷越国（边）境过程中，又另行对被运送人或者检查人员实施了故意杀人、故意伤害、强奸或者拐卖妇女、儿童等犯罪行为，要分别定运送他人偷越国（边）境罪和故意杀人罪、故意伤害罪、强奸罪及拐卖妇女、儿童罪等犯罪，然后依照数罪并罚的规定处罚。

【实务问题】

1. 本罪与组织他人偷越国（边）境罪的界限

二者的区别主要在于客观方面不同。本罪在客观方面表现为为他人提供运输工具，并且将他人送出或接入国（边）境的行为；组织他人偷越国（边）境罪在客观方面则表现为领导、策划、指挥他人偷越国（边）境，或者在首要分子指挥下，实施拉拢、引诱、介绍他人偷越国（边）境等行为。

2. 本罪的立案标准

根据公安部《关于妨害国（边）境管理犯罪案件立案标准及有关问题的通知》的规定，运送他人偷越国（边）境的，应当立案侦查。运送他人偷越国（边）境，具有下列情形之一的，应当立为重大案件：（1）一次运送 20—49 人偷越国（边）境的；（2）运送他人偷越国（边）境 3—4 次的；（3）使用简陋、破旧、报废、通气状况很差的船只或者车辆等不具备必要安全条件的交通工具运送他人偷越国（边）境，足以造成严重后果的；（4）违法所得 5—20 万元的；（5）造成被运送人重伤 1—2 人的；（6）以暴力、威胁方法抗拒检查的；（7）有其他严重情节的。运送他人偷越国（边）境，具有下列情形之一的，应当立为特别重大案件：（1）一次运送 50 人以上偷越国（边）境的；（2）运送他人偷越国（边）境 5 次以上的；（3）造成被运送人重伤 3 人以上或者死亡 1 人以上的；（4）违法所得 20 万元以上的；（5）有其他特别严重情节的。

3. 罪数的认定

在运送他人偷越国（边）境犯罪过程中，造成被运送人重伤、死亡，或者以暴力、威胁方法抗拒检查的，属于结果加重犯或者牵连犯，不适用数罪并罚，只以本罪论处；在运送他人偷越国（边）境犯罪过程中，对被运送人有杀害、伤害、强奸、拐卖等犯罪行为，或者对检查人员有杀害、伤害等犯罪行为的，则要分别认定为本罪和其他相关犯罪，然后依照数罪并罚的规定处罚。

4. 共同犯罪的认定

事前与运送他人偷越国（边）境的犯罪分子通谋，在偷越国（边）境人员出境前或者入境后，提供接驳、容留、藏匿等帮助的，以运送他人偷越国（边）境罪的共同犯罪论处。

第三百二十二条 〔偷越国（边）境罪〕

违反国（边）境管理法规，偷越国（边）境，情节严重的，处一年以下有期徒刑、拘役或者管制，并处罚金；为参加恐怖活动组织、接受恐怖活动培训或者实施恐怖活动，偷越国（边）境的，处一年以上三年以下有期徒刑，并处罚金。

本条是关于偷越国（边）境罪的罪刑条款内容。

【主要修改】

本条为 2015 年 8 月 29 日通过的《刑法修正案（九）》所修改，该条内容原为："违反国（边）境管理法规，偷越国（边）境，情节严重的，处一年以下有期徒刑、拘役或者管制，并处罚金。"

【条文释义】

偷越国（边）境罪，是指违反国（边）境管理法规，偷越国（边）境，情节严重的行为。

所谓偷越国（边）境，是指不依法办理出入国（边）境手续或者不在指定地点出入国（边）境的行为。偷越国（边）境的手段和方法可以是多种多样的，一般表现为在不准通过的地点秘密出入境，有用船偷渡的，也有靠车马或步行偷越的；有的虽然是在指定的地点通过，但采取了伪造、涂改、冒用出入境证件或用其他蒙骗手段蒙混过关。根据2012年《国（边）境案件解释》第6条的规定，具有下列情形之一的，应当认定为“偷越国（边）境”行为：（1）没有出入境证件出入国（边）境或者逃避接受边防检查的；（2）使用伪造、变造、无效的出入境证件出入国（边）境的；（3）使用他人出入境证件出入国（边）境的；（4）使用以虚假的出入境事由、隐瞒真实身份、冒用他人身份证件等方式骗取的出入境证件出入国（边）境的；（5）采用其他方式非法出入国（边）境的。

构成本罪，要求必须达到“情节严重”的程度。对于偷越国（边）境的行为是否属于情节严重，应当根据行为人的犯罪动机、犯罪目的、客观手段、危害后果、偷越国（边）境的次数等因素予以全面分析，综合认定。在国（边）境地区误出误入的，不应作为偷越国（边）境罪处理。因此，必须严格把握情节一般的偷越国（边）境的违法行为与情节严重的偷越国（边）境犯罪行为的界限，以便准确、有力地打击此类犯罪。至于偷越国（边）境的一般违法行为，可予以治安行政处罚或者批评教育，使其改正即可。2012年《国（边）境案件解释》第5条规定，偷越国（边）境，具有下列情形之一的，应当认定为《刑法》第322条规定的“情节严重”：（1）在境外实施损害国家利益行为的。（2）偷越国（边）境3次以上或者3人以上结伙偷越国（边）境的。根据2022年最高人民法院、最高人民检察院、公安部、国家移民管理局《关于依法惩治妨害国（边）境管理违法犯罪的意见》的规定，对于偷越国（边）境的次数，按照非法出境、入境的次数分别计算。但是，对于非法越境后及时返回，或者非法出境后又入境投案自首的，一般应当计算为1次。偷越国（边）境人员相互配合，共同偷越国（边）境的，属于“结伙”。偷越国（边）境人员在组织者、运送者安排下偶然同行的，不属于“结伙”。在认定偷越国（边）境“结伙”的人数时，不满16周岁的人不计算在内。（3）拉拢、引诱他人一起偷越国（边）境的。（4）勾结境外组织、人员偷越国（边）境的。（5）因偷越国（边）境被行政处罚后1年内又偷越国（边）境的。（6）其他情节严重的情形。根据2022年最高人民法院、最高人民检察院、公安部、国家移民管理局《关于依法惩治妨害国（边）境管理违法犯罪的意见》第 10 条的规定，偷越国（边）境，具有下列情形之一的，属于“其他情节严重的情形”：①犯罪后为逃避刑事追究偷越国（边）境的；②破坏边境物理隔离设施后，偷越国（边）境的；③以实施电信网络诈骗、开设赌场等犯罪为目的，偷越国（边）境的；④曾因妨害国（边）境管理犯罪被判处刑罚，刑罚执行完毕后 2 年内又偷越国（边）境的。2016 年最高人民法院《关于审理发生在我国管辖海域相关案件若干问题的规定（二）》第 3 条规定，违反我国国（边）境管理法规，非法进入我国领海，具有下列情形之一的，应当认定为《刑法》第 322 条规定的“情节严重”：（1）经驱赶拒不离开的；（2）被驱离后又非法进入我国领海的；（3）因非法进入我国领海被行政处罚或者被刑事处罚后，1 年内又非法进入我国领海的；（4）非法进入我国领海从事捕捞水产品等活动，尚不构成非法捕捞水产品等犯罪的；（5）其他情节严重的情形。这里的“其他情节严重的情形”，可以根据犯罪的具体情况确定，如伪造证件、在出入境过程中行凶、殴打或者威胁边防执勤人员等。如果偷越国（边）境情节不严重的，不按照犯罪处理，应当依照《出境入境管理法》及其他相关的法律法规予以相应处罚。

根据本条规定，为参加恐怖活动组织、接受恐怖活动培训或者实施恐怖活动，偷越国（边）境的，应当判处更为严厉的第二档刑。根据《反恐怖主义法》第 3 条的规定，这里的“恐怖活动”，是指恐怖主义性质的下列行为：（1）组织、策划、准备实施、实施造成或者意图造成人员伤亡、重大财产损失、公共设施损坏、社会秩序混乱等严重社会危害的活动的；（2）宣扬恐怖主义，煽动实施恐怖活动，或者非法持有宣扬恐怖主义的物品，强制他人在公共场所穿戴宣扬恐怖主义的服饰、标志的；（3）组织、领导、参加恐怖活动组织的；（4）为恐怖活动组织、恐怖活动人员、实施恐怖活动或者恐怖活动培训提供信息、资金、物资、劳务、技术、场所等支持、协助、便利的；（5）其他恐怖活动。“恐怖活动组织”，是指 3 人以上为实施恐怖活动而组成的犯罪组织。“接受恐怖活动培训”，是指到境外学习恐怖主义思想、主张，接受心理、体能、实战训练或者培训制造工具、武器、炸弹等方面的犯罪技能和方法等。

【实务问题】

1. 本罪罪与非罪的界限

在实践中要注意本罪罪与非罪的界限。对那些边民、渔民为探亲访友、赶集、过境作业等原因偶尔非法出入国（边）境；或者是为贪图省事而非法出入国（边）境，情节不严重的；以及因听信他人唆使，不知道偷越国（边）境是违法行为而偷越国（边）境的等情况，一般不以犯罪论处。在国（边）境地区误出误入的，更不应作为偷越国（边）境罪处理。

2. 本罪的立案标准

根据公安部《关于妨害国（边）境管理犯罪案件立案标准及有关问题的通知》的规定，偷越国（边）境，具有下列情形之一的，应当立案侦查：（1）偷越国（边）境3次以上，屡教不改的；（2）实施违法行为后偷越国（边）境的；（3）在偷越国（边）境时对执法人员施以暴力、威胁手段的；（4）造成重大涉外事件和恶劣影响的；（5）有其他严重情节的。偷越国（边）境，具有下列情形之一的，应当立为重大案件：（1）为逃避刑罚偷越国（边）境的；（2）以走私、贩毒等犯罪为目的偷越国（边）境的；（3）有其他特别严重情节的。

第三百二十三条　〔破坏界碑、界桩罪；破坏永久性测量标志罪〕

故意破坏国家边境的界碑、界桩或者永久性测量标志的，处三年以下有期徒刑或者拘役。

本条是关于破坏界碑、界桩罪和破坏永久性测量标志罪的罪刑条款内容。

【条文释义】

破坏界碑、界桩罪，是指故意破坏国家边境的界碑、界桩，妨害国（边）境管理的行为。

本罪的对象是界碑、界桩。所谓界碑、界桩，是指我国政府与邻国按照条约或者历史实际形成的管辖范围，在陆地接壤地区埋设的指示边境分界及其走向的标志物。通常将石质标志物称为界碑，将木质标志物称为界桩。

本罪在客观方面表现为破坏国家边境的界碑、界桩的行为。这里的“破坏”，主要是指对界碑、界桩进行捣毁、盗窃、拆除、损坏、掩埋或者移动位置等。不论采取什么方法，只要使国家边境的界碑、界桩失去了原有的作用，都应视作破坏。

破坏永久性测量标志罪，是指故意破坏国家边境的永久性测量标志的行为。

本罪的对象是永久性测量标志。所谓永久性测量标志，是指国家和军队在全国各地进行测量过程中所设置于地上、地下或水下的永久性标志，如各种等级的天文点、重力点、水准点、三角点、导线点、海控点、炮控点。

本罪在客观方面表现为破坏永久性测量标志的行为。所谓破坏，是指对永久性测量标志进行拆毁、损坏、改变、移动、掩盖等。其手段可以是多种多样的，只要其行为足以使上述永久性测量标志丧失其原有作用的，就应视为破坏。

【实务问题】

1. 罪与非罪的界限

在实践中，需要注意罪与非罪的界限。对此主要从两方面进行考察：（1）破坏的对象。如果破坏的不是界碑、界桩或者永久性测量标志，而是其他物品，则不构成本罪。（2）主观心理态度。如果行为人不是出于故意，而是因为过失或者意外致使界碑、界桩或者永久性测量标志遭到破坏的，也不能以犯罪论处。

2. 破坏界碑、界桩罪的立案标准

根据公安部《关于妨害国（边）境管理犯罪案件立案标准及有关问题的通知》的规定，采取盗取、毁坏、拆除、掩埋、移动等手段破坏国家边境的界碑、界桩的，应当立案侦查。破坏 3 个以上界碑、界桩的，或者造成严重后果的，应当立为重大案件。

3. 破坏永久性测量标志罪的立案标准

根据公安部《关于妨害国（边）境管理犯罪案件立案标准及有关问题的通知》的规定，采取盗取、拆毁、损坏、改变、移动、掩埋等手段破坏永久性测量标志，使其失去原有作用的，应当立案侦查。破坏 3 个以上永久性测量标志的，或者造成永久性测量标志严重损毁等严重后果的，应当立为重大案件。

第四节　妨害文物管理罪

第三百二十四条

〔故意损毁文物罪〕**故意损毁国家保护的珍贵文物或者被确定为全国重点文物保护单位、省级文物保护单位的文物的，处三年以下有期徒刑或者拘役，并处或者单处罚金；情节严重的，处三年以上十年以下有期徒刑，并处罚金。**

〔故意损毁名胜古迹罪〕**故意损毁国家保护的名胜古迹，情节严重的，处五年以下有期徒刑或者拘役，并处或者单处罚金。**

〔过失损毁文物罪〕**过失损毁国家保护的珍贵文物或者被确定为全国重点文物保护单位、省级文物保护单位的文物，造成严重后果的，处三年以下有期徒刑或者拘役。**

本条是关于故意损毁文物罪、故意损毁名胜古迹罪、过失损毁文物罪的罪刑条款内容。

【条文释义】

本条共分为 3 款。第 1 款是关于故意损毁文物罪及其处罚的规定。

故意损毁文物罪，是指违反国家文物保护法规，故意损毁国家保护的珍贵文物或者被确定为全国重点文物保护单位、省级文物保护单位的文物的行为。

本罪的对象是国家保护的珍贵文物或者被确定为全国重点文物保护单位、省级文物保护单位的文物。国家保护的珍贵文物，主要指可移动文物，是指具有重大历史、科学、艺术价值的文物。根据《文物保护法》和《文物藏品定级标准》的规定，凡属一、二级的文物均属珍贵文物，部分三级文物也属珍贵文物。三级文物中需要定为珍贵文物的，应经国家文物鉴定委员会确认。全国重点文物保护单位、省级文物保护单位的文物，属于不可移动文物，是指由国务院、省、自治区、直辖市人民政府根据文物的历史、艺术、科学价值，核定公布并予以重点保护的革命遗址、纪念建筑物、古文化遗址、古墓葬、古建筑、石窟寺、石刻等文物，也包括全国重点文物保护单位、省级文物保护单位的本体。这里的“全国重点文物保护单位”，是指国家文物行政管理部门在各级文物保护单位中，选择出来的具有重大历史、艺术、科学价值并报国务院核定公布的单位，以及国家文物行政管理部门在各级文物保护单位中，直接指定出来并报国务院核定公布的单位。“省级文物保护单位”，是指由省、自治区、直辖市人民政府核定并报国务院备案的文物保护单位。

本罪在客观方面表现为违反国家文物保护法规，故意损毁国家保护的珍贵文物或者被确定为全国重点文物保护单位、省级文物保护单位的文物的行为。所谓故意损毁，指故意将国家保护的珍贵文物毁坏，将全国重点文物保护单位、省级文物保护单位的文物破坏的行为。损毁包括捣毁、焚烧、挖掘、打碎、涂抹、拆散等多种形式，可以是完全损毁，也可以是部分损毁，其实质在于使文物失去价值或价值受损。

第 2 款是关于故意损毁名胜古迹罪及其处罚的规定。

故意损毁名胜古迹罪，是指违反国家文物保护法规，故意损毁国家保护的名胜古迹，情节严重的行为。

本罪的对象是国家保护的名胜古迹。根据 2015 年《文物案件解释》第 4 条的规定，风景名胜区的核心景区以及未被确定为全国重点文物保护单位、省级文物保护单位的古文化遗址、古墓葬、古建筑、石窟寺、石刻、壁画、近代现代重要史迹和代表性建筑等不可移动文物的本体，应当认定为“国家保护的名胜古迹”。

本罪在客观方面表现为违反国家文物保护法规，故意损毁国家保护的名胜古迹，情节严重的行为。这里的“损毁”，是指捣毁、焚烧、挖掘、拆改、爆炸等行为。根据 2015 年《文物案件解释》第 4 条的规定，故意损毁国家保护的名胜古迹，具有以下情形之一的，属于“情节严重”：（1）致使名胜古迹严重损毁或者灭失的；（2）多次损毁或者损毁多处名胜古迹的；（3）其他情节严重的情形。

第 3 款是关于过失损毁文物罪及其处罚的规定。

过失损毁文物罪，是指过失损毁国家保护的珍贵文物或者被确定为全国重点文物保护单位、省级文物保护单位的文物，造成严重后果的行为。

本罪的对象是国家保护的珍贵文物或者被确定为全国重点文物保护单位、省级文物保护单位的文物。

本罪在客观方面表现为过失损毁国家保护的珍贵文物或者被确定为全国重点文物保护单位、省级文物保护单位的文物，造成严重后果的行为。所谓过失损毁，是指因疏忽大意或者轻信能够避免，而致使国家保护的珍贵文物或者全国重点文物保护单位、省级文物保护单位的文物造成损毁。例如，因保管、管理不善，导致文物遭受火灾、水灾；因违章施工，造成古文化遗址、古墓葬遭到破坏，等等。根据 2015 年《文物案件解释》第 5 条的规定，过失损毁国家保护的珍贵文物或者被确定为全国重点文物保护单位、省级文物保护单位的文物，具有以下情形之一的，属于“造成严重后果”：（1）造成 5 件以上三级文物损毁的；（2）造成二级以上文物损毁的；（3）致使全国重点文物保护单位、省级文物保护单位的本体严重损毁或者灭失的。

【实务问题】

1. 故意损毁名胜古迹罪、过失损毁文物罪罪与非罪的界限

主要从两个方面进行考察：（1）情节或后果。两罪分别要求情节严重或造成严重后果才能构成，如果情节尚未达到严重程度或者未造成严重后果的，不能以犯罪论处。（2）主观心理态度。如果因为过失或不可预见、不能抗拒的原因导致名胜古迹遭受损毁，或者因不可预见、不能抗拒造成国家保护的珍贵文物或者被确定为全国重点文物保护单位、省级文物保护单位的文物损毁的，也不能以犯罪论处。

2. 故意损毁文物罪与过失损毁文物罪的界限

二者区别主要有两点：（1）主观心理态度不同。前罪主观上出于故意；后罪主观上为过失。（2）对后果要求不同。前罪不要求造成严重后果即可构成犯罪；后罪则必须造成严重后果才能构成犯罪。

3. 故意损毁文物罪的立案追诉标准

根据《立案追诉标准（一）》第 46 条的规定，故意损毁国家保护的珍贵文物或者被确定为全国重点文物保护单位、省级文物保护单位的文物的，应予立案追诉。

4. 故意损毁文物罪“情节严重”的认定

根据 2015 年《文物案件解释》第 3 条第 2 款的规定，故意损毁国家保护的珍贵文物或者被确定为全国重点文物保护单位、省级文物保护单位的文物，具有

下列情形之一的，应当认定为“情节严重”：（1）造成5件以上三级文物损毁的；（2）造成二级以上文物损毁的；（3）致使全国重点文物保护单位、省级文物保护单位的本体严重损毁或者灭失的；（4）多次损毁或者损毁多处全国重点文物保护单位、省级文物保护单位的本体的；（5）其他情节严重的情形。

5. 故意损毁名胜古迹罪的立案追诉标准

根据《立案追诉标准（一）》第47条的规定，故意损毁国家保护的名胜古迹，涉嫌下列情形之一的，应予立案追诉：（1）造成国家保护的名胜古迹严重损毁的；（2）损毁国家保护的名胜古迹3次以上或者3处以上，尚未造成严重损毁后果的；（3）损毁手段特别恶劣的；（4）其他情节严重的情形。

6. 过失损毁文物罪的立案追诉标准

根据《立案追诉标准（一）》第48条的规定，过失损毁国家保护的珍贵文物或者被确定为全国重点文物保护单位、省级文物保护单位的文物，涉嫌下列情形之一的，应予立案追诉：（1）造成珍贵文物严重损毁的；（2）造成全国重点文物保护单位、省级文物保护单位的文物严重损毁的；（3）造成珍贵文物损毁3件以上的；（4）其他造成严重后果的情形。

第三百二十五条　〔非法向外国人出售、赠送珍贵文物罪〕

违反文物保护法规，将收藏的国家禁止出口的珍贵文物私自出售或者私自赠送给外国人的，处五年以下有期徒刑或者拘役，可以并处罚金。

单位犯前款罪的，对单位判处罚金，并对其直接负责的主管人员和其他直接责任人员，依照前款的规定处罚。

本条是关于非法向外国人出售、赠送珍贵文物罪的罪刑条款内容。

【条文释义】

本条共分为2款。第1款是关于非法向外国人出售、赠送珍贵文物罪及其处罚的规定。

非法向外国人出售、赠送珍贵文物罪，是指违反文物保护法规，将收藏的国家禁止出口的珍贵文物私自出售或者私自赠送给外国人的行为。

本罪的对象是国家禁止出口的珍贵文物。《文物保护法》第60条规定：“国有文物、非国有文物中的珍贵文物和国家规定禁止出境的其他文物，不得出境；但是依照本法规定出境展览或者因特殊需要经国务院批准出境的除外。”因此，我国的珍贵文物均属于本罪的对象。

本罪在客观方面表现为违反文物保护法规，将收藏的国家禁止出口的珍贵文物私自出售或者私自赠送给外国人的行为。根据《文物保护法》的规定，公民、法人和其他组织不得买卖非国有馆藏珍贵文物；国家鼓励文物收藏单位以外的公民、法人和其他组织将其收藏的文物捐赠给国有文物收藏单位或者出借给文物收藏单位展览和研究；国家禁止出境的文物，不得转让、出租、质押给外国人。将收藏的国家禁止出口的珍贵文物私自出售或者私自赠送给外国人，是指私自将禁止出口的珍贵文物有偿出卖给外国人，或者无偿地将珍贵文物的所有权转移给外国人。

第 2 款是关于单位犯非法向外国人出售、赠送珍贵文物罪及其处罚的规定。

单位犯本罪的，实行双罚制，除对单位判处罚金外，对单位直接负责的主管人员和其他直接责任人员，适用自然人犯本罪的法定刑。

【实务问题】

本罪罪与非罪的界限

在实践中，需要注意本罪罪与非罪的界限。主要应从两个方面考察：（1）是否属于珍贵文物。（2）接受文物的人是否属于外国人。如果出售、赠送的文物不属于珍贵文物，或者将珍贵文物出售、赠送给中国公民或有关单位的，不能以本罪论处。

第三百二十六条 〔倒卖文物罪〕

以牟利为目的，倒卖国家禁止经营的文物，情节严重的，处五年以下有期徒刑或者拘役，并处罚金；情节特别严重的，处五年以上十年以下有期徒刑，并处罚金。

单位犯前款罪的，对单位判处罚金，并对其直接负责的主管人员和其他直接责任人员，依照前款的规定处罚。

本条是关于倒卖文物罪的罪刑条款内容。

【条文释义】

本条共分为 2 款。第 1 款是关于倒卖文物罪及其处罚的规定。

倒卖文物罪，是指以牟利为目的，倒卖国家禁止经营的文物，情节严重的行为。

本罪的对象是国家禁止经营的文物。所谓国家禁止经营的文物，是指受国家保护并由国家文化行政管理部门核定公布的属于禁止经营的文物。国家禁止经营的文物既有珍贵文物，也有一般文物。

本罪在客观方面表现为倒卖国家禁止经营的文物，情节严重的行为。《文物保护法》规定，只有文化行政管理部门指定的单位，才能从事经营文物的收购业务。其他任何单位或者个人不得经营文物收购业务。文物经营单位经营文物收购、销售业务，应当经国家文物局或者省、自治区、直辖市人民政府文物行政管理部门批准，并经市场监督管理部门办理登记手续；经营文物对外销售业务，应当经国家文物局批准。未经许可不得经营的珍贵文物以及其他受国家保护的具有重大历史、文化、科学价值的文物。因此，倒卖国家禁止经营的文物，是指无权从事文物经营活动的单位或者个人，从事文物的收购和销售业务活动，从中牟取暴利的行为，或者虽有权从事文物经营活动，但经营国家不允许自由买卖（包括拍卖）的文物的行为。根据2015年《文物案件解释》第6条的规定，出售或者为出售而收购、运输、储存《文物保护法》规定的"国家禁止买卖的文物"的，应当认定为"倒卖"行为。倒卖国家禁止经营的文物，具有下列情形之一的，应当认定为"情节严重"：(1) 倒卖三级文物的；(2) 交易数额在5万元以上的；(3) 其他情节严重的情形。倒卖国家禁止经营的文物，具有下列情形之一的，应当认定为"情节特别严重"：(1) 倒卖二级以上文物的；(2) 倒卖三级文物5件以上的；(3) 交易数额在25万元以上的；(4) 其他情节特别严重的情形。

第2款是关于单位犯倒卖文物罪及其处罚的规定。

单位犯本罪的，实行双罚制，除对单位判处罚金外，对单位直接负责的主管人员和其他直接责任人员，适用自然人犯本罪的法定刑。

【实务问题】

本罪罪与非罪的界限

在实践中，要注意本罪罪与非罪的界限：(1) 行为人是否有经营权；(2) 文物是否为国家所禁止经营的；(3) 情节是否严重。如果行为人系已取得文物经营权的单位，文物也属于国家允许经营的，或者倒卖文物情节尚不严重的，不能构成犯罪。

第三百二十七条　〔非法出售、私赠文物藏品罪〕

违反文物保护法规，国有博物馆、图书馆等单位将国家保护的文物藏品出售或者私自送给非国有单位或者个人的，对单位判处罚金，并对其直接负责的主管人员和其他直接责任人员，处三年以下有期徒刑或者拘役。

本条是关于非法出售、私赠文物藏品罪的罪刑条款内容。

【条文释义】

非法出售、私赠文物藏品罪，是指国有博物馆、图书馆以及其他国有单位违反文物保护法规，将国家保护的文物藏品出售或者私自送给非国有单位或者个人的行为。

本罪的对象是国有博物馆、图书馆以及其他国有单位收藏的文物。文物属于珍贵文物还是一般文物，不影响本罪的成立。

本罪在客观方面表现为违反文物保护法规，将国家保护的文物藏品出售或者私自赠送给非国有单位或者个人的行为。《文物保护法》规定，禁止国有文物收藏单位将馆藏文物赠与、出租或者出售给其他单位、个人。所谓出售，即有偿转让，既可以是换取金钱，也可以是换取其他财物或者财产性利益。私自赠送，即无偿转让，不获取对价。这里的“非国有单位”，是指国有以外的所有单位，如私营单位、集体所有制单位、中外合作经营单位、中外合资单位、外资单位等。个人，是指包括中国人和外国人在内的任何个人，包括共有的个人。

本罪的主体为特殊主体，只能由国有博物馆、图书馆等国有单位构成。个人以及非国有单位不能构成本罪。

【实务问题】

本罪与非法向外国人出售、赠送珍贵文物罪的界限

二者的区别主要是：（1）非法出售、赠送的文物的性质不同。本罪中非法出售、赠送的文物是国有博物馆、图书馆等单位收藏的文物，它既可以是珍贵文物，也可以是一般文物；而非法向外国人出售、赠送珍贵文物罪中非法出售、赠送的文物是国家禁止出口的珍贵文物。（2）购买、受赠方不同。本罪的购买、受赠方为非国有单位或个人，可以是中国的单位或个人，也可以是外国的单位或个人；而非法向外国人出售、赠送珍贵文物罪的购买、受赠方仅限于外国人。（3）犯罪主体不同。本罪的主体为特殊主体，只能由国有博物馆、图书馆等国有单位构成；而非法向外国人出售、赠送珍贵文物罪的主体为一般主体，既可以由自然人构成，也可以由单位构成。如果是将国有博物馆、图书馆等国有单位所收藏的国家禁止出口的珍贵文物私自出售或赠送给外国人的，应以非法向外国人出售、赠送珍贵文物罪论处。

第三百二十八条

〔盗掘古文化遗址、古墓葬罪〕**盗掘具有历史、艺术、科学价值的古文化遗址、古墓葬的，处三年以上十年以下有期徒刑，并处罚金；情节较轻的，处三年以下有期徒刑、拘役或者管制，并处罚金；有下列情形之一的，处十年以上有期徒刑或者无期徒刑，并处罚金或者没收财产：**

（一）盗掘确定为全国重点文物保护单位和省级文物保护单位的古文化遗址、古墓葬的；

（二）盗掘古文化遗址、古墓葬集团的首要分子；

（三）多次盗掘古文化遗址、古墓葬的；

（四）盗掘古文化遗址、古墓葬，并盗窃珍贵文物或者造成珍贵文物严重破坏的。

〔盗掘古人类化石、古脊椎动物化石罪〕**盗掘国家保护的具有科学价值的古人类化石和古脊椎动物化石的，依照前款的规定处罚。**

本条是关于盗掘古文化遗址、古墓葬罪和盗掘古人类化石、古脊椎动物化石罪的罪刑条款内容。

【主要修改】

本条第1款为2011年2月25日通过的《刑法修正案（八）》所修改，该款内容原为："盗掘具有历史、艺术、科学价值的古文化遗址、古墓葬的，处三年以上十年以下有期徒刑，并处罚金；情节较轻的，处三年以下有期徒刑、拘役或者管制，并处罚金；有下列情形之一的，处十年以上有期徒刑、无期徒刑或者死刑，并处罚金或者没收财产：（一）盗掘确定为全国重点文物保护单位和省级文物保护单位的古文化遗址、古墓葬的；（二）盗掘古文化遗址、古墓葬集团的首要分子；（三）多次盗掘古文化遗址、古墓葬的；（四）盗掘古文化遗址、古墓葬，并盗窃珍贵文物或者造成珍贵文物严重破坏的。"

【条文释义】

本条共分为2款。第1款是关于盗掘古文化遗址、古墓葬罪及其处罚的规定。

盗掘古文化遗址、古墓葬罪，是指盗掘具有历史、艺术、科学价值的古文化遗址、古墓葬的行为。

本罪的对象是古文化遗址、古墓葬。所谓古文化遗址，是指古代人类各种活动留下的遗迹，既包括人类为不同用途所营建的建筑群体，如民居、宫殿、官署、寺庙、作坊，以及村寨、城堡、烽燧等各类建筑残迹，也包括人类对自然环境进行利用和加工而遗留的场所，如洞穴、采石场、沟渠、仓窖、矿坑等。古墓葬，是指古代（一般指清代以前，包括清代）人类将逝者及其生前遗物按一定方式放置于特定场所并建造的固定设施。辛亥革命以后，与著名历史事件有关的名人墓葬、遗址和纪念地，也视同古墓葬、古文化遗址，受国家保护。根据2015年《文物案件解释》第8条第1款的规定，"古文化遗址、古墓葬"包括水下古文化遗址、古墓葬，且不以公布为不可移动文物的古文化遗址、古墓葬为限。

本罪在客观方面表现为盗掘具有历史、艺术、科学价值的古文化遗址、古墓葬的行为。所谓盗掘，是指未经国家文物主管部门批准，私自挖掘古文化遗址、古墓葬的行为。盗掘行为可以是秘密进行，也可以是公开进行。本罪属于行为犯，只要行为人实施了盗掘古文化遗址、古墓葬的行为，即符合本罪客观方面的要求，而不论是否盗取到文物。实施盗掘行为，已损害古文化遗址、古墓葬的历史、艺术、科学价值的，应当认定为盗掘古文化遗址、古墓葬罪既遂。

第 2 款是关于盗掘古人类化石、古脊椎动物化石罪及其处罚的规定。

盗掘古人类化石、古脊椎动物化石罪，是指盗掘国家保护的具有科学价值的古人类化石和古脊椎动物化石的行为。

本罪的对象是古人类化石、古脊椎动物化石。所谓化石，是指保存在各地质时期岩层中的远古时期生物的遗骸或遗迹。“古人类化石”，是指石化的古人类的遗骸或遗迹（主要指距今 1 万年前的直立人和早期、晚期智人的遗骸，如牙齿、头盖骨、骨骼等）。“古脊椎动物化石”，是指石化的古脊椎动物的遗骸或遗迹（主要指 1 万年以前埋藏地下的古爬行动物、哺乳动物和鱼类化石等）。

本罪在客观方面表现为盗掘国家保护的具有科学价值的古人类化石和古脊椎动物化石的行为。这里的“盗掘”，是指未经国家文物主管部门批准，私自挖掘国家保护的具有科学价值的古人类化石和古脊椎动物化石。盗掘行为既可以是秘密进行，也可以是公开进行。

【实务问题】

1. 罪与非罪的界限

主要应注意两点：（1）掘取的对象是否古文化遗址、古墓葬或者古人类化石、古脊椎动物化石。（2）主观上是否出于故意。如果行为人掘取的不是古文化遗址、古墓葬或者古人类化石、古脊椎动物化石，而是一般的遗址、墓葬或者化石，或者不知是古文化遗址、古墓葬或者古人类化石、古脊椎动物化石而掘取的，一般不构成犯罪。

2. 罪数的认定

盗掘古文化遗址、古墓葬或者古人类化石、古脊椎动物化石行为过程中，如果行为人盗窃古文化遗址、古墓葬中的珍贵文物，或者盗掘行为导致古文化遗址、古墓葬、古人类化石、古脊椎动物化石或者古文化遗址、古墓葬中的珍贵文物遭到破坏，其行为既触犯盗掘古文化遗址、古墓葬罪或者盗掘古人类化石、古脊椎动物化石罪，又触犯盗窃罪、故意损毁文物罪、故意损毁名胜古迹罪等罪名。对此，只按照盗掘古文化遗址、古墓葬罪或者盗掘古人类化石、古脊椎动物化石罪一罪论处，不分别认定为数罪进行数罪并罚。

第三百二十九条

〔抢夺、窃取国有档案罪〕**抢夺、窃取国家所有的档案的，处五年以下有期徒刑或者拘役。**

〔擅自出卖、转让国有档案罪〕**违反档案法的规定，擅自出卖、转让国家所有的档案，情节严重的，处三年以下有期徒刑或者拘役。**

有前两款行为，同时又构成本法规定的其他犯罪的，依照处罚较重的规定定罪处罚。

本条是关于抢夺、窃取国有档案罪和擅自出卖、转让国有档案罪的罪刑条款内容。

【条文释义】

本条共分为3款。第1款是关于抢夺、窃取国有档案罪及其处罚的规定。

抢夺、窃取国有档案罪，是指抢夺、窃取国家所有的档案的行为。

本罪的对象是国家所有的档案。所谓档案，是指过去和现在的国家机构、社会组织以及个人从事政治、经济、军事、科学、技术、文化、宗教等活动直接形成的对国家和社会有保存价值的各种文字、图表、声像等不同形式的历史记录。所谓国家所有的档案，是指国家档案馆保管且所有权属于国家的档案。集体、个人所有的档案不是本罪对象。

本罪在客观方面表现为抢夺、窃取国家所有的档案的行为。所谓抢夺，是指在国有档案的保管者、持有人在场的情况下，公然当面夺取国有档案的行为。窃取，是指采取自以为不为国有档案管理人、持有人发觉的方法，秘密取走国家所有的档案的行为。既可以当其面窃取，也可以在档案保管者不在场时潜入档案存放地窃取等。

第2款是关于擅自出卖、转让国有档案罪及其处罚的规定。

擅自出卖、转让国有档案罪，是指违反档案法的规定，擅自出卖、转让国家所有的档案，情节严重的行为。

本罪的对象是国家所有的档案。

本罪在客观方面表现为违反档案法的规定，擅自出卖、转让国家所有的档案，情节严重的行为。这里的“擅自出卖”，是指未经批准而卖给他人。“擅自转让”，是指未经批准而无偿送给他人。

第3款是关于有前两款行为，同时又构成《刑法》规定的其他犯罪如何处理的规定。

“有前两款行为”，是指行为人实施了抢夺、窃取国有档案或者擅自出卖、转让国有档案的行为。“又构成本法规定的其他犯罪”，主要是指与国家档案的性质相关的犯罪，如为境外窃取、非法提供国家秘密罪，非法获取国家秘密罪，为境外窃取、非法提供军事秘密罪，非法获取军事秘密罪，故意泄露国家秘密罪，过失泄露国家秘密罪，等等。对此，依照处罚较重的规定定罪处罚。

【实务问题】

1. 罪与非罪的界限

区分罪与非罪关键看行为对象。如果行为人抢夺、窃取或者擅自出卖、转让的不是国家所有而是寄托或个人所有的档案的，不构成犯罪。

2. 罪数的认定

国有档案多有保密性质，具有国家秘密或军事秘密的属性。因此，抢夺、窃取国有档案者多具有其他犯罪目的，从而触犯为境外窃取、非法提供国家秘密罪，非法获取国家秘密罪，为境外窃取、非法提供军事秘密罪，非法获取军事秘密罪等其他犯罪。擅自出卖、转让国有档案罪则往往同时触犯故意泄露国家秘密罪、过失泄露国家秘密罪、故意泄露军事秘密罪、过失泄露军事秘密罪等其他犯罪。前者属于牵连犯，后者属于想象竞合犯，对此均不实行数罪并罚，而是依照处罚较重的规定定罪处罚。

第五节　危害公共卫生罪

第三百三十条　〔妨害传染病防治罪〕

违反传染病防治法的规定，有下列情形之一，引起甲类传染病以及依法确定采取甲类传染病预防、控制措施的传染病传播或者有传播严重危险的，处三年以下有期徒刑或者拘役；后果特别严重的，处三年以上七年以下有期徒刑：

（一）供水单位供应的饮用水不符合国家规定的卫生标准的；

（二）拒绝按照疾病预防控制机构提出的卫生要求，对传染病病原体污染的污水、污物、场所和物品进行消毒处理的；

（三）准许或者纵容传染病病人、病原携带者和疑似传染病病人从事国务院卫生行政部门规定禁止从事的易使该传染病扩散的工作的；

（四）出售、运输疫区中被传染病病原体污染或者可能被传染病病原体污染的物品，未进行消毒处理的；

（五）拒绝执行县级以上人民政府、疾病预防控制机构依照传染病防治法提出的预防、控制措施的。

单位犯前款罪的，对单位判处罚金，并对其直接负责的主管人员和其他直接责任人员，依照前款的规定处罚。

甲类传染病的范围，依照《中华人民共和国传染病防治法》和国务院有关规定确定。

本条是关于妨害传染病防治罪的罪刑条款内容。

【主要修改】

本条第 1 款为 2020 年 12 月 26 日通过的《刑法修正案（十一）》所修改，该款内容原为："违反传染病防治法的规定，有下列情形之一，引起甲类传染病传播或者有传播严重危险的，处三年以下有期徒刑或者拘役；后果特别严重的，处三年以上七年以下有期徒刑：（一）供水单位供应的饮用水不符合国家规定的卫生标准的；（二）拒绝按照卫生防疫机构提出的卫生要求，对传染病病原体污染的污水、污物、粪便进行消毒处理的；（三）准许或者纵容传染病病人、病原携带者和疑似传染病病人从事国务院卫生行政部门规定禁止从事的易使该传染病扩散的工作的；（四）拒绝执行卫生防疫机构依照传染病防治法提出的预防、控制措施的。"

【条文释义】

本条共分为 3 款。第 1 款是关于妨害传染病防治罪的罪刑条款内容。

妨害传染病防治罪，是指违反《传染病防治法》的规定，引起甲类传染病以及依法确定采取甲类传染病预防、控制措施的传染病传播或者有传播严重危险的行为。

本罪的成立以行为人实施违反《传染病防治法》规定的行为为前提，根据本条的规定，构成本罪的违反《传染病防治法》规定的行为表现为以下五种情形：

（1）供水单位供应的饮用水不符合国家规定的卫生标准的。具体包括两种情形：一是集中式供水单位供应的饮用水不符合《生活饮用水卫生标准》（GB 5749-2022）的。二是单位自备水源，未经批准与城镇集中式供水系统相连接的。

（2）拒绝按照疾病预防控制机构提出的卫生要求，对传染病病原体污染的污水、污物、场所和物品进行消毒处理的。所谓消毒处理，是指采用化学、物理、生物的方法，杀灭或者消除环境中的传染病病原体等，达到无害化。消毒处理应当按照国家制定的《消毒管理办法》、《消毒器械灭菌效果评价方法》（GB/T 15981-2021）、《医院消毒卫生标准》（GB 15982-2012）等一系列规章制度所规定的消毒方法、要求和标准，按照卫生防疫机构提出的卫生要求进行。这里的"拒绝"，包括不按照卫生防疫机构提出的卫生要求进行消毒处理和虽然进行了消毒处理但未达到卫生防疫机构所提出的要求和有关法律、法规所规定的消毒标准的情形。

（3）准许或者纵容传染病病人、病原携带者和疑似传染病病人从事国务院卫生行政部门规定禁止从事的易使该传染病扩散的工作的。这里的“传染病病人”“疑似传染病病人”，是指符合甲类传染病病人、疑似甲类传染病病人诊断标准的人。“病原携带者”，是指感染甲类传染病病原体，虽无临床症状但能排出病原体的人。根据《中华人民共和国传染病防治法实施办法》的规定，对患甲类传染病病人、病原体携带者应当予以必要的隔离治疗，直至医疗保健机构证明其不具有传染性时，方可恢复工作。对疑似甲类传染病病人，在排除患病嫌疑之前，不得从事易于传染病扩散的工作。

（4）出售、运输疫区中被传染病病原体污染或者可能被传染病病原体污染的物品，未进行消毒处理的。

（5）拒绝执行县级以上人民政府、疾病预防控制机构依照《传染病防治法》提出的预防、控制措施的。县级以上人民政府、疾病预防控制机构依照《传染病防治法》提出的预防、控制措施必须得以贯彻执行。这里的“拒绝”，包括不接受、不执行，或者虽然接受、执行但未按要求贯彻卫生防疫机构提出的预防、控制措施。对这里的“预防、控制”措施，不应做泛化解释，要严格遵循立法原意，避免迫于防疫压力而滥用刑事手段，导致打击面过广。

所谓引起甲类传染病传播，是指行为人违反《传染病防治法》规定的行为，造成了甲类传染病以及依法确定采取甲类传染病预防、控制措施的传染病病原体和传染源的扩散，使较多的人感染、发病，并有蔓延的趋势。所谓有引起甲类传染病传播严重危险，是指行为人违反《传染病防治法》规定的行为，造成甲类传染病以及依法确定采取甲类传染病预防、控制措施的传染病病原体对环境和传播媒介的污染较为严重，造成了传染源引入、扩散，足以使不特定多数人感染、发病的情形。

本罪的主体是一般主体，即已满 16 周岁、具有刑事责任能力的自然人，单位也可以构成本罪。

本罪在主观方面是出于过失，包括疏忽大意的过失和过于自信的过失。这里的“过失”，是指行为人对自己的行为所造成的引起甲类传染病以及依法确定采取甲类传染病预防、控制措施的传染病传播或者有传播严重危险之结果既不希望也不放任其发生的心理态度。但其实施的违反《传染病防治法》的行为则可能是明知故犯的。

第 2 款是关于单位犯妨害传染病防治罪的罪刑条款内容。

单位犯妨害传染病防治罪的，对单位判处罚金，并对其直接负责的主管人员和其他直接责任人员以妨害传染病防治罪定罪处罚。

第 3 款是关于甲类传染病范围的规定。

根据《传染病防治法》的规定，所谓甲类传染病，是指鼠疫、霍乱。依法确定采取甲类传染病预防、控制措施的传染病，是指乙类传染病中传染性非典型肺炎、炭疽中的肺炭疽、人感染高致病性禽流感以及国务院卫生行政部门根据需要报经国务院批准公布实施的其他需要按甲类管理的乙类传染病和突发原因不明的传染病。

【实务问题】

1. 本罪的立案追诉标准

根据《立案追诉标准（一）》第 49 条第 1 款的规定，违反《传染病防治法》的规定，引起甲类或者按照甲类管理的传染病传播或者有传播严重危险，涉嫌下列情形之一的，应予立案追诉：（1）供水单位供应的饮用水不符合国家规定的卫生标准的；（2）拒绝按照疾病预防控制机构提出的卫生要求，对传染病病原体污染的污水、污物、粪便进行消毒处理的；（3）准许或者纵容传染病病人、病原携带者和疑似传染病病人从事国务院卫生行政部门规定禁止从事的易使该传染病扩散的工作的；（4）拒绝执行疾病预防控制机构依照《传染病防治法》提出的预防、控制措施的。

2. 本罪与自然事故、技术事故的界限

自然事故，是指人力不可抗拒的自然因素引起的灾害、祸事，如地震、洪水等。技术事故，是指因技术条件或者设备条件的原因而发生的事故，如消毒设备突然出现故障而导致消毒未能达到国家规定的标准。上述两种事故都可能引起传染病暴发，与本罪区分的关键在于行为人的主观方面是否存在过失。存在过失的，构成本罪；如果行为人对于所发生的后果不存在过失，而是不能预见或者不可抗拒的，则属于刑法上的意外事件，不构成犯罪。

3. 本罪与一般违反《传染病防治法》行为的界限

二者的主要区别在于：（1）是否实施了本条规定的 5 种法定行为之一。只有实施了该 5 种法定行为之一的，才能构成本罪。如果是该法定行为以外的其他违反《传染病防治法》的行为，则属于一般违法行为。（2）违反《传染病防治法》的行为是否引起了甲类传染病传播或者有传播严重危险。只有引起了甲类传染病传播或者有传播严重危险的，才能构成本罪；如果没有引起甲类传染病传播，甚至没有传播严重危险的，属于一般违法行为。

4. 本罪与投放危险物质罪、过失投放危险物质罪的界限

当以传染病病原体为行为对象时，本罪便可能与后二者混淆。本罪与后二者的主要区别在于：（1）本罪客体是国家甲类传染病防治的管理秩序和公共卫生安全；后二者的客体是公共安全。（2）本罪的行为对象仅限于甲类传染病或者按甲类管理的传染病病原体；后二者的行为对象则无此限制。（3）本罪表现为违反《传染病防治法》的规定，实施本条所规定的特定行为之一，引起甲类传

染病传播或者有传播严重危险的；后二者则表现为投放传染病病原体等危险物质的危害公共安全的行为，具体行为方式没有特定限制。另外，本罪与投放危险物质罪的重要区别还在于二者的主观方面不同，本罪是出于过失，而投放危险物质罪则出于故意。如果行为人以引起甲类传染病传播为目的而实施本罪的特定行为之一，或者实施本罪的特定行为而放任引起甲类传染病传播严重危险的，则应认定为投放危险物质罪。而本罪与过失投放危险物质罪在成立标准上也有所不同：本罪属于危险犯，只要造成了甲类传染病的传播或者引起甲类传染病传播严重危险的，即构成犯罪；而过失投放危险物质罪的成立则必须造成致人重伤、死亡或者使公私财产遭受重大损失的严重后果。

第三百三十一条 〔传染病菌种、毒种扩散罪〕

从事实验、保藏、携带、运输传染病菌种、毒种的人员，违反国务院卫生行政部门的有关规定，造成传染病菌种、毒种扩散，后果严重的，处三年以下有期徒刑或者拘役；后果特别严重的，处三年以上七年以下有期徒刑。

本条是关于传染病菌种、毒种扩散罪的罪刑条款内容。

【条文释义】

传染病菌种、毒种扩散罪，是指从事实验、保藏、携带、运输传染病菌种、毒种的人员，违反国务院卫生行政部门的有关规定，造成传染病菌种、毒种扩散，后果严重的行为。

所谓传染病菌种、毒种扩散，是指在从事实验、保藏、携带、运输传染病菌种、毒种的过程中，违反国务院卫生行政部门的有关规定，造成传染病菌种、毒种扩散的行为。根据本条规定，造成传染病菌种、毒种扩散，后果严重的，才构成本罪。

本罪的主体是特殊主体，只有从事实验、保藏、携带、运输传染病菌种、毒种的人员才能成为本罪的主体。

本罪的主观方面是过失。这里的“过失”，是指行为人对自己的行为所造成的传染病菌种、毒种扩散的严重结果，既不希望也不放任其发生的心理态度。但对其实施的违反国务院卫生行政部门的有关规定的行为则可能是明知故犯的。

【实务问题】

1. 本罪罪与非罪的界限

本罪是结果犯，只有造成传染病菌种、毒种扩散，后果严重的，才构成犯罪，即达到《立案追诉标准（一）》第 50 条的规定情形之一的，应当追究刑事责任，否则，不构成本罪。

2. 本罪的立案追诉标准

根据《立案追诉标准（一）》第50条的规定，从事实验、保藏、携带、运输传染病菌种、毒种的人员，违反国务院卫生行政部门的有关规定，造成传染病菌种、毒种扩散，涉嫌下列情形之一的，应予立案追诉：（1）导致甲类和按甲类管理的传染病传播的；（2）导致乙类、丙类传染病流行、暴发的；（3）造成人员重伤或者死亡的；（4）严重影响正常的生产、生活秩序的；（5）其他造成严重后果的情形。

3. 本罪与过失投放危险物质罪的界限

当以传染病病原体为行为对象时，本罪便可能与后罪混淆。本罪与后罪的主要区别在于：（1）本罪在客观方面表现为违反国务院卫生行政部门的有关规定，造成传染病菌种、毒种扩散的行为；而过失投放危险物质罪在客观方面表现为投放传染病菌种、毒种等危险物质危害公共安全的行为。（2）本罪的行为必须发生在从事实验、保藏、携带、运输传染病菌种、毒种的过程中；而过失投放危险物质罪的行为对发生时间没有特定限制。（3）本罪的主体是特殊主体，只有从事实验、保藏、携带、运输传染病菌种、毒种的人员才能成为本罪的主体；而过失投放危险物质罪的主体是一般主体。

第三百三十二条　〔妨害国境卫生检疫罪〕

违反国境卫生检疫规定，引起检疫传染病传播或者有传播严重危险的，处三年以下有期徒刑或者拘役，并处或者单处罚金。

单位犯前款罪的，对单位判处罚金，并对其直接负责的主管人员和其他直接责任人员，依照前款的规定处罚。

本条是关于妨害国境卫生检疫罪的罪刑条款内容。

【条文释义】

本条共分为2款。第1款是关于妨害国境卫生检疫罪的罪刑条款内容。

妨害国境卫生检疫罪，是指违反国境卫生检疫规定，引起检疫传染病传播或者有传播严重危险的行为。

所谓妨害国境卫生检疫，是指违反国境卫生检疫规定，逃避或者拒绝对人身或物品进行卫生检疫的行为。根据本条规定，只有引起检疫传染病传播或者有传播严重危险的，才构成本罪。根据《中华人民共和国国境卫生检疫法》第3条的规定，所谓检疫传染病，是指鼠疫、霍乱、黄热病以及国务院确定和公布的其他传染病。根据2020年最高人民法院、最高人民检察院、公安部、司法部、海关总署《关于进一步加强国境卫生检疫工作 依法惩治妨害国境卫生检疫违法犯罪的意见》第 2 条的规定，违反国境卫生检疫规定，实施下列行为之一的，属于妨害国境卫生检疫行为：（1）检疫传染病染疫人或者染疫嫌疑人拒绝执行海关依照国境卫生检疫法等法律法规提出的健康申报、体温监测、医学巡查、流行病学调查、医学排查、采样等卫生检疫措施，或者隔离、留验、就地诊验、转诊等卫生处理措施的；（2）检疫传染病染疫人或者染疫嫌疑人采取不如实填报健康申明卡等方式隐瞒疫情，或者伪造、涂改检疫单、证等方式伪造情节的；（3）知道或者应当知道实施审批管理的微生物、人体组织、生物制品、血液及其制品等特殊物品可能造成检疫传染病传播，未经审批仍逃避检疫，携运、寄递出入境的；（4）出入境交通工具上发现有检疫传染病染疫人或者染疫嫌疑人，交通工具负责人拒绝接受卫生检疫或者拒不接受卫生处理的；（5）来自检疫传染病流行国家、地区的出入境交通工具上出现非意外伤害死亡且死因不明的人员，交通工具负责人故意隐瞒情况的；（6）其他拒绝执行海关依照国境卫生检疫法等法律法规提出的检疫措施的。实施上述行为，引起鼠疫、霍乱、黄热病以及新冠肺炎等国务院确定和公布的其他检疫传染病传播或者有传播严重危险的，依照《刑法》第 332 条的规定，以妨害国境卫生检疫罪定罪处罚。

本罪的主体是一般主体，自然人和单位均可构成。本罪的主观方面是过失，这里的“过失”，是指行为人对引起检疫传染病传播或者有传播严重危险所持的心理态度。至于行为人对于自己所实施的违反国境卫生检疫规定，逃避或者拒绝对人身或物品的卫生检疫的行为，则可能是明知故犯的。

第 2 款是关于单位犯妨害国境卫生检疫罪的罪刑条款内容。对于单位实施妨害国境卫生检疫行为，引起鼠疫、霍乱、黄热病以及新冠肺炎等国务院确定和公布的其他检疫传染病传播或者有传播严重危险的，应当对单位判处罚金，并对其直接负责的主管人员和其他直接责任人员定罪处罚。

【实务问题】

本罪罪与非罪的界限

本罪罪与非罪，应当从以下几个方面区分：（1）本罪的成立以违反国境卫生检疫规定为前提。如果行为人没有违反国境卫生检疫规定，则不可能成立本罪。（2）必须引起检疫传染病传播或者有传播严重危险的，才构成本罪。如果没有引起检疫传染病传播或者没有传播严重危险的，则不构成犯罪，应当按照《中华人民共和国国境卫生检疫法》的规定进行行政处罚。

第三百三十三条

〔非法组织卖血罪；强迫卖血罪〕**非法组织他人出卖血液的，处五年以**

下有期徒刑，并处罚金；以暴力、威胁方法强迫他人出卖血液的，处五年以上十年以下有期徒刑，并处罚金。

有前款行为，对他人造成伤害的，依照本法第二百三十四条的规定定罪处罚。

本条是关于非法组织卖血罪和强迫卖血罪的罪刑条款内容。

【条文释义】

本条共分为2款。第1款是关于非法组织卖血罪、强迫卖血罪的罪刑条款内容。

非法组织卖血罪，是指违反国家规定，组织他人出卖血液的行为。

所谓非法组织卖血，是指非法组织他人出卖血液的行为。这里的“非法”，是指违反国家有关采供血的规定，未经有关主管部门批准或者委托，擅自组织他人向依法从事血液采集工作的机构提供血液。所谓组织他人出卖血液，是指策划、指挥、招募、联络、动员、安排他人出卖血液的行为。这里的“他人”，是指自愿出卖血液的人。这里的“血液”，是指全血、成分血和特殊血液成分。本罪是行为犯，行为人只要实施了非法组织他人出卖血液的行为，即成立本罪。

本罪的主体是一般主体，只能是已满16周岁、具有刑事责任能力的自然人。

本罪在主观方面是出于直接故意，即明知是非法组织他人出卖血液的行为而为之的心理态度。在实践中，行为人多以牟利为目的，但是，是否具有牟利的目的并不影响本罪的成立。

强迫卖血罪，是指以暴力、威胁方法强迫他人出卖血液的行为。

所谓强迫卖血，是指以暴力、威胁方法强迫他人出卖血液的行为。这里的“暴力”，是指直接对他人人身施以不法有形力，进行强制，如禁闭、关押、殴打甚至伤害他人，使其不能或者不敢抗拒。这里的“威胁”，是指以恐吓、威逼等精神强制的方法，使他人不敢抗拒。所谓强迫他人出卖血液，是指以暴力、威胁的方法迫使他人违背自己的意愿而出卖血液的行为。这里的“血液”，是指全血、成分血和特殊血液成分。本罪是行为犯，只要行为人实施了以暴力、威胁的方法强迫他人出卖血液的行为，即成立犯罪既遂。

本罪的主体是一般主体，只能是已满16周岁、具有刑事责任能力的自然人。

本罪在主观方面是直接故意，即明知是强迫他人出卖血液的行为而为之的心理态度。在实践中，行为人多以牟利为目的，但是，是否具有牟利的目的并不影响本罪的成立。

第2款是关于《刑法》第333条与第234条之间法条竞合的罪刑条款内容。

行为人实施非法组织卖血或者强迫卖血行为，对他人造成伤害的，应当按照《刑法》第234条规定，以故意伤害罪定罪处刑。

【实务问题】

1. 非法组织卖血罪罪与非罪的界限

二者的主要区别在于：(1) 本罪与一般违法行为的界限。虽然本条规定非法组织卖血罪为行为犯，但只有达到《立案追诉标准（一）》第 52 条规定的非法组织他人出卖血液的情形之一的，才能构成本罪，如果没有达到该标准的，则不以犯罪论处。(2) 本罪与违规组织献血的界限。本罪与违规组织献血的区别，关键在于组织者是否得到主管部门的批准或者委托。如果在经批准或者接受委托组织献血的过程中有违规行为的，不能认定为犯罪。

2. 非法组织卖血罪的立案追诉标准

根据《立案追诉标准（一）》第 52 条的规定，非法组织他人出卖血液，涉嫌下列情形之一的，应予立案追诉：(1) 组织卖血 3 人次以上的；(2) 组织卖血非法获利累计 2000 元以上的；(3) 组织未成年人卖血的；(4) 被组织卖血的人的血液含有艾滋病病毒、乙型肝炎病毒、丙型肝炎病毒、梅毒螺旋体等病原微生物的；(5) 其他非法组织卖血应予追究刑事责任的情形。

3. 强迫卖血罪的立案追诉标准

根据《立案追诉标准（一）》第 53 条的规定，以暴力、威胁方法强迫他人出卖血液的，应予立案追诉。

4. 非法组织卖血罪与强迫卖血罪的界限

二者的界限主要从以下两个方面把握：(1) 行为方式不同。前罪表现为组织行为，即策划、指挥、招募、联络、动员、安排他人出卖血液的行为；后罪表现为强迫行为，即以暴力、威胁的方法强迫他人出卖血液的行为。(2) 行为对象不同。前罪的行为对象是自愿出卖血液的人；后罪的行为对象是违背自己意愿出卖血液的人。

5. 非法组织卖血罪、强迫卖血罪与故意伤害罪的界限

根据本条第 2 款的规定，非法组织他人出卖血液或者强迫他人出卖血液的行为造成他人伤害的，以故意伤害罪定罪处罚。这里的“他人”，应当仅指出卖血液者。这里的“伤害”，应当指重伤。如果造成他人轻伤的，则应以非法组织卖血罪、强迫卖血罪从重处刑。

6. 罪数的认定

在认定本罪的罪数时，应注意以下问题：(1) 如果行为人明知自己非法组织他人出卖血液或者强迫他人出卖血液行为会危及不特定多数受血者健康，仍然为之的，属于非法组织卖血罪或者强迫卖血罪与以危险方法危害公共安全罪的想象竞合犯，应当择一重罪处断。(2) 如果非法组织他人出卖血液或者强迫他人出卖血液行为造成了不特定多数受血者伤害的，属于想象竞合犯，应当择一重罪

处断。具体应区别不同情况加以认定：①如果行为人对自己的行为造成的不特定多数受血者伤害的结果持故意的心理态度，则是非法组织卖血罪或者强迫卖血罪与以危险方法危害公共安全罪的想象竞合犯。②如果行为人对自己的行为造成的不特定多数受血者伤害的结果持过失的心理态度，则是非法组织卖血罪或者强迫卖血罪与过失以危险方法危害公共安全罪的想象竞合犯。③在非法组织他人出卖血液或者强迫他人出卖血液的行为对卖血者造成伤害的情况下，如果行为人对自己的行为造成不特定多数受血者伤害的结果持故意的心理态度，则属于故意伤害罪与以危险方法危害公共安全罪的想象竞合犯；如果行为人对自己的行为造成不特定多数受血者伤害的结果持过失的心理态度，则属于故意伤害罪与过失以危险方法危害公共安全罪的想象竞合犯。（3）在非法组织他人卖血过程中，如果有以暴力、威胁的方法强迫他人出卖血液行为的，属于非法组织卖血罪与强迫卖血罪的牵连犯，应以强迫卖血罪定罪处刑。

第三百三十四条

〔非法采集、供应血液、制作、供应血液制品罪〕**非法采集、供应血液或者制作、供应血液制品，不符合国家规定的标准，足以危害人体健康的，处五年以下有期徒刑或者拘役，并处罚金；对人体健康造成严重危害的，处五年以上十年以下有期徒刑，并处罚金；造成特别严重后果的，处十年以上有期徒刑或者无期徒刑，并处罚金或者没收财产。**

〔采集、供应血液、制作、供应血液制品事故罪〕**经国家主管部门批准采集、供应血液或者制作、供应血液制品的部门，不依照规定进行检测或者违背其他操作规定，造成危害他人身体健康后果的，对单位判处罚金，并对其直接负责的主管人员和其他直接责任人员，处五年以下有期徒刑或者拘役。**

本条是关于非法采集、供应血液、制作、供应血液制品罪和采集、供应血液、制作、供应血液制品事故罪的罪刑条款内容。

【条文释义】

本条共分为 2 款。第 1 款是关于非法采集、供应血液、制作、供应血液制品罪及其处罚的规定。

非法采集、供应血液、制作、供应血液制品罪，是指非法采集、供应血液或者制作、供应血液制品，不符合国家规定的标准，足以危害人体健康的行为。

所谓非法采集、供应血液、制作、供应血液制品，是指未经国家主管部门批准或者超过批准的业务范围，采集、供应血液或者制作、供应血液制品的行为。非法采集、供应血液、制作、供应血液制品行为，既可以由不具备采集、供应血液或者制作、供应血液制品资格的人为之，也可以由具备采集、供应血液或者制作、供应血液制品资格的人为之。这里的“血液”，是指全血、成分血和特殊血液成分。这里的“血液制品”，是指各种人血浆蛋白制品。

本罪是危险犯。根据本款规定，非法采集、供应血液或者制作、供应血液制品，不符合国家规定的标准，足以危害人体健康的，才能构成本罪。

本罪在主观方面表现为故意，即行为人明知自己违反国家有关规定，明知自己没有从事采集、供应血液或者制作、供应血液制品活动的资格，明知所采集、供应的血液或者制作、供应的血液制品会不符合国家规定的标准，足以危害人体健康，仍决意为之的心理态度。在实践中，行为人往往是为了谋取非法利益，但是行为人出于何种目的，并不影响本罪的成立。但对可能造成的危害人体健康的结果，则可能出于过失。

第 2 款是关于采集、供应血液、制作、供应血液制品事故罪及其处罚的规定。

采集、供应血液、制作、供应血液制品事故罪，是指经国家主管部门批准采集、供应血液或者制作、供应血液制品的部门，不依照规定进行检测或者违背其他操作规定，造成危害他人身体健康后果的行为。

“不依照规定进行检测或者违背其他操作规定”，根据《立案追诉标准（一）》和 2008 年最高人民法院、最高人民检察院《关于办理非法采供血液等刑事案件具体应用法律若干问题的解释》第 5 条的规定，是指具有下列情形之一：（1）血站未用 2 个企业生产的试剂对艾滋病病毒抗体、乙型肝炎病毒表面抗原、丙型肝炎病毒抗体、梅毒抗体进行 2 次检测的；（2）单采血浆站不依照规定对艾滋病病毒抗体、乙型肝炎病毒表面抗原、丙型肝炎病毒抗体、梅毒抗体进行检测的；（3）血液制品生产企业在投料生产前未用主管部门批准和检定合格的试剂进行复检的；（4）血站、单采血浆站和血液制品生产企业使用的诊断试剂没有生产单位名称、生产批准文号或者经检定不合格的；（5）采供血机构在采集检验标本、采集血液和成分血分离时，使用没有生产单位名称、生产批准文号或者超过有效期的一次性注射器等采血器材的；（6）不依照国家规定的标准和要求包装、储存、运输血液、原料血浆的；（7）对国家规定检测项目结果呈阳性的血液未及时按照规定予以清除的；（8）不具备相应资格的医务人员进行采血、检验操作的；（9）对献血者、供血浆者超量、频繁采集血液、血浆的；（10）采供血机构采集血液、血浆前，未对献血者或者供血浆者进行身份识别，采集冒名顶替者、健康检查不合格者血液、血浆的；（11）血站擅自采集原料血浆，单采血浆站擅自采集临床用血或者向医疗机构供应原料血浆的；（12）重复使用一次性采血器材的；（13）其他不依照规定进行检测或者违背操作规定的。

本罪是结果犯，根据本款规定，必须“造成危害他人身体健康后果的”，才能构成犯罪。

本罪的主体是特殊主体。根据本款规定，只有经国家主管部门批准采集、供应血液或者制作、供应血液制品的部门，才能构成本罪。所谓经国家主管部门批准采集、供应血液或者制作、供应血液制品的部门，是指经国家主管部门批准的采供血机构和血液制品生产经营单位。其中，采供血机构包括血液中心、中心血站、中心血库、脐带血造血干细胞库和国家卫生行政主管部门根据医学发展需要批准、设置的其他类型血库、单采血浆站。另外，其直接负责的主管人员和其他直接责任人员也应当以本罪承担刑事责任。

本罪在主观方面表现为过失。这里的“过失”，是指行为人对自己的行为造成危害他人身体健康的后果所持的心理态度。但是行为人对于自己“不依照规定进行检测或者违背其他操作规定”的行为，则可能是明知故犯。

【实务问题】

1. 非法采集、供应血液、制作、供应血液制品罪罪与非罪的界限

根据本条规定，非法采集、供应血液或者制作、供应血液制品，不符合国家规定的标准，足以危害人体健康的，才能构成本罪。根据《立案追诉标准（一）》和2008年最高人民法院、最高人民检察院《关于办理非法采供血液等刑事案件具体应用法律若干问题的解释》第2条的规定，“不符合国家规定的标准，足以危害人体健康”，是指具有下列情形之一的：（1）采集、供应的血液含有艾滋病病毒、乙型肝炎病毒、丙型肝炎病毒、梅毒螺旋体等病原微生物的；（2）制作、供应的血液制品含有艾滋病病毒、乙型肝炎病毒、丙型肝炎病毒、梅毒螺旋体等病原微生物，或者将含有上述病原微生物的血液用于制作血液制品的；（3）使用不符合国家规定的药品、诊断试剂、卫生器材，或者重复使用一次性采血器材采集血液，造成传染病传播危险的；（4）违反规定对献血者、供血浆者超量、频繁采集血液、血浆，足以危害人体健康的；（5）其他不符合国家有关采集、供应血液或者制作、供应血液制品的规定标准，足以危害人体健康的。如果没有上述情形的，则不构成犯罪，应当以违法行为予以相应的处罚。

2. 采集、供应血液、制作、供应血液制品事故罪罪与非罪的界限

主要应当注意以下两个问题：（1）是否有不依照规定进行检测或者违背其他操作规定的行为。如果没有不依照规定进行检测或者违背其他操作规定的行为，即使造成了危害他人身体健康的后果，也不能构成本罪。（2）是否造成了危害他人身体健康的后果。如果行为人不依照规定进行检测或者违背其他操作规定的行为没有造成危害他人身体健康的后果，也不构成本罪。这也就是说，不依照规定进行检测或者违背其他操作规定的行为与所发生的危害他人身体健康的后果之间，必须具有刑法上的因果关系，才能构成本罪。根据《立案追诉标准

（一）》和 2008 年最高人民法院、最高人民检察院《关于办理非法采供血液等刑事案件具体应用法律若干问题的解释》第 6 条的规定，经国家主管部门批准采集、供应血液或者制作、供应血液制品的部门，不依照规定进行检测或者违背其他操作规定，具有下列情形之一的，应认定为“造成危害他人身体健康后果”，构成犯罪：（1）造成献血者、供血浆者、受血者感染艾滋病病毒、乙型肝炎病毒、丙型肝炎病毒、梅毒螺旋体或者其他经血液传播的病原微生物的；（2）造成献血者、供血浆者、受血者重度贫血、造血功能障碍或者其他器官组织损伤导致功能障碍等身体严重危害的；（3）其他造成危害他人身体健康后果的情形。

3. 非法采集、供应血液、制作、供应血液制品罪与采集、供应血液、制作、供应血液制品事故罪的界限

二者的主要区别在于：（1）犯罪主体不同。前罪是一般主体，即已满 16 周岁、具有刑事责任能力的自然人，单位不能构成本罪；后罪是特殊主体，只能由经国家主管部门批准采集、供应血液或者制作、供应血液制品的单位构成，自然人不能构成本罪。（2）犯罪的主观方面不同。前罪在主观方面是出于故意；后罪在主观方面是出于过失。（3）行为表现不同。前罪的采集、供应血液或制作、供应血液制品以行为的非法性为前提；后罪的采集、供应血液或制作、供应血液制品则是合法的，但以行为的不依照规定进行检测或者违背其他操作规定为要件。（4）犯罪成立的标准不同。前罪是危险犯，以所采集、供应的血液或者制作、供应的血液制品不符合国家规定的标准，足以危害人体健康为犯罪既遂的标准；后罪是结果犯，以造成危害他人身体健康后果为犯罪既遂的标准。

4. 非法采集、供应血液、制作、供应血液制品罪的立案追诉标准

根据《立案追诉标准（一）》第 54 条的规定，非法采集、供应血液或者制作、供应血液制品，涉嫌下列情形之一的，应予立案追诉：（1）采集、供应的血液含有艾滋病病毒、乙型肝炎病毒、丙型肝炎病毒、梅毒螺旋体等病原微生物的；（2）制作、供应的血液制品含有艾滋病病毒、乙型肝炎病毒、丙型肝炎病毒、梅毒螺旋体等病原微生物，或者将含有上述病原微生物的血液用于制作血液制品的；（3）使用不符合国家规定的药品、诊断试剂、卫生器材，或者重复使用一次性采血器材采集血液，造成传染病传播危险的；（4）违反规定对献血者、供血浆者超量、频繁采集血液、血浆，足以危害人体健康的；（5）其他不符合国家有关采集、供应血液或者制作、供应血液制品的规定，足以危害人体健康或者对人体健康造成严重危害的情形。未经国家主管部门批准或者超过批准的业务范围，采集、供应血液或者制作、供应血液制品的，属于本条规定的“非法采集、供应血液或者制作、供应血液制品”。

5. 采集、供应血液、制作、供应血液制品事故罪的立案追诉标准

根据《立案追诉标准（一）》第55条的规定，经国家主管部门批准采集、供应血液或者制作、供应血液制品的部门，不依照规定进行检测或者违背其他操作规定，涉嫌下列情形之一的，应予立案追诉：（1）造成献血者、供血浆者、受血者感染艾滋病病毒、乙型肝炎病毒、丙型肝炎病毒、梅毒螺旋体或者其他经血液传播的病原微生物的；（2）造成献血者、供血浆者、受血者重度贫血、造血功能障碍或者其他器官组织损伤导致功能障碍等身体严重危害的；（3）其他造成危害他人身体健康后果的情形。经国家主管部门批准的采供血机构和血液制品生产经营单位，属于本条规定的“经国家主管部门批准采集、供应血液或者制作、供应血液制品的部门”。采供血机构包括血液中心、中心血站、中心血库、脐带血造血干细胞库和国家卫生行政主管部门根据医学发展需要批准、设置的其他类型血库、单采血浆站。具有下列情形之一的，属于本条规定的“不依照规定进行检测或者违背其他操作规定”：（1）血站未用2个企业生产的试剂对艾滋病病毒抗体、乙型肝炎病毒表面抗原、丙型肝炎病毒抗体、梅毒抗体进行2次检测的；（2）单采血浆站不依照规定对艾滋病病毒抗体、乙型肝炎病毒表面抗原、丙型肝炎病毒抗体、梅毒抗体进行检测的；（3）血液制品生产企业在投料生产前未用主管部门批准和检定合格的试剂进行复检的；（4）血站、单采血浆站和血液制品生产企业使用的诊断试剂没有生产单位名称、生产批准文号或者经检定不合格的；（5）采供血机构在采集检验标本、采集血液和成分血分离时，使用没有生产单位名称、生产批准文号或者超过有效期的一次性注射器等采血器材的；（6）不依照国家规定的标准和要求包装、储存、运输血液、原料血浆的；（7）对国家规定检测项目结果呈阳性的血液未及时按照规定予以清除的；（8）不具备相应资格的医务人员进行采血、检验操作的；（9）对献血者、供血浆者超量、频繁采集血液、血浆的；（10）采供血机构采集血液、血浆前，未对献血者或者供血浆者进行身份识别，采集冒名顶替者、健康检查不合格者血液、血浆的；（11）血站擅自采集原料血浆，单采血浆站擅自采集临床用血或者向医疗机构供应原料血浆的；（12）重复使用一次性采血器材的；（13）其他不依照规定进行检测或者违背操作规定的。

第三百三十四条之一 〔非法采集人类遗传资源、走私人类遗传资源材料罪〕

违反国家有关规定，非法采集我国人类遗传资源或者非法运送、邮寄、携带我国人类遗传资源材料出境，危害公众健康或者社会公共利益，情节严重的，处三年以下有期徒刑、拘役或者管制，并处或者单处罚金；情节特别严重的，处三年以上七年以下有期徒刑，并处罚金。

本条是关于非法采集人类遗传资源、走私人类遗传资源材料罪的罪刑条款内容。

本条为 2020 年 12 月 26 日通过的《刑法修正案（十一）》所增加。

【条文释义】

非法采集人类遗传资源、走私人类遗传资源材料罪，是指违反国家有关规定，非法采集我国人类遗传资源或者非法运送、邮寄、携带我国人类遗传资源材料出境，危害公众健康或者社会公共利益，情节严重的行为。

本罪在客观方面表现为违反国家有关规定，非法采集我国人类遗传资源或者非法运送、邮寄、携带我国人类遗传资源材料出境，危害公众健康或者社会公共利益，情节严重的行为。根据《中华人民共和国生物安全法》（简称《生物安全法》）和《中华人民共和国人类遗传资源管理条例》（简称《人类遗传资源管理条例》）的规定，人类遗传资源，包括人类遗传资源材料和人类遗传资源信息。人类遗传资源材料，是指含有人体基因组、基因等遗传物质的器官、组织、细胞等遗传材料。人类遗传资源信息，是指利用人类遗传资源材料产生的数据等信息资料。

非法采集人类遗传资源、走私人类遗传资源材料罪包括两个方面的行为：

一是非法采集人类遗传资源的行为，即违反国家有关规定，非法采集我国人类遗传资源的行为。对于“采集”程序、目的等需要满足的条件及采集我国人类遗传资源履行告知义务等有相关规定。《人类遗传资源管理条例》第 11 条明确，“采集我国重要遗传家系、特定地区人类遗传资源或者采集国务院科学技术行政部门规定种类、数量的人类遗传资源的”，应经国务院科学技术行政部门批准，同时满足下列条件：（1）具有法人资格；（2）采集目的明确、合法；（3）采集方案合理；（4）通过伦理审查；（5）具有负责人类遗传资源管理的部门和管理制度；（6）具有与采集活动相适应的场所、设施、设备和人员。采集我国人类遗传资源履行告知义务是重要的一个环节，体现了采集程序正当及对被采集人权益的保障。《人类遗传资源管理条例》第 12 条规定，采集我国人类遗传资源，应当事先告知人类遗传资源提供者采集目的、采集用途、对健康可能产生的影响、个人隐私保护措施及其享有的自愿参与和随时无条件退出的权利，征得人类遗传资源提供者书面同意。在告知人类遗传资源提供者前述规定的信息时，必须全面、完整、真实、准确，不得隐瞒、误导、欺骗。

二是走私人类遗传资源材料出境的行为，即违反国家有关规定，非法运送、邮寄、携带我国人类遗传资源材料出境的行为。在行为方式上主要包括运送、邮寄、携带出境。运送和邮寄与携带行为的主要区别在于，携带通常是行为人亲自携带，可以是放置于衣服、背包，甚至可以通过藏置于体内等方式；运送和邮寄主要是借助交通工具或者其他载体。运送和邮寄的区分在于，邮寄是通过第三方邮局或者快递公司等方式出境。这里不论是运送、邮寄、运输行为都要求出境，在境内实施上述行为如果符合行政处罚的条件，予以行政处罚即可。

非法采集我国人类遗传资源和非法运送、邮寄、携带我国人类遗传资源出境的行为"危害公众健康或者社会公共利益""情节严重"的才构成犯罪，追究刑事责任。危害公众健康或社会公共利益，主要是指在采集过程中因采集方法、采集的设备或者程序等因素造成被采集人感染疾病、组织器官造成伤害、部分功能丧失或者造成我国特定地区或者种系的遗传资源遭到严重破坏等。需要注意的是，与传统的人身、财产犯罪不同，非法采集人类遗传资源及运送、邮寄、携带人类遗传资源材料出境的行为后果通常在短期内很难显现，实践中对于"危害公众健康或者社会公共利益"的理解和判断还要结合其具体情形来综合判断，对于本罪而言，实施了非法采集人类遗传资源或者运送、邮寄、携带人类遗传资源材料出境的行为，如果达到一定的数量即具备危害性。

对于"情节严重"及"情节特别严重"可以从行为方式上判断，也可以从造成危害结果的角度考量，如非法采集人类遗传资源及运送、邮寄、携带人类遗传资源材料的样本数量、采集地区、采集方式、采集目的和用途、采集的年龄段等，造成被采集人身体伤害、感染疾病或身体功能异常、为境外非法组织或基于非法目的获取我国人类遗传资源信息而研制某些生物制剂等。具体的判断标准，可以在总结司法实践经验的基础上通过相关司法解释予以明确。对于尚不构成犯罪的，应当根据《生物安全法》《人类遗传资源管理条例》等相关规定予以行政处罚。

本罪的主体一般主体，凡是具有刑事责任能力的自然人都可以构成本罪。

【实务问题】

"非法采集"的认定

根据《生物安全法》的规定，国家加强对我国人类遗传资源和生物资源的采集、保藏、利用、对外提供等活动的管理和监督，对特定人类遗传资源的采集需经有关部门批准；明确境外组织、个人及其设立或实际控制的机构不得在我国境内采集、保藏我国人类遗传资源、不得向境外提供我国人类遗传资源。同时，该法第 58 条第 2 款规定，境外组织、个人及其设立或者实际控制的机构获取和利用我国生物资源，应当依法取得批准。刑法只规定了"非法采集"这一行为方式，对于通过买卖或其他方式获取未予明确规定，因此，在适用上需从严把握，对未构成犯罪的其他行为，可根据《生物安全法》予以相应处罚。

第三百三十五条 〔医疗事故罪〕

医务人员由于严重不负责任，造成就诊人死亡或者严重损害就诊人身体健康的，处三年以下有期徒刑或者拘役。

本条是关于医疗事故罪的罪刑条款内容。

【条文释义】

医疗事故罪，是指医务人员由于严重不负责任，造成就诊人死亡或者严重损害就诊人身体健康的行为。

所谓医务人员严重不负责任，是指医务人员违反法律法规和诊疗护理常规，在对就诊人员进行医疗、护理或身体健康检查过程中，在履行职责的范围内，对于应当可以防止出现的危害结果由于其严重疏于职守而发生的行为，如对就诊人的生命和健康采取漠不关心的态度，不及时就治；严重违反明确的操作规程，等等。具体行为方式既可以是作为，也可以是不作为。这里的“法律法规”，是指保障就诊人的生命、健康安全的有关诊疗、护理方面的法律、行政法规、部门规章及医疗卫生单位制定的规范性文件。这里的“诊疗护理常规”，是指在诊疗护理实践中被公认的、行之有效的操作习惯与管理。

根据本条规定，本罪是结果犯，只有严重不负责任的行为造成就诊人死亡或者严重损害就诊人身体健康，即医务人员严重不负责任的行为与就诊人死亡或者严重损害就诊人身体健康的结果之间具有刑法上的因果关系的，才能构成本罪。这里的“就诊人”，是指到医疗机构治疗疾患、进行身体健康检查或者为计划生育而进行医疗的人。“严重损害就诊人身体健康”，主要是指造成就诊人严重残疾、重伤、感染艾滋病、病毒性肝炎等难以治愈的疾病或者其他严重损害就诊人身体健康的后果。

本罪的主体是特殊主体，只有医务人员才能构成本罪。所谓医务人员，是指经考核和卫生行政机关批准或承认而取得行医资格，专门从事医疗护理工作的专业人员。具体包括医疗防疫人员（包括医师、医士、卫生防疫员）、药剂人员（包括药师、药剂士和药剂员）、护理人员（包括护师、护士、护理员）及其他技术人员（包括从事检验、理疗、放射、营养等的技师、技士）。但医疗机构中与医疗、护理关联的其他工作人员，包括专职党务人员（如专职党委书记）和从事后勤服务的工勤人员（如清洁工）则不能成为本罪的主体。

本罪在主观方面是出于过失。这里的“过失”，是指行为人对就诊人死亡或者损害其身体健康的结果的心理态度，但对违反法律、法规、规章、制度或者诊疗护理常规则可能是明知故犯的。

【实务问题】

1. 本罪罪与非罪的界限

区分本罪罪与非罪，应当从以下两个方面把握：（1）医疗事故是构成本罪的前提。医疗事故的认定应当以医务人员是否有在诊疗护理工作中违反法律法规和诊疗护理常规的行为，即不负责任，为基本标准。如果行为人没有违反法律法规和诊疗护理常规的行为，则不属于医疗事故，就不构成犯罪。根据《医疗事故处理条例》第33条的规定，有下列情形之一的，不属于医疗事故：①在紧急情况下为抢救垂危患者生命而采取紧急医学措施造成不良后果的；②在医疗活动中由于患者病情异常或者患者体质特殊而发生医疗意外的；③在现有医学科学技术条件下，发生无法预料或者不能防范的不良后果的；④无过错输血感染造成不良后果的；⑤因患方原因延误诊疗导致不良后果的；⑥因不可抗力造成不良后果的。（2）造成就诊人死亡或者严重损害就诊人身体健康的结果是成立本罪的客观标准。如果行为人虽然有严重不负责任的行为，但未造成该危害结果的，也不应以犯罪论处。

2. 本罪的立案追诉标准

根据《立案追诉标准（一）》第56条的规定，医务人员由于严重不负责任，造成就诊人死亡或者严重损害就诊人身体健康的，应予立案追诉。具有下列情形之一的，属于本条规定的“严重不负责任”：（1）擅离职守的；（2）无正当理由拒绝对危急就诊人实行必要的医疗救治的；（3）未经批准擅自开展试验性医疗的；（4）严重违反查对、复核制度的；（5）使用未经批准使用的药品、消毒药剂、医疗器械的；（6）严重违反国家法律法规及有明确规定的诊疗技术规范、常规的；（7）其他严重不负责任的情形。

3. 本罪与重大责任事故罪的界限

二者都是因责任事故造成严重后果而成立的犯罪，它们的主要区别在于：（1）犯罪主体不同。本罪的主体是医务人员，而重大责任事故罪的主体是一般主体，实践中多为企业、事业单位的职工。（2）犯罪对象不同。本罪的对象是特定的就诊人，而重大责任事故罪的对象是不特定多数人和公私财产。（3）行为发生的场合不同。本罪发生在诊疗护理过程中，而重大责任事故罪发生在生产作业过程中。

第三百三十六条

〔非法行医罪〕**未取得医生执业资格的人非法行医，情节严重的，处三年以下有期徒刑、拘役或者管制，并处或者单处罚金；严重损害就诊人身体健康的，处三年以上十年以下有期徒刑，并处罚金；造成就诊人死亡的，处十年以上**

有期徒刑，并处罚金。

〔非法进行节育手术罪〕**未取得医生执业资格的人擅自为他人进行节育复通手术、假节育手术、终止妊娠手术或者摘取宫内节育器，情节严重的，处三年以下有期徒刑、拘役或者管制，并处或者单处罚金；严重损害就诊人身体健康的，处三年以上十年以下有期徒刑，并处罚金；造成就诊人死亡的，处十年以上有期徒刑，并处罚金。**

本条是关于非法行医罪和非法进行节育手术罪的罪刑条款内容。

【条文释义】

本条共分为 2 款。第 1 款是关于非法行医罪及其处罚的规定。

非法行医罪，是指未取得医生执业资格的人非法行医，情节严重的行为。

所谓非法行医，是指没有合法的医师资格或者医师执业资格而从事诊疗护理等医疗活动的行为。这里的“行医”，是指长期反复实施或者意图长期反复实施的业务性的诊疗、护理等医疗活动。如果行为人只是偶尔为他人进行诊疗护理或者进行咨询活动，则不能认为是“行医”。根据 2016 年修正的最高人民法院《关于审理非法行医刑事案件具体应用法律若干问题的解释》（简称《非法行医案件解释》）第 1 条的规定，具有下列情形之一的，属于“未取得医生执业资格的人非法行医”：（1）未取得或者以非法手段取得医师资格从事医疗活动的；（2）被依法吊销医师执业证书期间从事医疗活动的；（3）未取得乡村医生执业证书，从事乡村医疗活动的；（4）家庭接生员实施家庭接生以外的医疗行为的。

本罪是情节犯，根据本条第 1 款规定，非法行医行为情节严重的，才能构成本罪。根据 2016 年《非法行医案件解释》第 2 条的规定，具有下列情形之一的，应认定为《刑法》第 336 条第 1 款规定的“情节严重”：（1）造成就诊人轻度残疾、器官组织损伤导致一般功能障碍的；（2）造成甲类传染病传播、流行或者有传播、流行危险的；（3）使用假药、劣药或不符合国家规定标准的卫生材料、医疗器械，足以严重危害人体健康的；（4）非法行医被卫生行政部门行政处罚两次以后，再次非法行医的；（5）其他情节严重的情形。非法行医行为并非造成就诊人死亡的直接、主要原因的，根据案件情况，可以认定为“情节严重”。这里的“医疗活动”“医疗行为”，参照《医疗机构管理条例实施细则》中的“诊疗活动”“医疗美容”认定。“轻度残疾、器官组织损伤导致一般功能障碍”参照《医疗事故分级标准（试行）》认定。

本罪的主体是一般主体，即已满 16 周岁、具有刑事责任能力的自然人。在实践中，多是没有合法的医师资格或者医师执业资格而从事诊疗、护理等医疗业务活动的人，包括未取得或以非法手段取得医师资格的人、未取得或者依法被吊销医师执业证书的人，也包括已经取得医师执业资格但超越执业类别、执业范围从事医疗业务的人。

本罪在主观方面必须是出于故意，即明知自己没有取得从事诊疗、护理等医疗业务活动的资格，仍然从事该活动的心理态度。行为人对非法行医造成就诊人伤害、死亡结果则是出于过失。在实践中，行为人多出于非法营利的目的，但是否具有该目的，并不影响本罪的成立。

第 2 款是关于非法进行节育手术罪及其处罚的规定。

非法进行节育手术罪，是指未取得医生执业资格的人擅自为他人进行节育复通手术、假节育手术、终止妊娠手术或者摘取宫内节育器，情节严重的行为。

本罪是情节犯。根据本条第 2 款规定，非法进行节育手术行为情节严重的，才能构成本罪。这里的"情节严重"，主要是指没有医师资格的人，多次私自为他人做节育复通手术、假节育手术、终止妊娠手术或者摘取宫内节育器、破坏计划生育或者损害就诊人身体健康等。

本罪的主体是一般主体，即已满 16 周岁、具有刑事责任能力的自然人。

本罪在主观方面必须是出于故意，即明知自己未取得医生执业资格，明知自己没有为他人进行节育手术的资格，仍然从事该行为的心理态度。实践中，行为人多出于非法营利的目的，但是否具有该目的，并不影响本罪的成立。

【实务问题】

1. 非法行医罪罪与非罪的界限

区分本罪罪与非罪应当从以下两个方面把握：（1）行为人没有合法的医师执业资格是构成本罪的前提。具有医师执业资格的人，不仅合法取得医师资格，而且合法取得了医师执业证书。（2）非法行医行为情节严重的，才能构成本罪。如果未达到情节严重，则不构成犯罪，属于一般违法行为。

2. 非法进行节育手术罪罪与非罪的界限

区分本罪罪与非罪应当从以下两个方面把握：（1）行为人没有合法的医师执业资格是构成本罪的前提。具有医师执业资格的人，不仅合法取得医师资格，而且合法取得了医师执业证书。（2）非法进行节育手术行为情节严重的，才能构成本罪。如果未达到情节严重，则不构成犯罪，属于一般违法行为。"情节严重"可参照《立案追诉标准（一）》第 58 条的规定进行认定。

3. 非法行医罪的立案追诉标准

根据《立案追诉标准（一）》第 57 条的规定，未取得医生执业资格的人非法行医，涉嫌下列情形之一的，应予立案追诉：（1）造成就诊人轻度残疾、器官组织损伤导致一般功能障碍，或者中度以上残疾、器官组织损伤导致严重功能障碍，或者死亡的；（2）造成甲类传染病传播、流行或者有传播、流行危险的；

（3）使用假药、劣药或不符合国家规定标准的卫生材料、医疗器械，足以严重危害人体健康的；（4）非法行医被卫生行政部门行政处罚两次以后，再次非法行医的；（5）其他情节严重的情形。

4. 非法进行节育手术罪的立案追诉标准

根据《立案追诉标准（一）》第 58 条的规定，未取得医生执业资格的人擅自为他人进行节育复通手术、假节育手术、终止妊娠手术或者摘取宫内节育器，涉嫌下列情形之一的，应予立案追诉：（1）造成就诊人轻伤、重伤、死亡或者感染艾滋病、病毒性肝炎等难以治愈的疾病的；（2）非法进行节育复通手术、假节育手术、终止妊娠手术或者摘取宫内节育器 5 人次以上的；（3）致使他人超计划生育的；（4）非法进行选择性别的终止妊娠手术的；（5）非法获利累计 5000 元以上的；（6）其他情节严重的情形。

5. 非法行医罪与医疗事故罪的界限

二者都可能在诊疗、护理过程中造成就诊人死亡或者严重损害就诊人身体健康的危害后果。二者的主要区别在于：（1）犯罪主体不同。本罪的主体是一般主体，主要表现为未取得医生执业资格的人；而医疗事故罪的主体必须是医务人员。（2）主观方面不同。本罪是故意犯罪；而医疗事故罪则是过失犯罪。（3）行为方式不同。本罪表现为非法行医的行为；而医疗事故罪则表现为在医疗工作中工作严重不负责任。（4）成立犯罪的标准不同。本罪是情节犯，非法行医行为情节严重的，就构成犯罪；而医疗事故罪是结果犯，只有造成就诊人死亡或者严重损害就诊人身体健康的结果的，才能构成犯罪。

6. 罪数的认定

认定本罪时，应注意：（1）非法行医罪和非法进行节育手术罪的基本犯都是以情节严重为成立标准，如果造成了严重损害就诊人身体健康或者就诊人死亡的结果，则属于结果加重犯，应成立本罪，并应依照本条的“严重损害就诊人身体健康的”“造成就诊人死亡的”这两种加重结果所规定的法定刑处刑。（2）根据 2016 年《非法行医案件解释》第 5 条的规定，实施非法行医犯罪，同时构成生产、销售假药罪，生产、销售劣药罪，诈骗罪等其他犯罪的，依照《刑法》处罚较重的规定定罪处罚。

第三百三十六条之一　〔非法植入基因编辑、克隆胚胎罪〕

将基因编辑、克隆的人类胚胎植入人体或者动物体内，或者将基因编辑、克隆的动物胚胎植入人体内，情节严重的，处三年以下有期徒刑或者拘役，并处罚金；情节特别严重的，处三年以上七年以下有期徒刑，并处罚金。

本条是关于非法植入基因编辑、克隆胚胎罪的罪刑条款内容。

本条为2020年12月26日通过的《刑法修正案（十一）》所增加。

【条文释义】

非法植入基因编辑、克隆胚胎罪，是指将基因编辑、克隆的人类胚胎植入人体或者动物体内，或者将基因编辑、克隆的动物胚胎植入人体内，情节严重的行为。

本罪在客观方面表现主要有两种：第一，将基因编辑克隆的人类胚胎植入人体或者动物体内。基因编辑，是指改变细胞或者生物体的DNA，包括插入、删除或者修改基因或者基因序列，以实现基因的沉默、增强或其他改变其特征的技术。第二，将基因编辑克隆的动物胚胎植入人体内。克隆，是指通过无性生殖而产生的遗传上均一的生物群，即具有完全相同的遗传组成的一群细胞或者生物的个体。植入，是指将体外培养的受精卵或者胚胎移植到子宫内的过程，至于是否着床或植入成功不影响“植入”行为的完成。这里的“植入”，不包括将基因编辑、克隆的动物胚胎植入动物体内的行为，如果有人实施了这种行为，则不构成本罪。同时，如果行为人实施了以上两种行为之一，在此基础之上还要满足情节严重的条件，才能构成本罪。至于情节严重、情节特别严重的标准，还有待司法解释作出具体的认定。目前可参考《生物技术研究开发安全管理办法》中对于生物技术研究开发活动的潜在风险程度、高风险等级、较高风险等级的标准。实践中，应综合考虑行为对象的数量、被基因编辑的胎儿是否实际出生、对胎儿及被植入母体健康的损害、违反社会伦理道德的程度、社会影响乃至国际影响等情况。

本罪的主体是一般主体，只要达到刑事责任年龄，具备刑事责任能力的自然人均能构成本罪，单位不能成为本罪的主体。

【实务问题】

本罪与非法行医罪的界限

对于本罪与非法行医罪，可以从所侵犯的客体以及客观方面进行区分。在侵犯的客体上，本罪侵犯的客体主要是公共卫生安全以及他人的生命、健康权利；而非法行医罪侵犯的客体主要是国家对医务工作的管理秩序以及就诊人的生命、健康权利。在犯罪客观方面，本罪的行为方式较为固定，即行为人实施将基因编辑、克隆的人类胚胎植入人体或者动物体内，或者将基因编辑、克隆的动物胚胎植入人体内的行为，既包括医疗行为也包括科学实验行为；而非法行医罪的客观方面表现为未取得医生执业资格的行为人实施非法行医行为，即仅包括医疗行为。依照2016年《非法行医案件解释》的规定，非法行医罪的具体方式表现为：未取得或者以非法手段取得医师资格从事医疗活动的；被依法吊销医师执业证书期间从事医疗活动的；未取得乡村医生执业证书，从事乡村医疗活动的；家庭接生员实施家庭接生以外的医疗行为的。行为人若取得医生执业资格，就不会构成非法行医罪，但可能构成本罪。若行为人未取得医生执业资格，但是通过将基因编辑、克隆的人类胚胎植入人体的方式实施医疗行为的，达到情节严重程度时，则会同时构成本罪以及非法行医罪，对此应择一重罪论处。

第三百三十七条 〔妨害动植物防疫、检疫罪〕

违反有关动植物防疫、检疫的国家规定，引起重大动植物疫情的，或者有引起重大动植物疫情危险，情节严重的，处三年以下有期徒刑或者拘役，并处或者单处罚金。

单位犯前款罪的，对单位判处罚金，并对其直接负责的主管人员和其他直接责任人员，依照前款的规定处罚。

本条是关于妨害动植物防疫、检疫罪的罪刑条款内容。

【主要修改】

本条第 1 款为 2009 年 2 月 28 日通过的《刑法修正案（七）》所修改，该款内容原为：“违反进出境动植物检疫法的规定，逃避动植物检疫，引起重大动植物疫情的，处三年以下有期徒刑或者拘役，并处或者单处罚金。”

【条文释义】

本条共分为 2 款。第 1 款是关于妨害动植物防疫、检疫罪的罪刑条款内容。

妨害动植物防疫、检疫罪，是指违反有关动植物防疫、检疫的国家规定，引起重大动植物疫情的，或者有引起重大动植物疫情危险，情节严重的行为。

本罪在客观方面表现为违反有关动植物防疫、检疫的国家规定，引起重大动植物疫情，或者有引起重大动植物疫情危险的行为。这里的“违反有关动植物防疫、检疫的国家规定”，是指违反《动物防疫法》《进出境动植物检疫法》《植物检疫条例》《进出境动植物检疫法实施条例》等规定。在行为方式上包括违反动物防疫、植物检疫的有关规定的情形，比逃避动植物防疫、检疫的行为的范围要宽。违反动物防疫有关国家规定的行为可分为两类：一是违反有关动物疫情管理规定的行为，如违反规定处置染疫动物、产品、排泄物、污染物；未按照规定采集、保存、使用、运输动物病微生物，导致动物病微生物遗失、扩散等。二是违反有关动物检疫管理规定的行为，如违反规定逃避检疫；违反规定藏匿、转移、盗掘被依法隔离、封存、处理的染疫动物及其产品等。违反植物检疫有关国家规定的行为包括违反规定调运、隔离试种、生产应实施检疫的植物、植物产品的，或者擅自改变植物、植物产品的规定用途等情形。"重大动植物疫情"，是指动物传染病在某一地区暴发、流行，在短期内突发众多患同一传染病的动物，造成某一种类动物大量死亡甚至灭绝，或者植物病、虫、有害物种的迅速蔓延，使粮食、瓜果、蔬菜严重减产，或者有害植物大面积入侵，使当地植物种群退化、消失，造成生态环境恶化，进而造成巨大经济损失或者环境资源的破坏。"引起重大动植物疫情危险"，是指虽然尚未引起重大动植物疫情的发生，但存在引起此类疫情的紧迫的或者现实的危险的情形。这种情形需要司法机关在办案过程中加以具体判断，不能将违反有关规定的情况一律认定为具有引起重大动植物疫情的危险。

本罪的主体是一般主体，已满 16 周岁、具有刑事责任能力的自然人即可以构成本罪，单位也可构成本罪。

本罪在主观方面是出于过失。这里的"过失"，是指行为人对自己的违反有关动植物防疫、检疫的国家规定的行为所引起的重大动植物疫情或者所引起重大动植物疫情的危险的心理态度。至于对自己的违反有关动植物防疫、检疫的国家规定的行为，则可能是明知故犯的。

第 2 款是关于单位犯妨害动植物防疫、检疫罪的罪刑条款内容。单位犯妨害动植物防疫、检疫罪的，对单位判处罚金，并对其直接负责的主管人员和其他直接责任人员以妨害动植物防疫、检疫罪定罪处罚。

【实务问题】

1. 本罪罪与非罪的界限

根据本条规定，只有引起重大动植物疫情的，或者有引起重大动植物疫情危险，情节严重的，才构成犯罪。否则，不构成犯罪，属于一般违法行为。这里的"情节严重"可参照《立案追诉标准（一）》第 59 条的内容进行认定。

2. 本罪的立案追诉标准

根据《立案追诉标准（一）》第 59 条的规定，违反有关动植物防疫、检疫的国家规定，引起重大动植物疫情的，应予立案追诉。违反有关动植物防疫、检疫的国家规定，有引起重大动植物疫情危险，涉嫌下列情形之一的，应予立案追诉：（1）非法处置疫区内易感动物或者其产品，货值金额 5 万元以上的；（2）非法处置因动植物防疫、检疫需要被依法处理的动植物或者其产品，货值金额 2 万元以上的；（3）非法调运、生产、经营感染重大植物检疫性有害生物的林木种子、苗木等繁殖材料或者森林植物产品的；（4）输入《进出境动植物检疫法》规定的禁止进境物逃避检疫，或者对特许进境的禁止进境物未有效控制与处置，导致其逃逸、扩散的；（5）进境动植物及其产品检出有引起重大动植物疫情危险的动物疫病或者植物有害生物后，非法处置导致进境动植物及其产品流失的；

(6) 一年内携带或者寄递《中华人民共和国禁止携带、邮寄进境的动植物及其产品名录》所列物品进境逃避检疫 2 次以上，或者窃取、抢夺、损毁、抛洒动植物检疫机关截留的《中华人民共和国禁止携带、邮寄进境的动植物及其产品名录》所列物品的；(7) 其他情节严重的情形。本条规定的“重大动植物疫情”，按照国家行政主管部门的有关规定认定。

根据 2019 年最高人民检察院、公安部、海关总署《关于办理进境携带物和寄递物动植物检疫监管领域刑事案件适用立案追诉标准若干问题的通知》的规定，上述第 6 项中的“逃避检疫”，是指行为人知道或者应当知道携带、寄递的动植物及其产品属于《中华人民共和国禁止携带、邮寄进境的动植物及其产品名录》所列物品，仍然携带、寄递进境，且未向海关申报或者未如实向海关申报的行为。“截留”，是指海关对依法截留的携带物已出具截留凭证或者虽未出具截留凭证，但海关执法人员已经向行为人明确口头或者书面告知（通知）其携带或者寄递进境的物品属于《中华人民共和国禁止携带、邮寄进境的动植物及其产品名录》所列物品，须作截留处理的。第 7 项中的“其他情节严重的情形”包括：(1) 在国家行政主管部门公告（通告）采取紧急预防措施期间，携带或寄递公告（通告）所列禁止进境的动植物及其产品进境，逃避检疫的；(2) 携带《中华人民共和国禁止携带、邮寄进境的动植物及其产品名录》所列物品进境，拒绝接受海关关员现场执法，且所携物品检出有引起重大动植物疫情危险的动物疫病或者植物有害生物的。

第六节　破坏环境资源保护罪

第三百三十八条　〔污染环境罪〕

违反国家规定，排放、倾倒或者处置有放射性的废物、含传染病病原体的废物、有毒物质或者其他有害物质，严重污染环境的，处三年以下有期徒刑或者拘役，并处或者单处罚金；情节严重的，处三年以上七年以下有期徒刑，并处罚金；有下列情形之一的，处七年以上有期徒刑，并处罚金：

（一）在饮用水水源保护区、自然保护地核心保护区等依法确定的重点保护区域排放、倾倒、处置有放射性的废物、含传染病病原体的废物、有毒物质，情节特别严重的；

（二）向国家确定的重要江河、湖泊水域排放、倾倒、处置有放射性的废物、含传染病病原体的废物、有毒物质，情节特别严重的；

（三）致使大量永久基本农田基本功能丧失或者遭受永久性破坏的；

（四）致使多人重伤、严重疾病，或者致人严重残疾、死亡的。

有前款行为，同时构成其他犯罪的，依照处罚较重的规定定罪处罚。

本条是关于污染环境罪的罪刑条款内容。

【主要修改】

本条曾为2011年2月25日通过的《刑法修正案（八）》所修改，该条内容原为："违反国家规定，向土地、水体、大气排放、倾倒或者处置有放射性的废物、含传染病病原体的废物、有毒物质或者其他危险废物，造成重大环境污染事故，致使公私财产遭受重大损失或者人身伤亡的严重后果的，处三年以下有期徒刑或者拘役，并处或者单处罚金；后果特别严重的，处三年以上七年以下有期徒刑，并处罚金。"

2020年12月26日通过的《刑法修正案（十一）》再次对本条进行了修改，该条内容原为："违反国家规定，排放、倾倒或者处置有放射性的废物、含传染病病原体的废物、有毒物质或者其他有害物质，严重污染环境的，处三年以下有期徒刑或者拘役，并处或者单处罚金；后果特别严重的，处三年以上七年以下有期徒刑，并处罚金。"

【条文释义】

本条共分为2款。第1款是关于污染环境罪及其处罚的规定。

污染环境罪，是指违反国家规定，排放、倾倒或者处置有放射性的废物、含传染病病原体的废物、有毒物质或者其他有害物质，严重污染环境的行为。

本罪侵犯的客体主要是国家环境保护和污染防治制度。本罪的对象是有放射性的废物、含传染病病原体的废物、有毒物质以及其他有害废物。

本罪在客观方面表现为行为人实施了非法排放、倾倒或者处置有放射性的废物、含传染病病原体的废物、有毒物质或者其他有害物质，严重污染环境的行为。所谓非法，是指行为人排放、倾倒、处置有放射性的废物、含传染病病原体的废物、有毒物质或者其他有害物质的行为，违反了《中华人民共和国环境保护法》、《中华人民共和国放射性污染防治法》、《中华人民共和国水污染防治法》、《中华人民共和国大气污染防治法》、《中华人民共和国固体废物污染环境防治法》（简称《固体废物污染环境防治法》）等有关环境保护的法律、法规。所谓排放，是指将各种危险废物以抽出、溢出、喷出等方式进入土壤、水体或大气。所谓倾倒，是指用运载工具或其他方式将危险废物倒入土壤、水体或大气。所谓处置，是指以堆放、焚烧、填埋等方式处理废物。这里的"严重污染环境"，一般是指造成公私财产遭受重大损失或者人身伤亡的重大环境污染事故。根据2016年最高人民法院、最高人民检察院《关于办理环境污染刑事案件适用法律若干问题的解释》第1条的规定，具有下列情形之一的，应当认定为"严重污染环境”：（1）在饮用水水源一级保护区、自然保护区核心区排放、倾倒、处置有放射性的废物、含传染病病原体的废物、有毒物质的；（2）非法排放、倾倒、处置危险废物3吨以上的；（3）排放、倾倒、处置含铅、汞、镉、铬、砷、铊、锑的污染物，超过国家或者地方污染物排放标准3倍以上的；（4）排放、倾倒、处置含镍、铜、锌、银、钒、锰、钴的污染物，超过国家或者地方污染物排放标准10倍以上的；（5）通过暗管、渗井、渗坑、裂隙、溶洞、灌注等逃避监管的方式排放、倾倒、处置有放射性的废物、含传染病病原体的废物、有毒物质的；（6）2年内曾因违反国家规定，排放、倾倒、处置有放射性的废物、含传染病病原体的废物、有毒物质受过2次以上行政处罚，又实施前列行为的；（7）重点排污单位篡改、伪造自动监测数据或者干扰自动监测设施，排放化学需氧量、氨氮、二氧化硫、氮氧化物等污染物的；（8）违法减少防治污染设施运行支出100万元以上的；（9）违法所得或者致使公私财产损失30万元以上的；（10）造成生态环境严重损害的；（11）致使乡镇以上集中式饮用水水源取水中断12小时以上的；（12）致使基本农田、防护林地、特种用途林地5亩以上，其他农用地10亩以上，其他土地20亩以上基本功能丧失或者遭受永久性破坏的；（13）致使森林或者其他林木死亡50立方米以上，或者幼树死亡2500株以上的；（14）致使疏散、转移群众5000人以上的；（15）致使30人以上中毒的；（16）致使3人以上轻伤、轻度残疾或者器官组织损伤导致一般功能障碍的；（17）致使1人以上重伤、中度残疾或者器官组织损伤导致严重功能障碍的；（18）其他严重污染环境的情形。与《刑法》原338条的规定相比，《刑法修正案（十一）》修改的内容主要如下：一是将第二档刑罚中“后果特别严重的”修改为“情节严重的”，进一步降低了犯罪构成的门槛，将虽未造成重大环境污染后果，但长期违反国家规定，超标准排放、倾倒、处置有害物质，严重污染环境的行为规定为犯罪。这里的“情节严重”，是指在“严重污染环境”的基础上，情节更为严重的污染环境行为，既包括造成严重后果，也包括虽然尚未造成严重后果或者严重后果不易查证，但非法排放、倾倒、处置有害物质时间长、数量大等严重情形。二是在原有两档量刑幅度的基础上，增加了“七年以上有期徒刑”这一档量刑幅度，并且具体规定了四种适用情形，从而进一步强化了对污染环境犯罪的惩治力度。三是增加了第2款的规定，即“有前款行为，同时构成其他犯罪的，依照处罚较重的规定定罪处罚”。

本罪的主体是一般主体，已满16周岁、具有刑事责任能力的自然人和单位均可以构成本罪。在实践中，本罪的实施者多系从事收集、储存、处置危险废物的个人和单位。

第2款是关于有污染环境行为，同时构成其他犯罪的，依照处罚较重的规定定罪处罚的规定。

【实务问题】

1. 本罪罪与非罪的界限

排放、倾倒、处置危险废物的行为必须违反国家有关环境保护的法律、法规，并且严重污染环境的才构成犯罪。因此，对于排放、倾倒、处置危险废物的行为，没有违反国家有关环境保护的法律、法规的，不能认定为犯罪；对于虽然违反了国家有关环境保护的法律、法规，对环境污染并未达到严重程度的，不能以犯罪论处，但可以依法予以行政处罚。

2. 本罪的立案追诉标准

根据《立案追诉标准（一）》第60条的规定，违反国家规定，排放、倾倒或者处置有放射性的废物、含传染病病原体的废物、有毒物质或者其他有害物质，涉嫌下列情形之一的，应予立案追诉：（1）在饮用水水源一级保护区、自然保护区核心区排放、倾倒、处置有放射性的废物、含传染病病原体的废物、有毒物质的；（2）非法排放、倾倒、处置危险废物3吨以上的；（3）排放、倾倒、处置含铅、汞、镉、铬、砷、铊、锑的污染物，超过国家或者地方污染物排放标准3倍以上的；（4）排放、倾倒、处置含镍、铜、锌、银、钒、锰、钴的污染物，超过国家或者地方污染物排放标准10倍以上的；（5）通过暗管、渗井、渗坑、裂隙、溶洞、灌注等逃避监管的方式排放、倾倒、处置有放射性的废物、含传染病病原体的废物、有毒物质的；（6）2年内曾因违反国家规定，排放、倾倒、处置有放射性的废物、含传染病病原体的废物、有毒物质受过2次以上行政处罚，又实施前列行为的；（7）重点排污单位篡改、伪造自动监测数据或者干扰自动监测设施，排放化学需氧量、氨氮、二氧化硫、氮氧化物等污染物的；（8）违法减少防治污染设施运行支出100万元以上的；（9）违法所得或者致使公私财产损失30万元以上的；（10）造成生态环境严重损害的；（11）致使乡镇以上集中式饮用水水源取水中断12小时以上的；（12）致使基本农田、防护林地、特种用途林地5亩以上，其他农用地10亩以上，其他土地20亩以上基本功能丧失或者遭受永久性破坏的；（13）致使森林或者其他林木死亡50立方米以上，或者幼树死亡2500株以上的；（14）致使疏散、转移群众5000人以上的；（15）致使30人以上中毒的；（16）致使3人以上轻伤、轻度残疾或者器官组织损伤导致一般功能障碍的；（17）致使1人以上重伤、中度残疾或者器官组织损伤导致严重功能障碍的；（18）其他严重污染环境的情形。本条规定的“有毒物质”，包括列入国家危险废物名录或者根据国家规定的危险废物鉴别标准和鉴别方法认定的具有危险特性的废物，《关于持久性有机污染物的斯德哥尔摩公约》附件所列物质，含重金属的污染物，以及其他具有毒性可能污染环境的物质。本条规定的“非法处置危险废物”，包括无危险废物经营许可证，以营利为目的，从危险废物中提取物质作为原材料或者燃料，并具有超标排放污染物、非法倾倒污染物或者其他违法造成环境污染情形的行为。本条规定的“重点排污单位”，是指设区的市级以上人民政府环境保护主管部门依法确定的应当安装、使用污染物排放自动监测设备的重点监控企业及其他单位。本条规定的“公私财产损失”，包括直接造成财产损毁、减少的实际价值，为防止污染扩大、消除污染而采取必要合理措施所产生的费用，以及处置突发环境事件的应急监测费用。本条规定的“生态环境损害”，包括生态环境修复费用，生态环境修复期间服务功能的损失和生态环境功能永久性损害造成的损失，以及其他必要合理费用。本条规定的“无危险废物经营许可证”，是指未取得危险废物经营许可证，或者超出危险废物经营许可证的经营范围。

3. 本罪与过失以危险方法危害公共安全罪的界限

由于二者在主观方面和后果方面具有相同之处，因而容易混淆，其原因主要在于本罪与过失以危险方法危害公共安全罪具有法条竞合的关系。但是二者也存在区别：（1）客体不同。本罪侵犯的是国家环境保护和污染防治制度；过失以危险方法危害公共安全罪则侵犯的是社会的公共安全。（2）客观方面不同。本罪在客观方面表现为非法排放、倾倒、处置放射性废物、含传染病病原体的废物、有毒物质以及其他有害物质，严重污染环境的行为；过失以危险方法危害公共安全罪则表现为过失以危险方法危害公共安全，并造成严重后果的行为。在司法实践的认定中，对于非法排放、倾倒、处置放射性废物、含传染病病原体的废物、有毒物质以及其他有害物质，严重污染环境的行为，同时构成污染环境罪和过失以危险方法危害公共安全罪，根据《刑法》第338条第2款的规定，应当依照处罚较重的规定定罪处罚。

第三百三十九条

〔非法处置进口的固体废物罪〕**违反国家规定，将境外的固体废物进境倾倒、堆放、处置的，处五年以下有期徒刑或者拘役，并处罚金；造成重大环境污染事故，致使公私财产遭受重大损失或者严重危害人体健康的，处五年以上十年以下有期徒刑，并处罚金；后果特别严重的，处十年以上有期徒刑，并处罚金。**

〔擅自进口固体废物罪〕**未经国务院有关主管部门许可，擅自进口固体废物用作原料，造成重大环境污染事故，致使公私财产遭受重大损失或者严重危害人体健康的，处五年以下有期徒刑或者拘役，并处罚金；后果特别严重的，处五年以上十年以下有期徒刑，并处罚金。**

以原料利用为名，进口不能用作原料的固体废物、液态废物和气态废物的，依照本法第一百五十二条第二款、第三款的规定定罪处罚。

本条是关于非法处置进口的固体废物罪和擅自进口固体废物罪的罪刑条款内容。

【主要修改】

本条第 3 款为 2002 年 12 月 28 日通过的《刑法修正案（四）》所修改，该款内容原为："以原料利用为名，进口不能用作原料的固体废物的，依照本法第一百五十五条的规定定罪处罚。"

【条文释义】

本条共分为 3 款。第 1 款是关于非法处置进口的固体废物罪及其处罚的规定。

非法处置进口的固体废物罪，是指违反国家规定，将我国境外的固体废物进境倾倒、堆放、处置的行为。

本罪在客观方面表现为违反《固体废物污染环境防治法》的规定，将我国境外的固体废物运入境内进行倾倒、堆放、处置，即行为人必须是在违反国家有关规定的前提下，将境外的固体废物进境倾倒、堆放、处置。如果行为人是按照国家的有关规定对境外的固体废物进境倾倒、堆放、处置的，即使造成了严重后果，也不构成本罪。这里的"倾倒"，是指通过船舶、航空器、平台或者其他运载工具，向水体处置废弃物或者其他有害物质的行为。"堆放"，是指向土地直接弃置固体废物的行为。"处置"，是指将固体废物焚烧和用其他改变固体废物的物理、化学、生物特性的方法，达到减少已产生的固体废物数量、缩小固体废物体积、减少或者消除其危险成分的活动，或者将固体废物最终置于符合环境保护规定要求的填埋场的活动。根据 2016 年最高人民法院、最高人民检察院《关于办理环境污染刑事案件适用法律若干问题的解释》第 2 条的规定，实施违反国家规定，将境外的固体废物进境倾倒、堆放、处置的行为，致使公私财产损失 30 万元以上，或者具有下列情形之一的，应当认定为"致使公私财产遭受重大损失或者严重危害人体健康"：（1）造成生态环境严重损害的；（2）致使乡镇以上集中式饮用水水源取水中断 12 小时以上的；（3）致使基本农田、防护林地、特种用途林地 5 亩以上，其他农用地 10 亩以上，其他土地 20 亩以上基本功能丧失或者遭受永久性破坏的；（4）致使森林或者其他林木死亡 50 立方米以上，或者幼树死亡 2500 株以上的；（5）致使疏散、转移群众 5000 人以上的；（6）致使 30 人以上中毒的；（7）致使 3 人以上轻伤、轻度残疾或者器官组织损伤导致一般功能障碍的；（8）致使 1 人以上重伤、中度残疾或者器官组织损伤导致严重功能障碍的。第 3 条规定，实施违反国家规定，将境外的固体废物进境倾倒、堆放、处置的行为，具有下列情形之一的，应当认定为"后果特别严重"：

（1）致使县级以上城区集中式饮用水水源取水中断 12 小时以上的；（2）非法排放、倾倒、处置危险废物 100 吨以上的；（3）致使基本农田、防护林地、特种用途林地 15 亩以上，其他农用地 30 亩以上，其他土地 60 亩以上基本功能丧失或者遭受永久性破坏的；（4）致使森林或者其他林木死亡 150 立方米以上，或者幼树死亡 7500 株以上的；（5）致使公私财产损失 100 万元以上的；（6）造成生态环境特别严重损害的；（7）致使疏散、转移群众 15000 人以上的；（8）致使 100 人以上中毒的；（9）致使 10 人以上轻伤、轻度残疾或者器官组织损伤导致一般功能障碍的；（10）致使 3 人以上重伤、中度残疾或者器官组织损伤导致严重功能障碍的；（11）致使 1 人以上重伤、中度残疾或者器官组织损伤导致严重功能障碍，并致使 5 人以上轻伤、轻度残疾或者器官组织损伤导致一般功能障碍的；（12）致使 1 人以上死亡或者重度残疾的；（13）其他后果特别严重的情形。上述规定也适用于本条第 2 款。

第 2 款是关于擅自进口固体废物罪及其处罚的规定。

擅自进口固体废物罪，是指未经国务院有关主管部门许可，擅自进口固体废物用作原料，造成重大环境污染事故，致使公私财产遭受重大损失或者严重危害人体健康的行为。

第 3 款是关于以原料利用为名，进口不能用作原料的固体废物、液态废物和气态废物的行为认定的规定。根据本款规定，行为人有上述行为的，应当依照《刑法》第 152 条第 2 款、第 3 款的规定，以走私废物罪定罪处罚。其中，第 152 条第 2 款、第 3 款是分别针对自然人和单位构成走私废物罪的罪刑规定内容。

【实务问题】

1. 非法处置进口的固体废物罪的立案追诉标准

根据《立案追诉标准（一）》第 61 条的规定，违反国家规定，将境外的固体废物进境倾倒、堆放、处置的，应予立案追诉。

2. 擅自进口固体废物罪的立案追诉标准

根据《立案追诉标准（一）》第 62 条的规定，未经国务院有关主管部门许可，擅自进口固体废物用作原料，造成重大环境污染事故，涉嫌下列情形之一的，应予立案追诉：（1）致使公私财产损失 30 万元以上的；（2）致使基本农田、防护林地、特种用途林地 5 亩以上，其他农用地 10 亩以上，其他土地 20 亩以上基本功能丧失或者遭受永久性破坏的；（3）致使森林或者其他林木死亡 50 立方米以上，或者幼树死亡 2500 株以上的；（4）致使 1 人以上死亡、3 人以上重伤、10 人以上轻伤，或者 1 人以上重伤并且 5 人以上轻伤的；（5）致使传染病发生、流行或者人员中毒达到《国家突发公共卫生事件应急预案》中突发公共卫生事件分级Ⅲ级以上情形，严重危害人体健康的；（6）其他致使公私财产遭受重大损失或者严重危害人体健康的情形。

3. 认定非法处置进口的固体废物罪应注意的问题

在认定本罪时应当注意的是，本罪的对象是我国境外的固体废物。根据《固体废物污染环境防治法》第124条的规定，固体废物，是指在生产、生活和其他活动中产生的丧失原有利用价值或者虽未丧失利用价值但被抛弃或者放弃的固态、半固态和置于容器中的气态的物品、物质以及法律、行政法规规定纳入固体废物管理的物品、物质。经无害化加工处理，并且符合强制性国家产品质量标准，不会危害公众健康和生态安全，或者根据固体废物鉴别标准和鉴别程序认定为不属于固体废物的除外。固体废物包括：（1）工业固体废物，是指在工业生产活动中产生的固体废物。（2）生活垃圾，是指在日常生活中或者为日常生活提供服务的活动中产生的固体废物，以及法律、行政法规规定视为生活垃圾的固体废物。（3）建筑垃圾，是指建设单位、施工单位新建、改建、扩建和拆除各类建筑物、构筑物、管网等，以及居民装饰装修房屋过程中产生的弃土、弃料和其他固体废物。（4）农业固体废物，是指在农业生产活动中产生的固体废物。（5）危险废物，是指列入国家危险废物名录或者根据国家规定的危险废物鉴别标准和鉴别方法认定的具有危险特性的固体废物。于2021年1月1日开始施行的《国家危险废物名录（2021年版）》对危险废物做了详细规定。因此，在实践中对固体废物的甄别，可以根据以上规定加以认定。

另外，在处罚时应注意，本罪中“造成重大环境污染事故，致使公私财产遭受重大损失或者严重危害人体健康”和“后果特别严重”的规定属于结果加重犯，在追究刑事责任时，应视具体案情根据不同的量刑幅度进行处罚。

4. 认定擅自进口固体废物罪应注意的问题

在认定本罪时应当注意的是，首先，本罪以致使公私财产遭受重大损失或者严重危害人体健康为重要的成立条件。关于本罪中的致使公私财产遭受重大损失或者严重危害人体健康，应当根据《立案追诉标准（一）》中立案追诉标准加以认定。

另外，应注意本罪与走私废物罪的区别。走私废物罪，是指逃避海关监管，将境外固体废物、液态废物和气态废物运输进境，情节严重的行为。二者之间的区别主要有：（1）犯罪对象不同。走私废物罪的对象比本罪的范围更宽，即除了固体废物以外，还包括液态废物和气态废物。（2）本罪是结果犯，走私废物罪是情节犯。本罪的成立，以“造成重大环境污染事故，致使公私财产遭受重大损失或者严重危害人体健康”或“后果特别严重”为重要条件。（3）进口废物的用途不同。本罪行为人进口固体废物，是用作原料；而走私废物罪所进口的废物，既可以用作原料，也可以是为了其他方面的用途。

第三百四十条 〔非法捕捞水产品罪〕

违反保护水产资源法规，在禁渔区、禁渔期或者使用禁用的工具、方法捕捞水产品，情节严重的，处三年以下有期徒刑、拘役、管制或者罚金。

本条是关于非法捕捞水产品罪的罪刑条款内容。

【条文释义】

非法捕捞水产品罪，是指违反保护水产资源法规，在禁渔区、禁渔期或者使用禁用的工具、方法捕捞水产品，情节严重的行为。

本罪在客观方面表现为违反保护水产资源法规，在禁渔区、禁渔期或者使用禁用的工具、方法捕捞水产品，情节严重的行为。这里的“违反保护水产资源法规”，是指违反渔业法以及其他保护水产资源的法律、法规。本罪中的犯罪时间、地点、工具和方法，是构成要件的重要内容。其中，“禁渔区”，是指禁止或者限制从事水产品捕捞作业的区域。“禁渔期”，是指禁止或者限制从事水产品捕捞作业的时期。“禁用的工具”，是指禁止使用的捕捞水产品的工具，如密眼网、布网等禁止使用的捕捞工具。“禁用的方法”，是指禁止使用的捕捞水产品的方法，如炸鱼、毒鱼、电鱼等禁止使用的方法。

这里的“情节严重”，主要是指非法捕捞水产品数量较大的；非法捕捞水产品，屡教不改的；使用禁用的工具、方法捕捞水产品，造成水产资源重大损失的，等等。根据 2016 年最高人民法院《关于审理发生在我国管辖海域相关案件若干问题的规定（二）》第 4 条的规定，违反保护水产资源法规，在海洋水域，在禁渔区、禁渔期或者使用禁用的工具、方法捕捞水产品，具有下列情形之一的，应当认定为“情节严重”：（1）非法捕捞水产品 1 万公斤以上或者价值 10 万元以上的；（2）非法捕捞有重要经济价值的水生动物苗种、怀卵亲体 2000 公斤以上或者价值 2 万元以上的；（3）在水产种质资源保护区内捕捞水产品 2000 公斤以上或者价值 2 万元以上的；（4）在禁渔区内使用禁用的工具或者方法捕捞的；（5）在禁渔期内使用禁用的工具或者方法捕捞的；（6）在公海使用禁用渔具从事捕捞作业，造成严重影响的；（7）其他情节严重的情形。根据 2022 年最高人民法院、最高人民检察院《关于办理破坏野生动物资源刑事案件适用法律若干问题的解释》（简称《野生动物资源案件解释》）第 3 条第 1 款的规定，在内陆水域，违反保护水产资源法规，在禁渔区、禁渔期或者使用禁用的工具、方法捕捞水产品，具有下列情形之一的，应当认定为“情节严重”：（1）非法捕捞水产品 500 公斤以上或者价值 1 万元以上的；（2）非法捕捞有重要经济价值的水生动物苗种、怀卵亲体或者在水产种质资源保护区内捕捞水产品 50 公斤以上或者价值 1000 元以上的；（3）在禁渔区使用电鱼、毒鱼、炸鱼等严重破坏渔业资源的禁用方法或者禁用工具捕捞的；（4）在禁渔期使用电鱼、毒鱼、炸鱼等严重破坏渔业资源的禁用方法或者禁用工具捕捞的；（5）其他情节严重的情形。

【实务问题】

1. 本罪的立案追诉标准

根据《立案追诉标准（一）》第63条的规定，违反保护水产资源法规，在禁渔区、禁渔期或者使用禁用的工具、方法捕捞水产品，涉嫌下列情形之一的，应予立案追诉：（1）在内陆水域非法捕捞水产品500公斤以上或者价值5000元以上，或者在海洋水域非法捕捞水产品2000公斤以上或者价值2万元以上的；（2）非法捕捞有重要经济价值的水生动物苗种、怀卵亲体或者在水产种质资源保护区内捕捞水产品，在内陆水域50公斤以上或者价值500元以上，或者在海洋水域200公斤以上或者价值2000元以上的；（3）在禁渔区内使用禁用的工具或者禁用的方法捕捞的；（4）在禁渔期内使用禁用的工具或者禁用的方法捕捞的；（5）在公海使用禁用渔具从事捕捞作业，造成严重影响的；（6）其他情节严重的情形。

2. 认定本罪应注意的问题

在认定本罪时应注意，本罪的对象是水产品，包括具有经济价值的水生动物和水生植物产品。

如果行为人在使用了有害于人体健康的毒药捕捞水产品，则可能触犯多个罪名，如行为人为了捕捞水产品，而非法使用了有害人体健康的毒药，有可能污染水产品所赖以生存的水源，若此水源是可供饮用的，则同时触犯投放危险物质罪或过失投放危险物质罪。对此，应以想象竞合犯对行为人从一重罪处断，即应当按照投放危险物质罪或过失投放危险物质罪定罪处罚。若行为人在其后又贩卖这些捕捞到的水产品的话，则应当按照数罪并罚的原则，将前罪与本罪实行并罚。

第三百四十一条

〔危害珍贵、濒危野生动物罪〕**非法猎捕、杀害国家重点保护的珍贵、濒危野生动物的，或者非法收购、运输、出售国家重点保护的珍贵、濒危野生动物及其制品的，处五年以下有期徒刑或者拘役，并处罚金；情节严重的，处五年以上十年以下有期徒刑，并处罚金；情节特别严重的，处十年以上有期徒刑，并处罚金或者没收财产。**

〔非法狩猎罪〕**违反狩猎法规，在禁猎区、禁猎期或者使用禁用的工具、方法进行狩猎，破坏野生动物资源，情节严重的，处三年以下有期徒刑、拘役、管制或者罚金。**

〔非法猎捕、收购、运输、出售陆生野生动物罪〕**违反野生动物保护管理法规，以食用为目的非法猎捕、收购、运输、出售第一款规定以外的在野外环境自然生长繁殖的陆生野生动物，情节严重的，依照前款的规定处罚。**

本条是关于危害珍贵、濒危野生动物罪，非法狩猎罪和非法猎捕、收购、运输、出售陆生野生动物罪的罪刑条款内容。

【主要修改】

本条第3款为2020年12月26日通过的《刑法修正案（十一）》所增加。

【条文释义】

本条共分为3款。第1款是关于危害珍贵、濒危野生动物罪及其处罚的规定。

危害珍贵、濒危野生动物罪，是指违反野生动物保护法规，非法猎捕、杀害国家重点保护的珍贵、濒危野生动物的，或者非法收购、运输、出售国家重点保护的珍贵、濒危野生动物及其制品的行为。

本罪在客观方面表现为非法猎捕、杀害国家重点保护的珍贵、濒危野生动物的，或者非法收购、运输、出售国家重点保护的珍贵、濒危野生动物及其制品的行为。根据《中华人民共和国野生动物保护法》（简称《野生动物保护法》）的规定，这里“珍贵、濒危野生动物”，包括列入《国家重点保护野生动物名录》的国家一、二级保护野生动物、列入《濒危野生动植物物种国际贸易公约》附录一、附录二的野生动物，以及驯养繁殖的上述物种。“珍贵”野生动物，是指具有较高的科学研究、经济利用或观赏价值的野生动物，如隼、秃鹫、猕猴、黄羊、马鹿等。“濒危”野生动物，是指除珍贵和稀有之外，种群数量处于急剧下降的趋势，面临灭绝的危险的野生动物，如白鳍豚、华南虎、麋鹿等。另外，凡属于中国特产动物的，都可列为珍贵、濒危野生动物，如大熊猫，既是珍贵的，又是濒危的，又属于中国特产动物。珍贵、濒危的野生动物都是被列为国家重点保护的野生动物。根据2022年《野生动物资源案件解释》第4条的规定，“国家重点保护的珍贵、濒危野生动物”包括：（1）列入《国家重点保护野生动物名录》的野生动物；（2）经国务院野生动物保护主管部门核准按照国家重点保护的野生动物管理的野生动物。《野生动物保护法》中规定的地方重点保护野生动物不属于本罪对象。珍贵、濒危野生动物“制品”，是指珍贵、濒危野生动物的肉、皮、毛、骨制成品。“非法猎捕、杀害”，是指除因科学研究、驯养繁殖、展览或者其他特殊情况的需要，经过依法批准猎捕以外，对野生动物捕捉或者杀死的行为。根据2022年《野生动物资源案件解释》第5条的规定，“收购”

包括以营利、自用等为目的的购买行为；“运输”包括采用携带、邮寄、利用他人、使用交通工具等方法进行运送的行为；“出售”包括出卖和以营利为目的的加工利用行为。“非法收购、运输、出售国家重点保护的珍贵、濒危野生动物及其制品”，是指违反法律规定，对珍贵、濒危野生动物进行收购、运输、出售的行为。同时，全国人大常委会《关于〈中华人民共和国刑法〉第三百四十一条、第三百一十二条的解释》还明确规定，知道或者应当知道是国家重点保护的珍贵、濒危野生动物及其制品，为食用或者其他目的而非法购买的，属于《刑法》第 341 条第 1 款规定的非法收购国家重点保护的珍贵、濒危野生动物及其制品的行为。非法“运输”国家重点保护的珍贵、濒危野生动物及其制品，是指违反《野生动物保护法》的有关规定，利用飞机、火车、汽车、轮船等交通工具，邮寄、利用他人或者随身携带等方式，将国家重点保护的珍贵、濒危野生动物及其制品，从这一地点运往另一地点的行为。运输犯罪的情形，一般是指对非法猎捕、杀害、购买的野生动物进行运输，或者以非法出售为目的运输等，这类非法运输行为直接破坏了珍贵、濒危野生动物资源，社会危害严重，应当依法严厉惩处。实践中不能将马戏团为进行异地表演而未经批准运输珍贵、濒危野生动物的行为认定为本罪。

根据 2022 年《野生动物资源案件解释》第 6 条的规定，非法猎捕、杀害国家重点保护的珍贵、濒危野生动物，或者非法收购、运输、出售国家重点保护的珍贵、濒危野生动物及其制品，价值 20 万元以上不满 200 万元的，应当认定为“情节严重”；价值 200 万元以上的，应当认定为“情节特别严重”。

第 2 款是关于非法狩猎罪及其处罚的规定。

非法狩猎罪，是指违反狩猎法规，在禁猎区、禁猎期或者使用禁用的工具、方法进行狩猎，破坏野生动物资源，情节严重的行为。

本罪在客观方面表现为违反狩猎法规，在禁猎区、禁猎期或者使用禁用的工具、方法进行狩猎，破坏野生动物资源，情节严重的行为。这里的“违反狩猎法规”，是指违反国家有关狩猎规范的法律、法规。“禁猎区”，是指国家划定一定的范围，禁止在其中进行狩猎活动的地区。一般是属于某些动物的主要栖息、繁殖的地区。此外，城镇、工矿区、革命圣地、名胜古迹地区、风景区，也是禁猎区。“禁猎期”，是指国家规定禁止狩猎活动的期限，主要是为了保护野生动物资源，根据野生动物的繁殖的季节，规定禁止猎捕的期限。“禁用的工具”，是指禁止用以狩猎活动的工具，如军用武器、气枪、炸药、地弓、地枪等。“禁用的方法”，是指禁止使用的狩猎活动的方法，如夜间照明行猎、歼灭性围猎，以及用毒药、炸药、火攻、烟熏、电击等禁止使用的方法。根据 2022 年《野生动物资源案件解释》第 7 条第 1 款的规定，违反狩猎法规，在禁猎区、禁猎期或者使用禁用的工具、方法进行狩猎，破坏野生动物资源，具有下列情形之一的，应当认定为“情节严重”：（1）非法猎捕野生动物价值 1 万元以上的；（2）在禁猎区使用禁用的工具或者方法狩猎的；（3）在禁猎期使用禁用的工具或者方法狩猎的；（4）其他情节严重的情形。

第 3 款是关于非法猎捕、收购、运输、出售陆生野生动物罪及其处罚的规定。

非法猎捕、收购、运输、出售陆生野生动物罪，是指违反野生动物保护管理法规，以食用为目的非法猎捕、收购、运输、出售国家重点保护的珍贵、濒危野生动物以外的在野外环境自然生长繁殖的陆生野生动物，情节严重的行为。

本罪在客观方面表现为违反野生动物保护管理法规，以食用为目的非法猎捕、收购、运输、出售国家重点保护的珍贵、濒危野生动物以外的在野外环境自然生长繁殖的陆生野生动物，情节严重的行为。根据 2022 年《野生动物资源案件解释》第 11 条的规定，对于“以食用为目的”，应当综合涉案动物及其制品的特征，被查获的地点，加工、包装情况，以及可以证明来源、用途的标识、证明等证据作出认定。实施本解释规定的相关行为，具有下列情形之一的，可以认定为“以食用为目的”：（1）将相关野生动物及其制品在餐饮单位、饮食摊点、超市等场所作为食品销售或者运往上述场所的；（2）通过包装、说明书、广告等介绍相关野生动物及其制品的食用价值或者方法的；（3）其他足以认定以食用为目的的情形。关于“情节严重”，该解释第 8 条第 1 款规定，违反野生动物保护管理法规，以食用为目的，非法猎捕、收购、运输、出售《刑法》第 341 条第 1 款规定以外的在野外环境自然生长繁殖的陆生野生动物，具有下列情形之一的，应当认定为“情节严重”：（1）非法猎捕、收购、运输、出售有重要生态、科学、社会价值的陆生野生动物或者地方重点保护陆生野生动物价值 1 万元以上的；（2）非法猎捕、收购、运输、出售第一项规定以外的其他陆生野生动物价值 5 万元以上的；（3）其他情节严重的情形。对本款的适用要严格把握“情节严重”的门槛，重点打击规模化或手段恶劣的猎捕行为和市场化、经营化的运输交易行为，对公民个人少量的、偶尔的行为，不宜定罪处罚。

【实务问题】

1. 危害珍贵、濒危野生动物罪的立案追诉标准

《立案追诉标准（一）》第 64 条规定，非法猎捕、杀害国家重点保护的珍贵、濒危野生动物的，应予立案追诉。第 65 条规定，非法收购、运输、出售国家重点保护的珍贵、濒危野生动物及其制品的，应予立案追诉。

根据 2001 年国家林业局、公安部《关于森林和陆生野生动物刑事案件管辖及立案标准》的规定，非法收购、运输、出售国家重点保护的珍贵、濒危陆生野生动物制品价值在 10 万元以上或者非法获利 5 万元以上的，为重大案件；制

品价值在20万元以上或非法获利10万元以上的，为特别重大案件。

2. 非法狩猎罪的立案追诉标准

根据《立案追诉标准（一）》第66条的规定，违反狩猎法规，在禁猎区、禁猎期或者使用禁用的工具、方法进行狩猎，破坏野生动物资源，涉嫌下列情形之一的，应予立案追诉：（1）非法狩猎野生动物20只以上的；（2）在禁猎区内使用禁用的工具或者禁用的方法狩猎的；（3）在禁猎期内使用禁用的工具或者禁用的方法狩猎的；（4）其他情节严重的情形。

根据2001年国家林业局、公安部《关于森林和陆生野生动物刑事案件管辖及立案标准》的规定，违反狩猎法规，在禁猎区、禁猎期或者使用禁用的工具、方法狩猎，非法狩猎陆生野生动物50只以上的，为重大案件；非法狩猎陆生野生动物100只以上或者具有其他恶劣情节的，为特别重大案件。

3. 认定非法狩猎罪应注意的问题

在认定非法狩猎罪时应注意的是，非法狩猎罪以情节严重为重要的成立条件。关于本罪中的“情节严重”，应当根据《立案追诉标准（一）》第66条并参考2022年《野生动物案件解释》的规定加以认定。

第三百四十二条　〔非法占用农用地罪〕

违反土地管理法规，非法占用耕地、林地等农用地，改变被占用土地用途，数量较大，造成耕地、林地等农用地大量毁坏的，处五年以下有期徒刑或者拘役，并处或者单处罚金。

本条是关于非法占用农用地罪的罪刑条款内容。

【主要修改】

本条为2001年8月31日通过的《中华人民共和国刑法修正案（二）》所修改，该条内容原为：“违反土地管理法规，非法占用耕地改作他用，数量较大，造成耕地大量毁坏的，处五年以下有期徒刑或者拘役，并处或者单处罚金。”

【条文释义】

非法占用农用地罪，是指违反土地管理法规，非法占用耕地、林地等农用地，改变被占用土地用途，数量较大，造成耕地、林地等农用地大量毁坏的行为。

本罪中的“农用地”，主要是指耕地和林地，还包括耕地、林地之外的其他农用地。其中，耕地，是指种植农作物的土地，主要包括生产粮食、棉花、油料、蔬菜的农用地，以及生产鲜花、茶叶等经济农作物的非林地和农业科研、教学的试验田。林地，是指其上的主要生长物为林木的农用地。

另外，本罪中的“非法占用”既可以表现为未经批准而擅自占用耕地、林地等农用地，或者是少批多占农用地，也可以表现为以欺骗的手段获得批准文件而占用农用地的情形等。不论哪一种具体行为方式，非法占用都是在未经法定程序审批、登记、核发证书、确认土地使用权的情况下，占用耕地、林地等农用地的行为。

实践中应注意“数量较大，造成耕地、林地等农用地大量毁坏”的认定。根据 2000 年最高人民法院《关于审理破坏土地资源刑事案件具体应用法律若干问题的解释》第 3 条的规定，非法占用耕地“数量较大”，是指非法占用基本农田 5 亩以上或者非法占用基本农田以外的耕地 10 亩以上。非法占用耕地“造成耕地大量毁坏”，是指行为人非法占用耕地建窑、建坟、建房、挖沙、采石、采矿、取土、堆放固体废弃物或者进行其他非农业建设，造成基本农田 5 亩以上或者基本农田以外的耕地 10 亩以上种植条件严重毁坏或者严重污染。

根据 2005 年最高人民法院《关于审理破坏林地资源刑事案件具体应用法律若干问题的解释》第 1 条的规定，违反土地管理法规，非法占用林地，改变被占用林地用途，在非法占用的林地上实施建窑、建坟、建房、挖沙、采石、采矿、取土、种植农作物、堆放或排泄废弃物等行为或者进行其他非林业生产、建设，造成林地的原有植被或林业种植条件严重毁坏或者严重污染，并具有下列情形之一的，属于“数量较大，造成林地大量毁坏”：（1）非法占用并毁坏防护林地、特种用途林地数量分别或者合计达到 5 亩以上；（3）非法占用并毁坏其他林地数量达到 10 亩以上；（3）非法占用并毁坏本条第 1 项、第 2 项规定的林地，数量分别达到相应规定的数量标准的 50%以上；（4）非法占用并毁坏本条第 1 项、第 2 项规定的林地，其中一项数量达到相应规定的数量标准的 50%以上，且两项数量合计达到该项规定的数量标准。

根据 2012 年最高人民法院《关于审理破坏草原资源刑事案件应用法律若干问题的解释》第 2 条的规定，非法占用草原，改变被占用草原用途，数量在 20 亩以上的，或者曾因非法占用草原受过行政处罚，在 3 年内又非法占用草原，改变被占用草原用途，数量在 10 亩以上的，应当认定为“数量较大”。非法占用草原，改变被占用草原用途，数量较大，具有下列情形之一的，应当认定为“造成耕地、林地等农用地大量毁坏”：（1）开垦草原种植粮食作物、经济作物、林木的；（2）在草原上建窑、建房、修路、挖砂、采石、采矿、取土、剥取草皮的；（3）在草原上堆放或者排放废弃物，造成草原的原有植被严重毁坏或者严重污染的；（4）违反草原保护、建设、利用规划种植牧草和饲料作物，造成草原沙化或者水土严重流失的；（5）其他造成草原严重毁坏的情形。

【实务问题】

1. 本罪的立案追诉标准

根据《立案追诉标准（一）》第67条的规定，违反土地管理法规，非法占用耕地、林地等农用地，改变被占用土地用途，造成耕地、林地等农用地大量毁坏，涉嫌下列情形之一的，应予立案追诉：（1）非法占用基本农田5亩以上或者基本农田以外的耕地10亩以上的；（2）非法占用防护林地或者特种用途林地数量单种或者合计5亩以上的；（3）非法占用其他林地数量10亩以上的；（4）非法占用本款第2项、第3项规定的林地，其中一项数量达到相应规定的数量标准的50%以上，且两项数量合计达到该项规定的数量标准的；（5）非法占用其他农用地数量较大的情形。违反土地管理法规，非法占用耕地建窑、建坟、建房、挖沙、采石、采矿、取土、堆放固体废弃物或者进行其他非农业建设，造成耕地种植条件严重毁坏或者严重污染，被毁坏耕地数量达到以上规定的，属于该条规定的"造成耕地大量毁坏"。违反土地管理法规，非法占用林地，改变被占用林地用途，在非法占用的林地上实施建窑、建坟、建房、挖沙、采石、采矿、取土、种植农作物、堆放或者排泄废弃物等行为或者进行其他非林业生产、建设，造成林地的原有植被或者林业种植条件严重毁坏或者严重污染，被毁坏林地数量达到以上规定的，属于该条规定的"造成林地大量毁坏"。

2. 认定本罪应注意的问题

在认定本罪时应注意的是，本罪以情节严重为重要的成立条件。关于本罪中的"情节严重"，应当根据《立案追诉标准（一）》中的立案追诉标准加以认定。

第三百四十二条之一　〔破坏自然保护地罪〕

违反自然保护地管理法规，在国家公园、国家级自然保护区进行开垦、开发活动或者修建建筑物，造成严重后果或者有其他恶劣情节的，处五年以下有期徒刑或者拘役，并处或者单处罚金。

有前款行为，同时构成其他犯罪的，依照处罚较重的规定定罪处罚。

本条是关于破坏自然保护地罪的罪刑条款内容。

本条为2020年12月26日通过的《刑法修正案（十一）》所增加。

【条文释义】

本条共分为2款。第1款是关于破坏自然保护地罪及其处罚的规定。

破坏自然保护地罪，是指违反自然保护地管理法规，在国家公园、国家级自然保护区进行开垦、开发活动或者修建建筑物，造成严重后果或者有其他恶劣情节的行为。

本罪在客观方面表现为违反自然保护地管理法规，在国家公园、国家级自然保护区进行开垦、开发活动或者修建建筑物，造成严重后果或者有其他恶劣情节的行为。这里的“违反自然保护地管理法规”，是指违反自然保护地的管理、保护的法律、行政法规等，包括《自然保护区条例》，以及将来拟制定的自然保护地立法等。根据 2019 年中共中央办公厅、国务院办公厅印发《关于建立以国家公园为主体的自然保护地体系的指导意见》的规定，这里的“自然保护地”，按生态价值和保护强度高低依次分为 3 类：国家公园、自然保护区、自然公园。国家公园，是指以保护具有国家代表性的自然生态系统为主要目的，实现自然资源科学保护和合理利用的特定陆域或海域，是我国自然生态系统中最重要、自然景观最独特、自然遗产最精华、生物多样性最富集的部分。自然保护区，是指保护典型的自然生态系统、珍稀濒危野生动植物种的天然集中分布区、有特殊意义的自然遗迹的区域。自然保护区分为国家级自然保护区和地方级自然保护区。在国内外有典型意义、在科学上有重大国际影响或者有特殊科学研究价值的自然保护区，列为国家级自然保护区。这里的“开垦”，是指对林地、农地等土地的开荒、种植、砍伐、放牧等活动；“开发”，是指经济工程项目建设，如水电项目、矿山项目、挖沙等；修建建筑物包括开发房产项目等。构成本罪要求“造成严重后果或者有其他恶劣情节”，包括从行为手段、对生态环境的破坏程度、是否在核心保护区、非法开垦、开发的规模等情节进行综合判断。对出于生产、生活需要，非法开发建设一些设施，未对生态环境造成严重破坏后果的，不作为犯罪处理。

本罪的主体为一般主体，凡是已满 16 周岁、具有刑事责任能力的自然人都可以构成本罪。

第 2 款是关于有破坏自然保护地行为，同时构成其他犯罪的，依照处罚较重的规定定罪处罚的规定。

【实务问题】

1. 可能涉及的其他罪名

本条第 2 款是关于从一重处罚的规定：“有前款行为，同时构成其他犯罪的，依照处罚较重的规定定罪处罚。”适用本罪需要处理好与本法第 342 条非法占用农用地罪、第 343 条非法采矿罪等的关系。在国家公园、国家级自然保护区内非法开垦的，如果同时属于非法占用耕地、林地等农用地，改变被占用土地用途的，还可能构成非法占用农用地罪；在国家公园、国家级自然保护区内非法开发，如进行开采矿山活动，还可能构成非法采矿罪。对上述情况应当适用本款从一重罪处罚的规定。

2. 对“违反自然保护地管理法规”的理解

构成本罪要求“违反自然保护地管理法规”，并非对国家公园、国家级自然保护区类的一切活动予以禁止和惩治，对于经过批准的合法开发建设活动不能适用本条，如经过批准的修建道路行为。特别是要注意处理好历史遗留问题和原住民为生产生活需要进行的必要活动。根据 2019 年中共中央办公厅、国务院办公厅《关于建立以国家公园为主体的自然保护地体系的指导意见》的规定，“分类有序解决历史遗留问题。对自然保护地进行科学评估，将保护价值低的建制城镇、村屯或人口密集区域、社区民生设施等调整出自然保护地范围。结合精准扶贫、生态扶贫，核心保护区内原住居民应实施有序搬迁，对暂时不能搬迁的，可以设立过渡期，允许开展必要的、基本的生产活动，但不能再扩大发展。依法清理整治探矿采矿、水电开发、工业建设等项目，通过分类处置方式有序退出；根据历史沿革与保护需要，依法依规对自然保护地内的耕地实施退田还林还草还湖还湿。”对历史原因或者因后来被划为国家公园、国家级自然保护区域而仍在国家公园、国家级自然保护区内居住生活的，对其必要的开发建设行为不得作为本罪处理。

第三百四十三条

〔非法采矿罪〕**违反矿产资源法的规定，未取得采矿许可证擅自采矿，擅自进入国家规划矿区、对国民经济具有重要价值的矿区和他人矿区范围采矿，或者擅自开采国家规定实行保护性开采的特定矿种，情节严重的，处三年以下有期徒刑、拘役或者管制，并处或者单处罚金；情节特别严重的，处三年以上七年以下有期徒刑，并处罚金。**

〔破坏性采矿罪〕**违反矿产资源法的规定，采取破坏性的开采方法开采矿产资源，造成矿产资源严重破坏的，处五年以下有期徒刑或者拘役，并处罚金。**

本条是关于非法采矿罪和破坏性采矿罪的罪刑条款内容。

【主要修改】

本条第 1 款为 2011 年 2 月 25 日通过的《刑法修正案（八）》所修改，该款内容原为：“违反矿产资源法的规定，未取得采矿许可证擅自采矿的，擅自进入国家规划矿区、对国民经济具有重要价值的矿区和他人矿区范围采矿的，擅自开采国家规定实行保护性开采的特定矿种，经责令停止开采后拒不停止开采，造成矿产资源破坏的，处三年以下有期徒刑、拘役或者管制，并处或者单处罚金；造成矿产资源严重破坏的，处三年以上七年以下有期徒刑，并处罚金。”

【条文释义】

本条共分为 2 款。第 1 款是关于非法采矿罪及其处罚的规定。

非法采矿罪，是指违反《中华人民共和国矿产资源法》（简称《矿产资源法》）的规定，未取得采矿许可证擅自采矿，擅自进入国家规划矿区、对国民经济具有重要价值的矿区和他人矿区范围采矿，或者擅自开采国家规定实行保护性开采的特定矿种，情节严重的行为。

本罪侵犯的客体是国家对矿产资源的管理制度。本罪的对象是矿产资源，包括煤矿资源、金矿资源、铝矿资源等各类矿产资源。

本罪在客观方面表现为违反《矿产资源法》的规定，未取得采矿许可证擅自采矿，擅自进入国家规划矿区、对国民经济具有重要价值的矿区和他人矿区范围采矿，或者擅自开采国家规定实行保护性开采的特定矿种，情节严重的行为。根据 2016 年最高人民法院、最高人民检察院《关于办理非法采矿、破坏性采矿刑事案件适用法律若干问题的解释》的规定，违反《矿产资源法》《水法》等法律、行政法规有关矿产资源开发、利用、保护和管理的规定的，应当认定为“违反矿产资源法的规定”。具有下列情形之一的，应当认定为“未取得采矿许可证”：（1）无许可证的；（2）许可证被注销、吊销、撤销的；（3）超越许可证规定的矿区范围或者开采范围的；（4）超出许可证规定的矿种的（共生、伴生矿种除外）；（5）其他未取得许可证的情形。本罪行为具体包括以下几种表现形式：（1）未取得采矿许可证擅自采矿的；（2）擅自进入国家规划矿区、对国民经济具有重要价值的矿区采矿的；（3）擅自进入他人矿区范围采矿的；（4）擅自开采国家规定实行保护性开采的特定矿种的。构成本罪，行为人除了必须具有上述行为之一外，还必须达到情节严重的程度。实施非法采矿行为，“情节严重”一般表现为：（1）开采的矿产品价值或者造成矿产资源破坏的价值在 10 万元至 30 万元以上的；（2）在国家规划矿区、对国民经济具有重要价值的矿区采矿，开采国家规定实行保护性开采的特定矿种，或者在禁采区、禁采期内采矿，开采的矿产品价值或者造成矿产资源破坏的价值在 5 万元至 15 万元以上的；（3）2 年内曾因非法采矿受过 2 次以上行政处罚，又实施非法采矿行为的；（4）造成生态环境严重损害的；（5）其他情节严重的情形。

本罪的主体是一般主体，自然人和单位均可以构成本罪。

第 2 款是关于破坏性采矿罪及其处罚的规定。

破坏性采矿罪，是指违反《矿产资源法》的规定，采取破坏性的开采方法开采矿产资源，造成矿产资源严重破坏的行为。

本罪是结果犯，必须有矿产资源遭到严重破坏的结果，本罪才能够成立。根据 2016 年最高人民法院、最高人民检察院《关于办理非法采矿、破坏性采矿刑事案件适用法律若干问题的解释》第 6 条的规定，造成矿产资源破坏的价值在 50 万元至 100 万元以上，或者造成国家规划矿区、对国民经济具有重要价值的矿区和国家规定实行保护性开采的特定矿种资源破坏的价值在 25 万元至 50 万元以上的，应当认定为“造成矿产资源严重破坏”。

另外，本罪的主体应当是特殊主体，即取得采矿许可证的自然人或单位。如果行为人没有取得采矿许可证而以破坏性的手段采矿的，则可以直接按照非法采矿罪论处。

【实务问题】

1. 非法采矿罪的立案追诉标准

根据《立案追诉标准（一）》第 68 条的规定，违反矿产资源法的规定，未取得采矿许可证擅自采矿，或者擅自进入国家规划矿区、对国民经济具有重要价值的矿区和他人矿区范围采矿，或者擅自开采国家规定实行保护性开采的特定矿种，涉嫌下列情形之一的，应予立案追诉：（1）开采的矿产品价值或者造成矿产资源破坏的价值在 10 万元至 30 万元以上的；（2）在国家规划矿区、对国民经济具有重要价值的矿区采矿，开采国家规定实行保护性开采的特定矿种，或者在禁采区、禁采期内采矿，开采的矿产品价值或者造成矿产资源破坏的价值在 5 万元至 15 万元以上的；（3）2 年内曾因非法采矿受过 2 次以上行政处罚，又实施非法采矿行为的；（4）造成生态环境严重损害的；（5）其他情节严重的情形。在河道管理范围内采砂，依据相关规定应当办理河道采砂许可证而未取得河道采砂许可证，或者应当办理河道采砂许可证和采矿许可证，既未取得河道采砂许可证又未取得采矿许可证，具有本条第 1 款规定的情形之一，或者严重影响河势稳定危害防洪安全的，应予立案追诉。采挖海砂，未取得海砂开采海域使用权证且未取得采矿许可证，具有本条第 1 款规定的情形之一，或者造成海岸线严重破坏的，应予立案追诉。多次非法采矿构成犯罪，依法应当追诉的，或者 2 年内多次非法采矿未经处理的，价值数额累计计算。非法开采的矿产品价值，根据销赃数额认定；无销赃数额，销赃数额难以查证，或者根据销赃数额认定明显不合理的，根据矿产品价格和数量认定。矿产品价值难以确定的，依据价格认证机构，省级以上人民政府国土资源、水行政、海洋等主管部门，或者国务院水行政主管部门在国家确定的重要江河、湖泊设立的流域管理机构出具的报告，结合其他证据作出认定。

2. 破坏性采矿行为的认定

本罪中“采取破坏性的开采方法开采矿产资源”，是指行为人违反国土资源主管部门审查批准的矿产资源开发利用方案开采矿产资源，并造成矿产资源严重破坏的行为。造成矿产资源破坏的价值在 50—100 万元以上，或者造成国家规划矿区、对国民经济具有重要价值的矿区和国家规定实行保护性开采的特定矿种资源破坏的价值在 25—50 万元以上的，属于破坏性采矿罪规定的“造成矿产资源严重破坏”。造成矿产资源破坏的价值以及是否属于破坏性开采方法，由省级以上人民政府国土资源主管部门出具鉴定意见或者报告，结合其他证据作出认定。此外，各省、自治区、直辖市高级人民法院、人民检察院，可以根据本地区的实际情况，在 10—30 万元、50—100 万元的幅度内，确定本地区执行的具体数额标准，并报最高人民法院、最高人民检察院备案。

3. 破坏性采矿罪的立案追诉标准

根据《立案追诉标准（一）》第 69 条的规定，违反矿产资源法的规定，采取破坏性的开采方法开采矿产资源，造成矿产资源严重破坏，价值在 30—50 万元以上的，应予立案追诉。破坏性的开采方法以及造成矿产资源严重破坏的价值数额，由省级以上地质矿产主管部门出具鉴定结论，经查证属实后予以认定。

第三百四十四条 〔危害国家重点保护植物罪〕

违反国家规定，非法采伐、毁坏珍贵树木或者国家重点保护的其他植物的，或者非法收购、运输、加工、出售珍贵树木或者国家重点保护的其他植物及其制品的，处三年以下有期徒刑、拘役或者管制，并处罚金；情节严重的，处三年以上七年以下有期徒刑，并处罚金。

本条是关于危害国家重点保护植物罪的罪刑条款内容。

【主要修改】

本条为 2002 年 12 月 28 日通过的《刑法修正案（四）》所修改，该条内容原为：“违反森林法的规定，非法采伐、毁坏珍贵树木的，处三年以下有期徒刑、拘役或者管制，并处罚金；情节严重的，处三年以上七年以下有期徒刑，并处罚金。”

【条文释义】

危害国家重点保护植物罪，是指违反国家规定，非法采伐、毁坏珍贵树木或者国家重点保护的其他植物，或者非法收购、运输、加工、出售珍贵树木或者国家重点保护的其他植物及其制品的行为。

这里的“珍贵树木”，是指由省级以上林业主管部门或者其他部门确定的具有重大历史纪念意义、科学研究价值或者年代久远的古树名木，国家禁止、限制出口的珍贵树木以及列入《国家重点保护野生植物名录》的树种，也就是具有较高的科学研究、经济利用和观赏价值的树木。根据《国家珍贵树种名录》和

《国家重点保护野生植物名录》的规定，国家一级珍贵树木，主要有银杉、巨柏、银杏、水松、南方红豆杉、天目铁木、水杉、香果树等。国家二级珍贵树木，主要有岷江柏木、秦岭冷杉、大别山五针松、红松、黄杉、红豆树、山槐、厚朴、水青树、香木莲等。“国家重点保护的其他植物”，是指除珍贵树木以外的其他国家重点保护的植物，主要是国务院颁布的《国家重点保护野生植物名录》中所规定的植物。根据《国家重点保护野生植物名录》规定，国家一级保护的其他植物，包括光叶蕨、玉龙蕨、长喙毛茛泽泻、膝柄木、瑶山苣苔、单座苣苔、华山新麦草、莼菜、独叶草、异形玉叶金花等。国家二级保护的其他植物，包括冬虫夏草、松茸、云南肉豆蔻、沙椤、七指蕨、沙芦草、四川狼尾草、驼峰藤、雪白睡莲等。

根据2020年最高人民法院、最高人民检察院《关于适用〈中华人民共和国刑法〉第三百四十四条有关问题的批复》的规定，古树名木以及列入《国家重点保护野生植物名录》的野生植物，属于《刑法》第344条规定的“珍贵树木或者国家重点保护的其他植物”。根据《中华人民共和国野生植物保护条例》的规定，野生植物限于原生地天然生长的植物。人工培育的植物，除古树名木外，不属于《刑法》第344条规定的“珍贵树木或者国家重点保护的其他植物”。

这种犯罪行为实际上是对危害国家重点保护植物罪犯罪行为的助长，因此，有必要对其作刑法规制，进而遏制危害国家重点保护植物罪的犯罪行为。

在危害国家重点保护植物罪中，行为人非法采伐、毁坏行为的具体手段主要有以下几种：（1）非法砍伐；（2）非法采集；（3）非法剥去表皮；（4）非法砍伐枝杈；（5）非法采集树脂；（6）非法焚烧；（7）非法覆盖、掩埋；（8）以有毒物质或者其他有害物质破坏正常生长条件。

【实务问题】

1. 认定危害国家重点保护植物罪应注意的问题

在对危害国家重点保护植物罪的犯罪追究刑事责任时，应注意本罪的“情节严重”所对应的量刑档次。根据2000年最高人民法院《关于审理破坏森林资源刑事案件具体应用法律若干问题的解释》（简称《森林资源案件解释》）第2条的规定，有下列情形之一的，属于非法采伐、毁坏珍贵树木行为“情节严重”：（1）非法采伐珍贵树木2株以上或者毁坏珍贵树木致使珍贵树木死亡3株以上的；（2）非法采伐珍贵树木2立方米以上的；（3）为首组织、策划、指挥非法采伐或者毁坏珍贵树木的；（4）其他情节严重的情形。

2. 危害国家重点保护植物罪的立案标准

根据2001年国家林业局、公安部《关于森林和陆生野生动物刑事案件管辖及立案标准》的规定，非法采伐、毁坏珍贵树木的应当立案；采伐珍贵树木2

株、2 立方米以上或者毁坏珍贵树木致死 3 株以上的，为重大案件；采伐珍贵树木 10 株、10 立方米以上或者毁坏珍贵树木致死 15 株以上的，为特别重大案件。

3. 危害国家重点保护植物罪中非法收购、运输、加工、出售珍贵树木或者国家重点保护植物制品犯罪行为与掩饰、隐瞒犯罪所得、犯罪所得收益罪的界限

二者虽然看似具有一定的相近之处，但仍存在较大的区别：（1）客体不同。前者侵犯的客体是国家有关珍贵树木、珍稀植物及其制品保护的管理秩序；后者侵犯的客体是国家司法机关的正常活动秩序。（2）犯罪对象不同。前者的对象是珍贵树木、珍稀植物及其制品；后者的对象范围较广。（3）客观方面的行为表现不同。前者在客观方面表现为违反国家规定，非法收购、运输、加工、出售珍贵树木或者国家重点保护的其他植物及其制品的行为；后者在客观方面表现为行为人实施了窝藏、转移、收购、代为销售或者以其他方法掩饰、隐瞒犯罪所得及其产生的收益的行为。当然，二者之间也存在一定的联系，即二者之间存在法条竞合的关系。当行为人的犯罪对象是珍贵树木、珍稀植物及其制品时，应当按照“特别法优于普通法”的原则，以危害国家重点保护植物罪追究行为人的刑事责任。

4. 关于人工培育的植物是否属于本罪的犯罪对象

2020 年最高人民法院、最高人民检察院《关于适用〈中华人民共和国刑法〉第三百四十四条有关问题的批复》第 2 条规定，根据《中华人民共和国野生植物保护条例》的规定，野生植物限于原生地天然生长的植物。人工培育的植物，除古树名木外，不属于《刑法》第 344 条规定的“珍贵树木或者国家重点保护的其他植物”。非法采伐、毁坏或者非法收购、运输人工培育的植物（古树名木除外），构成盗伐林木罪、滥伐林木罪、非法收购、运输盗伐、滥伐的林木罪等犯罪的，依照相关规定追究刑事责任。

5. 关于非法移栽行为的性质

2020 年最高人民法院、最高人民检察院《关于适用〈中华人民共和国刑法〉第三百四十四条有关问题的批复》第 3 条规定，对于非法移栽珍贵树木或者国家重点保护的其他植物，依法应当追究刑事责任的，依照《刑法》第 344 条的规定，以非法采伐国家重点保护植物罪（现为危害国家重点保护植物罪）定罪处罚。鉴于移栽在社会危害程度上与砍伐存在一定差异，对非法移栽珍贵树木或者国家重点保护的其他植物的行为，在认定是否构成犯罪以及裁量刑罚时，应当考虑植物的珍贵程度、移栽目的、移栽手段、移栽数量、对生态环境的损害程度等情节，综合评估社会危害性，确保罪责刑相适应。

第三百四十四条之一　〔非法引进、释放、丢弃外来入侵物种罪〕**违反国家规定，非法引进、释放或者丢弃外来入侵物种，情节严重的，处三年以下有期徒刑或者拘役，并处或者单处罚金。**

本条是关于非法引进、释放、丢弃外来入侵物种罪的罪刑条款内容。

本条为 2020 年 12 月 26 日通过的《刑法修正案（十一）》所增加。

【条文释义】

非法引进、释放、丢弃外来入侵物种罪，是指违反国家规定，非法引进、释放或者丢弃外来入侵物种，情节严重的行为。

本罪在客观方面表现为违反国家规定，非法引进、释放或者丢弃外来入侵物种，情节严重的行为。这里的"违反国家规定"，是指违反全国人民代表大会及其常务委员会制定的法律和决定，国务院制定的行政法规、规定的行政措施、发布的决定和命令中有关外来物种安全和制度的规定。有关部门规章对国家规定有关条款作出进一步细化明确规定的，根据情况，违反该具体规定的也可认定为"违反国家规定"。我国涉及外来物种管理的法律主要有《国境卫生检疫法》《进出境动植物检疫法》《动物防疫法》《野生动物保护法》等，对防范外来物种入侵作了原则性规定。所谓外来入侵物种，是指从自然分布区通过有意或者无意的人类活动而被引入，在当地的自然或半自然生态系统中形成自我再生能力，并给当地的生态系统或景观造成明显损害或者影响的物种根据有关法律规定实行名录管理。这里的"引进"，主要是指从国外非法携带、运输、邮寄、走私进境等行为。"释放""丢弃"是非法处置外来入侵物种的行为，包括经过批准引进的物种，在进行实验研究等之后予以非法野外放养或者随意丢弃的情况。

本罪的主体为一般主体，凡是已满 16 周岁、具有刑事责任能力的自然人都可以构成本罪。

【实务问题】

"外来入侵物种"的认定

对于"外来入侵物种"应当严格按照国家有关部门的名录来认定，而不宜扩大解释为外来物种，同时也应考虑行为人的主观故意和目的、行为方式和情节，外来物种是否已在国内较大规模生存，是否可能造成严重损害生态环境后果等因素综合判断。

第三百四十五条

〔盗伐林木罪〕**盗伐森林或者其他林木，数量较大的，处三年以下有期徒**

刑、拘役或者管制，并处或者单处罚金；数量巨大的，处三年以上七年以下有期徒刑，并处罚金；数量特别巨大的，处七年以上有期徒刑，并处罚金。

〔滥伐林木罪〕**违反森林法的规定，滥伐森林或者其他林木，数量较大的，处三年以下有期徒刑、拘役或者管制，并处或者单处罚金；数量巨大的，处三年以上七年以下有期徒刑，并处罚金。**

〔非法收购、运输盗伐、滥伐的林木罪〕**非法收购、运输明知是盗伐、滥伐的林木，情节严重的，处三年以下有期徒刑、拘役或者管制，并处或者单处罚金；情节特别严重的，处三年以上七年以下有期徒刑，并处罚金。**

盗伐、滥伐国家级自然保护区内的森林或者其他林木的，从重处罚。

本条是关于盗伐林木罪、滥伐林木罪和非法收购、运输盗伐、滥伐的林木罪的罪刑条款内容。

【主要修改】

本条为2002年12月28日通过的《刑法修正案（四）》所修改，该条内容原为："盗伐森林或者其他林木，数量较大的，处三年以下有期徒刑、拘役或者管制，并处或者单处罚金；数量巨大的，处三年以上七年以下有期徒刑，并处罚金；数量特别巨大的，处七年以上有期徒刑，并处罚金。违反森林法的规定，滥伐森林或者其他林木，数量较大的，处三年以下有期徒刑、拘役或者管制，并处或者单处罚金；数量巨大的，处三年以上七年以下有期徒刑，并处罚金。以牟利为目的，在林区非法收购明知是盗伐、滥伐的林木，情节严重的，处三年以下有期徒刑、拘役或者管制，并处或者单处罚金；情节特别严重的，处三年以上七年以下有期徒刑，并处罚金。盗伐、滥伐国家级自然保护区内的森林或者其他林木的，从重处罚。"

【条文释义】

本条共分为4款。第1款是关于盗伐林木罪及其处罚的规定。

盗伐林木罪，是指盗伐森林或者其他林木，数量较大的行为。

本罪的对象是正在生长中的森林和其他林木。森林，包括原始森林和人造林；其他林木，包括个人承包的属于国家或者集体所有的荒山、荒地上种植的林木以及公民个人自留山上的成片林木等。

本罪在客观方面表现为盗伐森林或者其他林木，数量较大的行为。所谓盗伐，是指以非法占有为目的，擅自砍伐。根据2000年《森林资源案件解释》第3条的规定，盗伐林木的行为具体包括以下三种情形：（1）擅自砍伐国家、集体、他人所有或者他人承包经营管理的森林或者其他林木的；（2）擅自砍伐本单位或者本人承包经营管理的森林或者其他林木的；（3）在林木采伐许可证规定的地点以外采伐国家、集体、他人所有或者他人承包经营管理的森林或者其他林木的。

第 2 款是关于滥伐林木罪及其处罚的规定。

滥伐林木罪，是指违反《中华人民共和国森林法》（简称《森林法》）的规定，滥伐森林或者其他林木，数量较大的行为。

滥伐林木的行为具体包括三种情形：（1）未经林业行政主管部门及法律规定的其他主管部门批准并核发林木采伐许可证，或者虽持有林木采伐许可证，但违反林木采伐许可证规定的时间、数量、树种或者方式，任意采伐本单位所有或者本人所有的森林或者其他林木的。违反《森林法》的规定，在林木采伐许可证规定的地点以外采伐本单位或者本人所有的森林或者其他林木的，除农村居民采伐自留地和房前屋后个人所有的零星林木以外，属于“未经林业行政主管部门及法律规定的其他主管部门批准并核发林木采伐许可证”的情况。（2）超过林木采伐许可证规定的数量采伐他人所有的森林或者其他林木的。（3）林木权属争议一方在林木权属确权之前，擅自砍伐森林或者其他林木的。

第 3 款是关于非法收购、运输盗伐、滥伐的林木罪及其处罚的规定。

非法收购、运输盗伐、滥伐的林木罪，是指非法收购、运输明知是盗伐、滥伐的林木，情节严重的行为。

这些犯罪行为，实际上是对盗伐林木和滥伐林木犯罪行为的助长，因此，有必要对其追究刑事责任。

第 4 款是关于盗伐林木罪和滥伐林木罪从重处罚的规定，即如果行为人所盗伐、滥伐的林木是在国家级自然保护区内的森林或者其他林木的，应当对其从重处罚。

【实务问题】

1. 盗伐林木罪罪与非罪的界限

在认定本罪罪与非罪时应当注意的是，本罪以数量较大为重要的成立条件。关于本罪中的“数量较大”，应当根据《立案追诉标准（一）》加以认定：（1）盗伐 2—5 立方米以上的；（2）盗伐幼树 100—200 株以上的。林木数量以立木蓄积计算，计算方法为：原木材积除以该树种的出材率；“幼树”，是指胸径 5 厘米以下的树木。另外，本罪在量刑处罚时，应当注意，根据 2000 年《森林资源案件解释》的规定，盗伐林木“数量巨大”，以 20—50 立方米或者幼树 1000—2000 株为起点；盗伐林木“数量特别巨大”，以 100—200 立方米或者幼树 5000—10000 株为起点。各省、自治区、直辖市高级人民法院，可以根据本地区实际情况，在上述数量幅度内，确定本地区执行的具体数量标准，并报最高人民法院备案。

2. 滥伐林木罪罪与非罪的界限

在认定本罪罪与非罪时应当注意的是，本罪以数量较大为重要的成立条件。关于本罪中的“数量较大”，应当根据《立案追诉标准（一）》加以认定：（1）滥伐 10—20 立方米以上的；（2）滥伐幼树 500—1000 株以上的。另外，本罪在量刑处罚时，应当注意，根据 2000 年《森林资源案件解释》的规定，滥伐林木“数量巨大”，以 50—100 立方米或者幼树 2500—5000 株为起点。各省、自治区、直辖市高级人民法院，可以根据本地区实际情况，在上述数量幅度内，确定本地区执行的具体数量标准，并报最高人民法院备案。

3. 滥伐林木罪与盗伐林木罪的界限

二者的主要区别在于：（1）客体有所不同。前罪侵犯的客体仅限于国家林业管理制度；后罪侵犯的客体则是国家林业管理制度和国家、集体或他人对林木的所有权。（2）客观方面不同。前罪在客观方面表现为违反准采规定采伐林木的行为，通常是采伐本人所有的森林或者其他林木，但也包括违反林木采伐许可证规定的数量采伐他人所有的林木行为；后罪在客观方面则表现为盗伐森林或者其他林木，数量较大的行为。

4. 盗伐林木罪的立案追诉标准

根据《立案追诉标准（一）》第 72 条的规定，盗伐森林或者其他林木，涉嫌下列情形之一的，应予立案追诉：（1）盗伐 2—5 立方米以上的；（2）盗伐幼树 100—200 株以上的。以非法占有为目的，具有下列情形之一的，属于该条规定的“盗伐森林或者其他林木”：（1）擅自砍伐国家、集体、他人所有或者他人承包经营管理的森林或者其他林木的；（2）擅自砍伐本单位或者本人承包经营管理的森林或者其他林木的；（3）在林木采伐许可证规定的地点以外采伐国家、集体、他人所有或者他人承包经营管理的森林或者其他林木的。

根据 2001 年国家林业局、公安部《关于森林和陆生野生动物刑事案件管辖及立案标准》的规定，盗伐森林或者其他林木，立案起点为 2—5 立方米或者幼树 100—200 株；盗伐林木 20—50 立方米或者幼树 1000—2000 株，为重大案件立案起点；盗伐林木 100—200 立方米或者幼树 5000—10000 株，为特别重大案件立案起点。

5. 滥伐林木罪的立案追诉标准

根据《立案追诉标准（一）》第 73 条的规定，违反《森林法》的规定，滥伐森林或者其他林木，涉嫌下列情形之一的，应予立案追诉：（1）滥伐 10—20 立方米以上的；（2）滥伐幼树 500—1000 株以上的。违反《森林法》的规定，具有下列情形之一的，属于该条规定的“滥伐森林或者其他林木”：（1）未经林业行政主管部门及法律规定的其他主管部门批准并核发林木采伐许可证，或者虽持有林木采伐许可证，但违反林木采伐许可证规定的时间、数量、树种或者方式，任意采伐本单位所有或者本人所有的森林或者其他林木的；（2）超过林木采伐许可证规定的数量采伐他人所有的森林或者其他林木的。违反《森林法》的规定，在林木采伐许可证规定的地点以外，采伐本单位或者本人所有的森林或者其他林木的，除农村居民采伐自留地和房前屋后个人所有的零星林木以外，属于该条第2款第1项“未经林业行政主管部门及法律规定的其他主管部门批准并核发林木采伐许可证”规定的情形。林木权属争议一方在林木权属确权之前，擅自砍伐森林或者其他林木的，属于该条规定的“滥伐森林或者其他林木”。滥伐林木的数量，应在伐区调查设计允许的误差额以上计算。

根据2001年国家林业局、公安部《关于森林和陆生野生动物刑事案件管辖及立案标准》的规定，滥伐森林或者其他林木，立案起点为10—20立方米或者幼树500—1000株；滥伐林木50立方米以上或者幼树2500株以上，为重大案件；滥伐林木100立方米以上或者幼树5000株以上，为特别重大案件。

6. 非法收购、运输盗伐、滥伐的林木罪的立案追诉标准

根据《立案追诉标准（一）》第74条的规定，非法收购、运输明知是盗伐、滥伐的林木，涉嫌下列情形之一的，应予立案追诉：（1）非法收购、运输盗伐、滥伐的林木20立方米以上或者幼树1000株以上的；（2）其他情节严重的情形。该条规定的“非法收购”的“明知”，是指知道或者应当知道。具有下列情形之一的，可以视为应当知道，但是有证据证明确属被蒙骗的除外：（1）在非法的木材交易场所或者销售单位收购木材的；（2）收购以明显低于市场价格出售的木材的；（3）收购违反规定出售的木材的。

根据2001年国家林业局、公安部《关于森林和陆生野生动物刑事案件管辖及立案标准》的规定，以牟利为目的，在林区非法收购明知是盗伐、滥伐的林木在20立方米或者幼树1000株以上的，以及非法收购盗伐、滥伐的珍贵树木2立方米以上或者5株以上的应当立案；非法收购林木100立方米或者幼树5000株以上的，以及非法收购盗伐、滥伐的珍贵树木5立方米以上或者10株以上的为重大案件；非法收购林木200立方米或者幼树1000株以上的，以及非法收购盗伐、滥伐的珍贵树木10立方米以上或者20株以上的为特别重大案件。

7. 盗伐林木罪与盗窃罪的界限

二者的主要区别在于：（1）犯罪客体有所不同。前罪侵犯的客体是国家林业管理制度，同时也侵犯了国家、集体或者他人对林木的所有权；后罪侵犯的客体只是公私财产的所有权。（2）犯罪对象有所不同。前罪的犯罪对象限于正在生长中的森林或其他树木；后罪的对象则是公私财物，其范围可以包括林木。但应注意的是，在某种程度上，本罪与盗窃罪存在法条竞合的关系，因此，对于盗伐林木的，应当按照“特别法优于普通法”的原则，以本罪论处，不能认定为

盗窃罪。根据 2000 年《森林资源案件解释》的规定，下列两种情况应当以盗窃罪论处：（1）将国家、集体、他人所有并已经伐倒的树木窃为己有，以及偷砍他人房前屋后、自留地种植的零星树木，数额较大的；（2）非法实施采种、采脂、挖笋、掘根、剥树皮等行为，牟取经济利益，数额较大的。

8. 认定非法收购、运输盗伐、滥伐的林木罪应注意的问题

在认定非法收购、运输盗伐、滥伐的林木罪时应当注意的是，本罪以情节严重为重要的成立条件。关于本罪中的“情节严重”，应当根据《立案追诉标准（一）》的规定加以认定：（1）非法收购、运输盗伐、滥伐的林木 20 立方米以上或者幼树 1000 株以上的；（2）其他情节严重的情形。这里的“其他情节严重的情形”，主要是指：（1）多次非法收购、运输盗伐、滥伐的林木，屡教不改的；（2）为首组织多人非法收购、运输盗伐、滥伐林木的；（3）在非法收购、运输盗伐、滥伐的林木的过程中，抗拒有关部门工作人员查处的，等等。

第三百四十六条 〔单位犯破坏环境资源保护罪的处罚规定〕

单位犯本节第三百三十八条至第三百四十五条规定之罪的，对单位判处罚金，并对其直接负责的主管人员和其他直接责任人员，依照本节各该条的规定处罚。

本条是关于单位违反了《刑法》第 338 条至第 345 条规定之罪的定罪处罚的内容。

【条文释义】

本条是关于单位违反了《刑法》第 338 条至第 345 条规定之破坏环境资源保护罪的处罚规定。

【实务问题】

在实践中，除自然人有实施本节第 338 条至第 345 条规定的犯罪外，单位也可能成为这些犯罪的主体。根据我国《刑法》关于单位犯罪“双罚制”的处罚原则，应当依照本节各条规定的犯罪，对单位判处罚金，同时对单位的直接负责的主管人员和其他直接责任人员定罪处罚。

第七节　走私、贩卖、运输、制造毒品罪

第三百四十七条 〔走私、贩卖、运输、制造毒品罪〕

走私、贩卖、运输、制造毒品，无论数量多少，都应当追究刑事责任，予以

刑事处罚。

走私、贩卖、运输、制造毒品，有下列情形之一的，处十五年有期徒刑、无期徒刑或者死刑，并处没收财产：

（一）走私、贩卖、运输、制造鸦片一千克以上、海洛因或者甲基苯丙胺五十克以上或者其他毒品数量大的；

（二）走私、贩卖、运输、制造毒品集团的首要分子；

（三）武装掩护走私、贩卖、运输、制造毒品的；

（四）以暴力抗拒检查、拘留、逮捕，情节严重的；

（五）参与有组织的国际贩毒活动的。

走私、贩卖、运输、制造鸦片二百克以上不满一千克、海洛因或者甲基苯丙胺十克以上不满五十克或者其他毒品数量较大的，处七年以上有期徒刑，并处罚金。

走私、贩卖、运输、制造鸦片不满二百克、海洛因或者甲基苯丙胺不满十克或者其他少量毒品的，处三年以下有期徒刑、拘役或者管制，并处罚金；情节严重的，处三年以上七年以下有期徒刑，并处罚金。

单位犯第二款、第三款、第四款罪的，对单位判处罚金，并对其直接负责的主管人员和其他直接责任人员，依照各该款的规定处罚。

利用、教唆未成年人走私、贩卖、运输、制造毒品，或者向未成年人出售毒品的，从重处罚。

对多次走私、贩卖、运输、制造毒品，未经处理的，毒品数量累计计算。

本条是关于走私、贩卖、运输、制造毒品罪的罪刑条款内容。

【条文释义】

本条共分为 7 款。第 1 款是关于走私、贩卖、运输、制造毒品行为应当予以刑事处罚的条款内容。

走私、贩卖、运输、制造毒品，无论数量多少，都应当追究刑事责任，予以刑事处罚。

第 2 款是关于走私、贩卖、运输、制造毒品罪的罪刑条款内容。

走私、贩卖、运输、制造毒品罪，是指违反国家对毒品的管制制度，走私、贩卖、运输、制造毒品的行为。

所谓毒品，是指鸦片、海洛因、甲基苯丙胺（冰毒）、吗啡、大麻、可卡因以及国家规定管制的其他能够使人形成瘾癖的麻醉药品和精神药品。毒品的具体品种应以国家食品药品监督管理总局、公安部、卫生部发布的《麻醉药品品种目录（2013 年版）》《精神药品品种目录（2013 年版）》为依据。所谓走私毒品，是指明知是毒品而非法将其运输、携带、寄递进出国（边）境的行为。直接向走私人非法收购走私进口的毒品，或者在内海、领海、界河、界湖运输、收购、贩卖毒品的，以走私毒品罪立案追诉。所谓贩卖毒品，是指明知是毒品而非法销售或者以贩卖为目的而非法收买的行为。有证据证明行为人以牟利为目的，为他人代购仅用于吸食、注射的毒品，对代购者以贩卖毒品罪立案追诉。所谓运输毒品，是指明知是毒品而采用携带、寄递、托运、利用他人或者使用交通工具等方法非法运送毒品的行为。所谓制造毒品，是指非法利用毒品原植物直接提炼或者用化学方法加工、配制毒品，或者以改变毒品成分和效用为目的，用混合等物理方法加工、配制毒品的行为。但是，为了便于隐蔽运输、销售、使用、欺骗购买者，或者为了增重，对毒品掺杂使假，添加或者去除其他非毒品物质，不属于制造毒品的行为。

本罪是行为犯。走私、贩卖、运输、制造毒品，无论数量多少，都应当追究刑事责任，予以刑事处罚。本罪是选择性罪名，对同一宗毒品实施了走私、贩卖、运输、制造毒品中的任何一种或者两种以上行为，都构成一罪，按照所实施的犯罪行为的性质并列适用罪名。

本罪的主体是一般主体，已满 16 周岁、具有刑事责任能力的自然人应当对自己实施的走私、运输、制造毒品行为负刑事责任；但是，已满 14 周岁不满 16 周岁、具有辨认能力和控制能力的自然人对自己实施的贩卖毒品行为，应当负刑事责任。单位也可以构成本罪。

本罪在主观方面必须是出于故意，即明知是走私、贩卖、运输、制造毒品的行为，仍有意为之的心理态度。走私、贩卖、运输毒品主观故意中的“明知”，是指行为人知道或者应当知道所实施的是走私、贩卖、运输毒品行为。具有下列情形之一，结合行为人的供述和其他证据综合审查判断，可以认定其“应当知道”，但有证据证明确属被蒙骗的除外：（1）执法人员在口岸、机场、车站、港口、邮局和其他检查站点检查时，要求行为人申报携带、运输、寄递的物品和其他疑似毒品物，并告知其法律责任，而行为人未如实申报，在其携带、运输、寄递的物品中查获毒品的；（2）以伪报、藏匿、伪装等蒙蔽手段逃避海关、边防等检查，在其携带、运输、寄递的物品中查获毒品的；（3）执法人员检查时，有逃跑、丢弃携带物品或者逃避、抗拒检查等行为，在其携带、藏匿或者丢弃的物品中查获毒品的；（4）体内或者贴身隐秘处藏匿毒品的；（5）为获取不同寻常的高额或者不等值的报酬为他人携带、运输、寄递、收取物品，从中查获毒品的；（6）采用高度隐蔽的方式携带、运输物品，从中查获毒品的；（7）采用高度隐蔽的方式交接物品，明显违背合法物品惯常交接方式，从中查获毒品的；（8）行程路线故意绕开检查站点，在其携带、运输的物品中查获毒品的；（9）以虚假身份、地址或者其他虚假方式办理托运、寄递手续，在托运、寄递的物品中查获毒品的；（10）有其他证据足以证明行为人应当知道的。制造毒品主观故意中的“明知”，是指行为人知道或者应当知道所实施的是制造毒品行为。有下列情形之一，结合行为人的供述和其他证据综合审查判断，可以认定其“应当知道”，但有证据证明确属被蒙骗的除外：（1）购置了专门用于制造毒品的设备、工具、制毒物品或者配制方案的；（2）为获取不同寻常的高额或者不等值的报酬为他人制造物品，经检验是毒品的；（3）在偏远、隐蔽场所制造，或者采取对制造设备进行伪装等方式制造物品，经检验是毒品的；（4）制造人员在执法人员检查时，有逃跑、抗拒检查等行为，在现场查获制造出的物品，经检验是毒品的；（5）有其他证据足以证明行为人应当知道的。

第 3 款是关于走私、贩卖、运输、制造毒品数量较大的法定刑的条款内容。

走私、贩卖、运输、制造鸦片 200 克以上不满 1000 克、海洛因或者甲基苯丙胺 10 克以上不满 50 克或者其他毒品数量较大的，处 7 年以上有期徒刑，并处罚金。

第 4 款是关于走私、贩卖、运输、制造少量毒品的法定刑的条款内容。

走私、贩卖、运输、制造鸦片不满 200 克、海洛因或者甲基苯丙胺不满 10 克或者其他少量毒品的，处 3 年以下有期徒刑、拘役或者管制，并处罚金；情节严重的，处 3 年以上 7 年以下有期徒刑，并处罚金。

第 5 款是关于单位犯走私、贩卖、运输、制造毒品罪的罪刑条款内容。

单位犯走私、贩卖、运输、制造毒品罪的，对单位判处罚金，并对其直接负责的主管人员和其他直接责任人员以走私、贩卖、运输、制造毒品罪定罪处罚。

第 6 款是关于利用、教唆未成年人走私、贩卖、运输、制造毒品，或者向未成年人出售毒品的从重处罚的规定。

利用、教唆未成年人走私、贩卖、运输、制造毒品，或者向未成年人出售毒品的，从重处罚。

第 7 款是关于毒品数量的计算的条款内容。

对多次走私、贩卖、运输、制造毒品，未经处理的，毒品数量累计计算。

【实务问题】

1. 本罪罪与非罪的界限

首先，应区分本罪与合法行为的界限。这里的“合法行为”，是指基于医疗、教学或科研等正当用途的需要，依照国家有关法律、法规的规定，经国家有关主管部门批准，进出口麻醉药品和精神药品，或经国家有关主管部门指定或者批准的经营单位、供应单位、运输部门和生产单位，按照有关规定和计划进行收购、销售、运输、生产麻醉药品和精神药品的行为。如果不按照国家有关法律、法规的规定，未经国家主管部门审查批准或者未经国家有关主管部门指定或批准，非法进出口麻醉药品和精神药品，或者非法生产、运输、销售麻醉药品和精神药品的，都应按本罪定罪。其次，考察是否具有走私、贩卖、运输、制造毒品的故意。虽然根据本条第 1 款的规定，走私、贩卖、运输、制造毒品，无论数量多少，都构成本罪，但是如果行为人没有走私、贩卖、运输、制造毒品的故意，也不构成本罪。

2. 本罪的立案追诉标准

根据 2012 年最高人民检察院、公安部《关于公安机关管辖的刑事案件立案追诉标准的规定（三）》（简称《立案追诉标准（三）》）第 1 条的规定，走私、贩卖、运输、制造毒品，无论数量多少，都应予立案追诉。

3. 本罪停止形态的认定

根据《立案追诉标准（三）》第 1 条的规定，为了制造毒品而采用生产、加工、提炼等方法非法制造易制毒化学品的，应以制造毒品罪（预备）立案追诉。购进制造毒品的设备和原材料，开始着手制造毒品，尚未制造出毒品或者半成品的，则应以制造毒品罪（未遂）立案追诉。

4. 罪数的认定和罪名的适用

本罪是选择性罪名，对同一宗毒品实施了走私、贩卖、运输、制造毒品中的任何一种或者两种以上行为，都构成一罪。对同一宗毒品实施了两种以上犯罪行为的，应当按照所实施的犯罪行为的性质并列适用罪名，毒品数量不重复计算。对不同宗毒品分别实施了不同种犯罪行为的，应对不同行为并列适用罪名，累计计算毒品数量。罪名不以行为实施的先后、毒品数量或者危害大小排列，一律以《刑法》条文规定的顺序表述。

5. 共犯的认定

第一，根据《刑法》第 349 条第 3 款的规定，犯包庇毒品犯罪分子罪或者窝藏、转移、隐瞒毒品、毒赃罪，事先通谋的，以本罪的共犯论处。第二，根据《立案追诉标准（三）》第 1 条的规定，明知他人实施毒品犯罪而为其居间介绍、代购代卖的，无论是否牟利，都应以相关毒品犯罪的共犯立案追诉。第三，根据《刑法》第 350 条第 2 款和《立案追诉标准（三）》第 1 条的规定，明知他人制造毒品而为其生产、加工、提炼、提供醋酸酐、乙醚、三氯甲烷等制毒物品的，以制造毒品罪的共犯立案追诉。

第三百四十八条 〔非法持有毒品罪〕

非法持有鸦片一千克以上、海洛因或者甲基苯丙胺五十克以上或者其他毒品数量大的，处七年以上有期徒刑或者无期徒刑，并处罚金；非法持有鸦片二百克以上不满一千克、海洛因或者甲基苯丙胺十克以上不满五十克或者其他毒品数量较大的，处三年以下有期徒刑、拘役或者管制，并处罚金；情节严重的，处三年以上七年以下有期徒刑，并处罚金。

本条是关于非法持有毒品罪的罪刑条款内容。

【条文释义】

非法持有毒品罪，是指违反国家对毒品的管制制度，明知是毒品而非法持有，数量大的行为。

这里的“非法持有”，是指违反国家法律和国家主管部门的规定，占有、携带、藏有或者以其他方式持有毒品。

本罪在主观方面必须是出于故意，即明知是非法持有毒品的行为而仍决意为之的心理态度。这里的“明知”，是指行为人知道或者应当知道所实施的行为是非法持有毒品行为，可根据《立案追诉标准（三）》第2条的规定认定。

【实务问题】

1. 本罪罪与非罪的界限

区分本罪罪与非罪应当从以下几个方面把握：（1）基于医疗、教学、科研等方面的需要，或者基于其他正当理由，依照有关法律、法规的规定，经法定手续批准而持有属于毒品的麻醉药品或精神药品的，是合法行为，不属于非法持有毒品，因而不能认定为本罪。（2）只有具有非法持有毒品的故意，即行为人知道或者应当知道所实施的行为是非法持有毒品行为而决意为之，才可能构成本罪。如果行为人不知道也不应当知道自己所实施的行为是非法持有毒品的行为，则不构成本罪。（3）非法持有毒品“数量较大”的，才能构成本罪。根据《立案追诉标准（三）》第1条的规定，不以牟利为目的，为他人代购仅用于吸食、注射毒品的，也应认定为非法持有毒品行为。根据本条规定，非法持有鸦片200克以上、海洛因或者甲基苯丙胺10克以上或者其他毒品数量大的，才构成犯罪。如果行为人非法持有毒品的行为没有达到数量较大标准的，则不构成本罪，属于一般违法行为，予以治安处罚。（4）吸食、注射毒品者持有用于自己吸食、注射的毒品，如果数量较大，且无证据证明其实施有其他毒品犯罪行为的，应以非法持有毒品罪论处；但如果其持有的毒品没有达到数量较大，则不构成本罪。（5）为吸食、注射毒品者代买用于吸食、注射的毒品，且代买者不是为了牟利的，如果代买的毒品数量较大，则构成本罪；如果代买的毒品数量不大，则不以犯罪论处，属于一般违法行为，可以予以治安处罚。

2. 本罪的立案追诉标准

根据《立案追诉标准（三）》第2条的规定，明知是毒品而非法持有，涉嫌下列情形之一的，应予立案追诉：（1）鸦片200克以上、海洛因、可卡因或者甲基苯丙胺10克以上；（2）二亚甲基双氧安非他明（MDMA）等苯丙胺类毒品（甲基苯丙胺除外）、吗啡20克以上；（3）度冷丁（杜冷丁）50克以上（针剂 100mg/支规格的 500 支以上，50mg/支规格的 1000 支以上；片剂 25mg/片规格的 2000 片以上，50mg/片规格的 1000 片以上）；（4）盐酸二氢埃托啡 2 毫克以上（针剂或者片剂 20μg/支、片规格的 100 支、片以上）；（5）氯胺酮、美沙酮 200 克以上；（6）三唑仑、安眠酮 10 千克以上；（7）咖啡因 50 千克以上；（8）氯氮卓、艾司唑仑、地西泮、溴西泮 100 千克以上；（9）大麻油 1 千克以上，大麻脂 2 千克以上，大麻叶及大麻烟 30 千克以上；（10）罂粟壳 50 千克以上；（11）上述毒品以外的其他毒品数量较大的。非法持有两种以上毒品，每种毒品均没有达到本条第 1 款规定的数量标准，但按前述规定的立案追诉数量比例折算成海洛因后累计相加达到 10 克以上的，应予立案追诉。非法持有毒品主观故意中的“明知”，依照《立案追诉标准（三）》第 1 条第 8 款的有关规定予以认定。

3. 本罪与走私、贩卖、运输、制造毒品罪关系的认定

非法持有毒品行为是实施走私、贩卖、运输、制造毒品的必经阶段或当然结果，只有确实没有证据证明行为人的非法持有毒品行为发生在其实施走私、贩卖、运输、制造毒品过程中的，才能以本罪论处。如果有证据证明行为人非法持有毒品行为发生在其实施走私、贩卖、运输、制造毒品过程中，则属于刑法理论中的吸收犯，应当以走私、贩卖、运输、制造毒品罪一罪论处，而不能认定为走私、贩卖、运输、制造毒品罪和本罪进行数罪并罚。

第三百四十九条

〔包庇毒品犯罪分子罪；窝藏、转移、隐瞒毒品、毒赃罪〕**包庇走私、贩卖、运输、制造毒品的犯罪分子的，为犯罪分子窝藏、转移、隐瞒毒品或者犯罪所得的财物的，处三年以下有期徒刑、拘役或者管制；情节严重的，处三年以上十年以下有期徒刑。**

缉毒人员或者其他国家机关工作人员掩护、包庇走私、贩卖、运输、制造毒品的犯罪分子的，依照前款的规定从重处罚。

犯前两款罪，事先通谋的，以走私、贩卖、运输、制造毒品罪的共犯论处。

本条是关于包庇毒品犯罪分子罪和窝藏、转移、隐瞒毒品、毒赃罪的罪刑条款内容。

【条文释义】

本条共分为 3 款。第 1 款是关于包庇毒品犯罪分子罪和窝藏、转移、隐瞒毒品、毒赃罪的罪刑条款内容。

包庇毒品犯罪分子罪，是指明知是走私、贩卖、运输、制造毒品的犯罪分

子，而为其向司法机关作假证或帮助毁灭罪证的行为。

所谓包庇毒品犯罪分子，是指以向司法机关作假证或者帮助毁灭罪证等方式，包庇走私、贩卖、运输、制造毒品的犯罪分子的行为。根据《立案追诉标准（三）》第3条的规定，这里的“包庇”可以表现为下列情形之一：（1）作虚假证明，帮助掩盖罪行的；（2）帮助隐藏、转移或者毁灭证据的；（3）帮助取得虚假身份或者身份证件的；（4）以其他方式包庇犯罪分子的。包庇的对象仅限于实施走私、贩卖、运输、制造毒品犯罪的犯罪分子。

本罪在主观方面表现为故意，即明知是走私、贩卖、运输、制造毒品的犯罪分子，而有意为其向司法机关作假证或帮助毁灭罪证的心理态度。这里的“明知”，是指知道或者应当知道是实施走私、贩卖、运输、制造毒品犯罪的犯罪分子。

窝藏、转移、隐瞒毒品、毒赃罪，是指为毒品犯罪分子窝藏、转移、隐瞒毒品或者犯罪所得财物的行为。

所谓窝藏、转移、隐瞒毒品、毒赃，是指为毒品犯罪分子窝藏、转移、隐瞒毒品或犯罪所得财物的行为。毒品犯罪分子，是指走私、贩卖、运输、制造毒品的犯罪分子。这里的“犯罪所得的财物”，是指实施走私、贩卖、运输、制造毒品犯罪所得的财物。

第2款是关于缉毒人员或者其他国家机关工作人员包庇毒品犯罪分子的罪刑条款内容。

缉毒人员或者其他国家机关工作人员掩护、包庇走私、贩卖、运输、制造毒品的犯罪分子的，构成包庇毒品犯罪分子罪，从重处罚。

第3款是关于事前通谋犯包庇毒品犯罪分子罪和窝藏、转移、隐瞒毒品、毒赃罪的罪刑条款内容。

包庇走私、贩卖、运输、制造毒品的犯罪分子的，为犯罪分子窝藏、转移、隐瞒毒品或者犯罪所得的财物，事先通谋的，以走私、贩卖、运输、制造毒品罪的共犯论处。

【实务问题】

1. 罪与非罪的界限

包庇毒品犯罪分子罪和窝藏、转移、隐瞒毒品、毒赃罪都是故意犯罪，区分罪与非罪的关键就在于是否具有犯罪的故意。

（1）如果行为人明知是走私、贩卖、运输、制造毒品的犯罪分子而实施包庇行为，则具有包庇毒品犯罪分子的犯罪故意，应当构成包庇毒品犯罪分子罪；否则，就不构成犯罪。

（2）如果行为人明知是走私、贩卖、运输、制造毒品的犯罪分子的毒品或者是毒品犯罪所得的财物而实施窝藏、转移、隐瞒行为，则具有窝藏、转移、隐瞒毒品、毒赃的犯罪故意，应当构成窝藏、转移、隐瞒毒品、毒赃罪；否则，就不构成犯罪。

2. 包庇毒品犯罪分子罪与窝藏、转移、隐瞒毒品、毒赃罪的界限

二者的主要区别是行为对象不同。前罪的行为对象是走私、贩卖、运输、制造毒品的犯罪分子；后罪的行为对象是走私、贩卖、运输、制造毒品的犯罪分子的毒品或者是毒品犯罪所得的财物。

3. 包庇毒品犯罪分子罪的立案追诉标准

根据《立案追诉标准（三）》第 3 条的规定，包庇走私、贩卖、运输、制造毒品的犯罪分子，涉嫌下列情形之一的，应予立案追诉：（1）作虚假证明，帮助掩盖罪行的；（2）帮助隐藏、转移或者毁灭证据的；（3）帮助取得虚假身份或者身份证件的；（4）以其他方式包庇犯罪分子的。实施前述规定的行为，事先通谋的，以走私、贩卖、运输、制造毒品罪的共犯立案追诉。

4. 窝藏、转移、隐瞒毒品、毒赃罪的立案追诉标准

根据《立案追诉标准（三）》第 4 条的规定，为走私、贩卖、运输、制造毒品的犯罪分子窝藏、转移、隐瞒毒品或者犯罪所得的财物的，应予立案追诉。实施前述规定的行为，事先通谋的，以走私、贩卖、运输、制造毒品罪的共犯立案追诉。

第三百五十条 〔非法生产、买卖、运输制毒物品、走私制毒物品罪〕

违反国家规定，非法生产、买卖、运输醋酸酐、乙醚、三氯甲烷或者其他用于制造毒品的原料、配剂，或者携带上述物品进出境，情节较重的，处三年以下有期徒刑、拘役或者管制，并处罚金；情节严重的，处三年以上七年以下有期徒刑，并处罚金；情节特别严重的，处七年以上有期徒刑，并处罚金或者没收财产。

明知他人制造毒品而为其生产、买卖、运输前款规定的物品的，以制造毒品罪的共犯论处。

单位犯前两款罪的，对单位判处罚金，并对其直接负责的主管人员和其他直接责任人员，依照前两款的规定处罚。

本条是关于非法生产、买卖、运输制毒物品、走私制毒物品罪的罪刑条款内容。

【主要修改】

本条第 1、2 款为 2015 年 8 月 29 日通过的《刑法修正案（九）》第 41 条所

修改，增设了“非法生产、运输制毒物品罪”，并按照情节较重、情节严重、情节特别严重重新设置了法定刑。该条第 1、2 款内容原为：“违反国家规定，非法运输、携带醋酸酐、乙醚、三氯甲烷或者其他用于制造毒品的原料或者配剂进出境的，或者违反国家规定，在境内非法买卖上述物品的，处三年以下有期徒刑、拘役或者管制，并处罚金；数量大的，处三年以上十年以下有期徒刑，并处罚金。明知他人制造毒品而为其提供前款规定的物品的，以制造毒品罪的共犯论处。

【条文释义】

本条分为 3 款。第 1 款是关于非法生产、买卖、运输制毒物品、走私制毒物品罪的罪刑条款内容。

非法生产、买卖、运输制毒物品、走私制毒物品罪，是指违反国家规定，非法生产、买卖、运输醋酸酐、乙醚、三氯甲烷或者其他用于生产毒品的原料、配剂，或者携带上述物品进出境，情节较重的行为。

所谓非法生产、买卖、运输制毒物品，是指违反国家规定，在境内非法生产、买卖、运输醋酸酐、乙醚、三氯甲烷或者其他用于制造毒品的原料或者配剂的行为。这里的“国家规定”，是指我国关于易制毒化学品管理的法律、法规等规范性规定。非法生产制毒物品，是指违反国家规定，擅自利用直接提炼、化学方法或者物理方法加工、配制制毒物品的行为。非法买卖制毒物品，是指违反国家规定，擅自收买、出卖制毒物品的行为。非法运输制毒物品，是指明知是制毒物品而采用携带、寄递、托运、利用他人或者使用交通工具等方法在境内非法运送的行为。根据 2009 年最高人民法院、最高人民检察院、公安部《关于办理制毒物品犯罪案件适用法律若干问题的意见》的规定，违反国家规定，实施下列行为之一的，认定为《刑法》第 350 条规定的非法买卖制毒物品行为：（1）未经许可或者备案，擅自购买、销售易制毒化学品的；（2）超出许可证明或者备案证明的品种、数量范围购买、销售易制毒化学品的；（3）使用他人的或者伪造、变造、失效的许可证明或者备案证明购买、销售易制毒化学品的；（4）经营单位违反规定，向无购买许可证明、备案证明的单位、个人销售易制毒化学品的，或者明知购买者使用他人的或者伪造、变造、失效的购买许可证明、备案证明，向其销售易制毒化学品的；（5）以其他方式非法买卖易制毒化学品的。在没有新的相关司法解释出台前，非法生产、运输制毒物品行为的认定可以参照上述规定。

所谓走私制毒物品，是指违反国家规定，逃避海关监管，非法运输、携带醋酸酐、乙醚、三氯甲烷或者其他用于制造毒品的原料或者配剂进出境的行为。直接向走私人非法收购走私进口的制毒物品，或者在内海、领海、界河、界湖运输、收购、贩卖制毒物品的，以走私制毒物品论。这里的“国家规定”，是指《中华人民共和国海关法》以及我国关于易制毒化学品管理的法律、法规等规范性规定。

所谓制毒物品，是指醋酸酐、乙醚、三氯甲烷或者其他用于制造毒品的原料或者配剂，具体品种范围按照国家关于易制毒化学品管理的规定确定。

本罪的主体是一般主体，即已满 16 周岁、具有刑事责任能力的自然人和单位都可以构成本罪。

本罪在主观方面必须出于故意，即行为人明知是制毒物品而非法生产、买卖、运输或者走私的心理态度。实施非法生产、买卖、运输制毒物品，或者走私制毒物品，有下列情形之一，且查获了易制毒化学品，结合犯罪嫌疑人、被告人的供述和其他证据，经综合审查判断，可以认定其“明知”是制毒物品而走私或者非法买卖，但有证据证明确属被蒙骗的除外：（1）改变产品形状、包装或者使用虚假标签、商标等产品标志的；（2）以藏匿、夹带或者其他隐蔽方式运输、携带易制毒化学品逃避检查的；（3）抗拒检查或者在检查时丢弃货物逃跑的；（4）以伪报、藏匿、伪装等蒙蔽手段逃避海关、边防等检查的；（5）选择不设海关或者边防检查站的路段绕行出入境的；（6）以虚假身份、地址办理托运、邮寄手续的；（7）以其他方法隐瞒真相，逃避对易制毒化学品依法监管的。

第 2 款是关于明知他人制造毒品而为其生产、买卖、运输醋酸酐、乙醚、三氯甲烷或者其他用于制毒物品行为的罪刑条款内容。

明知他人制造毒品而为其生产、买卖、运输第 1 款规定的物品的，以制造毒品罪的共犯论处。

第 3 款是关于单位犯非法生产、买卖、运输制毒物品、走私制毒物品罪的罪刑条款内容。

单位犯非法生产、买卖、运输制毒物品、走私制毒物品罪的，对单位判处罚金，并对其直接负责的主管人员和其他直接责任人员，以非法生产、买卖、运输制毒物品、走私制毒物品罪定罪处罚。

【实务问题】

1. 本罪罪与非罪的界限

根据本条规定，“情节较重”的才能构成犯罪。具体应当考虑以下两个方面：第一，根据《立案追诉标准（三）》的规定，违反国家规定，非法运输、携带制毒物品进出国（边）境，或者在境内非法买卖制毒物品，数量达到下列标准之一的，构成犯罪：（1）1-苯基-2-丙酮 5 千克以上；（2）麻黄碱、伪麻黄碱及其盐类和单方制剂 5 千克以上，麻黄浸膏、麻黄浸膏粉 100 千克以上；（3）3，4-亚甲基二氧苯基-2-丙酮、去甲麻黄素（去甲麻黄碱）、甲基麻黄素

(甲基麻黄碱)、羟亚胺及其盐类10千克以上;(4)胡椒醛、黄樟素、黄樟油、异黄樟素、麦角酸、麦角胺、麦角新碱、苯乙酸20千克以上;(5)N-乙酰邻氨基苯酸、邻氨基苯甲酸、哌啶150千克以上;(6)醋酸酐、三氯甲烷200千克以上;(7)乙醚、甲苯、丙酮、甲基乙基酮、高锰酸钾、硫酸、盐酸400千克以上;(8)其他用于制造毒品的原料或者配剂相当数量的。另外,如果非法运输、携带两种以上制毒物品进出国(边)境,或者在境内非法买卖两种以上制毒物品,每种制毒物品均没有达到上述数量标准,但按上述数量比例折算成一种制毒物品后累计相加达到上述数量标准的,也构成犯罪。非法生产、运输制毒物品构成犯罪的数量标准参照上述规定。如果没有达到上述数量标准的,则不构成本罪。第二,易制毒化学品生产、经营、使用单位或者个人未办理许可证明或者备案证明,购买、销售、生产、运输易制毒化学品,如果有证据证明确实用于合法生产、生活需要,依法能够办理只是未及时办理许可证明或者备案证明,且未造成严重社会危害的,可不以非法生产、买卖、运输制毒物品罪论处。

值得注意的是,修改后的本条将非法生产制毒物品行为规定为犯罪的实行行为,因此,非法生产、制造制毒物品情节较重的,应当成立非法生产制毒物品罪,而不再以走私制毒物品罪或者非法买卖制毒物品罪的犯罪预备论处(《立案追诉标准(三)》规定,为了走私或者非法买卖制毒物品而采用生产、加工、提炼等方法非法制造易制毒化学品的,应当以走私制毒物品罪或者非法买卖制毒物品罪的犯罪预备论处)。

2. 本罪与走私、贩卖、运输、制造毒品罪的界限

二者的主要区别在于:第一,犯罪对象不同。本罪的对象是醋酸酐、乙醚、三氯甲烷或者其他用于制造毒品的原料或者配剂,它们本身并不是毒品;而走私、贩卖、运输、制造毒品罪的对象是鸦片、海洛因、甲基苯丙胺(冰毒)、吗啡、大麻、可卡因以及国家规定管制的其他能够使人形成瘾癖的麻醉药品和精神药品,即毒品本身。第二,构成犯罪的标准有所不同。根据本条的规定,本罪的成立要求“情节较重”。根据有关司法解释的规定,构成本罪,要求非法生产、买卖、运输、走私的制毒物品要达到一定的数量标准;而走私、贩卖、运输、制造毒品罪是行为犯,根据《刑法》第347条的规定,走私、贩卖、运输、制造毒品,无论数量多少,都应当定罪处罚。但是,如果行为人明知他人制造毒品而为其生产、买卖、运输制毒物品的,应当以制造毒品罪的共犯论处。

3. 罪数的认定

根据2009年最高人民法院、最高人民检察院、公安部《关于办理制毒物品犯罪案件适用法律若干问题的意见》的规定,走私、非法买卖制毒物品行为同时构成其他犯罪的,依照处罚较重的规定定罪处罚。

4. 共犯的认定

根据《立案追诉标准（三）》的规定，明知他人实施走私或者非法买卖制毒物品犯罪，而为其运输、储存、代理进出口或者以其他方式提供便利的，以走私制毒物品罪或者非法买卖制毒物品罪的共犯论处。值得注意的是，因修改后的本条将非法运输制毒物品行为规定为犯罪的实行行为，因此，非法运输制毒物品行为情节较重的，应当成立非法运输制毒物品罪，而不再以走私制毒物品罪或者非法买卖制毒物品罪的共犯论处。

第三百五十一条 〔非法种植毒品原植物罪〕

非法种植罂粟、大麻等毒品原植物的，一律强制铲除。有下列情形之一的，处五年以下有期徒刑、拘役或者管制，并处罚金：

（一）种植罂粟五百株以上不满三千株或者其他毒品原植物数量较大的；

（二）经公安机关处理后又种植的；

（三）抗拒铲除的。

非法种植罂粟三千株以上或者其他毒品原植物数量大的，处五年以上有期徒刑，并处罚金或者没收财产。

非法种植罂粟或者其他毒品原植物，在收获前自动铲除的，可以免除处罚。

本条是关于非法种植毒品原植物罪的罪刑条款内容。

【条文释义】

本条共分为3款。第1款是关于非法种植毒品原植物罪的罪刑条款内容。

非法种植毒品原植物罪，是指违反国家对毒品原植物的管制制度，种植罂粟、大麻等毒品原植物，数量较大，或者经公安机关铲除后又种植，或者抗拒铲除的行为。

所谓非法种植毒品原植物，是指违反国家对毒品原植物的管制制度，种植罂粟、大麻等毒品原植物的行为。本条所规定的“种植”，是指播种、育苗、移栽、插苗、施肥、灌溉、割取津液或者收取种子等行为。非法种植毒品原植物的株数一般应以实际查获的数量为准。因种植面积较大，难以逐株清点数目的，可以抽样测算每平方米平均株数后按实际种植面积测算出种植总株数。

本罪在主观方面是出于故意，即行为人明知所种植的是罂粟、大麻、古柯等毒品原植物而决意非法种植。这里的“明知”，是指行为人知道或者应当知道所种植的是罂粟、大麻、古柯等毒品原植物，但是有证据证明行为人确实是受蒙蔽的除外。

第2款是关于非法种植毒品原植物数量大的法定刑的条款内容。

非法种植罂粟3000株以上或者其他毒品原植物数量大的，处5年以上有期徒刑，并处罚金或者没收财产。

第3款是关于非法种植毒品原植物罪免除处罚的条款内容。

非法种植罂粟或者其他毒品原植物，在收获前自动铲除的，可以免除处罚。

【实务问题】

1. 本罪罪与非罪的界限

区分本罪罪与非罪应当从以下两个方面掌握：第一，只有明知所种植的是罂粟、大麻、古柯等毒品原植物而决意非法种植的，才能构成本罪；否则，不能构成本罪。第二，根据《立案追诉标准（三）》第7条的规定，非法种植罂粟、大麻等毒品原植物，具有下列情形之一的，构成犯罪：（1）非法种植罂粟500株以上的；（2）非法种植大麻5000株以上的；（3）非法种植其他毒品原植物数量较大的；（4）非法种植罂粟200平方米以上、大麻2000平方米以上或者其他毒品原植物面积较大，尚未出苗的；（5）经公安机关处理后又种植的；（6）抗拒铲除的。非法种植毒品原植物的株数一般应以实际查获的数量为准。因种植面积较大，难以逐株清点数目的，可以抽样测算每平方米平均株数后按实际种植面积测算出种植总株数。另外，根据本条第3款规定，非法种植罂粟或者其他毒品原植物，在收获前自动铲除的，可以免除处罚。

2. 本罪的立案追诉标准

根据《立案追诉标准（三）》第7条的规定，非法种植罂粟、大麻等毒品原植物，涉嫌下列情形之一的，应予立案追诉：（1）非法种植罂粟500株以上的；（2）非法种植大麻5000株以上的；（3）非法种植其他毒品原植物数量较大的；（4）非法种植罂粟200平方米以上、大麻2000平方米以上或者其他毒品原植物面积较大，尚未出苗的；（5）经公安机关处理后又种植的；（6）抗拒铲除的。非法种植罂粟或者其他毒品原植物，在收获前自动铲除的，可以不予立案追诉。

第三百五十二条〔非法买卖、运输、携带、持有毒品原植物种子、幼苗罪〕

非法买卖、运输、携带、持有未经灭活的罂粟等毒品原植物种子或者幼苗，数量较大的，处三年以下有期徒刑、拘役或者管制，并处或者单处罚金。

本条是关于非法买卖、运输、携带、持有毒品原植物种子、幼苗罪的罪刑条款内容。

【条文释义】

非法买卖、运输、携带、持有毒品原植物种子、幼苗罪，是指非法买卖、运输、携带、持有未经灭活的毒品原植物种子或者幼苗，数量较大的行为。

所谓非法买卖、运输、携带、持有毒品原植物种子、幼苗，是指违反国家对毒品原植物的管理制度，擅自买卖、运输、携带、持有未经灭活的毒品原植物种子、幼苗的行为。本罪的对象是未经灭活的毒品原植物种子、幼苗。所谓毒品原植物种子、幼苗，是指可用于制造毒品的罂粟、大麻、古柯等毒品原植物的种子、幼苗。所谓未经灭活，是指此类种子、幼苗尚未经过特殊的杀灭处理，能够种植成活和繁殖。

【实务问题】

本罪的立案追诉标准

根据《立案追诉标准（三）》第 8 条的规定，非法买卖、运输、携带、持有未经灭活的罂粟等毒品原植物种子或者幼苗，涉嫌下列情形之一的，应予立案追诉：（1）罂粟种子 50 克以上、罂粟幼苗 5000 株以上；（2）大麻种子 50 千克以上、大麻幼苗 5 万株以上；（3）其他毒品原植物种子、幼苗数量较大的。

第三百五十三条

〔引诱、教唆、欺骗他人吸毒罪〕**引诱、教唆、欺骗他人吸食、注射毒品的，处三年以下有期徒刑、拘役或者管制，并处罚金；情节严重的，处三年以上七年以下有期徒刑，并处罚金。**

〔强迫他人吸毒罪〕**强迫他人吸食、注射毒品的，处三年以上十年以下有期徒刑，并处罚金。**

引诱、教唆、欺骗或者强迫未成年人吸食、注射毒品的，从重处罚。

本条是关于引诱、教唆、欺骗他人吸毒罪和强迫他人吸毒罪的罪刑条款内容。

【条文释义】

本条共分为 3 款。第 1 款是关于引诱、教唆、欺骗他人吸毒罪的罪刑条款内容。

引诱、教唆、欺骗他人吸毒罪，是指以各种方法故意引诱、教唆、欺骗他人吸食、注射毒品的行为。

所谓吸毒，即非法吸食、注射毒品的行为，是指为了满足瘾癖，以口吸、鼻吸、吞服、饮用、皮下或静脉注射等方式，非法使用鸦片、海洛因、甲基苯丙胺、吗啡、大麻、可卡因或者国务院规定管制的其他能够使人形成瘾癖的麻醉药品和精神药品的行为。但是，因治疗疾病的需要，根据专门医疗部门医生的医嘱和处方服用、注射限定量的麻醉药品和精神药品的，则不属于吸毒行为。根据我国法律规定，吸毒不是犯罪，而是一般违法行为。所谓引诱他人吸毒，是指故意以宣扬吸毒后会获得"快感"为手段，或者以吸毒后将获得某种利益作为诱饵，诱使无吸毒瘾癖的人产生吸毒的欲望，进而自愿地吸食、注射毒品，或者诱使戒除毒瘾的人自愿地重新吸食、注射毒品的行为。所谓教唆他人吸毒，是指采取引诱以外的其他鼓动、怂恿、劝说、示范、传授吸毒方法等方式，促使无吸毒瘾癖的人自愿吸食、注射毒品，或者促使已戒除毒瘾的人自愿地重新吸食、注射毒品的行为。所谓欺骗他人吸毒，是指以捏造事实或者隐瞒真相的方式，使无吸毒瘾癖的人或者已戒除毒瘾的人，在不知真相的情形下，被动地吸食、注射毒品的行为。这里的"他人"，是指没有吸食、注射毒品经历，或者虽然有过吸食、注射毒品的经历但已戒除毒瘾的人。本罪是行为犯，行为人只要实施了引诱、教唆或欺骗他人吸毒行为之一，无论他人是否在其引诱、教唆、欺骗下吸毒或者因此染上毒瘾，都不影响本罪的成立。

第 2 款是关于强迫他人吸毒罪的罪刑条款内容。

强迫他人吸毒罪，是指以暴力、威胁或者其他方法，强迫他人吸食、注射毒品的行为。

所谓强迫他人吸毒，是指以暴力、威胁或者其他方法，强迫他人吸食、注射毒品的行为。这里的"暴力"，是指对他人的人身施以有形的强力，如伤害、殴打、禁闭等。暴力行为会使他人不能或者不敢抗拒。威胁，是指以恐吓、要挟等方法，对他人进行精神强制，如以对他人或其亲人施以暴力进行恐吓、以揭发他人隐私进行要挟等，威胁行为会使他人不敢抗拒。其他方法，是指暴力、威胁以外的，但是以使他人不敢或者不能不知抗拒的行为。他人，是指没有吸食、注射毒品经历，或者虽然有过吸食、注射毒品的经历但已戒除毒瘾的人。本罪是行为犯，行为人只要实施了强迫他人吸毒行为之一，无论他人是否在其强迫下吸毒或者因此染上毒瘾，都不影响本罪的成立。

第 3 款是关于引诱、教唆、欺骗他人吸毒罪和强迫他人吸毒罪从重处罚的条款内容。

引诱、教唆、欺骗或者强迫未成年人吸食、注射毒品的，从重处罚。

【实务问题】

1. 主观方面的认定

引诱、教唆、欺骗他人吸毒罪和强迫他人吸毒罪在主观方面都表现为直接故意，即行为人明知自己的行为会造成他人吸毒的结果，并且希望这种结果发生的心理态度。在实践中，行为人的动机多种多样，但是出于何种动机，并不影响此两种罪的成立。

2. 罪与非罪的界限

区分罪与非罪，应当注意以下几种情形：第一，在不能认识到是毒品的情况下，将毒品提供给他人吸食、注射的，不应认定为犯罪。第二，不具有开具国家管制的精神药品、麻醉药品处方用于医疗活动资格的人，在当地医疗条件极差、交通极为不便的情况下，为了抢救急危病患、缓解患者病痛，而擅自劝说患者吸食、注射少量毒品，或者在患者不知情的情形下非法为其吸食、注射毒品的，虽然属于引诱、教唆、欺骗他人吸毒的行为，但属于情节显著轻微、危害不大，应不认为是犯罪。第三，吸毒者之间互相交流吸毒后“快感”的感受，或者互相介绍自己的吸毒方法、技巧等，不属于引诱、教唆、欺骗他人吸毒的行为，不构成犯罪。

3. 引诱、教唆、欺骗他人吸毒罪的立案追诉标准

根据《立案追诉标准（三）》第 9 条的规定，引诱、教唆、欺骗他人吸食、注射毒品的，应予立案追诉。

4. 强迫他人吸毒罪的立罪追诉标准

根据《立案追诉标准（三）》第 10 条的规定，违背他人意志，以暴力、胁迫或者其他强制手段，迫使他人吸食、注射毒品的，应予立案追诉。

5. 与教唆犯的界限

本条规定的行为方式，即引诱、教唆、欺骗和强迫都是教唆犯实施的教唆他人犯罪的具体方法。但本条规定犯罪与教唆他人犯罪的主要区别在于：第一，行为性质不同。本条规定的是独立的犯罪，有其独立的法定刑；教唆犯不是独立的犯罪，而是由《刑法》总则规定的共同犯罪人中的一种，应根据其所教唆的具体犯罪确定其犯罪性质。第二，教唆内容的性质不同。本条规定的引诱、教唆、欺骗、强迫他人实施的行为是吸毒，属于一般违法行为；教唆犯唆使他人实施的是故意犯罪行为。第三，行为人与被教唆人的关系不同。本条规定的犯罪中，只有行为人独立构成本条规定的相应犯罪，被引诱、教唆、欺骗、强迫的他人是其犯罪的被害人；而教唆犯则与实施了被教唆的犯罪的具有刑事责任能力的被教唆人之间构成所教唆的犯罪的共同犯罪，如果具有刑事责任能力的被教唆人没有实施被教唆的犯罪，或者被教唆人不具有刑事责任能力，则实施教唆行为的人单独构成所教唆的具体犯罪。

第三百五十四条 〔容留他人吸毒罪〕

容留他人吸食、注射毒品的，处三年以下有期徒刑、拘役或者管制，并处

罚金。

本条是关于容留他人吸毒罪的罪刑条款内容。

【条文释义】

容留他人吸毒罪，是指为吸食、注射毒品的人提供吸食、注射毒品的场所的行为。

所谓容留他人吸毒，是指为吸食、注射毒品的人提供吸食、注射毒品的场所的行为。这里的“容留”仅指提供场所。

本罪在主观方面表现为故意，即行为人明知是为他人提供吸食、注射毒品的场所而有意为之。这里的“明知”，是指行为人知道或者应当知道是为他人提供吸食、注射毒品的场所。如果确实有证据证明行为人是被蒙蔽的除外。在实践中，行为人可能出于不同的动机，但是出于何种动机并不影响本罪的成立。

【实务问题】

1. 本罪罪与非罪的界限

区分本罪罪与非罪时应当注意，只有具有容留他人吸食、注射毒品的故意，才构成犯罪。如果有证据证明行为人不知道或不应当知道是为他人提供吸毒场所的，则不构成本罪。

2. 本罪的立案追诉标准

根据《立案追诉标准（三）》第11条的规定，提供场所，容留他人吸食、注射毒品，涉嫌下列情形之一的，应予立案追诉：（1）容留他人吸食、注射毒品2次以上的；（2）一次容留3人以上吸食、注射毒品的；（3）因容留他人吸食、注射毒品被行政处罚，又容留他人吸食、注射毒品的；（4）容留未成年人吸食、注射毒品的；（5）以牟利为目的容留他人吸食、注射毒品的；（6）容留他人吸食、注射毒品造成严重后果或者其他情节严重的。

第三百五十五条 〔非法提供麻醉药品、精神药品罪〕

依法从事生产、运输、管理、使用国家管制的麻醉药品、精神药品的人员，违反国家规定，向吸食、注射毒品的人提供国家规定管制的能够使人形成瘾癖的麻醉药品、精神药品的，处三年以下有期徒刑或者拘役，并处罚金；情节严重的，处三年以上七年以下有期徒刑，并处罚金。向走私、贩卖毒品的犯罪分子或者以牟利为目的，向吸食、注射毒品的人提供国家规定管制的能够使人形成瘾癖的麻醉药品、精神药品的，依照本法第三百四十七条的规定定罪处罚。

单位犯前款罪的，对单位判处罚金，并对其直接负责的主管人员和其他直接

责任人员，依照前款的规定处罚。

本条是关于非法提供麻醉药品、精神药品罪的罪刑条款内容。

【条文释义】

本条共分为 2 款。第 1 款是关于非法提供麻醉药品、精神药品罪的罪刑条款内容。

非法提供麻醉药品、精神药品罪，是指依法从事生产、运输、管理、使用国家管制的麻醉药品、精神药品的单位或人员，违反国家规定，故意向吸食、注射毒品的人提供国家规定管制的能够使人形成瘾癖的麻醉药品、精神药品的行为。

所谓非法提供麻醉药品、精神药品，是指违反国家有关麻醉药品、精神药品的生产、运输、管理、使用等规定，未经有关主管部门的审批许可，将处于自己合法控制支配之下的、来源正当且用途正当的麻醉药品和精神药品，提供给吸食、注射毒品的人的行为。这里的“提供”，必须不是为了牟利，具体方法多种多样，如供给、赠与或者非法许可、批准使用等。所提供的麻醉药品和精神药品必须是能够使人形成瘾癖的。提供的对象必须是吸食、注射毒品的人。根据本条的规定，本罪是行为犯，即只要行为人实施了违反国家规定，向吸食、注射毒品的人提供国家规定管制的能够使人形成瘾癖的麻醉药品、精神药品的行为，即构成本罪。

本罪的主体是特殊主体，只有依法从事生产、运输、管理、使用国家管制的麻醉药品和精神药品的自然人或单位，才能构成本罪。

本罪在主观方面只能是出于故意，即明知对方是吸食、注射毒品的人，而决意违反国家规定向其提供国家管制的麻醉药品、精神药品。应当注意的是，行为人必须不是以牟利为目的。

第 2 款是关于单位犯非法提供麻醉药品、精神药品罪的罪刑条款内容。

单位犯非法提供麻醉药品、精神药品罪的，对单位判处罚金，并对其直接负责的主管人员和其他直接责任人员以非法提供麻醉药品、精神药品罪定罪处罚。

【实务问题】

1. 本罪罪与非罪的界限

区分本罪罪与非罪应当注意：（1）行为人必须违反国家规定，才能构成本罪。如果行为人严格遵守国家的有关规定，或者只是一般的违反操作规范（如超量提供或者在手续不全的情况下提供），都不能认定为本罪。（2）必须是向吸食、注射毒品的人提供国家规定管制的能够使人形成瘾癖的麻醉药品、精神药品的，才能构成本罪。如果是向正当使用麻醉药品、精神药品的医疗、科研、教学等单位或人员提供麻醉药品、精神药品的，则不构成本罪。（3）虽然本条规定本罪是行为犯，但是如果情节显著轻微危害不大的，不认为是犯罪。

2. 本罪的立案追诉标准

根据《立案追诉标准（三）》第12条的规定，违反国家规定，向吸食、注射毒品的人员提供国家规定管制的能够使人形成瘾癖的麻醉药品、精神药品，涉嫌下列情形之一的，应予立案追诉：（1）非法提供鸦片20克以上、吗啡2克以上、度冷丁（杜冷丁）5克以上（针剂100mg/支规格的50支以上，50mg/支规格的100支以上；片剂25mg/片规格的200片以上，50mg/片规格的100片以上）、盐酸二氢埃托啡0.2毫克以上（针剂或者片剂20μg/支、片规格的10支、片以上）、氯胺酮、美沙酮20克以上、三唑仑、安眠酮1千克以上、咖啡因5千克以上、氯氮卓、艾司唑仑、地西泮、溴西泮10千克以上，以及其他麻醉药品和精神药品数量较大的；（2）虽未达到上述数量标准，但非法提供麻醉药品、精神药品2次以上，数量累计达到前项规定的数量标准80%以上的；（3）因非法提供麻醉药品、精神药品被行政处罚，又非法提供麻醉药品、精神药品的；（4）向吸食、注射毒品的未成年人提供麻醉药品、精神药品的；（5）造成严重后果或者其他情节严重的。

3. 本罪与走私、贩卖毒品罪的界限

区分两罪应当从以下两个方面掌握：（1）本罪必须是向吸食、注射毒品的人提供国家规定管制的能够使人形成瘾癖的麻醉药品、精神药品。如果是向走私、贩卖毒品的犯罪分子提供国家规定管制的能够使人形成瘾癖的麻醉药品、精神药品的，则成立走私、贩卖毒品罪。（2）本罪必须不是以牟利为目的。如果是以牟利为目的，向吸食、注射毒品的人提供国家规定管制的能够使人形成瘾癖的麻醉药品、精神药品的，以贩卖毒品罪论处。

第三百五十五条之一　〔妨害兴奋剂管理罪〕

引诱、教唆、欺骗运动员使用兴奋剂参加国内、国际重大体育竞赛，或者明知运动员参加上述竞赛而向其提供兴奋剂，情节严重的，处三年以下有期徒刑或者拘役，并处罚金。

组织、强迫运动员使用兴奋剂参加国内、国际重大体育竞赛的，依照前款的规定从重处罚。

本条是关于妨害兴奋剂管理罪的罪刑条款内容。

本条为2020年12月26日通过的《刑法修正案（十一）》所增加。

【条文释义】

本条共分为2款。第1款是关于妨害兴奋剂管理罪及其处罚的规定。

妨害兴奋剂管理罪，是指引诱、教唆、欺骗运动员使用兴奋剂参加国内、国际重大体育竞赛，或者明知运动员参加上述竞赛而向其提供兴奋剂，情节严重的行为。

本罪在客观方面表现为引诱、教唆、欺骗运动员使用兴奋剂参加国内、国际重大体育竞赛，或者明知运动员参加上述竞赛而向其提供兴奋剂，情节严重的行为。这里的“引诱”，是指以提高比赛成绩、获得物质奖励或荣誉等说辞，诱使运动员使用兴奋剂。“教唆”，是指唆使运动员使用兴奋剂。“欺骗”，是指使用欺诈手段使运动员在不知情的情形下使用兴奋剂，如谎称是服用正常药品等。“运动员”，是指任何参与各国际单项体育联合会定义的国际级体育比赛或各国家反兴奋剂机构定义的国家级体育比赛的人员。“兴奋剂”，是指兴奋剂目录所列的禁用物质等。兴奋剂目录由国务院体育主管部门会同国务院药品监督管理部门、国务院卫生主管部门、国务院商务主管部门和海关总署制定、调整并公布。“国内、国际重大体育竞赛”包括奥运会、亚运会、单项世界锦标赛等，具体范围由国务院体育行政部门规定。“提供”既包括向运动员本人提供，也包括通过运动员的教练员、队医等辅助人员向运动员提供。

本罪的主体为一般主体，凡是已满 16 周岁、具有刑事责任能力的自然人都可以构成本罪。

本罪在主观方面表现为故意，即行为人知道或者应当知道运动员参加国内、国际重大体育竞赛而仍向其提供兴奋剂。

第 2 款是关于组织、强迫运动员使用兴奋剂参加国内、国际重大体育竞赛的，依照第 1 款的规定从重处罚的规定。这里的“组织”，是指利用管理、指导运动员的机会等，使多名运动员有组织地使用兴奋剂。“强迫”，是指迫使运动员违背本人意愿使用兴奋剂。

【实务问题】

1. 与相关罪名的竞合

本条将引诱、教唆、欺骗运动员使用兴奋剂和向运动员提供兴奋剂的行为，组织、强迫运动员使用兴奋剂的行为规定为犯罪，对于运动员本人使用兴奋剂的行为未规定为犯罪，是考虑到在重大体育竞赛涉兴奋剂违法违规案件中，引诱、教唆、欺骗使用兴奋剂和提供兴奋剂，组织、强迫使用兴奋剂的行为具有更大的社会危害性。运动员本人往往是被裹挟、被动地使用兴奋剂，可以不作为犯罪处理。但运动员本人使用兴奋剂的行为仍然是违法行为，应当依照有关法律法规和体育组织的规定予以处罚。运动员本人参与本条规定的犯罪行为的，应当依法追究刑事责任。

2. 与兴奋剂相关的有关犯罪行为的处理

2019年最高人民法院《关于审理走私、非法经营、非法使用兴奋剂刑事案件适用法律若干问题的解释》对与兴奋剂相关的犯罪行为的法律适用作了规定：（1）运动员、运动员辅助人员走私兴奋剂目录所列物质，或者其他人员以在体育竞赛中非法使用为目的走私兴奋剂目录所列物质，涉案物质属于国家禁止进出口的货物、物品，具有特定情形的，应当依照《刑法》第151条第3款的规定，以走私国家禁止进出口的货物、物品罪定罪处罚。（2）对未成年人、残疾人负有监护、看护职责的人组织未成年人、残疾人在体育运动中非法使用兴奋剂，具有特定情形的，应当认定为《刑法》第260条之一规定的"情节恶劣"，以虐待被监护、看护人罪定罪处罚。（3）实施有关兴奋剂犯罪行为，涉案物质属于毒品、制毒物品等，构成涉及毒品、制毒物品有关犯罪的，依照相应犯罪定罪处罚。

第三百五十六条　〔毒品犯罪的再犯〕

因走私、贩卖、运输、制造、非法持有毒品罪被判过刑，又犯本节规定之罪的，从重处罚。

本条是关于毒品犯罪再犯的罪刑条款内容。

【条文释义】

本条规定的"本节规定之罪"，是指《刑法》第347条至第355条之一规定的犯罪。

如果行为人因犯走私、贩卖、运输、制造毒品罪，或者非法持有毒品罪被判处过刑罚，又犯《刑法》第347条至第355条之一规定之罪的，对所犯之罪应当从重处罚。

第三百五十七条　〔毒品的范围及毒品数量的计算〕

本法所称的毒品，是指鸦片、海洛因、甲基苯丙胺（冰毒）、吗啡、大麻、可卡因以及国家规定管制的其他能够使人形成瘾癖的麻醉药品和精神药品。

毒品的数量以查证属实的走私、贩卖、运输、制造、非法持有毒品的数量计算，不以纯度折算。

本条是关于毒品的范围和毒品数量的计算的规定。

【条文释义】

本条共分为2款。第1款是关于毒品含义的条款内容。

所谓毒品，是指鸦片、海洛因、甲基苯丙胺（冰毒）、吗啡、大麻、可卡因以及国家规定管制的其他能够使人形成瘾癖的麻醉药品和精神药品。

根据《立案追诉标准（三）》第 13 条的规定，毒品的具体品种应以国家食品药品监督管理总局、公安部、卫生部发布的《麻醉药品品种目录（2013 年版）》《精神药品品种目录（2013 年版）》为依据。

第 2 款是关于毒品数量计算的条款内容。

在毒品犯罪案件中，毒品的数量以查证属实的走私、贩卖、运输、制造、非法持有毒品的数量计算，不以纯度折算。

根据《立案追诉标准（三）》第 14 条的规定，未明确立案追诉标准的毒品，有条件折算为海洛因的，参照有关麻醉药品和精神药品折算标准进行折算。

第八节　组织、强迫、引诱、容留、介绍卖淫罪

第三百五十八条

〔组织卖淫罪；强迫卖淫罪〕**组织、强迫他人卖淫的，处五年以上十年以下有期徒刑，并处罚金；情节严重的，处十年以上有期徒刑或者无期徒刑，并处罚金或者没收财产。**

组织、强迫未成年人卖淫的，依照前款的规定从重处罚。

犯前两款罪，并有杀害、伤害、强奸、绑架等犯罪行为的，依照数罪并罚的规定处罚。

〔协助组织卖淫罪〕**为组织卖淫的人招募、运送人员或者有其他协助组织他人卖淫行为的，处五年以下有期徒刑，并处罚金；情节严重的，处五年以上十年以下有期徒刑，并处罚金。**

本条是关于组织卖淫罪、强迫卖淫罪、协助组织卖淫罪的罪刑条款内容。

【主要修改】

本条第 1 款为 2015 年 8 月 29 日通过的《刑法修正案（九）》所修改，修改内容为：（1）将罪状“组织他人卖淫或者强迫他人卖淫”修改为“组织、强迫他人卖淫”；（2）将具体列举适用加重法定刑的五种情形改为“情节严重”的概括规定。该款内容原为：“组织他人卖淫或者强迫他人卖淫的，处五年以上十年以下有期徒刑，并处罚金；有下列情形之一的，处十年以上有期徒刑或者无期徒刑，并处罚金或者没收财产：（一）组织他人卖淫，情节严重的；（二）强迫不满十四周岁的幼女卖淫的；（三）强迫多人卖淫或者多次强迫他人卖淫的；（四）强奸后迫使卖淫的；（五）造成被强迫卖淫的人重伤、死亡或者其他严重

后果的。”

本条第2款、第3款为《刑法修正案（九）》所增加，原第2款关于“有前款所列情形之一，情节特别严重的，处无期徒刑或者死刑，并处没收财产”的规定被《刑法修正案（九）》所删除。

原第3款改为第4款。该款内容为2011年2月25日通过的《刑法修正案（八）》修改而来，修改内容为将原罪状“协助组织他人卖淫”修改为“为组织卖淫的人招募、运送人员或者有其他协助组织他人卖淫行为”。该款内容原为：“协助组织他人卖淫的，处五年以下有期徒刑，并处罚金；情节严重的，处五年以上十年以下有期徒刑，并处罚金。”

【条文释义】

本条共分为4款。第1款是关于组织卖淫罪和强迫卖淫罪的罪刑条款内容。

组织卖淫罪，是指以招募、雇佣、纠集等手段，管理或者控制他人卖淫的行为。

这里的“招募”，是指在社会上物色对象，网罗、招收、聚集卖淫人员；雇佣，是指用金钱、物质等利益收买他人从事卖淫活动。卖淫，是指为获取金钱等物质性报酬，向他人提供性服务的行为。

本罪的对象是他人，主要是指女性，但不排除男性。

本罪在客观方面表现为以招募、雇佣、引诱、容留等手段纠集、控制多人从事卖淫活动。在实践中，组织卖淫行为常表现为两种情况：一是设置固定的卖淫场所，组织他人卖淫。二是没有固定的卖淫场所，通过掌握分散的卖淫人员的活动情况和联系方式，纠集、控制多人卖淫。

本罪的主体为一般主体，但必须是卖淫活动的组织者，即开设卖淫场所的“老鸨”或者以其他形式组织他人卖淫的人。

根据2017年最高人民法院、最高人民检察院《关于办理组织、强迫、引诱、容留、介绍卖淫刑事案件适用法律若干问题的解释》（简称《卖淫案件解释》）第2条的规定，组织他人卖淫，具有下列情形之一的，应当认定为“情节严重”：（1）卖淫人员累计达10人以上的；（2）卖淫人员中未成年人、孕妇、智障人员、患有严重性病的人累计达5人以上的；（3）组织境外人员在境内卖淫或者组织境内人员出境卖淫的；（4）非法获利人民币100万元以上的；（5）造成被组织卖淫的人自残、自杀或者其他严重后果的；（6）其他情节严重的情形。

强迫卖淫罪，是指违背他人意志，以暴力、胁迫或者其他强制手段逼迫他人卖淫的行为。

这里的“违背他人意志”，是指在他人不自愿的前提下，逼迫他人违心卖淫。暴力，是指直接对被害人的人身施以不法有形力，予以强制，如采取殴打、捆绑等手段。胁迫，是指对被害人进行威胁、恫吓，达到精神上的强制，使其不敢抗拒的手段。

本罪的对象是他人，包括男性和女性。被强迫的对象品行如何，是否曾有过卖淫的历史，不影响犯罪的成立。

本罪在客观方面表现为违背他人意志，以暴力、胁迫等强制手段逼迫他人卖淫的行为。

根据 2017 年《卖淫案件解释》第 6 条的规定，强迫他人卖淫，具有下列情形之一的，应当认定为“情节严重”：（1）卖淫人员累计达 5 人以上的；（2）卖淫人员中未成年人、孕妇、智障人员、患有严重性病的人累计达 3 人以上的；（3）强迫不满 14 周岁的幼女卖淫的；（4）造成被强迫卖淫的人自残、自杀或者其他严重后果的；（5）其他情节严重的情形。行为人既有组织卖淫犯罪行为，又有强迫卖淫犯罪行为，且具有下列情形之一的，以组织、强迫卖淫“情节严重”论处：（1）组织卖淫、强迫卖淫行为中具有本解释第 2 条、本条前款规定的“情节严重”情形之一的；（2）卖淫人员累计达到本解释第 2 条第 1、2 项规定的组织卖淫“情节严重”人数标准的；（3）非法获利数额相加达到本解释第 2 条第 4 项规定的组织卖淫“情节严重”数额标准的。

第 2 款是关于组织、强迫未成年人卖淫的罪刑条款内容。

根据本款的规定，对组织、强迫未成年人卖淫的，依照组织卖淫罪或强迫卖淫罪从重处罚。

第 3 款是关于犯组织卖淫罪、强迫卖淫罪，并有其他犯罪行为的罪刑条款内容。

根据本款的规定，犯组织卖淫罪、强迫卖淫罪，并有杀害、伤害、强奸、绑架等犯罪行为的，依照数罪并罚的规定处罚。

第 4 款是关于协助组织卖淫罪的罪刑条款内容。

协助组织卖淫罪，是指为组织卖淫的人招募、运送人员或者进行其他协助组织他人卖淫的行为。

这里的“招募”，是指替组织卖淫者在社会上物色对象，网罗、招收、聚集提供卖淫服务的人员；运送，一般是指将提供卖淫服务的人员用运输工具或人工带领送至组织卖淫者安排的进行卖淫活动的地点；其他协助的行为，是指对组织卖淫犯罪活动起协助作用的其他帮助行为，如充当保镖、打手、管账人等。

根据 2017 年《卖淫案件解释》第 5 条的规定，协助组织他人卖淫，具有下列情形之一的，应当认定为“情节严重”：（1）招募、运送卖淫人员累计达 10 人以上的；（2）招募、运送的卖淫人员中未成年人、孕妇、智障人员、患有严重性病的人累计达 5 人以上的；（3）协助组织境外人员在境内卖淫或者协助组织境内人员出境卖淫的；（4）非法获利人民币 50 万元以上的；（5）造成被招募、运送或者被组织卖淫的人自残、自杀或者其他严重后果的；（6）其他情节严重的情形。

【实务问题】

1. 罪与非罪的界限

本条所规定的犯罪只能由组织卖淫、强迫卖淫或者协助组织卖淫的人构成，被组织或者强迫卖淫的人员一般不构成犯罪。如果构成其他犯罪的，按其他相关犯罪处理，如传播性病罪，或者给予治安处罚。

2. 罪数的认定

在组织他人卖淫的犯罪活动中，对被组织卖淫的人有强迫、引诱、容留、介绍卖淫行为的，应当作为组织卖淫罪的量刑情节予以考虑，不实行数罪并罚。但对被组织或者强迫卖淫者有杀害、伤害、强奸、绑架等犯罪行为的，则应当分别定罪，实行数罪并罚。

3. 协助组织卖淫罪的立案追诉标准

根据《立案追诉标准（一）》第77条的规定，在组织卖淫的犯罪活动中，帮助招募、运送、培训人员3人以上，或者充当保镖、打手、管账人等，起帮助作用的，应予立案追诉。

第三百五十九条

〔引诱、容留、介绍卖淫罪〕**引诱、容留、介绍他人卖淫的，处五年以下有期徒刑、拘役或者管制，并处罚金；情节严重的，处五年以上有期徒刑，并处罚金。**

〔引诱幼女卖淫罪〕**引诱不满十四周岁的幼女卖淫的，处五年以上有期徒刑，并处罚金。**

本条是关于引诱、容留、介绍卖淫罪和引诱幼女卖淫罪的罪刑条款内容。

【条文释义】

本条共分为2款。第1款是关于引诱、容留、介绍卖淫罪的罪刑条款内容。

引诱、容留、介绍卖淫罪，是指引诱、容留、介绍他人卖淫的行为。

这里的“引诱”，是指利用金钱、物质利益或非物质利益作诱饵，或者采取其他手段，拉拢、勾引、劝导、怂恿、诱惑、唆使他人从事卖淫活动。引诱者允诺的内容有无实现，由谁实现，不影响本罪的成立。“容留”，是指为他人卖淫提供场所。“场所”，是指行为人安排供他人卖淫的处所，既包括自己所有、管理、使用、经营的固定场所，如私人住宅、宾馆旅店、歌厅发廊等，也包括流动场所，如车辆、船舶等交通工具。“介绍”，俗称“拉皮条”，是指在卖淫者和嫖客之间牵线搭桥、勾通撮合，使他人卖淫活动得以实现。介绍的方式多种多样，可以是直接引见，也可以是向卖淫者提供信息等。

根据 2017 年《卖淫案件解释》第 9 条的规定，引诱、容留、介绍他人卖淫，具有下列情形之一的，应当认定为“情节严重”：（1）引诱 5 人以上或者引诱、容留、介绍 10 人以上卖淫的；（2）引诱 3 人以上的未成年人、孕妇、智障人员、患有严重性病的人卖淫，或者引诱、容留、介绍 5 人以上该类人员卖淫的；（3）非法获利人民币 5 万元以上的；（4）其他情节严重的情形。

第 2 款是关于引诱幼女卖淫罪的罪刑条款内容。

引诱幼女卖淫罪，是指引诱不满 14 周岁的幼女卖淫的行为。

这里的“引诱”，是指采取金钱、物质或其他方法勾引、诱使不满 14 周岁的幼女从事卖淫活动。

本罪的对象仅限不满 14 周岁的幼女，14 周岁以上的女性以及男性不能构成本罪。

本罪在客观方面表现为引诱不满 14 周岁的幼女卖淫的行为。

【实务问题】

1. 引诱幼女卖淫罪与引诱卖淫罪的界限

二者的区别主要在于犯罪对象不同。前罪的对象只能是不满 14 周岁的幼女，而后罪的对象则是幼女以外的其他人，包括男性和 14 周岁以上的女性。

2. 引诱、容留、介绍卖淫罪的立案追诉标准

根据《立案追诉标准（一）》第 78 条的规定，引诱、容留、介绍他人卖淫，涉嫌下列情形之一的，应予立案追诉：（1）引诱、容留、介绍 2 人次以上卖淫的；（2）引诱、容留、介绍已满 14 周岁未满 18 周岁的未成年人卖淫的；（3）被引诱、容留、介绍卖淫的人患有艾滋病或者患有梅毒、淋病等严重性病的；（4）其他引诱、容留、介绍卖淫应予追究刑事责任的情形。

根据 2017 年《卖淫案件解释》第 8 条第 1 款的规定，引诱、容留、介绍他人卖淫，具有下列情形之一的，应当依照《刑法》第 359 条第 1 款的规定定罪处罚：（1）引诱他人卖淫的；（2）容留、介绍 2 人以上卖淫的；（3）容留、介绍未成年人、孕妇、智障人员、患有严重性病的人卖淫的；（4）1 年内曾因引诱、容留、介绍卖淫行为被行政处罚，又实施容留、介绍卖淫行为的；（5）非法获利人民币 1 万元以上的。

3. 引诱幼女卖淫罪的立案追诉标准

根据《立案追诉标准（一）》第 79 条的规定，引诱不满 14 周岁的幼女卖淫的，应予立案追诉。

4. 罪数的认定

引诱、容留、介绍卖淫罪是一个选择性罪名。引诱、容留、介绍他人卖淫这三种行为，不论是同时实施还是只实施其中一种行为，均构成本罪，如介绍他人卖淫的，定介绍卖淫罪；兼有引诱、容留、介绍他人卖淫三种行为的，定引诱、容留、介绍卖淫罪，不实行数罪并罚。

第三百六十条〔传播性病罪〕

明知自己患有梅毒、淋病等严重性病卖淫、嫖娼的，处五年以下有期徒刑、拘役或者管制，并处罚金。

本条是关于传播性病罪的罪刑条款内容。

【主要修改】

本条原第2款为2015年8月29日通过的《刑法修正案（九）》所删除，该款内容为："嫖宿不满十四周岁的幼女的，处五年以上有期徒刑，并处罚金。"

【条文释义】

传播性病罪，是指明知自己患有梅毒、淋病等严重性病而卖淫、嫖娼的行为。

本罪在客观方面表现为患有严重性病的人进行卖淫嫖娼的行为。卖淫和嫖娼是相对应的行为。卖淫，是指以营利为目的，向他人提供性服务；嫖娼，则是指以给付金钱或其他财物为代价与卖淫者发生性交或从事其他淫乱活动。本罪是行为犯，是否造成严重性病传染给他人的结果，不影响本罪的成立。

本罪的主体是特殊主体，只能由患有梅毒、淋病等严重性病的人构成。

本罪在主观方面表现为故意，要求行为人明知自己患有严重性病。具有下列情形之一的，应当认定为"明知"：(1) 有证据证明曾到医院或者其他医疗机构就医或者检查，被诊断为患有严重性病的；(2) 根据本人的知识和经验，能够知道自己患有严重性病的；(3) 通过其他方法能够证明行为人是"明知"的。这里的"严重性病"，包括梅毒、淋病等。其他性病是否认定为"严重性病"，应当根据《传染病防治法》《性病防治管理办法》的规定，在国家卫生与计划生育委员会规定实行性病监测的性病范围内，依照其危害、特点与梅毒、淋病相当的原则，从严掌握。

【实务问题】

本罪罪与非罪的界限

本罪罪与非罪主要从以下几个方面进行区别：（1）行为人是否患有严重性病；（2）行为人主观上是否明知自己患有严重性病；（3）行为人是否系自愿实施卖淫、嫖娼行为。如果行为人所患的不属于严重性病，行为人不知道自己患有严重性病，或者行为人不是自愿而是被迫实施卖淫嫖娼行为的，不能以犯罪论处。

第三百六十一条 〔特定单位的人员组织、强迫、引诱、容留、介绍卖淫的处理规定〕

旅馆业、饮食服务业、文化娱乐业、出租汽车业等单位的人员，利用本单位的条件，组织、强迫、引诱、容留、介绍他人卖淫的，依照本法第三百五十八条、第三百五十九条的规定定罪处罚。

前款所列单位的主要负责人，犯前款罪的，从重处罚。

本条是关于特定单位的人员利用本单位条件实施组织、强迫、引诱、容留、介绍他人卖淫行为的罪刑条款内容。

【条文释义】

本条共分为 2 款。第 1 款是关于特定单位的普通人员利用本单位条件实施组织、强迫、引诱、容留、介绍他人卖淫行为如何处理的规定。

本款所说的“旅馆业”，是指经营接待旅客住宿的旅馆、饭店、宾馆、招待所、客货栈、车马店等，包括国有、集体、个体、外资经营或者合资、合作等形式经营的。饮食服务业包括饮食业和服务业两个行业。饮食业包括餐厅、饭馆、酒吧、咖啡厅等；服务业，是指利用一定的设备、工具，提供劳务或物品，为社会生活服务的行业，如发廊、按摩院、美容院、浴池等。文化娱乐业，是指提供场所、设备、服务，以供群众娱乐的行业，如歌舞厅、影剧院等。出租汽车业，是指提供汽车出租服务的行业。旅馆业、饮食服务业、文化娱乐业、出租汽车业等单位的人员，是指这些单位的所有职工，包括单位的负责人。利用本单位的条件，是指利用这些单位的一切设备、设施，包括提供房屋及有关设施、交通工具等便利条件。

对这些单位的人员利用本单位条件从事组织、强迫、引诱、容留、介绍他人卖淫行为的，分别依照《刑法》关于组织卖淫罪、强迫卖淫罪或者引诱、容留、介绍卖淫罪、引诱幼女卖淫罪的规定定罪处刑。

第2款是关于特定单位的主要负责人利用本单位条件实施组织、强迫、引诱、容留、介绍他人卖淫行为如何处理的规定。

上述单位的主要负责人利用本单位的条件犯上述犯罪的，从重处罚。这里的“单位的主要负责人”，是指上述单位的董事长、总经理等主要领导人员。

【实务问题】

本条属于提示性规定，对上述有关单位的人员利用本单位的条件组织、强迫、引诱、容留、介绍他人卖淫的，要结合《刑法》第358条、第359条规定的有关犯罪的定罪量刑标准分别处理。实施数个行为构成数个犯罪的，依法分别定罪量刑，实行数罪并罚。

第三百六十二条　〔特定单位的人员为违法犯罪分子通风报信的处理规定〕

旅馆业、饮食服务业、文化娱乐业、出租汽车业等单位的人员，在公安机关查处卖淫、嫖娼活动时，为违法犯罪分子通风报信，情节严重的，依照本法第三百一十条的规定定罪处罚。

本条是关于特定单位的人员为违法犯罪分子通风报信的罪刑条款内容。

【条文释义】

本条规定的“旅馆业、饮食服务业、文化娱乐业、出租汽车业等单位的人员”，是指这些单位的所有职工，包括单位的负责人。在公安机关查处卖淫、嫖娼活动时，可以是公安机关依法查处卖淫、嫖娼违法犯罪活动的任何阶段，包括决定阶段、准备阶段、实施阶段等。为违法犯罪分子通风报信，是指将公安机关查处卖淫、嫖娼违法犯罪活动的行动地点、时间、对象等相关情况透露给组织、强迫、引诱、容留、介绍卖淫的违法犯罪分子。通风报信可以多种多样，如打电话、发短信或邮件、托人带信或自己亲自前往通知等均可。根据2017年《卖淫案件解释》第14条的规定，具有下列情形之一的，应当认定为“情节严重”：（1）向组织、强迫卖淫犯罪集团通风报信的；（2）2年内通风报信3次以上的；（3）1年内因通风报信被行政处罚，又实施通风报信行为的；（4）致使犯罪集团的首要分子或者其他共同犯罪的主犯未能及时归案的；（5）造成卖淫嫖娼人员逃跑，致使公安机关查处犯罪行为因取证困难而撤销刑事案件的；（6）非法获利人民币1万元以上的；（7）其他情节严重的情形。旅馆业、饮食服务业、文化娱乐业、出租汽车业等单位的人员，在公安机关查处卖淫、嫖娼活动时，为违法犯罪分子通风报信，情节严重的，以包庇罪定罪处罚。事前与犯罪分子通谋的，以共同犯罪论处。

【实务问题】

本条属于特别规定，其对《刑法》第 310 条规定的窝藏、包庇罪内容进行了补充。补充内容有二：一是增加了为违法犯罪分子通风报信的行为可以构成窝藏、包庇罪；二是增加规定窝藏、包庇罪的对象可以包括尚不构成犯罪的卖淫嫖娼违法犯罪分子。当然，本条的规定只适用于旅馆业、饮食服务业、文化娱乐业、出租汽车业等单位的人员在公安机关查处卖淫、嫖娼活动时，为违法犯罪分子通风报信的场合，如果是其他单位的人员或其他人，或者是为其他违法犯罪分子通风报信的，不能适用《刑法》第 310 条的规定以窝藏、包庇罪定罪量刑。

第九节　制作、贩卖、传播淫秽物品罪

第三百六十三条

〔制作、复制、出版、贩卖、传播淫秽物品牟利罪〕**以牟利为目的，制作、复制、出版、贩卖、传播淫秽物品的，处三年以下有期徒刑、拘役或者管制，并处罚金；情节严重的，处三年以上十年以下有期徒刑，并处罚金；情节特别严重的，处十年以上有期徒刑或者无期徒刑，并处罚金或者没收财产。**

〔为他人提供书号出版淫秽书刊罪〕**为他人提供书号，出版淫秽书刊的，处三年以下有期徒刑、拘役或者管制，并处或者单处罚金；明知他人用于出版淫秽书刊而提供书号的，依照前款的规定处罚。**

本条是关于制作、复制、出版、贩卖、传播淫秽物品牟利罪和为他人提供书号出版淫秽书刊罪的罪刑条款内容。

【条文释义】

本条共分为 2 款。第 1 款是关于制作、复制、出版、贩卖、传播淫秽物品牟利罪的罪刑条款内容。

制作、复制、出版、贩卖、传播淫秽物品牟利罪，是指以牟利为目的，制作、复制、出版、贩卖、传播淫秽物品的行为。

所谓制作淫秽物品，是指以编写、翻译、录制、印刷等方式创作、生产淫秽物品的行为。所谓复制淫秽物品，是指以翻印、翻拍、翻录等方式重复制作原已存在的淫秽物品的行为。所谓出版淫秽物品，是指将淫秽作品进行编辑、印制后，向公众发行的行为，或者明知他人用于出版淫秽书刊而提供书号、刊号的行为。所谓贩卖淫秽物品，是指出售淫秽物品的行为，包括有偿转让。所谓传播淫

秽物品，是指以播放、出租等方式，使淫秽物品在社会上流传或者为多数人感知的行为。另外，根据2010年最高人民法院、最高人民检察院《关于办理利用互联网、移动通讯终端、声讯台制作、复制、出版、贩卖、传播淫秽电子信息刑事案件具体应用法律若干问题的解释（二）》（简称《淫秽电子信息案件解释（二）》）的规定，利用互联网、移动通讯终端或者利用聊天室、论坛、即时通信软件、电子邮件等方式，制作、复制、出版、贩卖、传播淫秽电子信息的，以制作、复制、出版、贩卖、传播淫秽物品牟利罪论。下列情形均以传播淫秽物品论：(1) 通过声讯台传播淫秽语音信息的；(2) 网站建立者、直接负责的管理者明知他人制作、复制、出版、贩卖、传播的是淫秽电子信息，允许或者放任他人在自己所有、管理的网站或者网页上发布的；(3) 电信业务经营者、互联网信息服务提供者明知是淫秽网站，为其提供互联网接入、服务器托管、网络存储空间、通讯传输通道、代收费等服务的。

本罪的主体是一般主体，即已满16周岁、具有刑事责任能力的自然人即可以构成本罪，单位也可以构成本罪。

本罪在主观方面表现为故意，即明知是淫秽物品，仍然进行制作、复制、出版、贩卖、传播的，并且必须以牟利为目的。

第2款是关于为他人提供书号出版淫秽书刊罪的罪刑条款内容。

为他人提供书号出版淫秽书刊罪，是指违反出版管理法规，为他人提供书号，出版淫秽书刊的行为。

所谓为他人提供书号出版淫秽书刊，是指违反国家出版管理法规，提供书号、刊号或版号给他人使用，且他人用所提供的书号、刊号或版号出版淫秽书刊或淫秽音像制品的行为。

本罪的主体是一般主体，即已满16周岁、具有刑事责任能力的自然人即可以构成本罪，单位也可以构成本罪。在实践中，多是具有管理书号、刊号、版号职权的人员和单位，即出版行业主管部门及其领导，以及出版社及其社长、总编、编辑等工作人员。

本罪在主观方面表现为过失，即行为人对自己为他人提供书号被用于出版淫秽书刊、淫秽音像制品的结果是过失的。当然，行为人对于自己违反国家出版管理法规，为他人提供书号、刊号、版号的行为可能是有意为之。

【实务问题】

1. 制作、复制、出版、贩卖、传播淫秽物品牟利罪罪与非罪的界限

虽然本条没有规定成立本罪的具体客观标准，但《立案追诉标准（一）》和2010年《淫秽电子信息案件解释（二）》对构成本罪的具体标准作出了相应的规定。如果没有达到相应的标准，便是情节显著轻微危害不大，不认为是犯

罪，应当属于治安违法行为。

第一，以牟利为目的，制作、复制、出版、贩卖、传播淫秽物品，有下列情形之一的，构成本罪：（1）制作、复制、出版淫秽影碟、软件、录像带 50—100 张（盒）以上，淫秽音碟、录音带 100—200 张（盒）以上，淫秽扑克、书刊、画册 100—200 副（册）以上，淫秽照片、画片 500—1000 张以上的；（2）贩卖淫秽影碟、软件、录像带 100—200 张（盒）以上，淫秽音碟、录音带 200—400 张（盒）以上，淫秽扑克、书刊、画册 200—400 副（册）以上，淫秽照片、画片 1000—2000 张以上的；（3）向他人传播淫秽物品达 200—500 人次以上，或者组织播放淫秽影、像达 10—20 场次以上的；（4）制作、复制、出版、贩卖、传播淫秽物品，获利 5000 至 1 万元以上的。

第二，以牟利为目的，利用互联网、移动通讯终端，或者利用聊天室、论坛、即时通信软件、电子邮件等方式制作、复制、出版、贩卖、传播淫秽电子信息，有下列情形之一的，构成本罪：（1）制作、复制、出版、贩卖、传播淫秽电影、表演、动画等视频文件 20 个以上的；（2）制作、复制、出版、贩卖、传播淫秽音频文件 100 个以上的；（3）制作、复制、出版、贩卖、传播淫秽电子刊物、图片、文章、短信息等 200 件以上的；（4）制作、复制、出版、贩卖、传播的淫秽电子信息，实际被点击数达到 1 万次以上的；（5）以会员制方式出版、贩卖、传播淫秽电子信息，注册会员达 200 人以上的；（6）利用淫秽电子信息收取广告费、会员注册费或者其他费用，违法所得 1 万元以上的；（7）数量或者数额虽未达到上述第 1 项至第 6 项规定标准，但分别达到其中两项以上标准一半以上的；（8）造成严重后果的。

第三，以牟利为目的，通过声讯台传播淫秽语音信息，有下列情形之一的，构成本罪：（1）向 100 人次以上传播的；（2）违法所得 1 万元以上的；（3）造成严重后果的。

第四，以牟利为目的，利用互联网、移动通讯终端制作、复制、出版、贩卖、传播内容含有不满 14 周岁未成年人的淫秽电子信息，有下列情形之一的，构成本罪：（1）制作、复制、出版、贩卖、传播淫秽电影、表演、动画等视频文件 10 个以上的；（2）制作、复制、出版、贩卖、传播淫秽音频文件 50 个以上的；（3）制作、复制、出版、贩卖、传播淫秽电子刊物、图片、文章等 100 件以上的；（4）制作、复制、出版、贩卖、传播的淫秽电子信息，实际被点击数达到 5000 次以上的；（5）以会员制方式出版、贩卖、传播淫秽电子信息，注册会员达 100 人以上的；（6）利用淫秽电子信息收取广告费、会员注册费或者其他费用，违法所得 5000 元以上的；（7）数量或者数额虽未达到第 1 项至第 6 项规定标准，但分别达到其中两项以上标准一半以上的；（8）造成严重后果的。以牟利为目的，网站建立者、直接负责的管理者明知他人制作、复制、出版、贩卖、传播的是淫秽电子信息，允许或者放任他人在自己所有、管理的网站或者网页上发布，具有下列情形之一的，以传播淫秽物品牟利罪定罪处罚：（1）数量或者数额达到前述第1项至第6项规定标准5倍以上的；（2）数量或者数额分别达到前述第1项至第6项两项以上标准2倍以上的；（3）造成严重后果的。

第五，电信业务经营者、互联网信息服务提供者明知是淫秽网站，为其提供互联网接入、服务器托管、网络存储空间、通讯传输通道、代收费等服务，并收取服务费，具有下列情形之一的，对直接负责的主管人员和其他直接责任人员，以传播淫秽物品牟利罪定罪处罚：（1）为5个以上淫秽网站提供上述服务的；（2）为淫秽网站提供互联网接入、服务器托管、网络存储空间、通讯传输通道等服务，收取服务费数额在2万元以上的；（3）为淫秽网站提供代收费服务，收取服务费数额在5万元以上的；（4）造成严重后果的。

1年内多次实施制作、复制、出版、贩卖、传播淫秽电子信息行为未经处理，数量或者数额累计计算构成犯罪的，应当依法定罪处罚。这里的"网站"，是指可以通过互联网域名、IP地址等方式访问的内容提供站点。淫秽网站，是指以制作、复制、出版、贩卖、传播淫秽电子信息为目的建立或者建立后主要从事制作、复制、出版、贩卖、传播淫秽电子信息活动的网站。

2. 为他人提供书号出版淫秽书刊罪罪与非罪的界限

成立本罪必须发生他人用行为人所提供的书号、刊号或版号出版淫秽书刊或淫秽音像制品的结果。如果行为人违反国家出版管理法规，为他人提供书号、刊号或版号，而他人则将书号、刊号或版号用于非淫秽书刊或音像制品的出版，则不能以犯罪论处。

3. 出版淫秽物品牟利罪与为他人提供书号出版淫秽书刊罪的界限

二者的主要区别在于：（1）行为表现不同。前罪表现为行为人出版淫秽书刊、音像制品的行为；后罪表现为违反国家出版管理法规，为他人提供书号出版淫秽书刊的行为。（2）犯罪成立的要求不同。前罪的成立应达到有关司法解释规定的数量或数额的标准；后罪的成立则必须是他人用行为人所提供的书号、刊号或版号出版了淫秽书刊或淫秽音像制品。（3）主观方面不同。前罪出于故意，即行为人希望制作、复制、出版、贩卖、传播淫秽物品，并且以牟利为目的；后罪则出于过失，即行为人虽然可能有意违反国家出版管理法规，为他人提供书号、刊号、版号，但对于被他人用以出版淫秽书刊的结果则是过失的。应当注意，如果行为人明知他人出版淫秽书刊而故意提供书号、刊号、版号的，则应当以出版淫秽物品牟利罪定罪处罚。

4. 制作、复制、出版、贩卖、传播淫秽物品牟利罪的立案追诉标准

根据《立案追诉标准（一）》第82条的规定，以牟利为目的，制作、复制、出版、贩卖、传播淫秽物品，涉嫌下列情形之一的，应予立案追诉：

(1) 制作、复制、出版淫秽影碟、软件、录像带50—100张（盒）以上，淫秽音碟、录音带100—200张（盒）以上，淫秽扑克、书刊、画册100—200副(册）以上，淫秽照片、画片500—1000张以上的；（2）贩卖淫秽影碟、软件、录像带100—200张（盒）以上，淫秽音碟、录音带200—400张（盒）以上，淫秽扑克、书刊、画册200—400副（册）以上，淫秽照片、画片1000—2000张以上的；（3）向他人传播淫秽物品达200—500人次以上，或者组织播放淫秽影、像达10—20场次以上的；（4）制作、复制、出版、贩卖、传播淫秽物品，获利5000至1万元以上的。以牟利为目的，利用互联网、移动通讯终端制作、复制、出版、贩卖、传播淫秽电子信息，涉嫌下列情形之一的，应予立案追诉：(1）制作、复制、出版、贩卖、传播淫秽电影、表演、动画等视频文件20个以上的；(2）制作、复制、出版、贩卖、传播淫秽音频文件100个以上的；(3）制作、复制、出版、贩卖、传播淫秽电子刊物、图片、文章、短信息等200件以上的；(4）制作、复制、出版、贩卖、传播的淫秽电子信息，实际被点击数达到1万次以上的；(5）以会员制方式出版、贩卖、传播淫秽电子信息，注册会员达200人以上的；(6）利用淫秽电子信息收取广告费、会员注册费或者其他费用，违法所得1万元以上的；(7）数量或者数额虽未达到本款第1项至第6项规定标准，但分别达到其中两项以上标准的50%以上的；（8）造成严重后果的。利用聊天室、论坛、即时通信软件、电子邮件等方式，实施本条第2款规定行为的，应予立案追诉。以牟利为目的，通过声讯台传播淫秽语音信息，涉嫌下列情形之一的，应予立案追诉：(1）向100人次以上传播的；（2）违法所得1万元以上的；(3）造成严重后果的。明知他人用于出版淫秽书刊而提供书号、刊号的，应予立案追诉。

5. 为他人提供书号出版淫秽书刊罪的立案追诉标准

根据《立案追诉标准（一）》第83条的规定，为他人提供书号、刊号出版淫秽书刊，或者为他人提供版号出版淫秽音像制品的，应予立案追诉。

6. “淫秽物品”的认定

根据《刑法》第367条的规定，淫秽物品，是指具体描绘性行为或者露骨宣扬色情的诲淫性的书刊、影片、录像带、录音带、图片及其他淫秽物品。但是，有关人体生理、医学知识的科学著作不是淫秽物品；包含有色情内容的有艺术价值的文学、艺术作品不视为淫秽物品。根据2004年最高人民法院、最高人民检察院《关于办理利用互联网、移动通讯终端、声讯台制作、复制、出版、贩卖、传播淫秽电子信息刑事案件具体应用法律若干问题的解释》第9条的规定，这里的“其他淫秽物品”，包括具体描绘性行为或者露骨宣扬色情的诲淫性的视频文件、音频文件、电子刊物、图片、文章、短信息等互联网、移动通讯终端电子信息和声讯台语音信息。但是，有关人体生理、医学知识的电子信息和声讯台语音信息不是淫秽物品；包含色情内容的有艺术价值的电子文学、艺术作品不视为淫秽物品。

7. 制作、复制、出版、贩卖、传播淫秽物品牟利罪的主观内容的认定

根据2010年《淫秽电子信息案件解释（二）》第8条的规定，构成本罪应当以明知他人制作、复制、出版、贩卖、传播的是淫秽电子信息，或者明知是淫秽网站为要件。具有下列情形之一的，应当认定行为人“明知”：（1）行政主管机关书面告知后仍然实施上述行为的；（2）接到举报后不履行法定管理职责的；（3）为淫秽网站提供互联网接入、服务器托管、网络存储空间、通讯传输通道、代收费、费用结算等服务，收取服务费明显高于市场价格的；（4）向淫秽网站投放广告，广告点击率明显异常的；（5）其他能够认定行为人明知的情形。但是有证据证明确实不知道的，则不能认定为行为人“明知”，进而不能认定为本罪。

8. 共犯的认定

根据《立案追诉标准（一）》和2010年《淫秽电子信息案件解释（二）》的规定，第一，明知是淫秽网站，以牟利为目的，通过投放广告等方式向其直接或者间接提供资金，或者提供费用结算服务，具有下列情形之一的，对直接负责的主管人员和其他直接责任人员，以制作、复制、出版、贩卖、传播淫秽物品牟利罪的共同犯罪论处：（1）向10个以上淫秽网站投放广告或者以其他方式提供资金的；（2）向淫秽网站投放广告20条以上的；（3）向10个以上淫秽网站提供费用结算服务的；（4）以投放广告或者其他方式向淫秽网站提供资金数额在5万元以上的；（5）为淫秽网站提供费用结算服务，收取服务费数额在2万元以上的；（6）造成严重后果的。第二，明知他人用于出版淫秽书刊而提供书号、刊号的，以出版淫秽物品牟利罪的共同犯罪论处。

第三百六十四条

〔传播淫秽物品罪〕**传播淫秽的书刊、影片、音像、图片或者其他淫秽物品，情节严重的，处二年以下有期徒刑、拘役或者管制。**

〔组织播放淫秽音像制品罪〕**组织播放淫秽的电影、录像等音像制品的，处三年以下有期徒刑、拘役或者管制，并处罚金；情节严重的，处三年以上十年以下有期徒刑，并处罚金。**

制作、复制淫秽的电影、录像等音像制品组织播放的，依照第二款的规定从重处罚。

向不满十八周岁的未成年人传播淫秽物品的，从重处罚。

本条是关于传播淫秽物品罪和组织播放淫秽音像制品罪的罪刑条款内容。

【条文释义】

本条共分为 4 款。第 1 款是关于传播淫秽物品罪的规定。

传播淫秽物品罪，是指传播淫秽的书刊、影片、音像、图片或者其他淫秽物品，情节严重的行为。

所谓传播淫秽物品，是指以播放、出借等方式向社会或者多人传播淫秽的书刊、影片、音像、图片或者其他淫秽物品的行为。根据 2010 年《淫秽电子信息案件解释（二）》的规定，下列行为也应以“传播淫秽物品”论：（1）利用互联网、移动通讯终端公开发布、传送淫秽电子信息的；（2）利用聊天室、论坛、即时通信软件、电子邮件等方式，公开发布、传送淫秽电子信息的；（3）利用互联网建立主要用于传播淫秽电子信息的群组的；（4）网站建立者、直接负责的管理者明知他人制作、复制、出版、贩卖、传播的是淫秽电子信息，允许或者放任他人在自己所有、管理的网站或者网页上发布的。根据本条规定，传播淫秽物品，情节严重的，才构成本罪。

本罪的主体是一般主体，即已满 16 周岁、具有刑事责任能力的自然人即可以构成本罪，单位也可以构成本罪。

本罪在主观方面表现为故意，即明知是淫秽物品仍然进行传播的，但是必须不是以牟利为目的的。

第 2 款是关于组织播放淫秽音像制品罪的规定。

组织播放淫秽音像制品罪，是指组织播放淫秽的电影、录像等音像制品的行为。

所谓组织播放淫秽音像制品，是指组织、纠集或聚集一定数量的人，组织播放淫秽的电影、录像等音像制品的行为。

本罪的主体是一般主体，即已满 16 周岁、具有刑事责任能力的自然人即可以构成本罪，单位也可以构成本罪。一般仅限于组织、策划、指挥播放和直接操作播放的人员。

本罪在主观方面表现为故意，但是必须不是以牟利为目的。

第 3 款是关于制作、复制淫秽的电影、录像等音像制品组织播放行为的处罚规定。

制作、复制淫秽的电影、录像等音像制品组织播放的，构成组织播放淫秽音像制品罪，从重处罚。

第 4 款是关于向不满 18 周岁的未成年人传播淫秽物品的处罚规定。

本款规定，向不满 18 周岁的未成年人传播淫秽物品的，从重处罚。

【实务问题】

1. 传播淫秽物品罪罪与非罪的界限

根据本条第 1 款的规定，构成本罪必须“情节严重”。《立案追诉标准（一）》和 2010 年《淫秽电子信息案件解释（二）》规定的属于“情节严重”的情形包括：第一，传播淫秽的书刊、影片、音像、图片或者其他淫秽物品，有下列情形之一的，构成犯罪：（1）向他人传播 300—600 人次以上的；（2）造成恶劣社会影响的。第二，不以牟利为目的，利用互联网、移动通讯终端传播淫秽电子信息，或者利用聊天室、论坛、即时通信软件、电子邮件等方式传播淫秽电子信息，或者网站建立者、直接负责的管理者明知他人制作、复制、出版、贩卖、传播的是淫秽电子信息，允许或者放任他人在自己所有、管理的网站或者网页上发布，有下列情形之一的，构成犯罪：（1）数量达到构成传播淫秽物品牟利罪的标准 2 倍以上的；（2）造成严重后果的。第三，利用互联网建立主要用于传播淫秽电子信息的群组，成员达 30 人以上或者造成严重后果的，对建立者、管理者和主要传播者，以传播淫秽物品罪定罪处罚。

2. 组织播放淫秽音像制品罪罪与非罪的界限

根据《立案追诉标准（一）》第 85 条的规定，组织播放淫秽的电影、录像等音像制品，有下列情形之一的，构成犯罪：（1）组织播放 15—30 场次以上的；（2）造成恶劣社会影响的。如果不具有上述情形，应属于情节显著轻微危害不大的，不构成犯罪。

3. 传播淫秽物品罪的立案追诉标准

根据《立案追诉标准（一）》第 84 条的规定，传播淫秽的书刊、影片、音像、图片或者其他淫秽物品，涉嫌下列情形之一的，应予立案追诉：（1）向他人传播 300—600 人次以上的；（2）造成恶劣社会影响的。不以牟利为目的，利用互联网、移动通讯终端传播淫秽电子信息，涉嫌下列情形之一的，应予立案追诉：（1）数量达到该规定第 82 条第 2 款第 1 项至第 5 项规定标准 2 倍以上的；（2）数量分别达到该规定第 82 条第 2 款第 1 项至第 5 项两项以上标准的；（3）造成严重后果的。利用聊天室、论坛、即时通信软件、电子邮件等方式，实施该条第 2 款规定行为的，应予立案追诉。

4. 组织播放淫秽音像制品罪的立案追诉标准

根据《立案追诉标准（一）》第 85 条的规定，组织播放淫秽的电影、录像等音像制品，涉嫌下列情形之一的，应予立案追诉：（1）组织播放 15—30 场次以上的；（2）造成恶劣社会影响的。

5. 传播淫秽物品罪与传播淫秽物品牟利罪的界限

二者的主要区别在于：（1）主观方面不同。虽然二者都是出于故意，但前罪是以向社会或者他人传播淫秽物品为目的，必须不是以牟利为目的；而后罪则必须具有通过传播淫秽物品牟利的目的。（2）犯罪成立的条件不同。前罪必须是传播淫秽物品情节严重的，才构成犯罪；而后罪则没有这个要求。按照相关司法解释的规定，前罪成立的数量标准基本上是后罪成立标准的2倍。

6. 组织播放淫秽音像制品罪与制作、复制、传播淫秽物品牟利罪的界限

二者的主要区别在于主观方面是否以牟利为目的。前罪必须不是以牟利为目的；后罪则必须是以牟利为目的。应当注意，对制作、复制淫秽的电影、录像等音像制品组织播放的，如果不是以牟利为目的，则应当以组织播放淫秽音像制品罪定罪，并从重处罚；如果是以牟利为目的，则应当以制作、复制、传播淫秽物品牟利罪定罪，并从重处罚。

第三百六十五条 〔组织淫秽表演罪〕

组织进行淫秽表演的，处三年以下有期徒刑、拘役或者管制，并处罚金；情节严重的，处三年以上十年以下有期徒刑，并处罚金。

本条是关于组织淫秽表演罪的罪刑条款内容。

【条文释义】

组织淫秽表演罪，是指组织他人进行淫秽表演的行为。

所谓淫秽表演，是指关于性行为或者露骨宣扬色情的诲淫性表演，如赤裸裸的性行为表演、脱衣舞表演等。所谓组织淫秽表演，是指以策划、招募、强迫、雇用、引诱、提供场地、提供资金等手段，组织他人进行淫秽表演的行为。这里的“组织”，包括为进行淫秽表演策划、编排、安排有关节目，纠集、招募、雇用、训练淫秽表演的演出人员，以及引诱、召集他人观看淫秽表演等。

本罪的主体是一般主体，即已满16周岁、具有刑事责任能力的自然人即可以构成本罪，单位也可以构成本罪。

本罪在主观方面表现为故意。在实践中，行为人通常是为了牟利，但是是否出于牟利而组织淫秽表演，并不影响本罪的成立。

【实务问题】

1. 本罪罪与非罪的界限

认定本罪时，应注意以下两点：第一，只有淫秽表演的组织者才构成本罪，在淫秽表演活动中不是组织者而只是一般表演者，则不能以犯罪论处，但可以依法予以行政处罚。第二，根据《立案追诉标准（一）》第86条的规定，组织进行淫秽表演，有下列情形之一的，构成本罪：（1）组织表演者进行裸体表演的；

（2）组织表演者利用性器官进行诲淫性表演的；（3）组织表演者半裸体或者变相裸体表演并通过语言、动作具体描绘性行为的；（4）其他组织进行淫秽表演应予追究刑事责任的情形。如果没有上述情形的，则属于情节显著轻微危害不大的，不认为是犯罪，但可以依法予以行政处罚。

2. 本罪的立案追诉标准

根据《立案追诉标准（一）》第86条的规定，以策划、招募、强迫、雇用、引诱、提供场地、提供资金等手段，组织进行淫秽表演，涉嫌下列情形之一的，应予立案追诉：（1）组织表演者进行裸体表演的；（2）组织表演者利用性器官进行诲淫性表演的；（3）组织表演者半裸体或者变相裸体表演并通过语言、动作具体描绘性行为的；（4）其他组织进行淫秽表演应予追究刑事责任的情形。

第三百六十六条　〔单位犯制作、贩卖、传播淫秽物品罪的处罚规定〕

单位犯本节第三百六十三条、第三百六十四条、第三百六十五条规定之罪的，对单位判处罚金，并对其直接负责的主管人员和其他直接责任人员，依照各该条的规定处罚。

本条是关于单位犯制作、复制、出版、贩卖、传播淫秽物品牟利罪，为他人提供书号出版淫秽书刊罪，传播淫秽物品罪，组织播放淫秽音像制品罪和组织淫秽表演罪的罪刑条款内容。

【条文释义】

《刑法》第363—365条规定之罪是制作、复制、出版、贩卖、传播淫秽物品牟利罪，为他人提供书号出版淫秽书刊罪，传播淫秽物品罪，组织播放淫秽音像制品罪和组织淫秽表演罪。根据本条的规定，单位可以构成上述犯罪的主体。单位犯上述犯罪的，单位的直接负责的主管人员和其他直接责任人员也构成相应的犯罪并承担相应的刑事责任。

第三百六十七条　〔淫秽物品的界定〕

本法所称淫秽物品，是指具体描绘性行为或者露骨宣扬色情的诲淫性的书刊、影片、录像带、录音带、图片及其他淫秽物品。

有关人体生理、医学知识的科学著作不是淫秽物品。

包含有色情内容的有艺术价值的文学、艺术作品不视为淫秽物品。

本条是关于淫秽物品含义的内容。

【条文释义】

本条共分为 3 款。第 1 款是关于淫秽物品概念的规定。

这里的“具体描绘性行为”，是指较详尽、具体地描写性行为的过程及其心理感受；具体描写通奸、淫乱、卖淫、乱伦、强奸的过程细节；描写少年儿童的性行为、同性恋的性行为或者其他性变态的行为及与性变态有关的暴力、虐待、侮辱行为和令普通人不能容忍的对性行为等的淫亵描写。露骨宣扬色情，是指公然地、不加掩饰地宣扬色情淫荡形象；着力表现人体生殖器官，挑动人们的性欲；宣扬足以导致普通人腐化堕落的具有刺激、挑逗性的文字和画面。具体根据 1985 年卫生部、公安部、海关总署《关于严格查禁淫药的通知》以及 1988 年新闻出版署《关于认定淫秽及色情出版物的暂行规定》等确定。对于淫秽物品的鉴定工作，由新闻出版署和各省、自治区、直辖市出版主管部门负责。1988 年新闻出版署《关于认定淫秽及色情出版物的暂行规定》第 5 条规定：“淫秽出版物、色情出版物由新闻出版署负责鉴定或者认定。新闻出版署组织有关部门的专家组成淫秽及色情出版物鉴定委员会，承担淫秽出版物、色情出版物的鉴定工作。各省、自治区、直辖市新闻出版局组织有关部门的专家组成淫秽及色情出版物鉴定委员会，对本行政区域内发现的淫秽出版物、色情出版物提出鉴定或者认定意见报新闻出版署。”1988 年新闻出版署等四部门印发的《依法查处非法出版犯罪活动工作座谈会纪要》规定，对非法出版物，特别是淫秽出版物，司法机关应委托当地的省、自治区、直辖市出版物主管部门组织具有专门知识和一定政治素质的人进行鉴定。

第 2 款是关于有关人体生理、医学知识的科学著作不是淫秽物品的规定。

有关人体生理、医学知识的科学著作，是指有关人体的解剖生理知识、生育知识、疾病防治和其他有关性知识、性道德、性社会等自然科学和社会科学作品。

第 3 款是关于包含有色情内容的有艺术价值的文学、艺术作品不视为淫秽物品的规定。

这里的“艺术价值”，是指在现实生活中以及文化艺术发展的历史中具有较高文学、艺术价值，同时也包含有对性行为、色情等内容描绘的文学、艺术作品。

第七章　危害国防利益罪

第三百六十八条

〔阻碍军人执行职务罪〕**以暴力、威胁方法阻碍军人依法执行职务的，处三年以下有期徒刑、拘役、管制或者罚金。**

〔阻碍军事行动罪〕**故意阻碍武装部队军事行动，造成严重后果的，处五年以下有期徒刑或者拘役。**

本条是关于阻碍军人执行职务罪和阻碍军事行动罪的罪刑条款内容。

【条文释义】

本条共分为 2 款。第 1 款是关于阻碍军人执行职务罪的内容。

阻碍军人执行职务罪，是指以暴力、威胁方法阻碍军人依法执行军事职务的行为。

本罪的对象是依法执行职务的军人。所谓阻碍军人依法执行职务，是指对军人依法执行职务行为造成障碍，使其不能顺利执行职务。这里的“依法执行职务”，是指军人依照上级合法军事命令而执行职务，对于军人滥用、擅用、超越职权及其他违法行为进行抵制，以及对军人执行职务以外的行为进行阻碍的，均不属于阻碍军人依法执行职务。

第 2 款是关于阻碍军事行动罪的内容。

阻碍军事行动罪，是指非军职人员采用非法手段，故意阻挠武装部队的军事行动，造成严重后果的行为。

这里的阻碍方法，既包括暴力、威胁手段，也包括采取其他任何手段阻碍军事行动。阻碍的对象是武装部队的整体，而非其中的某个人；受到阻碍的必须是武装部队的军事行动，如作战、军事演习，以及抢险救灾等非战争性质的军事行动。这里的“军事行动”，是指军队为一定目的有组织实施的使用武装力量的集体行动，包括平时和战时的军事行动。这里的“严重后果”，是指造成贻误战机、军事行动迟滞、人员伤亡、重大财产损失、灾情扩大等。

【实务问题】

1. 认定阻碍军人执行职务罪应注意的问题

认定本罪时，应注意：一是本罪的主体是特殊主体，即非军人才能构成本罪。如果行为人是军人，所阻碍的是依法执行职务中的指挥人员和值班、值勤人员，则应根据《刑法》第 426 条的规定，以阻碍执行军事职务罪定罪处刑。二是本罪的规定与妨害公务罪的规定具有法条竞合关系，对阻碍军人依法执行职务的，应认定为本罪，不适用妨害公务罪。

2. 认定阻碍军事行动罪应注意的问题

如果行为人以武装叛乱或武装暴乱方式阻碍军事行动的，则属于牵连犯情形，应按一重罪（即武装叛乱、暴乱罪）论处。如果行为人在阻碍军事行动过程中，实施策动、勾引、收买武装部队人员暴动、叛乱的，由于两个行为具有独立的意义，则分别成立阻碍军事行动罪和武装叛乱、暴乱罪，应数罪并罚。

第三百六十九条

〔破坏武器装备、军事设施、军事通信罪〕**破坏武器装备、军事设施、军事通信的，处三年以下有期徒刑、拘役或者管制；破坏重要武器装备、军事设施、军事通信的，处三年以上十年以下有期徒刑；情节特别严重的，处十年以上有期徒刑、无期徒刑或者死刑。**

〔过失损坏武器装备、军事设施、军事通信罪〕**过失犯前款罪，造成严重后果的，处三年以下有期徒刑或者拘役；造成特别严重后果的，处三年以上七年以下有期徒刑。**

战时犯前两款罪的，从重处罚。

本条是关于破坏武器装备、军事设施、军事通信罪和过失损坏武器装备、军事设施、军事通信罪的罪刑条款内容。

【主要修改】

本条为 2005 年 2 月 28 日通过的《刑法修正案（五）》所修改，该条内容原为："破坏武器装备、军事设施、军事通信的，处三年以下有期徒刑、拘役或者管制；破坏重要武器装备、军事设施、军事通信的，处三年以上十年以下有期徒刑；情节特别严重的，处十年以上有期徒刑、无期徒刑或者死刑。战时从重处罚。"

【条文释义】

本条共分为 3 款。第 1 款是关于破坏武器装备、军事设施、军事通信罪的内容。

破坏武器装备、军事设施、军事通信罪，是指故意破坏武器装备、军事设施、军事通信的行为。

本罪的对象包括：一是武器装备，即部队直接用于实施和保障军事行动的武器、武器系统和军事技术器材的统称。二是军事设施，即国家直接用于军事目的的建筑、场地和设备。三是军事通信，即军队为实施指挥、武器控制等而进行信息传递的各种通信手段。这里的"破坏"，是指使武器装备、军事设施、军事通信全部功能丧失或部分功能减弱，如采用放火、决水、爆炸、投放腐蚀性物质等危险方法，或采用各种技术手段或其他手段。因此，这里的"破坏"并不限于物理上的毁损。

第 2 款是关于过失损坏武器装备、军事设施、军事通信罪的内容。

过失损坏武器装备、军事设施、军事通信罪，是指过失损坏武器装备、军事设施、军事通信，造成严重后果的行为。

如果过失损坏武器装备、军事设施、军事通信行为，没有造成严重后果的，则不能构成本罪。

第 3 款是关于战时犯前两款罪从重处罚的规定。

战时犯破坏武器装备、军事设施、军事通信罪和过失损坏武器装备、军事设施、军事通信罪的，要从重处罚。

【实务问题】

认定破坏武器装备、军事设施、军事通信罪应注意的问题

认定本罪时，应注意：一是对于通过破坏武器装备、军事设施、军事通信等手段实施盗窃的案件，由于行为触犯了不同的罪名，应当按牵连犯的处理原则，从一重罪处断，不实行数罪并罚。二是本罪名属于选择性罪名，破坏其中一种对象即可成立犯罪，同时破坏多种对象的，也仅成立一罪，因此，在定罪时要根据行为破坏的对象来确定具体的罪名。

第三百七十条

〔故意提供不合格武器装备、军事设施罪〕**明知是不合格的武器装备、军事设施而提供给武装部队的，处五年以下有期徒刑或者拘役；情节严重的，处五年以上十年以下有期徒刑；情节特别严重的，处十年以上有期徒刑、无期徒刑或者死刑。**

〔过失提供不合格武器装备、军事设施罪〕**过失犯前款罪，造成严重后果的，处三年以下有期徒刑或者拘役；造成特别严重后果的，处三年以上七年以下有期徒刑。**

单位犯第一款罪的，对单位判处罚金，并对其直接负责的主管人员和其他直接责任人员，依照第一款的规定处罚。

本条是关于故意提供不合格武器装备、军事设施罪和过失提供不合格武器装备、军事设施罪的罪刑条款内容。

【条文释义】

本条共分为 3 款。第 1 款是关于故意提供不合格武器装备、军事设施罪的内容。

故意提供不合格武器装备、军事设施罪，是指明知是不合格的武器装备、军事设施而故意提供给武装部队的行为。

本罪的对象是不合格的武器装备、军事设施，即不符合国家及有关军事管理部门关于军工产品生产和军事工程设施建设规定的质量标准的武器、武器系统、军事技术器材和直接用于军事目的的建筑、场地和设备等。

本罪在客观方面表现为明知是不合格的武器装备、军事设施，而将其提供给武装部队的行为。这里的“提供”是广义的，是指为武装部队制造、生产、供应、交付、装配、修理、验收等行为。武装部队，是指中国人民解放军现役部队及预备役部队、中国人民武装警察部队和民兵组织。

本罪的主体是特殊主体，即武器装备、军事设施的生产者和销售者，包括自然人和单位。

第 2 款是关于过失提供不合格武器装备、军事设施罪的内容。

过失提供不合格武器装备、军事设施罪，是指由于过失而向武装部队提供不合格的武器装备、军事设施，造成严重后果的行为。

本罪在客观方面表现为将不合格的武器装备、军事设施提供给武装部队，造成严重后果的行为。

本罪在主观方面表现为过失。

本罪的主体是特殊主体，即武器装备、军事设施的生产者和销售者，但仅限于自然人，不包括单位。

第 3 款是关于单位实施故意提供不合格武器装备、军事设施罪应当处罚的内容。

对单位故意提供不合格武器装备、军事设施罪的，既要对单位判处罚金，同时，也要对其直接负责的主管人员和其他直接责任人员，依照第 1 款的规定处罚。

【实务问题】

1. 故意提供不合格武器装备、军事设施罪与过失提供不合格武器装备、军事设施罪的界限

二者的主要区别在于：（1）犯罪主观方面不同。前罪在主观方面表现为故意，后罪为过失。（2）犯罪主体不同。前罪的主体既可以是自然人，也可以是单位，后罪只能是自然人。（3）犯罪客观方面不同。前罪在客观方面不要求造成严重后果，后罪要求造成严重后果。

2. 故意提供不合格武器装备、军事设施罪的立案追诉标准

根据《立案追诉标准（一）》第 87 条的规定，明知是不合格的武器装备、军事设施而提供给武装部队，涉嫌下列情形之一的，应予立案追诉：（1）造成人员轻伤以上的；（2）造成直接经济损失 10 万元以上的；（3）提供不合格的枪支 3 支以上、子弹 100 发以上、雷管 500 枚以上、炸药 5 千克以上或者其他重要武器装备、军事设施的；（4）影响作战、演习、抢险救灾等重大任务完成的；（5）发生在战时的；（6）其他故意提供不合格武器装备、军事设施应予追究刑事责任的情形。

3. 过失提供不合格武器装备、军事设施罪的立案追诉标准

根据《立案追诉标准（一）》第 88 条的规定，过失提供不合格武器装备、军事设施给武装部队，涉嫌下列情形之一的，应予立案追诉：（1）造成死亡 1 人以上或者重伤 3 人以上的；（2）造成直接经济损失 30 万元以上的；（3）严重影响作战、演习、抢险救灾等重大任务完成的；（4）其他造成严重后果的情形。

第三百七十一条

〔聚众冲击军事禁区罪〕**聚众冲击军事禁区，严重扰乱军事禁区秩序的，对首要分子，处五年以上十年以下有期徒刑；对其他积极参加的，处五年以下有期徒刑、拘役、管制或者剥夺政治权利。**

〔聚众扰乱军事管理区秩序罪〕**聚众扰乱军事管理区秩序，情节严重，致使军事管理区工作无法进行，造成严重损失的，对首要分子，处三年以上七年以下有期徒刑；对其他积极参加的，处三年以下有期徒刑、拘役、管制或者剥夺政治权利。**

本条是关于聚众冲击军事禁区罪和聚众扰乱军事管理区秩序罪的罪刑条款内容。

【条文释义】

本条共分为2款。第1款是关于聚众冲击军事禁区罪的内容。

聚众冲击军事禁区罪，是指聚众冲击军事禁区，严重扰乱军事禁区秩序的行为。

本罪的对象是军事禁区，即设有重要军事设施或者军事设施安全保密要求高、具有重大危险因素，需要国家采取特殊措施加以重点保护，依照法定程序和标准划定的区域。军事禁区由国务院和中央军事委员会确定，或者由有关军事机关根据国务院和中央军事委员会的规定确定。陆地和水域的军事禁区的范围，由省、自治区、直辖市人民政府和有关军级以上军事机关共同划定，或者由省、自治区、直辖市人民政府、国务院有关部门和有关军级以上军事机关共同划定。空中军事禁区和特别重要的陆地、水域军事禁区的范围，由国务院和中央军事委员会划定。“聚众冲击”，是指纠集多人未经允许使用交通工具或徒步强行进入军事禁区进行占据办公地点、毁坏财物等暴力性的干扰活动。构成本罪，行为人的行为必须是严重扰乱了军事禁区的秩序。“严重扰乱”，是指行为人的聚众冲击行为，严重影响、破坏军事禁区的管理，致使军事禁区的生产、作训、科技等工作难以正常进行，或者具有其他严重情形的。军事禁区的秩序包括军事禁区中武装部队作战、演习、训练、生产、教学、生活、科研等各方面的活动和秩序。

第2款是关于聚众扰乱军事管理区秩序罪的内容。

聚众扰乱军事管理区秩序罪，是指聚众扰乱军事管理区秩序，情节严重，致使军事管理区工作无法进行，造成严重损失的行为。

本罪的对象是军事管理区，即设有较重要军事设施或者军事设施安全保密要求较高、具有较大危险因素，需要国家采取特殊措施加以保护，依照法定程序和标准划定的军事区域。军事管理区由国务院和中央军事委员会确定，或者由有关军事机关根据国务院和中央军事委员会的规定确定。陆地和水域的军事管理区的范围，由省、自治区、直辖市人民政府和有关军级以上军事机关共同划定，或者由省、自治区、直辖市人民政府、国务院有关部门和有关军级以上军事机关共同划定。这里的“扰乱”，包括各种对军事管理区秩序进行暴力和非暴力的干扰、破坏活动，如纠集多人在军事管理区进行故意喧闹、辱骂、纠缠，冲砸军事管理区的各种设施，等等。这些行为如果情节严重，致使军事管理区工作无法进行，并且造成严重损失的，即构成犯罪。这里的“情节严重”，主要是指行为人多次实施扰乱行为，经军事管理区工作人员制止仍不停止其扰乱活动的，或者采取暴力扰乱军事管理区秩序的情况等。“造成严重损失”不仅包括给财产造成损失，也包括造成人员伤亡。

【实务问题】

1. 聚众冲击军事禁区罪的立案追诉标准

根据《立案追诉标准（一）》第89条的规定，组织、策划、指挥聚众冲击军事禁区或者积极参加聚众冲击军事禁区，严重扰乱军事禁区秩序，涉嫌下列情形之一的，应予立案追诉：（1）冲击3次以上或者1次冲击持续时间较长的；（2）持械或者采取暴力手段冲击的；（3）冲击重要军事禁区的；（4）发生在战时的；（5）其他严重扰乱军事禁区秩序应予追究刑事责任的情形。

2. 聚众扰乱军事管理区秩序罪的立案追诉标准

根据《立案追诉标准（一）》第90条的规定，组织、策划、指挥聚众扰乱军事管理区秩序或者积极参加聚众扰乱军事管理区秩序，致使军事管理区工作无法进行，造成严重损失，涉嫌下列情形之一的，应予立案追诉：（1）造成人员轻伤以上的；（2）扰乱3次以上或者1次扰乱持续时间较长的；（3）造成直接经济损失5万元以上的；（4）持械或者采取暴力手段的；（5）扰乱重要军事管理区秩序的；（6）发生在战时的；（7）其他聚众扰乱军事管理区秩序应予追究刑事责任的情形。

3. 关于聚众冲击军事禁区罪和聚众扰乱军事管理区秩序罪的责任主体

尽管两罪主体是一般主体，即已满16周岁的自然人都可构成本罪，但《刑法》规定只对其中的首要分子和其他积极参加者追究刑事责任，对一般参与者不能追究刑事责任。另外，对于行为人在聚众冲击军事禁区或聚众扰乱军事管理区秩序过程中，又阻碍军人依法执行职务的，属于牵连犯，应从一重罪处断，不实行数罪并罚。

第三百七十二条 〔冒充军人招摇撞骗罪〕

冒充军人招摇撞骗的，处三年以下有期徒刑、拘役、管制或者剥夺政治权利；情节严重的，处三年以上十年以下有期徒刑。

本条是关于冒充军人招摇撞骗罪的罪刑条款内容。

【条文释义】

冒充军人招摇撞骗罪，是指为谋取非法利益，假冒军人身份招摇撞骗的行为。

这里的“冒充军人”，既包括冒充士兵，也包括冒充军官；既包括冒充中国人民解放军中的现役军人，也包括冒充中国人民武装警察部队中的现役军人。所谓招摇撞骗，是指假借军人名义进行炫耀，利用人民群众对人民军队的信任、爱戴进行欺骗活动，以谋取非法利益的行为，如打着军人招牌以招兵为名，骗取财物；冒充军人骗取单位信任，捞取荣誉、职务、工作等；冒充军人骗取他人“爱情”等。

本罪的主体是一般主体，即可以由已满 16 周岁的非军人自然人构成本罪，军人不能成为本罪的主体。

本罪在主观方面表现为故意，其犯罪目的是谋取非法利益，既包括物质性利益，也包括非物质性利益。

【实务问题】

1. 本罪罪与非罪的界限

构成本罪，行为人既要有冒充军人的行为，又要有招摇撞骗的活动。如果行为人仅仅为了满足自己的虚荣心而假借军人身份，没有为谋取非法利益实施招摇撞骗行为的，则不构成本罪。

2. 本罪与招摇撞骗罪的界限

本罪是冒充军人，而招摇撞骗罪是冒充其他国家机关工作人员。

3. 罪数的认定

如果行为人实施冒充军人招摇撞骗的行为，还触犯了伪造武装部队公文、证件罪等罪名，则应当按照处理牵连犯的原则，从一重罪处断。

第三百七十三条 〔煽动军人逃离部队罪；雇用逃离部队军人罪〕

煽动军人逃离部队或者明知是逃离部队的军人而雇用，情节严重的，处三年以下有期徒刑、拘役或者管制。

本条是关于煽动军人逃离部队罪和雇用逃离部队军人罪的罪刑条款内容。

【条文释义】

煽动军人逃离部队罪，是指唆使、鼓动现役军人逃离部队，情节严重的行为。

煽动军人逃离部队罪的对象是现役军人。

煽动军人逃离部队罪在客观方面表现为煽动军人逃离部队，情节严重的行为。这里的“煽动”，是指通过演说、散发文字材料、谈话等方式，鼓动在部队服役的现役军人逃离部队。这里的“情节严重”，包括煽动多人逃离部队、煽动指挥人员、值班执勤人员或者其他负有重要职责人员逃离部队、煽动行为影响重要军事任务完成、战时煽动军人逃离部队等。受煽动的军人是否产生逃离意图、是否实施逃离行为，不影响本罪的成立。

雇用逃离部队军人罪，是指明知他人是逃离部队的军人而接受、聘用，情节严重的行为。

雇用逃离部队军人罪的对象是逃兵，即逃离部队的军人。

雇用逃离部队军人罪在客观方面表现为雇用逃离部队的军人，情节严重的行为。这里的“雇用”，是指通过给付报酬，让逃离部队的军人为其提供劳务。这里的“情节严重”包括多次雇用逃兵、雇用多名逃兵、雇用逃兵导致军心涣散、雇用逃兵影响军事任务等。

【实务问题】

1. 煽动军人逃离部队罪的立案追诉标准

根据《立案追诉标准（一）》第 91 条的规定，煽动军人逃离部队，涉嫌下列情形之一的，应予立案追诉：（1）煽动 3 人以上逃离部队的；（2）煽动指挥人员、值班执勤人员或者其他负有重要职责人员逃离部队的；（3）影响重要军事任务完成的；（4）发生在战时的；（5）其他情节严重的情形。

2. 雇用逃离部队军人罪的立案追诉标准

根据《立案追诉标准（一）》第 92 条的规定，明知是逃离部队的军人而雇用，涉嫌下列情形之一的，应予立案追诉：（1）雇用 1 人 6 个月以上的；（2）雇用 3 人以上的；（3）明知是逃离部队的指挥人员、值班执勤人员或者其他负有重要职责人员而雇用的；（4）阻碍部队将被雇用军人带回的；（5）其他情节严重的情形。

3. 认定煽动军人逃离部队罪应当注意的问题

认定煽动军人逃离部队罪时，应注意：（1）本罪的主体必须是非军职人员，军人不能成为本罪的主体。（2）如果行为人为了颠覆国家而煽动大批军人逃离部队的，则应当以颠覆国家政权罪这一重罪处罚。

4. 认定雇用逃离部队军人罪应当注意的问题

认定雇用逃离部队军人罪时，应注意：（1）本罪的主体必须是军人以外的自然人，军人不能成为本罪的主体。（2）本罪的主观方面必须明知是逃兵而雇用；否则，不能构成本罪。（3）如果行为人先煽动军人逃离部队，然后再雇用逃离部队军人，则按照牵连犯从一重罪处罚；如果雇用的不是煽动军人逃离部队的军人，则构成煽动军人逃离部队罪和雇用逃离部队军人罪，并且应当实行数罪并罚。

第三百七十四条　〔接送不合格兵员罪〕

在征兵工作中徇私舞弊，接送不合格兵员，情节严重的，处三年以下有期徒刑或者拘役；造成特别严重后果的，处三年以上七年以下有期徒刑。

本条是关于接送不合格兵员罪的罪刑条款内容。

【条文释义】

接送不合格兵员罪，是指在征兵工作中实施了徇私舞弊，接送不合格兵员，情节严重的行为。

这里的“征兵”，是指按照《兵役法》的规定，征集应征公民到军队服现役。从征兵工作环节上看，包括兵役登记、身体检查、政治审查等；从征兵的类型上看，包括正常的征集与特召。徇私舞弊，是指为图私利而放弃原则、弄虚作假、违法乱纪。不合格兵员，是指不符合征兵条件的兵员，包括身体、政治、年龄、文化程度不合格等。在征兵工作中徇私舞弊，接送不合格兵员，通常表现为在征兵工作的兵役登记、身体检查、政治审查、交接新兵、检疫复查和退兵等环节，为谋取私利而弄虚作假，将不符合条件的应征人员接收或输送到部队。这里的“情节严重”，一般是指由于接送不合格兵员严重影响部队建设的；造成其他严重后果的；多次实施接送不合格兵员的；接送多个不合格兵员的，等等。“造成特别严重后果”，主要是指被送到部队的不合格兵员，不接受部队教育，实施违法犯罪造成严重后果；多次接送不合格兵员；接送不合格兵员多人等情况。

本罪的主体为特殊主体，即只有在征兵工作中负有特定的征兵职责的征兵工作人员及其相关人员才能成为本罪的主体，包括地方武装部负责征兵工作的人员和征兵部队派出的武装部队工作人员。

值得注意的是，并不是一切接送不合格兵员的行为都构成犯罪，只有既实施了徇私舞弊，又有接送不合格兵员的行为，并且情节严重的才构成犯罪。

【实务问题】

本罪的立案追诉标准

根据《立案追诉标准（一）》第 93 条的规定，在征兵工作中徇私舞弊，接送不合格兵员，涉嫌下列情形之一的，应予立案追诉：（1）接送不合格特种条件兵员 1 名以上或者普通兵员 3 名以上的；（2）发生在战时的；（3）造成严重后果的；（4）其他情节严重的情形。

第三百七十五条

〔伪造、变造、买卖武装部队公文、证件、印章罪；盗窃、抢夺武装部队公文、证件、印章罪〕**伪造、变造、买卖或者盗窃、抢夺武装部队公文、证件、印章的，处三年以下有期徒刑、拘役、管制或者剥夺政治权利；情节严重的，处三年以上十年以下有期徒刑。**

〔非法生产、买卖武装部队制式服装罪〕**非法生产、买卖武装部队制式服装，情节严重的，处三年以下有期徒刑、拘役或者管制，并处或者单处罚金。**

〔伪造、盗窃、买卖、非法提供、非法使用武装部队专用标志罪〕**伪造、盗窃、买卖或者非法提供、使用武装部队车辆号牌等专用标志，情节严重的，处三年以下有期徒刑、拘役或者管制，并处或者单处罚金；情节特别严重的，处三年以上七年以下有期徒刑，并处罚金。**

单位犯第二款、第三款罪的，对单位判处罚金，并对其直接负责的主管人员和其他直接责任人员，依照各该款的规定处罚。

本条是关于伪造、变造、买卖武装部队公文、证件、印章罪，盗窃、抢夺武装部队公文、证件、印章罪，非法生产、买卖武装部队制式服装罪和伪造、盗窃、买卖、非法提供、非法使用武装部队专用标志罪的罪刑条款内容。

【主要修改】

本条第2款为2009年2月28日通过的《刑法修正案（七）》所修改，该款内容原为："非法生产、买卖武装部队制式服装、车辆号牌等专用标志，情节严重的，处三年以下有期徒刑、拘役或者管制，并处或者单处罚金。"

本条第3款为2009年2月28日通过的《刑法修正案（七）》所增加。

本条第4款为2009年2月28日通过的《刑法修正案（七）》所修改，原第3款修改后作为第4款，原第3款内容为："单位犯第二款罪的，对单位判处罚金，并对其直接负责的主管人员和其他直接责任人员，依照该款的规定处罚。"

【条文释义】

本条共分为4款。第1款是关于伪造、变造、买卖武装部队公文、证件、印章罪和盗窃、抢夺武装部队公文、证件、印章罪的规定。

伪造、变造、买卖武装部队公文、证件、印章罪，是指伪造、变造、买卖武装部队的公文、证件、印章的行为。

这里的"伪造"，是指无权制作者以假充真制造假的武装部队公文、证件或印章。变造，是指对真实有效的公文、证件或印章通过非法涂改、擦消、拼凑、填充等方法，进而更改其真实内容的行为。买卖，是指以牟利为目的，将武装部队的公文、证件或印章出售给他人，或者明知是武装部队的公文、证件或印章，而向他人非法购买的行为。

盗窃、抢夺武装部队公文、证件、印章罪，是指盗窃或抢夺武装部队公文、证件、印章的行为。

本罪的对象是武装部队的公文、证件、印章。本罪在客观方面表现为盗窃或抢夺武装部队公文、证件或印章的行为。

本罪属于行为犯，只要行为人实施了盗窃或抢夺武装部队公文、证件或印章的行为，即可构成本罪。

第 2 款是关于非法生产、买卖武装部队制式服装罪的规定。

非法生产、买卖武装部队制式服装罪，是指非法生产、买卖武装部队制式服装，情节严重的行为。

非法生产，既包括无权制造的单位私自制造，也包括有权制造的单位不按规定擅自超量制造以及被取消制造资格的单位仍非法制造。制式服装，是指中国人民解放军现役部队和武装警察部队的军装。行为人实施上述行为，必须达到情节严重的程度，才构成犯罪。这里的“情节严重”，主要是指多次、大量非法生产、买卖武装部队制式服装的；经有关部门责令停止非法生产、买卖而拒不服从、屡教不改；非法生产、买卖武装部队制式服装造成恶劣影响的等。

第 3 款是关于伪造、盗窃、买卖、非法提供、非法使用武装部队专用标志罪的规定。

伪造、盗窃、买卖、非法提供、非法使用武装部队专用标志罪，是指伪造、盗窃、买卖或者非法提供、非法使用武装部队车辆号牌等专用标志，情节严重的行为。

这里的“武装部队车辆号牌等专用标志”，既包括真的专用标志，也包括伪造、变造的假的专用标志。其中，“非法提供”，是指违反有关规定将武装部队车辆号牌等专用标志给予他人使用。“非法使用”，是指没有权利使用或丧失使用资格仍使用武装部队车辆号牌等专用标志。

本罪属于情节犯，行为人的行为必须达到情节严重的程度，才能构成犯罪。

第 4 款是关于单位实施本条规定中的两种犯罪应当处罚的规定。

根据本款的规定，单位实施非法生产、买卖武装部队制式服装罪或者伪造、盗窃、买卖、非法提供、非法使用武装部队专用标志罪的，对单位判处罚金，并对其直接负责的主管人员和其他直接责任人员，依照上述两罪相应条款的规定处罚。

【实务问题】

1. 非法生产、买卖武装部队制式服装罪的立案追诉标准

根据《立案追诉标准（一）》第 94 条的规定，非法生产、买卖武装部队制式服装，涉嫌下列情形之一的，应予立案追诉：（1）非法生产、买卖成套制式服装 30 套以上，或者非成套制式服装 100 件以上的；（2）非法生产、买卖帽

徽、领花、臂章等标志服饰合计100件（副）以上的；（3）非法经营数额2万元以上的；（4）违法所得数额5000元以上的；（5）其他情节严重的情形。买卖仿制的现行装备的武装部队制式服装，情节严重的，应予立案追诉。

2. 伪造、盗窃、买卖、非法提供、非法使用武装部队专用标志罪的立案追诉标准

根据《立案追诉标准（一）》第94条之一的规定，伪造、盗窃、买卖或者非法提供、使用武装部队车辆号牌等专用标志，涉嫌下列情形之一的，应予立案追诉：（1）伪造、盗窃、买卖或者非法提供、使用武装部队军以上领导机关车辆号牌1副以上或者其他车辆号牌3副以上的；（2）非法提供、使用军以上领导机关车辆号牌之外的其他车辆号牌累计6个月以上的；（3）伪造、盗窃、买卖或者非法提供、使用军徽、军旗、军种符号或者其他军用标志合计100件（副）以上的；（4）造成严重后果或者恶劣影响的。盗窃、买卖、提供、使用伪造、变造的武装部队车辆号牌等专用标志，情节严重的，应予立案追诉。

3. 伪造、变造、买卖武装部队公文、证件、印章罪与伪造、变造、买卖国家机关公文、证件、印章罪的界限

本罪的对象是武装部队的公文、证件和印章，并通过对其的侵犯而指向国家的国防利益；而后者的对象则是国家机关的公文、证件和印章，通过对其的侵犯指向社会管理秩序。但如果伪造、变造、买卖的是武装部队机关的公文、证件和印章，由于军事机关亦为国家机关的组成部分，此时又同时会触犯伪造、变造、买卖国家机关公文、证件、印章罪，但由于本罪属特别规定，对之应当以本罪治罪科刑，而不以后罪论处，更不能数罪并罚。依据《刑法》第375条第1款的规定，毁灭武装部队公文、证件、印章的，不构成该罪。如果毁灭军事机关的公文、证件、印章的，可考虑以本罪论处。

4. 伪造、变造、买卖武装部队公文、证件、印章罪与盗窃、抢夺武装部队公文、证件、印章罪的界限

二者在犯罪客体、主体、主观方面都是一致的，主要区别在于客观方面的差别，后罪表现为盗窃、抢夺武装公文、证件、印章的行为。行为人盗窃、抢夺真实的武装部队公文、证件、印章后加以变造、买卖的。由于行为人先后触犯两种犯罪，而二罪又具有牵连关系，因此，应按牵连犯的原则论处。但二罪的法定刑是一致的，因而我们认为，应以其中目的行为犯的罪名论处，如果行为人实施两罪的数个行为没有牵连关系的应以二罪并罚。

第三百七十六条

［战时拒绝、逃避征召、军事训练罪］**预备役人员战时拒绝、逃避征召或者军事训练，情节严重的，处三年以下有期徒刑或者拘役。**

〔战时拒绝、逃避服役罪〕**公民战时拒绝、逃避服役，情节严重的，处二年以下有期徒刑或者拘役。**

本条是关于战时拒绝、逃避征召、军事训练罪和战时拒绝、逃避服役罪的罪刑条款内容。

【条文释义】

本条共分为 2 款。第 1 款是关于战时拒绝、逃避征召、军事训练罪的规定。

战时拒绝、逃避征召、军事训练罪，是指预备役人员战时拒绝、逃避征召或者拒绝、逃避军事训练，情节严重的行为。

根据《兵役法》的规定，所谓预备役人员，是指预编到现役部队或者编入预备役部队服预备役的预备役军官和预备役士兵。这里的“预备役军官”，预备役军官包括下列人员：（1）确定服军官预备役的退出现役的军官；（2）确定服军官预备役的退出现役的士兵；（3）确定服军官预备役的专业技术人员和其他人员。预备役士兵，既包括经过预备役登记的退出现役的士兵，由部队会同兵役机关根据军队需要，遴选确定服士兵预备役的人员，也包括经过预备役登记的公民，符合士兵预备役条件的，由部队会同兵役机关根据军队需要，遴选确定服士兵预备役的人员。征召，是指有关预备役管理机构依法通知预备役人员按时到规定地点报到准备转服现役。拒绝、逃避征召，是指收到征召通知后拒不报到或者寻找各种借口躲避、回避征召。军事训练，是指战时对预备役人员进行的军事知识、技术、技能等教练活动。这里的“情节严重”，是指战时拒绝、逃避征召、军事训练严重影响军事任务完成的；战时拒绝、逃避征召、军事训练造成恶劣影响或其他严重后果等情形。

本罪的主体是特殊主体，即只能是预备役人员，包括预编到现役部队或者编入预备役部队服预备役的预备役军官和预备役士兵。

本罪在主观方面表现为故意，过失不能构成本罪。

第 2 款是关于战时拒绝、逃避服役罪的规定。

战时拒绝、逃避服役罪，是指应征公民战时拒绝、逃避服役，情节严重的行为。

这里的“拒绝、逃避服役”，是指拒不服役、抗拒服役或者借各种虚假理由躲避服役。“情节严重”，是指战时拒绝、逃避服役严重影响军事任务完成的；暴力拒绝、逃避服役的；煽动多人拒绝、逃避服役的等。

本罪的主体是特殊主体，即在战时有义务服兵役的人员，没有义务服兵役的人员不能成为本罪的主体，如外国人、无国籍人、未满 18 周岁或已满 45 周岁的人、依法被剥夺政治权利的人等。

本罪在主观方面表现为故意，过失不能构成本罪。

【实务问题】

1. 战时拒绝、逃避征召、军事训练罪的立案追诉标准

根据《立案追诉标准（一）》第95条的规定，预备役人员战时拒绝、逃避征召或者军事训练，涉嫌下列情形之一的，应予立案追诉：（1）无正当理由经教育仍拒绝、逃避征召或者军事训练的；（2）以暴力、威胁、欺骗等手段，或者采取自伤、自残等方式拒绝、逃避征召或者军事训练的；（3）联络、煽动他人共同拒绝、逃避征召或者军事训练的；（4）其他情节严重的情形。

2. 战时拒绝、逃避服役罪的立案追诉标准

根据《立案追诉标准（一）》第96条的规定，公民战时拒绝、逃避服役，涉嫌下列情形之一的，应予立案追诉：（1）无正当理由经教育仍拒绝、逃避服役的；（2）以暴力、威胁、欺骗等手段，或者采取自伤、自残等方式拒绝、逃避服役的；（3）联络、煽动他人共同拒绝、逃避服役的；（4）其他情节严重的情形。

第三百七十七条　［战时故意提供虚假敌情罪］

战时故意向武装部队提供虚假敌情，造成严重后果的，处三年以上十年以下有期徒刑；造成特别严重后果的，处十年以上有期徒刑或者无期徒刑。

本条是关于战时故意提供虚假敌情罪的罪刑条款内容。

【条文释义】

战时故意提供虚假敌情罪，是指战时非军职人员故意向武装部队提供不真实的敌方军事情况，造成严重后果的行为。

这里的"虚假敌情"，是指不真实或不存在的敌方军事情况及相关的政治、经济、文化、信息、科技、地理环境等情况。"故意提供虚假敌情"，是指故意将不真实或虚假的敌方军事情况提供给我方有关指挥部门、情报机构或相关负责人员。"造成严重后果"，是指战时故意提供虚假敌情的行为对作战利益造成了重大损害结果，包括造成我军人员伤亡的；造成我军战斗失利的；造成我军贻误战机的；造成我方军用物资毁损等。

本罪的主体是特殊主体，即必须是非军职人员才能构成；如果是军职人员故意提供虚假敌情的，不能构成本罪，应构成军人违反职责罪中的犯罪，即构成《刑法》第422条规定的谎报军情罪。

本罪在主观方面表现为故意，即明知是虚假敌情而故意提供。如果是判断有

误、信以为真或过失提供的，则不能构成犯罪。

第三百七十八条 〔战时造谣扰乱军心罪〕

战时造谣惑众，扰乱军心的，处三年以下有期徒刑、拘役或者管制；情节严重的，处三年以上十年以下有期徒刑。

本条是关于战时造谣扰乱军心罪的罪刑条款内容。

【条文释义】

战时造谣扰乱军心罪，是指非军职人员在战时情况下，造谣惑众，扰乱军心的行为。

造谣惑众，扰乱军心，是指战时非军职人员故意制造谣言并向军中散布使官兵厌战、畏战等军心涣散的情况，如战时制造我军伤亡惨重的谣言，或者极力夸大敌方战斗力、士气、武器装备等。本罪为行为犯，行为人只要在战时实施了造谣惑众，扰乱军心的行为，就可构成本罪。如果“造谣惑众，扰乱军心”造成了严重后果或具有其他情节严重情形的，则属于本罪的结果加重犯。当然，如果行为人造谣惑众散布的是根本不足以造成扰乱军心的无关紧要的事实或者内容，明显不会使人信以为真的，则可视为情节显著轻微危害不大的，不认为是犯罪。

本罪的主体是特殊主体，即只能由非军职人员构成；如果军人战时造谣扰乱军心的，则构成军人违反职责罪中的犯罪，即构成《刑法》第 433 条规定的战时造谣惑众罪。

本罪在主观方面表现为直接故意，并且具有动摇军心、瓦解部队的目的；如果是过失、误传或发表错误言论的，则不能构成本罪。

第三百七十九条 〔战时窝藏逃离部队军人罪〕

战时明知是逃离部队的军人而为其提供隐蔽处所、财物，情节严重的，处三年以下有期徒刑或者拘役。

本条是关于战时窝藏逃离部队军人罪的罪刑条款内容。

【条文释义】

战时窝藏逃离部队军人罪，是指战时明知是逃离部队的军人而为其提供隐蔽处所、财物，情节严重的行为。

这里的“逃离部队的军人”，是指战时为逃避军事义务没有请假而擅自脱离部队或借口探亲、休假、住院、学习、出差而不回归部队的军官、士兵和被征召的预备役人员。“情节严重”，包括向为逃避军事义务而逃离部队的负有重要职责的军职人员提供隐蔽处所、财物的；为多名逃离部队的军职人员提供隐蔽处所、财物的；窝藏逃离部队军人造成恶劣影响或严重后果的等。

本罪在主观方面表现为故意，过失不能构成本罪。

【实务问题】

1. 本罪罪与非罪的界限

构成本罪必须在战时，平时窝藏逃兵的行为不构成本罪。

2. 本罪与雇用逃离部队军人罪的界限

注意本罪与雇用逃离部队军人罪的区别：第一，犯罪主体不同。本罪的主体是一般主体，军人可以成为本罪的主体；后罪的主体必须是军人以外的自然人，军人不能成为本罪的主体。第二，犯罪时间要求不同。本罪仅限于战时；后罪平时、战时都可构成。

3. 本罪的立案追诉标准

根据《立案追诉标准（一）》第97条的规定，战时明知是逃离部队的军人而为其提供隐蔽处所、财物，涉嫌下列情形之一的，应予立案追诉：（1）窝藏3人次以上的；（2）明知是指挥人员、值班执勤人员或者其他负有重要职责人员而窝藏的；（3）有关部门查找时拒不交出的；（4）其他情节严重的情形。

第三百八十条　〔战时拒绝、故意延误军事订货罪〕

战时拒绝或者故意延误军事订货，情节严重的，对单位判处罚金，并对其直接负责的主管人员和其他直接责任人员，处五年以下有期徒刑或者拘役；造成严重后果的，处五年以上有期徒刑。

本条是关于战时拒绝、故意延误军事订货罪的罪刑条款内容。

【条文释义】

战时拒绝、故意延误军事订货罪，是指战时有关科研、生产、销售单位无正当理由而拒绝、故意延误军事订货，情节严重的行为。

这里的“拒绝”，是指有能力接受而拒不接受国家主管部门下达安排的有关军事供货义务。延误，是指没有在规定的时间以内完成任务。军事订货，是指军事单位根据国防需要依法与有关科研、生产、销售单位订购武器装备和军用物资的行为。成立本罪还必须达到情节严重。这里的“情节严重”，主要包括使用暴力抗拒的；拒绝手段恶劣的；严重影响军事行动的顺利完成等。

本罪规定的行为，战时才构成犯罪，这是构成犯罪的前提条件。

本罪在主观方面表现为故意。拒绝军事订货显然出于故意；但延误军事订货的行为则可能出于过失，对由于过失造成延误军事订货的，不能以本罪论处。

本罪的主体是特殊的单位犯罪主体，即与军事单位签订军事订货合同负有履行军事订货义务的科研、生产、销售单位。根据本条的规定，犯本罪的，既要对单位判处罚金，也要对其单位中直接负责的主管人员和其他直接责任人员判处相应的自由刑。

【实务问题】

本罪的立案追诉标准

根据《立案追诉标准（一）》第98条的规定，战时拒绝或者故意延误军事订货，涉嫌下列情形之一的，应予立案追诉：（1）拒绝或者故意延误军事订货3次以上的；（2）联络、煽动他人共同拒绝或者故意延误军事订货的；（3）拒绝或者故意延误重要军事订货，影响重要军事任务完成的；（4）其他情节严重的情形。

第三百八十一条 〔战时拒绝军事征收、征用罪〕

战时拒绝军事征收、征用，情节严重的，处三年以下有期徒刑或者拘役。

本条是关于战时拒绝军事征收、征用罪的罪刑条款内容。

【主要修改】

本条为2009年8月27日全国人民代表大会常务委员会《关于修改部分法律的决定》所修改，将原来本条中的“征用”修改为“征收、征用”。

【条文释义】

战时拒绝军事征收、征用罪，是指战时拒绝武装力量为作战需要而依法征收、征用公民或单位场地、房屋、运输工具等设施物品，情节严重的行为。

这里的“军事征收、征用”，是指特殊情况下武装部队为作战等军事需要收买、使用机关、公司、企业、事业单位、人民团体及公民个人动产与不动产的活动。拒绝，是指能够提供而拒不提供的行为。行为人是否使用暴力、胁迫手段，并不影响本罪的成立。但成立本罪，必须具备情节严重。

本罪规定的行为，必须是战时实施的，才构成犯罪，这是构成犯罪的前提条件，平时拒绝军事征收、征用，即使情节严重甚至情节特别严重，也不能构成本罪。

本罪在主观方面表现为故意，即明知是军事征收、征用而拒绝。

本罪的主体是自然人，单位不能成为本罪的主体。如果单位在战时实施拒绝军事征收、征用，情节严重或情节特别严重的，也只能对有关直接责任人员按本条规定的战时拒绝军事征收、征用罪来定罪处罚。如果行为人战时在拒绝军事征收、征用中对有关人员有杀害、伤害行为的，则构成本罪与故意杀人罪、故意伤害罪的想象竞合犯，应从一重罪论处，即按故意杀人罪、故意伤害罪论处。

【实务问题】

本罪的立案追诉标准

根据《立案追诉标准（一）》第99条的规定，战时拒绝军事征收、征用，涉嫌下列情形之一的，应予立案追诉：（1）无正当理由拒绝军事征收、征用3次以上的；（2）采取暴力、威胁、欺骗等手段拒绝军事征收、征用的；（3）联络、煽动他人共同拒绝军事征收、征用的；（4）拒绝重要军事征收、征用，影响重要军事任务完成的；（5）其他情节严重的情形。

第八章　贪污贿赂罪

第三百八十二条　〔贪污罪〕

国家工作人员利用职务上的便利，侵吞、窃取、骗取或者以其他手段非法占有公共财物的，是贪污罪。

受国家机关、国有公司、企业、事业单位、人民团体委托管理、经营国有财产的人员，利用职务上的便利，侵吞、窃取、骗取或者以其他手段非法占有国有财物的，以贪污论。

与前两款所列人员勾结，伙同贪污的，以共犯论处。

本条是关于贪污罪的犯罪构成条款内容。

【条文释义】

本条共分为3款。第1、2款是关于贪污罪定义的条款内容。

贪污罪，是指国家工作人员以及受国家机关、国有公司、企业、事业单位、人民团体委托管理、经营国有财产的人员，利用职务上的便利，侵吞、窃取、骗取或者以其他手段非法占有公共财物的行为。

这里的“贪污”，是指利用职务上的便利，侵吞、窃取、骗取或者以其他手段非法占有公共财物的行为。其中，利用职务上的便利，是指利用职务上主管、管理、经手公共财物的权力及其形成的方便条件，即利用其因担任的职务而具有的主管、经手、管理公共财物的权力和所形成的方便条件。侵吞，是指行为人利用职务上的便利，将自己主管、经手、管理的公共财物擅自占为己有的行为。窃取，是指行为人利用职务上的便利，采用自认为不易被他人察觉的手段，将自己合法管理、经手、看护的公共财物暗中占为己有的行为，即监守自盗。骗取，是指行为人利用职务上的便利，采用虚构事实或者隐瞒真相的方法，非法占有公共财物的行为。其他手段，是指行为人利用职务上的便利，采用侵吞、窃取、骗取以外的方法，非法占有公共财物的行为。另外，根据《刑法》第394条的规定，国家工作人员在国内公务活动或者对外交往中接受礼物，依照国家规定应当交公而不交公的，以贪污论处。根据1999年最高人民检察院《关于人民检察院直接受理立案侦查案件立案标准的规定（试行）》的规定，国有保险公司的工作人员和国有保险公司委派到非国有保险公司从事公务的人员利用职务上的便利，故意编造未曾发生的保险事故进行虚假理赔，骗取保险金归自己所有的，以贪污论。

本罪的对象必须是公共财物。根据《刑法》第91条的规定，公共财产包括国有财产，劳动群众集体所有的财产，以及用于扶贫和其他公益事业的社会捐助或者专项基金的财产。在国家机关、国有公司、企业、集体企业和人民团体管理、使用或者运输中的私人财产，以公共财产论。应当注意，受国家机关、国有公司、企业、事业单位、人民团体委托管理、经营国有财产的人员贪污的对象只能是国有财物。

本罪的主体是特殊主体，具体包括两类人员：第一，国家工作人员。根据《刑法》第93条及有关立法解释的规定，国家工作人员包括：（1）国家机关中从事公务的人员，即国家各级权力机关、行政机关、审判机关、检察机关、军事机关中从事公务的人员。在乡（镇）以上中国共产党机关、人民政协机关中从事公务的人员，也视为国家机关工作人员。（2）国有公司、企业、事业单位、人民团体中从事公务的人员和国家机关、国有公司、企业、事业单位委派到非国有公司、企业、事业单位、社会团体从事公务的人员。这里的"委派"，是指委任、派遣、任命、指派等。（3）其他依照法律从事公务的人员。具体包括依法履行职责的各级人民代表大会代表，依法履行审判职责的人民陪审员，协助人民政府从事行政管理工作的村民委员会等基层组织人员等。第二，受国家机关、国有公司、企业、事业单位、人民团体委托管理、经营国有财产的人员，即以承包、租赁、聘用等方式管理、经营国有财产的人员。

本罪在主观方面必须是出于直接故意，并且以非法占有公共财物为目的。这里的"非法占有"包括非法占为己有和非法转归他人占有。

第3款是关于贪污罪共犯的条款内容。

与国家工作人员或者受国家机关、国有公司、企业、事业单位、人民团体委托管理、经营国有财产的人员勾结，伙同贪污的，以共犯论处。

【实务问题】

1. 本罪的立案标准

根据2016年《贪污贿赂案件解释》的规定，国家工作人员利用职务上的便利，侵吞、窃取、骗取或者以其他手段非法占有公共财物，贪污数额在3万元以上不满20万元的，应当认定为《刑法》第383条第1款规定的"数额较大"，依法判处3年以下有期徒刑或者拘役，并处罚金。贪污数额在1万元以上不满3万元，具有下列情形之一的，应当认定为《刑法》第383条第1款规定的"其他较重情节”，依法判处 3 年以下有期徒刑或者拘役，并处罚金：（1）贪污救灾、抢险、防汛、优抚、扶贫、移民、救济、防疫、社会捐助等特定款物的；（2）曾因贪污、受贿、挪用公款受过党纪、行政处分的；（3）曾因故意犯罪受过刑事追究的；（4）赃款赃物用于非法活动的；（5）拒不交待赃款赃物去向或者拒不配合追缴工作，致使无法追缴的；（6）造成恶劣影响或者其他严重后果的。

2. 本罪与盗窃罪、诈骗罪、侵占罪的界限

本罪与后三种罪的主要区别在于：第一，犯罪主体不同。本罪的主体必须是特殊主体，只有国家工作人员和受国家机关、国有公司、企业、事业单位、人民团体委托管理、经营国有财产的人员，才能构成本罪；而后三种罪的主体都是一般主体。第二，犯罪对象不同。本罪的对象是公共财物；而后三种罪的对象不仅包括公共财物，还包括公民个人所有的财物。第三，客观方面不完全相同。构成本罪的窃取、骗取、侵占财物行为必须是利用职务上的便利实施的；而后三种罪则不存在利用职务上的便利的问题。

3. 本罪与职务侵占罪的界限

二者的主要区别在于：第一，犯罪的主体不同。本罪的主体是国家工作人员和受国家机关、国有公司、企业、事业单位、人民团体委托管理、经营国有财产的人员；而后罪的主体是公司、企业或者其他单位中的工作人员，但必须不是国家工作人员，或者国有公司、企业或者其他国有单位中从事公务的人员和国有公司、企业或者其他国有单位委派到非国有公司、企业以及其他单位从事公务的人员。第二，犯罪对象不同。本罪的对象是公共财物；而后罪的对象是行为人所在单位的财物。

4. 共犯的认定

根据本条第 3 款的规定，与国家工作人员或者受国家机关、国有公司、企业、事业单位、人民团体委托管理、经营国有财产的人员勾结，伙同贪污的，以贪污罪共犯论处。根据 2000 年最高人民法院《关于审理贪污、职务侵占案件如何认定共同犯罪几个问题的解释》的规定，与国家工作人员相勾结，利用国家工作人员职务上的便利，共同侵吞、窃取、骗取或者以其他手段非法占有公共财物的，以贪污罪共犯论处；公司、企业或者其他单位中，不具有国家工作人员身份的人与国家工作人员勾结，分别利用各自的职务便利，共同将本单位财物非法占为己有的，按照主犯的犯罪性质定罪，即只有主犯构成本罪的，相勾结的行为人才构成本罪的共同犯罪。

第三百八十三条 〔对贪污罪的处罚〕

对犯贪污罪的，根据情节轻重，分别依照下列规定处罚：

（一）贪污数额较大或者有其他较重情节的，处三年以下有期徒刑或者拘役，并处罚金。

（二）贪污数额巨大或者有其他严重情节的，处三年以上十年以下有期徒刑，并处罚金或者没收财产。

（三）贪污数额特别巨大或者有其他特别严重情节的，处十年以上有期徒刑或者无期徒刑，并处罚金或者没收财产；数额特别巨大，并使国家和人民利益遭受特别重大损失的，处无期徒刑或者死刑，并处没收财产。

对多次贪污未经处理的，按照累计贪污数额处罚。

犯第一款罪，在提起公诉前如实供述自己罪行、真诚悔罪、积极退赃，避免、减少损害结果的发生，有第一项规定情形的，可以从轻、减轻或者免除处罚；有第二项、第三项规定情形的，可以从轻处罚。

犯第一款罪，有第三项规定情形被判处死刑缓期执行的，人民法院根据犯罪情节等情况可以同时决定在其死刑缓期执行二年期满依法减为无期徒刑后，终身监禁，不得减刑、假释。

本罪是关于贪污罪的成立与处罚标准的罪刑条款内容。

【主要修改】

本条为2015年8月29日通过的《刑法修正案（九）》所修改：第一，按照贪污数额或者情节规定法定刑，将确定的数额标准修改为“数额较大”“数额巨大”“数额特别巨大”，实现了与我国《刑法》对数额犯成立与处罚标准的一致性；增加财产刑的适用。第二，进一步明确并严格了贪污罪从宽处罚的情节。第三，增加了犯贪污罪被判处死刑缓期执行的可以终身监禁的规定。该条内容原为：“对犯贪污罪的，根据情节轻重，分别依照下列规定处罚：（一）个人贪污数额在十万元以上的，处十年以上有期徒刑或者无期徒刑，可以并处没收财产；情节特别严重的，处死刑，并处没收财产。（二）个人贪污数额在五万元以上不满十万元的，处五年以上有期徒刑，可以并处没收财产；情节特别严重的，处无期徒刑，并处没收财产。（三）个人贪污数额在五千元以上不满五万元的，处一年以上七年以下有期徒刑；情节严重的，处七年以上十年以下有期徒刑。个人贪污数额在五千元以上不满一万元，犯罪后有悔改表现、积极退赃的，可以减轻处罚或者免予刑事处罚，由其所在单位或者上级主管机关给予行政处分。（四）个人贪污数额不满五千元，情节较重的，处二年以下有期徒刑或者拘役；情节较轻的，由其所在单位或者上级主管机关酌情给予行政处分。对多次贪污未经处理的，按照累计贪污数额处罚。”

【条文释义】

本条共分为 4 款。第 1 款是关于贪污罪的成立和处罚的条款。

根据本款第 1 项的规定，贪污数额较大，或者虽然贪污数额未达到较大但有其他较重情节的，才能构成本罪，并规定了相应的法定刑。根据本款第 2、3 项规定，分别对贪污数额巨大或者有其他严重情节的、贪污数额特别巨大或者有其他特别严重情节的，规定了不同档次的法定刑。对数额特别巨大，并使国家和人民利益遭受特别重大损失的，保留了死刑的适用。

第 2 款是关于贪污数额计算的条款。

对多次贪污未经处理的，按照累计贪污数额处罚。

第 3 款是关于贪污罪从宽处罚的条款。

犯贪污罪的，行为人在提起公诉前如实供述自己罪行、真诚悔罪、积极退赃，避免、减少损害结果的发生，分别不同情形，可以从宽处罚：第一，贪污数额较大或者有其他较重情节的，可以从轻、减轻或者免除处罚；第二，贪污数额巨大、特别巨大，或者有其他严重情节、特别严重情节的，可以从轻处罚。

第 4 款是关于贪污罪适用终身监禁的条款。

这是《刑法修正案（九）》增设的内容。犯贪污罪，因贪污数额特别巨大并使国家和人民利益遭受特别重大损失，被判处死刑缓期执行的，人民法院根据犯罪情节等情况可以同时决定在其死刑缓期执行 2 年期满依法减为无期徒刑后，终身监禁，不得减刑、假释。

《刑法修正案（九）》增加了贪污罪、受贿罪判处死缓减为无期徒刑后终身监禁的规定。终身监禁是介于死刑立即执行与一般死缓之间的一种执行措施，但又比一般死缓更为严厉。2016 年《贪污贿赂案件解释》对终身监禁具体适用从实体和程序两个方面予以了明确：一是明确终身监禁适用的情形，即主要针对那些判处死刑立即执行过重，判处一般死缓又偏轻的重大贪污受贿罪犯，可以决定终身监禁；二是明确凡决定终身监禁的，在一、二审作出死缓裁判的同时应当一并作出终身监禁的决定，而不能等到死缓执行期间届满再视情而定，以此强调终身监禁一旦决定，不受执行期间服刑表现的影响。

【实务问题】

本罪罪与非罪的界限

本罪罪与非罪的界限关键在于贪污行为是否达到贪污数额较大或者有其他较重情节。“数额较大”以及“其他较重情节”，在 2016 年《贪污贿赂案件解释》已作出明确规定。

第三百八十四条　〔挪用公款罪〕

国家工作人员利用职务上的便利，挪用公款归个人使用，进行非法活动的，或者挪用公款数额较大、进行营利活动的，或者挪用公款数额较大、超过三个月未还的，是挪用公款罪，处五年以下有期徒刑或者拘役；情节严重的，处五年以上有期徒刑。挪用公款数额巨大不退还的，处十年以上有期徒刑或者无期徒刑。

挪用用于救灾、抢险、防汛、优抚、扶贫、移民、救济款物归个人使用的，从重处罚。

本条是关于挪用公款罪的罪刑条款内容。

【条文释义】

本条共分为 2 款。第 1 款是关于挪用公款罪的罪刑条款内容。

挪用公款罪，是指国家工作人员利用职务上的便利，挪用公款归个人使用，进行非法活动的，或者挪用公款数额较大、进行营利活动的，或者挪用公款数额较大、超过 3 个月未还的行为。

所谓挪用公款，是指利用职务上的便利，挪用公款归个人使用的行为。这里的“利用职务上的便利”，是指利用职务上主管、管理、经手公共财物的权力及其形成的方便条件，即利用其因担任的职务而具有的主管、经手、管理公共财物的权力和所形成的方便条件。根据 2002 年全国人大常委会《关于〈中华人民共和国刑法〉第三百八十四条第一款的解释》的规定，有下列情形之一的，属于挪用公款“归个人使用”：（1）将公款供本人、亲友或者其他自然人使用的；（2）以个人名义将公款供其他单位使用的；（3）个人决定以单位名义将公款供其他单位使用，谋取个人利益的。构成本罪必须达到法定标准。根据本条规定，达到下列标准之一的，才能构成犯罪：（1）挪用公款归个人使用，进行非法活动。这里的“非法活动”，是指违反国家法律、法规的行为，如走私、赌博、嫖娼等活动。（2）挪用公款归个人使用、进行营利活动，且数额较大。这里的“营利活动”，是指国家法律所允许的谋利活动，如将款项存入金融机构获取利息。（3）挪用公款归个人使用且数额较大、超过 3 个月未还。这里的“挪用公款”，是指挪用公款用于非法活动、营利活动以外的事项，如将挪用款项为自己交付购房款。

本罪的对象是公款。根据本条第 2 款的规定，挪用用于救灾、抢险、防汛、优抚、扶贫、移民、救济的特定款物，也是本罪的对象。但是，非特定公物则不能成为本罪的犯罪对象。另外，根据有关司法解释，公有或本单位的国库券、失业保险基金和下岗职工基本生活保障资金，也可以成为本罪的对象。

本罪的主体是特殊主体，即国家工作人员。根据《刑法》第 93 条及有关立法解释的规定，国家工作人员包括：（1）国家机关中从事公务的人员，即在国家各级权力机关、行政机关、审判机关、检察机关、军事机关中从事公务的人员。在乡（镇）以上中国共产党机关、人民政协机关中从事公务的人员，也视为国家工作人员。（2）国有公司、企业、事业单位、人民团体中从事公务的人员和国家机关、国有公司、企业、事业单位委派到非国有公司、企业、事业单位、社会团体从事公务的人员。这里的“委派”，是指委任、派遣、任命、指派等。（3）其他依照法律从事公务的人员。具体包括依法履行职责的各级人民代表大会代表，依法履行审判职责的人民陪审员，协助人民政府从事行政管理工作的村民委员会等基层组织人员等。另外，根据 1999 年最高人民检察院《关于人民检察院直接受理立案侦查案件立案标准的规定（试行）》的规定，国有金融机构工作人员和国有金融机构委派到非国有金融机构从事公务的人员，利用职务上的便利，挪用本单位或者客户资金的，以本罪论处。

本罪在主观方面必须是出于直接故意，并且以暂时非法使用公款为目的。这里的“非法使用”包括非法归自己使用和非法转归他人使用。

第 2 款是关于挪用特定款物的罪刑条款内容。

挪用用于救灾、抢险、防汛、优抚、扶贫、移民、救济款物归个人使用的，成立挪用公款罪，从重处罚。

【实务问题】

1. 本罪的立案标准

根据 2016 年《贪污贿赂案件解释》的规定，国家工作人员利用职务上的便利，挪用公款归个人使用，进行非法活动，数额在 3 万元以上的，应当依照《刑法》第 384 条的规定以挪用公款罪追究刑事责任。挪用公款归个人使用，进行营利活动或者超过 3 个月未还，数额在 5 万元以上的，应当认定为《刑法》第 384 条第 1 款规定的“数额较大”。

2. 本罪与贪污罪的界限

二者的主要区别在于：（1）犯罪对象不同。本罪的对象是公款，公物中仅限于用于救灾、抢险、防汛、优抚、扶贫、移民、救济款物；而贪污罪的对象则是包括公款公物在内的公共财物。（2）行为方式不同。本罪具体表现为利用职务上的便利，挪用公款归个人使用，进行非法活动，或者进行营利活动、数额较大，或者挪用公款数额较大、超过 3 个月未还的行为；而贪污罪则表现为利用职务上的便利，以侵吞、窃取、骗取或者其他手段非法占有公共财物的行为。（3）犯罪目的不同。本罪以暂时非法使用公款为目的，该犯罪目的是以使用后归还为内容；而贪污罪以非法占有为目的，行为人并没有归还所占有公共财物的意图。二者区别的关键在于是否具有非法占有公款的目的，如果行为人对所挪用的公款具有非法占有的目的，则应当以贪污罪论处。在司法实践中，具有以下情形之一的，应认定为具有非法占有公款的目的：第一，携带挪用的公款潜逃的；第二，挪用公款后采取虚假发票平账、销毁有关账目等手段，使所挪用的公款已难以在单位财务账目上反映出来，且没有归还行为的；第三，截取单位收入不入账，非法占有，使所占有的公款难以在单位财务账目上反映出来，且没有归还行为的；第四，有证据证明行为人有能力归还所挪用的公款而拒不归还，并隐瞒挪用的公款去向的。

3. 本罪与挪用资金罪的界限

二者的主要区别在于：（1）犯罪主体不同。本罪的主体是国家工作人员；而挪用资金罪的主体是公司、企业或者其他单位的工作人员，而且必须不具有国家工作人员身份。（2）犯罪对象不同。本罪的对象一般是公款；而挪用资金罪的对象是行为人所在单位所有的资金。

4. 本罪与挪用特定款物罪的界限

当行为对象都是国家用于救灾、抢险、防汛、优抚、扶贫、移民、救济等特定款物时，二者区别的关键在于：（1）犯罪主体不同。本罪的主体只能是国家工作人员；而挪用特定款物罪则是一般主体。（2）行为方式不同。本罪表现为利用职务上的便利，挪用特定款物归个人使用的；而挪用特定款物罪则表现为挪用特定款物的行为，不仅没有利用职务上的便利的要求，也没有限制所挪用的款物的用途。只有国家工作人员利用职务上的便利，挪用特定款物归个人使用的，才构成本罪。

5. 罪数的认定

根据1998年最高人民法院《关于审理挪用公款案件具体应用法律若干问题的解释》的规定，第一，因挪用公款索取、收受贿赂构成犯罪的，应当以挪用公款罪和受贿罪数罪并罚的规定处罚。第二，挪用公款归个人使用，进行赌博、走私等非法活动，构成相应其他犯罪的，应当以挪用公款罪与所构成的其他犯罪，依照数罪并罚的规定进行处罚。

6. 共犯的认定

根据1999年最高人民检察院《关于人民检察院直接受理立案侦查案件立案标准的规定（试行）》的规定，挪用公款给其他个人使用的案件，使用人与挪用人共谋，指使或者参与策划取得挪用款的，对使用人以挪用公款罪的共犯定罪处刑。

第三百八十五条　〔受贿罪〕

国家工作人员利用职务上的便利，索取他人财物的，或者非法收受他人财物，为他人谋取利益的，是受贿罪。

国家工作人员在经济往来中，违反国家规定，收受各种名义的回扣、手续费，归个人所有的，以受贿论处。

本条是关于受贿罪的犯罪构成的条款内容。

【条文释义】

本条共分为2款。第1款是关于受贿罪定义的条款内容。

受贿罪，是指国家工作人员利用职务上的便利，索取他人财物的，或者非法收受他人财物，为他人谋取利益的行为。

这里的“受贿”，是指利用职务上的便利，索取他人财物的，或者非法收受他人财物，为他人谋取利益的行为。其中，利用职务上的便利，是指利用本人职务范围内的权力，即自己职务上主管、负责或者承办某项公共事务的职权及其所形成的便利条件。索取他人财物，是指行为人主动向他人索要财物的行为。索取他人财物的，不论是否“为他人谋取利益”，均可构成受贿罪。非法收受他人财物，是指行为人非法收受他人主动给付的财物的行为。非法收受他人财物的，必须同时具备“为他人谋取利益”的条件，才能构成受贿罪。但为他人谋取的利益是否正当，为他人谋取的利益是否实现，不影响受贿罪的认定。

本罪的对象只能是财物。2016年《贪污贿赂案件解释》对《刑法》规定的财物作出适度扩张解释，规定了贿赂犯罪中的财物包括货币、物品和财产性利益，财产性利益包括可以折算为货币的物质利益（如房屋装修、债务免除等，其本质上是一种物质利益）和需要支付货币才能获得的其他利益（如会员服务、旅游，由于取得这种利益需要支付相应的货币对价，故在法律上也应当视同为财产性利益）两种。实践中提供或者接受后者利益主要有两种情况：一种是行贿人支付货币购买后转送给受贿人消费；另一种是行贿人在社会上作为商品销售的自有利益，免费提供给行为人消费。两种情况实质相同，均应纳入贿赂犯罪处理。

2016年《贪污贿赂案件解释》对受贿犯罪中“为他人谋取利益”要件的具体情形作出了规定，具有下列情形之一的，应当认定为“为他人谋取利益”，构成犯罪的，应当依照《刑法》关于受贿犯罪的规定定罪处罚：（1）实际或者承诺为他人谋取利益的；（2）明知他人有具体请托事项的；（3）履职时未被请托，但事后基于该履职事由收受他人财物的。国家工作人员索取、收受具有上下级关系的下属或者具有行政管理关系的被管理人员的财物价值3万元以上，可能影响职权行使的，视为承诺为他人谋取利益。

本罪的主体是特殊主体，只有国家工作人员才能构成本罪。根据《刑法》第93条和1999年最高人民检察院《关于人民检察院直接受理立案侦查案件立案标准的规定（试行）》的规定，这里的“国家工作人员”，包括国家机关中从事公务的人员，国有公司、企业中从事公务的人员和国有公司、企业委派到非国有公司、企业从事公务的人员，以及国有金融机构工作人员和国有金融机构委派到非国有金融机构从事公务的人员。

本罪在主观方面是出于直接故意。对于索取他人财物的，行为人必须具有通过索贿非法获取财物的目的；对于收受他人财物的，行为人则必须具有通过收受贿赂非法获取财物，并为他人谋取利益的目的。

第 2 款是关于国家工作人员在经济往来中收受回扣、手续费的罪刑条款内容。

国家工作人员在经济往来中，违反国家规定，收受各种名义的回扣、手续费，归个人所有的，以受贿论处。

【实务问题】

1. 本罪罪与非罪的界限

认定本罪时，应当注意：（1）本罪与取得合法报酬的界限。所谓合法报酬，是指行为人在法律、法规、政策和组织纪律允许的范围内，利用自己的知识技能为他人提供服务或者付出劳务而获得的财物回报。二者的主要区别在于行为人是否利用了职务上的便利和是否提供了服务或者付出了劳务。如果行为人在未利用自己职务上的便利的前提下，而是因为他人提供服务或者付出劳务所取得的财物，则是合法报酬，不构成犯罪。（2）本罪与接受馈赠的界限。所谓馈赠，是指亲友之间出于亲情或者友谊而赠与的财物。根据 2008 年最高人民法院、最高人民检察院《关于办理商业贿赂刑事案件适用法律若干问题的意见》的规定，区分贿赂与馈赠的界限，主要应当结合以下因素全面分析、综合判断：发生财物往来的背景，如双方是否存在亲友关系及历史上交往的情形和程度；往来财物的价值；财物往来的缘由、时机和方式，提供财物方对于接受方有无职务上的请托；接受方是否利用职务上的便利为提供方谋取利益。（3）本罪与借用的界限。根据 2007 年最高人民法院、最高人民检察院《关于办理受贿刑事案件适用法律若干问题的意见》的规定，国家工作人员利用职务上的便利为请托人谋取利益，收受请托人房屋、汽车等物品，即使未变更权属登记的，也不影响受贿的认定。但是，在认定以房屋、汽车等物品为对象的受贿，还是应注意与借用的区分。具体认定时，除双方交代或者书面协议之外，主要应当结合以下因素进行判断：有无借用的合理事由；是否实际使用；借用时间的长短；有无归还的条件；有无归还的意思表示及行为。（4）收受财物后退还或者上交的处理。根据 2007 年最高人民法院、最高人民检察院《关于办理受贿刑事案件适用法律若干问题的意见》的规定，国家工作人员收受请托人财物后及时退还或者上交的，不是受贿。但国家工作人员受贿后，因自身或者与其受贿有关联的人、事被查处，为掩饰犯罪而退还或者上交的，则不影响认定受贿罪。

2. 本罪的立案标准

根据 2016 年《贪污贿赂案件解释》的规定，受贿数额在 3 万元以上不满 20 万元的，应当认定为《刑法》第 383 条第 1 款规定的“数额较大”。受贿数额在 1 万元以上不满 3 万元，具有下列情形之一的，应当认定为《刑法》第 383 条第 1 款规定的“其他较重情节”：（1）曾因贪污、受贿、挪用公款受过党纪、行政处分的；（2）曾因故意犯罪受过刑事追究的；（3）赃款赃物用于非法活动的；（4）拒不交待赃款赃物去向或者拒不配合追缴工作，致使无法追缴的；（5）造成恶劣影响或者其他严重后果的；（6）多次索贿的；（7）为他人谋取不正当利益，致使公共财产、国家和人民利益遭受损失的；（8）为他人谋取职务提拔、调整的。

3. 本罪特殊表现形式的认定

2007 年最高人民法院、最高人民检察院《关于办理受贿刑事案件适用法律若干问题的意见》规定了以下几种受贿罪的特殊形式：（1）国家工作人员利用职务上的便利为请托人谋取利益，以下列交易形式收受请托人财物的，以受贿论处：以明显低于市场的价格向请托人购买房屋、汽车等物品的；以明显高于市场的价格向请托人出售房屋、汽车等物品的；以其他交易形式非法收受请托人财物的。这里的市场价格包括商品经营者事先设定的不针对特定人的最低优惠价格。但是，根据商品经营者事先设定的各种优惠交易条件，以优惠价格购买商品的，不属于受贿。（2）国家工作人员利用职务上的便利为请托人谋取利益，收受请托人提供的干股的，以受贿论处。这里的“干股”，是指未出资而获得的股份。（3）国家工作人员利用职务上的便利为请托人谋取利益，由请托人出资，“合作”开办公司或者进行其他“合作”投资的，或者以合作开办公司或者其他合作投资的名义获取“利润”，没有实际出资和参与管理、经营的，以受贿论处。（4）国家工作人员利用职务上的便利为请托人谋取利益，以委托请托人投资证券、期货或者其他委托理财的名义，未实际出资而获取“收益”，或者虽然实际出资，但获取“收益”明显高于出资应得收益的，以受贿论处。（5）国家工作人员利用职务上的便利为请托人谋取利益，通过赌博方式收受请托人财物的，构成受贿。（6）国家工作人员利用职务上的便利为请托人谋取利益，要求或者接受请托人以给特定关系人安排工作为名，使特定关系人不实际工作却获取所谓薪酬的，或者授意请托人将有关财物给予特定关系人的，以受贿论处。这里的“特定关系人”，是指与国家工作人员有近亲属、情妇（夫）以及其他共同利益关系的人。（7）国家工作人员利用职务上的便利为请托人谋取利益，收受请托人房屋、汽车等物品，未变更权属登记或者借用他人名义办理权属变更登记的，不影响受贿的认定。（8）国家工作人员利用职务上的便利为请托人谋取利益之前或者之后，约定在其离职后收受请托人财物，并在离职后收受的，以受贿论处。

4. 本罪与非国家工作人员受贿罪的界限

二者的主要区别在于：(1) 犯罪主体不同。本罪的主体必须是国家工作人员；而非国家工作人员受贿罪的主体是公司、企业或其他单位的工作人员，而且必须不是国家工作人员，也不是受国家机关、国有公司、企业、事业单位委托从事公务的人员。(2) 客观方面不同。本罪中的索贿不以为他人谋取利益为犯罪成立的要件；而非国家工作人员受贿罪的成立，无论索取贿赂还是收受贿赂都必须以为他人谋取利益为要件。

5. 本罪与敲诈勒索罪的界限

以索贿方式构成的受贿罪容易与敲诈勒索罪相混淆。二者的主要区别在于：(1) 犯罪主体不同。本罪的主体是特殊主体，只能由国家工作人员构成；而敲诈勒索罪的主体则是一般主体。(2) 客观方面不同。本罪中的索贿行为必须是利用职务上的便利，主要是利用自己所掌握的职权对他人利益的制约作用，乘他人有求于己之机，主动向其索要财物；而敲诈勒索罪则表现为对公私财物的所有人、保管人使用威胁或者要挟的方法，给被害人造成精神上的恐惧，强行索取财物的行为。

6. 罪数的认定

第一，根据2016年《贪污贿赂案件解释》的规定，国家工作人员利用职务上的便利，收受他人财物，为他人谋取利益，同时构成受贿罪和《刑法》分则第三章第三节、第九章规定的渎职犯罪的，除《刑法》另有规定外，以受贿罪和渎职犯罪数罪并罚。第二，根据最高人民法院《关于审理挪用公款案件具体应用法律若干问题的解释》的规定，因挪用公款索取、收受贿赂构成犯罪的，应当以挪用公款罪和受贿罪依照数罪并罚的规定处罚。

7. 共犯的认定

第一，根据2007年最高人民法院、最高人民检察院《关于办理受贿刑事案件适用法律若干问题的意见》的规定，特定关系人与国家工作人员通谋，利用国家工作人员职务上的便利为请托人谋取利益，授意请托人将有关财物给予特定关系人的，对特定关系人以受贿罪的共犯论处。特定关系人以外的其他人与国家工作人员通谋，由国家工作人员利用职务上的便利为请托人谋取利益，收受请托人财物后双方共同占有的，以受贿罪的共犯论处。第二，根据2008年最高人民法院、最高人民检察院《关于办理商业贿赂刑事案件适用法律若干问题的意见》规定，非国家工作人员与国家工作人员通谋，利用国家工作人员的职务便利为他人谋取利益，共同收受他人财物，构成共同犯罪的，以受贿罪的共犯论处；分别利用各自的职务便利为他人谋取利益，如果不能分清主从犯的，也可以受贿罪的共犯论处。

第三百八十六条 〔对受贿罪的处罚〕

对犯受贿罪的，根据受贿所得数额及情节，依照本法第三百八十三条的规定处罚。索贿的从重处罚。

本条是关于受贿罪的成立与处罚标准的条款内容。

【条文释义】

受贿罪的成立和处罚，应根据情节轻重来判断。

根据本条的规定，个人实施受贿，必须达到法定数额或者有其他较重情节的，才能构成本罪。

【实务问题】

受贿数额的计算

2016 年《贪污贿赂案件解释》从两方面对受贿犯罪数额的计算作出了规定：一是针对小额贿款的问题，明确对多次受贿未经处理的，累计计算受贿数额。据此，受贿人多次收受小额贿款，虽每次均未达到规定的定罪标准，但累计计算达到定罪标准的，应当依法追究刑事责任。二是针对收受财物与谋利事项不对应的问题，明确国家工作人员利用职务上的便利为请托人谋取利益前后多次收受请托人财物，受请托之前收受的财物数额在 1 万元以上的，应当一并计入受贿数额。

第三百八十七条 〔单位受贿罪〕

国家机关、国有公司、企业、事业单位、人民团体，索取、非法收受他人财物，为他人谋取利益，情节严重的，对单位判处罚金，并对其直接负责的主管人员和其他直接责任人员，处五年以下有期徒刑或者拘役。

前款所列单位，在经济往来中，在账外暗中收受各种名义的回扣、手续费的，以受贿论，依照前款的规定处罚。

本条是关于单位受贿罪的罪刑条款内容。

【条文释义】

本条共分为 2 款。第 1 款是关于单位受贿罪的罪刑条款内容。

单位受贿罪，是指国家机关、国有公司、企业、事业单位、人民团体，索取、非法收受他人财物，为他人谋取利益，情节严重的行为。

这里的“索取他人财物”，是指行为人主动向他人索要财物的行为；“非法收受他人财物”，是指行为人非法收受他人主动给付的财物的行为。索取他人财物或者非法收受他人财物，必须同时具备为他人谋取利益的条件，且是情节严重的行为，才能构成本罪。

本罪的主体是特殊主体，即只有国家机关、国有公司、企业、事业单位、人民团体才能构成本罪。

第2款是关于单位在经济往来中，违反国家规定，收受各种名义的回扣、手续费以受贿论的罪刑条款内容。

国家机关、国有公司、企业、事业单位、人民团体，在经济往来中，在账外暗中收受各种名义的回扣、手续费的，以受贿论，成立单位受贿罪。

【实务问题】

1. 本罪的立案标准

根据1999年最高人民检察院《关于人民检察院直接受理立案侦查案件立案标准的规定（试行）》的规定，国家机关、国有公司、企业、事业单位、人民团体，索取、非法收受他人财物，为他人谋取利益，涉嫌下列情形之一的，应予立案：（1）单位受贿数额在10万元以上的；（2）单位受贿数额不满10万元，但具有下列情形之一的：①故意刁难、要挟有关单位、个人，造成恶劣影响的；②强行索取财物的；③致使国家或者社会利益遭受重大损失的。

2. 本罪与受贿罪的界限

本罪与受贿罪的主要区别在于：（1）客观方面不同。本罪的成立不论索贿还是收贿，均以为他人谋取利益为要素；而受贿罪中索贿的不以为他人谋取利益为要素。（2）犯罪主体不同。本罪的主体是单位，即国家机关、国有公司、企业、事业单位、人民团体；而受贿罪的主体是自然人，即国家工作人员。国家机关、国有公司、企业、事业单位、人民团体受贿的直接负责的主管人员和其他直接责任人员是否中饱私囊是区别两罪的关键。如果索取、收受他人财物归个人所有，即使以单位名义，也构成本罪；如果索取、收受他人财物归单位所有，则构成单位受贿罪。

第三百八十八条　〔“斡旋”受贿的处理规定〕

国家工作人员利用本人职权或者地位形成的便利条件，通过其他国家工作人员职务上的行为，为请托人谋取不正当利益，索取请托人财物或者收受请托人财物的，以受贿论处。

本条是关于“斡旋”受贿的罪刑条款内容。

【条文释义】

“斡旋”受贿，是指国家工作人员利用本人职权或者地位形成的便利条件，通过其他国家工作人员职务上的行为，为请托人谋取不正当利益，索取请托人财物或者收受请托人财物的行为。“斡旋”受贿以受贿罪论处。这里的“利用本人职权或者地位形成的便利条件”，是指行为人利用本人职权或者地位对被其利用的国家工作人员所产生的影响和工作联系。但他们之间并不存在职务上的隶属关系或制约关系。“通过其他国家工作人员职务上的行为，为请托人谋取不正当利益”，是指行为人让其他国家工作人员利用职务上的便利，为请托人谋取不正当利益。

【实务问题】

认定“斡旋”受贿行为应注意的问题

认定本行为时，应当注意：只有利用本人职权或者地位形成的便利条件，通过其他国家工作人员职务上的行为，为请托人谋取不正当利益，索取请托人财物或者收受请托人财物的，才构成受贿罪。这里的“不正当利益”，是指依照有关法律、法规、规章制度或政策，请托人不应当得到的利益。如果是为请托人谋取正当利益的，则不构成犯罪。

第三百八十八条之一 〔利用影响力受贿罪〕

国家工作人员的近亲属或者其他与该国家工作人员关系密切的人，通过该国家工作人员职务上的行为，或者利用该国家工作人员职权或者地位形成的便利条件，通过其他国家工作人员职务上的行为，为请托人谋取不正当利益，索取请托人财物或者收受请托人财物，数额较大或者有其他较重情节的，处三年以下有期徒刑或者拘役，并处罚金；数额巨大或者有其他严重情节的，处三年以上七年以下有期徒刑，并处罚金；数额特别巨大或者有其他特别严重情节的，处七年以上有期徒刑，并处罚金或者没收财产。

离职的国家工作人员或者其近亲属以及其他与其关系密切的人，利用该离职的国家工作人员原职权或者地位形成的便利条件实施前款行为的，依照前款的规定定罪处罚。

本条是关于利用影响力受贿罪的罪刑条款内容。

本条为 2009 年 2 月 28 日通过的《刑法修正案（七）》所增加。

【条文释义】

本条共分为 2 款。第 1 款是关于利用影响力受贿罪的罪刑条款内容。

利用影响力受贿罪，是指国家工作人员的近亲属或者其他与该国家工作人员关系密切的人，通过该国家工作人员职务上的行为，或者利用该国家工作人员职权或者地位形成的便利条件，通过其他国家工作人员职务上的行为，或者离职的国家工作人员或者其近亲属以及其他与其关系密切的人，利用该离职的国家工作人员原职权或者地位形成的便利条件，为请托人谋取不正当利益，索取请托人财物或者收受请托人财物，数额较大或者有其他较重情节的行为。

本罪的行为表现为两种：一是通过国家工作人员职务上的行为，或者利用该国家工作人员职权或者地位形成的便利条件，通过其他国家工作人员职务上的行为，为请托人谋取不正当利益，索取请托人财物或者收受请托人财物的行为；二是利用离职的国家工作人员原职权或者地位形成的便利条件，为请托人谋取不正当利益，索取请托人财物或者收受请托人财物的行为。

本罪的主体是特殊主体，具体是指国家工作人员的近亲属或者其他与该国家工作人员关系密切的人。这里的“近亲属”，是指与国家工作人员有父母子女、配偶、同胞兄弟姐妹等关系的人；“其他关系密切的人”，是指与国家工作人员有近亲属以外的亲属关系的人，如与国家工作人员是情人关系的人，或者是同学、战友、老部下、老上级等关系的人。

第 2 款是关于离职的国家工作人员或者其近亲属以及其他与其关系密切的人成立利用影响力受贿罪的罪刑条款内容。

这里的“离职的国家工作人员”，是指曾经是国家工作人员，但由于离休、退休、调转、辞职、辞退等原因，已不再担任原来的职务、离开国家工作人员岗位的人。

离职的国家工作人员或者其近亲属以及其他与其关系密切的人，利用该离职的国家工作人员原职权或者地位形成的便利条件，通过其他国家工作人员职务上的行为，为请托人谋取不正当利益，索取请托人财物或者收受请托人财物，数额较大或者有其他较重情节的，以利用影响力受贿罪定罪处罚。

【实务问题】

本罪罪与非罪的界限

利用影响力受贿，必须为请托人谋取不正当利益，并且索取或者收受请托人财物，数额较大或者有其他较重情节的，才能构成犯罪。如果为请托人谋取正当利益，或者索取或收受请托人财物数额没有达到较大或没有其他较重情节的，都不构成犯罪。根据 2016 年《贪污贿赂案件解释》的规定，利用影响力受贿罪的定罪量刑适用标准，参照该解释关于受贿罪的规定执行。

第三百八十九条 〔行贿罪〕

为谋取不正当利益，给予国家工作人员以财物的，是行贿罪。

在经济往来中，违反国家规定，给予国家工作人员以财物，数额较大的，或者违反国家规定，给予国家工作人员以各种名义的回扣、手续费的，以行贿论处。

因被勒索给予国家工作人员以财物，没有获得不正当利益的，不是行贿。

本条是关于行贿罪的罪刑条款内容。

【条文释义】

本条共分为 3 款。第 1 款是关于行贿罪的罪刑条款内容。

所谓行贿，是指为谋取不正当利益，给予国家工作人员财物的行为。

本罪在主观方面必须是出于直接故意，并且具有谋取不正当利益的目的。但是，行为人是否实际取得了所谋取的不正当利益，并不影响本罪的成立。

第 2 款是关于在经济往来中的行贿罪的罪刑条款内容。

在经济往来中，违反国家规定，给予国家工作人员以财物，数额较大的，或者违反国家规定，给予国家工作人员以各种名义的回扣、手续费的，以行贿论处。

第 3 款是关于不构成行贿罪的条款内容。

因被勒索给予国家工作人员以财物，没有获得不正当利益的，不是行贿。

【实务问题】

1. 本罪罪与非罪的界限

认定本罪时，应当注意：第一，只有以谋取不正当利益为目的，给予国家工作人员以财物的，才构成本罪。如果是为了谋取正当利益而给予国家工作人员以财物的，则不能认定为本罪。第二，因被勒索给予国家工作人员以财物，没有获得不正当利益的，不是行贿，即不能构成本罪。但因被勒索给予国家工作人员以财物，已获得不正当利益的，则构成本罪。

2. 本罪的立案标准

根据 2016 年《贪污贿赂案件解释》的规定，为谋取不正当利益，向国家工作人员行贿，数额在 3 万元以上的，应当依照《刑法》第 390 条的规定以行贿罪追究刑事责任。行贿数额在 1 万元以上不满 3 万元，具有下列情形之一的，应当依照《刑法》第 390 条的规定以行贿罪追究刑事责任：（1）向 3 人以上行贿的；（2）将违法所得用于行贿的；（3）通过行贿谋取职务提拔、调整的；（4）向负有食品、药品、安全生产、环境保护等监督管理职责的国家工作人员行贿，实施非法活动的；（5）向司法工作人员行贿，影响司法公正的；（6）造成经济损失数额在 50 万元以上不满 100 万元的。

3. “谋取不正当利益”的认定

根据 2008 年最高人民法院、最高人民检察院《关于办理商业贿赂刑事案件适用法律若干问题的意见》第 9 条的规定，在行贿犯罪中，“谋取不正当利益”，是指行贿人谋取违反法律、法规、规章或者政策规定的利益，或者要求对方违反法律、法规、规章、政策、行业规范的规定提供帮助或者方便条件。在招标投标、政府采购等商业活动中，违背公平原则，给予相关人员财物以谋取竞争优势的，属于“谋取不正当利益”。

第三百九十条　〔对行贿罪的处罚〕

对犯行贿罪的，处五年以下有期徒刑或者拘役，并处罚金；因行贿谋取不正当利益，情节严重的，或者使国家利益遭受重大损失的，处五年以上十年以下有期徒刑，并处罚金；情节特别严重的，或者使国家利益遭受特别重大损失的，处十年以上有期徒刑或者无期徒刑，并处罚金或者没收财产。

行贿人在被追诉前主动交待行贿行为的，可以从轻或者减轻处罚。其中，犯罪较轻的，对侦破重大案件起关键作用的，或者有重大立功表现的，可以减轻或者免除处罚。

本条是关于对行贿罪处罚的条款内容。

【主要修改】

2015 年 8 月 29 日通过的《刑法修正案（九）》对本条进行了修改，增设了罚金刑；对行贿人的减免处罚作了更为严格的规定。该条内容原为：“对犯行贿罪的，处五年以下有期徒刑或者拘役；因行贿谋取不正当利益，情节严重的，或者使国家利益遭受重大损失的，处五年以上十年以下有期徒刑；情节特别严重的，处十年以上有期徒刑或者无期徒刑，可以并处没收财产。行贿人在被追诉前主动交待行贿行为的，可以减轻处罚或者免除处罚。”

【条文释义】

本条共分为 2 款。第 1 款是关于行贿罪处罚的内容。

根据犯罪情节，分别规定了基本犯、情节严重或者使国家利益遭受重大损失、情节特别严重或者使国家遭受特别重大损失的三个不同档次的法定刑。

第 2 款是关于对行贿人减免处罚的条款。

行贿人在被追诉前主动交待行贿行为的，可以从轻或者减轻处罚。其中，犯罪较轻，对侦破重大案件起关键作用的，或者有重大立功表现的，可以减轻或者免除处罚。这里的“被追诉前”，是指检察机关对行贿人的行贿行为刑事立案前。

【实务问题】

1. 行贿罪“情节严重”的认定

根据2016年《贪污贿赂案件解释》的规定，犯行贿罪，具有下列情形之一的，应当认定为《刑法》第390条第1款规定的“情节严重”：（1）行贿数额在100万元以上不满500万元的；（2）行贿数额在50万元以上不满100万元，并具有该解释第7条第2款第1项至第5项规定的情形之一的；（3）其他严重的情节。

2. 行贿罪“情节特别严重”的认定

根据2016年《贪污贿赂案件解释》的规定，犯行贿罪，具有下列情形之一的，应当认定为《刑法》第390条第1款规定的“情节特别严重”：（1）行贿数额在500万元以上的；（2）行贿数额在250万元以上不满500万元，并具有该解释第7条第2款第1项至第5项规定的情形之一的；（3）其他特别严重的情节。

3. 行贿罪中“使国家利益遭受重大损失”的认定

根据2016年《贪污贿赂案件解释》的规定，为谋取不正当利益，向国家工作人员行贿，造成经济损失数额在100万元以上不满500万元的，应当认定为《刑法》第390条第1款规定的“使国家利益遭受重大损失”；为谋取不正当利益，向国家工作人员行贿，造成经济损失数额在500万元以上的，应当认定为《刑法》第390条第1款规定的“使国家利益遭受特别重大损失”。

4. 行贿数额的计算

根据2012年最高人民法院、最高人民检察院《关于办理行贿刑事案件具体应用法律若干问题的解释》的规定，多次行贿未经处理的，按照累计行贿数额处罚。

5. 行贿人减免处罚条件的认定

根据2016年《贪污贿赂案件解释》的规定，根据行贿犯罪的事实、情节，可能被判处3年有期徒刑以下刑罚的，可以认定为《刑法》第390条第2款规定的“犯罪较轻”。根据犯罪的事实、情节，已经或者可能被判处10年有期徒刑以上刑罚的，或者案件在本省、自治区、直辖市或者全国范围内有较大影响的，可以认定为《刑法》第390条第2款规定的“重大案件”。具有下列情形之一的，可以认定为《刑法》第390条第2款规定的“对侦破重大案件起关键作用”：（1）主动交待办案机关未掌握的重大案件线索的；（2）主动交待的犯罪线索不属于重大案件的线索，但该线索对于重大案件侦破有重要作用的；（3）主动交待行贿事实，对于重大案件的证据收集有重要作用的；（4）主动交待行贿事实，对于重大案件的追逃、追赃有重要作用的。

第三百九十条之一 〔对有影响力的人行贿罪〕

为谋取不正当利益，向国家工作人员的近亲属或者其他与该国家工作人员关系密切的人，或者向离职的国家工作人员或者其近亲属以及其他与其关系密切的人行贿的，处三年以下有期徒刑或者拘役，并处罚金；情节严重的，或者使国家利益遭受重大损失的，处三年以上七年以下有期徒刑，并处罚金；情节特别严重的，或者使国家利益遭受特别重大损失的，处七年以上十年以下有期徒刑，并处罚金。

单位犯前款罪的，对单位判处罚金，并对其直接负责的主管人员和其他直接责任人员，处三年以下有期徒刑或者拘役，并处罚金。

本条是关于对有影响力的人行贿罪的罪刑条款内容。

本条为2015年8月29日通过的《刑法修正案（九）》所增加。

【条文释义】

本条共分为2款。第1款是关于对有影响力的人行贿罪的罪刑条款。

对有影响力的人行贿罪，是指为谋取不正当利益，向国家工作人员的近亲属或者其他与该国家工作人员关系密切的人，或者向离职的国家工作人员或者其近亲属以及其他与其关系密切的人行贿的行为。

这里的“行贿”，是指为谋取不正当利益，给予有影响力的人财物的行为。这里的“有影响力的人”包括：（1）国家工作人员的近亲属；（2）近亲属以外的其他与该国家工作人员关系密切的人；（3）离职的国家工作人员；（4）离职国家工作人员的近亲属；（5）近亲属以外的其他与该离职国家工作人员关系密切的人。所谓离职的国家工作人员，是指曾经是国家工作人员，但因离休、退休、调转、辞职、辞退等原因，已不再担任原来的职务、离开国家工作人员岗位的人。“近亲属”，是指与国家工作人员或离职的国家工作人员有父母子女、配偶、同胞兄弟姐妹等关系的人。“其他关系密切的人”，主要是指与国家工作人员或者离职的国家工作人员有情妇（夫）关系或者其他共同利益关系的人。

本罪的主体是一般主体，即已满16周岁、具有辨认能力和控制能力的自然人都可以构成本罪。单位也可以构成本罪。

本罪在主观方面必须是出于直接故意，并且具有谋取不正当利益的犯罪目的。但是，行为人是否达到犯罪目的，即是否实际取得了所谋取的不正当利益，并不影响本罪的成立。

第 2 款是关于单位犯对有影响力的人行贿罪的处罚的条款。

单位犯对有影响力的人行贿罪的，对单位判处罚金，对其直接负责的主管人员和其他直接责任人员以本罪定罪处罚，处 3 年以下有期徒刑或者拘役，并处罚金。

【实务问题】

1. 本罪罪与非罪的界限

认定本罪时，应当注意：（1）只有为谋取不正当利益，向有影响力的人行贿的，才可能构成本罪。如果是为了取得正当利益而给予有影响力的人财物的，则不能认定为本罪。（2）实施对有影响力的人行贿行为，如果情节显著轻微，危害不大的，应当根据《刑法》第 13 条“但书”规定，不认为是犯罪，应当根据行贿数额大小或者是否有其他严重情节来确定是否成立本罪。在没有作出相关的司法解释之前，可以参照行贿罪和单位行贿罪的立案追诉标准追究刑事责任。根据 2016 年《贪污贿赂案件解释》的规定，对有影响力的人行贿罪的定罪量刑适用标准，参照该解释关于行贿罪的规定执行。

2. “谋取不正当利益”的认定

根据 2012 年最高人民法院、最高人民检察院《关于办理行贿刑事案件具体应用法律若干问题的解释》第 12 条的规定，行贿犯罪中的“谋取不正当利益”，是指行贿人谋取的利益违反法律、法规、规章、政策规定，或者要求国家工作人员违反法律、法规、规章、政策、行业规范的规定，为自己提供帮助或者方便条件。违背公平、公正原则，在经济、组织人事管理等活动中，谋取竞争优势的，应当认定为“谋取不正当利益”。

3. 本罪与行贿罪的界限

二者区分的关键在于：（1）犯罪主体不同。本罪的主体既可以是自然人也可以是单位；而行贿罪的主体只能是自然人。（2）行贿的对象不同。向国家工作人员的近亲属或者其他与该国家工作人员关系密切的人，或者向离职的国家工作人员或者其近亲属以及其他与其关系密切的人行贿的，构成本罪；向国家工作人员本人行贿的，则构成行贿罪。应当注意的是，如果为谋取不正当利益，按照国家工作人员的授意，将有关财务给予其近亲属或者其他与其关系密切的人的，则构成行贿罪。

第三百九十一条 〔对单位行贿罪〕

为谋取不正当利益，给予国家机关、国有公司、企业、事业单位、人民团体以财物的，或者在经济往来中，违反国家规定，给予各种名义的回扣、手续费的，处三年以下有期徒刑或者拘役，并处罚金。

单位犯前款罪的，对单位判处罚金，并对其直接负责的主管人员和其他直接责任人员，依照前款的规定处罚。

本条是关于对单位行贿罪的罪刑条款内容。

【主要修改】

本条第1款为2015年8月29日通过的《刑法修正案（九）》所修改，该款内容原为：“为谋取不正当利益，给予国家机关、国有公司、企业、事业单位、人民团体以财物的，或者在经济往来中，违反国家规定，给予各种名义的回扣、手续费的，处三年以下有期徒刑或者拘役。”

【条文释义】

本条共分为2款。第1款是关于对单位行贿罪的罪刑条款内容。

对单位行贿罪，是指为谋取不正当利益，给予国家机关、国有公司、企业、事业单位、人民团体以财物的，或者在经济往来中，违反国家规定，给予各种名义的回扣、手续费的行为。

本罪的主体是一般主体，既可以是自然人，也可以是单位。

本罪在主观方面必须是出于直接故意，并且具有谋取不正当利益的目的。但是行为人是否实际取得了所谋取的不正当利益，并不影响本罪的成立。

第2款是关于单位犯对单位行贿罪的处罚条款内容。

单位犯对单位行贿罪的，对单位判处罚金，并对其直接负责的主管人员和其他直接责任人员，以本罪定罪处罚。

【实务问题】

1. 本罪罪与非罪的界限

只有以谋取不正当利益为目的，给予国家机关、国有公司、企业、事业单位、人民团体以财物的，才构成本罪。如果是为了谋取正当利益而给予国家机关、国有公司、企业、事业单位、人民团体以财物的，便不能认定为本罪。

2. “谋取不正当利益”的认定

根据2008年最高人民法院、最高人民检察院《关于办理商业贿赂刑事案件适用法律若干问题的意见》第9条的规定，在行贿犯罪中，“谋取不正当利益”，是指行贿人谋取违反法律、法规、规章或者政策规定的利益，或者要求对方违反法律、法规、规章、政策、行业规范的规定提供帮助或者方便条件。在招标投标、政府采购等商业活动中，违背公平原则，给予相关人员财物以谋取竞争优势的，属于“谋取不正当利益”。

3. 本罪与行贿罪的界限

二者区分的关键在于：第一，犯罪主体不同。本罪的主体既可以是自然人也可以是单位；而行贿罪的主体只能是自然人。第二，行贿的对象不同。向国家机关、国有公司、企业、事业单位、人民团体行贿的，构成本罪；向国家工作人员行贿的，则构成行贿罪。

4. 对单位行贿罪的减免处罚的适用

根据 2012 年最高人民法院、最高人民检察院《关于办理行贿刑事案件具体应用法律若干问题的解释》第 7 条第 2 款的规定，单位行贿的，在被追诉前，单位集体决定或者单位负责人决定主动交待单位行贿行为的，依照《刑法》第 390 条第 2 款的规定，对单位及相关责任人员可以减轻处罚或者免除处罚；受委托直接办理单位行贿事项的直接责任人员在被追诉前主动交待自己知道的单位行贿行为的，对该直接责任人员可以依照《刑法》第 390 条第 2 款的规定减轻处罚或者免除处罚。

第三百九十二条 〔介绍贿赂罪〕

向国家工作人员介绍贿赂，情节严重的，处三年以下有期徒刑或者拘役，并处罚金。

介绍贿赂人在被追诉前主动交待介绍贿赂行为的，可以减轻处罚或者免除处罚。

本条是关于介绍贿赂罪的罪刑条款内容。

【主要修改】

本条第 1 款为 2015 年 8 月 29 日通过的《刑法修正案（九）》所修改，该款内容原为：“向国家工作人员介绍贿赂，情节严重的，处三年以下有期徒刑或者拘役。”

【条文释义】

本条共分为 2 款。第 1 款是关于介绍贿赂罪的罪刑条款内容。

介绍贿赂罪，是指向国家工作人员介绍贿赂，情节严重的行为。

所谓介绍贿赂，是指在行贿人与受贿人之间沟通关系、撮合条件，使贿赂行为得以实现的行为。既可以是受行贿人之托，疏通行贿通道，转达行贿人的要求，为行贿人引荐受贿人、转交贿赂物；也可以是受索贿人之托，向索贿对象传达索贿人的要求。只有情节严重的，才构成本罪。

本罪的主观方面必须是出于故意，即明知他人有行贿或者受贿的意图，并且明知自己的行为会使行贿和受贿得以实现，仍然实施该行为。至于行为人基于何种动机，或者是否具有从中获得利益的目的，均不影响本罪的成立。

第2款是关于对介绍贿赂人的减免处罚的条款内容。

介绍贿赂人在被追诉前主动交待介绍贿赂行为的，可以减轻处罚或者免除处罚。这里的“被追诉前”，是指检察机关对行贿人的行贿行为在刑事立案前。应当注意：（1）介绍贿赂人在被追诉前主动交待介绍贿赂行为的，适用本款规定，而不再适用《刑法》第67条关于自首的规定；（2）介绍贿赂人因主动交待介绍贿赂行为而使得与其相关的行贿案件、受贿案件得以侦破的，应当适用本款，不再适用《刑法》第68条关于立功的规定。

【实务问题】

1. 本罪罪与非罪的界限

只有具有介绍贿赂的故意，在行贿人与受贿人之间进行促成行贿与受贿的，才构成本罪。如果行为人不具有介绍贿赂的故意，只是在他人之间进行引见、介绍，使他人相互认识，即使他人之间实施了行贿、受贿的行为，也不能认定为本罪。

2. 介绍贿赂人主动交待介绍贿赂行为的法律适用

第一，介绍贿赂人在被追诉前主动交代介绍贿赂行为的，适用本条规定，不再适用《刑法》第67条关于自首的规定。行贿人被追诉后如实供述自己罪行的，应当适用《刑法》第67条第3款关于坦白的规定；因其如实供述自己罪行，避免特别严重后果发生的，可以减轻处罚。第二，介绍贿赂人因主动交待介绍贿赂行为而使得与其相关的行贿案件、受贿案件得以侦破的，应当适用本条，不再适用《刑法》第68条关于立功的规定。如果介绍贿赂人揭发受贿人、行贿人与其介绍贿赂无关的其他犯罪行为查证属实的，应依照《刑法》第68条关于立功的规定，可以从轻、减轻或者免除处罚。

第三百九十三条　〔单位行贿罪〕

单位为谋取不正当利益而行贿，或者违反国家规定，给予国家工作人员以回扣、手续费，情节严重的，对单位判处罚金，并对其直接负责的主管人员和其他直接责任人员，处五年以下有期徒刑或者拘役，并处罚金。因行贿取得的违法所得归个人所有的，依照本法第三百八十九条、第三百九十条的规定定罪处罚。

本条是关于单位行贿罪的罪刑条款内容。

【主要修改】

本条为2015年8月29日通过的《刑法修正案（九）》所修改，该条内容原为："单位为谋取不正当利益而行贿，或者违反国家规定，给予国家工作人员以回扣、手续费，情节严重的，对单位判处罚金，并对其直接负责的主管人员和其他直接责任人员，处五年以下有期徒刑或者拘役。因行贿取得的违法所得归个人所有的，依照本法第三百八十九条、第三百九十条的规定定罪处罚。"

【条文释义】

单位行贿罪，是指公司、企业、事业单位、机关、团体为谋取不正当利益而行贿，或者违反国家规定，给予国家工作人员以回扣、手续费，情节严重的行为。

本罪的主体只能是单位，根据 2000 年最高人民检察院《关于行贿罪立案标准的规定》的规定，这里的"单位"，包括公司、企业、事业单位、机关、团体。

本罪在主观方面必须是出于直接故意，并且具有谋取不正当利益的目的。但是行为人是否实际取得了所谋取的不正当利益，并不影响本罪的成立。

【实务问题】

1. 本罪罪与非罪的界限

第一，只有以谋取不正当利益为目的而行贿的，才构成本罪。如果是为了谋取正当利益而行贿的，便不能认定为本罪。第二，根据 2000 年最高人民检察院《关于行贿罪立案标准的规定》的规定，有下列情形之一的，构成本罪：（1）单位行贿数额在 20 万元以上的；（2）单位为谋取不正当利益而行贿，数额在 10 万元以上不满 20 万元，但具有下列情形之一的：①为谋取非法利益而行贿的；②向 3 人以上行贿的；③向党政领导、司法工作人员、行政执法人员行贿的；④致使国家或者社会利益遭受重大损失的。

2. "谋取不正当利益"的认定

根据 2008 年最高人民法院、最高人民检察院《关于办理商业贿赂刑事案件适用法律若干问题的意见》的规定，在行贿犯罪中，"谋取不正当利益"，是指行贿人谋取违反法律、法规、规章或者政策规定的利益，或者要求对方违反法律、法规、规章、政策、行业规范的规定提供帮助或者方便条件。在招标投标、政府采购等商业活动中，违背公平原则，给予相关人员财物以谋取竞争优势的，属于"谋取不正当利益"。

3. 本罪与行贿罪的界限

区分二者的关键在于犯罪主体不同。本罪的主体是单位，即公司、企业、事业单位、机关、团体；行贿罪的主体是自然人。但是，因行贿取得的违法所得归个人所有的，应以行贿罪论处。

4. 本罪与对单位行贿罪的界限

区分二者的关键在于：第一，犯罪主体不同。本罪的主体只能是单位，即公司、企业、事业单位、机关、团体；对单位行贿罪的主体既可以是自然人也可以是单位。第二，行贿的对象不同。向国家工作人员行贿的，构成本罪；向国家机关、国有公司、企业、事业单位、人民团体行贿的，构成对单位行贿罪。

第三百九十四条 〔国家工作人员接受礼物拒不交公的处罚规定〕

国家工作人员在国内公务活动或者对外交往中接受礼物，依照国家规定应当交公而不交公，数额较大的，依照本法第三百八十二条、第三百八十三条的规定定罪处罚。

本条是关于贪污罪的特殊形式的罪刑条款内容。

【条文释义】

国家工作人员在国内公务活动或者对外交往中接受礼物，依照国家规定应当交公而不交公，数额较大的，以贪污罪论处。

第三百九十五条

〔巨额财产来源不明罪〕**国家工作人员的财产、支出明显超过合法收入，差额巨大的，可以责令该国家工作人员说明来源，不能说明来源的，差额部分以非法所得论，处五年以下有期徒刑或者拘役；差额特别巨大的，处五年以上十年以下有期徒刑。财产的差额部分予以追缴。**

〔隐瞒境外存款罪〕**国家工作人员在境外的存款，应当依照国家规定申报。数额较大、隐瞒不报的，处二年以下有期徒刑或者拘役；情节较轻的，由其所在单位或者上级主管机关酌情给予行政处分。**

本条是关于巨额财产来源不明罪和隐瞒境外存款罪的罪刑条款内容。

【主要修改】

本条第1款为2009年2月28日通过的《刑法修正案（七）》所修改，该款内容原为："国家工作人员的财产或者支出明显超过合法收入，差额巨大的，可以责令说明来源。本人不能说明其来源是合法的，差额部分以非法所得论，处五年以下有期徒刑或者拘役，财产的差额部分予以追缴。"

【条文释义】

本条共分为2款。第1款是关于巨额财产来源不明罪的规定。

巨额财产来源不明罪，是指国家工作人员的财产、支出明显超过合法收入，差额巨大，而本人不能说明其来源的行为。

所谓巨额财产来源不明，是指国家工作人员不能说明其明显超过合法收入的巨额财产的来源的行为。这里的“合法收入”，是指国家工作人员依法获得的财物，即工资、奖金、津贴、补贴、合法继承的遗产、接受的合法赠与、提供劳务所取得的合法报酬等的总和。财产，是指国家工作人员实际拥有的房屋、车辆、存款、现金、有价证券、生活用品等财物的总和。支出，是指国家工作人员的各种消费及其他开支。差额，是指国家工作人员所拥有的财产与实际支出的总和超出其合法收入的部分。不能说明其来源，是指国家工作人员对于自己的财产、支出明显超过合法收入的差额部分，不能说明其真实来源，包括不予说明，不如实说明，以及进行说明但没有证据证明。但是不要求说明其来源是合法的。根据本条的规定，不能说明来源的差额巨大的，才能构成本罪。

本罪的主体是特殊主体，只有国家工作人员才能构成本罪。根据《刑法》第 93 条的规定，国家工作人员包括国家机关中从事公务的人员，国有公司、企业或者其他国有单位中从事公务的人员和国有公司、企业或者其他国有单位委派到非国有公司、企业以及其他单位从事公务的人员，以及其他依照法律从事公务的人员。

本罪在主观方面必须是出于直接故意，即行为人明知自己有说明自己的财产、支出来源的义务，并且明知自己拥有明显超过合法收入的巨额财产，却在被责令说明其来源时不能说明。在实践中，有的行为人具有隐瞒明显超过其合法收入的巨额财产的真实来源、逃避法律制裁的意图，也有的行为人确实无法具体说明其真实来源的，但这并不影响本罪的成立。

第 2 款是关于隐瞒境外存款罪的规定。

隐瞒境外存款罪，是指国家工作人员违反国家规定，故意隐瞒不报在境外的存款，数额较大的行为。

所谓隐瞒境外存款，是指违反国家规定，隐瞒不报在境外的存款的行为。所隐瞒不报的境外存款，数额较大的，才能构成本罪。根据最高人民检察院《关于人民检察院直接受理立案侦查案件立案标准的规定（试行）》的规定，隐瞒境外存款，折合人民币数额在 30 万元以上的，应以本罪论处。

本罪的主体是特殊主体，即国家工作人员。根据《刑法》第 93 条的规定，国家工作人员包括国家机关中从事公务的人员，国有公司、企业或者其他国有单位中从事公务的人员和国有公司、企业或者其他国有单位委派到非国有公司、企业以及其他单位从事公务的人员，以及其他依照法律从事公务的人员。

【实务问题】

1. 巨额财产来源不明罪的立案标准

根据 1999 年最高人民检察院《关于人民检察院直接受理立案侦查案件立案标准的规定（试行）》的规定，国家工作人员的财产或者支出明显超出合法收入，差额巨大，而本人又不能说明其来源合法，数额在 30 万元以上的，应予立案。

2. 隐瞒境外存款罪的立案标准

根据最高人民检察院《关于人民检察院直接受理立案侦查案件立案标准的规定（试行）》的规定，国家工作人员违反国家规定，故意隐瞒不报在境外的存款，折合人民币数额在 30 万元以上的，应予立案。

3. 巨额财产来源不明罪与贪污罪、受贿罪等犯罪的关系

在实践中，国家工作人员的来源不明的财产可能是实施贪污、受贿、走私、非法经营等其他犯罪活动的非法所得。巨额财产来源不明罪与这些犯罪区别的关键在于是否能够确定超出行为人合法收入的差额的真实、具体的来源。如果有证据证明超出其合法收入的巨额财产的真实来源确实是行为人实施贪污、受贿等犯罪所得，即使行为人不能说明该巨额财产的来源，也应当以所查明的贪污罪、受贿罪等犯罪论处，而不构成巨额财产来源不明罪。只有在行为人不能说明超出其合法收入的巨额财产的来源，司法机关也无法查明其真实、具体的来源的情况下，才认定为巨额财产来源不明罪。实践中，在查处贪污、受贿案件中，对行为人所拥有的超出其合法收入的巨额财产，确已查明为贪污、受贿所得的部分，达到犯罪标准的，应认定为贪污罪、受贿罪；对不能查明真实来源的那部分财物，达到数额巨大（30 万元以上）的，应当以巨额财产来源不明罪论处。

第三百九十六条

〔私分国有资产罪〕**国家机关、国有公司、企业、事业单位、人民团体，违反国家规定，以单位名义将国有资产集体私分给个人，数额较大的，对其直接负责的主管人员和其他直接责任人员，处三年以下有期徒刑或者拘役，并处或者单处罚金；数额巨大的，处三年以上七年以下有期徒刑，并处罚金。**

〔私分罚没财物罪〕**司法机关、行政执法机关违反国家规定，将应当上缴国家的罚没财物，以单位名义集体私分给个人的，依照前款的规定处罚。**

本条是关于私分国有资产罪和私分罚没财物罪的罪刑条款内容。

【条文释义】

本条共分为 2 款。第 1 款是关于私分国有资产罪的规定。

私分国有资产罪，是指国家机关、国有公司、企业、事业单位、人民团体，违反国家规定，以单位名义将国有资产集体私分给个人，数额较大的行为。

所谓私分国有资产，是指违反国家规定，以单位名义将国有资产集体私分给个人的行为。本罪的对象是国有资产，主要包括国家的专项拨款和补贴、应当上缴国库的税款以及国家给予国有公司、企业的生产经营性贷款、生产性资金、固定资产等。根据本条规定，私分国有资产数额较大的，才能构成本罪。

本罪的主体是特殊主体，即国家机关、国有公司、企业、事业单位、人民团体。

第 2 款是关于私分罚没财物罪的规定。

私分罚没财物罪，是指司法机关、行政执法机关违反国家规定，将应当上缴国家的罚没财物，以单位名义集体私分给个人的行为。

所谓私分罚没财物，是指违反国家规定，将应当上缴国家的罚没财物，以单位的名义集体私分给个人的行为。

本罪的对象是应当上缴国家的罚没财物，包括人民法院、人民检察院、公安机关、国家安全机关在办理刑事案件过程中，追缴没收的赃款赃物、犯罪工具、违禁品等；人民法院对犯罪分子判处的罚金、没收的财产；市场监管、税务、海关、卫生检疫、交通管理、环境保护等行政执法机关在执法活动中没收的财物和收缴的罚款，等等。根据本条的规定，私分国有资产数额较大的，才构成本罪。

本罪的主体是特殊主体，即司法机关、行政执法机关。

【实务问题】

1. 犯罪主体的认定

本条规定的两罪的行为主体与责任主体并不一致，行为主体是法定的单位，但责任主体只是相关单位直接负责的主管人员和其他直接责任人员。

2. 私分国有资产罪的立案标准

根据 1999 年最高人民检察院《关于人民检察院直接受理立案侦查案件立案标准的规定（试行）》的规定，国家机关、国有公司、企业、事业单位、人民团体，违反国家规定，以单位名义将国有资产集体私分给个人，累计数额在 10 万元以上的，应予立案。

3. 私分罚没财物罪的立案标准

根据 1999 年最高人民检察院《关于人民检察院直接受理立案侦查案件立案标准的规定（试行）》的规定，司法机关、行政执法机关违反国家规定，将应当上缴国家的罚没财物，以单位名义集体私分给个人，累计数额在 10 万元以上的，应予立案。

第九章　渎职罪

第三百九十七条　〔滥用职权罪；玩忽职守罪〕

国家机关工作人员滥用职权或者玩忽职守，致使公共财产、国家和人民利益遭受重大损失的，处三年以下有期徒刑或者拘役；情节特别严重的，处三年以上七年以下有期徒刑。本法另有规定的，依照规定。

国家机关工作人员徇私舞弊，犯前款罪的，处五年以下有期徒刑或者拘役；情节特别严重的，处五年以上十年以下有期徒刑。本法另有规定的，依照规定。

本条是关于滥用职权罪和玩忽职守罪的罪刑条款内容。

【条文释义】

本条共分为2款。第1款是关于滥用职权罪和玩忽职守罪的规定。

滥用职权罪，是指国家机关工作人员超越职权，违法决定、处理其无权决定、处理的事项，或者虽未超越职权，但违反规定处理公务，致使公共财产、国家和人民利益遭受重大损失的行为。

本罪中，行为人滥用职权的行为表现主要有两种：一是超越职权，违法决定、处理其无权决定、处理的事项；二是虽未超越职权，但违反规定处理公务。

玩忽职守罪，是指国家机关工作人员严重不负责任，不履行或者不认真履行职责，致使公共财产、国家和人民利益遭受重大损失的行为。

本罪中，行为人玩忽职守的行为表现为严重不负责任，不履行或者不认真履行职责，致使公共财产、国家和人民利益遭受重大损失的行为。不履行职责一般表现为不作为，即应为而不为，包括在执行职务过程中擅自脱离工作岗位，也包括虽在工作岗位但不履行法律或其职务要求其履行的义务。不正确履行职责一般表现为作为，既包括在履行职责中出现严重差错，也包括在执行职务活动中决策失误。玩忽职守的行为只有造成公共财产、国家和人民利益遭受重大损失的，才能构成犯罪。

需要特别注意的是，以上两罪的主体是特殊主体，即只能由国家机关工作人员构成。根据2012年最高人民法院、最高人民检察院《关于办理渎职刑事案件适用法律若干问题的解释（一）》第1条的规定，国家机关工作人员滥用职权或者玩忽职守，具有下列情形之一的，应当认定为“致使公共财产、国家和人民利益遭受重大损失”：（1）造成死亡1人以上，或者重伤3人以上，或者轻伤9人以上，或者重伤2人、轻伤3人以上，或者重伤1人、轻伤6人以上的；（2）造成经济损失30万元以上的；（3）造成恶劣社会影响的；（4）其他致使公共财产、国家和人民利益遭受重大损失的情形。具有下列情形之一的，应当认定为“情节特别严重”：（1）造成伤亡达到前款第1项规定人数3倍以上的；（2）造成经济损失150万元以上的；（3）造成前款规定的损失后果，不报、迟报、谎报或者授意、指使、强令他人不报、迟报、谎报事故情况，致使损失后果持续、扩大或者抢救工作延误的；（4）造成特别恶劣社会影响的；（5）其他特别严重的情节。

第2款是关于国家机关工作人员因徇私舞弊，犯滥用职权罪或玩忽职守罪的处罚规定。

由于在实践中，常有国家机关工作人员因为家属、亲友等特定关系人而徇私舞弊，实施滥用职权或玩忽职守的犯罪行为，主观恶性更重，所以对行为人因徇私舞弊而实施该类犯罪行为的，《刑法》规定应当从重处罚。

另外，对于第2款中“本法另有规定的，依照规定”这一内容的理解应当是，由于除滥用职权罪和玩忽职守罪之外，《刑法》还规定了具有滥用职权性质和玩忽职守性质的渎职犯罪（如第400条第1款之私放在押人员罪、第2款之失职致使在押人员脱逃罪等），这些犯罪与滥用职权罪和玩忽职守罪是特殊与一般的法条竞合关系，同时，根据2006年最高人民检察院《关于渎职侵权犯罪案件立案标准的规定》的规定，当行为人的犯罪行为符合法条竞合关系时，应按特殊渎职犯罪定罪处罚。

【实务问题】

1. 滥用职权罪和玩忽职守罪的界限

滥用职权罪和玩忽职守罪在犯罪主体、犯罪客体、罪过的性质、犯罪结果、加重情节等方面是相同的，但二者也存在着重要的区别：（1）渎职的客观行为方式不同。玩忽职守罪主要表现为以不作为的方式不履行职责或者怠于履行职责；而滥用职权罪主要表现为以作为的方式超越权限处理无权处理的事务或者不顾职责的程序和宗旨随心所欲地处理事务。（2）主观方面有所不同。玩忽职守罪在主观方面表现为过失；而滥用职权罪在主观方面则表现为直接故意或间接故意。

2. 滥用职权罪的立案标准

根据2006年最高人民检察院《关于渎职侵权犯罪案件立案标准的规定》的

规定，国家机关工作人员超越职权，违法决定、处理其无权决定、处理的事项，或者违反规定处理公务，涉嫌下列情形之一的，应予立案：(1) 造成死亡 1 人以上，或者重伤 2 人以上，或者重伤 1 人、轻伤 3 人以上，或者轻伤 5 人以上的；(2) 导致 10 人以上严重中毒的；(3) 造成个人财产直接经济损失 10 万元以上，或者直接经济损失不满 10 万元，但间接经济损失 50 万元以上的；(4) 造成公共财产或者法人、其他组织财产直接经济损失 20 万元以上，或者直接经济损失不满 20 万元，但间接经济损失 100 万元以上的；(5) 虽未达到 3、4 两项数额标准，但 3、4 两项合计直接经济损失 20 万元以上，或者合计直接经济损失不满 20 万元，但合计间接经济损失 100 万元以上的；(6) 造成公司、企业等单位停业、停产 6 个月以上，或者破产的；(7) 弄虚作假，不报、缓报、谎报或者授意、指使、强令他人不报、缓报、谎报情况，导致重特大事故危害结果继续、扩大，或者致使抢救、调查、处理工作延误的；(8) 严重损害国家声誉，或者造成恶劣社会影响的；(9) 其他致使公共财产、国家和人民利益遭受重大损失的情形。

国家机关工作人员滥用职权，符合《刑法》分则第九章所规定的特殊渎职罪构成要件的，按照该特殊规定追究刑事责任；主体不符合《刑法》分则第九章所规定的特殊渎职罪的主体要件，但滥用职权涉嫌上述第 1 项至第 9 项规定情形之一的，按照《刑法》第 397 条的规定以滥用职权罪追究刑事责任。

3. 玩忽职守罪的立案标准

根据 2006 年最高人民检察院《关于渎职侵权犯罪案件立案标准的规定》的规定，国家机关工作人员严重不负责任，不履行或者不认真履行职责，涉嫌下列情形之一的，应予立案：(1) 造成死亡 1 人以上，或者重伤 3 人以上，或者重伤 2 人、轻伤 4 人以上，或者重伤 1 人、轻伤 7 人以上，或者轻伤 10 人以上的；(2) 导致 20 人以上严重中毒的；(3) 造成个人财产直接经济损失 15 万元以上，或者直接经济损失不满 15 万元，但间接经济损失 75 万元以上的；(4) 造成公共财产或者法人、其他组织财产直接经济损失 30 万元以上，或者直接经济损失不满 30 万元，但间接经济损失 150 万元以上的；(5) 虽未达到 3、4 两项数额标准，但 3、4 两项合计直接经济损失 30 万元以上，或者合计直接经济损失不满 30 万元，但合计间接经济损失 150 万元以上的；(6) 造成公司、企业等单位停业、停产 1 年以上，或者破产的；(7) 海关、外汇管理部门的工作人员严重不负责任，造成 100 万美元以上外汇被骗购或者逃汇 1000 万美元以上的；(8) 严重损害国家声誉，或者造成恶劣社会影响的；(9) 其他致使公共财产、国家和人民利益遭受重大损失的情形。

国家机关工作人员玩忽职守，符合《刑法》分则第九章所规定的特殊渎职罪构成要件的，按照该特殊规定追究刑事责任；主体不符合《刑法》分则第九章所规定的特殊渎职罪的主体要件，但玩忽职守涉嫌上述第 1 项至第 9 项规定情形之一的，按照《刑法》第 397 条的规定以玩忽职守罪追究刑事责任。

4. 认定玩忽职守罪应注意的问题

认定玩忽职守罪时，应当特别注意，玩忽职守罪与重大责任事故罪、重大劳动安全事故罪、危险物品肇事罪、工程重大安全事故罪、教育设施重大安全事故罪等责任事故型犯罪之间的区别。它们之间最大的区别在于：（1）主体不同。玩忽职守罪的主体是国家机关工作人员；而责任事故型犯罪的主体一般是企业、事业单位的职工或者工作人员。（2）客体不同。玩忽职守罪侵犯的客体主要是国家机关的正常活动；而责任事故型犯罪侵犯的客体则为公共安全、公共卫生或者自然环境的保护、管理秩序。

第三百九十八条 〔故意泄露国家秘密罪；过失泄露国家秘密罪〕

国家机关工作人员违反保守国家秘密法的规定，故意或者过失泄露国家秘密，情节严重的，处三年以下有期徒刑或者拘役；情节特别严重的，处三年以上七年以下有期徒刑。

非国家机关工作人员犯前款罪的，依照前款的规定酌情处罚。

本条是关于故意泄露国家秘密罪和过失泄露国家秘密罪的罪刑条款内容。

【条文释义】

本条共分为 2 款。第 1 款是关于故意泄露国家秘密罪和过失泄露国家秘密罪的规定。

故意泄露国家秘密罪，是指违反《保守国家秘密法》的规定，故意泄露国家秘密，情节严重的行为。根据《保守国家秘密法》第 9 条的规定，国家秘密主要包括：（1）国家事务重大决策中的秘密事项；（2）国防建设和武装力量活动中的秘密事项；（3）外交和外事活动中的秘密事项以及对外承担保密义务的秘密事项；（4）国民经济和社会发展中的秘密事项；（5）科学技术中的秘密事项；（6）维护国家安全活动和追查刑事犯罪中的秘密事项；（7）经国家保密行政管理部门确定的其他秘密事项。另外，政党的秘密事项中符合国家秘密性质的，也属于国家秘密。

泄露国家秘密的行为方式多种多样，既可以是公开泄露，也可以是秘密泄露；既可以是口头泄露，也可以是书面泄露；既可以是用交付原物的方式泄露，也可以是采用密写、影印、摄影、复印、通过互联网予以发布等方式泄露。

过失泄露国家秘密罪，是指国家机关工作人员或者非国家机关工作人员违反《保守国家秘密法》的规定，过失泄露国家秘密，或者遗失秘密文件，致使国家秘密被不应知悉者知悉或者超出了限定的接触范围，情节严重的行为。

第 2 款是关于非国家工作人员犯故意泄露国家秘密罪或过失泄露国家秘密罪的罪刑内容规定。

根据本款规定，如非国家工作人员犯此类罪行，可以依照第 1 款的规定酌情处罚。

【实务问题】

1. 故意泄露国家秘密罪的立案标准

根据 2006 年最高人民检察院《关于渎职侵权犯罪案件立案标准的规定》的规定，国家机关工作人员或者非国家机关工作人员违反《保守国家秘密法》，故意使国家秘密被不应知悉者知悉，或者故意使国家秘密超出了限定的接触范围，涉嫌下列情形之一的，应予立案：（1）泄露绝密级国家秘密 1 项（件）以上的；（2）泄露机密级国家秘密 2 项（件）以上的；（3）泄露秘密级国家秘密 3 项（件）以上的；（4）向非境外机构、组织、人员泄露国家秘密，造成或者可能造成危害社会稳定、经济发展、国防安全或者其他严重危害后果的；（5）通过口头、书面或者网络等方式向公众散布、传播国家秘密的；（6）利用职权指使或者强迫他人违反《保守国家秘密法》的规定泄露国家秘密的；（7）以牟取私利为目的泄露国家秘密的；（8）其他情节严重的情形。

2. 过失泄露国家秘密罪的立案标准

根据 2006 年最高人民检察院《关于渎职侵权犯罪案件立案标准的规定》的规定，国家机关工作人员或者非国家机关工作人员违反《保守国家秘密法》，过失泄露国家秘密，或者遗失国家秘密载体，致使国家秘密被不应知悉者知悉或者超出了限定的接触范围，涉嫌下列情形之一的，应予立案：（1）泄露绝密级国家秘密 1 项（件）以上的；（2）泄露机密级国家秘密 3 项（件）以上的；（3）泄露秘密级国家秘密 4 项（件）以上的；（4）违反保密规定，将涉及国家秘密的计算机或者计算机信息系统与互联网相连接，泄露国家秘密的；（5）泄露国家秘密或者遗失国家秘密载体，隐瞒不报、不如实提供有关情况或者不采取补救措施的；（6）其他情节严重的情形。

第三百九十九条

〔徇私枉法罪〕**司法工作人员徇私枉法、徇情枉法，对明知是无罪的人而使他受追诉、对明知是有罪的人而故意包庇不使他受追诉，或者在刑事审判活动中故意违背事实和法律作枉法裁判的，处五年以下有期徒刑或者拘役；情节严重的，处五年以上十年以下有期徒刑；情节特别严重的，处十年以上有期徒刑。**

〔民事、行政枉法裁判罪〕**在民事、行政审判活动中故意违背事实和法**

律作枉法裁判，情节严重的，处五年以下有期徒刑或者拘役；情节特别严重的，处五年以上十年以下有期徒刑。

〔执行判决、裁定失职罪；执行判决、裁定滥用职权罪〕**在执行判决、裁定活动中，严重不负责任或者滥用职权，不依法采取诉讼保全措施、不履行法定执行职责，或者违法采取诉讼保全措施、强制执行措施，致使当事人或者其他人的利益遭受重大损失的，处五年以下有期徒刑或者拘役；致使当事人或者其他人的利益遭受特别重大损失的，处五年以上十年以下有期徒刑。**

司法工作人员收受贿赂，有前三款行为的，同时又构成本法第三百八十五条规定之罪的，依照处罚较重的规定定罪处罚。

本条是关于徇私枉法罪，民事、行政枉法裁判罪，执行判决、裁定失职罪和执行判决、裁定滥用职权罪的罪刑条款内容。

【主要修改】

本条为 2002 年 12 月 28 日通过的《刑法修正案（四）》所修改，该条内容原为："司法工作人员徇私枉法、徇情枉法，对明知是无罪的人而使他受追诉、对明知是有罪的人而故意包庇不使他受追诉，或者在刑事审判活动中故意违背事实和法律作枉法裁判的，处五年以下有期徒刑或者拘役；情节严重的，处五年以上十年以下有期徒刑；情节特别严重的，处十年以上有期徒刑。在民事、行政审判活动中故意违背事实和法律作枉法裁判，情节严重的，处五年以下有期徒刑或者拘役；情节特别严重的，处五年以上十年以下有期徒刑。司法工作人员贪赃枉法，有前两款行为的，同时又构成本法第三百八十五条规定之罪的，依照处罚较重的规定定罪处罚。"

【条文释义】

本条共分为 4 款。第 1 款是关于徇私枉法罪的规定。

徇私枉法罪，是指司法工作人员徇私枉法、徇情枉法，对明知是无罪的人而使他受追诉、对明知是有罪的人而故意包庇不使他受追诉，或者在刑事审判活动中故意违背事实和法律作枉法裁判的行为。

本罪在客观方面表现为在刑事诉讼活动中"徇私枉法、徇情枉法"，具体而言，有三种行为方式：（1）"对明知是无罪的人而使他受追诉"。这是指在刑事诉讼过程中，司法工作人员在明知他人没有犯罪的情况下，却因徇私情对不该立案的立案、不该起诉的起诉、不该审判的审判。（2）"对明知是有罪的人而故意包庇不使他受追诉"。这是指在刑事诉讼中，司法工作人员明知他人犯有罪行，却由于徇私情而不予追诉。（3）"在刑事审判活动中故意违背事实和法律作枉法裁判”。这是指司法工作人员利用掌握刑事审判的便利条件，故意歪曲案情真相，作出违背事实和违反法律的判决、裁定，包括在刑事案件中明知是无罪而故意判有罪，明知是有罪而故意判无罪，也包括故意轻罪重判、重罪轻判等。这种行为具体表现为搜集制造假的证据材料，篡改、销毁足以证明事实真相的证据材料，曲解或者滥用法律条文，违反诉讼程序等。

本罪的主体是特殊主体，即只能由司法工作人员构成。司法工作人员，是指有侦查、检察、审判、监管职责的工作人员。非司法工作人员与司法工作人员相勾结，共同实施徇私枉法行为，构成犯罪的，应当以徇私枉法罪的共犯追究刑事责任。

第 2 款是关于民事、行政枉法裁判罪的规定。

民事、行政枉法裁判罪，是指司法工作人员在民事、行政审判活动中，故意违背事实和法律作枉法裁判，情节严重的行为。

这里的“民事、行政审判活动”，是指由《民事诉讼法》《行政诉讼法》规范的民事诉讼、行政诉讼中的各种审判活动。其中，民事审判活动是广义的，不仅指民事案件的审判活动，还包括经济纠纷、海事等案件的审判活动。“枉法裁判”，是指故意作出不符合事实或者违反法律规定的裁定、判决，如改变胜诉、败诉结果。

第 3 款是关于执行判决、裁定失职罪和执行判决、裁定滥用职权罪的规定。

执行判决、裁定失职罪，是指司法工作人员在执行判决、裁定活动中，严重不负责任，不依法采取诉讼保全措施、不履行法定执行职责，致使当事人或者其他人的利益遭受重大损失的行为。

这里的“判决、裁定”，是指人民法院依法作出的具有执行内容并已发生法律效力的判决、裁定。

执行判决、裁定滥用职权罪，是指司法工作人员在执行判决、裁定活动中，滥用职权，不依法采取诉讼保全措施、不履行法定执行职责，或者违法采取诉讼保全措施、强制执行措施，致使当事人或者其他人的利益遭受重大损失的行为。

第 4 款是关于司法工作人员因收受贿赂而犯前 3 款罪，并且还符合《刑法》第 385 条的规定构成受贿罪的，应当按照处罚较重的罪定罪处罚的规定。

司法工作人员因收受贿赂而犯前 3 款罪，并且还符合《刑法》第 385 条的规定构成受贿罪的，根据行为人的犯罪情节，在本条第 1、2、3 款所规定的罪刑内容与第 385 条受贿罪的规定之间作比较，选择处罚较重的罪定罪处罚，不实行数罪并罚。

【实务问题】

1. 徇私枉法罪的立案标准

根据 2006 年最高人民检察院《关于渎职侵权犯罪案件立案标准的规定》的规定，司法工作人员徇私枉法、徇情枉法，对明知是无罪的人而使他受追诉、对明知是有罪的人而故意包庇不使他受追诉，或者在刑事审判活动中故意违背事实和法律作枉法裁判，涉嫌下列情形之一的，应予立案：（1）对明知是没有犯罪事实或者其他依法不应当追究刑事责任的人，采取伪造、隐匿、毁灭证据或者其他隐瞒事实、违反法律的手段，以追究刑事责任为目的立案、侦查、起诉、审判的；（2）对明知是有犯罪事实需要追究刑事责任的人，采取伪造、隐匿、毁灭证据或者其他隐瞒事实、违反法律的手段，故意包庇使其不受立案、侦查、起诉、审判的；（3）采取伪造、隐匿、毁灭证据或者其他隐瞒事实、违反法律的手段，故意使罪重的人受较轻的追诉，或者使罪轻的人受较重的追诉的；（4）在立案后，采取伪造、隐匿、毁灭证据或者其他隐瞒事实、违反法律的手段，应当采取强制措施而不采取强制措施，或者虽然采取强制措施，但中断侦查或者超过法定期限不采取任何措施，实际放任不管，以及违法撤销、变更强制措施，致使犯罪嫌疑人、被告人实际脱离司法机关侦控的；（5）在刑事审判活动中故意违背事实和法律，作出枉法判决、裁定，即有罪判无罪、无罪判有罪，或者重罪轻判、轻罪重判的；（6）其他徇私枉法应予追究刑事责任的情形。

2. 徇私枉法罪与包庇罪的界限

两罪都具有使有罪的人不受追诉的内容，但它们的主要区别在于：（1）犯罪主体不同。徇私枉法罪的主体是特殊主体，只能由司法工作人员构成；而包庇罪的主体则是一般主体。（2）客观方面不同。其一，在徇私枉法罪中，使有罪的人不受追诉的行为表现为采用各种方式故意包庇以使其不受追诉，或者在刑事审判活动中故意违背事实和法律作枉法裁判；而包庇罪的行为则只表现为作假证明。其二，行为实施的时间不同。在徇私枉法罪中，使有罪的人不受追诉的行为只能发生在刑事案件的侦查、审查起诉、审判过程中；而包庇罪则无此限制。（3）徇私枉法罪的行为人必须利用自己直接办理主管案件的便利条件；而包庇罪则无此要求。

3. 徇私枉法罪罪数的认定

关于徇私枉法罪一罪与数罪的认定应注意，根据本条第 4 款的规定："司法工作人员收受贿赂，有前三款行为的，同时又构成本法第三百八十五条规定之罪的，依照处罚较重的规定定罪处罚。"这说明，司法工作人员因受贿而枉法追诉、裁判的，应择一重罪定罪处罚，不实行数罪并罚。

4. 民事、行政枉法裁判罪的立案标准

根据 2006 年最高人民检察院《关于渎职侵权犯罪案件立案标准的规定》的规定，司法工作人员在民事、行政审判活动中，故意违背事实和法律作枉法裁判，涉嫌下列情形之一的，应予立案：（1）枉法裁判，致使当事人或者其近亲属自杀、自残造成重伤、死亡，或者精神失常的；（2）枉法裁判，造成个人财产直接经济损失 10 万元以上，或者直接经济损失不满 10 万元，但间接经济损失 50 万元以上的；（3）枉法裁判，造成法人或者其他组织财产直接经济损失 20 万元以上，或者直接经济损失不满 20 万元，但间接经济损失 100 万元以上的；（4）伪造、变造有关材料、证据，制造假案枉法裁判的；（5）串通当事人制造伪证，毁灭证据或者篡改庭审笔录而枉法裁判的；（6）徇私情、私利，明知是伪造、变造的证据予以采信，或者故意对应当采信的证据不予采信，或者故意违反法定程序，或者故意错误适用法律而枉法裁判的；（7）其他情节严重的情形。

5. 认定民事、行政枉法裁判罪应注意的问题

在认定民事、行政枉法裁判罪时应注意，对于不是有意枉法裁判，而是由于认识水平、工作能力的原因作出显失公平的裁判的，或者由于工作隶属关系，迫于上级的压力而作出显失公平的裁判的，不能以犯罪论处。对于虽然有意徇私作出了枉法裁判，但综合其动机、手段及后果，尚未达到情节严重程度的，也不应以犯罪论处。

最后，应当注意的是，负有审判职责的人利用职务之便，在民事、行政枉法裁判的过程中采取了毁灭、伪造证据的手段，应视为牵连犯，只需以民事、行政枉法裁判罪一罪定罪处罚。根据本条第 4 款的规定，犯民事、行政枉法裁判罪，同时又构成受贿罪的，也应择一重罪定罪处罚，不实行数罪并罚。

6. 执行判决、裁定失职罪的立案标准

根据 2006 年最高人民检察院《关于渎职侵权犯罪案件立案标准的规定》的规定，司法工作人员在执行判决、裁定活动中，严重不负责任，不依法采取诉讼保全措施、不履行法定执行职责，或者违法采取保全措施、强制执行措施，涉嫌下列情形之一的，应予立案：（1）致使当事人或者其近亲属自杀、自残造成重伤、死亡，或者精神失常的；（2）造成个人财产直接经济损失 15 万元以上，或者直接经济损失不满 15 万元，但间接经济损失 75 万元以上的；（3）造成法人或者其他组织财产直接经济损失 30 万元以上，或者直接经济损失不满 30 万元，但间接经济损失 150 万元以上的；（4）造成公司、企业等单位停业、停产 1 年以上，或者破产的；（5）其他致使当事人或者其他人的利益遭受重大损失的情形。

7. 执行判决、裁定滥用职权罪的立案标准

根据 2006 年最高人民检察院《关于渎职侵权犯罪案件立案标准的规定》的

规定，司法工作人员在执行判决、裁定活动中，滥用职权，不依法采取诉讼保全措施、不履行法定执行职责，或者违法采取保全措施、强制执行措施，涉嫌下列情形之一的，应予立案：（1）致使当事人或者其近亲属自杀、自残造成重伤、死亡，或者精神失常的；（2）造成个人财产直接经济损失 10 万元以上，或者直接经济损失不满 10 万元，但间接经济损失 50 万元以上的；（3）造成法人或者其他组织财产直接经济损失 20 万元以上，或者直接经济损失不满 20 万元，但间接经济损失 100 万元以上的；（4）造成公司、企业等单位停业、停产 6 个月以上，或者破产的；（5）其他致使当事人或者其他人的利益遭受重大损失的情形。

第三百九十九条之一 〔枉法仲裁罪〕

依法承担仲裁职责的人员，在仲裁活动中故意违背事实和法律作枉法裁决，情节严重的，处三年以下有期徒刑或者拘役；情节特别严重的，处三年以上七年以下有期徒刑。

本条是关于枉法仲裁罪的罪刑条款内容。

本条为 2006 年 6 月 29 日通过的《刑法修正案（六）》所增加。

【条文释义】

枉法仲裁罪，是指依法承担仲裁职责的人员，在仲裁活动中故意违背事实和法律作枉法裁决，情节严重的行为。本罪的行为发生在商事仲裁活动中，也包括劳动仲裁等其他仲裁活动。因此，本罪的主体是特殊主体，即只能是依法承担仲裁职责的人员（主要是指商事仲裁人员，但也包括劳动仲裁等其他仲裁人员）。

本罪在客观方面表现为在仲裁活动中故意违背事实和法律作枉法裁决，情节严重的行为。该行为有以下三点特征：第一，必须发生在仲裁活动中。这也是本罪与徇私枉法罪，民事、行政枉法裁判罪的重要区别。第二，违背事实和法律作枉法裁决。这是指仲裁员背离案件的客观事实，故意歪曲法律、法规和相关司法解释的原意，作出仲裁裁决。因为专业水平不够，对法律规定理解偏差等造成错误裁决的，不构成本罪。第三，必须达到“情节严重”的程度，包括收受贿赂枉法裁决、给仲裁当事人造成重大财产损失或者造成其他严重后果等情形，具体可由司法机关根据案件情况掌握。

本罪在主观方面表现为故意，如仲裁人员由于过失导致仲裁不当的，不构成本罪。

【实务问题】

本罪与徇私枉法罪的界限

在认定本罪时，应注意与徇私枉法罪之间的区别。本罪在性质上与徇私枉法罪一样，也具有明显的“枉法”性，是对司法公正性的严重破坏。但是，本罪与徇私枉法罪之间也存在重要的区别：（1）客体不同。本罪所侵犯的客体是仲裁制度的公正性；而徇私枉法罪所侵犯的客体是国家司法机关正常的刑事审判活动。（2）行为的内容不同。本罪的行为表现为在商事活动中作出枉法仲裁；而徇私枉法罪的行为表现为在刑事诉讼中的枉法裁判。（3）主体不同。本罪的主体是依法承担仲裁职责的人员；而徇私枉法罪的主体是司法工作人员，即负有侦查、检察、审判、监管职责的工作人员。

第四百条

〔私放在押人员罪〕**司法工作人员私放在押的犯罪嫌疑人、被告人或者罪犯的，处五年以下有期徒刑或者拘役；情节严重的，处五年以上十年以下有期徒刑；情节特别严重的，处十年以上有期徒刑。**

〔失职致使在押人员脱逃罪〕**司法工作人员由于严重不负责任，致使在押的犯罪嫌疑人、被告人或者罪犯脱逃，造成严重后果的，处三年以下有期徒刑或者拘役；造成特别严重后果的，处三年以上十年以下有期徒刑。**

本条是关于私放在押人员罪和失职致使在押人员脱逃罪的罪刑条款内容。

【条文释义】

本条共分为2款。第1款是关于私放在押人员罪的规定。

私放在押人员罪，是指司法工作人员私放在押的犯罪嫌疑人、被告人或者罪犯的行为。

本罪侵犯的客体是国家司法机关的监管制度。

本罪在客观方面表现为行为人利用职务上的便利私放在押的犯罪嫌疑人、被告人或者罪犯的行为。这里的“私放”，是指擅自、非法将在押人员释放使其逃出监管机关的监控范围。监控范围可以是看守所等固定场所，也可以是押解途中、监管场所以外的劳动作业场所等临时性场所。这里的“在押”，包括在羁押场所和押解途中。“在押人员”，包括在押的犯罪嫌疑人、被告人或者罪犯，不包括被采取行政拘留、司法拘留、强制隔离戒毒等其他限制人身自由的处罚或者措施的人员。私放主要表现为，司法工作人员利用职务之便（如利用看守、押解、关押在押人员等职务、职责的便利条件），私自将犯罪嫌疑人、被告人或者罪犯放走或者授意、指使他人放走；伪造、变造或者涂改有关法律文件，将犯罪嫌疑人、被告人或者罪犯放走；为犯罪嫌疑人、被告人或者罪犯提供便利条件、帮助，使其脱逃等情形。

本罪的主体是特殊主体，只能由司法工作人员构成。

本罪在主观方面必须是出于故意，具体动机多样，如图财、徇私情、包庇等。

第 2 款是关于失职致使在押人员脱逃罪的规定。

失职致使在押人员脱逃罪，是指司法工作人员由于严重不负责任，不履行或者不认真履行职责，致使在押的犯罪嫌疑人、被告人或者罪犯脱逃，造成严重后果的行为。

本罪侵犯的客体是司法机关的监管制度。

本罪在客观方面表现为由于严重不负责任，不履行或者不认真履行职责，致使在押的犯罪嫌疑人、被告人或者罪犯脱逃，造成严重后果的行为。这里的“严重不负责任”，是指司法工作人员违反岗位职责要求，不履行或不正确履行职责，情节恶劣的行为。具体表现为工作中的官僚主义，马马虎虎、敷衍应付、漫不经心等。“脱逃”，是指被拘留、逮捕的犯罪嫌疑人、被告人或者正在服刑的罪犯逃离羁押、监管场所的行为。

本罪的主体是特殊主体，即司法工作人员。

本罪在主观方面表现为过失。

【实务问题】

1. 私放在押人员罪的立案标准

根据 2006 年最高人民检察院《关于渎职侵权犯罪案件立案标准的规定》的规定，司法工作人员私放在押（包括在羁押场所和押解途中）的犯罪嫌疑人、被告人或者罪犯，涉嫌下列情形之一的，应予立案：（1）私自将在押的犯罪嫌疑人、被告人、罪犯放走，或者授意、指使、强迫他人将在押的犯罪嫌疑人、被告人、罪犯放走的；（2）伪造、变造有关法律文书、证明材料，以使在押的犯罪嫌疑人、被告人、罪犯逃跑或者被释放的；（3）为私放在押的犯罪嫌疑人、被告人、罪犯，故意向其通风报信、提供条件，致使该在押的犯罪嫌疑人、被告人、罪犯脱逃的；（4）其他私放在押的犯罪嫌疑人、被告人、罪犯应予追究刑事责任的情形。

2. 认定私放在押人员罪应注意的问题

本罪是行为犯，即只要具有一定职责的司法工作人员利用职务上的便利，将在押的犯罪嫌疑人、被告人或者罪犯私自释放，便构成本罪。

3. 失职致使在押人员脱逃罪的立案标准

根据 2006 年最高人民检察院《关于渎职侵权犯罪案件立案标准的规定》的规定，司法工作人员由于严重不负责任，不履行或者不认真履行职责，致使在押（包括在羁押场所和押解途中）的犯罪嫌疑人、被告人、罪犯脱逃，涉嫌下列情形之一的，应予立案：（1）致使依法可能判处或者已经判处 10 年以上有期徒刑、无期徒刑、死刑的犯罪嫌疑人、被告人、罪犯脱逃的；（2）致使犯罪嫌疑人、被告人、罪犯脱逃 3 人次以上的；（3）犯罪嫌疑人、被告人、罪犯脱逃以后，打击报复报案人、控告人、举报人、被害人、证人和司法工作人员等，或者继续犯罪的；（4）其他致使在押的犯罪嫌疑人、被告人、罪犯脱逃，造成严重后果的情形。

4. 认定失职致使在押人员脱逃罪应注意的问题

本罪在主观方面表现为过失，即司法工作人员由于严重不负责任，不履行或者不认真履行职责，致使在押的犯罪嫌疑人、被告人或者罪犯脱逃，造成严重后果。这是认定本罪的重要特征，如果司法工作人员在主观方面不是出于过失而是出于故意，则不能以本罪认定，而应当以私放在押人员罪论处。

第四百零一条　〔徇私舞弊减刑、假释、暂予监外执行罪〕

司法工作人员徇私舞弊，对不符合减刑、假释、暂予监外执行条件的罪犯，予以减刑、假释或者暂予监外执行的，处三年以下有期徒刑或者拘役；情节严重的，处三年以上七年以下有期徒刑。

本条是关于徇私舞弊减刑、假释、暂予监外执行罪的罪刑条款内容。

【条文释义】

徇私舞弊减刑、假释、暂予监外执行罪，是指司法工作人员徇私舞弊，对不符合减刑、假释、暂予监外执行条件的罪犯予以减刑、假释、暂予监外执行的行为。

本罪是一种严重破坏司法公正性、严肃性的犯罪行为。本罪的主体是特殊主体，即司法工作人员，主要是具有减刑、假释或者暂予监外执行决定权的司法工作人员。另外，行为人所进行的有关“徇私舞弊”行为，在主观上表现为故意。如果司法工作人员将不符合条件的罪犯予以减刑、假释或者暂予监外执行，不是出于徇私、徇情的犯罪故意，而是由于政策观念不强，工作不深入、不细致所造成的，一般应认为是工作失误，应责令其总结经验，吸取教训，提高政策与业务水平，改进工作，避免再犯类似错误；如果有必要的话，可以给予党纪、政纪处分，而不能以本罪论处。对于个别情节严重，且确实符合玩忽职守罪构成要件的，应以玩忽职守罪定罪处罚。

【实务问题】

1. 本罪的立案标准

根据 2006 年最高人民检察院《关于渎职侵权犯罪案件立案标准的规定》的规定，司法工作人员徇私舞弊，对不符合减刑、假释、暂予监外执行条件的罪犯予以减刑、假释、暂予监外执行，涉嫌下列情形之一的，应予立案：（1）刑罚执行机关的工作人员对不符合减刑、假释、暂予监外执行条件的罪犯，捏造事实，伪造材料，违法报请减刑、假释、暂予监外执行的；（2）审判人员对不符合减刑、假释、暂予监外执行条件的罪犯，徇私舞弊，违法裁定减刑、假释或者违法决定暂予监外执行的；（3）监狱管理机关、公安机关的工作人员对不符合暂予监外执行条件的罪犯，徇私舞弊，违法批准暂予监外执行的；（4）不具有报请、裁定、决定或者批准减刑、假释、暂予监外执行权的司法工作人员利用职务上的便利，伪造有关材料，导致不符合减刑、假释、暂予监外执行条件的罪犯被减刑、假释、暂予监外执行的；（5）其他徇私舞弊减刑、假释、暂予监外执行应予追究刑事责任的情形。

2. 认定本罪应注意的问题

本罪在性质上也具有一定的滥用职权性。但是，本罪与滥用职权罪存在着明显的界限。司法工作人员徇私舞弊减刑、假释、暂予监外执行的行为可以滥用职权的形式进行，而滥用职权的行为也可以具有徇私舞弊的性质，因此，本罪与滥用职权罪具有法条竞合的关系。对于以滥用职权的形式实施徇私舞弊减刑、假释、暂予监外执行的，应当根据特别法优于普通法的原则，以本罪论处。

第四百零二条 〔徇私舞弊不移交刑事案件罪〕

行政执法人员徇私舞弊，对依法应当移交司法机关追究刑事责任的不移交，情节严重的，处三年以下有期徒刑或者拘役；造成严重后果的，处三年以上七年以下有期徒刑。

本条是关于徇私舞弊不移交刑事案件罪的罪刑条款内容。

【条文释义】

徇私舞弊不移交刑事案件罪，是指行政执法人员徇私舞弊，对依法应当移交司法机关追究刑事责任的刑事案件，不移交司法机关处理，情节严重的行为。

本罪是严重干扰刑事司法正当程序的犯罪行为。

本罪在客观方面表现为行政执法人员实施了依法应当将案件移交司法机关追

究刑事责任的不移交，情节严重的行为。这里的“依法应当移交司法机关追究刑事责任的不移交”，是指明知他人的行为已经构成犯罪，应当交由司法机关依法追究其刑事责任，但是行为人不移交司法机关，而故意使犯罪人逃避法律追究的行为。“司法机关”，主要是指对刑事案件负有侦查职责的机关，包括公安机关、检察机关、国家安全机关、海警机关等。《行政处罚法》和一些具体的行政法律法规都对行政机关将涉嫌犯罪的案件移交司法机关作了规定。

本罪的主体是特殊主体，只能是行政执法人员，即市场监管、税务、监察等行政机关中具有行政执法职权和职责的工作人员，而这些人员不具有刑事司法的权利，在查处到具体的涉嫌刑事犯罪的案件时，应按程序移送有关机关立案审理。

另外，由本罪所具有的“徇私舞弊”的性质可以看出，行为人在主观方面表现为故意。

【实务问题】

1. 本罪罪与非罪的界限

徇私舞弊不移交刑事案件的行为是否构成犯罪，应以情节是否严重为认定标准。情节严重的，应依法认定为本罪；情节没有达到严重程度的，不能以犯罪论处。行政执法人员不移交刑事案件，如果不是由于徇私舞弊，而是由于政策不清、法律观念淡薄，或者业务能力不强等原因造成的，一般也不能以犯罪论处。但是对于造成重大危害后果，且又符合玩忽职守罪构成要件的，应依法以玩忽职守罪论处。

2. 本罪的立案标准

根据 2006 年最高人民检察院《关于渎职侵权犯罪案件立案标准的规定》的规定，市场监督管理、税务、监察等行政执法人员，徇私舞弊，对依法应当移交司法机关追究刑事责任的案件不移交，涉嫌下列情形之一的，应予立案：（1）对依法可能判处 3 年以上有期徒刑、无期徒刑、死刑的犯罪案件不移交的；（2）不移交刑事案件涉及 3 人次以上的；（3）司法机关提出意见后，无正当理由仍然不予移交的；（4）以罚代刑，放纵犯罪嫌疑人，致使犯罪嫌疑人继续进行违法犯罪活动的；（5）行政执法部门主管领导阻止移交的；（6）隐瞒、毁灭证据，伪造材料，改变刑事案件性质的；（7）直接负责的主管人员和其他直接责任人员为牟取本单位私利而不移交刑事案件，情节严重的；（8）其他情节严重的情形。

3. 本罪与徇私枉法罪的界限

二者均属于特殊主体的职务犯罪，都具有较为相同的徇私性质，所以容易混淆。但二者也存在着重要的区别：（1）客体不完全相同。本罪侵犯的客体主要是国家行政机关的执法活动和司法机关的正常活动；而徇私枉法罪侵犯的客体则主要是国家司法机关的正常活动。（2）犯罪主体有所不同。本罪的主体是国家机关工作人员中的行政执法人员；而徇私枉法罪的主体则是国家机关工作人员中的司法工作人员。（3）客观方面有所不同。本罪在客观方面表现为市场监管、税务、监察等行政机关的行政执法人员，徇私舞弊，对依法应当移交司法机关追究刑事责任的刑事案件，不移交司法机关处理，情节严重的行为；而徇私枉法罪在客观方面则表现为司法工作人员徇私枉法、徇情枉法，对明知是无罪的人而使他受追诉、对明知是有罪的人而故意包庇不使他受追诉，或者在刑事审判活动中故意违背事实和法律作枉法裁判的行为。

第四百零三条 〔滥用管理公司、证券职权罪〕

国家有关主管部门的国家机关工作人员，徇私舞弊，滥用职权，对不符合法律规定条件的公司设立、登记申请或者股票、债券发行、上市申请，予以批准或者登记，致使公共财产、国家和人民利益遭受重大损失的，处五年以下有期徒刑或者拘役。

上级部门强令登记机关及其工作人员实施前款行为的，对其直接负责的主管人员，依照前款的规定处罚。

本条是关于滥用管理公司、证券职权罪的罪刑条款内容。

【条文释义】

本条共分为 2 款。第 1 款是关于滥用管理公司、证券职权罪的罪刑条款内容。

滥用管理公司、证券职权罪，是指市场监督管理、人民银行、证券管理等国家有关主管部门的工作人员，徇私舞弊，滥用职权，对不符合法律规定条件的公司设立、登记申请或者股票、债券发行、上市申请予以批准或者登记，致使公共财产、国家和人民利益遭受重大损失的行为。

本罪是国家有关部门严重滥用职权的犯罪行为。因此，本罪的主体是特殊主体，即本罪只能由国家有关主管部门的国家机关工作人员构成。本罪中的“国家机关工作人员”，主要是指市场监督管理、人民银行、证券管理等国家有关主管部门的工作人员。

第 2 款是关于上级部门强令登记机关及其工作人员实施第 1 款中的有关行为的，应当对上级部门中直接负责的主管人员按照本罪定罪处罚的规定。

【实务问题】

1. 本罪的立案标准

根据2006年最高人民检察院《关于渎职侵权犯罪案件立案标准的规定》的规定，市场监督管理、证券管理等国家有关主管部门的工作人员徇私舞弊，滥用职权，对不符合法律规定条件的公司设立、登记申请或者股票、债券发行、上市申请予以批准或者登记，致使公共财产、国家和人民利益遭受重大损失的行为，以及上级部门、当地政府强令登记机关及其工作人员实施上述行为，涉嫌下列情形之一的，应予立案：（1）造成直接经济损失50万元以上的；（2）市场监督管理部门的工作人员对不符合法律规定条件的公司设立、登记申请，违法予以批准、登记，严重扰乱市场秩序的；（3）金融证券管理机构的工作人员对不符合法律规定条件的股票、债券发行、上市申请，违法予以批准，严重损害公众利益，或者严重扰乱金融秩序的；（4）市场监督管理部门、金融证券管理机构的工作人员对不符合法律规定条件的公司设立、登记申请或者股票、债券发行、上市申请违法予以批准或者登记，致使犯罪行为得逞的；（5）上级部门、当地政府直接负责的主管人员强令登记机关及其工作人员，对不符合法律规定条件的公司设立、登记申请或者股票、债券发行、上市申请予以批准或者登记，致使公共财产、国家或者人民利益遭受重大损失的；（6）其他致使公共财产、国家和人民利益遭受重大损失的情形。

2. 认定本罪应注意的问题

在认定本罪时应注意，由于本罪是结果犯，所以本罪的成立以“致使公共财产、国家和人民利益遭受重大损失”为成立的重要条件。关于本罪中的“重大损失”，应当根据2006年最高人民检察院《关于渎职侵权犯罪案件立案标准的规定》的有关立案标准加以认定。

第四百零四条　〔徇私舞弊不征、少征税款罪〕

税务机关的工作人员徇私舞弊，不征或者少征应征税款，致使国家税收遭受重大损失的，处五年以下有期徒刑或者拘役；造成特别重大损失的，处五年以上有期徒刑。

本条是关于徇私舞弊不征、少征税款罪的罪刑条款内容。

【条文释义】

徇私舞弊不征、少征税款罪，是指税务机关的工作人员徇私舞弊，不征或者少征应征税款，致使国家税收遭受重大损失的行为。

本罪是一种严重破坏国家税收征收管理制度的犯罪行为，同时还兼有“徇私舞弊”的特征。因此，本罪的主体是特殊主体，即税务机关的工作人员。

本罪在客观方面表现为实施了不征或者少征应征税款，致使国家税收遭受重大损失的行为。这里的“应征税款”，是指税务机关根据法律、行政法规规定的税种、税率，应当向纳税人征收的税款。行为人的行为具体表现为擅自决定税收的停征、减征或者免征，即为徇私情对应当征收税款的不征收、少征收，或者对纳税人欠缴税款的，本应通知银行或其他金融机构从纳税人存款中扣缴而不通知；对应当查封、扣押、拍卖价值与欠税人应纳税款相当的物品不查封、扣押或拍卖等。另外，税务机关的工作人员实施的前述行为，必须致使国家税收遭受重大损失的才能构成犯罪。如果不征或少征应征税款，数额较小，没有使国家的税收遭受重大损失，就不能按本罪处理，而应当追究行为人的行政责任。

【实务问题】

本罪的立案标准

根据 2006 年最高人民检察院《关于渎职侵权犯罪案件立案标准的规定》的规定，税务机关工作人员徇私舞弊，不征、少征应征税款，涉嫌下列情形之一的，应予立案：（1）徇私舞弊不征、少征应征税款，致使国家税收损失累计达 10 万元以上的；（2）上级主管部门工作人员指使税务机关工作人员徇私舞弊不征、少征应征税款，致使国家税收损失累计达 10 万元以上的；（3）徇私舞弊不征、少征应征税款不满 10 万元，但具有索取或者收受贿赂或者其他恶劣情节的；（4）其他致使国家税收遭受重大损失的情形。

第四百零五条

〔徇私舞弊发售发票、抵扣税款、出口退税罪〕**税务机关的工作人员违反法律、行政法规的规定，在办理发售发票、抵扣税款、出口退税工作中，徇私舞弊，致使国家利益遭受重大损失的，处五年以下有期徒刑或者拘役；致使国家利益遭受特别重大损失的，处五年以上有期徒刑。**

〔违法提供出口退税凭证罪〕**其他国家机关工作人员违反国家规定，在提供出口货物报关单、出口收汇核销单等出口退税凭证的工作中，徇私舞弊，致使国家利益遭受重大损失的，依照前款的规定处罚。**

本条是关于徇私舞弊发售发票、抵扣税款、出口退税罪和违法提供出口退税凭证罪的罪刑条款内容。

【条文释义】

本条共分为 2 款。第 1 款是关于徇私舞弊发售发票、抵扣税款、出口退税罪的规定。

徇私舞弊发售发票、抵扣税款、出口退税罪，是指税务机关的工作人员违反法律、行政法规的规定，在办理发售发票、抵扣税款、出口退税工作中，徇私舞弊，致使国家利益遭受重大损失的行为。

本罪在客观方面表现为税务机关的工作人员违反法律、行政法规的规定，在发售发票、抵扣税款、出口退税工作中，徇私舞弊，对明知是不符合条件的人或单位仍为其发售发票、抵扣税款、办理出口退税，致使国家利益遭受重大损失的行为。这里的“发票”，是指在购销商品、提供或者接受服务以及从事其他经营活动中，开具、收取的收付款凭证。“发售发票”，是指税务机关根据已依法办理税务登记的单位或个人提出的领购发票申请，向其发售发票的活动。“抵扣税款”，是指税务机关对购货方在购进商品时已由供货方收取的增值税款抵扣掉，只征收购货方作为生产者、经营者在销售其产品或商品环节增值部分的税款。“出口退税”，是指税务机关依法在出口环节向出口商品的生产者或经营单位退还该商品在生产环节、流通环节已征收的增值税和消费税。税务机关工作人员在发售发票、抵扣税款、出口退税工作中的徇私舞弊主要表现是：对不应发售发票的，予以发售；对不应抵扣或者应少抵扣税款的，擅自抵扣或者多抵扣；利用职权为自己或帮助他人骗取出口退税款，等等。

本罪是一种严重破坏国家税收征收管理制度的犯罪行为，本罪的主体是特殊主体，即税务机关的工作人员。

构成本罪主观上必须是出于故意，即税务机关工作人员明知自己在发售发票、抵扣税款以及出口退税工作中徇私舞弊的行为会产生危害后果，而故意实施。这种犯罪的动机是各种各样的，有的为徇亲友私情，有的为得到某种利益而亵渎国家赋予的职责等。过失行为不能构成本罪。

第 2 款是关于违法提供出口退税凭证罪的规定。

违法提供出口退税凭证罪，是指海关、商检、外汇管理等国家机关工作人员违反国家规定，在提供出口货物报关单、出口收汇核销单等出口退税凭证的工作中，徇私舞弊，致使国家利益遭受重大损失的行为。

本罪的主体是特殊主体，即除税务机关的工作人员以外的，负责对进出口货物检验、出具进出口货物证明的其他国家机关工作人员。

【实务问题】

1. 徇私舞弊发售发票、抵扣税款、出口退税罪的立案标准

根据 2006 年最高人民检察院《关于渎职侵权犯罪案件立案标准的规定》的规定，税务机关工作人员违反法律、行政法规的规定，在办理发售发票、抵扣税款、出口退税工作中徇私舞弊，涉嫌下列情形之一的，应予立案：（1）徇私舞

弊，致使国家税收损失累计达 10 万元以上的；（2）徇私舞弊，致使国家税收损失累计不满 10 万元，但发售增值税专用发票 25 份以上或者其他发票 50 份以上或者增值税专用发票与其他发票合计 50 份以上，或者具有索取、收受贿赂或者其他恶劣情节的；（3）其他致使国家利益遭受重大损失的情形。

2. 违法提供出口退税凭证罪的立案标准

根据 2006 年最高人民检察院《关于渎职侵权犯罪案件立案标准的规定》的规定，海关、外汇管理等国家机关工作人员违反国家规定，在提供出口货物报关单、出口收汇核销单等出口退税凭证的工作中徇私舞弊，涉嫌下列情形之一的，应予立案：（1）徇私舞弊，致使国家税收损失累计达 10 万元以上的；（2）徇私舞弊，致使国家税收损失累计不满 10 万元，但具有索取、收受贿赂或者其他恶劣情节的；（3）其他致使国家利益遭受重大损失的情形。

第四百零六条 〔国家机关工作人员签订、履行合同失职被骗罪〕

国家机关工作人员在签订、履行合同过程中，因严重不负责任被诈骗，致使国家利益遭受重大损失的，处三年以下有期徒刑或者拘役；致使国家利益遭受特别重大损失的，处三年以上七年以下有期徒刑。

本条是关于国家机关工作人员签订、履行合同失职被骗罪的罪刑条款内容。

【条文释义】

国家机关工作人员签订、履行合同失职被骗罪，是指国家机关工作人员在签订、履行合同过程中，因严重不负责任，不履行或者不认真履行职责被诈骗，致使国家利益遭受重大损失的行为。

本罪在客观方面表现为由于严重不负责任而在签订、履行合同过程中被诈骗，致使国家利益遭受重大损失的行为。这里的“严重不负责任”，主要是指：（1）不了解对方资信情况，盲目同无资金、无货源者签订合同；（2）对对方不合要求之供货应检查而未检查，不按合同验收，而擅自支付货款；（3）擅自作经济担保，等等。主要表现包括未向主管单位或有关单位了解对方当事人的合同主体资格、资信、履约能力和资源等情况，因而盲目同无资金或无货源的另一方签订购销合同而被诈骗；对供方销售的以次充好、不符合质量要求、质次价高的货物，应检查而未检查，擅自同意发货，不坚持按合同验收等，致使被诈骗；对合同对方提供的不符合合同要求的服务疏于监督检查，造成质量问题；被诈骗后，对质次货劣的商品，不及时采取措施，延误索赔期或擅自决定不索赔，造成重大经济损失等。

本罪的主体是国家机关工作人员，具体可以是各国家机关中负责签订、履行合同的工作人员。

行为人主观上主要是过失，即行为人应当预见自己的行为可能发生被诈骗的危害结果，由于主观上马马虎虎、疏忽大意没有预见，或者已经预见而轻信能够避免，严重不负责任，致使国家利益造成重大损失。但也有部分是由间接故意构成，即行为人明知自己不负责任签订、履行合同的行为会造成被诈骗的危害后果，而放任这种结果的发生。

【实务问题】

1. 本罪的立案标准

根据 2006 年最高人民检察院《关于渎职侵权犯罪案件立案标准的规定》的规定，国家机关工作人员在签订、履行合同过程中，因严重不负责任，不履行或者不认真履行职责被诈骗，涉嫌下列情形之一的，应予立案：（1）造成直接经济损失 30 万元以上，或者直接经济损失不满 30 万元，但间接经济损失 150 万元以上的；（2）其他致使国家利益遭受重大损失的情形。

2. 认定本罪应注意的问题

在认定本罪时应注意，如果行为人所签订、履行的合同虽然对国家利益造成重大损失，但是行为人主观上并无过失，客观上也无严重不负责任的行为，而是由于国家政策、国际市场行情变化、决策风险、不可抗力等原因所造成的，不能以犯罪论处；如果行为人主观上虽有过失，客观上也有严重不负责任的行为，但并未致使国家利益遭受重大损失的，也不能以犯罪论处。因此，本罪的成立必须以“致使国家利益遭受重大损失”作为重要条件。关于本罪中的“重大损失”，应当根据最高人民检察院《关于渎职侵权犯罪案件立案标准的规定》的有关立案标准加以认定。

3. 本罪与玩忽职守罪的界限

国家机关工作人员签订、履行合同失职被骗的行为，实质上属于玩忽职守的行为。但是，《刑法》第 406 条关于本罪的规定属于特殊法条，第 397 条关于玩忽职守罪的规定则属于普通法条，即二者具有法条竞合的关系。对于国家机关工作人员签订、履行合同失职被骗的行为，应当按照特别法优于普通法的原则适用罪名，即认定为本罪。

第四百零七条　〔违法发放林木采伐许可证罪〕

林业主管部门的工作人员违反森林法的规定，超过批准的年采伐限额发放林木采伐许可证或者违反规定滥发林木采伐许可证，情节严重，致使森林遭受严重破坏的，处三年以下有期徒刑或者拘役。

本条是关于违法发放林木采伐许可证罪的罪刑条款内容。

【条文释义】

违法发放林木采伐许可证罪，是指林业主管部门的工作人员违反森林法的规定，超过批准的年采伐限额发放林木采伐许可证或者违反规定滥发林木采伐许可证，情节严重，致使森林遭受严重破坏的行为。

本罪在客观方面表现为违反森林法的规定，超过批准的年采伐限额发放林木采伐许可证或者违反规定滥发林木采伐许可证，情节严重，致使森林遭受严重破坏的行为。这里的“超过批准的年采伐限额发放林木采伐许可证”，是指林业主管部门的工作人员利用职权，对符合采伐许可证发放条件的申请人，在年度木材生产计划之外，擅自发放给林木采伐申请人采伐许可证的行为。“违反规定滥发林木采伐许可证”，是指林业主管部门的工作人员违反《森林法》以及有关行政法规的规定，利用掌握发放林木采伐许可证的权力，超越自己的权限发放林木采伐许可证或者对林木采伐许可证申请的内容不符合法律规定的要求仍然予以批准并发给林木采伐许可证的行为。

本罪的主体是特殊主体，即林业主管部门的工作人员。这里的“林业主管部门”，是指县级以上地方人民政府中主管本地区林业工作的机构以及国务院的林业主管部门。

同时，构成本罪必须具备“情节严重”和“致使森林遭受严重破坏”的要件。根据 2000 年《森林资源案件解释》第 12 条的规定，具有下列情形之一的，属于“情节严重，致使森林遭受严重破坏”：（1）发放林木采伐许可证允许采伐数量累计超过批准的年采伐限额，导致林木被采伐数量在 10 立方米以上的；（2）滥发林木采伐许可证，导致林木被滥伐 20 立方米以上的；（3）滥发林木采伐许可证，导致珍贵树木被滥伐的；（4）批准采伐国家禁止采伐的林木，情节恶劣的；（5）其他情节严重的情形。

【实务问题】

本罪的立案标准

根据 2006 年最高人民检察院《关于渎职侵权犯罪案件立案标准的规定》的规定，林业主管部门的工作人员违反森林法的规定，超过批准的年采伐限额发放林木采伐许可证或者违反规定滥发林木采伐许可证，涉嫌下列情形之一的，应予立案：（1）发放林木采伐许可证允许采伐数量累计超过批准的年采伐限额，导致林木被超限额采伐 10 立方米以上的；（2）滥发林木采伐许可证，导致林木被滥伐 20 立方米以上，或者导致幼树被滥伐 1000 株以上的；（3）滥发林木采伐许可证，导致防护林、特种用途林被滥伐 5 立方米以上，或者幼树被滥伐 200 株以上的；(4) 滥发林木采伐许可证，导致珍贵树木或者国家重点保护的其他树木被滥伐的；(5) 滥发林木采伐许可证，导致国家禁止采伐的林木被采伐的；(6) 其他情节严重，致使森林遭受严重破坏的情形。

林业主管部门工作人员之外的国家机关工作人员，违反森林法的规定，滥用职权或者玩忽职守，致使林木被滥伐40立方米以上或者幼树被滥伐2000株以上，或者致使防护林、特种用途林被滥伐10立方米以上或者幼树被滥伐400株以上，或者致使珍贵树木被采伐、毁坏4立方米或者4株以上，或者致使国家重点保护的其他植物被采伐、毁坏后果严重的，或者致使国家严禁采伐的林木被采伐、毁坏情节恶劣的，按照《刑法》第397条的规定以滥用职权罪或者玩忽职守罪追究刑事责任。

第四百零八条　〔环境监管失职罪〕

负有环境保护监督管理职责的国家机关工作人员严重不负责任，导致发生重大环境污染事故，致使公私财产遭受重大损失或者造成人身伤亡的严重后果的，处三年以下有期徒刑或者拘役。

本条是关于环境监管失职罪的罪刑条款内容。

【条文释义】

环境监管失职罪，是指负有环境保护监督管理职责的国家机关工作人员严重不负责任，不履行或不认真履行环境保护监管职责，导致发生重大环境污染事故，致使公私财产遭受重大损失或者造成人身伤亡的严重后果的行为。

这里的“重大环境污染事故”，是指造成大气、水源、海洋、土地等环境质量标准严重不符合国家规定标准，造成公私财产重大损失或人身伤亡的严重事件。其中，“污染”，是指在生产建设或者其他活动中产生的足以危害人体健康的废气、废水、废渣、粉尘、恶臭气体、放射性物质以及噪声、振动、电磁波辐射等。

根据本条规定，对造成环境污染事故的，必须是“致使公私财产遭受重大损失或者造成人身伤亡的严重后果”才构成犯罪；如果没有造成严重后果，可以由有关部门予以行政处分。根据2016年最高人民法院、最高人民检察院《关于办理环境污染刑事案件适用法律若干问题的解释》第2条的规定，实施本条规定的行为，致使公私财产损失30万元以上，或者具有下列情形之一的，应当认定为“致使公私财产遭受重大损失或者造成人身伤亡的严重后果”：(1) 造成生态环境严重损害的；(2) 致使乡镇以上集中式饮用水水源取水中断12小时以上的；(3) 致使基本农田、防护林地、特种用途林地5亩以上，其他农用地10

亩以上，其他土地 20 亩以上基本功能丧失或者遭受永久性破坏的；（4）致使森林或者其他林木死亡 50 立方米以上，或者幼树死亡 2500 株以上的；（5）致使疏散、转移群众 5000 人以上的；（6）致使 30 人以上中毒的；（7）致使 3 人以上轻伤、轻度残疾或者器官组织损伤导致一般功能障碍的；（8）致使 1 人以上重伤、中度残疾或者器官组织损伤导致严重功能障碍的。

本罪是一种严重失职的犯罪行为，因此，行为人在主观方面表现为过失。

【实务问题】

本罪的立案标准

根据 2006 年最高人民检察院《关于渎职侵权犯罪案件立案标准的规定》的规定，负有环境保护监督管理职责的国家机关工作人员严重不负责任，不履行或者不认真履行环境保护监管职责导致发生重大环境污染事故，涉嫌下列情形之一的，应予立案：（1）造成死亡 1 人以上，或者重伤 3 人以上，或者重伤 2 人、轻伤 4 人以上，或者重伤 1 人、轻伤 7 人以上，或者轻伤 10 人以上的；（2）导致 30 人以上严重中毒的；（3）造成个人财产直接经济损失 15 万元以上，或者直接经济损失不满 15 万元，但间接经济损失 75 万元以上的；（4）造成公共财产、法人或者其他组织财产直接经济损失 30 万元以上，或者直接经济损失不满 30 万元，但间接经济损失 150 万元以上的；（5）虽未达到 3、4 两项数额标准，但 3、4 两项合计直接经济损失 30 万元以上，或者合计直接经济损失不满 30 万元，但合计间接经济损失 150 万元以上的；（6）造成基本农田或者防护林地、特种用途林地 10 亩以上，或者基本农田以外的耕地 50 亩以上，或者其他土地 70 亩以上被严重毁坏的；（7）造成生活饮用水地表水源和地下水源严重污染的；（8）其他致使公私财产遭受重大损失或者造成人身伤亡严重后果的情形。

第四百零八条之一　〔食品、药品监管渎职罪〕

负有食品药品安全监督管理职责的国家机关工作人员，滥用职权或者玩忽职守，有下列情形之一，造成严重后果或者有其他严重情节的，处五年以下有期徒刑或者拘役；造成特别严重后果或者有其他特别严重情节的，处五年以上十年以下有期徒刑：

（一）瞒报、谎报食品安全事故、药品安全事件的；

（二）对发现的严重食品药品安全违法行为未按规定查处的；

（三）在药品和特殊食品审批审评过程中，对不符合条件的申请准予许可的；

（四）依法应当移交司法机关追究刑事责任不移交的；

（五）有其他滥用职权或者玩忽职守行为的。

徇私舞弊犯前款罪的，从重处罚。

本条是关于食品、药品监管渎职罪的罪刑条款内容。

本条为2011年2月25日通过的《刑法修正案（八）》所增加。

【主要修改】

本条第1款为2020年12月26日通过的《刑法修正案（十一）》所修改，该款内容原为："负有食品安全监督管理职责的国家机关工作人员，滥用职权或者玩忽职守，导致发生重大食品安全事故或者造成其他严重后果的，处五年以下有期徒刑或者拘役；造成特别严重后果的，处五年以上十年以下有期徒刑。"

【条文释义】

食品、药品监管渎职罪，是指负有食品药品安全监督管理职责的国家机关工作人员，滥用职权或者玩忽职守，造成严重后果或者有其他严重情节的行为。

本罪在客观方面表现为负有食品药品安全监督管理职责的国家机关工作人员，滥用职权或者玩忽职守，造成严重后果或者有其他严重情节的行为。这里的"滥用职权"，是指负有食品药品安全监督管理职责的国家机关工作人员超越职权，违法决定、处理其无权决定、处理的事项，或者违反规定处理公务的行为。"玩忽职守"，是指负有食品药品安全监督管理职责的国家机关工作人员严重不负责任，不履行或者不认真履行其职责的行为。"造成严重后果"，包括导致发生重大食品安全事故、重大药品安全事件、疫苗安全事件等，以及其他严重后果。"有其他严重情节"，是指虽未造成严重后果，但滥用职权、玩忽职守的情节严重，如滥用职权、玩忽职守的时间长、次数多、涉及面广、社会影响恶劣等。具体情形可由司法机关根据实际情况制定司法解释确定。

本条规定了五种具体的食品、药品监管渎职行为：

（1）瞒报、谎报食品安全事故、药品安全事件的。这里的"瞒报"，是指隐瞒事实不报。"谎报"，是指不真实的报告，如对事故、事件的危害后果避重就轻地报告等。"食品安全事故"，是指食源性疾病、食品污染等源于食品，对人体健康有危害或者可能有危害的事故。"药品安全事件"，是指在药品研发、生产、经营、使用中发生的，对人体健康造成或者可能造成危害的事件。

（2）对发现的严重食品药品安全违法行为未按规定查处的。这里的"严重食品药品安全违法行为"，是指严重违反《食品安全法》《药品管理法》《疫苗管理法》及其配套规定的行为。对于这些严重违法行为，有关国家机关工作人员已经发现，但不按照法律法规规定的权限和程序查处的，就可能构成本条规定的犯罪。

（3）在药品和特殊食品审批审评过程中，对不符合条件的申请准予许可的。这里的"药品"，是指用于预防、治疗、诊断人的疾病，有目的地调节人的生理机能并规定有适应症或者功能主治、用法和用量的物质，包括中药、化学药和生物制品等。“特殊食品”，包括保健食品、特殊医学用途配方食品和婴幼儿配方食品等。有关国家机关工作人员对明知不符合条件的药品和特殊食品审批审评申请准予许可的，对食品药品安全造成危害，可能构成本条规定的犯罪。

（4）依法应当移交司法机关追究刑事责任不移交的。食品药品监管机关的工作人员对于在行政执法中发现的犯罪线索，应当依法及时移交司法机关追究刑事责任。如果不移交或者降格处理以罚代刑的，可能构成本条规定的犯罪。

（5）有其他滥用职权或者玩忽职守行为的。这里的“其他滥用职权或者玩忽职守行为”，是指上述第 1—4 项规定行为以外的对食品药品安全造成危害，应当追究刑事责任的滥用职权、玩忽职守行为。

本罪的主体是负有食品药品安全监督管理职责的国家机关工作人员。目前，负责食品药品安全监督管理职责的主要是各级市场监管、药品监管部门的工作人员。

【实务问题】

本罪与玩忽职守罪的界限

在认定本罪时应注意，本罪与玩忽职守罪一样，具有明显的国家工作人员“渎职”的特征，其实二者之间存在着法条竞合的关系，并且有着重要的区别：（1）客体不同。本罪侵犯的客体是国家对食品、药品安全的监督管理活动；而玩忽职守罪侵犯的客体是国家机关的正常活动。（2）客观方面表现不同。本罪在客观方面表现为负有食品、药品安全监督管理职责的国家机关工作人员，滥用职权或者玩忽职守，造成严重后果或者有其他严重情节的行为；而玩忽职守罪在客观方面表现为国家机关工作人员严重不负责任，不履行或者不认真履行职责，致使公共财产、国家和人民利益遭受重大损失的行为。（3）主体不同。本罪的主体是对食品、药品安全负有监督管理职责的国家机关工作人员；而玩忽职守罪的主体是国家机关工作人员。所以，在司法实践中，对具体的负有食品、药品安全监督管理职责的国家机关工作人员，因玩忽职守造成严重后果或者有其他严重情节的行为，应当以本罪论处。

第四百零九条 〔传染病防治失职罪〕

从事传染病防治的政府卫生行政部门的工作人员严重不负责任，导致传染病传播或者流行，情节严重的，处三年以下有期徒刑或者拘役。

本条是关于传染病防治失职罪的罪刑条款内容。

【条文释义】

传染病防治失职罪，是指从事传染病防治的政府卫生行政部门的工作人员严重不负责任，不履行或者不认真履行传染病防治监管职责，导致传染病传播或者流行，情节严重的行为。

本罪在客观方面表现为严重不负责任，不履行或者不认真履行传染病防治监管职责，导致传染病传播或者流行，情节严重的行为。这里的“传染病传播或者流行”，是指在一定范围内出现《传染病防治法》中规定的甲类、乙类或丙类传染病疫情的发生。其中，甲类、乙类、丙类传染病，是指《传染病防治法》第3条规定的传染病种类。

此外，构成本罪还必须具备“情节严重”这一要件。所谓“情节严重”，是指卫生行政部门的工作人员严重不负责，不履行或不认真履行职责，情节恶劣，以及对出现的疫情进行隐瞒、压制、虚报或者对出现的疫情不及时通报、公布和处理，以致造成严重后果的情形。根据2003年最高人民法院、最高人民检察院《关于办理妨害预防、控制突发传染病疫情等灾害的刑事案件具体应用法律若干问题的解释》第16条第2款的规定，在国家对突发传染病疫情等灾害采取预防、控制措施后，具有下列情形之一的，属于“情节严重”：（1）对发生突发传染病疫情等灾害的地区或者突发传染病病人、病原携带者、疑似突发传染病病人，未按照预防、控制突发传染病疫情等灾害工作规范的要求做好防疫、检疫、隔离、防护、救治等工作，或者采取的预防、控制措施不当，造成传染范围扩大或者疫情、灾情加重的；（2）隐瞒、缓报、谎报或者授意、指使、强令他人隐瞒、缓报、谎报疫情、灾情，造成传染范围扩大或者疫情、灾情加重的；（3）拒不执行突发传染病疫情等灾害应急处理指挥机构的决定、命令，造成传染范围扩大或者疫情、灾情加重的；（4）具有其他严重情节的。

本罪的主体是特殊主体，即从事传染病防治的政府卫生行政部门的工作人员，或者在受政府卫生行政部门委托代表政府卫生行政部门行使职权的组织中从事公务的人员，或者虽未列入政府卫生行政部门人员编制但在政府卫生行政部门从事公务、代表政府卫生行政部门行使职权的人员。

另外，本罪是一种严重的失职行为，在主观方面表现为过失。

【实务问题】

本罪的立案标准

根据2006年最高人民检察院《关于渎职侵权犯罪案件立案标准的规定》的规定，从事传染病防治的政府卫生行政部门的工作人员严重不负责任，不履行或者不认真履行传染病防治监管职责，导致传染病传播或者流行，涉嫌下列情形之一的，应予立案：（1）导致甲类传染病传播的；（2）导致乙类、丙类传染病流行的；（3）因传染病传播或者流行，造成人员重伤或者死亡的；（4）因传染病传播或者流行，严重影响正常的生产、生活秩序的；（5）在国家对突发传染病疫情等灾害采取预防、控制措施后，对发生突发传染病疫情等灾害的地区或者突发传染病病人、病原携带者、疑似突发传染病病人，未按照预防、控制突发传染病疫情等灾害工作规范的要求做好防疫、检疫、隔离、防护、救治等工作，或者采取的预防、控制措施不当，造成传染范围扩大或者疫情、灾情加重的；（6）在国家对突发传染病疫情等灾害采取预防、控制措施后，隐瞒、缓报、谎报或者授意、指使、强令他人隐瞒、缓报、谎报疫情、灾情，造成传染范围扩大或者疫情、灾情加重的；（7）在国家对突发传染病疫情等灾害采取预防、控制措施后，拒不执行突发传染病疫情等灾害应急处理指挥机构的决定、命令，造成传染范围扩大或者疫情、灾情加重的；（8）其他情节严重的情形。

第四百一十条 〔非法批准征收、征用、占用土地罪；非法低价出让国有土地使用权罪〕

国家机关工作人员徇私舞弊，违反土地管理法规，滥用职权，非法批准征收、征用、占用土地，或者非法低价出让国有土地使用权，情节严重的，处三年以下有期徒刑或者拘役；致使国家或者集体利益遭受特别重大损失的，处三年以上七年以下有期徒刑。

本条是关于非法批准征收、征用、占用土地罪和非法低价出让国有土地使用权罪的罪刑条款内容。

【主要修改】

本条为 2009 年 8 月 27 日全国人民代表大会常务委员会《关于修改部分法律的决定》所修改，该条内容原为："国家机关工作人员徇私舞弊，违反土地管理法规，滥用职权，非法批准征用、占用土地，或者非法低价出让国有土地使用权，情节严重的，处三年以下有期徒刑或者拘役；致使国家或者集体利益遭受特别重大损失的，处三年以上七年以下有期徒刑。"

【条文释义】

非法批准征收、征用、占用土地罪，是指国家机关工作人员徇私舞弊，违反土地管理法规，滥用职权，非法批准征收、征用、占用土地，情节严重的行为。

非法低价出让国有土地使用权罪，是指国家机关工作人员徇私舞弊，违反土地管理法规，滥用职权，非法低价出让国有土地使用权，情节严重的行为。

根据全国人民代表大会常务委员会《关于〈中华人民共和国刑法〉第二百二十八条、第三百四十二条、第四百一十条的解释》，本条规定的“违反土地管理法规”，是指违反土地管理法、森林法、草原法等法律以及有关行政法规中关于土地管理的规定。“非法批准征收、征用、占用土地”，是指非法批准征收、征用、占用耕地、林地等农用地以及其他土地。“征收、征用土地”，是指国家为进行经济、文化、国防建设以及兴办社会公共事业的需要，而征收集体所有的土地。“非法低价出让国有土地使用权”，是指将属于国有的土地使用权以低于其本身的价值非法转让给他人使用的行为。

构成非法批准征收、征用、占用土地罪和非法低价出让国有土地使用权罪必须是“情节严重”的行为。根据2000年最高人民法院《关于审理破坏土地资源刑事案件具体应用法律若干问题的解释》的规定，非法批准征收、征用、占用土地，情节严重，是指非法批准征收、征用、占用基本农田10亩以上的；非法批准征收、征用、占用基本农田以外的耕地30亩以上的；非法批准征收、征用、占用其他土地50亩以上的；虽未达到上述数量标准，但非法批准征收、征用、占用土地造成直接经济损失30万元以上的；造成耕地大量毁坏等恶劣情节的。非法低价出让国有土地使用权，情节严重，是指出让国有土地使用权面积在30亩以上，并且出让价额低于国家规定的最低价额标准的60%的；造成国有土地资产流失价额在30万元以上的。2005年最高人民法院《关于审理破坏林地资源刑事案件具体应用法律若干问题的解释》对非法批准征收、征用、占用林地，非法低价出让国有林地使用权犯罪定罪量刑的具体标准作了规定。2012年最高人民法院《关于审理破坏草原资源刑事案件应用法律若干问题的解释》对国家机关工作人员徇私舞弊，违反草原法等土地管理法规，非法批准征收、征用、占用草原资源犯罪的具体定罪量刑标准作了规定。

【实务问题】

1. 非法批准征收、征用、占用土地罪的立案标准

根据2006年最高人民检察院《关于渎职侵权犯罪案件立案标准的规定》的规定，国家机关工作人员徇私舞弊，违反《土地管理法》《森林法》《草原法》等法律以及有关行政法规中关于土地管理的规定，滥用职权，非法批准征收、征用、占用耕地、林地等农用地以及其他土地，涉嫌下列情形之一的，应予立案：(1) 非法批准征收、征用、占用基本农田10亩以上的；(2) 非法批准征收、征用、占用基本农田以外的耕地30亩以上的；(3) 非法批准征收、征用、占用其他土地50亩以上的；(4) 虽未达到上述数量标准，但造成有关单位、个人直接经济损失30万元以上，或者造成耕地大量毁坏或者植被遭到严重破坏的；(5) 非法批准征收、征用、占用土地，影响群众生产、生活，引起纠纷，造成恶劣影响

或者其他严重后果的；（6）非法批准征收、征用、占用防护林地、特种用途林地分别或者合计 10 亩以上的；（7）非法批准征收、征用、占用其他林地 20 亩以上的；（8）非法批准征收、征用、占用林地造成直接经济损失 30 万元以上，或者造成防护林地、特种用途林地分别或者合计 5 亩以上或者其他林地 10 亩以上毁坏的；（9）其他情节严重的情形。

2. 非法低价出让国有土地使用权罪的立案标准

根据 2006 年最高人民检察院《关于渎职侵权犯罪案件立案标准的规定》的规定，国家机关工作人员徇私舞弊，违反《土地管理法》《森林法》《草原法》等法律以及有关行政法规中关于土地管理的规定，滥用职权，非法低价出让国有土地使用权，涉嫌下列情形之一的，应予立案：（1）非法低价出让国有土地 30 亩以上，并且出让价额低于国家规定的最低价额标准的 60%的；（2）造成国有土地资产流失价额 30 万元以上的；（3）非法低价出让国有土地使用权，影响群众生产、生活，引起纠纷，造成恶劣影响或者其他严重后果的；（4）非法低价出让林地合计 30 亩以上，并且出让价额低于国家规定的最低价额标准的 60%的；（5）造成国有资产流失 30 万元以上的；（6）其他情节严重的情形。

第四百一十一条 〔放纵走私罪〕

海关工作人员徇私舞弊，放纵走私，情节严重的，处五年以下有期徒刑或者拘役；情节特别严重的，处五年以上有期徒刑。

本条是关于放纵走私罪的罪刑条款内容。

【条文释义】

放纵走私罪，是指海关工作人员徇私舞弊，放纵走私，情节严重的行为。

国家海关工作人员的这种徇私舞弊，放纵走私的犯罪行为，是对走私犯罪的助长，具有里应外合的特征，加大了查处走私犯罪的难度，严重破坏了海关的监管制度。

本罪在客观方面表现为海关工作人员徇私舞弊，放纵走私，情节严重的行为。这里的“徇私舞弊，放纵走私”，是指海关工作人员为袒护亲友或其他私情私利，违背法律，对明知是走私行为而予以放纵，使之不受查究的行为。既包括明知是走私货物而私自放行，也包括应当没收走私货物、物品、违法所得而不予没收，应当予以罚款的不予罚款；既包括放纵走私犯罪分子，也包括放纵不构成犯罪的走私行为人。这里的“情节严重”，是指多次实施徇私舞弊，放纵走私的行为，或者由于徇私舞弊，放纵走私的行为，致使公共财产、国家和人民的利益遭受重大损失的情形。

本罪的主体是特殊主体，即海关工作人员。这里的“海关工作人员”，是指在我国海关机构中从事公务的人员。“海关机构”，主要是指国务院设立的海关总署，以及在对外开放的口岸和海关监管业务集中的地点，设立的依法独立行使职权的海关机构。我国目前主要在以下地点设立海关机构：（1）开放对外贸易的港口；（2）边境火车站、汽车站和主要国际联运火车站；（3）边境地区的陆路和江河上准许货物和人员进出的地点；（4）国际航空站；（5）国际邮件互换局（站）；（6）其他对外开放口岸和海关监管业务比较集中的地点；（7）国务院特许或者其他需要设立海关的地点。海关机构按层级分为海关总署，直接由海关总署领导，负责管理一定区域范围内的海关业务的直属海关；由直属海关领导，负责办理具体海关业务的隶属海关。海关总署、直属海关和隶属海关的工作人员，都属于本条规定的“海关工作人员”。

本罪在主观方面表现为故意。

【实务问题】

本罪的立案标准

根据2006年最高人民检察院《关于渎职侵权犯罪案件立案标准的规定》的规定，海关工作人员徇私舞弊，放纵走私，涉嫌下列情形之一的，应予立案：（1）放纵走私犯罪的；（2）因放纵走私致使国家应收税额损失累计达10万元以上的；（3）放纵走私行为3起次以上的；（4）放纵走私行为，具有索取或者收受贿赂情节的；（5）其他情节严重的情形。

第四百一十二条

〔商检徇私舞弊罪〕**国家商检部门、商检机构的工作人员徇私舞弊，伪造检验结果的，处五年以下有期徒刑或者拘役；造成严重后果的，处五年以上十年以下有期徒刑。**

〔商检失职罪〕**前款所列人员严重不负责任，对应当检验的物品不检验，或者延误检验出证、错误出证，致使国家利益遭受重大损失的，处三年以下有期徒刑或者拘役。**

本条是关于商检徇私舞弊罪和商检失职罪的罪刑条款内容。

【条文释义】

本条共分为2款。第1款是关于商检徇私舞弊罪的规定。

商检徇私舞弊罪，是指国家商检部门、商检机构的工作人员徇私舞弊，伪造检验结果的行为。

由于本罪的行为人具有“徇私舞弊”性，并伪造检验结果，因此，其主观方面是出于故意。另外，本罪的主体是特殊主体，即国家商检部门、商检机构的工作人员。

第 2 款是关于商检失职罪的规定。

商检失职罪，是指国家商检部门、商检机构的工作人员严重不负责任，对应当检验的物品不检验，或者延误检验出证、错误出证，致使国家利益遭受重大损失的行为。

本罪在客观方面表现为严重不负责任，对应当检验的物品不检验，或者延误检验出证、错误出证，致使国家利益遭受重大损失的行为。这里的“严重不负责任”，是指不履行或者不认真履行应尽职责，情节恶劣的情形。“应当检验的物品”，是指列入国家商检部门根据对外贸易发展的需要，制定、调整并公布的必须实施检验的进出口商品目录的进出口商品和其他法律、行政法律规定须经商检机构检验的进出口商品。“延误检验出证”，是指国家商检部门、商检机构的工作人员由于严重不负责任，在对外贸易合同约定的索赔期限内没有检验完毕。“错误出证”，是指国家商检部门、商检机构的工作人员由于严重不负责任，出具了与被检验商品的客观情况不相符合的检验证明文件。

本罪在主观方面表现为过失，即国家商检部门、商检机构的工作人员严重不负责任，对应当检验的物品不检验，或者延误检验出证、错误出证，致使国家利益遭受重大损失的行为。

【实务问题】

1. 商检徇私舞弊罪的立案标准

根据 2006 年最高人民检察院《关于渎职侵权犯罪案件立案标准的规定》的规定，出入境检验检疫机关、检验检疫机构工作人员徇私舞弊，伪造检验结果，涉嫌下列情形之一的，应予立案：（1）采取伪造、变造的手段对报检的商品的单证、印章、标志、封识、质量认证标志等作虚假的证明或者出具不真实的证明结论的；（2）将送检的合格商品检验为不合格，或者将不合格商品检验为合格的；（3）对明知是不合格的商品，不检验而出具合格检验结果的；（4）其他伪造检验结果应予追究刑事责任的情形。

2. 认定商检徇私舞弊罪应注意的问题

本罪是行为犯，即只要国家商检部门、商检机构的工作人员徇私舞弊，实施伪造检验结果的行为，即可成立本罪。本罪中的“伪造检验结果”行为，应当根据 2006 年最高人民检察院《关于渎职侵权犯罪案件立案标准的规定》的有关立案标准加以认定。

3. 商检失职罪的立案标准

根据 2006 年最高人民检察院《关于渎职侵权犯罪案件立案标准的规定》的规定，出入境检验检疫机关、检验检疫机构工作人员严重不负责任，对应当检验的物品不检验，或者延误检验出证、错误出证，涉嫌下列情形之一的，应予立案：(1) 致使不合格的食品、药品、医疗器械等商品出入境，严重危害生命健康的；(2) 造成个人财产直接经济损失 15 万元以上，或者直接经济损失不满 15 万元，但间接经济损失 75 万元以上的；(3) 造成公共财产、法人或者其他组织财产直接经济损失 30 万元以上，或者直接经济损失不满 30 万元，但间接经济损失 150 万元以上的；(4) 未经检验，出具合格检验结果，致使国家禁止进口的固体废物、液态废物和气态废物等进入境内的；(5) 不检验或者延误检验出证、错误出证，引起国际经济贸易纠纷，严重影响国家对外经贸关系，或者严重损害国家声誉的；(6) 其他致使国家利益遭受重大损失的情形。

第四百一十三条

〔动植物检疫徇私舞弊罪〕**动植物检疫机关的检疫人员徇私舞弊，伪造检疫结果的，处五年以下有期徒刑或者拘役；造成严重后果的，处五年以上十年以下有期徒刑。**

〔动植物检疫失职罪〕**前款所列人员严重不负责任，对应当检疫的检疫物不检疫，或者延误检疫出证、错误出证，致使国家利益遭受重大损失的，处三年以下有期徒刑或者拘役。**

本条是关于动植物检疫徇私舞弊罪和动植物检疫失职罪的罪刑条款内容。

【条文释义】

本条共分为 2 款。第 1 款是关于动植物检疫徇私舞弊罪的规定。

动植物检疫徇私舞弊罪，是指国家检验检疫部门及检验检疫机构中从事动植物检疫工作的检疫人员徇私舞弊，伪造检疫结果的行为。

对动植物的检疫，是国家预防和控制疫情发生的重要手段。由于本罪的行为人具有“徇私舞弊”性，并伪造检疫结果，因此，其主观方面是出于故意。另外，本罪的主体是特殊主体，即动植物检疫机关的检疫人员。这里的“造成严重后果”，是指因伪造检疫结果的行为，致使带有传染病、寄生虫病和植物危险性病、虫、害传人、传出国境或者传入国内，造成重大疫情或者遭受重大损失的情形。

第 2 款是关于动植物检疫失职罪的规定。

动植物检疫失职罪，是指国家检验检疫部门及检验检疫机构中从事动植物检疫工作的检疫人员严重不负责任，对应当检疫的检疫物不检疫，或者延误检疫出证、错误出证，致使国家利益遭受重大损失的行为。

这里的“应当检疫的检疫物”，是指国家动植物检疫机关职权范围内应当检疫的物品。主要包括进出境的动物、动物产品、植物种子、种苗及其他繁殖材料，装载动植物、动植物制品和其他检疫物的装载容器、包装物，以及来自动植物疫区的运输工具等。“延误检疫出证”，是指对报检的动植物、动植物产品或其他检疫物没有在规定的时间内签发检疫单证，耽误了检疫结论的出示。“错误出证”，是指出具的检疫单证与被检疫物品的客观情况不相符合，将不合格的检疫物检疫为合格，或将合格的检疫物检疫为不合格。

本罪在主观方面表现为过失，即由于严重不负责任，对应当检疫的检疫物不检疫，或者延误检疫出证、错误出证，致使国家利益遭受重大损失的行为。

【实务问题】

1. 动植物检疫徇私舞弊罪的立案标准

根据2006年最高人民检察院《关于渎职侵权犯罪案件立案标准的规定》的规定，出入境检验检疫机关、检验检疫机构工作人员徇私舞弊，伪造检疫结果，涉嫌下列情形之一的，应予立案：（1）采取伪造、变造的手段对检疫的单证、印章、标志、封识等作虚假的证明或者出具不真实的结论的；（2）将送检的合格动植物检疫为不合格，或者将不合格动植物检疫为合格的；（3）对明知是不合格的动植物，不检疫而出具合格检疫结果的；（4）其他伪造检疫结果应予追究刑事责任的情形。

2. 认定动植物检疫徇私舞弊罪应注意的问题

本罪是行为犯，即只要国家检验检疫部门及检验检疫机构中从事动植物检疫工作的检疫人员徇私舞弊，实施伪造检疫结果的行为，即可成立本罪。本罪中的“伪造检疫结果”行为，应当根据最高人民检察院《关于渎职侵权犯罪案件立案标准的规定》的有关立案标准加以认定。

3. 动植物检疫失职罪的立案标准

根据2006年最高人民检察院《关于渎职侵权犯罪案件立案标准的规定》的规定，出入境检验检疫机关、检验检疫机构工作人员严重不负责任，对应当检疫的检疫物不检疫，或者延误检疫出证、错误出证，涉嫌下列情形之一的，应予立案：（1）导致疫情发生，造成人员重伤或者死亡的；（2）导致重大疫情发生、传播或者流行的；（3）造成个人财产直接经济损失15万元以上，或者直接经济损失不满15万元，但间接经济损失75万元以上的；（4）造成公共财产或者法人、其他组织财产直接经济损失30万元以上，或者直接经济损失不满30万元，但间接经济损失150万元以上的；（5）不检疫或者延误检疫出证、错误出证，引起国际经济贸易纠纷，严重影响国家对外经贸关系，或者严重损害国家声誉的；(6) 其他致使国家利益遭受重大损失的情形。

第四百一十四条　〔放纵制售伪劣商品犯罪行为罪〕

对生产、销售伪劣商品犯罪行为负有追究责任的国家机关工作人员，徇私舞弊，不履行法律规定的追究职责，情节严重的，处五年以下有期徒刑或者拘役。

本条是关于放纵制售伪劣商品犯罪行为罪的罪刑条款内容。

【条文释义】

放纵制售伪劣商品犯罪行为罪，是指对生产、销售伪劣商品犯罪行为负有追究责任的市场监管等机关工作人员徇私舞弊，不履行法律规定的追究职责，情节严重的行为。

这里的"负有追究责任的国家机关工作人员"，是指负有查禁生产、销售伪劣商品职责的国家机关工作人员，如市场监督管理人员、司法工作人员等。"不履行法律规定的追究职责"，是指对法律赋予的应当对有生产、销售伪劣商品犯罪行为的公司、企业、事业单位或者个人进行追究和处罚的职责不予履行。

此外，构成本罪需要达到情节严重的程度。这里的"情节严重"，根据2001年《伪劣商品案件解释》第8条的规定，是指国家机关工作人员徇私舞弊，对生产、销售伪劣商品犯罪不履行法律规定的查处职责，具有下列情形之一的：(1) 放纵生产、销售假药或者有毒、有害食品犯罪行为的；(2) 放纵依法可能判处2年有期徒刑以上刑罚的生产、销售、伪劣商品犯罪行为的；(3) 对3个以上有生产、销售伪劣商品犯罪行为的单位或者个人不履行追究职责的；(4) 致使国家和人民利益遭受重大损失或者造成恶劣影响的。

本罪不仅具有严重的渎职性，而且是对制售伪劣商品犯罪行为的助长，加大了国家对制售伪劣商品犯罪查处的难度，严重地破坏了国家机关对商品生产、销售的正常管理活动。

【实务问题】

本罪的立案标准

根据2006年最高人民检察院《关于渎职侵权犯罪案件立案标准的规定》的规定，对生产、销售伪劣商品犯罪行为负有追究责任的国家机关工作人员徇私舞弊，不履行法律规定的追究职责，涉嫌下列情形之一的，应予立案：(1) 放纵生产、销售假药或者有毒、有害食品犯罪行为的；(2) 放纵生产、销售伪劣农药、兽药、化肥、种子犯罪行为的；(3) 放纵依法可能判处3年有期徒刑以上刑罚的生产、销售伪劣商品犯罪行为的；（4）对生产、销售伪劣商品犯罪行为不履行追究职责，致使生产、销售伪劣商品犯罪行为得以继续的；（5）3 次以上不履行追究职责，或者对 3 个以上有生产、销售伪劣商品犯罪行为的单位或者个人不履行追究职责的；（6）其他情节严重的情形。

第四百一十五条 〔办理偷越国（边）境人员出入境证件罪；放行偷越国（边）境人员罪〕

负责办理护照、签证以及其他出入境证件的国家机关工作人员，对明知是企图偷越国（边）境的人员，予以办理出入境证件的，或者边防、海关等国家机关工作人员，对明知是偷越国（边）境的人员，予以放行的，处三年以下有期徒刑或者拘役；情节严重的，处三年以上七年以下有期徒刑。

本条是关于办理偷越国（边）境人员出入境证件罪和放行偷越国（边）境人员罪的罪刑条款内容。

【条文释义】

办理偷越国（边）境人员出入境证件罪，是指负责办理护照、签证以及其他出入境证件的国家机关工作人员，对明知是企图偷越国（边）境的人员，予以办理出入境证件的行为。

放行偷越国（边）境人员罪，是指边防、海关等国家机关工作人员，对明知是偷越国（边）境的人员，予以放行的行为。

本条所规定的两种犯罪行为，都在不同程度上为偷越国（边）境人员提供了帮助，特别是它们的主体是特殊主体，办理偷越国（边）境人员出入境证件罪的主体是负责办理护照、签证以及其他出入境证件的国家机关工作人员，放行偷越国（边）境人员罪的主体是海关、边防等国家机关工作人员。

【实务问题】

1. 办理偷越国（边）境人员出入境证件罪的立案标准

根据 2006 年最高人民检察院《关于渎职侵权犯罪案件立案标准的规定》的规定，负责办理护照、签证以及其他出入境证件的国家机关工作人员涉嫌在办理护照、签证以及其他出入境证件的过程中，对明知是企图偷越国（边）境的人员而予以办理出入境证件的，应予立案。

2. 放行偷越国（边）境人员罪的立案标准

根据 2006 年最高人民检察院《关于渎职侵权犯罪案件立案标准的规定》的规定，边防、海关等国家机关工作人员涉嫌在履行职务过程中，对明知是偷越国

(边) 境的人员而予以放行的，应予立案。

3. 办理偷越国（边）境人员出入境证件罪、放行偷越国（边）境人员罪与提供伪造、变造的出入境证件罪，运送他人偷越国（边）境罪的界限

本条所规定的两种犯罪行为在认定时应注意，它们分别与提供伪造、变造的出入境证件罪，运送他人偷越国（边）境罪之间的区别。除本条所规定的两种犯罪的主体是特殊主体这一明显特征外，这些犯罪之间还存在以下主要区别：

(1) 办理偷越国（边）境人员出入境证件罪，行为人由于具有工作之便，所以其办理的护照、签证等出入境证件是真实有效的；而提供伪造、变造的出入境证件罪，行为人提供的护照、签证等出入境证件是虚假无效的。

(2) 放行偷越国（边）境人员罪在客观方面表现为边防、海关等国家机关工作人员，在履行职务过程中，对明知是偷越国（边）境的人员而予以放行；而运送他人偷越国（边）境罪在客观方面表现为非法运送偷越国（边）境的人员，即以车、船等交通工具将他人偷运送出或接入国（边）境。

第四百一十六条

〔不解救被拐卖、绑架妇女、儿童罪〕**对被拐卖、绑架的妇女、儿童负有解救职责的国家机关工作人员，接到被拐卖、绑架的妇女、儿童及其家属的解救要求或者接到其他人的举报，而对被拐卖、绑架的妇女、儿童不进行解救，造成严重后果的，处五年以下有期徒刑或者拘役。**

〔阻碍解救被拐卖、绑架妇女、儿童罪〕**负有解救职责的国家机关工作人员利用职务阻碍解救的，处二年以上七年以下有期徒刑；情节较轻的，处二年以下有期徒刑或者拘役。**

本条是关于不解救被拐卖、绑架妇女、儿童罪和阻碍解救被拐卖、绑架妇女、儿童罪的罪刑条款内容。

【条文释义】

本条共分为2款。第1款是关于不解救被拐卖、绑架妇女、儿童罪的规定。

不解救被拐卖、绑架妇女、儿童罪，是指对被拐卖、绑架的妇女、儿童负有解救职责的国家机关工作人员，接到被拐卖、绑架的妇女、儿童及其家属的解救要求或者接到其他人的举报，而对被拐卖、绑架的妇女、儿童不进行解救，造成严重后果的行为。

本罪中的“被拐卖、绑架的妇女、儿童”，既包括已被拐卖、绑架但尚未收买的妇女、儿童，也包括已被拐卖、绑架并被收买的妇女、儿童。

第2款是关于阻碍解救被拐卖、绑架妇女、儿童罪的规定。

阻碍解救被拐卖、绑架妇女、儿童罪，是指对被拐卖、绑架的妇女、儿童负有解救职责的国家机关工作人员利用职务阻碍解救被拐卖、绑架的妇女、儿童的行为。

本罪在客观方面表现为行为人利用职务阻碍解救被拐卖、绑架的妇女、儿童的行为。这里的“利用职务”，是指利用行为人职权范围内主管、负责、参与、协助解救被拐卖、绑架的妇女、儿童工作的便利，仅利用国家机关工作人员的一般身份不属于这里的利用职务。因此，本罪的主体是特殊主体，即负有解救被拐卖、绑架的妇女、儿童职责的国家机关工作人员。

【实务问题】

1. 不解救被拐卖、绑架妇女、儿童罪的立案标准

根据 2006 年最高人民检察院《关于渎职侵权犯罪案件立案标准的规定》的规定，对被拐卖、绑架的妇女、儿童负有解救职责的公安、司法等国家机关工作人员接到被拐卖、绑架的妇女、儿童及其家属的解救要求或者接到其他人的举报，而对被拐卖、绑架的妇女、儿童不进行解救，涉嫌下列情形之一的，应予立案：（1）导致被拐卖、绑架的妇女、儿童或者其家属重伤、死亡或者精神失常的；（2）导致被拐卖、绑架的妇女、儿童被转移、隐匿、转卖，不能及时进行解救的；（3）对被拐卖、绑架的妇女、儿童不进行解救 3 人次以上的；（4）对被拐卖、绑架的妇女、儿童不进行解救，造成恶劣社会影响的；（5）其他造成严重后果的情形。

2. 认定不解救被拐卖、绑架妇女、儿童罪应注意的问题

在认定本罪时应注意的是，不解救被拐卖、绑架妇女、儿童的行为是否构成犯罪，关键看是否造成严重后果。如果造成严重后果，应依法认定为不解救被拐卖、绑架妇女、儿童罪；如果未造成严重后果，则不应作犯罪处理。

3. 不解救被拐卖、绑架妇女、儿童罪与玩忽职守罪的界限

不解救被拐卖、绑架妇女、儿童罪与玩忽职守罪具有法条竞合的关系，因此，对于对被拐卖、绑架的妇女、儿童负有解救职责的国家机关工作人员，接到被拐卖、绑架的妇女、儿童及其家属的解救要求或者接到其他人的举报，而对被拐卖、绑架的妇女、儿童不进行解救，造成严重后果的行为，应当按照特别法优于普通法的原则，以不解救被拐卖、绑架妇女、儿童罪论处。

4. 阻碍解救被拐卖、绑架妇女、儿童罪的立案标准

根据 2006 年最高人民检察院《关于渎职侵权犯罪案件立案标准的规定》的规定，对被拐卖、绑架的妇女、儿童负有解救职责的公安、司法等国家机关工作人员利用职务阻碍解救被拐卖、绑架的妇女、儿童，涉嫌下列情形之一的，应予立案：（1）利用职权，禁止、阻止或者妨碍有关部门、人员解救被拐卖、绑架

的妇女、儿童的；（2）利用职务上的便利，向拐卖、绑架者或者收买者通风报信，妨碍解救工作正常进行的；（3）其他利用职务阻碍解救被拐卖、绑架的妇女、儿童应予追究刑事责任的情形。

5. 认定阻碍解救被拐卖、绑架妇女、儿童罪应注意的问题

在认定本罪时应注意的是，本罪是行为犯，即只要负有解救被拐卖、绑架的妇女、儿童职责的国家机关工作人员实施了阻碍解救的行为，即可成立本罪。

另外，还需注意的是，以出卖为目的绑架妇女、儿童的，已经被《刑法》第240条规定为拐卖妇女、儿童罪的加重情节之一，因此，对于本罪中的“绑架”，不应仅仅理解为《刑法》第239条规定的绑架罪之绑架人质的行为。

第四百一十七条〔帮助犯罪分子逃避处罚罪〕

有查禁犯罪活动职责的国家机关工作人员，向犯罪分子通风报信、提供便利，帮助犯罪分子逃避处罚的，处三年以下有期徒刑或者拘役；情节严重的，处三年以上十年以下有期徒刑。

本条是关于帮助犯罪分子逃避处罚罪的罪刑条款内容。

【条文释义】

帮助犯罪分子逃避处罚罪，是指有查禁犯罪活动职责的国家机关工作人员，向犯罪分子通风报信、提供便利，帮助犯罪分子逃避处罚的行为。

本罪是一种严重干扰国家机关追究刑事犯罪的正常活动的犯罪行为，其主体是特殊主体，即只能由有查禁犯罪活动职责的国家机关工作人员构成，主要包括司法及公安、国家安全、海关、税务等国家机关的工作人员。

这里的“通风报信”，是指向犯罪分子有意泄露或者直接告知犯罪分子有关部门查禁活动的部署、措施、时间、地点等情况的行为。“提供便利”，是指为犯罪分子提供隐藏处所、交通工具、通讯设备或其他便利条件，协助其逃避法律追究的行为。这里规定的“通风报信、提供便利”是一种故意行为，即行为人在主观上必须具有使犯罪分子逃避处罚的目的，故意向犯罪分子通风报信、提供便利的，才能适用本条的规定。如果行为人是无意中泄露有关情况，或者是在不知情的情况下，为犯罪分子提供了便利，则不能适用本条的规定。

【实务问题】

1. 本罪的立案标准

根据2006年最高人民检察院《关于渎职侵权犯罪案件立案标准的规定》的规定，有查禁犯罪活动职责的司法及公安、国家安全、海关、税务等国家机关工

作人员，向犯罪分子通风报信、提供便利，帮助犯罪分子逃避处罚，涉嫌下列情形之一的，应予立案：（1）向犯罪分子泄漏有关部门查禁犯罪活动的部署、人员、措施、时间、地点等情况的；（2）向犯罪分子提供钱物、交通工具、通讯设备、隐藏处所等便利条件的；（3）向犯罪分子泄漏案情的；（4）帮助、示意犯罪分子隐匿、毁灭、伪造证据，或者串供、翻供的；（5）其他帮助犯罪分子逃避处罚应予追究刑事责任的情形。

2. 认定本罪应注意的问题

在认定本罪时应注意的是，在司法实践中，有的具有查禁犯罪活动职责的国家机关工作人员出于过失，将有关部门查禁犯罪活动的部署、人员、措施、时间、地点等情况泄露出去，而被有关犯罪分子及其亲属知悉。对于此种情形，如果情节轻微，未造成严重后果的，不应以犯罪论处；如果情节严重，危害较大，符合玩忽职守罪或过失泄露国家秘密罪构成要件的，可以玩忽职守罪或过失泄露国家秘密罪立案侦查。

另外，本罪是行为犯，以行为人实施了向犯罪分子通风报信、提供便利，帮助犯罪分子逃避处罚的行为作为构成犯罪既遂的标准，并不要求实际发生了犯罪分子逃避处罚的结果。

3. 本罪与私放在押人员罪的界限

二者的主要区别在于：（1）客观方面不同。本罪在客观方面表现为向正在被查禁中的犯罪分子通风报信、提供便利的行为；而私放在押人员罪在客观方面则表现为私自释放正处于监管之下的犯罪嫌疑人、被告人或者罪犯的行为。（2）主体不同。本罪的主体是有查禁犯罪活动职责的国家机关工作人员，主要包括司法及公安、国家安全、海关、税务等国家机关的工作人员；而私放在押人员罪的主体只能是司法工作人员。

第四百一十八条〔招收公务员、学生徇私舞弊罪〕

国家机关工作人员在招收公务员、学生工作中徇私舞弊，情节严重的，处三年以下有期徒刑或者拘役。

本条是关于招收公务员、学生徇私舞弊罪的罪刑条款内容。

【条文释义】

招收公务员、学生徇私舞弊罪，是指国家机关工作人员在招收公务员、教育行政部门组织招收的学生工作中徇私舞弊，情节严重的行为。

本罪在客观方面表现为在招收公务员、学生工作中徇私舞弊，情节严重的行为。这里的“徇私舞弊”，是指利用职权，弄虚作假，将不合格的人冒充合格的人予以招收、录用，或者将合格的人不予招收、录用的行为，具体行为方式是多种多样的。

【实务问题】

1. 本罪的立案标准

根据2006年最高人民检察院《关于渎职侵权犯罪案件立案标准的规定》的规定，国家机关工作人员在招收公务员、省级以上教育行政部门组织招收的学生工作中徇私舞弊，涉嫌下列情形之一的，应予立案：（1）徇私舞弊，利用职务便利，伪造、变造人事、户口档案、考试成绩或者其他影响招收工作的有关资料，或者明知是伪造、变造的上述材料而予以认可的；（2）徇私舞弊，利用职务便利，帮助5名以上考生作弊的；（3）徇私舞弊招收不合格的公务员、学生3人次以上的；（4）因徇私舞弊招收不合格的公务员、学生，导致被排挤的合格人员或者其近亲属自杀、自残造成重伤、死亡，或者精神失常的；（5）因徇私舞弊招收公务员、学生，导致该项招收工作重新进行的；（6）其他情节严重的情形。

2. 认定本罪应注意的问题

在认定本罪时应注意的是，本罪的成立以“情节严重”作为重要条件。如果情节严重，应依法认定为本罪；如果情节尚未达到严重程度，则不构成犯罪。对于一般的招收公务员徇私舞弊行为，应根据《中华人民共和国公务员法》第106条的规定，对负有责任的领导人员和直接责任人员，根据情节轻重，给予批评教育、责令检查、诫勉、组织调整、处分。对于一般的招收学生徇私舞弊行为，根据《中华人民共和国教育法》第77条的规定，对直接负责的主管人员和其他直接责任人员，依法给予处分。

3. 罪数的认定

国家机关工作人员在招收公务员、学生徇私舞弊犯罪过程中，可能同时具有索取、收受贿赂的行为。如果索取、收受财物的行为符合《刑法》第385条规定的受贿罪的构成要件的，应当从一重罪处断，即以受贿罪一罪从重处罚，不作数罪并罚。

第四百一十九条 〔失职造成珍贵文物损毁、流失罪〕

国家机关工作人员严重不负责任，造成珍贵文物损毁或者流失，后果严重的，处三年以下有期徒刑或者拘役。

本条是关于失职造成珍贵文物损毁、流失罪的罪刑条款内容。

【条文释义】

失职造成珍贵文物损毁、流失罪，是指国家机关工作人员严重不负责任，造成珍贵文物损毁或者流失，后果严重的行为。

本罪在客观方面表现为国家机关工作人员严重不负责任，造成珍贵文物损毁或者流失，并且后果严重。因此，行为人在主观方面是出于过失。

【实务问题】

本罪的立案追诉标准

根据 2015 年《文物案件解释》第 10 条的规定，国家机关工作人员严重不负责任，造成珍贵文物损毁或者流失，具有下列情形之一的，应当认定为《刑法》第 419 条规定的“后果严重”：（1）导致二级以上文物或者 5 件以上三级文物损毁或者流失的；（2）导致全国重点文物保护单位、省级文物保护单位的本体严重损毁或者灭失的；（3）其他后果严重的情形。

附　　则

第四百五十二条〔本法的施行日期〕

本法自 1997 年 10 月 1 日起施行。

列于本法附件一的全国人民代表大会常务委员会制定的条例、补充规定和决定，已纳入本法或者已不适用，自本法施行之日起，予以废止。

列于本法附件二的全国人民代表大会常务委员会制定的补充规定和决定予以保留。其中，有关行政处罚和行政措施的规定继续有效；有关刑事责任的规定已纳入本法，自本法施行之日起，适用本法规定。

附件一

全国人民代表大会常务委员会制定的下列条例、补充规定和决定，已纳入本法或者已不适用，自本法施行之日起，予以废止：

1. 中华人民共和国惩治军人违反职责罪暂行条例
2. 关于严惩严重破坏经济的罪犯的决定
3. 关于严惩严重危害社会治安的犯罪分子的决定
4. 关于惩治走私罪的补充规定
5. 关于惩治贪污罪贿赂罪的补充规定
6. 关于惩治泄露国家秘密犯罪的补充规定
7. 关于惩治捕杀国家重点保护的珍贵、濒危野生动物犯罪的补充规定
8. 关于惩治侮辱中华人民共和国国旗国徽罪的决定
9. 关于惩治盗掘古文化遗址古墓葬犯罪的补充规定
10. 关于惩治劫持航空器犯罪分子的决定
11. 关于惩治假冒注册商标犯罪的补充规定
12. 关于惩治生产、销售伪劣商品犯罪的决定
13. 关于惩治侵犯著作权的犯罪的决定
14. 关于惩治违反公司法的犯罪的决定
15. 关于处理逃跑或者重新犯罪的劳改犯和劳教人员的决定

附件二

全国人民代表大会常务委员会制定的下列补充规定和决定予以保留，其中，有关行政处罚和行政措施的规定继续有效；有关刑事责任的规定已纳入本法，自本法施行之日起，适用本法规定：

1. 关于禁毒的决定①
2. 关于惩治走私、制作、贩卖、传播淫秽物品的犯罪分子的决定
3. 关于严惩拐卖、绑架妇女、儿童的犯罪分子的决定
4. 关于严禁卖淫嫖娼的决定②
5. 关于惩治偷税、抗税犯罪的补充规定③
6. 关于严惩组织、运送他人偷越国（边）境犯罪的补充规定④
7. 关于惩治破坏金融秩序犯罪的决定
8. 关于惩治虚开、伪造和非法出售增值税专用发票犯罪的决定

本条是关于本刑法的生效时间和本刑法与有关单行刑法的关系的规定。

【条文释义】

本条第 1 款是关于本《刑法》的生效时间的规定。

本刑法的生效时间，是指本《刑法》发生法律效力的时间。《刑法》生效以《刑法》颁布为前提，但《刑法》颁布并不必然意味着《刑法》生效。《刑法》生效一般都有法律的明文规定。我国《刑法》的生效时间一般分为两种情况：第一种情况是在《刑法》批准或公布之日起即生效；第二种情况是公布后经过一段时间再生效。本《刑法》是 1997 年 3 月 14 日通过并公布的，但本款明确规定本《刑法》自 1997 年 10 月 1 日起正式施行，即自 1997 年 10 月 1 日起正式发生法律效力。本《刑法》生效时间的规定就属于第二种情况。

本条第 2 款是关于废止有关单行刑法的规定。

---

① 该决定已经被 2007 年 12 月 29 日中华人民共和国主席令第 79 号公布，自 2008 年 6 月 1 日起施行的《中华人民共和国禁毒法》明确废止。——编者注

② 该决定第 4 条第 2 款、第 4 款，以及据此实行的收容教育制度已经被 2019 年 12 月 28 日中华人民共和国主席令第 42 号公布，自 2019 年 12 月 29 日起施行的《全国人民代表大会常务委员会关于废止有关收容教育法律规定和制度的决定》明确废止。——编者注

③ 该规定已经被 2009 年 6 月 27 日中华人民共和国主席令第 16 号公布施行的《全国人民代表大会常务委员会关于废止部分法律的决定》明确废止。——编者注

④ 该规定已经被 2009 年 6 月 27 日中华人民共和国主席令第 16 号公布施行的《全国人民代表大会常务委员会关于废止部分法律的决定》明确废止。——编者注

根据本款规定，列于本刑法附件一的全国人民代表大会常务委员会制定的条例、补充规定和决定，已纳入本刑法或者已不适用，自本刑法施行之日起，予以废止。

本条第 3 款是关于保留有关单行刑法的规定。

根据本款规定，列于本刑法附件二的全国人民代表大会常务委员会制定的补充规定和决定予以保留。其中，有关行政处罚和行政措施的规定继续有效；有关刑事责任的规定已纳入本刑法，自本刑法施行之日起，适用本刑法规定。

【实务问题】

1. 附则与总则、分则的关系

总则、分则是关于犯罪与刑罚的实体性内容的规定，附则是关于《刑法》的生效时间等非实体性内容的规定。但《刑法》的生效时间与刑法溯及力、罪刑法定原则有密切联系，因而附则的规定是十分必要的。我国现行《刑法》由总则、分则和附则三部分组成。其中，总则、分则各为一编，在编之下，再根据刑法规范的性质、内容和体例需要有序地划分为章、节、条、款、项等各个层次。由上述各层次组成的一个有机整体就是刑法的体系。我国《刑法》的附则部分虽然只有一个条文，但明确规定了修订后的《刑法》开始施行的时间和修订后的《刑法》与此前单行刑法的关系。法律在公布后经过一定的时间再行生效，并对有关单行刑法的效力问题作出明文规定，这有利于了解、遵守和实施刑法规范，也有利于司法机关准确把握和正确实施《刑法》。

2. 本刑法生效实施后颁布的有关法律的效力问题

本刑法生效实施后颁布的有关法律的效力问题是司法实践中经常遇到的问题，一般理解为有关刑罚规范应当适用本刑法有关的原则规定，但法律有特别规定的除外，如 1998 年 12 月 29 日公布并生效的全国人民代表大会常务委员会《关于惩治骗购外汇、逃汇和非法买卖外汇犯罪的决定》，其中有关规范内容应当适用现行《刑法》总则的原则规定。

全国人民代表大会常务委员会关于《中华人民共和国刑法》第三十条的解释

（2014年4月24日第十二届全国人民代表大会常务委员会第八次会议通过）

全国人民代表大会常务委员会根据司法实践中遇到的情况，讨论了刑法第三十条的含义及公司、企业、事业单位、机关、团体等单位实施刑法规定的危害社会的行为，法律未规定追究单位的刑事责任的，如何适用刑法有关规定的问题，解释如下：

公司、企业、事业单位、机关、团体等单位实施刑法规定的危害社会的行为，刑法分则和其他法律未规定追究单位的刑事责任的，对组织、策划、实施该危害社会行为的人依法追究刑事责任。

现予公告。

全国人民代表大会常务委员会关于《中华人民共和国刑法》第九十三条第二款的解释

（2000年4月29日第九届全国人民代表大会常务委员会第15次会议通过　根据2009年8月27日第十一届全国人民代表大会常务委员会第十次会议《关于修改部分法律的决定》修正）

全国人民代表大会常务委员会讨论了村民委员会等村基层组织人员在从事哪些工作时属于刑法第九十三条第二款规定的“其他依照法律从事公务的人员”，解释如下：

村民委员会等村基层组织人员协助人民政府从事下列行政管理工作，属于刑法第九十三条第二款规定的“其他依照法律从事公务的人员”：

（一）救灾、抢险、防汛、优抚、扶贫、移民、救济款物的管理；

（二）社会捐助公益事业款物的管理；

（三）国有土地的经营和管理；

（四）土地征收、征用补偿费用的管理；

（五）代征、代缴税款；

（六）有关计划生育、户籍、征兵工作；

（七）协助人民政府从事的其他行政管理工作。

村民委员会等村基层组织人员从事前款规定的公务，利用职务上的便利，非法占有公共财物、挪用公款、索取他人财物或者非法收受他人财物，构成犯罪的，适用刑法第三百八十二条和第三百八十三条贪污罪、第三百八十四条挪用公款罪、第三百八十五条和第三百八十六条受贿罪的规定。

现予公告。

全国人民代表大会常务委员会关于《中华人民共和国刑法》第一百五十八条、第一百五十九条的解释

（2014年4月24日第十二届全国人民代表大会常务委员会第八次会议通过）

全国人民代表大会常务委员会讨论了公司法修改后刑法第一百五十八条、第一百五十九条对实行注册资本实缴登记制、认缴登记制的公司的适用范围问题，解释如下：

刑法第一百五十八条、第一百五十九条的规定，只适用于依法实行注册资本实缴登记制的公司。

现予公告。

全国人民代表大会常务委员会关于《中华人民共和国刑法》第二百二十八条、第三百四十二条、第四百一十条的解释

（2001年8月31日第九届全国人民代表大会常务委员会第23次会议通过　根据2009年8月27日第十一届全国人民代表大会常务委员会第十次会议《关于修改部分法律的决定》修正）

全国人民代表大会常务委员会讨论了刑法第二百二十八条、第三百四十二条、第四百一十条规定的“违反土地管理法规”和第四百一十条规定的“非法批准征收、征用、占用土地”的含义问题，解释如下：

刑法第二百二十八条、第三百四十二条、第四百一十条规定的“违反土地管理法规”，是指违反土地管理法、森林法、草原法等法律以及有关行政法规中关于土地管理的规定。

刑法第四百一十条规定的“非法批准征收、征用、占用土地”，是指非法批准征收、征用、占用耕地、林地等农用地以及其他土地。

现予公告。

全国人民代表大会常务委员会关于《中华人民共和国刑法》第二百六十六条的解释

（2014年4月24日第十二届全国人民代表大会常务委员会第八次会议通过）

全国人民代表大会常务委员会根据司法实践中遇到的情况，讨论了刑法第二百六十六条的含义及骗取养老、医疗、工伤、失业、生育等社会保险金或者其他社会保障待遇的行为如何适用刑法有关规定的问题，解释如下：

以欺诈、伪造证明材料或者其他手段骗取养老、医疗、工伤、失业、生育等

社会保险金或者其他社会保障待遇的，属于刑法第二百六十六条规定的诈骗公私财物的行为。

现予公告。

全国人民代表大会常务委员会关于《中华人民共和国刑法》第二百九十四条第一款的解释

（2002年4月28日第九届全国人民代表大会常务委员会第27次会议通过）

全国人民代表大会常务委员会讨论了刑法第二百九十四条第一款规定的“黑社会性质的组织”的含义问题，解释如下：

刑法第二百九十四条第一款规定的“黑社会性质的组织”应当同时具备以下特征：

（一）形成较稳定的犯罪组织，人数较多，有明确的组织者、领导者，骨干成员基本固定；

（二）有组织地通过违法犯罪活动或者其他手段获取经济利益，具有一定的经济实力，以支持该组织的活动；

（三）以暴力、威胁或者其他手段，有组织地多次进行违法犯罪活动，为非作恶，欺压、残害群众；

（四）通过实施违法犯罪活动，或者利用国家工作人员的包庇或者纵容，称霸一方，在一定区域或者行业内，形成非法控制或者重大影响，严重破坏经济、社会生活秩序。

现予公告。

全国人民代表大会常务委员会
关于《中华人民共和国刑法》
第三百一十三条的解释

（2002 年 8 月 29 日第九届全国人民代表大会常务委员会第 29 次会议通过）

全国人民代表大会常务委员会讨论了刑法第三百一十三条规定的“对人民法院的判决、裁定有能力执行而拒不执行，情节严重”的含义问题，解释如下：

刑法第三百一十三条规定的“人民法院的判决、裁定”，是指人民法院依法作出的具有执行内容并已发生法律效力的判决、裁定。人民法院为依法执行支付令、生效的调解书、仲裁裁决、公证债权文书等所作的裁定属于该条规定的裁定。

下列情形属于刑法第三百一十三条规定的“有能力执行而拒不执行，情节严重”的情形：

（一）被执行人隐藏、转移、故意毁损财产或者无偿转让财产、以明显不合理的低价转让财产，致使判决、裁定无法执行的；

（二）担保人或者被执行人隐藏、转移、故意毁损或者转让已向人民法院提供担保的财产，致使判决、裁定无法执行的；

（三）协助执行义务人接到人民法院协助执行通知书后，拒不协助执行，致使判决、裁定无法执行的；

（四）被执行人、担保人、协助执行义务人与国家机关工作人员通谋，利用国家机关工作人员的职权妨害执行，致使判决、裁定无法执行的；

（五）其他有能力执行而拒不执行，情节严重的情形。

国家机关工作人员有上述第四项行为的，以拒不执行判决、裁定罪的共犯追究刑事责任。国家机关工作人员收受贿赂或者滥用职权，有上述第四项行为的，同时又构成刑法第三百八十五条、第三百九十七条规定之罪的，依照处罚较重的规定定罪处罚。

现予公告。

全国人民代表大会常务委员会关于《中华人民共和国刑法》第三百四十一条、第三百一十二条的解释

（2014年4月24日第十二届全国人民代表大会常务委员会第八次会议通过）

全国人民代表大会常务委员会根据司法实践中遇到的情况，讨论了刑法第三百四十一条第一款规定的非法收购国家重点保护的珍贵、濒危野生动物及其制品的含义和收购刑法第三百四十一条第二款规定的非法狩猎的野生动物如何适用刑法有关规定的问题，解释如下：

知道或者应当知道是国家重点保护的珍贵、濒危野生动物及其制品，为食用或者其他目的而非法购买的，属于刑法第三百四十一条第一款规定的非法收购国家重点保护的珍贵、濒危野生动物及其制品的行为。

知道或者应当知道是刑法第三百四十一条第二款规定的非法狩猎的野生动物而购买的，属于刑法第三百一十二条第一款规定的明知是犯罪所得而收购的行为。

现予公告。

全国人民代表大会常务委员会关于《中华人民共和国刑法》第三百八十四条第一款的解释

（2002年4月28日第九届全国人民代表大会常务委员会第27次会议通过）

全国人民代表大会常务委员会讨论了刑法第三百八十四条第一款规定的国家工作人员利用职务上的便利，挪用公款“归个人使用”的含义问题，解释如下：

有下列情形之一的，属于挪用公款“归个人使用”：

（一）将公款供本人、亲友或者其他自然人使用的；

（二）以个人名义将公款供其他单位使用的；

（三）个人决定以单位名义将公款供其他单位使用，谋取个人利益的。

现予公告。

全国人民代表大会常务委员会关于《中华人民共和国刑法》第九章渎职罪主体适用问题的解释

（2002 年 12 月 28 日第九届全国人民代表大会常务委员会第 31 次会议通过）

全国人大常委会根据司法实践中遇到的情况，讨论了刑法第九章渎职罪主体的适用问题，解释如下：

在依照法律、法规规定行使国家行政管理职权的组织中从事公务的人员，或者在受国家机关委托代表国家机关行使职权的组织中从事公务的人员，或者虽未列入国家机关人员编制但在国家机关中从事公务的人员，在代表国家机关行使职权时，有渎职行为，构成犯罪的，依照刑法关于渎职罪的规定追究刑事责任。

现予公告。

全国人民代表大会常务委员会关于《中华人民共和国刑法》有关信用卡规定的解释

（2004 年 12 月 29 日第十届全国人民代表大会常务委员会第 13 次会议通过）

全国人民代表大会常务委员会根据司法实践中遇到的情况，讨论了刑法规定的“信用卡”的含义问题，解释如下：

刑法规定的“信用卡”，是指由商业银行或者其他金融机构发行的具有消费支付、信用贷款、转账结算、存取现金等全部功能或者部分功能的电子支付卡。

现予公告。

全国人民代表大会常务委员会关于《中华人民共和国刑法》有关出口退税、抵扣税款的其他发票规定的解释

（2005 年 12 月 29 日第十届全国人民代表大会常务委员会第 19 次会议通过）

全国人民代表大会常务委员会根据司法实践中遇到的情况，讨论了刑法规定的“出口退税、抵扣税款的其他发票”的含义问题，解释如下：

刑法规定的“出口退税、抵扣税款的其他发票”，是指除增值税专用发票以外的，具有出口退税、抵扣税款功能的收付款凭证或者完税凭证。

现予公告。

全国人民代表大会常务委员会关于《中华人民共和国刑法》有关文物的规定适用于具有科学价值的古脊椎动物化石、古人类化石的解释

（2005 年 12 月 29 日第十届全国人民代表大会常务委员会第 19 次会议通过）

全国人民代表大会常务委员会根据司法实践中遇到的情况，讨论了关于走私、盗窃、损毁、倒卖或者非法转让具有科学价值的古脊椎动物化石、古人类化石的行为适用刑法有关规定的问题，解释如下：

刑法有关文物的规定，适用于具有科学价值的古脊椎动物化石、古人类化石。

现予公告。

主要参考文献

1. 高西江主编：《中华人民共和国刑法的修订与适用》，中国方正出版社，1997 年

2. 欧阳涛等主编：《中华人民共和国新刑法的注释与适用》，人民法院出版社，1997 年

3. 黄太云：《立法解读：刑法修正案及刑法立法解释》，人民法院出版社，2006 年

4. 全国人大常委会法制工作委员会刑法室编著：《走向完善的刑法——正解刑法修改的决定、刑法修正案、刑法法律解释》，中国民主法制出版社，2006 年

5. 陈兴良：《规范刑法学（第二版）》，中国人民大学出版社，2008 年

6. 周道鸾、张军主编：《刑法罪名精释（第三版）》，人民法院出版社，2009 年

7. 赵秉志主编：《刑法修正案最新理解适用（含修正案七）》，中国法制出版社，2009 年

8. 葛磊：《刑法修正案（七）深度解读与实务》，中国法制出版社，2009 年

9. 王作富主编：《刑法分则实务研究》，中国方正出版社，2010 年

10. 赵秉志主编：《刑法修正案（七）专题研究》，北京师范大学出版社，2011 年

11. 全国人大常委会法制工作委员会刑法室编：《〈中华人民共和国刑法修正案（八）〉条文说明、立法理由及相关规定》，北京大学出版社，2011 年

12. 法律出版社法规中心编：《中华人民共和国刑法注释本》，法律出版社，2011 年

13. 全国人大常委会法工委刑法室编著：《中华人民共和国刑法释义及实用指南》，中国民主法制出版社，2011 年

14. 全国人大常委会法制工作委员会编：《中华人民共和国刑法释义（第五版）》，法律出版社，2011 年

15. 高铭暄、陈璐：《〈中华人民共和国刑法修正案（八）〉解读与思考》，

中国人民大学出版社，2011 年

16. 赵秉志主编：《刑法修正案（八）理解与适用》，中国法制出版社，2011 年

17. 周光权主编：《刑法历次修正案权威解读》，中国人民大学出版社，2011 年

18. 张明楷：《刑法学（第四版）》，清华大学出版社，2011 年

19. 高铭暄、马克昌主编：《刑法学（第五版）》，北京大学出版社，2011 年

20. 王作富主编：《刑法（第五版）》，中国人民大学出版社，2011 年

21. 王志祥主编：《〈刑法修正案（八）〉解读与评析》，中国人民公安大学出版社，2012 年

22. 高铭暄：《中华人民共和国刑法的孕育诞生和发展完善》，北京大学出版社，2012 年

23. 沈德咏主编：《〈刑法修正案（九）〉条文及配套司法解释理解与适用》，人民法院出版社，2015 年

24. 孙茂利主编：《公安机关刑侦部门管辖刑事案件立案追诉标准司法认定实务与量刑标准精解》，中国人民公安大学出版社，2018 年

25. 孙茂利主编：《公安机关治安部门管辖刑事案件立案追诉标准司法认定实务与量刑标准精解》，中国人民公安大学出版社，2018 年

26. 赵秉志主编：《〈刑法修正案（十一）〉理解与适用》，中国人民大学出版社，2021 年

27. 王爱立主编：《〈中华人民共和国刑法〉释解与适用》，中国民主法制出版社，2021 年

28. 王爱立主编：《中华人民共和国刑法释义》，法律出版社，2021 年